Fernando Visa

Bastardos de Dios

Autor: Fernando Visa Palacín
Editor: Bubok Publishing S.L.
Depósito Legal: PM 1162-2008
ISBN: 978-84-92500-42-0

Los derechos de copia de este trabajo pertenecen a Bubok Publishing, S.L., y la información contenida en él es confidencial. Sin el consentimiento previo, expreso y por escrito de Bubok Publishing, S.L., éste trabajo, en todo o en parte, no debe ser reproducido ni revelado a otros para propósitos diferentes de aquel por el que se facilita.

The copyright in this work is vested in Bubok Publishing, S.L. and the information contained herein is confidential. This work, either in whole or in part, must not be reproduced or disclosed to others or used for purposes other than that for which it is supplied, without Bubok Publishing, S.L's prior written permission.

www.fernandovisa.com.es
www.fvisa.bubok.com
e-mail: fvisa@fernandovisa.com.es

"Aunque esta novela narra hechos históricos acontecidos en Aragón a finales del siglo XVI y principios del XVII, la mayor parte de los personajes que aparecen son ficticios o sus biografías han sido alteradas para dar coherencia a la trama".

A Mari

CAPÍTULO I
Los grandes ríos nacen en pequeñas fuentes.

1. Los tordos.

«*La sangre de los humildes jamás escribió la Historia. Sólo el vacío llena el recuerdo profano de quien labra su vida con la gangrena de sus manos ajadas y desnudas.*»

BENABARRE (Condado de Ribagorza). Primavera de 1552

La pesada puerta chirrió con un lamento quejumbroso al abrirse, dejando que la fresca mañana penetrase tímidamente en el ambiente, cargado de dulces aromas afrutados, de flores resecas y polen perverso. En un instante, la lozanía del amanecer se aunó con el acre hálito del humo, que los gruesos cirios expulsaban, y se entremezcló con el dulce tizne del incienso, añejo y rancio, suspendido en el ambiente desde hacía siglos.

Unas arrugadas manos, tan huesudas como suaves, las de fray Pedro, el capellán de los dominicos de Santa María de Linares, acabaron por abrir de par en par aquel enorme portalón de madera de roble antiguo, hasta que sus alas golpearon, con un estruendo indigno del lugar, en el grueso muro de piedra, triste herencia de su pasado románico.

El capellán respiró el aire húmedo y fresco de aquella mañana, que prometía ser suave y agradable. El manso viento, todavía impregnado de las fragancias del amanecer, penetró en la iglesia como un aliento cargado de vida y sonidos maravillosos de pájaros y cigarras, tan tempraneras como despistadas, esparciéndose por todos los rincones del templo.

Allí se podía tocar el silencio, masticar la paz, aspirar la bondad de Dios...

Las únicas compañías externas que perturbaban la paz del convento de los dominicos eran las monjas de San Pedro Mártir, de la misma orden que ellos, que se reunían con el prior Francisco en contadas ocasiones y, siempre, manteniendo una distancia recatadamente prudencial; eso era lo estipulado.

El enjuto espectro de fray Pedro anduvo entre los bancos, perdiendo su mirada en las baldosas rojizas de terrazo aragonés, algo desgastado, con la esperanza de encontrar alguna moneda prófuga de los poco repletos bolsillos de los benabarrenses de extramuros.

El capellán pronto desistió en su empeño por llenar la bolsa que colgaba bajo su hábito. Se sentó en el último banco, admirando aquella iglesia, más bien una gran capilla de planta cruciforme.

La capilla, tenía capacidad para unas cien personas, incluyendo el coro, cuarenta de ellas sentadas. De estilo gótico temprano, algo rudo y con reminiscencias cistercienses, estaba consagrada a la Virgen de Linares. Aquella mezcolanza de estilos arquitectónicos le confería un aspecto algo extraño y, en cierto modo, tétrico. Aquella iglesia era mucho más austera que la de Santa María la Mayor, en el castillo-palacio de Benabarre, o la de San Miguel, en el centro de la Villa. Aunque, para el capellán Pedro, la iglesia del monasterio, la que consideraba suya, era mucho más hermosa, porque todavía conservaba la sobriedad de los antiguos templos, y un retraimiento, una especie de regreso al útero materno, que la frivolidad del gótico había pisoteado sin recato alguno, pretendiendo el aturdimiento terrenal, demasiado ascético, en detrimento del recogimiento y de la verdadera devoción al Altísimo.

Fray Pedro clavó la vista en el altar mayor, y observó que todavía quedaban algunas velas encendidas de la celebración del día anterior, segundo domingo de Cuaresma, y sonrió, sin saber muy bien qué le había producido tan repentino júbilo.

Poco después, cuando sus pensamientos se habían confabulado con el sentir piadoso de aquel frailecillo delgaducho, unos pasos, bajo el portal de entrada a la iglesia, le hicieron regresar al mundo de los vivos.

Sin girar la cabeza, se levantó, hizo una genuflexión en el pasillo, entre las dos filas de bancos, y se santiguó.

—¡Buenos días! —saludó una potente voz desde la puerta.

—¡La paz sea contigo, Juan! —respondió fray Pedro con una cantinela mil veces repetida y que resultaba algo monótona.

Al girarse, el capellán se topó con el rostro amable y bondadoso de aquel joven albañil, al que tanto apreciaban los dominicos: Juan Abadías, hijo de Saturnino del "Mas del Arcs". Su padre fue un pobre hombre de campo que tuvo que aprender el oficio de peón para sacar a su familia adelante. El viejo de "els Arcs" había fallecido tres años atrás, cinco meses después de la boda de su único hijo con Jacinta Fortea, de unas extrañas fiebres que desembocaron en una pulmonía. Ya Saturnino había sido el albañil de los frailes de Linares, y de las monjas de San Pedro mártir, y Juan, al morir su padre, continuó con aquella piadosa tradición, por la que escasamente recibía un puñado de reales y que, sin duda, no le era en absoluto provechosa, al menos económicamente.

El capellán se acercó al joven dibujando una sonrisa en sus labios carnosos y quebrados por infinidad de arrugas, que decía mucho respecto al aprecio que sentía por aquel joven de escasos veinticinco años, alto, de tez morena y cabello rojo, pajizo, quemado por el seco y despiadado sol de Ribagorza, y cuyos músculos parecían cuerdas de bandurria tensadas y capaces de soportar el peso de su propia mula en volandas.

—¡Te estábamos esperando! —musitó el hermano Pedro, tocando suavemente el hombro del joven y haciendo un gesto con la otra mano, invitándole a que entrara en el templo.

Juan dio dos pasos y se situó delante del fraile, que lo rebasó con paso lento y no demasiado firme, como queriendo que admirase aquella iglesia, de la que tan orgulloso se sentía, y experimentara el fragor místico que le embargaba. Pero

Juan se limitó a seguirle con la mirada extraviada y sus pensamientos perdidos en Dios sabe qué elucubraciones.

Unos pasos más adelante, el joven albañil observó las oscilaciones del fraile al que, poco a poco, veía entrar en una inexorable decrepitud.

—¡Es aquí! —el capellán señaló una pequeña capilla a la derecha del altar mayor.

—¡No parece muy grave! —dijo Juan, fijando su mirada en una pequeña mancha de humedad que había surgido en el centro de la bóveda de crucería, entre dos de sus nervios.

—Temíamos por la imagen de San Sebastián —añadió el hermano Pedro apoyando su mano sobre una peana vacía en el centro de la pared frontal de la capilla.

El joven asintió recordando el cuerpo sagitado del santo romano, que unos días antes permanecía en actitud impasible frente al dolor. Y se preguntó por qué la mayoría de las representaciones piadosas eran escenas de dolor extremo, de cuerpos mutilados, de hombres atravesados, decapitados, desollados o crucificados.

Juan Sacudió la cabeza.

—Iré a buscar la escalera y las herramientas al taller —se apresuró a decir el albañil, antes de que los pensamientos heréticos que parecían querer asaltar su mente hicieran mella en él—. En media hora estaré en el tejado tapando el agujero de la gotera.

El albañil salió del monasterio ante la sagaz sonrisa del capellán Pedro.

Desató la enorme mula, a la que su madre, Raimunda, bautizó como Margarita porque de potrillo le había destrozado una maceta de dichas flores, pisoteando los tiestos y devorando el resultado de su estropicio. La mula, pese a que su nombre pudiera llevar a engaño, era un animal fuerte, poco dócil, testarudo y malhumorado.

Cuando llegó al viejo conejar, que utilizaba como taller y almacén de herramientas, ató la mula a una argolla en el muro de piedra que conformaba la fachada principal de la vivienda, y empujó la puerta más cercana al huerto que desde que su padre muriera, estaba yermo.

Fue directamente hacia la pared que comunicaba con la vivienda, donde guardaba las escaleras de mano. Cargó con la más grande, y la sacó afuera, apoyándola junto a la puerta *«Suficiente para llegar hasta el tejado de la capilla»*, se dijo. Volvió a entrar y, tomando una especie de albarda de cuero duro y áspero de buey viejo (y en la que había dispuesto unos amplios bolsillos donde guardar los martillos, cinceles, clavos, paletas, poleas y demás, unas argollas de hierro para colgar los cubos y atar la pala, y unas cinchas del mismo cuero que la albarda, para los tablones), se la ciñó a la mula, y sujetó la escalera a uno de los costados, atándola después con una soga de considerable grosor.

Margarita resopló con desagrado.

De cuatro saltos, subió las escaleras que le separaban de Jacinta.
La joven estaba en la cocina, sentada en una pequeña banqueta, desenvainando judías. Le dio un fugaz beso, tan sólo un breve roce, y se precipitó, sin decir una sola palabra, sobre la cesta de mimbre que reposaba junto al hogar, sobre la cadiera[1]. A Juan se le iluminaron los ojos, y su rostro se suavizó con empalagosa ternura.
—¿Puedo cogerla? —preguntó el joven.
Jacinta sonrió con un mohín que denotaba el amor que sentía por su marido. Poco a poco, su sonrisa se hizo amplia, y se agrandó en una risita tonta e infantil, que hizo que sus pechos, hinchados por su reciente maternidad, oscilaran al ritmo de las carcajadas. Juan la miró y se sintió excitado, preguntándose cómo una mujer tan menuda y de escasas curvas había podido desarrollar semejantes ubres. Y, sin sacar de la cuna a la pequeña Catalina, que dormía plácidamente, volvió a acercarse a su mujer, y se colocó detrás de ella y de la banqueta, hincando sus manos, por detrás, en el holgado vestido de Jacinta y apretando sus pechos con fuerza. La joven dio un bufido, medio de dolor, medio de desaprobación, pero no se apartó, ni le dijo a él que lo hiciera. Juan se sentía como enajenado. Apretó su pecho y bajo vientre contra la espalda de ella. Jacinta levantó los brazos para facilitarle las cosas. El cabello castaño y rizado de Jacinta se aplastó en la barbilla de Juan, y éste le besó en la frente, al tiempo que notaba como sus manos se humedecían con el jugo blanquecino que surgía de los pechos de su mujer.

Cuando el albañil estaba a punto de permitir que emergiera de su cuerpo el esplendor de su pasión, recordó que había unos frailes dominicos esperándole para que reparara la gotera de su iglesia. Echó su cuerpo hacia atrás, secó sus manos en la camisa de su mujer y, balbuciendo palabras ininteligibles, con toda seguridad juramentos poco píos, salió de la cocina, dando un beso en la frente de Jacinta, y otro en la de la pequeña Catalina.

Bajó a toda prisa hasta el camino, y desató a Margarita de la abrazadera, dirigiéndose, con paso no demasiado firme y la entrepierna dolorida, hacia el monasterio de Linares.

Allí le aguardaban el padre Pedro y otros dos dominicos jóvenes y fornidos que dijeron llamarse fray Amancio Tejedor y Fray Vicente Salamero.

—Ellos te ayudarán —aseveró el capellán—. Son muy fuertes y mañosos.

Juan odiaba trabajar en compañía, aunque estaba seguro de que aquellos monjes eran hombres acostumbrados al trabajo duro del monasterio, cultivar las tierras del clero, arreglar pequeños desperfectos en vallas y cercados y aviar el ganado, y que le serían de gran ayuda. Pero el joven albañil prefería hacer su trabajo solo; en el fondo se sentía incómodo e importunado cuando alguien,

---

[1] CADIERA- Una especie de Banco que rodea el hogar.

aunque fuera un niño curioso y entrometido, le observaba, incluso cuando el cotilla lo hacía con fascinación.

—Con uno de los dos me "apañaré" —dijo Juan, pensando que si se negaba a aceptar la ayuda de los religiosos, el padre Pedro podía sentirse ofendido o despreciado—. Dos hombres son demasiados. Total, sólo me tiene que ayudar a sujetar la escalera y alcanzarme alguna herramienta.

Fray Pedro se encogió de hombros, dándole a entender que era él quien decidía, y que harían lo que Juan creyera oportuno. El padre Pedro le hizo un gesto con la mano al hermano Amancio, y este dibujó en su cara un mohín de fastidio. Así pues, fray Vicente, con una alegría nada usual en los dominicos, aceptó de buen grado la fortuna que le suponía excusarse, aunque sólo fuera por unas horas, de las tediosas tareas ordinarias del convento.

El albañil desató la escalera del lomo de Margarita, y el joven fraile llevó la mula unos pasos más allá, para atarla en el tronco del primer olivo de una plantación que prácticamente se perdía en el horizonte, toda perteneciente al monasterio.

Bordeó la iglesia, hasta el lugar en que una de las paredes del esbelto edificio formaba ángulo recto con un muro algo más bajo, la capilla, que suponía uno de los cruceros de la planta de la iglesia. El muro de la capilla era completamente liso, a no ser por un ventanal de forma circular, prácticamente en el extremo superior de la pared que, sin ser un rosetón, permitía que la luz entrara con cierta abundancia en el interior de la iglesia.

Juan circundó la capilla y buscó un lugar en el tejado que fuera lo bastante resistente como para soportar el peso de la escalera y el de su propio cuerpo sin dañar una sola de las losas de piedra que conformaban el tejado. Cuando lo hubo encontrado, clavó la parte inferior de la escalera en el suelo firme y polvoriento, y depositó suavemente el otro extremo en un saliente del alero, en un hueco entre dos robustas vigas de madera.

Cuando regresó fray Vicente, Juan le pidió que sujetase la escalera, y ascendió por ella.

Una vez hubo alcanzado el tejado de la capilla, se paseó por la cúpula con sumo cuidado.

Sabía que era prácticamente imposible que la bóveda se viniera abajo ya que estaba construida en piedra y era increíblemente sólida, pero no confiaba demasiado en las losas de caliza, llenas de musgo resbaladizo, ni en las vigas que sujetaban la cubierta, entre las placas y la bóveda. Juan no disimulaba su aprensión por las losas de caliza, material traicionero por el que el musgo y el liquen parecían sentir una atracción peligrosa. Pero pronto empezó a caminar con cierta confianza, al comprobar que la techumbre estaba totalmente seca y que las vigas soportaban su peso sin dificultad.

Encontrar el hueco que producía la gotera en la capilla de San Sebastián fue tarea sencilla: era un agujero hecho por un animal, y que a él no le resultaba desconocido en absoluto.

—¡Tordos, hijos de puta! —dijo para sí, al ver el desastre. Las "zorras del aire", como solía denominarlas su padre, habían estado jugueteando, si es que aquel destrozo podía considerarse como tal, sobre la capilla. Juan valoró el daño y suspiró aliviado—. ¡Podría haber sido peor!

Sólo habían partido dos de las losas.

Juan se acercó al borde del tejado, donde la escalera, y le pidió a fray Vicente, que estaba sentado a la sombra de un almendro ya florecido, que la sujetase.

Una vez abajo, dejó al dominico al cuidado de sus herramientas y de la mula, y regresó al mas dels Arcs a por un par de losetas de caliza, que recordaba haber guardado de una vez anterior, cuando el mismo padre Pedro le pidió que arreglara uno de los aleros de la iglesia.

En el conejar, cogió dos losas de un montón de diez o así, que yacían en la parte baja de un destartalado comedero y unos cuantos clavos especiales para sujetarlas a las vigas, y que guardaba en una caja de madera.

Al salir, sintió el impulso de volver a subir a la cocina de su casa donde, estaba seguro, Jacinta seguía desenvainando judías, y volver a estrujarle los pechos. Pero se reprimió, prometiéndose consumar lo que había empezado tan pronto como hubiera acabado la obra del convento.

Debían ser las diez de la mañana cuando volvió a subir al tejado de la capilla, ahora con la imprudente confianza de que la vez anterior había podido caminar a sus anchas a lo largo de la bóveda, y podía seguir haciéndolo con total seguridad.

Llevaba las dos losas nuevas cogidas entre las manos, apoyadas en el pecho, un poco más arriba tal vez, para asegurarse donde ponía los pies. Los tres primeros pasos no presentaron mayor problema, pero cuando estaba a punto de alcanzar el agujero, uno de los travesaños de las vigas cedió bajo el peso de su cuerpo, y su pie izquierdo se hundió hasta que el nivel del tejado se clavó en su rodilla. Por instinto, Juan levantó el pie maldiciendo su torpeza, pero al descompensar el peso de su cuerpo, el pie derecho siguió el mismo camino que su otra pierna, haciéndole caer de bruces hacia adelante, y viniéndose abajo con las losetas agarradas a la altura de su pecho. Al romperse, las piedras se convirtieron en rasposas y afiladas dagas, que se clavaron en su pecho y cuello como infinitas flechas venidas del infierno.

—¡Cómo San Sebastián! —Pensó Juan.

Fray Vicente oyó el estrépito, y subió precipitadamente por la escalera, gritando:

—¿Qué ocurre, Juan? —Preguntó el dominico— ¿Tienes algún problema?

Arriba, el joven hermano sólo pudo escuchar un opaco gorgoteo que surgía de la sesgada tráquea de Juan, y algo así como una peste: «¡*Malditos tordos!*».

2. El último pan.

«Cuando la caridad traspasa el umbral del exceso, se hace difícil cruzar una mirada exenta de culpa, esbozar una sonrisa carente de remordimiento, o evitar el acoso de la evidencia.»

BENABARRE (Condado de Ribagorza). Principios de 1553

Jacinta se despejó la frente con su mano helada, y oprimió a Catalina contra su pecho desnudo, estrujándolo en vano intento por extraer de su famélico y endeble cuerpo la vital leche que, durante diez meses, había sido el único alimento que recibiera su hija.

Sus pechos volvían a ser pequeños frutos enjutos, tal vez algo más fláccidos que aquellos que Juan tanto deseaba acariciar, degustar, estrujar, incluso morder hasta producirle dolor en sus efusivas muestras de abrutada pasión. Esos pequeños bultitos que, siendo una muchacha, escasamente afloraban más allá de los esmerados pliegues de sus recios vestidos de lino, consiguieron que la piadosa devoción del joven del mas dels Arcs en los santos de Dios sufriera no pocos reveses. Más de una vez tuvo que acudir al confesionario del padre Pedro a purgar sus pecados "de pensamiento", a los que sucumbía su imaginación. El joven Juan estaba convencido de que, con sólo imaginar los secretos arcanos que escondían los recios telones de paño que se desparramaban desde el cuello de Jacinta hasta prácticamente cubrirle los pies, o el simple hecho de limitar su cortejo a unos vacuos besos en los que el prófugo roce de su piel sólo permitía fantasear con lo que le era prohibido, iba a mostrarle el camino directo a las calderas del infierno.

A Jacinta, no haber pasado jamás de aquellos discretos besos, más castos en apariencia de lo que eran en sus entrañas, le produjo un sentimiento de repulsa hacia esos efectos lúbricos que decían sentir las muchachas más deslenguadas y ligeras del pueblo, cuando aseguraban encontrarse entre los brazos de los fanfarrones y abestiados hijos de Bernardo Pellicer, el leñador de Serraduy. Sin embargo, la suavidad con la que Juan besaba sus labios y acariciaba sus mejillas, o cuando, ya bendecidos por la Iglesia, movía su dulce lengua en el interior de su boca, hizo que perdiera aquel miedo absurdo. Pero ahora, aquel temor había vuelto a manifestarse con todo su crudeza.

La muerte de Juan dejó a Jacinta y a la pequeña en una situación poco menos que desesperada. El padre de Jacinta, Jorge, murió unos años antes de que esta se casara, de una rara enfermedad que le postró en cama durante más de cuatro años, tiempo en el cual ella tuvo que trabajar como sirvienta y aguadora en el palacio del conde, don Alonso de Gurrea, hasta poco antes de su boda. Isabel, su madre, murió dos días después de que Jacinta viera la luz por primera vez. Su padre jamás volvió a casarse. No tenía hermanos, ni poseía más tierras ni bienes que la masía y el pequeño huerto de Saturnino, por lo que la joven se encontraba sola al frente de una casa pobre y de una niña hambrienta.

Catalina dio sus primeros pasos poco antes de la última navidad, una mañana fría y húmeda que amenazaba con cubrirlo todo de nieve. Sus finas y huesudas piernas, tiempo atrás lozanas y regordetas, pudieran parecer incapaces de sostener el peso de su flaco cuerpecillo, pero, contra toda lógica, la niña se mantenía en perfecto equilibrio.

Cuando Juan las dejó en la más absoluta de las miserias, la pequeña tenía dos meses. Desde entonces, su cuerpo se había alargado y crecido de un modo notable, pero su peso seguía siendo el mismo que hacía algo más de diez meses. Su cabeza era ligeramente más grande que la de las otras niñas del pueblo, o así se lo parecía a Jacinta cuando bajaba a Benabarre a comprar la comida que nunca pagaba. La pequeña Catalina se le antojaba una enorme sandía pelona clavada en una débil estaca.

La niña apenas hablaba, sólo profería unos sonidos guturales ininteligibles y algunos balbuceos que parecían denotar la desesperación, contagiada por una madre incapaz de sacar adelante a la pobre criatura.

Estaba decidida... Se casaría con algún viudo de Benabarre.

Los frailes de Linares se hicieron cargo de los gastos del entierro de Juan; una sencilla caja de madera indefinible, confeccionada con un par de silos viejos, inservibles como comedero de cerdos porque le faltaban algunos tablones, que revistió de tela negra algo desteñida. El padre Pedro Aranoa le pagó al carpintero unas pocas monedas, recogidas del suelo de la "Grande", por su trabajo, y se encargó personalmente de oficiar el funeral de cuerpo presente, en el monasterio de Nuestra Señora de Linares y se comprometió a celebrar un par de misas en su memoria.

Juan fue enterrado en el cementerio de San Miguel, en una tumba contigua a la de sus padres, en el interior de un pequeño panteón perteneciente al mas dels Arcs desde tiempos inmemoriales.

Jacinta se dio por vencida.

De sus pechos tan sólo surgió un miserable chorro de leche, que quiso abrasar las tripas de Catalina, aunque ésta no se quejó; ya no le quedaban fuerzas ni siquiera para llorar.

La cogió en brazos, y bajó a la cuadra.

Margarita, la mula, resopló. Sin duda, aquel animal estaba infinitamente mejor alimentado que la hija de su dueña, y que ella misma, y eso le corroía las entrañas.

Colocó sobre la mula una vieja albarda de mimbre y salió del mas dels Arcs, tomando rumbo al pueblo.

Por el camino, al llegar a la altura de la ermita de San Medardo, se unió a la triste cohorte el joven Lope Gallardo, que regresaba de su huerto tirando de un burro negro, flaco y viejo, que remolcaba un diminuto carromato de dos ruedas, repleto de hortalizas, boniatos, y escarolas, dispuestas a ser vendidas, a un comerciante de Secastilla que visitaba todos los mercados del condado.

Lope era un joven tímido y discreto, aunque poco agraciado física y mentalmente. Pobre de carnes, deslustrado y mal parecido, sus escasos dientes estaban corroídos por negras caries, y su aliento y piel hedían por la costumbre de comer ajos crudos *«para proteger las tripas y hacer líquida la sangre»*.

Jacinta ya se había percatado de que aquel joven solía mirarla de un modo extraño, una mezcla de lástima y deseo, que le ponía algo nerviosa.

Lope era incapaz de mantener una conversación más allá de dos frases. *«Tal vez ese sea su mayor atractivo»*, pensó Jacinta, que no podía apartar los ojos del cargamento que arrastraba el burro al que, burlonamente, Lope llamaba "Anito", en descarada alusión grotesca a la condesa doña Ana Sarmiento, aunque en presencia de los soldados y aliados defensores de los condes se refería a él como "Burro Chocho".

Gallardo enseguida se dio cuenta de que Jacinta no dejaba de mirar sus verduras, y se sintió halagado, mostrándole una enorme escarola de casi dos palmos y medio, y sus ya algo arrugados boniatos. La "chove"[2] dels Arcs se sintió algo molesta, casi ofendida, y su cara se torció con desencanto. El campesino, al ver el rostro nada amistoso de Jacinta, los devolvió al carromato y prosiguieron el camino sin decir una palabra más.

En la Plaza Mayor, cada uno se fue por su lado; ella y la niña hacia la parte baja, que los benabarrenses denominaban "Sol de Vila"[3], y Lope se quedó discutiendo con el tal Pablo Sánchez el precio de sus hortalizas.

La joven llamó a la puerta del horno. Le abrió Eduvigis, la panadera, haciéndole pasar al interior de la pequeña estancia anterior al horno, donde hacía un calor insoportable. Jacinta sentó a la pequeña Catalina sobre un saco de harina.

—Lo siento —dijo Eduvigis con el ceño fruncido y luchando contra su instinto caritativo— éste es el último pan... La harina que trajiste cuando murió Juan se acabó hace meses; y ya sabes como es "Joseret". Mi marido no tiene corazón, ni paciencia... No quiere que te fíe más lo que nunca vas a pagar. ¡Si no hay sacos de harina o dinero con que comprarlos, no habrá más pan! —Eduvigis le dio una corteza seca a Catalina, e intentó reprimir sus lágrimas—. ¡Lo siento, Jacinta!

El sistema al uso era sencillo: se llevaba un saco de harina al panadero, y éste les cocía cada semana unos cuantos panes, a cambio, bien de un precio por cantidad de panes cocidos, o bien de una parte de la harina. Jacinta había llevado tres sacos grandes un par de semanas después de morir Juan; harina que compró

---

[2] CHOVE- Joven o nuera.
[3] SOL DE VILA- Suelo de la Villa. Parte baja del pueblo.

con el dinero que duramente habían ahorrado durante meses, y que reservaban para el ajuar de bodas de Catalina, con la condición de que Joseret le hiciera dos panes semanales a cambio de medio saco de harina; pero, al parecer, los tres sacos hacía ya tiempo que se habían quedado vacíos, y Eduvigis, mientras pudo, los fue rellenando a escondidas con harina de otros costales o de la suya propia, hasta que Joseret se percató de aquel piadoso engaño, puso el grito en el cielo, y le dio una paliza.

Jacinta no tenía medios para conseguir harina, ni dinero con que comprarla.

En la tienda de Alejandra Soler le dijeron lo mismo, y otro tanto en la carnicería del matarife Santiago Arranz.

Ató los panes en un pañuelo fardero y lo introdujo en la albarda de Margarita. No tenía siquiera ánimos para visitar el resto de casas de Benabarre en las que sabía que podían darle algo con que alimentar a su hija. Se quedó sentada junto a la mula, en la parte baja de la plaza, frente al ayuntamiento, tal vez aconsejada por su hambrienta conciencia, esperando que alguien se apiadase de ella.

Observó que los benabarrenses evitaban cruzar sus miradas con ella; más por lástima o vergüenza que por rechazo a su persona o a la niña. Y se entristeció.

—¡Veo que no te han ido demasiado bien las cosas! —un penetrante y conocido olor a ajo crudo le abofeteó la cara como un rayo devastador. Era Lope Gallardo. Jacinta se encogió de hombros con resignación—. Yo podría ayudarte.

—¡No veo de qué modo! —La joven intentó sonreír— ¡Cómo no quieras comprarme la mula!

—Tienes otras cosas que me interesan más que tu mula—dijo Lope, torciendo la boca en una mueca que a Jacinta le pareció atroz, pero no dijo nada—. Todavía eres joven y tus carnes son prietas... No creas que te estoy pidiendo que te cases conmigo, ¡Dios nos libre!, ¿qué iban a decir de mí en el pueblo?

—Creo que te estás equivocando, Lope... Sí, sin duda no sabes lo que dices.

—Piénsalo bien, Jacinta... Tu hija tiene hambre... ¿No lo ves? Parece un espantapájaros con cabeza de calabaza... Eso lo hace el hambre... Yo podría daros de comer...

—Lo siento, Lope, ¡antes muerta!

—No lo dudo, Jacinta, ¿pero dejarías que muriera también tu hija por tus estúpidos escrúpulos?

El pan que le dio Eduvigis apenas duró una semana, y el llanto de Catalina se hizo insoportable dos días después.

A quella mañana amaneció nublada, aunque no cayó una sola gota. Jacinta cogió a su hija en brazos y empezó a caminar hacia Benabarre. Y cierta nostalgia le hizo verse con pocos años, siendo una criatura, jugando al escondite y a las tabas con las niñas del pueblo. Jacinta, pese a haberse criado sin una madre a quien abrazarse, comprendió que su dolorosa y triste infancia fue un campo de rosas en comparación con lo que le esperaba a Catalina. Se había jurado a sí misma que a aquella pequeña jamás iba a faltarle nada, que nunca añoraría un beso, un abrazo, y se entristeció al cerciorarse de que no iba a poder cumplir sus promesas.

Sentía verdadero pavor cada vez que su mente restituía en su sentido común la evidencia de una cruel realidad nada halagüeña. Y un desasosiego de sucio remordimiento le produjo náuseas cuando se percató de lo que iba a hacer. Intentó que aquel cargo de conciencia quedara eclipsado tras el patético recuerdo de su padre, un pobre hombre que había sabido subsistir y sacar adelante a una niña pequeña sin la ayuda de nadie. Pero sólo conseguía ver el rostro vacío del sufrimiento de sus últimos días, y la caja de pino que sepultó por siempre a aquel hombre, bruto y tirano, al que tanto había amado.

Una arcada le obligó a dejar a Catalina a un lado y, apoyándose en un viejo nogal, vomitó una bilis amarga y oscura, que se entremezcló con las lágrimas que surgían de sus ojos pardos.

El llanto cesó cuando vio que Catalina la miraba con la indiferencia de quien está demasiado acostumbrada a ese tipo de situaciones. Y, por un momento, se preguntó qué futuro les esperaría a ella y a la niña en el caso que engendrase un nuevo ser. Pero era imposible; hacía ya tres meses que no le venía el mes.

Volvió a coger a Catalina en brazos, y anduvo con el paso decidido con el que caminan los que quieren convencerse a sí mismos de que lo que van a hacer es lo correcto.

El cuerpo de Jacinta era blanco y anguloso, huesudo hasta el extremo de convertirse en el revulsivo contra la libido de cualquier hombre mentalmente sano. Pero aquel detalle parecía no importarle demasiado a Lope, que no apartó ni un solo instante sus ojos del oscuro sexo de ella.

Lope le repugnaba, a pesar de que tenía reputación de ser un hombre honrado y piadoso.

Aquella aversión se agravó, aún más si cabe, cuando el enclenque labrador se despojó de su ropa.

Su pellejo era seco y oscuro, lleno de venas abultadas que parecían querer reventar a cada uno de los alterados latidos de su corazón. Jacinta no pudo evitar clavar sus ojos en unas manchas rojizas, en la parte derecha de su abultada panza, tensa y estriada, que parecía atravesada por una especie de cicatriz, cuchillada jamás asestada, en el mismo lugar en el que cabría esperar su oculto ombligo, y que prácticamente cubría un balano minúsculo, a duras penas erecto, y un pubis carente de vello.

Lope alargó sus enormes manos, callosas y ásperas, y la agarró por los hombros. Arrastrándola sin un solo amago de delicadeza, la llevó hasta la cama, le dio un fuerte empujón y le obligó a tenderse sobre las mugrientas sábanas.

La casa hedía a ajos crudos, que conformaban la única decoración de aquella pobre covacha; los había de todos los colores, blancos, violetas, rosas... colgados por todas partes, incluso sobre la cabecera de la cama.

Los ojos de Jacinta se movieron nerviosos, mirando a todas partes, deteniendo su frenético recorrido en las cabezas de ajos y las imágenes carcomidas de la Virgen del Carmen, un polvoriento cuadro de San José con el niño Jesús subido a su hombro, una mancha mohosa de humedad en el techo y la tímida llama de un miserable candil, que luchaba por dar un poco de claridad a aquellas paredes amarillentas que exudaban una suerte de aroma oleoso de ajo y amargura.

Lope se abalanzó sobre ella y buscó con sus manos la poco receptiva abertura de ella. Le introdujo uno de sus toscos dedos y, con una brutalidad que sus escasos músculos hacían imposible prever, le abrió las piernas.

Jacinta se quejó, pero él ignoró sus protestas. Se echó hacia atrás, sujetando con ambas manos aquel pólipo informe; lo apuntó a la entrepierna de la mujer, y le introdujo su fláccido resentimiento hasta el fondo de su alma.

Catalina les observaba con sus enormes ojos apagados, sin comprender qué estaba sucediendo. La niña se echó a llorar, y Lope empezó a gemir de placer, mientras embestía a su madre con una furia inhumana.

El llanto de Catalina se hizo más y más intenso, hincándose en la cabeza de Jacinta como un clavo en una pared de yeso, al tiempo que sentía un empuje áspero en su entrepierna.

El olor a ajos surgía de la piel de Lope como un resuello podrido, que penetró por su nariz, estallando en su entrecejo como el disparo de un cañón. La imagen de la Virgen del Carmen se desdibujó, y la tenue llama del candil osciló con brío, confiriéndole a la habitación un aspecto fantasmagórico. El rostro jadeante de Juan, cuando éste se sentía envuelto de ella, volvió a su memoria, y Jacinta se sintió sucia e irremediablemente condenada.

Explotó en un llanto apagado, sin emitir un solo lamento.

Fueron escasos los segundos que duró aquel caos.

Lope expulsó su impúdica dejación, como si arrancase una mala hierba del bancal, y se echó a un lado jadeante.

Jacinta corrió a coger a Catalina entre sus brazos e intentó calmarla.

—¡Vístete! —Dijo Lope tirándole su ropa a la cara y señalando hacia la puerta—. Allí tienes la cocina, y al lado la despensa. Hazte algo para comer y vete. Mañana llevaré algunas verduras a tu casa.

Medio pollo, una lechuga y un trozo de pan seco fue todo lo que se atrevió a tomar de la despensa de Lope.

Ni siquiera se despidió de él.

Aquella noche, Catalina durmió, y Jacinta lloró amargamente, mientras restregaba su cuerpo con limón y jabón de manteca, en un inútil empeño por librarse de aquel olor a ajo que se había quedado impregnado en el fondo de su ser.

3. *El espejo.*

«Tu mano quiso consolarme, y sin embargo me sentí abocado a un abismo sin fondo.
¿Quién eres, que me miras desde el interior de mí mismo?, ¿Quién, que muestras el ocaso cuando todavía no ha salido el sol?»

PEDROLA (Reino de Aragón). Verano de 1553.

Fernando siempre había mirado con recelo una gran luna de espejo que alguien, carente de toda misericordia, decidió colgar en una de las paredes del vestíbulo del palacio de Villahermosa. Siempre que cruzaba aquel pequeño ensanche, a la entrada del pasillo, pegaba su espalda contra la pared sin perder de vista aquella temible puerta hacia otros mundos. El espejo, en su empeño por devolverle la más cabal de las imágenes de sí mismo que jamás hubiese conocido, se había convertido en uno de sus mayores enemigos.

Ya desde muy niño fue consciente de que llegaría un momento en el que aquel impío engendro le retaría a un duelo mortal del que no estaba muy seguro de salir bien parado. Y eso le aterrorizaba. Porque nunca había vencido a nadie. Alonso siempre le ganaba a la pelota y siempre era el primero en ser encontrado cuando jugaba con los niños de Pedrola.

El mayor de los Gurrea subió las escaleras de tres en tres, celebrando una nueva victoria sobre el majadero de Fernando; ni siquiera la caída que sufrió dos semanas atrás, y que se había saldado con un par de puntos de sutura en el mentón, le sirvió para aprender que las escaleras han de subirse de una en una. El día menos pensado volvería a darse de bruces contra el borde, y el doctor Solano debería recoser la barbilla, la frente o la nariz del primogénito de don Martín.

Tal vez fue aquella enésima derrota, o que siempre estaba perdido en pensamientos tan oscuros que ni siquiera él era capaz de determinar a qué demonios se debían, lo que le hizo olvidar por completo la presencia de aquel impío espejo en el antesala del primer piso.

Anduvo algo despistado, pensando y analizando el motivo por el cual Alonso siempre le vencía cuando jugaban a la pelota; si de Fernando hubiera dependido, en vez de la pelota, hubiera retado a Alonso a una buena partida de ajedrez, ya que en tal reto, estaba seguro, sería él quien ganase.

Las escaleras se escindieron de repente. De no ser por el descansillo, Fernando hubiera seguido subiendo y subiendo hasta que sus piernas se negaran a seguir moviéndose. Y algo así debió suceder.

De repente, dejó de sentir los pies, y un punzante cosquilleo se apoderó de sus piernas. Dio dos patadas contra el suelo sin apartar la mirada de los zapatos polvorientos y de los cardenales en sus rodillas.

Casi al mismo tiempo en que cesó el hormigueo, un escalofrío recorrió todo su espinazo. Allí estaba, como un espíritu errante esperando manifestarse ante un mortal para comunicarle sabe Dios qué arcanos mensajes, el maldito espejo. Se aterrorizó. Pero no como las otras veces. Aquel día, la imagen reflejada era tan distinta a sí mismo que le fue imposible reconocerse; aunque sabía que era él, sin duda, ¿quién si no?, su rostro se difuminaba y distorsionaba como si tuviera voluntad propia, como si el espejo quisiera gastarle una broma pesada, sin la más mínima gracia.

Como la suave caricia de las sirenas que tentaron a Ulises, se sintió atraído por su propia imagen, una atracción más cercana al dolor de la verdad que a la curiosidad infantil.

Se acercó al espejo, pegando, prácticamente, su nariz en el cristal pulido que repelía su propio ser; un jovencito de poco más de siete años, vestido con una camisa fina, sucia y arrugada y unos pantalones cortados a la altura de unas rodillas resecas, amoratadas y llenas de arañazos. Nada era diferente a las otras veces. Sin embargo, el miedo que siempre había sentido por su reflejo, se convirtió en un pavor inusual. Y comprendió algo tan irrecusable para el ser humano que, por ser un simple niño, se hizo terrible: «*Moriré*», se dijo sin poder evitar una tristeza como jamás la había sentido, «*y yo no quiero morir*».

Nadie le había dicho jamás que pudiera burlarse lo ineludible. Nadie, ni siquiera él, lo había pensado nunca. Y en palacio jamás se había evitado hablar de las grandes proezas de su padre, entre las cuales se encontraba aquel enfrentamiento con la muerte ajena como si de algo glorioso se tratara. No, ese no era el problema, y esa no era la muerte a la que tuvo que enfrentarse. Aquella muerte era mucho más cercana, formaba parte de sí mismo; era algo tan inherente a Fernando que resultaba imposible discernir la frontera entre ella y el pobre niño.

Lloró amargamente, pese a que tenía la seguridad de que aquel trance estaba demasiado lejano en el tiempo como para darle importancia. No, no iba a producirse de inmediato, pero iba a suceder, sin remedio, un día u otro. Eso era lo que realmente le entristecía.

Le pareció ver algo ajeno a todo aquello, a la muerte, a sí mismo. Tal vez un paisaje, o quizás el recuerdo de un lugar que ya había visitado. Pero no le importaba lo más mínimo todo lo que pudiera rodear al más temible de los sentimientos a los que se puede enfrentar un ser humano. Nada hay más espantoso que la propia muerte. Y enfrentarse a ella con tan sólo siete años, debía tener un sentido que no alcanzaba a comprender.

Estaba seguro de que Alonso nunca había sufrido un episodio de ese tipo, y que jamás lo sufriría. Ni siquiera se atrevía a asegurar que el propio don Martín hubiese vivido algo semejante.

Y este pensamiento, esta seguridad, le hizo sentirse grande y poderoso, tal vez único...

—Sí —se dijo—. Soy diferente a todos esos.

Quizás tenía razón. Tal vez Fernando era un ser extraordinario, que tenía acceso a una realidad interior distinta a la de la mayoría de los mortales.

No se lo contó a nadie, seguramente porque no le hubieran creído o, simplemente, porque a todo ser humano le gusta guardar para sí mismo algo que le haga sentirse grande entre un sinfín de vidas absurdas y, en apariencia, carentes de sentido.

4. *Una mano tendida por Dios.*

«El bien tiene dos caras. Sonríe cuando es bien propio. Y es severo cuando es ajeno...
Nunca hubo humano que no hiciera bien por sí, ni acto que no llevara a cabo sin esperar recompensa... aunque esta fuera la eternidad.»

BENABARRE (Condado De Ribagorza). Finales del verano de 1554

Lope le explicó a Jacinta que los ajos, si se siembran en cuarto creciente, se dan la vuelta y se "salen" de la tierra, ¿o tal vez era en menguante? ¡Qué importaba!, aquel olor a ajos crudos seguía impregnado en su cuerpo como el indeleble recordatorio de un pecado perpetuo.

Su amancebamiento con Lope era de dominio público; incluso en el convento de San Pedro sabían de la difícil situación en la que habían quedado Jacinta y la pequeña Catalina. Y, sin excusar su terrible ofensa al Santísimo, comprendían los motivos que habían llevado a aquella pobre mujer a decidirse por una vida pecaminosa que, a los ojos de Dios, era eternamente reprobable. Sin embargo, los benabarrenses eran poco amigos de los "dimes y diretes", y solían hacer oídos sordos a los cotilleos de las alcahuetas, al menos abiertamente. Incluso se llegó a decir de ella que había engendrado un hijo de Lope Gallardo, pero que fue "reparado" por Angustias la "Remediadora", una trotaconventos de Camporrells. Jacinta ni siquiera quiso desmentir aquellos falsos rumores. Su vergüenza era mucho más poderosa que las habladurías de unas aburridas "correveidiles" que no tenían otra cosa mejor que hacer que preocuparse por los problemas ajenos.

Catalina rápido se acostumbró a los encuentros amorosos de su madre con Lope, y a la desagradable presencia del labriego en el mas dels Arcs. Incluso consideró que aquel ser repulsivo, que trataba a su madre con la misma delicadeza que a su burro, era lo más parecido a un padre que jamás hubiera conocido. Su presencia parecía reconfortarle, y le hacía sentir una seguridad de la que carecía cuando se quedaba a solas con Jacinta. La pequeña, desde que su madre decidió amancebarse con "El Hombre de los Ajos", había ganado varios kilos y ya parecía una niña normal.

Aquel día, Lope llegó a la masía temprano. Su burro "Anito", tiraba del carromato inusualmente repleto de calabazas, zanahorias, judías, garbanzos, un par de pollos, y medio cordero limpio, que descargó en la poco cebada despensa de Jacinta.

Después, se desnudó y cabalgó sobre ella. Jadeó, eyaculó, y se levantó de la cama.

—Me caso —dijo Lope— con Feliciana Morell.

Jacinta permaneció tumbada, desnuda sobre la cama, sin atreverse a decir una sola palabra. Lope se vistió lentamente, se acercó a la pequeña Catalina y le acarició la cabecita. La niña sonrió.

Gallardo salió de la casa dando un portazo, sin pretenderlo, y Jacinta escuchó los cascos de Anito y el chirriar de las ruedas del desvencijado carromato perdiéndose hacia las cercanías de la ermita de San Medardo.

Las lágrimas resbalaron por su cara, y volvió a sentir el olor de ajo que le revolvió las tripas, haciendo que, en una de las arcadas, vomitase todo lo que Lope le había "brindado" a cambio de su cuerpo desde el día en que se dejó aconsejar por el hambre.

La comida duró un mes; tras el cual, Jacinta volvió a recorrer todas las tiendas y mercados del pueblo.

Otoño de 1554

El viento insufló su seco hálito por todos los rincones del pueblo, convirtiendo las calles de Benabarre en un coro que acompañaba con sus susurros los inútiles rezos de extramuros.

El estómago de Jacinta volvía a estar vacío, y la pequeña Catalina tenía, de nuevo, los ojos hinchados de tanto llorar.

Jacinta bajó al conejar y buscó entre las herramientas de Saturnino el enorme cuchillo que su suegro utilizaba para degollar los cerdos en las épocas de la matanza. Ató fuertemente la mula Margarita a uno de los pilares del cobertizo, acarició sus ásperas crines, y buscó con los dedos la vena yugular. Elevó el cuchillo por encima de su cabeza y cerró los ojos...

Alguien llamó a la puerta.

—¡Alabado sea Dios! —Jacinta quiso ver en aquella súbita interrupción la señal que indicaba que no debía sacrificar al animal, ni siquiera para comer.

La joven del mas dels Arcs tiró el cuchillo al suelo y salió corriendo hacia el portal de la casa.

Era Ernestina, la recadera de las monjas de San Pedro mártir; una mujer joven, un par de años mayor que Jacinta, algo retrasada, sucia, enjuta y desgreñada, que se había quedado huérfana a los diez años, y de la que se había hecho cargo un hermano de su padre, un campesino gordo, borracho y tramposo. Según habladurías, su tío, Calixto Bermejo, estuvo abusando de la pobre mujer hasta que murió, poco después de vomitar su propio hígado podrido. La muchacha tenía entonces diecinueve años. Desde aquel momento, las dominicas de San Pedro se habían hecho cargo de ella y la alimentaban y le pagaban por sus servicios, permitiéndole seguir viviendo en la casa que perteneció a sus difuntos padres, con la condición, ¡Bendita Caridad Cristiana!, de que, una vez que ella muriera o tuviese que ser ingresada en un asilo para dementes, la casa y sus pocas tierras (un huerto y un roquedal incultivable) pasarían a engrosar las innumerables posesiones de la Santa Madre Iglesia.

—La madre Salomé quiere verte —dijo Ernestina, con una habitual sonrisa que, para quienes no la conociesen, resultaba ofensiva.

—Dile que iré a verla esta misma mañana.

Jacinta desempolvó su traje de boda: un vestido azul oscuro hecho de una pieza que el día que lo estrenó le quedaba ceñido y ahora excesivamente holgado, y vistió a la pequeña Catalina con una camisa blanca, una faldita de paño verde oscuro y una recia pelliza de lana pura que le había regalado Eduvigis, la panadera, porque sus nietos eran ya mayores y a ella ya se le había retirado el mes.

Cogió a la pequeña en brazos y se puso rumbo al convento, sito en la parte occidental del pueblo, en extramuros.

La madre Salomé la estaba esperando en el enrejado que separaba el lugar santo de la plebe y que habitualmente era el único contacto que tenían con el exterior.

La superiora del convento solía enviar a Ernestina a por Jacinta con pretextos absurdos, con el único propósito de darle unas cuantas verduras y algún que otro trozo de carne en salmuera, tocino, queso y demás conservas que hacían ellas mismas. Pero esta vez Ernestina no le había dicho para qué quería verla. *«Tal vez se haya cansado de inventarse excusas absurdas, como querer ver si la niña se desarrolla con normalidad o majaderías semejantes»*, se dijo la joven dels Arcs, convencida de que aquella ocasión no iba a ser diferente de las demás. Pero al entrar en el vestíbulo comprendió que la madre Salomé pretendía algo muy distinto a su habitual ejercicio de altruismo dominico.

No hubo *«Ave María Purísima».* Ni siquiera el más breve saludo.

Salomé se limitó a arquear sus cejas y a sonreír de un modo algo forzado.

La madre abrió la verja, y le hizo un gesto para que pasara al interior del convento. Aquella actitud era extremadamente insólita, puesto que, según tenía entendido Jacinta, jamás, bajo ningún concepto, las personas ajenas podían entrar más allá del vestíbulo, a excepción del capellán de la congregación en casos muy puntuales, los albañiles, el médico, o algún trabajador especializado. En ninguno de aquellos supuestos estaba tolerada la presencia de ninguna mujer que no hubiese tomado los hábitos, y mucho menos una pecadora como Jacinta.

La madre Salomé las condujo por un ancho pasillo hasta una habitación, que la joven dels Arcs dedujo que era su despacho.

La monja le ofreció un vaso de leche de vaca recién ordeñada, caliente y blanca como la nieve, y le invitó a que se sentara.

El despacho era una habitación amplia, adosada a la propia celda de la superiora, de una austeridad que rozaba lo incómodo. Por todo mobiliario había una mesa de madera indefinible de color oscuro, algo deslustrada aunque limpia, que servía de soporte para un crucifijo de escasas dimensiones, un tintero cerrado con dos plumas a su lado, un pequeño recipiente de polvo secante, una silla rígida del mismo color que la mesa y, frente al bufete, dos sillas con reposa brazos que no llegaban a ser sillones. Allí, en uno de aquellos aspirantes a trono con reposa brazos se sentó Jacinta, algo abrumada, sin soltar a Catalina.

La madre Salomé acercó la silla rígida al otro extremo de la mesa. Tomó asiento y se quedó inmóvil.

Jacinta, acogotada, perdió sus ojos entre aquellas paredes, que hubieran estado desnudas de no ser por un tríptico de la natividad que quedaba a la espalda de la madre Salomé, sobre la puerta de su celda, y, en la pared derecha, una ventana de diminutas proporciones que proyectaba sobre el suelo del despacho una forma de luz miserable y cuadriculada; sombra de la reja que la protegía.

La sutilidad táctica de la monja era evidente, igual que su paciencia.

Tras dejar que Jacinta sorbiera la mitad de la leche y le diera el resto a la pequeña Catalina, se perdió tras la puerta de su celda, y volvió a salir, segundos después, portando una enorme cesta repleta de panceta, jamón, lomo en adobo, cecina de ternera y un queso de los que hacían ellas mismas y que denominaban "Quesos de San Pedro".

Sin decir una sola palabra, le entregó la cesta a Jacinta, y volvió a sentarse en la silla rígida.

Cuando la expresión de serena calma volvió a asentarse en el rostro de la superiora, le aseguró que antes de que se fuera le entregaría, asimismo, un cántaro de leche recién ordeñada para la pequeña.

La madre Salomé sabía, por Ernestina, que, desde que Lope Gallardo abandonara a Jacinta, algunos caritativos benabarrenses le habían ofrecido verduras y legumbres de sus huertos, que un lejano pariente de su difunto marido mandó sacrificar un cordero, del que apartó la mitad y se la dio a la joven viuda, y que, después de que Lope la dejara en la más absoluta de las miserias, Jacinta había plantado algunas zanahorias, pepinos, nabos, calabacines y judías en el huerto de Saturnino. Pero, ya cercanos al invierno, los huertos estaban yermos, en espera de la primavera; así que también le prometió un par de lechugas y una docena de manzanas amarillas y arrugadas, que habían guardado en unas tinajas en las bodegas del convento.

Jacinta se echó a llorar, apretando el frágil cuerpecito de Catalina contra su pecho, y la madre Salomé no quiso interrumpirla. Sabía que si dejaba que afloraran sus emociones sería mucho más fácil llevarla a su terreno y convencerla de que sus pretensiones eran las más conveniente para ellas... y para la Cristiandad.

Por la cabeza de la joven discurrieron, como las bravas aguas de un río montañés, los recuerdos más enternecedores de su feliz vida junto a Juan. Y aquel horrible sentimiento que le abordó poco antes de decidir mancillar su cuerpo en miserable indecencia con Lope Gallardo, volvió a asaltarle; esta vez con un miedo implícito cercano al terror. Jacinta tomó Aliento e intentó sosegarse.

—¿Qué piensas hacer, hija mía? —le preguntó la superiora en tono maternal, casi inquisitivo. Jacinta se encogió de hombros, sin dejar de jadear. Se había hecho aquella misma pregunta cientos de veces, tal vez miles. Pero, ¡qué diferente e intensa sonaba en otros labios!—. ¿Quizás buscar otro hombre que te dé sustento a cambio de mantenerle la cama caliente?, ¿o buscar un viudo que desconozca tu pasado de amancebada?

Aquella era una opción nada desdeñable, tal vez la más acertada de todas las que habían pasado por su cabeza; pero la sola idea de que otro hombre pretendiera hacer con ella lo que Gallardo o, peor aún, que pretendiera ocupar el lugar de Juan, le producía arcadas.

—Podría vender la masía y las tierras que mi marido heredó de su padre... No son gran cosa pero...

—Te permitirían vivir un año, dos a lo sumo, ¿y después?

La madre Salomé se levantó de la silla y bordeó la mesa, quedando frente a Jacinta, con las manos cruzadas sobre su prominente barriga.

La joven viuda observó aquellos dedos callosos y duros, que subían y bajaban al ritmo de la fatigosa respiración de la abadesa.

—Podrías donar tu casa y tus tierras a la Iglesia —dijo al fin Salomé—. A cambio, se te permitiría ingresar en este convento como novicia. Naturalmente, después de algún tiempo, tomarías los hábitos... Con una dispensa del obispo, y al ser viuda, no habrá ningún impedimento en que traigas contigo a la niña —la madre hizo una estudiada pausa, que a Jacinta le pareció eterna. Sólo podía escuchar el rítmico golpeteo de su corazón en el enjuto pecho que lo albergaba. Salomé le arrebató a la pequeña de sus brazos y, con una amplia sonrisa en sus labios, le preguntó—: ¿Sabes leer? —Jacinta sacudió la cabeza. La madre asintió—. Nosotras te enseñaríamos... y a la pequeña, por supuesto. Te ayudaríamos a educar a este diablillo en el camino de Dios.

—Yo... —balbució la mujer— yo creía que para ser monja debías ser llamada por Dios...

—¡Criatura! —Sonrió la abadesa, ante la ingenuidad de la mujer— tal vez es nuestro señor Jesucristo quien te está llamando, y yo sólo soy un instrumento de su Omnipotencia. Su sierva. Una emisaria... Si te resulta más cómodo, ve en mí una mano tendida por Dios.

Invierno de 1554

P oco le costó decidir a Jacinta el futuro de su hija. En realidad odiaba la idea de volver a abrir sus piernas para que una bestia inhumana como Lope satisficiera sus poco píos sentimientos, o casarse con un viejo rudo y repugnante, como eran la mayoría de los viudos de la comarca.

Un peletero de Estadilla, le había insinuado en más de una ocasión que se casara con él. Pero, en sus ensoñaciones, yacer con aquel hombre de rostro amoratado por el vino, panza infinita, cuerpo velludo, cabello graso y manos agrietadas y ennegrecidas como el caudal de un río seco, por culpa de la sosa, le hacían imaginar que su futuro no iba a ser mucho mejor que el pasado con Lope Gallardo. Además, apestaba a pocilga y tenía siete hijos, el mayor de ellos apenas un muchacho... La idea le daba escalofríos.

—¡Se acabó!

Aquella casa, aquellas tierras, su propia vida sin Juan, no tenían mayor sentido que el grito de un mudo. ¿Qué cabría esperar de una existencia triste, condenada a rememorar unos momentos felices que la ausencia convertía en dolorosos?

Era consciente de que aquella masía sería malvendida por el clero a cualquiera que ofreciese el dinero para pagar una veintena de comidas. Sin lugar a dudas, el huerto de Saturnino sería vendido en poco tiempo y, ni ella ni su hija Catalina, verían un solo real... Pero eso no le importaba; en realidad, ya nada tenía importancia sino el bienestar y la supervivencia de aquella criatura huérfana.

Cuando acabó con las existencias que, con dudosa caridad le había ofrecido la madre Salomé, y con el cuarto de cordero que guardaba en el cántaro de aceite, sacó la mula Margarita del establo, y cargó los vestidos de Catalina, poniéndose en camino hacia el convento.

No lloró demasiado al dar la vuelta a aquella enorme llave, que sepultaba su anterior vida de felicidad. Pero, al traspasar la puerta del convento, tuvo un presentimiento: la corazonada de que algún día se arrepentiría de la decisión que había tomado.

Pocos meses después, la novicia Jacinta supo, por medio de la hermana Micaela, que las tierras que habían pertenecido a su difunto esposo, el mas dels Arcs, fueron vendidas a una familia infanzona procedente de Roda, cuyo cabeza de familia se llamaba Agustín Pociello. Nunca quiso saber cuánto habían pagado por la casa y el huerto, ni el uso que se hizo con el dinero que habían percibido las hermanas dominicas o la Santa Madre Iglesia por ello...

Incluso el destino de Catalina estaba ya sentenciado.

CAPÍTULO II
La infancia

1. Asuntos de Mayores.

«¿*Quién no ha luchado por un ideal, por estúpido que sea?*
¿Quién ha tenido un ideal que no fuera estúpido?»

PEDROLA (Reino de Aragón). Verano de 1557.

Don Martín de Gurrea, conde de Ribagorza y duque de Villahermosa, hacía varios meses que había partido de palacio, como refuerzo para las tropas del Rey Felipe, poniéndose bajo las órdenes de Manuel Filiberto de Saboya en tierras francas. Por tal motivo había dispuesto que fuese don Julio Samitier, (un joven sacerdote que impartía clases de teología y filosofía Agustina en el seminario de Zaragoza), quien instruyera a sus hijos, ya que él, dadas las circunstancias, no podía hacerlo.

Los hermanos admiraban profundamente, casi podría decirse que veneraban, a su padre, aunque cada uno de ellos por motivos sensiblemente distintos. Mientras que Alonso sentía verdadera devoción por el soldado valeroso y dispuesto que suponía don Martín, Fernando estaba fascinado por aquella sabiduría que parecía no tener límites... y los pequeños Martín y Francisco, simplemente le amaban como al padre afectivo (nada común entre la nobleza) y en exceso protector que era.

Y este fervor se había ido hinchando con el transcurso de los años. Hasta que apareció en sus vidas aquel curita menudo y algo cargado de espaldas, con una ligera miopía que intentaba corregir con unos anteojos rayados y descascarillados, que colocaba en la punta de su nariz aguileña. Si a Fernando la inteligencia, algo ufana y soberbia de don Martín, le resultaba fascinante, lo que más le apasionó de Julio Samitier fue su humanidad; aquella extrema sencillez, que le impedía hablar con una autoridad que, ciertamente, no poseía, y una mansedumbre, tal vez algo exagerada, que bien pudiera parecer sumisa servidumbre... aunque sólo era en apariencia...

Julio Samitier nació en una aldea cercana a Frallén. Sus antepasados, según les había contado el conde, fueron siervos de gleba del señorío de Grañén (que perteneció a don Alonso de Gurrea, padre de Martín y que éste había heredado). Parece ser que aquel zagal escuálido y debilucho le cayó en gracia a don Alonso, por lo que decidió apadrinarle y gestionar su ingreso en el monasterio de Nuestra Señora de Veruela siendo un niño. Posteriormente, y esta vez por méritos propios, fue trasladado al arzobispado de Zaragoza, donde cursó estudios teológicos y se ordenó sacerdote. Pero su pobre espíritu le cerró las puertas a su ejercicio como párroco. El arzobispo le apreciaba, qué duda cabe, pero su ausencia de mordacidad le incapacitaba para desenvolverse en una rectoría, ni siquiera como párroco de una iglesucha del arrabal de Zaragoza. Esto era lo que realmente impresionaba a Fernando, que se sentía privilegiado por conocer a un verdadero santo en vida, resignado a una abnegación impuesta.

El conde don Martín dio órdenes expresas y tajantes de que en su ausencia se abstuviesen de viajar a Benabarre, ni a ninguna otra población de Ribagorza; ni siquiera en el caso de que las temperaturas del verano húmedo del valle del Ebro se hicieran insoportables. Los pequeños no entendían aquella resolución, pero era muy comprensible: don Martín partió a Francia junto con su primo Jaime de Gurrea, y el condado había quedado en manos del hermano de éste, Ramiro, proclive a los excesos. Ribagorza era un polvorín de sediciosos, dispuestos a sublevarse al menor signo de debilidad, y la incertidumbre del triunfo se había convertido en una negra nube capaz de desatar la más cruenta de las tormentas, que decantase la balanza en favor de los rebeldes. La ausencia del conde, del gobernador principal del castillo de Benabarre y de gran parte de sus tropas, no era exactamente un signo de debilidad, pero sí de inferioridad numérica. Sea como fuere, Ramiro estaba cumpliendo bien con su trabajo y, a excepción de alguna escaramuza aislada, Benabarre se mantuvo en relativa calma.

Ni doña Luisa, ni los pequeños de Gurrea sentían gran estima por Ribagorza. Odiaban Benabarre, pero no porque temieran por sus vidas, o porque aquellas gentes fueran hurañas y desagradables con la nobleza, que así era, en efecto; ni siquiera porque sus tierras áridas y polvorientas les resultasen poco atractivas... sino por la presencia de Ramiro, al que consideraban un salvaje, mujeriego y con un pésimo sentido del humor.

Los hijos de don Martín, por tanto, estaban realmente aliviados por no tener que viajar a Benabarre y permanecer todo el verano en el palacio de Pedrola; por un lado, porque el energúmeno de Ramiro jamás aparecía por Zaragoza; y por el otro, porque no tendrían que soportar el mal genio de su padre cuando veía que sus asuntos no estaban en orden por la negligencia y vida extraviada de sus primos.

En Pedrola, sin embargo, se sentían felices, seguros, pese a la ausencia del conde y de las constantes revueltas de Aragón. No obstante, la marcha de don Martín había dejado un hueco en sus vidas; hueco que, en el caso de Fernando, se hacía infinito.

Desde que el duque partiera, sus tres hijos mayores, incluso el pequeño Martín, habían notado en su madre una tristeza difícil de comprender. Tal vez el que más se acercaba a los sentimientos de doña Luisa era Alonso, que comulgaba con ella en el temor que embargaba a la condesa por que se presentase un emisario de Filiberto de Saboya y les notificara que el conde había muerto en combate.

Todos, sin embargo, sabían que en la batalla de San Quintín había resultado vencedor el ejército de Felipe II, pero las noticias sobre el estado de las tropas se hacían esperar, y aquella demora parecía eterna.

Hacía un par de días que un tal Bernardo Azagra, un viejo oficial de la guardia personal del rey Felipe, había llegado a Zaragoza con la buena nueva de la victoria de los españoles sobre los francos, pero del conde-duque Martín nada pudo decir en claro.

«*Un conde aragonés murió en la cruenta batalla, atravesado por una lanza*», dijo el tal Azagra, «*otro perdió un ojo por un disparo de arcabuz, y un duque la pierna por culpa de un cañonazo español*», "fuego hermano", le llamó, «*y sé de otro que consiguió arrebatarles una o dos banderas al enemigo*»...

Aquel día, dos después de que llegara el tal Azagra, ya no fue un oficial quien arribó a Zaragoza, sino una avanzadilla de unos doscientos hombres, capitaneados por don Jaime de Aragón, el primo del conde.

Jaime tardó casi una semana en decidirse a visitar a sus parientes en Pedrola. Antes, pidió audiencia con el arzobispo y se reunió con el Justicia de Aragón. Escuchó misa en la nave central de la basílica del Pilar, donde dieron gracias a la Virgen y a san Lorenzo por la Victoria, y pasó las noches visitando los más selectos lupanares de la capital.

Luisa vio en este gesto la corroboración de la muerte o mutilación de su esposo; pues, de haber salido ileso, hubiera regresado con su primo y señor. Las noticias llegadas desde Zaragoza no eran definitivas, sino ambiguos comentarios sobre un mar de gozosa alegría, en la que se le daba poca importancia a quién había muerto, o a quién regresara victorioso de San Quintín. Aquella demora, pensó doña Luisa, sólo podía deberse a que Jaime no tenía suficiente valor como para comunicarle la temible noticia.

La duquesa se encerró en sus aposentos durante dos días, y lloró amargamente lo que creía una certeza.

A media tarde del viernes, Jaime pidió ser recibido por doña Luisa.

—No te preocupes —le dijo al verla terriblemente abatida y turbada— Martín está bien... ¡Estupendamente, diría yo! En estos momentos viaja a Madrid, en compañía de Filiberto de Saboya y un pelotón de soldados, para entregarle los tres estandartes que les arrebató a los franceses en San Quintín — Jaime olvidó toda la compostura de la que, dicho sea de paso, siempre había carecido, y gritó—: ¡Tu esposo es un héroe, Luisa! ¡Nuestro Martín pasará a la historia como un soldado valeroso!

El rostro de la duquesa se iluminó. Jamás se había sentido tan orgullosa de su marido como en aquellos momentos.

Doña Luisa mandó llamar a los niños.

—Escuchad lo que tiene que comunicaros vuestro tío —dijo la duquesa sin poder disimular su emoción.

Los tres niños abrieron sus ojos de par en par.

—Las tropas de nuestro soberano Felipe han vencido al ejército francés en San Quintín. Vuestro padre, el duque de Villahermosa, ha sido muy valiente, un gran capitán. Gracias a él, sus soldados han podido arrebatarle tres banderas al enemigo, ¡es un hombre grande!

Aquella palabra, "grande", quedó flotando en la mente de Fernando, con un significado distinto al que le daba aquel rudo militar... *«¡Yo no necesitaba que mi padre arrebatara nada a nadie para saber que es magnífico!»*, se dijo. Comprendió que para que don Martín lograra arrebatar las tres banderas que se le atribuían, había tenido que acabar con la vida de cientos, tal vez miles, de pobres soldados que luchaban por defender lo suyo. Con toda seguridad, todos aquellos soldados muertos también deseaban ser grandes hombres, pero no habían logrado sino ser cadáveres ajados y desmembrados, a los que nadie recordaría al cabo de dos o tres años. Y comprendió que el significado de la fama era, cuanto menos, ambiguo. El vencedor siempre le atribuía una acepción contraria a la que le daba el vencido. Y, así, vio que la grandeza del hombre viene determinada por la capacidad de éste para acercarse al poder de Dios, que la facultad creativa del hombre es limitada y supeditada a sus manos y a la perpetuación de sí mismo, y que todos, poderosos o siervos, incluso los animales, pueden hacerlo sin mayor esfuerzo: *«la grandeza, su demostración, queda limitada a la capacidad destructiva y a la sumisión. La fama no depende del valor, sino del potencial para humillar y destruir al prójimo»*. *«Grande no es quien Dios decide, sino aquel que sabe volar por encima del resto»*, se dijo Fernando. Aunque, ¿se podía asegurar que quien ostentaba el poder terreno no contaba con la gracia divina?

Martín regresó de Madrid quince días más tarde, y les hizo partícipes de su alegría y de un gran proyecto, inspirado en las ideas megalómanas del rey Felipe.

Como la batalla de San Quintín había tenido lugar en los primeros días del mes de agosto, y la rendición de los franceses se produjo el mismo día de San Lorenzo, patrón de Huesca:

—La vanidad del rey Felipe no tiene límites —susurró Martín, como si no confiase ni en sus propios criados—. Se ha empeñado en construir un monasterio Jerónimo grandioso, en el que incluirá un gran panteón, para que todos los reyes de España sean enterrados en él... Mi propósito es convencerle de que construya la gran obra en el "Plá de Castilló", en Benabarre... ¿Os imagináis lo que supondría un monasterio de tal envergadura en Ribagorza?

Pero el rey sabía que Ribagorza era un foco constante de conflictos que, a medida que se iban agravando, le alejaban más y más de don Martín. Felipe deseaba que Ribagorza volviera a pertenecer a la Corona de Aragón, y Villahermosa no estaba dispuesto a que esto fuera así. No era de extrañar, por tanto, que rechazase la proposición del conde. Y Martín no tardó en brindarle un nuevo emplazamiento para su obra; unas tierras que habían pertenecido a los

padres de San Lorenzo, en las cercanías de Grañén, y que eran de su propiedad. Esta segunda opción pareció agradar al monarca, y prometió estudiarla, aunque parecía que un tal Hermenegildo Vallejo, una especie de alquimista, astrólogo y músico de Madrid, estaba intentando convencerle de que en las cercanías de la capital existía un lugar con fuertes concentraciones energéticas, ideal para su proyecto.
El lugar recibiría el nombre de El Escorial.

2. El regalo.

«El amor es un estado inquietante; cuando se tiene no se aprecia, cuando se carece se desea. Cuando es distante se percibe... La consecuencia que se aplica antes del hecho es como el verso que canta un trovador antes de haberlo compuesto.»

BENABARRE (Condado de Ribagorza). Invierno de 1558

Aquel año, casi a regañadientes, Fernando accedió a viajar, junto a su hermano Alonso, don Martín, y unos cuantos hombres de confianza del conde, hasta Benabarre, para, según dijo su padre, habituarse a las labores condales... El Doctor Solano desaconsejó a su madre, doña Luisa de Borja, débil y enferma, les acompañase. Los pequeños Martín y Francisco se quedaron con ella en Pedrola.

Sin embargo, fue Fernando quien se negó con más insistencia a viajar a Ribagorza. El motivo era la negativa a separarse de Julio Samitier, y la admiración enfermiza que sentía por él. A tal punto llegó su veneración por aquel hijo de Grañén que, incluso, se estaba planteando seguir el mismo camino que éste había emprendido, e ingresar en el seminario de Zaragoza. Pero, al final, no tuvo más remedio que acatar las órdenes de su padre.

En realidad, el conde Martín había dispuesto que sus dos hijos mayores le acompañaran hasta Ribagorza por un motivo que poco, o nada, tenía que ver con su instrucción como futuros condes, sino con el miedo a que se produjese una revuelta popular en Zaragoza y fueran asesinados todos los posibles herederos de la Casa de los Aragón. Los fueristas cada día se volvían más y más violentos, y la casa de los Villahermosa estaba en el punto de mira de los aragonesistas más radicales, que no veían con demasiada simpatía que la familia Gurrea se opusiera a que tierras legítimamente aragonesas mantuvieran un sistema político feudatario dentro de una soberanía real, rancia y magnificada. Aunque, por otro lado, ningún aragonés ponía en duda la inquebrantable fidelidad de don Martín para con la Corona de Aragón, y la defensa a ultranza de los Fueros. Lo cual no dejaba de ser una contradicción.

Sea como fuere, el día de Navidad estaba en puertas y Fernando, aburrido de la compañía de Alonso y de los abestiados militares que conformaban la guarnición del castillo de Benabarre, se vio haciendo amistad con el párroco de Santa María la Mayor, mosén Víctor Laguna. Un joven que vino a sustituir al viejo mosén Bernardo cuando murió de un cólico intestinal tras ingerir toneladas de boniatos y mermelada de calabaza untada en pan recién hecho, el otoño de mil quinientos cincuenta y cinco. Aquella amistad le afianzó en su idea de hacerse sacerdote; un camino no previsto por el conde Don Martín puesto que tenía la intención de que su hijo cursara la carrera de humanidades y ocupara el rectorado de la Universidad de Zaragoza (proyecto que don Martín venía persiguiendo desde hacía años y que no acababa de tener un apoyo firme en la corte de Madrid).

Alonso, por su parte, y pese a las reticencias iniciales, solía acompañar su tío Ramiro, con quien parecía haber congeniado a las mil maravillas.

Era la comidilla del pueblo que don Ramiro y el primogénito de don Martín habían tomado como costumbre beber hasta caer borrachos en la taberna de Josefina Ferrusola, de la que, prácticamente todas las noches, eran sacados en volandas por media docena de soldados.

Incluso Ramiro, viendo que su sobrino mayor le secundaba, no tuvo reparo alguno en invitarle a una de aquellas célebres cenas en la mansión que poseían en el centro de Benabarre, y a la que llamaban la "Casota". En aquella bacanal, en la que, junto con algunos oficiales, hidalgos y algunas muchachas del pueblo de no excesivamente inmaculada reputación, degustaron con deleite los fuertes licores traídos por Ramiro de una pequeña aldea al pie de la Sierra de Guara y que, según decían, eran capaces de tumbar un caballo. Ellos mismos comprobaron tal afirmación con un mulo de carga, viejo y sarnoso, que le compraron al joven Bernardo "el dels Somés"[4] a tal efecto, y que abandonaron en las inmediaciones del "Pla de las Monges"[5], donde acabó siendo bendito manjar para una veintena de buitres hambrientos. Después montaron en sus caballos y cabalgaron hasta la ermita de San Medardo, donde bailaron, cantaron y fornicaron hasta caer agotados...

El sol les despertó al amanecer, y regresaron a palacio, medio desnudos, sin sentir siquiera el inclemente frío que se había apoderado de Benabarre aquel invierno, y que no iba a abandonarlo hasta bien entrada la primavera.

A Fernando todo aquello le ponía los pelos de punta: era un cristiano devoto, a punto de cumplir trece años, delgaducho, algo desgarbado y excesivamente aniñado para su edad, al que le repugnaba la vida libertina de Ramiro.

Tal vez intentando extraviar la idea de que Alonso caminaba inexorablemente hacia las calderas del infierno, bajó a los baños, que en realidad era una sala en cuyo centro se había practicado un agujero rectangular a modo de artesa, con la intención de tomar un baño.

El joven se desnudó y se introdujo en la bañera, dejando que el agua fría se clavase en su piel como agujas afiladas, lo que le resultaba tonificante a la par

---

[4] El de los burros.
[5] El llano de las monjas.

que molesto. Sin embargo, el mayordomo, sabiendo que el joven Fernando tenía intención de visitar aquella tarde la artesa, encendió un enorme brasero que no permitía que el gélido aire del incipiente invierno penetrara en el cuarto.

Cuando su cuerpo se hubo acostumbrado al frescor del agua, y sus músculos se habían desentumecido, unas pisadas provenientes de las escaleras perturbaron la abstracción del joven hijo del conde.

Los pasos fueron haciéndose cada vez más cercanos e intensos. Él los reconoció enseguida: era el paso inestable de su tío Ramiro, que había tenido la misma idea que él, en un intento algo ilusorio por mitigar los efectos de la enorme resaca que le produjo aquel licor asesino de mulos.

Fernando se encogió en un rincón. La sola presencia de su tío le crispaba los nervios. Era la compañía menos deseada en aquellos momentos, pero no salió del agua.

Ramiro entró en los baños y se desnudó sin apenas mirar a su sobrino. Dejó sus pesadas ropas hechas un guiñapo en un rincón, junto al brasero para que se calentasen, y se acercó a la artesa.

El joven Gurrea se quedó impresionado al ver el imponente porte, tan altivo, fuerte, musculoso y lleno de cicatrices de su tío.

Fernando se hizo a un lado. Ramiro entró en la tina, desplazando gran cantidad de agua, que salpicó al joven. Se sentó a su derecha, tocándole con su musculoso hombro.

—¿Cuándo es tu cumpleaños, Fernando? —preguntó, echándose agua sobre la cabeza.

—El seis de enero.

—¡Dios Santo, sólo faltan un par de semanas! —Gruñó— ¿cuántos cumples?

—Trece, señor.

—¡Por todos los demonios, eres ya un hombre! Yo a tu edad... Te prometo que este año voy a hacerte un regalo que no olvidarás jamás.

—¡Gracias. Señor!

—Es la costumbre —prosiguió Ramiro—. Cuando un Gurrea cumple los trece años, ha de pasar "la Prueba" —rió—. Nuestro padre la pasó. Y tu abuelo Alonso... Y tu padre, y Jaime y yo también fuimos "iniciados"... incluso tu hermano Alonso. Y no te quepa la menor duda de que tu hermano Martín y el pequeño Francisco también tendrán que superarla cuando llegue el momento.

El muchacho se encogió de hombros. Alonso era un fanfarrón incapaz de permanecer callado, y no recordaba que le hubiese contado nada extraordinario de lo acontecido el día de su decimotercer cumpleaños; al menos, nada de lo que pudiese alardear. Probablemente su tío otorgaba mayor importancia a aquel asunto del que podían darle ellos mismos.

Llegó, así, el día de su cumpleaños, que prometía ser tan aciago como lo había sido la navidad sin su madre. Fernando estaba convencido de que nadie se había acordado de aquella fecha, y eso hacía que se sintiese el más desdichado de los hombres, tanto que, después del almuerzo, se excusó y se encerró en sus aposentos. Allí permaneció largo rato pensando en cómo le diría a su padre, el conde, que estaba decidido a ingresar en un seminario para convertirse en sacerdote.

Y en esos pensamientos estaba cuando sonaron tres fuertes golpes en la puerta. Su corazón se aceleró... Su madre había prometido reunirse con ellos pasada la Navidad. «*¡Ojala sea ella!*», se dijo sin demasiado convencimiento.

De un salto, se puso en pie e hizo girar las bisagras del portalón.

Frente a él, como un borracho ávido de vino, se encontró a su hermano Alonso y, algo más apartado, Ramiro. Iban vestidos con ropas de montar.

Fernando suspiró, entre decepcionado y condescendiente.

—¡Vístete! —dijo su tío, más como una orden que como una invitación— Nos vamos de paseo.

Fernando hizo lo que su tío le había ordenado. Se vistió sus medias recias y botas altas, y bajó al patio, donde le esperaban Alonso y Ramiro.

Juntos llegaron a los establos y ensillaron sus caballos: Fernando, su yegua árabe de color azabache de largas crines brillantes, Alonso un alazán de ancha grupa, y Ramiro su caballo de guerra albo y pardo.

Una vez ensilladas las monturas, las sacaron a una pequeña glorieta empedrada, situada entre la torre del homenaje y los establos, y allí montaron cada uno en su respectiva cabalgadura.

Cuando partieron, el sol empezaba a descender hacia el horizonte de Aler.

A paso lento, se adentraron en las empinadas callejuelas de Benabarre, dirigiéndose hacia la parte inferior del pueblo, donde se apiñaban las casas más pobres de la villa, tomando, al fin, el camino de San Salvador.

Una vez hubieron rebasado la ermita de Santa Ana, Ramiro les condujo por el camino de la Sierra de Purroy, esta vez al galope.

Media hora más tarde, las montañas fueron engullidas por la tierra convirtiéndose en una inmensa llanura.

Ramiro tiró de las riendas de su caballo, y frenó su marcha. Los dos jóvenes se acercaron a él.

—Aquí es donde vuestro padre pretendía que el rey construyera su monasterio de San Lorenzo —sonrió Ramiro—. Pero ha tenido que conformarse con un convento miserable a las afueras de Huesca. En el fondo, Felipe, odia a Martín; no moverá un dedo por el bien de estas tierras y, sin embargo, las desea como un anciano a una virgen.

Ramiro espoleó su caballo y emprendió camino al llano, descendiendo por una estrecha y empinada senda que, en ciertos momentos, parecía haber sido horadada en la roca. Los dos jóvenes le siguieron con cierto celo; el terreno era desnivelado y resbaladizo y los caballos caminaban algo indecisos. Sin embargo, la seguridad con la que su tío había emprendido el descenso les dio cierta confianza, y la tensión inicial se fue disipando a medida que el angosto terreno se volvió camino carretero. Dejaron Purroy a un lado, y pronto se adentraron en aquella seca explanada que parecía no tener fin.

Por el camino se cruzaron con una carreta vieja y vacía arreada por un anciano con barba de chivo que, al principio, pareció asustarse ante la presencia de los tres jinetes pero, al reconocer a Ramiro, les hizo un gesto con la cabeza a modo de frío saludo.

El hombre, un comerciante de Camporrells, conocía bastante bien a Ramiro; de hecho, uno de sus hijos había sido criado de don Raimundo de Àger en Benabarre y, antes de que comenzase el conflicto por la sucesión del condado, compartió con los jóvenes Gurrea fiestas, licores y rameras, por lo que no le fue difícil deducir que el antiguo compañero de jácara de su hijo se dirigía al mas del "Aigua"[6], a hacerle una visita a Pilar "La Batalladora".

Pilar era una mujer joven y hermosa, viuda de un soldado muerto en la Batalla de San Quintín al año de haber contraído matrimonio, y que olvidaba su mísera vida ofreciendo su cuerpo a todo varón que pudiese pagar el precio convenido. Ya su madre, Angustias, a la que llamaban la "Remediadora", había tenido fama de ramera, antes incluso de que muriese su marido, de una enfermedad que muchos achacaron a la vida disoluta de su mujer. Ahora, la tal Remediadora, ejercía la profesión de sanadora, casamentera y "desfaedora de Pecats"[7] desde que volviera a casarse con un tal Maurice Florentín, un francés venido de un pueblecito cercano a Pau, en el Bearne, y que aportó a su matrimonio con Angustias un hijo, Guillaume, que ahora tendría unos diez años.

Los tres hombres guardaron sus caballos en el establo de la masía, y se dirigieron al interior del lupanar. Allí fueron recibidos por una joven de piel morena y negro pelo rizado, algo entrada en carnes, que les sonrió sin decir una sola palabra.

Fernando abrió los ojos como si fueran a salírsele de sus órbitas. La pequeña estancia era terriblemente austera; una especie de barra minúscula, nada parecida a la de la taberna de Josefina Ferrusola, en Benabarre, que ocupaba la mitad de la pared del fondo, y un par de mesas de madera inusualmente bien pulidas y lacadas, como recién hechas, flanqueadas, cada una de ellas, por dos bancos en el mismo buen estado que las mesas.

—¡Amancia! —gritó Ramiro, mirando a la muchacha rolliza y sentándose en uno de los bancos. Sus sobrinos siguieron su ejemplo y tomaron asiento uno a cada lado de su tío—. ¡Sírvenos unas jarras de vino!

—¿También al muchacho? —preguntó la joven señalando a Fernando.

—¡Muchacho por poco tiempo! —Rió Ramiro— ¡para eso hemos venido aquí!

---

[6] AIGUA- Agua.
[7] DESFAEDORA DE PECATS- Deshacedora de Pecados

Fernando estaba asustado, jamás había probado el vino y sabía que, quien no tenía costumbre en su cata, solía marearse, vomitar y enfermar. Pese a todo, el joven Gurrea se bebió toda la jarra y, efectivamente, los síntomas eran similares a los que sospechaba; un ligero mareo, molestias en el estómago, y una sensación que no había previsto, esa especie de alegría infundada que le confería algo parecido al valor

—¡Te estás quedando calvo! —Le dijo a su tío entre risitas estúpidas.

Ramiro se quedó estupefacto, casi molesto por el comentario de su sobrino. Jamás había osado hablarle de ese modo. Pero, al ver la lerda sonrisa y los ojos vidriosos con los que le miraba Fernando, comprendió que su sobrino estaba borracho, y rió a carcajadas.

—¡Si sólo fuera el pelo lo que pierdo, querido sobrino! —Bromeó Ramiro— ¿Qué me dices de mi panza?. Perdí los músculos cuadrados que la formaban para ganar esta bola de sebo redonda y fláccida... ¡Y de mi "pajarico", mejor no hablar!

Alonso se unió a las risas de su tío y de Fernando, aunque no comprendía lo que le estaba diciendo, porque la voz de Ramiro se perdía en su propio oído como un eco lejano. Rió a carcajadas, acompañando su risa con muecas extrañas y golpes en la mesa.

Tal vez alertada por las algazaras, la joven Amancia fue en busca de Pilar, su dueña, y de otra compañera, prácticamente una niña seca y laxa, a la que llamó Celedonia. Las tres mujeres sabían que cuando don Ramiro reía de aquel modo estaba suficientemente beodo como para exigir la presencia de las mujeres; a veces las tres a un mismo tiempo, otras, la mayoría, solo la de la dueña de la mancebía.

—¡Dejadme a mí a Pilar! —le susurró Alonso a su tío. Éste le miró con expresión severa y sacudió la cabeza—. ¡Sólo por esta vez, por favor!

—¡Imposible, Alonso! Hoy Pilar ya está ocupada. ¡Quédate tú con las otras dos muchachas!

El cambio le pareció razonable, y aceptó sin pensárselo dos veces, sonriendo con una expresión lúbrica en sus ojos enrojecidos por el vino.

Ramiro se levantó. Con paso inestable, se aproximó a las tres mujeres, y les susurró algo al oído, comentario al que respondieron las dos más jóvenes, Celedonia y Amancia, con una risita nerviosa y bobalicona, y Pilar moviendo la cabeza afirmativamente.

Alonso se puso en pie y, flanqueado por las dos muchachas, se perdió tras una puerta a la derecha de la pequeña barra.

Luego, el primo del conde se acercó a su sobrino y le puso la mano en el hombro.

—¡Felicidades, Fernando! —Dijo con la mayor solemnidad que le permitía su indudable estado de embriaguez—. Te prometí que jamás olvidarías tu decimotercero cumpleaños, y éste es tu regalo —señaló a la Batalladora.

Pilar le tendió la mano y el joven la tomó tembloroso. Se levantó y la siguió hasta la puerta por la que habían desaparecido Alonso y las dos jóvenes. La mujer le condujo a través de un estrecho pasillo hasta una habitación tétrica, de paredes desconchadas y vigas arqueadas, dominada por una espesa oscuridad que parecía querer devorarlos. Pero el terror a ser festín de las sombras se desvaneció cuando la joven prostituta permitió que el cuchitril se llenara de una luz gris y pesada, abriendo los "portillos" de una estrecha ventana.

—¡Quitaos la ropa! —le dijo la mujer con dulzura, mientras ella empezaba a despojarse de su vestido.

El pequeño obedeció como si se tratara una orden de su tío Ramiro, más por aturdimiento que por que realmente le apeteciera hacer lo que, era evidente, vendría a continuación. Desabrochó los botones de su camisa, y se deshizo de sus pantalones y calzones, dejándolos medio plegados sobre el camastro.

Fernando acabó de desnudarse mucho antes que la mujer, y se sentó en el borde del catre, clavando sus ojos en el suelo de terrazo desgastado y agrietado y tapando sus vergüenzas con ambas manos.

En la alcoba de al lado se escuchaban risitas histéricas de mujer, y comentarios apagados de los que sólo pudo entender frases sueltas, no exentas de expresiones soeces y embriagadas de lujuria. Fernando comprendió que aquella no era la primera vez que Alonso acompañaba a su tío a aquel lugar, y que su hermano, sin duda, disfrutaría mucho más que él de aquel festejo.

Cuando Pilar se quedó completamente desnuda, se acercó al joven Gurrea, y se quedó de pie, a escasos centímetros de su cara.

—¡Miradme! —dijo la mujer.

Fernando levantó la vista tímidamente. Ante sus ojos apareció una maraña de pelo oscuro que destacaba sobre el albo cuerpo de Pilar.

Las piernas de aquella mujer eran rectas y perfectamente torneadas. Sus curvas eran suaves, sus caderas receptivas e insinuantes. Sus pechos, algo escasos pero duros, estaban coronados por una aureola pequeña, como del tamaño de un real de plata, y por unos pezones largos y oscuros, del color de las cerezas maduras.

—¿Os gusta lo que veis, joven Villahermosa?

Fernando levantó la cabeza, y al clavar sus ojos en los de la prostituta, azules como el cielo de primavera, sintió un escalofrío. Su mirada era triste y preñada de amargura. Entonces se percató de que la verdadera belleza de aquella mujer, de poco más de veinticinco años, tal vez treinta, se encontraba en su rostro, perfectamente cincelado, como esculpido por las hábiles manos de un maestro imaginero, y en sus labios carnosos, extraordinariamente sensuales.

Pilar no pronunció ninguna palabra más.

Se apartó ligeramente del muchacho, acercándose al bajo vientre de éste, y empezó a juguetear con su pene, introduciéndoselo, primero, entre sus gruesos labios, y después, cuando estaba suficientemente erecto, en el enmarañado bosque de su entrepierna, moviendo todo su cuerpo sobre él de un modo lento y acompasado.

Fernando observó las oscilaciones rítmicas de los pequeños pechos de la Batalladora como si se tratase de un juego de pelota, como un espectáculo tan sucio como bello, (quién sabe si no era hermoso por esa misma razón); una indecisa puesta de sol, un amanecer opaco... Y se preguntó, sin hallar respuesta, por qué aquella mujer, tal vez la más hermosa que jamás hubiera conocido, consentía que cualquier hombre la tocara, yaciese con ella por un puñado de monedas, si ni siquiera era feliz con ello.

Pero esos pensamientos se desvanecieron poco antes de sentir un intenso calor recorriendo todo su cuerpo, y de que algo en su interior clamase por salir de un modo espasmódico e irregular. Sus piernas se tensaron, y sus brazos se agarrotaron, al tiempo que un escalofrío recorría todo su espinazo. Al fin, se apoderó de él un calor maravilloso.

Pilar se separó del muchacho y se tumbó a su lado, mirando hacia la ventana. Él la observó y sonrió.

—¿Puedo acariciaros? —preguntó Fernando, visiblemente turbado.

Ella asintió, algo sorprendida. La mayoría de los hombres, una vez habían concluido aquella transacción indecorosa, se levantaban, se vestían, y tiraban su dinero sobre la cama. Los demás, una minoría, se dormían, o permanecían pensativos mirando al techo, sin decir nada.

El joven alargó su mano, acercó sus dedos a los hombros de la mujer, y fue descendiendo hasta sus pechos, que sólo oprimió por curiosidad. Su tacto era agradable, incluso divertido. Después, deslizó su mano por el vientre de la libertina y, al llegar a su ombligo, mantuvo sus tímidos dedos durante un largo rato, recreándose en la suavidad de aquella piel lisa y delicada.

—Voy a ingresar en un seminario —dijo al fin, sin dejar de acariciar el nacimiento de aquel dulce pecado—. Mi padre todavía no lo sabe, pero quiero ser sacerdote —Pilar ni siquiera le miró. Entre sus mejores clientes se encontraban media docena de curas, y su idea del sacerdocio era muy diferente a la que tenía el joven Gurrea—. Probablemente seáis la primera y la última mujer en mi vida... Y me alegro de que hayáis sido vos... Yo no debería estar aquí.

Los ojos de Pilar se humedecieron. Sabía que, cuando saliera de allí, Fernando la vería como lo que era, una vulgar ramera, igual que el resto de los mortales... Sus lágrimas se secaron en un segundo.

El camino de regreso fue una irregular sucesión de sentimientos encontrados. La alegría de Alonso, que contaba su hazaña con todo detalle, sin omitir las partes más escabrosas y obscenas, contrastaba con la profunda tristeza de Fernando, que no comprendía como los hombres podían pagar por unos segundos de placer egoísta con una mujer que, en el fondo, los despreciaba, y lloraba su amargura mientras el mundo la sentenciaba a ser una indecorosa. Fernando creía haber aprendido grandes lecciones de aquella experiencia, pero ninguna de ellas se aproximaba mínimamente a lo que Ramiro había supuesto y pretendido. Sabía que jamás volvería a ver con los mismos ojos a las prostitutas y que el juicio de los demás era, por lo general, frívolo y preñado de desprecio y envidia. Pero él no era más que un muchacho y aún no comprendía que el mundo no es solamente lo que ven nuestros ojos, lo que perciben nuestros sentidos, lo que musita nuestro corazón, sino un completo absurdo.

—¡Don Ramiro! —Dijo Fernando cuando las murallas de Benabarre se reflejaron en sus pupilas—. ¡Os agradezco vuestro regalo!

—¿Te ha gustado, sobrino? —Fernando asintió con cierta tristeza—. ¡Ah los placeres de la carne!.. ¡Quien los cata ya no puede renunciar a ellos!..

—Ya ha pasado la navidad —susurró Fernando— y, según tengo entendido, el día de la Adoración suele subir a Benabarre el padre Roberto Domínguez, el deán de la Catedral de Lérida.

—¡Sé quién es ese bastardo! —Profirió Ramiro malhumorado— y que tal es su costumbre, para nuestra desgracia.

—Yo... —prosiguió Fernando— He pensado que tal vez podríais... Si os acompaña mosén Víctor...

—¿Qué estás intentando decirme, zagal?

—Quiero ingresar en el seminario de Zaragoza.

—¡Tú estás loco! —Se burló Alonso—. ¿Quieres perderte momentos como el que acabas de disfrutar?, ¿quieres renunciar a esas golfas que se abren de piernas sin ningún tipo de rubor para que goces de su cálida entrepierna? ¡No sabes lo que estás diciendo!

—Quiero ser sacerdote.

—¿Lo sabe tu padre? —Fernando sacudió la cabeza—. ¿Y pretendes que yo hable con Roberto Domínguez y con mosén Laguna para que convenzan a Martín? —el joven volvió a asentir—. Tu hermano tiene razón, ¡estás realmente loco, muchacho!, ¿lo sabías? Entonces, ¿para qué demonios te ha servido acostarte con esa puta?

—Se llama Pilar —susurró Fernando— y yo quiero ser cura.

Ramiro, antes de hablar con el deán, decidió que sería mejor reunirse con el conde Martín, y exponerle las intenciones de Fernando. Villahermosa, al principio, sonrió, como si se tratara de una de esas bromas de dudosa gracia de su primo; después, cuando vio la expresión severa en el rostro de Ramiro, se echó a reír; y, finalmente, al comprender que hablaba muy en serio, sacudió la cabeza.

—¡Eres un estúpido! —Le increpó Martín— ¿Cómo se te ocurre llevar a mis hijos a ese prostíbulo?

—Todos los Gurrea lo hicimos. ¿Acaso ya no recuerdas tu decimotercer cumpleaños? —el conde bajó la mirada— ¡El crío cumplió como un hombre! ¡No lo entiendo, primo!. ¡Por Dios que no lo entiendo!

—¡Eso no tiene la menor importancia, Ramiro! —Se enfureció Martín—una ramera jamás puede...

—¿Vas a decirme que no te alegrarías si fuese cura?

—No es eso lo que he decidido para él...

—Tu heredero es Juan Alonso... ¡Deja que Fernando sea cura, obispo, o lo que desee!

—¡Jamás! —dijo secamente—. Yo quise ser sacerdote, y mi padre no me lo permitió.

—Creía que tú, tan místico, tan culto y sabio, te guiabas por emociones menos mundanas —sonrió Ramiro con ironía—. ¡Ahora va a resultar que tu cabezonería se debe a un ataque repentino de celos!

—¿Celos? —se indignó el conde.

—¿Quieres que tu hijo te odie, igual que tu odiaste a tu padre?

—¡Por Dios, Fernando es un niño! Su educación, su futuro, todo lo que deba ser en esta vida, es mi responsabilidad y mi decisión.. Con el tiempo comprenderá que sólo deseo lo mejor para él!

—Lo mejor para ti...

—¡No será cura!... y es mi última palabra.

Visto que el conde Martín se negaba a concederle a su hijo el permiso para ingresar en el seminario y cumplir con su vocación sacerdotal, mosén Víctor Laguna fue a hablar con el padre Domínguez Serrano, y los dos se presentaron en el palacio condal.

El conde Martín los recibió a regañadientes y malhumorado.

Los dos sacerdotes le expusieron el motivo de su visita: el ingreso inmediato de Fernando en el seminario de Zaragoza. Y a ellos se unió don Julio Samitier, algo asustado e indeciso.

—¿Mi hijo sacerdote? —dijo Martín enojado—. ¡Jamás!

—Vos siempre habéis dicho que vuestro mayor deseo sería morir en Veruela —balbució Julio Samitier—. ¿Por qué vos podéis retiraros a un monasterio, y el muchacho no puede ingresar en un seminario?, ¿qué diferencia hay?

—Mucha, estimado Julio... Mucha —carraspeó don Martín—. Yo soy un hombre viejo, y sé qué es lo que quiero y por qué lo quiero... Sin embargo, Fernando es un muchacho que aún no sabe cuáles son sus deseos, ni lo que espera de esta vida. Vos sois el culpable —el curita abrió los ojos como soles, asustado— Creo que mi hijo os admira profundamente, y ha confundido esa admiración por vocación.

—Tal vez pueda llegar a obispo —añadió el padre Domínguez—. Si su padre y su tío natural...

—Bastardo —le corrigió el conde.

—Yo no soy el culpable de que nuestro padre fuera tan proclive a los excesos carnales —Martín sacudió la cabeza—. Si tú y yo movemos los hilos que debemos mover... Por cierto, monseñor Sánchez Albiac está algo

"pachucho". ¡Dios nos libre de su ausencia!, pero no creo que dure mucho más de un año. ¡Su sangre tiene más azúcar que un enjambre de abejas repleto de miel! ¡El pobre! Hace unos meses tuvieron que amputarle la pierna derecha, y se ha quedado prácticamente ciego... Cuando muera, ¡Dios alargue su vida por siglos!, no está bien que lo diga yo, pero mi nombre es uno de los que se barajan con mayor insistencia para su sucesión.
—¡Sólo faltaría eso, un obispo bastardo!
—Y hermano tuyo, Martín. No lo olvides.
—¿Pretendes convencerme de que mi hijo llegará a obispo? —Los tres sacerdotes se encogieron de hombros— ¿Para qué demonios quiero yo un hijo cura, obispo, cardenal o Sumo Pontífice?.. Los agricultores quieren que sus hijos sean agricultores, los panaderos que sepan amasar pan, los pastores... Los condes deseamos que nuestros hijos nos ayuden en los asuntos del condado, que sean buenos soldados o, en mi caso, que Fernando sea rector de la Universidad de Zaragoza. Cuando yo muera, Alonso pasará a ocupar mi puesto, Fernando será un hombre sabio, Francisco estudiará leyes y asesorará al inepto de Alonso, y Martín heredará el Señorío de Entenza, porque, por lo visto, ni Ramiro, ni Jaime, tienen intención de casarse.
—¿Y Fernando?, ¿acaso no tiene él derecho a opinar? —dijo mosén Víctor, a quien los asuntos políticos no le interesaban lo más mínimo.
—¡Cómo va a opinar! —Se alteró el conde—. ¡Es sólo un niño!
—Sin embargo —añadió Roberto Domínguez— no tuviste ninguna duda de su hombría cuando permitiste que Ramiro lo llevara a casa de Pilar la "Batalladora" —el conde palideció.
—¡Yo no tengo nada que ver con eso! —Dijo Martín, ruborizado— fue el animal de Ramiro quien...
—¿De verdad que hiciste todo lo posible para evitar que Ramiro "iniciase" a tu hijo en el ritual de los Gurrea? —rió Roberto.
—¡Mentas a nuestra familia y te apartas de ella según te interesa!
—Si yo fuera un Villahermosa hubiera sido iniciado igual que tu hijo —dijo Domínguez con ironía—. El hecho de que nuestro padre dejase encinta a mi madre, y que comprara su silencio casándola con un hombre de bien, unas tierras y una brillante carrera sacerdotal con vistas al obispado de Lérida para su hijo, no me da derecho a disfrutar de los privilegios de los duques de Villahermosa, condes de Ribagorza y señores de Pedrola, pero sí a tomarme ciertas licencias, como la de no tener que sujetar mi lengua en tu presencia.
—¿Y cómo has sabido lo de la "Batalladora"?
—Me lo dijo don Julio Samitier —se apresuró a decir Domínguez.
—¿Incumples tus propias leyes, sacerdote? —preguntó Martín, mirando con furia al curita de Grañén. Samitier se encogió de hombros— ¿Ahora se os permite revelar el secreto de confesión?

—Si vuestro hijo me hubiera revelado su visita a la mancebía de la tal Pilar en confesión, tened por bien seguro que jamás hubiera llegado a vuestros oídos... No os confundáis, señor conde. Me lo explicó porque le preocupaba el futuro de aquella pobre pecadora...

—Además, hermanito... —le cortó el padre Domínguez.

—¡No toleraré que vuelvas a llamarme de ese modo!, ¿entiendes?

—Además, excelentísimo duque, a su santa esposa, Doña Luisa de Borja, no le gustaría demasiado tener conocimiento de las aficiones a las que vuestro primo Ramiro está intentando acostumbrar a su "ojito derecho", y que tú lo toleras, amparas y alientas.

—¡No te atreverás! —le miró con ira.

—Un bastardo puede atreverse a serlo en muchos sentidos.

—¡Maldito hijo de puta!

—¿Das permiso, o le pedimos audiencia a doña Luisa de Borja?

Diez días después, Fernando emprendía el viaje a Zaragoza acompañado por el padre Samitier, para ingresar en el seminario.

3. La puerta tapiada.

«Quien desea descubrir los secretos que esconden las puertas selladas no espera toparse con una distensión de la realidad, sino con ese mundo de ensueño que tanto le atemoriza. Un muro infranqueable, una verja cerrada, un oscuro túnel, son, en realidad, silencios tan profundos que su bullicio nos ensordece. Un abismo cuyos pasos nos demuestran que, por oculto y tenebroso que sea, siempre esconde una verdad, amarga, patética y descorazonadora, pero incuestionablemente humana.»

BENABARRE (Condado de Ribagorza). Verano de 1559

Jacinta, pocos años después de ingresar en el convento de San Pedro, pasó a llamarse hermana Jacinta de Santa María Magdalena, tras tomar los hábitos y jurar el cumplimiento de los votos de obediencia, castidad y pobreza.

Sin duda, de todos ellos, el voto más difícil de cumplir era el de obediencia. No es que la madre Salomé fuera una mujer excesivamente dominante o déspota con las hermanas de la congregación, o que lo fuera de un modo especial con ella, sino que Jacinta odiaba que le dijeran lo que debía o no debía hacer.

Catalina había cumplido ya siete años, y era una niña despierta y aplicada en sus estudios. A los cinco ya sabía hablar y leer el castellano a la perfección (su lengua materna, como en la mayor parte de Ribagorza era el catalán), y balbucía algunas palabras en latín, a las que escasamente sabía darles un significado coherente.

La niña se había convertido en el alma del convento. Su presencia llenaba de luz la anodina vida de aquellas mujeres, cuyos innatos instintos maternales, sin duda, habían permanecido en estado latente hasta que Catalina llegó a sus vidas. Era como si las risotadas de la criatura produjeran un efecto balsámico en aquellas mujeres, como si su inocencia actuase como un escalpelo extirpando los sentimientos enquistados en lo más profundo de sus corazones.

Unos días atrás, el primer domingo de Pentecostés, Catalina recibió la primera comunión. Extraño sentimiento, sin embargo, al que acompañó una indescriptible decepción. Nadie le había afirmado lo contrario. Tras tomar la Hostia, lo único que percibió fue el sabor de pan ácimo ligeramente jasco y amargo; su cuerpo no experimentó ningún cambio significativo, ni siquiera una suave sacudida en la boca del estómago, o una luz cegadora en sus pupilas. Llegó a pensar que algo, entre toda aquella solemnidad, habría hecho mal. O, tal vez fue que, la noche anterior a "recibir a Cristo", estuvo pensando en que la madre Salomé necesitaría hacer algo más de ejercicio *«¡se está poniendo como una vaca lechera!»*, se dijo.

—Sí —pensó— mosén Nuño siempre dice que podemos comulgar en pecado venial. Que Dios no se ofende por ello, todo lo contrario. Incluso perdona nuestras pequeñas faltas al hacerlo. Pero, si Dios es tan justo como dice el mosén, a los que comulgan sin pecado les recompensará en mayor medida que a los que hemos comulgado en pecado... Sí, será eso.

Se prometió que jamás volvería a pensar en el sobrepeso de la madre superiora, ni a comulgar en pecado, aunque éste fuera una levísima falta.

Catalina, como el resto de niños de su edad, estaba convencida de que recibir la eucaristía era una experiencia única, que transformaba a los hombres en seres sobrehumanos, capaces de hacer prodigios que a los impíos y gentiles les estaban vedados. La pequeña no sabía exactamente qué era lo que debía sentir, aunque mosén Nuño, el capellán de San Pedro, le aseguró que cuando se recibía el sacramento de la eucaristía *«nos invade una paz interior que sana el espíritu y nos une a Dios, restando siglos de condena en el purgatorio, y nos reconcilia con Cristo y con todos los hombres»*.

—O sea —meditó para sí— que si un hombre muere tras haber recibido la comunión, irá directamente al Cielo, y quien no haya encontrado al cura para confesarse, pasará el resto de la eternidad en el infierno. ¡A ver si ganarse el Cielo va a ser una cuestión de azar!

La noticia de la muerte de Lope Gallardo sorprendió a Jacinta ordeñando las vacas en el corral. Ernestina le explicó que había fallecido por algo relacionado con el estómago, pero no supo decirle qué era exactamente lo que le había llevado a la tumba, ni darle más detalles. Dejaba viuda, sin hijos. Jacinta siguió ordeñando, y rezó un Padrenuestro, una Salve y dos Avemarías por su alma.

Al principio, Jacinta pensaba constantemente en Juan. Deseaba volver a acariciar su pecho musculoso, suave y duro, y prepararle unas judías con careta de cerdo para que las engullera sin valorar el esfuerzo de muchas horas entre pucheros. Juan nunca había sido un hombre generoso en sus halagos culinarios, ni siquiera en sus alabanzas al buen trabajo de Jacinta. Pero eso a ella no le importaba demasiado pues, como contrapartida, recibía un amor incondicional, que llenaba toda su existencia. Sin embargo, ahora todo era diferente; el trabajo se consideraba el estado natural del ser humano, el recto camino que debía seguir todo hombre consagrado a Dios, desde que el Altísimo le dijera a Adán aquello de: *«te ganarás el pan con el sudor de tu frente»*. Y los quebrantos de aquella ley eran censurados como si se tratasen de ofensas al mismísimo Creador. La labor bien hecha y ofrecida a Dios era, por sí misma, la justa recompensa al sacrificio de vivir, recibida por Él como gloria y gozo para la vida eterna. Si eso le servía a la Iglesia para mantener las mentes de la feligresía abstraídas en otros menesteres que no fueran el librepensamiento, padre de todos los males de este mundo, ¿qué no ocurriría con las religiosas que, aparte de ser mujeres en un mundo subyugado a los varones, estaban doblemente tiranizadas por un poder más legítimo que el de los gobernantes? En fin, ni una palabra de aliento o apoyo surgió jamás de los labios de la madre Salomé, ni de ninguna de las otras hermanas.

Poco a poco los recuerdos de los días felices que vivió junto a Juan se fueron esfumando, igual que el odio que sentía por Lope Gallardo, entre pucheros, quesos, vacas, golpes de azada y rezos a horas intempestivas. Y se encontró, casi siete años después de enviudar, intentando recuperar vanamente el humilde rostro de su marido en las facciones de su hija Catalina.

—La niña parece una anciana prematura —solía decirse.

Lo cierto es que a la pequeña no le hubiera causado ningún trauma, seguramente todo lo contrario, la presencia de otra niña en el convento, con quien poder hablar en ese extraño. Alguien con quien poder jugar y reír. Se estaba criando entre monjas adultas, la mayoría ancianas, y acostumbrándose a ver como algo habitual la muerte de quienes consideraba su familia, más que la llegada de la vida. Jamás había visto una criatura como ella. Y ver a alguien que no fuera vestido de blanco y negro, a excepción de Ernestina o de mosén Nuño, siempre embutido en su larga sotana de tela negra desteñida, era tan extraordinario como, según las monjas, desaconsejable.

En todo caso, aquella era la única vida que conocía Catalina. Deseaba ser como ellas, como las dominicas de San Pedro. Sus ropas de niña eran horribles harapos comparadas con la discreción y severidad del hábito de las monjas. ¿Por qué iba a ser ella diferente si, incluso su madre, vestía aquellas ropas?

En cierta ocasión, la hermana Teresa, la gobernanta, le confeccionó un hábito, con el que la pequeña se sentía realmente orgullosa. Lo llevó un solo día, justo hasta que se cruzó con la madre Salomé por el largo pasillo de las celdas, y ésta decidió que aquella niña vestida de monja era una pantomima inaceptable a los ojos de Dios. La pequeña tuvo que volver a vestir los harapos que la panadera le regalara a Jacinta poco antes de negarle un miserable mendrugo de pan.

Tal vez por esa diferencia de ropaje, se vio abocada a compartir sus juegos con la única persona que vestía y pensaba de un modo parecido a ella: Ernestina.

Pero su presencia le resultaba insoportable. Aquella mujer tenía menos luces que la mula Margarita; que parecía comprenderla más rápidamente que la pobre "bendita".

Ernestina no sabía leer ni escribir (las monjas habían intentado enseñarle más de mil veces, sin conseguirlo), escasamente entendía el castellano y, para ella, dos mas dos eran catorce. Nada raro, pues, que en una criatura que prácticamente no había abandonado su fase egocéntrica, esto le provocase cierta aversión por la "Tonteta".

Ernestina, no obstante, solía hablarle de cosas que ella era incapaz de comprender, pero no porque su edad o inteligencia no se lo permitieran, sino porque eran tan ajenas a ella y a la vida monástica que le parecían de otro mundo. En cierta ocasión le contó que un viudo de Benabarre le había tocado sus grandes y caídos pechos y, después, levantado su falda para introducirle una cosa larga que tenía entre las piernas, a la que llamaba "totxet"[8], por ese agujero que todas las mujeres tienen en el bajo vientre... y que a ella le había gustado mucho. El "totxet", según le explicó Ernestina, era como una vela dura que el hombre movía, ayudado de impulsos de pelvis, que la donada se encargó de escenificar con exagerada teatralidad, adelante y atrás, hasta que "escupía" un líquido blanco con olor a regaliz recién cortado. Después de esto, el "totxet" se volvía blando.

Catalina sabía que mosén Nuño, un cura rechoncho, bajito y cuya piel estaba siempre tensa y brillante por el sudor, era diferente a las monjas. Incluso su hábito era distinto. Mosén Nuño era más parecido a aquellos frailes de Santa María de Linares, que solían visitar el convento para reunirse con la madre Salomé y con la sacristana Leonor. La hermana Teresa le contó, siendo niña, que aquellos frailes eran hombres consagrados a Dios, y que vivían en otro lugar, pese a pertenecer a la misma congregación, porque la Iglesia así lo exigía. Pero la pequeña era incapaz de comprender el significado real de aquella diferencia... «¡*Tal vez sea el dichoso totxet!*».

Estaba casi segura de que mosén Nuño y los monjes de Linares pertenecían, con menos pelo en sus cabezas y sin barba, a la misma especie, por llamarlo de algún modo, que Jesucristo, al que solía rezar en una de las capillas de la Iglesia, donde agonizaba, clavado en la cruz, el "Cristo crucificado de Santa Elena" (una gran talla de madera donada por el hospital de Santa Elena).

La pequeña, en las misas, intentaba sentarse en los primeros bancos del coro, y clavaba sus ojos en la entrepierna del sacerdote, lo cual incomodaba sobremanera a mosén Nuño, intentando distinguir bajo su enorme panza, y entre los pliegues de su sotana, algún indicio del "totxet" al que se refería Ernestina. Pero no lograba percibir nada fuera de lo común. La pequeña siguió pensando que la única diferencia entre las monjas y los frailes y curas era sólo que estas,

---

[8] Palitroque. Palito

por un capricho nada claro de la naturaleza, tenían los pechos abultados, y ellos una voz algo más grave, y una carencia casi total de pecho.

—¡Invenciones de la pobre Ernestina! —decidió.

En su celda, la pequeña Catalina solía quedarse desnuda y tocarse por todo el cuerpo, sobre todo sus aun reducidos pechos de niña, sin sentir aquel cosquilleo que Ernestina aseguraba sentir cuando le tocaban aquellos extraños seres a los que denominaba "mascles"[9].

Pensó que también aquello eran fantasías de una pobre mujer a la que Dios no había dado cabeza para pensar y sí una portentosa imaginación para crear un mundo a su medida, que nada tenía que ver con el real, con el que se desarrollaba entre los muros del convento de San Pedro. Aunque esto no creo que surgiera de la mente de una niña de siete años, sino del sabio consejo de la hermana Jacinta que, sin ser algo habitual, había ejercitado el sabio consejo de una madre.

La natural e innata curiosidad de Catalina, o el tedio exasperante de la vida monacal, le obligó a recorrer todos y cada uno de los recodos de aquel convento, y la mayoría de los huertos y corrales de las dominicas. Había pisoteado todos los terrenos, perdido horas enteras escudriñando cada detalle de los cuadros de la iglesia y pasillos, y abierto todas las puertas del edificio, excepto una de ellas, siempre cerrada a cal y canto, que quedaba a un lado del altar de la cripta de San Pedro, donde se decía que reposaban parte de los restos del Santo.

En cierta ocasión, la hermana Rufina, una joven monja de mirada penetrante y amplia sonrisa, le contó, sin demasiada convicción, que aquella puerta la habían construido durante una guerra contra los "Moros", para huir si se veían sitiadas o en peligro, y que conducía, a través de un pasadizo secreto, hasta la cuenca del río y así poder huir en barcas, corriente abajo, hasta el Ebro... Cuando le refirió tal relato a su madre, ésta se echó a reír y se mofó de la credulidad de Catalina.

—En Benabarre no hay río —dijo entre carcajadas— ni siquiera un miserable arroyo que pueda hacer flotar la más pequeña de las barcas.

Ni río y, por añadidura, ni túnel, ni nada.

Varios meses atrás, unos extraños hombres, que vestían de un modo realmente grotesco (cubrían sus piernas individualmente, y portaban una camisa amplia remetida bajo una faja negra) habían tapiado una de las puertas del corral, que comunicaba éste con un pasillo del convento, para evitar efluvios indeseables en el interior. Después de levantar dicha pared, volvieron a colocar la puerta en su marco, como si siguiera cumpliendo su función. Pero la puerta no conducía a ningún sitio. *«Algo así debieron hacer con la portezuela de la cripta»*, se dijo Catalina, poniendo punto y final a aquel enigma que le había estado reconcomiendo durante semanas.

---

[9] Mascle. Macho.

La vida en el convento de San Pedro era ciertamente aburrida para una niña pequeña, cuya única ocupación era el estudio del Latín, las Sagradas Escrituras y las pautas, normas, votos y reglas de la Orden Dominica, dictadas años atrás por Santo Domingo.

Aquella vida tediosa y monótona llevó a Catalina a desear seguir el camino de una monja, que se alojó en aquel convento el invierno anterior, Sor Caridad de Jesús, una misionera que había pasado muchos años en las misiones de la China y que se preparaba para embarcarse en un enorme navío hacia el Nuevo Mundo... América.

Catalina suspiraba por aquellas tierras, repletas de salvajes a los que guiar en el camino de Dios.

La pequeña se convenció de que, una vez hubiera cumplido su noviciado y tomado los hábitos, partiría a las Indias y se uniría a las misiones dominicas o franciscanas de América.

Pero, para eso, todavía faltaban muchos años, que debería pasar entre libros sagrados y el hedor nauseabundo a leche fermentada, que le revolvía las tripas.

4. *El sol se esconde para todos.*

«¡Me hiciste creer que eras eterna!
Siempre callada. Siempre ocultando la tristeza de tu inevitable partida, el dolor que te
producía la muerte devorando tus entrañas.
Creí que serías perenne, pues sólo se desvanece lo que no ha sido... Pero tu mano fría, tus
ojos secos, el vacío alrededor de tu boca te llevaron...»

PEDROLA (Reino De Aragón). 1560.

La mano del conde Martín se aferró al hombro de su hijo Fernando con una firmeza desesperada, como si, de ese modo, pudiese evitar lo que ya había sucedido.

Todos, incluso los más intransigentes aragonesistas, contrarios a los Villahermosa y a su empeño por mantener el sistema feudatario en tierras que debieran pertenecer a Aragón, parecían haberse puesto de acuerdo en calificar a aquella mujer, doña Luisa de Borja, como una santa, devota y caritativa, que Dios acogería en su seno sin hacerle pasar por el desagradable trámite de un juicio, tan claramente favorable, que resultaría estúpido celebrarlo.

El joven seminarista miró aquella caja negra de terciopelo, en cuyo interior yacía una mujer a la que no reconocía como la santa a la que se referían todos los de Pedrola, sino su madre, la mujer que le había dado la vida. Dios la recibiría en su Reino, que duda cave; el joven Gurrea estaba convencido de ello, pero ¿era justa aquella partida?

No sabía qué pensar.

Tras el sepelio, permanecería una semana, tal vez dos, en Pedrola, y regresaría a Salamanca para proseguir con sus estudios de teología, filosofía y humanidades. ¡Triste final el que tenía reservado el implacable olvido, para una gran dama!

—El mundo debería pararse —dijo— aunque fuera un segundo, y permitirnos llorar la muerte de quienes amamos... Siempre piensas que estás preparado para estas cosas y, cuando suceden, te das cuenta de que el cordero jamás esta dispuesto para su irremediable final. El mundo, la vida, nos da avisos, el propio nacimiento no es sino la precoz manifestación de la muerte; no sólo la propia, también anuncia el horror ajeno... pero no escuchamos.

—Hijo mío —susurró don Martín, sacudiendo la cabeza, sin comprender las palabras de Fernando—. Cuando la tristeza se asienta en nuestras entrañas, cuando el silencio viene a inundar el vacío que nos dejan quienes parten hacia Dios, las palabras parecen perder todo significado. No hablas tú, sino tu roto corazón.

Fernando le miró, intentando sonreír, aunque en el fondo estaba realmente aterrado, como en aquel brutal duelo con el maldito espejo del vestíbulo.

El joven seminarista había llegado a Pedrola hacía un par de semanas. No se celebraba ninguna festividad señalada, ni de especial relevancia. Eso no tendría importancia, de no ser porque hacía más de un año que no regresaba al palacio de Villahermosa. No tenía un solo motivo consciente para emprender el largo viaje desde las cercanías de Portugal hasta Aragón; ni una noticia con la que alegrar o entristecer a su familia; ni un repentino deseo de abrazar a su madre... Nada.

Sin embargo, su interior le obligó a regresar a Pedrola, sin inquietarse demasiado, aunque impulsado por un sentimiento nada tranquilizador.

Esperaba encontrar una respuesta al llegar a casa. Pero todo parecía desarrollarse como de costumbre: los asuntos habituales de palacio, las sediciones ribagorzanas, el clima confuso y tenso en la política zaragozana, las travesuras del pequeño Martín, el timorato carácter de Francisco, las habituales calaveradas de Alonso... Ciertamente, el delicado estado de su madre, habitual en sus últimos años, parecía haberse agravado, pero no hacía pensar que moriría días después.

La noche anterior, cuando don Martín y sus hijos aguardaban, rezando alrededor de la cama, a que Luisa entregara su último aliento, justo en el momento en el que los pulmones de la duquesa se negaron a aspirar una última bocanada de aire, Fernando lo comprendió todo. Un escalofrío recorrió, de abajo a arriba, todo su espinazo, y estalló en la base de su cráneo como un cartucho de pólvora. Se quedó rígido, y una idea, tan indefinida como poderosa, invadió toda su cabeza, impidiéndole dedicar sus últimos pensamientos a la memoria de su madre, que hubiera sido lo pertinente. Y lo más terrible: una inquietante sensación de alivio hizo que se percatara del enorme peso que había oprimido su corazón durante las últimas semanas, y del que no había sido consciente un sólo instante.

Aquel sentimiento, el aviso al que se refería en la perorata que siguió al funeral de su madre, le produjo no pocos remordimientos de conciencia que, suponía, desaparecerían en unos pocos días... Pero no fue eso lo que le perturbaba, sino algo más profundo, más impreciso, ¿cómo pudo predecir la muerte de su madre?

Y, lo más terrible, la seguridad de que aquel no era un hecho aislado, y que iba a volver a repetirse una y otra vez, sin poder hacer nada por evitarlo.

A partir de aquel preciso instante, su mente se empeñó en recordar; él ni siquiera quería hacerlo. Estaba aterrorizado... Primero volvió a enfrentarse al enorme espejo del primer piso, esperando encontrar una respuesta que jamás llegó, como si la experiencia vivida en su infancia hubiera sido el inicio de toda aquella locura. Después, una facultad que le pareció divertida en su momento, ahora le sobrecogía: las palabras que él pensaba antes de que los demás las dijeran. Y los temibles monstruos que merodeaban por las cercanías de su alcoba, cuando apenas era un chiquillo, ya no eran fantasmagorías de un muchacho asustadizo, sino aberraciones tan reales como los juegos de palabras que él adivinaba por mero entretenimiento.

Doña Luisa de Borja descansó en paz un día de mil quinientos sesenta, el mismo en el que su hijo empezó a despertar del letargo al que estamos encadenados todos los seres humanos.

5. *La esencia.*

«Un viejo, que creía ser sabio y releído, vomitó de sus torpes fauces un exabrupto que bien pudiera haber sido su propio epitafio: "La mujer pierde su mes cuando está encinta. Sin duda, la madre necesita de esa sangre que derrocha para que el niño pueda desarrollarse"... Evidencia, naturalmente, de que los estúpidos no dejan de serlo cuando intentan explicar los secretos de la vida.»

BENABARRE (Condado de Ribagorza). Invierno de 1563.

Los brazos y piernas de Jacinta habían desarrollado unos músculos que ni siquiera sabía que pudieran existir. Al principio las agujetas fueron intensas, ¡la de noches que no pudo pegar ojo por culpa de los dolores! Después, como si de callosidades se tratara, sus músculos se endurecieron hasta tener el aspecto de troncos de alcornoque; cuadros pintados con líneas, a veces paralelas, otras concéntricas, capaces de acunar una gran choca de olivo. El trabajo duro y la dieta austera se habían encargado de moldear su cuerpo hasta convertirlo en un látigo esbelto y preciso.

Hacía una decena de años, al regreso de algunas hermanas dominicas de las Indias, que habían traído gran cantidad de frutos desconocidos para los españoles, la madre Salomé decidió destinar, alentada por don Agustín Pociello, uno de sus huertos, el más grande, a la plantación de un tubérculo exótico al que denominaban "poma de terra" o "patata", y que se utilizaba como comida para el ganado. Pero la escasez pronto les abocó a buscarle una nueva utilidad, como acompañamiento de ciertas verduras en las humildes comidas del convento. Era un manjar, hasta cierto punto, exquisito; algo similar al boniato, pero más suave y digestivo. Aquel año, y visto que Agustín Pociello logró sacar adelante su plantación, algo más grande que la de las monjas de San Pedro (aunque los únicos que las comían en su masía seguía siendo los puercos), la madre Salomé dispuso plantar un segundo huerto para mitigar las necesidades, no sólo del convento de San Pedro, sino también las del monasterio dominico de Nuestra Señora de Linares que, pese a desconfiar de que aquella raíz protuberante tuviera la más mínima aceptación en el pueblo llano, no hacían ascos a su consumo, y había llegado a convertirse en parte fundamental de su dieta diaria. La madre Salomé, sin embargo, comprobó que la venta de los excedentes de patata era insuficiente para la manutención del convento, por lo que no había mandado arrancar los olivares, ni se había desprendido de las vacas que eran las que mayores beneficios económicos aportaban al convento. Así pues, la superiora de San Pedro decidió que aquel año añadirían al "patatal" un terreno cercano al ya cultivado, y vender los excedentes a una tendera de Benabarre, y a los hermanos dominicos de Linares.

Jacinta, desde que pasara a llamarse sor Jacinta de María Magdalena, había experimentado, al margen de su fisonomía, un cambio interior difícil de explicar. Apenas añoraba su vida anterior y, después de casi diez años sin abandonar el convento, rara era la vez que recordaba a sus amigas de infancia, sus tierras perdidas, casa o familia desaparecida. De aquellos tiempos, que se le antojaban más remotos de lo que eran, sólo conservaba a la ya no demasiado joven Margarita, que pasó a formar parte del minúsculo establo de la comunidad, que compartía con un burro terco y menudo, y el recuerdo de Juan. Era como si no hubiese vivido otra existencia que aquella, en San Pedro Mártir, y Catalina ya no era más hija suya de lo que lo era de todas las hermanas de la congregación.

La pequeña, a punto de cumplir doce años, estaba hecha una mujercita. Sus curvas ya empezaban a destacar en su nada apropiado vestido de niña. Incluso "Vespasiano", el enorme mastín que cuidaba la puerta de entrada a los corrales del convento, solía acercársele a olisquear el bajo vientre, lo que la hermana Jacinta veía como una señal inequívoca de su inminente primera menstruación.

La voz de la pequeña, poco a poco, se fue volviendo más grave, cosa que habían notado todas las hermanas cuando leía los pasajes de la vida de San Pedro o de Santo Domingo en las aburridas comidas del convento.

Al principio, cuando su voz se estaba transformando del pitido agudo de un jilguero al dulce, aunque imponente, canturreo de un ruiseñor, Catalina solía desafinar cuando cantaba en el coro, aunque no se notaba demasiado, pues muchas de las hermanas tenían menos oído que sentido del ridículo. Sin embargo, ahora su voz resultaba angelical, templada y afinada.

Su mejor amiga era Sor Adela de la Cruz, una monja de dieciocho años, que había ingresado en San Pedro siendo novicia. Catalina tenía nueve años y Adela quince. En un mundo de adultas, sin tiempo para ocuparse de las emociones de las niñas, las dos muchachas se unieron en su soledad. Sor Adela procedía de una familia humilde de un pueblecito de la sierra de Albarracín. Hija única, huérfana de madre a los pocos meses de nacer, su padre se había vuelto a casar con la hermana de su difunta esposa, cuando la niña contaba poco más de un año. De su segundo matrimonio tuvo siete hijos varones y dos hijas, una de las cuales murió a los tres años por desnutrición. Como Jacinta, Adela se había visto abocada inexorablemente a la vida monástica a los doce: primero en un convento de Teruel, donde ingresó como novicia y, tres años más tarde, como enfermera y cuidadora de la hermana Mercedes (una anciana tísica, a la que los médicos habían recomendado un clima seco y frío), fallecida semanas después de llegar a Benabarre. Adela decidió, tras la muerte de la hermana Mercedes, quedarse en San Pedro, donde había tomado los hábitos de la Orden de Santo Domingo.

La joven hermana era una muchacha hermosa, de amplia sonrisa y bondad casi infinita, que hablaba pausadamente, con mansedumbre no carente de apasionamiento por todas las cosas que le rodeaban. En su pecho, brillante como una estrella, resaltaba una cruz triple de oro con incrustaciones de pedrería, tal vez zafiros negros, que, según le contó a Catalina, le había regalado la hermana Mercedes poco después de caer enferma. Era una cruz de Caravaca, que la anciana tísica había traído de sus tierras murcianas.

La primera menstruación de Catalina no fue una cuestión tan traumática como hubiera sido presumible en una niña que nada sabía de esas cosas, y a quien sus educadoras le negaban sistemáticamente cualquier instrucción sobre de esas cuestiones.

Ella, simplemente, no sabía qué era lo que le estaba ocurriendo.

Se levantó de la cama, apremiada por un extraño dolor en su barriga hinchada, y se acercó a las letrinas con intención de hacer de vientre, expulsando allí, después de un fuerte retortijón, su primera regla: un líquido rojizo que ella no identificó con sangre.

La verdad es que Jacinta siempre había esperado aquel momento: la excusa ideal para abrazar a su hija sin que la severidad del convento impusiera su escrupuloso punto de vista respecto de mostrar emociones diferentes al amor incondicional al Altísimo. Así que no recibió demasiado bien que fuera la hermana Adela la primera a quien Catalina acudió a contárselo, y que fuera la joven monja quien le enseñara a colocarse unas compresas bajo las enaguas para evitar que manchase el vestido.

—Sólo dura cinco días —le aseguró la hermana Adela—, pero te volverá a "venir" cada mes... Todos los meses de tu vida, hasta que envejezcas y se retire... Es una cosa que tenemos todas las mujeres —dijo la joven monja extraviando la mirada—. En realidad es lo que nos hace mujeres... La sangre que has expulsado significa que ya puedes ser madre. Y sólo se te retiraría en caso de que te quedases embarazada, o por la edad.

—¿Quieres decir que si ahora me casara ya podría tener hijos?

—No es necesario el matrimonio para eso... Pero así es como lo quiere Dios.

Catalina se encogió de hombros. Adela comprendió que la pequeña no sabía absolutamente nada de esos asuntos, y se vio a sí misma cuando entró de novicia en Teruel. La oronda hermana Mercedes se lo había explicado todo de un modo frío, insensible y rallando lo repulsivo. Entonces comprendió que aquellos jadeos y gritos que escuchaba en la cama de su padre y de su tía madrastra, apenas separada por una cortina de tela, no se debían a un repentino cólico intestinal, ni a calambres provocados por el duro trabajo de su padre. Y le repugnó la idea de imaginarlo introduciéndose en las entrañas de aquella mujer monstruosa, como si de animales de granja se tratara.

—Para quedarte embarazada, primero deberías cohabitar con un hombre... el resto está en manos de Dios y de la Virgen.

Catalina recordó aquella vez en la que el perro Vespasiano corría tras una perra considerablemente más pequeña que él, con la lengua afuera y su miembro rojizo a la vista. Cuando le dio alcance empezó a agitar todo su cuerpo, montado en el lomo de la pobre podenca, que tenía que soportar las casi seis arrobas que pesaba el animal. Después se quedaron pegados durante un buen rato, y cada uno se fue por su lado. Entonces comprendió por qué las hermanas le impedían entrar en los corrales cuando un verraco estaba cubriendo una puerca. Y volvieron a su memoria las explicaciones de Ernestina y su "totxet".

—Si Dios nos ha dado este don a las mujeres —preguntó Catalina meditando mucho sus palabras—, ¿no pecáis contra él al renunciar, por vuestros votos, a esa gracia?

—Sabemos a qué renunciamos —Adela se contestó más a sí misma que a la pequeña Catalina, dudando si aquellas palabras eran verdades o simple retórica aprendida, sin sentido. Se encogió de hombros— y nuestra renuncia se la ofrecemos a Dios. Es como casarse con Cristo, pero sin... Bueno, ya me entiendes.

«¡Los grandes polígamos: Dios y la Virgen!», pensó la hermana Adela, sintiéndose, al instante siguiente, arrepentida de sus reflexiones. Se prometió a sí misma confesarse al día siguiente.

Una vez sola, en la penumbra de su celda, Catalina se desnudó, y se introdujo en la cama.

Notó como aquel líquido resbalaba por sus muslos, hasta llegar, en un lento goteo, hasta las sábanas. Sonrió, pensando en el disgusto que le iba a suponer a la hermana Teresa encontrar unas sábanas manchadas con el regalo de su propia abnegación. Y rió, tapándose la boca con la mano, para que no la oyeran las demás monjas. Su cuerpo osciló al ritmo de cada una de las agitaciones que le producía el carcajeo bajo las sábanas, que acariciaron sus pechos, haciendo que se endurecieran y sintiera una extraña sensación en el estómago. Volvió a recordar las palabras de Ernestina, cuando le aseguraba que, si un hombre la tocaba, sentía gran placer. Y se llevó la mano a su sexo, que ahora notaba mucho más húmedo. Al rozar una parte del mismo, que hasta entonces le había sido desconocida, sintió una especie de calambre, que recorrió todo su cuerpo. Echó las sábanas a un lado y corrió a vestirse el camisón y las enaguas con su correspondiente compresa, tal y como le había enseñado la hermana Adela.

Catalina se prometió no volver a jugar nunca más con esas cosas prohibidas por Dios y la Iglesia.

Unos meses después, Catalina fue llamada por la madre Salomé, a la que encontró realmente desmejorada. No era anciana y, sin embargo, tenía los ojos cansados, ojerosos y hundidos, como los de una vieja de más de cien años. Ni siquiera se levantó para recibirla. Había adelgazado mucho, y su cuerpo se veía deshinchado y fláccido. Su hablar era cansino y su mirada algo extraviada.

—Siéntate, pequeña —le dijo la madre. Catalina tomó asiento en una de las butacas, frente a la mesa del despacho de la superiora—. Ayer hablé con la hermana Jacinta, tu madre... Y las dos estamos de acuerdo en que ya eres suficientemente mayor como para decidir qué quieres hacer con tu vida — Catalina se encogió de hombros, más porque no sabía a qué se estaba refiriendo la abadesa, que como respuesta a la cuestión que esta le estaba exponiendo—. Me refiero a que deberías iniciar tu noviciado de inmediato... Andamos algo escasas de monjas en nuestra orden. Parece ser que las jóvenes se decantan por órdenes más importantes, carmelitas o benedictinas, que por la orden de las dominicas.

La madre Salomé no ignoraba que los dominicos era una de las órdenes más importantes en España, que contaba con gran cantidad de monjas y monjes, y que la Iglesia, pese a sufrir una importante recesión a causa de las críticas posturas de algunos pensadores y filósofos, mantenía prácticamente intacta su influencia política y social. Pero la pequeña Catalina desconocía estos detalles, y aquel era uno de los mejores argumentos para conseguir que se quedase en el convento. Más monjas o novicias, significaban más mano de obra, y eso suponía más ingresos.

Catalina ni siquiera lo pensó.

No conocía otra vida que aquella, ni otro lugar que San Pedro Mártir, y no le apetecía, ni se atrevía, a abandonar aquel convento y enfrentarse a un mundo desconocido, repleto, según mosén Nuño, de infinitos peligros y tentaciones que, irremediablemente, conducían al Hombre hasta las calderas de "Pedro Botero".

—No —se juró—, jamás pisaré ese lugar horrible y peligroso.

La hermana Teresa se encargó de confeccionarle el hábito blanco de novicia, a partir de uno viejo que había pertenecido a Jacinta. Su estatura era similar a la de su madre, y la gobernanta no tuvo que coser un nuevo doble. Sin embargo, la gobernanta tuvo que aplicarse en coser las costuras laterales ya que, pese a que aquella era una prenda ancha, Catalina tenía algo más de pecho que Jacinta, y sus caderas aún no se habían ensanchado, por lo que el hábito le quedaba algo "raro", según dijo la gobernanta.

Una noche templada de primavera, a los pocos meses de empezar a vestir aquel hábito incólume, la hermana Dolores, una de las más jóvenes, tuvo que ausentarse de San Pedro, según las palabras de la madre Salomé, pues nadie le vio hacerlo, ni se despidió de las demás monjas. La hermana Rufina le aseguró que se había trasladado a otro convento en Villanueva de Sijena, y nunca más se supo de ella, ni nadie quiso volver a hablar de ella, ni de su extraña partida.

Poco después, la madre Salomé no se presentó a maitines... ni al desayuno... ni al almuerzo... Fue enterrada en el cementerio de San Pedro, entre la gran balsa de riego, y la iglesia.

Por indicaciones del obispo de Lérida, monseñor Roberto Domínguez, la hermana Rufina, una monja cordial y educada, que aún no había cumplido los treinta y dos años, fue nombrada sucesora de la madre Salomé.

CAPÍTULO III
Susurros del Porvenir

1. Un poco de paz para un espíritu inquieto.

«*La primera vez que la quietud susurra su silencio, lo que pretende paz se convierte en amenaza.*
La única vez que el vacío reclama lo que le pertenece, su advertencia se convierte en calma.»

BENABARRE (Condado de Ribagorza). Primavera de 1568.

Es curioso como la propia existencia se encarga de recordarnos que las alegrías son tan pasajeras como perdurable es el dolor. El duque don Martín se había casado unos días atrás con doña María Pérez de Pomar. Casi no se había enfriado el tálamo nupcial, cuando le fue dada la noticia: «*Vuestro primo, don Jaime de Aragón, falleció la noche del 25 en Benabarre*».

A la mañana siguiente, don Martín, Alonso y Fernando, que acababa de regresar de Salamanca, se pusieron en camino hacia Ribagorza.

Ramiro ya no era aquel hombre fuerte y mujeriego que conociera Fernando en su infancia. Habían transcurrido demasiados años. Demasiado tiempo alejado del condado, a veces por la imposibilidad de sus responsabilidades y estudios, y otras por el nulo aprecio que sentía por aquellas tierras, como para haberse percatado de que Saturno devora a sus criaturas de modo más evidente cuanto más lejos están estas.

Jaime había muerto cuatro días antes y, aunque deseos eran ser enterrado en el monasterio de Nuestra Señora de Veruela, o en Pedrola, don Martín dispuso que recibiera sepultura en el interior de la iglesia de Santa María la Mayor, vestido con sus mejores galas y las numerosas condecoraciones militares que, con más generosidad que merecimiento, le había concedido el rey.

Los funerales de don Jaime fueron oficiados por don Julio Samitier, monseñor Roberto Domínguez, el bastardo, el párroco de Santa María, mosén Víctor Laguna, el propio Fernando, el cura de San Miguel y media docena de sacerdotes más.

Como todo soldado que escasas veces ha entrado en una contienda, el deseo de don Jaime hubiera sido morir heroicamente en el campo de batalla, en el asedio de un castillo o, cuanto menos, en un palacio sitiado por rebeldes. Pero la mala fortuna había dispuesto para él que recibiera la mansa mano de la muerte en brazos de su concubina, Úrsula de Molins (una plebeya con delirios de grandeza, que aseguraba ser descendiente directa de Jaime I "el Conquistador", y de una de sus amantes). El hasta entonces gobernador del castillo se había casado cuatro años antes con doña Filomena Ruiz de Mata, emparentada con los antiguos condes de Sobrarbe que, aunque no poseía títulos nobiliarios, sí grandes extensiones de tierra en las cercanías de Boltaña; tierras que hubieran sido heredadas por unos hijos que jamás llegaron.

Lo que prometía ser una ceremonia solemne se convirtió en un pequeño altercado, alentado por algunos benabarrenses "felipistas", que se acercaron en tropel hasta el castillo. Iban capitaneados por un joven infanzón llamado Juan de Àger, hijo del fallecido don Raimundo de Calasanz, el más ferviente opositor al conde Martín, y pretendían evitar que don Jaime fuera enterrado en tierras ribagorzanas. Pero el asunto no pasó de los insultos y abucheos, que las tropas del conde pudieron acallar sin demasiado esfuerzo.

Fernando no tenía recuerdos especialmente placenteros de sus estancias en el pueblo y deseaba abandonar lo antes posible aquellas tierras, que él consideraba demasiado peligrosas. Aborrecía tener que ir escoltado a todas partes. Allí no tenía amigos y, por nada del mundo, desearía seguir el camino de sus tíos, constantemente amenazados, insultados y humillados. Pero don Martín decidió que no partirían hacia Pedrola hasta pasados los cinco días de luto que había decretado por la muerte de su primo... Todavía quedaban tres.

Aquella tarde, la del sepelio, Fernando se acercó a una habitación, a la que llamaban irónicamente la "biblioteca", porque había tres libros polvorientos y mohosos, que parecían no haber sido abiertos en siglos, y tal vez era así. El propio castillo contaba con un importante archivo, en el que, apiñados en largas estanterías, se podían encontrar, no sólo libros referentes a Ribagorza, sino centenares de manuscritos de toda índole. Aquella biblioteca parecía, más bien, un lugar de lectura, donde sus tíos y los pocos oficiales medianamente alfabetizados, se llevaban los libros del archivo para leerlos. Uno de aquellos libros le llamó poderosamente la atención: se trataba de las "Cantigas" de Alfonso X el Sabio... lo que le resultó extraordinario fue que aquel pergamino, en su primera página, llevaba impreso el nombre del copista y el lugar en el que había sido duplicado: *«Fray Prudencio de Caladrones. Santa María de Llinás. Benavarre. 1479.»*

Sin duda, aquel manuscrito había sido donado al palacio por los monjes de Linares a uno de los anteriores archiveros del castillo o al conde don Alonso I de Gandía. A Fernando no le importaba demasiado a quién le había sido legado dicho libro, ni lo que contenía, que le era de sobras conocido; lo que realmente le dejó maravillado fueron las miniaturas que ornamentaban las letras capitales, al principio de cada cántiga, y algunas ilustraciones de prácticamente una página completa en los que se representaban escenas de la vida cotidiana del convento. Aquel Hallazgo le fascinó de tal modo que no pudo esperar ni un segundo, y se puso en camino hacia el antiguo monasterio benedictino, ahora dominico.

Ensilló su nuevo caballo, un corcel negro azabache de crines onduladas, ojos despiertos, poderosas patas, rápido y dócil, y se adentró en las empinadas callejuelas de Benabarre, sin esperar a que su escolta estuviera preparada para seguirle. Viajó al galope, tomando el camino de Roda, espoleando al animal, hasta llegar a un paraje, donde los árboles se espesaban y la sombra parecía adueñarse de todo, excepto del canto de los jilgueros y los ruiseñores.

El joven Gurrea aminoró el paso, hasta quedar sepultado por un verdor infinito, que alteró todos sus sentidos.

Al trote, se dejó embriagar por uno de los espectáculos más hermosos que el hombre es capaz de asimilar sin sentirse empequeñecido. Como surgida de las brumas, una pequeña edificación, de planta octogonal y tejado piramidal, emergía tras el denso follaje de los plataneros, encinas, chopos y nogales.

Se acercó lentamente hasta aquella ermita, y desmontó del caballo. Con tímido paso, se acercó a la puerta, que era una enorme verja atrancada con un cerrojo de casi un metro de largo. Miró hacia el interior. Las paredes estaban revestidas de murales horribles, igual que su techumbre abovedada. Fernando suspiró. Después, clavó la vista en la imagen de un hombre barbudo y sereno, que miraba ligeramente inclinado hacia un lado. Iba ataviado con ropas ceremoniales, y sus cabellos grisáceos estaban parcialmente cubiertos por una tiara de obispo. «*San Medardo*», se dijo. No se equivocó; aquella imagen era una representación del obispo francés Saint Medard, que los benabarrenses habían decidido adoptar como patrón de la villa hacía varios siglos. Fernando se percató de que en el suelo de la ermita, justo en el centro, había una abertura protegida por una verja de hierro, y que, supuso, se trataba del famoso pozo.

Según la leyenda, que le contara mosén Víctor cuando era niño, las reliquias de San Medardo fueron traídas a Benabarre, a modo de "amuleto", por las tropas galas de Carlomagno, como protección contra los enemigos. Y, sin saber muy bien por qué, sintieron un gran temor a que les fueran robadas y las enterraron en el lugar en el que ahora se encontraba la ermita. Años después, un arrendador del mas de "San Vicente Ferrer" estaba arando las tierras del mas de "Enchuanes", con la ayuda de dos fornidos bueyes que tiraban del pesado arado. Según le contó mosén Víctor, los dos animales, al llegar a un punto determinado del campo, toparon con algo que les impedía seguir avanzando. El campesino no conseguía que los bueyes removieran la tierra de ese punto, así que los apartó, pensando que encontraría una enorme roca que entorpecía el avance del arado; pero lo que halló fue un arcón de madera, recubierto de plata, que no pudo mover por sí solo. Ayudado por otros hombres, lograron desenterrar la arqueta, en cuyo interior encontraron huesos humanos. Allí, justo en el lugar en el que hallaron las reliquias, brotó una fuente de agua, que aún no había dejado de manar. Al construir la ermita con piedras areniscas y láminas de pizarra, traídas desde el Pirineo, atadas a los collares de un rebaño de ovejas, también según la narración de mosén Víctor, lo hicieron siguiendo unos parámetros poco convencionales, a los que más de un obispo había achacado un origen pagano. Sea como fuere, la construcción respetó el pozo central y, si Fernando no estaba mal informado, en la parte anterior debería haber dos fuentes en forma de cabeza de buey, en honor a los que habían descubierto los restos de San Medardo.

El joven Gurrea bordeó la ermita y comprobó que, tal como le había asegurado el cura, en la parte delantera de la ermita manaba una fuente con dos caños, que emulaban a dos bueyes de piedra algo maltrechos (a uno de ellos le faltaba un cuerno y al otro las dos orejas) que expulsaban agua por la boca. Bebió del frescor que manaba de uno de los caños, y se echó para atrás; el sabor del agua era extraño, demasiado duro, con un regusto calizo, no muy agradable.

Volvió a montar en el caballo, y siguió la senda que marcaba el ascenso al "Collado de Laguarres", que los benabarrenses conocían como el "Coll"[10]. No muy lejos divisó la inconfundible silueta del monasterio dominico.

Cuando llegó a la puerta, ató el caballo a una argolla, que no era más que una azada rota, sin mango, incrustada por la parte del filo entre dos de las piedras que conformaban el muro, y dio tres golpes en el portón con la mano abierta.

Al poco rato, la puerta se abrió pesadamente.

—¡La paz sea contigo, padre! —Dijo un fraile enjuto y viejo, casi sin dientes y pelo pobre y gris, que al ver la sotana de Fernando le hizo una señal, invitándole a que pasara al interior—. Supongo que debes venir a visitar al hermano Pedro, el capellán.

Fernando se encogió de hombros, movimiento que no pudo apreciar el anciano, afanado en cerrar y atrancar la puerta con una enorme estaca, que a duras apenas podía levantar. Fernando le ayudó, y el fraile se lo agradeció con una sonrisa mellada y amarillenta.

—¡Sígueme! —balbució el viejecillo.

El fraile le acompañó por un ancho pasillo, hasta el pequeño claustro. Allí le hizo una señal para que esperase, y entró por una puerta, después de dar dos golpes con los nudillos.

Se oyó una conversación apagada, que inmediatamente fue engullida por los recios muros del monasterio.

Un par de minutos después, volvió a salir, y le dijo que esperase allí mismo, perdiéndose por el extremo contrario del claustro.

Fernando respiró las fragancias de las flores que alegraban el pequeño claustro, y se paseó alrededor de los arcos que custodiaban el pozo central, con paso tranquilo. Y, sin saber muy bien por qué, se sintió atrapado y fascinado por aquel lugar, en el que se respiraba una paz que jamás había conocido.

Casi de repente, como una iluminación, decidió que su mayor deseo era acabar sus días en un lugar como aquel, en ese mismo.

Odiaba aquel pueblo, a aquellas gentes sediciosas que querían desposeer a los Villahermosa del condado. Pero, por otro lado, aquel lugar le fascinaba de un modo difícil de comprender.

---

[10] COLL. Cuello, collado

Ni siquiera aquella llamada de Dios, cuando quiso convertirse en sacerdote, había sido tan clara y pronunciada como la que estaba sintiendo. Y notó un placentero escalofrío, que recorrió todo su espinazo, haciendo que sus cabellos se crisparan.

—¡Dios está aquí! —susurró—. ¡Lo he encontrado!

—¡Espero que haga ya algún tiempo de eso, padre! —le respondió una suave y mansa voz, que surgía de la puerta entreabierta a la que había llamado el anciano fraile momentos antes. Fernando dio un giro brusco, sintiendo como su corazón se aceleraba—. No te preocupes, mosén, no soy la voz de Dios, ni la de tu conciencia... Aunque los caminos del Señor son, a menudo, inescrutables.

—Creía que me estaba volviendo loco —sonrió Fernando.

El joven Gurrea intentó divisar el interior de aquella habitación, pero sólo pudo distinguir la silueta de un hombre encorvado, que se aproximaba lentamente hacia el claustro, ayudado por un bastón. Alargó la mano y abrió la puerta de par en par. Fernando se acercó al anciano sacerdote, y le ofreció el brazo, gesto que el capellán agradeció con unas palmaditas en su codo, mostrando una sonrisa tan limpia como escasa de dientes.

—Mi nombre es Fernando.

—¿De dónde eres, hijo?

—De... —dudó el joven— de Pedrola.

—¡Has dudado porque todavía no lo sabes!.. —dijo el fraile en tono solemne—. ¿Y qué te ha traído por estas tierras, joven sacerdote? ¿No intentarás arrebatarle el puesto al viejo Pedro? —bromeó.

—He venido a enterrar a mi tío.

—¡Ya veo!.. ¿Así que tú eres el hijo cura del conde don Martín? —Fernando asintió—. Supongo que sabrás que tu padre no es bien recibido en Benabarre —volvió a asentir—. No te inquietes. Tu padre es un gran benefactor de Linares... De todos modos, aunque no fuese así, la Casa de Dios está siempre abierta para aquellas personas de bien que precisen su consuelo. ¿Has venido a rezar por el alma de don Jaime?

—No... En realidad... En el palacio, vi un libro de Alfonso X el Sabio, las "Cántigas", que había sido copiado por un fraile de este convento, y me quedé asombrado...

—Y pensaste que la fascinación sería contagiosa entre estos muros...

—Algo así...

—La fascinación y el asombro son estados que nada tienen que ver con el lugar en el que te encuentres, joven Gurrea. Son como la Paz. Este recogimiento te ayuda a encontrar dicha paz, pero no es la paz en sí, ni te somete a ella, porque tal no es una condición, sino un estado.

—Debo deciros que la he sentido aquí, en Linares, en este claustro.

—No, querido hermano, la has sentido en tu interior... Este monasterio es como cualquier otro lugar, al margen del aprecio que se le tenga. La paz, gracias

a Dios, no se encuentra en lugar alguno... De poder alcanzarla, nos convertiríamos en hombres cómodos, en pecadores pasivos. Quien se acomoda, peca por omisión, o convierte su búsqueda en una hipócrita caridad o misericordia, que no es más que una falsa felicidad carente de fe.
—No os comprendo.
—La bondad consiste en mostrar al prójimo el camino para su salvación, y la paz es el premio que Cristo reserva a quienes hayan acercado a sus hermanos a Dios... Inalcanzable en vida, por supuesto.
—Mostrar el camino —masculló Fernando— ¿cómo mostrarlo si no lo conozco?
—Por la fe, querido muchacho, por la fe.
—Hace tiempo que busco mi camino... La vida de palacio no me satisface, y me es difícil encontrar a Dios en mi rutina. Mil veces he deseado dejarlo todo y pedir mi traslado a un pueblecito perdido del Pirineo, o ir a las misiones o, tal vez, ingresar en una orden religiosa.
—Haz aquello que te dicte tu corazón, siempre que éste no esté guiado por las pasiones. Cualquier decisión es buena si la tomas por amor a Dios y al prójimo. Pero, te aseguro que no estarás más cerca del Señor en las misiones, o en un pueblecito de las montañas de lo que lo estás aquí, o en cualquier otro lugar... Te aseguro, joven Gurrea, que la paz interior sólo se consigue haciéndote partícipe de la vida. La mayor de las dichas es reconocer de ese don. Pero, como ya te he dicho, la verdadera paz es un estado inalcanzable en vida.
—No decís nada que no haya advertido por mí mismo, o que no haya aprendido en las aburridas clases de teología —dijo Fernando, algo molesto con el padre Pedro, pues creyó que el viejo capellán le tomaba por un ignorante—. A decir verdad, no es una crisis de fe lo que me lleva a preguntarme estas cosas, sino, un exceso de celo en mis prerrogativas sacerdotales... Querer encontrar a Dios es una empresa estúpida si no comprendes qué o quién es Dios. Y ni siquiera los teólogos, o los místicos, son capaces de dar respuesta a estas preguntas sino como teorema indemostrable y, en cierto sentido, cuestionable. Creer en Dios, padre Pedro, no es una postura lógica o racional; no tiene sentido si no es alimentada por la fe. Y la fe es algo tan abstracto que, de vivir exclusivamente de ella, nos veremos obligados a deambular sin sentido, ciegos en este mundo.
—¿Y qué es, entonces, la fe? —Sonrió el viejo capellán—. Tal vez sólo sea la absurda creencia en una conjetura estúpida —Pedro se aferró fuertemente al brazo de Fernando y le hizo un gesto para que caminara hacia afuera. Salieron del claustro—. Surgen movimientos que niegan verdades esenciales de la Iglesia; Calvino, Lutero... ¡Pobres pecadores! Cuestionaron la certeza de las verdades sobre las que se fundamenta la Fe Cristiana... Y, curiosamente, las reemplazan por creencias aún más fantasiosas, si es que eso es posible. La complejidad de la teología radica en encontrar la sencillez. Si la imagen, idea o

planteamiento es paradójico es porque el hombre transcribe a afirmaciones, más o menos humanas, lo que es divino. Y lo divino es tan simple que resulta arcano para el hombre. Sugerir que es de otro modo es caer en el mismo error que esos pobres insensatos.

—Ciertamente, las respuestas no serán conocidas en esta vida.

—Las respuestas son tan evidentes que carecen de importancia. Lo trascendental son las preguntas.

—¿Quiénes somos?, ¿existe Dios?, ¿qué nos espera tras la muerte?

—¿Te das cuenta, joven Gurrea, de que esas no son las preguntas? —Fernando le miró extrañado—. Lo importante no es saber el papel que jugamos en esta creación constante... Y Dios... Hablar de Dios es como hablar del amor, del miedo, o del viento que mece tus cabellos; si no se siente, no se puede comprender. ¿Has intentado alguna vez explicarle a un ciego de nacimiento como son los colores?... Como ves, Fernando, no es tan sencillo.

—Entonces, las preguntas...

—Conocer las respuestas nos hace creer que sabemos las preguntas, eso es lo que nos confunde... Dicen que Dios está en todas partes o que es Todo ello. Eso carece de importancia. La cuestión es saber qué preguntas te inspira la contemplación de las flores, las nubes, el viento...

Casi sin ser consciente de ello, el padre Pedro le había dirigido hasta un pequeño jardín cercano al cementerio del convento, en el que unas hermosas rosas coloreaban los áridos campos de Linares. Y observó a un joven fraile, más o menos de su misma edad, que leía un pequeño libro de oraciones, moviendo los labios a medida que sus ojos se desplazaban a lo largo de las líneas que pincelaban aquellas páginas, como pequeños bosquejos de sabiduría. Y, al verlo allí, tan sereno, tan feliz, vinieron a su mente sus propios recuerdos. Y se vio a sí mismo en la universidad de Salamanca, leyendo los tediosos libros de humanidades, filosofía y teología; y volvió a sentir la angustia que le producían las enseñanzas ajenas, en las que él a duras penas creía.

Fernando se sintió inquieto, y un sentimiento de envidia le embargo y le entristeció, «*Jamás lograré la paz*», se dijo, sintiendo una punzada en el alma, una punzada que jamás había sentido, como una bocanada de aire abrasador que quiso ahogarle... Y comprendió que su vida, con toda seguridad, iba a ser un infierno, que jamás lograría alcanzar la ansiada felicidad, siquiera un instante.

Se aferró con todas sus fuerzas al brazo del anciano capellán, y éste le miró asustado. Le dijo algo, pero él no pudo escucharlo; la voz del viejo Pedro resonó en su cabeza como un eco lejano e ininteligible. Le temblaron las piernas, y sus ojos se nublaron, como si entrara en una oscura cueva. La visión de las flores se convirtió en un campo de sangre que surgía de la tierra a borbotones y se convertían en demonios que querían arrebatarle el alma para entregársela a Satanás.

Primero fue un rostro desconocido, que llamaba a su padre, una niña roja de piel pálida y ojos llorosos, perdidos en la angustia, que le miraban con una tristeza infinita. Aquel espíritu, que se retorcía en el seno del Limbo, dejó a su paso un horizonte desolado. Caminó sobre cadáveres descuartizados, y heridos que se encrespaban de dolor, elevando sus muñones sanguinolentos en demanda de misericordia. El joven corrió por aquel campo sembrado de cadáveres sin encontrar una salida a tan macabro laberinto.

Y sintió que se desvanecía.

—¡Lourier! —Suplicó Fernando—. ¡Ten piedad de mí!

Una voz en el interior de su cabeza le susurró: «*No temas, Fernando, no soy yo quien te atormenta, sino el porvenir. Pero el Destino es sólo el camino, y las consecuencias serán sólo tuyas*».

Despertó en la celda del padre Pedro, empapado en sudor y temblando como un polluelo.

—¿Qué ha ocurrido?

—Te desvaneciste... Sin más... Te habrá dado el sol en la cabeza.

—He visto cosas increíbles...

—Ensoñaciones, sin duda —el capellán le colocó una compresa de agua fría en la frente—. Alucinaciones, creo que las llaman.

—Parecían reales.

—Reales o imaginarias, lo importante es comprender el significado de lo que ocurre en tu mente, en tu corazón, joven Fernando —el capellán le ayudó a reincorporarse—. Por cierto, ¿quién es ese tal Lourier, al que has estado llamando en tu delirio?

Fernando se encogió de hombros, jamás había oído aquel nombre.

El silencio volvió a apoderarse del joven Gurrea, como la mansa mano de la incomprensión. En el fondo de su corazón, sabía que aquellas imágenes le decían poco sobre su vida y su muerte, sobre sus sentimientos, y mucho sobre su futuro. Así lo sintió. No era la primera vez que experimentaba aquella sensación de soledad, de silencio atiborrado de imágenes que le transportaban a un mundo desconocido. Hacía unos años, cuando todavía era un muchacho imberbe, en Salamanca, había sentido algo similar, y otras muchas veces que no recordaba por lo intranscendente del resultado; pero nunca de aquel modo tan claro y aterrador. Jamás se lo había contado a nadie, por miedo a ser tachado de loco, poseso o brujo. Él estaba seguro: aquellas visiones, así como sus presentimientos y experiencias frente al espejo, eran la evidencia de un don, tal vez demoníaco, tal vez divino, pero que no era de su agrado, que no había elegido y del cual hubiera preferido prescindir.

Era incapaz de controlarlo, y eso le aterraba.

Lo cierto es que estaba muy acostumbrado a ignorar aquellas premoniciones; tanto, que ni siquiera recordaba sus sueños hasta que estos se habían cumplido. Y, entonces, se engañaba intentando convencerse de que todo era fruto de la casualidad o de su enfermiza imaginación, herencia, sin duda, de don Martín. Sin embargo, ese día, la visión se había clavado en su mente de modo indeleble. Y sabía que, por mucho que luchara contra ello, sus corazonadas iban a cumplirse sin remisión. Siempre había sido así...

2. El gallo cantarín.

«Te perdieron los oropeles, incluso las bagatelas.
Un relicario de plata, por hermoso y resplandeciente que parezca, no es más que un féretro vestido de gala.»

BENABARRE (Condado de Ribagorza). Primavera de 1568.

La pálida luz del amanecer guillotinó la sierra del castillo, perfilando, en un tono anaranjado, la silueta del palacio de los condes. El alba se convirtió en un fragor suave, casi mortecino.

Un gallo cantó en la lejanía, en extramuros. Y, como contagiados por un extraño vigor lírico, fueron sumándose a aquel inarmónico coro la práctica totalidad de los príncipes de todos los gallineros del pueblo.

Sin lugar a dudas, el gallo más cantarín que conociera Benabarre había sido "Pelut": aquel que trajo Paco Salazar de Monesma, hacía unos diez años, cuando decidió abandonar el pueblo que le había visto nacer para trasladarse a la capital, junto a su mujer Enedina y sus tres hijos: Eduardo, Gervasio y Mercedes. Los Salazar habían comprado, por cuatro reales, un pequeño terreno en la parte alta del pueblo, junto a los muros del castillo. Allí construyó una vivienda de doble planta y sótano, en la que el piso superior era utilizado de gallinero, el primero como vivienda, un corral en la parte inferior, y la bodega bajo tierra.

Pelut, el gallo tenor, había dejado de cantar hacía varios años, cuando Enedina decidió que su duro pellejo haría un buen caldo. Pero "Voceras", uno de sus hijos, o tal vez su nieto, heredó el entusiasmo madrugador y altanero de su progenitor.

Aquel día de primavera, Voceras dejó salir de su garganta un grito especialmente agudo, como respuesta al arrogante desafío de uno de sus congéneres, que pareció incitarle desde el otro extremo del pueblo. Aquel alboroto, molesto y desgarrador, atravesó el suelo del gallinero y se propagó por toda la "Casa del de Monesma", penetrando en los oídos de Eduardo y sucumbiendo en el interior de su cráneo, cortado a navaja, como el disparo de un arcabuz.

—¡Estúpido gallo! —susurró el joven apretando la almohada contra sus orejas.

Eduardo sabía que la llamada de Voceras era el preámbulo de un habitual rito que, irremediablemente, había comenzado minutos antes, en la cocina, donde Enedina llevaba algo una hora preparando el desayuno y la cesta del almuerzo que llevarían los hombres al campo.

A partir del primer canto del gallo, Enedina empezaba su periplo diario, que la llevaba a recorrer las tres habitaciones de la casa. La que Eduardo compartía con su hermano Gervasio era la más alejada de la cocina, por lo que el joven podía seguir mentalmente los movimientos de su madre entre los pucheros, y su posterior recorrido por todo el pasillo, a pesar de que las secas carnes de la mujer escasamente lograban robarle un susurro al rugoso suelo. Finalmente, los nudillos de la enjuta y encorvada Enedina parecieron quebrarse en la puerta de la habitación de sus hijos.

—¡Vamos, arriba! —gritó la mujer con voz ronca y desafinada.

Eduardo echó las mantas a un lado y, sin pensárselo dos veces, saltó de la cama y salió de la habitación, sabiéndose observado con indiferencia por su hermano Gervasio, que todavía dormitaba en su camastro.

Las piernas de Eduardo se arrastraron por el estrecho pasillo, de paredes desnudas, medio pintadas con cal azulada que, al rozarlas, desprendían un polvillo celeste que quedaba atrapado en los hombros de las camisas, conduciéndole escaleras abajo, hasta el corral.

Los cerdos, sin duda acostumbrados a las intempestivas visitas de los Salazar, ni siquiera se inmutaron al verle entrar en su plácido abrigo; excepto uno de ellos, una hembra rolliza que estaba apunto de parir, quien levantó ligeramente el hocico del suelo y resopló con resignado desdén.

Miccionó en una esquina y, bostezando, volvió a subir a la casa, cruzándose, en las empinadas escaleras, con Gervasio, que se apartó a un lado con lógica desconfianza, dejándole paso.

El mayor de los Salazar abrió la puerta de su habitación, se puso las medias blancas de lana fina, el calzón, una camisa amplia de lino blanco, unos pantalones cortos de lana gastada, un chaleco desteñido, de color marrón, y unos calcetines de lana virgen, sin tintes. Colgó las alpargatas de suela de cáñamo en su hombro, se ató el cachirulo en la cabeza y cogió la faja, sin desenrollarla.

Una vez se hubo vestido, fue directamente hasta la cocina, en cuya mesa, Enedina había dispuesto, de un modo tan frugal que rozaba la austeridad, un potaje a base de pan, ajos, agua, huevo y aceite, que llamaban "sopetas escaldadas", y que el corpulento joven engulló sin siquiera mediar palabra.

Francisco, un hombre alto y voluminoso, de ojos azabache y pelo negro muy rizado, cuyos mayores le habían enseñado que los alimentos debían ser bendecidos antes de lanzarse sobre ellos como puercos hambrientos, recibió con no demasiado agrado que Eduardo, sentado a la mesa en mangas de camisa, con las alpargatas colgadas del hombro, la faja enrollada, a un lado del plato, y comiendo con desesperada ansiedad, hubiese empezado a desayunar sin esperar al resto (aunque el resto, para su padre, era él mismo). Paco torció la cabeza, en ademán de desaprobación, y gruñó, aunque no dijo nada.

Pocos minutos después, Paco, Eduardo y Gervasio se pusieron en marcha hacia unas tierras cercanas al "Llano de las Monjas", a las afueras de Benabarre.

Allí, Agustín Pociello, quien comprara el mas dels Arcs a la Orden Dominica unos años atrás, había adquirido en subasta pública unas tierras que lindaban con los huertos del convento de San Pedro Mártir y que, al parecer, le habían sido expropiadas a un tal Raimundo de Àger, infanzón de Calasanz, por una deuda contraída con el conde Martín (al que se negaba a pagar ningún tipo de tributo, porque no lo reconocía como soberano de Ribagorza). Aquellas tierras llevaban siendo cultivadas por Pociello algo más de siete años. Y, precisamente, era Salazar quien se encargaba de ellas. Paco empezó a trabajar para Pociello en el mismo instante en que llegó a Benabarre. De hecho, si se marchó de Monesma fue porque su padre, Feliciano, había sido peón de don Andrés Ruiz d'Ainsa, quien posteriormente se convirtiera en el suegro de don Jaime de Gurrea, y le había hablado verdaderas maravillas de los Salazar al padre de Agustín Pociello. Paco trabajó durante tres años en el mas dels Arcs, al que había acudido con su hijo Eduardo que, pese a ser un niño de ocho años, trabajaba como el obrero más experimentado, levantando, en ese tiempo, la casa que ahora poseían en la parte alta del pueblo. Posteriormente, Agustín Pociello se hizo con las tierras de Raimundo de Àger y los Salazar se ocuparon de ellas, ya que quedaban más cerca de su domicilio que las del mas dels Arcs.

Como hicieran las monjas de San Pedro, Agustín Pociello dedicaba aquellos huertos al cultivo de patatas, cosa que al principio a Paco le resultó extraña, pero que pronto comprendió que no era muy diferente a cultivar boniatos. La producción era abundante y, pese a ser un alimento novedoso, cada día era más habitual verlo en los pucheros y mesas pobres de Ribagorza. Aquel tubérculo era extraordinario, se conservaba durante mucho tiempo, y sus cuidados eran mínimos.

Eduardo picaba, con desgana, los laterales de uno de los caballones del patatal cuando, al levantar la vista y ver la inconfundible silueta del castillo, volvió a su mente un deseo que le obsesionaba desde niño. A lo lejos, de un modo casi imperceptible, junto a la almena occidental, distinguió la enhiesta silueta de uno de los soldados de la guardia del conde. Y deseó ser como aquel valiente, como todos esos soldados, cuyo coraje les permitía enfrentarse a la muerte como si despreciasen lo más sagrado, con el único ánimo de defender un montón de piedras de los ataques enemigos. La idea le fascinaba, pero sabía que la consecución de su sueño le llevaría a enemistarse con su padre (partidario de que el condado volviera a pertenecer al Reino de Aragón). Pero el deseo de convertirse en un héroe era más fuerte que las consecuencias que pudiera acarrearle alcanzar su sueño.

Aquella misma tarde, cuando el sol estaba a punto de ser sometido por las montañas de San Salvador, decidió pedir audiencia a don Ramiro de Aragón, gobernador del castillo, con la pretensión de que admitiera su ingreso en la guarnición del castillo, o donde fuese.

Le atendió un hombre barbudo, de gran corpulencia, llamado Alejandro Reims. El tal Reims le dijo que era un oficial del destacamento de Benabarre, un lugarteniente o algo así, y que don Ramiro ya le llamaría si le necesitara.

Cinco días después, un joven soldado de escasos veinte años llamó a la puerta de "Casa Monesma".

Paco se sintió inquieto al principio, y enfurecido cuando supo que aquel joven venía a traerle un encargo para su hijo, de parte del lugarteniente Reims.

El joven le dijo, con una solemnidad tan estudiada como fingida, que *«don Ramiro de Gurrea recibirá gustoso, esta misma tarde, al plebeyo Eduardo Salazar con la intención de estudiar su ingreso en la Guardia Condal».*

Paco no reprendió a su hijo por pretender ingresar en las milicias; en realidad, pese a que no tenía ninguna simpatía hacia los Gurrea, comprendía la actitud de Eduardo. Él mismo, de haber sido más joven, buscaría un trabajo lejos de la servidumbre que suponía trabajar como asalariado en una tarea que no le iba a permitir mayor futuro que el que tenía en el presente.

Eduardo estaba nervioso. Sentía como su corazón empujaba su pecho e impulsaba abundante sangre hacia sus sienes.

Entró en el palacio, y esperó durante unos minutos, que se le hicieron eternos. Después, un hombrecillo viejo, al que él ya había visto en alguna ocasión, y al que llamaban Claudio, le hizo pasar a una habitación no demasiado amplia.

Sentado en un trono de cuero y madera en forma de aspas y sin respaldo, le recibió un noble de anchos hombros, barba descuidada y nariz roja como una fresa madura. Era don Ramiro de Gurrea.

—Y bien, muchacho —carraspeó Ramiro—. Tengo entendido que te gustaría ingresar en la guarnición del castillo.

—Sí, señor.

—¿Cuál es tu nombre?

—Eduardo Salazar.

Ramiro se levantó. Eduardo, pese a ser un muchacho alto y corpulento, creyó encontrarse delante de una montaña inexpugnable. El gobernador del castillo se acercó a un armario bajo, que había a sus espaldas, abrió una portezuela, sacó una botella de cristal labrado, que contenía un líquido amarillento, y se sirvió una copa.

Con paso inestable, volvió a sentarse en el trono.

—Cuando yo tenía tu edad quería ser capitán del ejercito del rey —rió con cierta melancolía—. Cada uno aspira a lo que su posición le permite... ¡Y, ya ves en qué me he convertido!

—Ser gobernador del castillo condal no es poca cosa —farfulló Eduardo, intentando ser cortés—.Yo os veo muy bien, don Ramiro.

—¡No digas tonterías! —el gobernador pareció sentirse molesto. Bebió el líquido de la copa de un solo trago, y la mantuvo en su mano dándole vueltas—.

Soy una ruina, que ni siquiera puede orinar sin sentir una punzada en el vientre...
¿Has meado alguna vez sangre, muchacho? —Eduardo sacudió la cabeza—. Yo, miles de veces. Cada vez que... Hace años, cuando meaba sangre sabía que se debía a una patada recibida en una pelea. Sí, —se entristeció— era un joven pendenciero. Pero ahora... ¿sabes lo que significa mear sangre? —Salazar volvió a sacudir la cabeza—. La muerte, muchacho, el principio del fin. La vejez, la decadencia absoluta de un cuerpo que ha luchado en cientos de batallas... Pero no te confíes, zagal, todavía he de vivir lo suficiente como para ver colgada del campanario de San Miguel la cabeza del malnacido de Àger... En fin, muchacho, no hay nada para ti. Pero creo que el de Labazuy podría darte trabajo.

Ramiro se refería a don Rodrigo Labazuy, el carlán[11] de las Torres del Rey, a poco menos de una legua de Benabarre, aunque éste vivía en el centro del pueblo.

Eduardo no quiso perder el tiempo, ni preguntarse por qué demonios Ramiro de Gurrea le había contado aquellas cosas.

Fue a visitar a don Rodrigo al día siguiente, cuando Paco y sus hijos regresaron del huerto. Entró a su servicio como guardia menor (una especie de criado al que, no demasiado a menudo, le era encargada alguna misión más cercana a la de un espada que a la de un jornalero. Dichas tareas consistían, principalmente, en atemorizar a los campesinos que se negaban a pagar los impuestos a su señor, pero sin poder ejercer la justicia por sí mismos).

Para los ribagorzanos sólo había alguien peor que un soldado del conde Martín, y era un guardia menor del carlán de Labazuy, a los que, en privado, llamaban "Carlachets" o "Putas de la Guineu". Tal nombre se debía a que a los benabarrenses les llamaban "Guineus"[12] porque solían estar en contra del poder establecido, sea cual fuere.

Pero a Eduardo le traía sin cuidado cómo le llamasen; él había conseguido ser soldado, y eso era lo único que le importaba.

3. *El desvelo.*

«Una luz macilenta y oscilante forma imágenes y sombras que difícilmente se corresponden con el placer que las provoca.
Una imagen desnuda, sombría y pálida, aunque clara y temblorosa, tal vez sólo sea la evidencia de que, quien la provoca es, ciertamente, el placer.»

BENABARRE (Condado de Ribagorza). Primavera de 1568.

Un remiso frío penetraba por debajo de las puertas de las celdas, apuñalando el ambiente con su hálito helado, como si quisiera congelar el alma, ya algo

---

[11] En Aragón, el carlán mantenía ciertos privilegios feudales sobre un territorio reducido, algo así como un terrateniente aunque con mayor jurisdicción y derechos sobre sus tierras que éste.
[12] GUINEU- Zorra, zorro

fría, de Catalina. La hermana Micaela, la más anciana de todas, no recordaba una primavera más remisa y fría que la de aquel año.

Hacía poco más de un mes que Catalina había cumplido dieciséis años, y cada día estaba más cercano el momento en que debería tomar los hábitos de dominica.

Fue aquella tarde de tedioso estudio en la biblioteca del convento, cuando llegó a sus manos un santoral antiguo, manuscrito por un tal fray Aurelio de Andrade.

Catalina hojeó aquel pesado manuscrito con hastiada monotonía, sin atisbo de entusiasmo, intentando memorizar los episodios de la vida de innumerables santos y santas de Dios, hasta que dio con un largo capítulo, en el que hablaba de jóvenes vírgenes y mártires de Cristo. Una de aquellas, una breve reseña en el largo apartado, Inés de Florencia, le llamó la atención. No era santa, ni ninguna de las monjas supieron decirle si se trataba de una simple lectura piadosa o de una biografía cierta, así que Catalina supuso que el tal fray Aurelio de Andrade se había inventado aquel personaje y su historia con una oscura finalidad que ella era incapaz de dilucidar.

Según Aurelio de Andrade, Inés, fue una joven monja, nacida en un pueblo cercano a Florencia, allá por el año seiscientos. Fue una de las primeras religiosas conocidas de la historia. De familia humilde y pagana, abrazó la fe cristiana en su adolescencia, después de presenciar como una aparición de Santiago Apóstol sanaba a su madre de unas hemorragias terribles que la tenían al borde de la muerte. El santo le pidió a Inés que rezara a Dios, y ella se hizo bautizar. Conoció a una tal María y se unió a ella, fundando el primer convento religioso de Bohemia. Pero una noche, los paganos entraron en el convento y violaron a todas las monjas, excepto a Inés de Florencia, que se negó a yacer con aquellos salvajes, y fue martirizada, desollada y después, desmembrada; y sus restos fueron dados de comer a una jauría de perros hambrientos, mas su cuerpo no fue mancillado.

No es que la historia le atrajese mucho más que el resto de vidas del santoral, pero había algo en la tal Inés que le resultaba realmente atractivo, pese a que la madre Rufina aseguraba que aquella historia, como muchas otras, pertenecían al clamor popular, y que el tal Andrade se había limitado a recopilar en su santoral todas las leyendas cristianas que corrían por el mundo civilizado, fruto de un credo piadoso en el que lo más importante era la moraleja, y que no debía hacerle demasiado caso. Tal vez, lo que más le atrajo de dicho relato fue la estupidez de la pobre mujer, que prefirió morir antes que fornicar, por no ofender a un Dios que, con toda seguridad, le habría perdonado. O quizás por la brutalidad, casi risible, demostrada por el hermano Andrade, al asegurar que había sido devorada por una jauría de perros salvajes. Catalina no precisaba de las aclaraciones de la madre Rufina para deducir que la mayoría de los relatos narrados en aquellos libros no eran más que historias inventadas por crédulos frailes, para difundir un mensaje ambiguo y dudoso: *«El mundo, fuera de estos muros, no puede ser tan horrible como lo describen estos libros»*, solía concluir.

Tal vez fue la crueldad del relato leído, o la mala digestión del estofado de carne de vaca lechera, grasienta y dura, lo que le provocó un desvelo febril, que le impidió conciliar el sueño aquella noche.

«Cuando no puedas dormir, yo tengo un sistema infalible», recordó que le había dicho la hermana Adela: *«Rezar el Rosario»*

La idea de utilizar la oración para conciliar el sueño le producía cierto resquemor pecaminoso y, hasta cierto punto, blasfemo, pero era un buen remedio, que solía utilizar a menudo. No recordaba haber llegado jamás al cuarto padrenuestro.

Pero aquel día no dio resultado. Los misterios fueron resbalando de sus labios como una cantinela sin sentido, que pareció cumplir el cometido contrario al que estaba destinado.

Catalina, al fin, decidió bajar a la iglesia e intentar rezar, hasta que el sueño hiciera mella en ella.

Sin vestirse el hábito, con un espeso camisón de lana colgando desde sus hombros hasta el suelo, los pies descalzos y un mantón de lana gris, que le había tejido su madre el invierno anterior, tomó un candil de aceite y bajó las amplias escaleras que conducían a la planta baja. Siguió el interminable pasillo de entrada al convento, y abrió la puerta interior de la iglesia, tenuemente iluminada por la lamparilla roja que atestiguaba la presencia de la Hostia bendita en el Sagrario. Entró y apagó el candil de un soplo, buscando la alfombra del altar tanteando con sus pies desnudos en el frío suelo.

Se arrodilló, extendió los brazos en cruz, y miró hacia lo alto.

Así permaneció durante unos minutos, hasta que el ansiado sueño se apoderó de ella. Como una suave caricia, como una llamada susurrante, sus brazos cedieran lentamente hasta tocar sus muslos. Su cabeza empezó a descender, y sus ojos se cerraron. Fueron unos segundos, pero el cabeceo le devolvió a la frialdad del ambiente. Nada parecía extraordinario en todo aquello, sin embargo, se sentía rara, nada convencida de que la hubiera despertado su propio vaivén.

Se levantó de un salto, algo asustada, mirando hacia todas partes.

Un suave chirrido surgió de las escaleras de acceso a la cripta de San Pedro.

Armándose de valor, bajó un par de peldaños de las estrechas escaleras, notando el frío tacto de la piedra desnuda y pulida de los escalones, y giró la cabeza hacia la izquierda aguzando el oído.

Su cuerpo se quedó rígido al escuchar un nuevo crujido.

Volvió a subir los peldaños que le separaban de la capilla, y se escondió detrás del altar, fijando la vista en el hueco de la cripta.

Segundos más tarde, una luminosidad surgió del interior de la cripta, haciéndose cada vez más clara, intensa y cercana. Por fin, divisó la oscilante llama mortecina de un candil de aceite, que sujetaba una mano, indecisa y nerviosa, enfundada en una manga blanca. A duras penas logró distinguir la silueta de un hombre, corpulento y alto, vestido con un hábito, que enseguida identificó como el utilizado por los frailes dominicos de Santa María de Linares. Dudó durante unos segundos si seguir a aquel fraile, o descender hasta la cripta para informarse del lugar por el que había entrado el intruso. Pero esa cuestión Catalina creía tenerla muy clara: el dominico había accedido al convento por la puerta que jamás se abría y que ella suponía tapiada.

Decidió averiguar qué oscuras intenciones tenía el prófugo fraile.

El intruso arrastró los pies por la capilla, adentrándose, posteriormente, en el pasillo de la planta baja. Llegó a las escaleras de acceso a las celdas, y se dispuso a adentrarse en la zona de clausura.

La novicia le siguió hasta las dependencias, y vio como el fraile entraba en la celda de la hermana María, una joven monja llegada de las misiones un año antes, en retiro temporal, hasta que volviese a China a predicar al evangelio de Cristo.

Catalina se acercó a la puerta de la celda y pegó su oído a la madera. Escuchó unos susurros ininteligibles y un roce que no supo identificar. Se sentía realmente violenta, profanando la intimidad de aquella santa misionera; pero había algo, como una fuerza terriblemente poderosa, que le impedía regresar a su celda, cuatro puertas más allá, y olvidarse de aquel desagradable asunto. Se separó de la puerta un par de pasos, presa de una gran incomodidad, y comprobó que los travesaños estaban mal ajustados, y que las maderas que la conformaban dejaban surgir del interior de la celda un débil destello de luz apagada, amarillenta y oscilante.

Volvió a acercarse a la puerta, pegando su oreja a los travesaños. Entonces pudo oír el sonido de suspiros jadeantes.

No cabía la menor duda, aquel extraño estaba haciendo el amor con la hermana María.

La joven novicia se santiguó, incapaz de evitar que los murmullos del placer que surgían de la celda de la misionera acariciasen sus oídos. Se sintió abrumada y, pese a su propia repulsa y a su condición de novicia, no podía negarse a sí misma que se sintió algo excitada.

Rezó un padrenuestro y dos avemarías, mientras apartaba la cabeza de la puerta, e intentaba concienciarse de la poco cristiana actitud de la hermana María apretando los dedos de los pies en el frío suelo.

No se atrevió a volver a acercarse a la puerta, pero esto no evitó que un jadeo mucho más intenso y seguido, que feneció en un espasmódico grito mudo, escapara de aquella celda, inmoralmente mancillada y penetrase en su exaltada cabeza como el formón de un carpintero en la dura carne de un cerezo... Después, el silencio volvió a apoderarse del convento de San Pedro, como si nada hubiese ocurrido en aquella celda.

Y aquella fuerza volvió a tirar de Catalina, esta vez hacia las hendeduras que dejaban escapar la tenue luz del candil, hacia la más ancha de todas. Acercó la cara a la grieta, y miró hacia adentro.

Lo primero que vio fue el enjuto cuerpo de la hermana María, desnuda sobre la litera, sin ningún tipo de pudor. Su poco poblado pubis resaltaba sobre una piel extremadamente blanquecina, como un cuervo posado en medio de un prado nevado. Permanecía inmóvil, y sus ojos estaban cerrados. No había en ella ni un solo atisbo de felicidad, placer, o complacencia. Su expresión era considerablemente severa, pero no parecía arrepentida de lo que acababa de hacer.

Catalina se movió hacia un lado. Entonces pudo ver al fraile, un hombre de unos treinta años, alto y ciertamente apuesto. Su piel, pese a que debía haber recibido escasos rayos de sol, era la piel más morena que la joven había visto jamás. Y aquel palo del que le hablara Ernestina poco antes de enfermar de una tuberculosis que la tenía recluida en el hospicio para mendigos de Santa Elena, estaba, tal y como le dijo la "bendita": blando (síntoma inequívoco de lo que allí había ocurrido). Era el primer hombre desnudo que veía, y no le resultó tan repulsivo como había imaginado, aunque en su fantasía jamás cupo la posibilidad de toparse con un hombre. Ella había decidido dedicar su vida a la oración y al amor de Dios.

Regresó a su habitación con la imagen de aquel joven fraile grabada en su retina, como el demonio que acecha a un alma pura dispuesto a entregársela a Satanás. Y sintió un sofoco, al que siguió un sudor cálido y espeso que le impidió conciliar el sueño durante toda la noche. En las pocas ocasiones en que logró sucumbir a un ligero amodorramiento, en el que era imposible determinar qué era realidad y qué fantasía, una terrible pesadilla las despertaba jadeante, empapada en sudor y con terribles remordimientos de conciencia. Se imaginó yaciendo con aquel apuesto fraile de Linares y su cuerpo retorciéndose de un placer que le era desconocido.

Lloró de impotencia y de desprecio por sí misma.

Para no sucumbir a los deseos, a los que le impulsaba su propia excitación, se ató el cilicio a su pierna, hasta que el dolor mitigó aquella avidez irrefrenable. Pero fueron sólo unos instantes. En pocos minutos, su cuerpo se acostumbró a las punzadas del cruel suplicio y, pese al dolor, o tal vez por su causa, sus manos se acercaron al "lugar del que provienen todos los pecados del ser humano".

Pero, cuando creía que la tentación iba a poder con ella, sonó la campanilla que anunciaba maitines.

Catalina dio gracias a Dios.

Al día siguiente, la novicia cogió un pequeño libro de oraciones de la biblioteca, y se excusó de hacer sus labores en la quesería con el pretexto de que se sentía indispuesta.

Lo cierto es que el paseo nocturno del día anterior, en camisón y descalza en plena noche fría, le supuso un pequeño catarro. Su voz era áspera y ronca, además de padecer tos seca, ojos abultados y unas pronunciadas ojeras, legado de no haber pegado ojo en toda la noche.

Pese a que el frío exterior lo desaconsejaba, Catalina prefirió pasear por los huertos de patatas, a punto de ser plantados, y reposar al amparo de un almendro recién florecido, todavía mojado por el rocío de la mañana.

Cuando llevaba algo más de una hora sentada sobre el húmedo suelo, a los pies del almendro, moviendo los ojos sobre las líneas de aquel breviario sin asimilar una sola de las palabras que clamaban por penetrar en su cabeza colmada de ideas poco castas, vio, por el rabillo de sus ojos, la silueta de la hermana Adela aproximándose por el camino, con paso lento aunque firme, como dando un paseo. Catalina sonrió: *«Siempre está ahí cuando la necesito».*

—¿Qué tal te encuentras? —preguntó Adela, frotando su cruz de Caravaca en un tic automático.

—Bien. Todas las primaveras me ocurre lo mismo... Tal vez sólo se deba a que he cogido frío esta noche en la capilla —la hermana Adela la miró desconcertada—. No podía dormir —añadió Catalina—, como tu sistema de rezar el rosario no fue efectivo, decidí bajar a la capilla a rezar al Santísimo.

Adela la miró con una expresión llena de ternura, sin dejar de mover sus dedos sobre la cruz que colgaba de su cuello. La joven monja sabía que Catalina callaba algo que le atormentaba, y que aquellos ojos hinchados no se debían al catarro que padecía, ni a una alergia que ella desconociera, sino a muchas horas en vela, llorando y sufriendo.

Prefirió dejar que fuera ella quien se explicara cuando se creyera preparada para hacerlo.

—Ayer —susurró Catalina, como si alguien pudiera oírla— vi algo terrible... —sus ojos volvieron a llenarse de lágrimas—. La hermana María recibió a un joven en su celda... Estaban los dos desnudos. El hombre era un fraile de Linares: lo sé porque le seguí desde la iglesia hasta la celda de la hermana misionera.

Adela ni siquiera simuló una cara de sorpresa. Ni un ápice de asombro transformó su rostro sereno. Aquellas cuestiones, lejos de ser habituales, no eran nada extraordinario. Conocía la naturaleza humana, y sabía que muchas mujeres ingresaban en las ordenes religiosas por obligación, porque pertenecían a familias humildes cuyo único modo de procurar un futuro digno a sus hijas era el internamiento en los conventos y monasterios. Ella misma era un claro ejemplo de ello. Muchas de aquellas jóvenes distaban mucho de ser religiosas vocacionales y suponía que en el caso de los frailes la situación no era muy diferente.

—¿Cómo puede haber tanta maldad? —se lamentó Catalina.

—No es maldad —balbució la hermana Adela en tono dulce, con una sonrisa que iluminaba su rostro—. Y dudo que se trate de algo tan sucio como te parece. Tal vez sea la debilidad de la carne, pero no podría asegurártelo. De lo que sí que estoy convencida es que las monjas somos, antes que siervas de Dios, seres humanos que sucumbimos a nuestras debilidades. Las pasiones son como los vicios, evitables con un poco de fuerza de voluntad. Lo complejo es privarse de los sentimientos.

—No comprendo a qué te refieres —murmuró Catalina—. El amor a Dios debería ser superior a los demás sentimientos, a todo.

—Debería... pero no es así. La Iglesia nos obliga a renunciar a las riquezas, a la soberbia, al amor entre un hombre y una mujer. Exige que seamos humildes, caritativas, piadosas, que estemos ansiosas por reunirnos con él; pero olvida una cosa... El ser humano necesita ser hombre para alcanzar a Dios. Si se le niega el amor, y quienes le rodean no muestran el más mínimo interés o estima por su vida, por lo que hace, Dios recibirá en su reino un ser limpio, pero vacío, porque no ha pecado. Y si no ha pecado, ha sido porque no ha existido, porque en realidad no ha sido más que un barreño inmaculado que no ha transportado una sola gota de agua. Si Dios nos hubiera querido célibes, nos hubiera creado sin sexo. Y, como tenemos apetitos, el no satisfacerlos es una cuestión de decisión... vocación, si lo prefieres... Muchas de las monjas de este convento ingresaron en la orden por supervivencia, no por la llamada de Dios.

—¡Pero yacer con un hombre es un pecado horrible!

—No más que negarse a admitir que todos necesitamos cariño, comprensión, sentirnos útiles o que los demás reconozcan nuestra labor. Tal vez la hermana María se sentía útil en las misiones y aquí cree estar perdiendo el tiempo, su propia vida. Quizás, en su terrible pecado, esté demostrando su verdadera vocación.

—Yo sería una buena misionera —dijo enjugando sus lágrimas.

La hermana Adela asintió. Conocía varias decenas de religiosas misioneras, que al volver de África o América, habían solicitado no regresar allí nunca más. Y no era nada extraño. Aquellas mujeres no deseaban volver a ver las atrocidades cometidas, no sólo por los soldados reales y conquistadores, sino por los propios religiosos que, al verse en tierras extrañas, lejos de los obispos, abusaban sistemáticamente de los indígenas: los explotaban en las minas de oro (Quizás no directamente, pero sí consintiéndolo), permitiendo el traslado de nativos a la corte de Madrid, con el pretexto de educarles y enseñarles nuestra cultura; aún a sabiendas de que acabarían siendo esclavos exóticos en los palacios del rey... o la violación de las mujeres y niños colombinos. Pero aquellas tierras estaban demasiado alejadas como para que los obispos, o el mismo Papa, hicieran, o quisieran hacer, algo al respecto.

«*La maldad es más llevadera en la lejanía*», se dijo Adela, al comprender que muchos de aquellos licenciosos misioneros acabarían ocupando peanas en los templos como santos de la Iglesia.

Adela también quería servir a Dios. Y el único modo que se le ocurría eran sus rezos, y ofrecer su austera vida por el triunfo del Bien sobre el Maligno... Y el resto, la realidad, no era más que la anecdótica evidencia de que todavía hacía falta mucha oración y austeridad para que triunfase Dios sobre la Tierra.

4. Angustias la "Remediadora".

«Algún teólogo visionario y utópico se convenció de que no había bien más precioso e intocable que la vida, que la existencia desde el mismo momento de la concepción... Y le respetaron, y alabaron sus discursos. Pero pronto comprendió que su pensamiento no era más que un hermoso verso en un manuscrito postergado... Había algo, sin duda, más poderoso que la vida, y era el Nombre. Y la manutención de su pureza y prestigio era más importante que el sentido que éste tenía... Incluso que las palabras hermosas. Aquel teólogo murió, solo y olvidado, cuando comprendió que su vida valía tan poco como sus discursos.»

BENABARRE (Condado De Ribagorza). Verano de 1568.

Algunos meses más tarde, cinco desde que Catalina cumpliera dieciséis años, el calor se hizo insufrible, demasiado húmedo e intenso. El hábito siempre supuso un suplicio para Catalina, pero hasta entonces jamás lo había sentido de un modo tan insoportable.

Jacinta solía apestar a sudor siempre que llegaban los calores del verano, pero nunca tan ofensivamente como aquel año. Su hábito había atrapado, en la parte de las axilas, unas manchas húmedas, bordeadas de una sombra parda que desprendía un vaho ácido terriblemente desagradable, pero ninguna de las hermanas, ni siquiera su propia hija, se atrevieron a decir una sola palabra al respecto. Su aspecto, sin embargo, jamás había sido más saludable.

En aquel tiempo, llegadas las diez de la mañana, las hermanas que trabajaban en el campo, bien fuera en los siete huertos de patatas o en el olivar, dejaban sus labores y se aplicaban en ordeñar las vacas, fabricar quesos, hacer la comida u orar. Aquel día a Catalina le fue encargada la tarea de enharinar los quesos, ya curados y encerados, y acercárselos a la madre Rufina para que les estampara el sello de las dominicas, en el dorso de los mismos, el último proceso en la fabricación de los quesos de San Pedro.

El taller quesero era una enorme sala, cuyo único mobiliario consistía en una gran mesa de madera recia, atestada de harina y adosada a la pared. Sobre esta, una estantería, en la que se colocaban los quesos curados y sellados. En una de las puntas de la mesa, una losa de mármol, sustentada por cuatro patas de hierro, sufría el febril infierno que provocaba un brasero infame, en el que se introducían los dos sellos de hierro con el escudo de la orden, hasta que su color rojo vivo confirmaba que estaban listos para ser estampados en la base de los quesos. Allí solía sentarse la madre Rufina.

Catalina estaba de pie, situada entre Adela y la hermana María, que le sonrió. A Catalina, desde el día que la viera retozando con aquel fraile, la cercanía de la misionera le resultaba, no sólo incómoda, sino amenazadora; como si su impureza fuese una grave enfermedad contagiosa que pudiera infectarle. Su presencia le inquietaba, pese a que era una mujer de carácter simpático, jovial y piadoso. Tal vez hubiera otras monjas que, como ella, interpretaban sus votos, de un modo significativamente distinto al de la Madre Iglesia, pero la hermana María era la única de aquellas "Santas de Cristo" a la que Catalina había sorprendido en un delito contra la Ley de Dios, y esto le turbaba sobremanera, podría decirse que le obsesionaba.

Al menos, ya no tenía sueños sucios, ni deseaba acariciar su cuerpo con intenciones no del todo pías, lo cual le satisfacía y, en cierto modo, se enorgullecía de ello. Lejos de engalanarse con la humildad que debía, virtud por otro lado escasa en ella, aquel desacierto de la hermana María fue la excusa perfecta para sentir lo que las demás monjas deseaban y no osaban: creerse más digna y prudente que la "santa misionera"

Catalina no le dirigió la palabra.

Sin ni siquiera disimular la antipatía que sentía por la hermana María, le cambió el sitio a Adela y se colocó entre esta y Jacinta.

—¡Has crecido tan deprisa! —le dijo su madre, con evidente orgullo.

Catalina sonrió.

Hacía algo más de dieciséis años que había muerto Juan, y Jacinta apenas recordaba el timbre de su voz. Su rostro que, por la fatalidad de la vida permanecería eternamente joven, se había convertido en una imagen idílica que poco tenía de legítima; y ella lo sabía. Y el sabor de aquellos besos amargos, se le antojaban, en la distancia, bocados dulces de manzana madura. Parecía que su vida hubiera empezado en el preciso instante en que ingresó en el convento. Sólo una estela de antaño le agriaba sus recuerdos: el horrible olor a ajos crudos que parecía apoderarse de todo, siempre que pensaba en caricias y sexo. Sin embargo, deseaba que la sola presencia de Catalina dirigiese su memoria hacia retazos imposibles de una existencia tan lejana que ya no representaba su función en el teatro del presente. Jacinta no podía evitar entristecerse cuando se percataba de que aquella jovencita ya no la veía como a su madre. Muchas de las hermanas de San Pedro, en el mudo reparto de roles fraternos, habían ocupado puestos más relevantes que el suyo propio, y se disputaban el mérito de haberla convertido en lo que era, excluyéndola a ella. Pese a todo, y convencida de que Dios sólo la había utilizado como vehículo para engendrar a la "hija de las monjas", intentaba ver en aquella muchacha la señal que le indicase que aún era su hija, y que Catalina la amaba como se debe amar a una madre…

Jacinta, muchas noches, se ataba el cilicio de esparto en su musculosa cintura, intentando que desapareciera de su corazón la gangrena de la envidia. Y lloraba hasta la madrugada, extasiada tras una lucha enfermiza contra la repulsa que despertaba en ella la amistad de su hija con la hermana Adela. Cada vez que observaba a las dos jóvenes manteniendo una conversación fluida, agradable y cómplice, sentía en su corazón el deseo irrefrenable de que fuera con ella con quien tuviera aquel vínculo.

Poco antes del mediodía, la hermana María sufrió un vahído, un ligero mareo, que se le pasó en cuanto se sentó en la silla de la madre Rufina.

—Llevo un par de semanas así —aseguró la misionera— si me siento se me pasa.

—¿Has tenido nauseas? —Preguntó la superiora—. ¿Vómitos?

—Sí. Todas las mañanas. Pero siempre se me pasan... Debe ser este calor insoportable.

La madre Rufina la miró con expresión severa en su rostro.

La hermana María bajó la cabeza con un mohín que denotaba arrepentimiento y, tal vez, una desazón bochornosa.

Catalina no fue consciente de qué estaba ocurriendo algo extraño, hasta que observó las caras severas de las demás monjas, que se miraban de reojo y bajo el griñón, acelerando el proceso de enharinar los quesos, sin decir una sola palabra.

—¿Qué sucede? —preguntó la joven novicia en un susurro. Ni su madre ni Adela le contestaron; se limitaron a hacerle un gesto, indicándole que continuara embadurnando de harina los quesos, y que no volviera a abrir la boca.

Solamente dejaron su tarea a la hora del ángelus.

Durante la comida leyeron un pasaje de los Hechos de los Apóstoles, y vuelta al trabajo. Esta vez sin la hermana María y con la única compañía de unas largas caras de preocupación, para las que Catalina no encontraba una explicación.

Aquella noche llegó a su celda realmente agotada.

Siquiera tuvo fuerzas para deshacerse del pesado hábito y vestirse el camisón de lino que, suponía, por el calor que desprendían las paredes, no permanecería mucho tiempo sobre su cuerpo. Y se dejó caer sobre las sábanas, sin taparse ni rezar sus oraciones.

Un par de minutos mas tarde, cayó en un profundo sueño. Sudó lo indecible y, sin mover un músculo de su cuerpo, se dejó llevar hasta el único mundo que le era permitido visitar fuera de aquellos muros.

El sudor había empapado su camisón, que se pegaba a su cuerpo como si acabara de salir de un lago, cuando volvió a despertar.

Se levantó, medio adormilada, con la intención de desnudarse.

En el pasillo se oyeron unos susurros.

Catalina había perdido la noción del tiempo. No sabía si hacía una hora o diez que se había acostado. Pensó que aquel ruido provenía de la celda de alguna de las hermanas, rezando sus oraciones nocturnas.

Sintió cierta frescura al levantarse y abrir la puerta de la celda; era su propio sudor evaporándose por la corriente de aire del pasillo.

Volvió a escuchar los susurros, al fondo del pasillo, unas cuatro celdas más allá. Y miró hacia el corredor, sin poder distinguir más que unas siluetas y una perorata persistente e ininteligible. Aquellas sombras y voces surgían de la celda de la hermana María.

Transcurrieron varios minutos, hasta que un grito apagado reverberó por todo el pasillo. Era un grito terrible que parecía haber sido ahogado con una mordaza. A Catalina se le pusieron los pelos de punta.

Después, una conversación rápida, tensa y confusa, y un nuevo grito, esta vez mucho más débil. Al fin se escuchó la voz de la madre Rufina, pero sólo comprendió algo así como *«lo convenido»*. Salieron de la celda.

Catalina entornó la puerta, dejándola abierta un par de dedos. Una de aquellas mujeres era la madre superiora. También había un hombre, un fraile dominico, de espaldas, con el rostro vuelto hacia la madre superiora al que no pudo reconocer. Y otra mujer: una extraña vieja con aspecto repulsivo, con su pelo grisáceo recogido en un moño medio deshecho, ropas sucias y andar torpe. Sus manos, agrietadas y negras, estaban manchadas de sangre. El hedor que desprendía le llegó desde el pasillo como el aliento de un carroñero.

La joven novicia no tenía la menor idea de quién era aquella anciana, pero estaba segura de que no era ninguna monja, ni dominica ni de ninguna otra orden.

La hermana Adela, según le aseguró la mañana siguiente, no había visto ni oído nada. Durmió durante toda la noche "como un angelito", y no tenía ni idea de quién era aquella mujer desagradable de la que Catalina le hablaba con insistencia.

—Ayer, después de las oraciones, tenías el rostro desencajado. Estabas agotada —dijo Adela— tal vez lo hayas soñado —y se encogió de hombros.

La siguiente en ser interrogada fue Jacinta quien, tras oír la declaración de su hija, la llevó aparte y le mandó que guardara silencio sobre lo que había presenciado... y de lo que le iba a contar a continuación. Jacinta se sintió realmente dichosa, creyó que Catalina, al fin, había confiado en ella antes que en la hermana Adela. Y quiso convencerse de que sus celos, pese a ser justificados, eran absurdos.

—Hace años —le explicó su madre—, poco antes de casarme con tu padre, oí decir que Aurelia de Llavaneras —Catalina se encogió de hombros. Jamás había oído aquel nombre—, tenía amores con un cabrero de Juseu... La mala fortuna quiso que se quedase preñada. Eso dijeron las habladurías... Sin embargo, su padre mandó a buscar a una mujer de Camporrells, a la que llaman Angustias la "Remediadora", que le hizo beber unas "aguas" de sabina, y después hurgo en su vientre, hasta que perdió el niño que esperaba... Creo que Aurelia jamás tuvo hijos. ¡Aquella vieja la había dejado estéril!

—¿Y qué tiene que ver eso con lo que yo oí anoche?

—¡Criatura! —prorrumpió Jacinta, con una tierna sonrisa en los labios, sin contestar a la pregunta de su hija.

Catalina había comprendido perfectamente a su madre, y sabía a qué se refería y por qué le había contado aquella historia, pero necesitaba que alguien le explicara qué estaba ocurriendo en el convento, si aquello era algo habitual. El modo en que la madre Rufina y aquel fraile habían tratado y dialogado con la tal "Remediadora" le hizo sospechar que no era la primera vez que la vieja era llamada por las dominicas, y se preguntó: «¿*Cuántas de aquellas monjas habían "puesto remedio" a sus pecados?*». A Catalina empezó a corroerle la duda, una duda que le llevaba cada vez más al convencimiento de que el camino que había elegido era el correcto, ya que, sin olvidar el terrible pecado contra Dios que suponía el fornicio, se añadía el miedo a caer en manos de una vieja alcahueta que la dejase estéril, tullida, o tal vez muerta.

No se volvió a hablar de aquel asunto. Ni Catalina escuchó de labios de ninguna de las monjas un solo comentario al respecto.

La hermana María no volvió a trabajar en la quesería, ni en ninguna otra tarea o actividad de las que realizaban en el convento; quedó confinada en su celda, consumiéndose por su propio pecado (o por los remedios de este). Una vez, le tocó a ella servirle una comida, que ni siquiera probó. Su aspecto era terrible, demacrado y lívido.

Dijeron que la hermana misionera María de San Bartolomé había muerto de unas fiebres desconocidas, contraídas en las misiones.

Fue enterrada a pocos pasos de la tumba que albergaba a la madre Salomé, en el cementerio, junto a la iglesia de San Pedro.

Catalina se sintió extrañamente aliviada, pese a que presentía que aquello no era más que la evidencia de una gangrena que estaba minando la salud, no sólo de la Orden Dominica, sino de toda la Iglesia de Cristo.

CAPÍTULO IV
La despedida

1. La domadora de leones.

«¿No es, pues, menester del hombre crecer en la fe y otorgarle al Altísimo, y no a sí mismo, la facultad de ser penene?»

PEDROLA (Reino de Aragón). Otoño de 1568.

Las sinuosas escaleras del palacio de Villahermosa devolvieron, con una ironía algo fastidiosa, los taconazos de don Martín, como un eco que parecía dilatarse en el patio. El rostro severo del conde, prácticamente se reflejaba en el pulido suelo, que las sirvientas se habían esmerado en encerar aquella misma mañana.

Martín sintió un tremendo ardor de estómago, que achacó al asado de pato, basto y reseco, que él mismo había cazado el lunes, y que le habían servido en el almuerzo. La impaciencia solía producirle una necesidad ansiosa por devorar todo aquello que se le pusiera por delante; y aquel pato, engullido con avidez nerviosa, había servido como revulsivo a su exacerbada excitación. Volvió a plantearse, por enésima vez, despedir a Joaquina, *«esa vieja loca y terca»*, su anciana cocinera, casi ciega, y que, según Martín: *«en vez de cocinar asados los perpetra»*. "Quinica" fue contratada por el fallecido don Alonso (Martín, en broma, solía culparla de su muerte) y llevaba en palacio más tiempo que él mismo. En el fondo, el duque sentía un aprecio maternal por aquella "cocinerucha", a la que era incapaz de subyugar o contradecir.

Llevaba un buen rato en el vestíbulo dando vueltas, pensativo, recreándose en sus propios pasos, sin ser consciente de que aquel golpeteo le ponía aún más nervioso de lo que ya estaba.

Mandó llamar a Isidro, el mayordomo.

—¡Apremia a la duquesa y a mis hijos! —Le ordenó—. El marqués está a punto de llegar. Uno de mis hombres ha visto varis caballeros y un carruaje a las puertas de Pedrola. Sin duda son ellos.

Isidro se perdió por los pasillos del palacio, con paso firme de soldado, reminiscencia, sin lugar a dudas, de un pasado militar del que había heredado un brazo prácticamente inútil y una cicatriz en forma de uve que cruzaba su barbilla y que le daba un aspecto mucho más feroz de lo que era en realidad. El mayordomo había sido compañero de juegos de Martín, en la edad en la que los títulos no se tenían en cuenta; después, fue su lacayo cuando el joven heredero fue menino en la corte de Madrid; y, finalmente, su escudero durante la batalla de San Quintín, donde había recibido el impacto de un cascote de metralla procedente de una bomba que a punto estuvo de matar al propio Martín. A partir de entonces, Isidro entró a servir en el palacio de Pedrola, como mayordomo y confidente del duque.

El grueso sello de oro, que Isidro recibiera del duque de Saboya cuando éste creyó que iba a morir sin remedio, golpeó nerviosamente la puerta de los aposentos de doña María.

—El duque me envía para anunciaros que el marqués de Villena ha llegado a Pedrola, y que no tardará mucho en presentarse en palacio.

—Decidle que en unos momentos me reuniré con él.

Isidro llegó a los aposentos de Alonso.

Llamó insistentemente a la puerta, pero nadie contestó. Otro tanto ocurrió en las alcobas de Martín y Francisco. Los tres jóvenes ya habían ido al encuentro de su padre.

Cuando los hijos del duque se reunieron con su padre, éste les miró de arriba a abajo, y les sonrió.

Martín y Francisco observaban a su hermano con rostro tímido, y riendo intranquila y compulsivamente, tal vez temiendo que algún contratiempo fuese a impedir que se consumara el mayor deseo de los Gurrea. Alonso era tan proclive a los excesos como el primo de su padre, Ramiro, y el duque dudaba, no sin razón, que fuera a estar a la altura de sus pretensiones, que fuera a renunciar a su anterior vida licenciosa. «*Una cosa es la diversión*», les había dicho don Martín, «*y otra muy distinta el honor y la legitimidad*». Salvar el buen nombre de los Villahermosa era una tarea harto difícil, incluso aunque Fernando hubiera optado por la vida eclesiástica y Francisco fuera un muchacho garante, cuya integridad estaba fuera de toda duda (Cosa que no podía decirse de Alonso, ni del joven Martín, que llevaba el mismo camino que su hermano mayor). Sin embargo, el duque era consciente de que el deterioro de su familia no se debía a los excesos de sus primos e hijos, sino a la radicalización de las ideas libertarias del vulgo (que deseaban la desaparición de la nobleza), y al capricho obsesivo del rey Felipe por incorporar Aragón, y todos los condados que lo formaban, al Reino de España. Sin embargo, aquel no era el único problema: el duque estaba convencido de que el libertinaje de la burguesía hacía un flaco favor a la aristocracia, y el pueblo llano veía como sus nobles dilapidaban sus fortunas, conseguidas gracias a los impuestos y derechos fronterizos, en grandes fiestas y suntuosos palacios, mientras ellos morían de hambre. Sí, sin duda, el vulgo tenía derecho a protestar, y Martín no les negaba la razón, aunque siguiera el ejemplo de aquellos a los que criticaba, al menos en cuanto al lujo.

Un cascoteo golpeó el empedrado del patio.

Fernando desmontó de su caballo, y subió las escaleras sin apenas hacer ruido, como flotando por encima de ellas. Iba vestido con una sotana nueva e inmaculada, y su sonrisa era algo menos pronunciada que la de sus hermanos.

A Fernando no le interesaban demasiado los asuntos políticos de su padre, es más, los detestaba. Sin embargo acudió a aquella importante cita, lo que el duque Martín agradeció con una suave oscilación de cabeza, denotando total complacencia.

Poco después, el rechinar de unas ruedas y los gritos del cochero y los soldados, fueron el preámbulo de la entrada de Don Diego López Pacheco y su familia en el palacio de Villahermosa.

Don Martín y Alonso bajaron las escaleras a toda prisa, renegando y maldiciendo la tardanza de doña María.

El carruaje del marqués se paró frente a la escalinata, y unos sirvientes desplegaron una amplia alfombra de vivos colores. Entonces, la silueta refinada y elegante de doña María surgió en la parte superior de las escaleras, entre Fernando y Francisco, como la aparición de un ángel de Dios, o una de esas vírgenes ataviadas con mantos de terciopelo que podían contemplarse en las catedrales.

Martín suspiró con un mohín que denotaba un suplicio ya caduco.

Los soldados del marqués desmontaron de sus caballos, y los llevaron a las cuadras.

Uno de los sirvientes de don Diego descendió de la parte trasera del carruaje y colocó una escalerilla frente a la puerta del mismo. Después, casi como un ritual, abrió la portezuela e hizo una reverencia.

El marqués de Villena, un hombre delgado, bien parecido e impoluto en su vestir y modales, asomó la cabeza, abrió los ojos de par en par y salió gesticulando de forma algo afeminada y sonriendo con hipócrita exquisitez. Le ofreció la mano a su mujer, doña Luisa, y ésta salió pesadamente del carruaje, embadurnada en polvos de talco y con un peinado imposible que, sin embargo, le daba un aire distinguido.

La última en bajar del carruaje fue la hija del marqués, una joven menuda de pelo castaño y rizado, que recogía en un enorme moño en la parte trasera de su cabeza, con un rostro atractivo, aunque sus dientes estaban ligeramente montados unos sobre otros...

Alonso sonrió. La muchacha era de su agrado, y su padre suspiró con alivio; no es que fuera requisito indispensable que Luisa Pacheco le resultara atractiva a Alonso, pero facilitaba mucho las cosas.

La hija del marqués era una muchacha elegante y de educación refinada, cuyo rostro siempre parecía dibujar un eterno mohín de complacencia. Su modo de coger la copa de vino anisado y de secar sus labios con aquel pañuelo de seda bordado con motivos exageradamente recargados, cautivó a Alonso.

La cena fue opulenta (crema de puerros y trufas, quesos de San Pedro aderezados con finas hierbas, perdices y un asado de tres cabritos lechales, de apenas tres kilos cada uno, servidos con manzana y miel, todo ello regado con un buen vino aragonés) aunque los marqueses de Villena apenas probaron bocado.

Al final de la cena, en la que los diálogos se convirtieron en una incesante ostentación de vanidad política (el marqués de Villena era pariente del conde de Chinchón, primer mayordomo de Felipe II), los marqueses y los duques de Villahermosa, con sus respectivos hijos, se trasladaron al salón, y tomaron asiento junto a la gran chimenea, que estaba apagada, aunque suplicando que alguien le diera lumbre.

Isidro les sirvió un licor estomacal.

—Y bien —dijo Pacheco, entregándole al duque un papel enrollado y lacrado— ved que mi dote es proporcionada a nuestra clase y a la de nuestra hija... A cambio...

—A cambio —se apresuró a decir Martín— doña Luisa y los hijos habidos en su matrimonio con Alonso, heredarán el ducado de Villahermosa, el condado de Ribagorza y el señorío de Pedrola, así como la totalidad de los privilegios de los Aragón y Gurrea, este palacio y algunas mansiones en Huesca, Benabarre, y Zaragoza...

—Fantástico —sonrió el marqués— pero hay algo que nos inquieta a mí y a mi esposa —Martín asintió—. Han llegado a nuestros oídos ciertos rumores respecto de vuestro hijo. Al parecer, Alonso es excesivamente proclive a... digamos, aficiones poco cristianas.

—Son los ardores de la juventud... —se ruborizó don Martín— ¿Quién no ha sido algo descarriado en sus años mozos?

—Yo, no —se indigno el marqués— y puedo dar fe de que mi esposa, y mi hija, siempre han sido temerosas de Dios y de los castigos del infierno.

—Yo también temo al Santísimo —balbució Alonso, terriblemente abochornado— y os juro que mis ojos no mirarán jamás a otra mujer que no sea vuestra hija. Y que sólo yaceré con ella. Y que le concederemos un nieto varón tan pronto como sea posible.

—Joven Gurrea —dijo el marqués con ironía—, no juréis lo que no vayáis a cumplir —dio un sorbo al estomacal—. A nosotros, y creo que vuestro padre estará de acuerdo en ello, no nos importa lo que hagáis con vuestras impudicias. De todos modos, será Dios quien os juzgue y no yo. Lo que me preocupa es que, en un futuro, surgiera algún bastardo reclamando vuestros privilegios y los de mis nietos.

—Os aseguro —añadió Martín visiblemente molesto— que haré lo humanamente posible para que mi hijo se mantenga en la fe en Cristo y guarde la fidelidad del matrimonio que vuestra hija se merece.

Fernando había escuchado aquella conversación sin decir una sola palabra; dudaba que su hermano cumpliera con lo prometido y estaba seguro de que aquel matrimonio sería considerado por Alonso como una más de sus incontables conquistas. El joven sacerdote tenía fundadas sospechas de que su hermano no tardaría en cansarse de Luisa Pacheco, como había ocurrido con todas las demás. Lo que sus rezos y súplicas a Dios no habían logrado, no iban a conseguirlo cuatro prerrogativas políticas y un matrimonio religioso en el que Alonso no creía.

No era ningún secreto que el hijo mayor del duque de Villahermosa tuvo muchas amantes, y que sus visitas a los burdeles de Zaragoza eran algo más que habituales... *«Dudo que Alonso haya cambiado»*, se dijo Fernando.

Aquella noche, los dos jóvenes prometidos anduvieron paseando por los jardines de palacio, deambulando entre plantas que empezaban su declive y almendros tímidamente vestidos con un manto de seda verde, como lencería en el cuerpo desnudo de una mujer hermosa a punto de ofrecer sus más ocultos secretos.

Los marqueses de Villena se hospedaron en una habitación contigua a la de los condes, y la joven en la habitación de huéspedes del palacio, en la que don Diego dispuso un par de soldados fornidos, que hicieron guardia durante toda la noche, sin saberse muy bien si sus órdenes eran las de no dejar que entrara Alonso en los aposentos de su "inmaculada" hija, o si era a ella a la que debían impedir la salida de los mismos.

Alonso deseaba visitar a Luisa, hacer con ella lo único que realmente le interesaba de las mujeres, el resto le importaba muy poco. Pero pensó que, tal vez si yacía con ella, después sería incapaz de tomarla como esposa, y en aquel asunto había unos intereses políticos que debían ser cumplidos por el bien de los Villahermosa.

Luisa Pacheco era una mujer atractiva, sin duda, y Alonso no había escatimado detalle que le corroborase que, debajo de aquellos abultados vestidos, se escondía una mujer bien formada, que le provocaban un febril deseo, incapaz de controlar.

TOLEDO (Reino de Castilla). Primavera de 1569

Cuando los frutales estallaron en un follaje verde intenso, Fernando se vistió la sotana, de incólume blanco que le había confeccionado Quinica expresamente para la boda del primer hijo de don Martín, y se colocó la estola y la casulla blanca y dorada de las grandes celebraciones.

Estaba nervioso; no era la primera vez que asistía a un obispo en una misa, pero sí la primera que Fernando acompañara a dos obispos. Y no sólo esto, sino que a la ceremonia iban a asistir las más altas personalidades de la nobleza y aristocracia aragonesa y castellana.

Monseñor Hernando, el arzobispo de Zaragoza, había llegado a Toledo un par de días antes. Desde entonces, hasta aquel día, el arzobispo se había despachado con el duque Martín sobre los deseos de este de abandonar sus labores políticas y retirarse a Veruela, si la mala fortuna decidía llevarse a doña María (aquejada de una anemia crónica), antes que a él. Aunque, para eso, todavía tendría que poner orden en algunos asuntos mundanos.

La ceremonia y el banquete transcurrieron según lo previsto.

La mayoría de los nobles acabaron dormitando en las sillas, o sobre la mesa, medio aturdidos por las pesadas salsas que sirvieron para acompañar el faisán, los dulces borrachos y el exceso de vino en sus atiborrados estómagos. Fernando había sido comedido, incluso austero, en el consumo de lo que los aristócratas habían convertido en exceso. Se sentía algo triste, sin saber determinar cuál era el motivo. Veía en aquella imagen de júbilo, (bailes, borrachos intentando mantener el equilibrio, el insoportable ruido de orquestina y jotas desentonadas), la patética evidencia de una nobleza decrépita, inmoral y decadente. No le hubiese importado que aquellos personajes, a los que consideraba miserables e inmorales, perdieran su posición social y entraran a formar parte del grueso del vulgo. Le entristecía percatarse de la doble lectura de las leyes humanas y divinas, dependiendo de quien fuera el reo y de la categoría social que ostentase.

El joven sacerdote sonrió al observar los movimientos acompasados de la panza rebosante del arzobispo Hernando, y sintió repulsa infinita por la institución a la que se debía por juramento, obediencia y, hasta cierto punto, convicción.

La Iglesia atravesaba un momento delicado: cismas, Papas que sólo pretendían el poder, obispos, cardenales y sacerdotes, manteniendo concubinatos sin la más mínima discreción... Y la mezquindad con la que Roma extraviaba su mirada ante el evidente deterioro de la moral de sus administradores: *«No vemos fornicio ni pecado en el ejercicio de la curia, que son el honor de nuestra Santa, Católica, Apostólica y Romana Iglesia de Cristo»*. Hacía poco más de un año, en sus últimos días en Salamanca, supo del ajusticiamiento de dos viudas viejas y analfabetas, que ofrecían sus servicios de sanadoras a los desheredados de los barrios pobres de la ciudad castellana; unos servicios que fueron considerados como práctica de brujería, cuando sólo se trataba del ejercicio de una profesión aprendida de sus antepasados y que escasamente proporcionaban alivio a aquellos enfermos a los que los médicos oficiales se negaban a atender. Sin embargo, el rey Felipe solía rodearse de "hacedores de pócimas" que, bajo la denominación de "alquimistas", no hacían cosa diferente a la de aquellas pobres viejas quemadas en la hoguera de Salamanca. Cuestionar aquella decisión era cuestionar al rey y, quién osaba discutir un mandato real, era considerado un elemento subversivo. Fernando veía la labor de ambos, curanderos y alquimistas, como algo similar, sino la misma cosa: *«Quien cuestiona las decisiones de los reyes desde el mismo poder suele ser nombrado consejero visionario del monarca, pero si quien hace una crítica a la monarquía es un plebeyo, inmediatamente será ajusticiado por traidor»*, solía reflexionar, *«al igual que quienes sufren un éxtasis; si son religiosos serán místicos y si son laicos, brujos»*... Las tiaras de la Iglesia estaban incrustadas en cráneos bastardos: cardenales hijos de las amantes de los reyes, abades fruto de los pecados de los condes, obispos de apellidos comprados... Su propio mentor, monseñor Roberto Domínguez, era hijo ilegítimo de su abuelo, el conde don Alonso, ¿Cómo osaban condenar a los adúlteros?

Fernando huyó de aquella farsa excusándose en una repentina indigestión. Sus manos temblorosas acariciaron la rugosa pared del palacio. Sintió arcadas. Las piernas le arrastraron hasta los jardines, y se adentró en ellos.

Fue a dar junto a un rosal espléndido, que ofrecía sus capullos rojos al fresco ambiente de la noche, impregnándolo todo con su delicado aroma. A pocos pasos, tras los setos, escuchó unos jadeos de placer. *«¡Esos pervertidos ni siquiera respetan la paz de los jardines!»*, se dijo retrocediendo unos pasos.

A duras penas pudo distinguir las sombras oscilantes de dos amantes, que retozaban, no excesivamente protegidos, tras un abeto bajo, creyendo que sus suspiros iban a ser eclipsados bajo el repiqueteo incesante de una cercana fuente. Fernando sacudió la cabeza. Ella era Luisa, la recién estrenada esposa de su hermano, y él... Comprobó indignado que llevaba los ropajes de uno de los sirvientes del marqués de Villena.

Decidió no decir nada, ni siquiera a su padre...

2. Habladurías de monja vieja.

«El abuso desmerece lo que la costumbre hace vulgar, y alimenta la mala hierba que se regenera como el polvo del camino.»

BENABARRE (Condado de Ribagorza). Verano de 1569.

Catalina estaba inquieta. La orden de los dominicos no especificaba lo que debían hacer las novicias el día anterior a tomar los hábitos de monja, y eso le ponía nerviosa. Ella creyó conveniente ayunar y orar durante gran parte de la noche en la capilla. Sabía que aquella noche tampoco iba a pegar ojo.

Se sentía como una jovencita a punto de casarse; en cierto modo, ella creía firmemente que iba a contraer matrimonio con Cristo.

Pese a que las demás hermanas le habían asegurado que su vida prácticamente no iba a cambiar, sino en ciertos detalles, privilegios la mayoría de ellos, ella se sentía como si fuera a dar el paso más importante de su vida, algo definitivo.

Aquella noche volvió a oír el chirrido en la puerta de la cripta. Ni siquiera se asustó o dudó un instante de qué se trataba. Permaneció quieta, de rodillas, con los brazos en cruz y susurrando sus oraciones. Había escuchado tantas veces aquellos sonidos, un chasquido ampliado por el eco, seguido del rechinar de una puerta y unos pasos que ascendían tímidamente por las escaleras de la cripta, que ni siquiera abrió los ojos. La original curiosidad, en unas pocas semanas, se convirtió en desprecio, y, en cuestión de un par de meses, cuando el abuso se hizo costumbre, en la indiferencia más absoluta. Ni siquiera le importaba que, al día siguiente, en la ceremonia de ordenación, una de sus hermanas cometiera el sacrilegio de comulgar en pecado mortal; a no ser que el propio fraile fuera capellán y, después de depositar en su interior la semilla del pecado, la oyera en confesión y la absolviera. Pero era poco probable que aquel furtivo amante fuese el viejo cura de Linares o que, fuera quién fuese, estuviera por la labor de ejercitar el sacramento de la penitencia. Catalina sonrió con un cinismo que, tiempos atrás, hubiera considerado una gran ofensa contra Dios, y se asombró de sí misma, al ver que la vida en el convento, lejos de procurarle serenidad, había endurecido su corazón y había fortalecido su espíritu de tal modo que, ahora sí, se creía capaz de enfrentarse al mundo de extramuros, a la barbarie y al salvajismo.

—Si —se dijo— me quedaré un par de años más aquí, en Benabarre, y después partiré hacia las misiones de las Indias.

Pensó en su padre, Juan, al que no había llegado a conocer, al que, sintió como las garras de la culpa se aferraban a su pecho, jamás había echado en falta. Y aquel remordimiento le interrogó implacable: *«¿Por qué jamás le has preguntado a tu madre por él, ni por su vida antes de que ingresara en el convento de San Pedro?».* Ahora podía sentir como una mujer adulta, como una mujer que nunca había deseado tener un padre, y cuya madre no significaba mucho más que cualquiera sus compañeras de congregación. No recordaba un solo momento en el que Jacinta hubiese salido en su defensa, le hubiera protegido o, simplemente, se acercase a su celda a arroparle cuando era niña. Pero aquello formaba parte del pasado.

Se preguntó cómo era posible que el rostro amargo de la poco favorecedora réplica del cuadro de Santa Águeda pudiera provocar en ella aquella sensación de paz. Aquella joven mutilada, ofreciendo sus pechos en una bandeja, producía en ella un efecto balsámico, tranquilizador, pese a que debería presuponerse lo contrario. Al igual que el enorme crucifijo de la pequeña capilla que daba acceso a la sacristía. Un hombre, prácticamente desnudo y de proporciones tan equilibradas que lo convertían en mera imaginería, no producía en ella una agitación sugerente, sino afable, amistosa y afectiva. Ella no sabía qué era estar enamorada, pero se lo imaginaba como algo muy similar a lo que sentía por aquel Cristo, al que profesaba tal admiración, tal devoción, que si no se tratase de quién se trataba, hubiera podido decirse que rayaba la locura.

El fraile, cumplido su escarceo, volvió a salir por la cripta, entrada la madrugada.

Catalina pasó el resto de la noche rezando, y pidiéndole a Dios que le diera fuerzas y valor para servirle como realmente se merecía.

Pronto bajaron el resto de monjas para el rezo de maitines.

Entre ellas, sólo una parecía realmente aligerada de su habitual carga de monotonía, la hermana María Auxiliadora, quien se convirtió de inmediato en la única y principal sospechosa de fornicio: *«Con toda seguridad»*, se dijo Catalina, *«esta es la monja que ha recibido la visita del furtivo dominico».*

A primera hora, la hermana Teresa se personó en la celda de Catalina para ayudarle a lavarse el pelo: una mata negra tupida, larga y sedosa, que pronto sería solamente un recuerdo. La madre Rufina, Jacinta y la hermana Adela trajeron una bañera de madera, medio tonel en realidad, y la llenaron con agua tibia. Después, desnudaron a la joven novicia y la frotaron con jabón nuevo, hecho en la última matanza del cerdo, para San Martín.

Jacinta se quedó fascinada al ver el cuerpo de su hija. Ni por asomo podía imaginar que había crecido tanto, que ya era toda una mujer, hermosa, bien proporcionada, casi tan escasa de carnes como su madre, pero fuerte como un roble fornido. Pensó que tal vez hubiese resultado atractiva a los hombres de haberse educado fuera del convento. Por primera vez en muchos años se sintió madre antes que monja. Frotando aquel cuerpo suave y blanquecino, que una vez llevó en su seno, experimentó una felicidad difícilmente explicable. Aquel deleite se hizo aún más pronunciado cuando se percató de que Catalina sentía algo parecido a lo que sentía ella.

La abadesa, al comprender lo que estaba ocurriendo entre las dos mujeres, cogió de la mano a Adela, le hizo un gesto con la cabeza a la hermana Teresa y, con una excusa estúpida, las dejaron solas, mientras Jacinta ayudaba a su hija a secarse.

No dijeron nada. Se limitaron a observar como las lagrimas descendían por sus rostros. Y, al fin, se fundieron en un abrazo, llorando y acariciándose como nunca antes lo habían hecho, presintiendo que aquella sería la última vez que pudiesen disfrutar de un poco de intimidad en aquel lugar.

Poco después, la hermana Jacinta fue requerida por la madre Rufina, pues monseñor Roberto Domínguez acababa de llegar desde la mansión que poseía en el centro de Benabarre. Allí, junto con su anciana madre, el rechoncho obispo solía pasar largas temporadas intentando mitigar los efectos de la terrible gota; según decían las malas lenguas, provocada por su afición enfermiza por el magro de cerdo y unos embuchados a base de sangre de cerdo, que fabricaban en Cataluña, y que le hacía llegar el obispo de Solsona. *«¿Cómo voy a negarme a comerlos? Son un presente, y jamás desprecio los regalos»*, intentaba justificarse ante su médico, que se los había prohibido en más de una ocasión.

Aquel día el dolor era menos pronunciado que de costumbre, lo que suavizaba su carácter, haciéndolo algo más agradable y asequible en el trato de lo habitual. La madre Rufina sintió cierta tranquilidad al percatarse de que monseñor Domínguez hacía gala de un talante mucho más aceptable de lo que ella esperaba.

—¡Madre Rufina! —la saludó Domínguez ofreciéndole la mano para que besara su anillo. Las embotadas mejillas del obispo se tensaron en una sonrisa sarcástica—. Veo que Dios sigue probándoos con los mismos padecimientos con los que me atormenta a mí.

—No os comprendo monseñor, yo jamás he sufrido de gota.

—No me refiero a ese mal, sino a la gordura —rió Domínguez.
—Mis hermanas, y yo en su nombre, os agradecemos que hayáis tenido la deferencia de asistir a la ceremonia...
—¡No digáis tonterías, madre! Si estoy aquí no es por cortesía, sino por esta maldita gota, que me obliga a descansar más de lo que desearía. Irónicamente, mi cruz es vuestro gozo... ¡Los caminos del Señor son insondables! Diría que seguís teniendo suerte; pero Dios sólo descansó el séptimo día y, cuando despierte, la fortuna de muchos de nosotros se disipará como el humo de una vela.
—¿Os encontráis mal monseñor? —preguntó la madre entre asustada y cínica.
—Sabéis muy bien a qué me refiero...
—Os juro por Dios que no os comprendo...
—En fin —dijo el obispo en tono grave, acercándose al oído de Rufina— no os quepa la menor duda de que muchas de las cosas que suceden en el interior de estos muros llegan a mis oídos.
—¿Y qué tiene eso que ver con la ceremonia de hoy?
—¡Ah, sí, la ceremonia! —monseñor Roberto volvió a separarse de ella, y su rostro se iluminó levemente—. Decía que, de haber tenido que venir expresamente desde Lérida para presidir la ordenación de una novicia hija de un don nadie...
—Todas somos hermanas en Cristo —le interrumpió la madre, indignada— tanto las hijas de los marqueses como las del más humilde de los campesinos.
—Sin duda, vuestro voto de pobreza os vuelve a todas iguales... Pero la dote es bien distinta... Además, ese no es el voto que más se incumple entre estos muros...
La madre tomó el brazo del obispo y, abochornada, le acompañó hasta la sacristía.
El obispo sabía que no iba a recibir un solo real de aquella celebración, y que la comida de las monjas de San Pedro no era del agrado de su paladar, excesivamente acostumbrado a las especias, la carne y el vino... Con toda seguridad se hubiera excusado de asistir a la ordenación si no fuera porque le habían prometido media docena de quesos de San Pedro, por los que sentía la misma debilidad que por los embutidos del obispo de Solsona.
La ceremonia comenzó con la novicia, vestida de blanco inmaculado, sentada en un trono frente al obispo, y detrás, todas las monjas de la congregación.
En un momento dado de la ceremonia, el obispo hizo un gesto y Catalina se levantó. Entonces él le preguntó si estaba dispuesta a renunciar al pecado y a mantener una vida contemplativa de oración, caridad, obediencia, castidad y pobreza. A lo que ella respondió con un sí claro y rotundo.
Después, en otro momento, Catalina se acercó al obispo, y éste le impuso las manos.

Acto seguido, la novicia destapó su cabello limpio y largo, y el obispo pronunció unas palabras en latín, que eran la bienvenida a la congregación y a la comunidad de religiosos y religiosas de Dios. Catalina leyó un pasaje de la vida de Santo Domingo, otro de los Salmos de David, y se retiró acompañada de la hermana Teresa, mientras las otras monjas recitaban alabanzas a Dios y a la Virgen y cantaban los gozos de San Pedro, San Sebastián, San Medardo y la Virgen del Pilar.

Minutos después, Catalina regresó, esta vez vestida de monja dominica, pero con la cabeza sin cubrir, dejando ver su cabello mal cortado.

Al finalizar la ceremonia, el obispo le introdujo un anillo en el dedo, como señal de su matrimonio con Jesucristo, y le hizo cubrir la cabeza con el griñón.

—¡Has tenido suerte! —balbució la hermana Teresa, una vez hubo concluido la ceremonia, intentando alisar el hábito mal planchado de Catalina— ¡si hubiera sido otro!

—¿Qué estás intentando decirme?

—Monseñor Sánchez Albiac solía permitirse ciertas licencias, o debería decir dispensas, cuando las novicias eran jóvenes y hermosas... Algo así como el "derecho de pernada eclesiástico"... Pero monseñor Roberto Domínguez es diferente. Jamás se ha tomado tal dispensa entre las monjas de esta congregación.

—¡Gracias a Dios!

—Dicen que esos descargos se los toma con los jóvenes frailes y monjes —rió la gobernanta. Pero, al momento, su rostro volvió a adquirir una expresión seria—. Pero, bueno, eso sólo son habladurías de monja vieja.

3. *Jacinta la dulce.*

«Desearía abrazarte, sentir mi cabeza apoyada en el vientre que
me dio la vida...
Desearía dormir en tu regazo y no despertar jamás, sentir tus
manos acariciando mis cabellos...
Desearía amarte del mismo modo que tú me amaste, y no ansiar
ser yo quien ocupase tu lugar.»

BENABARRE (Condado de Ribagorza). Otoño de 1571.

La hermana Catalina acababa de cumplir diecinueve años y se sentía con ánimos suficientes como para enfrentarse a aquel mundo que sólo conocía por las referencias distorsionadas de mosén Nuño, el viejo capellán de San Pedro; como para vencer a un ejército de demonios acosadores y darles una muerte inmisericorde.

Pero todavía tenía que superar las pruebas más difíciles de la vida.

Ernestina murió el invierno anterior a causa de la tuberculosis que padecía. Fue enterrada, tras un breve funeral, en el destartalado cementerio del pueblo, junto a la iglesia de San Miguel. Únicamente la madre Rufina había conseguido el permiso de monseñor Domínguez para asistir al funeral. El resto de monjas, al no haber visto siquiera su cadáver, sintieron como si la pobre "Tonteta" no hubiera muerto, como si simplemente se hubiera diluido en su propia estupidez.

Aquella mañana, como muchas otras, la hermana Jacinta fue a la vaquería para que el toro cubriera a una de las vacas más jóvenes, que todavía no había sido montada, a la que veía especialmente alborotada aquel día y a la que al hacerle la sencilla prueba del celo[13] había dado positivo.

Llevó la vaca hasta donde guardaban el toro, un semental gordo y grandioso, de carácter más bien apacible y manso, al que llamaban "Primoroso". Jacinta hizo pasar la vaca a una especie de corral pequeño, un cuadrilátero cercado que le cubría hasta la mitad del cuerpo, y abrió la puerta del acubilo donde permanecía encerrado el pacífico semental.

Aunque parecía algo intranquilo, Primoroso salió del corral con cierta parsimonia, como si aquello fuera una operación rutinaria que no le apetecía lo más mínimo. Pero la vaca, al notar la presencia del toro, empezó a ponerse nerviosa y se salió del cajón, acercándose a donde estaba Jacinta. El toro se levantó sobre sus patas traseras y empezó a embestir a la vaca, que se arrimó a la pared, atrapando a Jacinta entre su lomo y el rincón que quedaba entre el grueso muro de piedra y una de las paredes del corral.

La monja se quedó sin respiración, sin poder pedir ayuda.

El toro siguió embistiendo, y la vaca mugía con desagrado, intentando huir de aquel enorme animal. Pero la parte baja de su cuello topaba una y otra vez contra el ángulo superior de la corraleta, impidiéndole el paso, por lo que pretendía deshacerse del toro apretando su lomo contra el pecho de Jacinta, que estaba tumefacta.

Como si hubiera leído el pensamiento de la monja, Primoroso dio una última embestida, y desplazó la vaca un par de palmos hacia afuera. Jacinta estaba a punto de perder el sentido, cuando sintió aquel liberador empujón, que la lanzó contra el suelo. Aspiró todo el aire que pudieron albergar sus pulmones y musitó un «¡Alabado sea Dios!», pese a que escuchó en su pecho un crujido nada halagüeño. Al caer a tierra, Jacinta volvió a respirar, aunque el dolor que sentía era insoportable, y un borbollón, en el interior de su pecho, le dictaba que probablemente se le había clavado una costilla en el pulmón.

Aquella misma tarde, el malestar se hizo más intenso, y tuvo que guardar cama.

La madre Rufina decidió que, si aquellos dolores persistían, mandaría buscar al médico para que se viniese urgentemente al convento de San Pedro.

---

[13] La operación consistía en colocar ambas manos sobre los cuartos traseros de la vaca y frotar con un poco de energía; si la vaca seguía moviéndose, era que no estaba aún apunto para ser inseminada. Si, por el contrario, la vaca se quedaba quieta, estaba lista para ser fecundada.

Cuando el sol empezaba a esconderse tras la sierra de San Salvador, Jacinta pidió ver a su hija... Cuando Catalina acudió, diez minutos más tarde, su madre ya agonizaba.

El rostro de Jacinta estaba embotado y con una palidez cercana al violeta que le asustó. Jamás había visto a su madre en aquel estado, excepto en un par o tres de ocasiones en las que enfermó sin aparente motivo, por lo demás, ni siquiera las fiebres de la gripe o los dolores menstruales que muchas otras hermanas sufrían, incluso ella misma, le habían apartado de sus habituales labores en el convento.

Jacinta intentó sonreír al comprender que su hija se había percatado de lo que sentía.

—Ya hemos avisado al médico —dijo Catalina, aún a sabiendas de que, incluso aunque hubiese estado allí, no hubiera podido hacer nada por salvarle la vida.

—No llegará a tiempo —susurró Jacinta, alargando su mano hasta tocar el antebrazo de Catalina—. ¡Me muero, mi pequeña! ¡Me muero del modo más absurdo en el que puede morir una monja! Y me gustaría decir que abandono este mundo en paz con Dios y conmigo misma pero... —Jacinta tomó aire y gruñó con infinito dolor—. ¿Cómo me recordarás, hija mía? —Catalina sacudió la cabeza—. No he sido una buena madre... En realidad, ni siquiera he sido madre.

—No diga eso —le reprochó Catalina llorando—. Usted me dio la vida y me la preservó trayéndome aquí... Usted me... Me bañó y me secó cuando dejé de ser niña... ¡Te quiero mamá!

—Prométeme que jamás tendrás en cuenta mis defectos como madre, el no haber sabido demostrarte lo mucho que te quiero, ahora que sólo podrás amar mi memoria.

—Nada podrá cambiar lo que siento, nada...

Jacinta abrió sus brazos y le invitó a que se acercara a ella.

—¿Quién cuidará ahora de ti, mi pequeña? —Sollozó la monja— ¿Quién te librará del pecado cuando ya no esté?

Catalina no comprendió aquellas palabras. Su madre estaba a punto de entregar su alma a Dios y, en esos momentos, todo humano tiende a olvidar los errores y pecados del moribundo. Sin embargo, la joven monja era consciente de que su madre jamás se había comportado como tal, jamás le había protegido; al menos, que ella hubiera podido apreciar. No comprendía a qué pecado se refería su madre y del que decía que la había librado... Pensó que su agonía le hacía decir cosas poco sensatas... Tal vez tuviera alucinaciones.

Jacinta abrazó con fuerza, y el gorgoteo de su pecho cesó.

La hermana Catalina no se atrevió a soltarla; temía que su alma se desvaneciera por siempre.

Así quedó, allí, llorando sobre su rostro, hasta que sus ojos se secaron... Y se juró, sabiendo que aquello la iba a convertir en apóstata, que no volvería a llorar jamás.

4. El Final del camino.

«¿Por qué te empeñas en hacerme sentir lo que me es prohibido?
¿Acaso quieres probarme, Dios mío?..
Tú me diste la vida. Tú labraste mi futuro como el labrador
orada la tierra, como las golondrinas escarban en el lodo, ¿qué
pretendes?»

BENABARRE (Condado de Ribagorza). Principios de 1571.

El inarmónico coro de dominicas de San Pedro había mejorado notablemente desde que Catalina se convirtiera en la voz principal del discordante orfeón. La joven monja siempre había tenido una voz que, a partir de su pubertad, se había vuelto profunda y, según las hermanas, digna de ser reclamada por las huestes angelicales. *«Demasiados ensayos desafinados a mis espaldas»*, respondía con falsa humildad. Era indudable que tenía un buen oído para la música, pero ese no era su único talento; su despierta inteligencia, algo impaciente con los lerdos e ignorantes, su afán desmedido por el Saber y las Artes, y una reprochable curiosidad por el conocimiento teológico, que las demás hermanas tachaban de falta de fe en los dogmas de la Santa Madre Iglesia, conformaban un carácter fuerte, e independiente, que a algunas dominicas les resultaba molesto.

De un tiempo a esta parte, Catalina se sentía realmente a gusto en compañía de la hermana Engracia, la cocinera de San Pedro, y no desaprovechaba la ocasión para perderse entre los pucheros, verduras y fogones. La cocina se convirtió en el lugar favorito de la joven monja. Ya desde niña se había sentido atraída por los fogones y las especias; sobre todo por el ajo. No comprendía muy bien el motivo, pero aquel olor penetrante surtía un efecto tranquilizador en Catalina... Era un verdadero misterio para ella, pero nunca lo fue para su difunta madre, que lo aborrecía.

—Si algún día cambio de idea sobre ir a las misiones —solía decir—, me convertiré en cocinera.

Hacía algo más de un año que había fallecido su madre, y Catalina se estaba empezando a acostumbrar a su ausencia, aunque muchas veces buscaba su rostro entre las dominicas. No se percató de lo mucho que la amaba, hasta que el simple roce de cualquiera de las hermanas en la mesa de enharinar los quesos le provocaba un escalofrío. No era más que el deseo de que quien le tocaba fuera Jacinta... Entonces se entristecía al comprender que jamás volvería a verla, que había desaparecido por siempre, sin llegar a conocerla.

Sus intempestivas visitas a la capilla fueron espaciándose, hasta que se limitaron a una vez por semana, generalmente los jueves, en las que ya casi no rezaba... A veces, bastante a menudo, resguardada en la seguridad de que ninguna de las demás hermanas podía oírla, solía cantar algunas canciones de las que había aprendido en el convento, y otras escuchadas detrás de los muros que separaban la vida monástica de San Pedro de la rutinaria en Benabarre.

«Pobre niña bonita
que no logras dormir
porque se han ido los santos
sin poderte bendecir».

Aquella noche de invierno, andaba canturreando en la capilla, siguiendo el ritmo con las manos sobre sus rodillas. Su mirada estaba clavada en el Santo Cristo agonizante, cuando una extraña sensación invadió todo su cuerpo, como si se sintiera observada.

Apartó rápidamente la mirada del crucifijo y escudriñó la pequeña escalinata que comunicaba con la cripta girando la cabeza hacia todas partes... Pero no vio nada.

Siguió cantando, con voz trémula.

A los pocos segundos volvió a percibir aquella sensación, y enmudeció. Sus ojos se movieron a una velocidad frenética, mirando hacia todas partes, pero sólo logró ver sombras parduscas que, le parecieron amenazantes, demoníacas. El vello de sus antebrazos se encrespó, y se tensaron todos sus músculos. Algo se movió en la penumbra. Su respiración se aceleró y, luchando contra el miedo que sentía, reunió todo su valor y se acercó a la cripta, dándose de bruces con un fraile dominico, que aún estaba más asustado que ella.

Los dos gritaron al unísono, aunque se sintieron aliviados.

El fraile era un joven de unos veinticinco años, alto y apuesto, de cara alargada y ojos saltones, limpios e intensos, que se clavaron en ella como si jamás hubiera visto un ser tan bello como Catalina.

La joven se separó rápidamente del fraile y se tapó el pelo, a medio crecer, con el mantón de lana.

—Podéis seguir vuestro camino —dijo Catalina—, ya estoy acostumbrada a este tipo de visitas...

—Lo dudo, hermana —contestó el joven, haciendo alarde de una magnífica dentadura y de una voz dulce y, a la vez, autoritaria—, es la primera vez que...

—Nunca he sabido como lográis alternar con vuestras amantes —musitó Catalina— y, la verdad, no me interesa lo más mínimo.

—¿Alternar?

—Alguien habrá que ponga en contacto a los monjes de Linares con las hermanas de San Pedro; alguna casamentera o trotaconventos...

—No sé de qué me estás hablando. ¿Por qué no me lo explicas?

—Os aseguro que, si me interesara este asunto, lo hubiese averiguado por mí misma.

—¿Y no te interesa?

—Lo que hagan las demás hermanas será por lo que tengan que responder ante Dios... A mí no me conciernen los asuntos del amor.

—A veces, eso que tú llamas amor no es tal, sino un simple acuerdo entre dos amantes.

—Os he dicho que no me interesa —Catalina estaba realmente enfadada. Creyó que aquel dominico intentaba seducirla, y eso le molestaba, a la vez que le excitaba. Estaba enfurecida—. ¡Seguid vuestro camino, fraile, yo no os he visto!

—No soy fraile, sino sacerdote —sonrió el joven, susurrando con su dulce voz, esta vez sin atisbo de autoridad— Y creo que mi camino acaba aquí.

Ella le miró extrañada, sin hacer preguntas. Era evidente que aquel joven se le estaba insinuando, y jamás se había encontrado ante una situación de ese tipo.

—¡Cantas como los ángeles! —añadió el dominico.

—Os estáis confundiendo, Capellán —repuso ella— yo no soy... yo soy monja, y jamás he incumplido mis votos.

—¿Ni siquiera el de obediencia? —sonrió el cura. La broma pareció no ser muy bien recibida por Catalina, que le lanzó una mirada de desprecio absoluto—. ¡Sólo bromeaba! —añadió, sentándose en el primer banco, frente al altar.

—Este no es un buen sitio para hablar —dijo Catalina, algo incomoda por la osadía del dominico— y mucho menos sabiendo los motivos por los que estáis aquí.

—¿Motivos? —Sonrió— Que yo haya cometido una falta, saliendo del monasterio y entrando a escondidas en un convento de clausura, no quiere decir que tuviera razones para hacerlo... Aunque, bien pensado, la culpable de que yo esté aquí has sido tú.

No hubiera sabido decir por qué, tal vez por su osadía, pero aquel joven le resultaba encantador.

—¿Por qué no seguís vuestro camino?, quienquiera que sea la hermana que hayáis venido a visitar os estará esperando ansiosa e inquieta —dijo Catalina algo frustrada— supongo que debéis conocer el interior del convento mejor de lo que yo misma, o ¿acaso pretendéis que os guíe?

—Yo también soy un hombre de Dios, y jamás he incumplido mis votos... Bueno, alguna que otra vez he desobedecido a mi tío bastardo —Catalina lo miró con cara de desaprobación, aquel no era el modo en que debía tratarse a un pariente, y mucho menos viniendo de un sacerdote. Él se percató de su confusión, y aclaró—: No lo digo como desprecio ni como insulto, sino como una realidad conocida por todos... Soy sobrino de monseñor Roberto Domínguez Serrano.

—¿Y quién se supone que es el bastardo, él o vos? —preguntó Catalina con una sonrisa cínica en sus labios.

El cura rió a carcajadas, y se encogió de hombros. Catalina había oído la historia. Las mismas hermanas de San Pedro solían contarla.

—Llevo un par de meses aquí en Benabarre, como capellán... Y comprendo tus dudas y tus insinuaciones... Pero, debo decirte que te equivocas. No te negaré que, como hombre, me tientan las mujeres hermosas, pero no es ese el motivo que me ha traído hasta San Pedro, sino los cánticos que llevo escuchando cada jueves, desde hace más de un mes... Siempre a la misma hora, siempre tan hermosos.

—Me siento halagada —dijo Catalina con sarcasmo, aunque no mentía.

—Te preguntarás qué hago despierto a estas horas —ella asintió—. El túnel que desemboca en la cripta de San Pedro conduce hasta las cercanías del "Llano del lavadero", cerca del barranco de "San Medardo", un lugar tranquilo y. El lugar me gusta tanto que, siempre que puedo, después de la cena, ensillo mi caballo y voy a rezar o a contemplar el movimiento del agua en el arroyo... Desde hace unos días, como ya te he dicho, el riachuelo veía acompañado su soniquete por unos cantos divinos, que surgían de la covacha que algunos frailes utilizan con fines no demasiado acordes con su condición de célibes.

Catalina ni por un momento hubiera sospechado que su voz pudiera llegar a superar los casi cien metros que separaban el convento de San Pedro del barranco al que se refería el capellán, y se sintió abochornada.

—Hoy, tras muchas dudas —prosiguió el dominico—, me he decidido a recorrer el camino que mis compañeros pecadores recorren para satisfacer sus instintos. Pero la pasión que me ha traído hasta aquí no ha sido un impulso lúbrico, ¡válgame Dios!, sino artístico, por decirlo de alguna manera, y una curiosidad obsesiva por saber quién era la dueña de aquella melodiosa voz... Y debo decirte que no me he sentido decepcionado... —sonrió— ¿cuál es tu nombre?

—Me llamo Catalina de Santa Inés —el capellán torció la cabeza, haciendo una mueca—. Catalina Abadías Fortea.

—Yo soy Fernando de Gurrea y Aragón, capellán de Nuestra Señora de Linares, como ya habrás supuesto.

—Un nombre más adecuado para un noble que para un simple sacerdote —sonrió Catalina—. ¿Estáis emparentados con los condes?

Catalina ya había deducido que aquel joven debía ser, cuanto menos, sobrino de don Marín, pues dijo serlo de Monseñor Domínguez Serrano, pero quería oírlo de sus labios.

—Sí, lejanamente... —Fernando le devolvió una sonrisa limpia y afable, y cambió de conversación—. ¡Pero, bueno, yo he venido aquí, arriesgándome a

una expulsión, para oírte cantar, y todavía no he escuchado una miserable tonadilla!
—¿De veras creéis que os expulsarían de los dominicos si os encontraran aquí?
—Ni aunque estuviéramos, ¡Dios me perdone!, tendidos el uno sobre el otro, desnudos, y mancillando la Casa de Dios.

A Catalina le atrajo sobremanera el sentido del humor de aquel joven sacerdote... Su ingenio, su sincera sonrisa y aquel modo irónico de decir las cosas, le hacían parecer un rebelde vestido con hábito.

Fernando, por un momento, creyó ver, en los labios de Catalina, aquellos que recorrieron su cuerpo siendo un niño, y se preguntó si el ombligo de aquella hermosa monja sería suave y terso como el de la Batalladora... Pero no tenía ninguna intención de averiguarlo.

Catalina empezó a cantar roja de rubor, hasta que Fernando se le acercó y le susurró al oído:
—Te acompañaría, pero mi voz es tan horrible que incluso los cuervos huyen cuando me escuchan cantar.

Y los dos rieron como niños.

En días sucesivos, siempre los jueves, Fernando le explicó que había llegado a Benabarre, oponiéndose a monseñor Domínguez (que le había propuesto el deanato de la catedral de Lérida), tras la muerte del antiguo capellán de Linares, Pedro Aranoa, buscando una paz que difícilmente hubiera encontrado en los palacios episcopales ni en Pedrola. Por su relación con monseñor Domínguez, y al apellidarse Gurrea, Catalina llegó a la conclusión de que Fernando era el segundo hijo de don Martín, pero él, al ser interrogado al respecto, se limitaba a decir que sólo era el capellán del monasterio de Nuestra Señora de Linares. No quiso insistir, y se conformó con alimentarse de aquella sonrisa que, poco a poco, estaba empezando a nublar la imagen y devoción del Santo Cristo de la capilla de la cripta.

5. Días amargos.

«La costumbre hizo que te ignorase. El tiempo se encargará de que te olvide.
Te embriagaste con el amargo sabor de las fresas maduras, con el dulzor de la hierba
Luisa. No te importó arruinar tu letargo aconsejado por los celos. Y, aún así, sabiendo
que escuchabas palabras que rezumaban desprecio, te sigo añorando.»

TOLEDO (Reino de Castilla). Verano de 1571.

Francisco, harto de los libros, de la universidad y de los asuntos políticos de su padre, decidió tomarse unos días ociosos y aceptar la invitación de su hermano Alonso, y de su cuñada Luisa, e ir a visitarlos al palacio de los Pacheco, en Toledo.

Alonso y Luisa partieron de Pedrola cinco semanas antes, adelantando su periodo de descanso un par de meses. Habían acordado que su hermano se reuniría con ellos pasadas las fiestas de San, que permanecería en Toledo durante un par de semanas, y luego regresaría con ellos a Pedrola.

Ya en el palacio de Villena, Francisco se dirigió a las caballerizas a desensillar su caballo, antes de entrar al interior de la mansión.

—¿Buscáis a don Alonso? —preguntó uno de los sirvientes. Francisco asintió—. Ha salido de cacería con don Diego.

—Conforme —susurró Francisco— les esperaré aquí...

Al poco rato se personó doña Luisa Cabrera, la suegra de su hermano, quien le saludó con grandes aspavientos, visiblemente ruborizada.

—Nadie me ha informado de vuestra llegada —se excusó—. De haberlo sabido hubiera bajado a recibiros personalmente.

—Nos os inquietéis —sonrió—. Mi visita es absolutamente ociosa... Incluso sería capaz de prescindir de las formas.

La marquesa le miró extrañada. Francisco jamás supo si su desconcierto se debía a que no había entendido sus palabras o a que era incapaz de concebir su mundo sin los rigores de la cortesía.

—Tal vez vos nos deis un poco de fortuna —bromeó doña Luisa—, y vuestra presencia consiga que mi hija se quede encinta.

—Poco puedo interceder yo en esos menesteres —se encogió de hombros—. Y os aseguro que no soy un buen aliado de la fortuna. De hecho, si así fuera, vuestra hija se hubiese quedado embarazada en Pedrola... Pero no es ese el caso, ¿no?

—¡Qué cosas más extrañas preguntáis, por Dios! —Sonrió la marquesa—. Eso sólo lo saben ellos.

Doña Luisa se marchó ruborizada; según dijo, a dar ordenes a sus criadas para que preparasen la habitación de invitados.

Francisco se sirvió un licor francés, y dio un sorbo. Se sentó en un sillón alto de mimbre, y los recuerdos se agolparon en su cabeza, con intención de amputarle el futuro a su memoria. Su tío Ramiro también le había llevado a visitar a Pilar la Batalladora en aquel extraño ritual de iniciación por el que habían pasado todos los Gurrea. Y sabía que Alonso deseaba que Luisa le diera un hijo, para tener una excusa con la que poder justificar una nueva visita al mas del Aigua, y volver a acostarse con aquella ramera en una nueva celebración absurda. Francisco había vuelto a ver a la Batalladora un par de años antes, en el hospital de Santa Elena, en Benabarre; terriblemente vieja, sucia, delgada y enferma. *«Ella se había apartado de Dios cuando decidió convertirse en prostituta, y Dios la había abandonado ahora que lo necesitaba».* La Batalladora murió pocos meses después...

Cuando hubo acabado con el licor, se levantó del sillón, y anduvo por aquel palacio, algo más suntuoso que el de Pedrola. Al final del pasillo, se encontró con una gran sala llena de vidrieras, que prácticamente cubrían la totalidad de la pared, y que permitían el paso de abundante luz proveniente de los jardines. Abrió uno de aquellos ventanales, y aspiró el aire fresco de la mañana. Sus pulmones produjeron un suave ruido que tuvo como respuesta el movimiento rápido de lo que él creyó un animal tras un seto exquisitamente podado. Francisco clavó la vista en los matorrales, y pudo distinguir el movimiento nervioso de una pareja de amantes, que se afanaban en vestirse a toda prisa, después de haber estado retozando resguardados tras los setos. El hombre estaba de espaldas, ocultando parcialmente a la mujer, a la que, sin embargo, pudo ver la cara. Comprobó, horrorizado, que se trataba de su cuñada, Luisa Pacheco. Francisco se puso nervioso; estaba seguro de que el hombre no era Alonso, y dudó si decírselo a su hermano, o guardarlo como un secreto inconfesable.

Por la expresión severa en el rostro de Francisco, Alonso creyó que había ocurrido algo grave. El más joven bajó la cabeza y musitó:

—Te aseguro, hermano, que he venido, tal y como te dije, a pasar unos días de asueto —Alonso ni siquiera le abrazó; nunca tenía una sola muestra de cariño para con sus hermanos, a los que consideraba pedantes, idealistas y mansos, aunque, en el fondo de su corazón, los amaba profundamente— nada extraño ocurre, y nada te oculto.

Ni que decir tiene que aquellos días, que deberían haber sido un merecido tiempo de reposo, se convirtieron en el mayor suplicio al que había tenido que enfrentarse Francisco en toda su vida, y dudaba que volviera a presentársele situación tan comprometida.

Una semana después, tras la insistencia del pequeño de los Gurrea en marcharse de allí, decidieron regresar a Pedrola.

A media tarde ensillaron sus caballos, y se hicieron acompañar por dos hombres de confianza de Alonso, Guillermo Baroja y Gil Lamota. El tal Guillermo Baroja era un hombre corpulento de cabeza diminuta, pelo negro rizado y ojos pequeños, hundidos y crueles, de unos cuarenta años o más. Gil Lamota, sin embargo, era un hombre pequeño y delgado, con ojos saltones y despiertos y una sonrisa fácil que iluminaba su enjuto rostro.

Francisco apenas habló en el primer día, ni el segundo...

La quinta jornada de viaje, hicieron noche cerca de los Fallos.

Luisa, Alonso y Francisco se hospedaron en una pequeña pensión en el centro del pueblo. Los dos hombres que les acompañaban prepararon un pequeño campamento a las afueras. Prefirieron, como en días anteriores, alejarse de sus señores, para que nadie les impidiera beber hasta caer ebrios, ni tener que escuchar las monsergas de un señor que les prohibía el vino y las mujeres (siendo que él era el que más lo deseaba)

Gil preparó una hoguera y le prendió fuego.

Se hizo con un puchero con alubias, y un trozo de cerdo en salmuera, y lo calentó en la pira que había encendido. Mientras, Baroja desensilló los caballos, los ató, cortó algo de hierba seca, y se la dio de comer a los animales.

Cuando regresó Guillermo, Lamota le estaba esperando con dos platos de metal indefinible, llenos y humeantes.

Baroja desató la bota de vino de su silla de montar, que después le serviría de almohada, y comieron y bebieron, hasta que Dionisos se sintió orgulloso de ellos.

Después, los dos hombres se tendieron, a resguardo de una roca, sobre unas mantas raídas y, casi al instante, pudieron oírse sus ronquidos, tal vez desde el mismo pueblo.

A media noche, Alonso llamó a la puerta de la alcoba que ocupaba Francisco y, sin apenas abrir la boca, le indicó que le era imposible conciliar el sueño, y que necesitaba hablar con alguien.

Salieron de la posada y anduvieron camino abajo sin hablar…

Así, paseando, fueron a dar al lugar donde los dos guardias de Alonso roncaban como gorrinos hambrientos. Se miraron, y sonrieron.

Se sentaron en un tronco seco, junto a la agonizante fogata. Fascinados por el poder hipnótico de las llamas, juguetearon con ellas, echando trocitos de madera, virutas y ramas, en la hoguera, hasta que sus cuerpos se quedaron entumecidos y sus cabezas aletargadas por el rítmico ronroneo de los dos borrachos, a sus espaldas… Francisco meneó una rama seca sobre las brasas que, al prenderse, produjo un efecto óptico tan singular que se recreó en él durante algunos minutos, mientras esperaba que la fortuna le propiciara el momento de contarle a su hermano lo que había visto en el palacio de los marqueses de Villena, o el modo de decirlo. Al fin, Alonso habló.

—No has abierto la boca en todo el camino.

—Tal vez no tuviese nada que decir —musitó Francisco.

—Siempre hay algo que decir entre hermanos, ¿no es así? —Francisco se encogió de hombros—. La expresión triste de tu cara indica que tienes problemas, ¿por qué no me lo cuentas?

—No soy yo quien tiene problemas, sino tú.

—¡Mis problemas no son asunto tuyo!

—Pero deberían inquietarte, hermano —susurró Francisco.

—¿Quién te crees que eres?, ¿acaso piensas que voy a dejar que te inmiscuyas tú en mis asuntos? —Prorrumpió Alonso con ironía— ¡El hombre perfecto!. ¡Cada día te pareces más a Fernando!, ¡no sé como no te has hecho cura, como él!

—¿Qué tienes en nuestra contra? —Se enfureció Francisco—. ¿Crees que ha sido sencillo convivir contigo y con Martín? ¿Crees que es fácil asimilar que tu hermano mayor heredará todas las posesiones y títulos de nuestro padre, y a nosotros no nos quedarán más que las migajas? Tú, Alonso, no has tenido que

demostrarle nada a nadie. No has tenido que luchar por forjarte un futuro respetable, pues lo tienes desde que naciste. En cambio Fernando, Martín y yo...
—¿Qué demonios estás intentando decirme?
—Que no le das importancia a nada de lo que tienes; que para ti todo es muy sencillo; nadie cuestiona tus decisiones, y sólo tienes que dar explicaciones al rey Felipe.
—¡Estás loco, Francisco!
—Mi vida ha sido una constante amargura, viendo como Madre moría, escuchando los continuos lamentos de Padre, obsesionado con el maldito condado de Ribagorza, mientras tú estabas jodiendo con cualquier ramera.
—¡Cállate, estúpido! —Alonso se levantó y amenazó a su hermano con el puño en alto—. Tú no has tenido que casarte con una aristócrata frívola y malcriada, para darle un nieto al duque de Villahermosa... Sí, mi futuro estaba decidido desde el momento en que nací. Tú lo ves como una bendición, pero te aseguro que es un castigo, una esclavitud... ¿Cómo puedes ser tan severo?, ¿tan insensible?
—¡Eres un niño consentido, que lo ha tenido todo!
—¿Todo?.. No soy feliz, Francisco, ni lo seré jamás... Nunca he tenido la posibilidad de decidir sobre nada, ni siquiera de elegir a mi esposa... ¡Esa estúpida!
—¡Repúdiala, si tan horrible es tu matrimonio!
—¿Sí? —sonrió Alonso— ¿Y qué alego?, ¡maldita sea!
—Alega que te es infiel.
—¿Infiel? ¡Definitivamente, eres un chiflado!
—Mientras esperaba a que regresaras de la cacería, vi a tu mujer retozando con uno de los soldados del marqués.

La sangre de Alonso se heló en sus venas.

Sus ojos se le salían de las órbitas, y sintió un odio infinito por aquella mujer, a la que había deseado tanto como ahora aborrecía.

Se acercó a sus dos hombres de confianza. Los despertó, y habló con ellos. Francisco no pudo escuchar la conversación.

Cuando despertaron, a la mañana siguiente, Gil, Guillermo y Luisa habían desaparecido.

—¡Todo está correcto! —Respondió Alonso al ser interrogado por la ausencia de su mujer y la de los dos hombres— Cada cosa debe estar en su sitio. He enviado a Luisa de vuelta a Toledo.

6. Las posadas.

«Domar a una fiera es una ilusión sólo verosímil desde el punto de vista del espectador.
¿Pero qué ocurre cuando el domador es más ruin que la propia bestia? ¿A qué amor se aspira si el guía es la propia exaltación?»
PEDROLA (Reino De Aragón). Otoño de 1571.

El aire soplaba con fuerza, ululando como un perro salvaje, sin más enemigo que su propia vanidad. La noche era, sin embargo, cálida.

Alonso se retiró temprano a sus aposentos, algo mareado, y acompañado por una sirvienta, a la que había convencido, sin demasiada insistencia, para que le acompañase hasta su alcoba.

Como si de algo rutinario se tratara, Alonso gozó de aquella sirvienta hasta caer agotado entre estertores, jadeos y nauseas.

El joven duque dormía plácidamente, como solía hacerlo siempre. Nada parecía poder perturbar su descanso, a pesar de un corrosivo ardor de estómago, que cada día era más insoportable, y que estaba a punto de producirle una úlcera. Su carácter, con el tiempo, se había vuelto huraño, y su aliento hedía a vino y gases indigestos.

A media noche, unos fuertes golpes en la puerta de su habitación resonaron nerviosos.

La primera en despertar fue la criada, que tocó suavemente el hombro de su amante. Alonso gruñó, y dio media vuelta. La muchacha sacudió al conde, y éste se despertó de sopetón, malhumorado y agresivo. Miró a la sirvienta y le dio una bofetada.

—¡No vuelvas a despertarme jamás!, cuando tenga ganas de volver a joderte, te lo diré...

—¡Están llamando a la puerta! —sollozó la muchacha.

Alonso se llevó las manos a la cabeza y se levantó dando tumbos.

De un puntapié sacó un orinal de porcelana de debajo de la cama, e intentó hacer aguas en su interior, aunque la mayor parte de los orines perecieron en el suelo, en vez de ser engullidos por el barreño.

Después, se desperezó. Se acercó a la jofaina y tiró sobre su nuca el contenido de la misma, que chasqueó al caer en la palangana. Por el efecto del agua fría sobre su cabeza, el vino quiso regresar al exterior y, entre arcadas, cayó al suelo, junto al orinal, vomitando en su interior y mojándose con sus propios orines.

Se giró hacia la cama. Sobre ella, aquella sirvienta asustada, desnuda sobre las sabanas, le miraba con cara de consternación.

Notó el acre sabor de su boca, y volvió a vomitar.

Los golpes en la puerta se hicieron insistentes.

—¡Don Alonso! —Gritó Isidro— ¡abrid!

—¿Qué demonios quieres, viejo manco?

—Un hombre, que dice llamarse Guillermo Baroja, insiste en reunirse con vos de inmediato.
—¡Qué se vaya al infierno!
—Dice que es urgente. Un asunto de vida o muerte...
—Está bien, ¡hazle pasar!

Unos calzones usados fueron todo el atuendo que logró hallar entre el amasijo de ropas que yacía en el centro de la alcoba, y que apenas atinó a vestirse. Entre aquel montón de telas encontró la falda y el corpiño de la joven sirvienta; se los tiró a la cara, y la empujó:

—¡Vete de aquí! —Profirió, con desprecio— ¡puta asquerosa!

La joven recogió sus ropas y, desnuda, cubriéndose con dificultad con sus pobres vestidos, salió corriendo de la alcoba de Alonso.

El paso rápido de Guillermo resonó en cada uno de los rincones del largo pasillo. Entró en los aposentos del joven conde sin llamar.

—¿Cómo te atreves? —se enfureció Alonso, dejándose caer sobre la cama.

—¡No es un buen momento para andarse con patochadas, ni con hipócritas leyes de cortesía! —Apuntó Guillermo, dando pequeños pasos alrededor del orinal y mirándolo con repugnancia— ¡Vestíos rápidamente! ¡Debemos huir!

—¡Yo soy quien da las órdenes! —se enfureció Alonso.

—Señor. Si no creyera que vuestra vida está en peligro, no hubiera osado aconsejaros qué debíais hacer... ¡Dios nos libre!

—¿Hicisteis lo que os ordené? —Guillermo asintió—. Entonces, ¿cuál es el problema?

—Yo mismo la estrangulé con una soga —expuso el soldado, sensiblemente alterado. El párpado de su ojo derecho se abría y cerraba en un frenético compás—. Pero un campesino, ¡maldito sea!, nos vio salir del bosque. Gil le hirió con su espada, pero aquel malnacido no murió, y nos denunció a las autoridades, antes de quemarse en el infierno... El mismo Chinchón, el tío de doña Luisa, ordenó a sus hombres que nos dieran caza y que acabaran con nosotros. La guardia real nos siguió durante varios días. Logramos despistarles en las cercanías de Madrid. Allí supimos que vuestro suegro había contratado a cinco mercenarios. Nos escondimos en la casa de un primo de Gil, un hijo de puta. Lamota, ¡el muy estúpido!, creía que podíamos fiarnos de él, ¡y el muy cabrón nos denunció a las autoridades, por cuatro reales! Yo pude escapar, dando muerte a uno de los guardias que vinieron a prendernos; Gil no tuvo tanta suerte... ¡El muy cabrón lo confesó todo! Dijo que fui yo quien mató a vuestra esposa y al campesino de los Fallos, y que habíais sido vos quien ordenasteis aquel asesinato, que nos habíais pagado por ello.

—¡Maldito estúpido!

—¡Debemos huir! ¡Ahora mismo, señor!

—¿Pero dónde? ¡Vayamos donde vayamos, nos darán caza!

Alonso se vistió su ropa de montar, ensilló su mejor caballo y partieron rumbo a Francia.

Cabalgaron durante todo el día. Aquella noche pernoctaron en una posada, que les pareció suficientemente inmunda y cochambrosa como para no levantar sospechas. La hostería resultó ser un burdel; cuestión que Alonso celebró con notoria satisfacción yaciendo con una ramera desdentada y repulsiva sobre la que vomitó la evidencia de su cercano final.

Sin duda, el asesinato de la hija del marqués de Villena sólo podía ser remediado con un juicio, que, sin duda, les condenaría a muerte en ejecución pública. Y eso era sólo cuestión de meses, tal vez semanas.

La estupidez de aquellos hombres, demasiado acostumbrados a los lujos y las comodidades de palacio, les hizo cometer demasiados errores. Alonso no estaba preparado para vivir en constante huída, para dormir bajo un árbol, ni para soportar la tensión de una continua persecución, por lo que buscó cobijo en lugares demasiado concurridos por los nobles españoles en sus viajes a Italia. Algunos de aquellos señores lo reconocieron, y dio parte a las autoridades reales sobre el paradero de los dos hombres. Poco después, fueron detenidos en las proximidades de Milán, y trasladados hasta la prisión de Torrejón de Velasco, en Castilla, donde fueron encarcelados en espera de un juicio, que les condenaría al garrote.

CAPÍTULO V
La Vergüenza

1. El presente es sólo un recuerdo.

«Mis manos se agitan inquietas bajo tus dedos.
Mis labios temen pronunciar tu nombre.
Mi vientre arde de deseo por recibir el calor de tu cuerpo.
Pero el dormido mutismo me abrasa las entrañas como el crudo frío de enero, y mis ojos ya no miran, porque sienten tus caricias.
Mis oídos están sellados cuando escuchan tu aliento.
Mi vida está vacía si no la llenas con tu sonrisa.»
BENABARRE (Condado de Ribagorza). Verano de 1573.

Aquel día anocheció demasiado tarde. En verano, la noche siempre se hace rogar más de lo deseado.

Catalina se encerró en su celda, en espera de que los rayos de la luna quisieran irrumpir entre las rendijas de los poco encajados postigos de la ventana... Era miércoles.

Deseó dormir y no despertar hasta el siguiente amanecer, hasta que las sombras amenazasen con invadir San Pedro y los ronquidos de las viejas monjas fueran tomados como el tañido de arrebato del campanario de Santa María la Mayor.

Sin saber muy bien por qué, o evitando entenderlo, Catalina se durmió, suplicando que aquella noche transcurriera ufana y breve, acogida en el regazo de un sueño cálido y sereno. Aquel deseo se prolongaba más allá del apacible descanso del sol como una mortificación inconfesable: *«¡Que mañana transcurra presuroso!».* Aquellas ansias tenían un nombre, Fernando de Gurrea, pero ella jamás lo hubiese reconocido ni admitido.

A eso de las diez le fue arrebatado el sueño de un modo tan cruel que sólo podía deberse a aquel ser deleznable al que habían designado superiora: la madre Rufina.

Sonaron tres nerviosos golpes en su puerta, que retumbaron en la pequeña celda como si se tratara del comienzo de la temida guerra. Pero Catalina se equivocaba, tanto en lo uno, como en lo otro.

No había estallado la rebelión contra el conde don Martín, y quien llamaba no era la madre superiora; bueno, no sólo ella.

Medio mareada por el sueño, y tanteando en la oscuridad, abrió la puerta, que permitió que la tenue luz de un candil se colara hasta en fondo de la celda. Tras ella, casi como un fantasma infernal, apareció la abadesa, ataviada con el hábito dominico.

Poco a poco, los ojos de Catalina se adaptaron a la mezquina luz que expulsaba aquel agónico farolillo, y pudo reconocer una mueca severa en el rostro de la abadesa; expresión que, ni lograba traducir coherentemente, ni sabía cuales podían ser los motivos que provocaban tal gravedad. Pronto iba a enterarse. Tras ella oscilaba un fraile dominico, un bulto rechoncho y tenso, que se presentó como el prior Francisco de Santa María de Linares; presentación a todas luces innecesaria. Catalina conocía sobradamente a aquel hombre, y no podía decirse que fuera de su agrado. Le había visto reunirse con sor Rufina en más de una veintena de oportunidades y, en ciertas ocasiones que no sabría determinar, solía deambular, siempre amparado en las brumas, por la cripta de San Pedro, acompañado de un tal "Cojo", aunque raramente traspasaba las escaleras de la iglesia. Era comidilla común entre las hermanas de San Pedro que el tal Francisco, sobrino del fallecido obispo Sánchez Albiac, era un misógino patológico (aunque las más atrevidas aseguraban que: *«a alguna ha visitado alguna vez...»*, sin concretar demasiado)

—Hemos sabido de tu amistad con el padre Fernando —se arrancó la madre superiora en tono incriminatorio— y aquí existen ciertas normas... ¿Podemos pasar? —Catalina se hizo a un lado. La madre prosiguió—: Todos sabemos la dura carga que supone la soledad. Y que los cilicios y los rezos no son suficientes para aplacar el demonio que corroe nuestras entrañas... Y sabemos de algunas hermanas que reciben en sus celdas a frailes de Linares... Pero esa no es la cuestión.

—¿Sabéis quién es ese capellán? —Preguntó el prior Francisco realmente exaltado— ¿Ese tal Fernando de Gurrea?

—Sí.

—¿Y sabes lo que podría ocurrir si, ¡Dios no lo quiera!, te quedases embarazada del hijo de un conde?

—No —respondió Catalina—. No lo sé, aunque puedo hacerme una ligera idea. No es un secreto que nuestro obispo es hijo bastardo de don Alonso de Gurrea, y eso no ha sido obstáculo, más bien todo lo contrario, para llegar a serlo.

—¿Te estás burlando de mí, jovencita? —se enfureció el prior.

—En absoluto, hermano... Solamente he contestado a vuestra pregunta; la respuesta a esa cuestión sólo la conozco por lo que se rumorea e imagino pues, en carne propia, jamás llegaré a saberla.

—¿Qué estás intentando decir, Catalina? —le preguntó la madre Rufina, con expresión de no haber entendido una sola palabra.

—Que soy virgen, como Nuestra Señora, y que seguiré siéndolo mientras crea que mi camino, mi vida y mi destino están en este convento.

—¡Eso está por ver!

—Yo sé lo que digo, y que es cierto —contestó Catalina.

—¡Si deseas acostarte con un hombre, elige otro fraile! —Dijo el prior— Somos casi treinta, y muchos de ellos apuestos y jóvenes... ¡Olvídate de Fernando de Gurrea, por tu propio bien!
—No deseo yacer con Fernando de Gurrea, ni con ningún otro hombre... Y, ahora, si me disculpáis...

A pesar de las reiteradas negaciones, Catalina había dejado de ir a visitar a la hermana Teresa para que le recortase el pelo, y ella misma, en su celda, solía arreglarse las rebeldes puntas de sus cabellos, demasiado acostumbrados al anonimato, para igualar su melena, espesa y dura, que luego escondía bajo el griñón. Los jueves, lavaba todo su cuerpo en un barreño, teniendo especial cuidado con las más innobles y mezquinas, y perfumaba sus cabellos con esencia de rosas y jazmín. Y todo ello por alguien por quien, decía, no tenía el más mínimo interés.

Los encuentros en la capilla se habían ido haciendo cada vez más habituales, los lunes y los jueves, hasta que aquel día, tal vez incitada por la conversación que había mantenido la noche anterior con la madre Rufina y con el Prior Francisco, decidió que lo que realmente deseaba era que el capellán subiese a su celda.

No sabía si aquella decisión obedecía a un enfermizo afán por conocer los secretos de una piel varonil rozando su cuerpo virginal, o simplemente al deseo de compartir el poco espacio privado del que disfrutaba en aquel encierro, en el que la vida no era vida, sino la entrega a un Dios que jamás insinuó que el futuro de la humanidad dependiera de los rezos de unas vírgenes. Seguramente, se trataba de una mezcla de ambas cosas, en mezcolanza casi herética.

Fernando dudó durante un buen rato si subir a aquella celda, o mantener el engañoso vínculo que les unía en la más recatada de las condenas. Evidentemente, la capilla no era el mejor de los lugares para amar a otro ser que no fuera el propio Dios. Y la prohibición, jamás escrita aunque incuestionable, lo que implicaba, o ella misma, conferían a su apetencia carnal un carácter desmesurado, atroz e inmoral, que le resultaba, ciertamente, gratificante. El deseo, en tales circunstancias, se convertía en un torrente de emociones, que se auto alimentaba, como una fuerza arrebatadora, sin llegar a estallar jamás. Aquello tenía un atractivo extraordinario, aunque no por ello dejaba de ser doloroso. El mero hecho de que el ansiado pecado nunca hubiese sido consumado era lo que confería a aquella unión una cualidad más allá de la comprensión humana, o quizás se trataba del engañoso brío de la soledad quien le impulsaba a creer, neciamente, que estaba enamorado de Catalina.

Siendo niño, Quinica, la cocinera de Pedrola, le había contado, realmente convencida de ello, que Dios había creado al hombre como un individuo completo y que, por unas circunstancias confusas, que jamás llegó a esclarecer, decidió que tales seres se disgregaran en dos: uno en el que sus facultades fueran las propias del varón y otro en el que las aptitudes de la mujer primaran sobre el resto. Desde entonces, según Quinica, todo ser humano está condenado a buscar eternamente aquella parte de si mismo que le fue arrebatada al principio de los tiempos. Encontrarla, si ese era el designio del Todopoderoso, era tan improbable como motivo de gozo si llegara a suceder. Sin duda, aquel cuento no era más que una fábula piadosa, inventada por una mente privilegiada, cuyo único fin era consolar a los pobres cristianos, desengañados en el amor y en la vida. *«Tal vez la pobre e ignorante Quinica estaba en lo cierto»*, se dijo Fernando, *«¡Ojala yo sea la parte de Catalina de la que fue despojada en el Paraíso de Dios!».*

Sólo había un modo de determinar si todos aquellos atropellados recuerdos eran ciertos o erróneos... El joven capellán decidió aceptar la invitación de Catalina. Y lo hizo tan convencido, como medroso.

Las escaleras del convento se materializaron antes bajo sus pies que en el convencimiento de que lo que estaba haciendo fuera legítimo. Y se percató de que realmente deseaba estrecharla entre sus brazos.

Durante un buen rato, se limitaron a mirarse, intentando disimular su nerviosismo en una total ausencia de movimientos, quizás pidiendo a Dios que, lo que tanto temían como deseaban no llegase a ocurrir jamás; o que sucediera cuanto antes.

Sus cuerpos se abrazaron, cuando comprendieron que nada es capaz de amedrentar al amor, ni siquiera la quietud. Sus labios se besaron de modo torpe e inexperto, pero preñado de ternura.

Catalina se separó de él, y desanudó el cordel que sujetaba su camisola. Moviendo los hombros en un baileteo tan absurdo como efectivo, dejó que su pobre ropa se deslizara por su blanco cuerpo, hasta caer exánime en el áspero suelo.

Fernando la observó, tal como solía admirar aquellos libros prohibidos para el común de los mortales, en los que los saberes ancestrales se desgranaban lentamente, para concluir con vetadas enseñanzas, con las más ocultas y las más turbadoras.

El joven capellán, al fin, se acercó a Catalina. Le acarició los hombros, y volvió a sentir en sus yemas aquel calor indescriptible que le abrasó cuando su tío Ramiro le llevó a visitar a Pilar la Batalladora. Después, volvió a separarse, clavando sus ojos en los pechos de Catalina. Como un impulso incontrolable, sus manos fueron al encuentro de aquellas pequeñas cúpulas, y las acarició con suavidad. El joven los besó con ternura, y el cuerpo de Catalina se estremeció, recorrido por un cosquilleo similar al que tantas veces había sentido en la soledad de su celda, cuando imaginaba aquel momento como algo inalcanzable.

Fernando deslizó sus manos hacia el estómago, liso y fuerte, de la monja, y acarició tímidamente sus muslos.

Como un niño que descubriera un nuevo mundo, ajeno pero intuido, jugueteó con el vello que tapizaba el pubis de la joven monja. Sus trémulos dedos acariciaron aquel valle encarnado que, húmedo y suave, los recibió con una propensión imprevista.

Catalina cogió su cabeza y le obligó a incorporarse. Le besó con todo el ardor que su represión de monja le permitía, sintiendo como el calor se apoderaba de todo su cuerpo.

Poco a poco, le fue despojando de su sotana negra, hasta que el capellán quedó desnudo frente a ella; completamente excitado. Catalina le observó, sin la atención que había puesto él en ella, y nada de lo explicado por la difunta Ernestina le llamó la atención de un modo especial. Pero su mirada... Se sentía incapaz de apartar la mirada de aquellos ojos saltones que se abrían como el horizonte de la mañana, hablándole sin palabras, reflejando los sentimientos ambiguos que surgían del fondo de su corazón.

Catalina tiró de Fernando, y se acostó sobre el camastro.

El sacerdote se tendió sobre ella, y la joven monja sintió el deseo irrefrenable de mover su cuerpo rítmicamente, al tiempo que él hacía oscilar su pelvis acompasadamente, con una cadencia que parecía regular un preciso reloj; lenta, pero persistente. Catalina elevó su cabeza, le besó y mordió su lengua y labios. El joven capellán aumentó en el ritmo de sus movimientos.

Poco después, Catalina sintió un calor intenso en su interior y Fernando expulsó una bocanada de aire junto con su mayor regalo: el de la vida...

—Creo que te amo —dijo Catalina. En realidad no tenía la más mínima duda de ello— pero deberíamos dejar de vernos... Tu recuerdo, estoy segura, este momento, nos unirá por siempre, y me llenará el resto de mi vida.

Fernando asintió, algo confundido; habían traspasado el umbral de lo prohibido, del pecado, y tal ofensa debía ser remediada con sufrimiento. ¿Qué mayor penitencia, que renunciar a lo que más amaba, para purgar la ofensa cometida?

Se vistió despacio, recreándose en un sentimiento del que jamás volvería disfrutar.

Catalina deseaba que el joven hijo del conde Martín le dijera que estaba equivocada, que deberían seguir viéndose, aunque fuera a escondidas. No le importaba quien fuera su padre, ni el futuro que le esperaba por ser hijo de un noble. Incluso, aunque su futuro estuviese ya escrito, y aceptara al fin la decisión de su tío bastardo de relevarle en la sede episcopal de Lérida, no le importaría ser su amante en la sombra; un simple trozo de carne sobre el que cabalgar cuando los asuntos del obispado amenazasen con enfermarle. Ojala, entonces, fuese ella el único desahogo que le quedara.

Pero Fernando no dijo nada... Tal vez Catalina estuviera en lo cierto, y aquella relación fuera una locura de juventud que iba a hacerles más daño que bien.

El joven capellán sacó de su dedo anular un enorme sello de oro, en el que había estampado el escudo de los Duques de Villahermosa, y se lo introdujo en el dedo índice de Catalina.

—Te queda demasiado grande —sonrió con tristeza—. Quiero que lo guardes... que cada vez que lo sientas en tu mano pienses en lo mucho que te amo, que estaría dispuesto a renunciar a mi vocación de sacerdote por ti.

—Si tu felicidad dependiera de ello, te aconsejaría que jamás renuncies a nada. Aunque creas que en una mujer, la que más ames en el mundo, encontrarás la verdadera felicidad, te aseguro que sólo serás dichoso si haces aquello que realmente debes hacer.

Fernando le besó en la frente, y abandonó la celda, convencido de que esta vida es tan cruel como injusta.

2. Nadie llorará por ti.

«Sí, te sentiste solo y desamparado, ¡pobre niño consentido!
Te envolvieron en suaves sedas, y tu mano siempre recibió el pecado que tu boca
hambrienta ansiaba.
Nadie, estúpido vanidoso, derramará una sola lágrima por alguien como tú.
Es irónico; parece que la vida nos observa con mismos los ojos con los que la miramos a
ella.»

TORREJÓN DE VELASCO (Reino De Castilla). Finales de 1573.

Un sudor frío empapó la impecable camisola blanca de Alonso.

El terror que sentía le obnubilaba el cerebro, y embotaba sus sentidos, hasta convertirlo en un pelele azotado por cuatro zagales retozones. Quiso enfrentarse, u olvidar, tan amargo trance desafiando a los muros de la celda a cabezazos. Sus muñecas, erosionadas por los grilletes de afilados cantos, habían cicatrizado, y vuelto a sangrar en un sufrimiento alterno que apenas sentía. Pronto, su camisa se teñiría de rojo por los regueros de sangre que descendían de su frente.

Por la miserable ventanilla que coronaba la falsa bóveda, que algún arquitecto con dudoso sentido del humor había decidido erigir, pretendiendo conferir al infame calabozo un aire innecesariamente distinguido, a duras penas lograba penetrar un exiguo rayo de luna. Alonso deseó, como tantas veces había deseado a las jóvenes aldeanas de carnes prietas, que aquella mezquina candela no fuera eclipsada por el sol. El llanto se volvió amargo salitre en sus heridas.

Un taconeo, ensayadamente mayestático y rítmico, arremetió con furia contra la elipse cóncava que fue el único testigo de sus últimos días. Al principio fue sólo un susurro, apenas audible bajo las toses y ronquidos de los presos, pero pronto se convirtió en el adagio de su inminente final.

El juicio, unos días antes, fue rápido, sin testigos innecesarios que pudieran alargar el proceso, y con ello la agonía del mayor de los Villahermosa. Lo cual,

Alonso celebró, convencido de que, cuanto menos tiempo aguarse la muerte, menor sería el dolor. Pero ahora ya no estaba tan seguro de ello. Guillermo Baroja, quien fuera su mano derecha, había confesado ser el autor material del asesinato de Luisa Pacheco. Incluso había intentado exculpar a su señor, diciendo que él mismo la había encontrado fornicando con un hombre que, ni se pudo encontrar, ni pudo dar mayores detalles, sino que era un joven alto y bien parecido de piel acanelada... Nadie le creyó. Ni siquiera su propio letrado.

El criado de Alonso fue ajusticiado al amanecer del día anterior.

Las botas de la desafortunada comitiva cesaron su macabra cadencia frente a la puerta de la celda del joven duque. Un ruido metálico, en la puerta, fue el preámbulo de su muerte.

Los soldados eran jóvenes y fuertes, y sus rostros, fingidamente severos, no llegaban a disimular un temor latente en lo más profundo de sus corazones (no es del agrado de nadie formar parte del comité de despedida de un joven, por muy asesino que sea, que, sin duda, no tenía ni la más mínima opción de enmendar sus propios errores), y ni siquiera la perturbación de aquella desagradable labor debía asomar en sus imberbes rostros. El clérigo, sin embargo, era un enjuto y quebradizo amasijo de huesos, que leía en un pequeño misal una letanía que sonaba cansina y monótona.

Alonso reconoció enseguida al capellán que horas antes le había escuchado en confesión entre bostezos y un poco respetuoso letargo.

Poco antes del anochecer del día anterior, el viejo capellán se había presentado en el calabozo de Alonso, decidido a cumplir con las obligaciones y prerrogativas a las que todo reo condenado a muerte tenía derecho. Aquella confesión quedaba, sin duda, invalidada por la ausencia total de contrición de la que Alonso hizo gala durante el sacramento de la penitencia: Sólo se arrepentía de su propia majadería. Ciertamente, volvería a ordenar el asesinato de Luisa, de encontrarse en la misma situación, pero no sería tan estúpido como para dejarse llevar por la ira, que le llevó cometer demasiados errores... En el fondo, estaba convencido de que la muerte de su mujer había sido una bendición, un bien para la humanidad; se erigió a sí mismo como el héroe sanador del perdido honor de la nobleza.

El joven deseaba pedirle su bendición, aunque, al ver su rostro perdido entre las líneas de aquel apretado librillo, decidió que sería más prudente rezar un padrenuestro, en silencio, al compás del desfile que le llevaba al patíbulo.

El más alto de los muchachos sacó un trozo de tela de debajo de su casaca, se acercó al camastro de la celda, y le dio un puntapié al trozo de pan seco que Alonso se había negado a comer la noche anterior, y que ahora devoraban media docena de ratas. Después, cogió la jarra de agua, e introdujo el lienzo en su interior. Una vez que el paño estaba suficientemente empapado, lavó, sin demasiado empeño, la cara del reo, y sonrió, convencido de que la mayoría de los presos eran estúpidos, por buscar el sufrimiento antes de una muerte excesivamente inocua para lo que merecían; un pensamiento que, de no dominar su poco lúcida mente, le hubiera hecho sucumbir a la evidencia de su propia miseria. El otro le sacó los grilletes y le puso unas esposas rígidas en las muñecas.

—¿Ves, estúpido? —Gritó uno de los presos, que hacía grandes esfuerzos por mantenerse sujeto a la reja de la minúscula ventanilla de su celda—. Los nobles y los mendigos somos iguales: sucios, cobardes y ruines —rió, como poseído por el demonio—. En la muerte, la injusticia, por la que sin duda pagaréis los nobles, se desvanece... ¡Sí, hijo de puta!, puede que te entierren bajo una lápida de mármol, en el más lujoso de los cementerios del mundo; pero los gusanos que se den un festín con tus entrañas serán los mismos que me devoren a mí. ¡Sí, mal nacido, tú y yo nos veremos en el infierno! Y, en el sufrimiento eterno, tu acomodada vida de noble será un instante efímero que no te restará un ápice de dolor.

—¡Dios jamás estuvo de tu lado, pordiosero! —gritó el más bajo de los dos soldados, dando un golpe con la base de su lanza en la mirilla por la que se asomaba aquel ladrón.

—Soy amigo del demonio y he hecho lo que he querido, siempre que lo he deseado... He fornicado; jamás he ayunado sino porque no tenía qué llevarme a la boca; y hubiera comido carne en cuaresma de haber podido comprarla. ¡Me he cagado en catedrales e iglesias y me he metido vergas de obispos por el culo! He matado, he robado y he renegado de Dios... ¡Sí, iré al infierno!, y nadie me perdonará dicha condena, pero, ¡Ay de vosotros, que correréis mi misma suerte por hacer una sola de las cosas que yo hice!

—¡Cállate! —el más alto de los guardias levantó su espada, y le dio un golpe en la boca con su empuñadura. Y volviendo la mirada al capellán, que no había dejado de recitar aquella tediosa jaculatoria ni un solo instante, insistió—: ¡Vayámonos de aquí!

Alonso anduvo entre los dos soldados, y el frágil clérigo delante de ellos, marcando un paso que le pareció exasperantemente lento.

No quería morir, ¿quién en su sano juicio anhela abandonar la única existencia que conoce? Pero sabía que el epílogo de su vida estaba ya escrito, con firme mano, en una sentencia irrevocable que, deseaba, se cumpliera con la mayor celeridad. Todo tiempo agregado al sufrimiento es tiempo cruelmente superfluo.

La macabra procesión, tal vez ralentizada con premeditación por el viejo capellán, con intención de que el condenado hiciera un postrer acto de contrición fuera de lugar, sólo consiguió que Alonso albergase en su mente un sentimiento de terror, a todas luces innecesario.

Villahermosa fue conducido hasta un carromato descubierto, tirado por una mula sucia y vieja, que parecía marcar un vacilante paso a trompicones. A Alonso se le hacía difícil mantener el equilibrio.

El clérigo siguió recitando su cantinela en un latín ininteligible, mientras los soldados, que ahora eran cuatro, custodiaban, el carro hasta la plaza mayor de Torrejón, donde se empezaba a agolpar el vulgo. El espectáculo de aquel día era doblemente gratificante: no sólo iba a ser ejecutado un ser vil y descarriado, sino que, además, aquel reo era un noble extranjero... Una fiesta, sin duda.

En el centro de la plaza, un patíbulo, levantado a modo de cruel escenario, era rodeado por labriegos, artesanos, pastores, comerciantes y señoras de su casa en actitud irreverente. El populacho fue apartándose a los lados de la comitiva, obligados, sin demasiada determinación, por los soldados. Muchos de aquellos, que habían seguido el recorrido de la patética procesión desde la cárcel, se desperdigaron a lo largo y ancho de la plaza, intentando posicionarse en los lugares privilegiados, bien cerca del patíbulo, bien escalando hasta los balcones y terrazas de los edificios colindantes.

La plaza se llenó en pocos minutos de gente sedienta de una justicia de la que sólo tenían pequeños atisbos en ocasiones como aquella, en la que creían ver una señal de imparcialidad en los letrados y magistrados.

El carromato se detuvo delante de una ruda escalera. Alonso levantó ligeramente los ojos y, frente a él, como una cruz sesgada de un cementerio miserable, un enorme tronco, a modo de estaca clavada en el fondo de su corazón, le increpó amenazante. Sus piernas temblaron como las de un anciano incontinente y enfermo, sus inmundicias se relajaron, y apareció una mancha húmeda y apestosa en sus calzones. Los más pequeños se burlaron de él riendo a carcajadas.

—¡Conde cagón! —gritaron los niños, sucios y hambrientos.

Alonso se echó a llorar como un párvulo indefenso.

Un hombre enmascarado y corpulento subió las escalerillas, y se situó tras el garrote. Comprobó que los anclajes y la cuña que había de perforar la nuca del ajusticiado estuvieran en buen estado. Después, cruzó los brazos sobre el pecho, y esperó, mirando a una multitud que le aclamaba con un entusiasmo sólo justificable por su hambruna.

Cojeando, con una pierna tiesa como un palo, el más viejo de los soldados que habían acompañado a Alonso hasta la plaza subió hasta el carromato, soltó las cadenas que sujetaban a Villahermosa a la parte anterior de la caja, y le dio un empujón, haciéndole descender de un salto. El joven conde perdió el equilibrio y cayó de bruces sobre el empedrado suelo. Los adoquines parecieron querer apropiarse de su rostro, en un alarde de crueldad incomprensible, acompañando aquel abrazo sin sentido con una infame melodía, como un cañonazo dentro de su cráneo, una cantinela de huesos rotos.

Alonso se quedó lívido, sin fuerzas. La nariz del joven se había partido y sangraba con profusión. Aquel percance logró enmudecer a la muchedumbre durante unos instantes, en los que creyeron que había llegado el final de tan dantesco espectáculo. Pero pronto, cuando se percataron de que el prisionero movía sus piernas, la multitud volvió a gritar y a burlarse del pobre Alonso.

El mismo soldado que le había lavado la frente en el calabozo volvió a sacar aquel trapo de su casaca, hizo unos trozos más pequeños y se los introdujo en los orificios nasales. Limpió la sangre que se derramaba sobre su pecho con el trapajo y lo tiró al suelo. Los niños empezaron a dar patadas a aquella vil venda en un nuevo juego que celebraron con alegría y evidentes muestras de júbilo.

Alonso se levantó torpemente, llorando y lamentándose por su mala fortuna. El clérigo seguía recitando sus rezos sin importarle lo más mínimo lo que sucedía a su alrededor, con la vista perdida en aquel librito, mil veces leído.

Dos soldados cogieron a Alonso, uno por cada brazo, y lo subieron hasta el entarimado, creciéndose ante los vítores del vulgo.

Sin perder tiempo, el corpulento verdugo sentó a Villahermosa en un pequeño taco de madera y empujó su pecho hasta que la espalda quedó en línea recta y paralela al garrote. Alonso era un hombre bastante alto por lo que, cuando el verdugo cerró el grillete sobre su cuello y lo sujetó con un pequeño pasador de hierro, tuvo que desplazar su trasero hacia adelante, lo que le hizo tomar una posición forzada. Su cuerpo estaba rígido, con la espalda torcida y la punta del taburete clavada en sus nalgas, como una espada roma; su cuello recto sobre el madero y su cabeza ligeramente inclinada hacia delante.

El verdugo volvió a colocarse detrás del garrote.

Un hombre enclenque, calvo y con nariz aguileña paseó su pretendidamente distinguido traje negro y camisa bordada con chorreras de puntillas incólumes, a lo largo del cadalso, exhibiéndose como un pavo real, y solicitando, sin demasiada perseverancia, un poco de calma, y un nivel de silencio suficiente como para que su pobre voz fuera recibida como un presente digno de ser sacralizado.

Cuando el gentío apaciguó su alborozo, el hombrecillo, un letrado hosco y desagradable, desenrolló una hoja de papel lacrado y les ofreció aquella fineza de la que tanto alardeaba.

—Juan Alonso de Aragón, Gurrea y Borja; hijo del honorable don Martín de Aragón y Gurrea, conde de Ribagorza, duque de Villahermosa y señor de Pedrola y Gurrea, valeroso soldado y noble menino de nuestro rey Felipe; y de doña Luisa de Borja, ya fallecida... Se le acusa de instigación al uxoricidio, al haber ordenado el asesinato de su santa esposa doña Luisa López Pacheco y Cabrera Bobadilla, hija de don Diego López Pacheco, marqués de Villena y cuñado del marqués de Chinchón. Demostrándose que Alonso de Aragón y Borja ordenó a Gil Lamota, fallecido, y Guillermo Baroja, ejecutado en el día de ayer en esta misma plaza y patíbulo, que asesinaran a la ya citada doña Luisa

Pacheco... El honorable magistrado don Francisco de Martínez y Otero, considerando que el prisionero reconoció su implicación en dicho asesinato, le declara culpable de uxoricidio y le condena a la ser ajusticiado en el garrote vil hasta morir, haciéndose esta sentencia efectiva al amanecer del día de hoy, seis de noviembre del año de nuestro señor de mil y quinientos setenta y tres.

El letrado hizo un gesto con la mano, y el enmascarado colocó una capucha negra sobre el rostro de Alonso.

El clérigo rezó una oración, y el verdugo giró el bordón del garrote.

Las piernas de Alonso dieron una ligera sacudida y, después, se destensaron. Su cuerpo quedó inerte, únicamente sujeto por el grillete.

Nadie demandó clemencia para aquel hombre... Nadie derramó una sola lagrima sobre el cuerpo, ajado y maltrecho, de aquel joven aragonés; solamente una breve y pobre plegaria, recitada con desgana por un capellán que ni siquiera le acompañó hasta el camposanto.

Dos enterradores cavaron una zanja en el cementerio de Torrejón de Velasco, y tiraron el cuerpo de Alonso al interior de la fosa, con la desidia que dan muchos años enfrentándose a la muerte ajena, no sin antes haber buscado entre sus pobres pertenencias algo de valor. Se conformaron con su ropa elegante y delicada, y sus botas de cuero suave, que se vistieron y calzaron, convirtiéndose en una caricatura grotesca de ellos mismos.

No les importó demasiado el hedor a heces que desprendían ,como un pusilánime efluvio, los pantalones del joven conde; tal vez no fuera muy diferente del que ya exudaban por sí mismos.

3. La decisión.

«Algo, alguien, o tal vez todo, se empeña en apartarme del silencio.
Quiero, deseo, o tal vez añoro este tiempo que nos aísla, ese camino que nos une tanto como nos separa.»

BENABARRE (Condado de Ribagorza). Finales de 1573.

Fernando era incapaz de conciliar el sueño. Desde aquel día en que había sucumbido a los impulsos de su alma, yaciendo con Catalina, el diablo del pecado se cernía sobre él de un modo excesivamente manso, ambiguo y carente de todo remordimiento. No se arrepentía de lo que había hecho; amaba profundamente a Catalina y estaba seguro de que, ni siquiera el tiempo inmisericorde, conseguiría transformar sus sentimientos. No. El joven capellán no consideraba pecado haber amado a Catalina, pero había algo excepcional en todas aquellas emociones. No sentía el peso de su conciencia susurrándole consignas henchidas de desprecio por él mismo, y eso le inquietaba; en realidad, el único sentimiento de culpa que le embargaba se debía, precisamente, a no ver pecado en su actitud para con Catalina.

La delgada manta hubiera sido suficiente para paliar el incipiente frío que empezaba a cernirse sobre el monasterio de Nuestra Señora de Linares, pero las puertas mal ajustadas y los ventanicos de madera reseca y agrietada ayudaban poco a crear un ambiente cálido. Fernando tiritaba como un cachorrillo.

Se levantó y cogió su sotana, calzándose las botas de montar. No podía soportar aquella situación; Dios le había abandonado, y el sacerdocio era una carga que le apartaba de Catalina.

—No —se dijo— la sotana no.

Abrió las portezuelas del destartalado armario de su celda y sacó de su interior un traje de montar, que se ciñó. Se acercó a la jofaina y se lavó la cara.

Unos golpes, en la puerta principal del monasterio sonaron tímidamente. Después, un murmullo, y los nerviosos pasos de unos hombres resonaron en el pasillo... Fernando decidió esperar; no le importaba lo más mínimo quienes eran o a qué habían.

Los visitantes se detuvieron frente a su puerta.

Cuatro golpes avasallaron el silencio de su celda.

—¿Quién va? —preguntó Fernando.

—¡Abre, hijo! —Clamó una voz autoritaria—. Soy yo, tu padre.

El joven sacerdote abrió la desvencijada puerta, y el porte mayestático de don Martín llenó con su presencia la oscuridad de aquella celda, humilde y maloliente.

—Debes acompañarme a Pedrola de inmediato —dijo el duque—. Tu hermano...

—¿Qué ha ocurrido, padre?

—¡Una vergüenza para el buen nombre de los Villahermosa! —Martín entró en el interior del habitáculo y cerró la puerta tras de si, sin dejar que entrara ninguno de los soldados o frailes. Miró a su hijo de arriba abajo y, se sorprendió al ver que no llevaba puesto el hábito— ¿Acaso ya lo sabías? —Fernando se encogió de hombros—. ¿Por qué no vas vestido como un fraile?

—Dejo esto, padre...

—Ciertamente lo dejas, hijo —el conde se sentó sobre el catre—. Tu hermano Alonso, ¡maldito sea!, mandó asesinar a su esposa —Fernando asintió con un golpe de cabeza.

—Creo que fue Francisco quien la encontró en brazos de otro hombre y se lo comunicó a Alonso, ¿no es así?

—Deseaba no mezclarte en todo esto pero, al parecer, las malas noticias son más rápidas que los deseos de un viejo noble decadente...

—Era la comidilla en el entierro de vuestra esposa...

—Sí... Bien —murmuró Martín, dándole a entender que no deseaba hablar del asunto— ¡El muy estúpido, mandó a dos de sus hombres para que se deshiciesen de ella! Yo estaba convencido de que lograríamos una sentencia favorable, si podíamos demostrar que Luisa le engañaba con otro... Pero no encontramos una sola prueba, un solo testigo que declarase en favor de Alonso. Y el marqués de Villena es un hombre influyente ¡Pobre Alonso!, ¡Dios lo tenga en su gloria! fue "agarrotado" en Torrejón de Velasco, hace dos semanas.

Como una bala de cañón que penetrase en un riachuelo, intransigente al principio y falsamente mansa al alcanzar el agua, le sobrevino la imagen de su cuñada, retozando con su amante. *«¡Debería haber testificado!»*. Esta vez, los remordimientos no se anduvieron con ambigüedades: se clavaron en su consciencia como una roca sobre mantequilla, *«De haberle informado de la clase de mujer que era Luisa Pacheco, Alonso no se habría casado»*.

—Y yo, ¿qué tengo que ver con todo esto? —balbució Fernando, sin meditar demasiado aquella pregunta, pues la respuesta era clara.

—Tú eres ahora el heredero universal de todos mis títulos, tierras... y de este maldito condado.

—Yo no quiero...

—No siempre se debe hacer aquello que uno desea.

—Pero vos aún podéis...

—Bien sabes que mis intenciones son las de retirarme al monasterio de Veruela... Allí me encontraba cuando el insensato de tu hermano mandó asesinar a su mujer... ¡Déjame vivir tranquilo, hijo!.. ¡Déjame morir como siempre he deseado hacerlo!

—No, padre... —Fernando tomó aliento—. No deseo vuestros títulos, ni vuestras tierras, ni Ribagorza... Sólo quiero vivir en paz, conmigo mismo y con Dios.

—Viniste a este mundo como noble, como hijo de un duque, y renunciaste a tus privilegios para dedicarte al sacerdocio, cuando yo había previsto que te convirtieras en el rector de la universidad de Zaragoza. Bien es cierto que el proyecto de la Universidad se quedó en eso, en un simple proyecto. Sin embargo... Deseaste ser cura, y monseñor Domínguez quiso nombrarte deán de la catedral de Lérida... y tú te negaste a recibir su ayuda, empecinándote en una vida miserable, en este monasterio... Yo callé, y te permití hacer lo que te viniera en gana... Pero ahora... No te pregunto qué quieres hacer. No te pido que sigas mi consejo —Martín levantó su dedo índice, y señaló la puerta—. Te exijo que tomes posesión de tus títulos, que te cases y que des un heredero a la casa de Villahermosa.

—Hay... —dudó Fernando— hay una mujer...

—Pues, cásate con ella. Lo que sí es seguro es que, mientras sigas recluido en este monasterio, consumar vuestro amor será imposible.

—Es una monja.

—¡Estúpido! ¿Te has acostado con ella? —Fernando asintió. Martín sonrió con ironía—. El hecho de que hayas mancillado tu hábito no significa que debas casarte con una vulgar monja.

—La amo, padre.

—¿Amor?.. ¿Crees que yo me casé por amor? —Fernando sacudió la cabeza afirmativamente—. ¡Eres más insensato de lo suponía! Es cierto que amaba profundamente a tu madre, pero cuando me casé con ella, era un nombre, que yo acepté como se suscribe un tratado de paz, como se firma un documento de propiedad.

—Pero yo no quiero...

—No importa lo que quieras... No importa lo que yo desee. ¿No lo entiendes, hijo? Vas a venir conmigo, te guste o no, y el tiempo se ocupará de que el recuerdo de esa monja se difumine.

Fernando cogió lo poco que tenía, hizo un fardo y se lo colgó del hombro. Uno de los soldados del duque Martín hizo ademán de querer arrebatarle el hato al joven sacerdote, pero éste se negó.

Ensilló su caballo, colgó el fardo en un costado y se pusieron en camino hacia el castillo, donde pasaron la noche.

A la mañana siguiente, don Martín le entregó a su hijo un documento firmado por monseñor Roberto Domínguez Serrano, que le dispensaba de sus votos, y ponía fin a su sacerdocio, dejándole exento de toda obediencia eclesiástica, y por la que debía comprometerse a llevar, a partir de aquel momento, una vida digna de cristiano respetuoso con Dios, la Iglesia y el rey.

Partieron hacia Zaragoza a media mañana.

4. La pared que habló.

«Ansío tus besos, pero al sentir tus labios formando parte de los míos se apodera de mi la nostalgia.

Ansío tus caricias, pero cuando tus manos se deslizan sobre mi piel me asalta la melancolía.

Ansío amarte, y te amo, pero el deseo se convierte en mi vida, y mi vida en un constante anhelo.»

BENABARRE (Condado de Ribagorza). Finales de 1573.

La hermana Adela parecía distante, apesadumbrada, como fuera de si. Había perdido el apetito casi por completo, y lo poco que comía lo vomitaba... Aquel mal la estaba abocando irremediablemente a una debilidad mórbida, que se hacía aún más evidente cuando trabajaba en el campo. Apenas tenía fuerzas para levantar la azada y debía descansar cada dos o tres golpes de pico. Catalina supuso que aquella extraña enfermedad no era más que un episodio pasajero de tristeza, provocado por la inminente llegada del invierno.

Tal vez fue por la melancolía que se había apoderado de Adela, o porque no creyó que aquella cuestión fuese demasiado importante, que Catalina decidió mantener en secreto sus amores con Fernando. Aquél era un asunto zanjado y el capellán, ella misma, o la cobardía de ambos, había decidido dar por concluida aquella unión ilícita a los ojos de Dios. Probablemente, Adela ni siquiera le hubiese escuchado.

Hacía cuatro meses que Catalina no recibía noticias de Fernando; desde la noche en la que sus sentimientos les hicieron dudar si el camino que habían tomado era el correcto, en la que decidieron que el miedo a la verdad, a la realidad incuestionable, era mucho más poderoso que el amor que pudieran sentir el uno por el otro.

Desde que Fernando abandonó su celda, después de derramar en su interior el pecado, apenas podía conciliar el sueño. En contadas ocasiones lograba dormir más de dos o tres horas seguidas y, cuando esto ocurría, las pesadillas le arrebataban el sueño y la sumían en el terror. Desde entonces, desde que el joven Gurrea cruzó la puerta de la celda, mantenía un candil de aceite constantemente prendido, pues creía que, si dejaba que la oscuridad se adueñase de la alcoba, su alma quedaría atrapada en aquel terrible mundo al que era desterrada cuando cerraba los ojos...

Los remordimientos le asolaban desde que comprendió que su camino no era tan cómodo como había imaginado, tan recto e inamovible como la madre Salomé le asegurara siendo niña. Se arrepentía de haber desafiado a Fernando, de haber probado un amor que era incuestionable con una tentativa absurda: esa misma que le obligó a separase, con dolor infinito, del ser que más la había amado.

Dieciséis semanas llevaba ya su mes de retraso.

No quería decírselo a nadie, ni siquiera a la madre Rufina: «¡*A ella mucho menos que a nadie!*». No. Ninguna de las dominicas debía sospechar que estaba embarazada. Cada vez que la tentación de contárselo a la superiora planeaba sobre ella como la sombra de su conciencia, el rostro pálido e hinchado de la hermana María le miraba desde el Infierno de las monjas mancilladas, o desde el de las estúpidas. Y las palabras del prior Francisco se clavaban en sus sienes haciendo que el aguijón del diablo fuera aplacado de un modo más efectivo que el de los cilicios y mortificaciones. Si algo tenía claro era que iba a guardárselo para sí, hasta que tuviera la criatura entre sus brazos. «*El hábito es suficientemente amplio como para disimular mi embarazo. Nadie tiene por qué sospechar nada*».

La joven monja intentaba restarle importancia a su estado, pretendiendo convencerse de que aquel embarazo no iba a alterar en exceso su vida; ella misma había sido criada en aquel convento, por su madre y por las demás monjas. Una nueva criatura no tendría por qué ser recibida de diferente modo. «*¿Y si es un niño?*»

Aquella noche se retiraron a sus celdas a la hora habitual.

Catalina se vistió su camisón de invierno, y comprobó como, en los últimos cien días, que sus enaguas estaban blancas, sin rastro de sangre, y se acostó con la convicción de que aquella noche tampoco iba a poder dormir.

Tocó su vientre, ya algo abultado, y suspiró.

Pocos minutos después, al ver que los fantasmas querían alterar su sueño, decidió bajar a la iglesia, tal vez con la vana esperanza de que Fernando acudiera aquella noche a visitarla. Era lunes.

Las paredes de la gran capilla rezumaban un frío húmedo, que amenazaba con penetrar hasta los mismos tuétanos de la joven dominica. Fría como su propio corazón. Ni siquiera había cogido su candil, que agonizaba abandonado en su celda. Y aquel descuido supuso que los santos y vírgenes enarbolados sobre sus divinas peanas se le antojaran demonios terribles que pretendían desposeerla de su alma, ya sentenciada al fuego eterno. Y el Santo Cristo, que siempre le consolaba, se había vuelto un cadáver nada proclive a sosegarla.

Se sentó en el primer banco, como solía hacer cuando Fernando le ofrecía su escaso tiempo de reposo a cambio de su sonrisa, sin apartar su inquieta mirada de la entrada de la cripta de San Pedro, haciendo un recorrido nervioso con los ojos, desde el hueco de las escaleras hasta el Crucifijo, y viceversa. Deseó que el juramento que le hiciera al capellán de Linares jamás hubiese salido de sus labios, casi con tantas fuerzas como le deseaba a él.

—¿Qué voy a hacer, Dios mío? —Rezó— ¿Acaso eres tan cruel como para permitir que esos a los que llamaste para servirte, esos a los que diste potestad para hablar en tu nombre y decidir sobre ti y tus menesteres, sigan robando la vida de tus criaturas para mantener tu nombre incólume? ¡No te comprendo, Dios mío!, ¡no te comprendo!

Catalina dormitó durante unos minutos; sueños que le trajeron imágenes de sufrimiento y soledad; sueños en los que Dios permanecía impasible, observando a sus hijos como si de bastardos se tratase. Catalina estaba entre ellos.

Despertó de golpe, sobresaltada, y sintiendo como el corazón palpitaba en su pecho como un sapo en celo.

A lo lejos, creyó que en su propio sueño, escuchó unos pasos.

Dio un respingo. Se levantó de un salto, e intentó calmar su aliento, que se había convertido en el frenético bufido del fuelle de un herrero hacendoso. Los pasos se hicieron más intensos, más cercanos. Sin duda, procedían de la cripta de San Pedro.

Un ruido de llaves y un estrépito indefinible fueron el preámbulo de la apertura de la portezuela de la cripta.

Aquel, quienquiera que fuera, no era Fernando. Estaba segura de ello. El joven Gurrea siempre hizo gala de una discreción tal que, incluso ella misma, había recibido algún que otro susto al no percatarse de su llegada, hasta que éste asomaba por las escaleras.

Se le pusieron los pelos de punta. Y ese mismo miedo le empujó, en busca de refugio, tras la gran cruz del Santo Cristo. Allí quedó, temblorosa, sin atreverse a mover un solo músculo.

De la puerta surgieron, amparados en la bruma más absoluta, dos hombres: un fraile, que Catalina enseguida identificó con el seboso prior Francisco, y un individuo con aspecto de campesino desaliñado, extremadamente corpulento que, ella imaginó, sería el tal Aurelio el "Cojo"; un sordomudo, algo retrasado, que hacía las veces de recadero para los dominicos de Linares; la "Ernestina" de los frailes.

Sin ningún tipo de sigilo ni recato, los dos hombres se adentraron en el convento, dejando la puerta de la cripta abierta de par en par.

Catalina se agazapó bajo el Cristo agonizante... Sabía que el prior no era un furtivo enamorado en busca de un encuentro romántico, y aquel hombre monstruoso, el "Cojo", era realmente repulsivo, *«Nadie, en su sano juicio lo elegiría como amante»*, se dijo. Por lo que dedujo que aquellos hombres no estaban allí por una cuestión de cama, sino para zanjar algún asunto sucio de la orden dominica.

Enseguida vino a su mente el recuerdo de la "Remediadora"

«Quizás vengan por mí», se dijo, aterrada... Pero pronto comprendió que sus miedos eran infundados pues, pese a las amenazas de la madre Rufina y del prior de Linares, nadie se había percatado de que esperaba un hijo de Fernando. *«Seguramente serán asuntos entre la madre y el prior»*, intentó engañarse, sin conseguirlo.

Media hora más tarde, los dos hombres volvieron, esta vez acompañados por la madre Rufina. El Cojo llevaba sobre su hombro derecho un bulto, enrollado en una sábana amarillenta, aunque, por la oscuridad, no pudo distinguir si se trataba de una alfombra o de un fardo de ropa vieja.

Salieron por la portezuela de la cripta y la cerraron a sus espaldas, dando un par de vueltas de llave.

Catalina salió de su escondite, y reunió valor suficiente como para bajar las escaleras de la cripta. El suelo estaba helado como el aliento de Satanás, pero ella apenas lo notaba. Todo su cuerpo se estremecía en un estado que iba desde el frío más absoluto, a un calor que abrasaba todas sus vísceras.

Bordeó la imagen de San Pedro Mártir, y acarició la puerta.

Dio un tímido empujón, pero la cancela no cedió.

Al pegar la oreja a las maderas escuchó los pasos lentos de los dominicos, que parecían caminar sobre un suelo mojado... Los pasos se alejaron.

En cierta ocasión, Fernando le había propuesto verse fuera del convento, en el barranco de San Medardo, pero ella no había acudido a la cita. La sola idea de abandonar el convento de San Pedro, lo único que conocía, le producía terror. No obstante, recordó que su amante furtivo le había asegurado que las dominicas guardaban una llave de la puerta detrás de la peana del santo; llave que jamás había utilizado.

La joven se acercó, palpando, en una total oscuridad, la imagen del santo que daba nombre al convento, e introdujo la mano en la parte trasera de la peana, en busca de la huidiza llave. Justo bajo los pliegues de mármol que conformaban la túnica del pétreo mártir, incrustada en una aberrante mutilación de la escultura, notó el frío tacto de una llave, no demasiado grande.

Siguiendo la pared con la mano extendida, como lo haría un ciego, no le fue difícil encontrar el agujero de la cerradura. Introdujo la llave y dio un par de vueltas.

La puerta se abrió, produciendo un agudo quejido de hierro oxidado y madera podrida. Del interior de aquel túnel surgió un hedor indefinible, como de agua estancada, bicho muerto y orines; y una oscuridad espesa que parecía querer engullirla.

Volvió a la cripta, cerró la puerta, y escondió de nuevo la llave tras la peana.

A toda prisa regresó a su celda y se calzó las sandalias. Tomó el candil de aceite, y bajó de nuevo a la capilla, repitiendo la misma operación que hiciera minutos antes, esta vez auxiliada por la tenue llama del candil.

Nada segura de lo que estaba haciendo, se adentró en aquel húmedo pasillo, de poco más de dos metros de ancho y unos tres de alto, por el que podía caminar sin ninguna dificultad, pese a que parte del suelo estaba encharcado, a causa de unas filtraciones, que goteaban sin cesar desde el techo, produciendo un soniquete monótono que le crispaba los nervios. Era un túnel descendente, horadado en tierra y apuntalado a ambos costados y en el techo por una serie de troncos rugosos, cada dos o tres metros. Catalina jamás había estado en una mina, pero estaba segura de que aquello, si no lo era, al menos lo parecía.

En el suelo podían distinguirse las huellas recientes de varios hombres, y de un burro, o una mula.

Anduvo unos cincuenta pasos, hasta que el terreno se volvió rocoso y resbaladizo.

La muchacha sabía, por lo que le había descrito Fernando, que aquel pasadizo se dirigía al barranco de San Medardo, así que decidió dar media vuelta y regresar a su celda.

Cuando hubo desandado la mitad del camino, un ruido lejano, como el eco de un pico, hizo que se detuviera. Alguien estaba cavando cerca de allí, probablemente dentro de la misma galería.

Cerró la puerta y subió corriendo a su celda. Su cuerpo de desplomó, agotado, sobre la cama, temblando como una espiga de trigo mecida por el aire de Guara.

Poco después, sin siquiera haber podido conciliar el sueño, sonó la campana que anunciaba maitines.

Las hermanas se reunieron en la pequeña capilla al fondo del pasillo que comunicaba todas las celdas. Catalina estaba exhausta. Arrastrando sus pies por el corredor dejó que, por la simple rutina del camino mil veces recorrido, la llevasen hasta el pequeño oratorio. Las demás monjas estaban ya en el interior, algunas dormitaban, recostadas sobre los bancos, otras, arrodilladas, mascullaban oraciones con los ojos cerrados. Paso frente a ellas sin siquiera mirarlas, desplomándose sobre el último banco. Los apagados rezos de las dominicas resbalaban de los oídos de Catalina como graznidos de cuervo hambriento de carroña, un susurro que, en cierto modo, ella encontró reconfortante.

La madre superiora tardó unos minutos, suficientes como para que el murmullo de las oraciones se convirtiera en el despertar de un gallinero; en una pugna, no exenta de pavoneo, por demostrar cual de ellas rezaba con más fervor a su amado Dios.

Cuando entró la abadesa, el silencio transformó la capilla en un cementerio de cadáveres acogotados por un temor indefinible, sólo perturbado por la insistente y molesta tos nerviosa de sor Engracia.

—Hermanas en Cristo —dijo la madre Rufina— hoy es un día triste para nosotras... Una de nuestras más estimadas legas ha decidido abandonar el convento de San Pedro, para regresar a sus tierras, a Albarracín... Sor Adela vino a nosotros siendo novicia; y fue aquí donde tomó el hábito de la Orden Dominica... ¡Dios permita que sea feliz allá donde fuere!

Un sudor frío empezó a descender por el rostro de Catalina. El aire, denso, se negaba a entrar en sus pulmones. Sintió un extraño picor en las manos y en las piernas, y una nube le cubrió los ojos... Después, un silencio espeso y un eco lejano fueron su única compañía.

Despertó en su celda, sola y vestida, sobre el camastro. Se levantó. Su cabeza estaba a punto de reventar.

Abrió la ventana; la luz se clavó en sus ojos. Calculó, por la posición del sol, que debían ser las diez.

El resto de monjas estaban trabajando, en la quesería.

Bajó a la cripta y volvió a abrir aquella pequeña portezuela. Encendió un candil y se adentró en el silencioso túnel. Pronto llegó hasta el mismo lugar en el que el suelo se convertía en roca. A partir de allí, la galería volvía a ascender y, unos treinta metros más allá, se hacía más amplia. Catalina había supuesto que el pasadizo era mucho más corto. Desde aquella especie de habitáculo, de planta cuadrada, se divisaba una luz, al fondo, a unos treinta o cuarenta metros, con toda seguridad, era la salida del túnel.

Se quedó quieta en el ensanche, de unos diez pasos largos de lado y con paredes de adoba, y giró sobre si misma, intentando encontrar algo que le permitiera comprender qué hacían allí los dominicos y el Cojo la noche anterior.

En una de las esquinas vio un reflejo metálico. Se acercó, y descubrió que se trataba de una cadena de oro. Se agachó y tiró de ella...

Sus manos se quedaron rígidas, y su corazón se aceleró. Era la cruz de Caravaca que la hermana Adela siempre llevaba colgada del cuello.

—¡Malditos! —Susurró Catalina, apretando los dientes con fuerza— ¡Malditos seáis!

Tiró el candil, que se apagó al golpear contra la pared.

Catalina creyó volverse completamente loca.

Apretó sus manos y ni siquiera sintió el punzante dolor que debía haberle producido la cruz clavándose en su palma derecha, que sangraba abundantemente.

Como una posesa empezó a dar golpes con los puños y patadas con sus pies, prácticamente desnudos, contra la pared. No sentía el dolor; ni siquiera tristeza, sólo una rabia cegadora, que no podía, ni quería, dominar.

Por su mente pasaron imágenes que ni ella misma sabía que habitaban en su cerebro; el rostro de un hombre sucio y delgado que obligaba a su madre a fornicar con él a cambio de una cesta de comida, y un olor a ajo que, como siempre le ocurría, le proporcionó cierto alivio; una panadera que se negaba a darles una migaja de pan; una tendera que le regalaba una manzana con gusanos, que ella devoraba con ahínco.

Sus manos golpearon con fuerza las paredes, un golpe tras otro, y las imágenes se volvieron más difusas: una tumba sin nombre, un cuello ensangrentado y Santa Águeda mostrando sus pechos. Sus manos seguían golpeando las adobas, ajándose, sangrando y hundiéndose en el muro. Los ladrillos fueron cediendo, poco a poco. Algunos cayeron a tierra. Ella se agachó y cogió uno, para volver a empezar aquel suplicio que la estaba llevando hasta los límites mismos de la cordura. La pared se derrumbó, y ella sintió como se apaciguaban sus ánimos. Su cuerpo cayó derrotado, exhausto, sobre montones de adoba. Se llevó las manos a la cara, dejando caer todo el peso de la cabeza sobre ellas, y lloró desconsolada.

Así permaneció durante unos minutos, que le parecieron horas.

Al separar sus manos de la cara, notó una extraña humedad pringosa que se había adherido a ella, como una cucharada de confitura pegada a una rebanada de pan. Era sangre; su propia sangre. Sus nudillos estaban abiertos, en carne viva.

Secó su sudor con la manga del hábito, se desvistió las enaguas, e hizo unas tiras con ellas, con las que vendó sus heridas de las manos.

Tomó aliento y gateó sobre el húmedo suelo, buscando el candil. Cuando lo encontró, hizo girar la rueda del mechero, e intentó prender la mecha; pero el aceite se había derramado, y tan sólo le ofreció una débil llama, que se agotó a los pocos segundos.

Siguiendo el contorno del muro, regresó al convento, a la iglesia. Allí la luz penetraba con timidez, pero suficiente como para que no tuviese que seguir palpando la pared.

Entró en la sacristía.

Detrás del armario, donde mosén Nuño guardaba las sotanas y casullas, había una pequeña portezuela, bajo el hueco de las escaleras del convento. La abrió. Al fondo, la hermana Ramona, la nueva sacristana, guardaba una tinaja de aceite para reponer el farolillo del sagrario. Llenó el candil y volvió a adentrarse en el túnel.

La luz que penetraba por la abertura, que ella suponía el final del túnel, perfiló, una silueta que, pensó, sería idéntica a la de un castillo arruinado y abandonado. Pero la evidencia fue mucho más espantosa de lo que había imaginado.

Al acercarse al ensanche de la galería, el espectáculo se hizo aterrador; como si ella, en su desesperación, hubiese abierto las puertas del infierno, y hubiese dejado libres a todos los demonios.

Estaba todo lleno de huesos y calaveras.

Ni siquiera aquella visión espantosa consiguió que Catalina cayera derrotada; creía que había enloquecido sin remedio, y ya nada podía agravar su estado.

Pensó que, en su desesperación, había dejado al descubierto un antiguo cementerio, y que los muertos le miraban enfurecidos, al sentirse arrebatados de sus propias tumbas.

Acercó el candil. Con ayuda de un ladrillo, extrajo un fémur de considerable tamaño y lo usó para hacer palanca en la pared de adoba. No sabía porqué hacía aquello, ni quien le impulsaba a hacerlo. Alterar el descanso de los muertos era una idea que le asustaba y le repugnaba; sin embargo, había una fuerza interior que le impulsaba a hacerlo, y que no dejaría de hacerlo hasta que hubiera conseguido encontrar lo que andaba buscando.

La pared de la izquierda parecía más reciente que el resto, así que decidió seguir sus trabajos hacia ese lado.

Cuando hubo extraído unos veinte o treinta ladrillos, el fémur dio con algo blando. Tiró el hueso a un lado, e introdujo la mano: era frío, como un gusano rígido. Catalina apartó la mano, y sintió una arcada. Vomitó entre los ladrillos, sobre un cráneo que todavía parecía exhibir, no sin cierto sarcasmo, una cabellera rubia enmarañada y llena de barro.

Se secó la boca con la venda de su mano izquierda, y volvió a coger el fémur.

Arrancó un par de adobas y acercó el candil al hueco.

—¡Dios Santo! —gritó.

Una mano grisácea surgió de la pared; Catalina creyó que su corazón se iba a parar del espanto. Sus piernas, en un acto reflejo, le impulsaron hacia el exterior.

Afuera, el sol le deslumbró.

Ciertamente, aquel paraje era hermoso; un riachuelo, apenas un arroyo, se abría paso entre la maleza, formando un pequeño cañón oscuro, en el que habían practicado un pequeño sendero que se perdía hacia el Norte. Y hacia el Sur, el cañón se abría y dejaba ver una panorámica del castillo de los condes, que parecía desafiar al tiempo con una soberbia difícilmente explicable.

Catalina tomó aire, y volvió a entrar en el túnel.

Sin siquiera pensarlo, cogió el fémur y siguió derribando la pared.

Primero surgió un brazo desnudo, después un hombro y un pecho de mujer, abultado, venoso y con una aureola negruzca.

Catalina aguantó la respiración. Sus manos empezaron a temblar, pero aquella fuerza que le impulsaba a cavar le obligó a seguir.

Se hubiera engañado a sí misma si hubiese recibido aquel rostro con sorpresa; pero el suponerlo, imaginarlo, o saberlo, no restaba dolor a lo evidente.

Incluso así, sin vida, sucio de tierra húmeda, el rostro de la hermana Adela era hermoso, siniestramente hermoso.

Acabó de derruir la pared. Colocó el cuerpo desnudo de la monja sobre el suelo húmedo y cruzó sus manos sobre la prominente barriga.

La joven monja acarició su vientre, y se felicitó con tristeza infinita por no haberle comunicado su estado a la madre Rufina.

Regresó al convento, subió a su celda y se vistió con el otro hábito, haciendo un fardo con el sucio y una de las sábanas de su cama. Se lo cargó al cuello y bajó a la cocina.

—¿Qué tal te encuentras? —le preguntó la hermana Engracia, la cocinera.

—Algo triste —contestó Catalina, realmente abatida—. Sólo ha sido un desmayo... supongo que sabrás perdonar que no te ayude a preparar la comida.

—¿Y esas manos? —preguntó la cocinera al ver las vendas que tapaban sus nudillos.

—Al caerme... Es sólo un rasguño... Si me disculpas.

La hermana Engracia la miró de arriba abajo, prestando especial atención en el vientre de Catalina, donde mantuvo los ojos durante unos segundos. Ésta se giró de golpe e intentó huir. Pero la cocinera dio un par de pasos y la agarró del brazo. La miró, al principio con ira y, después, cuando vio sus uñas rotas y sucias de lodo, la expresión de su cara se volvió dulce, aunque sorprendida.

—Se trata de la hermana Adela, ¿no es así?

—¡Déjame, hermana!, ¡tengo cosas que hacer!

—Has estado en el pasadizo de la cripta. ¿Me equivoco?

Catalina la miró con infinito desprecio, y se deshizo de ella con un movimiento de brazos.

—¡Espera, Catalina! —Gritó la cocinera—. Yo tampoco estoy de acuerdo con el modo en que la madre Rufina y el prior Francisco solucionan sus problemas... ¡Sólo quiero ayudarte!

—¿Por qué iba yo a confiar en ti si, conociendo lo que hacen esos asesinos, no los has denunciado?

—Porque le prometí a tu madre que cuidaría de ti cuando faltara.

—¿Cuidarme?, ¿de qué debías protegerme?

—Hace varios años —susurró Engracia—, cuando eras una chiquilla, el prior Francisco se encaprichó de ti. Te había oído cantar en la capilla y eras una muchacha realmente hermosa, y todavía lo eres... Cuando tu madre se enteró de que el prior te deseaba, pactó con la madre Rufina que se acostaría con él cuantas veces desease, con la condición de que jamás pusiera su mano sobre ti. Cuando murió tu madre, yo le juré que evitaría que aquel depravado se saliese con la suya... Pero no sólo eso, Catalina. Antes de morir, tu madre ayudó a la madre Rufina y al prior Francisco a enterrar a algunas de aquellas hermanas embarazadas, que murieron cuando la "Remediadora" les practicó un aborto... Tu propia madre sufrió uno de ellos, del prior Francisco, supongo... pero ella tuvo más suerte que las otras.

—¿Qué me estas diciendo?, ¿que mi madre era una vulgar ramera?

—Esos son términos que, dentro de estas cuatro paredes, pierden todo su significado. Lo que ocurra dentro del seno de la Iglesia es tratado bajo unas leyes distintas a las que se les aplica al vulgo.

Catalina no quiso escuchar más. No le importaba si lo que decía la hermana Engracia era cierto o no. Sólo deseaba huir.

Dejó el fardo a la puerta del convento, y se dirigió a la cuadra, donde estaban los burros y la mula. Abrió la puerta, y sacó a Margarita. Ninguna de las hermanas le hizo preguntas; era normal que llevaran la vieja mula de aquí para allá, en la época de recogida de aceitunas. Solamente algunas de las hermanas se interesaron por su estado posterior al desmayo. Les respondió con monosilábicos, evitando entablar la más mínima conversación.

Ató el fardo a la mula y montó sobre ella.

Ni siquiera miró atrás. No sabía qué hacer, ni cómo salir adelante... Fernando decidiría.

Galopó hasta que las lágrimas le impidieron ver el camino.

Entonces se detuvo.

No sabía hacia donde se había dirigido, sólo que se había alejado de Benabarre, que se recortaba, como un plácido cuadro, sobre el horizonte, a un tiro de piedra había una pequeña masía solitaria.

Ató la mula a un tronco y se acercó al caserón... En un principió creyó que estaba abandonado, pero, un tendedor lleno de ropa, frente a la fachada, contradecía lo que indicaba su aspecto.

Se acercó y cogió una falda amplia y una camisa, que escondió bajo su hábito.

Volvió a montar en la mula, y anduvo poco más de media legua, hacia la sierra de la Carrodilla. Desmontó, junto a la ermita de San Salvador; se desvistió, guardó el hábito limpio junto al sucio en el fardo, y se vistió la falda y la camisa.

Durmió un buen rato, resguardada en el interior de la ermita, y volvió a montar a Margarita, regresando a Benabarre.

Bordeó el pueblo y el convento, y se adentró en el barranco de San Medardo, hasta el lugar en el que, como un bostezo, se abría la boca del túnel. Desmontó de la mula. Buscó unas ramas secas y confeccionó una improvisada antorcha. Le prendió fuego. Luego, cogió el fardo, y se arrastró hasta el interior del pasadizo.

Una vez hubo vestido el cuerpo de la hermana Adela con el hábito limpio, rezó un Padrenuestro en su memoria. Tras esto, tapó su cara con el hábito sucio, salió de la galería y volvió a montar en la mula, siguiendo el camino de la roca que, suponía, la conduciría directamente al monasterio de Linares... No se confundió.

Al llegar a la ermita de San Medardo, se acercó a las fuentes ensució su cara y ropas con barro, para aparentar ser una mendiga. Acto seguido, escondió la mula detrás de la casa del ermitaño, e hizo el camino hasta el monasterio a pie.

Llamó a la puerta y esperó. Un fraile, completamente calvo, asomó tras ella.

—¡Ave María purísima!, ¿qué deseas, pordiosera?

—Soy una huérfana pecadora, que precisa de confesión —dijo.

—Pasad... Iré a llamar al capellán —Catalina suspiró aliviada.

A los pocos minutos, un fraile fornido le hizo un gesto. Ella le siguió.

El joven le indicó que debía arrodillarse en uno de los laterales del confesionario, y ella así lo hizo.

Después, el fraile entro por la portezuela, colocó la estola alrededor de su cuello y se santiguó.

—¡Ave María purísima!

—Sin pecado concebida —respondió ella—. ¿Dónde está el capellán de este convento?

—Yo soy el reverendo de Linares.

—¿Y el hermano Fernando?

—Fue llamado por su padre, el conde don Martín, hace tres días. Yo soy Santiago Hinojosa, el capellán que le sustituye...

CAPÍTULO VI
La huída.

1. El fraile maldito.

«*Dios me vio llorar cuando abandoné la senda que Él me había marcado, pero no quiso consolarme.*
Dios me oyó suplicar misericordia cuando el amor abrasaba mis entrañas, pero no quiso escucharme.
Dios me mostró el Paraíso cuando cruzo el amor en mi camino, pero se negó a admitirme en él.»

BENABARRE (Condado de Ribagorza). Finales de 1573.

Catalina recibió la absolución del nuevo capellán como un cubo de agua helada sobre su rostro. Tenía, sin duda, pecados terriblemente graves que confesar: No era a Dios a quien amaba por encima de todas las cosas; siempre había honrado y respetado a su madre, pero las palabras de la hermana Engracia hicieron que odiara su memoria, tal vez queriendo evitar el desprecio que sentía por ella misma; había mentido... y lo más grave de todo, cometió el más horrible de los pecados al acostarse con un sacerdote. Sin embargo, cuando vio que el confesor no era Fernando, su mente se quedó en blanco y sólo acertó a murmurar que había robado un par de prendas de ropa en una masía.

El joven cura le impuso la penitencia de devolver aquellas ropas a sus verdaderos dueños; cosa que invalidaba el sacramento de la confesión, pues Catalina no tenía la más mínima intención de hacerlo.

Estaba pálida, cetrina, y un picor persistente en sus pies le hizo temer difícilmente serían capaces de soportar su delgado cuerpo, una vez decidiera levantarse del confesionario.

Se sentía huérfana, y realmente así era. Nunca antes había percibido con tanta fiereza el peso de la soledad. El padre de la criatura que esperaba había regresado a la vida que le correspondía como noble, a lo que se debía por sangre. Y aquel Dios, al que tantas oraciones le ofreciera para que se apiadase de los males de este mundo, le había abandonado. Era como si Cristo sólo sintiera como sus legítimos hijos a aquellos que más dolor le causaban.

Dando tumbos, salió de la capilla de Linares, por la puerta posterior de la misma.

Su rostro, pálido por el miedo al vacío que se abría ante ella, recibió los rayos del sol como una medicina reparadora.

Anduvo despacio por el pedregoso sendero de San Medardo que, al fondo del camino, lanzaba su cúpula puntiaguda hacia el cielo que acababa de dejarla desamparada. Su cabeza estaba a punto de estallar.

La tempestad que se desató en su cerebro no le permitía encontrar sentido a aquellas imágenes, pensamientos, palabras y sentimientos, que se agolpaban en su cabeza como en un tumultuoso mercado.

Aquellos fantasmas le condujeron lentamente hasta la ermita.

El bufido desafinado de Margarita le devolvió a la realidad.

Bordeó la casa del ermitaño y se acercó al lugar en el que había atado la mula.

—¿Dónde vas, muchacha? —le increpó una voz desde un huerto, junto a la casa del ermitaño. Catalina se giró, y vio a un hombre vestido con un hábito ajado, que picaba entre los bancales.

—Voy a desatar mi mula...

—¿Cómo saber si dices la verdad? —el andrajoso ermitaño se acercó a Catalina con la azada en alto, amenazándola—. Cuando he vuelto a huerto, hace un rato, esa mula ya estaba aquí... Lo cual implica que es mía: un regalo de algún devoto de San Medardo... Siempre lo hacen así; son demasiado píos como para mostrar su cara.

—¡Lo siento, buen hombre! —Catalina estaba realmente asustada; el ermitaño tenía ojos de loco y no le cabía la menor duda de que, si le convenía, dejaría caer su azada sobre ella, sin pensarlo dos veces—. Te equivocas. Esta mula está aquí porque yo la dejé.

—¡Mientes! —Gritó el ermitaño— ¡Dios castigará tus pecados enviándote un rayo que te parta en dos!

—¿Para qué quieres tú una mula vieja?

—Yo sólo recibo... Jamás pregunto.

—Me la voy a llevar, porque es mía.

—¡No te atreverás!

—¡Intenta evitarlo, y tendrás que vértelas con la madre Rufina de San Pedro Mártir y con el prior Francisco de Santa María de Linares! Esta mula pertenece a la orden dominica.

—¡Que conozcas los nombres de la superiora de San Pedro y del prior de Linares no quiere decir que esta mula les pertenezca!

—¿Prefieres arriesgarte a comprobarlo por ti mismo, ermitaño?

—Nada me dan ellos, y nada les debo...

—Pero tienen poder para prohibirte seguir viviendo aquí.

El hombre dudó... Levantó la azada por encima de su cabeza y la miró con cara de ira. Pero la joven no movió un músculo de su cuerpo.

La seguridad de Catalina, que no era tal sino desidia, pareció hacer efecto en el violento misántropo, que se apartó de la mula, volvió al bancal y siguió picando.

—"Ave María, gratia plena..." —canturreó el ermitaño.

Catalina desató la mula y se puso rumbo a Benabarre.

Se cruzó con varios hombres y mujeres, que iban y venían de sus campos y huertos, pero nadie le dijo nada; se limitaron a mirarla de arriba abajo y a ofrecerle un leve saludo de cortesía que, en la mayoría de los casos, se reducía a una sacudida de cabeza.

En pocos minutos Benabarre quedó a su espalda. Y se dejó llevar hacia ninguna parte.

No sabía qué hacer, ni hacia donde ir. Llevaba varias horas sin probar bocado y el frío estaba empezando a hacerse insoportable. Se detuvo a media legua del pueblo. Era consciente de que debía abandonar aquellas tierras lo antes posible, pero su inquietud la había dejado agotada, y decidió descansar en el interior de la ermita de San Salvador, en el mismo lugar en el que había parado horas antes.

El sueño no tardó en someterla.

Soñó que la criatura que estaba esperando luchaba contra las tropas de su padre, él solo, como un soldado de rostro indefinible. Fernando aparecía en su fantasmagoría como un padre protector que deseaba abrazar al hijo que estaba a punto de atravesarle con una espada mellada y oxidada. La sangre brotó del pecho del conde; sin embargo, la expresión de Fernando denotaba una felicidad infinita, rallando el placer sexual, mientras moría... y los demonios del infierno se lo llevaron hacia un mundo de ardientes sombras.

Catalina se despertó angustiada y sudorosa.

Los rayos rojizos del ocaso entraban tímidamente en la ermita, intentando vanamente calentar aquel aire gélido, emisario de las crueles nieves que se avecinaba.

Clavó sus ojos en la puerta de San Salvador, y su visión se distorsionó, como queriendo enfocar algo que se movía a pocos metros de ella.

El corazón de la joven monja se aceleró.

Aquella sombra oscilante pronto derivó en una forma precisa; una figura estilizada de color grisáceo. Era un anciano vestido de fraile benedictino, que se apoyaba en una larga vara de parra retorcida.

Catalina se echó para atrás.

—¡Dios bendiga este santo lugar! —Musitó el hombre—. Siento haberte asustado, muchacha —el fraile entró en la ermita, y le ofreció la mano. La joven la tomó—. ¿Cómo te llamas?

—Catalina.

—Mi nombre es Crisóstomo —pareció dudar durante unos segundos—. Crisóstomo de Valcuerna —el fraile le besó la mano, y ella se puso en pie.

Crisóstomo era un hombre de escasa estatura, delgado pero fuerte, de piel pálida y cabellos grisáceos, aunque su edad no debía ser superior a los cincuenta años. Uno de sus ojos era pardo, y el otro tenía un velo blanquecino que le hizo suponer que estaba prácticamente ciego a causa de sus cataratas.

El fraile cogió suavemente el de Catalina y tiró de ella hacia la puerta.

—Aquí no puedes pasar la noche; estás expuesta a los lobos y a los perros salvajes —miró sus ropas—. Morirías de frío.

Fuera, atado a un boj, un burro, cargado de fardos y cajas de madera, daba bocados a un arbusto, vecino al que lo tenía preso, mirando con desconfianza a la mula Margarita, que hacía lo propio con el pasto reseco del suelo. Contemplando aquella escena, entre aburrido y desdeñoso, un perro lobo, de color negro brillante, bostezaba y sacudía la cabeza como si todo aquello no fuera con él.

—Este es "Séneca" —señaló el burro—, el asno más torpe y testarudo del mundo, te lo aseguro. Y ese perro es "Sócrates". Parece fiero, pero es un pobre desgraciado, baboso y fiel, incapaz de hacerle daño a nadie.

—¿Dónde me lleváis? —se asustó Catalina.

Había escuchado cuentos que hablaban de bandidos, que asaltaban a los cristianos en los caminos, les robaban y mataban y, si eran mujeres, las violaban, antes de clavarles un puñal. Crisóstomo no parecía ser uno de ellos, pero ¿qué iba a saber ella de bandidos, si el único mundo que conocía era el convento de San Pedro?

—No temas, muchacha —se apresuró a decir el fraile al ver que Catalina estaba aterrorizada—. Los lomos de Séneca llevan consigo todo aquello que necesito. Además, ¿cómo iba a robarle a alguien más pobre que yo? Sólo pretendo cuidar de ti; las gentes de este pueblo son desconfiadas y rudas, y en estas masías jamás darán cobijo a una joven viuda que viaja sola, pero sí a un benedictino de camino a...

—¿Viuda?

—O monja... ¿Qué prefieres? —Catalina se deshizo de la mano de Crisóstomo de una sacudida y se apartó, pegando su espalda contra la pared —. ¡Pobre niña! Yo soy como tú, también huyo de Dios.

—Viuda —balbució Catalina.

—Mejor... Serás mi sobrina —y volvió a coger la mano asustadiza de la pobre Catalina—. Apenas se te nota, pero tu vientre pronto se hinchará, y entonces deberás inventarte un nombre para el padre... Porque no puedes andar por ahí diciendo quién es el hombre que te ha dejado encinta, ¿no es así?

—¿Cómo lo habéis sabido?

—Eso no tiene importancia.

Crisóstomo se aproximó al burro, descargó uno de los fardos y lo dejó en el suelo. Desató el nudo superior del enorme pañuelo, y sacó de su interior una manta pequeña, que la dejó aparte, volviendo a atarlo. Se acercó a Catalina y le puso la manta sobre sus hombros.

—Ahora debemos marcharnos de aquí —dijo, al tiempo que desataba el asno—. La noche caerá en una hora, y el frío será tan intenso que, si no encontramos cobijo, pereceremos congelados.

Catalina tomó las riendas de la mula, y siguió a aquel hombre a un par de pasos. Crisóstomo no dijo nada en todo el trayecto, rezaba, en susurros, oraciones en un latín ininteligible.

Los dos animales de carga caminaban rápido, tal vez temiendo que la noche se cerniera sobre ellos. Y el perro negro paseaba, unas veces tranquilamente al lado de su amo, y otras correteando de un lado a otro, siguiendo el rastro de algún animal salvaje, pero sin apartarse de ellos más de diez o veinte pasos.

Como si conocieran el camino, el burro y la mula les guiaron hasta una masía grande, que descansaba sobre un montículo, a la que llamaban el más de la "Roca". Crisóstomo llamó a la puerta.

De detrás del pulido portalón surgió una mujer gorda, de edad indefinible, vestida con unas largas faldas grises y corpiño negro, que quedaba casi cubierto por un mantón recio de lana sin teñir.

—¡Ave María Purísima! —masculló el fraile. La mujer no respondió al saludo—. Somos un pobre fraile medio ciego y su sobrina viuda. Nos dirigimos hacia Francia —la mujer les miró de arriba abajo, y se mantuvo en su silencio—. La noche ha caído sobre nosotros y hace mucho frío. ¿Podríais darnos cobijo? Sólo sería esta noche. Estamos helados y hambrientos.

—Somos pobres —dijo al fin la mujer— y no tenemos comida ni sitio donde acogeros.

—Un mendrugo de pan bastaría... Y un pajar sería suficiente para guarecernos, ¡cualquier cosa será mejor que dormir al raso!

—¡No, hermano, lo siento! —y cerró la puerta.

El rostro del fraile se metamorfoseó en un mohín de ira infinita. Levantó sus brazos, y escupió a la puerta.

—¡Seca eres, y seca serás! ¡Te juro que ciegos, sordos, mudos y mancos no te faltarán! —Y, mirando a Catalina, que estaba desconcertada, añadió—: ¡Vayámonos de estas tierras áridas y estériles. Aquí no hay lugar ni para la caridad cristiana ni para la bondad! No han querido acogernos porque sus corazones ruines.

Retomaron el camino.

Crisóstomo estaba visiblemente molesto por la actitud de aquella mujer del más de la Roca. Se conocía muy bien, perfectamente, y sabía que sus estallidos de ira rozaban la bajeza de aquellos con los que se enojaba. Pero era incapaz de controlarlos. Lo cierto es que sus sentencias, de ser oídas por los destinatarios del veneno de sus imprecaciones, hubieran sido tomadas como verdaderas maldiciones; y no hubieran estado muy desacertados en el juicio.

Esta vez, las acémilas parecieron menos decididas a encauzar sus pasos hacia un lugar en concreto; como si las propias bestias estuvieran convencidas de que el mas de la Roca era la única opción que les quedaba para poder dormir en lugar resguardado y echarse a la boca un poco de alfalfa seca. Crisóstomo agarró con fuerza el correaje de Séneca y empezó a caminar, con paso decidido, hacia Benabarre.

La joven era consciente de que el descubrimiento que había hecho en la galería de la cripta era suficiente como para que los dominicos se propusieran acabar con ella. Aquel hallazgo era una prueba irrefutable de que no tenían escrúpulos a la hora de deshacerse de quienes pudieran ser perjudiciales para la Iglesia. Y ella, sin duda, estaba ahora en el punto de mira de aquellos "Santos de Dios".

Regresar al pueblo le pareció una mala idea. Pero no tenía otra opción, sino confiar en aquel siniestro fraile, que le confortaba casi tanto como le estremecía, le dio confianza.

Aliviada, comprobó que Crisóstomo no tenía la más mínima intención de traspasar las murallas de Benabarre. Al parecer, el fraile quería pasar tan inadvertido como ella misma. Pero la tranquilidad duró poco. A la altura de la ermita de San Medardo, el benedictino tiró de Séneca hacia el Norte. Catalina se separó unos cuantos pasos, y se preparó para huir, si aquel loco maledicente probaba fortuna en el convento de Linares. Sin embargo, al pasar frente a la puerta del monasterio, el enjuto fraile escupió a tierra y pisó su propio esputo.

Poco después, cuando la noche ya era cerrada y apenas podía verse el camino sino por el débil reflejo de una luna menguante, la silueta de una masía grande y lujosa se perfiló en el horizonte.

—Aquí es dónde naciste —susurró el fraile. Catalina le miró con un temor difícil de explicar, ¿cómo podía saber aquel fraile forastero esas cosas?, ¿qué podía ser, sino brujo?—. Sí, muchacha. Y aquí va a empezar el camino que te apartará estas tierras, y te obligará a huir, hasta que Dios te reconozca como su hija o Satanás te robe de su seno.

Dio dos fuertes golpes con la vara de parra en el portalón de entrada del mas dels Arcs.

Abrió la puerta una mujer de mediana edad, de amplia sonrisa y nariz respingona, que vestía ropas sencillas.

—¡Ave María Purísima! —declamó Crisóstomo.

—¡Sin pecado concebida! —Respondió la mujer—. ¿Qué os trae por aquí, hermano?

—Mi joven sobrina y yo andamos buscando posada.

—Allá abajo hay un monasterio dominico que...

—¿Dominicos y benedictinos juntos? —el fraile sacudió la cabeza.

La mujer se encogió de hombros. Desconocía que dichas órdenes estuvieran enemistadas. Catalina tampoco había oído hablar jamás de tal antipatía. Crisóstomo le guiñó su ojo sano.

—Yo no sabría deciros —dudó la mujer—. Sólo soy la sirvienta de los señores de Pociello.

—¿Podría hablar con vuestra señora?

La mujer cerró la puerta y se oyeron varios pasos rápidos, ascendiendo por unas escaleras.

Era evidente que aquella familia, la que había comprado a las dominicas la masía de Jacinta, eran, cuanto menos, acomodados; tal vez pertenecieran a la aristocracia. La joven dudaba que el mas dels Arcs tuviera aquel aspecto cuando Jacinta y Juan vivían allí. Pero, lo cierto es que los Pociello apenas tuvieron que hacer reformas en una casa que, siendo que el propietario anterior había sido albañil, estaba en perfectas condiciones.

Al poco rato, sin siquiera haber podido percibir sonido alguno, la entrada del mas volvió a abrirse. Alumbrada por un candil, que sujetaba la sirvienta, les recibió una mujer, de unos cuarenta años o así, tez pálida, e impecable vestido de telas exóticas y caras.

—Antonia me ha dicho que andáis pidiendo limosna...

—No exactamente —se apresuró a decir Crisóstomo—. Vamos de camino a Francia, y la noche nos ha sorprendido en pleno monte... Esta es la única casa que hemos encontrado.

—¿No habéis visto el monasterio allá abajo?

—Los dominicos jamás darían posada a un benedictino... Y mucho menos a una mujer —Crisóstomo insistió—: Con un hueco en el pajar y un par de mendrugos de pan nos conformaríamos... Tenemos dinero —cosa que no era cierta—, y podríamos pagaros.

—¿Pajar? —Se extrañó la mujer—, ¿mendrugo de pan? ¡No, por Dios! Hace dos días que matamos uno de nuestros cerdos más cebados. Hay comida de sobras para todos. Además, junto al patio, en lo que antes era el conejar, mi esposo mandó construir dos habitaciones, que ocupan los temporeros. Ahora, están vacías. No son gran cosa —la mujer hizo un gesto con las manos indicándoles que pasaran—. Me llamo Amparo Verdú.

Entraron al interior, dejando la mula y el burro atados en las argollas de la fachada. El perro, Sócrates, se recostó al lado de Séneca. La casa era grande y amplia, exquisitamente decorada, con muebles nuevos y costosos. En el salón, sin duda el más lujoso en el que había estado Catalina, un fuego de tierra vomitaba unas llamaradas que en nada desmerecían a las de las calderas de Pedro Botero.

Junto al fuego, un hombre fuerte y bien vestido, que parecía haber quedado hipnotizado por el extraño encanto de las llamas, regresó de su letargo y se puso de pié, como impulsado por una catapulta.

—Este es mi esposo —dijo la mujer— Agustín.

—¡Dios os bendiga! —musitó el fraile bajando la cabeza.

Un par de tajadas de pan seco y un trozo de magro de cerdo y patatas hervidas fueron sus cenas, algo escasas, pero suficientes como para calmar el hambre, que estaba empezando a consumirles. Por supuesto, ni el fraile ni Catalina, comieron en la misma mesa que los Pociello, sino en la cocina, junto a la sirvienta, que también era la cocinera, y a su marido, un hombre fortachón y rudo, que apenas abrió la boca sino para llenarla de comida.

Cuando hubieron acabado la cena, Antonia les sirvió una jarra de leche caliente, que Catalina recibió con una amplia sonrisa, y Crisóstomo con cierto recelo, aunque se la bebió de un sorbo.

A Catalina aquel benedictino le resultaba tan sobrecogedor como fascinante; y no sólo porque conocía cosas de su propia vida que nadie podía haberle contado, sino porque no se comportaba como un hombre de Dios. En varias ocasiones le había sorprendido mirándola, con su único ojo sano, de un modo que a ella le pareció lascivo, devorando la carne con un ímpetu que denotaba cierta gula, y sin bendecir los alimentos.

Prefirió no cuestionarse quién o qué era aquel extraño compañero de viaje. De todos modos, Crisóstomo, según dijo, se dirigía a Francia, y ella no tenía ninguna intención de abandonar el Reino de Aragón.

Las habitaciones eran unos cubículos amueblados con cuatro catres estrechos e incómodos en cada una de ellas, pero eso no fue obstáculo para que Catalina durmiera plácidamente durante toda la noche.

Escasamente había despuntado el día, cuando el bastón de Crisóstomo rompió el silencio de la pequeña habitación. Catalina se levantó, y salió afuera rápidamente.

—Nos vamos —dijo Crisóstomo, con una autoridad que le puso los pelos de punta— no se debe abusar de la caridad de las buenas gentes.

Don Agustín, según les explicó Amparo, se había marchado "a punta de día" a supervisar los trabajos en unas tierras que tenía en las cercanías del convento de San Pedro. La mujer le ordenó a Antonia que les preparase una jarra de leche caliente y un pedazo de pan de centeno, y se despidió de ellos. No obstante, antes de desaparecer, Crisóstomo la bendijo:

—¡Yo te bendigo, mas de los Arcos! —Rezó a voz en grito, como lo haría un cura desde el púlpito—. Te aseguro que sobre ti, por la caridad y la bondad de tus gentes, jamás caerá la desdicha ni las penas, y te será dado el gozo, y el poder que será reconocido en el mundo entero.

El camino se hizo difícil a partir de allí: se volvió angosto y empinado, hasta que coronaron el Collado de Laguarres. Allí se detuvieron. Hicieron una pequeña hoguera y, después, Catalina se acercó a un castaño y recogió varios de sus frutos que, tras morder, echó directamente sobre las brasas. Aunque las castañas estaban en su mayoría agusanadas, fueron devoradas con ahínco por Crisóstomo quien, tras quejarse de su mala fortuna, se las llevó a la boca sin rechistar. Aquellos pobres frutos fueron su miserable almuerzo.

A partir de allí, la senda descendía la loma del "Coll", por lo que pudieron acelerar algo más su paso.

Hicieron noche en las cercanías de Laguarres, en un corral de ovejas abandonado e infestado de pulgas y estiércol pero relativamente caldeado.

Catalina ni siquiera había podido conciliar el sueño cuando la vara del fraile le tocó en el hombro.

—La niña que llevas en las entrañas será como un puñal clavado en tu corazón —le dijo, como si recitase un verso—. Te aseguro que has sido acariciada por la mano de Dios... Y esa será la misma mano que le siegue la vida... Prepárate, pequeña, para no dormir jamás, para ver como te es arrebatada la paz. Pero no te inquietes, Catalina, tus últimos días serán el premio que tanto habrás merecido...

A la mañana del día siguiente se despidieron; Crisóstomo siguió su camino hacia Roda, y Catalina se dirigió a Graus, haciendo noche en un pueblecito llamado Capella.

2. El encubrimiento.

> «¡Evita, oh Padre, que el desánimo habite en nosotros!
> ¡Líbranos, oh Dios mío, del pecado que nos corroe y domina!
> ¡Danos, oh Cristo santísimo, fuerzas para vivir en tu gracia!
> ¡Concédenos, oh Señor, coraje para perpetuar tu Obra!»

BENABARRE (Condado de Ribagorza). Finales de 1573.

La madre Rufina tosió nerviosamente. Su cuerpo, excesivamente graso, a duras penas podía mantener el ritmo que le infundían sus propias piernas. El pasillo de las celdas se convirtió en un corredor infame, resbaladizo, angosto e inacabable.

Sus nudillos reventaron contra las maderas de la celda de Catalina.

Algo más de media hora antes, las demás dominicas habían acabado sus oraciones, a las que la joven monja no había acudido; como tampoco acudió a la comida o a las obligaciones monacales. Catalina ni siquiera se excusó por ello. Catalina no era la muchacha sumisa y obediente que habían supuesto las monjas que la habían educado, y esto producían en la Madre Superiora una angustia constante. La enfermiza curiosidad de la joven, su sospechosa amistad con Fernando de Gurrea y aquella extraña afición a rezar o cantar en la capilla hasta altas horas de la madrugada, eran poco recomendables, si querían que el secreto mejor guardado de la comunidad de Benabarre siguiera siendo un secreto. Pero no era el nombre de la Iglesia el que estaba en peligro, ni siquiera el de los dominicos, sino el de la propia Rufina y el del prior Francisco. Ya ni siquiera le perturbaba que algunas de las monjas de San Pedro mantuvieran relaciones amorosas con los hermanos de Linares, pues era conocido por todas las dominicas, sino la vergüenza que supondría que alguien se adentrara en la galería de la cripta que unía San Pedro con el barranco y descubriera lo que no debía. Si alguien llegaba a desenterrar los cuerpos de las monjas, siete en total, tanto ella como el prior Francisco serían juzgados por un tribunal eclesiástico que, aunque era mucho más indulgente con los religiosos que el ordinario con los civiles, les condenaría a una pena ejemplar: quizás la muerte o el destierro; en todo caso, el total descrédito.

Volvió a golpear la puerta nerviosamente. El desmayo de Catalina, en el fondo, le tranquilizaba, pues era síntoma de debilidad; y quien está débil, difícilmente se adentra en terreno desconocido. Pero su mareo podía deberse a un embarazo, y eso sí era preocupante.

—¡Hermana! —Gritó—, ¿te encuentras bien?

Giró en el pomo y empujó la puerta, que se abrió sin oponer la más mínima resistencia. El torrente de sangre que circulaba por sus venas se aceleró, presionando sus sienes. La cara de la superiora se quedó rígida, en un mohín de espanto. Catalina no estaba allí, y las puertas del armario, abiertas de par en par, eran la evidencia de que había huido; aunque no faltaba prácticamente nada de su interior. Se santiguó, y rezó atropelladamente una oración preñada de angustia y desolación. Cerró la puerta de la celda con llave y salió a toda prisa, recorriendo el pasillo con paso largo e inestable y mascullando incomprensibles palabras de cólera.

En las escaleras tropezó con la hermana Teresa, que subía visiblemente sofocada.

—¡Ha desaparecido Margarita —jadeó la monja—, la vieja mula que trajo la hermana Jacinta, ¡Dios la tenga en su gloria!

Rufina ni siquiera frenó su apresurado paso. Era evidente que Catalina se había fugado del convento y, ¿quién sabe si no había descubierto algo que pudiera comprometerla a ella o a la congregación de San Pedro? A la superiora le era realmente difícil, sino imposible, discernir la Orden Dominica de ella misma. Para la madre superiora, un agravio contra ella era un ultraje contra la orden a la que pertenecía y, por extensión, contra la Iglesia de Roma: *«Mis pecados son los pecados de la orden de Santo Domingo»*, solía decirse; aunque también era consciente de que, si fueran conocidas sus arcanas prácticas, sólo ella sería llevada ante el Santo Oficio y el Alto Clero Dominico se desentendería de sus asuntos.

En pocos segundos llegó a la iglesia, la cruzó, haciendo una genuflexión en el centro del pasillo, y se santiguó nerviosamente. Se aproximó a la sacristía, cogió un candil, lo llenó de aceite y lo encendió, bajando posteriormente a la cripta de San Pedro.

Buscó la llave del pasadizo, tras la peana del santo, y abrió la portezuela, adentrándose en la espesa oscuridad.

Sus pasos se confundieron con el incesante repiqueteo de las gotas que salpicaban en los pequeños charcos; un adulterado silencio sólo roto por el esporádico aleteo de algún murciélago asustadizo revoloteando desorientado.

Pocos pasos antes de llegar al ensanche del pasadizo, se percató de que algo había cambiado y que un peligro demasiado confuso se cernía sobre ella. Unos cascotes de adoba, amontonados al principio del ensanche, fueron el preámbulo de un espectáculo terrible.

Segundos después la madre Rufina se llevó las manos a la cabeza y una expresión de horror desdibujo su falsamente sereno rostro.

—¡Dios mío!

De las paredes semidesnudas emergían los esqueletos de las seis monjas allí emparedadas y de otros tantos nonatos, cuyas calaveras, creyó, le sonreían con una ironía malévola. Y en el centro, como una santa incorrupta, postrada en un macabro altar, el cuerpo de la hermana Adela, rígido, con el rostro tapado.

La Superiora vomitó. Regresó al convento, mareada y con una angustia que le hizo temer por su propia vida.

Subió a su despacho y mandó llamar a la hermana Saturia, a quien le encargó que, cuando llegara Severina Pineda (una "donada" que vestía los hábitos de la orden pero no profesaba) la hiciera subir a su despacho de inmediato.

La madre Rufina, a punto de sufrir un ataque de histeria, rezó un confuso rosario, que abandonó en el cuarto avemaría, y se levantó de su sillón.

Su cuerpo sufrió una suerte de espasmos arrítmicos oscilando en una danza irregular, de un lado a otro del despacho. El baileteo duró poco más de un cuarto de hora. Después, volvió a sentarse tras la mesa, pero se sentía incómoda; no lograba encontrar una postura en la que el borde del sillón dejara de clavarse en sus prominentes nalgas. Volvió a levantarse y a pasear con los brazos cruzados sobre su pecho, dando golpecitos con su mano derecha sobre la manga izquierda de su hábito y canturreando una cancioncilla irreconocible.

Volvió a sentarse en el sillón, y tomó una pluma y un papel blanco. Introdujo la punta de la pluma en el tintero y se dispuso a escribir con letra apretada y trémulo pulso:

«Venid inmediatamente al convento de San Pedro. Es un asunto de vital importancia. El buen nombre de la Orden de Santo Domingo está en peligro.

Apresuraos. Es muy urgente.

Os espero en el ensanche del vomitorio.

Rufina Sanabria. M.A. del convento dominico de San Pedro Mártir de Benabarre».

La tal Severina Pineda se hizo esperar... Durante aquella tensa espera, la madre Rufina había escrito, lacrado, sellado, y hecho pedazos más de cuatro cartas dirigidas al prior Francisco, hasta que acabó escribiendo una escueta nota en la que se podía leer:

«Prior Francisco, tenéis que venir de inmediato al convento de San Pedro, por un asunto de vida o muerte.

M.A. Rufina Sanabria».

—Debes llevar este mensaje al prior de Linares —le ordenó a Severina—. ¡Ahora mismo!

La donada salió del despacho refunfuñando.

Rufina, algo más tranquila, se quedó sentada en el sillón durante un buen rato. Después se levantó, se acercó a la ventana y perdió su mirada en el horizonte, clamando al Cielo una ayuda que no merecía.

—No permitas que tu buen nombre quede enturbiado por una monja impura... No permitas que mi nombre y el de la congregación sean puestos en entredicho por las habladurías de una desertora.

Y rezó, para que el ocaso no llegase antes de que el prior Francisco recibiera la misiva que le había enviado.

Un par de horas más tarde, el prior y el "Cojo", cruzaron la puerta del convento. Pese a que aquellos hombres conocían cada rincón de San Pedro y no necesitaban que nadie les guiase, la hermana Saturia les acompañó al vestíbulo. Allí aguardaron unos minutos, mientras la misma Saturia iba a buscar a la madre Rufina, que había permanecido toda la tarde enclaustrada en su despacho, mortificándose, intentando encontrar una solución para tan turbio asunto.

—¡Estamos perdidos! —fueron las primeras palabras de Rufina— ¡nos han descubierto!

—¿A qué os referís? —preguntó el prior haciendo unos gestos con la mano, intentando calmar el nerviosismo de la madre.

—¡El vomitorio! La hermana Catalina ha huido... ¡Había huesos y cráneos, y adobas y...! El cuerpo de la Adela en el centro como un...

—¡Más despacio, por favor!

—¡Catalina ha exhumado el cuerpo de Adela, y ha huido!

—¡Dios Santo!

—¿Qué vamos a hacer ahora?

—Pensemos con calma —dijo el prior, encarnado por la ira—. ¿Saben las demás hermanas lo ocurrido?

—Dudo que se hayan percatado de la desaparición de Catalina... Y estoy segura de que ninguna de ellas haya entrado en el túnel.

—¡Todo encaja! —Rufina sacudió la cabeza, sin comprender a qué se refería el abad Francisco—. Hoy se presentó en Linares una joven preguntando por Fernando de Gurrea... Podría tratarse de Catalina.

—¿Cómo dejasteis que escapara?, ¿por qué no la retuvisteis?

—La recibió el padre el nuevo capellán. ¿Qué iba a saber él? A veces vienen mendigos, y transeúntes que piden ser escuchados en confesión, y él pensó que aquella joven era una pordiosera.

—¡Estúpidos!

—¿Como os atrevéis, Rufina? ¡Tampoco vos supisteis retenerla en el convento! —La madre bajó la cabeza—. ¿Qué me recrimináis?

—Echarnos las culpas mutuamente no va a llevarnos a ninguna parte —repuso la superiora.

—Bien... bien... —musitó el prior— Creo tener la solución.

—¡Hablad, por Dios!

—Deberíamos derruir el pasadizo.
—¡Es lo más descabellado que he oído en mi vida!
—Don Rodrigo de Labazuy me debe un par de favores... Puedo conseguir pólvora suficiente como para volar la galería —la madre sacudió la cabeza, sin ninguna convicción—. Siendo que la hermana Catalina ha desaparecido, deberíamos asesinarla.
—Vos mismo habéis dicho que ha desaparecido, ¿cómo acabar con ella, si no sabemos dónde se encuentra?
—Eso vendrá después —el prior sonrió con sarcasmo—. De momento, la enterraremos. Sólo tenemos que desfigurar el rostro del cadáver de la hermana Adela... Cuando lo encuentren, darán por supuesto que pertenece a Catalina, ¿Quién iba a ser si no? La hermana Adela abandonó el convento hace dos días, y está disfrutando de una nueva vida en sus tierras, ¿no es así? —Rufina asintió—. Ese cuerpo sólo puede pertenecer a la desaparecida Catalina.
—Pero la hermana Adela esperaba un niño, y su vientre está ya muy abultado. Las demás hermanas se percaten de ello.
—Pues deberemos convencerlas de que esa mujer es la monja desaparecida —Francisco se levantó, e hizo un gesto al Cojo para que le siguiera. Después volvió a mirar a la madre superiora—. Vos os ocuparéis de desfigurar el rostro del cadáver y de vaciar su barriga... Y nosotros de derruir el túnel... Cuando el pasadizo se haya hundido, llevaréis a las hermanas hasta allí para desescombrarlo, y diréis que aquel cuerpo pertenece a la desaparecida Catalina Abadías... Pensarán que ha sido un desgraciado accidente, una calamidad, sin duda.
—¿Y los demás cadáveres?
—¿Qué cadáveres?
—Los de las otras seis monjas... huesos, todos ellos.
—Diremos que se trata de un viejo cementerio.
—Jamás ha habido un cementerio allí... Y los de Benabarre sospecharán que...
—Tal como están las cosas —musitó el prior—, no será difícil convencer a los benabarrenses de que se trata de una fosa común. Han desaparecido varios lugareños en estos últimos años; unos, los aragonesistas, culpan a los Villahermosa de esas desapariciones; los otros dan por seguro que fueron los rebeldes quienes los asesinaron. ¡Démosles cuerpos para que lloren a sus muertos!
—¿Creéis que el populacho es estúpido, y que se le puede engañar con semejante majadería?
—¿Majadería? —Espetó el prior ofendido— ¿Acaso tenéis alguna idea mejor? —La madre bajó la mirada—. Rezad para que el populacho sea tan estúpido como suponemos. De todos modos, si no creen que el cadáver es el de Catalina o que aquellos restos pertenecen a sus parientes desaparecidos, dudo

mucho que se atrevan a decir lo contrario, ¿no creéis? —Rió Francisco—. No os preocupéis, el "Cojo" se encargará de todo.

En la cena, la madre Rufina les comunicó a las otras hermanas que Catalina se encontraba indispuesta, y ordenó que no se le molestara.

Cuando todas las monjas estaban ya en sus celdas, cogió un hábito limpio, bajó a la cocina y se hizo con el afilado cuchillo que utilizaban para degollar los cerdos. Fue hasta el cobertizo, donde guardaban los sacos de olivas, y cogió uno vacío. Después, regresó al convento.

Encendió un candil, cruzó la iglesia, sin santiguarse ni hacer la genuflexión, y se introdujo en el pasadizo.

La tenue llama del candil le daba un aspecto fantasmagórico al rostro de la hermana Adela, que parecía mover su torcida boca en muecas de odio y desprecio. Sintió un escalofrío.

Levantó el hábito, hasta que la parte baja le cubrió la cabeza. Cogió una piedra de tamaño mediano, y empezó a golpear el bulto en el que se suponía estaba el rostro de Adela, hasta que su frente se hundió, y su nariz dejó de formar el prominente bulto que sobresalía bajo el negror del hábito. Después, retiró los faldones que le cubrían la cabeza, y comprobó, entre arcadas, que era irreconocible.

Se acercó al vientre del cadáver, e hizo una incisión con el cuchillo, un par de dedos más abajo del lugar en el que nacía el vello de su pubis. El puñal se clavó en la carne rígida de la hermana como si se tratase de simple manteca, hasta el mango, sin apenas esfuerzo. La madre Rufina tuvo sumo cuidado en que el corte fuera lo suficientemente amplio como para que pudiera extraer el feto, pero no demasiado.

Un hedor a carne podrida surgió del interior del cadáver. Rufina sintió arcadas, pero reunió valor suficiente, o tal vez miedo a lo que se le avecinaría si no concluía aquella tarea, como para introducir su mano por la brecha del bajo vientre hasta que desapareció en el interior de Adela. Pronto notó un bulto, como una pequeña bola blanda, y tiró de ella. Del interior de aquel abultado vientre surgió un feto de poco más de un palmo, prácticamente formado, aunque no pudo distinguir si se trataba de un varón o de una niña. Lo echó al interior del saco. Después, retiró el hábito viejo y, con gran dificultad, ya que el cuerpo estaba rígido como una estatua de mármol, la vistió con el limpio que había traído. Concluyó la tarea echando sobre ella varias piedras y ladrillos de adoba.

Anduvo por el túnel, hacia la parte exterior, arrastrando el saco con el feto y el hábito roto, y salió afuera.

La noche era fría, aunque ella ni siquiera sintió el viento de Guara.

Se sentó sobre un saliente de la roca y aguardó la llegada del Cojo.

La comadreja del prior Francisco llegó una hora más tarde, con un mulo cargado con cuatro barriles de pólvora.

La madre Rufina le entregó el saco y le dijo: «¡*Deshazte de esto!*» nada convencida de que Aurelio fuera a comprenderla:

El Cojo abrió el saco y la miró con cara ceñuda. Una cosa era asesinar a una mujer o derruir una cueva, y otra muy distinta ser cómplice del asesinato de un bebé y tener que deshacerse de su cuerpo que, pese a que no podía considerarse un niño, él veía como tal.

Aurelio ató el saco a la albarda del mulo y refunfuñó.

Rufina volvió a entrar en el convento. Subió hasta su celda, se vistió un hábito limpio, se lavó las manos y la cara, y se sentó en el camastro, en un estado cercano al pánico, y esperó.

En la celda contigua, una tos tonta parecía impedir el descanso de la hermana Teresa. Y al fondo del pasillo, los ronquidos acompasados de alguna de las más viejas eran la evidencia de que ninguna de aquellas mujeres sospechaban lo que estaba ocurriendo, ni siquiera por la misteriosa desaparición de la vieja mula Margarita.

Nada, pues, parecía alterar la paz de aquel convento.

Intentando convencerse de que los propósitos del prior iban a cumplirse tal y como había previsto, le sorprendió un enorme estruendo, que hizo temblar los cimientos de San Pedro.

Las monjas, asustadas, bajaron directamente a una iglesia, completamente sumergida bajo una nube de polvo que surgía del interior de la cripta de San Pedro.

Tras unos caóticos minutos de incertidumbre, la hermana Teresa tuvo valor suficiente como para descender a la cripta, que parecía intacta, a pesar de que la puerta de entrada al pasadizo estaba hecha astillas sobre el suelo, y comprobar que, ni las reliquias del santo, ni la imagen sobre la peana habían sufrido daño alguno.

—Creo que se ha desplomado el techo del vomitorio —gritó la hermana Teresa, introduciéndose en la galería—, pero ha sido algo más allá, porque por aquí se puede caminar sin dificultad.

Pronto llegaron los primeros benabarrenses, alertados por el estruendo que había producido el desplome del túnel. Creyeron que todo el convento se había venido abajo. Algunos de ellos entraron en el derruido pasadizo, pertrechados con unas teas de tela y cera.

Aquella noche no pudieron hacer gran cosa.

Alguien les alertó de que Catalina no se encontraba en su celda…

Los restos de la hermana Adela fueron recuperados dos días después, y enterrados en una tumba contigua a la que ocupaba Jacinta; donde se clavó una pequeña cruz y una loseta en la que se podía leer: «*H. Catalina de Santa Inés 25 II 1552-13 XII 1573*».

3. La sombra del garrote.

«*Bien, señor. Os juré lealtad y obediencia. Pedid, buen amo, pues yo me debo a vos y nada impedirá que cumpla lo que me ordenéis... Mi vida depende de vos y mi agradecimiento no conoce límites. Mataré, si es eso lo que deseáis.*»

BENABARRE (Condado de Ribagorza). Principios de 1574.

Eduardo se sentía grande, cabalgando sobre aquella vieja yegua parda. Se la regaló el carlán, Rodrigo de Labazuy, como premio a su inmejorable trabajo. Desde aquella cumbre, en la que el vulgo se convertía en miseria, se sabía superior, respetado, aunque el miedo jamás fue buen amigo del respeto.

Salazar clavó sus arrogantes ojos en el rostro de José de "l'Armellera", quien le miraba exasperado y ansioso: conocía al muchacho, que le encañonaba con un arcabuz nuevo y reluciente, desde que era un niño, desde que su padre, decidió bajar de Monesma, y presuponía que no sería capaz de apretar el gatillo, por mucho que se negara a pagar el arriendo de aquellas tierras de las Torres del Rey.

—¡Parece mentira que tú, hijo de un labrador, no sepas que llevamos tres años de sequía! —Se lamentó José, intentando hacer entrar en razón al joven Salazar—. No tenemos nada, Eduardo, ni un miserable cochinillo que vender. Ni siquiera la casa en la que vivimos nos pertenece, sino al hermano de mi mujer, que es soldado del rey Felipe y vive en Castilla.

—¡Algún grano habrás extraído de las tierras de Don Rodrigo!

—Nuestros graneros están vacíos —lloriqueó el pobre labrador—. El poco trigo que logramos arrancarle a estas tierras secas lo hemos gastado en hacer pan...

—¿Y las ovejas?

—Muertas por la peste

—¿Los cerdos?

—Te los entregué el año pasado, ¡no me queda ni uno solo!

—El Carlán se conformaría con tus dos vacas.

—¿Y de qué vamos a vivir?

—¿Prefieres no hacerlo?

Eduardo mandó atar las dos viejas vacas lecheras de José en la parte trasera de su silla de montar. Aquello iba a entorpecer su propia presunción. Cabalgar con su pesado arcabuz apoyado en la ingle, y su mohín vanidoso perfilando su rostro, deberían esperar a una ocasión más propicia para exhibir su arrogancia.

—¡Esto va a ser mi perdición! —suplicó el de l'Armellera.

Salazar ni siquiera le miró. Espoleó la yegua, y tiró de las vacas, que le siguieron torpemente, rumiando sin demasiado entusiasmo. El joven sabía que las reses que llevaba sujetas en su silla eran la única posesión del aparcero, su mujer y sus cinco hijos, y que llevárselas iba a suponer su ruina. Pero no le importaba. Todo lo contrario, humillar a un pobre labriego producía en él un sentimiento de suficiencia enfermiza, como si poseyera una facultad que le distinguía de las miserias del vulgo, villanos descamisados que no tenían otra razón de ser más que el sustento de hombres como don Rodrigo o él mismo.

Las vacas de José murieron a los pocos días, lo cual, fue un desahogo para Eduardo, no porque pensara que de haber tardado un poco más en ir a visitar al labrador, este no hubiera tenido con qué pagarles y su ruina hubiera sido total, sino porque gracias a esa prontitud, pudo cumplir con las ordenes de don Rodrigo. De otro modo, supondría un descrédito hacia su persona.

—¡Maldito Carlachet! —Renegó José, al enterarse de la muerte de sus vacas— ¡Seguro que las han dejado morir de hambre!

Las vacas hubieran muerto de todos modos en los corrales de José, pues padecían una mastitis gangrenosa. El de l'Armellera murió, unos pocos años después, convencido de que aquella bendición era, precisamente, la que le había llevado a la ruina, y no la que le había librado de un proceso en el que las posibilidades de obtener una sentencia a su favor eran tan escasas como sus reales.

Eduardo tenía la obsesión de limpiar y relimpiar continuamente su arcabuz nuevo, que disparaba, con dudosa puntería, cuando le venía en gana y contra cualquier objeto o animal que se terciase. Este detalle le hizo creerse distinto al común de los mortales, sentirse impune si decidía hacer uso de lo prohibido, pese a que algunos de los hombres más pudientes de Benabarre: los Bardají, don Agustín Pociello, el propio Labazuy, Juan de Àger, Jerónimo Gil..., tenían armas mucho más fiables y modernas que aquella. Sin embargo, aquel artefacto se había convertido en su verdadera pasión. Era como esa extraña capacidad que tiene el amor de emparejar a los hombres según sus aspiraciones y cualidades (quien no puede pretender a la más hermosa de las doncellas, pues su belleza les resulta inalcanzable, se enamora de aquella que le es más cercana). En fin, Salazar amaba más aquella arma de mira torcida que a su propia familia.

Aquel día estaba frotando el cañón de su amada, en el almacén que Don Rodrigo tenía adosado a su palacio fortificado, en pleno centro de la capital ribagorzana, intentando sacarle un brillo del que siempre había carecido, cuando uno de los criados del carlán vino a buscarle.

—Don Rodrigo Labazuy desea hablar contigo —el tono del joven sirviente llevaba implícita una desconsideración que Eduardo no supo apreciar. Ni siquiera los propios hombres de Labazuy estaban de acuerdo con los métodos del joven Salazar.

Eduardo dejó el arcabuz apoyado en uno de los pilares del cobertizo y salió tranquilamente hacia la mansión. Estaba convencido de que, como en otras tantas ocasiones, don Rodrigo le mandaría a reclamar el dispendio de unos impuestos impagados.

El Carlán le estaba esperando en su propio salón, suntuoso como él pretendía ser y no lograba, sentado en un sillón de cuero, frente al enorme hogar, que expulsaba abundantes ascuas en su tiro infernal, con una copa de vino oscuro y espeso entre sus manos. Su rostro era aún más severo de lo habitual. Al verle, don Rodrigo le hizo una señal, invitándole a que se aproximara, y perdió su mirada entre las llamas de la pira. El Carlán no volvió a separar sus ojos del fuego en todo el rato que duró aquella reunión.

El joven se acercó y esperó durante unos segundos.

—El prior de Linares, el padre Francisco, ha venido a verme —dijo, sorbiendo de la copa—. Supongo que no debe ser un secreto para ti la amistad que me une a ese santo, y a todos los dominicos —Eduardo asintió, aunque Labazuy no pudo verlo—. Pues bien. Hace unos días, una de las dominicas, una tal Catalina Abadías, desapareció del convento de San Pedro... Al parecer descubrió algo que podría poner en peligro el buen nombre de la Orden Dominica, y de la mismísima Santa Madre Iglesia de Roma.

—¿Y vos qué tenéis que ver en este asunto?

—Yo no, Eduardo —sonrió—, tú... Me han pedido que envíe a uno de mis hombres para poner remedio a este asunto...

—¿Para asesinarla?

—Para silenciarla —el carlán dio unos golpecitos con sus dedos en el brazo del sillón— No te pediría que lo hicieras de no ser necesario.

—¿Necesario para quién?

—Por supuesto, serías recompensado de un modo proporcional al trabajo que se te propone. Tal vez unas tierras en las Torres del Rey, y una masía... Quizás algún título nobiliario, y un sueldo de unos trescientos reales de plata.

—¿Es una orden?

—Sólo tú y yo, fuera los dominicos, tenemos conocimiento de este asunto... Si no aceptas mi encargo, entenderé que no deseas continuar a mi servicio, y tu desobediencia será considerada un desacato —dio otro sorbo a la copa— o traición al Carlán... Con un poco de suerte pasarías el resto de tu vida encadenado a ladrones miserables y a asesinos poco recomendables, trabajando forzosamente para la Corona. Pero eso no es nada probable; lo más seguro es que fueras condenado al garrote —Eduardo le miró asustado. Labazuy jugueteó con la copa sin mirarle—. Pero ese no es el caso, ¿verdad?

—No, mi señor —tragó saliva—. No es el caso.

—Por supuesto, recibirás una bolsa llena de monedas para sufragar tus gastos.

—¿Gastos?

—Sí. Desconocemos el paradero de la tal Catalina. Deberás buscarla. Y, cuando la encuentres, actuar en consecuencia.

—Y, ¿por dónde empezar?

—Al parecer, fue vista en compañía de un fraile benedictino que dijo llamarse Crisóstomo de Valcuerna. Pasaron la noche en el mas dels Arcs, y partieron rumbo al Coll.

Don Rodrigo se levantó. Dejó su copa sobre una mesita y abrió el pequeño cajón de la misma. De su interior sacó una bolsa, que entregó a Eduardo. Por el peso calculó que había varios cientos de monedas, por lo que dedujo que la búsqueda no iba a ser nada fácil.

—Si no tuvieras suficiente, regresa y se te entregará otra.

—¿Por qué no habéis enviado a un soldado profesional, o a varios?

—Porque este asunto debe ser confidencial y discreto. Por alguna razón que no acabo de comprender, y por el bien de la comunidad religiosa y del propio conde don Martín o cualquiera de los Aragón, jamás deben saber que andamos buscando a la monja.

—Y, ¿qué les diré a mis padres?

—Diles que yo te he enviado a la Corte de Madrid, por un asunto de Estado —Rodrigo sonrió con ironía—. Tal vez, hasta se sientan orgullosos de ti... ¡Eso es todo, Eduardo!.. Confiamos en ti.

Salazar salió del salón, guardando la bolsa bajo su faja. Ensilló su yegua, y regresó a su casa, en las lomas del castillo.

Don Rodrigo volvió a sentarse sobre el sillón de cuero, y siguió sorbiendo de la copa, sin apartar sus ojos del fuego.

De detrás de un armario, surgió la sombra de un hombre recio y sonriente, que se acercó al Carlán.

—¿Creéis que tendrá agallas para hacerlo? —preguntó el hombre.

—Te aseguro que, si hay alguien capacitado para cumplir con este compromiso, ese es Eduardo —don Rodrigo se levantó y rellenó su copa—. Es la peor alimaña que he conocido. No dudaría un segundo en pasar a cuchillo a quien no pagase sus tributos o arriendos. Sería capaz de vender a su propio padre por un instante de gloria.

—Tenemos suerte de que no sea de familia nobiliaria.

—Ni lo será jamás, prior Francisco. Es proclive a meterse en líos y enzarzarse en reyertas; en alguna de esas le clavarán una puñalada y...

—¡Dios os oiga!, aunque esperemos que sea después de haber hecho desaparecer a la maldita monja.

—¿Dios? —Rió Rodrigo—. Si Dios tuviera algo que ver en todo este asunto, ni tú ni yo ostentaríamos nuestros cargos, estimado prior... Y dudo que sea su rostro el que veamos cuando abandonemos este "Valle de Lagrimas".

—Las sendas de Dios son tortuosas.

—Si el Altísimo perdonase tus pecados y los míos, ten por seguro que el Infierno sería un lugar desierto... Y vuestra Santa Madre Iglesia no habría sido más que una pantomima.

—Sabía que carecías de escrúpulos —sonrió el fraile—, pero jamás pensé que fueras un hereje —levantó la copa—. ¡Salud, noble hereje!

—¡Salud, viajero preferente al Reino de Dios!

CAPÍTULO VII
El encuentro.

1. Una luz al final del túnel.

«*Mi canto se tornó un susurro desafinado.*
¡Yo, que tanto hice por ti!, ¡Yo, que renuncié a mi vida por amarte! ¡Me siento
abandonada!
¿Para qué sirvió mi sacrificio, si quienes necesitamos tu consuelo tenemos cerradas las
puertas de tu Reino?»

MONZÓN (Reino De Aragón). Principios de 1574.

Catalina observó sus uñas, negras y ajadas. Aquellas manos, que habían condimentado las comidas del convento, que habían desenterrado a la hermana Adela, que habían acariciado el rostro de Fernando... Se habían vuelto callosas, en las pocas semanas en las que la necesidad le obligó a trabajar en las más impensables labores: en Graus cuidó de unas vacas durante tres semanas; en Estadilla su espalda se curvó, y sus manos se volvieron violetas al contacto con los tintes con los que teñía las lanas, durante dos semanas más; y en Barbastro tuvo que lavar las sábanas de un burdel regentado por una tal Purificación, ¡qué ironía!, Carmona, en un lavadero de agua tan fría como turbia.

Llevaba poco más de una semana en Monzón. Una mujer, Alodia Sangenís le había contratado en su posada, en la que alternaba su trabajo de cocinera con el de lavandera, limpiadora y aguadora. Su vientre ya empezaba a estar algo abultado, aunque no lo suficiente como para impedirle trabajar.

El río Cinca canturreó, aquella mañana, una tonadilla afable, aunque desconcertante, que Catalina pudo escuchar con toda claridad cuando descendió por el angosto sendero que conducía hasta su cauce. Margarita, que no parecía tener demasiadas ganas de bajar la loma que el agua había erosionado a su paso, la siguió con desgana, negándose a avanzar cada vez que la pendiente se hacía un poco más pronunciada, y la joven tenía que estirar con una fuerza de la que carecía.

No recordaba invierno más frío que aquel. La nieve cubría la escarpada sierra, sobre la que se acomodaba el castillo, y toda la población. El horizonte se veía marrón; un triste paisaje sagitado por un centenar de flechas descarnadas y grisáceas, que se incrustaban en la nieve como puñales en el cuerpo de un anciano enjuto y arrugado: chopos desnudos, que conferían al barranco un aspecto desolador.

Catalina anduvo por la ribera del río, dando saltitos de una piedra a otra, estirando las riendas de la terca mula, que chapoteaba en unas aguas a punto de convertirse en hielo, hasta que divisó una roca plana, parcialmente cubierta de agua, donde podría llenar los cuatro cántaros que transportaba Margarita sin demasiada dificultad.

Tiró de las riendas de la mula, pero ésta se negó a continuar.

—¡Vamos, Margarita, bonita! —susurró en su enorme oreja. El animal resopló—. ¡Demonio de mula!

Margarita se quedó quieta, barritando y mirándole con ojos tristes. Estaba claro que no iba a acatar las órdenes de su dueña.

—¡Mula terca!, ¿quieres matarme de hambre? ¡Vamos, bonita! Si no llevamos el agua a tiempo, Alodia nos despedirá, y yo ya no sé dónde ir... ¡Vamos, Margarita, por favor!

Estiró hacia un lado. La mula se negó a avanzar. Lo mismo ocurrió cuando intentó que se moviera hacia el otro lado. Llevada por la desesperación, la pobre mujer le dio una patada a la mula, que la miró con ojos vidriosos.

—¿Qué te ocurre, Margarita?

La mula roznó, dio tres pasos hacia un pequeño lindero entre los chopos, y volvió a mirarla llena de tristeza. Después, encogió sus patas delanteras, y se dejó caer, rompiendo los cántaros, y barritando con un desconsuelo infinito. Los grandes ojos de Margarita le dijeron: *«Han sido demasiadas calamidades, ¡ya no puedo más!».*

—¡Margarita! —lloró Catalina, creyendo que con sus gritos podría devolverle una vida que se le escapaba—. ¡Maldita mula estúpida!.. ¡No te mueras, bonita, por favor!

De la garganta de la mula surgió un sonido ahogado, como un plañir funesto. Al oírla, Catalina comprendió que Margarita jamás volvería a levantarse. Y vio en aquella mirada suplicante un sufrimiento que no sabía como remediar.

—¡Socorro! —Gritó— ¡socorro! —Corrió loma arriba, hacia el camino—. ¡Que alguien me ayude!

A sus gritos acudió un joven con aspecto aristocrático, que frenó su caballo, levantando una enorme polvareda.

—¿Qué te ocurre, muchacha? —preguntó el noble.

—¡Mi mula! —Lloró Catalina— ¡Se muere!

El joven alargó su mano. Catalina la tomó y, de un fuerte tirón, la subió a la grupa de su enorme caballo.

Descendieron, muy despacio, por el sendero del Cinca.

Cuando llegaron al lindero, la mula escasamente podía levantar su cabeza, y respiraba con dificultad. El noble ayudó a bajar a Catalina, antes de desmontar él de un salto. Se acercó a Margarita. Pegó su oreja sobre el vientre de la mula y sacudió la cabeza.

—No hay nada que hacer —dijo el caballero—. Es una mula vieja.

—Pero es lo único que tengo —lloró Catalina—. Si se muere yo...

—No puedo hacer nada por ella... Sólo evitar que sufra más.

Catalina comprendió lo que quería decirle el joven noble y sacudió la cabeza, negándose a admitir que Margarita ya había cumplido su cometido en este mundo.

El noble se acercó a su caballo y extrajo su arcabuz de la funda que colgaba en la parte delantera de su silla de montar, y un cuerno que colgaba de la misma. Abrió el tapón de corcho que coronaba la punta del asta y vació, dentro del cañón de la escopeta, un poco de pólvora, comprimiéndola, después, con una varilla metálica.

Volvió a acercarse al caballo y, de uno de los bolsillos de la alforja, sacó una pequeña bola de plomo, que introdujo en la cánula de la escopeta, y volvió a apretar con la varilla.

Se acercó a Catalina y le enseñó el arcabuz, pero no como si se sintiera orgulloso de poseer una, sino para indicarle qué era lo que iba a hacer con ella.

Catalina le hizo un gesto, casi suplicándole que esperase unos segundos. Se acercó a Margarita, y cogió su enorme cabeza. Le acarició las orejas, le dio un beso entre los ojos, y maldijo el día en el que había jurado no volver a llorar jamás pues, desde entonces, no había parado de perjurar.

Dio media vuelta y miró al joven, asintiendo con la cabeza. Subió la loma muy despacio, cerrando los ojos y aspirando el aire frío. Lo que segundos antes era una suave brisa se convirtió en escarcha dentro de sus pulmones.

Se apoderó de su mente un pensamiento nada halagüeño; aquella vieja mula, terca y malhumorada, era la única pertenencia que había heredado de una difunta madre, el único vínculo que la unía a ella. Con Margarita, morirían también las ilusiones de una joven monja, que tan sólo había amado a Cristo y a Fernando. Su amor por Dios estaba fuera de toda duda y, no podía ser de otro modo: Fue Él mismo quien cruzó en su camino a aquel joven sacerdote.

Había intentado apartar de sus pensamientos la evidencia de que su madre no había sido tan santa como creía. La precipitación de los acontecimientos fue la excusa por la que pospuso lo inevitable. Fue allí, trepando por el angosto sendero que le conducía hasta el lugar en el que recibiría la salva que anunciaba el comienzo de una nueva vida, donde le asaltó el temible demonio de la conciencia. En aquel preciso lugar e instante, comprendió que el odio que sentía por Jacinta sólo era justificable porque su terrible pecado había eclipsado el necesario amor que debe sentirse por una madre. Y se odió a sí misma. En definitivas cuentas, ella no era menos pecadora de lo que había sido Jacinta.

Cuando llegó al borde del camino, un disparo resonó en su cabeza, como las campanadas patéticas que anuncian la muerte de algún benabarrense desde el campanario de Santa María la Mayor. El eco devolvió la muerte de Margarita con una furia tal que creyó que el mismísimo Satanás había venido a llevarse su alma.

La hermana Catalina acababa de morir en la frente de una vieja mula tozuda.

Catalina se sentó en una piedra, al borde del camino. El aire de Guara empezaba a soplar, llevando consigo agujas de hielo, que se clavaron en su rostro como un bautizo infame.

El joven noble se acercó a ella, sin desmontar del caballo.

—¿Qué vas a hacer ahora? —Catalina se encogió de hombros, no sabía siquiera si deseaba vivir o seguir el mismo camino que Margarita—. ¿Cómo te llamas, muchacha?

—Catalina Abadías, de Benabarre.

—Yo soy Diego Ariño, de Tamarite, aunque vivo en Barbastro —el joven se llevó la mano al pecho—. ¿Tienes dónde dormir? —Ella sacudió la cabeza.

—¡Alodia me matará! —Dijo—. Me denunciará al "algerez"[14].

—¿Por cuatro míseros cántaros? ¡No seas ingenua! —Sonrió Diego—. Supongo que hablas de Alodia Sangenís —Catalina asintió—. Creo que no tiene muy buena relación con las autoridades. Dudo mucho que acuda a ellas. A su posada vienen y van cientos de sirvientas, es una... ¿Acaso crees que todas esas criadas se van con las manos vacías? —Catalina elevó las cejas—. ¿Cuántos días llevas trabajando para ella?

—Nueve.

—¿Te ha pagado algo por tu trabajo? —Sacudió la cabeza—. Pues, con lo que te debe, podrá pagar unos cántaros nuevos.

—¿Qué voy a hacer, Dios mío?

—Mis padres necesitan una sirvienta —dijo el joven, desmontando de su caballo—. Yo voy de camino a Tamarite en busca de unas reses que he de llevar a Barbastro. Si vienes conmigo, estoy seguro de que mis padres estarán encantados de darte trabajo. No te pagarán gran cosa, pero comerás caliente y tendrás un lugar donde dormir... Y tu hijo tendrá un sitio donde nacer.

—Mi esposo... —intentó decir Catalina.

—No debes darme ninguna explicación...

—Pero quiero dárosla —improvisó—. Mi esposo es soldado del conde de Ribagorza, y fue enviado por don Martín a la corte del rey Felipe por un asunto de Estado —Diego perfiló una sonrisa incrédula en sus labios y asintió.

—¿Dices que tu marido es soldado?

—Sí, señor.

—Pues soldado ha de ser, sin duda.

SAN ESTEBAN (Reino de Aragón).

Aunque el viaje se hizo interminable, dos días, la educación de Diego le obligó a hacerlo a pie, permitiendo que Catalina montara en su caballo.

Pasaron la noche en una posada, a las afueras de San Esteban; un tugurio frío y oscuro, con dos únicas habitaciones. Cada una de las cuales constaba de diez o

---

[14] ALGEREZ , (del árabe al-feis = "jineta") "Senyaler" o "espada". En Aragón era una especie de guardia defensor de la villa, protector de viudas y huérfanos; vigilante de la justicia local.

doce literas, cuyos colchones de lana dura, poco aireada y que apestaban a sudor, favorecían poco al reposo. En la habitación más grande dormían los hombres, y en la otra las mujeres. Catalina compartió su sueño con una anciana encorvada, que vestía toda de negro y que no se sacó aquel mugriento vestido, ni siquiera el pañuelo que llevaba en la cabeza, para dormir. Entre los resuellos de la vieja y la incomodidad del catre, Catalina apenas pegó ojo. Diego no tuvo mejor suerte. Como compañeros tuvo a dos peleteros pestilentes que hedían a cloaca.

TAMARITE DE LITERA (Reino de Aragón)

Llegaron a Tamarite poco antes del almuerzo.

Hilario Ariño, el padre de Diego, ya estaba sentado a la mesa. Francisca, su esposa, trajinaba con los pucheros en la cocina, refunfuñando y canturreando, todo a un mismo tiempo.

Diego entró en la enorme casa de triple planta, sita en las cercanías de la Colegiata de Santa María, sin llamar a la puerta que, por otro lado, siempre estaba abierta de par en par. El joven Ariño ayudó a Catalina a desmontar del animal. Llevó el caballo a la cuadra, en la parte posterior del patio, lo desensilló, y puso en el comedero un buen puñado de alfalfa .

Los dos jóvenes subieron al primer piso por unas escaleras sinuosas y algo desgastadas de mármol blanco.

En el primer rellano, Diego se adelantó. Catalina esperó en el descansillo.

—¡Les traigo una sorpresa! —dijo el joven.

Don Hilario ni siquiera levantó los ojos de su plato de garbanzos con cebolla y huevo. Hizo un gesto, indicándole a su hijo que se sentara a la mesa, y le instó a que hablase. El joven hizo caso omiso a las exigencias de su padre que, dicho sea de paso, aunque siempre estaba dando órdenes nadie le hacía el más mínimo caso, y entró en la cocina, cogiendo a su madre por la cintura y subiéndola en volandas.

—¡Eres un demonio! —Dijo doña Francisca, ruborizada—. Te esperábamos para ayer.

—¿Acaso no tiene comida para mí, madre? —Diego cogió una zanahoria y le dio un mordisco. Después se sentó sobre la mesa.

—No debería darte ni una migaja —sonrió la mujer—. Nos tenías preocupados... —Diego se encogió de hombros— ¡Por las revueltas!.. Pensé que habías sufrido el ataque de algún bandolero, o que te habías encontrado en medio de una insurrección.

—¿Insurrección? —Sonrió Diego con la boca llena—. No debe preocuparse, las sediciones a las que se refiere están muy lejos de Barbastro: en Zaragoza, y alguna que otra escaramuza en Ribagorza. Nada que deba inquietarle.

—Y tu esposa, ¿qué tal se encuentra?

—Elena se encuentra perfectamente, madre. En un par de meses podrá abrazar a su segundo nieto.

—¿Habéis pensado algún nombre para la criatura?
—Bautizarlo antes de nacer es tentar a la mala fortuna, madre, usted nos lo enseñó —se llevó a la boca la zanahoria, le dio otro mordisco, y se recreó en el ruido—. ¿Y usted y padre?, ¿cómo se encuentran?
—Bien... Algo solos, a decir verdad. Tu hermano Ildefonso nunca viene a vernos; se pasa el día entero en Rocafort vigilando a sus pastores, y cuando regresa al pueblo está tan cansado que ni siquiera tiene tiempo para nosotros... ¡Con su estúpida esposa y su maleducada y caprichosa hija tiene bastante!
—¿Todavía no le han perdonado? —Francisca sacudió la cabeza—. Pues piense que Ildefonso es el heredero legítimo.
—Tu padre está pensando en cambiar su testamento y legarte a ti todas sus haciendas.
—¡Ni hablar, madre! —Diego sacudió la cabeza—. Acabo de comprar unas tierras en Barbastro, a orillas del Vero, y tengo pensado levantar una empalizada y un establo para criar vacas lecheras... Mañana mismo hablaré con Victoriano Foncillas para hacerme con una decena de terneros, nueve hembras y un semental... Un malentendido, una discusión como la que tuvieron, no es motivo suficiente como para privar a su primogénito de lo que le corresponde, por ley, por tradición, y por lógica.
—Debes estar hambriento —doña Francisca intentó cambiar de conversación; sabía que Diego, pese a que necesitaba el dinero de su padre, jamás se enemistaría con su hermano mayor. Él la miró, comprendiendo que su madre no quisiera hurgar en viejas heridas, y asintió—. ¿A qué esperas, pues, para sentarte junto a tu padre?
—¡Casi se me olvida! —exclamó Diego, llevándose las manos a la cabeza. Se levantó de la mesa de la cocina de un salto, y salió corriendo hacia las escaleras. Pidió disculpas a Catalina y le ofreció la mano. Ésta la cogió tímidamente. Después, tiró de ella, y la hizo pasar a la cocina—. Sé que necesitan una sirvienta. Pues bien, les he conseguido a la mejor. Se llama Catalina.
—¿De dónde eres, muchacha? —preguntó Francisca.
—De Barbastro —se apresuró a decir Diego—. Es hija de los sirvientes de la familia de Elena. Es limpia, honrada, hacendosa y temerosa de Dios.
—¿Y tu esposo, muchacha? —preguntó doña Francisca, clavando los ojos en el vientre abultado de Catalina.
—Es un soldado de las tropas del duque de Villahermosa —añadió su hijo.
—¿Acaso no tiene lengua? —refunfuñó la mujer, algo molesta.
—Sí, señora —balbució Catalina.
—¿Dónde has servido antes? —Le interrogó la anciana—. Porque habrás servido en alguna casa respetable, ¿no?
—Antes de casarme, serví en la casa de don Arcadio Medina, señor de Albarracín —fantaseó la mujer—, en Teruel.

—Jamás había oído hablar de la familia Medina de Albarracín —se extrañó Francisca—. No debe ser muy notable.
—¿Qué importa eso? —Sonrió Diego—. Es una buena mujer...
—¿Y desde Teruel has venido en tu estado? —la mujer no acababa de convencerse.
—No. Desde que me casé he vivido en Barbastro...
—¡Eso explica muchas cosas!
—Y bien, madre —insistió Diego— ¿Va a contratarla?
—Sin duda, hijo... Si tú dices que es honrada, te creeré.
Diego regresó a Barbastro tres días después. Y Catalina entró a trabajar en aquella casa como sirvienta.

2. ¿Qué padre abre sus oídos a un hijo bastardo?

«¿Qué criterios prevalecen cuando Dios decide que ya no hay lugar en el Limbo para nosotros?
¿Quién sabe si no nos destierra a este mundo asilados en el seno de una penosa vida de la que confía que rescatemos algo provechoso?
Conociendo lo que me rodea, esta vida no es un destierro, ni una bendición. Ese padre, que tanto dice amarnos, nos expulsa y hunde en la miseria de nuestra propia condición humana por una razón que nos es ajena.
Sea como fuere, aquí estoy, y sigo sin comprenderlo.»

TAMARITE DE LITERA (Reino De Aragón). Primavera de 1574.

Le había oído decir a su madre que sólo hay un dolor más terrible que el del nacimiento de una criatura: el de un cólico de hígado o de riñón. Ella jamás había sufrido un cólico, pero estaba segura de que era imposible un padecimiento más agudo que aquel que sentía.

La respiración de Catalina era rápida, cortada únicamente por unos intensos dolores en el bajo vientre, que eran como las punzadas de una aguja en el centro mismo de su barriga. Aquellas puñaladas fueron haciéndose cada vez más frecuentes e intensas a medida que se acercaba el momento en que la criatura debía ver la luz. Ni siquiera las palabras de la comadrona de Tamarite, que insistía en que aquel dolor era algo común en todo parto, consiguieron serenarla. Catalina sólo deseaba que le arrancase aquella criatura de una vez por todas.

Estuvo luchando durante más de cuatro horas contra los persistentes dolores y un ligero mareo que apareció a las dos horas de empezar las contracciones.

La comadrona pidió unos trapos limpios y un caldero de agua caliente. Doña Francisca, encantada de sentirse útil, se ocupó de todo; no había podido asistir al parto de ninguno de sus nietos por circunstancias diversas: el hijo de Diego habían nacido en Barbastro, y la mujer de Ildefonso se negó a que asistiera al alumbramiento de la pequeña Eulalia. Así pues, festejaba aquella ocasión como si del nacimiento de uno de los suyos se tratara.

Francisca había parido siete hijos: dos niñas y cinco varones. Las niñas, Isabel y Manuela, murieron a los pocos días de nacer, y tres de sus hijos en la infancia: Hilario de tos ferina y Urbano y Victoriano de viruela; Ildefonso también contrajo la enfermedad, pero tuvo más suerte que sus otros hermanos, aunque como secuela le había quedado un rostro marcado por las típicas cicatrices de la enfermedad. Después nació Diego, poco antes de que se le retirase el mes a Francisca. Siempre había deseado tener una hija y Dios no le había concedido la gracia de mantener con vida aquellas que había parido. Por eso quiso ver en Catalina a aquella hija de la que jamás pudo disfrutar. La joven suplía, o al menos eso intentaba, las carencias de la anciana. Jamás le levantó la voz, ni tuvo la necesidad de hacerlo: la joven sirvienta respondía a las órdenes de Francisca con humildad y premura, sin negarse jamás a cumplir aquello que la anciana le ordenaba. Eso satisfacía enormemente a su señora.

Doña Francisca llenó un enorme caldero de agua, lo colgó en el fuego de la cocina, y bajo del desván un par de sábanas viejas, remendadas y que prácticamente transparentaban, y las hizo jirones. En pocos minutos el agua estuvo caliente. Llenó un par de pucheros de cobre con el agua hirviendo y los llevó a la habitación de Catalina.

La comadrona estaba sentada en una banqueta, a los pies de la cama de la parturienta, clavando sus verdes ojos saltones en la entrepierna de la joven.

Cuando la puerta de la habitación se abrió, la partera se levantó pesadamente, y se colocó a un lado de la cama.

—Deberíamos sentarla —dijo. Doña Francisca asintió, estirando el dolorido cuerpo de Catalina hacia el cabezal, mientras la comadrona le colocaba un par de cojines y la almohada detrás de la espalda—. Y ahora, niña, aprieta con todas tus fuerzas, como si quisieras hacer de vientre.

Catalina tensó los músculos de su barriga con toda la fuerza que su dolor le permitía, mientras la comadrona le alentaba con soplidos.

—¡Vas bien, muchacha! —le animó—. ¡Lo estás haciendo muy bien! ¡Ya tengo su cabecita! ¡Un poco más!, ¡vamos, vamos!

Minutos después, la criatura dejó salir de sus pulmones un pequeño grito y, en unos segundos, lloró con fuerza. Francisca extendió sobre la cama un lienzo. La comadrona ató el cordón umbilical de la criatura con una cuerda de liza, y lo cortó con un cuchillo afilado. Mientras extraía la placenta, doña Francisca depositó la criatura sobre la tela que había extendido, y la lavó con una esponja.

—¡Es una niña! —Exclamó la anciana, sin ocultar su entusiasmo—. Una niña sana y preciosa... Tiene el pelo de color rojizo.

Catalina sonrió. Quiso ver en aquella pequeña un pedacito de Fernando, algo que sólo les pertenecía a ella y a su añorado capellán. Y todo aquel dolor que había padecido se convirtió, en un instante, en un recuerdo tan lejano que ni siquiera tenía importancia.

Decidió bautizar a aquella criatura con el nombre de la primera hija que había parido doña Francisca: Isabel, que, casualmente era también el nombre de la madre de Jacinta. Quedó inscrita en la colegiata de Santa María como Isabel Simón Abadías, pues tuvo que inventar un apellido para su falso esposo, al que dio el nombre de Juan Simón. El cura, aunque dudaba de la afirmación de la joven, fue condescendiente y dio por bueno aquel nombre para la pequeña. En realidad, a él le importaba bastante poco quien fuera el padre de la niña, o si la madre era viuda, soltera o casada con un general; con las cuatro monedas que le entregó doña Francisca estaba más que satisfecho.

La llegada de Isabel vino a traer una alegría, ya casi olvidada, a aquella mujer, Francisca, que había aceptado a Catalina casi como a una hija propia, y a aquella pequeña de ojos risueños, cabellos rojizos y fácil sonrisa como a su nietecita.

Hacía varios meses que Catalina no rezaba a aquel Dios que le había dado la espalda, pese a que oía misa casi a diario, y a que había parido una niña sana y alegre. Aquel día, sin embargo, en la intimidad de su alcoba y con la única compañía del susurrante aliento sosegado de Isabel, que dormía plácidamente, sintió un deseo irrefrenable de hablarle.

—Jamás te pedí nada, Dios mío... Y jamás te fallé, sino por amor, sino por no verte ni sentirte, por no oírte ni poder disfrutar de la dicha que juraste concedernos a quienes decidiéramos dedicar nuestra vida a servirte. He sentido ese júbilo, bien es cierto, y he visto tu rostro reflejado en los ojos de esta pequeña, que me enviaste para mantener un hilo de esperanza en esta vida que destruyeron tus siervos y los custodios de tu Palabra. No. No creo que tú les hayas dado potestad para asesinar y después alcanzar ese Reino que nos prometió tu hijo Jesucristo. Me niego a creer que tu Justicia sea la justicia de quienes emparedaron a mi hermana por haber pecado. ¿Acaso ellos no pecaron al creer que poseían el poder de quitar la vida? ¿Acaso fuiste tú quien decidió el castigo que merecía Adela por haber ofendido a tu Iglesia?, ¿o tal vez el pecado no es importante sino sus consecuencias? Pues bien sabían que San Pedro era frecuentado por los frailes de Linares y, ni a ellos ni a sus anfitrionas se les reprendió ni castigó jamás, sino cuando el pecado daba su fruto. ¿No cubren los toros a las vacas sin ser bendecidos por ti?, ¿y no corretean los terneros sin ser bendecidos por ti? ¡Y mi madre!... No sé si me pesa más haber conocido su gran pecado, ¡sus grandes pecados!, o saberla tan impura como yo me siento. De no haberte conocido, de no haber escuchado tu palabra, Isabel sería sólo mi hija. Pero tú, tu palabra, las palabras de tus sacerdotes y monjas, la han convertido en hija del pecado, en la perenne estela de mi extravío... ¡Lo siento, Dios mío, pero no puedo pensar sino que hubiera sido mil veces más feliz si no te hubiese conocido! —lloró. En su cabeza se sucedieron recuerdos y pensamientos de lo que imaginaba: las repugnantes posaderas del prior Francisco retozando sobre el cuerpo de Jacinta, las sucias manos de la Remediadora hurgando el bajo vientre de su madre, el cuerpo de aquella mujer ardiendo como una lánguida ascua en las llamas eternas del infierno... Después, tomó aliento y rezó—: ¡Gracias, Dios mío, por haberme enviado a esta casa, donde he encontrado el amor que jamás obtuve entre aquellas que predican el amor al prójimo, y que se vanaglorian de cumplir los mandamientos que tus profetas nos legaron! Amén.

Catalina durmió plácidamente aquella noche, a pesar que sabía que los oídos del Padre raras veces se abren para escuchar las súplicas de sus hijos bastardos.

3. Los cuervos son incapaces de saborear la carne fresca.
«Ofréceme el más veloz de los caballos, y me convertiré en tu esclavo.
Ofréceme unas monedas de oro, y me convertiré en tu siervo.
Ofréceme el más afilado de los puñales, y me convertiré en tu asesino.»

Primero fue l'Aínsa. Después Jaca, el valle de Hecho, Pau... Eduardo llegó a Francia convencido de que allí encontraría al escurridizo benedictino que respondía al nombre de Crisóstomo de Valcuerna. Pero su búsqueda fue, una vez más, decepcionante. Según le dijo un viejo granjero de Buziet, que chapurreaba algunas palabras en castellano, el tal Crisóstomo, al que dio el apelativo de "Santo Sanador", solía pasar el invierno en el Bearne, en una vieja posada de Pau. Pero, cuando llegó allí, el arisco posadero le dio a entender que había partido hacia Lapurdi, en el "Pays de Labourd", donde debía reunirse con un pariente, de nombre Ignacio de Subildegui, y que regresaría en unas pocas semanas.

Eduardo se hospedó en aquella misma posada, "Le Bon Dieu". Pero las semanas a las que se refería el posadero se convirtieron en meses. Perdida la paciencia, el joven mercenario se decidió a trasladar sus huesos hasta Lapurdi y reunirse con el tal Subildegui, con el ánimo de que este le dijera dónde podía encontrar al maldito fraile.

Sabía que Crisóstomo viajaba en compañía de un burro sarnoso, y un lobo negro; ninguna de las personas con las que había logrado entenderse hizo una sola mención sobre si, con aquel benedictino, viajaba también una mujer joven. Con toda seguridad, Catalina se había separado de él pocos días después de huir de Benabarre. Probablemente antes de llegar a Roda, donde un pastor le aseguró que el fraile viajaba solo, y que había sanado a una mujer de unas fiebres.

Ignacio Subildegui era un hombre pequeño y delgado, pero con una prominente barriga, que rascaba sin cesar. Afable y de sonrisa fácil, su mayor virtud era, sin duda, la hospitalidad.

El de Lapurdi le contó que Crisóstomo les había visitado para bendecir a su pequeño hijo Vicente, aunque no supo decirle hacia donde se había dirigido a continuación; si había regresado a Pau, o a su pueblo natal, que le fue imposible precisar, sino que se trataba de un lugar castellano, en la frontera con Aragón.

Regresó a Pau, y permaneció un par de semanas más.

Cuando regresó a Lapurdi, la familia Subildegui había partido; según le dijeron unos vecinos, a pasar el invierno en Zugarramurdi con un hermano de Ignacio llamado Juanes.

ALMAZÁN (Reino De Castilla). Otoño de 1575.

Algún tiempo después, desesperado y sin ninguna pista fiable sobre el paradero de Crisóstomo, llegó a las cercanías de Soria. Buscó hospedaje, y dejó su caballo en unos establos en los que, por un par de monedas, se hicieron cargo del animal y prometieron darle un buen cepillado, comida abundante, y sacarlo de la empalizada un par de veces al día para que trotase a gusto.

Los tímidos rastros que dejó el extraño fraile le habían conducido hasta allí. En Calatayud le dijeron que hacía poco más de un mes que se había alojado en el cobertizo que estaba vacío, en espera de que regresaran los ganados, en el Pirineo en trashumancia, para pasar el otoño a resguardo en aquellas tierras algo más cálidas, y emprender de nuevo el camino hacia el Sur, después de haber seleccionado los corderos más aptos para ser degollados aquel invierno.

En Calatayud, lejos de su costumbre, el benedictino dijo, sin ser preguntado, que se dirigía a Almazán, para pasar allí el invierno.

Sin embargo, allí, en tierras sorianas, parecían no saber nada del tal Crisóstomo. Es más, cuando les interrogó sobre el fraile, los del pueblo, incluso el del establo, se inquietaron. Tal vez no lo hubieran visto jamás, pero era evidente que habían oído hablar de él.

La paciencia de Eduardo se estaba agotando. Llevaba año y medio sin ver a los suyos, y la bolsa que le entregara don Rodrigo Labazuy estaba casi vacía.

Quizás por aclarar su agotada cabeza, o guiado por un impulso difícil de explicar, Eduardo bajó a un pequeño arroyo, a las afueras de la villa, y musitó pausadamente. Quiso poner orden en el caos que dominaba su mente; demasiadas millas a su espalda, demasiadas decepciones... Y su estómago estaba empezando a cansarse de comer en mesones, en los que servían carne de oveja vieja, excesivamente especiada como para ser fiable, panceta rancia de cerdo, y verduras reblandecidas. *«Si no encuentro antes de una semana a ese Crisóstomo, regresaré a Benabarre y le diré a don Rodrigo que me ha sido imposible dar con la maldita monja»*, pensó.

Así, perdido en sus introspecciones, ni siquiera se percató de la presencia de un fraile, a su espalda, que le observaba con interés...

—El camino es largo y tortuoso —la voz del monje resonó en la cabeza de Eduardo como si formara parte de sus pensamientos. Se giró hacia él—. El viaje, por difícil que sea, siempre nos conduce donde debe llevarnos.

—¿Quién sois, hermano? —preguntó Eduardo, sospechando que aquel fraile era el maldito Crisóstomo.

—¿Por qué preguntas lo que ya sabes? —Susurró— ¿Acaso eres como los cuervos, cuya costumbre de comer carroña les impide saborear la carne de un cabrito recién degollado?

—¿Sois Crisóstomo de Valcuerna? —el benedictino asintió—. Ando buscándoos desde hace más de un año, ¡al fin os he encontrado!

—Eres como esos insensatos que creen haber hallado a Dios, cuando a Dios no se le puede encontrar si no quiere ser encontrado... Como los estúpidos que escapan, creyendo que así podrán librarse de la muerte, y ésta les aguarda allá donde han huido.

—¿Qué estáis diciendo, hermano?

—Digo que quienes te han enviado no me buscan a mí... Y digo que, cuando encuentres a quien buscas, no podrás cumplir lo que prometiste —Eduardo se sintió aterrorizado. Crisóstomo le miraba con los ojos de un loco hereje—. Catalina Abadías, ¿no es así? —el joven asintió sobrecogido—. Dos noches estuvo conmigo... En las cercanías de Laguarres. Yo me fui... Bueno, tú ya sabes dónde estuve y con quién. ¿Te trató bien el bueno de Ignacio Subildegui? —Eduardo volvió a asentir—. Lo amo como si fuera mi propio hijo... pero yo no puedo tener hijos; pese a que quienes te envían juraron, como yo, mantener su cuerpo incólume y no lo cumplieron, yo respeto lo que ofrendo, porque ¿no es el perjurio el peor de los males del alma?

—No me interesa nada de lo que me estáis diciendo —se inquietó Eduardo—. Dejaos de sermones, y decidme dónde puedo encontrar a la monja.

—¿Monja? —Sonrió Crisóstomo— eso lo dices porque no la conoces... Cuando la halles sabrás qué es, y qué no...

—¡Decidme donde encontrarla, maldito fraile!

—Ella se fue a Graus... Pregunta allí, ellos te dirán.

Eduardo masculló unas palabras, y tiró una piedra al río. Cuando volvió a girarse, éste ya había desaparecido.

Había tenido la solución delante de las narices, y aquel viaje había sido tan vano como el tiempo que había utilizado en recorrerlo.

Regresó a Aragón al día siguiente.

4. Cantos desafinados.

«Una vez me sentí desfallecido, ahogado por la soledad que me estaba destruyendo poco a poco. Detuve mi camino, pero aquella aprendiz de muerte amenazaba con devorarme, con martirizarme, y me volví un ser huraño.
Poco después escuché el canto de unos borrachos intentando captar mi atención.
Entonces comprendí que deseaba ser un mártir, que deseaba ser destruido, morir asesinado, perecer ahogado en mi efímera gloria. Entonces comprendí que jamás seré, porque jamás fui.»

BARBASTRO (Reino de Aragón). Principios de 1576.

Una suave nevada, caída un par de días después de que comenzase el año, había convertido la ciudad de Barbastro en un molino hacendoso, que devolvía los rayos del sol con un tímido reflejo. Los más menudos lo celebraron lanzando bolas apretadas contra un tal Bonifacio, el "tonto" de la ciudad.

Eduardo los observó divertido, recordando cuando era un niño recién llegado a Benabarre y los demás zagales del pueblo le acribillaban con bolas de nieve nada inocentes. Aquellas guerras, entre los del Cap de Vila y los del Sol de Vila, en las que nadie ganaba y todos se divertían, tomaron un aire nostálgico y triste. Pero ahora, las guerras, pisada la nieve de más de veinte inviernos, se desarrollaban en un marco ciertamente menos jubiloso. Y la humedad en las ropas ya no era motivo de jaleo y burla, sino de velorio. Ya nada quedaba de aquel muchacho que, en sus fueros internos, aspiraba a ser soldado, y que acabó siendo un asesino a sueldo, un mercenario con menos escrúpulos de los que él mismo creía. Un despojo humano, en definitiva, que debía acabar con la vida de una monja.

Durante aquellos dos años de exilio, en los que la soledad más absoluta le apremió a encontrarse con una parte desconocida de sí mismo, había tenido tiempo suficiente como para hacerse algunas preguntas con respecto a aquella mujer, ya un cadáver en su mente, y a formarse una imagen de ella. Sería, sin duda, una mujer gorda y horrible. Si la andaban buscando los dominicos, tenía que ser por haber robado algún cáliz de oro y brillantes o algo similar. Pero, sólo traspasar las fronteras de Ribagorza, la imagen mental de aquella mujer horrible e impía se fue metamorfoseando hasta convertirse en la de un ángel.

Tal como le indicó Crisóstomo de Valcuerna, en Graus encontró a un vaquero que le aseguró que Catalina había estado trabajando para él durante unos pocos días, como pastora y criada.

—Era una buena muchacha —le explicó el vaquero—, y rápida ordeñando, ¡por Dios que lo era!

—¿Y no sabría decirme hacia donde se fue?

—Creo que conoció a un pelaire de Estadilla y se marchó con él —dudó el vaquero— pero no sabría deciros...

Aprovechó la cercanía de Graus para visitar a sus padres, en Benabarre, para decirle a Rodrigo Labazuy que encontrar a Catalina era cuestión de días, y para rellenar su escuálida bolsa de monedas.

En Estadilla, el peletero le confirmó que había trabajado para él como teñidora, pero que la había despedido porque un día mezcló un tinte verde con otro rojo, y aquello *«¡Era intolerable!, pues me malmetió una bala entera de lana de primerísima calidad»*.

—¡No merecía ni la comida que le di! —Aseguró Baudilio—. ¡Si, al menos, hubiera dejado que yaciera con ella! ¡Era hermosa, la muy ramera, pero más recatada que una virgen!

—Tal vez —sonrió Eduardo con ironía— lo era por ese motivo.

—¿Virgen? —rió Baudilio— ¿y quién la preñó entonces?, ¿el Espíritu Santo?

Aquel detalle le inquietaba. Había algo que no acababa de comprender y que le estremecía: Catalina, a esas alturas, haría ya varios meses que había parido, y eso complicaba las cosas considerablemente. No sólo tendría que acabar con su vida, sino que debería deshacerse de un bebé; y no estaba demasiado seguro de querer pasar por eso. Por otro lado, si el embarazo de Catalina era visible cuando trabajó para el pelaire de Estadilla, con toda seguridad, cuando huyó del convento de San Pedro, debía estar ya encinta.

En su cabeza creció la sospecha de que el padre de aquella criatura fuera el prior Francisco, o el mismísimo Rodrigo de Labazuy; ese detalle explicaría muchas cosas.

No podía dejar de darle vueltas a aquella repugnante idea. Y, con la mente extraviada en aquellas oscuras elucubraciones, su estómago empezó a gruñir como un cerdo enfurecido. Sus piernas le arrastraron hasta un cuchitril en cuya fachada podía leerse: *«Se sirven comidas»*.

La taberna era un cuchitril oscuro y siniestro, al que se accedía por unas escaleras descendentes, angostas y empinadas, de las que surgía un acre olor a vino y aceite, que llegó a la nariz de Eduardo desde que puso el pie en el primer escalón. Un bullicio de cantos desafinados y vítores a un tal Toribio García, conformaban una patética serenata, que Eduardo recibió con cierta resignación.

Cuando hubo accedido hasta la bodega y tomado asiento en un solitario rincón, al final de una larga mesa, comprendió que el tal Toribio era un muchacho imberbe y atolondrado que, aquella misma tarde, se había convertido en hombre en un burdel cercano.

Cuando aquella sucesión de vítores cesó, llegó una serenata de jotas soeces, que aquellas gargantas ebrias apenas lograron entonar:

«Quisiera subirme a tu moño
para ver desde lo alto
como se te ve el coño
desde el púlpito del padre Pablo».

Eduardo sacudió la cabeza en señal de desaprobación, pero realmente divertido, teniendo que aguantar la risa ante las ocurrencias de aquellos borrachos.

Cuando aquella ronda hubo terminado, una muchacha flaca y ojerosa se acercó a la mesa en la que se había sentado. Eduardo intentó disimular la mezcla de malestar y diversión que le habían provocado aquellos labradores asilvestrados.

—¿Deseáis comer algo? —le preguntó de modo cortés, aunque sin demasiado ánimo.

—Lo que quieras, joven —balbució Eduardo—, no soy hombre de paladar exigente.

Un plato rebosante de habas verdes fritas con gran cantidad de manteca de cerdo, y una ración de bacalao mal desalado fue su cena. Bebió un par de vasos de un vino agradecido, pero algo picante, y pidió algo más fuerte que aquello para "rebajar la cena".

La seca joven le sirvió un aguardiente anisado, capaz de tumbar a un toro con sólo olerlo, y se lo bebió de un trago. Pidió otro. Y después, otro más...

Cuando el sueño se apoderó de los patéticos joteros, un hombre joven, de unos treinta y pocos años, entró en la taberna. Miró a todas partes, y sacudió la cabeza al comprobar el lamentable espectáculo que estaban ofreciendo sus conciudadanos borrachos. Tras hacer un recorrido silencioso por toda la taberna, clavó sus ojos en un banco vacío, al otro extremo de la larga mesa en la que dormitaba Eduardo. Se acercó, y tomó asiento.

Salazar siguió con los ojos medio cerrados el periplo de aquel hombre de aspecto distinguido y expresión severa.

La misma mujer que atendiera al benabarrense le llevó una jarra mediana de vino al joven noble, que bebió a pequeños sorbos.

Eduardo se acercó al hombre, y éste le hizo un gesto, invitándole a que se sentara. Levantó la mano y, cuando llegó la tabernera le dijo:

—Tráele a este joven una jarra de vino... De ese vino que me das a mí, no del veneno que les has servido a esos borrachos.

Sin duda, el caldo que les sirvió la tabernera era infinitamente mejor que el que se había bebido durante la cena.

—Veo que entendéis de vinos —dijo Eduardo— jamás había probado uno tan bueno como este.

—También vos sabríais distinguir el buen vino si frecuentarais esta taberna —sonrió—. El bueno es el que te sirven a regañadientes... Aquel que esos nunca piden. Jamás pidáis el vino que les han servido a los borrachos.

—Bueno es saberlo.

—Mi nombre es Diego Ariño —dijo el hombre—. Tengo una vaquería a las afueras.

—Yo soy Eduardo Salazar, ayudante del carlán de Labazuy.

—¿Labazuy? —Eduardo asintió— Le conozco... Bueno, he oído hablar de él —pensó— Un noble ribagorzano, ¿no es así?
—De Benabarre.
—¡Cierto! —Dijo Diego, sorbiendo de la jarra—. ¡Buena gente la de Benabarre!
—No todos opinan lo mismo.
—¿A qué os referís?
—Los partidarios de que el condado vuelva a pertenecer a la Corona de Aragón creen que los benabarrenses somos unos reaccionarios, y los gregarios del conde don Martín consideran que somos unos rebeldes.
—¡Política! —prorrumpió Diego, algo disgustado—. No me interesa la política, ¿y a vos?
—La verdad es que poco...
—Bien, bien... —Diego pidió otras dos jarras de vino—. Yo conozco a una mujer de Benabarre... Es una sirvienta de mis padres. Buena mujer. Sí, muy buena mujer —se acercó a Eduardo y le susurró al oído—. Tal vez la conozcáis.
—Podría ser...
—Se llama Catalina, Catalina Abadías.
Eduardo se quedó pálido. En un instante se despejó su mente; en un segundo, el adormecimiento que sentía se esfumó como el humo de una tea en un vendaval.
—Jamás oí hablar de ella —farfulló, intentando disimular su turbación...
—Benabarre es un pueblo pequeño, ¿cómo es posible que no la conozcáis?
—Ya os he dicho que jamás oí hablar de esa tal Catalina —se inquietó—. Si me disculpáis, debería acostarme. Mañana debo madrugar.
—Un momento —Diego le cogió del brazo—. ¿Tenéis dónde hospedaros?
—Sí. En una posada cerca de la Catedral...
—Permitidme, al menos, que pague lo que debéis.
—Os lo agradezco, pero preferiría...
—De lo contrario, me sentiré ofendido.
—¡Siendo así! —Eduardo hizo una especie de reverencia—. ¡Quedad con Dios, noble Diego!
Pasó la noche en vela.
Parecía que la tal Catalina era una buena mujer; jamás había escuchado una sola palabra negativa sobre ella, excepto la del peletero de Estadilla, lo que decía mucho más a favor de la mujer y de su honradez que en su contra... Y él tenía que asesinarla. No obstante, las tierras, el título y el dinero que le había ofrecido Rodrigo de Labazuy eran mucho más poderosos que cualquier motivo que pudiera apartar un ápice de circunspección a su corazón. Incluso había imaginado a Catalina como una mujer de escasos encantos, desdentada, horripilante y mansa. ¿Cómo concebir que hubieran renunciado al placer del

sexo, sino porque era horrible? Pero la tal Catalina parecía ser una excepción, ya que todo indicaba que, cuando huyó de Benabarre, estaba embarazada.

Sea como fuere, Eduardo recordó, sin saber muy bien cuales fueron los resortes de su mente que le llevaron a pensar en tales cosas, aquella vez en la que Montserrat Sanz, la mujer de Victoriano Barber y madre de Miguel y Manolito, le invitó a que subiera a su casa, y empezó a tocarle por todas partes. Apenas era un niño de nueve años, pero, desde entonces, no había pasado un solo día sin provocarse aquel placer a si mismo. No. Era imposible que una persona normal renunciase a ese placer habiéndolo conocido.

5. Un simple cadáver.

«¿Por qué esta visión me hace dudar de mí mismo?
¿Qué hay superior, mejor, o simplemente más hermoso que el placer de disfrutar de esta vida con lujos y riquezas?
¡Basta ya, maldito!, ¡Déjame vivir según mis deseos! ¡Aparta de mí las emociones, y te juro por Dios que seré el mejor de todos esos!»

TAMARITE DE LITERA (Reino de Aragón). Principios de 1576.

El caballo de Eduardo había perdido la herradura de la pata delantera derecha y cojeaba ligeramente. Prefirió no forzarlo, y hacer las últimas millas a pie.

Tamarite era una villa diseminada entre las lomas de dos sierras, que formaban un barranco con aspiraciones a cauce de un rió que no veía por ninguna parte. Las viviendas habían sido construidas sin patrón ni orden, a lo largo de la pequeña vaguada, rodeando, en formación rebelde, una iglesia magnífica, y salpicando el seco terreno que conformaba el promontorio rocoso y gris sobre el que se asentaba.

A la entrada del pueblo, al principio de la loma, subyugada al desconcierto de unas casas que conformaban una colonia ácrata de colmenas, se encontraba el herrero.

La especialidad del forjador, un hombre casi enano, calvo, corpulento y de expresión amable y bondadosa, que respondía al nombre de Emilio "el Farré", era la de rejador. Sin embargo, era el único de Tamarite y, a tenor de las evidencias (observó que muchos de los burros y mulas iban mal herrados, o pisaban mal por culpa de un deficiente herraje), aquel pueblo precisaba con urgencia un aprendiz que dedicara su juventud a instruirse en el noble oficio de "calzar" los caballos de los transeúntes... No le quedó más alternativa que encomendarle al Farré la tarea de herrar su caballo.

El mismo Emilio le indicó el lugar en el que podía hospedarse:

—En el mesón de Elías Moreno tienen un par de habitaciones que alquilan por poco dinero —le dijo—. Si eres suficientemente hábil en el regateo, podrás alojarte allí por un precio ridículo; más barato, incluso, que si vivieras en casa propia.

En Efecto, Elías Moreno era muy dado al "tira y afloja". Educado y afable, aunque procurando no parecer timorato, dejó que Eduardo regatease, hasta que consiguió una de las habitaciones por un precio más que razonable, en el que incluiría, además de la alcoba, dos comidas diarias, un tazón de leche recién ordeñada y dos jarras medianas de vino. El almuerzo correría por cuenta del propio Eduardo, pues sabía que no era hombre de mucho comer y, por las mañanas, prefería llenar su estómago con vino que con viandas...

El mesón era un lugar lóbrego que, por lo general, estaba vacío, excepto a las horas de las comidas, en las que los caminantes, demasiado hambrientos como para que el hedor a aceite rancio les echase para atrás, ocupaban tres o cuatro de las siete mesas del comedor, y por la tarde, que los labradores hacían parada al regresar del campo y tomaban unas cuantas jarras de vino para mitigar los efectos del pertinaz frío.

Aquel día amaneció bajo el manto de una espesa niebla. Eduardo bebió el cuenco de leche, caliente de la misma vaca, de un sorbo, y se acercó a Elías, que estaba en la cocina peleando con una gallina vieja y sucia, a la que intentaba cortar el pescuezo con un cuchillo de más de dos palmos de largo.

—Me han hablado —dijo Eduardo— de un tal Hilario Ariño... Al parecer anda buscando a alguien para ayudarle con las vacas.

—¿Vacas en Tamarite? —Se extrañó Elías, estirando el cuello de la gallina—. Don Hilario no tiene vacas, ni nadie de por aquí las suficientes como para necesitar un vaquero... Victoriano Foncillas vendió las últimas que le quedaban hace dos o tres meses, precisamente al hijo de don Hilario... Eso debe haberos confundido. El vaquero es Diego Ariño, su hijo, el de Barbastro —levantó el cuchillo por encima de su cabeza y lo dejó caer sobre la gallina, que empezó a sangrar y a mover las patas y alas de un modo tan frenético como inútil. El posadero, no sin dificultad, acercó el cuello segado de la gallina a un plato y derramó sobre él la sangre del animal—. Tengo entendido que don Hilario ya ni siquiera cultiva sus tierras, y vive de sus rentas y precarias...

—Quizá si hablo con él...

—Nada perderéis, desde luego.

—Y, ¿Dónde podría encontrarle?

—Es muy fácil. Sólo tenéis que ir a su casa... —Eduardo se encogió de hombros. El mesonero dejó la gallina sobre la mesa y secó sus manos con el delantal mugriento que llevaba atado a la cintura—. Sí, hombre, el caserón que hay al lado de Santa María la Mayor.

La calle que daba acceso a la plaza de la iglesia no era excesivamente empinada, aunque su tierra pisada y húmeda la convertían en una pista tan resbaladiza como el hielo.

Por Elías supo que Hilario Ariño vivía con su mujer, doña Francisca, y una joven sirvienta, casada o viuda, que tenía una hija pequeña... Aquella sirvienta a la que se refería el mesonero era, sin duda, Catalina Abadías. Eduardo empezó a inquietarse.

La colegiata de Tamarite era un edificio hermoso de piedra marrón, cuyo portalón de entrada coronaba una escalinata ancha, de gradas empinadas y peligrosas. Eduardo subió media decena de ellas, y se sentó. Desde allí podía vigilar la puerta de la casa de los Ariño sin levantar demasiadas sospechas. Fingió cortar un trozo de madera con su navaja, al que fue despojando de virutas, hasta convertirlo en un palo fino y punzante, con el que hurgó sus amarillentos dientes, extrayendo pequeños trozos de carne inmunda, que habían quedado apresados en sus molares.

Al poco rato, la niebla empezó a levantarse y el frío se hizo mucho más intenso. Miró hacia el cielo. Calculó que serían las once o así. Sus dientes chasqueaban como Los "Palitrocs"[15] de los danzantes en las fiestas mayores. Prácticamente no sentía las manos, cuando se abrió la puerta de la casa de los Ariño. De su interior surgió una mujer, ataviada con un vestido amplio y espeso, mitones en sus manos, y un mantón de lana tapando su cara, hasta las cejas. Tiraba de un burro pardo, pequeño y de grandes orejas, que cargaba con una albarda de cestería, en la que transportaba un par de enormes cántaros de barro cocido y un pequeño puchero de mango largo.

La mujer dio dos palmadas en el lomo del burro, que la siguió con firmeza y docilidad altanera, y se encaminó calle arriba.

Salazar salió tras ella, y la siguió, a una distancia prudencial, por un embarrado camino que partía del pueblo y continuaba hacia una zona algo rocosa, en la que el camino se hizo ascendente, aunque no lo suficiente como para complicar la subida, hasta una fuente de aguas algo turbias.

La mujer ató el burro a un tronco y cogió el cazo de mango largo, llenándolo en la fuente. Depositó su contenido en el interior de los dos grandes cántaros que custodiaba la acémila, y repitió la operación una y otra vez.

Eduardo la observaba extrañado: en el centro del pueblo había un lavadero, del que manaba una cantidad de agua clara considerable, y en la que los tamaritanos soportaban largas colas para conseguirla; no era lógico que aquella mujer fuera a buscar el agua en un lugar tan recóndito: *«Tal vez sean aguas medicinales»,* pensó Eduardo, sin equivocarse demasiado.

Cuando la mujer hubo terminado de llenar uno de los cántaros, sintió calor, y se despojó del mantón que le cubría la cabeza, nariz y boca. Eduardo estiró el cuello, intentando ver la cara de la aguadora, pero estaba de espaldas, y sólo pudo observar una cabellera negra, brillante y muy rizada. Por sus movimientos, ligeros y resueltos, supuso que era una mujer joven. Con toda seguridad no se trataba de la anciana doña Francisca, sino de Catalina Abadías.

---

[15] PALITROCS: Paloteado. Danza típica del Alto Aragón, que se baila con unos palos (de ahí recibe el nombre).

Desde aquel escondite, Eduardo no podía ver bien a la mujer, así que se echó hacia un lado, produciendo un pequeño chasquido que, en el silencio que reinaba en aquella mañana, se convirtió en el escandaloso derribo de un gigantesco nogal.

Catalina se asustó al oír aquel crujido, se levantó de un salto, y clavó sus ojos en el lugar del que provenía aquel ruido. Allí estaba Eduardo, encogido tras un matorral.

—¿Quién sois? —preguntó la joven.

—¡Maldita sea! —murmuró—. Mi nombre es Eduardo Salazar —dijo en voz alta—. Ando buscando tomillo.

El hombre se levantó torpemente, y se acercó a Catalina, con sus ojos fijos en el suelo. Temía que si veía su rostro, sería incapaz de asestarle una puñalada. Con la mano apretada en la empuñadura de su daga, intentó reunir fuerzas para hincárselo en el pecho. «¡*Será sencillo!*», se dijo, «*una monja mentirosa, horrible, pecadora y peligrosa... ¡Un par de puñaladas, y todo habrá acabado! Podré regresar a Benabarre y disfrutar de mis tierras y reales*»... Arrastró las piernas, disimulando su rubor, y quedó frente a ella, sacando un par de centímetros el puñal de su vaina.

—No es tiempo de tomillo —sonrió Catalina, divertida e ingenua.

—Ya lo sé, pero es que yo, en realidad, no he venido hasta aquí por el tomillo, sino para...

Eduardo levantó la cabeza, y la miró con un odio que no sentía. Pero sus piernas se convirtieron en dos juncos temblorosos cuando clavó sus pupilas en el gris azulado de los ojos de la criada. Aborreciendo a su propio corazón, su mano soltó el puñal. Catalina era la más hermosa de las mujeres que hubiera visto jamás. Tal vez fuera una monja renegada, que conocía secretos que podrían comprometer a don Rodrigo Labazuy y al prior Francisco, pero no era ni gorda, ni fea, ni aparentaba ser peligrosa.

—Ibais a decirme algo —insistió Catalina.

—Quería beber del agua de esta fuente... —dijo Eduardo, intentando ocultar su turbación.

—¡Ni se os ocurra! —Rió Catalina— ¡Es repugnante!

—¿No se puede beber?

—¡Allá vos si queréis pasar un mal día vomitando y con retortijones! Estas aguas son muy ricas en azufre.

—Entonces, ¿por qué las recogéis?

—Son para mi ama... Se baña en ellas una vez al mes, para aliviar unas escamas que le salen en la piel.

—Yo creí que eran para beber.

—¿Quién sería tan estúpido como para venir hasta aquí a buscar agua, siendo que tiene un pozo a pocos pasos de su casa?

Eduardo le ayudó a llenar el último de los cántaros, buscando en Catalina algún rasgo por el que poder aborrecerla. Pero aquella muchacha era, no sólo hermosa y bien formada, sino amable, gentil y encantadora.

Juntos regresaron por el angosto camino hasta Tamarite. Ella, por pudor, se abstuvo de hacerle preguntas que pudieran resultar molestas o indiscretas; Eduardo tenía un acento nada desconocido y, si bien cabía la posibilidad que fuera hijo de Benabarre, ella tampoco conocía demasiado Aragón como para poder asegurarlo... Ante su sorpresa, el aspecto, algo rudo, de Eduardo y su mirada un tanto ruin, en vez de repelerle, que hubiera sido lo más racional, le atrajo con una liviandad nada exenta de deseo. *«Probablemente, se trata de un hombre de mundo, acostumbrado a visitar burdeles, tascas y casa de juego»*, se dijo, intentando sofocar sus pensamientos, segura de que aquel joven era el hombre que menos le convenía. Sin embargo, Isabel era una niña pequeña, bastarda, que había recibido el apellido de un apóstol, por no tener nadie mejor a quien recurrir y, antes o después, iba a necesitar un padre.

—Seguro que su pecho es pequeño y caído —se dijo Eduardo en la soledad de su alcoba—. Con tanta ropa es imposible saberlo. O las caderas demasiado anchas; todas las mujeres que han parido tienen las caderas anchas... Tal vez sea sucia; pero no olía mal, todo lo contrario, su aroma era de rosas. ¡Maldita sea! Quizás se acostó con el prior Francisco, ¡qué hijo de puta! —Rió con tristeza—. ¡Mierda, tengo que matarla!

Aquella misma tarde volvió a seguirla.

Catalina llevaba en sus brazos una criatura de poco más de un año, *«Su hija»*, se dijo.

Vio, con sus propios ojos, que, tal y como le habían dicho Elías y Diego Ariño, la joven sirvienta de don Hilario era muy estimada por todos los tamaritanos. Pudo comprobarlo en el mercado, cuando una vendedora canosa y robusta añadía un par de trozos de bacalao a los que había comprado y no se los cobró, y cuando un joven esquilador sacaba de sus balas un puñado de lana, arrancándole la promesa de que los guardaría para el tálamo nupcial: *«Y ya verás como la semana que viene me dirás: "¡Ojala tuviera un esposo con el que yacer sobre las lanas de Remigio!"»*. Eduardo creyó ver, en la insinuación del esquilador, y en la cortesía de Catalina, una especie de flirteo que le desagradó (aún desconocía que la joven era, para todos los tamaritanos, la esposa de un soldado del conde Martín). Pero pronto suspiró aliviado, al ver que el tal Remigio se le insinuó de un modo similar a otra joven, y que un tratante de mulas les juraba su amor eterno, tanto a Catalina, como a otras mujeres, algunas de ellas viejas y, evidentemente, casadas.

A Salazar le inquietaron aquellos sentimientos, ¿Cómo podía tener celos de una mujer a la que iba a asesinar? Había oído comentar a algunos soldados fanfarrones que, antes de convertirse en verdugo, uno siente que el espíritu de aquel a quien debían matar entraba a formar parte de uno mismo; como si tener el poder de decidir sobre la vida ajena le diera al asesino derechos sobre su víctima. O, quizás, tal sentimiento se debiera al deseo de ser amado por aquel al que vas a robarle la vida, como un perdón ajeno a la penitencia y mil veces más poderoso que la absolución de los curas.

Sea como fuere, Eduardo se percató de que Catalina no sólo era una mujer extraordinariamente hermosa, sino honrada y estimada por todos. Algo realmente terrible debía haber hecho aquella joven para que el propio carlán de Labazuy pusiera precio a su cabeza, ¿pero qué? ¿Por qué nadie debía enterarse de que él estaba buscándola, sino porque, de saberse, el prior Francisco y el propio don Rodrigo podrían verse perjudicados?. Debía odiarla. Catalina no era más que una monja que había fornicado, y quien sabe si no con amor... Era tan hermosa que era imposible no amarla hasta el odio infinito. Y él la deseaba tanto, que llevaba dos o tres días manchando sus calzones sin ni siquiera tocarse... Sin duda, su propia humillación le hizo aborrecerla más, incluso, de lo que se odiaba a sí mismo por sentir lo que sentía por un simple cadáver.

El joven Salazar observó que Catalina, cada día, al alba, excepto los domingos, se acercaba hasta una ermita cercana a Tamarite, a la que denominaban del "Patrocinio", a oír misa. Siempre iba sola. Y regresaba inmediatamente después de los oficios a la casa de los Ariño. Eduardo pensó que aquel era el mejor momento para abordarla y, con alguna excusa peregrina, o sin ella, apartarla del resto.

Estaba decidido, lo haría aquella misma semana, y los Ariño se encargarían de su hija y dispondrían sobre ella...

6. Jamás hubo carnicero que atendiese a las súplicas del cordero que iba a degollar.

«Los fundamentos sobre los que se asientan nuestras emociones son, ciertamente extraños.
Nos impulsan a actuar con determinación, y después nos convierten en guiñapos.
Y, tanto la facultad de lucha, como el poder que nos paraliza, tienen la misma naturaleza.»

TAMARITE DE LITERA (Reino de Aragón). Principios de 1576.

Al amanecer, el sol, cruel como todos los días, trajo consigo la tristeza que la embargaba cuando morían las brumas. Era el momento en que debía despertar a la pequeña Isabel para darle el pecho. Catalina se acercó al cesto y comprobó que su hija estaba despierta e inquieta.

Isabel raramente rechazaba el pecho de su madre, pero aquel día no quiso ni acercarse. Pero de su garganta no surgió lamento alguno.

Catalina tocó la tripita de la niña, apretó sus pequeñas orejas, y las encías, tras los pocos dientes que relucían blancos como el mármol. Ni un sólo atisbo de

dolor. Algo inquietaba a la pequeña, pero era imposible saber de qué se trataba... Decidió que no iría al Patrocinio a oír misa aquel día.
A la hora habitual, doña Francisca entró en su alcoba.
—¿Qué haces, que todavía no te has preparado para ir a misa? —Preguntó la mujer—. ¡Vamos, vístete, que no vas a llegar!
—Isabel está inquieta...
—¿Ya le has dado el pecho?
—Lo ha rechazado... ¡Estoy preocupada!
—¿Preocupada? —Sonrió la señora— los niños son así, Catalina: un día no duermen bien, otro se niegan a comer... ¡Vamos, todavía estás a tiempo de llegar! Yo le prepararé una papilla.
Catalina se puso las enaguas, la falda recia, una camisola de lino, y un mantón de lana espesa que le había regalado doña Francisca aquellas mismas navidades. Y salió a toda prisa de la casa de los Ariño, prometiéndose que, tan pronto como acabara la misa, volvería al lado de la pequeña Isabel.
Eduardo se encogió tras los matorrales. Hacía varios minutos que no entraba nadie en la ermita, y no había visto llegar a Catalina.
—¡Maldita sea mi suerte!
Ya había perdido la esperanza de poder cumplir con lo ordenado por Labazuy, cuando unos pasos rápidos le hicieron girar la cabeza hacia la puerta del Patrocinio. Era Catalina.
Eduardo había pasado toda la noche restregando con una gamuza el corte del cuchillo, que horas antes había afilado Emilio el Farré, intentando robarle un brillo plateado que, muy pronto, se apagaría junto con la vida de Catalina.
Pese a que confiaba en que ser un "carlachet" de don Rodrigo le otorgaría cierta inmunidad frente a las acusaciones que pudieran recaer sobre él, tuvo la precaución de mentir, diciendo que era un soldado de las tropas del conde de Aranda, natural de Épila; aunque ni Emilio, ni Elías habían creído en ningún momento que Eduardo fuera de algún sitio demasiado apartado de Tamarite; tal vez por su acento, más propio de un ribagorzano que de un hijo de las tierras del Ebro.
Aquella misma mañana había hecho un fardo con sus ropas: tres mudas y un par de botas de montar nuevas. Elías había salido de caza al amanecer (al parecer, el día anterior había capturado, en uno de sus cepos, una zorra parda y grande y cazado una liebre de largas orejas, y decidió que aquel día no iba a ser diferente) «¡*Estoy en racha!*», dijo.
Cuando bajó a la cocina, la mujer de Elías, Rosario, se afanaba en despellejar con gran destreza la liebre que había cazado su marido el día anterior. No es que importara demasiado que el posadero no estuviese en casa cuando decidió pagar la cuenta, pero desconfiaba de las mujeres, pues creía que su perspicacia era mucho más acusada en ellas que en los hombres, al menos en el caso de Rosario y Elías. Pagó lo que se debía, y partió rumbo al Patrocinio.

Dejó el caballo atado tras la ermita, junto al muro de un viejo corral, cuyo interior aún hedía a excrementos de oveja.

El frío era tan intenso que Eduardo, pese a que tenía las manos bien cubiertas por unos recios guantes de cuero vuelto, temió no poder sujetar el puñal con suficiente fuerza como para desgarrar la carne de Catalina.

Jamás había matado a nadie, e intentó convencerse de que no sería muy distinto a clavar un cuchillo en el pescuezo de un cerdo cebado... Pero tampoco había degollado jamás a un puerco; todo lo más, cortar el lomo y los jamones cuando hacían el mondongo en casa Monesma.

Su bolsa gimoteó con el tintineo de sus monedas, que pronto serían varios cientos, tal vez miles. Sus ojos se iluminaron, eclipsando el dulce rostro de Catalina, que surgía de su cabeza como un fantasmagórico cargo de conciencia. La imaginó jugueteando con aquella niña pelirroja, sólo un bebé que apenas sabía andar, y se preguntó si la criatura sobreviviría sin la presencia de su madre, de aquellos pechos... Isabel ya era lo suficientemente mayor como para no tener que depender de la leche materna; también cabía la posibilidad de una ama de cría. Sí, había oído hablar de ellas; su propio hermano Gervasio fue amamantado por una mujer recia de pechos prominentes, en Monesma, hasta que prácticamente cumplió los dos años... Eso se lo había contado Paco, su padre, alegando que aquella madre de leche tenía los pechos secos y fláccidos como los de una cabra vieja. A Eduardo no le gustaba que su padre le contase ese tipo de cosas, pero Paco nunca escondió la poca atracción que sentía por su mujer, ni sus constantes visitas a las pupilas de Pilar la Batalladora. Eduardo nunca creyó en el amor, sino consigo mismo, ni en el cariño más allá del estrujón de unos pechos abundantes o de un revolcón sin besos ni caricias. Estaba convencido de que, cuando llegase el amor, sería incapaz de discernirlo del deseo de fornicar.

Tras media hora de espera, una figura solitaria abrió la portezuela de la ermita. Era Catalina.

La voz del cura, departiendo una perorata monótona y aburrida, aún se oía en el interior del Patrocinio.

Eduardo apenas tuvo tiempo de decidir qué demonios iba a hacer. Como impulsado por un maléfico resorte, su cuerpo se lanzó, camino abajo, tras la mujer, intentando evitar que la cordura gobernara sus pensamientos, respirando aceleradamente y embriagándose con el néctar de la codicia. Cuando se abalanzó sobre ella, ésta se giró, pero no tuvo tiempo de reaccionar, ni siquiera de proferir una sola palabra.

La agarró de un brazo y le tapó la boca, todo casi a un mismo tiempo, y la arrastró lejos del camino.

Catalina intentó deshacerse de la mano de su captor, pero Eduardo era fuerte, y la tenía sujeta por la muñeca como si su mano fuera un grillete. La otra mano de Salazar se clavó en su cara como la roma garra de un sapo. Apenas podía respirar: Su agitación precisaba de un aire que se negaba a entrar en sus pulmones. Creyó desvanecerse, aunque sentía sus piernas horadando la tierra húmeda. Eduardo la arrastró hasta el viejo corral en el que había atado su caballo.

La mujer pensó, como insólito consuelo, que sólo quería violarla... No pudo verle la cara, pero suponía que era alguno de los bandoleros que merodeaban por las cercanías del pueblo. Pero los bandidos no llevaban guantes; en todo caso, mitones sucios de lana, y apestaban a sudor, alcohol y orines, o, al menos, eso era lo que creía. Aquel hombre tenía que ser un soldado, o un noble.

Eduardo hurgó en el interior de uno de los pequeños bolsillos de su silla de montar, y sacó una especie de capucha, con la que cubrió la cabeza de Catalina. Después, la amordazó, por encima de la tela, le ató las manos a la espalda y, tomándola en brazos, la echó sobre el lomo del caballo, justo delante de la silla. Después montó él.

Cabalgó durante un buen rato, hasta las cercanías de una ermita grande. Allí, ató el caballo a una cerca y, de un estirón, hizo que el cuerpo de Catalina se desplomara sobre el pasto.

—¡Voy a matarte! —dijo Eduardo, recreándose en sus propias palabras, en una crueldad que estaba empezando a desplomarse. Catalina sollozó—. ¿Tienes algo que decir? —Desató su mordaza.

—¿Qué os he hecho? —Balbució Catalina— ¡Tengo una hija pequeña!

—Yo sólo soy un esbirro de mi señor... Tú sabrás mejor que yo por qué se te busca, y quién está interesado en que desaparezcas.

—Os confundís de persona... —se desesperó—. Os aseguro que no sé qué he podido hacer para merecer la muerte —Catalina ni siquiera gritó, ni pidió auxilio—. No sé quién os envía.

—Piensa, mujer... Si fueras una simple villana, don Rodrigo no se hubiera tomado la molestia de pagar a un mercenario que te buscase por todo Aragón, Francia y Castilla, para darte muerte... ¡Llevo más de un año buscándote!, ¡maldita sea!

—Nunca he sido importante —dijo Catalina— nunca he sido nada... Nadie me conoce, ni sabe de mí.

—¿No eres tu, acaso, Catalina Abadías? —Ella asintió— ¿No se te conocía como la hermana Catalina de Santa Inés del convento de San Pedro Mártir, de Benabarre?

—¡Dios mío! —Susurró Catalina— ¡Os envía la madre Rufina!

—No exactamente... —Eduardo se sintió poderoso— me envían el carlán de Labazuy y el prior Francisco.

—¡Dios mío! —Se estremeció Catalina— ¡Haz lo que debas hacer!

—Sí. Tengo que acabar con tu vida, pero no me gustaría hacerlo sin saber por qué demonios don Rodrigo se ha gastado tanto dinero en una vulgar monja.

—El juez ha sido el carlán, tú sólo eres un verdugo —sollozó—, ¿desde cuándo un verdugo se interesa por los crímenes de su víctima?

—Tal vez desde que el verdugo duda de la justicia del que le envía.
Catalina no respondió.
Eduardo sacó el puñal de su cinturón, y agarró la capucha, que se deslizó, dejando el rostro embotado de Catalina a pocos centímetros de su cara.
—¿Tú? —se horrorizó ella al ver que quien apretaba el cuchillo contra su pecho era aquel joven que le pidió agua, y con el que había estado fantaseando los últimos días.
—¡Maldita sea! ¡Dame una sola razón por la que no deba matarte!
—Seguro que el carlán de Labazuy te ha ofrecido tierras y un buen puñado de monedas... Cualquier cosa que diga no logrará convencerte.
—¿Tan poco te importa tu vida que ni siquiera vas a intentarlo?
—¿Acaso el carnicero atiende a las súplicas del cordero que ha de degollar?
—Ni tú eres un cordero, ni yo un matarife.
—¡Vamos, mercenario, cumple con lo que te han ordenado!
Los ojos brillantes de Catalina se clavaron en los de Eduardo, como lejanas estrellas intentando convencer a un incrédulo. Salazar vio, como un astrólogo neófito ve la situación de los planetas, que aquel no era el día en que Catalina iba a viajar hacia el mundo de las sombras, y se asustó. Apartó la mirada de ella, queriendo alejar de sí la misericordia que estaba empezando a anidar en su corazón, y volvió a introducir la daga en su vaina.
—Cumpliré con lo ordenado cuando lo crea oportuno —Salazar estaba terriblemente alterado e inquieto. Catalina se había percatado de ello—. He intentado aborrecerte, eso hubiera facilitado mucho las cosas, pero en cada sitio al que acudía, en cada lugar al que iba a parar, no oía sino palabras de estima hacia ti... Te he estado observando durante días y no he visto más que honradez y ternura... ¡Dame un solo motivo para odiarte!
—Antes pedías que me defendiera, y ahora que te ayude a odiarme.
—¡Se acabó! —volvió a sacar su puñal, lo levantó por encima de su cabeza y cerró los ojos.
—Ellos asesinaron a la hermana Adela —dijo Catalina atropelladamente.
Eduardo bajó el puñal.
—¿Ellos?
—Estaba rezando en la iglesia de San Pedro, y vi como arrastraban su cuerpo hasta el pasadizo... Allí la emparedaron.
—¿Quiénes?
—La madre Rufina, el prior Francisco y un hombre al que llaman el "Cojo".
—Lo conozco... Es la comadreja del prior.
—Adela estaba embarazada. Por eso la mataron, para que nadie supiera que algunas monjas se acostaban con los frailes de Santa María de Linares.
Eduardo se quedó pálido. Había imaginado cosas horribles: robos, traiciones, adulterios... pero un asesinato, en el seno de la Iglesia, promovido por tan oscuros motivos, escapaba a su ingenua mente.

Envainó su puñal, ayudó a Catalina a levantarse y desató sus manos.

—Yo desenterré a la hermana Adela y huí, porque también estaba embarazada. De haberme quedado allí hubiera acabado del mismo modo que ella.

—Pero eso no explica por qué quieren verte muerta... Nadie te hubiera creído. La Iglesia es poderosa y sólo con negarlo, hubieras sido considerada una loca o una hereje.

—El padre de mi hija es el que fuera capellán de Linares.

—¿El capellán de Linares? —Eduardo se encogió de hombros. Después, como si le abordase una iluminación, se inquietó. Su boca se quedó seca, y de su garganta apenas surgió un hilillo de voz que susurró—: ¡Fernando de Aragón!

—El hijo del conde don Martín... Ellos no sabían que yo estaba encinta, pero supongo que creyeron que me reuniría con él y le contaría todo esto... El obispo de Lérida es hermano bastardo del duque —Eduardo asintió, mareado—, y Fernando me amaba. Tal vez aún siga haciéndolo... De saberse todo esto, el prior Francisco y la madre Rufina serían condenados a la horca o al garrote...

—O quizás no hubiese ocurrido nada.

—Las ordenes que recibiste desmienten tus palabras.

—¡Si no cumplo con lo que me ordenaron, mandarán a otro a que te asesine, y a que me mate a mí también!

—En tus manos está. O bien, cumples con lo que se te ha ordenado y cargas con tu conciencia, o desobedeces al carlán y dejas que sea otro quien cargue sobre sus espaldas mi muerte.

Catalina se arrodilló, cerró los ojos y alzó sus brazos.

CAPÍTULO VIII
Estabilidad

1. Nunca han ido bien las cosas.

«Somos tan necios que creemos tener capacidad para levantar un pueblo.
Jamás hubo pueblo que no prevaleciese, ni hombre que viera morir un pedazo de tierra.
¿Vida? Tal vez, pero jamás nuestra.
¿Valor? A nuestra tierra le importa bien poco quién hormiguee sobre su espalda. Ni siquiera estoy seguro de que le conmueva si nuestras obras perduran, si perdura su nombre o si hay una sola vida bullendo en su espinazo.»
TAMARITE DE LITERA (Reino de Aragón). Principios de 1576.

Elías miró con cara algo extraña a Eduardo mientras troceaba un pequeño jabatillo, que había cazado cerca del camino de Altorricón, asintiendo atónito a las explicaciones que el joven intentaba darle para justificar su repentina decisión de quedarse en Tamarite.

—Me gustan estas tierras —dijo—. Ya estoy cansado de andar por el mundo en busca de un trabajo digno. Llega un momento en la vida en el que todo hombre necesita echar raíces en algún sitio.

—No me dices nada nuevo, Eduardo —musitó Elías, divertido—. Cuando llegaste aquí a Tamarite querías entrar al servicio de don Hilario... Como vaquero.

—Fue un momento de ofuscación... Yo soy soldado. Serví a don Martín de Gurrea. Pero eso no es lo mío. Estoy harto de acatar órdenes. No es una deserción, si es eso lo que te preocupa; cuando partí de Pedrola dije que probablemente no volvería...

—Soldado, ¿no? —masculló Elías.

El jabatillo fue bien recibido por los poco agradecidos paladares de los cuatro comensales que aquel día decidieron aplacar el gruñido de sus tripas en el mesón de Elías, y regado en exceso con un vino fuerte que Rosario compraba en una masía de Albelda, que los dejó adormilados en la misma mesa. Eduardo estaba aturdido, no sólo por el vino, sino por haber tomado la decisión de perdonar la vida de Catalina y renunciar al dinero de don Rodrigo Labazuy, y a las tierras que este le había prometido.

Y así, dormitando los efluvios del alcohol, se hizo media tarde.

El sol lucía naranja en el horizonte de Binéfar cuando Elías le tocó el hombro.

—Deberías acompañarme —dijo el posadero.
—¿Dónde?
—¡No preguntes y sígueme!

Eduardo se llevó a los hombros el sayo, y le siguió dubitativo. Elías le condujo hacia la parte baja del pueblo. Salieron de Tamarite y tomaron el camino de San Esteban. Poco después, se vieron frente a una mansión de triple planta, rodeada de jardines y campos, a poco menos de una milla del pueblo. Ya había anochecido.

—¿Quién vive aquí? —preguntó Salazar.
—Esta es la casa de don Segismundo Sopena.
—He oído hablar de él...
—Necesita un... —dudó el posadero— Necesita un escolta.
—Un mercenario, ¿no es así? —Elías sacudió la cabeza.
—No, más bien un hombre de confianza que vele por sus intereses.

Segismundo Sopena era un noble catalán, que había heredado unas tierras en Tamarite y cuatro cabomasos[16], que tenía en arriendo.

El mesonero dio dos golpes en el picaporte de forja que había en el centro de la grandiosa puerta. Y una joven sirvienta les abrió.

—El Señor les está esperando... —dijo.

Eduardo miró sorprendido a la doncella. Sin duda, Elías había estado allí aquella misma tarde, prometiéndole a Sopena que encontraría el hombre perfecto para desarrollar una tarea no demasiado clara.

—Don Segismundo es un hombre poderoso —le dijo Elías—. No sería conveniente para ninguno de nosotros que te negaras a prestarle servicio. Su poder es mucho mayor del que imaginas. Cuando muera Porquet, Sopena ocupará la alcaldía.

Era sabido por todos los tamaritanos que Sopena estaba esperando la muerte del zalmedina[17] don Justino Porquet, un anciano incompetente y servil, al que aspiraba a suceder.

—¿Por qué me cuentas estas cosas?
—Creí que deberías saberlo.

Don Segismundo era un hombre de mediana edad, alto, de escasas carnes y rostro afilado, del que surgía una nariz aguileña, roja y embotada.

—¿Así que éste es el soldado del que me has hablado? —preguntó Sopena. Elías asintió—. ¿Cómo te llamas, muchacho?
—Eduardo Salazar, señor.
—¿De dónde eres, Eduardo?
—De Épila... Fui soldado del duque de Villahermosa, don Martín de Gurrea.
—¡No me hagas reír! —exclamó en tono severo.
—No es esa mi intención, señor.

---

[16] CABOMASO. Explotación agraria familiar constituida por el conjunto de habitación, granero y cuadra. Eran tierras señoriales cedidas en tenencia; formaba un patrimonio con vida propia. El mas o edificio principal recibía el nombre de capmas (caput mansi)
[17] ZALMEDINA. Alcalde.

—¡Tú no eres de Épila! —Sonrió don Segismundo— "i dubto que hagis treballat mai pel mal parit d'en Martí"[18].
—¿Por qué dudáis de mi palabra?
—Porque me comprendes cuando hablo en catalán. Puede que hayas sido un soldado del duque de Villahermosa, pero no como tal, sino como conde de Ribagorza... Dime la verdad, Eduardo, eres Ribagorzano, ¿no?
—Sí, señor. Soy de Benabarre.
Elías le miró sorprendido. Desde que Eduardo cruzó la puerta de la posada había sospechado que Salazar no podía ser de un lugar demasiado apartado de Tamarite, pero la facilidad con la que don Segismundo le había descubierto le dejó atónito.
—Reconocería a un ribagorzano incluso aunque estuviese muerto... Pero eso no tiene la menor importancia... En realidad es preferible así: un hombre que miente es un cobarde que huye. Y quien huye, esconde algo que... —carraspeó— Supongo que sabrás que en tu pueblo las cosas no van demasiado bien.
—¡Nunca han ido bien las cosas por allí!
—¿Tienes esposa? —Sacudió la cabeza— Mejor... Las mujeres sólo dan problemas... Sobre todo las propias —intentó bromear Sopena. Ni Elías ni Eduardo rieron la gracia—. En fin. Necesitaría un escolta dispuesto a acatar mis órdenes y a preservar mis disposiciones, que deberán ser las suyas propias, ante cualquier eventualidad.
—Sé a qué os referís, y os aseguro que soy vuestro hombre.
—Eso espero, muchacho —dijo rascándose la cabeza—. A cambio, te ofrezco un cabomaso, una torre, con un pequeño terreno en el que podrás criar tu propio ganado o hacer con ella lo que te plazca... Y un octavo de salario semanal.
—Me parece razonable.
El cabomaso, un viejo pajar en realidad, no era gran cosa: una pequeña vivienda de una única habitación con hogar, un granero y una cuadra. Suficiente para él.
Con el dinero de la bolsa del carlán compró tres ovejas, un carnero y una docena de gallinas ponedoras. Sabía que no iba a tener demasiado tiempo para cuidar las tierras, por lo que pensó que no compraría ningún mulo, y que utilizaría su caballo para arar la mitad del campo en primavera.
Eduardo supuso que Rodrigo de Labazuy no mandaría a nadie a buscarle o que, si lo hacía, tardaría unos cuantos meses, quizás años, por lo que prefirió no preocuparse antes de tiempo de un asunto que le parecía más lejano de lo que era en realidad.

---

[18] Y dudo que hayas trabajado nunca para el malparido de Martín.

Catalina solía reunirse con él a la salida de la misa diaria. Todavía añoraba a Fernando, y tenía esperanza en que el joven Gurrea moviera cielo y tierra hasta encontrarla. Pero cada día que pasaba le robaba un bocado de fe. Sabía que Eduardo no era un hombre honrado y que no debía confiar en él, pero sentía cierta atracción por aquel ser abestiado y carente de escrúpulos; tal vez fuera su mirada irónica, con tiznes crueles, o su falsa prepotencia cuando se jactaba en sus mentiras, en aquellas historias que contaba, y que a Catalina no le cabía la menor duda de que eran falsas: en todo caso, exageradas hasta el extremo del desvarío. Ni los muertos que decía llevar a sus espaldas, ni las mujeres que decía haber amado, no eran más que ilusiones de un joven en cuyas pobres credenciales únicamente constaba haber atemorizado a sus vecinos o haber ido en busca de una mujer a la que debía asesinar, y ante a quien sus fuerzas se habían venido abajo.

Eduardo era un hombre gracioso y ocurrente. A veces, incluso amable, más aún cuando no se encontraba ante ningún campesino o pastor, a quienes humillaba con sus mentiras y fanfarronadas, que los villanos celebraban con mudas carcajadas, de las que el joven Salazar era incapaz de percatarse. Pero, cuando se quedaban solos, él y Catalina (siempre a escondidas, pues ella era una mujer "casada"), Eduardo sacaba de su interior un hombre vulnerable y cariñoso, quizás el verdadero Eduardo... Sólo quizás.

2. La prolongación de lo no confirmado.

«Estoy cansado... muy cansado.
No tiene sentido seguir luchando cuando ya no queda nada porqué hacerlo.
Estoy cansado... muy cansado.
¿Me lo arrebataste todo y aún pretendes que viva con alegría?»
BENABARRE (Condado de Ribagorza). Verano de 1576.

Fernando clavó sus espuelas en la grupa de su yegua, y se adelantó unos cuantos pasos a la comitiva, que conformaban una treintena de hombres, entre soldados, escoltas, el conde don Martín y tres de sus consejeros personales.

El joven se detuvo un poco más adelante, sobre un montículo cercano a la ermita de San Salvador, y se recreó en los secos campos, en el árido paraje sobre el que emergía Benabarre y su imponente castillo, tan erguido y arrogante como vulnerable y frágil era el paradigma sobre el que se sustentaba. Allá, en lo alto de una miserable colina, aquella mole de piedra terrosa les desafiaba con la falsa prepotencia con la que los insensatos incitan a aquellos cuyos únicos argumentos son los códigos de la batalla.

Los ojos de Fernando se llenaron de lagrimas, que se deslizaron desde sus órbitas hasta unos carrillos resecos por el sol, que las recibieron como ácido sobre manteca, hasta quedar retenidas en la lejana fachada de San Pedro... La comitiva le sorprendió abstraído en un pensamiento que había intentado evitar: Catalina.

—Es arriesgado, señor duque —dijo su secretario, José Carrasco— somos pocos hombres para repeler un levantamiento.

—¿Acaso creéis que soy un insensato? —Le espetó don Martín, como ofendido—. Hace dos semanas envié una avanzadilla de cien hombres, y dos días después, trescientos más —el consejero militar asintió—. Si Àger y los suyos son capaces de vencer a más de cuatrocientos soldados profesionales, deberíamos replantearnos seriamente nuestra política.

Llegaron a mediodía.

Ramiro les recibió con un ímpetu exagerado. Era evidente que su corazón albergaba una preocupación mayor que la que dejaba entrever en sus comunicados. Raimundo de Àger había muerto días atrás, apuñalado por uno de los soldados del conde en una reyerta que se cobró más de treinta vidas, cinco de las cuales pertenecían a la soldadesca del castillo. La orden partió de Ramiro: *«Tanto el señor de Calasanz como su mayordomo Casto Puyal, deben ser acuchillados»*. Ramiro estaba convencido de que, eliminando al principal de los revoltosos, acabaría con los disturbios. Pero, ni la muerte de Raimundo, ni la de su consejero, consiguieron traer un poco de paz a aquellas tierras; es más, después de aquella afrenta, Juan de Àger, el hijo del señor de Calasanz, y Cesáreo Puyal, "Puyalet", habían logrado reclutar a varios cientos de ribagorzanos, partidarios de Felipe II, y exigían entrevistarse con don Martín o, de lo contrario, asaltarían las casas de los gregarios del conde, y darían muerte a familias enteras bajo el lema: *«Qui no estimi Ribagorça, deurà anar-se'n, , o aquesta terra serà la seva tomba.»*[19]

Fernando y don Martín se reunieron aquella misma mañana con Juan de Àger, el micer[20] Domingo de Beranuy y Jerónimo Gil, quienes se negaron a entregar sus armas a la entrada del castillo.

—Decidme, pues, ¿qué queréis? —preguntó don Martín.

—Queremos que nos sean restablecidos nuestros fueros y prerrogativas como aragoneses —manifestó Àger.

—Jamás habéis perdido tales derechos —respondió el duque—. No sólo eso, si no que al ser ribagorzanos disfrutáis de unos privilegios de los que careceríais si Ribagorza regresase a la Corona.

—Nunca hemos disfrutado de ellos —protestó el micer, sensiblemente alterado. El de Àger, clavando sus dedos en el brazo derecho del de Beranuy con disimulo, intentó calmarle—. Disfrutamos de tales privilegios hasta el siglo pasado, hasta que el rey Juan cedió estas tierras a su bastardo, don Alonso de Aragón, vuestro bisabuelo.

---

[19] Quien no ame Ribagorza, deberá marcharse de esta tierra, o será su tumba.

[20] EL MICER: Quiere decir mi señor. Era un título que no tenía demasiada validez.

—Si no estamos mal informados —continuó Gil— tal cesión establecía que el usufructo de Ribagorza se prolongaría durante cuatro generaciones... Y con vos se cumple la cuarta de dichas generaciones.
—¿Quién os ha dicho semejante majadería? —rió don Martín—. ¿Habéis visto el documento de cesión? ¡Si ni siquiera sabéis leer!
—Mi cultura no es motivo de cuestión —se enfureció Gil— sino dichas cláusulas.
—Además —dijo Àger— queremos que aumenten nuestras franquicias, derechos sobre la tasa de fronteras, menos impuestos, la inmediata desmantelación del sistema feudal y carlanesco, y que la ley sea impartida por letrados de la corte, así como que los herbajes[21] y que las enfiteusis[22] se conviertan en tierras de propiedad perpetua para quien está pagando el impuesto correspondiente.
—¡Estáis loco! —rió don Martín—. ¿Cómo pretendéis ser escuchados, si vuestras demandas son inadmisibles?
—Ya que no queréis devolver el condado a la Corona de Aragón —agregó Àger con cinismo— al menos, deberíais concedernos privilegios y exenciones suficientes como para no desearlo.
—Sabéis tan bien como yo que lo que pedís es imposible —dijo el duque, sacudiendo la cabeza—. Pero, decidme, ¿qué ofrecéis a cambio?
—Si prometéis tener en cuenta nuestras demandas —se adelantó el micer— nos ocuparemos de que no haya más revueltas ni desórdenes.
—Sea, pues —dijo don Martín— yo, por mi parte, me comprometo a trasladar vuestras peticiones al Consejo General del Condado.
Los sediciosos se fueron, no demasiado conformes con las promesas de don Martín, que consideraron como una forma de deshacerse de ellos.
A Fernando todos aquellos asuntos le eran tan fatigosos como perturbadores. Si por él hubiera sido, y aquel condado dependiera más de sus deseos que del vínculo atávico al que se debía, se lo hubiera entregado al tal Juan de Àger de inmediato. Pero eso no era posible. Primero, porque no tenía poder para hacerlo, ni siquiera lo tenía don Martín, sino el Consejo General de Ribagorza (que estaba formado por varios señores y varones poco dispuestos a asumir la pérdida de unos privilegios que, de regresar el condado al Reino de Aragón, serían recortados o derogados). Y segundo, porque tenía la sospecha que detrás de Àger y de los rebeldes se encontraba el conde de Chinchón, cuñado del conde de Villena y enemigo declarado de los Villahermosa desde la muerte de Luisa de Cabrera, y no podían consentir perder Ribagorza por una simple venganza.

---

[21] HERBAJES. Impuesto derivado del derecho de aprovechamiento de los montes, bosques y prados de señoría para el pasto del ganado.
[22] ENFITEUSIS. Cesión perpetua o a largo tiempo del dominio útil de una finca mediante el pago anual de un canon al que hace la cesión, el cual conserva el dominio directo y de laudemio por cada enajenación de dicho dominio.

El joven Gurrea salió del receptorio, haciendo un gesto con la cabeza. Subió a sus aposentos y se tumbó en la cama, boca arriba, mirando al techo.

Odiaba aquel pueblo y a sus gentes crueles y malintencionadas, que no dudarían un segundo en apretar el gatillo de sus arcabuces si supieran que iban a hacer blanco en don Martín o en él mismo. Sin embargo, sus sentimientos eran contradictorios. Creía que Benabarre había vuelto a su hermano Alonso un criminal. Ciertamente, los benabarrenses eran hombres rudos de campo, incultos y excesivamente beligerantes pero, sin embargo, en aquel pueblo había vivido los momentos más maravillosos de su vida, junto a Catalina.

Se levantó de la cama y se acercó a la ventana. Desde allí, a los lejos, podía distinguirse la silueta del convento de San Pedro. Volvió a pensar en Catalina, y deseó estar con ella. Recordó sus enormes ojos grises y brillantes, sus suaves manos y su blanca piel desnuda rozando su cuerpo. Sonrió y, con los ojos cerrados, intentó recordar el aroma de su cuerpo, el sabor de sus labios, la dulzura de sus susurros.

Salió afuera, y pidió ser recibido por su padre.

—Voy a cabalgar —dijo Fernando— desearía visitar a los frailes de Linares.

—¡Imposible! —se negó el conde, sin demasiado entusiasmo—. Ya has visto como están las cosas... No deberías correr ese riesgo.

—¿Riesgo? —rió Fernando— ¿no acaba de asegurarle a los rebeldes exenciones y privilegios que, sabe, no va a poder concederles? Sin embargo, ellos creen que sus promesas serán cumplidas... Nunca han sido más seguras las calles de este pueblo.

—¡Eres tan ingenuo! —dijo don Martín sacudiendo la cabeza—. Los benabarrenses son suspicaces por naturaleza, ¿acaso crees que confían en que voy a cumplir lo que les he prometido? ¡No seas estúpido, Fernando! Jerónimo Gil es astuto como un zorro, una "guineu" que sospecha que lo que he prometido es una excusa para ganar tiempo. El Consejo General del Condado no se reunirá hasta el día de San Vicente, y ellos quieren resultados inmediatos... Si sales del castillo podrían secuestrarte para negociar contigo.

—Cuando quien habla lo hace con la violencia, su razón y principios, aunque sean los más nobles, pierden toda legitimidad.

—A veces, hijo mío —se entristeció el duque— creo que no eres capaz de analizar las cosas y darles su justo valor. Àger ha demostrado en infinidad de ocasiones que su único argumento son las armas.

—¡Lo siento, padre, pero necesito cabalgar!

—¡Ya he perdido a uno de mis hijos, y no desearía perder a otro por una insensatez!

—No será mi insensatez la que le robe el condado, padre, sino la misma que le hizo perder a Alonso.

—¿Qué has querido decir con eso?

—Que pagaremos caro el asesinato de Luisa Cabrera... Presiento que el conde de Chinchón está detrás de estos rebeldes.
—¡No podemos guiarnos, ni tomar decisiones según tus corazonadas, Fernando! Si esas acusaciones fuesen ciertas necesitaríamos pruebas.
—Tiene razón, pero también sus argumentos para evitar que no salga a cabalgar se cimientan en meras conjeturas.
—No, Fernando. No es una conjetura, sino un riesgo real.
—Estoy dispuesto a asumirlo —el joven salió de los despachos de su padre cerrando de un portazo.
—¡Fernando! —gritó don Martín. Su hijo no respondió.
Bajó a los establos, ensilló su caballo, montó y lo espoleó con furia, perdiéndose en las calles de Benabarre.
El pueblo estaba desierto; era la hora de comer de un domingo de verano, y las familias solían reunirse alrededor del patriarca. La sobremesa se prolongaba hasta bien entrada la tarde. Los cascos del caballo resonaron, expelidos por los muros y fachadas engalanadas de florecillas bien cuidadas y jardines animados por rosas y margaritas.
Fernando se recreó en los pasos de su caballo como si fuesen los cánticos de Catalina, que tanto le habían maravillado.
La cancioncilla de las herraduras pronto se convirtió en una marcha militar de tamboriles y bombos, que le condujo hasta la puerta del convento de San Pedro.
Tiró de las riendas, deteniendo el caballo. Desmontó, y lo ató en una de las argollas de la fachada.
En el vestíbulo, hizo oscilar el picaporte, dando tres golpes secos que resonaron como gritos en un valle desierto.
Enseguida, la voz de una monja surgió del otro lado del torno.
—¡Ave María Purísima!
—¡Sin pecado concebida! —respondió Fernando—. Desearía hablar con la hermana Catalina de Santa Inés.
—Un momento —susurró la monja.
Escuchó unos pasos al otro lado y, después, el silencio.
Fernando empezó a inquietarse, e intentó calmar sus nervios dando pequeños pasos en círculo, siguiendo una senda más o menos marcada por las junturas de las baldosas. Su corazón se aceleró, y un sudor frío descendió por su frente.
—Señor —dijo una voz al otro lado— soy la madre Rufina. Me ha comunicado la hermana Saturia que deseáis hablar con... —tragó saliva— con la malograda Sor Catalina, ¡Dios la tenga en su gloria!
—¿Malograda?
—Por lo visto desconocéis lo sucedido...
—¡Hablad, por Dios!

—Hace más de dos años que se reunió con Nuestro Señor —Fernando se quedó helado, rígido—. Hubo un derrumbe en el convento. Catalina murió enterrada entre los escombros.
—¡No es posible!
La monja no dijo nada. Había reconocido aquella voz, y sabía que aquel momento que tanto había temido se estaba produciendo. Dio unos pasos, abrió la portezuela y asomando la cabeza dijo:
—Id a la puerta de atrás, la del Llano, en los muros...
El joven arrastró sus piernas sobre la polvorienta calle; su cuerpo era incapaz de albergar sus recuerdos. Sentía que su espíritu había decidido abandonar su incómoda prisión, en vano intento por despegarse de aquella terrible noticia.
Ni siquiera desató el caballo. Anduvo lentamente, bordeando la tapia de los huertos, acariciando los ladrillos del muro con las puntas de los dedos de su mano izquierda, mientras que con la derecha apretaba la empuñadura de su espada, quizás su único contacto con una realidad excesivamente cruel. Sin embargo, había algo irracional que le tranquilizaba, como una voz interior que le susurraba que Catalina aún estaba viva.
La madre Rufina abrió la pesada puerta de forja y le hizo una señal con la mano para que pasara al interior de los huertos.
Fernando ni siquiera la miró. Se quedó quieto bajo el quicio y esperó a que la monja pasara delante de él y le guiase.
Bordearon la gran balsa de riego, se adentraron en el pequeño cementerio, en la parte trasera de la iglesia, y se arrodillaron frente a una tumba mal cuidada, en la que se podía leer: *«R.I.P. H. CATALINA DE SANTA INÉS 25 II 1552-13 XII 1573».*
El joven entrecerró los ojos, y sacudió la cabeza incrédulo. Era evidente que alguien estaba enterrado en aquella tumba, pero su irracional conciencia le decía que aquel cuerpo, aquel cadáver, fuera de quien fuera, no era el de Catalina.
—¿Estáis segura de que en esta tumba yace Catalina Abadías? —preguntó Fernando con escepticismo.
—No tengo la más mínima duda...
Sea como fuere, el hecho de que su gran y único amor estuviera o no enterrada en aquella sepultura no tenía demasiada importancia. Había desaparecido, y eso era suficiente como para creer que había muerto. Habían transcurrido ya dos años desde que desapareciera sin dar la más mínima señal de vida, lo cual suponía que había dejado de estar presente en la vida de Fernando y, consecuentemente, o Catalina no quería volver a saber nada de él, o la superiora le estaba mostrando, en efecto, su tumba.
—¡Devuélveles el maldito condado a esos bastardos! —murmuró—, aquí ya no me queda nada.
Se despidió cortésmente de la madre Rufina, y regresó al castillo.

Lloró durante toda la tarde, durante toda la noche, por él, por Catalina. Y deseó no haber tenido aquel sentimiento, aquella corazonada... Hubiera sido preferible creer que aquella hermosa dominica fue festín de los gusanos, y que en aquel sepulcro no quedaban más que sus huesos. *«El final es terrible. Pero aún es más terrible la prolongación de lo no confirmado»*, se dijo, *«la muerte te emplaza al llanto, ¿pero qué hacer cuando nada es evidente, cuando lo único que nos queda es la duda?»*.

3. Una conversación no hablada, una imagen no vista.

«¿Qué intentáis, malnacido?, ¿Enturbiáis mi vida, y ahora pretendéis erigiros como el salvador de todo un pueblo? Quien os acoge, sin duda, no es mi Dios.»

BENABARRE (Condado de Ribagorza). Principios de 1577.

Sintió una punzada en las sienes, como si un pequeño diablillo, que habitase en el interior de su cráneo, le clavara con saña un afilado tridente. Casi al mismo tiempo, su corazón dio un vuelco, y una idea ocupó toda su mente.

Presintió un ejército de más de quinientos hombres caminando por las llanuras ribagorzanas, y vio a otros doscientos, acampados en las cercanías del Mas del Aigua, junto al maltrecho y abandonado burdel de Pilar la Batalladora. Los hombres se reunieron, y anduvieron todos juntos hacia Benabarre.

Allí gritaron, insultaron al conde, a sus hijos y a los partidarios de éstos, y se alzaron en armas.

Después el caos más absoluto se adueñó de todo.

—¿Te ocurre algo? —preguntó el conde Martín al ver el rostro lívido de su hijo.

—No, padre —respondió pesadamente— supongo que serán los nervios del consejo de mañana.

Aquella misma tarde llegarían hasta el castillo condal los delegados, nobles y oficiales de más alto rango de Ribagorza para celebrar el Consejo General y decidir qué posición tomaban ante las peticiones de Àger, Gil y el micer de Beranuy.

Era evidente que ni don Martín, ni ninguno de los otros nobles, iban a permitir que los rebeldes se salieran con la suya. Era una cuestión de honor... o quizás de orgullo.

A media tarde llegaron los primeros nobles: Antonio de Bardají, señor de Vilanova y su hermano Juan, señor de Concas, que venían extremadamente alterados.

—Sabed, don Martín —dijo Juan Bardají— que un grupo de más de setecientos hombres, capitaneados por Juan de Àger, están a las puertas de Benabarre —el conde hizo un gesto afirmativo con la cabeza; uno de los vigías del castillo se lo había comunicado una hora antes—. Creo que será imposible que los demás señores y nobles puedan llegar hasta aquí.

Fernando estaba preocupado. Sin embargo, sintió cierto alivio, como si se hubiera sacado de encima un enorme peso. En un instante, como si fuera un rayo en un páramo de brumas, comprendió qué era lo que le estaba ocurriendo. Sin duda era algo similar a lo que le sucedió aquella vez en la celda de Linares, en la que un silbido en los oídos fue el preámbulo de un estado casi místico, en el que una voz le dijo que Alonso moriría a causa de una mujer, y vio el cuerpo inerte de su hermano clavado a un tronco recio. La voz era la de su hermano Francisco, pero aquella conversación jamás había tenido lugar, y la imagen nada tenía que ver con un ajusticiamiento... Durante meses sufrió una tensión opresiva en el pecho, que desapareció en el preciso instante en que don Martín le comunicó la muerte de su primogénito, y un suspiro de alivio surgió de lo más profundo de su alma.

Poco antes del atardecer, los hombres de Àger llegaron hasta las lomas del castillo.

El conde mandó cerrar las puertas de las murallas y envió refuerzos a las almenas y entradas.

Juan de Calasanz subió al altozano desde la parte baja del pueblo, desmontando de su caballo a las puertas del castillo.

—¡Dejadme entrar! —gritó— ¡quiero hablar con el conde Martín!

Uno de los soldados, un joven de poco más de veinte años, algo flaco, pero musculoso, bajó a toda prisa de la almena, y salió corriendo rumbo al palacio. Allí pidió ser recibido por Villahermosa.

—Señor —dijo el soldado— El de Àger desea ser recibido por vos.

—¿Cómo quiere hablar conmigo, si tiene sitiado el castillo?

—Dijo que le dejásemos entrar.

—No —pensó— me reuniré con él en la puerta... Hacedle esperar.

El joven le dio el recado a Àger, y éste aguardó, jugueteando con las riendas de su caballo.

Media hora más tarde, don Martín se vistió con su armadura ligera, montó en su caballo y bajó hasta la entrada del castillo.

Hizo un gesto con la mano, y los soldados abrieron las puertas.

El conde se quedó quieto, frente al cabecilla de los rebeldes, sin salir afuera.

—¿Qué queréis? —preguntó Martín— ¿por qué habéis sitiado el castillo, y habéis tomado el pueblo?

—Nadie entrará ni saldrá de Benabarre hasta que no sean cumplidas vuestras promesas... Llevamos más de seis meses esperando a que se cumpla todo lo que prometisteis. Pero nada ha cambiado en el condado; y si habéis puesto remedio, este no ha hecho sino empeorar las cosas.

—¿No os dije que yo, por mí mismo, no podía tomar ninguna decisión sin consultar con el Consejo General? Bien sabéis que todos esos señores y nobles, a quienes vuestros hombres impiden la entrada a Benabarre, son quienes deben decidir sobre los asuntos condales, ¿cómo queréis que se cumplan vuestras propuestas si no permitís que nos reunamos?

—Nada tenemos contra vos, ni contra ninguno de los miembros del Consejo General, sino contra el propio Consejo —dijo Àger—. Sería como pretender que un concilio de cardenales debatiera la autoridad del Papa... Todos esos nobles, señores y oficiales, perderían muchos de sus privilegios de ser aceptadas nuestras demandas... El Consejo, no os quepa la menor duda, decidirá unánimemente que nuestras demandas sean rechazadas.

—¿Qué queréis que haga, entonces?

—Queremos que salgáis de Benabarre, y no volváis nunca más... Queremos que renunciéis al condado. Negociad con él, vendedlo, regaladlo, haced lo que os plazca... Hace cien años, Ribagorza pertenecía a la Corona de Aragón, y así debería haber seguido... Queremos que pongáis remedio a un asunto que lleva un siglo sin solución... Si vos no estáis por la labor de enmendar los errores de vuestros antepasados, seremos nosotros quienes lo hagamos. ¡Ribagorza debe ser, y será, una comarca de Aragón, os guste o no!

—¡Estáis loco!

—Es posible... Pero no levantaremos el sitio hasta que no firméis un edicto ordenando a los señores de Ribagorza que renuncien a sus privilegios, y un documento por el que abdicáis en favor del rey Felipe I de Aragón, y II de España.

—¿Deseáis añadir algo más? —preguntó don Martín, enfurecido.

—Ahora hay más de setecientos hombres desplegados por las cercanías de Benabarre... De no ser cumplidas nuestras demandas, en dos días seremos más de dos mil... Os damos tres días de plazo, tras los cuales, si no vemos una señal de buena voluntad por vuestra parte, os juro que nos levantaremos en armas contra vuestras tropas —Àger espoleó su caballo—. ¡Quedad con Dios!

El portalón se cerró pesadamente. Don Martín bajó del caballo, se lo entregó a su escudero, y regresó al palacio.

Mandó llamar a sus hijos, Fernando y Francisco, y a su primo Ramiro, reuniéndose con ellos en el Archivo Condal.

—No tenemos alternativa —dijo don Martín—. Àger y los suyos nos asesinarán si no entregamos el condado al rey Felipe.

—¡Ese Àger es un loco! —Ramiro no hablaba por hablar, hacía varios años que lo conocía y estaba convencido de que Ribagorza no le importaba lo más mínimo, que los intereses que se escondían tras aquel patriotismo exacerbado eran bien distintos a lo que decía—. Sería capaz de hacer cualquier barbaridad con tal de humillarte... Te aseguro, Martín, que si fuera uno de los principales del condado estaría de nuestra parte. Al parecer juró a su padre que no descansaría hasta haber vengado su ruina.

—¿Su ruina? —preguntó Fernando.

—Hace algo más de diez años —explicó el conde— le fueron expropiados unos terrenos en las cercanías de Peralta, y un par de campos en el "Llano de San Pedro", a consecuencia de un impago de impuestos.

—¿Y eso provocó su ruina? —se extrañó Francisco.

—Lo cierto es que el impago de dichas rentas no fue la causa, sino el resultado de su ruina —añadió Ramiro—. Pero, quien lo ha perdido todo, cree que su decadencia se debe a las consecuencias de la misma.

—¿Y qué tiene que ver eso con sus peticiones? —preguntó Francisco— ¿acaso devolviendo el condado a la Corona de Aragón se iba a mitigar su quiebra?

—No creo que el asunto sea tan sencillo —dijo Fernando—. Seguramente, detrás de Àger hay alguien mucho más poderoso, y aprovecha el odio que éste siente por la casa de los Villahermosa para conseguir que el condado deje de pertenecernos.

—¿Todavía insistes en ese asunto, hijo?

—¿A quién te refieres, Fernando? —preguntó extrañado Ramiro. Martín sacudió la cabeza.

—Creo que Àger no es más que una marioneta de algún conde, duque o ministro...

—¡Esa acusación es muy grave! —se asustó Ramiro.

—Creo tener suficientes motivos como para pensar que detrás de Àger está el conde de Chinchón —añadió Fernando—. Los hombres de Àger no serían tan estúpidos como para enfrentarse a nuestras tropas, si no tuvieran el apoyo de algún alto cargo del Reino Aragonés o, incluso del propio rey Felipe.

—¿El rey?, ¡Eso es imposible! —se alarmó el conde—. Yo luché con sus tropas en la batalla de San Quintín... Fui menino en la corte de Madrid y nos une cierta amistad.

—¿Y eso qué tiene que ver? —sonrió Ramiro—. Los reyes dan su apoyo a quien más les conviene. Sin duda, de salir ganando alguien en todo este asunto, ese sería el rey.

—¡Imposible! —insistió Martín—. Prefiero pensar que nuestro rey no es así... Prefiero sospechar del conde de Chinchón.

El día de San Vicente Ferrer no se celebró la reunión del Consejo General, pues los señores de Ribagorza no pudieron acceder al palacio.

Dos días después, Àger les hizo llegar, por medio de su mayordomo Cesáreo Puyal, que cuando amaneciera el día siguiente, atacarían el castillo.

Fernando recordaba que había un corredor de emergencia para los estados de sitio, que partía de la puerta posterior del retablo mayor de Santa María y descendía hasta el barranco de San Medardo, a escasos trescientos pasos de la salida del derruido pasadizo de San Pedro.

El joven Gurrea sabía que, de haber alguien capaz de evitar que se produjera una masacre, tan inútil como desaconsejable, ese era el hermano Francisco, el prior de Nuestra Señora de Linares.

No lo dudó.

Bajó hasta la Iglesia, separó el cuadro de Santa Ana, encendió una tea y quemó las telarañas que cubrían la entrada del estrecho túnel. Bajó unas empinadas escaleras, y se adentró en un espeso silencio que parecía surgir de la densa oscuridad. Se sintió mareado. Enclaustrado entre aquellas paredes escarbadas en la roca, tenía la sensación de que jamás lograría salir del infierno en el que se había metido.

Invirtió algo más de media hora en descender hasta el barranco.

Cuando llegó al final del pasadizo, el sol estaba empezando a esconderse. No había nadie. Sospechó que los hombres de Àger desconocían la existencia de dicho túnel.

Subió hasta el camino que seguía el prácticamente seco cauce del barranco, y se puso en marcha hacia el Llano de las Monjas.

Al pasar por las cercanías de la desaparecida gruta, por la que accedía a la cripta del convento cuando deseaba reunirse con Catalina, sintió el deseo irrefrenable de visitar el lugar en el que, según le dijo la madre Rufina, había muerto su amada monja.

El corredor estaba completamente derruido, apenas podía distinguirse la boca del mismo.

Fernando lloró y rezó un Padrenuestro por un alma que no lo precisaba. Secó sus lágrimas, y prosiguió su camino.

Cuando llegó al monasterio de Linares, el cielo era una llanura invertida, negra y desolada, ligeramente iluminada por una luna en juventud, crecida hasta casi el principio de su declive. Tomó aire, un aire helado que pareció querer partirle el esternón.

Dio cuatro golpes en la puerta con la palma de la mano. Le abrió fray Senén, un viejo dominico enjuto, en cuyas carnes se había afianzado el hedor acre de la implacable senectud.

—¡Fernando! —lloró el anciano—. Ni siquiera pude despedirme de vos, joven Gurrea...

—No fue por gusto, Senén —balbució Fernando—. Bien sabéis que, si de mí dependiera, aún sería el capellán de este convento.

—Y, decidme, joven Fernando, ¿qué os trae por aquí?

—Deseo hablar con el prior Francisco.

—Aguardad un momento.

Fray Senén se adentró en el monasterio, con la máxima velocidad que le permitían sus cansadas piernas, y regresó a los pocos minutos, esta vez acompañado por el prior.

—¡Sed bienvenido, joven conde! —musitó el abad Francisco, sensiblemente molesto. Parecía que la presencia de su antiguo capellán le inquietaba. Fernando se percató de este detalle, aunque se lo atribuyó a los últimos acontecimientos—. ¿A que debemos tan notable visita?

—Estaréis al corriente de que Juan de Àger ha sitiado el pueblo —el prior asintió—. Amenaza con asesinarnos, a nosotros y a los partidarios de mi padre, si no devolvemos el condado a la Corona.

—No creo ser yo un buen consejero para estos asuntos —Francisco suspiró aliviado— La política no me interesa. Mi Señor seguirá siendo el mismo, gobierne quien gobierne estas tierras.

—Supongo que tendréis en cuenta las grandes gratificaciones y donativos que la casa de Villahermosa aporta cada año a vuestro convento...

—¿Qué queréis decir con eso?

—Pensad, por un momento, en los nombres de los mayores valedores de Linares: el Carlán de Labazuy, don Leocadio Bardají, sus sobrinos Juan y Antonio, el micer Rivera... ¿Deseáis que continúe?

—Dios, sin duda, les estará agradecido y les tendrá reservado un lugar en el Paraíso.

—¡No me vengáis con majaderías, Francisco! —se enfureció Fernando—. Ni a vos ni a mí nos importa lo más mínimo el lugar en el que esos caballeros reposen la eterna gracia... Si todos esos benefactores son desposeídos de sus riquezas, el futuro de Linares será el mismo que el de una zanahoria en el hocico de una mula.

—¿Me estáis chantajeando?

—¡En absoluto! Sólo os informo de lo que ocurriría si, ¡Dios no lo quiera!, los señores de Ribagorza fueran desposeídos de sus riquezas.

—¿Y qué pretendéis que haga?

—Hablar con Àger, y convencerle de que declararle la guerra al conde don Martín, o reclamar que Ribagorza vuelva a pertenecer a Aragón, es una insensatez que solamente va a reportarle perjuicios.

—Ya os he dicho que a nosotros, los dominicos, no nos concierne si el condado pertenece a Aragón y a los Villahermosa o a quienquiera que administre su gobierno...

—Vos sabréis qué es lo que más os conviene.

Fernando regresó al castillo. Entró por el mismo túnel por el que había salido y, agotado, se acostó en su cama, aunque no pudo conciliar el sueño, pues los sediciosos, borrachos de vino e ira, gritaban: *«¡Muera el conde!»*, *«¡Mueran los traidores!»*, y, al asomarse, vio a varios rebeldes que encendían antorchas y gritaban: *«¡Fuego!, ¡Quememos el castillo!»*. Fernando estaba aterrado.

Don Martín se despertó de un sobresalto. El disparo de un arcabuz resonó en todo el castillo. Se vistió a toda prisa y bajó al receptorio, donde le aguardaban los hermanos Bardají, que habían permanecido toda la noche en vela, y sus dos hijos: Fernando y Francisco.

Momentos después, un soldado irrumpió en el receptorio y les dijo:

—Juan de Àger y el prior Francisco desean veros.

El conde hizo un gesto afirmativo con la cabeza, y el joven fue en busca de los dos hombres.

Regresó con ellos, momentos después.

—Y bien —preguntó el conde, mirando fijamente al superior de Linares— ¿Cuáles son los motivos que os han traído hasta aquí?

—Por lo visto, desconocéis los movimientos de vuestros propios hijos —sonrió con ironía—. He aceptado mediar entre vos y Àger.

—El prior me ha convencido de la inconveniencia de una revuelta —dijo Àger—. Sin duda, será más efectivo reclamar nuestros derechos ante el gobernador de Aragón... Estoy seguro de que conseguiremos nuestros propósitos.

—Confiáis demasiado en los políticos —sonrió Juan Bardají—. Si supierais las preferencias de Zaragoza, no estaríais tan seguro de lo que decís.

—Si sospecharais quién está detrás de mí —fanfarroneó Àger— callaríais, y me pediríais que os admitiera entre mis hombres.

—¿Para qué habéis venido? —se enojó don Martín— ¿Para vanagloriaros de vuestros amigos poderosos, o para encontrar una solución a este conflicto?

—Os dejaremos salir de Benabarre, y os doy mi palabra de que ninguno de vuestros hombres sufrirá daño alguno —aseguró Àger con prepotencia—. Pero debéis prometer que no volveréis a este pueblo, a no ser que traigáis la orden de entregar el condado al rey Felipe.

Martín se retiró por unos minutos y, cuando volvió a salir, asintió, y aceptó la sugerencia de Àger a regañadientes.

El duque, sus hijos y los nobles que estaban retenidos en el castillo salieron de Benabarre, y los rebeldes les dejaron pasar, bajando las armas sin decir una sola palabra. Aquel silencio les inquietó más aún que si hubieran abandonado el pueblo entre insultos.

Cuando llegaron a extramuros, oyeron los gritos de júbilo de los sediciosos, y varias salvas de artillería, testimonio incuestionable del sentir de aquellos hombres, hastiados de tener que depender de un conde al que apenas veían y que les ofrecía más bien poco en comparación a sus exigencias.

4. La muerte del soldado que jamás existió.

«Sólo hay un modo de burlar a la muerte cuando esta nos acecha.
Morir, cada día, y renacer al alba.
Porque, ¿Qué es la muerte, sino una farsa, sino un estado tan absurdo como la propia vida?»

TAMARITE DE LITERA (Reino De Aragón). Primavera de 1577.

La aguja penetró en la piel de Catalina como una espada en manteca. Se llevó el dedo anular de su mano izquierda a la boca, chupando con fuerza. Después, se observó la gotita de sangre que surgía de la pequeña herida, y la secó en su delantal. Pronto acabaría de bordar aquella mantelería que, aspiraba, algún día formaría parte del ajuar matrimonial de Isabel. O, tal vez, del suyo propio.

En las últimas semanas se había visto a escondidas con aquel joven abrutado que vino a Tamarite con la intención de asesinarla, y que no había tenido valor para hacerlo. La idea de darle un padre a su hija estaba empezando a cobrar fuerza en aquel ser vil y carente de escrúpulos por el que, aunque lo negaba, se sentía realmente atraída. Aunque no de aquel modo que le llevó a enamorarse de Fernando, sino de forma más brutal e inhumana y en absoluto carente de irracionalidad. Sin embargo, cualquier relación que iniciase iba a ser cuestionada como un adulterio mientras continuase con la farsa de su esposo soldado.

«Quizás Eduardo no sea el más pío de los hombres», se decía, *«pero Isabel necesita un padre, como todos los niños»*. La idea de compartir el mismo lecho con aquel hombre que apenas hablaba de las familias que había arruinado o de la naturaleza de las órdenes de don Rodrigo de Labazuy, no le agradaba demasiado. Aunque, en el fondo, deseaba revivir aquel momento en el que Fernando le hizo viajar, por primera y única vez, a un mundo tan fascinante como prohibido o, fascinante por esa misma razón. Sí, ciertamente, la sola idea de sentir el cuerpo de Eduardo abrazado al suyo resultaba tan seductora como reprensible, y eso le cautivaba.

La vieja ama entró en la habitación sin llamar a la puerta. Se acercó a la pequeña Isabel, que jugaba a los pies de la cama con un joyero desvencijado de estaño, le hizo un par de carantoñas, y la cogió en brazos.

—Voy a dar un paseo por el pueblo —dijo doña Francisca— ¿puedo llevarme a la niña?

—Por supuesto —sonrió Catalina— pero esperad a que la vista con algo más recio.

—¡Deja, deja! Hace un buen día, y los niños han de acostumbrarse al frío; así, se hacen fuertes y en invierno no se acatarran.

—Está bien —masculló Catalina—. Haced lo que creáis conveniente.

—No es necesario que hagas la comida —dijo doña Francisca, satisfecha de sí misma— me he pasado toda la mañana cocinando el pavo grande que nos

regaló doña Carmen —Catalina se encogió de hombros—. Sí, mujer, la mujer de don Justino Porquet.
—¿Y habéis podido con él vos sola?
—Yo soy de familia humilde, mi pequeña —se enorgulleció la anciana—. No ha sido ni el primero, ni el último pavo que he degollado —abrió la puerta—. Por cierto, don Hilario está en el despacho, dice que poniendo orden en sus papeles —sonrió—, pero cuando he ido a decirle que iba a salir a dar un paseo, por si quería acompañarme, le he encontrado durmiendo como un niño.

Catalina siguió bordando aquella flor azul pálido, que ocuparía uno de los bordes del mantel, pensando seriamente en la posibilidad de casarse con Eduardo.

Fernando había desaparecido de su vida, y sabía que si el joven Gurrea hubiera deseado encontrarla, tenía suficientes medios como para localizarla; en realidad, si Catalina había decidido permanecer relativamente cerca de Benabarre era, precisamente, por esa razón, para que el futuro conde de Ribagorza no tuviera demasiadas dificultades en seguir su rastro. Eduardo lo había conseguido, lo cual probaba que era posible. Todo hacía pensar que si Fernando no se había reunido ya con ella era porque no deseaba hacerlo, o porque la daba por muerta.

Dejó la labor sobre la cama y se levantó, acercándose a la cómoda. Abrió el primer cajón y extrajo una pequeña arqueta de madera. Cerró el cajón, y volvió a sentarse en la silla, aunque esta vez sin coger el bordado, apoyando la cajita entre sus rodillas. Con suma delicadeza, como si aquella caja pudiera quebrarse, la abrió, y extrajo de ella una pequeña bolsa de terciopelo negro y, de su interior, el sello de oro que le había regalado Fernando en su último encuentro, y la cruz de Caravaca que había pertenecido a la difunta Adela. Cogió el anillo y lo acarició con los dedos para, instantes después, apresarlo en un puño y apretarlo contra su pecho.

Algo, tal vez proveniente desde el más allá, o el propio Fernando, le dictó qué debía hacer.

Volvió a esconder el anillo en la bolsa, cerró la arqueta, y la escondió bajo la almohada.

Arrastrando los pies con sigilo, para evitar el más mínimo ruido, se acercó al despacho de don Hilario que, como había dicho doña Francisca, estaba dormido con la cabeza ladeada, apoyada en su mano izquierda, sobre la mesa. Se acercó al rostro de su amo y aguzó el oído, contando mentalmente el ritmo de su respiración. Instantes después, el anciano empezó a roncar.

Catalina sonrió, pues sabía que cuando don Hilario roncaba, ni el desmoronamiento de toda la casa sería capaz de despertarlo.

Abrió uno de los cajones, y cogió un par de hojas recias, un tintero, una pluma, y una barra de lacre, y volvió a cerrarlo.

Catalina supuso, sin equivocarse, que don Hilario no iba a echarlos en falta; al menos, mientras siguiera durmiendo (y el anciano Ariño era capaz de dormir más de seis horas seguidas sin cambiar siquiera de posición).
Se lo llevó todo a su alcoba.
Recogió y plegó el tapete de puntillas que decoraba la parte superior de la cómoda, y colocó sobre el mármol que la coronaba el tintero, la pluma y las dos hojas de papel. Pensó, durante unos segundos, y empezó a escribir:
Dobló el papel en un par de pliegues, y acercó una vela prendida. De debajo de la almohada sacó la pequeña arqueta y, de su interior, el sello de los Gurrea. Calentó la barra de lacre y, cuando este se hubo fundido, echó varias gotas sobre los pliegues del papel, sellándolo después con el anillo.
Volvió a introducir el sello en la cajita, lo guardó en el primer cajón de la cómoda, y ocultó la carta debajo del colchón.
Regresó al despacho de don Hilario.
El hombre aún estaba profundamente dormido, por lo que Catalina no tuvo la menor dificultad en devolver lo que se había llevado minutos antes.
Ya en su habitación, se echó sobre los hombros un mantón, cogió la carta lacrada, y la guardó en uno de los bolsillos de su delantal. Recogió el joyero de estaño, con el que minutos antes había estado jugando Isabel, y lo envolvió en una tela vieja.
Salió a la calle.
Subió la empinada cuesta que moría en la zona alta de Tamarite, y se acercó a una casa solitaria, una choza en realidad, la última del pueblo antes del derruido torreón de vigilancia abandonado al que, irónicamente o tal vez por soberbia, los tamaritanos seguían denominando el "Castell"[23].
La pequeña puerta de la covacha parecía haber sido construida por un enano o, al menos, para alguien de escasa estatura. En la puerta, un oxidado picaporte en forma de lagarto con la cola levantada y torcida hacia su lomo aguardaba aburrido a que alguien le hiciera canturrear. Dio dos fuertes golpes.
Las maderas de la minúscula puerta crujieron, o quizás fueron las bisagras. Del interior de aquella casucha surgió un olor como de grasa rancia y coliflor hervida, casi al mismo tiempo que el rostro enjuto y apagado de una joven de unos veinte años o así, no demasiado agraciada, malcarada y vestida con sucios harapos. A Catalina se le revolvieron las tripas.
La mujer no dijo nada; se limitó a observar con sus enormes ojos rojizos los movimientos de aquella intrusa que perturbaba una más que dudosa quietud.
—¿Vive aquí Arnau Cliós? —preguntó Catalina. La mujer asintió con la cabeza—. ¿Podría hablar con él?
La joven cerró la puerta. Catalina no supo deducir si la extraña mujer se había ofendido por algo, o si había ido en busca de su marido. La respuesta vino

---

[23] Castillo

poco después, cuando el picaporte golpeó tímidamente el enorme clavo sobre el que descansaba su morro; cantinela que precedió a la salida de un hombre de anchos hombros y estatura media, que tuvo que agacharse para superar el zaguán

—¿Es que tú eres quien anda buscándome? —preguntó Cliós con un poco disimulado acento francés.

—¿Tú eres Arnau Cliós? —el hombre asintió—. Tengo entendido que eres el recadero de Tamarite, y que llevas cartas desde aquí hasta Zaragoza, y hasta Francia si es preciso.

—No soy un recadero, madame, sino el cartero.

—Quisiera que me llevases un mensaje a mí misma —Cliós hizo un gesto afirmativo con la cabeza, y le instó a que le explicara de qué se trataba. Catalina sacó la carta de su delantal y se la entregó—. Debes hacer llegar este documento hasta la casa de don Hilario Ariño, y decirle que te lo entregaron en Zaragoza, por orden de don Miguel García del Moral, secretario del conde duque don Martín de Gurrea y Aragón, y que va dirigida a doña Catalina Abadías que, como ya te he dicho, soy yo misma.

—¿Eso es todo?

—Tú a mí no me has visto —le entregó el joyero de estaño.

Arnau lo desenvolvió y sonrió.

—No le quepa la menor duda de que jamás la he visto, madame. Y cuando cierre esta puerta será don Miguel García del Moral quien me haya entregado este despacho.

—Te lo agradezco.

—¿Cuándo ha de recibirla don Hilario?

—Esta misma tarde.

—Cuente con ello.

Doña Francisca regresó poco antes del mediodía. Se puso a calentar el pavo, del que cortó medio muslo. Lo despedazó hasta hacer trocitos muy pequeños y se los dio de comer a la pequeña Isabel.

Catalina comió en la cocina y, a continuación, les sirvió el almuerzo a los señores de Ariño en el comedor.

Poco después de comer, como a las cuatro o así, cuando la niña dormía la siesta, unos golpes resonaron en el patio.

Catalina fue a abrir.

—¿Está don Hilario Ariño? —farfulló Arnau Cliós, con aquel acento francés imposible de disimular.

—Pasad —dijo, haciendo un gesto con la mano— y esperad aquí.

Catalina subió las escaleras y llamó a la puerta del saloncito, donde don Hilario ya empezaba a sucumbir a la pesadez de estómago que le produjeron las poco delicadas carnes del pavo.

Del interior del saloncito surgió un gruñido. Catalina entró.

—Un hombre —susurró—, pregunta por vos.
—Hazle pasar a mi despacho.

Arnau colgó sobre su hombro la raída cartera de cuero que portaba, y siguió a Catalina, escaleras arriba, hasta el despacho de don Hilario, que le aguardaba aburrido.

—Me envía don Miguel García del Moral, secretario del conde duque don Martín de Gurrea y Aragón —Ariño le hizo una señal para que se acercase. Cliós abrió la cartera y sacó el pliego que le había entregado su sirvienta—: Es una carta para doña Catalina Abadías.

—Es mi criada —dijo don Hilario.

El anciano cogió una campanilla y empezó a tocarla con un movimiento frenético de su mano derecha, como si estuviera blandiendo una espada. Cliós, seguro de que sus tímpanos iban reventar por el tintineo atroz de la sonaja, cerró los ojos.

Catalina llegó enseguida.

—Este hombre pregunta por ti —masculló don Hilario, algo desilusionado porque su juego de espadachines había concluido antes de poder meterse en la piel de un general luchando en la más encarnizada de las batallas.

—Traigo una carta para Catalina Abadías —repitió Cliós.

—Yo soy —respondió, secando sus manos en el delantal—. ¿De quién puede ser? Mi esposo no sabe escribir.

—Es de don Miguel García del Moral —recitó Arnau— secretario del conde duque don Martín de Gurrea y Aragón.

Catalina la cogió, y el recadero hizo un gesto con la cabeza, mostrándole la palma de la mano. Don Hilario, refunfuñando, le dio una pequeña moneda, y Cliós salió del despacho.

Ariño señaló la carta con sus dedos largos y nudosos, y Catalina se la entregó. La miró y remiró, dándole una y otra vuelta, hasta que encontró el sello de lacre. Colocó sus anteojos en la punta de su nariz y acercó el sello a su cara.

—En efecto —dijo— es el sello de la casa de Villahermosa —se la devolvió a Catalina—. ¿Sabes leer? —ella sacudió la cabeza. Don Hilario la miró con aire de suficiencia, volviendo a recoger el pliego y rompió el lacre—. *«Por la presente: Don Miguel García del Moral, secretario personal del excelentísimo señor Don Martín de Aragón y Gurrea, duque de Villahermosa, conde de Ribagorza y señor de Pedrola y Gurrea, tiene el doloroso menester de comunicaros que vuestro esposo Don Carlos Simón y Vergara, soldado de S.A.R. don Felipe II de España y I de Aragón, falleció en las cercanías de Toledo en criminal emboscada, recibiendo cristiana sepultura en dicha ciudad, donde recibió los Santos Sacramentos y la Bendición de los Apóstoles... En nombre del duque don Martín, de S.A.R. Don Felipe II y de mí mismo, que lo tendremos presente en nuestras oraciones, os expresamos nuestras más sentidas condolencias y quedamos a vuestra entera disposición... Dios guarde a usted* muchos años... En Pedrola, a catorce de abril del año de nuestro señor de mil y quinientos setenta y siete... Don Miguel García del Moral: Secretario de S.E. don Martín de Aragón». —Catalina simuló una expresión de amargura, y se echó a llorar—. ¡Te acompaño en el sentimiento, muchacha!

Salió corriendo del despacho, y se encerró en la habitación, embargada por una felicidad inenarrable. Y, acercándose a la pequeña Isabel, le acarició los cabellos y le dio un beso en la frente.

—Ahora eres oficialmente huérfana.

Se tumbó en la cama, sonriente y satisfecha.

Doña Francisca se ocupó de encargarle a mosén Arcadio Olivella, el párroco de Santa María, una misa de réquiem, y cuatro más por el alma del difunto que jamás existió, a las que acudieron Catalina y la pequeña Isabel... Sólo era preciso guardar luto durante un año, y la honradez de Catalina quedaría limpia para siempre.

5. El espectro.

«El miedo, ¡Qué extraña turbación!
Nos hace ver lo que no existe, y negar lo que es cierto.
¡Cuántos necios han sostenido leer secretos arcanos en el simple vuelo de las aves!
¡Cuántos sabios han creído que los ocultos misterios son fantasías de los ignorantes!»

TAMARITE DE LITERA (Reino de Aragón). Primavera de 1578.

Isabel difícilmente hubiera podido ocultar que su padre era Fernando de Gurrea. Tenía los mismos ojos saltones y perspicaces del joven conde, su boca breve y recta, rostro alargado y cabello lacio e indomable, aunque debía su color rojizo a su abuelo Juan.

Los tamaritanos aseguraban que aquella niñita pelirroja y huérfana, de mirada algo inquisitiva, era la más lista del pueblo, lo que enorgullecía, no sólo a su madre, sino a la propia doña Francisca. A sus escasos cuatro años era capaz de hablar con la fluidez de una persona adulta y mantener una conversación coherente con cualquiera que tuviese la suficiente paciencia como para reclamar su atención.

Hacía ya algún tiempo que Catalina había arrinconado, en el fondo del baúl las faldas, camisas y corpiños negros que se obligó a llevar en el estipulado e inevitable luto que exigía la muerte de un esposo. Ahora volvía a vestir las mismas ropas que antes de escribir la bendita carta. Por su propia seguridad, y dilatando aquella farsa hasta extremos burlescos, le hizo saber a doña Francisca que quería aprender a leer; petición que la anciana recibió de buena gana. De este modo evitaría que se repitieran situaciones tan desagradables como la acontecida un año atrás.

Aquel día, Arnau Cliós les entregó una carta dirigida a don Hilario y remitida por un tal Santiago Semprún de Benabarre. Aquel detalle, que la misiva proviniera de su pueblo, vigorizó la natural curiosidad de Catalina y le hizo descuidar su habitual discreción. Su viejo amo, confiado y seguro de que la sirvienta era analfabeta, abrió la carta en su presencia, y empezó a leerla moviendo torpemente los labios. La joven no pudo evitar acercarse a don Hilario, y leer por encima de su hombro: *«Me preocupa la situación que se está viviendo en Ribagorza»*, leyó, *«Los rebeldes ya no se conforman con gritar consignas y cantar himnos en contra de los Villahermosa, sino que se han levantado en armas. De momento, y Dios quiera que esta situación no se prolongue por mucho tiempo, han tomado la Cárcel del Condado, y han puesto en libertad a todos los presos, sin importarles si estos fueron recluidos por ladrones, asesinos, violadores o revoltosos. Y han ordenado encarcelar a algunos de los principales de Benabarre»*. Las noticias no eran nada halagüeñas, y temió por Fernando. La inquietud se reflejó en el rostro de Catalina, aunque hizo todo lo humanamente posible para disimular su turbación. *«Sin embargo, gracias a Dios, el conde don Martín, y sus hijos Fernando, Martín y Francisco pudieron escapar y evitar así una muerte segura»*. Catalina respiró aliviada.

Pero don Hilario, aunque su mente empezaba a acusar los olvidos de la senectud, se percató de los repentinos cambios de humor de su doncella y le inquirió algo molesto:

—¿Te ocurre algo, Catalina?, De repente tus ojos se llenan de lágrimas, y creo inminente que estalles en llanto y, momentos después, tus labios perfilan una sonrisa de satisfacción.

—Son cosas de mujeres, señor —balbució Catalina.

Don Hilario no quedó convencido con aquella aclaración, pero tampoco sospechó que su sirvienta hubiera podido leer la carta.

Catalina tenía la manía, casi obsesiva, de leer todo aquello que tuviese letras; tal vez porque se había impuesto ser una sirvienta analfabeta. Si los Ariño hubiesen sospechado que sabía leer y escribir, la hubieran echado de su casa, ¿cómo explicar que la hija de unos labradores sabía leer en castellano, catalán y latín?... Pero no podía evitarlo. Si no dejaba que sus ojos recorrieran las líneas de los lomos de los pocos libros que reposaban en las estanterías del despacho de don Hilario, se sentía como un ruiseñor al que le hubiese sido prohibido cantar.

Doña Francisca escasamente acertaba a tartamudear las palabras de su viejo misal, sino porque prácticamente lo conocía de memoria; al parecer, la anciana aprendió a leer poco después de casarse con Hilario, un joven apuesto e instruido cuando se celebraron las nupcias, según dijo ella. Sea como fuere, el empeño de su ama fue la salvación de Catalina, y el leer jamás volvió a suponer un peligro para ella.

Un día en que la lluvia repiqueteaba en el patio interior de la mansión de los Ariño y don Hilario estaba, como era su costumbre, dormitando sobre la mesa de su despacho, Isabel se acercó a doña Francisca y le alargó las manos. La mujer la miró con cara de tristeza.

—¡Estoy ya muy vieja para cogerte en brazos!, ¡y tú te has hecho tan mayor!

La pequeña optó por sentarse junto a la que consideraba su abuela, en el mismo sillón, haciéndose hueco con su minúscula rabadilla.

Doña Francisca no podía reprimir un sentimiento de tristeza cada vez que la hijita de su sirvienta le recordaba la lejanía de sus nietos. Su marido no quería ni oír hablar de hacer las paces con su hijo Ildefonso, y éste se negaba a traer a sus hijos para que pudieran disfrutar de sus abuelos. Por otro lado, Diego vivía en Barbastro y su trabajo le impedía visitar Tamarite con la frecuencia que hubiera deseado. Dichas visitas se fueran espaciando en el tiempo, hasta hacerse prácticamente nulas.

La anciana tampoco tenía a nadie con quien compartir sus penas y venturas; a veces, hablaba con Catalina, pero esta no era más que su sirvienta y había que mantener las formas, y don Hilario pronto se cansaba de escuchar a una mujer por la que no tendría el más mínimo apego, de no ser porque, años atrás, un clérigo les había bendecido. Por eso, solía abrirle el corazón a la pequeña Isabel.

—Yo tengo siete nietos —le decía—. Tres niños y cuatro niñas.

—Hilario —recitó la pequeña—, Roque, Ildefonso, Margarita, Francisca, Patrocinio y la que muy pronto irá al Cielo, Eulalia.

—¿Por qué dices eso? —la niña se encogió de hombros—. ¿Por qué dices que "Lalita" irá al Cielo?

—Un señor que vive en la pared me lo ha dicho —aseguró la niña.

—¿Y qué te ha dicho ese señor? —le interrogó Francisca, asustada.

—Que el niño Jesús quiere jugar con ella. y por eso se la llevará al Cielo.

—¡Dios Santo! —la anciana se levantó de un salto y gritó—: ¡Catalina!, ¡Catalina!

La sirvienta bajó rápidamente las escaleras. Estaba intentando poner un poco de orden en el caótico desván de los Ariño y el requerimiento de su ama resultó una bendición.

Entró en el salón, y sacudió su delantal.

—¿Qué ocurre? —preguntó, jadeando por el esfuerzo de bajar la veintena de empinadas escaleras dando saltos.

—Tu hija dice cosas muy raras —Catalina elevó las cejas—. Dice que habla con un señor que vive en la pared de vuestra habitación.

—¡Es una niña! —sonrió Catalina— los niños dicen esas cosas...

—Asegura que ese hombre con el que habla le ha dicho que mi nieta Lalita va a morir.

—¿Por qué le dais tanta importancia a lo que dice una niña de apenas cuatro años?

—Sabes que la quiero como si fuera mi propia nieta —Catalina asintió— pero he observado cosas muy extrañas en ella. A veces se queda largo rato mirando hacia el cielo, y mueve los labios, como si hablara con alguien... Otras veces responde a preguntas que todavía no le he formulado, que sólo he pensado. Y cuando voy a buscarla para ir a pasear, sea la hora que sea, siempre me está esperando con su gorro puesto y, si es invierno, con su bufanda al cuello.

—No sé qué deciros...

Doña Francisca volvió a sentarse. Acarició a Isabel, y se tranquilizó.

—¡Perdona, Catalina! —balbució— supongo que son manías de una anciana que sólo tiene que aguardar a la muerte en soledad.

—¿Por qué decís eso?

—¡No me hagas caso!, hoy estoy un poco melancólica.

La campanilla de la puerta sonó con un repiqueteo nervioso. Catalina se excusó, y bajó a abrir.

El rostro severo de Ildefonso le hizo temer que algo no andaba como debía. Su sola presencia en aquella casa era, por si sola, motivo de preocupación más que suficiente.

El hijo mayor de los Ariño apartó a Catalina de un manotazo, y se apresuró a subir las escaleras.

Catalina cerró la puerta y regresó al salón.

—¡Lalita ha muerto! —gritó el joven—. ¡No sé por qué! ¡Nadie sabe por qué!

—¡Dios mío! —lloró doña Francisca, apartando a Isabel con odio infinito—. ¡Tú tienes la culpa! —la pequeña se echó a llorar. La anciana clavó sus ojos preñados en desprecio sobre Catalina—. ¡Llévate a ese diablo de mi vista!

No había gran cosa que recoger; sólo le costó media mañana guardarlo todo en el viejo baúl, que doña Francisca le dio como pago a los últimos días de servicio en su casa.

Eduardo lo cargó todo en su caballo y lo ató con una recia soga.

Después, cruzaron la calle y entraron en la iglesia de Santa María.

Aquella era, sin duda, la única solución para ellas. Las palabras de doña Francisca no daban pie a la confusión; no quería volver a ver a aquella niña, a la que culpaba de la muerte de su nieta Eulalia.

Mosén Arcadio ofició una ceremonia breve y sencilla; tenía prisa por acabar, pues debía preparar el funeral de la nieta de don Hilario Ariño y no quería que la boda de unos plebeyos echase a perder una misa a la que acudirían todos los nobles de la comarca, algún que otro conde, el zalmedina y sus jurados, y todas las damas de la aristocracia de los alrededores.

Catalina hubiera preferido esperar un poco más para casarse. No tenía las ideas demasiado claras respecto de Eduardo, y todavía no había perdido la esperanza de que Fernando la encontrase. Pero, o se casaba con aquel hombre de dudosa moral, o debería volver a vagar de un sitio a otro, mendigando una migaja de pan que echarse a la boca por un trabajo opresivo, con el problema añadido de la pequeña Isabel.

Eduardo estaba encantado. A duras penas sabía escribir su nombre, pero ver su firma estampada en el acta matrimonial que el cura había borroneado a toda prisa en la repisa del armario de la sacristía, hizo que se sintiera feliz, orgulloso de sí mismo. Catalina, por el contrario, dudó antes de rubricar aquel papel que se le antojó su propia sentencia de muerte. Pero, al final, la pluma osciló ágilmente bajo sus dedos, y el sacerdote dio por buena aquella unión.

Antes de abandonar la iglesia, mosén Arcadio llamó aparte a Catalina, y le interrogó.

—He hablado con doña Francisca —dijo— y me ha asegurado que tu hija ve demonios y que habla con los muertos.

—Doña Francisca es una gran mujer —respondió Catalina visiblemente molesta—, es demasiado supersticiosa.

—Tal vez sólo sea temerosa de Dios.

—Sí, mosén. Los ricos no son supersticiosos. Son temerosos de Dios.

—¿Te estás burlando de mí?

—No era esa mi intención mosén.

—Si, como dice doña Francisca, tu hija es capaz de hablar con demonios, eso quiere decir que está poseída, y habría que exorcizarla.

—Yo jamás he visto ningún demonio —añadió Catalina burlándose del cura— y dudo mucho que doña Francisca sepa de ellos lo suficiente como para decir que mi hija los ha visto. Además, la niña sólo dijo que hablaba con un señor que vivía en la pared... Ayer vi a unos zagales jugando, que decían ser soldados, y a otros que dijeron ser cortesanos. Ninguno de ellos se convirtió, por ello, en soldado o cortesano, y los que pasábamos por allí no dudamos un instante que sólo eran niños jugando... ¡Por Dios, es una criatura de cuatro años!

—¡Ojala tengas razón! —musitó mosén Arcadio— Pero haz el favor de vigilarla; no me gustaría tener que dar parte a monseñor Domínguez Serrano.

—¡Tened por seguro que vigilare los movimientos de mi hija!

—Eso espero... Por tu bien, por el de tu hija y por el de todos los Hijos de Dios Todopoderoso.

La decepción de Catalina al entrar en aquella casucha de campo fue difícilmente disimulable. Había vivido en lugares realmente inhabitables, sin embargo, la casa que don Segismundo le había cedido a Eduardo parecía una ruinosa cuadra de cerdos reutilizada como vivienda para un inquilino poco exigente. Ya a la entrada de la finca, al ver una empalizada medio podrida y parcialmente desplomada, presintió que el interior de aquella borda estaría de acorde con lo que difícilmente protegía. Y no se equivocó.

En uno de los costados, el contrario a la puerta, una cama alta de metal indefinible y proporciones algo escasas, servía como soporte a un colchón de lana, que más parecía un odre deshinchado pidiendo a gritos su retiro, que el puntal de un merecido descanso después del trabajo. La cama les recibió con sus más pésimos arreos; deshecha y engalanada con sábanas amarillentas, sucias y remendadas, que, por desgastadas, podrían haber sido usadas como vidrios.

Eduardo fue a por leña.

Como cocina, una mesa de madera, herida por infinidad de cuchilladas, donde escasamente cabía un caldero mediano, y, sobre esta, un anaquel que suplicaba ser llenado con hierbas aromáticas o cualquier otra cosa que le hiciera sentirse útil.

En el centro de la habitación, algo apartada del fuego de tierra, una mesa grande, escoltada por dos sillas de asiento de cuerda, cuyas hebras estaban separadas y sus bordes ennegrecidos de grasa y otras substancias, en cuya factura Catalina no quiso ahondar...

Eso era todo.

La recién casada dejó a la niña sobre el polvoriento suelo, y abrió una de las dos mezquinas ventanas, que ni siquiera lograban arrebatarle un miserable rayo de luz a un sol que ya se despedía, para que entrara un poco de aire fresco.

Eduardo regresó al poco rato, cargando un par de tizones de madera seca y carcomida, y con una choca pequeña de olivo. Encendió el fuego. Acto seguido, fue en busca de una gallina ponedora, flaca y vieja. Catalina la degolló, y guardó la sangre en un pequeño caldero. La desplumó, y la guisó con un poco de aceite, zanahorias secas y media cebolla.

Salazar comió sin decir una sola palabra, sin siquiera esperar a que su mujer se hubiera sentado a la mesa. En realidad, desde que Catalina entró en el que iba a ser su hogar, las palabras que se cruzaron entre ellos fueron tan escasas que, con los años, le sería imposible recordar otra cosa que no fuera una desilusión tan grande que ni siquiera la necesidad que le apremiaba logró eclipsar aquella frustración.

Eduardo royó los huesecillos del pollo, y volvió a salir al corral.

Instantes después, regresó con una vieja carretilla de madera llena de paja.

—Como todo esto ha sido tan rápido —dijo— no he tenido tiempo de encargarle al carpintero una cama para Isabel.

—La niña siempre ha dormido conmigo —balbució Catalina— en mi cama.

—Las cosas cambian, Catalina —sonrió con prepotencia— y en esta casa se hará lo que yo diga, ¿entendido? —ella asintió aterrada—. A partir de ahora tú te dedicarás a conseguir que esta pocilga sea lo más parecido a una casa decente... Y no olvides que me debes la vida.

Catalina se levantó de la mesa, recogió su plato, el plato de Eduardo y, con un trozo de tela marrón que colgaba en la pared, sin querer preguntarse cuál había sido su anterior cometido, hizo dos pedazos: uno lo colocó sobre la paja del carro, y el otro lo atrapó en la parte más baja, sobre la rueda, como sábana encimera. Sólo había dos mantas viejas y agujereadas, y las dos estaban extendidas sobre la cama, así que sacó una de ellas, la superior, y la dobló sobre el carro. Eduardo hizo un gesto de desaprobación con la cabeza, al verse desposeído de una de sus mantas, pero no dijo nada; de todos modos, ahora tenía una mujer para darle calor.

Tomó en brazos a la niña, y la depositó sobre la carreta. Después le cantó una canción.

«Si los ángeles acunan a mi niña
nada me inquieta o preocupa
pues Dios Bendito la cuida
y protege su sueño y su vida».

La repitió tres o cuatro veces y, al fin, Isabel se durmió.

Eduardo sonrió con arrogancia burlona, y se acercó a la cama. Se despojó de su ropa, y esperó a que Catalina hiciera lo mismo.

La joven dejó caer su vestido en medio de la habitación, y tapó sus pechos y sexo con ambas manos. Eduardo perfiló un mohín de disgusto en su cara.

—¡Deja que vea tu cuerpo!

Catalina dejó caer sus manos, y su marido la miró de arriba abajo.

Eduardo había supuesto que los pechos de su mujer eran algo más grandes, y que sus pezones eran oscuros como los de Clementina, aquella muchacha poco lúcida que vivía en las proximidades del huerto del Llano, y a la que los niños de Benabarre solían acosar y sacarle la camisa para vérselos. Incluso Eduardo, en una de aquellas ocasiones, le bajó las enaguas y le tocó la maraña negra que unía sus piernas; pero no se atrevió a hacer lo que los otros niños decía que debía hacerse con una mujer desnuda, y que Pascualín presumía de haber practicado unos días antes, introduciéndole un dedo en el agujero por el que su hermana Andolfa le había dicho que los maridos hincaban sus vergüenzas.

Sólo la visión del cuerpo desnudo de su mujer logró que su excitación fuera tal que eyaculó antes de que esta se introdujera en la cama.

Eduardo se sintió humillado, tanto que se acostó bocabajo, y se negó a que Catalina le tocase. Después, los ronquidos fueron los únicos sonidos que surgieron de su garganta.

No consumaron el matrimonio hasta el día siguiente, en el que la casa daba la impresión de haber sido reconstruida con un esfuerzo sobrehumano. Aquella misma noche quedó confirmado lo que ella ya suponía; no amaba a Eduardo, y no llegaría a amarle jamás.

CAPÍTULO IX
La semilla

1. El portero de la corte.

«¡Qué vacíos están los bolsillos de mis amigos!..
¡Intercede, Dios mío, para que nadie los llene de falsas monedas!, pues no hay peor
hermano que aquel que conoce nuestros secretos y su vientre precisa ser saciado.»
BENABARRE (Condado de Ribagorza). Verano de 1579.

Ramiro no dejaba de dar vueltas alrededor del pequeño receptorio de entrada al castillo. Sacudía la cabeza acompasadamente, murmurando sus propios y oscuros pensamientos. Miró a los dos hombres con desconfianza, y se dirigió al mayor de ellos.

—¿Y decís que os envía el Justicia, Juan de Lanuza? —el hombre asintió, llevándose el brazo derecho al pecho—, ¿y que sois portero de la Corte? —volvió a asentir—. Lanuza no confía demasiado en el rey Felipe... A decir verdad, tenía entendido que la relación que mantiene con él es de mera cortesía.

—Mi nombre es Jaime de La Puente —dijo el delegado— notario. Y os aseguro que no me interesa el trato que el Justicia tiene con Felipe II. Jamás incumplo los compromisos que se me encomiendan, vengan de un lado o de otro, y me limito a obedecer. He venido para interrogar a quien sea necesario, y hacer lo que fuere menester para dictar sentencia... Y eso es lo único que voy a hacer.

—¿Y cómo debo veros, como amigo o como a quien viene a desposeernos del condado? —El hombre se encogió de hombros.

—Ha sido el conde don Martín quien le pidió personalmente a Juan de Lanuza que tomara parte en este asunto —dijo el portero—. Nada os obliga a colaborar con nosotros...

—Haced el favor de entrar en mis despachos —dijo Ramiro con desgana—, no es éste lugar para hablar de según qué tipo de cosas.

Ramiro era consciente de que Jaime de La Puente no era un enemigo. Todo lo contrario. La familia Lanuza, en la que recaía el cargo de Justicia Mayor de Aragón desde hacía décadas, mantenía unas magníficas relaciones con los Villahermosa. De hecho, el menester del Justicia de Aragón era defender los Fueros Aragoneses, lo que implicaba que debía velar por que los privilegios adquiridos por el Reino de Aragón durante siglos fueran respetados y cumplidos.

En cierto modo el Justicia era una especie de Presidente del Tribunal Supremo Aragonés, esto es, el máximo defensor de los Fueros. Entre sus ministerios, el Justicia debía erigirse como legislador de los derechos forales, entre los que se incluía la manutención de los privilegios de la nobleza, aunque la familia Lanuza no poseía ningún título. Por tanto, el Justicia debía ser considerado como un amigo. Aunque Ramiro sospechaba que las actas que levantase La Puente podían ser utilizadas en un Tribunal Real contra los intereses de los Villahermosa.

Ramiro tomó asiento tras la mesa, pero don Jaime y su secretario permanecieron en pie, frente a él.

—Decidme, ¿qué intenciones tenéis? —sonrió sardónicamente—, ¿con quién deseáis entrevistaros?

—Quisiera reunirme con —pidió algo, y su ayudante le entregó un papel, pulcramente doblado, que el notario desdobló con parsimonia. Sacó de su bolsillo unos anteojos, que mantuvo a cierta distancia de sus ojos, sin llegar a colocárselos sobre la nariz, y leyó—: Jerónimo Gil, Juan de Àger...

—¡Estáis loco! —La Puente le miró con indiferencia—. Si apreciáis vuestra vida, os aconsejaría que os limitaseis a extender un informe en el que le explicarais a Lanuza que esos sublevados son peligrosos, y que no dudarían en desenvainar su espada si tuvieran que cortar vuestro cuello.

—Tengo recursos suficientes como para conseguir mi propósito.

—¿Y, qué tipo de recursos pensáis utilizar contra esos dos?

—Puedo expedir provisiones para citarles como testigos.

—¿Testigos en su contra?

—Creo que no habéis comprendido los motivos de mi presencia aquí—La Puente torció la boca, dejando entrever unos dientes blancos y bien alineados—. Ni estoy de vuestra parte, ni de parte de los rebeldes, ¿comprendéis? Sólo me corresponde defender los fueros.

—Lo único que sé es que este condado le fue entregado a los Gurrea y que no es justo ni lícito que unos sediciosos, con suficientes tropas como para hacer frente a los soldados del conde, se empeñen en que cambien las cosas... Sabed, La Puente, que por mucho que hablen las armas, y por mucho derramamiento de sangre que provoquen los rebeldes, no conseguirán que se vuelva lícito aquello que no lo es.

—¿Y vos os creéis capacitado para determinar qué es de justicia y qué está fuera de la legalidad? —Ramiro elevó las cejas—. Precisamente, para eso he venido aquí, para determinar si sus peticiones son legítimas o si, por el contrario, esos hombres deben considerarse sediciosos sanguinarios. De quedar demostrado que solamente son unos asesinos, y que sus demandas no tienen consistencia legal, os aseguro que serán juzgados como tales y pagarán por todos sus crímenes.

—Haced lo que debáis.

—Pensad que el conde de Chinchón da su apoyo a esos que consideráis sediciosos —añadió La Puente—, y los subvenciona. De hecho, creo que vuestro primo está en peor posición que el tal Àger; al menos, en lo referente a la Corte Real de España.

—¡Fernando tenía razón! —Susurró Ramiro— ¡Maldito Chinchón!, ¡Maldito Alonso, y malditos sus celos!
—¿Decís?
—¿Así que todo este asunto se debe a una venganza por el asesinato de Luisa Pacheco, la hija del marqués de Villena?
—No sé de qué me estáis hablando...
—¡Id y cumplid con lo que se os ha ordenado!

El portero se reunió con varios hombres, Juan de Àger, Cesáreo Puyal, Jerónimo Gil, el micer de Beranuy, los hermanos Bardají, José Macías, Rodrigo de Labazuy, Blas Monserrate, Agustín Pociello..., sin llegar a ninguna conclusión razonable. Permaneció cuatro días en Benabarre, tras los cuales creyó tener suficientes testimonios como para regresar a Zaragoza.

Àger supo por su mayordomo Puyalet (aunque éste jamás tuvo acceso a la documentación de La Puente), que los informes del notario eran beneficiosos para su causa, pero desfavorables para ellos, pues no justificaba de ningún modo ni sus métodos, ni los de sus hombres, *«pues cuando algo que por justicia pudiere ser lícito, deja de serlo cuando los demandantes lo hacen por medio de la violencia. Ribagorza es, de los pocos condados de Aragón que siguen manteniendo los privilegios feudales, en el que se han producido las revueltas más cruentas, y esto perjudica a la Corona. Sea como fuere, el Justicia Mayor de Aragón posee medios suficientes como para remediar tal situación. Sin embargo, el infanzón de Calasanz, don Juan de Àger y Gil, el señor Jerónimo Gil, Cesáreo Puyal, conocido como Puyalet, el micer don García Fresno y Guardia de Beranuy, y una decena más de ribagorzanos, de los cuales envío una relación adjunta a este informe, pese a demandar con legalidad, deben ser considerados revoltosos, sediciosos y asesinos, y ser llevados ante las autoridades, para que respondan ante un tribunal por tales delitos».*

Àger levantó su espingarda y disparó al aire.

Con temor, el micer Rivera se asomó a la ventana y vio al sedicioso montado en su caballo con el arma apoyada en la parte interior de su muslo derecho.

—¿Qué quieres, Àger? —preguntó Rivera—, ¿Por qué disparas?

—Deseo hablar con Jaime de La Puente —gritó el infanzón—. He sabido que en su informe no quedamos muy bien parados.

—¿Cómo podéis saber estas cosas, si nadie ha leído mi despacho? —se extrañó La Puente— ¿No está sellado, lacrado y guardado en mis valijas, y sólo yo sé lo que he escrito en dichos documentos? ¿De qué tenéis miedo, Àger? ¿Acaso teméis que diga la verdad, y eso pueda perjudicaros?

—Sé quien sois, La Puente... Y sé que Lanuza mantiene una excelente amistad con los Villahermosa, y eso dice muy poco a vuestro favor... Con toda seguridad, habéis escrito que somos unos rebeldes, crueles y sanguinarios.

—¿Ese es el modo en que os veis, Àger? ¿Os consideráis un asesino sanguinario? —el infanzón le miró con expresión de ira en sus ojos—. Diga lo que diga, pensaréis lo que os plazca. Así que, ¡os ordeno que os retiréis y dejéis que regresemos a Zaragoza! No seré yo quien dicte sentencia en este asunto, sino el Justicia.

—Sois un incauto, si creéis que voy a dejar que os marchéis de Benabarre sin jurar que nada hay en nuestra contra en ese informe.

—Yo sólo le llevo al Justicia los testimonios de quienes he interrogado. Que estos sean favorables o contrarios a vos y a los vuestros, depende del dictamen de don Juan de Lanuza.

—¡Mentís!

—Creo haber sido muy claro cuando os he dicho que yo no soy quién para juzgaros... Vos creéis que en el "Asunto Ribagorzano" se han incumplido los Fueros de Aragón; pues bien, si así ha sido, tened por seguro que Lanuza fallará a vuestro favor.

Àger hizo un gesto con la cabeza, mirando hacia su izquierda, y de los callejones colindantes a la casa del micer Rivera surgieron varios de sus hombres, unos cincuenta o sesenta, que formaron una barrera tras él. Volvió a mirar hacia la ventana y dijo:

—Si estáis decidido a hacer lo que creéis vuestro deber, sabréis los riesgos que eso comporta.

—¡No vais a ser vos, infanzón de Calasanz, quien me impida cumplir con mi obligación!

Jaime de La Puente bajó a la calle, le acompañaba su secretario, y unos diez hombres. Miró a Àger con arrogancia, y empezó a caminar hacia la parte trasera de la casa. Subió en su carro, y sus hombres montaron en sus respectivos caballos. Acto seguido, pasaron frente a los rebeldes, y tomaron el camino de la Carrodilla.

Poco después de haber partido de Benabarre, a la altura de San Salvador, una veintena de hombres, que habían permanecido escondidos entre las carrascas y las rocas de la sierra, les asaltaron, y ordenaron detenerse, desarmando a los que llevaban arcabuces, y apuntándoles con sus armas.

El cabecilla de estos rebeldes, Cesáreo Puyal, se acercó a la carroza y, apuntando a La Puente con su arcabuz, le obligó a salir afuera. Su secretario le siguió.

—¿Qué pretendes, Puyalet? —se enfureció el portero—. Ya he hablado con tu señor, y creo haber dejado las cosas suficientemente claras. Él sabe cual es mi postura, y nada va a cambiarla.

Dicho esto, Puyalet disparó su arma hiriendo en el pecho al secretario de La Puente... Éste cayó al suelo, retorciéndose de dolor.

—Mi señor es demasiado blando con la gente como vos, La Puente —rió Cesáreo con cinismo, mientras volvía a encender con un pedernal la mecha de su arcabuz, ante la incrédula mirada de los encañonados y atemorizados soldados.

—¿Qué quieres, Cesáreo? —Puyalet no contestó, siguió con su proceso, casi una ceremonia, con una lentitud irritante—. ¡Has herido a mi secretario, y eso es un delito muy grave!

—Siendo que es un delito, ¿cuál será la pena?

—No sé... —contestó La Puente nervioso—. Si muere, la horca, o el garrote. Mi secretario es un miembro de la corte.

Puyalet volvió a levantar su arcabuz y apuntó, de nuevo, hacia el secretario. Y volvió a disparar, matándole de un balazo en la frente.

—¿Mejor así? —sonrió Cesáreo—. Tened en cuenta que no dudaré en hacer con vos lo que le he hecho a vuestro secretario, si no accedéis a mis peticiones; un reo de muerte puede ser condenado por dos veces a la horca, pero muerte sólo hay una, y esa la tengo asegurada.

—¡No te saldrás con la tuya!

Puyal pidió a uno de sus hombres que le acercara su espingarda. Se la llevó al hombro, y disparó, esta vez sobre La Puente, al que hirió en el brazo derecho.

—Y, ahora —dijo Cesáreo en tono sereno, aunque amenazante— hablemos...

—Te escucho —balbució el notario, intentando soportar el dolor de su brazo con una dignidad tan encomiable como escasa.

—Sólo quiero que me entreguéis el informe que le lleváis a Lanuza —Jaime de La Puente no lo pensó. Cogió su valija de cuero, extrajo de su interior un enorme fajo de papeles, y se los entregó a Puyalet—. ¿Cómo sé yo que estos son los documentos de tu informe y no cualquier otra cosa? No sé leer.

—Deberás confiar en lo que yo te diga.

—¡Yo no me fío de nadie, y mucho menos de un notario! —rió Puyal.

Los otros sediciosos soltaron una sonora carcajada, sin siquiera haber escuchado el comentario del mayordomo de Àger.

Volvió a levantar el arma, y la dirigió a uno de los soldados.

—¿Sabes leer? —el joven sacudió la cabeza aterrorizado, pese a que sabía que el arcabuz de Puyalet estaba descargado.

Probó con otro, y obtuvo la misma respuesta, y así uno tras otro.

Se acercó a ellos un hombre ancho de espaldas, de mediana edad, uno de los rebeldes, que cogió los documentos e hizo un gesto afirmativo. Era Vicente Salamero, el "Fraile".

—Ya no recordaba que tenemos entre nosotros a un hombre de Dios —rió Cesáreo. Vicente había sido dominico en el convento de Santa María de Linares... Aquel que presenció la muerte de Juan Abadías cuando se disponía a reparar las tejas de la capilla de San Sebastián—. Bien. Lee.

—*«Comprendiendo que las cosas están muy revueltas en el condado* —leyó torpemente Salamero— *y a petición de don Martín de Gurrea y Aragón, duque de Villahermosa y conde de Ribagorza, paso a enumerarle lo que allí he visto. Siendo que algunos de los ribagorzanos, encabezados por el infanzón don Juan* de Àger y Gil, creen tener derecho a reclamar el condado, según un edicto del rey don Juan, del que no se tiene constancia, ni se conoce su paradero, lo cual me hace pensar que dicho edicto no fue extendido jamás...»

—¡Es suficiente, Salamero! .—dijo Puyalet, arrebatándole los papeles y volviendo a mirar al portero—. Veo que no me habéis mentido.

Y Puyalet, se unió a los otros sediciosos, volviendo a esconderse tras la sierra de San Salvador.

2. Chantaje.

«Jamás permitiría que uno de los míos me relevase en el patíbulo, pero, ¡pobre de ellos si soy yo quien debe girar el bordón de sus garrotes!»

TAMARITE DE LITERA (Reino de Aragón). Otoño de 1579.

Eduardo ensilló su caballo, y montó sobre su lomo.

Se sentía especialmente contento aquel día. Llevaba algo más de un año casado con Catalina, y parecía que las cosas iban bastante bien, al menos para él. Don Segismundo Sopena le regaló aquel joven caballo mezcla de percherón y árabe, algo torpe pero fuerte, cuando el viejo obsequio de Labazuy se quebró la pata derecha al bajar por una empinada espuenda. Como compensación a tan rico presente, Eduardo acudía expedito a cualquier reclamo de su señor; y aquella vez era precisamente eso lo que pretendía; llegar sin demora a los despachos de Sopena, donde éste le aguardaba para ponerle al corriente sobre un asunto, según su señor, de vital importancia.

Los peones de don Segismundo eran trabajadores y honrados, y no solían darle demasiados problemas al joven Salazar, así que los dejó ocupándose de los trigales y se puso rumbo a Tamarite, tal vez impulsado por su patológica tendencia a la lisonja gratuita.

Sopena le esperaba, montado en su caballo, en el patio exterior de su lujosa mansión. La expresión de su rostro era severa. Cuando le vio acercarse por el camino, apretó sus pies en los estribos y se irguió, quedando en una postura algo forzada, y le hizo señales con la mano para que acelerase su paso. Una vez que Eduardo se hubo acercado a su amo, este ni tan siquiera le saludó; espoleó con furia su semental, y galopó rumbo a Tamarite. Eduardo a duras penas logró seguirle.

Al llegar a una pequeña explanada, frente a lo que los tamaritanos denominaban la "Roca de la Botella", Sopena aminoró la marcha, y tomó un sendero que bordeaba dicha roca. Se detuvo unos metros más allá, frente a un cobertizo, que custodiaban dos hombres. Eduardo conocía a aquellos dos; uno era Pierre Cliós, hermano de Arnau, el "recadero"; y el otro un antiguo campesino grande y barbudo, Antonio Badell, al que todos conocían por "Toñet el Presidiari" porque, decían, y no era una simple murmuración, que había pasado más de veinte años en la cárcel por robar un cáliz de oro de la iglesia de Alcampell.

El Presidiari se hizo cargo del caballo de Sopena después de que éste bajase de un salto.

Eduardo descendió del caballo, le entregó las riendas al Presidiari, y siguió a su señor hasta el interior de la cabaña.

Los ojos de Salazar tardaron unos segundos en adaptarse a la oscuridad. Cuando pudo ver, no le gustó demasiado lo que tuvo frente a ellos; un hombre, atado de pies y manos a uno de los postes, intentaba tomar aire entre gruñidos de dolor. Su cara estaba amoratada, llena de golpes, y le faltaban algunos dientes. Su cuerpo, completamente cubierto de sangre, parecía estar esperando el último aliento para librarse de aquel tormento.

—¿Qué significa esto? —preguntó Eduardo.

—¿Conoces a este hombre?

—No —mintió. Era "Pascualín", su antiguo vecino; con él había compartido juegos y alguna que otra borrachera. El propio Salazar le había recomendado a don Rodrigo Labazuy para que ocupase su puesto mientras iba en busca de Catalina.

—¡Claro que lo conoces! —sonrió Sopena con cinismo—. Su nombre es Pascual Morancho, la nueva "puta" del carlán de Labazuy. ¿Ese nombre no te refresca la memoria? —Eduardo bajó la cabeza—. Anda buscándote, ¡el muy estúpido estaba convencido de que habías muerto! Supongo que tendrás algo que decir al respecto...

—¿Por qué le habéis apaleado?

—Creo que no entiendes muy bien como funcionan las cosas, joven Eduardo —dijo en tono paternal—. Si este hombre va a don Rodrigo con el cuento de que has estado trabajando para mí durante los últimos tres años, es capaz de enviar a los inspectores reales para Dios sabe qué... Y tú eres consciente de que hay cosas que los inspectores no deben saber.

—Yo podría presentarme a don Rodrigo, y explicarle...

—¡Tú eres tan estúpido como este! —señaló a Pascual—. Tu amigo tenía órdenes muy concretas sobre lo que debía hacer contigo, y no era, precisamente, invitarte a unos tragos en la tasca de Elías.

—¿Tenía órdenes de matarme?

—En efecto, Salazar, a ti y a tu esposa —Eduardo le miró aterrado—. ¡Algo grave habréis hecho para que Rodrigo de Labazuy envíe a uno de sus hombres para asesinaros! Algo grave que, sin embargo, no puede ser sanado en un tribunal ordinario... ¿Qué sabéis del carlán que no pueda conocerse?

—¡Nada, señor! Os aseguro que no sabemos qué interés puede tener Rodrigo Labazuy en nosotros.

—Lo más curioso es que este hombre tampoco tiene la más mínima idea de por qué tiene que mataros; sólo sabe que, si cumple las órdenes, el carlán le premiará con una hacienda, una masía y no sé cuántas monedas de plata —Pascual miró a los dos hombres con desprecio—. Ya ves que el dinero y las tierras son más fuertes que vuestra amistad.

—¡Bastardo! —susurró Eduardo.

Don Segismundo tomó a Eduardo por los hombros, y lo sacó afuera. Miró a Pierre, hizo un gesto con la cabeza señalando la choza y le dijo:

—¡Acabad con él, y deshaceros del cuerpo!

Los dos hombres montaron en sus caballos, y volvieron a la casa de Sopena, dirigiéndose directamente al despacho. Allí, el noble se sirvió una copa de licor y se dejó caer sobre el sillón.

—Le encontramos en las cercanías de Tamarite —murmuró don Segismundo para no ser oído—, según Toñet, llevaba ya un par de días merodeando por aquí... Con toda seguridad sabía donde vives y los lugares que frecuentáis tú y Catalina —intentó fundamentar una acción injustificable—. Al principio no quiso decir una sola palabra, pero Pierre es una alimaña capaz de hacer hablar a un cuervo si se lo propone. ¡Ojala consiguiera él hacerse entender tan bien como...! En fin, el tal Pascual nos contó que hace un año o así, el duque don Martín envió a dos de sus hijos a Benabarre para solucionar los asuntos del condado, pues él había sido amenazado por Àger, quien juró matarle si regresaba por allí. Los revoltosos a punto estuvieron de devolver a Pedrola los dos cadáveres de los Villahermosa dentro de una caja de pino. Según he podido comprender, hace unos meses, el Justicia Mayor de Aragón, Juan de Lanuza, mandó a un delegado de la corte, un tal Jaime de La Puente... El tal La Puente tuvo que huir como un pollo acobardado, pues los hombres de Juan de Àger le dieron una buena paliza —rió Sopena, apurando la copa—. ¡Creo que le dejaron manco e inútil, al pobre! Después de aquello, las tropas del conde don Martín, ayudado por los hombres de los Bardají, del carlán de Labazuy y de varios nobles del condado, tomaron las calles de Benabarre y detuvieron a unos cuantos rebeldes.

—¿Qué tiene eso que ver con Pascual Morancho?

—¡Paciencia, Eduardo, paciencia! Ya verás como enseguida lo entiendes todo —don Segismundo se sirvió otra copa—. En estas revueltas murieron muchos hombres, tanto de un bando como del otro, aunque Àger se llevó la peor parte, e hicieron varias decenas de prisioneros. Al final, los soldados de don Martín tuvieron que huir, y retirarse al castillo. Bien —sorbió del coñac—. Supongo que esto te importa un "carajo" —Eduardo se encogió de hombros—. Pues el tal Juan de Àger se alzó como la máxima autoridad de la villa, y prometió destruir el pueblo, arrasar los conventos e iglesias, los palacios y castillos, y no dejar piedra sobre piedra... Hasta aquí, todo este asunto no deja de ser una vulgar pugna por el poder, en un pueblo excesivamente proclive a perder el Norte. Pero, en ese preciso instante, cuando Àger se hizo con el control de Benabarre, fue cuando el carlán le ordenó a Pascual que se os diera caza a ti y a tu mujer —sonrió—. El tal Morancho, como has podido comprobar, no aportó ni un solo dato que pudiera dar un poco de luz a este asunto.

—No entiendo nada.

—Yo tampoco lo entendía hasta que, hace unas horas, me he reunido con Raimundo de Àger, el hermano del cabecilla rebelde. Raimundo me ha abierto los ojos. Uno de los hombres de Juan de Àger se llama Vicente Salamero, aunque todos le conocen como el "Fraile". Supongo que este nombre no te dice nada —Eduardo sacudió la cabeza—, y tampoco que te informe de que el tal Salamero antiguamente se hacía llamar fray Vicente de Torre del Abad, y que fue dominico en el convento de Nuestra Señora de Linares, el sacristán, si mal no entendí... Pues bien, el conde Martín es ya un anciano que no tardará en morir, y su sucesor es...

—Fernando de Aragón.

—Veo que vas comprendiendo —sonrió Sopena—. El "Fraile" asegura que, cuando el joven Gurrea era capellán en Linares, se enamoró de una de las monjas de San Pedro Mártir, una tal Catalina, hija de Juan Abadías y Jacinta Fortea... Ahora, señora de Salazar.

—¡Dios mío!

—Salamero asegura que Fernando de Aragón todavía la ama, y que, por ese motivo, aún no ha pasado por la vicaría, aunque, oficialmente, Catalina murió a consecuencia del sospechoso derrumbe de un pasadizo que comunicaba los conventos de los dominicos... Sea como fuere, Juan de Àger sabe que la monja no murió en aquel desgraciado incidente, que es tu mujer, y donde vivís.

—¿Y qué se puede hacer?

—De momento, dudo mucho que el infanzón mueva un sólo dedo... Pero, cuando muera el duque Martín y Fernando sea investido conde de Ribagorza, los rebeldes no dudarán un instante en utilizarla como moneda de cambio; mucho más, siendo que la pequeña Isabel será, con toda seguridad, hija del joven Gurrea —Eduardo asintió con un golpe de cabeza—. ¿Comprendes ahora?

—No del todo —tembló el joven—. Entiendo que el prior de Linares quisiera asesinar a mi esposa: el buen nombre de los dominicos de Benabarre está en entredicho. Incluso que el carlán me ordenase que me deshiciera de ella. Es sabido por todos la amistad que une al abad Francisco con don Rodrigo Labazuy, pero no comprendo por qué tanta insistencia.

—Corrígeme si me equivoco —Eduardo abrió bien los ojos—. Si los dominicos aseguran que Catalina murió en un desgraciado accidente, y que fue enterrada en el cementerio de San Pedro, alguien que no debería yace en la tumba de tu esposa —Eduardo asintió—. Quienquiera que sea la mujer, u hombre, que ocupa el lugar de Catalina, tuvo que ser asesinada, si no para ello, sí aprovechando unas circunstancias que me son confusas, pero que no creo que influyan demasiado en el asunto. Si se demuestra que Catalina está viva, por fuerza deberá abrirse una investigación que esclarezca quién demonios ocupa dicho sepulcro. Si tu mujer muere ya no habrá nadie que indague en el asunto, y el buen nombre del prior Francisco quedará limpio... Por eso viniste tú. Para asesinarla.

—Estáis en lo cierto.

—Pero no tuviste agallas para hacerlo... Y conoces toda la historia —sorbió del coñac—. Ahora sois dos los que deben ser eliminados.

—¿Y Àger?, ¿qué tiene que ver él en todo esto?

—El tal Vicente, por cuestiones que no vienen al caso, sabe que el prior Francisco anda buscando a tu mujer; lo cual indica que Àger también lo sabe... Para él, detener a Catalina sería asegurarse el gobierno de Benabarre... Un chantaje: *«Tú abandonas Ribagorza, y yo te devuelvo a tu amada mujer y a tu hija»*, pues, no te quepa la menor duda, el de Calasanz conoce la existencia de Isabel. Por lo tanto, don Rodrigo de Labazuy tiene dos motivos poderosos para desear que muráis: por un lado, el padre Francisco, y por otro, que Àger no pueda chantajear a Fernando de Gurrea.

—Supongo que, después de lo que me habéis contado, desearéis prescindir de mis servicios.

—¡Nada de eso! A partir de estos momentos pasarás a ser mi hombre de confianza... Pero deberás recordar que me debes un gran favor, y que tendrás que devolvérmelo.

—Sí, señor.

Eduardo no le contó nada de lo sucedido a Catalina; no por evitarle una preocupación, sino por miedo a que, al saber que Fernando todavía la amaba, le abandonase y corriese tras el hijo del conde.

Aunque sus miedos, tan lógicos y fundados como la propia vida, quedaron pronto eclipsados por las palabras de Catalina: *«Creo que estoy embarazada»*. Sí, en realidad no deseaba aquel hijo más de lo que hubiera deseado una nueva yegua fornida y sana, pero sintió aquella noticia como la confirmación de su victoria... *«¡He vencido al mismísimo hijo del conde don Martín de Gurrea!»*, alardeó sin demasiados motivos...

Don Segismundo prometió velar por la seguridad de Eduardo, de su mujer e hija, y de "lo que tenía que venir", proviniera la amenaza de parte de don Rodrigo Labazuy, o de los rebeldes de Àger. De hecho, jamás volvió a saber de nadie que anduviera buscándoles, ni si Pierre Cliós o Toñet el Presidiari tuvieron que volver a "interrogar" a ningún otro hombre relacionado con él.

Tampoco le importaba demasiado.

3. El inocente.

«*¿Por qué asesinar a quien tiene la llave de nuestras aspiraciones? ¿No es más efectivo matar a aquel a quien más ama, aunque éste nada nos deba, aunque no sea más que el corazón de quien nos atañe?*»

BENABARRE (Condado de Ribagorza). Invierno de 1579.

Aquel invierno, y viendo que Jaime de La Puente había sido incapaz de restaurar la paz en Ribagorza, don Martín volvió a reclamar Juan de Lanuza que fuera atendido aquel asunto. El Justicia extendió una orden de detención contra Cesáreo Puyal por el asesinato del secretario de La Puente y por las heridas causadas al notario. Asimismo, se comprometió a enviar a dos de sus hombres de confianza, y a varios soldados para que restaurasen la paz en aquellas tierras sediciosas: el jurista don Jerónimo Chales y el diputado don Garcilaso Ferrer y Gascón, a los que puso al frente de una tropa de cincuenta soldados de caballería, con la intención de poner fin a las revueltas de Àger.

Ya que Jaime de La Puente había sido humillado en la casa del micer Rivera, y para no despertar demasiados recelos, los letrados se alojaron en una de las mansiones del carlán Labazuy. Y, para que quedase bien claro quién se hospedaba en aquella casa, colgaron las insignias de su autoridad, tanto las de Chales como las de Ferrer, en la fachada, sueltas, a modo de estandartes. De ese modo nadie se daría a engaño y comprenderían que ante ellos difícilmente servirían las tretas que habían humillado a La Puente.

Al día siguiente redactaron más de sesenta citaciones, y se las hicieron llegar a los mismos que el notario había llamado a testificar, incluidos Àger y Gil; aunque éstos no se presentaron, como protesta a la orden que Lanuza había extendido contra Puyalet, alegando que aquel tribunal no tenía validez ni legitimidad en Ribagorza.

Aún así, sabiendo que los ojos del Justicia estaban puestos en ellos, y que las armas de los soldados fueristas ardían en deseos de ser disparadas contra ellos, Àger se presentó en la casa de Labazuy, y les desafió con la arrogancia de quien se sabe amparado por hombres poderosos.

—¡Mentas a la Corona según te conviene! —le dijo Chales—. ¡Quieres que tus tierras vuelvan a pertenecer al Reino de Aragón, y ahora dices que no reconoces el tribunal que éste envía!

—¿Me habéis tomado por un estúpido? —rió Àger—. Juan de Lanuza es tan traidor al rey Felipe como el conde Martín. Si quien os hubiese enviado fuera el Rey, el Gobernador Real o el Virrey General, seriáis reconocido y respetado. Pero venís en nombre de los Villahermosa... Ni yo, ni ninguno de mis hombres, testificaremos a favor de que ese tirano siga siendo el señor de estas tierras, en las que no nació, y en las que no ha vivido más de tres meses seguidos.

—¿Qué pedís entonces?

—Un decreto del rey, en el que quede reflejado la inmediata incorporación del condado de Ribagorza a la Corona.

—¡Eso es imposible! Como tú, hay muchos ribagorzanos que desean seguir manteniendo los privilegios del condado...
—¡O eso, o las armas!
—Sea, pues...
—Os damos una semana. Si transcurrido este tiempo no se han atendido nuestras demandas, volveremos... y esta vez no vamos a perder el tiempo en cháchras inútiles.

La semana transcurrió con cierta calma, hasta que Jerónimo Gil se apostó en la puerta de la mansión en la que se guarnecían Chales, Ferrer y sus hombres, y gritó:

—¡Os dimos siete días, y no hemos visto un solo gesto por vuestra parte que nos haga pensar en la intención de devolvernos la paz!.

—¡No somos nosotros los causantes de esta situación —dijo Chales— ni el conde don Martín, sino tú y Juan de Àger!

Cogiendo su arcabuz, Gil apuntó a una de las insignias que pendían en la casa de Labazuy, y disparó, atravesándola. Después de esto, como salidos de ninguna parte, un centenar de rebeldes, encabezados por el prófugo Puyalet, rodearon el palacio. Y a la orden de «*¡Fuego!*», que dio Gil, empezaron a disparar contra la puerta que resguardaba a Jerónimo Chales, Garcilaso Ferrer, Rodrigo Labazuy, Agustín Pociello, su hijo Felipe, y una docena de soldados, que nada pudieron hacer por evitar que los sediciosos la derribaran y entrasen en el interior, rompiendo todo lo que encontraron a su paso, e incendiando muebles, puertas y ventanas. Recogieron las insignias y las echaron, asimismo, en la hoguera.

Los Pociello, el letrado, el carlán y el diputado fueron detenidos, y los soldados desnudados, atados y humillados en la plaza mayor, donde les tiraron frutas podridas y estiércol. Después, fueron encerrados en la cárcel, en la parte alta del pueblo, en el Cap de Vila.

—¡Esto es un atropello que no quedará impune! —protestó el diputado Ferrer— ¡Lo que estáis haciendo es un delito muy grave!

—¡No insistáis! —dijo Chales, resignado— Estos hombres no atienden a razones. La violencia no cesará hasta que el conde sea desposeído de Ribagorza, o sean ejecutados todos estos hombres.

Llevaban ya tres días encerrados en aquel calabozo pestilente, cuando un hombre de unos treinta años, alto y corpulento, entró en la celda y agarró del brazo al hijo de Agustín Pociello, Felipe.

Tirando del joven, lo sacó afuera, y volvió a cerrar.

—¿Dónde lo llevas, Casto? —preguntó Pociello, angustiado—. ¿Qué vais a hacerle?

—Son órdenes de Puyalet.

—¡Exijo hablar con él! —gritó don Agustín— ¡ahora mismo!

—Creo que no estáis en situación de exigir nada —se oyó la voz de Puyal desde el fondo del pasillo—. ¿No queríais un juicio? Pues vais a tenerlo; de hecho, vuestro hijo ya ha sido juzgado, y declarado culpable de alta traición.
—¡Eso es ilegal! —arguyó Ferrer— No ha tenido letrado. Ni siquiera le habéis permitido asistir a su propio juicio para defenderse.
—¡Qué lástima! —dijo Puyal con ironía—. ¡Se nos ha olvidado ese pequeño detalle! Os aseguro que lo tendremos en cuenta para el próximo —rió—. Por cierto, Felipe ha sido condenado al garrote.
—¡No podéis hacer eso! —gritó Agustín Pociello—. ¡No ha hecho nada malo! ¡No es más que un muchacho, que nada tiene que ver con nuestros asuntos, y nada puede hacer para cambiar la situación!
—Por esa razón le ejecutaremos a él, y no a cualquiera de vosotros.
—¡Padre! —gritó Felipe aterrorizado— ¡No quiero morir!
—Nadie quiere morir, jovenzuelo —rió Puyal.
En las afueras de Benabarre se desató una cruenta batalla, entre los hombres de Àger y las tropas de Chales y don Martín. Estos últimos querían entrar en el pueblo y rescatar a los hombres que Puyal y Gil tenían presos. Los rebeldes resistieron durante cuatro o cinco días, tras los cuales huyeron a Calasanz, refugiándose en la casa de Raimundo de Àger, y dejando el pueblo desierto y en estado de ruina; sólo una figura solitaria atada de pies y manos permaneció inerte en el centro de la plaza mayor, inmovilizado por un grillete que le oprimía el cuello. Los soldados sólo pudieron certificar lo evidente: Felipe Pociello había sido ejecutado.

El informe de Jerónimo Chales fue estudiado por Lanuza, celebrando un juicio, en el que se sentenció a muerte a Cesáreo Puyal, Jerónimo Gil, Carlos Andolfo, José Luís Páez, Ramiro Castillón, Juan de Àger, el micer de Beranuy y otros veinte hombres. Sentencia que no pudo ser cumplida puesto que los acusados se hallaban en paradero desconocido.

4. Un sentimiento más ilícito que el dolor o la alegría.

«Nací, como todos los niños, entre vísceras y sangre, entre grasa y agua...
Y aprendí a sentir según mi padre, según mi madre.
Jamás morí, ni recordé el pecho que me alimentó... Jamás supe si amar era lícito o era el odio lo que debía inundar mi corazón, sino por las palabras de aquellos que dicen conocer el camino.»
TAMARITE DE LITERA (Reino de Aragón). Primavera de 1580.

Eduardo miró con desgana el cuadro de don Rodolfo Sopena, abuelo de Segismundo; un joven no demasiado agraciado cuando decidió posar para aquel poco ducho retratista, sin llegar a encontrarle el más mínimo parecido con su señor. Hizo una mueca con la boca torcida, y decidió tomar asiento en una butaca estrecha que, sin saber muy bien el motivo, jamás se usaba. Aquella silla, por cuestiones tan confusas como las que habían arrastrado a Sopena hasta Tamarite, fue condenada al ostracismo y permanecía, desde que Salazar trabajaba para Sopena, enclaustrada entre un armario y una mesilla de mármol, en un pequeño ensanche del pasillo con aspiraciones a receptorio. Pronto, cuando sintió en sus nalgas la punzada inclemente de paja seca y astringida de aquel reo del olvido, comprendió a qué se debía aquel destierro. Volvió a ponerse en pie.

Don Segismundo pasó frente a él, perdido en oscuras cavilaciones que le tenían tan abstraído que ni siquiera se percató de su presencia. Eduardo se aproximó a su señor.

—¿Deseabais verme? —preguntó Salazar.

Sopena asintió, algo molesto; odiaba que le sorprendieran, y ya se le había olvidado aquella reunión, pese a que sus pensamientos estaban encaminados a encontrar el modo más correcto de comunicarle lo que debía a Eduardo. Señaló la puerta de su despacho y entró. Salazar le siguió y, después de que Sopena tomara asiento tras la mesa, hizo lo propio en un sillón, frente al terrateniente.

—No me habías dicho que tu padre era uno de los rebeldes de Àger— Eduardo bajó la mirada y suspiró—. Yo creí que, al igual que tú, era un acérrimo defensor del conde don Martín.

—Yo jamás he sido partidario del conde —se indignó Salazar.

—No importa, Eduardo —sonrió Sopena no sin cierta dificultad—. Supongo que el hecho de que fueras uno de los hombres del carlán de Labazuy me confundió, y pensé que tú eras como don Rodrigo.

—Las opiniones y los deseos cambian con los años...

—Sea como fuere, quiero que sepas que esto que voy a contarte no es nada fácil para mí —el tono de don Segismundo hacía temer lo peor— y aún más, sabiendo que en breve nacerá tu primer hijo... Hace unos meses, don Juan de Lanuza envió a uno de sus hombres a Benabarre para acabar con los sediciosos. No lo consiguieron. Todo lo contrario, los hombres de Àger se sintieron amenazados y se levantaron en armas contra el delegado. Dicen que, en la batalla que se desató entre los soldados del Justicia y los rebeldes, murieron más de ochenta benabarrenses, y sólo un puñado de soldados... Tu padre luchó en aquellas revueltas, y cayó herido por un disparo de arcabuz... Por desgracia, murió a las pocas horas.

Eduardo se quedó desconcertado. Y se sintió inquieto; su propia conciencia le recriminó no sentir lo que, por naturaleza, debía sentir en un momento así. La pérdida de un padre debía ser motivo de profundo pesar y, sin embargo, lejos de apenarle, le condujo a un estado de desidia, más terrible y despreciable que si se hubiera alegrado de la muerte del que le había dado la vida.

Salazar se excusó, con un golpe de cabeza, y abandonó el despacho de Sopena sin decir una sola palabra, con los ojos cubiertos de lágrimas de odio hacia sí mismo. Se retiró, maldiciendo su propia indolencia. A Catalina ni siquiera le hizo el más breve comentario sobre aquel asunto, probablemente, y pese a que no lo conocía, porque su mujer hubiese llorado por un dolor ajeno que no era tal, y no deseaba que nadie llorara por un sentimiento falso.

Poco fue el tiempo que Eduardo se recluyó en su casa. Después del almuerzo, montó en su caballo y cabalgó hasta las cercanías de Alcampell, donde buscó un buen árbol, una sabina frondosa, y se tumbó a sus pies, intentando alejar de su cabeza los remordimientos que le producían su frialdad.

No pudo dejar su mente en blanco; sin embargo, aquella quietud le produjo cierta somnolencia, que le dejó medio adormecido.

Cerró los ojos.

No sabría decir cuanto tiempo permaneció así, quizás unos segundos, tal vez una hora. Cuando volvió a abrirlos, se encontró con el cañón de una espingarda apuntándole directamente a la nariz, y se asustó, echándose para atrás.

—¡Dios! —gritó— ¿qué quieres?

Un hombre, alto y corpulento, cuya boca y nariz tapaba con un pañuelo negro, le miró con ojos amenazantes. Era un bandido.

—Sólo quiero tu dinero y tu caballo —dijo el hombre— hacerte daño no me supone ningún beneficio... Ni tampoco perjuicio.

—Has elegido una mala víctima —sonrió Eduardo—. No tengo dinero, y mi caballo es un mulero cobarde, lento y torpe, sin apenas valor —miró directamente a los ojos del bandido, que le resultaron familiares—. ¡Yo a ti te conozco!

—Lo dudo mucho —respondió el bandolero inquieto—. No soy de por aquí.

—Sin embargo, tus ojos...

—¿Vas a darme el caballo o no?

—¡Ya lo sé! —sonrió Eduardo. El joven bandido empezó a ponerse nervioso; jamás se había encontrado en una situación semejante. Sus víctimas solían darle todo lo que llevaban encima sin pensárselo un segundo—. ¡Tú eres el hijo de Victoriano Barber! ¿Cuál de ellos eres, el pequeño Miguel o Manolín?

—¡Dame el caballo! —insistió.

—¿No me reconoces, Barber? Soy Eduardo, el hijo de Paco de Monesma, tu vecino... Eduardo Salazar.

—¿Eduardo? —él asintió. El bandolero bajó su arma y desató el pañuelo que le cubría el rostro—. Todos te dan por muerto en Benabarre... Dijeron que te habían asesinado los hombres de Àger.

—Ya ves que no es cierto —se levantó del suelo y echó su mano al hombro del muchacho—. Tú eres Miguel, ¿verdad? —el joven asintió—. Jamás hubiera pensado que acabarías así, ganándote la vida de este modo tan... poco cristiano.

—Mis padres y mi hermano Manuel murieron en una de las revueltas, hace dos años... Por culpa de Puyalet. ¡Ese hijo de puta! Se quedó con lo poco que teníamos. Y yo, y otros cuatro más: Eleuterio, Amorós, Ramón el de "Mercader", José de "Llitoner" y Antonio Ceresuela, a quienes quemaron sus casas, tuvimos que huir de Benabarre, y subsistimos como buenamente podemos. Asesinaron a la mujer de Eleuterio, y a Ramón de Mercader le dejaron en la calle, pues prendieron fuego a sus campos y los malmetieron con sal y, al no poder pagar las rentas, le fueron embargados.

—Don Martín es un tirano, sin duda —añadió Eduardo— pero, ¿qué será de Benabarre si cae en manos de Àger?

—¡Esos dos no son más que unos idealistas que quieren acabar con los problemas del condado, sin saber qué demonios hacer para ello!.. Los asesinos no son ellos, sino Puyalet, y el secretario de Gil, un tal Pascual Ramírez, de Peralta de la Sal.

—¿Por qué no vienes conmigo? —dijo Eduardo— yo podría encontrar trabajo para ti.

—¿Y para los otros? —Eduardo bajó la cabeza—. Pero podrías ayudarme, sin duda.

—¿Cómo?

—Diciendo que soy un bandido cruel y sanguinario, al que no le tiembla la mano cuando ha de quitarle la vida a quien se niega a acceder a sus peticiones.

—¿Y diré la verdad?

—¿Qué importa la verdad?, ¡Lo sustancial es lo que crea la gente!.. Al menos en este "oficio".

Barber montó en su caballo, y se perdió en el bosque.

De regreso a Tamarite, don Segismundo volvió a reclamar su presencia, y Eduardo acudió rápido a su despacho. Sopena estaba de pie, hojeando un pequeño trozo de papel.

—¿Dais vuestro permiso? —preguntó Salazar. Sopena asintió con un ligero golpe de cabeza, y llenó dos copas de coñac, entregándole una a Eduardo.

—Tengo un pequeño problema al que, estoy seguro, sabrás encontrar una solución —dijo don Segismundo, sentándose tras la mesa. Eduardo permaneció de pie—. Resulta que poseo unos terrenos cerca de Albelda, son dos campos magníficos para sembrar trigo y cebada... Pero, desde hace unos años, mantengo un litigio con un noble de la comarca —sorbió de la copa—. Resulta que esas tierras están separadas entre si por una pequeña finca. Si lograra hacerme con ese terreno, tendría el campo más grande de aquella zona.

—Compradlo.

—No creas que no lo he intentado, Eduardo —sonrió Sopena— pero el amo de ese terreno es un viejo avaro, que se niega a venderlo... Su hijo mayor, el "hereu", estaría dispuesto a facilitarme la compra... Pero, para eso, primero debería morir el padre.

—Si es un anciano morirá pronto.

—Tiene una salud de hierro.

—¿Me estáis pidiendo que asesine al viejo?

—Veo que empiezas a comprender.

—Pero, si después compráis esas tierras, sospecharán de vos...
—No —dejó la copa sobre la mesa, se levantó y se acercó al oído de Eduardo—. Siempre y cuando sea otro quien cargue con las culpas de su muerte...
—¿Pretendéis que sea yo quien me inculpe? —Eduardo sacudió la cabeza—. Lo que me pedís es imposible. ¡Eso ni siquiera lo habría hecho por mi propio padre!
—De eso no tengo la menor duda —Sopena movió la copa delante de la cara de Eduardo—. Pero no es tu padre quien te pide que mates a un enemigo, sino yo... Me debes un favor, Eduardo, y sólo te estoy pidiendo que me lo devuelvas... Pero no voy a ser tan insensato como para pedirte que cargues tú con las culpas. No, Eduardo. Ese es el problema; entre los dos tenemos que encontrar una coartada para ti. Por supuesto, serás recompensado convenientemente; ya sabes que soy tan espléndido con los que cumplen con lo que les ordeno, como cruel con quienes se niegan a acatar mis órdenes.

Eduardo se quedó pensativo durante unos momentos, mientras Sopena se acababa su copa a pequeños sorbos.

Se levantó, tragó su coñac de golpe, y exclamó:
—¡Ya tengo la solución!
—¿Y bien?
—¡Dejadlo todo en mis manos! —y, apoyando la copa sobre el anaquel del fuego de tierra, se secó los labios con la manga de su camisa—. ¿Quién es el desgraciado que ha de morir?
—Don Hilario Ariño.

Ariño no era "santo de su devoción", aún no había olvidado la humillación que le hizo sentir a Catalina y a su odiosa hija Isabel, pero no creía que mereciera la muerte; ni por el daño que le produjo a su mujer, ni por su enfermiza tacañería. Don Hilario era un hombre respetado por los tamaritanos. Jamás había tenido un solo litigio con ninguno de sus conciudadanos, a excepción de su hijo Ildefonso. Se podría decir que era todo lo honrado que su posición social le permitía, que tanto reclamaba lo que por justicia se le adeudaba, como pagaba puntualmente cada uno de los reales que debía. Además, doña Francisca obró como cualquier otra mujer sensata en su situación; él, sin ir más lejos, no lamentaría lo más mínimo que la pequeña Isabel desapareciera de la faz de la tierra. Matar a Ariño era, sin duda, una ejecución injusta. Pero, si se negaba a llevarla a cabo, debería vérselas con Pierre Cliós y con el temible Toñet el Presidiari, y eso hacía que se desvanecieran todas sus dudas y sus escrúpulos quedaran relegados a un plano tan lejano, que le fue imposible reconocerlos.

Supo, por el Presidiari, que Hilario Ariño había ido a Barbastro a visitar a su hijo Diego, y que había partido solo. Regresaría dos días más tarde.

LA ALMUNIA DE SAN JUAN (Reino de Aragón).

Eduardo le esperó a las afueras del pueblo.

Como bien le dijera Toñet, don Hilario viajaba solo, en un caballo negro, casi una montura de exhibición hípica, algo despistado y adormilado, a paso tan lento que parecía estacionado en medio del camino.

Surgiendo de los matorrales, como si fuera un vulgar bandolero hambriento, Salazar se abalanzó sobre él y le disparó a bocajarro, acertando en el centro de su espalda.

El caballo se asustó. Levantó sus poderosas patas delanteras, y huyó, al galope, camino abajo, deteniéndose junto a un roble.

El anciano cayó al suelo, inerte como un saco de harina.

Don Hilario todavía agonizaba cuando Eduardo estiró de la bolsa que colgaba de su cuello. Le desvistió, enterró la ropa a los pies de un roble seco, y esperó algo más de una hora, hasta que el anciano expulsó su último aliento.

Se cercioró de que, efectivamente, Ariño hubiese fallecido, y lo cargó en la grupa de su propio caballo, poniéndose de camino hacia Tamarite.

TAMARITE DE LITERA (Reino de Aragón)

Llevó el cadáver de don Hilario a su casa, y le explicó a la viuda que fue asesinado por un bandolero.

—Le encontré agonizando —mintió—. Habló de vos. Dijo que la amaba.

—¡Mi esposo hacía años que no me amaba!

—Don Hilario me aseguró que quien le había herido es un tal Miguel Juan Barber, un bandolero temible.

—¡Tú y tu familia sólo habéis traído disgustos a esta casa! —lloró la anciana Francisca.

Cuando regresó al cabomaso, su familia había aumentado.

Catalina parió un niño menudo, esquelético y débil, que tenía la pierna izquierda ligeramente más corta que la derecha, al que bautizaron con el nombre de Lorenzo... Lorenzo Salazar.

Sopena fue generoso con Eduardo. Por su trabajo le pagó suficiente como para comprar unos terrenos a las afueras de Tamarite, en el camino de Albelda; unas tierras de poco más de tres hectáreas, que su antiguo propietario dedicaba al cultivo de alfalfa. Y, entre él, Catalina, y un vecino, Emeterio Ruiz de "Torre Dolorosa", que en sus ratos libres ejercía como albañil, construyeron una pequeña casa de una sola planta, que constaba de dos habitaciones, una cocina y un conejar.

Le dieron el nombre de "Torre Alfals".

CAPÍTULO X
El puente

1. Un juramento.

«¡No me pidáis que haga aquello que sólo me corresponde por ser vuestro hijo!, lograréis que jure lo que no soy capaz...
¿Acaso os creéis mayor que Dios?.. ¿Acaso me veis mayor que a una simple pulga?»

PEDROLA (Reino de Aragón). Primavera de 1581.

Era un hombre menudo, calvo y de nariz prominente. Dijo llamarse Rafael García, y así le fue presentado a Fernando. Vestía hábitos de monje y tenía una ligera artrosis en sus trémulas manos. Su edad era imposible, quizás cuarenta o cincuenta años, tal vez más.

No quiso tomar asiento, como si permaneciendo de pie durante largo rato, quienes le recibían, fueran a deducir de inmediato que era un anacoreta, aunque su humildad distaba mucho de la de estos. *«¿Sólo precisa reconocimiento aquel que cree ser lo que no es?»*

El joven Martín y Francisco le miraron de arriba abajo, como quien viera una cercana ánima.

Poco después se unió a ellos Fernando.

No aceptó la copa de vino que le ofreció la sirvienta, ni el vaso de agua que le sirvió Francisco. Se limitó a observarles desde su falsa posición de elevado misticismo, tan poco creíble como su pretendido desapego, y dijo:

—Vuestro padre esta algo decaído.

Fernando le miró con suficiencia. Aquel frailecillo le resultaba desagradable, y su presencia terriblemente incómoda. Había algo en él que le desagradaba. Probablemente era porque el tal fray Rafael fue, años ha, uno de los teólogos más reputados del Santo Oficio que, al igual que don Martín, decidió retirarse al monasterio de Nuestra Señora de Veruela, sin renunciar a sus hábitos de dominico. Sin duda, Fernando percibió la soberbia que solía caracterizar a los miembros de las altas jerarquías eclesiásticas.

—¿Decaído? —preguntó Martín—. ¿A qué os referís con decaído?

—No creo que tarde mucho en reunirse con Nuestro Señor.

El fraile les dijo que había aprovechado su viaje a Zaragoza para comunicárselos, porque: *«creí que debíais saberlo».*

Fernando y Francisco se pusieron en marcha rumbo al monasterio de Veruela, donde llegaron un día después de que fray Rafael les comunicara la enfermedad de don Martín. El mediano, Martín, se quedó en Pedrola, para poner orden en no sé qué asuntos.

MONASTERIO DE VERUELA (Reino de Aragón).

Los dos jóvenes fueron conducidos por el prior hasta la celda de don Martín. Su padre estaba agonizando.

La primera impresión fue terrible. El conde estaba más delgado de lo que ya era de por sí, sus ojeras eran dos enormes bolsas ennegrecidas que hundían sus ojos opacos hacia el interior de un cráneo reseco apenas cubierto por una pelusa grasienta. Su piel era lívida y fláccida hasta el extremo de aparentar un pergamino macilento sobre el velador de un poeta abandonado por sus musas.

—¡Me muero, hijos míos! —susurró Martín— ¡me muero sin haber podido legaros la paz y la estabilidad de la maldita Ribagorza!

—¿Por qué dice maldita, padre? —se extrañó Francisco.

—Nunca he pertenecido a aquellas tierras... Y tal vez jamás deberían haber sido sometidas a un hombre incapaz de sentir en sus carnes el amor que merecen... Ribagorza fue mía. Ahora os corresponde a vosotros gobernar esa guarida de sediciosos y rebeldes.

—No le comprendo, padre —dijo Fernando—. Primero dice que jamás le perteneció, y ahora que fue suya...

—¿A quién ha de pertenecer una tierra?, ¿a los hijos de un conde bastardo del rey, que se la entregó como remedio a su pecado, o a quienes fueron paridos en ellas? Disfruté de los privilegios que me ofrecía el condado, con la condición de mantener la paz. ¡Soy un fracasado, hijos míos!

—Sólo fracasa aquel de quien dependen los acontecimientos y éstos acaban volviéndose en su contra —añadió Fernando— pero Ribagorza, la paz, sus gentes, jamás dependieron de usted, sino de los sediciosos que se hicieron con el poder sin más razón que sus armas.

—No quieras consolarme, hijo mío —sonrió don Martín—. Nacimos en un lecho de algodón, y nos vistieron con ropas de seda, y botas de cuero pulido. No conocimos camisa que no llevase encajes y chorreras y, sólo con abrir la boca, fuimos escuchados, aunque nuestras gargantas vomitasen necedades, y la gente nos obedecía... Dios quiso que naciéramos en el seno de la nobleza, motivos tendría para ello, sin duda. Pero ni siquiera la seguridad de que fue Él quien nos encomendó el cuidado de nuestra vida, nos exime de la justicia, de la piedad, de la autoridad firme, de la honradez o de la condescendencia... Y eso es lo que no hemos cumplido.

—¿Qué es lo que no hemos cumplido, padre? —preguntó Fernando—. ¿Acaso se culpa de los desordenes de Ribagorza?

—No, hijo... No es eso... Quiero que tú y tus hermanos devolváis la paz a Benabarre. Quiero que no resulten vencedores los sediciosos, ni que salgáis ganando vosotros mismos, sino el condado.

—Tal vez, si lo devolviéramos a la Corona de Aragón... —vaciló Francisco.

—¡Jamás! —se enfureció don Martín—. Devolver el condado al malnacido de Felipe sería como reconocer que Juan de Àger tiene razón... Dejar Ribagorza en manos de los sediciosos sería como sentenciarlo a muerte. Permitir que el condado volviese a formar parte de Aragón, sería la actitud más cómoda, la más cobarde e insensata.

—Pero evitaríamos muertes inútiles —añadió Fernando—. Si es eso lo que desean los benabarrenses, morir de hambre, vivir en un estado ácrata, la ruina, ¡allá ellos con sus conciencias!

—¿Qué importa la muerte de los ribagorzanos?, ¿qué importa su ruina, la anarquía? —musitó el duque—. Hay cosas más importantes que la vida, que los hombres, que un condado miserable... ¡El Honor! Prométeme, Fernando, que no descansarás hasta que el condado quede en paz, hasta que no haya sido reinstaurado el orden, nuestro honor, y que la hegemonía de los Aragón no pueda ser discutida nunca más, ni allí, ni en ninguna otra parte...

—Se lo juro, padre —dijo Fernando con la mano en el pecho—, muchas cosas hay en ese odioso pueblo que me atan... Demasiadas.

Don Martín murió aquella misma noche. Se apagó como la tenue llama de un candil sin apenas aceite, sin sufrimiento, sin decir una sola palabra ni proferir un solo lamento. Ni un recuerdo para doña María, para doña Luisa... ni una sola mención a su hijo Alonso.

Fue enterrado en el monasterio, tras un funeral, al que acudieron muchos nobles de Zaragoza, algunos de los señores de Ribagorza y otros tantos enemigos que se alegraron al verle bajo tierra.

Juan de Àger y Jerónimo Gil recibieron la noticia con salvas de sus arcabuces y golpeando sus jarras de vino malo, que acabó por someterles a un estado tal de embriaguez que sus consecuencias duraron, al menos, cuatro días; los mismos que tardaron en reunir a sus partidarios en consejo urgente.

Sabían que Fernando era un hombre triste y proclive a la melancolía, lo cual les hizo suponer que sería un conde débil y fácil de convencer, siempre y cuando lograse hacer efectivo su nombramiento.

Sin duda, la muerte de don Martín era una puerta abierta que, por fuerza, conduciría a Ribagorza hacia la dependencia de la Corona.

ZARAGOZA (Reino de Aragón)

Fernando se prometió, pocos días después de la muerte de su padre, con una dama de la corte de la emperatriz doña María de Austria, hermana del rey Felipe, llamada Johanna de Pernstein, impulsado por una enfermiza obsesión: agradar al monarca y conseguir, de ese modo, que tomara partido a su favor en el conflicto ribagorzano.

Felipe II se comprometió, en una carta remitida al nuevo duque de Villahermosa, a encontrar una solución inmediata, e instó a Fernando a reunirse con el virrey de Aragón, Artal de Alagón, conde de Sástago: un noble haragán, incapaz y manipulable, cuyas determinaciones, si es que tenía alguna, siempre iban encaminadas a conseguir un poder que no sabía administrar ni gestionar con imparcialidad.

El conde era un hombre culto, curtido en las armas y de oratoria exquisita. Iba impecablemente vestido, y sus cabellos estaban bien recortados, al estilo de la corte.

—Vos diréis —dijo el virrey, algo tenso, aunque disimulando su inquietud en un forzado hastío.

—Conocéis perfectamente los motivos que llevan a reunirme con vos —dijo Fernando, algo molesto por la falta de interés del de Sástago—, así que intentaré ser lo más claro que me sea posible... Al morir mi padre debería haber recibido como herencia todos los títulos que él ostentó. Sin embargo, todavía no me ha sido entregado el condado de Ribagorza, ni me ha sido permitido cumplir con el protocolo de investidura como tal.

—¿Acaso no son suficientes vuestros honores como duque de Villahermosa y señor de Pedrola y Gurrea? —dijo Artal con cierto desprecio—. ¿Qué tiene ese secarral que tanto deseáis los Aragón?

—¿No lucharíais vos por defender vuestros derechos si os fuera arrebatado el título de conde?

—El título de conde de Sástago es como el de duque de Villahermosa —sonrió el virrey— un simple legajo nobiliario... Pero Ribagorza no es un mero papel con el que poder lucirse frente a la aristocracia. Es un feudo... Conozco el Reino de España, y os aseguro que el caso de Ribagorza no tiene parangón. sólo hay un par de condados en la Corona de Aragón que aún mantienen sus privilegios feudales.

—Yo no hago las leyes. Y yo no fui quien otorgó el gobierno del condado a los Gurrea. Sólo soy un hombre que reclama lo suyo.

—Ni yo estoy en condiciones de restituiros el condado, ni nadie en Aragón desea que lo haga, y no creo que esto sea un secreto para vos.

—Ciertamente, me consta que vos jamás tomáis una iniciativa sin consultar antes con el rey.

—¿Estáis insinuando que soy un pelele? —protestó Artal ofendido—. ¡No consentiré que me humilléis en mi propia casa!

—Vos podéis vindicar mis derechos ante Felipe —prosiguió Fernando haciendo caso omiso de las censuras del virrey— de hecho, fue él mismo quien insistió en que debía reunirme con vos.

—¿El rey Felipe? —rió el de Sástago—. Si por él fuera, ese condado haría decenios que formaría parte de la Corona. Si ha mirado a otro lado cuando el conde de Chinchón financiaba a los sediciosos será por algo, ¿no os parece?

—Algo de eso había oído.

—Las cosas no son tan simples como creéis, ni las soluciones tan sencillas, noble duque. Pedís que os sean admitidos los homenajes, no de conde, sino de príncipe feudatario, y nuestro rey peca, tanto de prudente, como de megalomanía. «En su Reino jamás se esconde el sol». ¿Cómo va a permitir que un miserable condado, dentro de su propio reino suponga una mácula en su poder infinito?

—No es una cuestión de orgullo, sino de justicia.

—La justicia es algo muy subjetivo, joven Gurrea; lo que para vos es justo, puede no serlo para el rey... Y no olvidéis que es él quien tiene la última palabra.

—¿Hablaréis con Felipe?

—No confiéis en ello... Ni yo estoy capacitado para otorgaros lo que pedís, ni el rey está por la labor de atenderos.

Fernando, al ver que el conde de Sástago le había despedido con evasivas, decidió enviar una embajada ante el rey Felipe II, encabezada por su propio hermano, Francisco, que no fue recibida por el monarca. Después otra, y otra... así, hasta cuatro embajadas. Cuando la paciencia de Fernando estaba a punto de desquiciarle, decidió, sin saber siquiera él mismo por qué lo hacía, recibirlo durante unos pocos minutos, que se saldaron con una promesa poco creíble por parte de Felipe, en la que se comprometía a estudiar el asunto, pidiendo informes sobre la situación del condado a los ministros reales y a los nobles aragoneses para que le mantuvieran al corriente sobre el estado de las cosas.

Ninguno de aquellos, a los que el rey pidió explicaciones, se dignaron visitar Benabarre, y el propio virrey de Aragón, el conde de Sástago, se limitó a redactar un informe en el que podía leerse:

«Los ribagorzanos, en su gran mayoría, desean que sean revocados los privilegios feudales de su condado, jurando absoluta lealtad a Su Majestad, y reniegan del conde don Fernando de Gurrea Aragón y Borja, lo cual provoca altercados y luchas intestinas que mantienen Ribagorza en harto ruin estado. Para evitar tales revueltas, la única solución sensata sería desposeer al duque de Villahermosa de dicho condado, abolir los privilegios feudales, disolver el Consejo General, y poner al frente del condado a un hombre de incuestionable lealtad a la Corona de España».

El informe dejaba claras las intenciones del conde de Sástago, que veía en aquel asunto una excusa perfecta para hacerse con los privilegios que le otorgaría el título de conde de Ribagorza.

2. *El Joven de Largos Cabellos.*

«No me preocupa quién eres o qué quieres, no...
Si pudiera elegir, preferiría ver tu sonrisa, sentir tus manos, escuchar tu aliento... ¡Me
siento tan sola!»
TAMARITE DE LITERA (Reino de Aragón). Principios de 1582.

La vida, y el hombre como ser supeditado a ella, como individuo que se transforma de modo constante, experimenta un fenómeno realmente curioso. La pequeña Isabel, sin ir más lejos, a los pocos días de nacer era el vivo retrato de Fernando. Sin embargo, entonces, a punto de cumplir ocho años, tenía los mismos ojos que su abuela Jacinta, pero la boca era idéntica a la de Catalina, y su nariz, algo más respingona, seguía siendo la de los Gurrea. Aunque algo más larguirucha y delgada, su figura era similar a la del conde: desgarbada y estirada. Sus cabellos eran rojizos, como los de su difunto abuelo Juan, y su blanca piel estaba moteada por infinidad de pecas marrones, que le daban un aspecto de niña pícara y traviesa, que no iba en desacuerdo con su carácter irascible.

A finales del año anterior, Eduardo había dado por concluidas las obras en Torre Alfals, añadiendo a las dos habitaciones primitivas una nueva, pues Isabel no soportaba la presencia de Eduardo, y mucho menos cuando se acostaba con su madre. Tampoco a Catalina le gustaba demasiado que Isabel observara todos sus movimientos cuando Eduardo yacía sobre ella; aunque sabía que a su marido no le importaba demasiado ser espiado mientras hacían el amor, incluso llegó a pensar que disfrutaba sabiendo que la niña no apartaba sus ojos de su cuerpo desnudo, sudoroso, moviendo la pelvis sobre su inerte cuerpo. El hombre sólo accedió a ampliar aquella casa cuando Catalina se negó a que la tocara en presencia de la pequeña.

Yacer con Eduardo, tal vez él mismo, cada día le repugnaba más, hasta el punto de que, para evitar las arcadas, imaginaba que no era con su esposo con el que estaba haciendo el amor, sino con Fernando.

Isabel, aquel día húmedo y terrible, salió de la casa muy temprano.

Al principio lo hacía cada vez que Catalina discutía con Eduardo pero, ya que las peleas entre ellos eran continuas, aquellas huidas se convirtieron en una costumbre. Quizás sólo buscaba algo de intimidad, o librarse de la presencia de aquel padrastro estúpido, malhumorado y lascivo que, casi a partes iguales, la detestaba y deseaba, pese a que sólo era una niña a la que tan siquiera habían empezado a despuntar sus pechos... Aquel día, sin embargo, huyó de Torre Alfals, aterrada ante los gritos y amenazas que Eduardo le profería a Catalina, y le culpaba, como era su costumbre, de la anormalidad del pobre Lorenzo.

Anduvo durante un buen trecho, hasta el límite de Torre Alfals. Allí, junto al mojón que delimitaba las tierras de Torre Dolorosa, había un enorme castaño de tronco ancho y ramas infinitas. Trepó hasta lo más alto, buscando una paz imposible en aquella casa de locos. Aquel árbol se hacía convertido en su reducto privado, en el que daba rienda suelta a su fantasmagoría, e imaginaba ser una gran dama de la corte, o el vigía de un castillo señorial e inexpugnable. Se sentó a horcajadas sobre una fornida rama, y observó. Siempre estaba contemplándolo todo, escrutando cada una de las fincas colindantes, los movimientos de los labradores allá a lo lejos, los paseos de los caminantes y a los peregrinos despistados que habían perdido su piadoso camino. No sabría decir si aprendía algo de su curiosidad enfermiza, o sólo era mero entretenimiento, desahogo o evasión, pero era evidente que disfrutaba de aquel aislamiento.

Ese día no tuvo demasiada suerte; los campos estaban baldíos, en espera de que los labradores sembraran en ellos las semillas de las parábolas, y los transeúntes, resguardados en sus casas o en la posada de Elías, aguardaban que el clima se volviera algo más suave.

De todos modos, de haber existido un mínimo movimiento humano en aquellas tierras, la persistente niebla, que llevaba ya dos días acuartelada en Tamarite sin visos de querer abandonar su placentero lecho, le hubiera impedido ver más allá de diez pasos. No importaba. Allí, encaramada en lo alto del castaño, se sentía bien, como si una mano invisible le acariciase y la sumiera en una profunda paz.

Ni siquiera sentía frío.

El frondoso árbol le sirvió de cobijo durante algo más de una hora, recreándose en sus infinitos pensamientos, imaginando que era la esposa de un hombre importante, una dama de la aristocracia, o una santa, virgen y mártir...

Y en eso estaba, perdida en sus deseos inalcanzables, cuando un escalofrío recorrió todo su cuerpo.

Instintivamente, giró la cabeza hacia su espalda. No vio nada fuera de lo común. Aquella sensación solía sobrevenirle con frecuencia, en los lugares más insospechados y sin motivo aparente. Sin embargo, aquel castaño parecía surtir un efecto estremecedor en la niña.

Poco después, y visto que nada había que pudiese satisfacer su curiosidad, cayó en el aburrimiento, y decidió bajar del castaño.

El escalofrío volvió a repetirse al llegar a las primeras ramas. Y con él, una extraña sensación. Le fue imposible determinar si se sentía observada, si veía cercano el peligro, o si era la niebla, que se había calado hasta sus huesos, la que le hacía temblar como un cachorrillo cobarde. Tuvo miedo, un pánico que la dejó paralizada. En cuanto sus pies sintieron la firme rugosidad del suelo, quiso salir corriendo, pero sus piernas no respondieron. Y una fuerza tan poderosa como insistente tiró de ella hacia arriba, una y otra vez, haciendo que su cuerpo se elevase más de un palmo del suelo. Después, la dejó caer.

Isabel se echó a llorar, y pidió socorro, pero, si había alguien allí, estaba demasiado alejado como para poder escucharla. Intentó levantarse, pero aquello, lo que quisiera que fuese, la mantuvo inmóvil. Lo que parecía una incursión del infierno en el mundo de los justos, duró hasta que, tal vez por aburrimiento, la dejó ir, aunque su invisible captor no le permitió que anduviera un solo paso. Todo se volvió confuso, como en esos sueños en los que un ser sin rostro ni forma nos persigue y somos incapaces de avanzar; sólo que, en los sueños, jamás nos dan alcance, e Isabel estaba segura de que aquello ya la había atrapado.

Así permaneció varios segundos, que le parecieron una eternidad. Al fin se sintió arrastrada hacia el castaño y, como si tiraran de sus hombros, dio media vuelta, y quedó de cara al rugoso tronco del árbol.

Ya nada parecía amenazarle, aunque se sentía apresada. Sin embargo, y aunque esto parezca un absurdo, sintió una paz profunda y verdadera, como jamás la había sentido.

Levantó la vista hacia la copa del castaño, y vio un gran aro de luz blanquecina, difuminada por la niebla. Poco a poco, aquella luz fue haciéndose más densa ,y de su interior, surgió una imagen; al principio como formada por la propia niebla y después, algo más definida, para al fin crear una forma humana consistente. Era un hombre joven, bellísimo, de piel blanca y largos cabellos rubios, sueltos sobre sus hombros, ojos rasgados, y vestido con una extraña túnica de color plateado y brillante.

—No tengas miedo, Isabel —dijo el joven—. No voy a hacerte ningún daño... Eres una niña muy hermosa, ¿te lo habían dicho alguna vez? —Isabel sacudió la cabeza. Nunca había escuchado de los labios de nadie, ni siquiera de los de su madre, que era una niña bella—. Pues eres realmente guapa —Isabel sonrió ruborizada.

—¿Eres un fantasma?, ¿San Salvador?... ¿Cristo?

—Sólo quería conocerte y ser tu amigo —el hombre alargó su mano— ¿somos amigos?

Isabel asintió cogiendo los suaves dedos de aquel extraño ser. Eran largos y delgados, aunque nada huesudos, blandos o resbaladizos. El hombre apretó su mano con firmeza, aunque sin oprimirla demasiado; como quien coge un pajarillo entre sus dedos. Isabel se sintió segura.

—Te prometo que volveremos a vernos —dijo al fin el joven, con una amplia sonrisa iluminando su resplandeciente rostro.

Sin saber como, aquel hermoso joven se hizo vapor y se confundió con la niebla. Y en la mente de Isabel quedó la extraña sensación de haber sido henchida de ideas y mensajes imposibles de comprender o concretar, y un consejo: *«No le cuentes a nadie lo que has visto»*. Así se lo prometió a si misma, aunque dudaba que al llegar a Torre Alfals se acordara de aquel juramento.

Eduardo ya se había calmado. Con toda seguridad, Catalina desenterró sus armas de mujer, le sedujo, e hizo que su ira se desvaneciera copulando hasta dejarle exhausto.

Isabel entró en casa acogotada, pegando su espalda contra la pared.

—¿Me tienes miedo, niña del demonio? —preguntó Eduardo, con un sarcasmo rebosante de odio—. Suerte tienes que tu madre se abra de piernas siempre que yo quiero. De no ser así, tú, tu madre y ese maldito crío lisiado, viviríais debajo del puente y esa miserable niebla os pudriría los huesos.

—¿Por qué no la dejas en paz? —se enfureció Catalina—, ¿qué te ha hecho?, ¿por qué la odias?

—Algún día tendremos un disgusto por culpa de esta bastarda —sonrió—. Tu hija habla con demonios, y hace cosas que no pueden ser aceptadas por Dios.
—¿Qué te importa a ti Dios? —se extrañó Catalina—. Vas a misa porque te obligan las buenas costumbres de don Segismundo y porque si no serías señalado con el dedo... Pero eres un... No hubieras dudado en asesinarme si...
—No te asesiné, ¡estúpido de mí!, por que tienes unas piernas preciosas —rió Eduardo—. ¡Cuándo engordes y te vuelvas una vieja fláccida, volveré a pensar en esa posibilidad! En cuanto a ti —miró a Isabel—, cualquier día de estos te quemarán en la hoguera por bruja.
—¡Yo no soy una bruja! —lloró la pequeña—. Y tú eres malo.
—¿Malo? ¿Dices que soy malo, si no te he pegado una sola vez? —Eduardo levantó la mano y la amenazó, aunque sin llegar a golpearle.
—¡Tú mataste a "Yayo"!
—¡Maldita cría! —soltó su mano con rabia—. ¡Tú ni siquiera sabes quienes son tus abuelos!
—¡Tú le mataste!, ¡tú le mataste!
La mano de Eduardo golpeó una y otra vez la dolorida cabeza de Isabel, que cayó al suelo, llorando y suplicando que dejara de pegarle.
Catalina miró a su hija aterrada; Isabel no conoció a Jacinta, y mucho menos a Juan. Siempre había considerado a doña Francisca como a su propia abuela y para referirse a don Hilario, lo hacía como "Yayo", incluso aunque el anciano jamás demostró sentir el más mínimo aprecio por la pequeña. Isabel no tenía la insana costumbre de acusar a nadie sin fundamento, y era evidente que poseía la facultad de predecir acontecimientos futuros. De hecho, la pequeña había predicho, hacía algunos años que la nieta de los Ariño moriría. Y una extraña y absurda profecía en la que aseguraba que Catalina, algún día no demasiado lejano, volvería a reunirse con su verdadero padre, cuando nadie le había dicho que no era hija de Eduardo. Catalina prefería pensar que todos aquellos aciertos se debían a la casualidad, a un exceso de imaginación infantil, que le hacía fantasear con cuestiones que, gracias al azar, acababan haciéndose realidad.
Pero no podía olvidar una de aquellas premoniciones, tal vez la más inverosímil. Pocos meses antes de que Eduardo asesinara a don Hilario, Isabel aseguró que su padrastro iba a comprar unas tierras donde construiría una torre. Catalina se convenció de que aquello no era más que el inocente juego de una niña con grandes aspiraciones, cuyo deseo era que sus padres poseyeran un hogar propio, hasta que, sin saber de qué modo, su marido recibió una importante suma de dinero que le permitió comprar Torre Alfals. Catalina jamás preguntó de dónde habían surgido aquellos ducados, tal vez temía enterarse de que Eduardo no era todo lo honrado y respetable que él decía; y la insistencia de Isabel le hizo sospechar de su esposo.
—¡Basta ya! —gritó Catalina, agarrando a la niña por las orejas y sacándola fuera de casa— ¿Por qué dices eso de tu padre?

—¡Ese hombre no es mi padre!
—Pero es quien nos alimenta y da cobijo... ¡No tienes ningún derecho a decirle esas cosas!
—Él dice que soy mala, y no lo soy... Yo no miento y me reprende, y él miente y deja que duerma en su cama, ¿por qué?
—Porque Eduardo es mi marido, te guste o no. Y no respetarle es pecado: *«Honrarás a tu padre y a tu madre»*.
—¿Y no es pecado mentir? —preguntó la niña entre sollozos.
—¡Se acabó, Isabel! Te quiero mucho, porque eres mi hija. Pero, como sigas diciéndole esas cosas a tu padre, te aseguro que te echará de casa, y yo no haré nada para evitarlo.
—No tengo miedo, madre —sonrió la niña— porque si no me quiere, el "Joven de Largos Cabellos" se ocupará de mí.
—¿Quién es ese Joven de Largos Cabellos? —Catalina temía la respuesta, pero aún así, formuló la pregunta.
—No lo sé —se encogió de hombros—. Vive en el castaño.
Catalina ni siquiera le escuchó. Sabía que su hija decía la verdad, que había visto algo extraño, pero no quería oírlo. Mosén Arcadio dejó claro que, si Isabel volvía a ver seres de otro mundo, sería llevada ante el Santo Oficio, o daría parte al obispo. Y, tanto la Inquisición como los simples sacerdotes, consideraban cualquier anomalía a la que no pudieran dar una explicación coherente y consecuente con sus creencias apostólicas, como una desviación grave en el ejercicio de la fe cristiana, y acusaba, a todo aquel que se alejase mínimamente de sus postulados, de brujería, posesión demoníaca o herejía. Isabel, sin duda, no corría el peligro de ser enviada a la hoguera; teóricamente, a los ocho años, no podía ser bruja ni hereje, pero sí podían acusarla de hablar con demonios, lo que la convertiría en una posesa.

Aquella misma primavera, Isabel recibiría la primera comunión, hecho algo insólito ya que todas las demás niñas de Tamarite ya la habían recibido a los cinco o seis años, y los ocho era la edad en la que solía celebrarse la confirmación, aunque había casos en los que esta se celebraba a los tres o cuatro.

Sea como fuere, Isabel veía, oía y sentía cosas que la Iglesia no estaba dispuesta a consentir; no se sabe muy bien si por miedo a que un simple mortal echara por tierra el Imperio Vaticano que se había desarrollado al amparo de una doctrina, la de Cristo, en la cual ni siquiera él mismo estaría de acuerdo, o porque su constante enemistad con algunos hombres de ciencia, filósofos, humanistas y pensadores, les había vuelto como ellos.

3. La catequesis.

«Yo soy capaz de verte, y los hombres me ignoran...
Y a aquella pobre mujer la asesinaron por ello, y no podía sentirte.
Un pintor consiguió dibujar tu rostro sobre una bóveda, y los hombres le auparon a lo más alto.
Sí, si yo fuera capaz de esculpirte en mármol inerte, sería considerada una gran maestra...
Pero como mis manos son torpes, mi genialidad será el silencio.»
TAMARITE DE LITERA (Reino de Aragón). Principios de 1582.

Mosén Arcadio, devoto impenitente del pecado capital, había delegado en un joven diácono llamado Andrés la catequesis de los más pequeños. El diácono era un hombre de escasas luces, que a duras penas había conseguido aprenderse los Mandamientos de memoria, que sólo sabía leer el latín, más por insistencia que por comprensión y que veía fantasmas, espíritus, demonios y pecado allá donde nadie era capaz siquiera de imaginarlos. Ese modo de ser era ciertamente preocupante. Catalina temía, no sin motivos, que Isabel pudiera contarle a aquel devoto, de fe ciega y escasa inteligencia, alguna de sus visiones de sombras o del Joven de Largos Cabellos.

Pocos días después de que la pequeña tuviera aquella visión, Andrés reunió a todos los niños catecúmenos, los sacó de la sacristía y los llevó hasta la plaza del ayuntamiento, donde se concentraban gran cantidad de tamaritanos.

En el centro de dicha plaza había un montón de leña, apilada alrededor de un mástil.

—¿Qué es eso? —preguntó Isabel. Andrés clavó su mirada perdida en la pequeña, y le hizo un gesto para que se acercara.

—Mira bien esa hoguera —susurró señalando la pila con su mano escondida bajo el sayo, para que nadie percibiera que estaba apuntando con el dedo, pues, según decían, daba mala suerte—. Eso es lo que les pasa a las niñas como tú cuando se hacen mayores.

—¿Como yo? —Isabel se encogió de hombros.

—Tú ves fantasmas y demonios... ¡de mayor serás una bruja!

Aquella palabra se quedó grabada en su cabeza, como un eterno eco que jamás cesaría *«¡Bruja!, ¡Bruja!»*. Se la había oído decir miles de veces a Eduardo, y creía que sólo se trataba de un insulto, pero en los labios de Andrés adquirió un tinte de sentencia, de juicio, de muerte. Había oído hablar de mujeres que maldecían a sus enemigos, que provocaban enfermedades y hacían que se perdieran cosechas enteras. Los niños aseguraban haber visto a la anciana Pancracia volar sobre un tronco de castaño, la noche de San Juan. Pero ella era incapaz de hacer enfermar a nadie, ¡ojala! Si tuviese esa facultad Eduardo haría ya mucho tiempo que serviría como alimento a los gusanos. Lo de las cosechas ya no lo tenía tan claro, pues hacía poco más de un año deseó que un cañaveral que había crecido junto a unas zarzas que daban moras más grandes que las bellotas, y que le impedía acceder hasta ella, se secara y muriera. Pocos días después, Eduardo le prendió fuego, no por facilitarle la tarea a su hijastra, sino porque se habían extendido hacia su huerto... Y el cañaveral desapareció; ¡lástima que con él, también se echó a perder el zarzal! No estaba segura de que fuera aquello a lo que se refería el diácono; lo que sí sabía era que no podía de volar, ni sobre una escoba, ni en el lomo de una lechuza, ni sobre cualquier otro artilugio. También decían los niños que había un fantasma en una casa abandonada en las afueras de Tamarite, a la que llamaban "El cau de las serps"[24], y que muchos aseguraban ver el alma en pena de una mujer que había matado a sus dos hijos y que Dios no le permitía entrar en el Cielo ni Satanás en el Infierno; pero ni había fantasmas, ni mujeres asesinas, ni nada fuerza de lo corriente, excepto unas feroces ratas gigantes a las que ni siquiera los gatos más bizarros osaban enfrentarse.

Poco después, un murmullo sirvió como preámbulo a la aparición de una decena de sacerdotes y dominicos, que portaban unas cruces, asidas con ambas manos frente a sus rostros, y que canturreaban oraciones en latín. Tras ellos, un par de bueyes fornidos acarreaban un carromato, una jaula de hierro con ruedas, entre cuyos barrotes se podían distinguir las formas de una mujer sucia y andrajosa que se agarraba con fuerza a los barrotes contrarios a la posición que ocupaban los catecúmenos.

Isabel apenas podía ver; y eso que era una niña muy alta para su edad. El gentío se agolpaba alrededor de la pira, como carpas en busca de un pedazo de pan seco.

Se separó de los catecúmenos y subió al mojón del lavadero.

Desde allí pudo observar a la multitud inquieta, enaltecida, tal vez excitada, aunque en tímido silencio. Incluso las mujeres que se decían más devotas y piadosas habían abandonado los quehaceres del hogar, los pucheros y las escobas para asegurarse un lugar privilegiado, frente a la hoguera, donde, con un poco de suerte, tendrían la dudosa distinción de poder ver con todo detalle las muecas de dolor de la ajusticiada... En el balcón del ayuntamiento, algo contenidos, aunque evidentemente complicados, se encontraban las autoridades civiles: el anciano alcalde, don Pancracio Soriano, el jurado principal, una decena de jurados, don Segismundo Sopena y Eduardo, que parecía ansioso por que diese comienzo el espectáculo. Isabel giró la cabeza y miró hacia otro lado; la sola presencia de su padrastro, aunque fuera a lo lejos, le crispaba los nervios. Por nada del mundo desearía que él la viese allí. Anduvo unos pasos sobre el mojón, y se situó en la parte contraria al ayuntamiento.

El tétrico cortejo llegó a la altura del montón de madera y paró.

Un hombre grande, con el rostro escondido tras una capucha, similar a la que utilizaban algunos nazarenos en la procesión de Viernes Santo (y que le servía

---

[24] La cueva de las serpientes.

de bien poco, pues todos sabía que se trataba de Toñet el Presidiari), acercó una escalera de madera al carromato, y abrió la portezuela.

Varios soldados, guardias y espadas, se acercaron al carromato y aguijonearon con palos a la pobre mujer, como si se tratara de un gorrino llevado al matadero. La rea se apartó de los barrotes dolorida. El verdugo mandó que abriesen la puerta. Entró en la jaula, agarró la larga melena de la bruja y la sacó afuera arrastrándola.

La muchedumbre murmuró, sin llegar al griterío.

El Presidiari subió a la mujer hasta lo alto del patíbulo, y la ató al mástil de pies y manos, apartando la escalerilla a continuación. Encendió una antorcha con dos pedernales, y se quedó quieto, a un lado de la pira.

Fue en aquel preciso instante cuando los tamaritanos reconocieron a la mujer. Era la "Palometa"; una solterona que quedó huérfana a los diez años y que fue sirvienta en la casa de don Arsenio Lloret. Según parece, la pobre mujer perdió la sensatez por culpa de una enfermedad que, como era pobre y no podía permitirse pagar los servicios de un médico, jamás llegó a ser diagnosticada ni tratada. La Palometa solía pasear desnuda por las calles de Tamarite, y gritar y jurar contra los curas y las monjas, a los que, en infinidad de ocasiones, había pedido caridad y se la habían negado. Según contaban las malas lenguas, había maldecido a mosén Arcadio, jurándole terribles sufrimientos y la inevitable desmembración de su cuerpo (cosa que jamás se produjo), y muchas de sus vecinas la habían denunciado porque creían que su actitud era perjudicial para la salud moral de sus esposos e hijos.

Cuando la detuvieron, nadie, ni siquiera los inquisidores, veían en ella a una bruja, sino a una insensata. Cuando la interrogaron, ella negó todos sus cargos, aunque admitió que era un poco bruja. Suficiente motivo, según el Santo Oficio, para ser "relajada en persona" (Curioso modo de denominar la ejecución en la hoguera).

Ninguno de aquellos inquisidores movió un sólo músculo cuando la mujer pidió clemencia.

—¿Reconoces ser bruja? —preguntó el padre Cano, el inquisidor.

—¡No, no soy bruja, rata asquerosa! —lloró la Palometa.

—Si reconoces tu culpabilidad, serás degollada antes de morir... De lo contrario, sentirás como tu cuerpo se consume ahora, aquí en la Tierra, y por los siglos de los siglos en el Infierno.

La Palometa recordó el horrible dolor que le produjo la barra de hierro al rojo vivo que los inquisidores le obligaron a coger para demostrar su inocencia... No quería volver a pasar por ello.

—Sí —gritó— soy bruja, ¡maldita sea! Nací bruja, porque mi madre fornicó con Belcebú, y siempre lo he sido. Hice que las "pedregadas"[25] destruyeran las

---

[25] Granizadas

cosechas de Pepito Alastruey, e hice un conjuro para que muriera el hijo de Tomasa la "Soleta"... ¡Sí, soy bruja!, ¡Soy bruja!

—¿Y te arrepientes de ello, hija? —preguntó el padre Cano en tono forzadamente clemente y conciliador, como si le estuviera impartiendo el sacramento de la penitencia.

—Sí, padre. Me arrepiento.

—Sea, pues...

El inquisidor hizo un gesto con la cabeza y Toñet el Presidiari volvió a subir hasta lo alto de la pira. Sacó un puñal de su cinturón y esperó una nueva orden del inquisidor. El dominico elevó uno de sus dedos, y el Presidiari sesgó el cuello de la mujer.

La Palometa ni siquiera gritó. Su cuerpo se deslizó por el mástil, y quedó, medio sentada. sobre los leños, estremeciéndose durante unos segundos, hasta que quedó inerte, con la cara cubierta por su espesa melena enmarañada.

El Presidiari acercó su antorcha y, con ella, prendió la paja y las ramas secas de la parte inferior de la hoguera.

En pocos segundos, la pira ardió con un tiro infernal.

El gentío empezó a marcharse, decepcionado. Querían ver a la Palometa retorciéndose de dolor, entre las llamas de su propio pecado; llamas en las que, sin duda, se consumiría eternamente. Ni siquiera el olor a carne quemada consiguió aliviar la decepción de aquellos hombres y mujeres, convencidos de que la muerte de aquella mujer había sido una cuestión de justicia divina.

Ya se habían retirado todos, incluso el diácono Andrés con el resto de catecúmenos, cuando las llamas alcanzaron el cabello de la ajusticiada. En la plaza sólo quedaron Isabel y una decena de mujeres, en un corrillo bajo el balcón del ayuntamiento, que aprovecharon aquella siniestra reunión para ponerse al día en sus chismes y justificar la complacencia con la que habían asistido a la ejecución de la pobre mujer con palabras tan elevadas de equidad divina que ni siquiera ellas comprendían.

Eduardo fue uno de los que más sintieron en sus carnes la decepción. Isabel sabía que jamás iba a olvidar la expresión cruel del rostro de su padrastro, y el mohín de infinito desprecio que dibujó su amarillenta dentadura cuando el Presidiari cortó el cuello de la bruja.

Isabel bajó del lavadero y se acercó a la hoguera. Tardó poco más de dos horas en consumirse. Cuando lo hizo, la pequeña observó aterrorizada como era un cuerpo desprovisto de carne. Y creyó ver en aquella calavera ennegrecida una expresión de cínico desprecio, como si la Palometa se mofase de los curas que la habían quemado.

Se sentó a pocos metros de las brasas, y se calentó las manos con los huesos ardientes de La Palometa...

Catalina, preocupada por la tardanza de su hija, supuso que se había quedado en la plaza, contemplando aquella distracción, tan trágica como absurda. La encontró sentada sobre una piedra, a escasos dos metros de la humeante fogata, con los ojos fijos en el cráneo pelado de la Palometa.

—¿Por qué no has venido a casa? —le inquirió Catalina. apoyando su mano derecha en el hombro de su hija—. Todos se han marchado ya, y tú aún sigues aquí... ¡Vámonos!

—¿Todos somos así por dentro? —preguntó Isabel.

—Supongo que sí —Catalina sólo había visto una vez un esqueleto, cuando desemparedó a la hermana Adela y surgieron del muro los huesos de varias mujeres, y no pudo hacerse a la idea de cómo serían si estuvieran colocados en su correcta posición.

—El diácono Andrés dijo que yo acabaría como la Palometa —susurró Isabel— porque dice que soy bruja —Catalina la miró aterrada—. ¿Soy bruja, mamá?

—No, Isabel. Ninguna niña es bruja...

—Pero el diácono dijo...

—Andrés es un ingenuo, con menos entendederas que un borrego.

Y la cogió de la mano, regresando a Torre Alfals, donde la pequeña pudo comprobar que la decepción de Eduardo era mucho más profunda de lo que había supuesto. Su temple, tremendamente irascible, le hizo pensar que su padrastro abrigaba un talante similar al que precedía la súbita explosión de sus emociones más bajas, cuando estaba a punto de levantar las faldas de su madre, bajar sus enaguas, y arrastrarla hasta la habitación.

4. Demasiado lejana para seguir esperándote.

«Los sueños...
¡Ah, los sueños!..
Te tuve tan cerca que podríamos haber sido un solo ser... ¡Qué tópico es el amor!
Soñé tus caricias, tu piel, tus labios... Pero sólo fueron eso, sueños.
Y yo no me alimento de ilusiones.»

PEDROLA (Reino de Aragón). Primavera de 1582.

Johanna de Pernstein no era una mujer excesivamente hermosa, aunque no podía decirse que resultara fea o poco atractiva. Pero eso importaba poco en un matrimonio de conveniencia. Su educación era exquisita, tal vez excesivamente amanerada, que le hacían parecer frívola sin serlo, y de una discreción y diplomacia fuera de toda duda.

Fernando estaba cansado, harto de los problemas de Ribagorza y de su terco empeño por querer involucrarse en los asuntos políticos de Zaragoza, que empezaban a hacerse insostenibles. Estaba harto de tener que seguir esperando a que su vida tomara un rumbo diferente al que su apellido le obligaba desde el mismo día en que nació.

No era ni cura por decisión, ni duque por vocación. No era nada, ni siquiera un esposo amante de su mujer. Se sentía estúpido, enamorado de un sueño que sólo seguía latiendo por una esperanza sin mayor fundamento que sus corazonadas. Si Catalina seguía viva, y él sentía que así era, el tiempo se habría ocupado de que ella se olvidara de él. Estaría casada con algún hombre honrado y tendría cuatro o cinco hijos de su nuevo amor. Sintió que sus entrañas se revolvían, como se revolverían en el Limbo los hijos que nunca tuvieron.

La ceremonia que les había unido en matrimonio al final del invierno anterior, fue un suntuoso alarde de poder político y económico, al que acudieron los altos cargos de la corte, incluso sus más acérrimos enemigos. El rey fue invitado, pero se excusó alegando que los terribles dolores que le producía la gota le impedían viajar.

Le entristeció muchísimo que su padre, don Martín, no hubiera vivido lo suficiente como para verle casado con una mujer que, sin ningún tipo de duda, hubiera sido de su total agrado. Tampoco acudió monseñor Roberto Domínguez, ni su tío Ramiro; el primero sucumbió al ácido úrico tres meses antes, y el segundo, aquejado de un corazón enfermo por sus excesos de juventud, murió un par de semanas después de que Fernando contrajera matrimonio.

Benabarre estaba desierta de nobles, la mayoría habían huido a Graus, Campo y Benasque, y parecía que esta fuga aplacó la ira de los rebeldes. Sin embargo, Fernando no había perdido la esperanza de recuperar el condado. Incluso estaba dispuesto a asumir el coste, humano, económico y político que supondría una nueva campaña ribagorzana. Había algo en su cabeza que difícilmente hubiera sido justificable de provenir de una mente sensata. El joven Gurrea no era un irresponsable, ni siquiera un insensato, pero sí un hombre obsesionado con el honor, la justicia, y Aragón.

Cada día pensaba más en Catalina, de un modo rayano en la ofuscación: *«¿Qué aspecto tendrá, después de tantos años?, ¿Me recordará?»*... Y un sueño de juventud volvía a arrebatarle el descanso. Al principio fue una niña, un bebé de cabellos rojizos, quien le atormentaba en el duermevela. Le llamaba "padre", poco antes de asestarle una puñalada en el pecho... Pero aquella niña pelirroja fue creciendo con los años, a medida que el rostro del joven conde se convertía en un pergamino reseco y escrito con la pluma de un porvenir nada complaciente. Ahora, a sus sueños acudía una criatura de ocho o nueve años, a la que llegó a aborrecer casi tanto como al sedicioso Àger. Insoportablemente íntima, cercana... tan propia que no podía hacer otra cosa sino amarla u odiarla.

Aquella noche la niña no acudió a su habitual cita en el duermevela, ni en el sueño posterior, sino un extraño fraile benedictino de ojos nublados y apagados.

Despertó de un sobresalto, y se quedó quieto, tendido sobre la cama, sin atreverse a mover un solo músculo. A su lado escuchó la respiración pausada y calmosa de Johanna.

Intentó girar la cabeza hacia el lugar del que procedía el susurrante aliento de su esposa, pero no pudo moverla. No sentía los brazos ni las piernas. Creyó levantar sus manos y acercarlas a su cara. Sentía el tacto, pero estas no se movieron. Abrió los ojos, o quizás no, y comprobó aterrado que sus dedos eran un reflejo luminoso de color blanco azulado, como si estuvieran formados por pequeños rayos apagados. Sin embargo, aunque aquellas manos parecían las garras de un ser fantasmagórico, no tuvo la menor duda de que eran las suyas propias o las de su alma. Era extraño; las prolongaciones luminosas tenían la misma sensibilidad que las de carne; incluso notó el perfil de su nariz al acercarlas a su rostro, la suavidad de las sábanas, y la tersura de la piel de Johanna al intentar acariciarla.

Su corazón se aceleró: «*¡Esto es la muerte, sin duda!*», y su respiración se hizo rápida y dificultosa, aunque no intuía mayor peligro que el de ser desposeído de todo lo que le era humanamente conocido. Aquel estado duró apenas un par de minutos, tras los cuales, sintió una paz que le era imposible en vigilia.

Quiso levantarse de la cama, pero una fuerza sobrehumana tiró de él hacia el colchón, como si la cama le hubiese apresado con grilletes invisibles, como si lo absorbiera, y esto le asustó, paralizándole durante varios minutos. Sus manos, sin embargo, todavía sentían el tacto suave de las sabanas, y sus ojos percibieron la tenue luz de la luna llena, que penetraba por las rendijas de la ventana.

Desistió en su empeño de incorporarse, y permaneció allí, quieto, esperando que aquel estado, que él acabó considerando una especie de señal, le condujese hacia algún lugar, o pudiera deducir algo medianamente coherente de todo aquello.

Pronto se serenó, aunque se sentía extraño, como ausente. Y fue entonces cuando pudo levantarse de la cama. Escuchó un sonido, como si alguien estuviera soplando en sus oídos, algo que no le era del todo desconocido; y, de fondo, un lejano ruido, como de agua (una fuente, o un riachuelo a lo sumo) le arrulló

Se giró hacia la cama, y se vio a sí mismo junto a Johanna... Ya no temía que las fuerzas de las tinieblas fueran a llevárselo, aunque tenía serias dudas de seguir en el mundo de los vivos. Si de algo estaba seguro era que, quien le estaba mirando, era su propio espíritu. Algo en su interior le dijo que aquel despojo al que deseaba regresar, dormía plácidamente.

La sensación era terriblemente desagradable, aunque no lo suficiente como para considerarla un suplicio insoportable.

Anduvo por la habitación, manoseando todos los objetos que encontró en su camino, recreándose en sus texturas, y observando que su sentido del tacto, tal y como lo conocía, desaparecía cuando oprimía en exceso lo que tenía entre sus luminosas y azuladas manos, y sus dedos se introducían en el interior de los objetos... Se acercó al enorme espejo del armario y se miró en él. Al principio creyó estar viendo un fantasma, una figura espectral que no supo reconocer. Después comprendió que aquella cara, imberbe y alopécica, sin ojos ni boca y de piel azul, era su verdadero rostro. Alargó su mano y tocó la luna de cristal. Fue lo único rígido que encontró: impenetrable y gélido. Al momento, un frío intenso se apoderó de todo su cuerpo.

Una fuerza, similar a la que le había impedido levantarse de la cama, tiró de él hacia afuera y, casi instantáneamente, se vio sobrevolando Pedrola, Zaragoza, y dirigiéndose hacia algún lugar indefinido del norte de Aragón.

Aquella sensación, la del vuelo, resultó tan gratificante como hermosa… Se sintió libre, como jamás se había sentido.

No supo determinar si había descendido en su vuelo, o había aparecido en aquel lugar sin ningún tipo de progresión racional, pero se vio frente a una figurilla pequeña y delgada de luz blanca, que le alargó la mano. Fernando tiró de la pequeña figura y le arrancó un brazo débil y blando, que parecía hecho de tela y relleno de plumas. Lo tiró al suelo aterrado.

—¿Dónde estoy? —se preguntó Fernando.

No hubo respuesta, pero una persistente idea le asaltó de inmediato; tal vez ni siquiera fuera real, sino algo interior, una imagen, un sentimiento, una emoción, una agitación, que sacudió todos sus sentidos. Sin lugar a dudas, quien, o lo que, provocaba aquel estado era cercano, propio, y, aunque incrustado dentro de si mismo, era tan desconocido que le estremeció. Aquel pequeño ser no era un espíritu, ni un alma en pena que reclamara una dudosa justicia, o concluir lo que había dejado pendiente en el mundo de los vivos. La protagonista de sus sueños, aquella niña pelirroja y enjuta que siempre, con la perseverancia con la que un cuervo intenta arrebatarle su presa a la astuta zorra, concluía su comedia, asestándole una puñalada mortal en el pecho. Sin embargo, ya no la sentía como una amenaza, más bien como si una disgregación de sí mismo.

La niña no le dijo nada. Nunca abría aquella boca rojiza y carnosa, sino para mostrar unos dientes blancos, en sonrisa amable que, incluso después de haberle arrancado el brazo, mostraba dichosa…

Sin saber como, volvió a verse recostado sobre su lecho.

Despertó sobresaltado, nadando en un mar de sudor, algo mareado y con un dolor de cabeza similar al de la resaca del vino.

Ni siquiera quiso buscar una explicación para aquella experiencia. Nunca obtuvo respuesta a ninguna de sus experiencias, y esa no iba a ser diferente. No pudo determinar si había sido real, o producto de una imaginación tan proclive a la fantasmagoría que le hacía dudar si lo real era lo vivido o si, la verdad era ese otro mundo, al que era arrebatado sin previo aviso, ni deseo por su parte. La niña pelirroja, que había ido creciendo, a la par que él mismo, se convirtió en una obsesión para él, casi tan perturbadora como la de recuperar el poder que les había sido arrebatado a los Aragón en Ribagorza.

5. La patraña.

«Vosotros, que no hay saber que desconozcáis, decís que la Tierra es una esfera y que gira en torno al Sol... ¡Sea, pues, y gire!
Vosotros, que conocéis a Dios mejor que nadie, decís que sólo existe este mundo y no hay nada que vuestra cognición no alcance... ¡Sea, pues, y desaparezca el resto!
Pero os aseguro que llegará un día en el que os uniréis a vuestros enemigos, y todo será mentira, menos lo vuestro.»

TAMARITE DE LITERA (Reino de Aragón). Primavera de 1583.

Eduardo dio un salto y se precipitó fuera de la cama. Se llevó ambas manos a la pierna derecha y rascó con energía su pantorrilla.

—¿Duermes con tu maldita perra "faldera"? —se enojó.

—No tengo a nadie más —musitó Ángeles, "Nines" para su clientela— y me hace compañía.

—¡Pues ese consuelo te llena la cama de pulgas! —refunfuñó Eduardo, vistiéndose a toda prisa—. Aunque estoy seguro de que esa maldita perra es más limpia que la mayoría de tus amantes...

—¿Te molesta que no seas el único hombre con el que...?

—¡No seas estúpida, Nines! Lo que me fastidia es tener que pringarme con el semen de otro, que los piojos que esos cerdos dejan en esta pocilga se alimenten de mi sangre. ¡A saber qué porquerías escondes debajo de la cama!

Eduardo sacó unas pocas monedas de la bolsa que había dejado sobre la cómoda, y le pagó con el mismo desprecio con el que le hablaba, echándolas sobre la cama. Después, se marchó.

Llegó a Torre Alfals poco antes de que el sol se escondiera tras el horizonte de Binéfar. La cena ya estaba en la mesa. Catalina no salió a recibirle, ni siquiera le ofreció su habitual arenga de cortesía; hacía ya algún tiempo que no cruzaban una sola palabra más allá de un: *«La comida ya está en la mesa»* o *«Necesito dinero para comprar sal»*. Y Eduardo tampoco estaba dispuesto a encontrar una solución para aquel problema, tal vez porque no lo veía como tal.

Aquella situación venía provocada por la actitud de Eduardo con respecto a Isabel, y por sus hirientes comentarios para con la pequeña, que ya había cumplido nueve años; como que era la niña más fea del mundo, que quería más al pequeño Lorenzo que a ella o a la monja de su madre, y que era hija del Demonio.

No era un secreto para Catalina, ni le importaba lo más mínimo, que su marido solía visitar la casa de Nines, "La Pometas"[26]. Sabía que aquella misma tarde se había reunido con Pierre Cliós y con Toñet el Presidiari en la taberna de Elías, y que habían salido borrachos, tambaleándose y cantando jotas soeces.

---

[26] Manzanitas

Después, estaba casi convencida de ello, enardecido por los efluvios de aquel vino fuerte, había rematado la tarde con un buen "revolcón" en casa de "la Pometas". Olía a cama ajena...

Eduardo se sentó en la mesa, cortó un pedazo de pan, y engulló, sin esperar a nadie y sin decir una sola palabra, los huevos con panceta de cerdo que Catalina había cocinado sin demasiado esmero. Eructó, y miró a su mujer y a Isabel con una sonrisa cínica perfilando sus amoratados labios.

—¡Coméis como cerdas! —dijo—. Os estáis poniendo como vacas... Debería recortar el presupuesto que te doy para la compra.

—¿Necesitas más dinero, Eduardo? —susurró su mujer— ¿tu salario no te da para andar con fulanas?

—¿Qué has dicho? —Catalina sacudió la cabeza—. ¿Qué tendrás tú que decir, puta del conde?

Eduardo sacudió sus piernas; apenas podían soportar el peso de su cuerpo, dominado por los vapores del alcohol. La silla en la que estaba sentado salió despedida hacia atrás, y el golpe de sus muslos contra la mesa hizo que esta se levantara un palmo del suelo y callera de espaldas tierra. El golpe fue brutal.

Se levantó, acercó a Catalina, y la cogió por los brazos, arrastrándola hasta el muro que les separaba del dormitorio.

—¡Soy tu marido, maldita sea! —profirió con la mano en alto—. ¡No puedo exigirte que me ames, ni que apruebes lo que hago, pero puedo exigirte que me respetes!

—¡Deja a mamá! —gritó Isabel dando puñetazos en las posaderas de su padrastro.

Eduardo agarró a la niña por las muñecas y le dio una bofetada. Isabel regresó a la mesa y se encogió como un pajarillo asustado, aunque sin derramar una sola lagrima, mirando con odio a aquel salvaje, al que jamás reconocería como su padre. Él clavó sus ojos en los de aquella pequeña pelirroja, y los apartó con una violenta sacudida de cabeza. Volvió a abalanzarse sobre Catalina, dándole un par de bofetadas.

En esos momentos, Isabel se levantó de la silla y su cara se transformó en una máscara grotesca, como transfigurada.

—Tú —gritó. Eduardo se giró, mirándola con desprecio. Pero, cuando vio el rostro del demonio reflejado en la cara de la niña, soltó a su mujer y se quedó paralizado. El odio que desprendían aquellos ojos le aterró—. ¿Quién te crees que eres?

—Soy tu padre, cariño —susurró Eduardo—, ¡lo siento!, no sé qué me ha pasado.

—¿Tampoco sabías qué te pasaba cuando asesinaste a don Hilario? —Eduardo se quedó petrificado, lívido—. Siempre lo supe... Desde que era muy pequeña sospeché que tú habías matado a mi abuelo.

—¿Qué te ocurre, Isabel? —se alarmó Catalina al ver que hablaba con una voz extraña, cavernosa, y con palabras nada usuales para una niña de nueve años.

—¡Esto se veía venir! —se acogotó Eduardo— esta niña está poseída por Satanás.

Salazar hizo acopio de fuerzas, y se acercó a la pequeña Isabel. La cogió del brazo con toda la suavidad que le permitía su rabia. Ella no se negó a que lo hiciera. La sacó fuera de la casa, ensilló su caballo, y la montó en él. Después, se subió en la parte posterior, tras la niña, y trotó rumbo a Tamarite.

Mosén Arcadio se había acostado pronto. Los chicharros con pimiento, nabo y cebolla que había cocinado Teófila, su casera, le produjeron una acidez tal, que ni siquiera con el bicarbonato, que había ingerido a puñados, conseguía mitigar el ardor de su estómago. Su úlcera hacía ya un par de años que no irrumpía en sus digestiones de un modo tan terrible. Un cirujano de dudosa cátedra, que ejercía de veterinario, médico, sacamuelas y barbero, le aseguró, después de su segunda perforación, que Dios debía estar de su lado: *«No conozco a nadie que haya superado dos perforaciones seguidas»...* Esto hacía que el viejo cura se sintiera privilegiado, casi como un ungido.

Cuando arrojó los chicharros, en uno de los rincones del corral de la abadía, temió que la úlcera hubiera vuelto a abrirse. Acercó el candil al infame cocido que acababa de expulsar, y comprobó aliviado que no había sangre en su vómito.

Regresó a la alcoba.

Teófila ya se había acomodado en la parte derecha de la cama. El cura la miró con asco, y volvió a sentir arcadas, pero vomitó.

—¡Preferiría dormir solo! —prorrumpió el cura, en tono severo.

La vieja casera se despojó de las sábanas, ofreciendo a la vista del somnoliento cura un cuerpo fláccido y arrugado, que le hizo replantearse si verdaderamente merecía la pena condenarse al fuego eterno por un adefesio semejante. El sueño rápidamente le hizo apartar de su mente el escaso cargo de conciencia que le producía vivir en pecado. Se recostó en el lado contrario al que lo había hecho Teófila, y se durmió a los pocos minutos. Y, ciertamente, no hubiese despertado hasta la mañana siguiente de no ser por los golpes nerviosos e insistentes que Eduardo propinó a la enorme puerta de la abadía.

—¿Quién va? —le inquirió una malhumorada Teófila, tímidamente asomada al balcón.

—Soy yo, Eduardo Salazar, de Torre Alfals.

—¡Dios Santo!, ¿sabes qué hora es? —refunfuñó la casera, sin esperar que nadie respondiera a su pregunta. Bajó al portal, y dejó que entrara—. Espero que se trate de una extremaunción... Mosén Arcadio no está hoy de muy buen temple —explicó la mujer a regañadientes—. ¡Su úlcera, ya sabes! —Eduardo asintió como si le interesara lo que Teófila le estaba contando—. ¡Espera aquí!

La casera subió las escaleras, y no volvió a salir.

Momentos después, mosén Arcadio surgió del interior de la casa, con la sotana mal abotonada, dejando entrever el camisón largo que pretendía esconder, descalzo, y con los indómitos cabellos que todavía no había seguido el camino de los desertores, erizados como el lomo de un puercoespín.

—Tú dirás —gruñó el cura, haciendo un gesto con la cabeza.

—Es esta niña —dijo Eduardo—. Está poseída por el diablo.

—¿Te crees capacitado para determinar si ésta, o cualquier otra criatura está poseída por Satanás? —Salazar se encogió de hombros—. Aunque, después de lo de la nieta de don Hilario, no me extrañaría. —masculló el cura acercándose a la niña—. Dime, "chiqueta"[27], ¿ya has hecho ya la Primera Comunión? —la pequeña movió la cabeza afirmativamente—. ¿Y qué sientes cuando recibes la Sagrada Hostia? —Isabel se encogió de hombros—. ¿No sientes que tu lengua abrasa, que tu estómago quiere vomitar el Cuerpo de Cristo? —Isabel sacudió la cabeza negando—. ¡Interesante!

—¿Eso es malo? —preguntó Eduardo confuso.

—Ni bueno, ni malo —musitó el cura— es del todo normal...

—¿Normal para un poseso o para un cristiano?

—Creo que estás obsesionado con la cría.

—¿Cómo no estarlo, si sabe cosas que nadie le ha dicho, y adivina lo que aún no ha sucedido?

—¡Esos no son síntomas de posesión diabólica, muchacho! —se enojó mosén Arcadio—. En el caso de ser cierto eso que dices, ha habido grandes hombres de Dios que conocieron el porvenir, Elías, Eliseo, Ezequiel, el propio San Juan Evangelista... Y ninguno de ellos fue tomado por poseso.

—Pero esta niña dice que habla con fantasmas y con seres que no son de este mundo.

—Hace años, doña Francisca la acusó de algo parecido. Según ella, una sombra le había dicho a la pequeña que su nieta moriría... Yo no le creí, y sigo sin hacerlo, como tampoco creo que esté poseída por espíritu alguno. No obstante, en quince días nos visitará el obispo, que vendrá acompañado de Ignacio Pancorbo, sacerdote y exorcista... Ellos podrán darle alguna explicación. Y, si fuese necesario, el padre Pancorbo le practicaría un exorcismo a la niña.

Verano de 1583.

E l día en que el obispo llegó a Tamarite, Isabel estaba jugando en el campo, junto al castaño, deseando que aquel Joven de Largos Cabellos volviera a aparecérsele.

Hacía ya dos meses y medio que aquel extraño ser no había acudido a la cita de los viernes. La última vez le dijo que unos sacerdotes faltos de fe en Dios y

---

[27] CHIQUETA: Niña, muchacha.

en los hombres le someterían a un ritual, convencidos de que aquella patraña iba a salvarla de las garras de Satanás, pero que tal peligro no existía.

Isabel no comprendió nada de lo que le había dicho el "hombre del árbol", hasta que Catalina fue en su busca, algo aturdida y medrosa.

La niña aceptó, no demasiado convencida, las explicaciones que le dio su madre, aunque sin el más mínimo ánimo. Sin embargo, no protestó, cosa ciertamente extraordinaria, porque en contadas ocasiones reprimía su carácter rebelde e irritable. Agarró la mano de su madre, y dejó que ésta la acompañase hasta Torre Alfals, sin hacer un solo comentario al respecto.

Eduardo y Catalina la llevaron hasta la abadía. Allí les aguardaban mosén Arcadio, el obispo y el exorcista.

—Esta es la niña de la que os he hablado —dijo mosén Arcadio.

—¡Ven!, ¡acércate, pequeña! —el obispo alargó su mano hacia la niña, pero ésta se escondió tras las faldas de su madre—. ¡Teníais razón al asegurar que su carácter es huraño y poco amistoso! —refunfuñó mirando al cura—. ¿Y decís que habla con espíritus?

—Eso es lo que dice su padrastro —respondió mosén Arcadio, encogiéndose de hombros— Yo no lo he visto, aunque una anciana asegura que, a los dos años, predijo la muerte de su nieta.

El obispo rascó su impecablemente rasurada barbilla e hizo un gesto con las cejas. A esta señal, el Padre Pancorbo respondió blandiendo una cruz de poco más de un palmo, que extrajo de un maletín de cuero marrón, y acercándose a la pequeña.

—¡Si hay alguien en el interior de esta criatura, te ordeno que salgas! —rezó el exorcista con desidia.

Isabel no pudo aguantar la risa que le producía aquel cura orondo, gesticulando como si fuese él quien realmente estaba poseso. El padre Pancorbo se sintió ofendido. En su dilatada carrera como exorcista se había encontrado de todo, y creía que ya nada podía sorprenderle. Los demás niños sentían miedo, lloraban, huían o se quedaban atónitos ante él, pero jamás se habían burlado de su egregio estatus. Agarró, preso de ira, el rojizo cabello de Isabel, y la obligó a arrodillarse.

—¿Qué hacéis padre Ignacio? —preguntó el obispo, realmente molesto por la actitud de Pancorbo—. ¿Qué os ha hecho esta niña para que la tratéis de ese modo?

—¡Vos mismo habéis sido testigo!, ¡se ha mofado de nuestro señor Jesucristo! —balbució el exorcista, desencajado y, al mismo tiempo, engreído— . ¡Esta niña está poseída por el demonio!

—No se ha reído de nuestro Señor, sino de vos —se burló el prelado—. Si estuviera poseída por Satanás ¿no habría escupido al Santo Cristo, o hubiera sentido repulsa o temor ante la cruz?

—Belcebú es muy sabio, monseñor —añadió Pancorbo, suavizando el tono de su discurso—. Sabe enmascararse de modo que ni siquiera podamos sospechar de su presencia.

—Si se comporta del mismo modo que si no la poseyera —le inquirió el obispo, sensiblemente hastiado—, ¿cómo saber si ha entrado en el cuerpo de esta pequeña?

—¡Lo presiento, monseñor! Siento en mis carnes su presencia.

—También presentisteis que aquella mujer—pensó monseñor Vázquez—, Mariana Montagut, era una bruja poseída por una veintena de espíritus malignos. Y, después de entregársela al Santo Oficio y de que fuera condenada a la hoguera, supimos que la pobre desgraciada fue arrollada y coceada por el mulo de su padre siendo una niña. ¿Y no fuimos informados que sufría espantosos ataques y convulsiones, que la dejaban exhausta? ¿Y no fueron esos ataques, junto con vuestros infalibles presentimientos, los argumentos que esgrimisteis para que fuera ejecutada?

—¡El diablo entró en ella por las heridas que le produjo el mulo! —dijo Pancorbo, completamente convencido.

—¡Si vos lo decís! —sonrió el obispo.

—De todos modos —susurró el exorcista—, librar al mundo de un ser tan calamitoso como aquel fue un pecado ínfimo. Dios sabe distinguir entre justos y pecadores. A buen seguro, si aquella mujer no era más que una enferma, lo único que habremos hecho es acortar su estancia en la tierra. ¡Alabado sea Dios! —Y volviendo a la pequeña rezó—: «*En el nombre de Jesucristo Dios y señor nuestro, con la intercesión de la Inmaculada Virgen María, madre de Dios; del arcángel San Miguel, de los santos apóstoles Pedro y Pablo y de todos los santos, y con la autoridad que nuestro ministerio nos confiere, procedemos, con imperecedero animo, a rechazar los asaltos que las astucias del demonio mueve en contra de nosotros. Levántese Dios y sean dispersados sus enemigos y huyan de su presencia los que le aborrecen*»...

Aquella patraña dejó algo más tranquilo a Eduardo, aunque Isabel no sufrió ninguna de las mejorías o transformaciones que Pancorbo había pretendido.

El Joven de Largos Cabellos volvió a acudir a su cita de los viernes, puntual y afable, como siempre había sido.

Catalina se percató de que el sainete ofrecido por el padre Pancorbo no fue más que una patochada, una torpe demostración del absurdo que gobernaba a las jerarquías eclesiásticas. Ella no tenía ni idea de posesiones demoníacas, ni jamás había presenciado un exorcismo o algo que se le pareciese, antes de aquel día, pero tenía serias dudas de que toda aquella farsa, más digna de un cómico de feria que de un miembro del clero, provocase algún efecto en Satanás o cualquiera de sus secuaces.

Catalina llamó a Isabel, y se sentó a hablar con ella.

—Hija, sé que ves cosas y sientes emociones que la mayoría de las personas no vemos ni sentimos, y que muy pocos logran comprender —la tomó de la mano—, y sé que esto es un problema para ti.
—Yo no tengo más problema que tu marido —se enojó Isabel—. Lo que veo y siento no me turba lo más mínimo. Siempre ha sido así.
—Pero los demás no te comprenderán si les cuentas lo que ves.
—Jamás he dicho nada, ni lo haré... Los demás niños juegan conmigo como con cualquier otra niña... No saben nada, ni lo sabrán.

6. La pequeña María.

«Miro tus ojos y no me veo en ellos... ¡Qué enorme tristeza!
Te amo, mi pequeña, pero hay algo que no sucede como debiera.
Tú, quizás tu madre y yo mismo, sólo somos peregrinos en un mundo hostil.
Y tú, hija mía, no eres más que la confirmación de que sólo nos pertenece aquello que elegimos.»

PEDROLA (Reino de Aragón). Finales de 1585.

Fernando observó con curiosidad a la pequeña hija María, mientras mamaba del pecho de Johanna, y se inquietó. Había algo en aquel acto que le hizo sentir un pánico, tan fuera de juicio que pensó si no estaría volviéndose loco. No es que le fascinase aquella escena, sino la criatura que lo protagonizaba. Por sí misma, sin el amor implícito que todo padre debe profesar a un ser de sus propias carnes, la pequeña no era sino un pajarillo indefenso, pero tan valioso como el más sabio de los hombres. *«¿Cómo un cuerpo tan minúsculo, tan vulnerable y débil, podía albergar, no ya la vida, sino algo tan complejo como el espíritu?».*

Aquel ser, tan insignificante, tan nimio, su propia hija, se aferraba al pecho de Johanna como si ese fuera el único modo de darle sentido a tan escueta vida. Comía, dormía y quien sabe si no pensaba... *«¡Qué frágil es el hombre!»...* La futilidad, la torpeza, el infinito reencarnado en tan breve espacio, albergaba, sin embargo, el mayor don, el único que merecía la pena, aquel al que sólo el hombre puede acceder en conciencia, la vida. *«Tan sencillo y tan complejo al mismo tiempo».*

Amaba a aquella niña. Y la amaba por lo que significaba, por lo que representaba, no por lo que era. María no parecía diferente a los demás bebés, rollizos y vulgares, que se aferran a los pechos de las pordioseras, campesinas, nobles o reinas, pero era parte de él mismo; con lo que el simple matiz que la legitimaba como Gurrea, era el mismo por el que la amaba... Terrible para quien busca el sentido de la rutina en el fondo de su alma. Y eso era lo que le inquietaba.

El amor no siempre es motivo de dicha, aunque por sí mismo debería serlo... Pero él estaba aterrorizado. No por la injusticia de saber que María, al contrario de los hijos de los mendigos, crecería entre algodones y oropeles (hacía mucho tiempo que los ideales de los místicos paradigmáticos que pregonaban aquello de: «*No deberíamos amar a una criatura por encima de las otras*», le parecían tan absurdos, pretenciosos e hipócritas como la propia existencia), sino algo más íntimo, menos filosófico, quizás incluso frívolo.

Ya cuando nació la pequeña María había sentido algo parecido. La alegría, el gozo, fue limpio y franco, aunque no lo bastante. Él, en sus ensoñaciones había imaginado que el nacimiento de su primer hijo iba a suponerle una explosión de emociones similares a las que sintió la única vez que hizo el amor con Catalina. Pero no fue así. Si realmente se puede medir el amor, cosa que Fernando no tenía nada clara, su amor por María estaría en lo más alto de dicha escala, pero eso tampoco le tranquilizaba, todo lo contrario... Intentó encontrar una explicación a aquella absurda incongruencia achacando su malestar al deseo propio de que fuese hija de Catalina, y no de Johanna.

Ciertamente, había demasiados puntos oscuros en la muerte de Catalina: una tumba ocupada por una monja muerta en el más absurdo de los accidentes de los que Fernando tuviera noticia; la imposibilidad de la madre Rufina en darle una explicación razonable sobre lo que hacía aquella mujer, a altas horas de la madrugada, en un pasadizo en el que jamás, ni siquiera cuando se veía con él, osó adentrarse; aquel cementerio ilegal, que surgió entre las ruinas del pasadizo y que nadie reclamaba; el rostro desfigurado de una mujer que fue enterrada en el cementerio de San Pedro, sin que ninguna de las hermanas pudiese asegurar, con un mínimo de seguridad, que se trataba del cuerpo de Catalina sino porque era la única monja de la que desconocían su paradero... Pese a que al final había decidido, no que Catalina había muerto, sino que jamás volvería a tenerla entre sus brazos y no volver a indagar en aquel turbio asunto, de vez en cuando le asaltaba una especie de fiebre obsesiva, en la que los sueños lúcidos parecían adquirir vida propia y dirigirle hacia un terreno en el que él no era quien mantenía el dominio de la situación sino un ser tan terrible como propio. Fernando siempre creyó que aquella niña, tan amada como temida, era un producto de su enfermiza imaginación; un signo de su propio delirio y decadencia como hombre. Pero actuaba al margen de sus deseos, de sus miedos. Sin duda, era un espíritu independiente de sí mismo, y eso le convertía a él en un simple tizón en la hoguera de los locos.

Pero todo esto hacía ya mucho tiempo que no le perturbaba más de lo que podían alterarle sus asuntos políticos... Sin embargo, aquella criatura, María... Sus ojos, casi sellados, de un color tan indefinible como el del lomo de una lechuza en la noche cerrada, no le dictaban nada. Ni siquiera sus pequeñas manos, tan torpes e inestables, ni sus piernas regordetas, flojas e incapaces, movían en sus entrañas vísceras diferentes a las del resto de padres primerizos... Era algo etéreo, sin simbolismos, tan alejado de la sensatez que le producía

escalofríos... Y aquella vocecilla interior que le susurraba: *«Nadie puede heredar lo que ya ha sido legado».*
—¡Malditos sueños! —se lamentó.
La justicia, sin nadie que la imparta, es tan implacable como la propia.
—¿Quién ha heredado? —se revelaba Fernando— ¿Quién?
Y los más enigmático, ¿Cuál era el legado?
Discernir lo real de la fantasmagoría es imposible, cuando quien accede allí donde se unen los mundos del Silencio y una realidad tan insensata es arrebatado del mundo sin previo aviso ni consentimiento. Siempre se consideró un hombre cabal, tal vez demasiado sensato cuando debía decidir sobre sus tierras y títulos. Excesivamente drástico en la defensa de su patria, su reino, Aragón, quizás por compensar la evidente carencia de apego a un mundo que le era tan antagónico como lejano.
Amar en presente, en lo palpable y cercano, era algo culturalmente admitido; no sólo eso, sino inevitable y necesario. Pero amar a una criatura etérea, sin mayor consistencia que la memoria de un soñador, únicamente era comprensible si quien lo sentía era un orate. Pero así era. La niña pelirroja, el espectro malcarado y repelente al que tanto había odiado, se convirtió en un par de años en alguien tan cercano, tan íntimo y propio, que le hubiera sido imposible renunciar a ella, a su presencia, a lo que sentía... ¿Herencia? Sí. No le cabía la menor duda de que era la niña del sueño quien había recibido el legado al que se refería la voz que le musitaba unas consignas tan apabullantes como absurdas. Sólo había un pequeño rescoldo que preveía insuperable, ¿Qué era lo que había heredado la pequeña pelirroja?

CAPÍTULO XI
El enemigo

1. Promesas incumplidas.

«Ni el ser más vil, el malnacido, ladrón o asesino, olvida la promesa ajena; pero, ¡Qué pronto distraen las propias quienes, viendo cumplido lo pactado, se regodean en el triunfo!»
TAMARITE DE LITERA (Reino de Aragón). Primavera de 1585.

Eduardo refunfuñó cuando el espeso peine de hierro topó con un enredo en las crines de su caballo: *«¡Maldito animal!»*.

Al fin, desistió en el empeño de desmarañar la larga melena del jaco, y la cortó, a tres o cuatro dedos de la raíz, con una sección desigual. Se montó en él, y se marchó del cabomaso sin dar una sola explicación a Catalina, como era su costumbre.

Cuando llegó a la mansión de don Segismundo Sopena, éste no se encontraba allí. Su mayordomo le dijo que Sopena le estaba esperando en "Torre Mallet": una vieja masía abandonada, que yacía medio derruida a poco menos de una legua de Tamarite.

Eduardo se adentró en las tierras estériles, que años atrás habían pertenecido a un tal Tarsicio; hasta que Sopena se hizo con ellas de forma no demasiado clara ni justa. Sin desmontar del caballo, traspasó el enorme portalón, que tiempos atrás fue la entrada principal a la vivienda, esquivando cascotes, vigas, tejas y adobas que configuraban el mosaico polvoriento de la miseria. Sopena no se encontraba allí, aunque el polvo, espeso y torpe, se balanceaba frente a los rayos del sol en un sordo grito que proclamaba que su amo se había paseado por las resultas de su codicia hacía pocos minutos.

Salió del caserón, y bordeó la vivienda, dirigiéndose al viejo corral.

Un relincho, seguido del sonido opaco de unos cascos que surgieron del interior de la cuadra, convirtieron en innegables sus suposiciones. Desmontó del caballo y lo ató a un viejo poste, y entró.

Segismundo estaba de pie, sujetando con desgana las riendas de su yegua blanca, y acariciando su hocico con el mismo empeño con el que asía las bridas. Su mirada se perdía en el horizonte, traspasando lo poco que quedaba de la pared posterior de la borda.

El señor le saludó con un gesto seco de cabeza, sin apenas mirarle.

Eduardo aguardó de pie, bajo el quicio de la puerta.

—Supongo que sabrás que el alcalde, don Pancracio Soriano, murió ayer por la tarde —Eduardo asintió—. ¡Una pena! —susurró Sopena con ironía—. En quince días el conde de Sástago nombrará un nuevo zalmedina...

—¿No le corresponde al gobernador hacerlo?
—Eso no tiene mayor importancia, muchacho...
—Sea como fuere, ese es el trámite ordinario, ¿no es así?
—Por supuesto —Sopena se acercó a Eduardo dando pasos cortos y muy lentamente—. Jamás he ocultado mis deseos... Esa alcaldía es un dulce muy apetecible...
—Estoy al corriente de ello, mi señor.
—Conozco al conde de Sástago, incluso podría decirse que nos une cierta amistad —sonrió—. Y estoy seguro de que sería nombrado alcalde de no ser por Luís Saucedo.
—No comprendo.
—Saucedo es primo de la mujer de Artal de Alagón... Con toda seguridad le nombrarán a él alcalde, y a mí... se limitarán a ofrecerme un miserable cargo de jurado, tal vez de principal.
—No es un mal cargo...
—¿Te burlas de mí, Eduardo? —Salazar bajó la cabeza—. ¿Un miserable jurado?
—¡Sin duda, vos, con vuestro rango, mereceríais ser nombrado virrey, señor!
—¡Déjate de majaderías, estúpido! —se enfureció Sopena—. Si deseo presidir el consistorio no es por una cuestión de privilegios nobiliarios; renuncié al ducado de mi padre —mintió— y a dirigir la delegación gubernamental de Lérida, precisamente por esa razón.
—Vos diréis...
—A veces, Eduardo, creo que te he sobrestimado.
—No os comprendo don Segismundo.
—No importa —se calmó—. Mejor así... Hace poco "arreglaste" el contencioso que tenía con Hilario Ariño de un modo astuto.
—¿Pretendéis que asesine a Saucedo?
—¿Asesinar? —rió Sopena— ¡No, por Dios! Quiero que lo dejes suficientemente malogrado como para impedirle ejercer de alcalde.
—¿De veras creéis que esa alcaldía es tan valiosa como para convertir a un hombre en un tullido?
—¡Tú ocúpate de tus asuntos, y déjame a mí los míos!
—Pero vos no arriesgáis nada —se acobardó Eduardo—. Sin embargo, yo expongo mi vida y la de mi familia.
—¿Acaso ha venido alguien reclamándote la vida de Ariño? —se enfureció Sopena—. Nunca olvido el daño que me hacen, como jamás olvido los favores. Puedes estar seguro de ello, Salazar.
—Y, ¿cómo hacerlo?
—Pregúntale a Cliós. ¿Nunca te ha contado que trabajó para el Santo Oficio en Francia? —Eduardo sacudió la cabeza—. Esos inquisidores son unos hijos de puta que, no sólo consiguen que un pobre desgraciado se confiese culpable de lo

que a ellos les interesa, sino que saben, si es menester, como dejarle postrado de por vida...
—¡Yo no soy un mercenario!
—Creo que ya es demasiado tarde para considerarte un santo.
—Una cosa es asesinar a un anciano que ya ha vivido todo lo que tenía que vivir, y otra muy distinta es dejar paralítico a un hombre joven, con toda la vida por delante.
—Te recuerdo que tu presencia en estas tierras se debe a una orden peor...
—Pero no lo hice.
—A Saucedo le concederás el beneficio de seguir viviendo.
—¿Llamáis vida a tener que permanecer por siempre postrado en un camastro?
—Haz lo que te plazca, Eduardo —Sopena le miró con desprecio infinito—. Si crees que asesinándole vas a hacerle un favor, hazlo... Todo queda en tus manos... Por supuesto, y como siempre, serás generosamente recompensado por ello.
—¿A qué os referís con "generosamente"?
—A mil reales de plata.
Eduardo jamás había soñado con tal cantidad de dinero. Mil reales suponían que el joven Salazar se convirtiera en un hombre rico.
Efectivamente, Pierre Cliós era más cruel de lo que hacía suponer su perpetua sonrisa. En Francia fue guardia real y, posteriormente, carcelero. En la cárcel de Toulouse conoció a un dominico llamado Antoine de Nôtre Dame, quien entonces era el confesor de la prisión. Este fraile fue quien le convenció para que trabajase en las cárceles de la Inquisición. El salario era superior al de la guardia real, así que no lo pensó dos veces. Allí aprendió los métodos de tortura de los inquisidores; aunque el Santo Oficio jamás torturaba, sino que, de estos menesteres, demasiado impíos para el clero, se encargaban los propios carceleros. Cliós le dio puntuales explicaciones sobre lo que debía hacer y como debía hacerlo. Se vestiría con ropas viejas y oscuras, taparía su cara con un pañuelo, y la cabeza con un sombrero de ala ancha, para no ser reconocido, y dispararle con su arcabuz en la parte media de la espalda, donde acaban las costillas, aunque no demasiado abajo, pues correría el riesgo de perforar sus riñones, y esto le mataría.
Se vistió con una vieja camisa marrón, unos pantalones de pana negra, gastados y mugrientos y, como no tenía más sombrero que uno de paja, se ató a la cabeza un cachirulo negro, y se colgó al cuello una bufanda de lana.
Salió de Torre Alfals por la parte trasera, que limitaba con un roquedal en el que había sido horadada una estrecha senda.
El caballo resopló con desagrado cuando se enfrentó a la cuesta, pero la subió sin demasiada dificultad.

Llegó a la Roca de la Botella poco antes del atardecer. La bordeó, ató el caballo en la empalizada de los huertos de Sopena, y salió corriendo, atravesando la pendiente que se extendía frente a la Botella.

Se escondió tras unos espesos matorrales, a pocos pasos del cruce, donde el camino se retorcía en una curva sin apenas visibilidad.

Toñet el Presidiari le puso al día sobre los amores de don Luís Saucedo. Pese a que estaba casado con una joven aristócrata, todos los martes era recibido por una tal Juana Seneta, a la que todo el pueblo conocía por "La Seneta"; una joven campesina que malvivía con sus padres en una casucha en las cercanías del derruido castillo y con la que mantenía una relación de amancebamiento desde que eran unos adolescentes.

Eduardo esperó, guarecido tras un frondoso boj de aroma fuerte, a que sonaran los cascos de la yegua de Saucedo, durante poco más de una hora.

Cuando la única luz que permitía distinguir la silueta del camino era la ofrecida por una luna mezquina, el silencio de la noche se quebró en la lejanía. Era el réquiem de Saucedo, entonado por el manso cascoteo de su montura.

Eduardo se llevó las manos al cuello, tiró de la bufanda, y se la ató a la nuca, tapando su nariz y boca. Agarró con fuerza su arcabuz y aguardó, en una tensión tal que sus piernas temblaban como las de un anciano incontinente, y sus dientes castañetearan como los picotazos de un hacendoso pájaro carpintero.

En pocos segundos apareció Saucedo, erguido sobre su flamante yegua albina, con la mirada extraviada varios pasos por delante y la cabeza perdida entre las sábanas de su amada Juana.

Eduardo salió de su escondrijo levantando el pesado arcabuz con la mano izquierda, y blandiendo un cuchillo en la otra. Hizo señales, sacudiendo el puñal en alto, y esperó a que Saucedo se detuviera. Cuando éste estuvo a poco más de diez pasos de él, le apuntó con el arma y le hizo un gesto con el puñal.

Los músculos del alcalde se tensaron.

—¡Baja del caballo! —gritó Eduardo— ¡Y no hagas ningún movimiento extraño, o eres hombre muerto!

—¿Qué quieres? —preguntó el hombre visiblemente asustado—. ¡No llevo encima nada de valor!, ¿quién sería tan estúpido como para llevar dinero en sus alforjas, si no tiene intención de comprar nada?

—No es tu dinero lo que quiero... ¡Te he dicho que desmontes del caballo! —Saucedo bajó. Sus piernas temblaban más aún que las de su verdugo. Salazar sonrió, aunque nadie pudo verlo, ni siquiera él mismo se percato de que aquella risita nerviosa se debía a un sentimiento de culpa tan fugaz como espurio—. ¡Túmbate en el suelo! ¡Bocabajo!

Saucedo accedió sin rechistar, llorando como un niño.

—¿Qué vas a hacerme? —balbució el alcalde, tembloroso—. Dime, al menos, quién te envía.

—Incluso, aunque fuera a asesinarte, dudo mucho que pronunciase el nombre de mi señor.

Eduardo apuntó su arcabuz entre las costillas, más o menos en el lugar que Cliós le había indicado. Lo acercó a poco más de un palmo de la espalda del joven noble y cerró los ojos. Sus dedos resbalaron sobre el gatillo, y una explosión, como un graznido en un valle desértico, resonó por toda la sierra. El grito de Saucedo se clavó en la cabeza de Eduardo como el lamento de un niño sobre el cadáver de sus padres. Jamás vio a nadie tan indefenso, tan vulnerable... y se prometió que aquella sería la última vez que hiciera algo semejante.

Salió corriendo, como nunca antes lo había hecho. Temía a las sombras, a sí mismo, y el olor a pólvora quemada le revolvió las tripas. El miserable trecho, desde el cruce al huerto de don Segismundo, se hizo interminable. La Roca de la Botella le amenazó con no permitirle alcanzarla jamás, y su corazón empujó con furia la sangre que no tenía, de un modo que le hizo temer que la presión que sentía en su cabeza acabaría por reventar su cráneo.

De un salto montó en su caballo, y lo espoleó con rabia, perdiéndose loma abajo.

Los Tamaritanos creyeron que había sido el tal Barber quien atacó a don Luís Saucedo, que quedó, tal como aseguró Cliós, postrado de por vida en un camastro... Ni siquiera tuvo la oportunidad de concederle un hijo a su mujer, Asunción: el disparo de Eduardo no sólo le dejó paralítico, sino impotente.

Los ancianos padres de Juana Seneta murieron pocos meses después, y ésta tuvo que abandonar Tamarite.

Algunos aseguraron haberla visto en un prostíbulo de Lérida, donde se hacía llamar "Carmeta la Ballarina", apostillando: *«Cuan de la font no surt gota, la gibrella es fa fora»*[28].

Sopena fue, tal y como había previsto, y dada su amistad con Artal de Alagón, nuevo alcalde de Tamarite; noticia que recibió con una gran arrogancia rayana en el desprecio. Sin duda, don Segismundo iba a ser un alcalde despreciable, y él no pretendía, ni que los tamaritanos pensasen lo contrario, ni que el Justicia, gobernador o el Bayle General tuvieran una impresión positiva de su persona.

Eduardo se había preguntado en infinidad de ocasiones por qué demonios era tan importante aquel consistorio para Sopena... Jamás obtuvo otra respuesta que no fuera su enfermiza vanidad, o una ambición patológica capaz de cometer los crímenes más ruines. Tal vez por intentar justificar sus actos, Eduardo prefirió pensar que Sopena era el único responsable de los atropellos cometidos, y que él no era más que un instrumento de la soberbia de un trastornado. Se convenció de que el culpable de la muerte de don Hilario Ariño, o de la mutilación de don

---

[28] Cuando de la fuente no sale gota, el barreño se abandona.

Luís Saucedo, no era otro que su señor; de no haber sido él mismo quien atacó a los dos hombres, lo hubiesen hecho Pierre, el Presidiari, o cualquier otro de los secuaces de Sopena.

Don Segismundo jamás volvió a hacer mención de los mil reales de plata que le había prometido a Salazar; es más, siempre que Eduardo intentaba reclamar lo que le pertenecía, Sopena desviaba la conversación por derroteros mas favorables a su propio beneficio como: «*Ahora eres la mano derecha del alcalde*» o «*¡Serás grande, Eduardo! Jamás mengua el favorito de un hombre importante*». Pero del dinero ni una sola palabra.

2. Los títulos son mero papel.

«Visité una tumba, última morada del más egregio de los reyes.
De su interior surgía un olor insoportable, insigne hedor.
Y en la lápida, un nombre, un título de noble.
Nada me hizo sospechar que en su interior se alojaran huesos más pulcros que los de un mendigo.»

ZARAGOZA (Reino de Aragón). Verano de 1585.

Monseñor Andrés Santos era un hombre bastante alto y corpulento, pese a que, desde su posición, Fernando era incapaz de determinar su estatura real. Algo cargado de espaldas y de carnes fláccidas, el arzobispo, sin embargo, parecía un hombre ágil y temperamental.

El vicario General de Zaragoza, un tal Teótimo Cadaval, era la antítesis del monseñor; sosegado, flaco y estirado, con un sentido de la calma exasperante.

Fernando escuchó con atención la lectura del informe que monseñor Santos había enviado a la corte de Madrid. Cadaval, uno de esos jesuitas de severo rostro, que a Fernando le crispaban los nervios, leyó la misiva con una parsimonia tal que hacía difícil seguirle; no porque lo que leyera fuese excesivamente complejo, sino porque, cuando acababa la frase, había transcurrido tanto tiempo desde su inicio que a duras penas podía recordarse el principio.

—Al menos, el informe es positivo —se dijo Fernando al concluir la lectura. Eso le tranquilizó.

El acto duró poco más de una hora, en la que monseñor Santos apenas abrió la boca, sino para saludar a los Villahermosa, a la entrada de la sala capitular del palacio episcopal, y una breve despedida al final de la reunión.

Aquella carta del arzobispo le fue enviada al rey Felipe, junto con las propias de Artal de Sástago, las de otros principales de Aragón, y las de los oficiales reales que habían visitado Benabarre en los últimos meses.

El rey, tras leer aquellas cartas y escuchar la petición de Fernando, decidió que el Consejo General de Aragón se hiciera cargo del Asunto Ribagorzano.

A principios de junio, el Consejo General tomó la decisión de devolverle el condado a Fernando, quien no dudó un instante en ponerse en camino hacia Benabarre.

BENABARRE (Condado de Ribagorza)

Los ribagorzanos, a quienes todavía no les había sido comunicada la decisión del Consejo, recibieron la visita de don Fernando con cierto estupor al principio, y con un rechazo manifiesto cuando conocieron las ordenes del rey.

—¡Felipe, traidor! —gritaban los benabarrenses— ¡muerte a los Villahermosa!

Fernando se refugió en el castillo-palacio, interrogándose sobre si había hecho bien en acudir a Benabarre antes de que los rebeldes hubieran asimilado su derrota. Aunque no estaba demasiado seguro de que Àger y los suyos hubieran sido vencidos, o que aquel cambio de actitud de Felipe no se tratase más que de una treta del Conde de Chinchón para calmar los ánimos de los Gurrea y así asegurarse una negociación pacífica.

Sea como fuere, para Fernando, poseer una lista interminable de títulos, cada día le suponía mayor carga, ¿Cómo un papel podía ejercer tales sentimientos de amor-odio en los hombres?

Cada vez más a menudo, en su cabeza, rechinaba con mayor saña el único título que había deseado, y al que había tenido que renunciar por circunstancias tan absurdas como lo era su propia vida: el de Capellán.

Bajó a la capilla de "Valdeflores"[29], en Santa María la Mayor, y rezó, aunque jamás había tenido una devoción especial por la Virgen.

—¡Dios mío! —balbució— Si fuiste tú quien me llamó para servirte, ¿por qué dejaste que mi vida se convirtiera en esta pantomima? Puedo escuchar tu voz, bien lo sabes, pero no comprendo tus palabras… ¿Qué quieres de mí? Te amo, no te quepa la menor duda, por encima de todas las cosas. Siempre hice lo que tú me indicaste; mi madre me enseñó a hacerlo así y creo no haberla defraudado. Pero ahora no sé quién habla en tu nombre o en tu contra. También me consta que el rey Felipe es un hombre temeroso de ti, y los Àger asisten a misa casi a diario, ¿de parte de quién estás? No te pedí nacer envuelto en unos papeles, que sólo son eso, papeles. No te pedí ser tu sacerdote, sino que fuiste Tú quien me llamó. Y creo que mi futuro está en tus manos, como el de todos esos hombres que luchan por lo que creen que les pertenece, por lo suyo. ¡Te he culpado tantas veces de que mi vida se haya convertido en un infierno!

Se levantó de un salto, se acercó a la tumba de su tío Ramiro, y rezó un padrenuestro, saliendo, a continuación, de la iglesia.

Ordenó a sus hombres que preparasen sus cosas, y partió hacia Pedrola, prometiéndose no regresar jamás a aquellas tierras.

---

[29] La Virgen del Valle de las Flores.

3. La Roca de los Degollados.

«¿Qué me importa a mí la vida de los míos?
Jamás deseé, sino por mí.
Jamás sufrí, sino por mí.
¿Cómo pensar en los míos, si el destino he de vivirlo solo?»
SIERRA DE PILZÁN (Condado de Ribagorza). Otoño de 1585.

La humedad del rocío convirtió los tímidos brotes de hierba en minúsculos espejos que a duras penas lograban reflejar la mortecina luz del sol. La niebla era tan espesa que Eduardo casi no podía distinguir la senda carretera.

El caballo anduvo, algo desconfiado, por aquel terreno extraño, de rocas pulidas y resbaladizas. Para Salazar, sin embargo, aquel camino no era del todo desconocido. Cuando fue guardia de Rodrigo Labazuy tuvo que ir un par de veces al "mas del Hereu" a reclamar unas rentas debidas al carlán. Aquellos impuestos jamás fueron pagados, y él mismo desalojó a sus inquilinos, con amenazas y disparos al aire. Del mas del Hereu sólo quedaban cuatro paredes medio derruidas y una empalizada, antaño firme, destrozada por los jabalíes.

Eduardo sintió nostalgia de aquellos tiempos en los que no sabía muy bien si era temido o respetado. El odio, dibujado en los desesperados ojos de sus víctimas, fue el sustento de su hinchado ego, de su afán por ser un hombre poderoso, durante varios años. Ahora se sentía huérfano. En aquellas circunstancias, Salazar era consciente de que jamás llegaría a ser tan poderoso como su vanidad le reclamaba, sino un miserable mercenario sin escrúpulos, al que no le importaba el color de la bandera bajo la que luchaba, o el olor del dinero que cobraba... Y eso fue lo que le llevó a tomar aquella decisión.

Miguel Barber le había dicho que, si alguna vez le necesitaba, no tenía más que mandarle llamar por medio de un tal Badía, el recadero de Camporrells, y decirle que deseaba hablar con los "Pistoletes", y que ellos decidirían el lugar, día y hora del encuentro.

La "Clariana dels Roures"[30], al menos así le llamaban los bandoleros, era un pequeño lindero, que se extendía desde la loma de la sierra de Pilzán, cubierta de pinos y abetos altos, hasta un carrascal de encinas y robles secos, que parecían custodiar una roca conocida como "La Pedra dels Degollats"[31]. El recadero le contó, sin que Eduardo prestase demasiada atención, que sobre aquella roca habían asesinado a varias decenas de ribagorzanos unos años atrás, cuando las revueltas de Àger contra don Martín de Gurrea, y que, por esa razón, recibía tan terrible nombre.

Aquel era el lugar de la cita, donde debía reunirse con un tal Lupercio Latrás, al que Badía se refirió como el jefe de los bandidos.

Ató el caballo en un tronco de alcornoque, que parecía haber sido partido por un rayo, y se sentó en la Pedra dels Degollats, imaginando aquella roca cubierta

---

[30] El calvero de los robles.
[31] La Roca de los Degollados.

de sangre. La idea de que sus posaderas fueran abrazadas por un patíbulo infame, al principio le resultó inquietante, pero pronto, algo en su interior le apresó contra la roca dictándole unos pensamientos tan macabros como alentadores: *«Estoy sentado sobre las almas de los benabarrenses... Soy más que ellos, porque estoy aquí, y esos desgraciados no»*. Él mismo había asesinado a un hombre y dejado a otro postrado en la cama de por vida... Por aquellas fechorías sería, sin lugar a dudas, condenado a las calderas de Pedro Botero, lo cual le daba cierta inmunidad contra los pecados que fuese a cometer. *«Será gratificante compartir el infierno con esos pobres cristianos que han comido una migaja de pan antes de comulgar»*, rió, *«¡Malditos curas hijos de puta!»*.

En esos pensamientos estaba, cuando los cascos de varios caballos hicieron que la paz exterior que reinaba en aquel claro del bosque se quebrara. Eduardo giró su cabeza hacia la parte alta del calvero y entrecerró los ojos. No pudo distinguir nada entre los espesos abetos, pero su oído le sirvió de lazarillo. Los caballeros, quienesquiera que fuesen, debían estar a poco menos de un minuto de allí.

Cuando el sonido de los cascos se hizo cercano, la mayoría de los caballos se detuvieron, y dos de ellos se adelantaron, surgiendo de entre los pinos. Eran Barber y un hombre de poco más de treinta años, alto y de porte noble.

Miguel Barber le saludó, ofreciéndole la mano sin desmontar del caballo. Eduardo se levantó de un salto, la tomó y la sacudió con fuerza con una sonrisa afectuosa en los labios.

El otro hombre bajó de su yegua y se quedó frente a Salazar, escrutándolo con una mirada inquisitorial.

Barber hizo un gesto con la mano.

—Este es el hombre del que te he hablado —el noble asintió—, Eduardo Salazar...

—Me llamo Lupercio Latrás —dijo, ofreciéndole su mano derecha enfundada en unos caros guantes de cuero fino. Eduardo la agarró con temor—. Me ha dicho Miguel que deseas unirte a nosotros.

—Sí —dijo con voz trémula—. Pero aún no.

—¿Qué te lo impide?

—Todavía tengo que solucionar algunos asuntos en Tamarite.

—Comprendo... —masculló Latrás— Todos tenemos asuntos que resolver; algunos materiales, y otros del alma... ¿De qué se trata?

—El malnacido de mi señor me debe mil reales.

—¡Eso es mucho dinero!

—Es el alcalde y...

—¿Te refieres a Segismundo Sopena? —Eduardo asintió—. Comprendo por qué dices que es un malnacido.

—Se niega a pagarme lo que me prometió. He pensado en robarle los reales, y huir de Tamarite con mi esposa, nuestro hijo, y una hija bastarda que ella tiene.

—Y has pensado que nosotros podríamos esconderte y defenderos a ti, a tu mujer y a tus hijos en estos montes...

—Sólo una de las criaturas es hijo mío —dijo Eduardo que, al ver la expresión en la cara de Latrás, comprendió que aquel detalle le era indiferente—. Pensaba entregaros la mitad de lo que le robe a Sopena.

—Sopena es un hombre poderoso, ¿no es así? —Eduardo asintió—. No es un alcalde corriente, un noble sin mayor poder que el de un simple caballero, ¿realmente sabes lo que estás diciendo?

—Sí, don Lupercio. Estoy seguro de lo que digo.

—Un alcalde tiene suficiente influencia como para enviar tras de ti a todo un ejército. Si te unes a nosotros, nos pondrás en peligro.

—¿Y si le asesino?

—¡No es tan sencillo, Salazar! —sonrió Latrás con ironía al ver la ingenuidad de Eduardo—. Matar a un alcalde es atentar contra el Gobierno de Aragón, contra el Consejo General, contra la Corona.

—Yo no atentaré contra el alcalde, sino contra don Segismundo.

—¡Róbale lo que quieras, y si el dinero que le hurtes es dinero manchado de sangre, mejor que mejor porque, de ese modo, te evitarás muchos problemas!

—¿A qué te refieres?

—No robes de las arcas del pueblo, sino de las que esconde en las bodegas o desvanes; ese que tiene escondido y que nadie sabe que existe... Pero no se te ocurra asesinarle, pues serás hombre muerto —Latrás volvió a montar en su yegua—. Antes, debes saber que para ingresar en nuestra comunidad, deberás entregarnos todo el dinero, el ciento por ciento de lo que le robes a Sopena. es demasiado el riesgo que corremos al acogerte. Y prometer lealtad absoluta al conde don Fernando de Aragón y Borja.

—¿Lealtad a ese tirano?

—Son las normas —Lupercio tiró de las riendas y dio media vuelta—. Por cierto, tal vez desees hablar con alguien —y le hizo un gesto a Barber, al que respondió adentrándose en el bosque.

Pocos minutos después, Barber regresó con otro hombre, que a Eduardo le paró el corazón durante unos segundos.

—¡Gervasio! —gritó—. Hermano, ¿qué haces tú con estos?

—¿No es más lógico que sea yo quien se haya unido a Latrás que tú, que eres un prófugo? —bajó del caballo y le abrazó. Después, se sentaron sobre la Roca de los Degollados—. ¿Qué secretos guardas, para que Labazuy haya contratado los servicios de varios mercenarios para buscarte? Ninguno de ellos regresó a Benabarre.

—¿Varios mercenarios? —se sorprendió Eduardo— Yo sólo sé de uno, de Pascualín Morancho.
—Labazuy lo dio por desaparecido —dijo su hermano en tono grave— como a Antonio Mirat, a Santiago Delgado y a Feliciano Santaliestra... En fin, nada hay de oficial, pero corren rumores...
—¿Qué tipo de rumores?
—Dicen que te quedabas con los impuestos del carlán.
—Si me hubiera quedado con las rentas ¿no crees que la búsqueda hubiera sido un asunto oficial?
—¡Quien sabe, Eduardo! —sonrió Gervasio con tristeza—. Tengo serias dudas sobre la legalidad de los impuestos carlanescos.
Se quedaron mirando a los ojos, queriendo hacerse miles de preguntas. Gervasio ya no era aquel muchacho flaco, desgarbado y acogotado, al que siempre humillaba. Y Eduardo había envejecido de un modo insospechado. De no ser porque Barber le había dicho a Gervasio que iba a reunirse con él, no lo habría reconocido.
Después, los dos miraron al suelo, y Gervasio arrancó un tallo de hierba seca, llevándoselo a la boca.
—Madre murió hace unos meses —dijo con pesar—. El invierno pasado, de una pulmonía —suspiró, y escupió la paja—. Merceditas se casó con Vicente Satué, el burrero, hace poco más de un año. Tienes un sobrino, creo que se llama Francisco, como padre... Todavía no lo conozco... Supongo que sabrás que nuestro padre murió ajusticiado por traidor. ¡Era un idealista, terco y estúpido!
—Yo creía que había sido herido en una revuelta...
—Quien te dio esa información no sabía de qué hablaba. Aunque eso no tiene la menor importancia.
—¡Siempre que recibo novedades de nuestro pueblo son malas noticias! —dijo Eduardo, con ironía—. ¿Y la casa?
—Desde que Àger se hizo con el control de Benabarre ninguna posesión es más que un papel simbólico en suspenso... Ya nadie paga impuestos, porque nadie los cobra, ni sabe con quien ha de saldarlos, ni posee nada... Dicen que, cuando se reinstaure el orden en Ribagorza, las tierras y casas serán devueltas a sus antiguos propietarios. Pero ¿cómo confiar en Àger? —Gervasio se levantó, anduvo un par de pasos, y miró a su hermano de arriba abajo—. ¡Tienes un aspecto horrible! —sonrió— ¿Tampoco a ti te han ido bien las cosas?
—Me casé... Hace ya varios años.
Eduardo le narró, con todo tipo de detalles, su peregrinaje por Francia, por tierras castellanas, y como encontró a Catalina y se casó con ella.
Tras la conversación con Gervasio, Eduardo se convenció de que la única alternativa que le quedaba era robar el dinero de Sopena, esconder la mitad en un lugar seguro, y darle el resto a Latrás.

4. El conde y el farsante.

«Creo haberte olvidado.
Sí, ya no eres la protagonista de mis sueños.
Y no deseo soñar contigo... no.
Nada debe hacerme dudar de que sólo amo tu memoria.»
MONZÓN (Reino de Aragón). Otoño de 1585.

Salazar giró su cabeza bruscamente hacia la parte trasera del carro, al percatarse de que Catalina e Isabel habían sorprendido su mirada lasciva clavada en los grandes pechos, insinuados en el escote, nada apropiado para aquel tiempo, de una joven cortesana.

Ya le conocían, y sabían que Eduardo era demasiado proclive a fantasear con mujeres ajenas y a imaginar lo que jamás comprobaría por sí mismo. Lo ignoraron.

Catalina supo, por una vecina, que un tal Ramón Lupiáñez (un sanador riojano itinerante, famoso por sus curaciones milagrosas, y al que el pueblo llano daba el calificativo de "Santo de Dios"), andaba por Monzón, y que permanecería allí hasta mediados de diciembre. Lupiáñez se alojaba en una casucha vieja y destartalada, cerca de la loma norte de la sierra del castillo, donde pretendía practicar exorcismos, curaciones y ritos de purificación. A Eduardo todo aquello se le antojaban majaderías de la misma naturaleza que el exorcismo que le había practicado el padre Pancorbo a Isabel. Sin embargo, accedió a acompañarles hasta allí con la esperanza de que, tras aquella nueva farsa, Catalina comprendería que, quienes pretenden el control de las fuerzas ocultas, no son más que charlatanes que se aprovechan de la credulidad de los supersticiosos.

La cojera de Lorenzo, lejos de corregirse, como habían asegurado los médicos, se hizo más acusada con los años, aunque no lo suficiente como para impedirle jugar con los demás niños o moverse por Torre Alfals con soltura, y le obligaba a llevar uno de sus zapatos con un alza de dos dedos. *«¡Por probar, nada se pierde!»*, se dijo Eduardo, sin el más mínimo convencimiento.

Monzón estaba abarrotado de gente. Muchos de aquellos forasteros eran nobles y oficiales. Alguien le explicó a Salazar que el gentío se debía a una reunión extraordinaria del Consejo General de Aragón, donde iban a congregarse los principales nobles de la Corona. Eduardo se inquietó al oír aquella noticia; cabía la posibilidad de que, entre aquellos nobles, se encontrase don Rodrigo de Labazuy. ¡Si se topaba con él...! Sus ojos dejaron de mirar a las cortesanas, para centrarse en el temeroso escrutinio de todos los nobles que pudieran parecerse al carlán.

—¿Ya te has cansado de desnudar con la mirada a las jóvenes aristócratas? —se mofó Isabel, mirándole con una expresión entre guasona y despectiva—.
¡No sé como lo soporta! —apostilló, cogiendo de la mano a su madre—.

Supongo que se casó con él estando embarazada de Lorenzo, sólo eso justificaría que siga compartiendo su vida con este estúpido.
—¡Cállate, por Dios! —susurró Catalina— ¡Podría oírte!
—¿Qué coño murmuráis? —preguntó Eduardo, girándose hacia las mujeres.
—¡Creía que me habías oído, "papá", pero ahora me doy cuenta de que, además de asesino, eres sordo!
—¡Cuida ese vocabulario, jovencita! —sonrió Eduardo—. Que seas bruja no te da derecho a faltarle al respeto a quien te da de comer.
—¡Basta ya! —grito Catalina— ¡estoy harta de vuestras peleas!
Lupiáñez era un hombre gordo y bajito, de sonrisa fácil y animosa. Vestía una especie de hábito de monje franciscano, raído, remendado y zurcido por todas partes; solía decir que era el donado de un convento de Logroño, que decía ser de San Severino... No importaba demasiado si aquella historia era real o no, que no lo era, o si en la Rioja existía un sólo convento franciscano con ese nombre, lo cierto es que de la chabola salían los pacientes, junto con un hedor nauseabundo, con mohín de satisfacción.
Cuando les tocó el turno, entraron Catalina, su hija y el pequeño Lorenzo. Eduardo se quedó en la calle, vigilando el carromato.
Isabel enseguida se percató de que aquel donado no era más que un farsante, que recetaba purgas para aliviar las constricciones intestinales, y un fuerte brebaje a base de hierbas y alcohol, que dejaba a sus pacientes medio atontados y anestesiados, y a quienes inhibía el más mínimo dolor. No dijo nada.
Lupiáñez, al ver la pierna de Lorenzo, miró con recelo a las dos mujeres. No tenía remedio para aquel mal, ni siquiera para una simple caries, y sus brebajes no servirían contra aquel mal. Así que, miró hacia el techo, y empezó a recitar palabras que pretendía fueran latín y que no eran sino una perorata sin sentido: «*Dóminus cum adimus et misericorde regina deus. Moritur vivit misaem percept salve in nomine pater et filis et espíritu santi*».
Catalina comprendió que aquella bola de grasa vestida de franciscano, ni era fraile, pues desconocía el latín, ni tenía la menor idea de lo se llevaba entre manos. Lupiáñez prosiguió:
—¡El padre Dios ha castigado a tu familia por un pecado terrible!
—¿De quién es ese pecado, si puede saberse? —preguntó Catalina con retintín—, ¿del pequeño o de sus padres?
—¿Nació así? —Catalina asintió—. ¡De sus padres, sin duda! Y, al ser la pierna izquierda la enferma, es su madre quien pecó.
—¿Y como sabéis cuál es la pierna mala? —se mofó Isabel—. ¿No cabe la posibilidad de que sea la derecha la que es más larga de lo que debería, y la izquierda tenga su medida normal?
—¿A qué habéis venido? —preguntó enojado—. ¿Queréis ponerme en evidencia delante de estos? —señaló hacia la puerta.

—No nos necesitáis a nosotras para hacer el ridículo, Lupiáñez —balbució Catalina—. Vos solo lo hacéis de maravilla.
—¡Marchaos de aquí!
La pierna de Lorenzo siguió siendo más corta, o más larga, de lo que debía. «*Al menos no hemos tenido que purgarle*», se dijeron.
Eduardo se burló de ellas y de su credulidad, con unas carcajadas, que se quedaron heladas cuando llegaron a la altura de la puerta de la muralla del castillo, y una voz le increpó desde lejos.
—¡Maldito bastardo! —la sangre de Eduardo se congeló en sus venas—. ¡Seis hombres he enviado por ti, y sólo dos de ellos han regresado a Benabarre!
—¡Don Rodrigo! —balbució Eduardo.
—¿Has gastado el dinero que me robaste en una mujer? —Labazuy le miró con un desprecio que erizó los cabellos. Eduardo soportó el peso de los ojos del carlán durante unos segundos, pero acabó por apartarlos—. ¡En vez de cumplir con mis órdenes, has caído en las redes de una vulgar ramera!
Labazuy desenvainó su espada, y la levantó por encima de su cabeza.
—¡Quieto, Rodrigo! —le ordenó un hombre que venía al galope por detrás de él—. ¿Qué demonios pretendéis?
Catalina buscó el rostro de aquel hombre, y sintió un escalofrío, que recorrió todo su espinazo al quedar, sus ojos, atrapados en la mirada de Fernando. Escondió su cara tras la espalda de Lorenzo.
El joven conde solía sufrir, con demasiada frecuencia, episodios estremecedores: una voz similar a la de Catalina, un gesto, unos ojos profundos, hacían que su corazón deseara que tras ellos se escondiera ella. Pero la evidencia de que aquellas voces, aquellos ojos o aquellos rostros de similar corte, no eran más que resortes que despertaban en él la memoria residual de su pasado, le producía una sensación de frustración tal que, poco a poco, y por su propia salud mental, decidió tomarlos como fantasmas de su esperanza; incluso la única real que había tenido: aquella.
—¡Es un maldito ladrón! —exclamó Labazuy, visiblemente resentido—. Trabajó para mí como recaudador, y huyó llevándose el dinero que había recogido!
—¡Mandad que le prendan si, tal como decís, es un ladrón! Y que sea juzgado según las leyes…
—No será necesario señor conde… —Labazuy volvió a envainar su espada e hizo un gesto amenazante—. Y a ti, Salazar, te aseguro que no descansaré hasta verte en prisión.
Eduardo se retiró, tirando con fuerza las riendas del caballo, y fustigándolo con apremio, aunque el animal, vago y torpe, apenas trotó, con una lentitud exasperante.
Isabel bajó del carromato, y se quedó mirando a aquel noble, con los ojos muy abiertos, fascinada. Algo, en el interior de su corazón, le dictó que aquel al

que Labazuy había llamado conde, tenía una importancia difícil de determinar. Incluso creyó ver en aquel noble al hombre que veía en sus sueños, al que amaba siempre que abandonaba su cuerpo, al que odiaba cuando el velo de la realidad difuminaba aquel mundo en el que se sentía realmente viva. Sí, ella no pertenecía a la vigilia. Y aquel con quien compartía su vida sin desearlo no era más que la caricatura grotesca de lo que debería haber sido un padre.

Isabel odiaba a su padrastro, eso era evidente; sabía que Eduardo no era más que el marido de Catalina. Nadie le dijo jamás que no fuera su verdadero padre, pero Catalina jamás hablaba de su verdadero padre, ni le hacía sentir a Eduardo como tal. Y los comentarios de los niños de Tamarite (que aseguraban, por lo oído en sus casas, que su madre se casó con Salazar cuando ella ya había cumplido los tres o cuatro años), y las apostillas del diácono Andrés (que se empeñaba en que aquel demonio era hija del pecado, pues su madre había fornicado antes de pasar por la vicaría, haciendo caso omiso de la partida de defunción del ficticio Carlos Simón y Vergara), tampoco ayudaron demasiado a afianzar el nulo amor que sentía por Salazar.

Ahora tenía la evidencia de que Eduardo, su padre putativo, ya era ladrón, y quién sabe si no asesino, antes de casarse con su madre; el propio carlán de Labazuy le había acusado públicamente de ello... Sin embargo, se sentía inquieta, asustada. Y no era Eduardo, ni el peligro que suponía que un carlán hubiera jurado invertir todas sus fuerzas hasta que, quien les daba sustento, se pudriera en la cárcel. *«¡Ojala sucediera de una vez por todas!»*. Quien le inquietaba era el conde...

Catalina estaba realmente turbada, y esto le trastornaba. No se sentía de ese modo desde aquella vez en que, siendo una niña, entró en la habitación de la hermana Remedios cuando esta se estaba lavando sus partes innobles en un barreño. Aunque de un modo sensiblemente distinto, cuando cruzó su mirada con Fernando, un sentimiento que parecía muerto revivió con tal fuerza que deseaba llorar, reír, huir y abrazarle, todo a un mismo tiempo. Quiso convencerse de que Fernando no la había reconocido (supuso que sus reflejos fueron lo suficientemente rápidos como para que su cara quedase tapada por la breve espalda de su hijo), lo cual le produjo un efecto contradictorio: Por un lado, deseaba que el conde no hubiese reparado en ella; pero, por otro, que Fernando la hubiese reconocido (aunque eso supondría un problema, no sólo con Eduardo, sino consigo misma, los sacramentos de la Iglesia, y las leyes humanas).

Su rubor fue tal, que olvidó por completo a su hija Isabel, y no se percató de su ausencia hasta que abandonaron las calles de Monzón.

Eduardo decidió que no iban a pasar la noche en aquella ciudad, que era su primitiva intención, apareciera Isabel o no. La insistencia de Catalina, no obstante, le convenció para que esperara, al menos, un par de horas.

Transcurrido este tiempo, dio un latigazo al aire, y el caballo se puso en marcha hacia la Almunia de San Juan. Todavía no se habían alejado una legua de Monzón, cuando Isabel, montada en la grupa de un percherón sucio y viejo, que conducía un gitano con acento extranjero, les dio alcance. *«¡A saber lo que habrá tenido que hacer la muy bruja para convencerle de que la trajera hasta aquí!»*, pensó Eduardo, pero no abrió la boca. Ni él, ni Catalina se atrevieron a preguntar qué demonios había estado haciendo en aquellas dos horas largas de ausencia (que no era otra cosa que espiar a aquel conde, hasta que le negaron la entrada al castillo); Eduardo, porque estaba convencido de que había estado pactando con Rodrigo Labazuy su entrega, y Catalina porque, conociendo sus poco habituales facultades, hubiera descubierto que Fernando era su padre y quisiera conocerlo.

—Creo que deberías explicarme un par de cosas —dijo Isabel, acercándose al oído de su madre para no ser escuchada por Eduardo—. Ya tengo doce años, y no me considero una estúpida... Jamás te he hablado de esto, pero sé que no soy hija del tal Carlos Simón de Vergara... Jamás existió, ¿no es así? —Catalina perdió la mirada en el horizonte—. ¿Por qué no contestas?

—¿Qué importancia tiene eso? —susurró—. Tienes un apellido, y la gente cree que Carlos Simón es tu padre, que murió siendo tú niña.

—¿La gente cree? —sonrió Isabel— Así que el tal Simón no es mi padre, ¿no?

—¿Por qué no intentas ser feliz con lo que tienes?

—¿Feliz? —señaló a Eduardo—. Hasta que no vea a ese asesino bajo tierra será imposible. —e insistió— ¿Quién es mi padre?

—¡No puedo decírtelo!

—¿Lo sabe Eduardo? —Catalina se encogió tras Lorenzo, y asintió tímidamente—. Entonces, se lo preguntaré a él.

—¡No, por Dios! —exclamó su madre, tapándole la boca.

—Pues habla tú.

—¡Está bien! Tienes razón, hija mía. El tal Carlos Simón de Vergara no es más que una invención para justificar mi embarazo —confesó al fin Catalina—. Me quedé encinta siendo monja, y debía buscar un padre para ti. Carlos se llamaba tu bisabuelo, mi abuelo, y Simón era el nombre de San Pedro antes de ser apóstol... Vergara era el segundo apellido de la madre Salomé...

—¿Y, entonces, quién es mi padre?

—Un capellán de Benabarre, de Santa María de Linares.

—¿Mi padre un cura? —Catalina asintió.

—¡Basta de cháchara! —gritó Eduardo—. Y prepararos para hacer un largo viaje...

—¿Qué demonios dices, Eduardo? —preguntó Isabel.

—El carlán de Labazuy enviará a sus hombres en mi búsqueda... En dos o tres días tendremos un regimiento tras nosotros.

—¿Y dónde piensas huir? —se mofó Isabel— a ti no te quieren ni en las pocilgas.
—Nos vamos todos —afirmó, haciendo caso omiso de las palabras de Isabel—. Esta misma noche abandonaremos Tamarite.
—¡Estás loco! —dijo Catalina riendo—, ¿dónde pretendes que vayamos?
—Todo está decidido... desde hace mucho tiempo.
El Consejo General de Aragón decidió que el condado de Ribagorza debía serle devuelto a su legítimo propietario. Felipe II mandó a don Manuel Sesé, Bayle General, para hacer entrega de los títulos y poderes que le acreditaban como conde.
La alegría de Fernando debería haber sido grande; pero, pronto se nubló bajo una oscuridad tan cerrada, que le fue imposible siquiera perfilar la más leve sonrisa. Aquella, nada inhabitual, sensación de haberse reavivado la esperanza de encontrar a Catalina al ver los ojos de la plebeya que se agazapaba tras un niño pequeño, y la inquietante presencia, junto a ella, de una muchacha idéntica al fantasma que aparecía en sueños, consiguió que sus sentimientos fluyeran de un modo independiente a sus deseos. Y volvió a convencerse de que su corazón, alma y cuerpo discurrían por caminos muy distintos, y no demasiado compatibles.

TAMARITE DE LITERA (Reino de Aragón)

Eduardo estaba tenso. Las dos mujeres sabían que, cuando algo le preocupaba, lo mejor era seguirle la corriente, y que en un par de horas se tranquilizaba, así que decidieron no hacerle demasiado caso. Aunque todo apuntaba a que, esta vez, no iba a ser tan fácil.
Les ordenó que no desataran el caballo del carromato, que recogieran todo lo que pudieran de Torre Alfals: ropa, mantas, sábanas, perolas y que se pusieran en camino hacia Alcampell. Allí, a las afueras, esperarían a que él se reuniera con ellas y con Lorenzo.
Salazar entró en la casa, y se vistió las mismas ropas con las que había asaltado a Luís Saucedo. Cogió su arcabuz y lo cargó, aunque no creía que tuviera que usarlo, *«No, si las cosas salen como deben»*. Y se ató en la cintura una soga no demasiado recia.
Se marchó cuando la noche se hizo cómplice de los ladrones y sólo se oía el furtivo ladrido del perro de Torre Dolorosa, a lo lejos.
Anduvo por los campos, durante un largo rato, en zigzag para que nadie pudiera verle. La casa de Sopena era una mansión solitaria, así que sólo debería preocuparse de sus matones.
No le fue difícil entrar en la casa del alcalde. Los perros, "Quisquilloso", "Orejudo" y "Gañán", salieron de su tedioso escondrijo al sentir una presencia anormal fuera de los muros. Pero, cuando el aire les trajo el olor de Eduardo, regresaron a su caseta.

Aquella noche estaba de guardia el Presidiari, *«¡Mejor!»*. Toñet era un poco sordo, aunque él lo negase, y últimamente tenía cierta dificultad para distinguir con detalle lo que acontecía más allá de veinte o treinta pasos. Eduardo sabía que, si se mantenía a una distancia prudencial, aunque el Presidiari le viera, sería incapaz de reconocerlo o de hacer blanco en él.

Eduardo pudo entrar sin ninguna dificultad por la ventana del sótano. Desde allí, llegar hasta la caja fuerte que don Segismundo había ordenado empotrar en una de las paredes de su despacho, fue relativamente sencillo. Sopena confiaba en Salazar. Hasta entonces, jamás se escondió para abrir el armario recubierto de hierro, ni el lugar en el que escondía la llave (en el interior del jarrón de porcelana que decoraba una de las estanterías del armario donde guardaba sus licores y unos libros que nadie leía, a espaldas de la mesa).

La pesada puerta de hierro produjo un pequeño chirrido metálico al abrirse. Tras ella, apareció un cofre que sabía, porque lo había rellenado él mismo, contenía algo más de mil reales de plata, varios centenares de ducados y algunas monedas de oro. Lo sopesó, y calculó que en su interior, si no estaban todas las monedas que él había supuesto, pocas le faltarían.

No cerró la puerta del armario. Encendió la mecha del arcabuz, cogió el cofre bajo su brazo derecho y, maldiciendo y alabando a un mismo tiempo el peso de su botín, salió por donde había entrado.

Una vez hubo llegado hasta la verja de entrada, desenrolló la cuerda que había atado en su cintura, e hizo varios nudos en una de las abrazaderas de la arqueta. Subió hasta lo alto, y estiró de la cuerda. Los clavos de la caja, al rozar contra los hierros de la puerta, produjeron un sonido que no había previsto.

Alertado por aquellos extraños ruidos, el Presidiari corrió hacia la entrada principal, y vio al hombre, encaramado en lo alto de la reja.

—¡Maldita sea! —gimoteó Eduardo, al verle venir corriendo torpemente desde el otro extremo de la finca.

—¡Estate quieto, si no quieres morir! —gritó Toñet. Debía estar a poco más de cincuenta pasos de él. Desde allí, sería incapaz de alcanzarle.

Salazar se apresuró a subir el cofre hasta lo alto de la verja. Pero, cuando lo tenía sujeto con ambas manos, Toñet alcanzó la base de la puerta y le apuntó con su arcabuz.

—¡Quieto! —repitió el Presidiari.

Eduardo hizo caso omiso a las amenazas del guardia, creyendo que le había reconocido, y tiró al otro lado el cofre de las monedas.

Casi al mismo tiempo que echaba su botín afuera, un disparo seco resonó en su cabeza, como si proviniera de todas partes. El ladrón sintió un latigazo en su muslo derecho, y un escozor le dejó inmóvil. Instantes después, un dolor agudo se extendió por toda su pierna, y cayó hacia la parte exterior de la finca de Sopena. No podía moverse.

Los pasos del Presidiari, acercándose a la verja, aceleraron su corazón.

—¿Eduardo? —preguntó Toñet, incrédulo—. ¿Qué demonios…?
—¡Márchate! —gimió Eduardo—. No te metas en esto…
—No puedo permitir que te lleves el cofre de don Segismundo —dijo, pegando su cuerpo a la reja de la puerta y echando pólvora en el cañón del arma.
—Mi arcabuz está cargado, y su mecha encendida —dijo Eduardo con pesar, apuntando directamente al pecho de Toñet—. Sabes que te aprecio, y no me gustaría tener que disparar. Sopena me debe este dinero, por lo de Saucedo, ¿cómo iba a cobrar si no?
—Tengo dos opciones, Salazar; o evito que le robes al alcalde, o pago yo con mi vida… Yo ya he elegido, ¿y tú, Eduardo?
—Yo también.
Salazar cerró los ojos y apretó el gatillo.
El cuerpo de Toñet cayó como un gran saco de harina agujereado por infinitos perdigones, robándole a la tierra seca un sonido sordo… Salazar sabía que, por el tipo de munición que había disparado, el Presidiari se desangraría lentamente, y moriría sin remedio en un par de horas, sufriendo como un zorro atrapado en un cepo.
Arrancó un trozo de tela de su camisa, se hizo un torniquete en la parte alta de su pierna, casi en la ingle, y se arrastró hasta un pequeño cabomaso, a un tiro de piedra de la mansión de Sopena. No había perros y, al ser una masía humilde, nadie la vigilaba.
Entro en la cuadra, algo apartada de la vivienda, y desató una mula joven que, al acariciarla, no dio coces. La acercó a un pesebre, ató el cofre sobre sus hombros, y subió en ella sin ensillarla
Poco después, bordeando el pueblo por los caminos del norte, llegó a Alcampell, donde le esperaba su familia.
Las mujeres, al ver la herida de Eduardo, se quedaron horrorizadas. No hicieron preguntas: el cofre que llevaba sujeto en la espalda clamaba a voz en grito lo que le había ocurrido.
Cargaron el arca en el carromato, le ayudaron a subir y ataron la joven mula con la que había llegado hasta allí en la parte delantera, dejando el caballo libre, únicamente sujeto con una cuerda, en la parte posterior del carromato.
Cabalgaron hacia el norte.
A la altura de Camporrells, Eduardo ordenó que se detuvieran.
Les pidió que abrieran el cofre, y que contasen las monedas que había en su interior: Mil ciento cuarenta y siete reales de plata, doscientos setenta y tres ducados y veintisiete monedas de oro. Mandó que sacaran quinientos reales, los introdujeran en un saco, y que el resto los dejaran en el interior del cofre. Catalina depositó las monedas en una bolsa de fieltro recio, en la que guardaba sus labores de calceta, las agujas, ovillos y demás, y la escondió entre las ropas de su marido.

Después, prosiguieron su camino durante un buen rato, hasta que el monte se convirtió en una pronunciada cuesta y las carrascas se espesaron.

SIERRA DE PILZÁN (Condado de Ribagorza)

Poco después de que el bosque se hiciera espeso, llegaron a un lindero, en cuyo centro surgía una roca blanca de mármol: "La Pedra dels Degollats".

Eduardo mandó que pararan allí mismo, y les ordenó que cavasen un agujero hondo, y que enterrasen en él el cofre; a tres pasos al sur de un roble, en cuyo tronco hicieron un triángulo con un cuchillo.

Catalina limpió la herida de Eduardo y comprobó que no era tan grave como parecía. La bala atravesó limpiamente su muslo y no tenía metralla alojada en la carne. Cogió una botella de un licor fuerte, y se lo dio a beber a su marido. Cuando Salazar estuvo suficientemente aturdido como para que el dolor fuese escaso, Catalina enhebró una aguja fina con hilo de zurcir calcetines, y empezó a coser las heridas. A cada puntada que daba, el hombre protestaba y le daba un nuevo trago a la botella.

Al mismo tiempo que su madre cosía el muslo de aquel indeseable, Isabel hizo jirones una sábana vieja, y los humedeció con orujo. Cuando las heridas parecían bien cerradas, Catalina le aplicó una cataplasma de miel, que fue recibida por su marido con mayor desagrado aún que los puntos. Acto seguido, ató varios de los trapajos que había preparado su hija en el muslo de su marido, a modo de tensa venda, y le ayudó a tumbarse en la parte posterior del carromato, donde sucumbió a un profundo sueño.

Amaneció un poco más tarde.

Nadie había avisado a los bandidos de la presencia de los Salazar en las cercanías de los montes de Pilzán, ni sabían como localizarles sin levantar las sospechas de los aldeanos de Estopiñán o Caserras. Si eran descubiertos, Eduardo sería juzgado por el asesinato del Presidiari, y ellas por cómplices.

—¡Ve a buscar una fuente! —le ordenó Eduardo a Isabel—, tengo sed.

—¡Así te mueras, maldito asesino! —le respondió la niña.

—Puede que yo te importe un carajo —dijo su padrastro, sonriendo—, pero también tu madre y tu hermano necesitarán agua, incluso tú misma, ¿no? Que seas una bruja no te releva de los apetitos del cuerpo...

—¡Púdrete, estúpido!

Isabel cogió un cántaro pequeño, y se adentró en el bosque... Buscar agua en aquel secarral era como pretender encontrar una brizna de vida en un esqueleto... Se introdujo en la espesa arboleda, aguzando el oído por si oía el susurro de un arroyo o el repiqueteo de una fuente; pero sólo escuchó el suave ulular del aire, gélido y seco.

Cuando estaba a punto de darse por vencida, el opaco susurro de un líquido miserable, salpicando descompasadamente contra el suelo, le hizo girarse de golpe.

El soniquete se convirtió en un susurro. Cuando aquel chispeo se apagó, un ruido de hojas secas, pasos sin duda, le convenció de que no se trataba de ninguna fuente, sino de la micción de algún bandolero, leñador, o labrador perdido en el monte.

Tiró el cántaro, y salió corriendo.

Su corazón amenazó con abandonar su minúsculo pecho, y sus piernas, entumecidas por el frío, apenas lograban esquivar el irregular firme del carrascal.

Al principio sólo escuchó el sonido de sus apresurados pasos pero, cuando su entorpecido cerebro puso orden en sus sentidos y temores, escuchó el inconfundible golpeteo de los cascos de un caballo, que se acercaba peligrosamente a ella.

Las piernas le temblaron y, cuatro pasos más adelante, no pudieron soportar el peso de su poco repleto cuerpo y fue a dar con sus huesos a tierra, parando el golpe con la cabeza.

Fueron sólo unos segundos los que estuvo fuera de sí, pero se le antojaron días.

Un repugnante sabor a sangre en su boca le hizo reaccionar. No sin dificultad, entre estertores y nauseas escupió el polvo, hierbas, sangre que había tragado, y algo duro, que ella temió que fuese uno de sus incisivos, pero que resultó ser una pequeña piedra blanca.

Al levantar la vista, se encontró de bruces con las botas de un joven, mal vestido y sucio, que la observaba divertido.

—¡Lo que haría contigo si no fueras una cría! —rió el hombre.

—¡Si no fuese una cría, no te atreverías a hablarme así!

—¡Vamos! —dijo él, ofreciéndole la mano. Ella la rechazó y se levantó de un salto, sacudiendo sus faldas—. ¿Qué demonios se te ha perdido en este bosque?, ¿no sabes que éste es territorio de bandidos?

—Eso ya lo he comprobado —sonrió Isabel, con la boca dolorida y medio torcida—. Sólo estaba buscando una fuente en la que beber.

—Lo cual demuestra que no eres de por aquí... Nadie que conozca estas tierras buscaría una fuente este secarral.

—Soy de Tamarite... Me llamo Isabel.

—¿Hacia dónde te diriges?

—Eso deberías preguntárselo a mi padrastro... Él nos ha hecho venir hasta aquí.

—¿Cómo se llama tu padrastro? —preguntó el hombre, convencido de conocer la respuesta.

—Eduardo Salazar.

—Salazar, ¿eh? Llévame hasta él.

El hombre volvió a montar en su caballo, y estiró de Isabel, obligándole a que se sentase en la grupa. La niña apretó su vientre contra la musculosa espalda del joven jinete, y sintió algo realmente extraño, un estremecimiento inusual... Se había excitado; primero imaginando que aquel bruto cumplía con sus amenazas y, después, cuando su lisa barriga rozó contra la parte superior de los glúteos de aquel apuesto ladrón.

Como impulsada por una fuerza desconocida, rodeó la cintura del joven, y apretó sus poco desarrollados pechos en los omóplatos del imberbe proscrito. Isabel sintió como se le formaba un nudo en la boca del estómago y un calor sereno y abrasador se apoderaba de cada centímetro de su piel. Sus pechos se endurecieron, como cuando sentía mucho frío, su boca se entreabrió jadeante, y notó como se humedecían sus enaguas...

No sabía cual era el final de aquella sensación, que estaba segura, sería algo extraordinariamente placentero y deseado, y rezó al "Joven de Largos Cabellos", para que acelerase aquel asombroso proceso, y el clímax le sobreviniera antes de que el caballo llegara al campamento donde se dirigían. Pero su ídolo no quiso escucharla.

El bandido cogió el brazo de Isabel, y le ayudó a desmontar del caballo. La joven notó, al apoyar las piernas en tierra firme, que le dolía ligeramente la rodilla derecha, con toda seguridad a causa de la caída, pero ni siquiera cojeaba.

—¡Miguel Juan! —exclamó Eduardo, con una voz apagada y hablar torpe; sin duda se había acabado toda la botella del aguardiente del Presidiari.

Barber le miró de arriba abajo, y clavó sus ojos en su pierna.

—¿Qué te ha ocurrido? —preguntó el bandido, elevando las cejas— tienes un aspecto horrible.

—Las cosas hechas con prisas suelen acabar de modo inesperado...

—Y, por lo que veo —sonrió Barber—, trágico.

—Tenía que coger lo que era mío; Sopena no me hubiera pagado jamás.

—¿No llevabas esperando varios meses antes de poner en marcha tu plan? —Eduardo asintió pesadamente, con los ojos cerrados—. Entonces, ¿por qué no aguardaste hasta que tu empresa fuese segura?

—Porque fuimos a Monzón a visitar a un curandero, un tal Ramón Lupiáñez...

—He oído hablar de él.

—Nuestro hijo Lorenzo es cojo de nacimiento, y Catalina se empeñó en que debíamos llevarle al maldito farsante para que le aplicara una de sus curas y le aliviase de su mal... pero la cojera de mi hijo no tiene remedio —Eduardo se ayudó con los codos, y se sentó—. ¡Quién iba a pensar que en Monzón se encontraban el carlán de Labazuy y Fernando de Gurrea!

—¿Te vieron?

—Don Rodrigo estuvo a punto de cortarme la cabeza con su espada —acercó la botella del espeso licor del Presidiari a sus ojos, la miró y, al comprobar que estaba vacía, la tiró contra el roble bajo el que habían escondido el arcón del dinero—, pero el conde se lo impidió... Sopena ha podido defenderme de sus

Carlachets durante algún tiempo, y estoy seguro de que seguiría haciéndolo si los enviados de Labazuy fueran unos pobres desgraciados, pero no moverá ni un solo dedo si quien va en mi búsqueda es el propio carlán o los soldados de Fernando de Gurrea; es más, estoy seguro de que sería él mismo quien me entregase.
—Comprendo.
Eduardo hizo un gesto con la mano. Catalina le acercó la bolsa de fieltro en la que habían guardado los mil reales de plata, y Salazar se la entregó a Barber.
—Aquí tienes lo que acordamos —Miguel asintió, cogiendo la bolsa y atándola en su silla de montar—. Ahora, llévanos junto a Lupercio Latrás y los suyos.

5. *La antorcha.*

> *«¡Qué miserable la vida del pobre mendigo, que muere desnudo y apesta!*
> *¡Qué absurda la vida del cura bueno, que muere sólo y nadie recuerda!*
> *¡Qué absurda la vida del noble, que muere sobre flores y su cuerpo se pudre entre oropeles!*
> *¡Qué absurda la vida, que no te enseña qué has de llevarte de ella!»*
> **MONZÓN (Reino de Aragón). Otoño de 1585.**

Fernando se dejó caer sobre el trono de cuero, tarareando una cancioncilla que les había escuchado, aquella misma mañana, a unos niños que jugaban bajo los muros del castillo, y que se había clavado en su mente como un suplicio del que era imposible desprenderse.

Rodrigo de Labazuy, sin prestar la más mínima atención a la dichosa cancioncilla, se había quedado transpuesto, medio acurrucado sobre un sillón ancho de madera y sus correspondientes cojines, rellenos de lana poco oreada, dando cabezadas intermitentes y respirando de modo calmo pero dificultoso.

El recién nombrado conde clavó sus ojos en la arrugada calva de Labazuy y, como una barrena perforando su cráneo, regresó a su mente la imagen del carlán queriendo cortar la cabeza de aquel villano... Rodrigo le había explicado que se trataba de uno de sus antiguos carlachets, al que había confiado gran cantidad de ducados para que cumpliera una misión, que no supo explicar muy bien en qué consistía, y que jamás había llevado a cabo, quedándose con todo el dinero y huyendo de Benabarre... Al joven conde aquella explicación le satisfizo menos aún que el comportamiento de Labazuy, pero tampoco le importaban demasiado los oscuros asuntos del carlán. Sin embargo, pese a que aquella cuestión se había zanjado con una orden tajante del conde: *«¡No volváis a poneros en evidencia delante del vulgo, ni volváis a comprometerme a mí en vuestros asuntos!»*, la reiterada imagen de aquel patán, aterrorizado ante la evidencia de su propia muerte, seguía obsesionándole.

La cabeza de Rodrigo acabó por sucumbir a la atracción que ejercían sobre él la confabulación entre Morfeo y la Madre Tierra. Fernando entrecerró los ojos, y rastreó el amorfo mapa, saturado de valles desnudos y ríos secos, del cráneo pelado del carlán. Así permaneció un buen rato, imaginando los números circenses que se desarrollaban bajo aquella mezquina carpa: indiscretos titiriteros que gritaban tras el telón pelado de Labazuy. Rápido hizo mutis el horrorizado rostro del carlachet, y se clavó en sus ojos la cara de una mujer que aterrada, se escondía tras un niño pequeño. Y comprendió que la expresión de miedo en su rostro no se debía a la inminente muerte de su esposo, sino por él mismo... En su imaginación, cubrió a aquella mujer, delgada y de delicadas facciones, con un griñón dominico, y la reconoció de inmediato: Era Catalina.

Volvió a tararear aquella musiquilla, y subió el volumen de su voz, mientras un escalofrío que le recorría todo el cuerpo.

Labazuy dio una última cabezada, y se despertó de golpe, asustado.

—¿Cómo es que nadie ha encendido un miserable quinqué, lámpara o candelabro? —preguntó el carlán algo molesto—. ¡Si estuviéramos en mi casa, mandaría degollar al mayordomo!

—No lo dudo, Labazuy —sonrió Fernando—. Pero aquí nadie va a ser asesinado, ni vos tenéis poder para ordenar una sola ejecución, ni siquiera en vuestra casa.

—Es una manera de hablar, señor conde —se excusó don Rodrigo desperezándose, y mirándole con suficiencia—. Sólo bromeaba.

El carlán dio dos palmas, a las que respondió una sirvienta que, previendo lo que iban a ordenarle, vino con dos candelabros. Dejó uno sobre la mesa y otro sobre la repisa del fuego de tierra.

—Ayer —dijo Fernando— estuvisteis a punto de matar a un hombre.

—Ya os expliqué...

—De no ser por mí le hubierais cortado la cabeza —prosiguió Fernando, haciendo caso omiso de los intentos del carlán por eludir su responsabilidad—. Tal vez tengáis motivos para ejecutarle, pero os aseguro que vuestras palabras me suenan a las excusas de una adúltera, intentando explicarle a su marido qué demonios estaba haciendo el mayordomo en su cama —Rodrigo bajó la cabeza y clavó sus ojos en el fuego de hogar—. No me importan los motivos que os impulsaron a levantar vuestra espada contra aquel patán, sólo quiero saber quién es.

—No le conocéis.

—Dadme un nombre, y yo decidiré si le conozco, o si debo pedir algún informe que le lleve a prisión... Porque, si os robó dinero, deberá enfrentarse a la justicia, ¿no? —don Rodrigo no movió un sólo músculo— ¿O, ese dinero que decís que os robó, era uno de esos asuntos vuestros, ante los cuales mi padre desviaba la mirada?

—Eduardo Salazar —se apresuró a contestar Labazuy—. Hijo de Francisco Salazar, Paco de Monesma.

—¿Paco de Monesma? —pensó Fernando frunciendo el ceño—, ¿de qué me suena ese nombre?

—Fue ejecutado hace cuatro años... Lo mandó ajusticiar Blas Monserrate, tras una revuelta... Era uno de los rebeldes de Àger...

—Ahora lo recuerdo —se encogió de hombros—,había sido peón de don Agustín; ¡una pena para el pobre Pociello!

—En efecto... Supongo que ahora comprenderéis la clase de hombre que es ese Eduardo.

—Sin embargo, tengo entendido que el hijo menor del tal Salazar, Gervasio creo que se llama, ha luchado junto a Miguel Juan Barber y Lupercio Latrás en favor de nuestra causa.

—Os aseguro que Eduardo no es como su hermano —dijo Labazuy nervioso—. Es un perro rastrero y sin escrúpulos, capaz de vender a su propio padre por un par de monedas.

—Contadme, Rodrigo, estoy ansioso por conocer la historia.

—Eduardo quiso ser soldado... No le importaba la bandera que tuviese que defender, ni el señor al que debía servir. Luchar era su única obsesión —Rodrigo alargó sus manos hacia el hogar. Después cogió un tronco mediano y lo echó al fuego—. Fue a visitar a vuestro tío, don Ramiro, suplicándole un trabajo, de lo que fuera: de centinela, de vigía, de patrullero... Pero don Ramiro no tenía nada para él —sonrió—.Yo le había comentado que necesitaba a alguien joven con la suficiente ambición como para no amedrentarse, pero no excesivamente insidioso como para resultar problemático, rebelde o indisciplinado... Según el criterio de vuestro tío, Eduardo cumplía con esos requisitos, por lo que me lo envió —Rodrigo se echó para atrás en el sillón, y aspiró una intensa bocanada de aire—. No voy a negar que Salazar hubiese sido un buen soldado; era sumiso, siempre que hubiera de por medio un par de monedas, y de un arrojo fuera de lo común. Ni uno sólo de los aldeanos que me debían dinero se demoró en su pago. Y yo, reconozco, pequé de ingenuo. Confié demasiado en los resultados, sin preocuparme de lo que se estaba fraguando en su cabeza.

—No me interesa la vida de ese patán —dijo Fernando, aburrido.

—Está bien —prosiguió Labazuy—. Hacía algún tiempo que vuestro tío Ramiro sospechaba que uno de sus hombres de confianza le estaba traicionando, que era un espía de Àger.

—¿Quién era ese hombre?

—Claudio Llorens, su mayordomo.

—¿Claudio? —rió Fernando.

—Ya sé que aparentaba todo lo contrario, pero... —Labazuy dio tres golpes con los nudillos en el brazo del sillón—. Un día dijo que se iba a vivir con su hija mayor, que estaba casada con un labrador de Laguarres, y desapareció del castillo. Vuestro tío Ramiro me pidió que enviara a un hombre en su busca... Mandé a Eduardo Salazar, con doscientos reales para que le siguiera y lo detuviera si descubría que había estado espiando a don Martín, a don Ramiro o a don Jaime... —apoyó sus codos en las rodillas, y su cabeza entre las manos—. Regresó un año y medio después para pedir más dinero, aduciendo que estaba a punto de reunir más pruebas contra Llorens. Le entregué otros doscientos reales, y jamás volví a saber de él... Ni de Claudio...

—¡Bravo! —aplaudió Fernando—. ¡Ha sido la mejor comedia que he visto en mi vida!, y os aseguro que estoy rodeado de farsantes... Empezando por vos —Fernando se levantó y se acercó a la chimenea, apoyándose en la repisa del hogar, y jugueteó con los dedos sobre las llamas del candelabro—. Claudio Llorens murió en mil quinientos setenta y ocho, en Laguarres, en casa de su hija Dorotea, que no es la mayor, sino la segunda. Se fue a vivir con ellos en mil quinientos setenta, poco antes de quedarse completamente ciego. Está enterrado en el cementerio de dicho pueblo, en la segunda tumba a la derecha según se entra. Si hubieseis conocido a Claudio como yo le conocí, sabríais que eso que decís es imposible. El anciano no sólo era analfabeto, lo cual es un inconveniente bastante relevante a la hora de interpretar los documentos oficiales, sino que, en sus últimos años en palacio, apenas oía. Jamás hablaba de política, ni con Ramiro, ni con Jaime, ¡y mucho menos con mi padre! Su vida era el servicio, y cazar de conejos y jabalís... Si Ramiro hubiese sospechado que Claudio era un espía de Àger, al que, dicho sea de paso, odiaba, hubiera enviado a uno de sus hombres directamente a la casa de su hija Dorotea a detenerlo, ¿no creéis? —Labazuy asintió, sudoroso y ruborizado, respirando con dificultad—. Y, ahora, ¿Vais a contarme la verdad?

—Sí... Sí, don Fernando —balbució Labazuy—. Pero prometedme que no tomaréis represalias contra mí, ni contra quienes se vieron implicados en este asunto. —el conde asintió— Eduardo llevaba ya algún tiempo trabajando para mí, cuando se presentó en mi casa el prior Francisco... Estaba extremadamente alterado... Me explicó que un hermano de su congregación había mantenido una relación, nada acorde con su hábito, con una de las monjas de San Pedro... Este fraile era el Capellán de Linares... Erais vos...

—¡Dios mío! —Fernando se sentó en el trono, y abrió los ojos de un modo que parecía que iban a salírsele de las orbitas.

—Cuando el prior Francisco se presentó en mi casa, vuestro hermano ya había muerto, y vos habíais regresado a Pedrola —carraspeó—. La monja era Catalina Abadías... Aunque, esto lo sabéis vos mucho mejor que yo —Rodrigo le miró de reojo, y apartó rápidamente los ojos de Fernando, que le miraba entre asustado y enfurecido—. Algo terrible debió ocurrir para que Catalina se adentrara en el túnel que comunicaba el convento con el barranco de San Medardo y desenterrara a una monja. Jamás pregunté por qué estaba sepultada allí, y no en el cementerio del convento... Aquello no era conveniente que llegase a vuestros oídos, ni a los del obispo, así que el prior decidió demoler el pasadizo y simular que la monja desenterrada era Catalina... Nadie puso en duda la hipótesis del fraile, y aquel cuerpo encontrado en el túnel fue enterrado como si se tratara del de Catalina Abadías. Yo, por mi parte, me comprometí a encontrar a aquella mujer, convencido de que sabía algo que Àger podría utilizar en vuestra contra cuando llegarais a ser conde... Y envié a Eduardo Salazar para que la asesinara... ¡Dios me perdone! —lloró el carlán.

—¡Estáis loco, Rodrigo! —Fernando sacudió la cabeza—. ¿Qué peligro podría suponer una monja para mí? —Labazuy se encogió de hombros—. ¿Qué más sabéis?

—Eduardo regresó un año después; había estado en Francia, en Navarra y en Castilla, sin encontrarla. Pasó unos pocos días aquí, en casa de sus padres, y volvió a buscarla... Nunca más supe de él... Envié a varios hombres para que dieran con el prófugo y pedirle cuentas de los reales que le había pagado por un trabajo que no había hecho; dos de ellos regresaron con las manos vacías. El resto, no volvieron. Yo le daba por muerto... Hasta ayer.

—¿Y la mujer que iba con él? —preguntó el conde nervioso— ¿podría tratarse de Catalina?

—Jamás conocí a la monja —se encogió de hombros.

—¡Retiraos! —le ordenó Fernando, enfurecido.

Cuando Labazuy salió del salón, Fernando lloró amargamente.

Después, se tranquilizó, perdió su mirada tras la negrura de un Monzón que yacía como muerto...

Estaba seguro de que la mujer que acompañaba al tal Eduardo Salazar era Catalina. Y aquella muchacha... Debía tener unos doce o catorce años. Si las cuentas no le fallaban, no podía ser hija de Eduardo, pues éste había regresado a Benabarre hacía unos once años... Aquella niña podría ser su hija...

Y lo peor de todo era que él sentía en su interior que así era.

La verdad, por una vez, vino a oscurecer la mente de Fernando.

CAPÍTULO XII
Los desheredados

1. El campamento.

«El olor del miedo es similar al dulce aroma de la soledad.
Cuando la presa acecha al cazador imprudente
la mansa paz se convierte en asedio.
No hay mayor peligro que aquel que se esconde.
No hay mayor soledad que la de un bandido amigo de príncipes.»
SIERRA DE PILZÁN (Condado de Ribagorza). Principios de 1586.

A los Salazar no les costó demasiado adaptarse a la vida austera y, hasta cierto punto, anodina de los bandidos.

Eduardo, que había presupuesto que los demás bandoleros eran hombres solteros, desheredados o mercenarios en busca de una dudosa fortuna, se sintió gratamente sorprendido cuando comprobó que algunos de ellos habían llevado consigo a sus mujeres, hijos e hijas. Incluso, entre aquellos desheredados, se encontraba un tal Jorge Martínez de Alcañiz, que decía haber sido fraile, y que celebraba una especie de misa cada domingo en un pequeño calvero del bosque, al que denominaban la "Plaza".

Gervasio y Miguel Juan Barber les ayudaron a construir una cabaña con troncos, ramas y barro, aprovechando un pequeño saliente en la roca, cerca de la choza en la que malvivía su hermano. Catalina e Isabel se encargaron de acondicionar, no sin gran esfuerzo, aquel cuchitril polvoriento, hasta convertirlo en un lugar confortable.

Las comidas eran comunales, en un tinglado junto a la plaza. Las mujeres preparaban un gran puchero, en el que introducían lo poco que lograban arrancarle a aquellas tierras áridas, verduras donadas por los labriegos y simpatizantes de la causa y algún que otro animal sobre cuya procedencia jamás preguntaban. Mientras las mujeres se afanaban en preparar sus guisos, los hombres se reunían, cuando el valle les devolvía el lamento susurrante del Ángelus desde la torre de Santa María de Benabarre, bajo aquel gran cobertizo para que el tal Jorge de Alcañiz (sólo él, Latrás y un par más sabían leer) les pusiera al corriente de los manifiestos de Áger en contra del conde Fernando, o para preparar unos ataques tan pretenciosos que solían fallecer en el mismo momento en que eran propuestos.

Lorenzo pronto hizo un par de amigos: Mariano y Victoriana, hijos de Juan Antonio Sesé de Purroy, que tenían su misma edad.

Isabel estaba a punto de cumplir doce años, y podía decirse que su desarrollo había sido espectacular, tanto que aparentaba quince o más. Los bandidos así lo creían, y ella jamás lo desmintió; en el fondo, le gustaba sentirse observada por aquellos asilvestrados que, sabía, aguardaban a que cumpliera un par de años más para insinuársele... Isabel esperaba ese momento como la tierra reseca aguarda la visita de las nubes preñadas. Su rostro se volvió severo y ceñudo, y su carácter se agrió. Tal vez alentada por la soledad terrible que le embargaba, solía confundirse entre los robles del monte, haciendo oídos sordos a las reprimendas de su madre, y pasaba las mañanas en las cercanías de Caladrones, junto a una encina milenaria. Se sentaba en una de las raíces de aquel grandioso árbol, apoyando su espalda en el rugoso tronco, que recibía como la caricia de un salvaguardia poderoso, esperando, tal vez, a que el Joven de Largos Cabellos acudiera a consolarla en aquel tedioso destierro. Allí, a los pies de la encina, tuvo su primera menstruación, aquel mismo invierno, una mañana que amaneció blanca y seca. La gélida nieve fue el paño con el que limpió la sangre de sus enaguas, y la bolsa que utilizaba para guardar sus labores, relegadas al mero trajín sin sentido, como compresa.

Sólo había una cosa en todo aquel miserable campamento que le resultaba agradable, la presencia de Miguel Juan. Sentía una admiración tal por el joven bandido, que estaba convencida de haberse enamorado de él. Sin embargo, y pese a que sabía que Barber no correspondía a sus sentimientos del modo en que ella deseaba, se había habituado a perseguirle, a escondidas, por todo el bosque, espiando cada uno de sus movimientos, escrutando con su mirada el contorno de su cuerpo musculoso, con la esperanza de que algún día cambiasen las tornas; tal vez entonces sería ella quien le rechazase...

Era solamente una niña, pero se sentía, y sentía, como una mujer; y sus deseos eran los de una mujer. Incluso, en sus ensoñaciones más febriles, se imaginaba yaciendo con él, acariciándole, y siendo correspondida.

Catalina no ignoraba que su hija sufría de un modo obsesivo aquella atracción, y la oía jadear y suspirar de forma poco casta cuando dormía, pero jamás se atrevió a reprenderla por ello, ni siquiera a mencionarlo; creyó que sus fiebres obscenas se debían a su evidente inmadurez, y que se le pasarían en unos pocos meses. Todo se debía, Catalina estaba convencida de ello, a que jamás había tenido contacto con hombres adultos, a excepción de Emeterio Ruiz ,de Torre Dolorosa, de su hijo Arcadio, del diácono Andrés, y de los mozos que trabajaban las tierras de Sopena.

Eduardo siempre se había considerado un gran tirador; de hecho, cuando iba de caza con Elías, el posadero, era algo extraordinario que fallase un solo flechazo de ballesta. Pero Gervasio le hizo ver las cosas de un modo diferente. Para ser un buen bandido no era imprescindible tener gran puntería, sino ser agresivo y parecer despiadado. Ni siquiera su naturaleza, carente de todo escrúpulo, le servía de mucho como ladrón. *«Matar es tan sencillo como comer, beber o joder»*, solía decirle su hermano, *«pero el respeto... No buscamos poder ni sometimiento, sino dinero, bien sea para nosotros, para nuestra causa, o para la de quien sea... Si asesinas a quien robas, ten por seguro que enviarán tras de ti a los espadas y soldados para darte muerte; pero si sólo les intimidas, sin llegar a hacer fuego, llorarán, te maldecirán y echarán pestes sobre ti, pero nadie moverá un dedo por encontrarte... Si te haces respetar, un nombre, sólo con la sospecha de que tú eres el afamado bandido del que todas las lenguas hablan, te darán hasta sus calzones sin siquiera pedírselos».*

La teoría de Gervasio era completamente opuesta a la de Barber, quien, meses antes, le aseguró que, cuantos más muertos se le atribuyeran a uno, con más miedo y respeto sería considerado. Ciertamente, Barber y Gervasio tenían caracteres distintos, casi contrarios, y un modo muy diferente de ver la vida. Mientras que su hermano pretendía regresar a Benabarre y labrarse un futuro como labrador cuando la paz regresase a Ribagorza, Miguel estaba tan acostumbrado a la vida furtiva que parecía agradarle más ser perseguido que la seguridad de la apacible vida de un campesino, pastor o porquero. Entre sus planes no cabían estas posibilidades, y su único futuro era el de imitar las hazañas de Lupercio Latrás. *«Esa devoción, sin duda, acabará por llevarle a la tumba»*, pensaban sus propios compañeros.

El pequeño Lorenzo dio su primer estirón poco después de que el año les hiciera sentirse un poco más viejos. Su cojera, en vez de corregirse, se hizo aún más pronunciada, tanto que empezó a caminar dando pequeños bandazos con su cabeza a cada paso que daba. Pero estaba sano y fuerte como un roble. Sólo había algo en él que preocupaba a Catalina: aquella no era vida para un niño pequeño, al que preveía una educación poco sensata, siempre supeditado a la alarma y al miedo o, aún más terrible, a la violencia, el desprecio por los bienes ajenos y la muerte.

Cada vez que un extraño se acercaba a menos de media milla del campamento, el vigilante apretaba sus manos y soplaba entre sus dedos pulgares, imitando el ulular de un intempestivo búho. Tras la señal, todos los bandidos corrían a tomar posiciones entre los árboles, y las mujeres y los niños, a refugiarse en sus chozas... En la mayoría de las ocasiones, el extraño resultaba ser un labrador despistado o algún vecino del pueblo enviado por don Leocadio Bardají, señor de Pilzán y firme defensor de Fernando de Gurrea (no en vano era tío de los Bardají de Concas y Vilanova, y de la mujer de Latrás), que venía a traerles víveres, ropas o armas. Lo cierto es que nadie, en su sano juicio, osaba adentrarse en el monte más allá de la Roca de los Degollados, pero los pequeños, poco más de media docena, se estaban acostumbrando a vivir en un continuo estado de miedo y tensión que, aunque no era patente en su comportamiento ordinario, sí podía vislumbrarse en sus miradas, tan descaradas como medrosas.

Lorenzo hacía ya unos años que no mojaba las sábanas, pero, pocos días después de que huyeran de Tamarite y se instalaran en aquel lugar frío y poco acogedor, volvió a orinarse; al principio eran sólo unas gotas, que salpicaban el camastro, pero, poco a poco, se convirtió en un pequeño torrente, casi diario. Se despertaba sudando y llorando, afligido por un sentimiento de culpa que, en sus sueños, tomaba la forma de un monstruo sin rostro, que le atacaba desde un lugar tan indefinido que solamente podía ser su propio corazón, como el peligro que les acechaba, sin forma ni sentido, una amenaza invisible que en cualquier momento podía acabar con ellos... La situación de Lorenzo no era muy diferente a la de los demás niños del campamento; todos ellos, excepto Mariano Sesé, al que parecía no importarle demasiado si comía caliente o hierbas amargas, mojaban sus calzones y enaguas, y una llantina sin sustancia les despertaba acogotados en plena noche.

La ley que regía aquella comunidad era algo realmente anárquico. Se hacía aquello que ordenase Lupercio Latrás, y en lo que no se pronunciaba era admitido como bueno. Así, estuvo permitido el fornicio, incluso para Jorge de Alcañiz, hasta que un tal Bernardo de Secastilla osó acostarse con Montserrat Villa, la amante de Latrás... El de Secastilla y Montserrat fueron ejecutados en el centro del campamento, en la plaza, y se prohibió, más por sus consecuencias que por ley, el adulterio y el fornicio con una mujer que ya estuviese "ocupada". Sin embargo, no era extraño encontrarse a los jóvenes solteros buscando un lugar íntimo y solitario para dar rienda suelta a unas pasiones que, en la mayoría de las ocasiones, se trataba de un mero entretenimiento con el que soportar una vida casi monástica.

Eso fue, precisamente, lo que pudo observar Isabel aquel frío día, en el que, como era su costumbre, siguió a Miguel hasta el bosque.

Allí le aguardaba Aurora Cabestany; una mujer, apenas adolescente, que solía merodear por el campamento, aunque no vivía en él. Isabel supuso, ya que nadie le explicó nada, que la muchacha era una recadera de don Leocadio Bardají, de Pilzán. Aunque esto le importaba más bien poco.

Oyó una conversación ininteligible entre ambos, a la que siguieron unas risitas estúpidas. Después, Miguel se abalanzó sobre ella y la besó en el cuello, orejas y labios... Isabel odió a Aurora. La odió tanto, que deseó su muerte. Imaginó que le clavaba un puñal en el pecho, y que le arrancaba el corazón y lo estrujaba hasta que dejaba de latir. Sus ojos se tiñeron de sangre.

Barber desató su faja, y dejó caer sus pantalones, al tiempo que la joven remangaba sus faldas hasta que su sexo quedó expuesto al gélido aire del monte. Estaban arropados bajo un viejo castaño, hueco y podrido. El cuerpo de Barber empezó a moverse, y su trasero a empujar contra Aurora, sin dejar de besar sus labios. La joven gimió.

Isabel cerró los ojos, pero aquella imagen, el cuerpo oscilante de Miguel embistiendo a Aurora, se repetía en su cabeza una y otra vez. Mientras, fuera de sí, los gemidos de placer de la recadera se sucedían con una cadencia casi puntual. La odiaba más, cuanto más se aceleraban los jadeos de la muchacha. Se tapó las orejas, para no escuchar los gruñidos de Miguel ni las risitas de la recadera, hasta que su cerebro quiso estallar, y cayó a tierra. Entonces deseó gritar. Pero lo que desgarró el silencio del monte no fue su voz, sino un chillido terrible surgido de la garganta de la joven amante de Barber, que se desplomó, lívida, sin vida, entre los brazos de Miguel.

Isabel se encogió tras los matorrales resecos...

Barber pidió ayuda, pero solamente acudió a su llamada Jorge de Alcañiz, que recitó una letanía absurda e incomprensible, mitad en latín mitad en castellano, de la que únicamente sólo pudo comprender un: *«Dios la acoja en su seno».*

2. El consejo de la ira.

«¡Ay del pobre que se cree capacitado para gobernar a los ricos!
¡Ay del noble que cree saber gobernar a los pordioseros!
¡Ay del mendigo que sustente el poder de las masas!
Porque serán llamados malditos por sus propios hermanos.
Porque serán insultados por los nobles.
Jamás ha habido un tuerto que reine sobre los lúcidos.
Jamás hubo reino que no fuera gobernado por un ciego.»

BENABARRE (Condado de Ribagorza). Principios de 1586.

La presencia del conde de Sástago, Artal de Alagón, le removía las entrañas. Aquel hombre, pretendidamente humilde y bondadoso, era una de las pocas personas que lograban sacarle de sus casillas. Incluso en aquella ocasión en la que, muy a su pesar, debía, como Bayle General de Aragón, hacerle entrega del condado de Ribagorza...

De camino, Artal le había narrado, con todo lujo de detalles, como había luchado junto a don Martín, en la batalla de San Quintín, y como había hecho presión en el monarca Felipe para que construyera un magnífico monasterio en Aragón, para dedicárselo a San Lorenzo, ya que la batalla fue ganada el día diez de Agosto. Incluso, aunque Fernando sabía, por lo que le habían contado su padre y Ramiro, que el monasterio que Felipe había mandado construir en Huesca, el de Loreto, era una especie de bozal para quienes pretendían que construyera el gran complejo de los jerónimos de San Lorenzo en tierras aragonesas, y a que quien había ideado tal empresa era su padre, le dejó que hinchase su ego, sin poner una sola objeción a su fantasiosa narración de los hechos.

Por otro lado, el bayle se felicitó del rumbo que habían tomado las cosas con respecto a Ribagorza, lo cual no dejaba de ser irónico, pues presuponía lo que no era y delante de quien no debía, ya que Fernando estaba convencido de que, si Ribagorza volvía a pertenecer a los Villahermosa, no era gracias a él, sino a su pesar.

El joven conde jamás creyó que pudiera sentirse feliz al volver a contemplar las dos torres del palacio de Benabarre, que hasta ahora se le antojaban horrendas. Sin embargo, cuando tuvo frente a él la achaparrada silueta del castillo, sintió una profunda emoción, que no supo si achacársela al hecho de regresar a aquellas tierras, donde había descubierto el amor, a su propio destino, o por creer cercano poder deshacerse de Artal de Alagón.

Sólo cruzar la muralla, comprendieron que las cosas se encontraban tal y como sus cálculos más pesimistas les habían dictado.

Un silencio tenso y provocado se había adueñado del pueblo.

El conde de Sástago estaba convencido de que su autoridad, su presencia, bastaría para que nadie se atreviese a mover un solo dedo en su contra. Pero Fernando no estaba tan seguro de ello.

El duque mandó, delante de ellos, a una decena de caballeros, comandados por uno de sus lugartenientes, un tal Anselmo Villarrubia.

Los hombres del lugarteniente lograron llegar hasta la plaza mayor, pero allí fueron atacados por varios sediciosos comandados por Cesáreo Puyal. Ninguno de ellos sufrió el más mínimo rasguño, pero fueron detenidos por el mayordomo de Àger, que los confinó en la casa de su señor, dejando libre a Villarrubia, para que les entregase un mensaje a sus señores: *«El Bayle y el conde Fernando deben marcharse de Benabarre y renunciar a todos los privilegios de los que disfruta éste último en Ribagorza. Tenéis tres días de plazo. De no cumplirse lo dispuesto por Àger, vuestros hombres serán ejecutados al amanecer del día diecinueve».*

—¡Malditos bastardos! —gritó Artal.

El bayle espoleó su caballo, y se adentró en el pueblo, ante las expresiones de asombro de los hombres de Fernando de Gurrea, que le tenían por un timorato.

Al galope llegó a la plaza, y pidió que le llevasen ante Àger.

—¡Juan de Àger! —gritó—. ¡Soy Artal de Alagón, conde de Sástago y Bayle General de Aragón!

—¡Qué nos importan a nosotros los títulos de quienes nos venden a unos tiranos! —respondió Puyalet desde lo alto de la casa, desde el terrado—. ¿Qué queréis Artal?

—Deseo hablar con Juan de Àger, infanzón de Calasanz.

—¡Él no quiere hablar con vos!

—Dile a tu señor que es necesario que nos reunamos de inmediato, para poner remedio a esta situación.

Dicho esto, la puerta de la mansión se abrió pesadamente, y de su interior surgieron dos hombres.

—Yo soy Juan de Àger —dijo uno de ellos—, y éste que me acompaña es Jerónimo Gil... ¡Hablad!

—¿De veras queréis ver educados a vuestros hijos en unas condiciones tan perniciosas como las que habéis creado?
—Sólo el padre elige la educación que desea para sus hijos, Artal —contestó Gil—. Vuestras monsergas moralistas no van con nosotros.
—Debéis poner fin a este despropósito —dijo el bayle.
—Despropósito que habéis alimentado vos, el rey y el Capellán de Gurrea — rió Àger— no nosotros.
—Eso sería discutible —susurró el de Sástago.
—Nada de esto hubiese ocurrido si los Villahermosa hubieran devuelto Ribagorza a la Corona de Aragón cuando debían.
—¡Os ordeno que soltéis a los soldados del duque, y que evitéis que se repitan las revueltas!
—¿Esas tenemos? —se enojó Àger— ¿con palabras queréis que renunciemos a nuestros derechos? ¡Estamos hartos de tanta cháchara sin sentido, en la que lo único parece seguro es vuestro propósito!. ¿De veras creéis que vamos a renunciar a nuestras demandas sin que haya sido atendida una sola de ellas?, ¿o lo que deseáis es que nos cansemos de tanto ir y venir, de tanto informe y palabrería oficial?. ¿Nos habéis tomado por estúpidos?
—¿Qué queréis, entonces?
—¡Nada, Artal! —respondió Gil— ¡Ya no queremos nada!.. ¡Ya os ha dicho Àger que estamos hartos de hablar!, ¡que sean las armas quienes hablen a partir de ahora!
—Y decidles a vuestras rameras —añadió el de Calasanz—: Juan el de Suñol, los hermanos Bardají, Blas Monserrate, Antón Pierres, el micer Rivera, Agustín Pociello, Rodrigo de Labazuy... que la paz volverá a este pueblo cuando ellos se vayan o seamos obligados a callar.
—¡Estáis loco, Àger! —sonrió Artal.
—Eso es lo que hemos decidido...
—Prometedme que no sufrirán ningún daño, y yo os aseguro que saldrán del Benabarre.
—¡Os doy mi palabra! —dijo Àger, apretando el puño de su mano derecha contra el pecho.
Y el bayle volvió donde Fernando, y le dijo lo que había pactado con Àger, a lo que el conde respondió afirmativamente aunque nada seguro de lo que estaba haciendo.
Los partidarios del conde salieron de Benabarre a media tarde, capitaneados por Juan de Suñol. Y, como había prometido Àger, los dejó marchar sin objeciones ni represalias. Después, liberó a los soldados de Villarrubia.
Al salir los señores, los sediciosos tomaron las calles, y entraron en las casas de los principales, saqueándolas, robando todo lo que tuviera algo de valor, y echando a la hoguera lo que aún no habían quemado.

Los sirvientes de Juan de Bardají fueron los que con más valor defendieron su castillo, pero Puyalet y los suyos lograron echar abajo las puertas y entrar en él.

El propio Cesáreo Puyal se encargó de saquear aquella casa. Según contaron los sirvientes, Puyalet hacía varios años que deseaba a la hermana pequeña de los Bardají, Salustiana, y aprovechó que estaba desprotegida para despojarla de sus ropas y violarla; su otra hermana, Joaquina, también fue forzada por tres de los sediciosos.

El conde de Sástago, Fernando y los señores de Benabarre se refugiaron en el castillo de don Leocadio Bardají, en Pilzán. Y allí intentaron poner un poco de orden en sus cabezas.

—Deberíamos buscar aliados dentro de Benabarre —dijo Juan Bardají.

—¿Entre los benabarrenses? —rió Rodrigo Labazuy—. ¡Esos hijos de puta no empuñarían ni una simple azada por nosotros, Juan!, ¿acaso creéis que van a apoyarnos los mismos a quienes les hemos usurpado las tierras?

—¡Si no se unen a Àger podemos estar contentos! —añadió Fernando.

—Yo conozco a unos hombres... —susurró don Leocadio.

—¿Soldados? —preguntó Fernando.

—No. Pero podrían sernos útiles —carraspeó el señor de Pilzán—. No son muchos, unos doscientos o así, pero valientes. Saben manejar bien las armas.

—¿Quiénes son esos hombres? —preguntó Labazuy, con expresión de desprecio en su cara— ¿pastores?, ¿campesinos?...

—Bandoleros.

—¿Ladrones? —rió el carlán—. Sí, sin duda son gentes en las que podamos confiar.

—¡Callad, Rodrigo!... Probablemente sean más honrados que vos —gritó Fernando. Los otros le miraron asustados—. Proseguid, Leocadio. Os escucho.

—Están capitaneados por Lupercio Latrás...

—¿No es aquel proscrito de Echo, que fue desterrado por su propio padre porque asesinó a su hermano? —preguntó Agustín Pociello. Don Leocadio asintió—. ¿Sabéis lo que decís?, ¡no podemos dejar el futuro de Ribagorza en manos de un mercenario!

—Su lealtad a los Villahermosa es incuestionable –intentó justificarse el señor de Pilzán.

—¡Decís eso porque está casado con vuestra sobrina! —vomitó Labazuy—. Si quien estuviera al frente de esos malhechores fuese Miguel Juan Barber, ni siquiera habríais considerado tal posibilidad.

—Esgrimir que está casado con mi sobrina, como argumento para justificar la confianza que tengo en ese hombre, es una majadería —dijo mirando a Labazuy—, es sabido por todos que Lupercio tiene decenas de amantes, y que hace meses que no visita a su mujer; podría decirse que la ha abandonado... Peso eso no quiere decir que no sea un buen soldado.

—Quien no es fiel a su santa esposa, ¿cómo va a serlo para con su señor? —se mofó el carlán.

—Muchas cosas se han dicho de Latrás —prosiguió don Leocadio, ignorando las palabras de Labazuy—. Algunas ciertas, y otras no tanto... Lupercio no es un mercenario, ni un asesino. Sirvió a la Corona de España durante muchos años, y fue el propio Felipe quien lo convirtió en un proscrito cuando ya no le necesitaba.

—¡Qué importa quién le convirtió en sedicioso! —balbució el carlán— ¿acaso una piedra es menos dura si es de río que de cantera?.

—Jamás ha negado su antipatía hacia el rey, ni por las leyes establecidas —insistió el señor de Pilzán—. Pero tampoco ha escondido su lealtad a los Villahermosa.

—Eso es cierto —dijo Fernando.

—Y su mano derecha, Barber, quedó huérfano por culpa de los hombres de Àger —musitó Antonio Bardají—. No os quepa la menor duda de que está esperando el momento de vengar a su familia.

—Le conozco —dijo Blas Monserrate—. El padre de Barber trabajó para mí hace algunos años...

—Sólo tenéis que pedirles ayuda para que se unan a nosotros —concluyó don Leocadio.

—¿Sólo eso? —preguntó Antón Pierres elevando sus cejas.

—Bueno, tal vez os pidan dinero —sonrió el señor de Pilzán.

Se oyó un murmullo de desaprobación, que pronto quedó eclipsado por unos gritos de alarma desde el patio del castillo. Los señores de Benabarre callaron.

A los pocos segundos, una de las sirvientas dio varios golpes en la puerta, que se abrió pesadamente.

—Señor —dijo la sirvienta— lamento tener que interrumpir vuestra reunión —y, acercándose a su oído le susurró unas palabras.

El señor de Pilzán le hizo un gesto a la criada para que se retirase y se levantó de un salto. De cuatro zancadas, se acercó a sus sobrinos, les habló en susurros, y les indicó que debían acompañarle.

Salieron de la habitación.

El murmullo volvió a escucharse por todo el castillo. Los hombres del conde no veían con buenos ojos el ofrecimiento del señor de Pilzán, y lo expresaban sin ningún tipo de disimulo.

Fernando les miró abatido, pensando que aquella revuelta podía hacer cambiar las intenciones del rey Felipe. Miró de reojo a Artal de Alagón, que permanecía, pensativo y soñoliento, en uno de los tronos que presidían la reunión, dos lugares a su izquierda.

Si su intuición no fallaba, lo cual hubiera sido algo extraordinario, el bayle no tenía intenciones de encontrar una solución al conflicto. Lo cual, bien pensado, no era tan descabellado, puesto que las decisiones tomadas sin meditar suelen acabar en tragedia.

Poco después, las puertas del salón volvieron a abrirse.

—¡Mis hermanas han sido humilladas y deshonradas! —dijo Juan Bardají, enfurecido—. ¡Han sido expulsadas de Benabarre desnudas y descalzas!, ¡han sido violentadas y ultrajadas por el bastardo de Puyalet y por los suyos! ¡Juro por Dios que las vengaré! ¡Cesáreo Puyal, eres hombre muerto, lo juro!

—¡Mantened la calma, Bardají! —dijo Rodrigo Labazuy— la ira no es buena consejera.

—¿También opinaríais de ese modo si hubieran violado a vuestra hermana? —preguntó Antonio Bardají, descompuesto—. Os aseguro que sólo tendríais una idea en la cabeza, asesinar a ese malnacido.

—Sea pues —dijo Labazuy—, ajusticiad a Puyalet. ¿Y después? ¿Acaso la virtud y la honra de unas doncellas debe primar sobre el futuro de todo un pueblo?

—¡Maldito carlán! —se enfureció Antonio— ¡sólo pensáis en vuestro propio beneficio, sin importaros el bien común! —los señores le miraron con cara de desaprobación.

Volvió a escucharse un murmullo.

—El vuestro también es beneficio propio —dijo Fernando, levantándose del trono— tanto o más que el de Rodrigo. Es más, todos estamos aquí por propio beneficio —los señores cuchichearon entre ellos, sin dar crédito a las palabras del conde—. ¿Acaso olvidáis que yo he venido a Ribagorza para tomar posesión del condado? ¿Acaso sois tan estúpidos como para pensar que vuestras prerrogativas no me favorecen a mí? ¿No estamos todos en contra de Àger porque, mientras Benabarre esté en sus manos, dejamos de percibir nuestras rentas? ¿No teméis perder vuestras tierras, castillos y ganados? —volvió a sentarse— ¡Dejad que Bardají diga lo que tenga que decir!

—No me importa que mis ideales sean poco dignos de un señor —prosiguió Antonio—. Sería estúpido hablar del bien del pueblo, de Ribagorza; el bien que pretendemos es un bien fraguado desde el propio poder. Jamás hemos tenido en cuenta al pueblo.

—¡Líbrenos Dios de hacerlo! —susurró Labazuy.

—A la vista está que bajo el yugo del vulgo impera la anarquía y el desorden —añadió el micer Rivera—. Sin duda, quien ha sido criado en una pocilga, sólo es capaz de comprender a los cerdos —todos rieron con cierta tensión—. Ni siquiera el rey Felipe, educado en la exquisitez de la corte, amigo de reyes y acostumbrado al trato con ministros, nobles y cortesanos, está libre del yerro.

—¿Cómo osáis hablar así del rey? —se enfureció Artal—. ¿Acaso ha cometido algún error, y puede responsabilizársele de este asunto?

—Por supuesto que sí —sonrió Rivera—. Pero no pretendía decir tal cosa, sino que, ni siquiera el rey, que fue educado para gobernar el mayor imperio del mundo, se libra de cometer errores. Esto no implica que los cometa... Únicamente pretendía decir que jamás se ha gobernado una nación con autoridad sin estar preparado para ello.

—¡Basta ya de divagaciones! —gritó Juan Bardají—. ¡Yo voy a hacer caso a mi tío Leocadio, y voy a hablar con Barber y Latrás, os guste o no! ¡Que levanten la mano quienes estén conmigo!

De los doce hombres que se encontraban en la sala, siete estuvieron de acuerdo con los Bardají, y se unieron a ellos, entre ellos: el micer Rivera, Juan Suñol y Agustín Pociello.

Fernando y Artal de Alagón se pusieron rumbo a Zaragoza aquella misma tarde, pues vieron que su permanencia en Benabarre era peligrosa, no sólo para ellos, sino para los propios benabarrenses.

Juan y Antonio Bardají, sus hermanas y esposa, se quedaron a vivir en el castillo que su tío Leocadio tenía en Pilzán. El micer Rivera trasladó su residencia a Purroy, donde tenía una destartalada hacienda. Juan Suñol regresó al Valle de Benasque... En fin, que Benabarre quedó en manos de los rebeldes. Sólo Blas Monserrate regresó a Benabarre, ya que, desde la muerte de Ramiro, él era el gobernador del castillo de los condes...

3. *La visita.*

«Quien únicamente confía en sus propias aptitudes y desprecia las del prójimo, será desterrado a la más cruel de las Soledades.»

SIERRA DE PILZÁN(Condado de Ribagorza). Primavera de 1586.

Isabel siempre fue una niña extraña, insoportable y exasperante. Pero su madre no recordaba haberla visto jamás tan abatida. Algo en su interior le inquietaba, y no podía disimular su preocupación.

Por más que lo intentase, Catalina no lograba acostumbrarse al carácter huraño y poco condescendiente de su hija. Sin embargo, más de una década de su vida invertida en la educación de aquella niña hicieron que, al menos, la preocupación no se convirtiera en angustia. Los presentimientos de su hija, pronto lograron que los oídos de Catalina se cerrasen y no les diera mayor importancia de la que merecían. Pero, ¿cómo saber qué trascendencia atribuirles? El hábito y la reiteración de los hechos siempre fenecen en la desidia. Y así, las conversaciones de Isabel con aquel Joven de Largos Cabellos, las constantes discusiones con Eduardo y la constante negativa a hablar de sus sentimientos, se convirtieron en una pequeña piedra en el zapato de Catalina. No es que no le conmovieran los problemas de su hija, todo lo contrario: había llegado a la conclusión de que sus conflictos formaban parte de su carácter, que eran una más de sus particularidades, y no a un estado pasajero. No era un secreto para Catalina que su marido sentía una enfermiza fascinación por aquella niña; en su interior se entremezclaban sentimientos de deseo y odio a un mismo tiempo, en una aleación explosiva que, con el tiempo, podía desembocar en una situación trágica. Catalina era consciente de que aquel polvorín estallaría en el momento más insospechado, y lo temía, más que al mismísimo infierno. Sabía que, llegado el momento, debería decantarse por uno u otro. Su angustia no era injustificada; por un lado estaba su hija, a la que amaba por encima de todas las cosas; y, por otro, estaban Eduardo y el pequeño Lorenzo, por quien, sin atreverse a confesarlo, jamás había sentido lo que debe sentirse por un hijo, y lo veía como un obstáculo impuesto desde los Cielos, como purga a su terrible pecado. Incluso llegó a pensar que las palabras de aquel curandero, Lupiáñez, eran ciertas, y que su hijo era cojo por culpa de sus pecados o, quien sabe si no por los de Eduardo.

Desde aquel día en que Isabel se convenció de haber causado la muerte de aquella muchacha, Aurora, Miguel Juan se había vuelto un hombre intratable y esquivo con los demás bandoleros y mujeres, excepto con ella. Y la niña, lejos de sentir remordimientos por un hecho que, estaba segura, había provocado ella misma, gracias a una facultad que sospechaba poseer desde pequeña, vio en la muerte de Aurora la evidencia de que podía alterar los acontecimientos a su antojo.

Perdida en sus pensamientos, Isabel se percató de la proximidad de Barber a su espalda. Éste se acercó sigiloso a la niña, y se sentó a su lado. Ella, pese a que había permanecido todo el tiempo con los ojos cerrados, supo que aquella cálida aura era Miguel Juan. Sonrió, y se recreó en el cosquilleo que siempre le provocaba la presencia del bandido en la boca de su estómago. El hormigueo, que debiera haber sido molesto y que, sin embargo, ella consideraba placentero, se hizo más acuciante cuando Barber deslizó los dedos por su espalda, de un modo sutil, casi huidizo, desde la nuca de Isabel hasta el comienzo firme de sus apenas florecidas curvas.

—¿En qué estás pensando? —preguntó el bandido.

—Pienso que ya puedo ser madre —mintió.

El joven se quedó estupefacto y ruborizado, sin atreverse a formular una sola pregunta más. Esperaba que la respuesta fuera trivial, estúpida o esquiva, y se había sorprendido ante una sinceridad nada habitual en una muchacha de su edad. Aunque, en el fondo, agradeció aquella respuesta tan directa como penosa, le asaltaron las dudas: *«Me he acostado con infinidad de mujeres, algunas, incluso más jóvenes que Isabel; Marieta Vidal, sin ir más lejos. Ni siquiera había tenido su primer mes cuando... No tenía pechos más allá de dos pequeñas nueces duras, coronadas por una lenteja, que le dolían al apretarlos... Pero yo escasamente tenía doce años»...*

La muerte de Aurora le había supuesto un ambiguo sentimiento, de dolor por la pérdida de una muchacha que, sin ser una gran amante, le había servido como revulsivo a los eternos y tediosos días del campamento, y de culpabilidad, porque, pocas semanas después de que Aurora diese su último aliento, su entrepierna deseaba ser subyugada a un nuevo mordisco húmedo... Y es que, ciertamente, Miguel deducía el grado de enamoramiento según la tirantez de sus pantalones; e Isabel parecía ejercer en sus calzones una resistencia superior a la que le produjeron los lengüetazos de Aurora después de que Jorge de Alcañiz hubiese cantado la Misa de Gallo aquellas mismas navidades.

—No es que quiera ser madre —sonrió Isabel, enseñando sus dientes blancos, aunque ligeramente montados—. Todavía no... pero creí que te gustaría saberlo —Miguel se encogió de hombros. Un sudor frío empapaba su frente—. Ten por seguro que cuando decida... —musitó sin concluir la frase— tú serás el primero en saberlo.

—¡Miguel! —le increpó una voz desde el otro extremo del campamento.

Barber agradeció aquella interrupción, como si fuera un conejo atrapado en las fauces del más temible de los zorros y que el oportuno disparo de un cazador hiciese blanco en el entrecejo del depredador.

Era Latrás.

—¡Aquí —gritó Barber, resoplando con alivio.

Lupercio se acercó, miró a Isabel con desprecio y dijo:

—Debemos reunirnos con un noble de Benabarre, de inmediato... Nos está esperando junto a la "Roca de los Degollados".

Barber ni siquiera volvió a mirar a Isabel. Hizo un gesto con la mano, y siguió a su jefe un par de pasos por detrás. La muchacha se quedó sentada, con los ojos cerrados, con la mente perdida en ensoñaciones poco castas, cuyo protagonista era Miguel Juan.

Los caballos galoparon a toda prisa por la ladera sur del monte de Pilzán. A los dos bandidos les acompañaban tres de sus hombres de confianza: Gervasio, Juan Antonio Sesé y un tal Ramón Álvarez que, junto con Eleuterio Amorós, Ramón de Mercader, José Asensio de Llitoner y Antonio Ceresuela, formaban los temibles "Pistoletes" (bautizados de ese modo porque siempre iban armados con arcabuces cortos o espingardas), tan amados como odiados en todo Aragón.

En el calvero que rodeaba la Roca de los Degollados les estaban esperando una decena de soldados, capitaneados por un noble, que Barber reconoció de inmediato, pese a que vestía una armadura reluciente y su rostro estaba parcialmente cubierto por un casco de guerra: era Juan Bardají.

El señor de Concas bajó de su caballo nada más verlos, y se acercó a ellos con la confianza y prepotencia que le confería su rango.

—¡Gracias a Dios que habéis venido! —exclamó Bardají, sacando el casco de su cabeza y ofreciéndole su mano a Latrás.

—Siempre acudo a la llamada de los hombres del conde —musitó Lupercio, sin desmontar del caballo y rechazando la mano que Bardají le ofrecía—. Supongo que si un noble se digna a reunirse con unos bandidos será por un asunto de extrema gravedad. ¡Sólo os acordáis de nosotros cuando vuestros recursos son vilipendiados!

—Estáis en lo cierto, Latrás —dijo Bardají, algo molesto por el rechazo del bandolero, más que por sus palabras—. Es cosa seria...

—¿Y no habéis encontrado a otro mejor al que reclamar sus servicios, que al infiel esposo de vuestra prima?

—No he venido aquí a purgar asuntos domésticos, ni a enmendar el honor de los Bardají, sino por cuestiones mucho más importantes. No es la honra de vuestra esposa, la que ha sido mancillada...

—Hablad, pues...

—Hace unos días, don Fernando vino a Benabarre, a tomar posesión del condado, según órdenes de su majestad Felipe II. Pero Àger y sus hombres impidieron que se celebrase la ceremonia... Nos echaron del pueblo, a mí, y a todos los principales.

—¿Y qué creéis que podemos hacer nosotros?, ¿acogeros en nuestro miserable campamento?

—Vosotros sois muchos hombres y, por la fama que os precede, valientes y fieles a los Villahermosa.

—La fama es un arma de doble filo, Juan —dijo Barber con ironía—. Para robar, es bueno que tus víctimas crean que puedes convertirte en su verdugo si no te entregan su dinero... Pero, ¿de verdad creéis que el clamor popular va a serviros para amedrentar a los rebeldes? —Bardají se encogió de hombros.

—No somos tantos hombres como imagináis —añadió Latrás—. No sé qué os habrá contado vuestro tío Leocadio, pero os aseguro que no somos más de ciento cincuenta hombres.

—No es gran cosa, ciertamente —repuso Bardají, algo decepcionado—, pero estoy seguro de que conocéis a muchos que se unirían a nuestra causa, y que no lo harían si fuésemos los señores de Ribagorza, o el propio Fernando de Gurrea, quienes demandasen su apoyo... Hay muchos ribagorzanos que aborrecen a los Villahermosa, pero que odian aún más a Puyalet, a Àger, al de Beranuy y a Gil...

—En eso debemos daros la razón —dijo Barber—. Juan de Àger, en cinco años, ha asesinado, robado y dejado sin hogar a más benabarrenses que los Aragón en un siglo... Pero dudo que los ribagorzanos confíen en don Fernando para restaurar el orden en Benabarre... Las cosas no son muy diferentes en Huesca o en Zaragoza, y ellos saben que los nobles no tenéis la solución, ni creen que seáis capaces de pacificar vuestras tierras.

—Supongamos —dijo Latrás, entrecerrando los ojos— que conseguimos un ejército de miserables que se unan al conde en contra del de Calasanz, ¿qué beneficio nos supondría a nosotros?

—Un armisticio —se apresuró a decir Bardají—. Sobre vosotros pesan cargos que os llevarían al garrote. Os propongo que sean retirados, y os sean reinstaurados los títulos que poseíais antes de ser considerados proscritos.

—¿Títulos? —rió Barber—, ¿qué títulos? ¡Entre nosotros sólo hay un par de hijos de infanzones!

—Pues los crearemos, si es preciso.
—No habéis entendido nada, Juan —añadió Latrás—. Y lo que voy a deciros puede sonar a "santurrería"... —se rasco la barbilla—. No pedimos nada para nosotros, ni para mí, ni para mis comandantes, sino para los demás miembros de nuestra comunidad...
—¿Os reveláis como un justiciero, Lupercio? —rió Bardají—. Jamás hubiera pensado de vos que fuerais un bandido noble e íntegro.
—Ya os he dicho que nada tiene de hidalguía no pedir nada para nosotros —sonrió ampliamente Lupercio, viendo que Bardají había caído en su juego de palabras—. No vayáis a equivocaros. Nuestros servicios os costarán una buena suma de ducados... ¿o, acaso podéis garantizarnos la seguridad y libertad de la que ahora gozamos? En estos años nos hemos creado tal cantidad de enemigos, que estarían dispuestos a perseguirnos hasta el propio infierno que, ni protegidos por todo el ejército del rey, estaríamos a salvo.
—Sea, pues... Se hará tal como decís.
Y Bardají volvió a montar en su caballo, perdiéndose, camino arriba, mascullando que aquellos bandidos no eran más que una cuadrilla de mezquinos, sin ilusiones ni sentido del deber como ribagorzanos... «*Un bandido siempre será un ladrón que sólo busca dinero*», se dijo...

4. Un hombre insignificante.

«Me robaste, imponiéndome la desnudez.
Mis labios te susurraron y no los miraste.
Me asesinaste, y poco te importó mi ruina.
Mis ojos te hablaron y no los escuchaste.
¿Qué importa la sangre que no nos sustenta?»

BENABARRE(Condado de Ribagorza). Otoño de 1586.

Gervasio giró su cuerpo de golpe, y clavó los ojos en su hermano. Supuso que estaría aterrorizado, y ese era el peor de los enemigos, no el miedo, sino quien lo padece. Pero comprobó asombrado que Eduardo, aunque inquieto, parecía tener bajo control sus emociones, su mente alerta, y el arcabuz cargado sobre su hombro derecho.

Sus rodillas se arrastraron por tierra, apretando la espalda en el irregular mampuesto de la muralla sur de Benabarre.

Hacía algo más de una hora que se escuchaban los continuos disparos de los esbirros de Àger repeliendo, con una confianza insultante, los ataques de los soldados del conde.

Latrás había decidido que él, Barber, los Pistoletes y el resto de sus hombres intentarían abrir un frente en la parte baja del pueblo. Los Bardají, Labazuy y el micer Rivera harían lo propio en las inmediaciones del convento de San Pedro, y

Juan de Suñol, Antón Pierres y Agustín Pociello atacarían las zonas oriental y norte, ayudados por los soldados de Blas Monserrate desde el castillo.

Fernando observaba la batalla desde la "Serreta Monteta", en las cercanías del que, hasta hacía pocos años, recibiera el nombre del "Mas de la Roca", y que, de un tiempo a esta parte, los benabarrenses denominaban el "Mas dels Secs"[32]. Al parecer, a Federico Pardina, el antes llamado "de la Roca", le habían nacido un par de hijos lisiados. El mayor era sordomudo y el pequeño ciego... El propio Federico, y su mujer, fueron quienes difundieron la idea de que aquellos niños habían nacido así porque unos años atrás, doce o quince, un fraile había pedido hospedaje en aquellas tierras y no se lo habían dado, por lo que los maldijo diciendo: *«Seca eres y seca serás... Te aseguro que ciegos, sordos, mudos y mancos no te faltarán»*... Por esa razón, los benabarrenses no vacilaron en rebautizar a aquella masía. Del mismo modo que la que dio cobijo a aquel poco afectuoso fraile la conocían como el "Mas de San Crisóstomo"[33]...

Un disparo, no demasiado furtivo, fue a estrellarse a pocos pasos de Eduardo, que se encogió frente al muro, temblando como un niño. Por unos segundos dudó que pudiera contener sus esfínteres. Cuando la polvareda provocada por el impacto de la bala en el seco suelo se disipó, sus tripas dejaron de moverse.

—¡Vamos! —gritó Gervasio haciéndole un gesto con la mano.

Eduardo se quedó quieto, observando como su hermano doblaba la esquina de la muralla. Frente a él, un hombre corpulento, barbudo y con cara de pocos amigos, le apuntaba con un arcabuz humeante, y le chistaba con un dedo en la nariz. Era Cesáreo Puyal.

—¡Ni se te ocurra moverte! —susurró Puyalet.

—¿Vas a matarme?

Cesáreo sonrió. Se acercó a él, y le arrebató el arcabuz.

—¡Creía que Latrás elegía mejor a sus hombres! —tiró su propio arcabuz a un lado y le apuntó con el de Eduardo—. ¡Eres un estúpido! No hay hombre en el mundo capaz de recargar su arma en menos de dos o tres minutos —Eduardo bajó la cabeza, humillado. Puyalet tenía razón; si le había disparado segundos antes, su arcabuz estaba descargado—. En cuanto a tu pregunta... Mis ojos ya no son los de un zagal imberbe, pero te aseguro que si hubiese querido hacer blanco en tu cabeza, ahora no serías más que un montón de carne, Salazar...

—¿Sabes mi nombre?

—Te conozco desde que eras un chiquillo, Eduardo. Te he visto crecer, aunque no sé de qué madera estás hecho.... Tu padre, Paco, fue un gran hombre... Murió por nuestra causa —pensó—. Pero tu hermano Gervasio es un hijo de puta. ¿Tú a quién has salido?

---

[32] Secs es un juego de palabras. En realidad quiere decir Secos, pero se pronuncia igual que Cecs, ciegos.
[33] Esta misma leyenda se cuenta en Benabarre como ocurrida varios siglos antes; el protagonista, en este caso, era San Vicente Ferrer, y los mases implicados, el mas de l'Aspra y el mas de San Vicente Ferrer.

—No tengo nada que ver con mi hermano —se apresuró a decir Eduardo—. He venido para unirme a vosotros...
—¡No me hagas reír!, ¿no fuiste, acaso, un carlachet de Labazuy?
—¡Odio a don Rodrigo! Y a Fernando de Gurrea.
—No lo dudo —rió Puyalet—. Labazuy ha enviado a varios hombres en tu busca y, según tengo entendido, para darte muerte. Sin embargo, supiste deshacerte de la mayoría de ellos. Y el conde... —sonrió—Todos sabemos lo de Villahermosa y tu mujer...
—Tú mismo lo has explicado mejor yo.
—Deberé confiar en ti.
—¿Qué quieres que haga?
—Llevo largo rato observándote desde allá arriba —señaló un punto indeterminado— y no estabas solo —Eduardo asintió—. Si mi vista no me falla, aseguraría que se trataba de tu hermano Gervasio, el pistolete, ¿no es así? —Salazar bajó la cabeza—. ¡Entrégamelo!
—No puedo —susurró—. Es mi hermano...
—Bien —sonrió Puyal—. Sea pues —y, levantando el arcabuz, le apuntó al pecho.
—Está bien... Pero quiero algo a cambio.
—Veo que empezamos a entendernos —Cesáreo bajó el arma—. Dime, ¿qué quieres?
—Si os entrego a mi hermano, me dejaréis libre para volver con Latrás... Podría seros útil... Y, también, una vez haya acabado todo esto, desearía regresar a la casa de mis padres, en Benabarre.
—¿Sólo eso? —Eduardo asintió— ¿por una choza miserable eres capaz de vender a tu hermano?
—Y por mi vida.
—Justifícate todo lo que quieras —Puyalet se giró hacia la muralla e hizo un gesto con la cabeza—. Todo tuyo... Lo quiero vivo.
Eduardo se levantó de un salto y siguió el recorrido del muro de piedra... Su hermano se había alejado unos doscientos pasos de donde se encontraban.
—¿Dónde te habías metido? —Preguntó en un susurro.
—Te estaba cubriendo.
Gervasio levantó su arcabuz, y apretó el gatillo. Un trueno resonó por todo el barranco, y un alarido desgarrador fue la evidencia de una puntería envidiable.
—¡Un cabrón menos! —balbució volviendo a cargar su arma con su cuerno de pólvora.
—¡Lo siento! —dijo Eduardo apuntando a la pierna de su hermano.
Después, disparó, y su hermano dejó salir de su garganta un grito de dolor.
—¡Maldito traidor! —No dijo nada más. Eduardo le tapó la boca con su propia faja, le dio un fuerte golpe en la cabeza con la culata del arma, y salió corriendo a campo traviesa.

El corazón de Gervasio parecía querer salírsele de su pecho. Notó una presión insoportable en sus sienes... ¡Le había disparado su propio hermano!; eso le dolió más que la herida.

El silencio le envolvió, y la luz anaranjada de sus párpados se fue oscureciendo hasta que sus ojos dejaron de percibirla.

SIERRA DE PILZÁN (Condado de Ribagorza).

Eduardo entró en el campamento y gritó: «*¡Malditos hijos de puta!*» Ya había anochecido. Llevaba todo el día deambulando por los montes de Tolva, bebiendo en las fuentes cercanas a las "Torres del Rey". Regresaba al monte de Pilzán por los caminos de Caladrones cuando un labrador de Antenza le informó del regreso de los bandidos de Latrás al campamento de Pilzán.

—¡Han capturado a Gervasio! —explicó—. Yo me quedé rezagado, y vi como le disparaban en una pierna... Después se lo llevaron... Tal vez ya lo hayan ejecutado —deseó—, o haya muerto desamparado.

Catalina le miró horrorizada. Era estúpido pensar que ese tipo de cosas sólo le suceden al prójimo, pero jamás se planteó que pudieran ocurrirles a ellos. Estaba harta, cansada de huir, de ir de un lado a otro sin ninguna esperanza de que cambiasen las tornas.

Aquella noche rezó el rosario, y le pidió a Dios que pusiera fin a aquella pesadilla, que la estaba consumiendo poco a poco.

Lorenzo dormía plácidamente, casi rozando las rodillas de su madre, y Eduardo roncaba a su lado, como si nada hubiese ocurrido.

Isabel la observaba desde el otro extremo de la cabaña, sonriendo con cierto cinismo.

—Prefiero verle rezar el rosario que escuchar los jadeos de ese asesino cuando la monta —susurró la niña.

—¿Qué has dicho? —preguntó Catalina enojada.

—Lo ha oído perfectamente —respondió, mirando a Eduardo.

Catalina se levantó, cogió un mantón recio de lana y se lo echó a los hombros. Agarró a Isabel del brazo, y la sacó fuera de la choza.

—¿Ahora te burlas de mí? —preguntó—, ¿ahora te ríes de que rece a Dios Nuestro Señor?

—No se confunda madre —intentó explicarle, en tono severo—. Jamás me he burlado de su piedad, ni de su amor por Dios... Pero reza para que no nos ocurra lo que a Gervasio, cuando se acuesta con su asesino. ¡Suplica a Dios que nos libre del infierno, cuando retoza con el mismo diablo!

—¡Cállate! —vomitó su madre al tiempo que soltaba su mano con ira—. No vuelvas a hablar así de mí, ni de tu padre!

—¡No he dicho nada malo de usted! —sollozó Isabel—, ¡Y no vuelva a decir jamás que ese hombre es mi padre! El mío, tal vez más despreciable y malnacido que este, es, para bien o para mal, Fernando de Aragón y Borja.

—¿Qué te he hecho yo?

—¿Usted? Nunca ha hecho nada. ¡Ese es el problema, madre!, que jamás hace nada...
—¿Y cómo he de comportarme, según tú?
—Pregúntele a su marido quién le disparó a su hermano... Pregúntele con quién pactó la entrega de Gervasio...
—¿Qué estás insinuando?
—No insinúo. Afirmo que Eduardo entregó a su propio hermano a los hombres de Àger.
—¡Eso que estás diciendo es muy grave, Isabel! —se alarmó Catalina— ¿tienes pruebas de ello, o es una de tus premoniciones?
—¡Estás enferma! —gritó Eduardo desde la puerta de la choza—. Puede que tengas las facultades de las brujas, y que el pecado anide en tu corazón, como corroe las entrañas de las prostitutas —rió—, pero te aseguro que te comportas como los curas, que, porque un obispo beodo les haya impuesto las manos, creen que pueden hablar con Dios y en su nombre... Lo que dices es tan absurdo que sólo puede haber sido inventado por una orate que ve conspiraciones, incluso, en el inocente vuelo de los pájaros...
—Lo que digo es tan absurdo que sólo es justificable porque es cierto —añadió Isabel—. Quien te conoce sabe que serías capaz de eso y de mucho más.
—¡Cállate, niña estúpida! —Eduardo dejó caer su mano, impulsándola con todas sus fuerzas, sobre la cabeza de su hijastra. Isabel cayó al suelo de espaldas.
Catalina corrió a interponerse entre su marido y su hija, pues vio que Eduardo le seguiría pegando hasta que su ira se hubiera disipado.
Salazar dio media vuelta y entró en la chabola, jurando y maldiciendo a Isabel.
A causa del ruido y el griterío, muchos bandidos salieron de sus madrigueras e hicieron un corrillo alrededor de las dos mujeres.
Lorenzo se echó a llorar, y Catalina entró en la cabaña para intentar consolarlo... Cuando volvió a salir, con el niño entre sus brazos, Isabel había desaparecido y los demás habían regresado a sus guaridas.
No era difícil entrar en la chabola de Barber. En realidad, aquella cabaña de troncos carecía de puerta. Bajo el torpe zaguán pendía una remendada manta de piel de zorro mal curtida, que desprendía un olor acre, aunque sin llegar a ser molesto. El habitáculo estaba tenuemente iluminado por una pequeña hoguera, en el centro de la cabaña, y cuyo humo huía por un agujero en el techo.
Los ronquidos de Barber fueron la evidencia, no sólo de que se encontraba en su choza, sino de que no se había enterado de la discusión entre Eduardo y su hijastra. Isabel temía que estuviese con Celedonia Fernández, una mujer de unos cuarenta y cinco años que había trabajado para "Pilar la Batalladora", poco antes de que ésta contrajera una de esas "enfermedades que llevan los hombres", y de que muriera en el Hospital de Santa Elena en la más absoluta miseria. Todos sabían, ella misma lo había podido comprobar, que la tal Celedonia se acostaba

con cualquiera que le ofreciera medio conejo y una jarra de vino: *«Un conejo por otro conejo»*, decían.

Pero Miguel estaba solo, resoplando con una calma inusitada para quien había perdido, según dijeron, a tres de sus mejores hombres, en una batalla que pareció interminable. Tal vez fue precisamente eso, haber perdido solamente a tres de los suyos, lo que le dio cierta calma.

Isabel se encogió de hombros, y dejó que su vestido resbalase hasta el suelo, quedando en enaguas frente al joven.

Después, se despojó de la saya, y llevó su mano a la pobre mata de su pubis, rascándose con fuerza. A continuación, acercó sus dedos a la nariz y olió su propia fetidez. *«¡No creo que le importe que apeste como una "puput"[34]!»*, rió.

Barber se despertó de golpe, como asustado y sobresaltado. Se echó para atrás. Pronto se percató de que aquello que le había parecido una aparición fantasmagórica era la sobrina de Gervasio Salazar.

—¿Qué haces aquí, Isabel?

—Eduardo me ha echado de nuestra cabaña —dijo en tono lastimero—, y estaba segura de que tú dejarías que me quedase aquí.

—¿Y por eso te has desnudado?

Barber la miró de arriba abajo, comprobando lo que ya sospechaba, que era una criatura; su apenas desarrollado pecho no era mucho más prominente que el de cualquier bebé rollizo, y sus secas piernas todavía no formaban las curvas que se le suponen a una mujer. Su vientre era abultado, como el de una niña mal alimentada, y su sexo escasamente sobresalía por encima de un corte aparentemente poco dado a los excesos lúbricos, y apenas cubierto por un bello corto, fino, rojo e irregular. Sin embargo, sus largos y finos cabellos, que se descolgaban hasta sus lácteos hombros, enmarcaban un rostro suave, de proporcionados rasgos, donde destacaban unos labios rojos y carnosos, y una nariz ligeramente respingona. Sus ojos, que coronaban dos cejas poco pobladas y finas, bien pudieran haber pertenecido a una anciana, de no ser porque estaban insertados en un liso tapiz que, al ser agredido por la tenue luz de la hoguera, parecía de terciopelo.

—¡Vístete! —le ordenó Miguel, apartando su mirada de los ojos de la muchacha—. Ya sabes lo que siento por ti, pero... En fin, puedes quedarte, pero no creas que...

—Comprendo...

BENABARRE (Condado de Ribagorza).

El dejo que llegó a su boca era repugnante, casi tan horrible como el dolor que sentía en su pierna derecha.

Gervasio no recordaba nada de lo ocurrido, ni quién le había disparado, ni dónde demonios se encontraba. Aunque la presencia de un desdentado, con

---

[34] Abubilla.

aspecto de mendigo, a su lado le hizo sospechar que no estaba en su choza del monte de Pilzán.

Recordó que había soñado con Paco, su padre, y con su madre... Y con Eduardo bajando las escaleras del corral, atemorizándole cada mañana, un día tras otro. Todo lo demás era muy confuso.

—¡Te has salvado por los pelos! —dijo el mendigo, sin mover un solo músculo innecesario; estaba tumbado sobre su catre, al fondo del miserable cuartucho, mirando hacia el techo. Ni siquiera ladeó la cabeza—. ¡Sólo Dios sabe qué horribles pecados habrás cometido para que te haya prolongado la vida en este infierno!

—¿Dónde estoy?, ¿quién eres?

—Mi nombre es Vicente Salamero, el "Fraile".

—He oído hablar de ti.

En un primer momento, Gervasio creyó que Salamero era un espía de los rebeldes, alojado en su misma celda para intentar ganarse su confianza, y así poder sonsacarle información en contra de los bandidos de Barber y Latrás. Pero lo cierto es que el Fraile, antiguo lugarteniente de Àger, había caído en desgracia; había sido encarcelado por traición e iba a ser ejecutado un par de días más tarde.

Según entendió Salazar, Vicente Salamero actuó como espía de Blas Monserrate una vez que murió don Ramiro, y éste fue nombrado gobernador del castillo. No en vano, Salamero fue sacristán en Linares cuando Fernando era capellán de dicho monasterio y, aunque le importaba bastante poco quién estuviera al frente del condado de Ribagorza, sabía que, si Àger era nombrado alcalde Benabarre, la villa se sumiría en un caos aún mayor del que ya la gobernaba.

—Estás a recaudo de Pascual Ramírez —prosiguió Salamero—, en la cárcel de Benabarre.

—¿Qué me ha ocurrido? —preguntó Gervasio, asustado.

—Alguien te disparó e hirió, y fuiste detenido por Cesáreo Puyal... Después, te entregaron a Gil, y este ordenó que fueras encarcelado. Lo cierto es que se tomó demasiadas molestias contigo...

—¿Molestias?

—Sí, Salazar. La herida de tu pierna fue curada por un tal Garcilaso Lorente, un "afamado" médico de Graus.

—¿Y qué tiene eso de extraño?

—El tal Lorente, y esto es de dominio público, antes preferiría tirarse desde el Collado de Laguarres que hacerle un favor a Àger... Le secuestraron y le hicieron venir hasta aquí. ¡Si no llega a ser por él, haría días que los gusarapos estarían dándose un festín a tu costa!

—No comprendo qué importancia puedo tener yo para ellos.

—Tú eres uno de los principales de los Pistoletes... Desde que os unisteis a don Fernando, sois asunto prioritario para Àger...
—¿Qué harán conmigo?
—Conociendo a Ramírez, te aseguro que nada bueno... Supongo que intentarán comprarte por cuatro reales, y que les entregues a Barber y a Latrás.
—¡Jamás!
—Eso no es a mí a quien debes decírselo, sino a Gil.

Del pasillo, como un susurro cansino, se escucharon varios pasos. Después, unas llaves tintinearon tras la puerta de la celda, y ésta acabó abriéndose de par en par. Tras ella, Cesáreo Puyal les miró con rostro tan frío que a Gervasio se le erizaron los cabellos.

—¡Vamos, Salazar! —dijo Puyalet—. Don Pascual Ramírez quiere hablar contigo.
—No tengo nada que decirle a la ramera de Gil.
—Tal vez prefieras hablar conmigo —le amenazó el mayordomo, enseñándole un enorme machete que llevaba colgado en su cintura. Al momento entraron dos hombres, que agarraron a Gervasio por los brazos, y lo sacaron afuera—. Llevadle donde Ramírez.

La pierna le dolía como si se la hubieran arrancado con unos dentones gigantes.

El despacho, por llamarle de algún modo, era una antigua celda de la cárcel, siquiera acondicionada para el uso que ahora se le daba. Paredes desnudas, sólo quebrantadas por una cicatera ventana, y una mesa con una única silla, sobre la que descansaban, en caótico orden, infinidad de papeles, arrebatándole su verdadero sentido.

Pascual Ramírez no había cambiado en aquellos años. Seguía siendo una rata cínica, de escaso pelo negro, casi tan grasiento como su panza, brazos secos, con chorreras de pellejo colgante, en su rostro un mohín de escribano negligente y una papada abultada que certificaba una alimentación escasa en yodo. En su mirada aún perduraba aquel brillo cruel, que aterraba al más valiente de los mercenarios, aunque había perdido la autoridad que le hizo temible. Ramírez jamás había empuñado un arma y, sin embargo, todos sabían que era un hombre peligroso. Le temían, aunque a él eso le parecía respeto, por ser secretario de Gil, y por haberse adjudicado el cargo de alcaide de la prisión y fiscal de la causa Ribagorzana.

—¡Cómo cambian las cosas! —fue el saludo del alguacil— ¡tu padre, era un hombre honrado fiel a sus principios! Pero sus hijos... Sus hijos no son más que unos vulgares bandidos que se venden al mejor postor —Ramírez se alisó su escaso cabello—. ¿Qué voy a hacer contigo?

—¿A mí me lo preguntas? —sonrió Gervasio—, ¿acaso estoy aquí por voluntad propia?

—Tienes razón, no has venido aquí por tu propio pie, sino por la voluntad de ese hermano tuyo que, o bien es el mismísimo Satanás o será, sin duda, uno de sus huéspedes en el infierno.
—¿Qué tiene que ver Eduardo en todo esto?
—No recuerdas nada, ¿verdad? —Gervasio sacudió la cabeza—. ¡Da gracias a Dios por ello! Eduardo tuvo puntería, ciertamente. La bala que disparó con su arcabuz acabó alojada en tu rodilla... Has tenido suerte de no perder la pierna, ¡trabajo nos ha costado recuperarla!
—¿Qué estás diciendo? —Gervasio sintió como la sangre le hervía en sus venas.
—Lo que oyes, muchacho —se recreó el alcaide.
—No creo en las palabras de una sabandija... de un hijo de puta —le escupió en la cara.
—¡Tu ingenuidad me abruma, Gervasio! —rió Ramírez, secando su cara con un pañuelo bordado—. ¿Acaso crees que Eduardo está con vosotros por su lealtad al Capellán, o por sus elevados ideales?: no olvides que Villahermosa dejó embarazada a tu cuñada.
—¡Maldito seas!
—Cree lo que quieras creer...
—Y, ¿por cuánto me ha entregado?
—Por una miseria... Quería recuperar lo que es suyo: la casa de tus padres y un huerto miserable.
—No te creo, Ramírez... ¿cómo iba a querer volver a nuestra casa, si don Rodrigo Labazuy ha puesto precio a su cabeza?
—No dudes que, antes de tomar posesión de su triunfo, se ocupará de deshacerse del carlán...
—¿Qué queréis de mí?
—Queremos que te unas a nosotros.
—¡No me hagas reír! Di la verdad, Ramírez, lo que pretendes es que os entregue a Barber y a Latrás —el alcaide asintió con un golpe de cabeza—. ¿Patanes como tú queréis gobernar Ribagorza?
—¿Por qué me insultas? —se enfureció el alguacil—, ¡Puedo hacer que seas ejecutado de inmediato!
—Eso es lo que te da poder. Eso es lo que te otorga la autoridad de la que careces.
Los disparos de los arcabuces, tan habituales que se habían convertido en una cantinela monótona a la que nadie prestaba atención, se volvieron continuos y persistentes. Ramírez aguzó el oído, pero no le dio mayor importancia.
—Sabemos dónde os escondéis: en la sierra de Pilzán —el alguacil intentó tranquilizarse— así que ya habrás supuesto que no es ese el motivo de mi interrogatorio. Vuestras prácticas, robos, violaciones y asesinatos nos tienen sin cuidado. Lo que nos interesa es otra cosa; sabemos que Juan Bardají se

entrevistó con Latrás, cerca de Estopiñán. En aquella reunión se acordó que sus bandidos se unirían al Capellán, para evitar que Ribagorza cayera en manos de Àger; nada extraño, pues es sabido por todos la simpatía de Barber y de Latrás por la casa de Villahermosa. No obstante, me consta que vosotros, los Pistoletes, tal como hoy lucháis al lado del conde, mañana podríais hacerlo a favor de la Causa Ribagorzana.

—¿Y tú me llamas a mí iluso?

—No te precipites en tus conclusiones, Salazar, y escucha —Ramírez bajó el tono de su voz—. No te voy a pedir que nos ayudes a penetrar en los montes de Pilzán, ni que nos entregues a Barber o a Latrás, sino que tú, y el resto de los Pistoletes, asaltéis a Fernando de Gurrea y nos lo entreguéis.

—¡Estás loco si piensas que vamos a asesinar al conde!

Los disparos sonaron, esta vez muy cerca. Algo estaba ocurriendo en el pueblo. El alcaide empezó a inquietarse, pero prosiguió con el interrogatorio.

—¿Asesinar? —rió Ramírez—. Si le matarais, ni vosotros, ni nosotros ganaríamos nada; más bien todo lo contrario. Lo necesitamos vivo. Con el conde muerto no podríamos negociar.

Dicho esto, en el exterior de la cárcel sonó una terrible explosión y un griterío indefinible, que hizo que Ramírez se encogiera en su sillón.

Al momento, Puyalet aporreó la puerta del despacho, sin llegar a abrirla, y gritó: «*¡Vámonos de aquí, son los hombres del Capellán!*».

Todo fue muy rápido.

Ramírez se levantó de un salto e, ignorando qué estaba ocurriendo, se precipitó hacia la puerta, desentendiéndose de Gervasio. Y, con una expresión de pánico desfigurando su rostro, se dispuso a huir de aquel lugar como una lagartija asustada.

—¡Quieto ahí, cabrón! —gritó un soldado del conde Fernando—. ¿Dónde te crees que vas?

—Yo no tengo nada que ver con los sediciosos, sólo trabajo para ellos... Tengo una familia y... —el alguacil se echó a llorar como un niño. Gervasio se percató de que Ramírez se había orinado en los calzones—. ¡Yo no tengo nada que ver con los rebeldes!, sólo soy un secretario que cumple con su trabajo para sacar adelante a una familia de cinco hijos. ¡No entiendo nada de política!

El disparo del arcabuz del soldado resonó por todos los rincones de la cárcel, y fue recibido por los presos con un jovial grito de «*¡Muere, hijo de puta!*».

—¡Yo tampoco entiendo de política! —exclamó el soldado, perfilando una cínica sonrisa en sus labios. Después, se dirigió a Gervasio y le miró de arriba abajo—. ¿Y tú, quién eres?

—Gervasio Salazar... Soy uno de los hombres de Latrás.

—¡Está aquí! —gritó el soldado.

En pocos segundos, el despacho del alguacil se llenó de soldados. Uno de ellos fue a buscar una gubia y un martillo y, colocando las manos de Gervasio sobre el suelo, rompió los grilletes.

Al mismo tiempo, el soldado que había disparado a Ramírez le tomó el pulso, acercando su oreja al abultado pecho del alguacil, y comprobó que aún vivía. Desenfundó su sable, y lo dejó caer con fuerza sobre su garganta. El cuello no llegó a partirse del todo, y tuvo que asestarle otro golpe para conseguir que la cabeza del secretario de Gil se separase de su torso seboso. Del degüello surgió un chorro de sangre que, en unos segundos, convirtió el despacho en un torrente rojo de justa muerte. Los demás soldados y presos lo celebraron con aplausos y gritos de júbilo.

—Uno menos. A éste nadie le echará en falta —sonrió—. ¡Lástima que se nos haya escapado el malnacido de Puyalet!

—¡Vámonos! —ordenó uno de los oficiales—. No hemos venido aquí a liberar un pueblo, sino a un hombre.

El soldado que había cortado la cabeza de Ramírez la introdujo en un saco y se lo cargó al cuello.

ALER (Condado de Ribagorza)

Gervasio, que precisó de la ayuda de dos fornidos soldados para montar en una yegua, fue trasladado a Aler, al castillo de don José Macías, donde estaban alojados Fernando de Gurrea y el micer Rivera.

Tras cambiar sus ropas y vendajes y lavarse un poco, fue reclamado por el conde.

Salazar jamás había estado tan cerca de su señor, y se sintió abrumado ante los ojos desconfiados y melancólicos de Fernando. Lo cierto es que, pese a la evidente labor que desempeñaban en vanguardia, los bandidos de Latrás no eran de su agrado, aunque éstos lo ignoraban.

—Les he ordenado a mis hombres que te rescataran por varios motivos —dijo Fernando—. En otras circunstancias, supongo que te hubiera dejado morir... No creas que Barber, Latrás y sus hombres sois santos de mi devoción. Nunca he confiado en los mercenarios, que luchan hoy por mí y mañana por mis enemigos, dependiendo del dinero que se les ofrezca. Ni creo que lo haga jamás.

—Agradezco que os hayáis tomado tantas molestias conmigo...

—¿Me lo agradeces, dices? —rió el conde—. ¿Te apetece una copa de licor?, lo mandé traer de Francia... ¡Odio beber solo!

Gervasio se percató de que Fernando estaba incómodo, como si su presencia le crispase. Pensó que aquella turbación se debía a que no sentía demasiada simpatía por los bandidos de Pilzán.

Aceptó la copa de buen gusto. Tal vez aquel licor consiguiera hacerle olvidar el terrible dolor de su rodilla.

—Seré sincero —empezó Fernando—. Lo cierto es que no hubiera tenido ningún interés en rescatarte, si no fuese por ser quien eres.

—¿Por ser quien soy? —se extrañó Gervasio.

—Sí. Aunque tú, la verdad sea dicha, no eres más que un bandido; aliado, sí, pero eso no te convierte en un santo —dijo, sentándose en el único trono que había en aquella austera estancia. Gervasio siguió de pié—. No me malinterpretes, ni creas que desprecio la labor que hacéis en mi nombre, aunque sea del modo más ruin que existe...

—¿Queréis decir que habéis ordenado el asalto a la cárcel por mí? —Fernando asintió—. ¡Cuánto honor! —susurró en tono irónico, bebiendo de la copa.

—La cárcel de Benabarre está llena de individuos que, de estar libres, serían tan peligrosos para Àger como para nosotros... Sólo nos interesaba rescatar a dos de esos prisioneros: a ti, y a tu compañero de celda, Vicente Salamero —sonrió—. Lo cierto es que el Fraile no es un hombre en el que deba confiar, pero me sentí obligado a sacarle de allí... Reconozco que soy un estúpido sentimental... ¡Viejo zorro! A estas horas ya debe haber llegado a Graus, donde viven una docena de sus sobrinos. Alguno de ellos se hará cargo de ese pobre diablo.

—¿Qué esperáis de mí?

—Ya te he dicho que no eres tú quien me interesa.

—¿Entonces?

—Supongo que conoces las historias que se cuentan sobre mí... Y creo que de primera mano.

Fernando se levantó del sillón, dejó la copa sobre una pequeña mesita, y le ofreció el asiento a Gervasio, que lo aceptó ruborizado.

El conde dio varios pasos cortos por la habitación.

—Hace muchos años, como ya sabrás, fui capellán de Linares —Gervasio asintió—. Y no creo que sea un secreto que mantuve una relación, poco acorde con mi condición eclesiástica, con una joven hermana dominica del convento de San Pedro Mártir...

—Algo he oído de ese asunto —asintió Gervasio, molesto por el rumbo que estaba tomando la conversación— pero no hago caso de los chismes.

—Resulta que esa dominica descubrió algo que no era conveniente que trascendiera fuera de los muros de San Pedro... Y, para evitar que la joven monja hablase, el prior Francisco y Rodrigo de Labazuy, enviaron a uno de sus hombres para que acabase con ella.

—¿Qué interés tiene eso? —espetó Gervasio, realmente inquieto— ¿No se asesinan todos los días a aquellos que entorpecen los asuntos de los carlanes, bayles y virreyes?

—Deja que prosiga —Gervasio bajó la mirada—. Por una de esas extrañas ironías del destino, resulta que el hombre que envió el carlán para que asesinara a la hermana, acabó casándose con ella... Supongo que ya conocías esa historia...

—Sí —susurró Salazar—. Algo de eso he oído.
—Y que el hombre que envió Labazuy para que asesinara a Catalina era tu hermano Eduardo.
—Sí —carraspeó—. Conozco toda la historia.
—Bien —sonrió Fernando—. El prior Francisco murió hace tres meses, y ya habrá recibido su castigo de manos de Dios. La madre Salomé ya no es más que un despojo humano, que cree haber sido poseída por Satanás y que ni siquiera es capaz de sujetar sus tripas. El tribunal eclesiástico se niega a someterla a un juicio, al considerar que no es dueña de sus actos... De todos modos, es un final justo para una mujer indeseable.
—Si creéis que ese era el castigo que merecía, ¡alabado sea Dios!
—Pero volvamos al asunto que nos concierne —prosiguió el conde, rellenando su copa—. La monja que debía asesinar tu hermano tiene una hija de algo más de doce años, ¿no es así? —Gervasio asintió— ¿Cómo se llama?
—Isabel.
—Por su edad, no puede ser hija de Eduardo...
—Nadie ha dicho que lo fuera.
—Entonces, ¿podría ser hija mía?.
—Vos sabréis hasta donde mantuvisteis la virtud cuando erais el capellán de Linares.
—¡No te consentiré una insolencia más! —le inquirió Fernando, intentando frenar su ira.
—Supongo que sí —Gervasio tragó saliva—. Cuando Eduardo se casó con Catalina, la niña ya tenía dos o tres años.
—Aquí es donde entras tú —el bandido se encogió de hombros—. Quiero hablar con Catalina... Quiero conocer a mi hija.
—Sólo tenéis que acercaros hasta el monte de Pilzán y preguntar por ellas... Nadie os impedirá que podáis visitarlas.
—¿Tampoco tu hermano?
—Dudo que, después de tantos años, sienta celos de vos, señor.
—¿No recuerdas nada de lo que te ha ocurrido en los últimos días?
—No os entiendo... Por supuesto que lo recuerdo; los he pasado en la cárcel de Benabarre, sufriendo lo indecible por la maldita rodilla.
—Estoy seguro de ello, y lo lamento. Pero yo no te estoy hablando de la cárcel, sino de cómo llegaste hasta allí, sino de quién te disparó.
—¿También vos creéis que fue Eduardo quien me disparó?
—Quiero volver a ver a Catalina... A solas —Fernando volvió a servirse un coñac, cogió la copa de Gervasio y se la rellenó—. En cuanto a tu detención, fue Cesáreo Puyal quien te llevó a la cárcel... Y sí, quien te disparó y te entregó a los revoltosos fue tu propio hermano.
—¡Mentís! —se enfureció Gervasio—, ¡os habéis puesto de acuerdo con Ramírez para difamarle!

—¿Yo confabulando con un sinvergüenza?

—¡Decís eso, porque lo que deseáis es deshaceros de mi hermano, y así poder disfrutar de mi cuñada Catalina!

—Bien... Si crees que los motivos por los que te he contado esto son los consejos de mi libido, ¡allá tú! —Fernando dio dos palmadas, a las que respondió uno de los sirvientes de don José Macías, y se dirigió a él—: Decidle a Pedro Castillón que vaya a buscar a Eduardo de Monesma al campamento de Latrás, en la Sierra de Pilzán. Que venga a recoger a su hermano. Salazar desea regresar con los suyos de inmediato —y volviendo a mirar a Gervasio, le hizo un gesto con la mano, invitándole a que abandonase la habitación.

Fernando sabía que estaba entregando al joven Salazar a una muerte segura; pero no le remordió la conciencia. Gervasio no era más que un mercenario, que debía encontrar su propio camino, su destino. Se sintió como el ángel de la muerte, el brazo justo de Dios... Gervasio, sin duda, no llegaría vivo a la Sierra de Pilzán.

Eduardo llegó al día siguiente, a media mañana, acompañado por otro hombre y un caballo ensillado. Gervasio lo conocía bien, era de total confianza: Enrique Sanromán.

A duras penas pudo montar sobre el caballo. Nadie le despidió...

Barber había insistido en acompañar a Eduardo, pero éste le hizo cambiar de idea, asegurándole que regresarían a Pilzán rodeando Benabarre, y que le pediría al conde que enviase a unos cuantos de sus hombres para que les escoltaran hasta Purroy... Pero nada de lo prometido a Barber fue cumplido ni demandado.

Cabalgaron despacio, sin apenas cruzar unas palabras de cortesía, hasta que, un par de millas antes de llegar a Purroy, cuando se disponían a acometer la loma de un monte poblado de abetos verdes y frondosos, Gervasio se decidió a hablar.

—El conde Fernando sabe que Isabel es hija suya —Eduardo aminoró el paso, y dejó que Sanromán les adelantase—. Quiere volver a ver a Catalina... Quizás aún la ame... ¿No dices nada?

—¡Todos tenemos derecho a soñar despiertos! —rió Eduardo.

—También me dijo que fuiste tú quien me disparó —sonrió Gervasio— ¡No se puede decir que don Fernando haya heredado la sensatez de su padre!

Eduardo no dijo nada. Su rostro se desdibujó, hasta convertirse en una máscara grotesca y severa.

Espoleó su caballo.

Cuando estaba a la altura de Sanromán, sacó su arcabuz de la funda de su silla de montar, encendió la mecha y apretó el gatillo. Por el ruido de la detonación, el caballo del bandolero se asustó, y salió corriendo hacia el interior del bosque. El hombre fue a dar con sus huesos a tierra, con su rostro ensangrentado, y el pecho abierto.

Eduardo regresó al lado de su hermano, que había mandado parar a su caballo, y que estaba paralizado en medio del camino. El joven no daba crédito a lo que veía.

—¡Qué ingenuo eres, Gervasio! —rió Eduardo, desenfundando su sable—. ¡Baja del caballo si no quieres que te corte la cabeza!

—¡No puedo! —suplicó con los ojos llorosos—. Mi rodilla...

Eduardo levantó la espada y asestó un golpe al cuello del caballo, que cayó al suelo, convulsionándose entre relinchos de dolor, sobre la pierna herida de Gervasio. El pequeño de los Salazar ni siquiera tuvo fuerzas para quejarse.

—Ya eras estúpido de niño, y lo sigues siendo ahora que ya tienes, ¿veinticinco años?

—Veinticuatro —lloró Gervasio.

—No tengo nada en tu contra, hermano... Pero no me importas lo más mínimo...

—¿Por qué me haces esto?

—Yo quise ser soldado del conde, pero don Ramiro creyó que no era suficientemente bueno para servir a su señor... Acabé siendo un carlachet de Rodrigo Labazuy. ¡No me quiso el bueno de don Martín, y yo me acuesto con la amante de su hijo!, ¿no es jocoso?

—¿Qué vas a hacer conmigo?

—No has entendido nada, Gervasio —rió—. ¿Acaso crees que le entregué a Lupercio Latrás todo lo que tenía? He escondido dinero suficiente como para vivir dos vidas; tengo una hacienda en Tamarite... Y, ahora, una casa en Benabarre...

—¡Estás loco, Eduardo! —gritó Gervasio—. La casa de Benabarre está confiscada por... —entonces se percató del juego de su hermano— ¡Dios mío, el conde tenía razón!

—Hay algo que el conde no sabe —prosiguió Eduardo, mientras volvía a cargar su arma—. Catalina jamás le olvidó... A veces, en sueños, imagina que yace con él. Lo llama en el duermevela... Pero eso no me importa lo más mínimo, porque soy yo quien se acuesta con Catalina, y ella tiene que conformarse con desearlo.

—¿Vas a matarme?

—No, Gervasio, tú ya estás muerto...

Ni siquiera se dignó a mirarle a los ojos cuando la espada atravesó el pecho de su hermano.

Después, descalzó su bota derecha, acercó el arcabuz a su brazo izquierdo, y apretó el gatillo con su pie...

Habían sido asaltados por un grupo de rebeldes; incluso pudo reconocer a alguno de ellos, tal vez Cesáreo Puyal... *«¡Maldito conde don Fernando!, no quiso procurarnos escolta».* Sí, eso diría en el campamento...

5. Moneda de cambio.

«El triunfalismo por las obras conseguidas, por arrebatar un bien preciado para los poderosos, se desvanece con la misma celeridad con que se desea. ¿Qué importan los sentimientos si no son el mismo Amor? ¿Qué importa el llanto de una mujer, de un hijo, si la única meta es el inexpugnable pedestal de la codicia?»

SIERRA DE PILZÁN (Condado de Ribagorza) Primavera de 1587.

Aunque Lupercio Latrás sospechaba que Eduardo les había mentido, no tuvo más remedio que dar por buenas las explicaciones del traidor.

La herida del brazo de Eduardo estaba cicatrizando más lentamente de lo que se esperaba, al menos eso dijo Jorge de Alcañiz.

—Ya debería haber recuperado la movilidad del codo —dijo el fraile, simulando estar preocupado— y no me gusta el color de su piel.

Aún así, y haciendo caso omiso de las indicaciones del de Alcañiz, a los tres meses de haberse disparado, Salazar se creyó capacitado para montar a caballo.

Aquel día el sol asomó tímidamente por el horizonte.

Salazar ensilló su caballo, montó en él, y dijo que iba a dar un paseo por el bosque. Catalina celebró con frustración la falsa recuperación de su marido. ¡Había deseado tantas veces su muerte! Sin embargo, su sentido común, tal vez el cristiano, hacía que sus sentimientos se volvieran cómodos y religiosamente morales: «*¿Qué íbamos a hacer sin él?, ¿quién nos iba a mantener?*», pensaba, como quien quiere convencerse de que su camino es el correcto sin serlo. Se había jurado a sí misma que jamás recurriría a las monedas que su esposo le había robado a Sopena, aunque, llegado el momento, sabía que no les haría ascos con tal de alimentar a su hijos. Había salido de situaciones peores, al menos de una. Proseguir con su vida, sin la ayuda de Eduardo, no tenía por qué ser más difícil que haber sacado adelante a una niña sin padre, sin oficio y sin un real en su bolsa.

Ni que decir tiene que, inconscientemente, la recuperación de Eduardo también supuso un duro revés para Isabel... Aunque, en el fondo, de haber muerto su padrastro, hubiera sido un infortunio aún mayor; ya que, lo que realmente deseaba era poder enviarle al infierno con sus propias manos.

El caballo de Salazar descendió la loma de la Sierra a paso lento, hasta que hubo rebasado al vigía norte, y al trote cuando puso rumbo hacia Benabarre. El golpeteo de los cascos del caballo sobre el árido suelo convirtió aquel viaje en un verdadero suplicio para el brazo herido de Salazar. Pero ni siquiera eso iba a detenerle.

BENABARRE (Condado de Ribagorza).

Llegó a la muralla sur del pueblo poco antes del mediodía,.

—¿Quién va? —preguntó un vigía. La puerta estaba cerrada.

—Soy Eduardo Salazar, hijo de Paco el de Monesma —gritó—. Quiero hablar con Cesáreo Puyal... Y tú, ¿quién eres?

—Soy tu cuñado, Vicente Satué, "dels Somés".

—Bien —se felicitó Salazar.
—¿Quién te envía?
—Nadie —respondió algo molesto— ¿Acaso parezco un recadero?

El vigía bajó de la muralla sin demasiado ánimo, y mandó a otro hombre a que desatrancara la puerta. Cuando esta se abrió, el dels Somés le recibió apuntándole con su arcabuz.

—Deberás dejar tus armas aquí —dijo Satué.

Eduardo se las entregó.

El dels Somés desató una vieja yegua, de la anilla que la mantenía sujeta al muro, y montó en ella.

Salazar le siguió a través del "Sol de Vila", hasta el castillo de Àger, en el centro de Benabarre, cerca de la Plaza Mayor.

Era la primera vez que regresaba a su pueblo desde que se revelara a Rodrigo Labazuy. El carlán, había sido expulsado por Àger, refugiándose en la casa de Agustín Pociello, en el "Mas de San Crisóstomo", por lo que su vida no corría peligro.

En la casa del de Àger fue recibido por Cesáreo Puyal, aunque, al verlo, mandó llamar a su señor: «*No es conmigo con quien debes hablar, yo sólo soy un mayordomo*».

—¡La guineu vuelve a su madriguera! —se burló Àger—. ¿Qué te trae por aquí, Salazar?

—Os entregué a mi hermano... Pero tengo algo mucho mejor.

—Tu hermano no nos sirvió de nada —dijo Puyal—. ¡Por tu estupidez, estuvimos a punto de perderlo! Tardamos varios días en poder interrogarlo, porque las fiebres y el dolor de su rodilla le incapacitaban para hablar con un mínimo de coherencia.

—¿Qué demonios estás diciendo Puyalet? —se enfureció Eduardo—. ¡Te prometí que iba a entregártelo y lo hice!

—Le destrozaste la rodilla, ¡maldito hijo de puta! —gritó Cesáreo, encarándose a Eduardo—. ¡Un golpe en la cabeza hubiese bastado!

—¡Dejad de discutir! —les ordenó Àger—.Y tú, dime, ¿qué quieres proponernos?

—¿Quieres a Latrás y a los suyos?

—Y la cabeza del conde, y la del carlán, y la de Pociello... —sonrió Àger—. ¡Haces preguntas tan obvias que dudo de tu sensatez!

—Puedo entregarte a todos los hombres de Latrás... Es muy sencillo: yo me encargo del vigía de la parte norte de la sierra... Después os conduciré hasta el campamento, en plena noche.

—Si fuera tan sencillo, ¿no crees que ya lo hubiésemos hecho nosotros mismos? —Àger supuso que Eduardo era tan rastrero, que sería capaz de cualquier cosa con tal de recibir unas pocas monedas—. En la parte norte hay un solo vigía porque es prácticamente imposible abordar el campamento desde allí;

el camino es estrecho, y solamente puede cruzarlo un hombre a caballo. Esa lentitud nos llevaría a todos a la tumba. Además, seríamos vistos desde más de dos millas, desde el preciso instante en que partiéramos de Benabarre.

—Si mato al vigía —insistió Eduardo— nadie os verá acercaros.

—¿Y, qué ganaríamos nosotros tomando el campamento? —preguntó Puyal—. No sois más que una cincuentena de hombres rudos y estúpidos, ¡campesinos convertidos en bandidos menesterosos!

—Entonces, ¿para qué queríais a mi hermano?

—Para lo mismo que Fernando de Gurrea...

—No comprendo.

—En realidad, quien nos interesa es tu mujer —dijo Puyal.

—¿Para qué la queréis?

—Tú no eres nada, ni Barber, ni Latrás —rió Àger— Pero Catalina sería un rehén magnífico, la moneda de cambio perfecta.

—Tu mujer por Ribagorza —apostilló Puyalet—. ¡No sabes lo que haría el conde, casado con una cortesana a la que detesta, por volver a joder con tu mujer!

—¿Queréis a Catalina? —se revolvió Eduardo— Pues la tendréis... Pero deberéis pagarme por ello.

—Te doy mi palabra —juró Àger, llevándose la mano al corazón.

—Pero, ¿cómo pretendéis secuestrarla, si jamás abandona el campamento? —preguntó Eduardo, algo aturdido.

—Tú serás quien la traiga hasta aquí. Nosotros haremos el resto.

—No confía en mí... Jamás lograré sacarla de la sierra de Pilzán, si no es por la fuerza... Y está Isabel, ¡esa maldita cría! y mi hijo Lorenzo... ¡Lo que me pides es imposible!

—No queremos a tu hijastra; nos consta que daría más problemas que soluciones... No. De momento, debe seguir en la sierra de Pilzán. Tengo entendido que se interesa por Miguel Juan Barber —Eduardo asintió—. Sólo tienes que lograr que se acueste con él. Una niña de doce años, una vez ha sido desflorada, se entrega a cualquiera que tenga suficiente estómago como para... En fin, tú ya me entiendes...

—¡Me pides un imposible! Barber no accederá jamás a acostarse con una niña. De hecho, hace dos meses, Isabel intentó yacer con él, y éste la rechazó, ¿Por qué iba a cambiar de actitud si se lo pido yo?

—Escucha, Eduardo —Àger le entregó una bolsa—, con estas monedas deberás pagarle a Celedonia Fernández, para que se acueste con Barber... Pero sin llegar a consumar. Cuando Celedonia le deje con el "mástil de la bandera" a punto de estallar, será capaz de joder con su propia madre... Y, mientras se acuesta con tu hijastra, tú sacarás del campamento a tu mujer y a tu hijo, y los traerás aquí.

—¿Y no sería más sencillo asesinarla?

—¿Asesinarla? —vomitó con desprecio—. ¿Acaso quieres darle más motivos al maldito Capellán para odiarte?... ¡Sería nuestro fin!
—Está bien —balbució Eduardo—, ¿Y, cómo pretendes que saque a Catalina del campamento sin levantar sospechas?
—Supongo que has oído hablar de un curandero de Camporrells que se llama Guillaume Florentín —Eduardo asintió—. ¡Sus predicciones, como agorero, dejan mucho que desear, pero es un maestro haciendo pócimas! Él mismo ha elaborado este bebedizo, al que llama "Afoga Bous"[35], capaz de tumbar a un caballo —le entregó una pequeña botella, como la que usaban los cortesanos para guardar perfume—. Debes dárselo de beber, a tu mujer y a tu hijo... Caerán, según dijo Florentín, en un sueño profundo. Sólo tendrás que cargarlos en tu carromato y salir del campamento.
—¡No me hagas reír! —dijo Eduardo— tengo un brazo inútil, ¡no podría cargar ni con el pequeño!
—¿Conoces a Ramón Álvarez? —Eduardo asintió—. Álvarez es un traidor, que vendería su alma al diablo por un segundo de gloria. Si le dijeras cuáles son tus intenciones y quién te paga, te cortaría la cabeza y se quedaría con tu dinero, después, violaría a tu mujer y, tal vez a tu hijo. Me odia, porque le rechazamos cuando quiso unirse a nuestra causa... Nosotros no confiamos en mercenarios... En algo teníamos que diferenciarnos del Capellán —rió Àger—. Pero, por un puñado de monedas, te ayudará a cargar a tu mujer en el carromato y no hará preguntas, ni responderá a ninguna de las que se le hagan.
—¿Y el vigía?
—Aprovecha el día en el que sea él mismo uno de los vigías, y sal del campamento por el paso custodiado por él.
—¿Y, por qué no darle el bebedizo también a Isabel, y así no tendría que andar yo de alcahueta?
—Porque esa niña no es una niña corriente... Si chantajeamos al Capellán, amenazándole con asesinar a Catalina, estará dispuesto a negociar con nosotros, pero si supiera que tenemos retenida a su hija, podemos olvidarnos de negociaciones... Asaltaría mi casa y nos daría muerte, a mí y a toda mi familia, con tal de rescatarla... Tu mujer puede ser muy hermosa, y el conde estar enamorado de ella, pero no se la jugaría por ella; en cuanto a Isabel... ¡Esa es otra historia!

El plan parecía perfecto, siempre y cuando la pócima de Florentín provocara los efectos que éste le había asegurado a Àger.

---

[35] Ahoga bueyes

6. El almuerzo.

«El miedo es capaz de unir bajo una misma bandera a aquellos que no lograron ser hermanados ni siquiera en el dolor.»

BENASQUE (Condado de Ribagorza). Primavera de 1587.

No solía perder los estribos con demasiada facilidad, tal vez sus años como capellán, enclaustrado en el apacible monasterio de Linares, habían encauzado su espíritu hacia derroteros ciertamente más serenos que aquellos a los que su absurda vida le guiaba. Sin embargo, estaba a punto de revelarse contra todo, de arremeter contra su destino, del mismo modo en que los ribagorzanos se alzaban contra todo lo que él significaba. Únicamente su hermano Francisco fue testigo de su ira, aunque evitó a toda costa convertirlo en la diana de su cólera. Fernando sintió como su sangre era bombardeada con fuerza por un corazón prematuramente cansado, produciendo un desagradable golpeteo en sus sienes. Estaba realmente enojado, enfurecido. Y, en apariencia, no había nada nuevo que justificase tal sentimiento.

—Los señores de Ribagorza os están esperando en el comedor —les apremió uno de los sirvientes del palacio.

Los principales de Ribagorza, fieles a los Aragón, habían subido a Benasque, con sus respectivas tropas: dos mil hombres armados con los más modernos arcabuces, y capitaneados por los hermanos Bardají, Labazuy, Juan de Ramastué, Agustín Pociello, Rodrigo Mur y Francisco Gelabert, señor de Albelda, y amigo de los Villahermosa.

En aquel banquete debían tomarse medidas decisivas para el futuro del condado, pero Fernando era incapaz de mitigar una preocupación que le reconcomía las entrañas: Si Eduardo Salazar había sido capaz de asesinar a su propio hermano, ¿qué no iba a hacer con cualquier otro? ¿Qué terrible vida le había deparado el Destino a aquella pobre mujer, para verse abocada a compartir el lecho con un ser que era la antítesis de ella misma? No podía dar crédito a lo que la evidencia le refutaba con la misma contundencia con la que los badajos de las campanas de Santa María tocaban arrebato.

Como almuerzo, sirvieron faisán con verduras, cabritos de Castejón, donados por uno de los Bardají, y que dijo haber mandado sacrificar un par de días antes, y todo esto bien regado con un vino espeso y con cierto regusto amargo, que el de Ramastué rescató de sus propias bodegas, y que dijo haber cambiado a un labrador de Naval por una burra vieja, llena de pulgas.

—¿No hubiese sido mejor servir un vino de por aquí? —preguntó Rodrigo Labazuy con cierta malicia—. Tengo entendido que no es bueno separar los toneles más de tres leguas de la madre...

—La madre de este vino —le respondió con ironía Juan de Ramastué— es, ni más ni menos, que uno de vuestros esbirros... Según me contó el bodeguero, un carlachet que mandasteis a cumplir una de vuestras enigmáticas misiones ... A la vista está que, como los otros, jamás regresó a Benabarre. Yo que vos, le

llevaría a su viuda, a sus padres, o a quien aún le eche de menos, una buena jarra, para que le rindan sus merecidos honores y reciba cristiana sepultura...
—¡Por todos los demonios, que ha hecho mejor servicio a ese viñatero que al carlán! —rió Rodrigo Mur—. Y, contadme, Juan, ¿cómo es eso de usar carlachets para darle cuerpo a tan buen caldo?
—¡Basta ya! —se enfureció Labazuy—. ¡Ya está bien de bromear a costa de mis desgracias!
—Es muy sencillo —prosiguió el de Ramastué—. En vez de tirar a la cuba un buen jamón de puerco, lo cual no deja de ser un sacrilegio, echan a los hombres de Labazuy que, no nos engañemos, son más útiles como espesantes de buen vino que como soldados —rieron.
—Señores —les interrumpió Fernando—. Os he mandado llamar por un asunto de extrema importancia, no para hablar de las virtudes de un vino, o de su dudosa procedencia —se hizo el silencio—. Muchos de vosotros fuisteis fieles a mi padre, ¡Dios lo tenga en su seno!, lo cual sería motivo de satisfacción por sí solo; pero doblemente, porque habéis renovado vuestra confianza en los Villahermosa dándonos un apoyo, a todas luces necesario —Fernando se llevó la mano al corazón—. La situación en Benabarre se ha hecho insostenible, y Juan de Àger y Jerónimo Gil no atienden a razones. Parece que sólo conocen el lenguaje de las armas. Y ese es, precisamente, el parlamento que vamos a mantener con ellos.
—No os ofendáis —apuntó Agustín Pociello—, pero llevamos ya varios años intentando poner fin a las revueltas, y no precisamente mediante el diálogo, sino con las armas... ¿Por qué os pensáis que ha de ser diferente esta vez?
—Porque el conde de Chinchón ha retirado su apoyo a los sediciosos —Fernando no estaba demasiado convencido de que ese extremo fuera cierto. Se oyó un murmullo—. Esta nueva situación debería jugar a nuestro favor, siempre y cuando sepamos mover nuestras fichas. El rey ha dado su palabra de no entrometerse.
—¿Todavía confiáis en las promesas del de Chinchón? —sonrió Juan Bardají—. Si el rey les ha retirado su favor a los sediciosos, no ha sido por que haya entrado en razón, sino porque sus arcas están vacías...
—Eso lo sabemos todos —añadió Francisco—, pero es nuestro rey, el de Aragón, y el de España, nos guste o no, y es él quien tiene la última palabra en estos asuntos. Sólo Felipe tiene potestad para decidir el futuro de Ribagorza... Y, si su ruina nos beneficia, seríamos unos estúpidos si no nos aprovecháramos de ello.
—Sin duda, es un buen momento para hacernos con el control del condado —dijo Labazuy—. Si perdemos esta ocasión, veo muy difícil volver a Benabarre como carlán.

—No sé de qué os quejáis, Rodrigo —bromeó Pociello—. La casa que habéis mandado construir en las Torres del Rey está casi lista para ser habitada... ¡Pronto podréis dejar el Mas dels Arcs!

—Sea como fuere —prosiguió Fernando—, es el momento ideal para sitiar Benabarre... Tal vez para atacar abiertamente las posiciones de Àger, y liberar el castillo.

—Estoy de acuerdo —se apresuró a decir Gelabert—. Aunque a mí no va a influirme de modo significativo una victoria en Benabarre. Mis problemas son otros, y relacionados con Sopena... Bueno, ese sería otro tema —rieron todos, pues conocían los entresijos de don Segismundo—. Si no ahogamos las revueltas de Ribagorza, los sediciosos tomarán ejemplo en todo Aragón y, si ahora piden que Ribagorza vuelva a pertenecer a la Corona, pronto demandarán los mismos privilegios para todos los condados... Y, de ahí a pedir que los condes, duques y señores pierdan sus dispensas hay un paso...

—Tenéis razón Gelabert —rió Rodrigo Mur haciendo oscilar su enorme panza y secando el sudor que le producían los efluvios del vino de Juan de Ramastué con la manga de su camisa— no me gustaría perder mi noble condición, ¿qué iba a hacer yo si no fuera invitado a banquetes como este?, ¿acaso debería sentarme a la mesa con Àger, Gil o, ¡Dios no lo quiera!, con Puyalet?

—No es muy diferente lo que sucede en Ribagorza de lo que se está fraguando en Zaragoza —prosiguió Gelabert, haciendo caso omiso de los comentarios jocosos de Mur—. Y la soberbia y prepotencia del rey Felipe están provocando en el vulgo un descontento que puede acabar en una revuelta a nivel general.

—Sí —asintió Fernando—. Nuestro rey ha despilfarrado el oro de las indias para forjar un imperio, que se convertirá en su propia tumba.

—¿A qué os referís? —se asustó Labazuy—. Lo que estáis diciendo, tanto Gelabert como vos, podría llevaros a prisión.

—Pensad, Rodrigo, que si Felipe quiere arrestarnos lo hará, por esas palabras, o por otras —dijo Gelabert con sorna—. Nadie cuestiona las decisiones de ese tirano.

—¡Vos, Labazuy, sois el menos indicado para decirnos lo que es correcto y lo que no lo es! —se indignó Fernando—. Las revueltas de Benabarre no son más que una muestra de la situación general del Reino de España...

—Creo que esta discusión no nos lleva a ninguna parte —les interrumpió Bardají de Vilanova—. ¿Estamos aquí para confabular contra el rey Felipe, o para hallar soluciones para Ribagorza?

—Tenéis razón, Antonio —balbució Fernando—. Os explicaré cuáles son mis planes: Mañana he de cruzar la frontera, y reunirme con Monsieur D'Agut y con una tropa de más de trescientos hombres. D'Agut es capitán de artillería del ejercito francés.

—¿Decís que vais a pedir ayuda a los franceses? —el micer Rivera, que se había mantenido callado hasta entonces, no recibió la idea del conde con demasiado entusiasmo—. ¡Qué pronto se olvidan los daños cometidos por los francos! Vuestro propio padre luchó contra ellos, hace una veintena de años, ¿no creéis que es muy poco tiempo como para confiar en ellos?

—Creo que Rivera ha dado en el clavo —balbució Mur, en evidente estado de embriaguez— ¿Quién es capaz de afirmar que estas incursiones amistosas de los franceses no vayan a suponer una lenta, pero progresiva, ocupación de nuestro territorio? ¿Os ha prometido el tal D'Agut que regresará a Francia una vez haya acabado la campaña?

—D'Agut es de nuestra total confianza —sentenció Francisco—, lo ha demostrado siempre, y así seguirá siendo.

—¿Y qué nos puede ofrecer ese D'Agut, que no podamos encontrar en los soldados aragoneses? —preguntó Labazuy, esta vez sin la ironía con la que solía hacerlo, sino con verdadero interés.

—Sus cañones —afirmó Francisco con rotundidad—. Los franceses son los mejores artilleros del mundo.

—Mi intención —prosiguió Fernando— es atacar cuanto antes Benabarre. En tres días, cuando las tropas de Monsieur D'Agut se hayan unido a nosotros, nos pondremos en camino hacia Benabarre.

—¿Y cuándo pensáis atacar? —preguntó Ribera.

—El día veintinueve de Mayo.

—¡Eso es poco más de una semana! —exclamó Labazuy— ¡Imposible!

—¿De cuántos hombres disponemos? —preguntó Fernando, aunque ya conocía la respuesta.

—Dos mil —contestó Juan Bardají—. Para el día veintinueve podríamos reunir unos tres mil soldados...

—¡Imposible! —repitió el carlán.

—¿Cuál es el problema, Rodrigo?

—No tenemos tiempo material para llegar a Benabarre.

—Por eso, precisamente —sonrió Fernando—. Tres mil hombres pueden ser vistos desde lejos... Si no les damos tiempo a los espías para que lleven la información de nuestra bajada a Benabarre, podremos atacarles por sorpresa.

Aquella no iba a ser la primera vez que Fernando entraba en batalla. Sin embargo, estaba más inquieto de lo habitual, más si cabe que antes de empezar el banquete. Es posible que pensase, y no le faltaban razones para ello, que si aquella campaña fallaba, perdería el apoyo de los señores de Ribagorza, y eso suponía que debería renunciar, definitivamente, al condado.

7. Un vaso de leche.

«¡Qué rápido olvidaste tu honor! ¿O, acaso jamás lo tuviste?
¿No será que quien defiende su dignidad es porque no la posee?»
SIERRA DE PILZÁN (Condado de Ribagorza). Primavera de 1587.

Celedonia Fernández estaba feliz. Jamás había cobrado por adelantado, y mucho menos por un trabajo que no debía hacer. A la puesta del sol, se presentaría en la choza de Barber y se desnudaría. Quizás debiera bailar como hacían las putas finas de Zaragoza y, si fuese necesario, acariciaría sus enjutas carnes hasta conseguir que el bandido perdiera el poco recato que conservara, o le manosearía a él. Todo, menos permitir que Miguel eyaculara antes de que llegase Isabel. *«Pero si tarda mucho, acabaré lo que empiece, o me marcharé antes de que llegue»*, pensó.

Aquel asunto no le agradaba demasiado; Isabel era tan sólo una niña, sin duda virgen. Y que su propio padrastro pactara con una vulgar ramera un negocio tan turbio, le ponía los pelos de punta. Pero Eduardo fue generoso, muy generoso... No le importaba lo más mínimo cuales eran las intenciones de Eduardo, ni qué beneficio iba a conseguir él de tal negocio, y los reales recibidos enmendaban el sufrimiento que pudiera causarle a la niña aquella mera transacción.

Eduardo solía exigir la cena poco después de que el sol se hubiera escondido tras el horizonte. Era la mejor manera de ahorrar madera.

La noche era excesivamente cálida para la época, por lo que Catalina tuvo que insistir para que Isabel volviese a la cabaña.

Una vez en la mesa, Catalina les sirvió un potaje de coliflor, judías y tocino blanco hervido, que Eduardo engulló, sin dejar siquiera que su mujer bendijera la cena, como era normal en ella.

—He sabido —le dijo Eduardo a Isabel, rompiendo la frialdad habitual de las comidas en aquella casa—, que vas detrás de Barber como una perra en celo...

—¡Eso no es asunto tuyo! —le respondió ella, sin dejar de comer.

—Tal vez no —sonrió—, no vayas a pensar que ahora me preocupa si te acuestas con uno o con otro...

—¡Deja a la niña! —le pidió Catalina—, ¿qué daño te ha hecho?

—Sólo quería decirle que he visto a Celedonia entrando en la choza de Miguel Juan... Y dudo que haya ido allí a cenar...

—¡Mientes! —se enfureció Isabel—. Miguel dijo que me ama a mí... y que si todavía no me ha desvirgado es porque soy una niña.

—¡Isabel! —le reprendió su madre—, ¿Ese es modo de hablar? ¡Eres tan niña, que ni siquiera deberías pensar en esas cosas!

—Ahora deben estar fornicando como salvajes— insistió Eduardo.

—¡Cállate! —gritó Isabel—, ¡dices eso para darme celos!

—¿Celos? —rió Eduardo—. Ve tú misma, y compruébalo.

—¡No tengo por qué creerte, Eduardo! —espetó la niña alterada.

—¡No le hagas caso, hija! —susurró Catalina, intentando poner un poco de paz.
—Casi puedo oír sus jadeos —canturreó Salazar, regodeándose como un cerdo en el barro—. ¿Preferirías estar en el lugar de esa puta?
—¡Basta ya! —gritó Isabel, levantándose de la mesa.
Eduardo siguió con la mirada los movimientos de su hijastra, deleitándose en su dudoso ingenio. Se sentía satisfecho de lo que había conseguido.
La niña, con lágrimas en sus ojos, no se sabe muy bien si de tristeza o de rabia, agarró su mantón, y se lo echó a los hombros.
Dio un portazo al salir de la choza.
—¡Estarás contento! —refunfuñó Catalina, recogiendo los platos de la mesa—. ¿Qué pretendes, Eduardo?
—¡Quiero un vaso de leche! —exigió, acariciando el frasco de Florentín bajo su faja—. Mejor aún, sirve tres... Uno para mí, otro para Lorenzo, y otro para ti.
—Yo no quiero leche —contestó Catalina con despecho—. Jamás tomo leche antes de acostarme, sabes que me produce ardores.
—¡Soy tu marido! —añadió, seguro de que ella no lo sentía como tal, pero ya no le importaba lo más mínimo.
—Sí. Eso dijo el cura... Pero también tienes piernas y, si quieres un vaso de leche no tiene más que levantarte y cogerla tú mismo.
—¡Estoy herido, maldita sea! ¡Te he dicho que me sirvas un vaso de leche, y en esta casa se hace lo que yo digo! —Eduardo se puso nervioso, temiendo que sus planes se fueran al traste por la tozudez de su mujer—. ¡Si yo digo que vamos a beber leche, beberemos leche, estés conforme o no!
Catalina sabía que contrariar a su marido era un riesgo con consecuencias imprevisibles.
—¡Estoy harta, Eduardo! —decidió que tenía muy poco que perder, aunque escogió un mal día para hacerlo—. Harta de tu tiranía, de callar lo que pienso, de ver como arruinas esta familia, de fingir que no me entero cada vez que te acuestas con fulanas...
—¡Quiero un vaso de leche! —insistió con ira—, ¡y tú y el niño os tomaréis otro! ¡Porque lo digo yo!
Lorenzo miró a su padre, aterrado, y empezó a gimotear. En pocos segundos, aquel sollozo se convirtió en llanto. Y, después, en desazón.
—¿Ves lo que has conseguido? —balbució Catalina, asustada.
Eduardo se levantó de la mesa y, acercándose al niño, le dio una bofetada. Lorenzo lloraba casi sin aliento.
—¡Maldito crío! —volvió a pegarle—¡Cállate, cojo estúpido!
Catalina tomó al niño entre sus brazos, y paró las bofetadas de su marido con sus hombros y espalda.
Salazar salió de la cabaña, y volvió a entrar, momentos después, con un cubo lleno de leche. Lo dejó en el suelo, cogió dos cuencos de barro y los llenó,

echando gran cantidad sobre de la mesa pues, con una sola mano, le era casi imposible hacerlo.

Catalina, sentada sobre uno de los catres, no pudo ver como su marido vertía en los cuencos la poción. Eduardo apartó el cubo, y desenvainó su puñal.

—Haz que el niño se la beba —ordenó amenazándola con la daga.

La mujer acercó el cuenco a los labios de su hijo, que apenas podía tragar, pues aún lloraba con desespero. Pero Eduardo levantó el puñal, y Catalina consiguió que bebiera la mitad.

—¡Es suficiente! —dijo Salazar—. Ahora tú.

Entre arcadas, Catalina logró beberse la totalidad de la leche, de un solo trago, pese a que estaba fría y tenía un sabor amargo.

Después, Eduardo salió de la cabaña y fue en busca de Ramón Álvarez, que estaba haciendo guardia en el puesto sur. Le entregó las monedas que anteriormente habían pactado, y le convenció para que le ayudase a cargar unos fardos en su carro. Álvarez no hizo preguntas.

Cuando Álvarez y Eduardo llegaron a la choza, Catalina y Lorenzo estaban profundamente dormidos, uno sobre la otra. Salazar le indicó al bandido que aquellos eran los bultos que debía cargar. Ramón se encogió de hombros y le miró, como queriendo objetar algo, pero no abrió la boca. Cargó con ellos, y los echó sobre el carromato. No le importaba demasiado si, con aquel gesto, estaba decidiendo el destino de aquellas criaturas de Dios, ni quería saber cuál iba a ser su futuro. Con las monedas que le había pagado Eduardo, podría sufragar media docena de noches con Celedonia, eso sí era importante.

Salazar entró en la cabaña de Latrás, le despertó y dijo:

—Me voy por unos días… Debo solucionar un asunto en Tamarite.

—¿Y no será peligroso? —musitó, medio dormido—, Sopena te matará si te ve…

—Ese es el asunto que he de tratar...

—¡No nos des más problemas de los que ya tenemos! —y volvió a dormir, sin haberse enterado de lo que le había dicho Salazar.

Con el corazón en un puño, Isabel subió la cuesta que conducía a la choza de Barber, odiando a aquel maldito bandido, que sólo osaba tocarle en sus más febriles fantasmagorías o cuando su mente se trasladaba al mundo de los sueños. Pensaba qué iba a decirle a Miguel si lo encontraba cabalgando sobre el enjuto y repugnante cuerpo de aquella ramera. Tal vez fueron sus ojos, llenos de lágrimas, que distorsionaban lo poco que la tímida luna se dignaba a iluminar, o su ofuscación, lo cierto es que fue a dar de bruces con Celedonia, que bajaba a toda prisa, con el corpiño desatado. Ni siquiera se miraron. Tanto la una como la otra sintieron vergüenza y odio, que les hizo girar rápidamente sus miradas y fijarlas en sus respectivas metas.

Cuando llegó a la choza de Barber, éste estaba maldiciendo y jurando contra la "puta Celedonia" por haberlo dejado con la entrepierna dolorida.

La niña no lo pensó dos veces. Entró en la cabaña, y le miró de arriba abajo. Miguel estaba desnudo, tumbado sobre el camastro, boca arriba, intentando esconder la erección que le atormentaba.

—¿Qué haces aquí? —balbució Barber—. ¡Vete, Isabel!, ¡vete!

La muchacha había odiado a aquel hombre en los escasos minutos que le costó llegar hasta aquella cabaña; sin embargo, al verle allí, desnudo, sintió compasión. Aquel valiente bandido se le antojó un ser vulnerable, incluso desamparado...

Se acercó a él con paso lento, mientras Miguel a duras penas lograba ocultar sus vergüenzas con ambas manos.

Ella acarició el pecho del bandido, recreándose en cada movimiento de sus dedos. Después, besó sus labios, su barbilla. Él no la rechazó. Y fue descendiendo. Recorrió su esternón con la lengua húmeda y nerviosa. Miguel Juan cogió la cabeza de Isabel, y la apretó con fuerza en la parte baja de su vientre. Y, ayudada con sus manos, Isabel satisfizo los deseos de aquel bandido.

La niña, viéndole extenuado, se despojó de su ropa, y Miguel se atrevió a acariciar sus diminutos pechos y a besarlos. Ella jamás había experimentado placer semejante, y se arrepintió de no haber provocado mucho antes aquel trance. Recibió a Barber en sus entrañas, con la misma destreza que una cortesana licenciosa. Al principio sintió un ligero pinchazo, pero después, aquel dolor quedó eclipsado por el placer que le producían los movimientos del joven...

Juan Miguel gozó de su cándida amante durante toda la noche, cuatro o cinco veces. El cuerpo seco y duro de Isabel le condujo hacia placeres que jamás había conocido, hasta que cayó rendido en un profundo sueño. Ya había amanecido cuando esto ocurrió.

Isabel creía que Barber le habían arrancado las tripas en una de sus embestidas. Le escocía el bajo vientre, como si tuviera un avispero alojado bajo el ombligo. Pero era feliz. No recordaba haberse sentido así en toda su vida.

Se levantó del catre, poco después de que el sol penetrara por la portezuela de la covacha. Creyó que sus piernas no iban a poder soportar el escaso peso de sus míseras carnes. Se vistió a toda prisa, y descendió la loma de la sierra.

Cuando llegó a la choza de su familia, vio que las cosas no iban como debían. No se oía un solo ruido; ni siquiera las risotadas de su hermano, ni los pucheros de su madre, ni los gritos de Eduardo.

Abrió la puerta, y comprobó, con sus propios ojos, lo que segundos antes era una sospecha: Eduardo, su madre y el pequeño Lorenzo habían desaparecido...

CAPÍTULO XIII
Efímera Victoria.

1. El tiempo no te ha robado la belleza.

«Me acostumbré a llorar tu ausencia, sin importarme si era un hombre íntegro o un pobre soñador sin razón ni sentido.
Tu rostro, difuminado en sueños por tu recuerdo, logró que prefiriese la verdad del silencio a la falacia de la vida... Pero, al verte, comprendí que Saturno sólo había sido cruel con mi agotada soledad.»

BENABARRE(Condado de Ribagorza). Primavera de 1587.

El suelo, labrado en la misma roca, se clavó en el costado de Catalina como el poco raso lomo de la vieja Margarita. Aunque no era eso lo que más le molestaba. Su cabeza iba estallar y, cada vez que intentaba levantarse, el vértigo le obligaba a volver a sentarse. Todo estaba oscuro y la humedad se empeñaba en calar todos sus huesos. Tanteó la pared con la mano, sin levantarse, gateando como un niño torpe. El muro estaba tallado en la piedra, aunque la temperatura del ambiente no era demasiado fría. Por el ácido olor a vino supuso que se encontraba en una bodega, o algún lugar parecido.

Cuando la confianza le otorgó suficiente lucidez, decidió arrastrarse hacia el centro de la bodega, hasta que sus manos toparon con un cuerpecillo, acurrucado justo en el mitad del subterráneo, tembloroso y sumido en un sueño intranquilo. Era Lorenzo.

—¡Hijo! —susurró— ¡Lorenzo, hijo mío!

El pequeño abrió los ojos, aunque no pudo ver nada. Asustado, llamó a su madre, que lo apretó contra su pecho. El niño se sintió algo más seguro, y no lloró.

Se levantaron.

Catalina cogió fuertemente la mano de Lorenzo, y fue tanteando la pared, hasta que dio con unas escaleras que ascendían en una pronunciada pendiente. Subió con cuidado, ayudándose con la mano, agarrándose en las hendiduras del muro. Tras una docena de escalones se dio de bruces con una puerta por cuyas rendijas penetraba una tenue luz amarillenta y mezquina. La aporreó con todas sus fuerzas.

Nadie acudió a las llamadas de socorro de Catalina.

Tras comprobar que no podía abrirla, decidió volver abajo, a la bodega, y aguardar a que alguien se compadeciese de ellos, o se dignara a explicarles por qué demonios estaban allí encerrados.

Eduardo se llevó las manos a la cabeza. La casa que levantaron entre él y su padre estaba en estado ruinoso; el tejado se había caído, la techumbre formaba una gran panza, síntoma inequívoco de que no tardaría mucho en seguir el mismo camino que el terrado, y las vigas eran pasto de la carcoma. Lo que había sido el corral presentaba un aspecto menos lamentable; aunque el oscurecimiento de las paredes probaba que allí había hecho noche algún vagabundo. «*Seguramente estará infestado de pulgas, chinches y piojos*», se lamentó.

No tuvo que insistir demasiado para que su hermana Mercedes accediera a cobijarle durante unos pocos días. La pequeña de los Salazar se había quedado viuda pocos días antes (su marido había muerto coceado por un burro) y a su único hijo, Paquito, se lo llevaron unas fiebres antes de cumplir los dos años. Vivía en Casa "dels Somés" con un "tión", hermano soltero del difunto Vicente, al que conocían como Braulio. Aquel burrero, parco en palabras, era, según habladurías, quien ocupaba ahora el hueco que su hermano Vicente había dejado en la cama de Mercedes. «*Lo cual no me extrañaría lo más mínimo*», se dijo Eduardo, al comprobar la extraña relación que mantenía su hermana con aquel hombrecillo de escasa estatura y carnes pobres y fláccidas.

Mercedes no le hizo ninguna pregunta. Había oído que Gervasio fue asesinado por su propio hermano, pero no quiso creer aquellos chismes, sin duda malintencionados... Las alcahuetas aún no habían tenido tiempo de difundir la noticia de la entrega de Catalina a los hombres de Àger. Tiempo atrás supo, por el panadero, que Eduardo se había casado con una mujer llamada Catalina, pero todo eran rumores; ni había esposa que acompañara a su hermano, ni éste hizo una sola mención respecto a ella... «*Todo mentira*», pensó Merceditas.

Salazar comió como hacía tiempo que no comía. Y se acostó en un catre, que le pareció la cama del mismísimo rey Felipe, «*Seguro que el Capellán no duerme en un camastro tan confortable como este*». Después, se quedó dormido, en una siesta que se prolongó el ocaso.

Lorenzo tenía hambre. Catalina no sabía cuántas horas llevaban encerrados en aquella apestosa e inmunda bodega, sin que nadie les ofreciera ni un miserable mendrugo de pan seco. Al menos, quienquiera que los tuviera allí retenidos, tuvo la deferencia de dejarles una jarra de agua bajo el hueco de la escalera. Pero la jarra se había agotado con la misma celeridad con la que se consumían ellos dos allí encerrados.

Al principio, había exigido a gritos que les dejaran marchar. Después, pidió que los soltasen. Y, al fin, de vez en cuando, suplicaba que tuvieran misericordia del niño.

Era media tarde, aunque Catalina no tenía la menor idea, cuando la mezquina luz que se filtraba por la portezuela de la bodega se convirtió en un torrente de luz que los cegó. Con aquella bocanada, también penetró una voz profunda y con tintes nobles.

—¿Eres tú Catalina Abadías? —preguntó la voz que surgía tras un candil de aceite.

—Sí —respondió Catalina—. ¿Quién sois?
—Mi nombre es Juan, Juan de Àger, infanzón de Calasanz.
—¡Maldito Eduardo! —murmuró, al comprender que el desalmado de su marido les había entregado a los enemigos de Fernando—. ¿Qué habéis hecho con mi hija?
—No te preocupes, mujer... Tu hija ha pasado la noche con ese ladronzuelo, Miguel Juan Barber —la imagen de Àger se hizo más nítida. Llevaba una cesta llena de comida, que le entregó a Catalina—. Supongo que tendréis hambre.
—¿Dónde nos encontramos? ¿Qué vais a hacer con nosotros?
—Puedes considerarte mi huésped —sonrió, acercándole el candil. Catalina lo cogió, y lo dejó a un lado—. Estáis en mi casa.
—¿En Benabarre?
—En efecto —Àger dio dos palmadas, y una criada le alcanzó unas mantas y un pequeño recipiente con aceite—. Y, contestando a la segunda pregunta, te diré que la vida de tu hijo no corre el menor peligro, pero la tuya... En fin, todo depende del Capellán.
—¿De qué capellán?
—De Fernando de Aragón, Gurrea y Borja —dijo con ironía—. Supongo que sabrás de quién estoy hablando —Catalina asintió—. Él es el único que puede evitar que mi criado dé rienda suelta a su instinto criminal...

Catalina observó los movimientos de Juan de Àger al ascender las empinadas escaleras. Aquel andar altivo, y la seguridad con la que les había hablado, demostraban que era un hombre frío y que no se dejaría influir por sus sentimientos a la hora de conseguir lo que pretendía. Sin duda, de llegar el momento, no tendría demasiados reparos en asesinarla él mismo.

Eduardo hubiese preferido un despertar más plácido, de acorde con los sosegados sueños que le acompañaron en la siesta. Pero no fue así.

Una fuerte explosión resonó por toda la casa, en todo el pueblo. Algo grave estaba sucediendo.

Momentos después, Mercedes le aclaraba sus dudas.
—¡Son las tropas del conde! —gritó histérica— ¡Y los franceses! Han volado la puerta Oriental!

Salazar se vistió todo lo rápido que le permitía su torpe brazo. Cogió el arcabuz y la espada, y salió de la casa de su hermana.

Todos los benabarrenses estaban levantados en armas, y corrían por las empinadas callejuelas, hacia las murallas. Unos decían que don Fernando había logrado reclutar más de dos mil hombres, otros que eran más de diez mil.

Los cañones de Monsieur D'Agut tronaron de un modo devastador.

Fernando observaba la escena desde el San Pedro, erguido sobre su caballo y escoltado por Rodrigo de La Pinilla, los Bardají y Labazuy.

El conde pensó que había hecho bien en recomendarle a su hermano Francisco que regresase a Pedrola cuando atravesaban Graus... Sí, por los gritos y disparos, aquella batalla se estaba convirtiendo en una carnicería poco recomendable para el espíritu sensible de su hermano... Suerte de los consejos del barón de La Pinilla, quien se unió a ellos en las proximidades de Torres del Ésera, y que le recomendó que el pequeño de los Villahermosa regresase de inmediato a Zaragoza. De no ser por él, Francisco, ahora, estaría sufriendo más que los soldados de vanguardia.

Por un momento, el conde creyó oír los cantos de Catalina allá abajo, junto al barranco de San Medardo. Volvió a verse ataviado con el hábito dominico, cabalgando, en plena noche, al encuentro de aquella joven monja. Y sintió un cosquilleo en la boca del estómago, presintiendo que algo extraordinario iba a suceder muy pronto.

A punto estuvo de ordenar la retirada de sus tropas y dar por concluida la contienda, al no saber determinar si su corazonada se debía a la victoria, al fracaso de la misión, o si no tenía nada que ver con todo aquello. No era la primera vez que le asaltaba una sensación similar; en realidad era algo tan habitual, que se había acostumbrado a vivir con ella. No podía decirse que la mayoría de las veces que su corazón se aceleraba y oprimía su pecho fuera una premonición negativa, pero tampoco lo contrario...

Sin embargo, la campaña ya había comenzado, y ya no había marcha atrás. La mayoría de sus hombres lograron penetrar en Benabarre, y la batalla se decantaba a su favor.

Incluso los Bardají y Labazuy le dejaron solo junto a don Rodrigo Mur de la Pinilla, entrando triunfantes en el interior de la villa.

Eduardo se había cruzado en plena calle con Àger, que cabalgaba al galope cuesta abajo, hacia la plaza mayor donde, pensó, se reuniría con Gil y el micer de Beranuy en alguno de los castillos que poseían en el centro de la villa... Era evidente que habían perdido la batalla.

Ni siquiera se preguntó qué demonios habían hecho los rebeldes con Catalina y con su hijo, ni le importaba lo más mínimo. Sólo tenía una idea en la cabeza, debía huir, o esconderse; si caía en manos de Villahermosa, sería ejecutado por traidor, ladrón y asesino.

Corrió hacia la parte baja del pueblo, y se encaramó a lo alto de la muralla, acarreando a duras penas su arcabuz, que disparó una sola vez, sin hacer blanco. Después, fue incapaz de volver a cargarlo, y huyó de allí con las tripas amenazando con ensuciar sus calzones. Se refugió en lo que había sido la bodega de su casa, y allí cargó el arcabuz, no sin apuros, y se hizo un hueco entre las pulgas, piojos y el hedor insoportable a orines y excrementos.

Siempre quiso luchar bajo una bandera, pero su escaso valor le había convertido en un despojo humano, que temblaba en un rincón de su propia ruina. Comprendió que no pertenecía ni a los unos ni a los otros, sino a sí mismo, y que ninguno de los benabarrenses, sediciosos o no, iban a mover un solo músculo por salvar a aquel antiguo carlachet. Tal vez los soldados del conde tuvieran órdenes expresas de apresarle y, ¡qué decir de los bandidos de Barber y Latrás!

Eduardo estaba aterrado.

Casi todos los benabarrenses se entregaron a los hombres del conde sin oponer resistencia. Y es que la mayoría de ellos iban pobremente armados con rastrillos, palos, picos, azadas, hachas, hoces y horcas, y no tenían ni la más mínima posibilidad de victoria frente a los arcabuces, lanzas, espadas y cañones de los soldados condales. La cárcel pronto se quedó pequeña para albergar a los presos, por lo que Blas Monserrate, el gobernador del castillo, decidió dejar en libertad a todos aquellos a los que no se les atribuyera ningún asesinato ni delito de sangre. Les fueron requisadas las armas, cuchillos, navajas y espadas oxidadas, y sólo se les impuso el respeto al toque de queda.

Benabarre fue totalmente invadido por los soldados de don Fernando. Todo el pueblo, excepto las casas del micer de Beranuy, de Juan de Àger y de Jerónimo Gil, verdaderos castillos de recios muros, donde se habían refugiado los principales de los rebeldes, que ofrecieron resistencia hasta bien entrada la madrugada.

Pero, con el alba, las balas y la pólvora de los sediciosos se esfumaron, como las gotas de lluvia en un estanque, y el silencio se apoderó de la plaza Mayor.

Alumbrado por los primeros rayos del amanecer, Juan Bardají subió al balcón más alto del ayuntamiento y gritó:

—Juan de Àger y Gil, infanzón de Calasanz, natural de Benabarre... Te ordeno, a ti y a tus hombres, que depongáis las armas y os entreguéis a la autoridad.

—¡Jamás! —gritó un hombre desde el interior de la torre del castillo del micer de Beranuy. Todos estuvieron de acuerdo en que se trataba de Cesáreo Puyal.

—¡Derribad la puerta y ajusticiemos a ese hijo de puta! —gritó Agustín Pociello.

Dicho esto, uno de los soldados de Monsieur D'Agut, acercó su cañón a la puerta del castillo del de Beranuy y, a una orden del capitán, el joven artillero disparó un cañonazo, derrumbando la puerta.

Los soldados que había reclutado Agustín Pociello, capitaneados por su hijo Julio, entraron el la torre, al grito de: «¡A por ellos!».

En el interior de aquella casa había unas treinta personas: ocho mujeres y veintitrés hombres, entre los que se encontraban Puyalet y el de Beranuy, el dueño de la casa, que se entregaron sin defenderse.

Agustín Pociello dio la orden de que todos los detenidos fueran llevados a la cárcel del castillo de los condes. Pero los soldados, en un acto de insurrección consentida, estuvieron de acuerdo en que Puyal fuera ejecutado allí mismo. Fernando tampoco objetó nada al respecto.

El rostro de Puyalet era grave, incluso se diría que de consternación. Estaba seguro de que iban a lincharle.

—¡Matadme si queréis! —gritó Cesáreo, orinándose en los calzones—. Pero tengo derecho a ser confesado por un cura —y, mirando a Fernando, que observaba todo lo ocurrido desde la parte alta de la plaza dijo—: ¡Don Fernando!, vos fuisteis capellán, y me consta que sois justo y piadoso. Y es derecho de todo hombre arrepentirse de sus pecados y ser escuchado en confesión... Toda alma cristiana ha de morir en Gracia de Dios... ¡Confesión, don Fernando!, concededme esta última voluntad, ¿no es un derecho de los reos y un deber de sus captores?

Fernando se acercó, cabalgando a paso muy lento, y se detuvo a un par de pasos de Cesáreo.

—Dime, Cesáreo Puyal, ¿también estarías arrepentido de tus pecados si no hubiésemos derribado la puerta del castillo del micer de Beranuy, y no hubieras sido detenido?

Ni siquiera esperó la respuesta del mayordomo de Àger. Levantó su mano y la dejó caer, indicándoles a sus soldados que hicieran con él lo que les viniese en gana.

Los soldados dieron un atronador grito de entusiasmo, y tres hurras por el conde Fernando. Pero Julio Pociello les mandó callar.

—Este hijo de puta, y el no menos malnacido de su amo, ordenaron la ejecución de mi hermano... Era un pobre muchacho que no tenía ninguna responsabilidad en lo que ha sucedido en este pueblo. Por eso os pido que permitáis que sea yo quien inicie el festejo.

Fernando asintió con un golpe de cabeza.

—¡Adelante, Pociello! —le alentaron los soldados—, ¡dadle a ese asesino su merecido!

—¡Confesión! —insistió Puyalet.

—¿Confesión? —preguntó Julio—, ¿Acaso permitisteis, tú y tu amo, que mi hermano fuera oído en penitencia por un sacerdote? —Cesáreo bajó la cabeza mirando al suelo. Julio levantó su puñal y lo dejó caer con ira sobre la garganta de Puyalet—. Ahora, ¿Hay algún cura entre vosotros que quiera escuchar la confesión de un mudo?

Y todos los soldados se echaron sobre Puyalet, con sus puñales en alto, y descargaron su rabia sobre las carnes del mayordomo de Àger.

Eduardo había permanecido toda la noche en vela, acurrucado tras uno de los pilares de la antigua bodega de "Casa Monesma", con el arcabuz cargado sobre sus rodillas. Hacía ya varias horas que no se oían más que disparos esporádicos en la lejanía, que parecían provenir de la Plaza Mayor.

Sin duda, todo había acabado y podía salir de su escondrijo y confundirse entre la gente que, estaba seguro, abandonarían el pueblo.

Salió del corral con el arma cogida en su mano derecha, apuntando hacia todas partes, y hacia ninguna en concreto.

Estaba realmente asustado.

De repente, los cascos de un caballo, a su espalda, hicieron que su espinazo se tensara y sintiera un escalofrío recorriendo su espinazo.

Sus piernas aceleraron el paso, y corrió hacia la parte baja de la calle. Allí, en un portal abierto, se escondió.

Los cascos del caballo, a paso lento, fueron haciéndose más intensos y cercanos. Era un solo jinete.

Asomó la cabeza por el quicio de la puerta, y vio, con gran sorpresa, que se trataba de don Rodrigo Labazuy quien, con toda seguridad, se dirigía a su casa, después de varios meses de ausencia. Su rostro era esplendoroso, de victoria, de infinita alegría.

—¡Maldito carlán! —se dijo, queriendo ver en tal coincidencia, una ocasión inmejorable para deshacerse, de una vez por todas, del carlán.

Encendió la mecha.

Cuando Labazuy llegó a la altura del portal, Eduardo dio un salto, y se cruzó en su trayectoria, frente al caballo que, por instinto, frenó su paso, y se levantó sobre sus patas traseras. Don Rodrigo, confiado y perplejo, no acertó a agarrarse a las riendas y cayó al suelo.

—¿Qué demonios? —exclamó Labazuy, intentando incorporarse, magullado y dolorido.

—¡Vaya, vaya! —sonrió Salazar, creciéndose ante aquel hombre desarmado y aturdido— ¿Quién iba a decirme que me encontraría de frente con el mismísimo carlán de las Torres del Rey?

—¿Quién eres? —preguntó don Rodrigo, asustado—, ¿Qué quieres?

—¿Tanto he cambiado en estos años, que ni siquiera mi antiguo señor me reconoce?

—¡Eduardo! —dijo con pesar— ¿Qué vas a hacer conmigo?

—Os entregaría a Àger para que os ejecutara —dijo Salazar con ironía— pero creo que ya no tiene ningún poder en este pueblo. Y, si os entregase al Capellán, sería imposible demostrar vuestros crímenes, aunque me consta que está al corriente de ellos, y os dejaría marchar sin cargos... Creo que voy a ser yo mismo quien ejerza de verdugo.

—¡No puedes hacer eso! ¡Te ejecutarían por ello!

—Y si no lo hago, seréis vos, o alguno de los señores de Ribagorza quien lo haga.

No quiso meditar lo que estaba a punto de hacer; aunque, de haberlo hecho, dudo mucho que el resultado hubiera sido diferente.

Apretó el gatillo, y observó como la bala que surgió de su arcabuz se introducía en el pecho de Labazuy...

Sonriendo, y con la alegría de sentirse liberado de aquella pesada carga, corrió hacia el Norte y se confundió entre las familias de gitanos, que abandonaban asustados un campo en el que se habían instalado la mañana anterior a los sucesos.

Monsieur D'Agut ordenó que el cañón fuera cargado de nuevo, y mandó que lo acercasen a la fachada del castillo de Jerónimo Gil. Levantó su espada y al grito de: «*Feu!*», el joven artillero disparó, haciendo astillas la puerta.

Ni siquiera tuvieron que entrar en el interior de la casa. Àger, Gil y otros quince sediciosos se entregaron sin disparar sus arcabuces.

Gil fue conducido por los soldados a la cárcel del castillo, aunque no consiguió llegar allí; a la altura de la abadía fue apuñalado por el hijo menor del micer Rivera, Adolfo. La única explicación del joven fue que ya estaba harto de vivir lejos de su casa, y que sólo había hecho lo que todos estaban deseando. Fue detenido y pasó aquella noche en el calabozo. Al día siguiente fue liberado sin cargos.

El micer de Beranuy, sin embargo, logró huir.

Àger fue entregado al barón de La Pinilla, por ser cabecilla de los rebeldes. Lo condujeron hasta el castillo de los condes, donde fue interrogado por el mismo barón. Don Juan de Calasanz había ordenado muchas muertes, pero no se le conocía asesinato alguno con sus propias manos, por lo que Rodrigo Mur decidió dejarle en libertad, aunque con cargos.

—¿Habéis perdido el juicio? —le espetó Agustín Pociello—. Si le dejáis libre, todo lo conseguido no habrá servido para nada...

—El pueblo es quien debe decidir sobre él —se limitó a aseverar el barón—. Os aseguro que este hombre no llegará vivo a mañana...

—¿A qué os referís?

—No olvidéis que el conde de Chinchón ha sido su valedor durante las revueltas, y que, como mucho, pasaría media docena de años en la cárcel. Yo deseo tanto como vos verle muerto, y esa es mi sentencia... Id, y ved lo que ocurre —sonrió—. Incluso os garantizo vuestra total impunidad si decidís ser vos mismo quien incite el linchamiento de ese bastardo... Pero corred, porque hay muchos que desean verle colgado del campanario de Santa María... tanto o más que vos.

Catalina y Lorenzo volvieron a quedarse a oscuras en tres o cuatro horas. El aceite se había acabado hacía ya un buen rato, y la bodega se convirtió en una covacha tan amenazadora como agobiante... Al menos, todavía les quedaba un poco de comida, y una sirvienta les rellenó la jarra de agua poco después del amanecer.

Los disparos y cañonazos habían cesado hacía poco más de una hora, y el pueblo parecía en calma.

Oyeron unos murmullos en la parte superior de la casa, y varios pasos nerviosos destacando sobre ellos: puertas cerrándose y ruidos metálicos. Catalina no supo determinar qué era lo que los provocaba.

Poco después se abrió la portezuela de la bodega. *«Será la sirvienta que viene a traer más aceite para el candil»*, pensó Catalina. Pero no se trataba de ninguna criada.

Un taconeo nervioso resonó en las escaleras. Era Àger, armado con una espada en la mano derecha, y una antorcha en la otra.

—¡Vamos! —le ordenó el de Calasanz. Catalina se puso en pie. Lorenzo estaba dormitando sobre una de las mantas, y ella se acercó a cogerlo—. No, el niño ha de quedarse aquí.

—¡No puedo dejar aquí a mi hijo! —protestó Catalina—. Si se despierta, y ve que no estoy, se asustará.

—¡No sólo puedes, sino que vas a hacerlo! —espetó, amenazándola con la espada—. ¡Vamos!

Àger pudo llegar a su casa sin ninguna dificultad, pero no pasó por alto que le habían estado siguiendo los hombres de Juan Bardají, y que varios soldados de don Agustín Pociello se habían apostado sobre los balcones, terrazas y tejados de las casas cercanas a la suya.

Estiró de Catalina, y cerró la portezuela de la bodega, dejando al niño cerrado en su interior, sin luz. La arrastró hasta el terrado, y se asomó, cogiéndola de los cabellos y amenazándola con la espada.

—¿Qué demonios queréis? —preguntó el del Calasanz—. He sido detenido, y después puesto en libertad por el barón de La Pinilla… ¡Marchaos de aquí! No sois vosotros quienes debéis juzgarme, sino un tribunal.

—No nos iremos, Àger —gritó uno de los soldados— hasta que no tengamos la seguridad de que vas a ser juzgado como te mereces.

—Vosotros no pretendéis justicia —repuso el infanzón— sino venganza…

—¡Habla todo lo que quieras! —añadió el soldado—. ¡Si prefieres pensar que las cosas así, y así acallas tu conciencia, allá tú!

—¡Entrégate, Àger! —gritó Julio Pociello— ¡No nos iremos de aquí hasta que te entregues!

—¿Y si decido no entregarme? —se creció el de Calasanz—, ¿qué vais a hacer?

—En tu casa no debes tener víveres para más de un par de días, una semana a lo sumo —rió Pociello—. Y, si nuestra paciencia se agota, te aseguro que no tendremos ningún miramiento en asaltarla por la fuerza. No olvides que allí adentro están tu mujer, tu hijo, tu cuñada y tus sirvientes… Podrían sufrir algún daño de tener que entrar sin ser invitados…

—¿Me estáis amenazando?

—¡No he dejado de hacerlo en ningún momento!

—Pues bien... Si os atrevéis a acercaros a la puerta, juro que mataré a esta mujer —Àger empujó a Catalina, y la puso frente a él.
—¿A esa villana? —rió Pociello—, ¡Qué nos importa a nosotros esa advenediza!
—Tal vez si le preguntarais al Capellán cambiaríais de parecer, y haríais lo que yo os ordeno.
—¿Quién es esa mujer? —se interrogaron los soldados. Nadie tenía respuesta.
—¡Llamad al conde, y lo sabréis! —dijo Àger con cinismo.
Julio Pociello fue personalmente en busca del conde.
Fernando era muy reacio a acompañarle hasta la casa de Àger; podría ser una trampa. Bien era cierto que la mayoría de los cabecillas de los rebeldes estaban muertos o en prisión y, pese a que estaba en total desacuerdo con la sentencia del barón de la Pinilla, no quería arriesgarse a ser sorprendido en una emboscada, o ser el blanco del disparo de algún francotirador.
—Àger ha solicitado veros —insistió Pociello—. Dice que vos conocéis a la mujer que tiene retenida.
—Es una trampa, Julio...
—Tal vez no —dijo Pociello, sin demasiado convencimiento—, no creo que los rebeldes sean tan estúpidos como para salir en defensa de Àger, siendo que las calles están tomadas por vuestros soldados. ¡Ya tienen bastante con recoger a los heridos y enterrar a sus muertos!
Fernando, al fin, accedió a acompañarle. Con él, bajaron, Gelabert, los hermanos Bardají, Agustín Pociello, y el susodicho Julio.
Cabalgaron, a paso lento y desconfiado, hacia la parte baja del pueblo. El marco era desolador; hombres heridos, desmembrados, se desangraban en plena calle, confundidos entre los muertos; nuevas cunas para las moscas verdes que les asaltaban sin ningún tipo de reparo, revoloteando pesadamente sobre sus heridas.
—El hospital de Santa Elena está lleno a rebosar, incluso su iglesia —aseguró Agustín Pociello—. No sabemos qué hacer con los heridos. He dado indicaciones para que sólo sean atendidos aquellos que tengan alguna posibilidad de sobrevivir.
—Creo que, incluso las monjas de San Pedro, están acogiendo en su capilla a muchos heridos —añadió Juan Bardají—. ¡Es terrible!
—Ordenad a los soldados que se ocupen de buscar un lugar donde albergar a estos hombres —balbució Fernando, con una tristeza inenarrable—. ¡Dadles un lugar digno donde morir, por Dios! Y que caven zanjas y fosas comunes donde enterrar los cadáveres... ¿Queréis que los pocos que quedan mueran de peste?
—Como vos ordenéis, señor conde —respondió Gelabert.
Cuando ya estaban llegando a las proximidades de la casa de Àger, Agustín Pociello reparó en el cadáver de un hombre que yacía, medio vuelto hacia el

suelo. Su aspecto era el de un noble, y no recordaban que ninguno de los señores hubiera perecido en la contienda. Dio el alto, y bajó del caballo. De un puntapié hizo girar el cuerpo.

—Es el carlán —dijo, sacándose el sombrero y santiguándose—. Don Rodrigo de Labazuy... Está muerto.

—Enviad a uno de vuestros guardias a su casa, para que les comunique la noticia a su viuda e hijos y les entregue el cuerpo —ordenó Fernando—. ¡Alguien tendrá que llorarle!

Cuando los señores llegaron al castillo de Àger, los soldados habían sucumbido al agotamiento. Algunos de ellos se habían dormido, apoyados sobre sus arcabuces. La terraza estaba desierta.

—¡Atención! —gritó el lugarteniente de los soldados que mantenían sitiada la casa de Àger—. ¡El señor conde!

La guardia se puso firme, sin demasiado ánimo.

—¡Descansad! —dijo Fernando—. Y bien, ¿dónde está Àger?

—¡Juan de Àger! —gritó Bardají—, ¿no reclamabas al conde don Fernando? Pues aquí lo tienes.

La puerta de la terraza se abrió y, de la casa, surgió Àger, esta vez armado con un arcabuz, que apuntaba a la cabeza de Catalina.

—¡Dios mío! —balbució Fernando.

Un torrente de emociones se agolpó en su agotada cabeza. Restregó sus ojos, incrédulo, y volvió a mirar hacia lo alto.

—¡Catalina! —susurró—. ¡No es posible!

—Veo que te acuerdas de ella, Capellán —rió Àger—. ¡Ahora seré yo quien dé las órdenes!

—No tan rápido —dijo Juan Bardají, al ver que el conde se había quedado sin palabras—. ¡No tienes donde ir, ni en quien ampararte!

—¿Ampararme? —se burló el de Calasanz—, ¿Te parece poco resguardo la amante del conde?

—¡No tienes escapatoria, Juan! — profirió Gelabert, intentando calmar los ánimos de Àger—. ¡Entrégate, y ni tu mujer, ni tu hijo, sufrirán daño alguno!

—No... Ciertamente, mi mujer y mi hijo, no van a sufrir ningún daño... pero no voy a entregarme.

Catalina clavó sus ojos llorosos en el conde. Sintió lo que jamás había sentido. Aquel hombre, al que había llegado a odiar por creer que no había movido un dedo para encontrarla, volvía a ser aquel dominico vulnerable y falto de afecto al que tanto amó. Y sus ojos le dijeron que Fernando no era sino una víctima más del engaño de Labazuy, la madre Rufina y el maldito prior Francisco.

Aquel antiguo aspirante a hombre de Dios había tenido que enterrar y desenterrar a Catalina tantas veces en los últimos años, que no sabía si estaba soñando, o si aquella mujer no era realmente ella. Pero sus ojos, penetrantes y despiertos, le demostraron que sólo una mujer podía mirarle de ese modo. *«Sí. No hay duda, es ella».*

Catalina jamás llegaría a comprender qué le impulsó a reunir fuerzas suficientes como para arrebatarle el arcabuz a Àger. Sólo tenía esa oportunidad; era eso, o ver como el infanzón la asesinaba y dejaba huérfano a aquel niño, que ya ni siquiera tenía fuerzas para llorar allá abajo, en la bodega, y al que sentía como algo tan ajeno que le asustaba. Sin apenas percatarse cómo lo hizo, se encontró con el arcabuz de Àger en sus manos, a punto de dispararle en el pecho.

El de Calasanz se vino abajo... Catalina no tenía ninguna intención de apretar el gatillo, y él lo sabía. Jamás había asesinado a nadie, y su vida ya no corría peligro; por lo que era improbable que aquella mujer, aunque asustada y temiendo por la vida de los suyos, se decidiera a matarle.

Catalina sintió, contrariamente a lo que ella preveía, una tristeza infinita por aquel despojo humano, que sólo luchaba por lo que creía justo. Aquel hombre, humillado al ver como le era arrebatado el arcabuz por una mujer, no era más amenazador que un niño pidiendo un pedazo de pan en la puerta del horno. Y sabía que, entregarle a los hombres de Pociello, era como matarlo con sus propias manos. Por un momento pensó en disparar contra aquel hombre, que le imploraba clemencia arrodillado como un penitente en la procesión del Viernes Santo, y ahorrarle un sufrimiento que veía inevitable. Pero Juan Bardají se lo impidió.

—¡Deteneos, Catalina! —gritó el señor de Concas—. Ya habéis sufrido suficiente como para tener que cargar durante toda vuestra vida con el asesinato de un hombre.

Los soldados de Bardají derribaron la puerta de la casa y entraron en ella, dejando que se marcharan los sirvientes, y custodiando a la mujer, cuñada e hijo de Àger, para que nadie se atreviera a hacerles ningún daño. Después, subieron hasta el terrado, y detuvieron al jefe de los rebeldes.

Fernando llamó aparte a Gelabert, y le dio indicaciones para que condujesen a Catalina y a su hijo hasta el castillo; que les dieran ropa nueva y les permitieran lavarse en los baños. Ordenó, asimismo, que dispusieran una alcoba para ella y para Lorenzo.

Clavó sus espuelas en el caballo, y se perdió rumbo al castillo.

Àger fue entregado a Juan Bardají, y éste decidió que sería juzgado por un tribunal popular, en plena Plaza Mayor. Le ataron de pies y manos a un pilar de madera, en el centro de la plaza, y se dispusieron a impartir su particular modo de entender la justicia. Patraña que sólo sirvió para que los partidarios del conde, y otros que hasta aquel mismo día habían empuñado sus armas en favor de Àger, le escupieran, insultaran e, incluso, orinasen en sus calzas.

—¡Esto es una farsa! —protestó Àger—. ¡Quiero ser juzgado por un Juez del Reino de Aragón! ¡Quiero acogerme a mi derecho de manifestación!

—¿Derecho de manifestación[36]? —rió Gelabert—. Tú no eres aragonés, Juan de Àger y Gil, sino Ribagorzano. Además, cual de los fueros hemos incumplido para que te acojas a sus derechos?

Nadie quiso escucharle.

Fue Agustín Pociello quien, llevado por el dolor de haber visto como los rebeldes asesinaban a su hijo, dictó sentencia:

—Por el poder que me ha concedido el pueblo de la muy Noble, muy Leal y Vencedora villa de Benabarre, capital del condado de Ribagorza, y por los poderes que ha delegado en mí don Fernando de Aragón, Gurrea y Borja, duque de Villahermosa, señor de Gurrea y Pedrola y conde de Ribagorza, condeno a don Juan de Àger y Gil, infanzón de Calasanz y vecino de esta villa, a ser muerto en ejecución pública, por los delitos de: Alteración del orden, con resultado de ciento setenta y nueve muertes demostradas, un delito de traición contra el pueblo de Benabarre y las leyes que lo ordenan y regulan, alentar las sucesivas revueltas que han azotado Ribagorza en los últimos años y ordenar el asesinato de más de doscientas personas, sin haberle sido concedida potestad real para juzgar ni sentenciar... Ejecución que se llevará a cabo en este mismo momento.

Dicho esto, Julio Pociello sacó de su cinturón un puñal corto y afilado, y cruzó la plaza, acercándose a Àger. Le miró fijamente a los ojos y le dijo:

—Mírame bien, pues éste será el último rostro que veas. La imagen que te llevarás al infierno.

Àger escupió, y Julio le arrancó los ojos con la puntilla, ante el griterío de aprobación de los benabarrenses.

El de Calasanz aullaba como un endemoniado. Su cara estaba ensangrentada, y sus piernas cedieron. Julio usó el mismo puñal para cortar las cuerdas que le tenían sujeto al pilón.

—¡Es todo vuestro! —gritó Pociello.

Los benabarrenses corrieron en tropel hacia el centro de la plaza, con piedras, palos y cuchillos, y se ensañaron con Àger, dejándole en el suelo con el rostro desfigurado y cosido a puñaladas.

Entonces, a uno de los villanos se le ocurrió despojarle de sus ropas, para mayor humillación, y cortarle los testículos, que mostraba orgulloso, como si

---

[36] MANIFESTACIÓN. Es el privilegio que tienen en Aragón los aragoneses y quienes habitan en el reino, para demandar la actuación del Justicia. Este proceso o causa pretendía evitar los arrestos injustos, por parte de un juez (fuese este laico o eclesiástico) o de un particular, así como exigir la entrega de documentos o bienes injustamente retenidos. El amparo se concedía por medio del "proceso de manifestación". En dicho proceso, quien se encontraba protegido por este privilegio se denominaba "manifestado" y quedaba a disposición del Justicia. El fin de la manifestación trababa de dictaminar, por medio de sentencia, si las acusaciones habían sido injustas o no. Hecha la declaración, se determinaba si se trataba de un contrafuero. Si, en efecto se fallaba a favor del manifestado, este era puesto en libertad; de lo contrario, era devuelto al juez para que prosiguiese la causa.

fuera un trofeo de caza, pinchados en una estaca fina. Otros le sujetaron las piernas con una soga, y la ataron a la silla de montar de Julio Pociello.

—¡Vamos, Pociello! —gritó uno de los benabarrenses— Daos el gusto y pasead a esta alimaña por el pueblo, para que todos conozcan el final que les espera si se oponen al conde don Fernando.

—Ayer le llamabas Capellán —repuso Agustín Pociello—, ¿Hoy le llamas conde, Armando?

El hombre bajó la cabeza y se fue. Pero Julio hizo caso de lo que le había dicho el tal Armando. Montó en su caballo y trotó por todo el pueblo, seguido por varios soldados, que le acompañaron en macabra comitiva con salvas esporádicas y gritos de victoria. Siguieron el recorrido de las procesiones: desde la plaza mayor al convento de San Pedro, y desde allí a la iglesia de San Miguel.

Finalmente, cuando creyó que la mayoría de los benabarrenses se habían enterado de la muerte de Àger, y aquel lamentable espectáculo empezó a aburrirle, decidió cortarle la cabeza, y colgarla en la puerta occidental, para que quienes decidieran regresar a sus casas, conocieran la victoria de los partidarios del conde Fernando de Aragón.

2. El angustioso suspiro del viento de abril.

«Si un sabio se atreve a asegurar que la vida está supeditada al Destino, los aplausos ensombrecerán su propio nombre y su mensaje llegará a todos los rincones de la tierra.
Si es un necio quien culpa al devenir del Sino de sus desgracias, serán los abucheos quienes le convenzan de que es su propia dejación la que le oprime.»

BENABARRE (Condado de Ribagorza). Primavera de 1587.

El agua estaba tibia; Fernando ordenó que la cambiasen, la templaran con piedras calientes, y que encendieran un brasero. A Catalina, la bañera se le antojaba una fosa mortuoria a la que le había sido arrebatado el muerto, para conferirle una labor menos tétrica. Por nada del mundo deseaba introducirse en aquella sepultura, pero se sentía sucia. Debía bañarse, aunque preveía imposible deshacerse del hedor a culpa que impregnaba cada poro de su piel.

Primero bañó a Lorenzo, y lo dejó al cuidado de una tal Roberta, hija del mayordomo de Monserrate: una criatura de algo más de diez años, que no había conocido más paz que la que le otorgaba un constante asedio... Después, fue ella quien se introdujo en la artesa.

Aún no había tenido tiempo de digerir el amargo bocado que le sirvió el destino, y sabía que, cuando la más absoluta soledad se apoderase del silencio, le asaltaría el fantasma del miedo y la vergüenza, y no tendría más remedio que enfrentarse a sus propios demonios. Odiaba a Eduardo, al que no había abandonado mucho antes porque era sumisa y pusilánime, y aquella eventualidad, que Salazar la hubiese entregado a Àger, aunque traumática, era una bendición. Sabrían salir adelante; lo había hecho otras veces, y en peores circunstancias. No, ese no era el problema, ni su obsesión. Las lágrimas descendían por sus carrillos, como brasas emergiendo de un volcán negro. «¡Ningún muerto tiene derecho a regresar del infierno!». La irrupción de Fernando en la que consideraba su propia vida, falsamente estática e inamovible, en la que no ocupaba más que un lugar pretérito, superado y olvidado, debía, por fuerza, modificar sus deseos, sus esperanzas y sus temores. Era evidente que, cuando se dejase acariciar por el agua, sus músculos se relajarían y, con ellos en reposo, su cabeza se empeñaría en acometer aquella cuestión sin que mediase su voluntad. Temía ese momento más que al Infierno.

Instantes después de que el agua engullera su cuerpo, la paz se adueñó de ella, con una mansedumbre tal que, ni por un momento, sospechó que las pretensiones de su mente eran bien distintas al sosiego. Se sintió sepultada, enterrada en San Pedro, en la tumba que ocupaban la hermana Adela y sus propios recuerdos.

Su libertador, un desconocido que ocupaba aquel cuerpo que aprendió a amar en silencio, aún no la había recibido, ni siquiera para poder mostrar su gratitud por haberle salvado la vida. Hacía tantos años que no pensaba en él, de un modo que no fuera pura nostalgia, que era incapaz de discernir si sus sentimientos eran de amor, de admiración o de simple agradecimiento.

A buen seguro, también Fernando estaría debatiéndose entre sus dudas, sus sentimientos, y lo que su razón y creencias cristianas le dictaban que debía hacer. «¡Mala mezcla la de la lógica, las emociones y la Iglesia!». Pero eso no la consolaba.

Era una sensación extraña. Sólo una vez, antes de aquella, se había bañado de cuerpo entero. Fue el día anterior a tomar los hábitos, en el convento de San Pedro. Y, pese a que había sido uno de los momentos más emotivos de su vida, y tenía un recuerdo agradable de aquella experiencia. Pero, ahora, todo era distinto... Ahora, la vida le había mostrado sus dientes, y le había arrancado la inocencia a mordiscos.

Deseaba, casi a un mismo tiempo, abofetear y acariciar a quien le había liberado, siendo que ni ella le pertenecía a él, ni Fernando a ella. El conde estaba casado con una tal Johanna, y tenía una hija pequeña. Era evidente que regresaría a Pedrola en unos pocos días, acobardado y laso, como si hubiera luchado en la más cruenta de las batallas, creyendo que un pueblo se puede gobernar desde la distancia, y se olvidaría de ella.

Los hombres de Fernando todavía seguían festejando el triunfo de aquella madrugada, brindando con cerveza y vino barato, que no tardó en hacer mella en ellos. Aquellos soldados ofrecían un espectáculo lamentable, de hombres medio desnudos, tumbados en tierra o persiguiendo a las escasas doncellas que no habían desoído las recomendaciones de sus madres cuando les advirtieron que abandonaran el castillo en cuanto los soldados empezaran a beber.

Un miliciano, de los reclutados por el barón de La Pinilla en uno de sus viajes a Madrid, les ofreció una especie de hoja marrón, seca y machacada, que unos masticaron, y otros prendieron fuego aspirando su humo, lo que les hacía sentir cierto mareo y toses, que exageraban hasta convertirse en una caricatura de ellos mismos, y que decía haber traído de América. Nadie creyó, ni siquiera, que hubiese estado allí.

Algunos de aquellos soldados, ya borrachos y fuera de si, se animaron a jugar a algo parecido a la pelota, y a hacer fuertes apuestas, que arruinaron a más de uno. Pero eso no fue obstáculo para que, una vez hubieron perdido todo lo que tenían, salieran del castillo y les cortasen las cabezas a algunos rebeldes muertos y siguieran el juego, ofreciendo aquellos macabros trofeos como apuesta.

Fernando observó aquel patético espectáculo, desde una de las ventanas del archivo, con un desagrado manifiesto.

—¡Dejadles! —dijo Rodrigo de La Penilla— Son jóvenes, y necesitan desahogarse... Muchos de ellos han visto morir a sus amigos esta mañana. Otros han matado a un semejante por vez primera. Y algunos de ellos se han percatado de que la muerte es algo más cercano y real de lo que suponían.

—¡Miradles, Mur! —protestó el conde— si los rebeldes decidieran atacarnos ahora, no tendrían ninguna dificultad en tomar el castillo.

—Creo que estáis exagerando —balbució Blas Monserrate, algo aburrido—. De todos modos, los sediciosos han perdido a su jefe, y no han tenido tiempo de reorganizarse.

—No es eso lo que me tranquiliza —musitó Fernando— sino que los rebeldes estarán también borrachos, brindando por Àger y por Puyalet... ¿No es terrible? —los dos hombres le miraron con cara de no haber entendido la pregunta—. La alegría extrema es similar a la tristeza más absoluta... Se ríe, se llora y se bebe del mismo modo... ¿Acaso no se celebran grandes banquetes en los entierros, o se depositan ramos de flores tanto en las bodas como en las tumbas?

—¿Qué es lo que os atormenta, Fernando? —preguntó La Pinilla— ¿No habéis, acaso, conseguido lo que os proponíais? ¿No es ya vuestro el condado?

—Supongo que, si os lo explicara, no lo comprenderíais —masculló el conde.

—Intentadlo —insistió Mur.

—¿Habéis pensado alguna vez que la vida es absurda? —preguntó Fernando.

—Sí —respondió Monserrate—. Constantemente. Y aún me atrevería a añadir algo más: absurda e injusta.

—Debo daros la razón —dijo Mur, rascando sus barbas— de hecho, creo que lo que os ocurre es lo que mi anciana madre llama "lágrimas de asno", con perdón —Fernando se encogió de hombros—. Mi madre dice que los burros, cuando tienen que tirar del carro, rebuznan y se niegan a hacerlo, porque creen que no van a poder soportar el peso de la carga, de ahí que sean tan tercos. Pero que, cuando les desatan la carga, se sienten inútiles. Por eso lloran.

—Jamás escuché tal cosa, ni vi un asno llorar —rió Monserrate—. ¿Habéis bebido, Mur?

—Creo que no me he explicado bien —prosiguió el barón—. Me refiero a que cuando conseguimos lo que tanto anhelamos, echamos de menos el camino que nos condujo hasta dicha meta.

—No es eso —Fernando sacudió la cabeza—. Tal vez sea todo lo contrario... Es como llegar a la meta sin haber andado el camino. No tiene nada que ver con la batalla de esta madrugada. Hemos ganado, porque teníamos la justicia de nuestro lado. Ni me siento triste, ni más contento de lo que se siente un niño al ser reconocido como tal, o un sacerdote cuando recibe el orden... ¿Por qué alegrarnos por alcanzar lo que nos pertenece, lo que nos fue arrebatado, lo que somos?

—¡Juro por Dios que no os entiendo! —balbució Monserrate.

—Creo que no es con nosotros con quienes debéis hablar —dijo Mur— Sino con un cura...

—Tal vez tengáis razón.

Sin ni siquiera excusarse, el conde se adentró en el laberinto de pasadizos que le llevarían hasta la pequeña habitación de mosén Víctor Laguna.

Llamó con cierto nerviosismo.

—¿Qué os trae a mi humilde morada, señor conde? —musitó el anciano sacerdote, con voz trémula.

—¿Vos sois mosén Víctor Laguna? —el anciano asintió—. No os hubiera reconocido.

—Hace un par de años sufrí una apoplejía, que me tuvo postrado en cama durante seis meses... Todavía no me he recuperado... Pero Dios Nuestro Señor me permitió seguir viviendo para poder aportar mi humilde servicio en su nombre —dijo con dificultad, y haciendo un gesto con la mano para que entrara al interior del habitáculo—: ¡Pasad, señor! Mi casa es vuestra casa.

Fernando tomó asiento en una banqueta baja, de la que mosén Víctor había sacado un par de libros viejos y polvorientos. El cura se postró sobre su camastro, un catre de lona recia llena de remiendos, sin colchón ni mantas.

—Vos diréis, don Fernando.

—No sabría por donde empezar —susurró—. Hace años, cuando era un niño, vos despertasteis en mí la vocación por el sacerdocio.

—Hijo mío —sonrió el cura—, ¡ojala fuera capaz de despertar vocaciones! No fui yo, sino Dios, quien os llamó.

—Sea como fuere, si fue Dios quien me llamó, o fueron los hombres quienes encauzaron mis pasos, carece de importancia...

—No os comprendo, señor...

—El sueño de mi vida, a los trece años, era ser sacerdote, y luché por ello, hasta conseguirlo... Murió mi hermano, y mi sueño se vino abajo. Tuve que ser conde sin desearlo, y me juré a mí mismo y a mi propio padre, que sería el mejor conde de Ribagorza que jamás hubieran conocido estas tierras, pese a que yo sólo deseaba vivir en paz con Dios y con los hombres. Pero lograr lo que prometí me ha dejado vacío... Siendo capellán de Linares conocí a una monja de San Pedro, la más hermosa de las mujeres que ha visto este mundo. Me enamoré de ella e incumplí mi voto de castidad... Me convencieron de que había muerto, y quise olvidarla. Incluso me casé con una mujer a la que no amo, y con la que tengo una hija... Os juro que jamás me arrepentí de lo que hice, y los pecados que cometí me fueron perdonados... Pero ese no es el problema; sería capaz de soportar dos vidas más la presencia en mi alcoba de una mujer a la que no amo y la carga de un título que no deseo...

—Entonces, ¿qué es lo que os perturba?

—Que las cosas no siempre son como uno cree... Esta misma mañana he sido requerido por Àger —se revolvió contra sí mismo—. Tenía secuestrada a una mujer, y amenazaba con asesinarla si no le dejábamos libre... Aquella mujer era la monja de la que me enamoré siendo capellán.

—¿Y eso ha hecho que dudéis de vuestros sentimientos?

—No, mosén Víctor —sacudió la cabeza— ¡Ese es el verdadero problema!, que no tengo ninguna duda sobre mis sentimientos... Os aseguro que hubiera colgado los hábitos por ella, incluso hubiera renunciado a mis títulos...

—Escuchadme, hijo mío —dijo el cura en tono paternal—. Yo no sé nada de protocolos políticos, ni de los entresijos de la nobleza, pero os aseguro que lo que sentís por esa mujer es lo más hermoso que se puede sentir por un semejante. Aunque, como sacerdote, tengo que deciros que tu legítima, ante Dios, es Johanna Pernstein... Y lo que sintáis por esa monja deberá quedar en vuestro corazón, como un sentimiento lícito, pero que jamás podrá ser consumado.

—No decís nada que no haya pensado yo antes.

—Sabéis cual es la postura de la Iglesia con respecto a estos asuntos —dijo mosén Víctor molesto—. Si lo que pretendéis es que alguien os diga lo que deseáis escuchar, aunque vaya en contra de la Ley de Dios, habéis elegido un mal interlocutor.

—¡Sólo quiero un poco de paz!

—¿Paz? —sonrió el cura—. Querido Fernando, la paz sólo se la puede otorgar uno mismo... Los curas, la Iglesia, tenemos nuestras propias normas y leyes y, donde hay reglas, el sosiego es sólo un consuelo aparente... No robes, no mates, no cometas actos impuros, no ames a nadie por encima de Dios... Hagáis lo que hagáis, estaréis pecando, pues ¿No es mayor ofensa reclamar desde la opulencia lo que te debe un mendigo?

—¿Estáis diciéndome que amar a Catalina es un pecado?

—Os estoy diciendo que no es mayor pecado que dormir con una mujer a la que no amáis, aunque esa mujer sea vuestra esposa.
—Dios es un ser cruel.
—¡No me hagáis reír, Villahermosa! —murmuró mosén Víctor—. Jamás he oído a Dios, ni he visto su rostro, ni he leído nada de su puño y letra... Siempre tendremos la duda de cuáles son sus verdaderos designios o exigencias. ¿Qué quiere Dios de nosotros?, ¿cómo hemos de comportarnos para alcanzar el Cielo? Nadie lo sabe, pero la Iglesia nos enseña por donde caminar. Sin duda, muchas de las creencias de la Santa Madre son falsas, como lo son muchas de las creencias judías o musulmanas... ¿Pero, cuales, entre todas ellas, son añadidos de los cardenales, obispos o papas? Ante la duda, deberíamos dar por ciertas todas las leyes, mandamientos y consejos de la Iglesia.
—No era esa la respuesta que esperaba.
—¿Y qué queríais oír, Fernando? —se enojó mosén Víctor—. Pretendéis que un pastor responda a las preguntas de un juez... Yo sólo soy un humilde cura de pueblo, que se sube al púlpito para leer las escrituras e interpretarlas según los cánones de la Iglesia. La feligresía necesita que nosotros les digamos lo que deben o no hacer. Y de sobras sabéis que el vulgo jamás cuestionará los dogmas de la Iglesia Romana, ni sus reglas, ni mandamientos. Si lo hicieran, los sacerdotes dejaríamos de existir. No nos ha sido encomendada la misión de responder a sus preguntas, sino la de adelantarnos a ellas y mostrarles la Verdad de Dios, y que ésta sea vista como dogma.
—¿Estáis diciendo que tenéis ordenes expresas del obispo para que ninguno de los creyentes pueda plantearse jamás si lo que enseñáis es cierto?
—Únicamente hablo de la Verdad.
—¿Sin importaros que el miedo y el rechazo impere en las mentes de los feligreses?
—El Temor de Dios es necesario.
—¿Y qué me decís, entonces, del Libre Albedrío?
—El libre Albedrío es un asunto que ni el mismo Papa es capaz de comprender... Y, si lo comprende, lo manipula en su propio beneficio... No me malinterpretéis, Fernando. Yo obedezco y respeto al Papa, y jamás he creído ser un hereje... Esto os lo cuento, porque un sacerdote jamás deja de serlo. Y vos, a todos los efectos, seguís siendo miembro del clero, aunque se os concediera una dispensa para casaros... Lo que me sorprende es que tengáis estas dudas. La mayor parte de los obispos, cardenales, incluso algunos papas, tienen sus propias mujeres, hijos y amantes. Incluso, como ya sabréis, muchos de estos obispos son, a su vez, hijos de otros obispos, cardenales o bastardos de nobles bien situados. ¿Por qué no hacéis lo que os venga en gana? Lo único que exige el Vaticano es que esto no trascienda de modo indecoroso: *«¡Ay de aquel por quien viniere el escándalo!».*
—¡Me dais ganas de vomitar!

Fernando se levantó y, lanzándole una mirada de desprecio, abandonó la habitación, cerrando la puerta de golpe, y se retiró a sus aposentos.

Lorenzo jamás había tenido mejor aspecto. Roberta se encargó de vestirle con las ropas limpias de su hermano pequeño, y le prometió que, cuando todo aquello hubiera acabado, Serafín, que así se llamaba el niño, regresaría a palacio y podrían jugar juntos.

Catalina fue alojada en una habitación pequeña y sobria (no podía ser de otro modo, todas las alcobas del castillo rallaban la austeridad más absoluta), pero limpia y con escasa humedad, en el primer piso del palacio. Al lado de su cama, dispusieron un pequeño camastro plegable, como los utilizados por los oficiales en campaña, para su hijo. No era gran cosa. Cuando era dominica en San Pedro solía imaginar el interior del palacio de los condes como un reflejo más de la ostentación frívola y lujosa de la que tanto gustaba alardear la nobleza. Estaba convencida de que las paredes de las habitaciones estarían revestidas de tapices de exótica factura, cuadros de ilustres pintores y su rico mobiliario compuesto por camas de maderas nobles, mesas labradas con delicadas filigranas... Jamás se le pasó por la imaginación que el castillo escondiera una austeridad mayor, incluso, que la del convento de las dominicas.

Alguien llamó a la puerta.

—El conde don Fernando me ha pedido que os entregue estos documentos —dijo un joven sirviente, de plante enhiesto y elegante, que le entregó un papel enrollado—. Es la escritura que os acredita legalmente como única de la casa que perteneció a vuestro esposo Eduardo Salazar, proscrito y desposeído de todo cuanto posee —Catalina leyó, incrédula, aquel papel. El muchacho prosiguió—: El señor conde desearía reunirse con vos.

Dejó el documento sobre la cama, y siguió al sirviente por un estrecho pasillo, hasta las escaleras. Ascendieron por ellas, y el joven dio dos golpes en la primera puerta a la derecha.

La abrió, y entró.

Fernando estaba sentado frente a su bufete, de espaldas a la puerta, garabateando, con una pluma larga e inmaculada, sobre un papel amarillento. Al oír el sonido de la puerta, su cuerpo se tensó, y giró la cabeza lentamente, como rígido.

Catalina ya no era aquella joven monja de mirada gris y perpetua sonrisa. Sus ojos, ahora, asomaban tímidamente tras unos párpados apuñalados por las arrugas, y unas ojeras eternamente abultadas. Y aquel brillo, que siempre eclipsó la candidez de su dulce rostro, ahora no era más que el reflejo de un llanto perpetuo, que jamás osaba abandonar el telón de sus pestañas. Aún así, su mirada seguía siendo despierta y limpia, como la de aquella joven monja que canturreaba en la iglesia de San Pedro.

Era realmente extraño. Aquéllas eran las únicas arrugas que habían afectado a su rostro. Sus labios seguían manteniendo toda su frescura y sensualidad

(Fernando se preguntó si aún seguirían entonando aquellas nanas que le habían cautivado) y, al menos en apariencia, su cuerpo aún guardaba la lozanía de una jovenzuela de veinte años.

—He llegado a desear que las mentiras de la madre Rufina fueran verdad —dijo Fernando, sin poder apartar sus ojos de Catalina—. Pero eso sólo hubiera empeorado las cosas.

Ella bajó la mirada. Se veía incapaz de mantener el peso infinito que reflejaba la grave expresión del conde. Ni siquiera sabía si tratarle como tal, o como a un antiguo amante. Fernando se había convertido en un extraño, pero seguía ejerciendo en ella una atracción poderosa. Pensó que, incluso aunque jamás le hubiese amado, lo que sentía por él no sería muy distinto.

—A veces —prosiguió el conde, levantándose y paseando por la habitación— soñaba con una niña de cabellos del color del ocaso... Una niña que iba creciendo a medida que transcurría el tiempo. Ahora debe ser ya una mujercita.

—Se llama Isabel —susurró Catalina, con lágrimas en los ojos—. El pecado, a veces, se materializa en sus propios frutos...

—Hubiese renunciado a mis títulos por ti...

—Pero no lo hicisteis.

—Si hubiera sabido que esperabas una criatura...

—Entonces, hubierais renegado por vuestra hija, no por mí.

—¡Estabas muerta, Catalina! —lloró Fernando—. La madre Rufina me enseñó tu tumba. Cuando Labazuy confesó que todo era una farsa, hace tan sólo unos meses, yo ya estaba casado con Johanna y había nacido mi hija. ¡Juro por Dios que volví a buscarte!

—Eso ya no tiene importancia...

—¿Cómo puedes decir eso? —secó sus lágrimas con la manga de su camisa—. ¡Sólo Dios sabe lo que habrás sufrido por mi culpa!

—Dios y yo lo sabemos —dijo Catalina, entre suspiros—. No fuisteis vos, señor conde, quien me hizo sufrir... Ni tuvisteis la culpa de que fuese perseguida y acosada por Eduardo, sino la madre Rufina, el prior Francisco y el carlán de Labazuy. Haberos conocido, en nada influyó para que esos mal nacidos matasen a la hermana Adela; lo hubieran hecho de todos modos, pues estaba embarazada... Al principio estaba obsesionada por saber si me querían asesinar por haber sido vuestra amante o por haber descubierto el cuerpo de Adela... Ahora, ya ni siquiera eso me importa.

—Te he librado de tu esposo: un asesino sanguinario y sin escrúpulos. Y, como compensación, he ordenado que te fueran entregadas las escrituras que te acreditan como única propietaria de la que fuera su casa. Mañana mismo contrataré a unos albañiles para que la restauren... ¿Nada de eso importa?

—Eduardo sigue vivo.

—Pero es una cuestión de tiempo... Eduardo Salazar es un proscrito. He pedido informes a su antiguo señor, a don Segismundo Sopena, y se le acusa de haber asesinado a don Hilario Ariño, de Tamarite, a un mercenario al que llamaban Toñet el Presidiari, a su hermano Gervasio y a Enrique Sanromán, un bandolero, así como de haber dejado postrado de por vida a don Luís Saucedo... Creo que, con esos cargos, será más que suficiente como para mandarlo al garrote. Aunque, si los jueces no tienen bastante con eso, se le puede añadir el secuestro de su mujer e hijo, y vuestra posterior entrega al traidor Juan de Àger.

—Mientras mi marido esté libre, no podré dormir tranquila.

—Esa es la razón por la que he decidido que tú y tu hijo os alojaréis aquí, hasta que vuestra casa esté acabada... Para entonces, ten por seguro que Eduardo ya habrá sido apresado y ejecutado.

—¿Eso es todo? —Fernando asintió—. ¿Después de casi catorce años, lo único que tienes que decirme es que harás todo lo posible por detener a mi esposo?

—¿Qué más quieres, Catalina? —el conde alargó sus manos—. ¿Quieres dinero? ¿Tierras?

—No entiendes nada, Fernando —lloró Catalina—. No necesito tu dinero, ni tus tierras... Sólo quiero un poco de paz... Ni mis hijos, ni yo, hemos conocido la paz en estos años. Nuestra vida ha sido un infierno. ¿Acaso crees que disfrutaba cuando sentía el calor de Eduardo en mi cama; todos los días respirando el olor a sexo de otra mujer, sintiendo en mi boca su saliva viscosa, mezclada con el nauseabundo sabor del vino picado que tomaba en la tasca de Elías hasta caer borracho como un vulgar mendigo? Cada noche me preguntaba qué terrible pecado había cometido para que mi hijo Lorenzo hubiese nacido cojo; viéndole caerse, una y otra vez, cuando perseguía a los demás niños del pueblo, que intentaban huir de un estúpido lisiado. ¿Crees que una mujer puede conocer la paz teniendo que justificar y defender al demonio de su hija, que tenía premoniciones y que decía hablar con los espíritus? Y tú pretendes compensar todo ese dolor con una choza y un documento que sólo tendrá validez mientras sigas siendo conde de estas tierras... ¡Quiero que le devuelvas la dignidad a la hermana Adela! ¡Quiero que nos devuelvas la dignidad a mí y a mis hijos!

—Eso, Catalina, sabes que no está en mi mano... ¡Ojala pudiera cambiar el pasado, pero es imposible!

—Entonces, no quiero nada de vos, señor conde —dio media vuelta y abrió la puerta—. Si me disculpáis...

—¡Espera, Catalina! —dijo Fernando—. Siéntate un momento... Yo también estoy casado con una mujer a la que no amo. Mi matrimonio fue un acuerdo político, con la vana pretensión de conseguir el apoyo del rey Felipe... Johanna es una buena mujer, y mi hija una niña maravillosa, que apenas conoce a su padre. ¿Cómo podría yo darte un poco de una dignidad de la que carezco? Quise ser sacerdote... Te amé como jamás he amado a nadie, pero ni siquiera eso me fue permitido. Deseaba ser padre, y sólo lo he sido por naturaleza, como podría haberlo sido un campesino que se acostase con Johanna... Él, sin duda, hubiera sido mejor padre o, cuanto menos, igual que yo: es decir, nada. ¿A qué llamas tú dignidad?

—Al principio —Catalina cerró la puerta a sus espaldas y se sentó en una silla baja, junto a la ventana— pensaba constantemente en ti. Creí que no podría soportar tu ausencia. Bajaba todas las noches a la iglesia, a la cripta de San Pedro, y cantaba aquella canción: *«Pobre niña bonita/ que no logra dormir/ porque se han ido los santos/ sin poderte bendecir»* —cantó—. Escuchaba todos los sonidos que surgían del pasadizo. Pero no volviste. Cuando supe que estaba embarazada, quise decírtelo, pero decidí que tendría aquella criatura, y que si tú decidías que me amabas, y regresabas a mi lado, debería ser por lo que sentías y no por el hijo que esperaba. Después, fui a buscarte, pero ya te habías marchado a Pedrola... Tras huir de Benabarre, todavía tenía la esperanza de que removieras cielo y tierra por encontrarme, pero jamás volviste... Eduardo me ofreció una vida "decente" —sonrió—. De haber sido prostituta, mi vida hubiera sido más digna que aquella: ¡mujer de un asesino! Supongo que fue el tiempo quien me obligó a renunciar a ti... Para mí, habías muerto. Hasta aquel día, en Monzón. Volvía a verte, después de tanto tiempo... Aquella misma noche, Eduardo asesinó al Presidiari y... —Catalina se mordió la lengua— tuvimos que huir de Tamarite.

Fernando se acercó a Catalina y le cogió las manos. Ella levantó su cabeza lentamente, hasta que se topó con los ojos brillantes de Fernando, y sintió un escalofrío que recorrió todo su cuerpo. Soltó las manos del conde y las alargó hasta tocar su cara. Después, volvió a cogerlas, y las acercó a sus mejillas, cerrando los ojos, y las besó.

—Una vez, hace muchos años —dijo Fernando— escribí: *«El angustioso suspiro del viento de abril es el susurro de las almas que no lograron alcanzar el Cielo; el tímido canto de los amantes que no pueden unir sus manos; la brisa de primavera que se lleva en su vuelo las palabras que nos encadenan; las miradas de los ciegos; el aroma de una piel arrancada; el sabor de unos labios cosidos; el rumor de las palabras que testimonia el eco; el recuerdo de unos brazos débiles que no lograron sujetar esa parte del espíritu que partió en busca del ocaso»* —Catalina sonrió, y se encogió de hombros—. Creí que no volvería a verte nunca más. Sólo la seguridad de que después de la muerte me reuniría contigo, lograba que abriese los ojos cada mañana, aunque deseaba no despertar... La seguridad de tu muerte me obsesionaba. Visité agoreros y adivinos, ¡majaderos que decían hablar con tu espíritu desencarnado! Sólo hubo uno que me aseguró que estabas viva, un tal fray Crisóstomo de Almazán —Catalina sintió un escalofrío al escuchar aquel nombre, pero no dijo nada—. De entre la docena de adivinos que mandé llamar, sólo quise creer al de Valcuerna.

Ninguna otra mentira, ni siquiera la de aquellos que estaban convencidos de hablar con tu ánima, tuvieron suficiente solidez como para convencerme de tu muerte.

Catalina acercó sus labios a la frente de Fernando, y le besó.

Después, se levantó, y salió de la habitación, arrastrando sus pies y tragando unas lágrimas de melancolía que le abrasaron los ojos...

3. Sólo los estúpidos regresan al lugar que les convirtió en tales.

«El temor es un sabio consejero, al que escuchamos cuando actúa a nuestro favor e ignoramos cuando la sensatez queda eclipsada tras la soberbia.»
CAPELLA (Condado de Ribagorza). Verano de 1587

Un prófugo rayo de luz penetró por una de las rendijas de la ventana, incidiendo en pleno rostro de Eduardo. Su nariz se irritó, y estornudó.

La herida del codo le dolía, como si un lobo le hubiera arrancado el brazo de un tirón y no fuera más que un simple colgajo de carne putrefacta. Lo palpó con su mano derecha, y suspiró aliviado, al comprobar que todavía seguía en su sitio, aunque desprendía un olor desagradable, como a queso podrido.

—¡Vamos, Salazar! —le increpó un hombre rechoncho y diminuto, con barba de una semana, que dormitaba a su lado. Era su concuñado, Braulio "el dels Somés"—. ¡Queda mucho por hacer!

Eduardo miró a su alrededor. No podía pensar con claridad, y todo parecía desarrollarse con la lentitud de un sueño. Estaba recostado sobre un montón de paja, tan húmeda y mohosa que ni siquiera las ratas lo hubieran elegido como lecho. Entonces Recordó que llevaba ya más de quince días durmiendo en un pajar a las afueras de Capella. Les había acogido, a él y a otros cuatro que huyeron de Benabarre tras la entrada triunfal del conde don Fernando, un labrador viejo y enjuto, que respondía al nombre de Ángel el "Sincero": un campesino sin demasiadas convicciones políticas, pero que profesaba un odio enfermizo hacia los Villahermosa por no se sabe muy bien qué motivos. El tal Sincero, pese a su inmerecida fama de audaz, les había advertido: *«Si algún soldado os sorprende, yo no sé nada. No os he visto jamás, ni vosotros me conocéis a mí».*

Los otros tres: Amadeo Puyal, hijo de Cesáreo, y al que llamaban "Puyalín", Mario Campo, el panadero, y Adolfo Pellicer, el serrador, hacía ya un buen rato que habían salido hacia Capella, cuando Salazar salió el cobertizo. Allí debían reunirse con Baudilio Gil, hermano menor de Jerónimo, y con el micer de Beranuy, quienes se habían erigido a sí mismos como nuevos cabecillas rebeldes de la resistencia al conde Fernando.

Eduardo se desperezó. Estaba convencido de que la reunión con el micer de Beranuy y con Baudilio era inútil. Aquella era una causa perdida en Ribagorza. Únicamente allí, en Capella, recibieron una tímida acogida; el resto de pueblos del condado, incluyendo los principales: Benasque, Graus, Campo... habían sucumbido al pánico, y temían que les ocurriera lo mismo que a los benabarrenses que se oponían a los Villahermosa. Graus les había negado, no sólo el apoyo, sino la entrada. Lo mismo sucedió con las masías cercanas a Benabarre. Don José Macías se encargó de que ningún proscrito se aproximase a Aler. Y el mismo ejemplo siguieron en Torres del obispo, en Juseu, en Aguinaliu y en la Puebla del Mon... Únicamente aquel campesino, demasiado viejo como para temerle a la muerte, y un tal Marcelino Vergara habían aceptado albergar en sus destartaladas haciendas a los hombres huidos de Benabarre.

Era precisamente en uno de los graneros de Vergara donde fueron convocados por Baudilio Gil y el micer de Beranuy, aquella mañana.

Según las previsiones de Amadeo Puyal, allí iban a concentrarse los principales de los rebeldes, y unos trescientos ribagorzanos opositores a los Gurrea, ahora dispersos por los montes cercanos a Laguarres, y dispuestos a entregar su vida por el condado y por la memoria de los héroes: Àger, Gil y Puyal. Trescientos hombres no eran suficientes como para hacer temblar los sistemas de defensa de don Fernando, pero sí para organizar una guerrilla que debilitara las tropas de los principales de Ribagorza, mientras se reagrupaban los rebeldes. Puyal y el dels Somés estaban de acuerdo en este extremo, y así se lo harían saber a Gil. Pero Eduardo y Pellicer tenían serias dudas de que, entre aquellos cobardes, pudieran reunir los suficientes como para organizar siquiera una mesnada de bandidos.

La primera decepción fue el escaso grupo de partidarios de Àger que acudieron al cobertizo de Vergara: unos ciento cincuenta, a lo sumo, y la ausencia de uno de los principales, el micer de Beranuy, que se excusó diciendo que sufría un cólico intestinal. *«No té un còlic»*, se burlaron los más osados, *«s'ha "cagat" als pantalons»*.[37]

Baudilio Gil era un hombre más bien menudo y delgado, con la cabeza ligeramente más grande de lo que correspondería a tan escuálido cuerpecillo, pero con una locuacidad hipócrita y persuasiva.

—Mi hermano fue asesinado por el hijo de uno de los señores de Benabarre, y éste está en la calle —dijo Gil—. Àger y Puyal fueron humillados, vilipendiados y ultrajados por los soldados del Capellán, por los guardias de ese tirano miserable... Él, don Fernando, sólo él es el culpable de la muerte de nuestros estimados amigos, y de todos aquellos que dieron su vida por la libertad y el honor de Ribagorza.

—¡Si! —gritaron todos— ¡Acabemos con ese bastardo!

—Os dirán que el Capellán sólo pretende la estabilidad de estas tierras... ¡No les escuchéis! ¡No les creáis!, únicamente quieren seguir sometiéndonos a su

---

[37] No tiene un cólico, se ha cagado en los pantalones

poder y a su yugo —tomó aire—. Mis hombres y yo hemos decidido que, como es imposible asediar Benabarre con los pocos efectivos con los que contamos, atacaremos a las tropas de refuerzo que se desplacen hacia el pueblo… Uno de nuestros espías nos ha informado que Juan de Bardají y su hermano Antonio han subido a Benasque para reunirse con nuevos soldados, unos mil, para relevar a los hombres del barón Rodrigo Mur.

—Si no tengo mal entendido —le interrumpió Eduardo—, el barón de La Pinilla fue asaltado por los hombres de Medardo Sancerni en Graus… Y sus hombres no tuvieron ninguna dificultad en repelerlos. De hecho, se dice que entre los hombres de Sancerni hubo más de cien bajas, y que Mur sólo tuvo que enterrar a tres de los suyos…

—Es cierto —dijo Gil, algo inquieto.

—¿Con cuantos hombres contaba Sancerni?

—Unos doscientos.

—¿Y el barón?

—Ochocientos o novecientos…

—¿Y pretendes que nosotros, poco más de ciento cincuenta, venzamos a los señores de Vilanova y Concas, que bajan de Benasque con más de mil hombres?

—No se trata de vencer a los Bardají, sino de menguar sus tropas.

—¿A costa de quiénes?

—Si nos organizamos, conseguiremos trescientas bajas o más…

BENABARRE (Condado de Ribagorza)

Los hermanos Bardají y sus hombres llegaron una tarde cálida, unos días antes de lo previsto. Las tropas de Rodrigo Mur no se marcharían de Benabarre hasta cuatro días después de la llegada de los relevos, por lo que alojar a todos aquellos soldados se convirtió en una misión imposible, así que decidieron montar sus tiendas en un campo cercano a la "Serreta Moneta", entre Aler y Benabarre.

Antonio y Juan Bardají prefirieron pasar la noche con sus hombres, pese a que sus respectivas casas no estarían a más de diez minutos a caballo de allí.

La noche se presentaba tranquila, ¿Quién, en su sano juicio, osaría atacar Benabarre, defendida por más de tres mil efectivos armados? Nada, por tanto, hacía prever lo que iba a ocurrir.

Los soldados de reemplazo, demasiado confiados en una sensatez de la que carecían los rebeldes, bebieron vino malo, y fumaron aquellas hojas secas, que empezaban a hacerse muy populares entre los pocos que se atrevían a probarlas, hasta que el ocaso eclipsó el poco recato del que hacían gala y, perdiendo toda compostura, cantaron y bailaron alrededor de la hoguera en la que habían calentado sus pucheros, hasta sucumbir por el agotamiento y el alcohol.

Poco después de que el cielo se convirtiera en un abismo negro y oscuro, la mayoría de los hombres apenas podían mantenerse en pie. Muchos de ellos roncaban descompasadamente, como una orquestina grosera y desafinada. Sólo los soldados de guardia permanecían despiertos, aunque no demasiado alerta.

Cuando los primeros rayos de la mañana estallaron en las rocas de la Serreta, como si quisieran penetrar en su interior, el codo de Braulio el dels Somés se clavó en el esternón de Eduardo

—¡Vamos! —dijo.

Salazar apretó los dientes, y agarró con fuerza su arcabuz cargado.

Los dos hombres surgieron de detrás de la sierra muy despacio, acercándose al vigía que dormitaba en lo alto de la misma. El dels Somés desenfundó su cuchillo y, con un movimiento rápido, le cortó la garganta, sin que éste tuviera tiempo a emitir sonido alguno que pudiera ser audible a más de dos pasos.

Braulio levantó la mano y agitó los brazos. La señal fue respondida desde el otro extremo del campamento, y al grito de: *«¡Muerte a los traidores!»*, se lanzaron sobre los soldados, resacosos y desarmados.

Eduardo disparó su arma. Un joven cayó a sus pies, llevándoselo por delante... El rostro de aquel soldado apenas quedó grabado en su mente; era uno más, entre tantos, sin nombre ni familia, al que el mundo no iba a echar de menos *«¡Maldito hijo de puta!»*, gimió Salazar, intentando ponerse de pie. Sí. Jamás volvería a su memoria la cara de aquel muchacho imberbe, que yacía sobre su dolorido cuerpo, pero no ocurriría lo mismo con la de quien le amenazaba a un tiro de piedra. Aún tuvo tiempo de reincorporarse antes de sentir el ardiente caño del arcabuz de Juan Bardají en su cabeza. La boca del señor de Concas, en un mohín preñado de cinismo, se clavó en sus pupilas como la más terrible de las revelaciones: *«¡Eres hombre muerto, Salazar!»*.

—¡Sólo los estúpidos como tú regresan al lugar que les ha de servir de tumba! —dijo el señor de Concas—. Hay que reconocer que tienes agallas, aunque no sé si incluirte entre los rebeldes, los asesinos, los ladrones o los estúpidos... Sobre ti pesan más cargos que entre todos esos juntos —señaló hacia el campamento, sin distinguir entre soldados o sediciosos.

Los disparos sonaron durante poco más de media hora. Después, un silencio desolador lo cubrió todo, como una espesa bruma.

Juan Bardají ató las manos de Eduardo a la parte trasera de su silla de montar, y cabalgó, muy despacio, hacia el castillo del conde.

Casi todos los rebeldes de Gil murieron aquel día, únicamente unos pocos, cincuenta o así, fueron detenidos. Ni un sólo herido; los soldados de los Bardají se encargaron de que ninguno de ellos llegase vivo al hospital de Santa Elena.

Poco antes de cruzar la puerta de las murallas de Benabarre, Eduardo creyó distinguir, entre una macabra pila de cadáveres, el cuerpo reventado de Braulio. Algún soldado de Bardají le había abierto la panza con su espada, había vaciado sus tripas, y había rellenado el agujero con piedras. Con toda seguridad, el dels Somés murió con un sufrimiento extremo. Su cara lo certificaba. Incluso creyó percibir que aún movía los dedos de una mano.

—¡Pobre diablo! —susurró— ¡ya no podrás joder nunca más con mi hermana!

Fernando hubiera preferido que le entregaran la cabeza de Eduardo, que tenerlo recluido en la cárcel del castillo. Aquel hombre, su sola presencia, era algo realmente incómodo. Toda sentencia, sea cual fuere, resultaba leve para aquel ser deleznable... Pensó en entregárselo a los benabarrenses, que no hubieran dudado un instante en arrancarle los ojos, cortarle los testículos y quemarlo vivo en ejecución pública, por el simple hecho de haber sido un carlachet, y ser responsable de las muertes de todos los mercenarios que el carlán de Labazuy había enviado en su busca.

Todo eso era poco para aquel hijo del demonio.

Catalina supo de la detención de Eduardo al día siguiente. Quiso verlo, aunque no sabía muy bien si para que él se sintiera aún más humillado, o para comprobar que era cierto, que no se trataba de alguien que se le pareciera...

Se mentalizó durante dos días y, al tercero de su detención, se armó de valor y descendió hasta las mazmorras del castillo.

Nadie la vio entrar; no quería ser vista, y que la interrogaran sobre algo que ni ella misma comprendía. Lo cierto es que era realmente difícil huir de aquel lugar, pero nada complicado entrar en él. Solamente un par de guardias custodiaban la puerta de entrada a los calabozos. Catalina sabía que en aquella parte del castillo sólo estaba detenido su marido; los otros, o bien ya habían sido ejecutados, o bien trasladados a la cárcel del "Cap de Vila".

Salazar estaba pálido, delgado hasta el extremo de parecer un cadáver. Su cara era una trilladora plagada de pústulas blanquecinas y amoratadas, y del interior de la celda surgía un hedor nauseabundo a carne podrida, que a punto estuvo de echarla para atrás.

—¿Catalina? —susurró Eduardo— ¿Eres tú?

—Si, malnacido, soy yo.

—Me muero, esposa mía...

—¡Sería la primera vez que Dios atiende a mis plegarias! —Catalina le miró llena de rabia—. Es irónico. Tú, ahora, aquí encerrado, tan indefenso y vulnerable como cualquiera de aquellos a los que mataste, y me pides que yo tenga clemencia de ti... ¡Me has destrozado la vida, Eduardo!, ¡has destrozado la vida de nuestros hijos!... ¿A quién pedirías misericordia, si Àger hubiese disparado su arcabuz y me hubiera asesinado? No, Eduardo. Jamás he sido una santa y, aunque Nuestro Señor dijo aquello de: "pon la otra mejilla", mis carrillos están hartos de recibir bofetadas... ¡Se acabó, Eduardo!

—¡No quiero morir aquí, Catalina! Sé que no he sido un buen hombre, pero pídele al conde que me permita morir en la casa donde crecí... Yo siempre he querido lo mejor para mi familia, para ti. Jamás hice nada sino por daros un futuro. Compré Torre Alfals para ti. Robé el dinero de Sopena para que pudierais sobrevivir el día en que yo faltase. ¡Siempre te he amado, Catalina!

—¿Por eso me entregaste a los rebeldes?
—Àger jamás hubiera disparado contra una mujer indefensa... Él sólo quería chantajear a Villahermosa. Si el conde hubiese devuelto el condado a la Corona, tú hubieras sido liberada...
—¡Eres patético!
—¡Mi brazo, maldita sea! —se lamentó Eduardo—. No ha dejado de dolerme desde...
—Desde que te disparaste para hacernos creer que Gervasio había sido asesinado por los soldados del conde, o por los rebeldes de Àger... o qué sé yo...
—Creo que se me está gangrenando... Y siento que la infección se ha extendido por todo mi cuerpo.
—Pediré que te sea enviado un médico.
—Dudo que un matasanos pueda hacer nada por salvar mi vida —suplicó—. Pídele a tu conde que me permita morir lejos de las mazmorras... ¡Qué pensará nuestro hijo, si ve morir a su padre como un asesino!
—¡Eres un asesino, Eduardo!
—¡Hazlo por nuestro hijo, Catalina, por Lorenzo!
Catalina miró directamente a los ojos de Fernando. Él estaba pletórico, como cuando un cazador regresa de la cacería con un jabalí de mas de seis arrobas.
—Tu marido, ese bastardo, es ya hombre muerto —le dijo—. Será juzgado, y condenado al garrote.
—Eduardo está enfermo —balbució ella— necesita un médico.
—¡No digas tonterías! —sonrió el conde—. ¿Para qué sanar a un reo que ha de ser ajusticiado?, ¿no te parece demasiado retorcido?
—No me importa que sufra, pero no me gustaría que mi hijo Lorenzo creyera que no hice nada por evitarle un sufrimiento innecesario a su padre.
—¡Basta ya de hablar de ese asesino! —dijo, no demasiado molesto—. Hacía muchos años que no podía disfrutar de tu compañía, y no me gustaría perder el tiempo, hablando de un ser despreciable, que ya no será nunca más motivo de preocupación.
—No te entiendo, Fernando... Hace un par de días renegabas de tu condición de conde, de los problemas y preocupaciones que te daba este maldito condado, y ahora pareces disfrutar de ello. Juraste y perjuraste que tú sólo querías ser capellán de una abadía miserable, que todo esto —señaló hacia todas partes— era una imposición de tu padre, una promesa estúpida dada a un viejo moribundo...
—A veces —dijo Fernando en tono grave—, cuando consigues avanzar un paso hacia la meta, incluso las cosas más miserables te parecen hermosas... De niño, recuerdo que me encapriché de la hija de uno de los sirvientes de mi padre. Era una niña preciosa, de largos cabellos negros y rizados, y dulce sonrisa. Jamás me atreví a confesarle mis sentimientos, más por timidez que porque

fuera una plebeya... Pero, un día de verano, mientras jugábamos en los jardines de Pedrola, ella me tomó de la mano, y paseamos como dos adolescentes enamorados. Jamás volvió a suceder una cosa similar. Pero, aquella tarde, aquella semana, los cantos de los segadores, que siempre se me habían antojado insoportables, se convirtieron en la voz misma de los coros celestiales; incluso sus letras baladíes parecieron profundas —y cantó—: «*Cantemos a la fértil tierra/ que Dios nos ha regalado/ recojamos el trigo y la avena/ Que las espigas ya han granado*»... —se ruborizó, al ver la sonrisa de Catalina—. Ya te dije que hasta los cuervos se espantan de mi voz.

—¿Y haber detenido a Eduardo te pone tan contento?

—No, Catalina... Eduardo sólo es una de esas miserias que se me antojan hermosas —sonrió— Son tus manos, caminar como dos adolescentes enamorados, eso es lo que me hace rebosar gozo...

Cuando Catalina despertó, Fernando había abandonado el lecho. Se sintió sucia, no por haber hecho el amor con él, pues lo deseaba más que cualquier cosa en este mundo, sino por haber aprovechado la ocasión para convencer a Fernando de que Eduardo estaba a punto de morir y que dejarle libre no supondría ningún peligro, ni para ella ni, por supuesto, para el condado.

Fernando envió a los calabozos a su médico personal, para que estimase la gravedad de la herida de Eduardo. Sus conclusiones fueron sorprendentes para todos aquellos que creían que Salazar era un farsante, que simulaba una enfermedad para libarse del juicio y la condena que le fuera impuesta.

—El preso tiene una herida de bala mal curada en el brazo izquierdo, a la altura del codo —dijo el galeno—. La lesión presenta un único agujero de entrada, por lo que, probablemente, todavía tenga metralla alojada en su interior... Y la carne negra de su antebrazo es síntoma inequívoco de gangrena.

—¿Hay que cortar? —preguntó el conde, sin disimular su agrado.

—No creo que lográsemos salvar la vida de ese hombre, ni siquiera amputándole el brazo... La infección se ha extendido a la sangre, y ya empieza a acusar los síntomas de ello: forúnculos purulentos, pérdida de visión en ambos ojos, coloración amarillenta en las retinas, extremidades hinchadas, hidropesía...

—En conclusión —insistió el conde.

—Ese hombre morirá antes de dos semanas.

Aquella noticia cambiaba mucho las cosas. Catalina había insistido mucho en que Eduardo, ya no sólo había dejado de ser peligroso, sino que iba a morir de un modo más cruel que la peor de las torturas que hubiera maquinado Fernando en sus momentos de mayor ofuscación. Según explicó el médico, la infección que se había cebado en el cuerpo de Salazar acabaría por volverle ciego, tal vez sordo, y la fiebre podía desembocar en un paro cardíaco, lo cual, según el galeno, sería una "bendita liberación" para aquel hombre.

Después de las palabras del médico, Fernando decidió dejar en libertad a Eduardo, y desterrarlo a perpetuidad de Benabarre. Con toda seguridad, sería devorado por los lobos antes de morir, lo que era tan siniestro como gratificante; aunque nadie iba a ser testigo de ello.

4. La tinaja.

«Hubo una vez una pequeña aliaga que quiso ser la mayor antorcha que jamás iluminara el mundo.
Se alimentó de la tierra sobre la que se sustentaba, dejándola seca y yerma. Y creció fuerte y robusta., hasta que sus espinas se hicieron poderosas.
Pero un matarife que pasaba con un gorrino por aquel secarral la arrancó. Degolló el cerdo, y le prendió fuego.
El seco arbusto se alegró al ver que proporcionaba una luz naranja y briosa.
"¿Cómo es posible que éste insensato prenda una antorcha que ha tardado meses en crecer, que ha secado la tierra por hacerse grande y hermosa, a plena luz del día?", se dijo la aliaga.
Pero el carnicero no la escuchó, y con ella quemó los bozos del gorrino, que ardieron desprendiendo hedor a pocilga y pelo quemado.
"¡Ojala hubiera sido arrancada para ser escoba!", se lamentó, "¡Ojala mi vientre se arrastrase por la tierra!"»

SIERRA DE PILZÁN (Condado de Ribagorza). Verano de 1587

Juan Antonio Escalarre hacía ya varios meses que no cortaba la más miserable astilla. Ni siquiera había construido un triste ataúd. *«Trabajo no me va a faltar»*, pensó cuando comenzaron las revueltas de Ribagorza. Sin embargo, se equivocaba. Cuanto más abundantes son los muertos, menos trabajo tiene un carpintero, y más el enterrador. Todos los cadáveres fueron enterrados sin féretro, en fosas comunes, cerca de la iglesia de San Miguel, del castillo condal, incluso en los campos cercanos al Hospital de Santa Elena.

Desde entonces, había trabajado como albañil y como herrero, fabricando espadas, puñales, armaduras y perdigones para los arcabuces de los rebeldes.

Dos días antes de recibir aquel encargo, Escalarre se encontraba cavando tumbas en las cercanías de San Miguel, por lo que en aquel ofrecimiento vio una verdadera liberación.

Juan Bardají necesitaba a alguien que conociera los montes y sierras de las cercanías de Benabarre, y el micer Rivera le convenció de que Juan Antonio Escalarre era el hombre indicado; no en vano, había pasado la mitad de su vida cortando árboles en los montes con los hijos de Bernardo Pellicer, y la otra mitad sembrándolos de cepos para conejos y liebres. Así que fue el elegido para aquella "importante misión", llevarle un mensaje de don Fernando a Miguel Juan Barber.

Escalarre creía que aquel asunto era lo más fácil que podía pedírsele, dadas las circunstancias. Pero el primer aviso de que las cosas no serían tan sencillas como había supuesto se le presento una milla después de haber atravesado Caladrones. Un hombre ahorcado, colgado en la rama de un robusto roble, fue el espeluznante comité de bienvenida a aquella sierra, donde la ley era mero espejismo. Pese a que su avanzado estado de descomposición hacía difícil identificarlo, creyó que se trataba de Ramón Álvarez, de casa "Terra Mullada", un conocido bandido, hijo del Sol de Vila...

Poco después, y casi sin percatarse de ello, las cosas se torcieron, y se encontró, atado de pies y manos sobre el pilar central de una chabola cochambrosa, en algún lugar de la Sierra de Pilzán.

—Vengo de parte del conde don Fernando de Gurrea —les insistió a los dos energúmenos que le habían detenido. Pero fue como intentar razonar con un pino seco—. Traigo un mensaje para Miguel Barber.

No sabía si su aspecto distaba mucho de ser el de un emisario del conde, o si los hombres de Latrás tenían la costumbre de recibir así a los escasos visitantes que tenían agallas para adentrarse en el carrascal que custodiaba, como un espantapájaros, el esqueleto de Álvarez... Decididamente, y visto lo visto, los extraños no eran bien recibidos en aquel campamento. Sea como fuere, Juan Antonio estaba allí, atado de pies y manos, con un mensaje aprendido de memoria que no debía exponérselo a nadie que no fueran Barber, Latrás o Isabel Simón.

—Bueno —pensó—, si me amenazan, contaré a quien sea lo que desee escuchar.

Escalarre conocía a Miguel Juan desde que era un muchacho, y no le temía; lo consideraba un hombre de bien, pese a la fama de asesino sanguinario, que le precedía desde que asesinara a Tomás de "Pancracié"; *«un tramposo que se lo merecía»*. Barber lo había asesinado por un asunto de juego, que nadie sabía determinar a ciencia cierta. Y aquello, tal vez el misterio que rodeaba la muerte de Tomás, el usurero de Jueu, había convertido a Miguel en un personaje odiado por muchos y admirado por los más jóvenes. Juan Antonio se encontraba entre éstos últimos.

—¿Va a recibirme alguien? —gritó Escalarre.

Nadie contestó. Únicamente escuchó unas carcajadas, ajenas a él y a sus palabras.

Poco después, unos murmullos parecieron referirse a él.

—¿Dónde está esa guineu que pregunta por Barber? —preguntó uno de los bandoleros.

—Allí adentro, atado.

—¿Atado? —dijo, molesto, el que parecía el jefe— ¡Estúpidos!

—¿Cómo saber si es amigo o enemigo?

—¿No dijo venir de parte del conde Fernando? ¿Qué más referencias queréis?

Los dos bandidos entraron en la choza y desataron a Escalarre, con la delicadeza que sus rudas manos les permitían, y lo llevaron afuera.

El hombre que demandaba su presencia era el mismísimo Lupercio Latrás, el jefe de los bandidos. Juan Antonio le había visto en un par de ocasiones. Una, hacía un par de años, en la taberna de la anciana Josefina Ferrusola, borracho como una cuba. Y otra, montado en su caballo y disparando su arcabuz contra uno de los rebeldes de Àger, pocos días antes de que las tropas de don Fernando se hicieran con el control de Benabarre.

Reunirse con Barber era una cosa, le conocía desde que tenía uso de razón, pero tratar con Latrás era algo con lo que no contaba, y que no le agradaba demasiado. Escalarre había oído decir que Lupercio era hijo de un poderoso señor del Valle de Echo, casado con una de las hermanas de los Bardají, al que desterraron de sus tierras por asesinar a varios hombres. A Latrás se le atribuían más de veinte asesinatos, robos, violaciones... Definitivamente, el jefe de los bandidos era un hombre extremadamente peligroso, el más temible de todos ellos.

—Creo que preguntas por mi lugarteniente, Miguel Juan Barber —dijo Latrás, adelantándose a Escalarre.

—Sí —respondió él con voz trémula—, aunque mi mensaje no es para él.

—Entonces, ¿para quién es?

—Para una tal Isabel Simón... La hija de una protegida del conde.

—¿Catalina, protegida del conde? —rió Lupercio—. Antes, a las "protegidas", las llamábamos concubinas...

—Sí, Catalina —respondió el carpintero, aliviado al ver que la conocían—. Siempre que sea la mujer de Eduardo Salazar.

—¡La mujer de un verdadero hijo de puta! —Latrás se rascó la cabeza—. ¿Y, cuál es el mensaje?

—Catalina desea reunirse con su hija.

—¡Es razonable y lógico! —sonrió Latrás—. Desde que el malnacido de Eduardo la secuestró y entregó a Àger, no han vuelto a verse... Ten mi palabra de que, en pocos días, Isabel se reunirá con su madre en el castillo condal —les hizo un gesto a los dos hombres que le habían detenido y les dijo—: Dadle algo de comer y de beber y, cuando haya acabado, acompañadle hasta las puertas de Benabarre.

Le ofrecieron media gallina vieja y una jarra de vino...

BENABARRE (Condado de Ribagorza).

L orenzo se acostumbró enseguida a la confortable vida de palacio.

A Blas Monserrate la presencia de Lorenzo le animaba. Le aburrían sobremanera las reuniones diarias que debía mantener con Fernando y con los principales, y que se prolongaban durante horas. El niño parecía surtir una especie de efecto balsámico en el gobernador del castillo; su compañía le hacía olvidar todos los problemas que asolaban el condado. Siempre deseó tener un hijo y, aunque Dios le había concedido la gracia de cuatro niñas, de las que estaba muy orgulloso, siempre creyó que su vida hubiera sido más plena de haber tenido un varón a su lado. Sea como fuere, Monserrate pasaba horas con el niño; incluso le enseñó a jugar a la pelota, del modo en que lo hacían los de Zaragoza.

La primera vez que Lorenzo le ganó, o que Monserrate se dejó ganar, le regaló un chisquero metálico, de larga mecha anudada en un extremo, con la piedra nueva y grabado con dibujos geométricos.

A Fernando, sin embargo, no le gustaba demasiado verle merodear por los pasillos del castillo, aunque jamás dijo una sola palabra. La presencia del pequeño le removía las entrañas; tal vez le reconcomía que Catalina hubiera pasado tantos años compartiendo el lecho con un hombre que no era él. Aquel pequeño era la prueba irrefutable de que su madre había recibido en sus entrañas el pecado de un ser despreciable: Eduardo. Incluso, el sonido irregular que producía la plataforma de corcho en el zapato izquierdo de Lorenzo en el entarimado del primer piso, estimulaba las emociones más rastreras del conde, y esto le mantenía en un estado que le crispaba los nervios. Fernando era consciente de su majadería. Pero, aunque sabía que aquellos celos eran absurdos, también que eran inevitables.

Aquel día hizo acopio de valor y, tras el almuerzo, decidió pasar la sobremesa con Catalina y Lorenzo, en los aposentos de ella.

Ante su asombro, descubrió que aquel niño cojo era un ser extraordinario, tranquilo, afable y alegre, que se limitó a jugar con un trozo de madera y un palo en forma de "Y", que había pintado con vivos colores, y que su imaginación había convertido en un caballo y su correspondiente jinete, sin molestarles en toda la tarde. Fernando se sintió culpable por albergar sentimientos horribles hacia el pequeño Lorenzo. Catalina ya le había advertido que el pequeño era un niño sensible y bueno, al que todos amaban sin esfuerzo. Pero Fernando intuía que el afán de Catalina por justificar los sentimientos del prójimo, los del propio Fernando para con Lorenzo, eran síntoma de una irreverente animadversión hacia su propio hijo. «¡Cuánto has cambiado Catalina!».

Ella no sentía remordimientos por haberse acostado con el conde, la noche en la que dejaron que la pasión les arrastrara hasta el adulterio; hacía ya varios años que sentir el sabor salado de la piel de Eduardo le producía arcadas. El mismo Lorenzo fue engendrado entre estertores y nauseas y, tal vez esa era la razón por la que no sentía lo que debía sentir por él.

Fernando le prometió, sin ningún tipo de convicción, que hablaría con el arzobispo de Zaragoza para pedirle que anulase su matrimonio con Johanna, y así poder volver a casarse, esta vez con la mujer a la que amaba, con ella.

—Tu marido, sin duda, ya habrá muerto —aseguró el conde—. Y los dos seremos libres para ser felices.

Catalina asintió con una sonrisa algo forzada en sus labios. Una sonrisa que decía lo mucho que deseaba que aquello fuera posible, y lo absurdo que le parecía aquel propósito. Y se vio a si misma, catorce años atrás, imaginando que

Fernando renunciaba a sus títulos y votos, y ella a sus hábitos, con idéntico resultado al que preveía para las esperanzas de Villahermosa.

Alguien llamó a la puerta de los aposentos de Catalina. Era una joven sirvienta.

—Una muchacha harapienta pregunta por vos —dijo, sin siquiera saludar—. Le he dicho que si desea limosna o cobijo vaya al hospital de Santa Elena, pero ha insistido en que quería reunirse con Catalina.

Aquella mujer no tenía ningún reparo en demostrar lo que otros opinaban y no manifestaban. Ella misma había pasado alguna que otra noche fría al calor de Blas Monserrate y, pese a que, tanto ella como el gobernador, estaban casados, no veía bien que el conde engañara a su esposa con la mujer de un asesino.

La muchacha era una jovencita pelirroja.

Fernando se quedó tenso, como un palo a punto de ser quebrado, cuando la vio entrar por la puerta. Ni un sólo detalle de su rostro, ni una sola peca de su tez, le eran desconocidas. Aquella era, realmente, la niña que perturbaba sus sueños desde que colgó los hábitos.

—¡Isabel! —gritó Lorenzo, echándose a sus brazos.

—¡Hija mía! —lloró Catalina—, no sabía si te llegaría el mensaje.

—Aunque no me hubiese llamado, hubiera venido a verla —sonrió Isabel—. ¡Estuve tan inquieta cuando la secuestró ese bastardo! Pero tenía la seguridad de que aquí estaría bien atendida.

—Creo que debería dejaros solas —tartamudeó el conde—. Supongo que tendréis muchas cosas de qué hablar.

—No tantas como con otros —murmuró Isabel, mirando con los ojos muy abiertos a su padre.

El conde se retiró, y sintió como la sangre hervía en sus venas. Su corazón parecía cambiar de lugar en cada latido que daba, y un pequeño vahído estuvo a punto de hacerle caer a tierra. Después, sus pulmones se negaron a aspirar un aire a todas luces preciso...

No pudo evitar pegar su oreja a la puerta.

—Es él, ¿verdad? —preguntó Isabel. Catalina asintió—. La otra vez que le vi, me pareció más distinguido... Quizás fue por el caballo.

—No le menosprecies —susurró su madre—. No sólo es el conde de Ribagorza, sino tu propio padre.

—Yo no tengo padre... El que debería haberse comportado como tal nos despreció, tanto a mí como a usted y a Lorenzo... Y éste, el que la desfloró, no es más padre que el otro... No, madre, si he de elegir un padre, elijo esas montañas, o al Joven de Largos Cabellos, quienquiera que sea. Él estuvo conmigo, y me escuchó y me reconfortó cuando usted no podía hacerlo...

—Todos somos hijos de Dios, mi pequeña —susurró Catalina, como una letanía que había perdido todo su significado.

—Sí, madre. Somos hijos de ese Dios que al que abrazó siendo una niña — sonrió—. Hijos de ese Dios que envió a la hoguera a aquella pobre mujer, la "Palometa"… Hijos del mismo Dios que le dio poder a la madre superiora del convento de San Pedro, del que tuvo que huir para salvar el mayor don que Dios le había dado: su propia vida.

—Él les juzgará y castigará.

—¿De verdad cree que seremos juzgadas con la misma equidad con la que serán juzgados ellos? —rió la muchacha—. Nosotros somos hijos bastardos de Dios. Nos ofrece unos dones que, por fuerza, provienen de Él, y, quienes ostentan el poder de la Iglesia, nos acosan y persiguen como si fuéramos hijos de Satanás.

—¡Cállate, Isabel! —balbució Catalina— pueden oírnos…

—Quien nos escuche certificará que lo que digo es cierto. Él mismo sabe que también es un bastardo de Dios —se acercó a la puerta y la abrió. Fernando la miró perplejo—. ¡Pasad, señor conde!

Villahermosa entró en la alcoba, y se sentó en la cama.

—Hace muchos años, nos echaron de la casa donde servía mi madre porque vaticiné la muerte de una de las nietas de nuestra anciana ama… Os aseguro que entonces no comprendí quien demonios era aquel ser que me visitaba y al que yo llamaba "Sombra"… Erais vos, mi padre…

—Jamás vaticiné la muerte de ninguna niña…

—¡La humildad no es vuestra mayor virtud, señor conde! —se burló Isabel—. ¿Acaso creéis que yo no soy capaz por mí misma de predecir el futuro?

—Jamás me atrevería a opinar sobre alguien a quien no conozco.

—Después —prosiguió la joven—, cuando mi madre ya se había casado con Eduardo, era yo quien me presentaba en vuestros sueños. Deseaba mortificaros, del mismo modo en que vuestra ausencia me atormentaba a mí. Deseaba que fuerais tan desdichado como yo, como mi madre, por habernos abandonado. Deseaba vuestra muerte… Pero fue inútil. Mi odio no surtía el mismo efecto en vos que en los otros… Seguisteis apareciendo en mis sueños, sin siquiera acusar el dolor que yo os infringía. Y ese dolor se volvió contra mí, como si fuerais un espejo que repeliera mi voluntad… Entonces comprendí que aquel hombre con quien soñaba era yo, y odiaros era odiarme a mí misma.

—Pero… —balbució Fernando.

—Deseáis ser feliz, don Fernando… Y yo lo deseo tanto como vos. Pero, os aseguro que, ni vos ni yo, hallaremos jamás el camino. La felicidad no es un premio del que puedan beneficiarse los humanos, según el Joven de Largos Cabellos; si lográramos alcanzarla, nos volveríamos tan cómodos, tan vacíos, que nuestra vida habría sido en vano. Y ninguna vida es en vano.

—Como una tinaja de aceite —dijo Fernando, visiblemente abatido—. Ya existe desde que el barro reconoce cual va a ser su destino… Es tinaja desde antes de que el alfarero la moldee con sus propias manos. Y lo es mientras el tinajero la construye... Y mientras espera ser llenada.

—Pero, cuando le echan en su interior el aceite —prosiguió Isabel— la tinaja deja de existir, para convertirse en un simple recipiente, sin otra aspiración que esperar a que la vacíen y perezca...

Catalina les miró sorprendida. Había algo en ellos que los acercaba de un modo que le satisfacía, pero que, al mismo tiempo, les separaba de ella, y eso le angustiaba. No comprendía lo que estaban diciendo, tal vez ni siquiera ellos mismos entendieran sus propias palabras, pronunciadas como la letanía mil veces recitada, como un cura sermoneando desde su púlpito.

—Lourier —concluyó Fernando. Isabel se encogió de hombros, y él sonrió con dulzura—. El Joven de Largos Cabellos se llama Lourier.

CAPÍTULO XIV
La estupidez

1. Ni una sola vez en la vida.

«¿Qué es el dolor, sino un rasgo más de la vida?
¿De qué serviría vivir si nuestro espíritu permaneciera por siempre dormido?
No hay despertar más cierto que el dolor, ni sueño más profundo que el placer...»
                    CAMPORRELLS (Condado de Ribagorza). Otoño de 1587

Los movimientos de aquella burra achacosa actuaron en su cuerpo como si fuera sometido a un fusilamiento público. Eduardo la había robado en una casucha, a escasos cien pasos de los muros de Benabarre; Sin duda, los dueños de la vieja acémila se alegrarían por haberse deshecho de un animal tan torpe, viejo y flaco...

No sabía cuanto tiempo llevaba cabalgando sobre el duro lomo de aquella terca borrica, ni hacia dónde había decidido dirigirse sin que él se hubiese dignado a darle el más leve golpe en sus grupas o profiriera un solo grito. Lo único que deseaba era alejarse de Benabarre, y que sus súplicas a aquel dios al que nunca antes había rezado, al que nada creía deberle y por quien no quería ser reclamado, que acabase con aquel sufrimiento y con el hedor que desprendía su brazo gangrenado.

A pocos kilómetros del pueblo perdió el conocimiento. El mundo se volvió extraño, y sintió como si cayera a un profundo precipicio, que se retorcía como una escalera de caracol, sin principio ni final. Creyó ver, en aquella caída infinita, a su hermano Gervasio y a su madre Enedina, incluso a Paco, picando en el huerto de don Agustín Pociello con su habitual desgana. No recordaba si alguien, o algo, le recriminó por sus terribles pecados...

«Sin duda estoy muerto», se dijo, *«y esto no es más que el principio de una eterna condena preñada de horribles suplicios ».*

No recordaba haber sido feliz ni un instante en toda su vida. Ni siquiera el mal le había llevado por el ancho camino del júbilo.

La voz que escuchó aquel día, en efecto, estaba apartada de la de los ángeles, aunque no hubiera podido asegurar que no se tratase de la del mismísimo diablo.

—¿Qué tal te encuentras? —preguntó la voz, con acento francés. Era un hombre.

—¡No recuerdo haberme sentido peor en toda mi vida! —se quejó Eduardo, intentando incorporarse.

El brazo le dolía más aún que cuando huyó de su pueblo. Y sus ojos... creyó haberlos abierto cuando le despertó aquel francés, pero, no podía ver.

—Mi nombre es Guillaume Florentín —se presentó el hombre—. Tal vez mi nombre no te diga nada —Eduardo asintió, recordando que era quien había fabricado la pócima que les dio de beber a Catalina y a Lorenzo antes de entregárselos a Àger—. Mi mujer y yo te encontramos agonizando en las cercanías de Castilló del Pla. Tu frente ardía, y tu brazo se había gangrenado...
—¿Qué me has hecho? —se enfureció Salazar.
—Deberías descansar.
Eduardo alargó su mano derecha, y buscó su brazo herido, sin hallarlo. Florentín se lo había amputado.
—¡Mi brazo! —gritó, lleno de ira—, ¡me lo has cortado, cabrón!
—¿Hubieses preferido morir entero, que vivir sin el miembro que te estaba matando?
—¿Y mis ojos?
—¿Qué te ocurre en los ojos?
—¡No puedo ver!
—Es posible que la infección te haya atacado a la vista —murmuró Florentín.
—¿Me quedaré ciego? —el curandero se encogió de hombros, sin percatarse que Eduardo no podía verle—. ¡Te he preguntado si me quedaré ciego para toda la vida!
—No lo sé...
—Tú deberías saberlo —gritó— tú me has dejado así. ¡Me has cortado el brazo!
—Necesitas descansar —insistió Florentín—. Llevas más de una semana sin comer, y estás muy débil.
Eduardo advirtió en su boca un sabor amargo y viscoso, que le producía arcadas, y un ligero mareo que le impedía elevar su cabeza por encima de los hombros. Un pensamiento ocupaba la totalidad de su mente de un modo obsesivo: Recuperar el cofre con los reales de Sopena, que había escondido en las cercanías de la Pedra dels Degollats. Pero aquella empresa se le antojaba realmente difícil. Dudaba que las esperanzas que le daba Florentín, respecto a recuperar la vista, tuvieran fundamento más allá de la mentira piadosa.
Estaba en deuda con aquel sanador, sin duda, aunque a Salazar esto no le importaba demasiado. Sin embargo, el francés podría ayudarle a recuperar los reales de Sopena, a cambio de un puñado de ellos, *«Florentín creerá que las monedas son el justo pago por sus servicios, y yo seré un hombre rico».*
Eduardo se equivocaba. Florentín no era un santo varón cuya mente se rigiera por un fervor extraordinario a Cristo, ni por caridad cristiana o samaritanismo, sino por motivaciones más oscuras, difícilmente determinables, pero tan arraigadas en su interior que era imposible distinguir qué era creencia y qué formaba parte de su carácter. Si realmente estuviese dispuesto a ayudarle a desenterrar el cofre, jamás lo haría por menos de una cuarta parte del botín.

Pero todavía faltaba algún tiempo para que Eduardo se atreviera a confesarle a Florentín cuales eran sus intenciones...

2. Adelantarse al buitre.

«Ningún ave de corral está a salvo cuando acecha la zorra.
Nada, ni siquiera el honor, es capaz de detener a un asesino.
¿Quién se esconde tras las sombras? ¿Quién nos convierte en esclavos de un destino en el que poco o nada podemos decidir?
Jamás hubo hombre que eligiera el momento de su muerte, ni hubo sensato que la buscara.
¿Quién es capaz de guardarse del silencio y salvar a un mismo tiempo los recuerdos y su vida?»

BENABARRE (Condado de Ribagorza). Principios de 1588

Hacía algo de frío aquella mañana.
Fernando se agazapó en la cama, como un pequeño cachorro buscando a su madre. Catalina le recibió apretujando la cabeza contra su pecho. El conde sintió su calidez, una ternura que hacía años que no sentía, tal vez desde momentos antes de que esa misma mujer le dijera que no volverían a verse... Después, el tiempo y sus propios sentimientos, les volvieron tal y como eran en realidad.

Lorenzo no comprendía demasiado la actitud de su madre. Hasta hacía unos meses jamás se había apartado de su lado, protegiéndolo y malcriándolo, para compensar el poco afecto que sentía por él, y últimamente era incapaz de despegarse de aquel extraño que, sospechaba, en la soledad de su alcoba, la besaba y acariciaba de un modo que no recordaba haber visto en su padre. Isabel no era una mala compañía, incluso tenía mucha más paciencia que su propia madre cuando jugaban al escondite. Pero su hermana no era muy diferente a Catalina. La presencia de aquel extraño, del conde Fernando, surtía un efecto de irresistible atracción en las dos mujeres, que parecían disputárselo, cada vez con menos disimulo.

Los benabarrenses habían empezado a referirse a Catalina como la "Capellana", cosa que a ella le molestaba, aunque sin llegar a ofenderle, que era, en definitivas cuentas, lo que pretendían.

Fernando entreabrió los ojos y miró aquel suave rostro de piel tersa y ojos grandes y grises, de manso felino, que le observaban con un brillo henchido de ternura. Creyó ver en aquella mirada un poso de melancolía, quizás una falta de hábito en un despertar dulce y sereno, y la alegría de tener por delante un día ocioso, sin prisas ni miedos. Sonrió, esta vez sin pensar en lo absurdo de la vida. Y deseó morir en aquel preciso instante, como si la muerte fuera el eco del último hálito. Deseaba aquel suspiro con una intensidad que le abrumó, y quiso acallar el silencio ensordecedor amparándose en sus sentidos.

Alargó las manos y acarició aquella suave piel, que las recibió como el rosal recoge el rocío de la mañana. Besó sus carnosos labios, que no habían dejado de sonreír un solo instante, y su lengua se sintió resguardada en el interior de la húmeda boca de Catalina, saboreando la acidez de la mañana que, en un instante, se convirtió en miel.

Sus respiraciones susurraron en un único clamor, cuando los pechos de Catalina se volvieron plácidos guijarros, moldeados por el constante fluir de los sentimientos de los que habían sido arrancados.

Fernando imaginó que aquel fluido, que abandonaba su cuerpo cuando los espasmos del placer se confundieron con las convulsiones de la muerte, contenían toda la esencia de sí mismo, su propia vida. El vientre de Catalina lo acogió como el principio de la creación, como el máximo esplendor del silencio, al que había sucumbido años atrás, y que amenazaba con volver a esclavizarla.

La semana anterior, Isabel y Catalina habían visitado a un picapedrero. Le encargaron una pequeña lápida de mármol blanco, en la que le escribiera: «*Aquí yace la Hermana Adela, que fue entregada a Dios para evitar la vergüenza de quienes creían ostentar su poder*».

Un par de días después, Catalina y Fernando fueron a depositar dicha lápida al cementerio de San Pedro...

Al principio, cuando les vio entrar por la puerta del convento, la madre Tomasa, una joven de carácter agrio y acento mallorquín en su habla, se negó a colocar aquella placa en una tumba que ya tenía nombre... La madre Rufina se había ocupado, de un modo realmente eficaz, de borrar cualquier vestigio que pudiera inculparla en aquel crimen; su tesón, sin duda inspirado por el propio Satanás, consiguió que incluso el nombre de Catalina fuera borrado de la tumba que deberían contener sus restos. La historia (la de una viuda que trajo consigo a su hija pequeña, el derrumbe del pasadizo de la cripta, la muerte de aquella joven monja), era recordada por las más ancianas como algo terriblemente lejano, y las jóvenes estaban convencidas de que no era sino una leyenda, una fábula sin moraleja alguna.

Rezó un padrenuestro y dos avemarías frente a la tumba de su madre, antes de encararse a la adusta madre superiora. Y buscó, entre las pocas dominicas que paseaban por las cercanías, una mirada amiga que justificase su presencia en aquel lugar. Pero todas las monjas, de camino a la quesería, eran jóvenes a las que jamás había visto. Sólo una anciana desmemoriada dijo encontrar cierto parecido entre ella y la difunta Catalina... Las demás, o bien habían muerto, o habían sido trasladadas a otros conventos.

Si no llega a ser por la presencia de Fernando, con toda seguridad, aquella lápida jamás hubiera sido depositada allí. El corpulento picapedrero se encargó de que la loseta quedara bien sujeta a la tumba.

Catalina sabía que aquel mísero trozo de mármol no iba a devolverle la dignidad a la hermana Adela y, probablemente, duraría muy poco sobre la tumba de su amiga, pero sintió que había cumplido con lo que se había prometido a sí misma.

Al salir, casi junto a la puerta, pudo ver, en el panteón de las monjas ilustres, una gran lápida en la que podía leerse: *«Líbranos, Dios, de los males que azotan este mundo. Yo siempre fui tu sierva, Señor. Madre Rufina de Santo Domingo. 15 de Junio de 1587».*

—Ciertamente, Dios nos ha librado de uno de esos males —se dijo.

Y rezó una salve por su alma, aunque dudaba que fuera a contribuir a rebajar su condena en el Infierno.

Fernando se levantó de la cama, se vistió a toda prisa y salió de la habitación, después de ofrecerle a Catalina un sincero beso en la mejilla. Ella, sin embargo, se quedó tumbada sobre las sábanas, acariciándolas con suavidad. Acercó su nariz a la almohada, intentando robarle el aroma de los cabellos de Fernando, que había quedado impregnado en las plumas de ganso, y disfrutando de la única paz que había conocido en los últimos años. Estaba embriagada por la serenidad del momento, deseando que aquel sueño se prolongase por los siglos de los siglos, aunque era consciente de que Fernando regresaría a Pedrola en el momento en que Benabarre estuviera totalmente apaciguado. Para entonces, ella y sus hijos deberían comenzar una nueva vida en aquella casa que perteneció a los padres de su marido. Pero la alegría no se debía únicamente al amor que se profesaban. Fernando, superadas las reticencias iniciales, había hecho buenas migas con Lorenzo; no era nada extraño verles perseguir la pelota en el patio de armas, intentando hacerle trampas al avispado de Monserrate, o al conde enseñándole juegos infantiles aprendidos en su mocedad pedroleña. E Isabel...

Su hija congenió con su padre de un modo difícilmente comprensible, prácticamente desde que cruzaron sus miradas por primera vez. Catalina no podía evitar sentir envidia; en los trece años que compartió su vida con aquella niña rebelde y huraña, no había logrado comprenderla, y no sólo eso, sino que era incapaz de mantener una conversación civilizada y medianamente coherente con ella. Sin embargo, con Fernando aquella comunicación se producía de forma espontánea, fluida y sincera, de un modo que ella ni siquiera hubiera imaginado en sus momentos de mayor optimismo, que eran más bien escasos.

El conde regresó a sus aposentos, y apremió a Catalina para que se vistiera y peinara. Era casi media mañana y los cocineros de palacio habían preparado un buen almuerzo para ellos dos y para los dos jóvenes hijos de Catalina, quienes llevaban ya un buen rato aguardándoles en el comedor, mirando aquellos manjares con ojos tan ansiosos como sorprendidos.

Lorenzo recibió divertido la presencia de Catalina. Jamás la había visto tan eufórica y elegante como aquel día; ataviada con un vestido de terciopelo verde y su larga melena, negra y ondulada, suelta sobre sus hombros desnudos.

Isabel sintió algo que creía no haber sentido jamás. Por primera vez en su vida se percató de que su madre era mucho más bella que ella. Su piel era limpia, sin una sola peca que afeara su delicada tersura, sus hombros redondos, sus pechos duros y firmes, sus caderas carentes de todo ángulo y, pese a que no podía verlas, bajo aquellas faldas se escondían unas piernas rectas, fuertes y torneadas... Pero lo que más le fascinó fue su mirada. Resaltando sobre un cabello fuerte y espeso, sus ojos grises, siempre apagados y ojerosos, ahora parecían resucitar con un albor interior que Isabel desconocía, iluminando un rostro sereno, que le produjo escalofríos. Lejos de sentir celos de aquella hermosa mujer, la joven descubrió el dolor, la terrible humillación, que le había acompañado durante años, y sintió una profunda admiración por ella. Comprendió que Catalina era una gran mujer, tan desconocida que se le revolvieron las vísceras. *«¡Cuánto podría haber aprendido de ella!»*, se dijo, *«¡Cuánto debo aprender aún!»*.

Quizás fue esa admiración la que le llevó a tomar aquella decisión.

Poco después del almuerzo, Isabel bajó a las caballerizas, cogió unas bolsas de cuero, un pico, una pala y el caballo mulero que le había prestado Miguel y que, aburrido como un gallo aguardando la salida del sol, esperaba a que alguien le diera un buen paseo.

Espoleando el lomo del animal, trotó por las calles del pueblo y, en el Sol de Vila, giró hacia Caladrones, perdiéndose, a continuación, en los bosques que rodeaban la Sierra de Pilzán.

Cuando llegó a la altura del campamento de los bandidos deseó entrar y reunirse con Barber, de cuyo recuerdo vivía, como si de una enfermedad se tratara; con una pasión carente de todo sentimiento, que electrizaba sus pieles cuando sucumbían al deseo de su compartida. Pero no había bajado del pueblo para permitirse una licencia frívola, así que clavó sus espuelas en el caballo, logrando que la incipiente admiración que sentía por su madre superase los sentimientos que experimentaba cuando yacía con un joven cuyo destino estaba abocado a una prematura muerte.

SIERRA DE PILZÁN (Condado de Ribagorza)

Sólo había estado una vez en aquel lugar, y de noche, aunque su mente lo había retenido con todo tipo de detalles. No tuvo, por tanto, la más mínima dificultad para encontrar la Pedra dels Degollats; eternamente custodiada por el poderoso roble, bajo el cual, ella y su madre, habían enterrado el cofre con los reales robados a Sopena.

Todos aquellos recuerdos, las imágenes difuminadas que surgían de su cabeza, incluso siendo recientes, formaban parte de una memoria tan remota y ajena que tenía la sensación de que en dicho lindero no había ocurrido nada fuera de lo normal. De esos remotos cánticos del ayer, únicamente le interesaba el cofre.

El espíritu de Eduardo lo impregnaba todo, con su demoníaca presencia, aunque no estaba muy segura si, quien le susurraba tales lamentos, era el ánima del pasado, o una premonición en un futuro no muy lejano. Incluso creyó verle sentado a los pies del roble, suplicando con su mirada perdida que alguien se apiadase de él... O quizás, el trovador que canturreaba en lo más profundo de su corazón era su propio miedo. *«Espero que ese hijo de puta no cambiara de lugar el dinero».* Por un momento temió que la poca confianza que Eduardo tenía en ella y en Catalina le hubiera impulsado a buscar un escondrijo más seguro para su botín.

Contó tres pasos, y suspiró aliviada, al comprobar que la tierra no había sido removida en varios meses.

Clavó el pico... una y otra vez. Hasta que, en uno de los golpes, la tierra vomitó un gemido hueco y apagado. Era el arcón.

Ayudándose de la pala, acabó por desenterrarlo completamente, y se apresuró en llenar las bolsas de cuero.

Tiró el cofre tras unos matorrales, en la parte posterior del roble y volvió a tapar el agujero.

Poco antes de llegar a Caladrones, el ruido frenético de los cascos de un centenar de caballos le alertaron. No temía que fuesen soldados del conde Fernando; en definitivas cuentas era su hija. Ni tampoco que se tratase de bandidos; los únicos que merodeaban por aquellas tierras eran los hombres de Barber y Latrás y, como es evidente, no les tenía ningún miedo. Sin embargo, se sintió extrañamente inquieta. Un peso terrible pareció desplomarse sobre ella, y una presión angustiosa en la boca del estómago la convirtió en una espiga de trigo mecida por un viento infernal.

Como impulsada por un ser invisible, dio una palmada en las grupas de su caballo, y se apartó del camino. Se escondió tras un corral de ovejas, que balaban inquietas y asustadas por el bullicio de los jinetes , y aguardó.

Frente a ella desfilaron buena parte de los bandidos de Pilzán, si no todos ellos, encabezados por Lupercio Latrás. Y, algo más rezagados, cerrando aquella extraña comitiva, los Pistoletes, entre quienes se encontraba Miguel Juan.

El corazón de Isabel se encogió en su pecho como un pajarillo cobarde y desamparado; no era normal que más de cinco o seis bandidos actuasen juntos, a no ser que hubieran sido reclamados por alguno de los señores de Benabarre. Si esto era así, y siendo que Fernando contaba con más de mil hombres, el asunto debía ser grave.

Salió de detrás del corral, y se acercó a los Pistoletes.

Barber, al escuchar los cascos del caballo se giró, y tiró de las riendas de su cabalgadura, obligándola a parar a un lado del camino haciendo una señal a sus hombres para que prosiguieran la marcha. Desmontó de un salto y se acercó a Isabel.

Su rostro parecía descompuesto por una preocupación que desfiguraba sus suaves rasgos.

La muchacha ni siquiera esperó a que su caballo se detuviera; se lanzó a los brazos de Miguel, y le besó en los labios, pero él la apartó con brusquedad.

—¿Qué haces aquí? —le interrogó el bandido.
—Tenía que solucionar un asunto —sonrió ella—. Regreso a Benabarre.
—¡Eso es imposible! —Barber sacudió la cabeza— Los rebeldes están atacando las murallas de la villa... ¡No sé como han podido reunir a tantos hombres!
—¡No es posible! —balbució Isabel, con una vocecilla que parecía salida de la garganta de un cachorro—. Esta mañana... Hace unas horas, todo estaba en calma...
—Estamos en guerra, Isabel —se lamentó Miguel.
—Y yo, ¿qué voy a hacer? —preguntó asustada—. ¡Mi madre, mi hermano y mi padre están en el pueblo!
—¿Crees que tú podrías protegerlos?—Isabel se encogió de hombros—. Don Fernando sabrá cuidar de ellos y de sí mismo... Vuelve a montar en tu caballo, y ve al campamento... Me reuniré contigo en cuanto haya acabado esta locura... ¡Prometo que, si puedo llegar hasta el castillo, le diré a Catalina que estás a salvo!

Isabel se adentró en la Sierra de Pilzán y escondió las bolsas con los reales de Sopena en el hueco del castaño en el que había muerto Aurora, y los tapó con hojas y ramas secas, prometiéndose que regresaría a buscarlos para entregárselos a su madre.

BENABARRE (Condado de Ribagorza)

Catalina no podía dejar de dar vueltas sin sentido alrededor del pequeño Lorenzo. El niño, ajeno a los acontecimientos, jugaba en el suelo con la vieja pelota que le había regalado un par de semanas atrás Blas Monserrate. Parecía que los gritos y disparos del exterior no suponían ninguna amenaza para él.

«*Isabel estará bien*», intentó convencerse, «*es una jovencita muy lista, que sabrá cuidar de sí misma*».

El ataque de los rebeldes les había sorprendido cuando Fernando y ella paseaban junto a la almena oriental. Alguien dio la voz de alarma: «*¡Nos están atacando!*» y, casi al mismo tiempo, un ruido ensordecedor inundó las calles de Benabarre.

A los cerca de setecientos rebeldes, que parecieron surgir de las entrañas mismas de la tierra, se unieron medio millar de benabarrenses, que se lanzaron a las calles del pueblo con las pocas armas que había logrado esconder tras la caída de Àger, y todo tipo de aperos de labranza: hoces, azadas, rastrillos, horcas, "dallas"[38]... En pocos minutos, los sediciosos lograron tomar la cárcel del condado y liberar a todos los presos.

Fernando se puso al mando de sus tropas de inmediato, siendo de los primeros en salir del castillo. Regresó, sano y salvo, un par de horas después,

---

[38] DALLAS, Segaderas. Guadañas.

según dijo, siguiendo las recomendaciones de Juan Bardají: *«¡Van a por vos, señor!, y no sería sensato que permanecierais en las calles de Benabarre».*

Poco después, cuando los sediciosos se batían en retirada, envió al micer Rivera a Graus, para que se reuniera con Antonio Bardají y con los señores de aquella villa, y a Escalarre a Pilzán para pedirle ayuda los hombres de Latrás, ordenándoles que se ocuparan de los rebeldes que habían huido, y que se habían atrincherado en las cercanías de Tolva, a menos de veinte minutos a caballo hacia el Norte.

TOLVA (Condado de Ribagorza)

La noche cayó sobre Tolva como una roca despedida del Montsec, como la horrible cantinela de un trovador borracho...

Los bandidos de Latrás se lanzaron sobre los sediciosos, poseídos por un espíritu estúpidamente sediento de sangre propia; dando golpes a ciegas y disparos que raras veces alcanzaron otro objetivo que las mezquinas aguas del río Cajigar, o las resecas tierras de su cauce.

Los fogonazos de los arcabuces y cesaron en pocos minutos.

Los hombres de Latrás no tuvieron tiempo de volver a cargar sus armas, y sucumbieron ante las hoces y azadas de los rebeldes... Muchos de ellos murieron, y otros tantos fueron heridos.

Barber sacudió la cabeza. Había sentido el peso del terror en infinidad de ocasiones, incluso la muerte rozándole la piel, pero jamás la había olido. Aquel hedor a sangre, a carne quemada, a fluidos inmundos adheridos a las azadas oxidadas de los campesinos, a desesperación y miedo, le revolvió las tripas... El escaso almuerzo que había engullido, regresó a su boca, abrasando sus entrañas como un trago de amoniaco...

—¡Retirada! —gritó Latrás.

Miguel no estaba acostumbrado al fracaso, lo odiaba más que a los propios rebeldes, pero las palabras de su jefe le parecieron el canto del más sensato de los ángeles de Dios.

SIERRA DE PILZÁN (Condado de Ribagorza).

Isabel jamás había visto a Barber tan abatido como aquel día... De los ochenta hombres que partieron del campamento, solamente regresaron una treintena... El medio millar de soldados que lograron reunir entre don Leocadio Bardají, Gelabert y los señores de las cercanías, no corrieron mejor suerte.

Barber, aquella noche, hizo el amor con Isabel... Y se durmió profundamente.

Cuando despertara, lo sabían ambos, ya no sería aquel temible bandido, cuya fama traspasaba las fronteras de Aragón. Se habría convertido en un hombre derrotado y hundido, sin más futuro que vagar por los montes del Alto Aragón, hasta que un alma caritativa se apiadase de él y le cortase la cabeza. Isabel se juró a sí misma que no le abandonaría hasta que esto ocurriera, aunque presentía que eso era cuestión de muy poco tiempo.

3. El aullido.

«Rojo, azul, púrpura... Jamás supe explicaros, y ahora ni siquiera se imaginaros. ¡Descríbeme la luz como le describirías a un sordo el timbre de tu voz! ¡Descríbeme las tinieblas, que sólo son frío en mi piel! Dime qué demonios he de hacer para no tener que luchar contra ti...»

SIERRA DE PILZÁN (Condado de Ribagorza). Principios de 1588

Florentín le miró desconfiado. No estaba demasiado seguro de que Eduardo hubiera perdido totalmente la vista. Hacía ya varios días que no tenía fiebre, y su cara había perdido la palidez de las últimas semanas. Sin embargo, y pese a que Salazar era incapaz de dirigir sus ojos hacia el lugar del que surgían los sonidos que le alertaban, estos no presentaban, en apariencia, ninguna anomalía. *«Tal vez sólo sea capaz de percibir las luces y las sombras»*, se dijo. De hecho, su presencia en las cercanías de la Pedra del Degollats, sólo era justificable en el caso de que no estuviera mintiendo; de lo contrario, Eduardo hubiera desenterrado el cofre de Sopena con sus propias manos, y no hubiera compartido su contenido con nadie.

Eduardo le indicó, desde la parte trasera del carromato, que tiraba un viejo mulo al que llamaba "Petit Canard"[39], que cuando llegase al comienzo de la seca Sierra de Pilzán, siguiera un sendero, casi cubierto de hierba, que se adentraba en un espeso carrascal.

Guillaume siguió aquel camino con la lógica precaución con la que uno se adentra en terreno angosto e infestado de bandidos... Por aquel sendero hacía años que no pasaba ningún carromato.

Cerca del mediodía llegaron a un lindero desnudo de árboles, en cuyo centro, como una trucha intentando atrapar un mosquito agonizante sobre las mansas aguas de un estanque, surgía una roca blanca y lisa con una forma que a Florentín le recordó un hígado de cordero asado con cebolla.

A unos veinte pasos de la Pedra emergía como un corcel verde intenso, el roble que Eduardo, dijo, surgía de entre las carrascas.

Detuvo el carro. Bajó, y ayudó a Eduardo a que lo hiciera.

Cogió, del interior del carromato, una pala y un pico y, dándole la mano a Salazar, se dirigió hacia el roble.

—Debes pegar tu espalda en el árbol y mirar hacia el Sur —dijo Salazar— aunque bien pudiera ser un poco hacia el Este.

—¿Por qué dudas, Eduardo? —gruñó Florentín— ¿No lo enterraste tú mismo?

—No. No fui yo... Fueron mi mujer y su hija... Y era noche cerrada —se revolvió Eduardo—. En todo caso, lo enterraron a tres pasos del tronco, y recuerdo que los contaron mirando hacia la roca, que era lo único que iluminaba la Luna.

---

[39] Patito.

Guillaume le ayudo a sentarse sobre una piedra plana, a la izquierda del roble, pegó su espalda en el tronco. Contó tres pasos, e hizo una cruz en el suelo con la punta de la pala. Después, cogió el pico, lo levantó por encima de su cabeza, y lo dejó caer con todas sus fuerzas.

La punta se clavó sin dificultad en aquel suelo, que debería haber sido duro, sin la menor resistencia.

Florentín levantó una vez más el pico, y lo dejó caer. A los pocos minutos había abierto un agujero en el que hubiera podido sepultarse un cordero, y aún no había aparecido ni una viruta del cofre.

—Sigue cavando, Florentín —insistió Eduardo desde la piedra, con los ojos perdidos en el firmamento—. Esas rameras lo debieron esconder en el infierno.

—Pues te aseguro, Eduardo, que como dé un par de golpes más, clavaré el pico entre los cuernos de Pedro Botero —refunfuñó Guillaume—. ¿No puedes haberte equivocado? No puedes ver, y estás acostumbrado a orientarte por la vista...

—No —se enfureció Salazar—. Estoy seguro... Yo ya conocía este lugar antes de esconder el cofre, y te aseguro que está enterrado a tres pasos de ese viejo roble.

—¡Lo que tú digas!

En realidad, a Florentín le importaba bastante poco perder toda la tarde, todo el día si fuese necesario, con tal de cobrar los cien reales que Eduardo le había prometido. Pero también tenía muy claro que le abandonaría allí mismo si le mentía, si alguien se les había adelantado o no lograba recordar el lugar en el que habían enterrado aquel tesoro.

Solamente paró de picar durante unos minutos, los necesarios para comer aquel pastel de carne repugnante, que preparaba su mujer con higadillos de pato, y que a él le parecía un "caprice des dieux", y para abocarse a la bota de vino.

A media tarde, Florentín dejó de protestar, y de tratar a Eduardo de loco amnésico, y se limitó a cavar, mientras la idea de abandonarle a su suerte cobraba forma en su mente.

Cuando el sol empezaba a rozar las copas de las carrascas, dejó el pico a un lado y miro a su alrededor. Había cavado una veintena de pequeños pozos, alrededor de aquel imponente roble, y no había aparecido un solo real.

—¿Qué haces que no picas? —preguntó Eduardo con ironía—, ¿Ya lo has encontrado?

—No voy a dar una palada más, "cochón de merde"... Aquí no hay nada.

—¡Seguro que has encontrado el cofre y quieres quedártelo para ti!

—"Tu es trop stupide", Salazar! —rió Florentín—. Si enterrasteis aquí el cofre, ¡se te han adelantado las putas!

—¡Mientes!

—Nunca lo sabrás —dijo Florentín con ironía—. Porque yo me voy.

—¡No te atreverás a dejarme aquí solo! —gritó, preso del pánico—. ¡Maldito cabrón! ¡Agorero del demonio!

Eduardo escuchó como Florentín cargaba la pala y el pico en la parte posterior del carromato. Y después el ruido de las ballestas al montar él en la parte anterior.

A un grito indefinible, precedido del chasquido de las riendas sobre el lomo de Petit Canard, le siguió el golpeteo de los cascos del mulo y el chirriar de las poco lubricadas ruedas del carro, que en pocos minutos quedaron eclipsadas bajo el suave susurro de la brisa.

Por el frío que sentía en su rostro, Eduardo comprendió que ya había anochecido.

Se levantó y, palpando los árboles, buscó refugio detrás de unos matorrales, acurrucándose tras ellos... A las pocas horas, el sueño se apoderó de él. Se recostó sobre la hojarasca. Pero algo, bajo las hojas, le incomodaba. Alargó la mano, y descubrió el cofre de Sopena totalmente vacío.

—¡Malditas putas! —gritó— ¡Me lo han robado todo!

Un lobo aulló a lo lejos... *«Esta va a ser mi última noche!»*, se lamentó. Y, agazapado junto al cofre, se dispuso a esperar la muerte por segunda vez en pocas semanas...

4. Ni la muerte logrará separarnos.

«Al final, el silencio lo inunda todo. Es un silencio azul.
Ahora volamos hacia nuestro destino sin saber si llegaremos a alguna parte.
Caerá la noche... Y caerá el día...
Y descubriremos que el mundo se está parando, y que nada queda... Nada... Sólo palabras, y una estrella que nos ilumina.
Un adiós, un despertar. Un día, una sombra. Un camino, una esperanza, una luz...Y esta fugaz existencia.»
BENABARRE (Condado de Ribagorza). Principios de 1588.

El vientre de Catalina se entregó a los labios de Fernando, como un niño recibiendo el pecho de su madre.

Abrió los ojos con miedo, temiendo que lo que iba a quedar impreso en sus retinas no sería de su agrado.

El aspecto de Fernando era terrible. Había pasado la noche en vela, despachando con sus lugartenientes. Pero no había servido de nada.

Lorenzo resoplaba a su lado. Acababa de amanecer.

—Vístete —susurró el conde—. Debemos abandonar el palacio.

—¿Dónde iremos?

—Los hombres de Gil y Beranuy han sitiado el castillo... Demandan mi cabeza... Éste no es un lugar seguro —se lamentó el conde—. Debo regresar a Pedrola...

—¿Y nosotros?
—Tenéis una casa nueva esperándoos...
Catalina le abrazó con fuerza. Presentía, por el tono de la voz de Fernando, que aquella iba a ser la última vez que lo hiciera. Y lloró, maldiciendo aquel juramento que se hiciera a sí misma siendo monja, cuando murió su madre.
—¿Sabes algo de Isabel? —preguntó alarmada.
—Quizás se reunió con Barber antes del ataque de los rebeldes —Fernando se encogió de hombros—. Estoy seguro de que está bien... —se separó de ella e insistió—. ¡Debemos apresurarnos!, ¡no sé cuanto tiempo podrán resistir mis hombres antes de que el castillo caiga en manos de Gil y Beranuy!
Todo parecía transcurrir a una velocidad superior a la que podía asimilar. Sus brazos parecían pesadas mazas, que se negaban a responder, sus piernas se le semejaron clavadas a una gran roca.
Despertó al pequeño Lorenzo.
Cuando se hubieron vestido, se reunieron con el conde en el vestíbulo del palacio. Fernando se había disfrazado de campesino: faja gris, cachirulo negro, calzones viejos, amarillentos y remendados, pantalones marrones y una camisa blanca. En sus pies llevaba unas medias de lana recia y alpargatas negras, de esparto. Catalina sonrió, y él le devolvió aquel extraño cumplido con un beso en los labios.
Fernando cogió en brazos a Lorenzo, y le dio la mano a Catalina.
Después, salieron del vestíbulo y bajaron a la Iglesia, donde estaba rezando mosén Víctor. Ni siquiera les miró.
Se dirigieron a la parte trasera del altar mayor, y se introdujeron en el angosto pasadizo, que descendía hasta el barranco de San Medardo.
No se atrevieron a hablar en todo el descenso, ni siquiera Lorenzo, que se mantuvo relativamente tranquilo, pese a que su cuerpo estaba tenso como un tronco, y al conde se le hacía difícil cargar con él por aquel empinado pasadizo.
La salida fue una bendición.
Los hermanos Bardají, vestidos de modo similar a como iba el conde, le aguardaban al final del túnel. Llevaban consigo tres burros sucios y pestilentes.
—Desearé morir —dijo Catalina—. Y cuando muera, desearé que tú te reúnas conmigo.
—Te aseguro que la vida que nos ha separado no conseguirá hacerlo tras la muerte.
Y se fundieron en un beso, tan breve como preñado de miedo, de vanas esperanzas y de dolor infinito, que afianzó en sus entrañas lo que ya era evidente en sus espíritus.
El conde le entregó una bolsa llena de monedas y un puñal. Montó en una de las acémilas, y palmeó sus grupas.
«Un conde no debería encontrarse jamás en un trance tan grotesco», pensó Fernando, *«Una despedida nunca debería ser tan ridícula»*...

Catalina no podía apartar los ojos del polvo que los burros habían levantado. La verdad, que ahora formaba parte de ella, se difuminó tras el infame telón del camino. Cuando éste volvió a ser tragado por la tierra, Fernando se había esfumado, como el humo entre las nubes.

Cogió la mano de Lorenzo, y empezó a caminar hacia la ermita de San Medardo, donde, sabía, se habían reunido varios cientos de benabarrenses, que abandonaron Benabarre tras los últimos enfrentamientos.

Aquellas gentes, humildes labradores y pastores, habían levantado tiendas y cabañas, con ramas y mantas viejas, en los terraplenes que limitaban el camino anterior a la ermita. Era evidente que aquella no era la primera vez que tenían que huir del pueblo y asentarse allí. Tenían todo lo que necesitaban: agua, que manaba de la boca de los bueyes; una pequeña presa que ralentizaba el miserable fluir del arroyo, donde pescaban carpillas y crías de barbo, espinosas y flacas; los más diestros, habían sembrado los montes cercanos de trampas y cepos que, no muy a menudo, les ofrecían algún que otro conejo de cabeza gorda y ojos vidriosos; Mario Campo, el panadero, había construido, con losas de caliza, una especie de horno, donde fabricaban pan de harina de centeno, mezclada con trigo machacado, sin apenas levadura; y raro era el día en el que el anciano Pere Palacín no capturase una docena de "pajarets", que despellejaba, destripaba y asaba, atravesados por un palo, y los distribuía entre los pequeños.

Catalina les observó desde lejos, intentando aguantar un llanto, que se preveía inminente, sin atreverse a pedir que la acogieran entre ellos.

—¿No es esa la Capellana? —preguntó una mujer joven—. Sí, sin duda, ésa es la concubina del conde Fernando.

—¡Qué te importa a ti eso! —le increpó una anciana, que parecía dormitar en un claro luminoso, cerca de la hoguera. La mujer le hizo un gesto a Catalina para que se acercase a ella.

—Es mi cuñada —insistió la mujer—, la esposa de mi hermano.

—¿Mercedes? —preguntó Catalina. Ella asintió—. Tu hermano ha muerto, y un muerto no tiene esposa —dijo con firmeza—, y no se puede ser concubina de un hombre que se ha marchado.

—¿Vas a negar que te acostabas con el conde? —se burló Mercedes.

—¿Y tú? —dijo otra de las mujeres, la más joven— ¿Qué tienes tú que decir, si te casaste con Vicente Satué, y después calentabas la cama de su hermano Braulio?

Todas las mujeres se rieron de Merceditas, y ella se retiró, ruborizada y ofendida.

—No le hagas caso —dijo la joven—. Está dolida porque se ha quedado sin un hombre que llevarse a la cama.

—No deberíais ser tan crueles con la pobre mujer —balbució Catalina— ¡A saber qué cosas horribles le ha tocado vivir!

—Ni más, ni menos que las que hemos tenido que sufrir todos nosotros — sonrió la anciana—. Yo me llamo Feliciana, viuda de Lope Gallardo... Y estas son, Antonia, casadera, Genoveva, señora de Escalarre, y María, la panadera, esposa de Mario Campo.
—Yo me llamo Catalina Abadías... Viuda de Eduardo Salazar y...
—El resto no nos importa —le interrumpió Genoveva—. Muchos de nuestros maridos están luchando en Benabarre. Unos a favor del conde, otros al lado de Gil... Al fin y al cabo, nosotras sólo deseamos que todo esto acabe, y no creemos que vayan a cambiar mucho las cosas, dependamos de los Villahermosa o del rey Felipe.
—Solamente esperamos —añadió Feliciana—, que los rencores no nos impidan vivir en paz.
—Mi hijo se llama Lorenzo —dijo, acercando al pequeño.
—¿Qué le ha pasado? —se interesó la anciana.
—Nada —sonrió Catalina con rubor—, es cojo de nacimiento.
—¡Lo cual demuestra que siempre has sido una adúltera! —refunfuñó Mercedes, desde algo más allá—. Mis hermanos no eran cojos... Mi padre y mi madre no cojearon jamás —se acercó esgrimiendo un cuchillo, con el que estaba cortando zanahorias—. ¿Y, ahora, qué pretendes hacer?, ¿quedarte con la casa de mis padres?
—¡Déjala, Merceditas! —gritó Genoveva—. ¡No tienes derecho, ni motivos, para hablar así de esta mujer! ¡Si la casa que construyó tu padre, y que arruinaron tu marido y tu cuñado para que no cayera en manos de Pociello, la volvió a levantar el conde para que acogiera a la viuda y al hijo de tu hermano, tú no tienes nada que decir!
—¿Cómo que no? —se enfadó Mercedes—. ¡Esa casa no le pertenece, y será mía!
—¡Cállate mujer del demonio! —gritó María Morancho. Las demás la miraron sorprendidas: María era una mujer paciente, que raras veces levantaba la voz—. ¡Esta mujer no te ha hecho nada, ni a ti, ni a nadie de este pueblo! ¡Nadie la conoce, sino por las habladurías! Sin embargo, a ti y a tus hermanos, os desde que erais unos niños... ¿Alguna vez te he pedido yo cuentas sobre lo que hizo Eduardo con mi hermano Pascual?
—Debería ser esa puta quien diera cuentas de su marido.
—¿Pretendes que defienda al asesino que la entregó a Àger? —gritó María—. ¡Estás realmente loca!
Mercedes volvió a apartarse de las mujeres, jurando en voz baja, y siguió pelando zanahorias.
Genoveva consiguió un par de mantas grandes de recoger olivas, y Feliciana le prestó dos colchas viejas de lana y, entre todas, fabricaron un pequeño tabernáculo, donde pudieran guarecerse cuando el frío se hiciera insoportable.

Aquella noche, Catalina la pasó prácticamente en vela. Lorenzo tenía mucho frío, y tuvo que arroparle con su manta... Ni siquiera le quedaba el consuelo de tener a Fernando a su lado.

Lloró durante toda la noche, preguntándose qué había sido de su hija Isabel, y si Fernando llegaría sano y salvo a Pedrola.

Al día siguiente, Juan Antonio Escalarre le informó de que Isabel estaba en el campamento de la Sierra de Pilzán, y que vivía bajo el mismo techo que Barber. A Catalina la idea de que su hija, apenas una adolescente, viviera con un hombre adulto, sin haber pasado por la vicaría, le resultaba humillante... Pero ella misma había convivido con Fernando durante varios meses, y no hubo cura que los bendijera...

CAPÍTULO XV
Decrepitud

1. Algo tendrá Ribagorza para que el rey la desee.

«El tiempo, ¡ah, el tiempo!
Tan silencioso, tan implacable.
¡Los dioses saben que intenté ser su aliado!.. ¡Solamente un loco estúpido pretendería
seducirle para no tener que probar su injusticia!..
¡Ah, el tiempo!
Tan despiadado, tan severo.
Quise arrancarle las entrañas creyendo que podría detenerle, pero sólo nosotros sentimos
el latir de la vida...»

PEDROLA (Reino de Aragón). Primavera de 1588.

La pequeña María de Aragón y Pernstein era hermosa. Aquella mañana, las sirvientas se esmeraron en acicalarla como a una bonita princesa. Fernando la observó, tan entusiasmado como melancólico. Aquella mujercita parecía una efigie de mármol, estática e inexpresiva. *«¡Por Dios, sólo tiene cinco años!»*, pensó.

En los meses que había pasado fuera de Pedrola, en Benabarre, conviviendo con los hijos de los humildes, de los sirvientes, con Lorenzo, se dio cuenta de que un niño debería estar obligado a ser un niño, y no una estatua de imaginería inanimada, exclusivamente destinada a cumplir como preciada joya de la opulencia.

Aquella niña de ojos tristes apenas le recordaba; y, a todas luces, no le apreciaba más de lo que apreciaba a cualquiera de los nobles que constantemente deambulaban por palacio. Fernando no era más que aquel señor que irrumpía en palacio sin previo aviso, impartiendo ordenes, a diestro y siniestro, a las que todos los sirvientes obedecían sin atreverse a llevarle la contraria.

Desde que regresara de Benabarre, un par de meses atrás, Fernando se había instalado en una de las alcobas destinadas a los invitados; los cotilleos sobre su supuesto amancebamiento con un antiguo amor de juventud llegaron hasta los oídos de Johanna, y ésta prefirió que durmieran en habitaciones separadas.

Según le informó uno de sus consejeros, Johanna estaría dispuesta a perdonar, y olvidar su adulterio, por el bien de la hija de ambos; siempre y cuando desmintiera los rumores que le relacionaban con aquella monja renegada, y se comprometiera a respetarla en lo que le quedase de vida. La duquesa había sido educada en la corte de Madrid, y esto llevaba implícito que fuera consciente de que las bodas de los nobles eran meras alianzas políticas o territoriales. Pero no estaba dispuesta a ser la comidilla de los corrillos de la corte: *«Una cosa es que Fernando tenga una amante, lo cual soportaría con dignidad, y otra muy distinta que él se confiese enamorado de ella».* Sin embargo, el poco amor que el duque pudiera haber sentido por aquella noble dama se había esfumado, y no tenía ninguna intención de recuperarlo.

Por primera vez en su vida, incluso ahogado por el fracasado, era realmente feliz.

¡Qué importaba un condado rebelde, que no le había aportado ni una sola satisfacción! ¡Qué importaban los lujos y comodidades de un palacio que no sentía como hogar propio! Pero la promesa que le hiciera a su padre intentaba convencerle de su propia derrota... ¿Tan importante era la palabra dada a un anciano moribundo, cuya obsesión por el Honor le llevó al borde mismo de la locura, y que únicamente pretendía la perpetuación de un linaje que, de todos modos, se perdería en poco tiempo? Tal y como se ha repetido una y otra vez durante la historia de la humanidad, el tiempo pondría a cada uno en el lugar que le corresponde; es decir, en el vacío más absoluto. Pero Fernando no deseaba perdurar, ni entrar a formar parte de una historia que sería leída según la mirada del doctor que la impartiera.

—¡Qué poco deseo ser! —solía decirse, cuando le asaltaba la melancolía, cuando sus proyectos se venían abajo una y otra vez.

Uno de aquellos días, en los que los almendros advertían de la inminente llegada de la primavera, llegó a Pedrola un joven emisario del rey Felipe, con órdenes muy concretas:

—Debéis reuniros con Su Majestad, en el monasterio de San Lorenzo, en el plazo de diez días —dijo el joven—, para despachar con él sobre los asuntos ribagorzanos.

El conde recibió aquella orden como una verdadera bendición. Estaba totalmente seguro de que el rey Felipe aprovecharía los últimos disturbios de Ribagorza para volver a reclamarlo para su corona, y que iba a poner todos los medios a su alcance para conseguirlo. Así mismo, tenía la certeza de que lo conseguiría, aunque para ello tuviese que desplegar un millón de soldados, cosa que, dado el lamentable estado de las arcas reales, sería un esfuerzo económico difícilmente compensado con la consecución del condado de Ribagorza.

Fernando se puso en camino al amanecer del día siguiente.

MONASTERIO DE SAN LORENZO, EL ESCORIAL (Reino de Castilla).

La comitiva, que encabezaba el duque de Villahermosa, llegó pronto, cuando el sol despuntaba en el horizonte.

Había oído hablar de aquel monasterio jerónimo, que Felipe se empeñó en construir para glorificar su victoria contra los franceses en San Quintín, y lo había imaginado como una obra ciertamente ostentosa, pero ni la más delirante de sus fantasmagorías se acercaba a lo que tenía frente a él. Sin duda, quienes le habían dicho que se trataba de una obra colosal, no exageraron, más bien todo lo contrario. Fernando estaba tan abrumado como maravillado, pero no pudo por menos que asentir en silencio, al pensar que aquel lugar no era más que el soberbio sepulcro de un rey ambicioso, narcisista yególatra.

Felipe había prometido recibirle a primera hora, lo que suponía que no le atendería hasta bien entrada la mañana. Su vanidad le obligaba a hacerse esperar hasta la exasperación; era el único modo de creerse respetado por aquellos nobles que no cumplían unas leyes tácitas que jamás había osado legislar por temor a los nobles opositores, cada día más numerosos y vocingleros.

El monasterio de San Lorenzo parecía confundirse con las montañas que lo rodeaban, en una simbiosis mágica que le hizo sospechar de un saber oculto, que el monarca guardaba como su más preciado tesoro. La vanidad de un rey, como único argumento, no justificaba aquella empresa. Allí había algo más... El entorno era tan acogedor o hermoso como cualquier lugar del pirineo, y el aire no parecía más o menos fresco y sano que el del propio Madrid... Sin duda, había algo en aquel lugar que Fernando no podía determinar, aunque lo sentía dentro de su corazón.

Como había supuesto, Felipe no le recibió hasta poco antes de su almuerzo. Y, aún así, el rey accedió a reunirse con él, a regañadientes, durante unos minutos: *«Y que sea breve, pues estoy hambriento»*.

Felipe era un hombre decrépito, insospechadamente alejado de aquel joven menudo, de mirada decidida y sabia, que había llamado a su padre "el Filósofo aragonés"... Nadie hubiera dicho que aquel despojo humano, rodeado de libros y frascos de medicinas de dudoso efecto terapéutico, era el mismo hombre que consiguiera el mayor Imperio Español desde que el mundo era mundo.

El rey le aguardaba, sentado sobre un sillón ancho de cuero liso, con los pies apoyados en un cojín de terciopelo rojo, que parecía querer huir ante el peso inclemente de su pierna, hinchada y vendada con una tela inmaculada.

—¡La gota me está matando! —protestó Felipe—. Os rogaría que no os anduvierais con rodeos.

—No soy yo quien ha pedido audiencia, sino vos quien me habéis mandado llamar.

El rey le miró de arriba abajo, y elevó sus cejas. Hizo una señal con los dedos, a la que respondió su secretario, acercándose a él, y susurrándole al oído.

—¡Así que sois el hijo del duque Martín de Gurrea y Aragón! —Fernando asintió—. ¡Un buen hombre, vuestro padre!... Pero, como todo aragonés, terco como una mula —el rey se dio impulso con ambas manos y cogió un documento de la mesa—. Hace unos dos años, reuní, en consejo general, a los fiscales y, para que fallaran con respecto al futuro del condado de Ribagorza, ¿no es así?

—Así es, majestad.

—Y, en contra de mis recomendaciones, decidieron que debíais tomar posesión del condado —Felipe miró fijamente a los ojos del conde—. ¿No eran esos vuestros deseos?

—Difícilmente se puede tomar posesión de un condado si no se ponen medios para ello...

—¡No seáis insolente! —se enfureció el rey—. No olvidéis que está en mis manos que volváis a ser conde de Ribagorza.

—Disculpad, majestad —balbució Fernando— solamente pretendía decir que es imposible que un simple conde pueda vencer a medio millar de peligrosos rebeldes armados hasta los dientes.

—¿Peligrosos rebeldes? ¿Llamáis peligrosos a un puñado de plebeyos, villanos y patanes, cuyas únicas armas son los picos y las azadas?, ¿qué probabilidad hay de que un centenar de labradores, analfabetos y armados con palos y piedras, venzan a un ejército de soldados, hábiles en el manejo de sus arcabuces, espadas y lanzas?

—Ninguna, majestad —aseguró el secretario, con una sonrisa irónica en sus labios.

—Algún hombre poderoso les está financiando —añadió Fernando.

—¡Tonterías! —rió el rey—. Si vuestros soldados son una panda de viejas recién salidas del rosario de las cuatro —se santiguó—, no debéis buscar la explicación en conjeturas conspirativas, ¿o, acaso tenéis pruebas que inculpen a algún noble de eso que estáis diciendo?

—No, señor.

—¿Y bien?

—Vos sois quien me habéis mandado llamar —insistió Fernando—. Tened por seguro que no he venido por propia voluntad.

—Os diré lo que vamos a hacer —Fernando tensó sus músculos—. Recibiréis el condado de Luna, y varias encomiendas que la Orden de Calatrava, a la cual pertenecéis, posee en las cercanías de Valencia.

—¿A cambio de Ribagorza? ¡Jamás!

—No es una propuesta, Villahermosa —sonrió el rey—, es una resolución... Una orden, si lo preferís.

—¿Y si me niego?

—Tenéis un año de plazo para que esto sea efectivo... Si, en la próxima primavera, no recibo los informes del Bayle General, conforme el conde de Ribagorza, es decir, vos, cede todos sus privilegios a la Corona de Aragón, el propio Cerdán se encargará de que mi resolución sea efectiva... Vos sabréis qué es lo que más os conviene...

2. La Capellana.

«Desearía esfumarme en un segundo... No permitiré que la distancia lo borre todo, o lo transforme en indiferencia, en tedio.

Prefiero ser sometida por mis sueños, recostarme en el aroma de mi locura, imaginar instantes futuros que jamás vendrán, alejarme de ese final al que llamamos principio...

Porque, ¿Qué es el nacimiento, sino la muerte del espíritu?»

BENABARRE (Condado de Ribagorza). Verano 1588.

Catalina contempló el campamento de San Medardo con un desconcierto nada exento de melancolía. Tantos años en la sierra de Pilzán, y ahora unos meses malviviendo en las cercanías de la ermita, la habían convertido en una mujer poco dada a las comodidades. Estaba segura de que, cuando entrase en la casa que perteneciera a los Salazar, y que Fernando mandó restaurar como compensación al daño causado por Eduardo, y por él mismo, iba a sentirse tan ajena e incómoda que temía aquel momento como se teme la caída del granizo en verano. En el fondo, Catalina veía en aquella donación una compensación, un pago a sus servicios, como cuando un noble le regala a su amante la más lujosa de las mansiones. Aunque aún no era consciente de ello, Catalina se había convertido en una mujer acomodada. Poseía una casa, con corral y huerto, en Benabarre, una masía en Tamarite, puesto que su marido, a todos los efectos legales, era un cadáver, y una bolsa con varios cientos de ducados que le entregó el conde antes de partir a Zaragoza.

Se aferró a la mano de Lorenzo, y se puso en camino. A cada paso que daba, el sentimiento de que todo cambiaba a su alrededor se hizo más y más acusado. Era evidente que una nueva vida estaba llamando a sus puertas. Nuevos proyectos intentaban acomodarse en su entristecida cabeza, como pequeños aguiluchos recibiendo las instrucciones de su madre para echar a volar, tan medrosos como impacientes. Se juró a sí misma que no caería en la tentación de volver a casarse con un viudo que los mantuviera, a ella y a su hijo. Con el dinero de Fernando podría comprar un par de huertos, y empezar a cultivarlos... Siendo monja aprendió a plantar y recolectar patatas que, aunque la nobleza las consideraba "comida de pobres y plebeyos", su cultivo y posterior venta ayudaron en gran medida a paliar las necesidades de San Pedro, y pensaba aprovecharse de ello. Y, quién sabe si las revueltas no habían abaratado el precio de la tierra, y le diera para mucho más. Quizás, de aquel dinero, aún le sobrase algo para comprar un par de vacas lecheras y un toro que poder intercambiar para cubrirlas. Ni las vacas, ni la elaboración del queso tenían ningún secreto para ella y, estaba segura, cualquier comerciante de Benabarre le compraría todos los quesos y las hortalizas que sus huertos se dignasen a ofrecerle.

No iba a ser tarea fácil, y era consciente de ello. Pero no le asustaba el trabajo duro y, en un par de años, Lorenzo podría ayudarle.

Poco antes de llegar al pueblo, todos aquellos planes amenazaron con venirse abajo. Los campos estaban arruinados. Los rebeldes habían arrancado y prendido fuego a los olivares, y la tierra estaba cubierta de sal. Lorenzo anduvo hasta mitad de una de aquellas huertas y miró a su alrededor, con cara prácticamente inexpresiva.

—¿Qué ocurre, madre? —preguntó el niño— ¿Por qué han quemado y llenado de sal todo esto?

—Si lo supiera —intentó sonreír Catalina—, podría justificarlo, pero no lo sé, Lorenzo... ¡Jamás había visto nada parecido!

—¿De quién eran estos olivares? —Lorenzo creyó comprenderlo—, ¿eran de Fernando?

—No, hijo mío... No sé quién es el amo de este olivar, pero te aseguro que, haberlo destruido, va a hacerle más daño a los que los trabajaban que a su legítimo señor. ¿Cómo pueden ser tan estúpidos?

—¿No es eso la guerra, madre?, ¿causar dolor al enemigo?

—Sí, hijo mío, la guerra consiste en eso, pero los rebeldes han destruido su propio modo de subsistencia... ¡Esperemos que la barbarie haya salpicado sólo a los campos!

Pero las sospechas de Catalina iban en una dirección fatalmente correcta. Al entrar en el pueblo pudo ver con sus propios ojos lo que le había contado Feliciana Morell: *«Todo el pueblo está arrasado»*, le dijo, *«los muy insensatos han echado por tierra las cercas de los huertos, han destruido más de cien casas del Sol de Vila, arrancado olivares y derruido las iglesias, excepto la de Santa María»*.

—¡Dios mío!

Catalina creyó que Feliciana exageraba, pero la evidencia le confirmó que no sólo no había dramatizado la situación, sino que sus previsiones eran demasiado optimistas.

La Iglesia de San Miguel hubiera sido un montón de piedras, de no ser porque sus muros eran firmes y demasiado costosa su demolición. Las murallas del castillo, las de la parte oriental, oculta desde San Medardo, parecían los dientes de un anciano mellado. Incluso el archivo condal, que al no ser una construcción de defensa estaba menos protegido que el resto, ahora no era más que un montículo negro. Sin embargo, el resto del castillo estaba intacto. Las fuerzas de Monserrate aún continuaban en su interior, defendiéndolo, y no era nada extraño escuchar disparos de armas de fuego procedentes de allí.

Catalina temió que Casa Monesma hubiera corrido la misma suerte que el archivo o que San Miguel. *«De ser así»*, pensó con tristeza, *«deberemos marcharnos de aquí»*.

El silencio inundaba las calles. Benabarre se había convertido en un pueblo fantasma, del que manaba un hedor nauseabundo. Catalina se negó a pensar de dónde procedía o qué era lo que lo provocaba.

En las casas cercanas al castillo la destrucción parecía menor que en las del Sol de Vila o cercanías de la plaza mayor. Sin duda, los rebeldes habían cometido aquellas tropelías en los primeros días de la contienda, dando rienda suelta a su ira, y echando abajo las primeras casas de la villa, tal vez las suyas propias. Después, saciada su sed de destrucción, se limitaron a arruinar los palacios de los nobles y de los partidarios de los Villahermosa, y a desvalijar el resto.

Sin comprender por qué los rebeldes no se ensañaron con Casa Monesma, celebró que estuviera en pie, sin daños aparentes; a excepción de la puerta de entrada que había sido arrancada, y que carecía de mobiliario, con toda seguridad utilizado como leña el último invierno.

Pero aquello no tenía la menor importancia. Incluso alguien iba a sacar provecho. Sabía que Escalarre y su mujer regresarían a Benabarre aquella misma semana, e iban a necesitar trabajo para poder poner en marcha su carpintería. Probablemente, los dos huertos que quería comprar deberían esperar, pero eso no le inquietaba.

Arrancó una de las puertas interiores del corral y construyó una mesa poco estable, ayudándose de media docena de adobas que recogió de unas ruinas, frente a la casa, y colocó otras como banqueta.

Catalina difícilmente hubiera podido disimular su felicidad, tampoco quería hacerlo. Aunque aquella casa no podía considerarse un palacio, era infinitamente mejor que la choza en la que habían vivido los últimos años, ¡y qué decir de la tienda de San Medardo! Un par de meses más de duro suelo clavándose en sus riñones, o comer en cuclillas sobre una mesa inestable y rugosa, no iban a aumentar o mitigar los problemas físicos de Lorenzo, que era lo único que le preocupaba.

Cuando hubieron dispuesto la mesa y los bloques de ambos lados, Catalina se percató de que no tenían nada que llevarse a la boca, ni tizones con los que encender el fuego, así que mandó a aquel niño demasiado pegado a sus faldas, en busca de madera.

—Prueba en la serrería de los hermanos Pellicer —le dijo a Lorenzo—. Con un par de tizones recios nos bastará.

—Pero, madre, yo no conozco este pueblo —se lamentó el niño—. Pueden robarme por el camino…

—Ya va siendo hora de que empieces a valerte por ti mismo, Lorenzo —le dijo con cariño, aunque con firmeza—. Pronto cumplirás nueve años, ¡eres ya un hombrecito!

Lorenzo se marchó refunfuñando y exagerando su cojera.

Catalina tapó el hueco de entrada con un trozo de madera, que arrancó de la jaula del gallinero, y la sujetó con unas piedras, saliendo después de la casa por la puerta posterior.

Al pasar frente al ayuntamiento, escuchó el rebuzno de varios burros famélicos y abandonados a su suerte, que parecían haberse apropiado de las ruinas del consistorio, robándole miserables hierbajos al empedrado, medio levantado, de la entrada.

Unos ancianos la observaron desde el centro de la plaza mayor, susurrando y riendo, sin dejar de mirarla. Catalina supuso que aquellos viejos labradores estaban murmurando sobre ella y su relación con el conde Fernando. Decidió ignorarlos. Hasta que uno de aquellos ancianos se acercó y dijo:

—Tú eres Catalina la Capellana, ¿no es así? —la mujer le miró de arriba abajo y, algo ofendida, le hizo un gesto afirmativo con la cabeza—. No te mires esos asnos... Están enfermos, y comen lo que se encuentran por ahí.

—¿Tienen dueño?

—Eran de Braulio el dels "Somés" —susurró el hombre—. Lo mataron los hombres de Bardají hace meses... El micer Rivera los requisó, y los usó para transportar víveres. Desde que sitiaron el castillo han campado a sus anchas por todo el pueblo, comiendo lo que encuentran... Nadie los cuida desde que los abandonaron.

—Necesito un burro sano —dijo Catalina—, ¿Dónde podría comprar uno?

—¡Mal asunto! —dijo el hombre, encogiéndose de hombros—. Ya has visto que en este pueblo sólo quedamos cuatro viejos, a los que nos asusta más dormir en tierra que los disparos de los arcabuces.

—¿Quieres decir que estos tres asnos hambrientos y sarnosos son los únicos que quedan en todo Benabarre?

—Tal como oyes, Capellana.

Catalina se despidió del anciano, y entró en el ayuntamiento. Desató una soga desgastada de un poste, y se acercó a los animales. Uno de ellos, el que parecía más joven o mejor alimentado, la miró con indiferencia, resoplando aburrido. Catalina se aproximó a él, y le ató la soga alrededor del cuello. Estiró de ella, pero el burro ni siquiera movió las orejas.

—No lograrás sacarlo de ahí hasta que no haya acabado con la hierba —dijo el anciano divertido—. Ese asno tiene más hambre que los curas de San Miguel.

Catalina cogió una buena mata de hierba y la metió en la boca del pollino. Después, cogió otro manojo y lo movió frente a su hocico.

Así consiguió sacarlo del patio del ayuntamiento.

Lo ató en el tronco un tilo, y se acercó a los ancianos.

—¿Alguno de vosotros tenéis gallinero? —preguntó.

—Por supuesto —sonrió el que parecía el más viejo de ellos— con las gallinas más gordas de todo el condado.

—Os compraría un pollo y media docena de huevos.

—Eso está hecho.

Catalina cogió los huevos y el pollo, una gallina vieja en realidad, no tan gorda como le había prometido el labrador, y también le compró un par de cazuelas, tres platos, un caldero mediano y algunas piezas de madera que juró hacerlas él mismo en sus ratos libres: tres cucharas y una especie de tenedores de dos únicas púas. Agarró la soga que sujetaba al burro y regresó a su casa.

Cuando llegó, esperaba encontrar allí a Lorenzo aguardándole en la puerta, pero no estaba.

Isabel le había enseñado, tal vez más de lo que ella la había educado, a no tener que inquietarse demasiado por sus tardanzas; de hecho, hacía ya varios meses que no sabía nada de ella. Sin embargo, Lorenzo era un niño dependiente, que jamás actuaba por propia voluntad y no pudo evitar preocuparse por él.

Encerró el burro en el corral, y subió arriba.

Degolló la gallina, guardó la sangre en un plato, la escaldó y la desplumó. Acto seguido, cogió el caldero y bajó al huerto. Destapó el pozo y, atando el caldero a la soga con la que había traído el burro, sacó un poco de agua.

De regreso a la casa, destripó la gallina con el puñal que le entregara Fernando. Mientras la cortaba en cuatro trozos, se percató de un detalle en el que no había caído. Jamás sintió un apego excesivo por Lorenzo, y eso seguía suponiéndole no pocos remordimientos de conciencia, sin embargo, desde que Eduardo los había entregado a Àger, sus sentimientos habían experimentado una metamorfosis, discreta, aunque imparable. Y se percató de que aquel niño flacucho, débil, infantil y cojo, era un ser extraordinario; amable, discreto y paciente. Y que, en ningún caso, podía considerarse fruto del pecado, ni de su padre, ni suyo propio.

No sabía qué lectura hacer de aquel cambio de sentimientos respecto de Lorenzo. Es posible que tampoco ella quisiera saberlo, aunque todo señalaba en una única dirección: Fernando.

Poco después, cuando su mente aún no se había apartado de aquellas abstracciones, tan insólitas como gratificantes, escuchó un ruido en el portal, seguido del rebuzno del burro, *«No sé qué tal será como animal de carga, pero es mejor guardián que una oca»*, masculló divertida. Sin duda se trataba de Lorenzo dejando los troncos en el patio. Sintió el impulso de bajar a recibirle, pero pensó que debían acostumbrarse, tanto él como ella, a ver aquellas salidas como algo habitual. Y esperó.

Transcurrieron unos minutos y Lorenzo no subía, así que decidió bajar abajo.

Era evidente que los ruidos que había escuchado los produjo Lorenzo al dejar caer la leña en el patio, puesto que a un lado, junto a las escaleras, había cuatro troncos recios. *«¿Cómo habrá podido traerlos él solo?»*, se preguntó Catalina, *«Quizás haya hecho un par de viajes y haya regresado a por más leña»*.

Cogió dos de los tizones, y los subió arriba. Después, bajó al huerto y recogió unas cuantas ramas secas, un puñado de paja y una mata de aliaga. Regresó arriba y lo colocó todo en el fuego de tierra.

«¿Cómo he podido ser tan tonta?». Se dijo, al percatarse de que no tenía nada con qué encender el fuego, ni un miserable pedernal.

Cuando el eco de aquellas palabras aún resonaban en su mente, volvió a escuchar ruidos en el patio.

—¡Madre! —gritó Lorenzo —¿puede bajar?.

Catalina bajó las escaleras sin demasiado ánimo, sólo podía pensar en su falta de previsión. Pero lo que vio le dejó atónita.

Su hijo iba acompañado por Evaristo, el hijo de Juan Antonio Escalarre, el carpintero. Los dos niños arrastraban con dificultad una albarda de mimbre en bastante buen estado.

—Necesitará unos cuantos remiendos —dijo Evaristo—, pero puede servirles.

—Cuando vinimos a dejar los troncos —explicó Lorenzo— vi que había comprado un burro, y pensé que necesitaríamos una albarda.

Catalina se quedó transpuesta. Y decidió que había subestimado la inteligencia de su hijo y su capacidad de decisión.

—Poco antes de llegar a la plaza, Lorenzo vio esta albarda, en "Casa Gaiter" —añadió Evaristo, con desparpajo— y dijo: «¡Ojala tuviéramos un burro!».

—Sí —prosiguió Lorenzo—, los troncos pesaban mucho, y pensé que si tuviéramos un burro, recogería aquella albarda y, cuanto tuviese que volver a por leña, no debería cargar con ella por todo el pueblo.

—¿La habéis robado? —preguntó Catalina con desconfianza.

—¡No, madre! —se apresuró a decir Lorenzo—. Evaristo me ha asegurado que la casa estaba abandonada...

—El "Gaiter" era un anciano, sin hijos —le explicó el pequeño Escalarre— que mataron los soldados del conde, ¡esos asesinos!

—¡El conde es nuestro amigo! —se molestó Lorenzo— además, tu padre estaba de parte de don Fernando, ¿ya lo has olvidado?

—Quien mata es un asesino, ¿no? —Catalina y Lorenzo asintieron—. Pues al "Gaiter" lo mataron, y quien lo hizo...

—No tiene importancia, Evaristo —dijo Catalina sonriendo—. Comprendo lo que quieres decir.

Y le entregó una moneda. El pequeño se la llevó a la boca, y dio un salto de alegría. Con toda seguridad, aquel niño no sabía por qué había hecho aquello, ni si en la moneda debían quedar marcados sus dientes o no.

—Esta tarde vendré a buscarte para jugar al escondite —le dijo Evaristo a Lorenzo, sin ocultar su entusiasmo.

Y se perdió calle abajo.

—Hay un pequeño problema —dijo Catalina—. No tenemos pedernal con el que encender el fuego.

Lorenzo se llevó la mano a su bolsillo y sacudió la cabeza con un aire de suficiencia desconocido hasta entonces. Sacó el mechero que le había regalada Blas Monserrate y, entregándoselo a su madre, dijo:

—No debe preocuparse, madre, ahora soy yo el hombre de la casa, y prometo cuidar de usted...

3. El vertedero.

«Poco me importan ya sus injurias, pues no son más que actos de contrición a deshora... ¡Qué fácil es culpar a quienes no tienen mayor defensa que sus propios sentimientos! Sus insultos, sus injustas acusaciones, me han hecho comprender que soy tan inocente de tus actos, como culpables son ellos de su ignorancia.»

BENABARRE (Condado de Ribagorza). Primavera de 1589.

No le gustaba demasiado que la llamaran de aquel modo. De hecho, en Benabarre nadie la conocía por su nombre, sino como la "Capellana". Era lógico, pues, que, a la que hasta hacía poco más de un año llamaban Casa Monesma, la rebautizaran como "Casa Capellana". Aunque decir que le molestaba sería exagerado, ya que, aquel nombre, invocación no demasiado bienintencionada de lo que había sido, tenía una lectura muy diferente para ella.

A lo que no acababa de acostumbrarse, y sabía que no lo haría jamás, era a que algunas alcahuetas los calumniaran, a ella o a sus hijos; que si se acostaba con el tendero para que le comprara los quesos y las patatas; que si el de "Pelleter" le había regalado dos vacas y el toro, a cambio de sus servicios como prostituta; que si una mujer viuda no podía tener tanto dinero como para sacar adelante a un niño lisiado... Ella tenía la certeza de que todas aquellas mentiras provenían de la misma mente enferma, de aquella mujer que le insultarla cada vez que se cruzaban por la calle: Mercedes Salazar. Pero nunca quiso entrar en aquel juego, aunque tenía fundadas sospechas de que la vida de su cuñada no era tan cristiana como presumía. La mayoría de los benabarrenses ya no le fiaba, y había tenido que casarse con uno de los dueños de la serrería: Adolfo Pellicer, un hombre abrutado, borracho, sucio y que olía a serrín, como única solución para no morir de hambre.

Catalina compró un gran huerto, a las afueras de Benabarre, junto al convento de San Pedro, lindante con los campos de don Agustín Pociello, dos vacas lecheras y un toro, y había pactado la compra de la leche que le sobrara a los de Pelleter... El negocio parecía funcionarle de maravilla.

Aquel día, ató la albarda al burro, ahora fornido y gordo, y cargó cuatro quesos para llevarlos a la tienda.

Como triste motete, en las lomas del castillo todavía se escuchaba algún que otro disparo y gritos nada amistosos. Pero ya no suponía ningún motivo de preocupación para nadie.

El palacio llevaba sitiado desde que los Villahermosa huyeron de Benabarre y, pese a que su asalto se había convertido en una prioridad para el micer Rivera, los ataques habían ido espaciándose en el tiempo, hasta quedar limitados a un: *«Podéis entrar y salir cuantas veces queráis, pero recordad que estáis rodeados y que el rey ha ordenado que lo abandonéis»*, por parte de los rebeldes, y un: *«Hasta que no consigáis haceros con el castillo del conde, no podréis decir que habéis vencido»*, por parte de Blas Monserrate.

En los últimos días, un vendaval había azotado toda la comarca, haciendo que muchas tejas, y las cornisas que no habían sido reforzadas después de las últimas revueltas, cayeran a tierra. Aquellos vientos habían convertido la calle Mayor en un vertedero de cascotes, arena y matojos secos, que las mujeres intentaban adecentar con escobas duras de aliaga y palas. Todo el pueblo parecía un mercado de susurros ásperos, cantinelas desafinadas y murmullos a media voz.

Al fondo de la calle, frente a Casa Jueu, en la puerta de la Casa del Serrador, una figura enjuta y malcarada luchaba contra un montón de tejas partidas, que se negaban a penetrar en el interior de una pala oxidada. Mercedes murmuraba, en un idioma incomprensible, juramentos contra la basura.

Cuando escuchó los cascos del asno de Catalina, tensó su cuerpo. Dio media vuelta, lentamente, clavando sus ojos en la mujer, y dejó de jurar. Catalina ni siquiera la miró. Dio un par de golpes en las grupas del burro, para que acelerase el paso, y extravió la mirada hacia el fondo de la calle.

—¿Habéis visto el pollino sarnoso que usa la Capellana para cargar sus quesos? —vociferó Mercedes, para que fuera escuchada por su vecina. Genoveva, la madre de Evaristo, hizo caso omiso a las palabras de Mercedes, y siguió barriendo, como si no la hubiese escuchado—. Si el burro de carga es así, que morirá cualquier día de estos, a saber qué clase de quesos vende esa concubina del conde.

—Si la fama de los quesos de San Pedro se debiera al corral de cerdos que tienen junto a la quesería, te aseguro que comeríamos berzas y no quesos —le contestó Genoveva—. Aún te diré más, ese burro lo crió tu cuñado Braulio, Merceditas. ¡No tenías tantos reparos en recibirle a él en tu cama! ¿A que no le haces ascos al bacalao que te vende Josefina Rañé? —Mercedes sacudió la cabeza—. Pues el burro con el que los trae no es menos asno que éste.

—¡Buenos días, Genoveva! —canturreó Catalina, sonriendo.

—¿Ya no saludas a tu cuñada? —refunfuñó Mercedes.

—No se le puede retirar el saludo a quien jamás lo ha tenido —masculló Catalina.

—¡Ya verás como, cuando recupere la casa de mis padres, vendrás a pedirme limosna, y entonces no sólo me saludarás, sino que me bendecirás a mí, a mi marido, y a mis hijos!

—¿Tener hijos? —se burló Genoveva—. Yo creía que ya no...

—Te aseguro, Mercedes —le interrumpió Catalina—, que aunque estuviera muriéndome de hambre, tú serías la última persona a la que iría a pedir limosna.

—Si lo hicieras —gritó Mercedes, enfurecida— yo no te daría.

—No lo dudo...

—¿Aún te quedan patatas? —preguntó Genoveva, intentando apaciguar a las dos cuñadas. Catalina asintió—. Pues guárdame un par de arrobas.

—Mañana te las traerá Lorenzo —y, tirando de las riendas del burro, dijo—: ¡Buenos días, Genoveva!

CAPÍTULO XVI
¿Qué fue de ti?

1. Un hombre apuesto y comedido.

«*Aquel pequeño amor, de tristes ojos pardos, jamás fue mi compañero, mi esposo o mi amigo. Condenado a la soledad, de cuerpo enfermó su alma.*
¡Pobre y fútil amor! Ni siquiera en el desvanecer de su espíritu supiste mostrar la luz de mi camino.
¡Pobre joven, apuesto y comedido!, es éste, tu cruel final, quien nubla mi corazón. Es éste, el regazo de tu dulce recuerdo, quien enmudece mi dolor ante la seguridad de extraviarte.»

ZARAGOZA (Reino de Aragón). Primavera de 1589

Una pequeña multitud se agolpó alrededor de Fernando. Hacía ya varias semanas que no se afeitaba, y su aspecto era delgado y lívido. Vestía como un noble desheredado y arruinado, como un campesino con aspiraciones de señor.

Se subió a lo alto de un montículo, a orillas del Ebro, y dijo:

—¡No podemos tolerar que el rey se ría de nosotros como si fuéramos unos estúpidos, sumisos y sin mayor aspiración que llenar nuestras panzas, que rebuscar en su basura para llevarnos a la boca las sobras de su codicia! ¡Estamos hartos de su tiranía!.. ¡He visto a grandes hombres: señores, barones, duques, condes, marqueses e infanzones, mendigando en las calles de Zaragoza, y todo esto porque nuestros derechos forales son vulnerados sistemáticamente!

—¡Estás loco! —dijo uno—. ¿Quieres hacernos creer que los pordioseros que piden limosna a las puertas del Pilar fueron nobles antes que mendigos? ¡No me hagas reír! Los pobres son pobres porque los señores se han quedado con todo lo que poseían o porque han nacido sin nada.

—Tienes razón —contestó Fernando—. Pero no me negarás que Felipe ha aumentado su poder, restando privilegios a los nobles.

—No sabemos diferenciar entre ser subyugados por el rey, por los condes, duques, o por los señores —rió otro—. Con uno nos morimos de hambre y con los otros por no comer.

—¡Escuchadme, aragoneses! —gritó Fernando—. Si nos resignamos, si nos abandonamos, llorando y lamentándonos de nuestras desgracias, los oídos del rey permanecerán cerrados.

—¿Tú no eres Fernando de Aragón y Borja, duque de Villahermosa? —preguntó uno de Pedrola. Él asintió—. ¿Pretendes que te escuchemos a ti, si lo único que deseas es que te sean devueltos los privilegios que el rey te retiró por encontrarlos abusivos?

—¿Es eso cierto? —se preguntaron unos a otros.

—Si pensáis así es porque no sabéis nada de política... —insistió Fernando— ¡No olvidéis que, gracias a mi familia, gracias a los Aragón y Gurrea, Felipe venció en San Quintín... Y, gracias a nuestra familia, España es el mayor imperio del Mundo...

—¿Acaso crees que a nosotros nos importa mucho si España es un gran reino, o el más miserable de los condados? Nuestras tripas se retuercen de hambre. Nuestros estómagos piden un mendrugo de pan, y te aseguro que tanto nos da si rey o conde quien nos lo niega.

—¡Más a mi favor! —prosiguió el duque—. Si tenéis hambre es por culpa del rey.

—¿Estarías dispuesto a vender tus posesiones y donar tu dinero a los pobres? —se burló el de Pedrola—, ¿Estarías dispuesto a hacerlo, para que eso que dices no fuera sólo "agua de borrajas"?

Ni siquiera aguardaron a escuchar su respuesta. Dieron media vuelta, y se marcharon, riéndose de él.

Fernando les miró abatido. Se desplomó sobre la roca que le había servido de púlpito, y lloró.

—Sí... Donaría todo lo que tengo para que no pasarais hambre —suspiró—. Todo. Incluso mi vida...

Sus lágrimas siquiera habían llegado a sus carrillos, cuando una mano fuerte le apretó el hombro. El hombre se sentó a su lado.

—¿Qué te ocurre, hermano? —era Francisco—. Desde que regresaste de Madrid, vistes como un pordiosero, no te cortas el pelo ni te afeitas, y tu aspecto es el de un tuberculoso moribundo. No has vuelto a recibir a Johanna en tus aposentos, y tu hija María hace ya tiempo que no pregunta por ti —Fernando se encogió de hombros—. Es Ribagorza, ¿no es así? —no contestó—. ¡Al infierno ese maldito condado! ¿Quién quiere gobernar una tierra sin valor, infestada de rebeldes, que no dudarían en asesinarte si tuvieran la oportunidad?

—No lo entiendes, Francisco —balbució Fernando, entre suspiros—. No tengo ningún interés, ni en Ribagorza, ni en el ducado de Villahermosa, ni en nada que lleve implícito el poder o el despotismo... Yo no soy nada, hermano, ni conde, ni cura, ni un miserable orador... ¡Ya has podido verlo!

—Enemistarte con el rey no va a ayudarte.

—Ya no me importa.

—He escuchado lo que les decías a esos hombres —Francisco sacudió la cabeza—, y dudo que, con esas palabras, consigas poco más que cavar tu propia tumba.

—Tal vez sea eso lo que deseo —se lamentó—. Dios te destierra de su paraíso a la vida, sin pedirte permiso. Te concede unos talentos que has de desarrollar y aprender a convivir con ellos, y no te ofrece los medios para comprender qué está ocurriendo a tu alrededor. Jamás me he considerado un hombre cobarde y, sin embargo, tiemblo al pensar qué voy a decirle a Dios cuando me juzgue... *«Señor, yo era uno de tus sacerdotes, un hombre que renunció a la opulenta vida con la que le "atormentaste", un hombre que juró que jamás desobedecería a sus superiores, que lo único que poseería en este mundo sería la tierra en la que fuera sepultado, que no amaría a nadie por encima de Ti. Pero, Señor, desobedecí a tus obispos, al rey, al mismísimo Papa. He vivido en la abundancia, y me enamoré y amé a una de tus siervas. Tuve una hija, que ni siquiera lleva mis apellidos, maté, robé, y perturbé la paz de los desencarnados...»*

—¡Escucharte me entristece, hermano! —se lamentó Francisco— ¡No puedo soportar verte en este estado! Y creo que, con tu actitud, sólo conseguirás que te encierren en un asilo para dementes.

—¿Qué te preocupa, Francisco? —dijo con sarcasmo—, ¿el futuro del buen nombre de los Villahermosa?

—Ni mi apellido, ni los títulos, me importan lo más mínimo, Fernando —se entristeció Francisco—. Ya perdí un hermano, y no quiero tener que llorar a otro, por un asunto que, en todo caso, debería arruinar su hacienda, no su persona... Nada, hermano, es más importante que la vida... Te aseguro que, aunque fuéramos los mendigos más miserables de la Tierra, aunque no hubiésemos tenido que enterrar a Alonso, sentiría lo mismo.

Fernando se levantó de la piedra, miró a Francisco de arriba abajo y, agachándose, le besó en la frente.

—¡Benabarre está ya perdido! —dijo con pesar—. El rey Felipe prometió que mantendría los privilegios de la casa de Villahermosa y, a cambio de Ribagorza, me ofreció el condado de Luna, unas encomiendas de la orden de Calatrava, cincuenta mil escudos y una renta anual de mil setecientos escudos más.

—¡Estás loco! —Francisco sacudió la cabeza—, ¿Cómo pudiste renunciar a todo eso? ¿Has arriesgado la vida de tus soldados, de la guarnición del palacio de Benabarre y a sus señores, aún a sabiendas de que el rey te ofrecía eso que dices? —Fernando se encogió de hombros—. ¿Cómo has podido ser tan insensato?

—Se lo debía a padre.

—¿Todo esto se debe al juramento que le hiciste a un viejo moribundo, obsesionado por unas tierras áridas y carentes de valor?

—Hace meses que no cumplo lo que juro —sonrió Fernando, con tristeza—. La historia nos dice que, siglos atrás, hubo un reducto de hombres valientes, que supieron resistir el avance de los moros en las proximidades del río Aragón. Esos hombres valerosos se hacían llamar aragoneses. En pocos años, se les

añadieron otros hombres, que se distribuían en los valles del Sobrarbe y en Ribagorza. Esos fueron los verdaderos aragoneses, no nosotros...
Los ojos de Fernando se desorbitaron. Acarició el hombro de su hermano, y se puso a caminar siguiendo el cauce del Ebro.
—El rey Ramiro, al que llamaban el "Monje" supo unificar a aquellos hombres, después de cortar las cabezas de los señores que se enfrentaban... —Fernando lloraba y reía, todo a un mismo tiempo—. Ni Ramiro con su espada hubiese logrado pacificar Ribagorza, te lo aseguro... No. Ribagorza no me importa más que mi propia vida...
Francisco dudó si su hermano se había vuelto definitivamente loco, o si su cabeza jamás había sido más cuerda y serena. De lo que sí que estaba seguro era que jamás volvería a ser aquel joven apuesto y comedido del que tan orgulloso se había sentido...

2. Ya no escucho tu voz.

«La serenidad del mundo en el que vivimos se difumina cuando el sol penetra en mi alcoba.
En mi corazón, el vacío...
Ansío no despertar, morir, si el sueño es tu mundo y mi desvelo tu condena.
Después, mi llanto...
Incapaz de soñar despierta, renuncio a la verdad, creyendo ver, en ese jardín, los aromas que respiras.
Pero eso es sólo deseo...
Quisiera abrazar el silencio que tú y yo unimos cuando la nada era melodía.
Y me enojo con Dios creyendo pertenecerte.
Pero eso es sólo un instante...»

BENABARRE (Condado de Ribagorza). Primavera de 1589

Lorenzo observó sus brazos, realmente divertido. En poco menos de un año, sometiéndolos al trabajo duro del campo y al ordeñe de las vacas, se habían hinchado como ovejas empachadas de hierba caliente. A cada impulso de la azada, aquellos brazos se hinchaban y deshinchaban de un modo tan extraordinario que le fascinaba. Sin embargo, su cojera iba haciéndose más y más pronunciada a medida que se estiraba su cuerpo, aunque esto no le impedía desarrollar su trabajo de labrador con la eficacia del más versado; de hecho, en él recaían, casi exclusivamente, las tareas de labranza, los cuidados del huerto de patatas y las responsabilidades que de ello derivaban.

Catalina compró, con el dinero que había ganado con los quesos, un pequeño huerto, que lindaba con el que ya tenía en San Pedro. Ya tenía siete vacas y un toro; aunque no producían suficiente leche como para satisfacer la demanda de quesos, por lo que tuvo que comprarle la leche sobrante a Matilde y a Joaquín de "Pelleter".

Unos días atrás, Isabel había venido a visitarles. No presentaba mejor aspecto que el que tenía cuando se reunió con ellos y con el conde Fernando, el año anterior, pero parecía sana. Les contó, con evidente gozo, que seguramente aquel año, Barber y ella sería n bendecidos por la vicaría Jorge Martínez de … Dicha boda no tendría ningún valor, y no habría tribunal eclesiástico que la diera por buena, pero Catalina recibió la noticia con satisfacción, aunque con las comprensibles reservas.

Aquel día había algo extraño en el ambiente, o quizás era la carencia. Catalina estaba inquieta, y no sabía a qué achacar su nerviosismo. Fue a media mañana, cuando acababa de ordeñar la última vaca, cuando se percató de que no se oía ni un solo disparo.

Era domingo.

Casi sin que aquella evidencia se hubiera acomodado en su cabeza, escuchó el repiqueteo de las campanas de Santa María la Mayor llamando a Misa. Esto no le hubiera sorprendido lo más mínimo, de no ser porque las campanas llevaban mudas más de un año y medio… Pero Santa María canturreó, aquella mañana, con aire festivo.

—¡Las tropas del rey han tomado el castillo! —gritó alguien.

Catalina se asomó a la ventana.

—Don Juan de Gurrea, el gobernador, y don Alfonso Cerdán se han hecho con el control del palacio —gritó otro, visiblemente emocionado—. ¡Ribagorza ya forma parte de la Corona de Aragón!

La realidad era que Blas Monserrate había abierto las puertas del castillo a los dos delegados de Felipe II, sin oponer la más mínima resistencia. Tras ellos habían entrado los hombres del micer de Beranuy, y él mismo, apresando a todos los soldados del castillo.

En un primer momento, Cerdán no quiso escuchar las declaraciones de los soldados de Villahermosa: «*Celebremos una misa para agradecerle a Nuestro Señor su ayuda*», dijo don Alfonso, «*Y, con la inspiración del Santísimo, después de comulgar, decidiremos qué hacer con estos hombres que han desoído las ordenes del Rey*».

—¡Blas Monserrate está preso! —gritaron en las calles— ¡y el gobernador don Juan de Gurrea ha mandado que se diga misa solemne para celebrar el acontecimiento!

Catalina se vistió con su mejor vestido, y aguardó el regreso de Lorenzo. «*Habrá oído las campanas y vendrá a ver qué sucede*».

Cuando Lorenzo cruzó la puerta de Casa Capellana, Catalina ya se había acicalado y peinado, y le esperaba en el patio. Alguien le había puesto al corriente de lo que sucedía en Benabarre. El muchacho miró a su madre con ojos llorosos, y ella le acarició las mejillas.

—Esto tenía que ocurrir, antes o después —balbució Catalina en un susurro apenas audible—.,

—Hace unos meses, Blas Monserrate, Fernando y sus hombres eran los justos, y ahora son los traidores. ¿Entiende algo, madre?

—Aún eres muy joven para comprenderlo —Catalina tragó sus lágrimas—, pero las cosas no son como deseamos que sean.

—¿Y cómo son, madre? —ella se encogió de hombros.

—Sólo sé que jamás volveremos a escuchar la voz de Fernando.

Catalina colocó su mantilla en la cabeza y salió de la casa. A pocos pasos, le siguió Lorenzo, intentando mantener el ritmo de la marcha de su madre. La mujer tuvo que esperarle en un par de ocasiones. Al fin, decidió darle la mano, que el joven recibió con una sonrisa satisfecha de agradecimiento, y tiró de él. Catalina sintió como la sangre le hervía en las venas.

El propio párroco de Santa María ofició una misa de fiesta, ante la expresión de complacencia que iluminaba el rostro del gobernador. Celebración que Cerdán no disfrutó un sólo instante. Algo se revolvía en sus entrañas.

Don Alfonso apenas apartó sus ojos de Monserrate, que escuchó la misa custodiado por dos fornidos soldados, en el coro de Santa María.

Acabados los servicios, y después de que el cura bendijera a todos los benabarrenses, don Juan de Gurrea se dirigió a los presentes.

—¡Hoy es un día grande para Ribagorza! —dijo el gobernador—. El rey Felipe ha decidido incorporar este condado a la Corona de Aragón. Y yo, personalmente, he ordenado un armisticio para todos los rebeldes que lucharon contra el conde don Fernando de Aragón. A partir de hoy, esos que han sido considerados traidores, podrán regresar a sus casas y tierras, sin temor a represalias... Y este castillo —levantó las manos— será desmantelado; respetando, por supuesto, la iglesia y cuanto se encuentra en ella... ¡Id, pues, con Dios!

La mayoría de los benabarrenses se fueron de Santa María dando vítores y cantando. Otros, los menos, bajaron sus cabezas y miraron al suelo... El resto, unos diez o así, entre los que se encontraban Catalina y Lorenzo, permanecieron de rodillas en la iglesia, rezando por el alma de los hombres que habían entregado sus vidas por defender unos intereses que creían tan justos como los de los sediciosos, y por los que habían resistido durante más de un año el sitio del castillo.

Pero aquellas súplicas a Dios no fueron escuchadas.

La inquietud de Cerdán pronto se convirtió en ira. Y, sin siquiera abandonar aquel lugar santo, se acercó a Monserrate, y le increpó.

—¿Vais a contestar, ahora que se os ha permitido confesaros, oír misa y comulgar, por qué no entregasteis el castillo cuando se os hizo llegar el edicto de su majestad Felipe?

—Ya he declarado antes, ante monseñor Juan de Gurrea, que jamás recibí tal edicto, ni orden alguna que me obligase a entregar el castillo —clamó,

suplicante, el gobernador del castillo—, ni vino aquí ningún delegado del rey para poder entregarle las llaves.
—¡Mentís! —Cerdán estaba rojo de ira—. ¡No me negaréis que vos y vuestros hombres habéis matado a muchos de los soldados del micer de Beranuy en este último año!
—Ni yo, ni ninguno de mis soldados, hemos asesinado a nadie —aseguró Monserrate—. En tiempos de guerra, las ejecuciones de los rebeldes no son un crimen, ni un delito... Y que vos, ahora, veáis como víctimas a quienes antes considerabais traidores, no debería convertirnos a nosotros en criminales. ¿Por qué llamáis soldados a los revoltosos, y a nosotros, que sólo cumplíamos órdenes de quien luchaba por proteger lo suyo, nos consideráis desleales?
—Pesan sobre vos cargos de asesinato y de alteración del orden en todo el condado, ¿sabéis cual es la pena por tales delitos?
—Si queréis llamar a las ejecuciones asesinatos, bien, ¡allá vos con vuestra conciencia! Pero, si lo que deseáis es ejecutarnos, y para ello os servís de mentiras, os aseguro que no será un tribunal quien os juzgue, sino Dios. Responsabilizándonos, a mí y a mis hombres, de las revueltas de Ribagorza es una falacia malintencionada.
—¿Lo negáis, acaso?
—Por supuesto que lo niego, ¿cómo alterar la paz de un condado estando sitiados en el castillo? ¿Acaso puede un preso asesinar a otro hombre fuera de la cárcel? Vos estáis diciendo eso mismo. Si podéis darme una explicación razonable al respecto, admitiré esos cargos, y los que queráis inventaros.
—¿Quién, si no, cometió todos esos altercados?
—Os he dicho que no hemos salido de este castillo en un año...
—Buscad un culpable.
—No sé... Tal vez Miguel Juan Barber o Lupercio Latrás...
—¿Queréis decir que, una treintena de bandidos derrotados, fueron los responsables de más de cien muertes en todo este condado?
—Hay miles de Latrás dispersos por todo Aragón... ¡Matadlos a todos, y surgirán ochocientos! Al principio, cuando el difunto don Martín era el señor de este castillo, sólo Raimundo de Àger reclamaba que el condado fuese devuelto a la corona. Después, murió, y su hijo consiguió adherir a su causa a más de quinientos hombres... Y, en pocos años fueron más de tres mil. Cuando un pueblo está descontento, cuando tiene hambre, se revela contra sus señores, pues son la cabeza visible de la opresión y, si no, roban, asesinan o arruinan las tierras... Y, cuando comprenden que el motivo de sus males no es aquel contra quien han descargado sus iras, atacan lo que queda en pie, como si, echando abajo lo que construyeron sus padres, pudieran asesinar el espíritu que les esclaviza... A final, acaban por echarse las culpas unos a otros y convirtiéndose en sus propios verdugos.
—¿Qué estáis intentando decirme, Monserrate?

—Vos estuvisteis presente cuando el don Fernando vino a tomar posesión de Ribagorza. ¿Estabais ya en su contra, o eso vino después, cuando el rey os prometió los privilegios políticos del condado?

—¡No voy a tolerar ni una insolencia más! —gritó Cerdán, rojo de ira— ¡Condeno a este hombre a que sea ahorcado mañana al amanecer! ¡Y, no sólo él, sino que, los cuarenta soldados de esta guarnición, correrán su misma suerte!

—Creo que os estáis precipitando —dijo el gobernador, indignado—. No deseo interferir en vuestros asuntos, pero no creo que sea razonable enviar a la horca a este hombre, ni a los soldados del castillo; en definitivas cuentas, sólo obedecían a sus superiores.

—Tengo órdenes directas del rey —Cerdán alargó la mano, y su secretario le entregó un manuscrito lacrado y sellado, con la insignia real. Cerdán leyó—: *«Habiéndose cumplido el plazo estipulado de un año, a partir del día veintisiete de marzo del año de Nuestro Señor de mil quinientos ochenta y ocho, y no habiendo obtenido respuesta de don Fernando de Aragón, duque de Villahermosa, ordeno que el condado de Ribagorza quede enajenado, en favor de la Corona de Aragón, y el dicho duque sea desposeído de los privilegios que derivasen de su título, así como del mismo, quedando Ribagorza anexionada al Reino de Aragón a todos los efectos... Una vez haya sido resuelta esta sentencia, tanto la administración como la legislación y las facultades ejecutivas, recaerán en don Alfonso Cerdán, confiriéndole el libelo de aplicar las leyes y fueros según crea menester. Y cualquiera que osare poner impedimento al ejercicio de la justicia, será considerado traidor, y se le aplicarán los castigos a tal efecto. Asimismo, ordeno que sean ejecutados don Blas Monserrate, gobernador principal del castillo de Benabarre, y todos los hombres que conforman la guardia soldadesca de dicho fuerte, y leales a don Fernando de Aragón y Borja, así como la orden de perseguir y dar muerte a don Lupercio Latrás, mercenario de Echo y a don Miguel Juan Barber, bandido de Benabarre, y a todos sus hombres, acusados de crímenes infames contra la Corona...»*

Catalina se llevó las manos a la cabeza. Aquella orden, la de asesinar a Miguel Barber, no sólo ponía en peligro su vida, sino que era prácticamente una sentencia de muerte contra Isabel.

Lorenzo no había entendido nada de lo allí expuesto por Cerdán, excepto que Monserrate sufriría la pena de horca.

Monserrate, y la treintena de soldados que conformaban la guarnición del castillo, fueron ejecutados públicamente al amanecer del día siguiente, en plena plaza mayor.

Y, mientras sus cuerpos todavía guardaban el calor de la vida, el castillo empezó a ser desmantelado; lo cual les vino muy bien a algunos benabarrenses, que encontraron un modo de aumentar los exiguos beneficios que les ofrecía una tierra que aún no se había recuperado del vandalismo de las últimas revueltas, con un dinero salido de las arcas del propio rey Felipe.

3. El largo viaje.

«Desearía que mis sentimientos se clavasen en la tierra, del mismo modo que las raíces de un castaño se aferran a la vida.»

SIERRA DE PILZÁN (Reino de Aragón). Primavera de 1589

Isabel tarareó una canción de cuna, que parecía formar parte de ella desde que tenía uso de razón. Ella no lo sabía, pero era la misma nana que le cantaba doña Francisca de Ariño cuando era una criatura:

«¿Qué tiene mi niño, que llora y no comprendo?,
¿Será que la noche trae el espanto?
Ya se oyen las brujas subir hasta lo alto,
¡Que no se lleven mi niño, que no le quiten el sueño!».

Barber se acurrucó tras la espalda de la pelirroja, apretando las piernas en sus poco repletas nalgas. Isabel sintió el pecho desnudo del bandido acariciando su espalda, y sonrió con agrado. Las manos de Miguel buscaron los pechos de la joven, y los oprimió suavemente. Momentos antes, Miguel le había hecho el amor, hasta caer rendido a su lado. Después de los jadeos, vinieron los ronquidos. Siempre era igual: unos minutos de febril excitación, casi desesperada y, como previsible final, el sueño se apoderaba de aquel hombre tan inquieto como acobardado.

Isabel había comprobado que, cantándole una nana, se olvidaba de sus preocupaciones, que eran pocas, aunque todas se consumaban en el más desalentador de los agüeros. Isabel sabía que aquella nana producía un efecto balsámico en Miguel, que dejaba de roncar de inmediato.

Isabel presintió que aquella noche haría un largo viaje. Tal vez abandonaría la choza de Barber, atravesaría el techo y viajaría, volando sobre las montañas, sin importarle el rumbo ni el fin de su camino. Deseaba que esto fuera así, disfrutar de aquella libertad, de aquella sensación etérea, del sentido más cercano a la muerte que puede experimentar un encarnado, desprendida de su cuerpo y desligada de toda emoción, peligro o temor.

Sus manos, luminosas y transparentes, oscilaron frente a su cara, y aquella presión en el esternón, que sólo desaparecería cuando se sintiera totalmente desprovista de su cuerpo, le cortó la respiración. Era desagradable, pero inevitable. Aquel era el forzoso preámbulo al que seguía su reencuentro con el Joven de Largos Cabellos, al que Fernando llamó Lourier. O, mil veces mejor, el hermanamiento con aquel padre al que había aprendido a amar y a admirar en unas pocas semanas. En el fondo, siempre se había sentido unida a él, pese a no haberle conocido hasta hacía poco más de un año, y en unas circunstancias nada propias para el entendimiento entre dos seres que se aborrecían y amaban casi con la misma intensidad. Desde aquel momento, no pasaba un solo día en el que no le echara de menos, o instante en que no estuviera presente en sus pensamientos.

Aunque todo se distorsionada, desde el preciso instante en que era arrancada de su cuerpo, pudo observar los movimientos de un hombre, que había irrumpido en la chabola que compartía con Barber. Le vio mirarla con sus enormes ojos saltones, atónitos y muy abiertos, desear sus minúsculos pechos desnudos, y recorrer, como una caricia lúbrica, sus blancos y escasos contornos, hasta fenecer en su anaranjado pubis. Después, se inquietó, como si recordase algo importante, y la cubrió con una vieja manta, que yacía en el suelo.

Juan Antonio Escalarre zarandeó a Miguel con energía.

Isabel se sintió arrancada de aquel estado, con una fuerza que le dejó aturdida y mareada, como si hubiese estado dando vueltas sin parar durante horas, o hubiese bebido un par de jarras de aquel vino malo que siempre le ofrecía Antonio Ceresuela.

—¡Vamos, Barber! —gritó Escalarre—. El rey Felipe ha puesto precio a tu cabeza, y a la de Lupercio Latrás.

—¿Cómo es eso? —preguntó Miguel, aturdido.

—¡Don Juan de Gurrea y Alfonso Cerdán han entrado en Benabarre, han tomado el castillo y han ajusticiado a Monserrate y a todos los soldados! Cerdán leyó un edicto del rey, en el que ordenaba que tú y Latrás seáis ajusticiados... ¡Debéis huir de inmediato!

—¿Y los otros? —se inquietó Barber—, ¿ya han sido avisados?

—Sí, Latrás y los Pistoletes ya han abandonado el campamento—le aseguró Juan Antonio, saliendo de la cabaña.

—¿Cuándo ha sido eso?

—Hace unos minutos... Le di el encargo a Eleuterio Amorós.

Escalarre montó en su caballo, y huyó del monte.

—¡Date prisa! —dijo Barber, subiéndose los pantalones.

Isabel se vistió, y se calzó las botas de montar.

Después, subieron a sus caballos y galoparon loma abajo. Por el camino, vieron chozas desmanteladas y algunas en las que aún podían oírse ronquidos y toses, que evidenciaban la presencia de algunos bandidos que aún no habían sido avisados.

—¡Despertad! —gritó Isabel, sin frenar su marcha—. ¡Los hombres del rey Felipe no tardarán en atacar el campamento!

—¿Te has vuelto loca? —le reprendió Barber—. ¡Si quieres matarte, hazlo tú sola! ¡Tus voces pueden convertirse en nuestra sentencia de muerte, y en la de los otros!

—¿Qué pretendes?, ¿que los asesinen a todos?

—Si gritas, sólo conseguirás que nos maten a nosotros.

—¿Y éstos?

—¡Vayámonos! —refunfuñó Miguel Juan—. Estas cosas pasan...
—¿Dónde iremos?

Barber no respondió. Latrás había decidido que, de ser atacado el campamento, todos los supervivientes se reunirían en la "Pedra del Degollats"; y allí se dirigieron, fustigando sus caballos.

Cuando llegaron al lindero del carrascal, Isabel vio, horrorizada, que solamente Antonio Sesé y su familia, Jorge Martínez de Alcañiz, Remigio Oliván y sus hijos y los Pistoletes habían sido avisados... Latrás tampoco estaba entre ellos: *«Huyó ayer, a Castilla»*, dijeron.

—No podemos quedarnos aquí —les apremió Oliván—. Creemos que lo mejor será que nuestras mujeres e hijos regresen a Benabarre, a Purroy y a Caladrones... Nosotros, los hombres, nos dispersaremos.

—Me parece una buena idea —dijo Barber, con pesar—. ¡Que regresen a Benabarre, ya han sufrido bastante por nuestra culpa!

—Yo no iré a ninguna parte —dijo Isabel—. No tengo casa ni...

—Irás con tu madre —aseveró Barber, con firmeza.

—No puedes obligarme, Miguel...

—No, no puedo —asintió con resignación—. Pero nuestra vida no es la vida que te mereces, ni la mejor a la que puedes aspirar. Tu madre tiene un negocio próspero y una casa digna. Sobre ti no pesa acusación alguna. Que nos detengan y ejecuten es cuestión de semanas... Si te unes a nosotros correrás nuestra misma suerte.

—Te quiero, Miguel —balbució Isabel— y no me importará morir si tú mueres.

—¡Sólo eres una niña! —se lamentó Barber—. No puedes saber si me amas... Y yo... Yo no puedo...

—¿Por qué insistes? —sonrió con tristeza—. Yo ya he decidido que iré con vosotros al Turbón, y cualquier cosa que digas será una pérdida de tiempo y de saliva.

Los soldados de Cerdán cayeron sobre el campamento al amanecer.

Ninguno de los que no habían sido avisados tuvo tiempo de reaccionar, ni de saber qué demonios se les estaba viniendo encima.

Murieron una veintena de hombres, siete mujeres y tres niños pequeños. El resto fueron detenidos y trasladados a la cárcel del condado o al hospicio, y los heridos abandonados a su suerte.

4. La trova.

«Las noches trajeron tu voz, como un eco lejano, como el aullido de un lobo herido por una flecha criminal.
Y te encontré en el romance que cantaba un trovador, en la nana que susurraba una madre primeriza.»

ZARAGOZA (Reino De Aragón). Finales del Verano de 1589

Aquella piel de oso apestaba a bicho muerto, aunque Fernando ya se había acostumbrado a su repugnante hedor. Sus manos, el viejo hábito, que había robado de un convento franciscano, su cuerpo, su alma, su propia vida... todo se descomponía.

Sin embargo, aquella piel, una alfombra en realidad, que encontró entre las basuras del palacio episcopal, le había resguardado del inclemente frío durante el invierno, y en verano le sirvió como miserable jergón.

Su única comida fue un mendrugo de pan seco, con el que le había sobornado una panadera gorda y sudorosa, con la condición de que, si quería hablar mal del rey, se marchase de la puerta del horno *«al Palacio del virrey o al Pilar. Allí se agolpa mucha feligresía, deseosa de pasar a sus hijos por el manto de la Virgen. No quiero tener problemas»...* Pero aquella no era una buena idea.

Aunque era prácticamente imposible reconocer en aquel franciscano harapiento y pestilente al duque de Villahermosa, sabía que las autoridades reales andaban buscándole para interrogarle y no quería tentar a la suerte. Al principio consideraron que Fernando se había vuelto loco y que no suponía ningún peligro, pero pronto cambiaron de parecer. Aquel fraile harapiento, de sueltas melenas y barba pobre, parecía ejercer una influencia extraordinaria en algunos zaragozanos; focos de resistencia contra el rey Felipe. Evidentemente, era un hombre de extraordinaria cultura, y conocía al detalle los entresijos de la corte y los secretos de la política aragonesa y española. Pronto supieron que aquel que se hacía llamar el "Capellán", era don Fernando de Aragón y Borja, que había perdido la cabeza, y que dormía en la calle, o bajo el Puente de Piedra, y que, por propia voluntad, comía y malvivía de la mendicidad.

Algunos zaragozanos atribuían la locura del duque a una mujer, otros estaban convencidos de que Fernando había decidido llevar aquella vida como penitencia por sus terribles pecados... Los demás, la gran mayoría, simplemente pensaban que, ya que vestía el hábito franciscano, su miseria se debía a un exceso de celo en su voto de pobreza. Él jamás negó ninguno de aquellos chismes, y dejó que cada cual pensase lo que le viniese en gana; como siempre ocurría, aquellas historias acabarían convirtiéndose en leyendas que quizás serían beneficiosas para su causa, si es que tenía alguna por la que luchar.

La tarde anterior escuchó a un trovador que, acompañado por un laúd desafinado, entonaba unas estrofas:

«Vengan a mí buenas gentes
y escuchen esta historia hermosa
de cómo una humilde monja
enamoró al conde de Ribagorza.

Sepan pues vuestras mercedes
que el buen conde don Fernando
antes de convertirse en duque
quiso ser hombre santo.

Encerrado en un convento
tuvo amores con Catalina
y cuentan los que lo vivieron
que de ellos nació una niña.

Mas el conde, que nada sabía,
con Johanna había casado
y de pena se volvió loco
y por ella perdió el condado.

Las voces de Zaragoza
hablan de un franciscano,
que dicen que es un mendigo
y no es otro que don Fernando».

Canturreó aquellos versos, recreándose en el nombre de su amada. Después, se apostó frente a un grupo de zaragozanos, y dijo:

—Habéis oído trovas y rumores que hablan de Ribagorza y de cómo el conde don Fernando lo perdió por amor a una monja —gritó—. ¡Solamente quieren confundiros! Que nadie piense que un condado se extravía por amor...No. Yo os aseguro que Ribagorza se perdió por la vanidad del conde de Chinchón y del rey Felipe: ese que se cree legitimado por Dios para ostentar el poder del mundo. ¡Esa soberbia es la que os somete y tiraniza a vosotros! Hablan de revueltas, aquí en Zaragoza, y piden la cabeza de Lanuza, la cabeza de todos aquellos que ocupan cargos relevantes en las instituciones forales, esas instituciones que conseguimos los aragoneses, a base de sangre y luchas. ¿Qué es Aragón, queridos zaragozanos? ¡Nada!.. Aragón no es más que una baratija en las arcas de la codicia del rey. Y yo os pregunto: ¿Queréis que nuestra tierra sea una simple provincia de España?

—¡No! —gritó la muchedumbre.

—¿Queréis perder todos los privilegios que nos concedieron todos los reyes de Aragón desde Ramiro el Monje? ¿Vamos a permitir que el gobernador y Alfonso Cerdán nos vendan a Felipe como si fuéramos vulgares rameras?

La muchedumbre, enfurecida, decidió que lo más justo era asaltar el palacio del gobernador y dar muerte a don Juan de Gurrea

Llevaron a Fernando en volandas, hasta la misma puerta del palacio, y le dejaron frente a la puerta. Después, demandaron la presencia del gobernador, y aguardaron.

Don Juan, al escuchar los gritos de aquellos hombres, se asomó a uno de los balcones y sacudió la cabeza, como hastiado.

—¿Qué queréis? —preguntó.

—El Capellán dice que tenéis la intención de vendernos al rey Felipe —dijo uno de ellos—. ¿Es eso cierto?

—¿Quién es el tal Capellán?

—Ese de ahí —señalaron a Fernando.

—¿Tú dices esas cosas, Franciscano?

—Vos sabéis que mis palabras son ciertas —susurró—. Deberíais sentir vergüenza al consideraros aragonés y buen cristiano. Únicamente os interesa el poder.

—¡No te oigo, mendigo!

—¡Ostentáis el poder político de Aragón y el poder jurídico! —gritó—. ¿No os basta con eso?

—¿Y el justicia? —se burló el gobernador—, ¿ya no le consideras Juez Supremo del Reino?

—Lanuza no es nada si interfiere el rey...

—¡Dios mío! —balbució don Juan—. ¡Sois Fernando de Aragón!

—¡Éste es ese del que hablan las trovas y romances! —se dijeron los zaragozanos.

—¿Qué importa quién soy? —dijo Fernando—. ¡Reniego de mi nombre y de mis títulos!

—¿Qué pretendéis, Villahermosa? Vos, mejor que nadie, sabéis que éste no es el mejor modo de cambiar las cosas... Vos y vuestro hermano sois diputados de Aragón. Ese es el camino correcto, y no esta pantomima que os desacredita... ¡Nada se consigue en las calles, estimado duque, sino en las cortes!

—¿Servirán de algo nuestras peroratas diplomáticas, si el rey Felipe decide hacerse con el control de Aragón? ¿De qué servirán nuestros discursos, si el rey toma Zaragoza a la fuerza?

—¿Dónde habéis oído semejante majadería? —don Juan sacudió la cabeza y le miró con tristeza—. Se trata de Ribagorza, ¿no es así? ¿Tanto dolor merece un condado miserable?

—¿Miserable? Si Ribagorza sólo fuese un pedazo de tierra sin valor, el conde de Chinchón no hubiera favorecido a los rebeldes.

—¡Confundís las envidias y las venganzas con la importancia de unas tierras!

—¿Y vos, como buen cristiano, permitís que nosotros carguemos con las culpas de quienes nos precedieron?

—Sois un hombre rico, Fernando... La pérdida de ese maldito condado no va a debilitar vuestro poder, ni os restará credibilidad frente la corte de Aragón, os lo aseguro. Y vuestra renuncia, quizás aplacaría la ira del ministro.

—No es por un condado, don Juan... ¡Qué estupidez!, sino por una vida —dijo Fernando, con pesar—. Primero fueron los ribagorzanos, después Artal de Sástago, después vos... ¿Y la paz?, ¿dónde encontrar paz? Estoy seguro que, después de esto, encontraréis un buen motivo para impedirme que descanse, en paz con Dios y conmigo mismo.

—¿Quién os impide ahora el retiro?, ¿quién os impide que viváis en paz sino vos mismo?
—¡Matemos al gobernador! —gritó la multitud.
—¿Eso les decís a los plebeyos, que deben asesinarme para lograr la estabilidad del reino?, Prefiero pensar que os habéis vuelto loco, porque la evidencia me desconcierta.
—Yo no exalto a los zaragozanos... Pero tampoco voy a impedirles que cumplan sus deseos.
—¡No sabéis lo que hacéis! —y gritó—: ¡Guardias, apresad a estos rebeldes! Un par de días en el calabozo os aclararan las ideas.

Los soldados de don Juan cargaron sobre los hombres que acompañaban a Fernando, deteniendo a varios de ellos, que intentaban concluir su descabellado propósito.

Fernando ni siquiera intentó huir. Los exaltados le empujaron, y volvieron a alzarle por encima de sus cabezas, y a zarandearle, hasta que sintió un golpe en el cuello, y todo se volvió confuso.

Recordaba que un dolor terrible había recorrido todo su espinazo, hasta morir en la base del cráneo. Después, fue a parar a tierra y, en ese momento, sus recuerdos se perdían.

A medianoche, despertó, vomitó, y se cubrió con la piel de oso.

Su cabeza parecía poseer un corazón independiente al que estaba a punto de quebrarse en su pecho, y sus pulsaciones se empeñaban en acribillarle las sienes con saña.

Unos días atrás había oído hablar de un curandero al que llamaban el "Santo", Ramón Lupiáñez: un riojano que, años atrás, recorrió toda España vendiendo sus pócimas y ungüentos. Negocios que, decían, le habían convertido en un hombre rico. Pero sus reales se esfumaron con la misma premura con la que los había ganado: el juego, el vino y las mujeres fueron los culpables de su degradación, física, económica y moral. Ahora, Lupiáñez malvivía en un cuchitril húmedo y oscuro, bajo las escaleras de una vivienda humilde, en las cercanías del Pilar.

Fernando recogió la piel de oso y se la cargó a los hombros. Echó para adelante la capucha del hábito franciscano, y se puso en camino hacia la catedral.

Lupiáñez era un hombre menudo, enclenque y famélico, aunque sus colgantes pellejos hacían sospechar que, tiempo atrás, fue un hombre rollizo. En su cara, saturada de viruelas, se dibujaba una sonrisa hipócrita y unos ojos hundidos y huidizos. Vestía un hábito franciscano más raído, aún si cabe, que el del propio Fernando.

La casa olía a deyecciones de gato y a comida podrida.

—¿Qué te trae por aquí, hermano? —le saludó Lupiáñez, acariciando un gato pardo tan famélico y descuidado como su dueño.

—¡No me vengas con monsergas! —sonrió el duque—. Soy tan fraile como tú.

—¿Acaso lo dudas? —preguntó el curandero, ofendido.

—Me han dado varios golpes en la cabeza, y necesito algo que me calme el dolor.

—Eso suele pasarse con un buen trago de vino y ocho horas de sueño —dijo Lupiáñez, dejando el gato en el suelo y mirando los chichones de la cabeza de Fernando—. Eso en el caso de que no se hayan producido lesiones internas.

—¿Y si las hay? —Lupiáñez se encogió de hombros—. ¿Tienes algo para mí, o deberé asaltar una bodega y robar un tonel de vino, y después dormir la borrachera bajo el puente?

—Sí. Algo tengo —dijo el curandero, volviendo a coger el gato del suelo— Pero es peligroso... Debes beber un par de gotas de esto —le entregó una pequeña botella, tapada con un corcho que, como no ajustaba en la boca, estaba recubierto por una tela mugrienta—. Si bebes más de cinco, ten por seguro que no volverá a dolerte la cabeza... ni ninguna otra cosa.

—¿Qué quieres decir? —Fernando no podía pensar con claridad.

—En poca dosis es medicina, en demasía veneno.

—No tengo dinero con qué pagarte —se lamentó.

—Con la piel de oso me conformaré.

Fernando le entregó la pestilente badana, sacó un cordel de una pequeña bolsa que llevaba atada en su cíngulo, lo anudó en el cuello de la ampolla y se la colgó, como si fuera un escapulario.

No se despidió. Salió de aquel cuchitril inmundo, y buscó una fuente. Remojó sus chichones con agua, fría como el aliento de Satanás, y abrió el frasco.

—¿Qué me ocurre? —se dijo, sintiendo como las garras de la melancolía se clavaban en su corazón—. Lo tuve todo, dinero, amor, poder... Y ahora no soy más que el lamentable eco de lo que fui, una caricatura de mí mismo.

A punto estuvo de beberse la botella entera, y acabar de una vez por todas con aquel absurdo sufrimiento. Pero pensó que aquella situación, el dolor que ahora se le antojaba insoportable, era algo que él mismo se había infligido, que había elegido. Era incapaz de encontrar la causa que le condujo hasta aquel trance. Ni siquiera comprendía si hubo, en el pasado o en el presente, motivos que justificasen aquella irracional derrota.

A medida que transcurría el tiempo se le antojaba más difícil apartar de su cabeza a Catalina, a Isabel, incluso al pequeño Lorenzo. *«Y debe ser todo un hombrecito»*, se dijo, nada convencido de que aquel niño escuálido y apocado hubiera cambiado siquiera un poco.

Dejó que dos gotas, amargas y abrasivas, se deslizasen por su garganta, y sus párpados se convirtieron en plomo.

Buscó cobijo bajo el soportal de un convento de monjas carmelitas, donde durmió durante más de seis horas.
Cuando despertó, el sol cruzaba ya el cenit del mediodía.
Regresó al horno de aquella panadera rolliza, y le prometió que, si le daba un mendrugo de pan seco, no arremetería contra el rey Felipe frente a su negocio. Después, fue a comérselo en una de las puertas de la basílica del Pilar, y alargó la mano, como hacían los pordioseros.
Había oído hablar de un peletero, al otro lado del Ebro, que curtía pieles de vaca y oveja: *«Iré a recoger alguna piel de cordero mal curtida»*, se dijo, *«puede que esta noche refresque»*.

5. *El mal vino.*

«¡Ingrata madurez!, ¡eres la ramera que me robó la vida!
¿Por qué cortaste mis alas?, ¿por qué no me permitiste morir entre sus brazos?... ¿Por qué
no dejaste que fuera él mi destino?»

EL TURBÓN (Condado de Ribagorza). Otoño de 1589

Isabel se agarró a la rama de un roble joven, no demasiado confiada en que aguantara su peso. Era el tercer vahído que sentía en una semana, y solía levantarse con nauseas, que raramente acababan en vómito. Hacía ya un mes que no le venía el mes, y se sentía mucho más sensible y susceptible de lo normal. Sin duda, estaba embarazada. Y eso no era bueno, *«¿Qué voy a hacer con un niño por estos montes de Dios, o, peor aún, huyendo de las tropas del rey Felipe?»*, se preguntaba, sin hallar respuesta. *«¿Cómo decírselo a Miguel?»*.
Se sentía triste y desamparada.

Nunca echó de menos a su madre, ni siquiera en la soledad del campamento de Pilzán. Pero, desde hacía unos meses, las cosas, o tal vez su cabeza, habían cambiado. Se percató de que aquellos hombres, incluido Barber, no eran más que criminales, incapaces de disfrutar de una vida digna y corriente. Fuera por eso, o lo uno consecuencia de lo otro, Isabel encontraba a faltar la presencia de Catalina.

No podía decirse que aquel lugar fuese tan acogedor como la Sierra de Pilzán, aunque dormía a resguardo, que era lo único que les importaba a aquellos bárbaros. E, Isabel y Miguel, podían dar rienda suelta a su pasión, sin ser molestado por los Pistoletes. Para ello, Miguel levantó la cabaña veinte pasos más abajo que las de los otros. En realidad sólo eran cinco hombres y ella. Aquella situación había preocupado, casi obsesionado, a Barber, desde el mismo instante en el que partieron de la Pedra dels Degollats, hasta que Antonio Ceresuela averiguó que, en Campo, a poco más de una hora a caballo, vivían una viuda con sus tres hijas que, por un par de monedas, accedían a satisfacer los efluvios lúbricos de los bandidos.

Isabel había podido comprobar que los ataques y emboscadas de los Pistoletes siempre eran precedidos por un par de días de extrema inquietud y excitabilidad. Después, cometían sus fechorías (asaltaban alguna caravana de comerciantes o desvalijaban los cepillos de ermitas suficientemente apartadas como para no ser acusados de ello) y, a media tarde del tercer día, cogían parte del botín de la mañana y se perdían loma abajo. Solían regresar poco antes del amanecer, y permanecían tranquilos durante un par de días.

Ramón de Mercader robó, aquella misma mañana, tres gallinas y un pequeño tonel de vino malo y fuerte de una masía cercana. Barber le reprendió por ello: «¡*Si saqueas a nuestros vecinos, pronto darán parte a los soldados reales, y tendremos que buscar otro lugar donde escondernos!*»... pero Miguel no hizo ascos al botín de Mercader.

José de Llitoner encendió una enorme fogata con ramas secas y un par de chocas de parra hueca, «*La que hace mejor brasa*», según dijo Barber. Desplumó las dos gallinas, las limpió y, clavándoles un palo desde el ano hasta el "degüello", las asó en la hoguera.

Dieron buena cuenta de las gallinas, y destaparon aquel vino.

Al principio parecían alegres y animados. Al cabo de un poco, se pusieron a cantar jotas... Poco a poco, las jotas fueron volviéndose más inmorales y obscenas y, al final, los cinco hombres acabaron gritando y diciendo indecencias y bravuconadas, que hubieran ruborizado al más grosero de los carreteros.

—No es justo —dijo Amorós— que tú, Miguel, tengas para ti una mujer con la que joder todas las noches y nosotros tengamos que desahogarnos en soledad, o ir a visitar a la poco recatada viuda y a sus no menos putas hijas.

—¡El mundo está así de mal repartido! —bromeó Barber, entre risas—. Vosotros tenéis mujer e hijos y habéis podido joder tantas veces como habéis querido, cuando yo tenía que aguantarme. Éste es mi momento.

—¡Me cago en Dios! —espetó el de Llitoner—. Nadie le pidió a esa ramera pelirroja que viniese aquí. Nadie le obligó, así que tendrá que atenerse a las consecuencias —y, mirando a Isabel, le dijo—: En el fondo es lo que deseas, ¿verdad criatura? Debes tener la edad de mi hija mayor, y eso me la pone tiesa.

Isabel le escupió el vino en la cara. José levantó la mano, y la miró con ojos de rabia. Barber le agarró del brazo.

—¡Se te ha subido el vino a la cabeza! —intentó calmarle—. Será mejor que te vayas a la choza a dormir la mona.

—¡No, hijo de puta! —dijo Amorós—. Tú eres quien se va a ir a su choza, y nos va a dejar a su novia para nosotros.

—Me pregunto si también tiene los pelos de abajo rojos como los de la cabeza —dijo Ceresuela—. ¿Por qué no nos los enseñas, Isabel?

—Si estás harto de tu mano, ¿por qué no le pides la suya a Llitoner, y que sea él quien te toque la zambomba? —se enfureció Isabel—. ¡A mí, déjame en paz!

—Creo que habéis bebido demasiado —dijo Barber, al ver que aquel asunto se le estaba escapando de las manos—. Os pido que os retiréis a vuestras cabañas y dejéis que nosotros nos vayamos a la nuestra. No quiero enemistarme con nadie, y dudo que vosotros deseéis pelearos conmigo.
—¡Confías demasiado en esos bestias! —le susurró Isabel al oído.
—¡Déjanos a la muchacha! —insistió Amorós—. Te prometo que te la devolveremos entera —rieron todos.
—¡Estáis borrachos! —Miguel tiró de Isabel, y empezaron a caminar sierra abajo, hacia su cabaña.
—¡Quieto! —gritó Llitoner— ¿Acaso no nos hemos explicado?
Miguel se giró, y vio que Ramón de Mercader había desenvainado su puñal y que los otros tres le apuntaban con sus arcabuces.
—¡Danos a la muchacha! —le ordenó Amorós—. No bromeo...
—¿Os habéis vuelto locos? —los Pistoletes se acercaron a Isabel, y la separaron de su jefe—. ¡No permitiré que! —Barber sintió el filo de la daga en su cuello.
—¡No quiero oírte! —espetó Mercader.
Isabel le miraba desesperada, más preocupada por la suerte de Miguel que por lo que pudieran hacer con ella aquellos desalmados.
—¡Dejadla, hijos de puta! —gritó Barber.
—¡Te he dicho que te calles! —insistió Mercader—. Como vuelva a oírte te cortaré el cuello.
Los otros cogieron a Isabel por los brazos y la tiraron al suelo. Subieron sus faldas, y le arrancaron las enaguas.
—Pues sí —rió Ceresuela—, también ahí tiene el pelo rojo.
—¡Basta ya! —se enfureció Barber, dándole un empujón a Ramón de Mercader y echándolo a tierra, pero éste le agarró de los tobillos.
Después, se abalanzó sobre los otros, y empezó a dar puñetazos a ambos lados, sin orden ni concierto.
Ceresuela ya había bajado sus calzones, y aguardaba a que los otros inmovilizaran a Isabel. Barber, cuando se percató de las intenciones de Antonio, se zafó de Mercader y corrió hacia éste, dando saltos y esquivando a los otros dos, que habían liberado a la pelirroja. Ceresuela recibió un puntapié en el pecho y otro en la cara. Dos de los pocos dientes, que no habían sido corroídos por el verdor putrefacto que exhalaba su boca, saltaron de tan horrible cobijo, yendo a parar a la hoguera. Al llevarse las manos a la nariz, comprobó que su tabique estaba torcido.
—¡Malnacido! —gritó Antonio— ¡Hijo de la gran puta!
Los otros dos se echaron sobre Miguel, agarrándole por los brazos, mientras Ceresuela le pegaba patadas en el hígado y en el estómago.

Ramón de Mercader se levantó y recogió el puñal. Miró a Miguel con odio extremo, y se acercó a él, propinándole una patada en el bajo vientre, que a punto estuvo de dejarle sin sentido.

Isabel se revolvió entre los hombres. Logró apartarse un poco de ellos y se colgó del cuello de Ceresuela, que ya tenía el arcabuz entre sus manos.

—¡Vete, Isabel! —gritó Barber—. Coge el caballo y vete a tu casa.

Aquellas fueron las últimas palabras que escuchó de labios de Miguel Juan Barber. Mercader levantó el puñal, por encima de su cabeza, y lo dejó caer con furia en el pecho del que fuera su jefe.

Isabel desató el caballo y se montó en él de un salto, espoleándole con todas sus fuerzas.

Apenas podía ver el camino por el que galopaba.

A una luna menguante, que se asemejaba a un tenue rayo de luz reflejado en un vidrio roto, se unieron sus lágrimas. Miguel había muerto, y en ella iba a cumplirse la misma maldición que se había cebado con su madre. Pariría un niño sin padre, cuyo futuro se auguraba tan vacío como miserable.

CAPÍTULO XVII
La madre.

1. Regresar sin haber partido.

«Madre... Jamás vi serenidad en tu rostro... Tus tristes ojos jamás serenaron mi alma, y tus ajadas manos nunca me consolaron... ¿Por qué te amo si, dándome la vida, me desterraste al tormento?»

BENABARRE (Condado de Ribagorza). Otoño de 1589

Alguien golpeó la puerta de Casa Capellana, que osciló como la baranda que separaba las vacas en celo del corral del toro.

Lorenzo se despertó sobresaltado, mirando directamente hacia la ventana, sin saber muy bien de donde procedían aquellos ruidos. Todo estaba oscuro, ni un solo rayo de luz penetraba por las grietas de los soportales. Aún no había amanecido.

Los pasos inquietos de su madre, sobre el frío suelo del pasillo, le convencieron de que aquella insistente serenata no formaba parte de sus sueños, sino que era tan real como las brumas del exterior.

—¿Has oído eso? —preguntó Catalina, abriendo la puerta de su habitación— ¿Quién será a estas horas? —Lorenzo sacudió la cabeza.

La puerta volvió a canturrear dos rudos quejidos.

Madre e hijo dieron un respingo.

Enseguida, el golpeteo se volvió apremiante, casi desesperado.

Catalina bajó al portal. Pegó su oreja a las tablas de la puerta, y escuchó una respiración desazonada y jadeante, el bufido de un caballo y un susurro.

—¡Abra, madre! —balbució Isabel— ¡Por Dios, ábrame!

La mujer desatrancó la puerta y abrió el cerrojo.

—¡Hija mía!, ¿qué te ocurre?

Lorenzo observó, desde la parte alta de las escaleras, a su madre abrazar a una joven extremadamente delgada, cuyos ojos estaban hundidos tras unas ojeras hinchadas y rojas. Su hermosa melena color panocha, largo y sedoso, no era sino una maraña enredada en paja y hojas secas. Toda ella era la caricatura de sí misma, el despojo ultrajado de aquella hermana a la que tanto amaba.

—He cabalgado durante toda la noche —dijo Isabel, entre sollozos— escapando de los malditos Pistoletes... Querían violarme. Miguel me defendió —lloró—. Le clavaron un puñal en el pecho... ¡Está muerto, madre!, ¡Esos criminales le han asesinado!

—¡Pobre Miguel! —balbució Lorenzo, bajando las escaleras lentamente—. Era un buen hombre.

—¿Qué haces aquí, Lorenzo? —preguntó Catalina, algo molesta—. ¡Vuelve arriba, inmediatamente!

El zagal dio media vuelta, y se perdió escaleras arriba, aunque se quedó en el último rellano, aguzando el oído.

—¡Qué calamidad!

—No, madre. Esto tenía que ocurrir, antes o después —sollozó Isabel—. Le perseguían los soldados de Cerdán y la guardia del rey... No. Miguel no fue un buen hombre: era un asesino, un ladrón, un blasfemo y se había acostado con cientos de mujeres...

—¡No digas esas cosas, por Dios! —le reprendió Catalina—. No se debe hablar así de los muertos, ¿quién sabe si no nos oyen?

—No se preocupe, Madre. Si Dios no nos escucha, tenga por seguro que menos lo hará un cadáver condenado al fuego eterno —lloró—. Sin duda, ahora estará en el infierno. Pero él se lo buscó.

—Nadie desea ir al infierno, Isabel —dijo Catalina, santiguándose.

—Cuando Dios te ha dado la espalda, no deseas reunirte con él, ni aunque el Cielo sea un lugar de infinita paz y felicidad eterna... ¿Qué hijo desea regresar al hogar de un padre que no le ama?

—Dios nos ama a todos por igual.

—¿Puede asegurarme tal cosa?

—Eso dicen las escrituras, la Biblia, los evangelios.

—Por esos evangelios, tuvo usted que huir del convento de San Pedro. Por esos evangelios, no pudo casarse con mi padre... Por esos evangelios, Miguel se consumirá en las llamas eternas del infierno.

—Tal vez se arrepintiera de sus pecados antes de morir.

—¿Cómo arrepentirse de algo que no consideraba pecado? —Catalina se encogió de hombros.

En Catalina revivió un fantasma que jamás le había abandonado: *«¿Acaso la salvación es una cuestión de mero azar? Morir, segundos después de haber recibido la absolución de tus pecados, te convierte de inmediato en huésped del Paraíso Eterno... ¿Y quienes no conocen la palabra de Cristo?, ¿ninguno de ellos, aún siendo más justo que el Papa de Roma, será acogido en el Reino de Dios? El pecado, que ironía, tan universal, tan objetivo, no es sino lo que te aleja de unos meros preceptos. Esas leyes, tan piadosas y caritativas, convierten las costumbres de los gentiles en su propia condena».*

Se hizo el silencio. No era aquella la mejor hora, ni el lugar adecuado, para intentar comprender los misterios de la Iglesia.

Lorenzo bajó las escaleras, besó a su hermana en la frente, y salió afuera. Tomando las riendas del caballo, lo llevó al establo, lo desensilló, llenó uno de los pesebres con alfalfa seca y le acercó un cubo de agua. Cuando regresó al portal, Catalina e Isabel ya habían subido arriba y encendido el hogar.

El Sol empezaba ya a despuntar por el horizonte del Montsec.

Catalina azuzó las brasas de la pequeña fogata con una rama de olivo, mientras su hija secaba sus ojos con un pañuelo, recostada en la cadiera. Lorenzo se sentó a su lado, cogiéndola de las manos.

—¡El infierno! —murmuró el muchacho—. Allí estará Padre, sin duda. Y, pese a que fue un mal hombre, un ladrón, un asesino... yo le amaba, aunque el único motivo que tuviese para hacerlo fuese que me había dado la vida, y porque estaba obligado a hacerlo...

—¿Qué quieres decir con eso? —preguntó Isabel, sorprendida.

—Nada... Solamente que sé lo que sientes, porque yo sentí lo mismo cuando murió él —y aquel muchacho, taciturno y callado, sintió como si algo o alguien le soltase la lengua—. Nací cojo, y cojo moriré. Los niños se ríen de mí, y siempre soy el primero al que encuentran cuando jugamos al escondite, porque no puedo correr tan rápido como ellos... El diácono Andrés me decía que yo era el fruto de un pecado, porque Padre era un mal cristiano y tú, Isabel, acabarías en la hoguera por bruja. Y me preguntaba: ¿Qué daño le he hecho yo a Dios, para que me castigue con esta mácula? —sonrió— Padre nos entregó a mí y a madre a los rebeldes, y creí que el tal Àger nos asesinaría... y fue usted quien me salvó. Después, nos acogió don Fernando en su castillo. Pero el conde partió, y no hemos vuelto a saber nada de él... Don Blas Monserrate... —se entristeció Lorenzo— He vivido en el monte, he dormido en el suelo. He pasado hambre, frío y miedo... El infierno no puede ser mucho peor, Isabel.

Lorenzo se levantó, besó a su hermana en la frente y salió.

Catalina calentó un poco de sopa, que había sobrado de la comida del día anterior, la sirvió en un cuenco hondo de barro cocido, con una de las "pilotas"[40] del mismo caldo, y se lo acercó a su hija.

Isabel se había quedado dormida, tumbada sobre la cadiera. Catalina se acercó, y echó sobre sus piernas desnudas el mantón recio de lana que llevaba puesto. Dejó el cuenco sobre la repisa del hogar, y se sentó a su lado. Cogió la cabeza de su hija, se la acomodó entre sus muslos, y acarició sus rojos cabellos, que le parecieron de esparto.

Hasta entonces, las pocas veces que su hija les había visitado, dormía en la cama de Lorenzo, y éste al lado de su madre; pero el niño había crecido, y no le parecía demasiado adecuado volver a compartir su cama con un muchacho, aunque éste fuese su hijo.

«Al fondo hay una habitación vacía», susurró Catalina, *«La estaba guardando para cuando decidieras volver. Esta misma mañana iré a ver a Escalarre para que te haga una cama. Mientras tanto, dormirás conmigo, como cuando eras niña»*.

---

[40] Pelotas— hechas con carne picada para dar sabor al caldo.

Permaneció así, sentada a su lado, intentando poner orden en la caótica maraña en la que se había convertido el pelo de su hija, durante un tiempo que le hubiera sido imposible determinar.

Lorenzo ya se había marchado a la vaquería, y el caldo estaba tan frío como antes de ponerlo a calentar en aquel fuego que agonizaba.

Cuando uno de los rayos del sol penetró por la ventana, incidió en la cara de Isabel, y sus ojos se abrieron lentamente. Catalina sonrió, y su hija balbució unas palabras que fue incapaz de comprender. Después, se reincorporó, y sonrió con un mohín lleno de tristeza.

—Hace algo más de cuatro semanas que no me viene el mes —susurró la muchacha—. Estoy embarazada, madre.

Catalina no se atrevía a decir nada. Había pensado tantas veces en aquella posibilidad, que parecía como si las palabras de su hija no fueran más que la prolongación lógica de la vida. La mujer se sorprendió a sí misma intentando hallar algún sentido en todo aquello, pero sin falsa gravedad moralista. Ella misma había crecido sin un padre a su lado, y en su hija se repetía la misma calamidad. Había observado que los hijos de madres viudas, donadas, expósitas o huérfanas, solían ver como sus hijos crecían con las mismas carencias que ellas mismas. De padres borrachos, nacían hijos borrachos, y de ladrones, bandidos. Pronto le asaltó la duda de si aquello se debía a un castigo divino o si era casual, paradójicamente casual. Prefirió creer que se trataba de una burla más de esta irónica vida.

—¿Qué piensas hacer? —preguntó al fin Catalina.

—Soy una niña —respondió Isabel con tristeza— no sabré cuidar de mi pequeño. Lo pariré y lo entregaré a un hospicio.

—¡Qué poco pensaste en las consecuencias cuando yacías con Barber! —dijo Catalina, algo molesta, aunque enseguida se arrepintió de haber pronunciado aquellas palabras—. ¡Creías ser mujer para pecar y, sin embargo, dices ser niña para criar el fruto de tu deseo!

—¡Repréndame todo lo que quiera! —dijo Isabel, bajando la cabeza—. Pero lo cierto es que voy a tener un hijo. Lo que pudiera haber hecho o no ya no tiene sentido ni solución.

Catalina bajó a la carpintería de Escalarre y le encargó una cama nueva. Después, casi en un susurro, le pidió que construyera una pequeña cuna, aunque insistió en que se diera más prisa con la cama.

Isabel se quedó a vivir con ellos.

En alguna que otra ocasión, la pelirroja le insinuó a su madre que fueran a buscar los reales que Eduardo había robado a Sopena, pero Catalina se negó a aceptarlos. «*Nuestro negocio es próspero y no los necesitamos... Y, aunque así fuera, jamás aceptaría dinero manchado de sangre*». Aún más, le recomendó a su hija que los entregase a las monjas de Santa Elena. Pero Isabel no tenía ninguna intención de renunciar a ellos... Jamás tuvo tantos escrúpulos como su madre.

2. La vida que no os pude dar.

«Soñé que podía hacer realidad mis deseos, la vida que aspiraba para los míos.
Soñé que vuestro silencio era síntoma de gozo, pues, en mi ilusión, creí que sólo el llanto perturba la quietud.
Soñé que mis deseos se habían cumplido... ¡Estúpida de mí!
Jamás fui dichosa, ¿cómo saber qué ofreceros?
Jamás oí vuestras voces, porque no quise escuchar sino lamentos. ¡Qué pronto deja el ciego de llorar su desgracia! Pero jamás recupera su vista.»

BENABARRE (Reino de Aragón). Verano de 1590

Cargó los quesos en el pequeño carromato. Aquella primavera, Catalina compró dos vacas lecheras a un vaquero del valle de Benasque, y media docena de cabras a un pastor de Puente de Montañana. Decidió que, ahora que Isabel deseaba quedarse a vivir con ellos, podrían aumentar la producción de quesos, a los que ya todos conocían como los "Quesos de Capellana", y hacerlos algo más "fuertes", añadiendo la leche de las nuevas cabras a la de vaca. Pero, desde hacía un mes, Isabel tuvo que guardar reposo, ya que estaba casi a punto de dar a luz y la comadrona le aseguró que *«el embarazo no va tan bien como debiera»*. Desde entonces, les ayudaba una niña regordeta, pizpireta y despabilada, que se llamaba Josefina, aunque, todos la llamaban Pepita. Era algo más joven que Lorenzo, un año a lo sumo, aunque parecía mayor que éste, y trabajadora como la más afanosa de las mujeres. Pronto aprendió a ordeñar vacas y cabras, y nunca protestaba cuando le mandaban a hacer recados.

Isabel tenía la barriga abultada y respingona, por lo que las mujeres del pueblo, incluida la comadrona, le aseguraron que pariría una niña. Y, contradiciendo a Carrodilla, que dijo que se le adelantaría el parto, la joven creía haber superado ya los nueve meses de embarazo.

La carreta chirrió, calle abajo, y el burro, Flacucho, trotó con aire resuelto y orgulloso por haberse desembarazado de la albarda; jamás había arrastrado un carromato, pero recibió aquella nueva tarea con más agrado que soportar sobre sus hombros todo el peso de la carga.

Dejó los quesos en el almacén de Rañé, y esperó a que Mateo, el sobrino de la fallecida Josefina, le pagase lo acostumbrado.

—¡Me los quitan de las manos! —afirmó Mateo—. Deberías pensar en comprar más vacas...

—¡Ya me gustaría a mí! —rió Catalina.

Después, volvió a emprender la inclemente cuesta que conducía a Casa Capellana. Esta vez, el burro ya no tiraba con tanta presunción como cuando acometía la calle en dirección contraria.

A mitad de camino, Pepita le hizo gestos con las manos, desde la puerta de Casa Capellana, bajando a toda prisa.
—¡Isabel ha roto aguas! —dijo inquieta—. ¡Se ha puesto de parto!
—¡Ve a buscar a la partera! —dijo Catalina, tirando de las riendas del terco burro. Flacucho resopló desganado—. Yo me ocuparé de tenerlo todo preparado para cuando venga.
Isabel estaba recostada sobre su cama, como si aquello no fuese con ella. Sonriente y extrañamente jovial.
—¿Es verdad lo que ha dicho Pepita? —preguntó Catalina, incrédula, al ver que su hija estaba más fresca y menos huraña que de costumbre. Isabel asintió—. ¿Y no tienes dolores?
—Molestias —se encogió de hombros—, pero se pueden soportar.
Cuando llegó la comadrona, aquellas molestias se habían convertido en un dolor punzante, que solamente cesó cuando la criatura fue arrancada de sus entrañas.
Tal vez por llevar la contraria, o por casualidad, la partera tuvo que tragarse sus palabras y reconocer que era una mala agorera.
—¡Es un niño! —dijo—, sano y fuerte.
La comadrona se lo entregó a su madre, quien lo observó con cierta indiferencia. Le miró los pies y las manos, para comprobar que no le faltara ningún dedo, y, después, se lo entregó a Catalina.
—¡Es pelirrojo! —exclamó la orgullosa abuela— Como tú... como mi padre.... ¿Has pensado algún nombre para él?
—Hernando —contestó Isabel, sin pensarlo dos veces, aunque sin la más mínima pasión—, como su abuelo... como mi padre.
—¿Y qué dirá la gente? —se negó Catalina—Mañana es San Lorenzo... Se llamará Lorenzo, como su tío.
—Lo que usted diga, madre —contestó Isabel, con la seguridad de que iba a hacer lo que a ella le viniese en gana.
—Te aseguro que vamos a darle la vida que yo no os pude dar a vosotros, ni a ti, ni a Lorenzo.
Ciertamente, el pequeño era un niño sano y fuerte, con un evidente parecido a su madre, incluso en su carácter inquieto. Por supuesto, fue bautizado con el nombre de su abuelo, Hernando.
Isabel no volvió a insinuar que la criatura fuera dada en adopción, o entregada en un hospicio. Tanto Catalina, como ella misma, tenían dinero suficiente como para sacar adelante al pequeño pelirrojo.
—Para tener un padre como el que yo tuve —se decía—, mejor que crezca sin él.
De hecho, desde que nació el pequeño Hernando no volvió a pensar en Barber, excepto cuando su cama se convertía en un erial desolado, o su fragor se hacía insoportable. Sin embargo, no podía huir de la melancolía cada vez que

recordaba a Fernando, y las lágrimas pronto brotaban de sus ojos. Los cotilleos aseguraban que el conde se había vuelto loco y que vivía encerrado en los sótanos del palacio de Pedrola, escribiendo libros y poemas de amor. Aunque otros aseguraban haberle visto deambular por las calles de Zaragoza, viviendo de la caridad cristiana.

Sea como fuere, el deseo de que Villahermosa conociera a su nieto, se había convertido en una obsesión para la joven, aunque evitó decírselo a su madre, que la hubiera tomado por insensata.

La admiración que Isabel sentía por Fernando era enfermiza y obsesiva, como la mayor parte de las cosas que bullían en su cabeza. Pero no porque fuera su padre, ni siquiera porque se hubiera quedado deslumbrada por el aura de poder y lujo que le precedían, sino por su extraña unión; por una herencia, que iba mucho más allá de la sangre, o por el hecho de que el duque fuese la única persona que parecía hablar en su mismo idioma. Fernando se había convertido en el pedestal que sustentaba lo que los demás consideraban una locura u obra del mismísimo Satanás. Sin él, todo lo que había sentido, lo que en definitivas cuentas era, se venía abajo.

Fernando le dio nombre a aquel ser que se le aparecía en el castaño de Torre Alfals, y que ya sólo la visitaba en sueños, o cuando ella creía abandonar su cuerpo y deambular sin consistencia alguna sobre los campos y villas de Aragón: Lourier. Y eso era, tal vez, más importante que los vínculos familiares que les unían. Sí, le había dado nombre a aquel ser severo y paternal, de apariencia angelical, aunque el más cruel y temible de los entes que habitaban el mundo de las sombras. Un espíritu tan justo que parecía perverso; un ser que se negaba a decirles qué quería de ellos o qué camino debían tomar.

Estaba convencida, o quizás quería estarlo, que Lourier no procedía de Dios, pero tampoco, y en esto no se equivocaba, provenía de las profundidades del infierno. En todo caso, aquel ser era tan real como el bebé que sorbía con ahínco de sus pezones ennegrecidos.

Cuando el niño cumplió un mes, Isabel compró un caballo mulero, joven y fuerte, y un carromato pequeño, con la excusa de que pronto iban a necesitarlo para transportar la creciente demanda de quesos de Capellana. Catalina dudaba de que las intenciones reales de su hija fueran esas; hacía escasas semanas que había mandado reparar el viejo carro de Jueu, y no necesitaban otro. Sospechaba, sin apartarse un milímetro del camino hacia la evidencia, que su hija no tardaría mucho en marcharse de Benabarre e instalarse por su cuenta… Catalina estaba convencida de que su hija volvería desenterrar el botín de Eduardo y que no tendría ningún reparo en hacer uso de él. Y lo haría, sin duda, aunque el modo y la finalidad eran un verdadero misterio para su madre.

En el fondo, aunque ella se negaba a reconocerlo, Catalina deseaba que la decisión de su hija se cumpliera cuanto antes…

CAPÍTULO XVIII
La charca

1. Un puñado de batracios.

«¡Estúpido engreído!.. Eres como esos que se jactan de intelectuales y no son más que pedantes deseosos de ser escuchados, pues creen que nadie les comprende. Sólo deseas ser admirado y recordado por los siglos. Tus sordos oídos, ¡Dios cuanto presumes de ellos!, deberían escuchar nuestras burlas, y no lo hacen.
¡Pobre presuntuoso! Nos aborreces tanto como te odias a ti mismo.»
ZARAGOZA (Reino de Aragón). Principios de 1591

No podía soportar a aquel joven insolente y vanidoso, que tenía el aspecto de un noble venido a menos, y unos modales tan pretendidamente exquisitos que resultaban artificiales. Sólo le consolaba el hecho de que Bonifacio Bermúdez fuese hijo de un simple platero, con el único trato nobiliario que tienen todos los artesanos... y eso, por fortuna, seguiría siendo así. *«¡Gracias a Dios, quien nace pollino, muere borrico!»*, se dijo su eminencia don Jaime Jimeno, obispo de Teruel y Lugarteniente General de Aragón; un pelele en manos del rey y de Cerdán, que creía poseer más poder del que realmente tenía. Pero, aunque su aseveración fuese una evidencia incuestionable, no lograba arrebatarle un ápice de antipatía por aquel muchacho de larga melena y pobre barba recortada con esmero. Su infatigable verborrea excitaba a Jimeno hasta sacarle de sus casillas; en más de una ocasión tenía que contenerse para no ofender a aquel muchacho que, aunque odiado, lo tenía como un bien preciado.

—Dudo que deba inquietaros la creciente adhesión de zaragozanos a la causa del tal "Capellán" —dijo Bermúdez—. En todo caso, la guardia real recibiría la orden de detenerlo como un mero entretenimiento.

—Os recuerdo, Bonifacio, que el tal Capellán es el duque de Villahermosa, don Fernando de Aragón...

—¿Qué importancia tiene eso?

—Tal vez ninguna —musitó el obispo—. Pero, quién sabe si, en el caso de ordenar su detención, no se unirían a él y a eso que llamáis su "causa" los principales nobles de Zaragoza.

—¿Unirse a un loco?

—No despreciéis la capacidad de Villahermosa.

—Creo que os alarmáis con demasiada facilidad.

—Sólo deseo recordaros que no estáis hablando de un mendigo miserable, sino de unos de los hombres más poderosos de Aragón. El hecho circunstancial de que haya decidido, por Dios sabe qué absurdos motivos, vestir como un pordiosero, no le resta poder alguno... Los Gurrea, aunque parezcan haraganes en cuanto a las cuestiones de estado, siempre han sido defensores acérrimos de los Fueros Aragoneses. Tanto Francisco como Fernando, siguen siendo diputados en las cortes, y los aragoneses, incluso aún considerándoles timoratos para defender el orden y los Fueros, les tienen en mayor estima que al propio rey Felipe.

—Sea quien sea, ese Capellán y quienes le siguen, sólo son unos idealistas convencidos de que el mayor enemigo de la Corona es nuestro rey Felipe: unos pobres patanes que se oponen a una España unida, a un único estado peninsular, sin mayor poder que sus bocas.

—Deberíais dejar para mis asesores el análisis de la situación —dijo Jimeno, intentando controlar la antipatía que sentía por él—. ¿O acaso os sentís capacitado para manejar este asunto?

—No, señor.

—Así pues, ¿dejaréis que sea yo quien decida si las reuniones de Villahermosa con los zaragozanos son peligrosas o no?

—En realidad, se limitan a proferir insultos contra la corona de España, y en vuestra contra —prosiguió Bermúdez—. A excepción de un pequeño altercado en el palacio del gobernador, que se saldó con la humillación de los exaltados, no han protagonizado ni una sola revuelta que deba ser considerada.

—¿De cuántos hombres estamos hablando?

—De unos cuatrocientos —pensó Bermúdez—, tal vez quinientos.

—¿Quinientos hombres? —se enfureció Jimeno—. ¿Y os atrevéis a decir que son una cuadrilla de pordioseros inofensivos?

—Son plebeyos desarmados... Con un par de cientos de sus hombres, podríais acabar con los rebeldes como si se tratase de un puñado de batracios canturreando en una charca.

—¿Batracios habéis dicho? —el joven asintió. El lugarteniente le miró con desprecio y con una irónica sonrisa en los labios—. ¡También dijeron que los ribagorzanos eran una decena de patanes desarmados, y lograron que los Villahermosa huyeran de Benabarre, humillados y derrotados!

—Yo creí que detrás de aquel asunto estaba el conde de Chinchón.

—No fue el ministro quien empuñó las armas de los rebeldes...

—Yo sólo os comunico lo que he visto y oído.

—Está bien —dijo Jimeno, haciendo un gesto para que se retirara—. ¡Podéis seguir con vuestros asuntos! Decidle a mi contable que os pague lo convenido...

—¡A vuestra disposición, monseñor!

El lugarteniente frotó el gran sello, que parecía incrustado en las hinchadas falanges del dedo anular de su mano izquierda, intentando girarlo. Al no conseguirlo, se exasperó, dio dos golpecitos con los talones de sus zapatos en el entarimado, y cerró los ojos.

—¡No se merece uno solo de los reales que le pago! —balbució.

—¿Y por qué lo hacéis? —preguntó su secretario, don Higinio Garcés. Jimeno le miró con expresión severa.
—¿Creéis que hay otro modo?, ¿Creéis que hay alguien tan deleznable como Bermúdez, que quiera servirnos de comadreja?
—¿Qué opináis? —el secretario cambió de conversación—, ¿Creéis que Villahermosa puede ser un peligro?
—¿Fernando de Aragón y Borja? —sonrió—. no más de lo que hubiera sido San Juan Bautista, si detrás de él no hubiese venido Cristo... Su supuesta locura le ha relegado a una posición un tanto peculiar. Se dice que ha perdido toda credibilidad política, aunque yo no me atrevería a asegurarlo. Tal vez no sea más que misántropo. En circunstancias normales, difícilmente hablaríamos de él, pero su maquinaria ofensiva, tanto militar como intelectual, sigue intacta.
—Vos mismo habéis dicho que se ha vuelto loco.
—No lo creo, Garcés... La locura puede ser un estado pasajero. Fernando de Gurrea siempre ha sido un hombre sensato y temeroso de Dios... Yo mismo sufrí un momento de debilidad, de falta de fe, y me tentó la idea de hacerme ermitaño.
—¿Y creéis que Villahermosa está atravesando una de esas crisis?
—No lo sé... Pero dudo mucho que sea tan inofensivo como aparenta... Hay alguien detrás de él o, si no, que sabrá aprovecharse de esa circunstancia...
—Lanuza[41].
—El Justicia, por sí solo, no debería suponer peligro alguno... Pero está ese asunto, el tal Antonio Pérez.
—¿No está acaso acogido al privilegio de Manifestación?
—Sí —musitó el obispo—, ¡ese es el gran problema!.. Pérez es un hombre listo, sin duda. Que sea el asesino del secretario del príncipe Juan es un delito sin importancia —Garcés le miró sorprendido—. Entendedme —se explicó el obispo—. Asesinos los hay a miles, y cientos de ellos escapan cada año de las autoridades, sin que éstas pierdan un segundo de su tiempo en atraparlos... Tiene que haber algo más detrás del tal Pérez.
—En todo caso, eso no creo que nos incumba.
—No debería, en efecto. Pero ¿y si Pérez tuviera algo que pudiese comprometer a Felipe y quisiera hacerle chantaje?... Eso explicaría la obcecación del rey por detenerle.
—Sea como fuere, Pérez se acogió al privilegio de manifestación porque su padre era aragonés —pensó el secretario—. Sin duda, ahora se ha convertido en un huésped, digamos, incómodo.
—Y en un peligro para nuestros intereses.

---

[41] JUAN DE LANUZA era el Justicia de Aragón; algo así como el fiscal general del Reino. Entre muchas otras obligaciones del Justicia estaba el de velar por el cumplimiento de los Fueros, o leyes, defenderlos, y determinar el grado de ilegalidad de los delitos cometidos contra el Reino de Aragón.

—Creo que exageráis, monseñor —dijo Garcés—. Acogido en la Cárcel de la Manifestación, o en la prisión real, lo cierto es que está preso.

—Preso, sí. Pero con privilegios... Si Lanuza considera que se han vulnerado sus libertades, puede dejarlo en libertad. Y el rey, a la vista está, desea verlo muerto.

—De momento, su proceso está en estudio. Lanuza todavía no ha sentenciado sobre dicho asunto, y dudo mucho que encuentre una sola cláusula a la que poder acogerse. El privilegio de manifestación solamente es admisible si se han incumplido los fueros con el reo. En el caso de Pérez es difícil saber qué demonios ha alegado. Se le acusa de asesinar a Escobedo, y ha estado encarcelado en Castilla. Su delito no fue cometido en Aragón y su detención no es jurisdicción de Lanuza, ni menester del Justicia fallar en dicho proceso.

—No es tan sencillo, Garcés... Es precisa una acusación mayor que la simple sospecha de instigar un asesinato, o de conspirar contra el rey. Las leyes aragonesas le amparan, y Pérez lo sabe. De hecho, si vino a Zaragoza, acogiéndose a la manifestación, fue por la inmunidad que esto le ofrecía. *«Ningún aragonés podrá ser procesado sin pruebas que justifiquen dicho proceso».* Pretender lo contrario es un contrafuero, y eso sí puede desencadenar una rebelión popular... Me inquietan los rumores de la corte de Madrid. Al parecer, el rey Felipe pretende nombrar nuevo virrey de Aragón a un tal Íñigo de Mendoza, marqués de Almenara. Este asunto no sería importante, de no ser porque es forastero y, en vez de apaciguar los ánimos aquí en Zaragoza, reavivaría la polémica del "virrey extranjero".

—Y creéis que eso supondría nuevos enfrentamientos con los nobles fueristas, ¿no es así?

—Los nobles fueristas han perdido toda credibilidad. Las Cortes de Aragón son una farsa, sin poder de decisión, de la que se burlan incluso los propios diputados.

—Pero aún tienen cierto apoyo.

—Sí. Estáis en lo cierto... Lo realmente preocupante es que el rey Felipe, además de imponer un virrey extranjero, pretende acusar a Pérez de herejía. Y eso supone que el proceso debe ser llevado ante la Inquisición... Y, para afrontar dicho juicio, Antonio Pérez deberá ser encarcelado en la prisión de la Aljafería y, por lo tanto, perder todo privilegio, y renunciar al amparo de Lanuza. Lo cual sería tomado como un contrafuero... Y eso nos lleva al principio.

—Os escucho.

—Ciertamente, Villahermosa, por sí solo, no es peligroso, pero instiga a los zaragozanos a la rebeldía, y crea un clima de crispación. Un embate a los fueros, como sería el traslado de Pérez a la prisión del Santo Oficio, tendría consecuencias imprevisibles.

—¿Qué proponéis, entonces?

—Ocuparos de que sea redactada una orden de búsqueda y captura contra Fernando de Aragón y Borja, y que sea detenido y encarcelado.
—¿De qué se le acusa?
—Dejo ese asunto en vuestras manos; sois lo suficientemente ingenioso como para inventaros cualquier cargo que le mantenga en la sombra durante unas semanas... hasta que todo este asunto se haya solucionado o, al menos, haya tomado algún rumbo.
—¿Un altercado, tal vez? ¿Una revuelta de los "batracios"?
—¡Por Dios, Garcés, no vayáis a caer tan bajo como ese estúpido de Bermúdez! —sonrió Jimeno—. Lo que proponéis quizás sirva. Aunque, por un simple altercado, sólo podríamos retenerle durante un par de días, una semana a lo sumo.
—Sí, monseñor. Pero suficiente como para que conste en las actas como un hombre subversivo, por incitación a la rebeldía.
—No es necesario ningún altercado para que Villahermosa sea acusado de eso...
—¿Qué os parecería acusarle de traición contra la Corona?
—Creo que habéis captado mi idea.

2. El mendigo.

«¡Maldito el tiempo, que te devuelve a mí!
¡Maldito el destino, que jamás es justo sino consigo mismo!
¿Qué hacer si el odio me corroe las entrañas?
¿Qué, si deseo no desear y ese deseo me atemoriza?»

SIERRA DE PILZÁN (Reino de Aragón). Principios de 1591

Ni en la más febril de las fantasmagorías de Isabel podía imaginar la expresión que dibujaría el rostro de su madre cuando descubriera que ella y el niño habían desaparecido de Casa Capellana.

—Si le hubiese dicho que tenía la intención de ir en busca de tu abuelo, no lo hubiera comprendido —le susurró a Hernando, intentando convencerse de que su decisión había sido la correcta.

Acarició el pobre pelo rojo de su hijo, y perdió la mirada en las piedras del camino.

Estaba convencida de que, ni su madre ni Lorenzo, les oyeron salir de la habitación, aunque tenía serias dudas sobre si los cascos del joven caballo y las ruedas del carromato habían sido tan discretos. Probablemente, Catalina no se percataría de su ausencia hasta el amanecer. Entonces, Isabel y su hijo estarían ya lejos de Benabarre.

Aún no había amanecido cuando el caballo se dispuso a trepar por la senda que acometía la loma de la Sierra de Pilzán.

Las ruedas de la carreta chirriaron bajo las posaderas de Isabel, y todas sus maderas crujieron al ritmo que las oscilaciones del camino les obligaba.

Poco antes de llegar al antiguo campamento de los bandidos, el hedor a carne podrida se entremezclaba con un silencio sepulcral, atroz y devastador, que se apoderó de aquel monte desde el mismo día en que los soldados de Cerdán lo arrasaron. Pero el olor a muerte pronto quedó eclipsado tras el horror y la evidencia. De las chozas, medio derruidas, emergían formas espectrales, de huesos escasamente recubiertos por jirones de piel reseca, carne agusanada y cráneos que sirvieron de festín para los buitres, cuervos y todo tipo de carroñeros. Algunos de aquellos esqueletos habían pertenecido a mujeres y niños indefensos, de los cuales no quiso recordar sus nombres, pese a que sus voces clamaban desde el interior de su cabeza. Y los gritos, retenidos en la memoria de las rocas, repetían la macabra cantinela del horror, como si fuese el recordatorio de una masacre sólo justificable por el empeño de unas bestias sedientas de sangre inocente.

Sacudió las riendas, y bordeó aquel infierno.

Entre arcadas, y a pocos pasos de allí, detuvo el carromato. Dejó el niño en el capazo y desmontó...

Para su propio deleite, si es que había algo que pudiese entusiasmarle después de haber visto la masacre del campamento, comprobó que los sacos seguían en el mismo lugar en el que los dejara, en el interior de aquel tronco. No faltaba ni una sola moneda.

Los cargó en la parte trasera de la carreta, y fustigó el caballo, para que apresurase su paso y así abandonar, de una vez por todas, aquel lugar maldito. Allí sólo subsistía el clamor de las mujeres, a las que habían arrancado salvajemente la vida, y el llanto de unos niños inocentes, que no conocieron otro mundo más que aquel campamento infame; un mundo donde el miedo y la indigencia eran el único modo de vida posible: *«el pan nuestro de cada día dánosle hoy»*.

El carro volvió a quejarse, esta vez con patetismo lastimero, como el réquiem que, años atrás, solía tocar en los entierros el organista de Santa María de Tamarite. A cada vuelta de sus ruedas, a cada tirón del joven caballo, las ballestas espetaban un bramido insoportable. Pero aquellos lamentos se fueron haciendo cada vez más débiles, al tiempo que el camino se allanaba. El clamor de los muertos se convirtió en un susurro distante, cuando cruzó el camino de Estopiñán. Las ruedas del carro y el eco de las sombras se desvanecieron casi a un mismo tiempo. Isabel suspiró aliviada.

Aquel día comió bajo un nogal, en Baells, y se alojó en las cercanías de La Almunia de San Juan, en la casa de una vieja viuda, discreta y limpia, que le alquiló una de las habitaciones de su enorme caserón, y que no hizo una sola pregunta. Podría haber pasado la noche en Torre Alfals, en Tamarite; nada se lo impedía, aquella masía seguía perteneciendo a su familia. Pero, con toda seguridad, la vivienda estaría en estado ruinoso y no sabía cual podía ser la reacción de Sopena, si advertía que la hijastra de Eduardo había regresado.

Al día siguiente, al amanecer, se puso en camino hacia Barbastro.

BARBASTRO (Reino de Aragón)

Hacía mucho frío. Una espesa y persistente niebla, que lanzaba pequeñas dagas heladas sobre su rostro, cubría todo el cauce del Vero. Escasamente podía distinguir el camino por el que, con torpeza, trotaba el caballo. El jaco empezaba a inquietarse. De no haber sido sorprendida por aquella niebla, hubiera llegado hasta Peraltilla. Pero prefirió no arriesgarse, y hacer escala en una pensión, que tenía aspecto de ser tranquila, en las cercanías de la catedral.

La posada estaba prácticamente vacía; solamente un par de nobles, probablemente infanzones, parloteaban sentados en un amplio banco, en la entrada de la posada, y un matrimonio con tres hijos, que dijeron trasladarse desde Campo hasta Pamplona.

Pagó aquella noche por adelantado, y subió a la habitación que el posadero le había indicado, con total apatía, desperezándose y rascando su panza. *«Yo me haré cargo del caballo y del carro»*, le aseguró el menudo posadero, sin apenas mirarla.

La habitación era una alcoba pequeña, en la que escasamente cabía una cama minúscula, una banqueta de madera rígida y medio desencajada, una amarillenta palangana de cerámica, y un orinal de hierro, en el que el óxido se confundía con unos restos sobre los que Isabel prefirió no indagar demasiado.

La joven se asomó a la única y mezquina ventana con la que contaba aquel cuchitril, y comprobó que, desde allí, se podía ver perfectamente el frontispicio de la catedral. Frente a la misma, varias mujeres, parloteando casi en susurros, aguardaban el tercer toque de las campanas, para la misa vespertina. Aquel murmullo, similar al que se produciría minutos después en el interior del, sólo era superado por los gritos de un mendigo, apostado a la puerta, que increpaba a aquellas mujeres.

—¡Una moneda, por el amor de Dios! —gritaba el pedigüeño, con un deje denso en su hablar debido, con toda seguridad, a su evidente estado de embriaguez—. No tengo nada... ni siquiera puedo ver... Y perdí un brazo en la guerra...

Un escalofrío recorrió todo el cuerpo de Isabel. Frunció el ceño, y respiró profundamente.

—¡Me muero de hambre, mujeres! —insistió el pordiosero—. ¿Ésta es la caridad que os enseñan en la iglesia?

La joven temblaba como un cachorrillo arrancado de su madre, no sabía si de ira o de pánico.

—¡Esa voz! —se dijo—. ¡Dios mío!, ¡no es posible!

Cogió al niño en brazos, y bajó las escaleras a toda prisa.

Cuando llegó al portal de la catedral, sonaron las campanas, y las mujeres entraron al interior.

Los ojos del hombre estaban abiertos de par en par, y su mirada perdida en el cielo. El muñón de su brazo izquierdo, que exhibía sin ningún rubor, demostraba que no les había mentido a aquellas beatonas; al menos en que era manco. Su cara estaba embotada y enrojecida, y su nariz y pómulos saturados por cientos de venas rojizas y hemorrágicas. Sin duda, era un borracho.

—¡Dadme algo para comer! —gritaba entre trago y trago a una enorme garrafa de barro—. Llevo dos días sin probar bocado...

—Sin embargo —le interrumpió Isabel—, no puedes decir lo mismo del vino...

El mendigo apestaba a sudor, orines y vino rancio. La joven sonrió con la boca torcida.

Aunque sus cabellos se habían convertido en una pobre melena de escarcha grisácea y una poblada barba cubría la mitad inferior de su rostro, no tuvo dificultad en reconocer a su padrastro. *«¡Nadie encontró jamás su cadáver, porque sigue vivo!»*, susurró, satisfecha.

—¿Quién ha dicho eso?—preguntó Eduardo. Isabel se acercó a él lentamente —¿Quién eres? —insistió Salazar, dirigiendo sus ojos muertos hacia el lugar del que parecían provenir aquellas palabras.

—Soy tu ángel de la guarda —dijo Isabel, con ironía.

—¿Te burlas de mí, muchacha?

—¿Por qué mendigas? —se regodeó— ¿Eres mutilado de guerra, al que abandonaron cuando acabó la contienda?, ¿o sufriste un accidente, trabajando?

—¿No has oído lo que les digo a esta gente? —dijo Eduardo, sorbiendo de la garrafa de vino—. Perdí el brazo en una batalla.

—¿Y la vista?

—Por una infección... ¿Vas a darme limosna?, porque, si lo que buscas es conversación, te advierto que no tengo ganas de hablar.

—¿No tienes familia que pueda hacerse cargo de ti? —insistió.

—Sí, y no —volvió a beber de la garrafa—. Sí. Tengo familia: una mujer adúltera, un hijo lisiado, y una hijastra endemoniada, bastarda de un señor. Y no. No pueden hacerse cargo de mí. En realidad, si yo estoy en la miseria es por culpa de esas rameras.

—¡Qué triste es tu vida! —sonrió Isabel—. Estoy conmovida.

—Noto cierta ironía en el tono de tu voz.

—Todo lo contrario... Es más, me gustaría ofrecerte comida y un lugar seco y caliente donde dormir. Con la condición de que me cuentes toda la historia.

Eduardo alargó su mano. No confiaba en nadie, y aquella joven le daba muy mala espina, pero hacía ya varios meses que no dormía en lugar resguardado, ni comía algo caliente. *«¿Qué puede sucederme?»*, se preguntó, *«¿Qué me robe?, ¡si no tengo nada! ¿Qué me asesine?, ¿quién desea vivir, ciego y manco?»*.

Isabel le ayudó a levantarse. Después, le ofreció el brazo, y lo acompañó hasta la posada. Alquiló otra habitación, contigua a la suya, y alargó su alquiler por una semana. Le dio de cenar, y soportó las mentiras de Eduardo y de cómo su mujer y su maldita hijastra le convirtieron en lo que era ahora. Le mintió, diciéndole que se llamaba Justino, y ella, dijo ser Amalia Guardia, mujer de un carpintero de Binéfar al que esperaba allí hasta que éste regresara de Alquezar y volver juntos a su casa.

Le acompañó hasta su habitación después de haber rellenado la garrafa con el vino más malo que tenían en las bodegas de la posada: un cosechero infame, que el cocinero no se atrevía a servir por miedo a que lo linchasen allí mismo.

Después, bajó al patio, y requirió hablar con el apático posadero.

—Desearía que me consiguierais un trozo de papel, lacre, un sello, una pluma y un tintero —le dijo, entregándole un par de monedas.

Una hora más tarde, le fue entregado lo que había pedido.

Isabel desentumeció sus dedos, y escribió unas líneas.

Plegó el papel, lo lacró, selló, y se lo entregó al posadero.

—¡Quiero que esta carta llegue a su destino lo antes posible! ¡Es muy importante! —le dijo. El hombre se encogió de hombros—. ¿No sabes leer? —el posadero sacudió la cabeza.

Isabel le dio indicaciones e instrucciones de a quién debía entregarle aquella carta, y le pagó dos monedas más.

3. Una fuente en el desierto.

«Jamás sabré quién impulsó mi mano, aquel día frío de invierno.
Tampoco tiene importancia, si he librado al mundo de uno de sus demonios.»

BARBASTRO (Reino De Aragón). Principios de 1591

Eduardo tanteó, con su única mano, el rugoso suelo de la posada, buscando la garrafa, que el posadero rellenaba cada día, de vino avinagrado, que sólo él era capaz de beber. Tal vez ese era su único consuelo, la única razón para vivir. Cuando llevaba bebido algo más de un tercio de la garrafa, todos sus males se difuminaban, incluso el persistente dolor que le producía su miembro amputado cuando el alcohol se esfumaba de su sangre.

Al fin, la garrafa pareció ir al encuentro de sus dedos y, acto seguido, se adhirió en la boca de Salazar como una sanguijuela en la espalda de un hidropésico. Un par de tragos, y el dolor desapareció, al igual que el espectral sentido de su brazo amputado.

Poco después, el sueño volvió a apoderarse de él.

Isabel bajó al patio. El pequeño Hernando dormía plácidamente en su regazo. Debería haberle despertado para darle el pecho hacía una media hora pero, al verle tan sereno, decidió dejarle dormir un poco más. De todos modos, no podía abandonar el patio de la posada. *«Si no me encuentra aquí, se marchará, y todo habrá sido en vano»*, se dijo. Hernando podía esperar.

Hacía poco más de una hora que había amanecido. El reloj de la catedral dio diez campanadas. Era la hora.

Minutos después, los cascos de varios caballos retumbaron frente al portal y sus jinetes dieron el alto.

Tres hombres entraron en la posada, buscaron entre la penumbra y, al ver a Isabel, sonrieron. Se acercaron, e hicieron una reverencia.

—¿Tú eres Isabel Simón? —preguntó el más anciano de los caballeros. Isabel asintió—. Yo soy Segismundo Sopena.

—Os recuerdo...

—Y estos son los hermanos Cliós. ¿Dónde está tu padre?

—¡Ese hijo de puta no es mi padre! —Sopena se disculpó, con un gesto de cabeza—. Antes de entregároslo debemos negociar.

—¡No he venido a negociar! —dijo Sopena, sacudiendo la cabeza—. Si su estado es tan lamentable como dices, yo no gano nada.

—¿Os parece poco la venganza? Podría haberle matado yo misma, y vos no hubierais disfrutado de ello...

—Está bien —rió Sopena—. El negocio es el siguiente: tú nos entregas a ese cabrón, y yo os permitiré seguir viviendo, a ti, a tu hermano, a tu madre y a esa criatura que, supongo, será tu hijo...

—Ese no es el trato —sonrió Isabel, sin amilanarse lo más mínimo. Sopena se quedó atónito al ver la osadía de la muchacha—. Os entregaré a Eduardo si me prometéis, no sólo perdonarnos la vida, sino que todas las tierras de ese bastardo vuelvan a ser nuestras.

—Jovencita, Torre Alfals y los campos que la rodean jamás han dejado de perteneceros —dijo Sopena, como ofendido—. Eduardo Salazar las compró con el dinero que yo le pagaba y, a no ser que se haya hecho alguna gestión a espaldas del ayuntamiento de Tamarite, no nos consta que fueran vendidas.

—Creí que las habíais confiscado, como pago al robo de Eduardo.

—¿Qué sabes tú de eso? —se inquietó Sopena.

—Poca cosa —disimiló Isabel—. Algo oí. Creo que se los entregó a Latrás, para que nos permitiera escondernos en su campamento.

—¿Así que os refugiasteis con los bandidos de Pilzán? —Isabel asintió—. De todos modos, el dinero que me robó tu padrastro no existió jamás —prorrumpió don Segismundo, elevando las cejas—. Pero el hecho de que nadie conociera su existencia, no quiere decir que yo no vaya a reclamárselo. Me entiendes, ¿verdad, jovencita?

—Dudo mucho que quede un solo ducado de esos que os robó. Si algo se guardó para sí, lo debió dilapidar en vino y juego... Ya os dije, en la carta, que lo encontré mendigando en la puerta de la catedral.

—Eso no tiene importancia. ¡Si mi sustento dependiera del dinero que me robó Salazar, hubiese muerto de hambre hace ya un lustro! —sonrió—. Y, ahora, entréganoslo.

—Está bien. ¿Conocéis el monasterio del Pueyo? —Sopena asintió—. Pues debéis tomar ese camino. Cuando la senda se adentre en la loma, deberéis seguir el camino de la izquierda, hasta una ermita en ruinas. Yo me ocuparé de entregaros a ese hijo de puta.

Los hombres salieron de la posada, y abandonaron las calles de Barbastro, al galope, en dirección a Huesca.

Eduardo se despertó de golpe. No sabía muy bien qué era lo que perturbaba su sueño, aunque le parecía haber escuchado el relincho de un caballo, y la voz de Sopena... *«Habrá sido una horrible pesadilla»*, se convenció.

—¡Arriba, Justino! —gritó Isabel—. Nos vamos a dar un paseo.

—¡Déjame dormir, por Dios! —protestó Eduardo—. No quiero caminar... Sólo beber y dormir.

—No te preocupes, el posadero llenará tu redoma de vino... Dudo mucho que la termines antes de... antes de regresar.

—Así, será un viaje corto...

—Según se mire — Isabel sonrió con cinismo—. Deseo estar de vuelta para el almuerzo...

Eduardo volvió a quedarse dormido en la parte trasera del carromato. No tenía la más mínima idea del motivo por el que había accedido a acompañar a aquella desconocida hasta un lugar indeterminado, por el mero hecho de que a ella le apetecía pasear a su hijo. Sin embargo, nada le hacía sospechar que aquel ángel, que le había dado de comer durante la última semana, le había vestido, le pagaba la posada, el vino y le obligaba a asistir a misa, pudiera tener malas intenciones.

«Quizás desee estar con un hombre», murmuró entre sueños, *«Si su marido está de viaje, hará una buena temporada que nadie...»*

Sopena y los franceses les estaban esperando junto a las ruinas de una vieja ermita. Don Segismundo sonrió.

Isabel les señaló la parte trasera del carro, y les chistó para que no le despertasen.

Había deseado tanto que llegara aquel momento, que la emoción le produjo un escalofrío. Bajó del carro, dejó al niño sentado en el suelo de la parte delantera y golpeó las maderas de uno los laterales con ambas manos.

—¡Vamos, Eduardo! —gritó Isabel. Salazar abrió los ojos, y los dirigió hacia el cielo, aturdido.

—¿Cómo me has llamado?

—Eduardo... Eduardo Salazar, hijo de Francisco y de Enedina de Monesma; mercenario, asesino, ladrón, bandido y fratricida...

—¿Quién eres? —preguntó asustado.

—¡Es tu hijastra, estúpido! —rió Sopena.
—¡Don Segismundo! Yo... Yo...
—¡Cállate, asesino! —gritó la pelirroja.
—¡Maldita puta! —balbució Eduardo—. ¡Algo tenía que haber detrás de tanta caridad!
—Ya ves, malnacido, que nadie da sin recibir nada a cambio —añadió Sopena, con ironía—. Ni siquiera los santos hubiesen sido buenos si no supieran que así se ganaban el Cielo.
—¡Ellas, esa niña del demonio y su madre, me robaron todo el dinero! —lloró Salazar.
—¿Cómo explicas, entonces, esas ropas caras que llevas? —preguntó Sopena—. ¿Acaso un pobre, ciego y mutilado, podría comprarse ese traje, si no tuviera dinero escondido?
—¡Ella me lo compró!
—Es un traje caro, de sastre, y, según tengo entendido, sólo llevas una semana con ella... ¡Es imposible que!
—¿No veis que me queda grande? Seguramente era para otro hombre, y ella lo compró con el dinero que...
—¿Con el dinero que tú me robaste?
Sopena hizo un gesto con la mano. Los Cliós sacaron a Eduardo del carro, y lo mantuvieron de pie, frente a su señor y a Isabel. El pequeño Hernando se echó a llorar, asustado por el griterío.
—Dejadme a mí —dijo Isabel, alargando la mano.
Arnau le entregó su puñal.
La joven se acercó a Eduardo, y apretó la empuñadura con fuerza.
—¿Qué vas a hacer? —preguntó Eduardo.
—Tienes suerte de que la infección te dejase ciego —le dijo Isabel, sin disimular la rabia que le dominaba—. De haber tenido los ojos sanos, te aseguro que te los arrancaría con mis propias manos.
Levantó el puñal por encima de su cabeza, y lo clavó, con todas sus fuerzas, en el hombro derecho de su padrastro. Eduardo profirió un grito, que cruzó el cielo como el cruel vuelo de un cuervo. Hernando lloró con más fuerza.
—¡Hija del demonio! —gritó Eduardo.
Isabel dio media vuelta al cuchillo clavado en la carne de aquel ser despreciable, y Eduardo perdió el sentido.
Sopena y los Cliós se miraron, sorprendidos ante la crueldad de la muchacha.
La pelirroja arrancó el puñal del hombro de Eduardo, y lo guardó en la cinturilla de su falda. Se acercó hasta el carromato, cogió la garrafa de vino y volvió junto a los hombres. Echó parte del vino sobre la cabeza de Salazar, y esperó a que volviese en sí.
—¿No puedes hacer que se calle ese crío? —protestó Sopena, al ver que la joven no tenía ninguna intención de consolarlo.

Isabel le miró con las cejas arqueadas. Sabía que Sopena deseaba que cogiera en brazos a su hijo, más por libarse de aquel atroz espectáculo, que porque le molestasen los lloros del pequeño.

Volvió a coger la daga, y le asestó un nuevo machetazo en la parte baja de su vientre, reventando su hinchada vejiga. Eduardo se retorció de dolor. Limpió el cuchillo en sus faldas, y se lo devolvió a Arnau Cliós.

—Os pediría que esperarais a que se desangrase, o que echarais sobre sus heridas vinagre y sal... Pero sé que no vais a hacerlo —sonrió—. Yo, ya os lo he entregado. Ahora tenéis que cumplir vos.

—Te doy mi palabra, en cuanto nuestro trato —aseguró Sopena con la mano en el pecho—. Nadie os perseguirá, y podréis regresar a las tierras que os pertenecieron a ti, a tu madre, y a tu hermano el cojo.

—Se llama Lorenzo...

Dicho esto, Pierre desenvainó su espada, la levantó, y cortó la cabeza de Eduardo...

Isabel regresó a la posada, pagó su cuenta y, después de cargar las pocas cosas que tenía, cogió el camino de Huesca.

4. *El secretario.*

«He oscilado, durante toda mi vida, entre la más racional de las insensateces y la locura más sensata. Aquellos a los que amo saben que mi corazón es un péndulo de jubilosa amargura, la saeta de un reloj que endulza con bilis mi existencia.»

ZARAGOZA (Reino De Aragón). Principios de 1591

Haber llamado a monseñor Jimeno "bastardo" y "ramera del rey", fue suficiente ofensa como para que el Lugarteniente General ordenase la inmediata detención de Fernando.

El obispo de Teruel sabía que, con aquellos cargos, no lograría retenerlo en los calabozos durante mucho tiempo. De hecho, ya deberían haberlo puesto en libertad, siendo que Villahermosa había pedido disculpas públicas por sus agravios, y no habían logrado reunir pruebas que le acusaran de instigar a la rebeldía, que era lo que pretendían, sino de simples altercados.

Fernando escuchó los delitos que se le atribuían, tan ridículos como el modo en que le habían detenido, con indiferencia. Después, le encerraron en una celda oscura y húmeda, obligándole a compartirla con un pordiosero piojoso y borracho, al que solamente le preocupaba poder conseguir la necesaria dosis de vino. A los dos días, dejó de lamentarse, y se pasaba todo el tiempo dormitando en el camastro y cazando las chinches que lo infestaban.

A media mañana del quinto día, Fernando se despidió de su sarnoso compañero de celda, con una mueca de repugnancia, aunque era consciente de que aquel borracho no apestaba mucho más que él mismo. Sus propios hermanos, Martín y Francisco, lo corroboraron con un rictus torcido cuando fueron a recogerle.

Cuando llegaron al palacio de Pedrola, el anciano Isidro lo había dispuesto todo para que su señor pudiese tomar un baño caliente
—Éste es el fin del Capellán —se lamentó.

Doña Johanna se negó a recibirle antes de que se hubiera aseado y de que el barbero le cortase su descuidada melena y le afeitase la barba. Aún así, cuando lo tuvo delante, su reacción fue ambigua; entre la frialdad de una esposa despechada y la evidente angustia que le provocaba saber que su marido había vivido en la calle. Jamás le amó de un modo pasional, pero Fernando tampoco había sentido aquel matrimonio más allá de una alianza política.

—He oído muchas cosas sobre vos —balbució Johanna, evidentemente molesta— y os aseguro que las comidillas de Zaragoza no han sido de mi agrado.

—¿Y qué dicen esos chismes?

—¡Lo sabéis perfectamente!

—¿Pretendéis que me defienda, sin conocer de qué se me acusa?

—Dicen que tenéis una hija… engendrada cuando erais cura.

—No es un secreto que antes de ser duque fui sacerdote y ¿qué cura no tiene, al menos, dos o tres hijos bastardos?

—¡No seáis cínico!

—Esos rumores son ciertos —dijo Fernando, sin inmutarse—. Se llama Isabel… Pero yo aún no os conocía, por lo que no podéis acusarme de adulterio. ¡Jamás he negado mis amores con Catalina!

—Pero no sabía que la hubieseis dejado embarazada.

—Yo tampoco, os lo aseguro.

—¿Y qué va a ocurrir ahora?

—¿Debería ocurrir algo?

—¿Esa hija va a reclamar su parte de la herencia de los Gurrea?.

—Os aseguro que no le interesan nuestros títulos.

—¡Eso está por ver!

—¡Pensad lo que os plaza, mi señora!

—También se dice que, cuando volvisteis a Benabarre y os reunisteis con la tal Catalina, dormíais juntos, y en pecado.

—¿Estáis preocupada por mi alma, o por las habladurías?

—¿Os atrevéis a negarlo?

—En absoluto… Catalina vivió conmigo en el palacio de Benabarre, y durmió en mi cama.

—No me importa lo más mínimo lo que hicierais con esa ramera, sino el futuro de nuestra hija María.

—¿Ramera? —se enfureció el duque—. Las rameras se acuestan con sus clientes por dinero, y Catalina jamás recibió un real por ello. Os aseguro,

Johanna de Pernstein, que la bendición de un cura, obispo o cardenal no es suficiente para convertiros en lo que no sois. Os casasteis por mis títulos y riquezas, y habéis estado yaciendo conmigo para no perder los privilegios que os confiere el apellido Aragón... ¿Quién es la ramera? Yo amo a Catalina. Siempre la amaré... Y, respecto a nuestra hija, su futuro está tan asegurado como el mío.

—¡No toleraré...!

—¿Qué vais a hacer, Johanna? —rió Fernando—, ¿pedir la nulidad de nuestro matrimonio, y quedaros en la miseria más absoluta? Si estuvieseis dolida por culpa de los celos, incluso me sentiría halagado, pero únicamente os preocupa el dinero y los títulos nobiliarios; ni siquiera el amor, ni siquiera el de nuestra hija.

—Fernando —les interrumpió Francisco—. Debemos regresar a Zaragoza... Ahora mismo.

Jamás había agradecido tanto una interrupción como aquella. Había perdido la compostura, y odiaba no ser responsable de sus actos. Ni siquiera en aquellos últimos meses, deambulando por las calles, se había sentido tan fuera de sus casillas como en aquella conversación con la que debería ser su amada esposa.

—Continuaremos en otro momento —dijo Johanna.

—No, querida. Ya no hay nada de qué hablar.

Francisco no sabía qué demonios quería Lanuza. El joven emisario que mandó el Justicia no les había dado mayores explicaciones, sino que Juan de Lanuza el Viejo deseaba reunirse con ellos de inmediato.

Las puertas del palacio del Justicia se abrieron de par en par para recibir a los dos hermanos de Villahermosa. Sin duda, les llevaba esperando un buen rato.

Juan de Lanuza era un hombre estricto, aunque afable, y de educación exquisita, pese a no pertenecer a la nobleza. Vestía un traje de terciopelo negro, impecablemente planchado, y una camisa de seda blanca, discretamente decorada con unas chorreras de puntilla en su cuello. Su poblada barba gris, recortada con pericia, se movía inquieta, como impulsada por un tic nervioso. Estaba sentado tras una mesa de madera oscura de proporciones algo exageradas, y que le cubrían las piernas. A su lado, un hombre joven y bien parecido, de unos treinta años, quizás menos, cuya fisonomía recordaba irremediablemente al Justicia, le miraba con interés extremo: era su hijo.

—¡Pasad! —les apremió Lanuza el Viejo, levantándose de su buró y acercándose a los Gurrea—. Supongo que os preguntaréis por qué os he hecho venir —Fernando se encogió de hombros, Francisco asintió—. Se trata de una reunión de capital importancia.... En breves momentos deben reunirse con nosotros mi consejero, don Juan de Luna, y don Luís Ximénez de Urrea, conde de Aranda —pensó. Aunque ellos conocían de sobras a aquellos nobles.

Lanuza el Viejo volvió a sentarse tras la mesa, y los Villahermosa hicieron lo propio en unos sillones amplios, frente al Justicia. Su hijo permaneció de pie.

—Vos diréis —dijo Fernando, nervioso.

—Hace unos días me fue enviado este despacho de su majestad el rey Felipe —le entregó una carta a su hijo, y éste aguardó una orden de su padre— en la que se me comunica que... —le hizo un gesto a su hijo—. Lee la última parte.

—*«Por los incidentes acaecidos en Zaragoza, según los cuales, el pueblo aragonés se niega a reconocer a todos los candidatos que he propuesto para suplir a don Artal de Sástago en el virreinato de Aragón, me veo obligado a enviar a don Iñigo de Mendoza, marqués de Almenara, que iniciará un pleito, con vistas a poner fin a tan desagradable asunto»* —Lanuza el viejo hizo una señal con la mano, y su hijo dejó de leer.

—¿No es, ese tal Almenara, uno de los favoritos del conde de Chinchón? —preguntó Francisco. Lanuza asintió—. No es una buena noticia, desde luego.

—Es sabido por todos que Chinchón es un ministro imperialista y que, si ya teníamos suficientes problemas con el pleito del virrey extranjero, Mendoza aún lo agravará más —dijo Lanuza, visiblemente preocupado.

—Pero llevamos ya dos años sin virrey, desde que el conde de Sástago se retiró a un convento franciscano —balbució Francisco.

—Tenéis razón —añadió Lanuza el joven—, y esta situación es insostenible.

—¿Creéis que un virrey extranjero será más incompetente que Artal? —dijo Fernando, con ironía—. Recordad que fue un pelele en manos del rey Felipe.

—Esa es una de las cuestiones que me han llevado a convocaros en esta reunión —Lanuza sacudió la cabeza, nada convencido.

—Estoy de acuerdo en que esto es un abuso —prosiguió Fernando, elevando las cejas—. Sin embargo, no veo qué papel podemos jugar los Gurrea en este asunto. Supongo que no desconocéis que Chinchón financió las revueltas ribagorzanas, y que ha hecho todo lo posible por ultrajar a los Villahermosa. Después, está el asunto de mi hermano Alonso y su sobrina, ¡que en paz descansen!

—Creo que no se puede separar lo uno de lo otro —dijo don Juan, algo inquieto por la posible reacción de los Gurrea—. Vuestro padre fue un gran salvaguardia de los Fueros... y me consta que sus descendientes sois tan defensores de los mismos como lo fue él.

—Nosotros, los Villahermosa —dijo Francisco— no tenemos competencias en esos asuntos. Según los Fueros, el menester de nombrar un nuevo virrey recaerá en el rey de Aragón, en Felipe.

—Esto es así —Lanuza asintió— pero también es cierto que ese virrey debe ser aragonés, y todos los propuestos por Felipe no lo son.

—Si no tengo mal entendido —susurró Fernando—, el próximo candidato a ocupar el virreinato es monseñor Jaime Jimeno —Lanuza asintió—. Jimeno es de Teruel, no es extranjero.

—Otro pelele —se apresuró a decir Lanuza—. No será muy diferente que el conde de Sástago. Es íntimo amigo de Almenara y, no os quepa la menor duda, que será éste quien gobierne.

—Sigo pensando que, si vos creéis que el nombramiento de Jimeno es contrario a los Fueros —dijo Francisco sacudiendo la cabeza—, sois vos quien deberíais determinarlo, no nosotros, que somos simples diputados.

—¿Habéis oído hablar alguna vez de don Antonio Pérez, el antiguo secretario del rey Felipe? —los Gurrea asintieron—. Pérez es, sin duda, un invitado incómodo al que no hemos elegido.

—Según los Fueros, cualquier ciudadano aragonés, o residente en Aragón, tiene derecho a amparase en la Manifestación —dijo Fernando—. No sé qué os llevó a admitir su causa[42]; ni es aragonés, ni ha residido jamás en Aragón. No es más que un prófugo de la justicia, que se ha acogido a un privilegio reservado exclusivamente a los de nuestro pueblo. Si falláis en su contra os desharéis de un plumazo de ese "huésped incómodo". Es evidente que el rey desea ver en las prisiones reales a ese asesino, y para Aragón no es más que un problema añadido a los que ya tenemos.

—Eso que decís no es del todo cierto —Lanuza rascó su barba—. El padre de Pérez es aragonés y, por este motivo, tiene derecho a "manifestarse". Pero ese no es el asunto. Creo que deberíamos aprovechar su presencia en la cárcel a nuestro favor.

—No veo como podríamos aprovecharnos de ese conspirador.

—A los aragoneses les importa bastante poco Pérez, o si es un asesino o un espía de Felipe II, del príncipe Juan o de la princesa de Éboli. Para los aragoneses, Pérez es un ciudadano acogido a un privilegio foral. Entregarle a la justicia real sería considerado como una muestra de la debilidad de nuestras instituciones, de los Fueros, y yo una marioneta del rey.

—¿Anteponéis vuestro honor a la seguridad de Aragón? —preguntó Fernando, con ironía.

—¡No frivolicéis, os lo ruego! —murmuró Lanuza el Joven.

—Pérez está en la cárcel de la manifestación —prosiguió Fernando— eso es un hecho... Bien. En el caso de que vos sentenciaseis a su favor, el asunto se convertiría en un verdadero problema, pues deberíais dejarle libre, y Almenara podrá hacer con él, y con Aragón, lo que le plazca. Y si sentenciáis en su contra, serán los fueristas quienes se revelen contra vos. Esto tiene difícil solución.

—No os engañéis, Fernando. Pérez es tan incómodo para nosotros como lo es para el rey. Si éste hubiera querido ejecutarlo, lo habría hecho hace años... Hay algo en todo esto que huele realmente mal, y creo saber qué es...

Dos golpes sonaron en la puerta del despacho del justicia.

---

[42] CAUSA DE MANIFESTACIÓN, Era uno de los instrumentos de los que disponía el Justicia de Aragón. Dicha causa implicaba que quien se "manifestaba" quedaba bajo la protección directa del Justicia y a salvo de los posibles atropellos de los oficiales públicos. El "manifestado" era entregado al Justicia y custodiado en Zaragoza en la "cárcel de manifestados", hasta que el Justicia dictaba sentencia. La inmunidad de la "cárcel de manifestados" era tal que ni el rey ni sus oficiales podían entrar ni tenían jurisdicción en ella.

—Don Juan —dijo su secretario—. Los señores: don Juan de Luna y don Luís Ximénez de Urrea.
—Hacedles pasar.
Los dos hombres saludaron a los Villahermosa, y tomaron asiento al lado de estos. Ximénez, el conde de Aranda, era un cuarentón, fuerte y, en apariencia, rudo, aunque sus modales no eran los de un soldado, sino los de un aristócrata. Don Juan de Luna, sin embargo, era ya un anciano, de unos setenta años o así, no demasiado ancho de hombros, y cuya perpetua sonrisa y expresión amable, hacían deducir lo que era evidente: su afabilidad y compostura.
—Estaba poniendo a los Villahermosa al corriente de la causa de Antonio Pérez —dijo Lanuza.
—Turbio asunto, ¿no creéis? —sonrió Ximénez.
—Todo depende del desarrollo de los acontecimientos —respondió Francisco.
—Estaréis de acuerdo conmigo en que nos disponemos a jugar una partida de dados trucados, y que el ganador será aquel que sea discreto en su fraude —musitó Luna. Los Gurrea le miraron extrañados—. La confianza que tenemos en el tal Pérez es escasa... Ha demostrado ser un mentiroso, un embaucador y un intrigante. Con toda seguridad, sus promesas no son más que una treta para evitar la prisión real.
—Creo que os estáis adelantando —sonrió Lanuza. Luna se relajó en su sillón—. Don Juan se refiere, precisamente, a lo que estaba a punto de contaros. Proseguid vos —miró a Luna.
—Bien, supongo que sabréis que Pérez llegó a Zaragoza, huido de la prisión de Madrid, ayudado por un tal de Mesa, un alférez de Bubierca con aspiraciones de capitán, y por un estudiante de leyes llamado Gil González —todos asintieron—. Al parecer, en las cercanías de Calatayud tuvieron problemas al cruzar la frontera de Castilla. No se puede decir que sea un estúpido que no sabe lo que hace; quería llegar a Aragón a toda costa, para poder acogerse al derecho de manifestación... Sus alegaciones eran, hasta cierto punto, convincentes: se le tenía preso en Madrid por un asesinato que dice no haber cometido, en espera de un juicio que jamás se celebró. Las pruebas que le incriminan en el homicidio de Escobedo son débiles, y se basan en meras sospechas, odios e intrigas palaciegas, en las que no creo necesario extenderme... El hecho es que el rey Felipe fue informado de la presencia de Pérez en Zaragoza, y de su situación como protegido de don Juan de Lanuza, en espera de las alegaciones que pudieran hacerse para emitir una sentencia. Ninguna de aquellas alegaciones tenía consistencia como para devolver a Pérez a los tribunales ordinarios, eran meras sospechas circunstanciales, insuficientes, en todo caso, para entregar al secretario...
—Pues, entonces, no hay ningún motivo para que siga retenido en la cárcel de los manifestados —dijo Fernando, exasperado— se le reconoce el derecho al

amparo del Justicia y, si el rey o sus letrados presentan pruebas y cargos más sólidos, se les entrega y asunto concluido.

—La cuestión es —prosiguió Luna—, que el marqués de Almenara ha nombrado a los nuevos inquisidores, a un tal Molina de Medrano y a Juan de Mendoza. Dichos clérigos pretenden acusar, y de hecho nos consta que ya han comenzado las diligencias, a Pérez de herejía.

—¿Basándose en qué? —preguntó Francisco.

—En cierta ocasión —dijo Lanuza— el rey padeció una enfermedad, que los médicos eran incapaces de curar, y Antonio Pérez recomendó al rey Felipe ponerse en manos de un curandero, que después resultó ser un hereje. Esto sucedió muchos años antes del asesinato de Escobedo, pero tememos que Molina y Mendoza lo esgriman para ordenar la hipotética entrega del secretario a la inquisición. Y, en estos asuntos, yo no tengo la más mínima potestad.

—Pues se les entrega y se acabó —insistió Fernando.

—Desearía que me acompañarais a la cárcel de los manifestados, y que os entrevistarais con Antonio Pérez.

A Fernando lo último que le apetecía era entrevistarse con el secretario traidor de un rey al que detestaba. Sí. Su enemigo era común, pero un traidor siempre es un traidor, y sólo es fiel a sí mismo. Pero accedió a acompañarles.

La celda de Antonio Pérez era tan minúscula como él mismo. Fernando no le conocía, ni tenía ninguna idea preconcebida del antiguo secretario del rey Felipe; las veces que fue recibido por el monarca, éste ya había sido entregado a Rodrigo Vázquez de Arce, pero jamás imaginó que un hombre tan menudo, y de aspecto tan poco sano pudiera causar tantos problemas. Era pura inquietud, asaltado por infinidad de tics nerviosos, y un rostro pálido que hacían prever que no pasaría de aquella noche.

—Escuchad bien —susurró Pérez—. Supongo que sabréis que don Juan de Austria, el hermanastro del rey Felipe, fue nombrado gobernador de Flandes en el año mil quinientos cincuenta y seis.

—La estupidez de Felipe le llevó a cometer el mayor error de su vida —balbució Francisco.

—Yo no estaría tan seguro de eso —discrepó Pérez—. Cierto es que se especuló con que aquel nombramiento era un destierro, y no un reconocimiento a la evidente capacidad estratégica de don Juan, demostrada con creces en la batalla de Lepanto...

—¿Dónde queréis llegar? —preguntó Fernando, aburrido.

—¡Escuchad y no me interrumpáis! —refunfuñó Pérez—. Esas opiniones estaban, en cierto modo, justificadas. En efecto, Felipe temía a don Juan más que a los mismísimos ingleses. De hecho, ya en el año mil quinientos setenta y cuatro, hubo una conspiración contra Felipe, pero fue detectada y sofocada antes de llevarse a cabo un golpe de Estado. Cuatro ejecuciones ejemplares y una veintena de detenciones fueron el resultado de dicha revuelta. Nunca pudo demostrarse, pero todos los indicios apuntaban a que, detrás de aquel complot, estaba el príncipe don Juan... A raíz de aquel asunto, Felipe decidió asignarle como secretario a alguien de su confianza; aunque, más que secretario, debería decir espía: Juan Escobedo —Pérez se rascó la cabeza, y cerró los ojos, intentando recordar todos los detalles—. Escobedo era el protegido de un íntimo amigo del rey Felipe, don Ruy Gómez de Silva, príncipe de Éboli. Incluso se llegó a decir que era su hijo bastardo. Escobedo era un hombre de probada lealtad a la corona; no olvidemos que había sido secretario del consejo de Hacienda y alcaide del castillo de San Felipe y de las casas reales de Santander. Por lo tanto, era el hombre idóneo para el menester que iba a encomendarle: satisfacer la obsesión por las intrigas y conspiraciones del rey... En el setenta y siete, Juan Escobedo demandó que lo recibiera en mis despachos del palacio Real de Madrid, y me habló de algo realmente asombroso: Dijo que el príncipe Juan había logrado reunir un ejército de miles de soldados, dispuestos a invadir Inglaterra y hacerse con el control de la isla... *«¡Eso es una locura imposible e intolerable!»*, le respondí, decidido a poner en conocimiento del rey todo aquel asunto. Siempre creí que los temores de Felipe se debían a su manía paranoica de ser destronado, pero sus temores se estaban convirtiendo en una realidad, y la cabeza de aquella obviedad era su propio hermano. Don Juan consiguió una relativa estabilidad en Flandes, aunque fue un gobernador infame, y nada hacía presagiar una conspiración de tamaña envergadura. Un par de meses más tarde, tanto el príncipe Juan como Escobedo demandaron su regreso a España, lo cual se hizo efectivo gracias a mi ayuda. Pocos días después, apareció el cadáver de Escobedo cerca del Palacio Real.

—¿Conspiración? —preguntó Fernando, extrañado—. ¡Querer conquistar Inglaterra no es un acto de rebeldía, sino de locura!

—Según se mire... Porque, si don Juan se hubiese erigido como rey de Inglaterra, hubiera tenido poder suficiente como para dominar Francia, y quien sabe si España...

—¡Sois un cínico, Pérez! —rió Fernando—. ¡Fuisteis vos quien asesinó a Juan de Escobedo!, ¿qué queréis hacernos creer?

—¿Creéis que si yo hubiese sido el artífice del asesinato Escobedo estaría vivo? —Fernando se encogió de hombros—. Antes del regreso de don Juan y de su secretario a Madrid, recibí una treintena de cartas, algunas firmadas por el propio Escobedo y otras por la princesa de Éboli y, no os quepa la menor duda de ello, amante del rey Felipe. En dichas misivas, insistían en la necesidad de que don Juan regresara de inmediato a Madrid, y en las que Ana Mendoza reconocía haber mantenido una relación pasional con Escobedo, lo cual era paradójico, aunque no increíble... En esas cartas, doña Ana aseguraba que el plan para invadir Inglaterra no era una conspiración contra el rey, sino que pretendían anexionar las islas británicas a la Corona Española. Muchas de aquellas cartas me fueron requisadas y manipuladas, de modo que don Juan parecía un pelele al antojo de Escobedo y, sobre todo, de doña Ana de Mendoza. Se me acusó de vender secretos de Estado a los enemigos de España. Cuando Escobedo apareció muerto, fue difundido el bulo de que yo había ordenado su asesinato para evitar que se me acusara de alta traición, pues dijeron que Escobedo tenía pruebas irrefutables de que así era. Pero jamás pueden aparecer pruebas que no existen —sonrió—. Otros dijeron que había sorprendido a Escobedo en la alcoba de Ana Mendoza, y que había acabado con él por celos. ¿Celos?, jamás tuve nada que ver con la "Tuerta"... La verdad es que el rey Felipe sospechaba que se estaba gestando un nuevo golpe de Estado en la propia corte; constantes altercados, condes que se rebelaban contra su rey, villanos que se levantaban en armas contra sus señores, enemigos políticos en el seno de su propia familia, la sospecha de que él había sido el causante de la muerte de su hijo... Ordenó que todas las cartas que hubiéramos recibido sus secretarios y consejeros fueran requisadas... No hubo tal conspiración, pero Escobedo apareció muerto.

—¿Estáis insinuando que fue el propio rey quien ordenó el asesinato de Escobedo?

—No lo insinúo. Lo afirmo —Pérez abrió sus ojos como dos grandes lunas, queriendo atrapar los rayos del atardecer—. Para quien es capaz de asesinar a su propio hijo, la muerte de un simple secretario es un juego de niños.

—Pero, siendo que la conspiración era un malentendido, ¿Por qué asesinar a Escobedo?

—Dijeron que por celos... Pero yo no estoy muy seguro de ello. Si moría Escobedo, y si el asesino era uno de los hombres de confianza del rey Felipe, los rumores de un golpe de Estado dejaban de ser simples rumores. La opinión pública se sensibilizaba con el asunto, y el rey tenía total impunidad para ejercer la justicia como le viniese en gana, amparándose en la traición. De ese modo podría justificar asesinatos o ejecuciones, por simple sospecha de conspiración.

—Sin embargo, hay algo que no encaja... —dijo Francisco—. Siendo que vos erais el primer secretario de Felipe, ¿cómo fue que se os acusó del crimen?, ¿no hubiera sido más sensato acusar a unos ladrones y mandarlos al garrote?

—La explicación ya os la he dado —se excitó Pérez—. Si hubiese sido yo el instigador de la muerte de Escobedo, todo apuntaría a una rebelión interna. De reconocer que Escobedo fue asesinado por cuatro ladronzuelos, no podrían haberlo utilizado a su favor.

—¡Algo tendría el rey en vuestra contra!

—Algo hay sí —carraspeó Pérez—. Es cierto que Escobedo no era un conspirados, y que yo jamás estuve involucrado más que en un malentendido lamentable; pero yo era su secretario personal, su confidente. Nuestra corona es el mayor imperio del mundo... Sí, un gran estado, pero en la ruina. El oro de las Indias raramente llega a los puertos de España, y las campañas y los soldados le cuestan a la corona una cantidad de oro que no posee. A mí me tocaba ser la voz

del monarca ante sus señores y ministros. Sabía de las intrigas del conde de Chinchón y de sus sueños de poder, y también que Felipe miraba a otro lado cuando presentía que acabaría beneficiado de dichas intrigas... Justificar a un rey indeciso es una tarea demasiado complicada para un pobre hombre como yo.
—No le veo relación.
—Cuando las arcas de la corte estuvieron vacías, el rey subió los impuestos, y los nobles y villanos se opusieron a aquella medida y, por miedo a una rebelión, volvió a bajarlos y planeó en secreto una alianza con los ingleses y portugueses, en la cual, ellos se comprometían a no atacar los buques de oro español, y él a mantener un acuerdo de no agresión contra ellos, ni en Europa, ni en América. De este modo, ponía fin a los pleitos por las tierras americanas, que mantenía con los portugueses e ingleses. Pero tal acuerdo nunca llegó a ser efectivo. Ahí, en ese preciso momento, fue cuando cometí un error imperdonable, ¡fui un patán estúpido! Viendo que Felipe era vulnerable, y que su reinado corría peligro, le amenacé con hacer públicas sus cuentas y sus intenciones de pactar con los ingleses y su más que evidente implicación en el asesinato de Escobedo, si no me nombraba Gobernador General de las Indias, y me ofrecía un sueldo de tres mil reales y las comisiones conformes a las transacciones provenientes de América... Tres días después, era huésped de la prisión Real de Madrid.
—¿Y qué queréis de nosotros?
—Supongo que habrá llegado a vuestros oídos que el rey Felipe me acusa de herejía. Y esa acusación lograría trasladar mi proceso a la inquisición... Con este fin ha nombrado a Molina de Medrano, un cuervo sin escrúpulos y sanguinario, como Inquisidor General de la Corona de Aragón.
—¿Sois un hereje?
—¡Por el amor de Dios! —rió Pérez—. Jamás he sido un beato, ¡pero de ahí a ser hereje, creo que hay un abismo! Esa acusación sólo pretende trasladarme a la Aljafería; allí perdería mi impunidad... hablar del Santo Oficio es hablar del rey Felipe.
—¡Poco podemos hacer al respecto!
—Podéis evitar que sea trasladado a la Aljafería.
—¿Pedís que capitaneemos una revuelta contra la inquisición por vos? ¡Estáis realmente loco, o sufrís de megalomanía!
—Sería estúpido si creyese que ibais a evitar mi entrega a la inquisición, sin prometeros nada a cambio... Pero os ofrezco las cartas que incriminan a Felipe en todo lo que os he contado... Así, llegado el momento, y prometo que está cercano, en que Felipe II pretenda declarar el estado de excepción en todo Aragón e invalidar los Fueros, el Justicia, los diputados y todo el pueblo aragonés tendréis un arma con la que defenderos de los ultrajes... ¡Si quiere un traidor, lo tendrá! ¡Por Dios que lo tendrá!

5. El ángel vehemente.

*«Si el destino me hubiese negado el sentimiento, habría amputado mis brazos, mis manos,
y cosido mi boca.
Si el destino me hubiese negado la belleza, mis ojos serían mezquinos y mis párpados
estarían sellados.
Si el destino no deseara que las palabras fuesen música, mis orejas serían simples
filigranas en mi cráneo.
Si el destino me negara el amor...
Si no deseara que te amase, habría nacido manca, ciega y sorda.
Todo lo que percibo de ti me muestra qué es lo que Dios desea. de mí.»*

BENABARRE (Reino de Aragón). Principios de 1591

Cada uno de los rincones de aquella casa parecían retener, entre sus areniscas piedras, los recuerdos de una familia que no le pertenecía. Un odio tácito, que le recriminaba que era una intrusa en un lugar que pertenecía a las sombras. Aquella memoria ajena solía abordarle, en los momentos más inoportunos, en los lugares más insospechados, como la voz de un ángel de la guarda en exceso beligerante y disgustado por el cariz que había tomado su vida.

Catalina se sentía fracasada; pero no podía decirse que las cosas fueran en su contra: las vacas, los huertos y la quesería, eran negocios prósperos, que le permitían vivir holgadamente. Sin embargo, se sentía como quien intenta vivir al margen del destino, como un mendigo en la corte del emperador más poderoso del mundo. Nada había hecho para merecer aquella fortuna, y el porvenir, si hacemos caso a los cuentos de las viejas, acabaría pasándole una factura que no podría pagar. Era una sensación tan extraña como desagradable. Había algo en ella que le enorgullecía, aunque no sabía si de sí misma, o de lo que su tesón había logrado. Después de pasar su infancia, su juventud, entre los algodones del alma, de ser perseguida, haber vivido un desdichado matrimonio y perder el amor de su vida, se sentía completamente vacía. Nada, en su vida, podía considerarse medianamente apasionante, sino ella misma, y esta falta de entusiasmo le abrasaba como el aliento de una vaca parturienta.

Su hija, ¡maldita sea!, había preferido vivir su vida del modo que más detestaba; vagabundeando, de un lugar a otro, en busca de un padre que jamás volvería a formar parte de su vida...

Rápido comprendió que el modo en que desaparecieron su hija y su nieto era el único posible; de haber conocido sus intenciones, Catalina hubiera evitado, por todos los medios, que fueran tras Fernando. Cuanto menos, no hubiese permitido que llevara consigo al pequeño Hernando. ¿Qué vida era aquélla para un niño de menos de un año?

Todo aquello le obsesionaba.

Lorenzo había sufrido lo indecible: siempre humillado por su cojera, por su timidez; se relacionó con niños malhablados; y la influencia de los bandidos no había supuesto un ejemplo demasiado favorable para él... Pero jamás escuchó de sus labios una palabra malsonante, un insulto o juramento. Jamás tomó nada que no fuera suyo, ni deseó mal a nadie, ni siquiera cuando la rabia de sentirse rechazado por los otros niños se apoderaba de él.

Unos años antes, Lorenzo parecía abocado a seguir el mismo camino que el de los ladrones, asesinos y pecadores con los que se había relacionado y, sin embargo, era un muchacho obediente, trabajador y cortés... Sí. Algo inexplicable y bondadoso guiaba a aquel niño.

Pero Isabel era harina de otro costal. Ni educada por la más exigente de las institutrices, ni criada en los palacios de los santos, hubiese enderezado su carácter demoníaco.

A veces se acostaba pensando en Fernando, la mayoría en realidad: en sus ojos saltones y en aquella leve sonrisa, que apenas lograba iluminar su rostro, eternamente severo. Y no deseaba que las cosas fueran de otro modo. No estaba dispuesta a renunciar al único momento de plenitud que le ofrecía su fútil existencia: imaginarse abrazada a Fernando le llenaba por completo. Su rostro era lo primero que veía, momentos antes de despertar. Y el regalo último que le ofrecía el duermevela, antes de sucumbir al habitual agotamiento del trabajo diario, eran sus ojos pardos.

La rutina era el signo palpable de su merecida estabilidad; siempre suele serlo. Catalina, por primera vez, se sentía dichosa de poder domar aquel caballo desbocado en el que se había convertido su vida: al contrario que su hija, jamás fue amante de la aventura, ni siquiera medianamente dada a la acción. Los años que pasó en Tamarite, en la Sierra de Pilzán y las revueltas de Ribagorza, habían secado, definitivamente, las bravas aguas de su ánimo. Incluso su sueño de juventud, hacerse misionera en las Indias, no era más que un ansia de libertad, el único modo de huir de San Pedro sin abandonar el regazo de la Iglesia de Roma. Aquella niña, que se creía rebelde, resultó ser tan laxa como la mayoría de los mortales.

Pronto cumpliría cuarenta años, la edad bufa: demasiados como para considerarse joven, y muy pocos para que la vieran como una anciana venerable. Su juventud se había esfumado entre los muros de San Pedro y el nacimiento de Isabel, sin apenas percatarse de ello. Estaba segura de que jamás alcanzaría la sabiduría que tanto anhelaba en su juventud: no hubo lucidez en su matrimonio, ni en el campamento de Latrás, ni en la educación de Isabel; no tuvo padre que le diera un beso de buenas noches, ni seguridad que ahogara sus inquietudes... Ni siquiera la vida de los hijos predilectos de la Fortuna puede está exenta de dificultades. Vivir, en sí, no es tarea fácil, pero es lo único a lo que nos obliga nuestro nacimiento. Vivir, sin duda, es lo más absurdo que ocurre en la vida, pero lo único posible: eso es lo realmente paradójico.

Fernando era tan humano que, ¡qué ironía!, parecía celestial. Jamás envejecía en su memoria, y jamás mostró el lado vil de su carácter; la memoria puede ser el más cruel de los consejeros, o el más bendito de los espejos. *«Sólo fue mi amante... Jamás le vi en otra actitud que no fuese gentil y afectiva. Jamás plegué sus camisas, ni su miserable condición humana asomó en mi presencia. Como si las únicas necesidades humanas que afloraban en mi presencia fuesen comer, beber y amar, guardando para sí las más sucias».* Nunca la mezquindad fue tan añorada. Entre sus recuerdos no encontró uno solo que le demostrase que Fernando era humano, a excepción de su perpetua melancolía y el miedo impreciso que siempre le acompañaba... Sin embargo, a Eduardo le vio eructar después de una copiosa comida, vomitar el vino que desdeñaba el exceso, con los calzones bajados hasta las rodillas... Aquello no había ayudado a humanizar su imagen, sino a hacer evidente que aquel ser despreciable era un ser humano: como ella, como todos. Y, con toda seguridad, Fernando no hubiera sido mejor ni peor por mostrarse tal cual era, pero Catalina tal vez le hubiese amado de otro modo, si es que hay diversos modos de amar, y la ausencia de humanidad solamente lograba que se sintiera aún más sucia.

«¡Las porquerías de mis hijos nunca apestaron tanto como la de los ajenos!». Eso era una certeza tan incuestionable como que el más malvado de los hombres tenía una madre. O, como dijo doña Francisca: *«Cuando ya no puedas soportar las inmundicias de tu esposo, comprenderás que no le amas".* Jamás pudo soportar el sudor de Eduardo reventándole las fosas nasales, y ni siquiera recordaba si Fernando tenía otro olor que la dulce fragancia de sus besos, o un indefinible halo a rosas.

6. Los Hipócritas.

«Me ofreciste tu corazón en forma de llanto, y yo rogué que no acabara la noche.
Pedí que el silencio fuera eterno, y escuché los pálpitos de tu dolido corazón.
Pero en el silencio oscuro del amanecer, sólo escucho los latidos de mi espíritu...»

ZARAGOZA (Reino De Aragón). Primavera de 1591

Había coincidido con don Iñigo de Mendoza un par o tres de ocasiones, y la impresión que le había causado no fue demasiado grata. El marqués de Almenara era uno de esos caballeros apuestos y galantes que se saben tales, lo que se traducía en un carácter altivo y engreído, que intentaba disimular, sin demasiado acierto, tras su exagerada verborrea y una hipócrita sonrisa que ni siquiera alcanzaba la categoría de sarcástica.

Fernando se removió dentro de aquella armadura que, tiempo atrás, llegó a convertirse en su segunda piel, y que ahora se le asemejaba un trozo informe de pellejo metálico, que se veía incapaz de rellenar con sus escasas carnes. Clavó sus ojos en el rostro severo de Luís Ximénez, preguntándose qué demonios hacía él allí, intentando detener el traslado de un hombre, Pérez, que le resultaba tan molesto como el propio Almenara, no sólo por ser sospechoso del asesinato de Escobedo (lo cual le traía sin cuidado), sino porque, bajo sus cejas, se escondían los crueles, mezquinos y hundidos ojos de un traidor. Cierto es que, tanto los Villahermosa como el conde de Aranda, odiaban al rey Felipe, y que las cartas, que Pérez prometía entregarles si evitaban su traslado a la Aljafería, suponían un revés importante para el monarca; pero ni él, ni Ximénez, tenían demasiada confianza en que cumpliera su palabra una vez fuera devuelto a la Cárcel de la Manifestación... Ni siquiera que existieran tales cartas.

—Entregar a un protegido del Justicia a instituciones afines al rey, es un agravio para el Justicia, y refuta la validez de los Fueros de Aragón —les había sermoneado Lanuza el Viejo, en un tono tan autoritario que denotaba dudas respecto a sus propias palabras—. ¡Un curandero! ¡Esa es la absurda excusa que esgrimen!

Los inquisidores, Molina de Medrano y Juan de Mendoza, reclamaban a Lanuza el traslado de Pérez a la cárcel de la inquisición. Los cargos: *«Haber puesto en peligro la inquebrantable fe de Felipe II en Cristo, aconsejándole que recibiera en sus aposentos a un hereje... Asimismo, se le acusa de cuestionar que el rey es rey por la Gracia de Dios».* El propio Molina de Medrano, cuando se reunió con Lanuza y sus nuevos consejeros, había sido claro: *«De las almas que reposan en el Limbo, Dios escogió expresamente la de nuestro rey para regentar su imperio. ¿Acaso creéis que Nuestro Señor dejaría en manos del azar un asunto de tal transcendencia?».*

El duque de Villahermosa encontró tan absurdos los argumentos de Lanuza como los de los inquisidores. Era evidente que los Fueros de Aragón estaban en peligro, y eso era un asunto grave, pero la vanidad de Felipe era mucho más preocupante que contradecir unas leyes obsoletas.

Las opiniones de Ximénez no eran muy diferentes a las de Fernando, pero por motivos muy diferentes. El conde de Aranda temía que el menosprecio de los Fueros supusiera el final de los tiempos en los que ser aragonés otorgaba unos privilegios únicos en la Corona Española. Ceder a la política de Felipe era el principio de la decadencia de Aragón. Si esto sucedía, después de Aragón caerían Navarra, Valencia... Y, ¿quién sabe si los nobles no quedarían relegados a meros cortesanos?, ¿a almas ociosas, alimentadas por un añejo poder, que solamente les consolaría por la inevitable entrega a los placeres lascivos de la frivolidad? Ximénez se negaba a imaginar a sus hijos entregados al lujo gratuito.

Fernando miró hacia el cielo. El sol pronto alcanzaría su cenit. Cerró los ojos, dejándose acariciar por una suave brisa, que no supo determinar si acababa de despertar o hacía ya algún rato que venía acompañando a las aguas del Ebro. Aquel suave aliento fue quien le trajo el lejano soniquete de unos caballos acercándose al trote por la amplia calle que moría en la Cárcel de la Manifestación. Eran Iñigo de Mendoza y sus soldados.

Villahermosa espoleó su caballo, y le siguieron una veintena de hombres, siete de ellos a caballo. El conde de Aranda permaneció en su puesto, observando el desarrollo de los acontecimientos con semblante preocupado.

Al ver que un grupo de caballeros se aproximaba a ellos, Almenara levantó la mano y ordenó a sus soldados que se detuvieran. Fernando se acercó a Mendoza, y apretó la mano en la empuñadura de su espada. Sabía que, si aquellos hombres decidían hacer uso de sus arcabuces o espadas, él sería el primero en caer, aunque también que, tanto el marqués de Almenara como todos sus soldados, correrían similar suerte pues, tras él, aguardaban medio centenar de infantes, armados con arcabuces, más de trescientos caballeros con sus espadas desenvainadas, una veintena de artificieros, y medio millar de zaragozanos esgrimiendo todo tipo de aperos (guadañas, picos, hoces...), que no iban a dudar un segundo en cargar sobre ellos si fuese menester.

—¡Tengo que deteneros! —dijo Fernando.
—¿Quién ha extendido esa orden?
—Don Juan de Lanuza, Justicia Mayor de Aragón.
—¿Qué cargos pesan sobre mí?
—Oponeros a la autoridad del Justicia y a los Fueros de Aragón, ordenando que un preso, acogido a su derecho a manifestarse, sea entregado al Santo Oficio.
—Esos cargos son tan estúpidos como el propio Lanuza, si cree que con ellos evitará el traslado de Antonio Pérez a la Aljafería.
—Yo sólo cumplo órdenes.
—¿Desde cuando el duque de Villahermosa tiene que cumplir órdenes del Justicia?, ¿acaso Lanuza no tiene su propia guardia?
—Yo decido a quién sirvo ... Y he elegido a Lanuza...
—En ese caso, demando que me sea permitido hablar con él.
—Si es lo que deseáis, don Juan se reunirá con vos de inmediato. Pero vuestros hombres deberán entregar sus armas.

Los soldados de Almenara dejaron sus arcabuces y sus espadas en tierra. Fernando se puso delante de ellos y de Mendoza, y se dirigieron a la casa de Lanuza; les escoltaban una veintena de soldados del duque, que rodearon a los caballeros castellanos con sus caballos y sin dejar de apuntarles con sus armas.

Fernando no asistió a aquella entrevista.

A la media hora de entrar Mendoza en el despacho del Justicia, Lanuza ordenó que dejaran libres a los hombres de Almenara.

Cuando Fernando hizo llegar la orden de que soltasen a aquellos hombres, los veinte caballeros que les escoltaban se habían convertido en medio centenar que, exaltados y sedientos de sangre, se negaban a dejarles marchar, gritando: «¡Muerte a Almenara! ¡No queremos un virrey marioneta de Felipe! ¡Libertad para Pérez!...»

La reunión se prolongó dos horas, tras las cuales, Fernando calculó que en el exterior se habrían concentrado más de trescientos hombres.

Lanuza decidió el inmediato traslado de Almenara a la Cárcel Real.

Pero los cálculos de Villahermosa fallaron: Ximénez no logró contener a las masas, ni evitar el traslado de Pérez a la Aljafería.

En las revueltas que sucedieron a este hecho, murieron más de cuarenta zaragozanos, y no más de cinco soldados reales. Ya aquellos hombres, en número de medio millar, alterados y clamando venganza, habían tomado las calles cercanas al palacio del Justicia, y pedían a voz en grito la cabeza del marqués de Almenara.

Lanuza comprendió que el traslado de Mendoza hasta la cárcel iba a ser más complicado de lo que había previsto, por lo que decidió que lo llevaría en su propio carro, y custodiado por sus mejores oficiales y por él mismo (los revoltosos no dudarían en asaltar el coche en el que viajase Almenara, pero no osarían atacarle a él).

Sin embargo, el viejo Lanuza no contaba con que los propios soldados de su guardia iban a desobedecer sus órdenes. Cuando el Justicia y Almenara bajaron al patio, los sirvientes del palacio habían desatado los caballos y desmontado las ruedas de la calesa, por lo que se vieron obligados a hacer el camino a pie.

Fue una temeridad.

Al principio, los alterados revoltosos se limitaron a insultar al gobernador, a cuestionar la virtud de su madre, la virilidad de su padre y la suya propia... Pero después, los insultos se convirtieron en la reivindicación de que Aragón volviera al estatus anterior a Felipe II, en la defensa de los Fueros, y la exaltación del Reino...

Los ánimos se fueron caldeando alrededor del impávido marqués.

A Fernando le pareció una joven campesina, escondida tras un matón de lana negra, aunque Ximénez, después, aseguró que había sido un muchacho imberbe y aniñado, que le había robado el mantón a una doncella de la casa del Justicia. Lo cierto es que una figura negra surgió de entre los guardias, y que éstos no hicieron nada por impedir que se abalanzase sobre el marqués y le clavara un cuchillo de matarife en el pecho.

Los zaragozanos gritaron enaltecidos y triunfantes.

Nadie supo, ni quiso saber jamás, quien fue el causante de la herida que mantuvo a Almenara entre la vida y la muerte durante dos semanas. Al final, fue la vieja calva, negra y desdentada, quien aspiró el último aliento del engreído marqués.

—Supongo que su mujer e hijos llorarán a ese engreído —se dijo Fernando, poco después de asistir al funeral, que ofició aquel títere recién nombrado virrey de Aragón, monseñor Jimeno, en la Seo, y al que apenas asistieron un centenar de nobles, todos ellos aspirantes a ocupar los lugares que quedarían vacantes cuando el rey decidiera relevar a los fueristas de sus cargos de diputados—. ¡Hipócritas!

Desde que Almenara decidió que Pérez fuese entregado a la Inquisición, no había pasado un solo día en el que un numeroso grupo de zaragozanos se apostara a las puertas de la Aljafería a gritar consignas contra el rey y a favor de su antiguo secretario.

Fernando caminó con paso firme por aquellas calles, desiertas por el miedo. Había dejado su caballo al cuidado de un tal Nemesio Villanúa, en unos establos cercanos al la Iglesia de San José, donde solía hacerlo.

Nemesio era un viejo cascarrabias, que siempre andaba protestando por su exceso de trabajo. Pese a las quejas, el viejo cuadrero siempre le devolvía su caballo limpio, cepillado y bien alimentado; incluso, en alguna ocasión, se permitió la molestia de reemplazar clavos oxidados de las herraduras, por el mero hecho que él creía que un noble de la categoría de don Fernando no debería llevar su montura mal herrada.

Su propio taconeo se volvió extraño. Las medias le picaban, y aquellos calzones eran demasiado amplios.

Sus dedos se movieron nerviosos en la empuñadura de su espada.

Lanuza había sido claro: «*Debéis reuniros conmigo, con Ximénez y con Luna, en mi casa, tan pronto como hayan concluido las exequias de don Iñigo Mendoza*».

Alguien le sirvió una copa de licor espeso y oscuro, que Fernando bebió a pequeños sorbos, saboreando aquel néctar seco y áspero como si hiciera siglos que no probaba nada semejante.

Su cuerpo se desparramó sobre una butaca, que disimulaba su rígida dureza con unos cojines de lino rasposo. Ximénez se sentó a su derecha, en un sillón similar al y, frente a ellos, un caballero llamado Diego de Heredia y un villano, Pedro Fuentes, conocido como el "Pelaire", monseñor Jaime Jimeno, un infanzón al que llamaban Lorenzo del Bosque y el zalmedina[43], no demasiado convencidos de que aquella reunión fuera a poner fin al lamentable asunto Pérez.

Lanuza el Joven permanecía de pie, a un lado de la mesa que pronto ocuparía su padre, como una estatua de mármol a punto de hacerse añicos. Villahermosa le observó, sin reparar en ningún detalle en concreto. Y, como un soplo pútrido y doloroso, su frente se llenó de pequeñas gotas de sudor frío y ácido, al tiempo que un escalofrío recorría todo su cuerpo.

—¡Debería alimentarme mejor! —se dijo.

Pero, enseguida, tal vez al mismo tiempo que aquellas palabras cruzaron por su mente, comprendió que aquella sensación no se debía a un vahído provocado por la debilidad, sino que el causante de ese vértigo era el susurro de su propio espíritu. Aquel joven, de escasos treinta años, jamás llegaría a ser otra cosa, sino una inerte estatua de mármol. El joven Lanuza moriría pronto.

---

[43] Alcalde

El Justicia y don Juan de Luna cruzaron la puerta como raposas abordando un corral de gallinas. La mente de Lanuza estaba a millones de leguas de Zaragoza. Apenas prestó atención a quienes le aguardaban en su despacho.

Miró a su hijo y, algo molesto, le dijo:

—¿Dónde pretendes que se sienten los clérigos?

Lanuza el Joven salió del despacho, haciendo una tímida reverencia a su padre, que ni siquiera le miró.

Al poco rato, volvió a entrar en el despacho, acompañado por dos sirvientes. Cada uno de ellos portaba dos sillas altas, como de comedor, rectas, rígidas y sin ningún tipo de acolchado, adorno o filigrana. El Justicia hizo una señal con el dedo, y los criados las depositaron en el suelo; dos a cada lado de la mesa, de modo que él pudiera ver las caras de quienes se sentarían en ellas y las de Ximénez, Villahermosa y todos los demás, pero para que éstos no pudieran ver las de sus consejeros.

Aquellas sillas estaban reservadas para cuatro clérigos, que se hicieron esperar más de lo que la paciencia de Lanuza veía oportuno.

Llegaron una hora más tarde de lo convenido.

El más anciano de ellos, Molina de Medrano, era el principal de los inquisidores; un fraile menudo, seco y malcarado, cuya humildad era tan forzada que acrecentaba su petulancia de modo tan exagerado que Fernando no pudo evitar una inmediata repulsa hacia su persona. Otro de ellos, Juan de Mendoza, parecía más amable que Molina, pero su cordial rictus escondía a un ser despiadado, autoritario y politizado; circunstancia, esta última, que les hizo sospechar que el tal Mendoza podía ser pariente del fallecido marqués de Almenara, de la princesa de Éboli o del propio rey Felipe. Los otros dos, dominicos al igual que Medrano y Mendoza: Damián Gil Martínez de San Telmo y Joaquín Acosta, eran dos jóvenes clérigos castellanos, que no abrieron la boca en toda la reunión. Escuchaban y aprendían.

Molina dejó una carpeta de cuero sobre la mesa de Lanuza. Se sentó en la silla, le miró, incómodo, y volvió a levantarse, quedando de pie, de medio lado, entre Lanuza y sus consejeros.

El Justicia abrió la carpeta y sacó de su interior varios papeles.

—¿Puede saberse qué es esto? —protestó Lanuza.

—Pruebas —dijo el fraile enjuto, con suficiencia.

Lanuza deslizó sus ojos por las apretadas líneas de aquel papel.

—Podéis leer en voz alta —demandó Molina, casi como una orden.

—«Y le hago saber a vuestra merced, que ampararse en Dios Todopoderoso para justificar su poder, en una concepción tan milagrosa como la de Nuestro Señor Jesucristo, es mayor herejía que cuestionar si no tendrá razón el tal Lutero, cuando afirman que la Nao de la Santa Madre Iglesia está capitaneada por obispos corruptos, y que sus cardenales han tomado posesión de la Santa Sede como si se tratara de un Estado independiente, en el que no tienen cabida

las leyes civiles ni militares, y en el que la corrupción, la sodomía, el incesto y el adulterio quedan impunes, siendo que son penas castigadas por las leyes civiles, y no pecados de los que únicamente se deba responder ante Dios...» —Lanuza se rascó la barba—. ¿Qué es esto?
—¡Proseguid, os lo ruego!
—*«Felipe mandó construir un monasterio Jerónimo, un palacio imperial diría yo, para que el pueblo llano jamás dudase de su poder, y de su piadosa bondad y entrega a Dios, cuando, en realidad, San Lorenzo, es cuna de alquimistas, astrólogos y adivinos. Y yo os pregunto: ¿No es, acaso, mayor herejía rezar a Dios desde la opulencia, pregonar el libre albedrío y besar los anillos de los cardenales, para después consultar a los agoreros, que recomendarle a un rey que sea visitado por un hombre al que precede fama de gran sanador, aunque éste no sea temeroso de Dios? Y, os aseguro que, con esta sola pregunta, podría ser tachado de hereje, cuando nuestro rey actúa, y nadie se atreve a contradecirle... Firmado: A. Pérez».*

Lanuza volvió a introducir la carta en la carpeta.
—Ahí tenéis las pruebas irrefutables de que Pérez es un hereje —se apresuró a decir Mendoza—. Cuestionar la Gracia de Dios, como soporte a la monarquía y, como él mismo reconoce en esta carta, las instituciones eclesiásticas, son motivos suficientes para procesarle.
—Tenía entendido —carraspeó Lanuza—, que se le acusaba de herejía por haber recomendado al rey Felipe la visita a un curandero que, posteriormente, fue quemado en la hoguera por brujo.
—Relajado —apostilló Mendoza.
—En esas cartas, Pérez reconoce este extremo —añadió Molina.
—Yo, como comprenderéis, ni entro ni salgo en los asuntos de la Iglesia —dijo el Justicia, algo molesto—. Jamás me he pronunciado al respecto, y no voy a empezar a hacerlo ahora, aunque jamás he negado mi antipatía por la Inquisición y sus procedimientos... Sin embargo, y aún reconociendo que los clérigos sois más versados que yo en los menesteres teológicos y que sabéis qué argumentos esgrimir para acusar a un ciudadano de herejía, creo que vuestras imputaciones no son suficientes como para procesar a Pérez por tal delito.
—Vos mismo habéis dicho que los teólogos somos nosotros —intervino Medrano.
—Pero, desde hace siglos —prosiguió Lanuza—, esta tierra, humillada, vendida y menospreciada por los reyes, posee una serie de leyes, derechos y privilegios, que rigen el funcionamiento de la Corona de Aragón. Entre esos fueros existe el llamado Derecho de Manifestación, al que pueden acogerse todos los aragoneses cuando vean pisoteados sus derechos forales.
—Pérez no es aragonés —sonrió Molina.
—Todo el que vive en Aragón o es hijo de aragonés, será considerado como tal.

—Entonces —repuso Mendoza— ¿Por qué tanto revuelo por el nombramiento de un extranjero como Virrey General de Aragón?, ¿No decís que, para ser aragonés, basta con residir en esta tierra?
   —Si fuerais aragonés, y vuestro padre muriera y únicamente tuvierais una hermana mayor que vos, ¿Quién heredaría las tierras de vuestro padre?
   —Lo ignoro.
   —¿Comprendéis por qué el virrey, no sólo debe ser aragonés, sino que debe conocer los Fueros? Pero ese no es el asunto, sino Pérez.
   —Vos sois quien nos ha convocado a esta reunión. Y, a decir verdad, no comprendemos muy bien el porqué —dijo Molina, convencido—. Vos habéis cumplido con lo pactado, entregándonos a Pérez, y ahora está donde tienen que estar los herejes: en la cárcel de la inquisición.
   —¿Habéis visto alguna vez a un lobo que no esté satisfecho después de devorar un conejo? —los frailes bajaron la cabeza—. Me gustaría conocer la opinión del conejo.
   —Pérez no tiene nada que decir. No tiene ningún derecho, mientras que no concluya el proceso.
   —¡Don Antonio Pérez es un protegido del Justicia! —protestó don Juan de Luna, acercándose a Molina—. ¡Dejémonos de monsergas y de chácharas inútiles! Ese asesino, hereje, traidor, lo que queráis, nos importa un bledo, tanto a vos como a nosotros... Pero Lanuza tuvo a bien tramitar su derecho de Manifestación. Por lo tanto, es un refugiado, un protegido del Justicia de Aragón, y, contra eso, no podéis luchar, ni el Santo Oficio, ni el rey, ni el Papa... ¿Lo habéis comprendido, o queréis que os lo explique con una parábola?
   —Luna desenvainó su espada y la tiró sobre la mesa de Lanuza.
   Fernando sonrió; de no ser porque conocía al viejo Juan de Luna desde que era un chiquillo y porque conocía su carácter impulsivo y sarcástico, se hubiese asustado. Sin embargo, la franqueza de Luna resultaba, cuanto menos, divertida.
   —Deberíamos llegar a un acuerdo —balbució Molina, con voz temblorosa, desencajado y sin dejar de mirar la espada de Luna.
   —Creo que no me he explicado bien —dijo el Justicia, sacudiendo la cabeza, como si quisiera hacer entrar en razón a un niño pequeño—. No hay acuerdo posible. Un preso de la Cárcel de los Manifestados, solamente la abandona cuando el Justicia lo decide, no cuando sea el rey o la Inquisición quien lo ordene.
   —Pero Pérez obra en nuestro poder —se creció Mendoza.
   —¡Ése es, precisamente, el problema, señores míos! —Lanuza sacudió la cabeza desesperado—. No os pido que me lo entreguéis, por capricho, sino porque no deberíais tenerlo... Según los fueros, podríais ser acusados de secuestro... Tenéis dos opciones: Una —levantó su dedo índice— salir de esta casa con la promesa de la inmediata devolución de Pérez a la cárcel de la

Manifestación. Y dos —dio un golpe sobre la mesa—, salir de esta casa con rumbo a la Cárcel Real, acusados de secuestro y traición a la Corona de Aragón.

Como siempre, Nemesio había cuidado y cepillado el caballo de Fernando, hasta que sus crines parecieron una tela uniforme de seda.

—¡Buen trabajo, Villanúa! —le felicitó el duque—. Parece que te has empeñado en que despida al vago de mi escudero...

—¡Sólo faltaría eso! —refunfuñó Nemesio—, ¡hacerme cargo del caballo de un jinete que no tiene el más mínimo cuidado de si el camino es de piedras o de barro! ¡No, señor, eso no!

—¡Gracias de nuevo, Nemesio!

—Por cierto, don Fernando. Hace un rato he oído que la inquisición ha devuelto a Pérez a Lanuza...

—Algo he oído.

—¿Tan importante es el tal Antonio Pérez, para que todo Zaragoza se levante en armas? —Fernando se encogió de hombros—. ¿No sería mejor cortarle la cabeza, y así evitar una guerra innecesaria?

—Es posible, Nemesio —dijo Villahermosa, espoleando su caballo—. Aunque todo depende de la mano que empuñe la espada que ha de segarle la vida...

Pero Villanúa no le escuchó...

CAPÍTULO XIX
El flujo

1. Deseo.

«*La noche cae cuando, en un suspiro, se derrumban todos los sentimientos que, por virtud o por dolor, me han ayudado a sobrevivir un instante, un día más. Ellos son mi mundo y mi vida...*
El deseo me mueve, y el dolor sólo me inspira...».

PEDROLA (Reino de Aragón). Verano de 1591.

Muchas noches creía no poder dominar aquel deseo de recorrer el largo pasillo que le separaba de los aposentos de Johanna. En su imaginación, anduvo aquel trayecto en más de cien ocasiones; algunas despierto, otras arropado en el regazo de Lourier... Una y otra vez el mismo corredor, casi siempre estrecho como la garganta de un ahorcado, las menos, ancho como las sendas del mismo infierno. Pero el final, la meta, siempre era la misma: una puerta sellada, tras la que intuía una amenaza más temible que la guerra que se cernía sobre ellos... El tiempo era ya un don escaso, y no quería perderlo odiando.

Un par o tres de ocasiones recorrió aquella angostura, despierto, descalzo y desnudo, deseando que la puerta tras la que se escondía el deseo estuviese aún abierta. Pero nunca osó averiguarlo, jamás se atrevió a llamar. Un muro infranqueable le separaba de su esposa...

En una de aquellas oportunidades entró en la habitación de su hija María. La pequeña dormía, ausente y ajena a aquel desconocido. Fernando era una presencia tan preciosa como baldía. Después, a media noche, regresó a su alcoba, encendió un quinqué y se miró en el espejo, intentando descubrir un atisbo de vida en aquella mirada, triste y melancólica. Sin saber muy bien por qué, recordó a su tío Ramiro. El cuerpo fuerte y musculoso de aquel soldado, al que tanto había odiado y respetado, ahora le servía de referencia. Su hechura blanquecina, enjuta, en nada se parecía a la masa dura y tensa que se sumergió en el agua turbia de aquel baño infame; su segundo bautizo, esta vez como hombre. Aquellas cicatrices, renglones manuscritos en el diario de un soldado, relegaron la imagen que percibían sus pupilas a una mezquina añoranza. Jamás la tersura había sido tan cruel. Jamás lo inmaculado se volvió tan vacío.

Una lágrima bendita le rescató de aquella horrible visión, trayéndole a la memoria la suave piel de Catalina. Y comprendió que Johanna, su rostro, sus cabellos, su sexo, nunca serían otra cosa sino el cuerpo del que se sirviera para rememorar las noches que pasó con Catalina. El sabor de los besos de su esposa eran un hálito amargo...

Esa noche se acostó temprano. Las sábanas de lino le producían un deleite tal que, después, era incapaz de soportar el dolor de su alma, por lo que se tendió sobre ellas sin despojarse de sus ropas. Se durmió mirando el techo, levemente iluminado por una luna en menguante que se colaba entre las fibras de las poco tupidas cortinas.

Serían las nueve o las diez de la mañana cuando unos golpes tímidos, aunque persistentes, sonaron en la puerta de su alcoba.

—¡Señor duque! —susurró el anciano Isidro—, Don Lorenzo del Bosque insiste en reunirse con vos...

Fernando levantó la cabeza y miró hacia la ventana. El sol se había apoderado de la habitación, como un espeso velo de luz blanca y opaca que le cegó. A duras penas logró balbucir un: *«Decidle que me reuniré con él enseguida, en mi despacho»*.

Del Bosque pretendía disimular su inquietud con una sonrisa torcida, intentando mirar directamente a los ojos de Fernando, aunque sólo consiguió el baileteo frenético y absurdo de sus pupilas, desde los labios a las cejas del duque.

—Ayer me reuní con el arzobispo, con el zalmedina y con el virrey —dijo—. Están muy preocupados por la situación que se desató a raíz del asesinato de Almenara, y del regreso de Pérez a la Cárcel.

—Todos estamos preocupados —asintió Fernando.

—Sí —masculló—. Como todos estamos de acuerdo en que debemos acabar con este asunto de una vez por todas.

—¿Debemos?

—Lanuza se mantiene inflexible. No quiere ni oír hablar de Pérez, y se niega a recibir a monseñor Jimeno... ¿No comprendéis que estamos al borde de una guerra?

—No veo de qué modo podríamos remediar lo que ocurrirá, sin remedio. Llegado ese momento, tanto Lanuza como el conde de Aranda saben que pueden contar con los Villahermosa para lo que fuera menester.

—No, señor duque. Vos tenéis los medios para evitar que este estado llegue a mayores.

—¿Qué estáis intentando decirme?

—Yo soy tan aragonés como el que más, os lo aseguro... Pero esos fueristas exaltados... —susurró del Bosque, sobrecogido—. Al principio se limitaban a proferir insultos contra el virrey extranjero; eso no era peligroso. Después, contra la Inquisición y contra el propio Lanuza, al que tacharon de cobarde... ¡Si la cosa se hubiese quedado ahí! Pero asesinaron a don Iñigo de Mendoza, y ahora piden que la Corona de Aragón vuelva al statu quo anterior a la reunificación de Fernando e Isabel... Los revoltosos nos están haciendo mucho daño.

—¿A quién, del Bosque?, ¿a quién están perjudicando?

—A la nobleza... El asesino de Almenara aún no ha sido detenido. No se ha encontrado una solución al problema del virrey extranjero. Y Antonio Pérez continúa en la Cárcel de la Manifestación. ¡Si no hacemos algo, el rey Felipe mandará sus tropas a Zaragoza!

—Felipe no sería tan estúpido como para tomar Aragón por la fuerza, va contra los fueros; contra sí mismo, como rey de Aragón.

—Precisamente por ese motivo estoy yo aquí —balbució Del Bosque. Era evidente que estaba aterrorizado —. El rey ha enviado a más de dos mil soldados a Ágreda. Y a estos dos mil, en unos días, se les unirán otros diez mil... Una orden de Felipe y...

—¿Qué es lo que proponéis?

—Algunos nobles han decidido apoyar la propuesta del gobernador y esperar un momento mejor para reivindicar lo que deseamos.

—¿Qué nobles?

—Don Antonio Juan Bernabéu, Carmelo Altemir, Santiago García de Azlor, Alberto Santalecina, Simón Rodríguez de Argavieso, Julio Martínez de la Nuez...

—¿Algunos? —sonrió Fernando—. Decidme, ¿quienes quedamos al lado de Lanuza?

—Luís Ximénez de Urrea, Diego de Heredia, Juan de Luna, Francisco de Ayerbe y un par de señores más.

—¡Dios mío! ¿Y los diputados?

—Han aceptado la decisión del gobernador... Pérez será entregado al Santo Oficio, siempre y cuando quede demostrada su herejía. Jimeno continuará siendo virrey interino de Aragón, hasta que Felipe nombre el definitivo, entre hombres de probada afinidad con el pueblo aragonés, y se comprometerá a respetar los fueros y a aplicarlos con todas su consecuencias.

—¿Y don Juan de Lanuza, qué opina de todo esto?

—Lo cierto es que Lanuza no ve ningún inconveniente ni contrafuero en que Pérez sea trasladado a la Cárcel de la Inquisición, si es demostrada su herejía... Aunque, tanto él como la mayoría de fueristas, han dicho que no moverán un dedo en el caso de que los revoltosos decidan impedir dicho traslado.

—Me parece lógico.

—Pero hay un problema —carraspeó del Bosque—. Quienes tienen la última palabra en este asunto, siendo que Lanuza se desentiende de Pérez, son los diputados. Oficialmente, el antiguo secretario del rey ya no es un protegido del Justicia. Y, como ya os he dicho, los diputados aceptarán este acuerdo sin reservas... En fin, el gobernador ya ha dado órdenes expresas para que se publicite este compromiso, de modo que los fueristas no tengan nada que objetar al respecto, y que no puedan decir que no fueron informados. En realidad, no se vulnera ningún fuero; Pérez será entregado al Santo Oficio por un motivo diferente al que le llevó a acogerse al derecho de manifestación. No podrá ser

juzgado por el asesinato de Escobedo, a no ser que se presenten pruebas más sólidas de su implicación en el mismo, sino por incitar a un cristiano a la práctica de la brujería, por herejía o qué sé yo... Acusaciones sobre las que Lanuza no tiene competencias, ya que se trata de una cuestión teológica... En cuanto al virrey extranjero, don Jaime Jimeno es aragonés, turolense...
—Bien, se hará tal y como ha decidido Lanuza.
—Estoy seguro de que no os arrepentiréis de vuestra decisión.
—Yo no estoy tan seguro, del Bosque...

2. *El alfarero de Abizanda.*

«El anciano muere; la mujer ve como el futuro crece en sus entrañas; la espalda del hombre se curva por el trabajo maldito; y el niño llora al comprobar que su estado es tan fugaz como una ilusión.

Esa es, sin duda, la mayor maldición de la Vida.»

ALMUDÉVAR (Reino de Aragón). Otoño de 1591

Isabel dejó al pequeño Hernando, jugando con un enorme ovillo de lana, dentro de la caja del carromato.

Aquella noche la habían pasado bajo un enorme cerezo, a duras penas tapados con una manta de lana vieja, que ella misma había tejido, en previsión de los tempranos fríos aragoneses.

Hernando dio sus primeros pasos en las cercanías de Siétamo, a la sombra de un frondoso roble, cuyas bellotas ya habían empezado a tomar un color marrón. Aquellos primeros pasos del pequeño fueron recibidos por su madre como un regalo de Dios; pese a que jamás había presentado ningún síntoma, Isabel siempre temió que el pequeño, una vez empezase a andar, desarrollaría una cojera como la de su hermano Lorenzo. Y no es que la cojera de Lorenzo le impidiese llevar una vida absolutamente normal, sino que había tenido que escuchar demasiadas veces que era un lisiado, *«Un castigo de Dios»*, y no creía estar capacitada para seguir escuchando aquella cantinela.

Desde que salieron de Huesca, el camino había sido tranquilo. Demasiado tranquilo a decir verdad. Después de abandonar Barbastro se encontraron con varios viajeros, una veintena: esporádicos compañeros de viaje que, tan pronto se unían a ellos, como se separaban. Con otros, simplemente se cruzaron; pero siempre les ofrecían alimentos, vino y compañía, y celebraban almuerzos comunitarios, a la sombra del más frondoso de los árboles, en los que intercambiaban información sobre sus lugares de procedencia y destino. Pero en Huesca toda aquella familiaridad se esfumó, y los transeúntes se convirtieron en agua contracorriente; expresiones severas en sus caras y diálogos frugales que se limitaban, en el mejor de los casos a un: *«¡Dios os guarde!»* o, cuando conocían su destino, en un flemático deseo, nada halagüeño, de que les fueran bien las cosas. Aquellas familias parecían muertos desenterrados, que hubiesen olvidado los buenos modales en su breve estancia en el otro mundo.

Hubo muchos días en los que la única compañía de la que la pudo disfrutar la joven era la del pequeño Hernando; incluso llegó a pensar que, cuando alguno de aquellos caminantes se dignase a compartir su comida o noche con ellos, sería incapaz de balbucir una sola palabra o frase coherente para los adultos.

Isabel dedujo, por las conversaciones que mantenían los caminantes con los que se cruzaba, que Zaragoza se había convertido en una ciudad peligrosa y en pie de guerra, y esto le inquietaba.

Su preocupación caía por su propio peso, y aquel mismo día tuvo la confirmación de ello.

Bernardino Catalán, su esposa, una mujer menuda que respondía al nombre de Candelaria, y sus dos hijos pequeños, habían acampado a las afueras de Gurrea, bajo el portal de una ruinosa construcción difícil de determinar. Al ver a Isabel viajando sola, por aquellos caminos infestados de ladrones y gentes poco recomendables, le hicieron un gesto para que se acercase a ellos.

Entendió que, tanto Bernardino como su mujer, eran hijos de un pueblecito entre Barbastro y L'Aínsa que se llamaba Abizanda. Le ofrecieron pan, vino, queso y una cecina de vaca, que le pareció repugnante, pero que, por no hacerles desprecio, tomó, comprobando que su sabor era, además de lo que su horrible aspecto indicaba, rancio y salado. Ella aportó a aquel almuerzo unos encurtidos de cebolla, unas manzanas que había comprado en Almudévar, y el último pedazo que le quedaba de los cuatro quesos de Capellana, que había sisado de las despensas de su madre.

La mujer, Candelaria, apenas abrió la boca para otra cosa que no fuese hincarle sus escasos dientes a una de las arrugadas manzanas que había aportado Isabel a tan frugal comida. Bernardino, sin embargo, era un charlatán impenitente y, al principio, divertido. Explicó, más por deseos de ser escuchado que por que la joven quisiera hacerlo, que tanto él como su familia regresaban a Abizanda, después de vivir siete años en Zaragoza *«Para que mis hijos conozcan la tierra donde nacieron sus padres».*

—Cuando nos "casemos" —dijo el charlatán— me dije que los hijos que pariera Candelaria jamás se convertirían en los esclavos del señor de Abizanda. ¡Por Dios que no! —sacudió la cabeza—. Mi padre trabajó toda su vida para él, y en nuestra casa no nunca hubo un real. Todo era de don García, ¡y ya hacía bastante con darle de comer a él, a mi madre, a mí y a mis doce hermanos! Yo era el más pequeño, y no llegué a conocer a mi padre, ¡pobre hombre! Mi hermano mayor fue el primero en marcharse de Abizanda. Un alfarero de Villanueva, al verlo fuerte y despierto, se ofreció para enseñarle a hacer cántaros, tinajas y demás, y después vino a por nosotros. Allí, en Villanueva, aprendimos el oficio de alfareros —sorbió directamente de la jarra de vino— ¿Y tú muchacha, "ande" vas?

—A Zaragoza.
—¡Mala idea! —dijo Bernardino, sacudiendo la cabeza.
—¿Por qué lo dices?
—Supongo que sabrás que hubo una sublevación por culpa de un tal Antonio Pérez, y no sé qué de un proceso por herejía. ¡Yo no entiendo de esas cosas, sólo soy un alfarero! La capital se ha vuelto un lugar muy peligroso... Después —susurró, como si alguien pudiese oír sus palabras— se declaró una guerra, y en toda la ciudad no hay otro amo que quien más mata; y así debe seguir, si no han cambiado las cosas... Y dime, Isabel, ¿Qué te lleva a Zaragoza?
—Quiero que mi padre conozca a su nieto.
—¿Y cómo no te acompaña tu marido, mujer de Dios?
—Porque murió antes de que naciera el pequeño...
—¡Lo siento!
Separarse de los Catalán fue una liberación para Isabel, que, sólo con pensar que debía introducirse en la boca aquella especie de suela de bota vieja, a la que tenían la desfachatez de llamar cecina, le revolvía las tripas, y con cierta tristeza por Hernando, que creía haber encontrado en los dos hijos de Bernardino y Candelaria a los amigos perfectos. Pero, una legua después, el pequeño ya les había olvidado.

3. Un traje demasiado amplio.

> *«La historia suele santificar a los perversos, demonizar a los píos, ensalzar a los cobardes y olvidar a los valientes. ¿Qué templo no se ha construido sobre las ruinas de otro? ¡Maldito tiempo, que conviertes en ciertas las mentiras escritas y en falsos los olvidos del escribano!»*

ZARAGOZA (Reino de Aragón). Verano de 1591.

Villahermosa sacudió las riendas del caballo. A su lado cabalgaba el conde de Aranda, quien no paraba de repetirle: *«Recordad, Fernando, que estamos solos, absolutamente solos»*.

Los rebeldes fueristas se había propuesto desobedecer las órdenes del gobernador, e iban a hacer todo lo posible para evitar, por segunda vez, el traslado de Pérez a la Aljafería... Nunca se sabrá si eran unos locos, o sobrevaloraron la indulgencia del rey Felipe.

Apenas pudo pegar ojo aquella noche.

Un par de días antes, recibió la noticia de la inesperada muerte de don Juan de Lanuza. Muchos dijeron que fue envenenado por sus oponentes reales, otros de una apoplejía provocada por sus preocupaciones, pero lo cierto es que el corazón del viejo Lanuza se negó a seguir latiendo bajo el pecho de un hombre derrotado y humillado, que veía como el futuro le atrancaba las pocas puertas que su orgullo aragonés, o tal vez su terquedad, no le habían cerrado ya.

«¡Esto es la sentencia de muerte para nuestro pueblo!», fueron las últimas palabras del viejo Lanuza. Su propia condena.

Su hijo se comprometió, cuando el cuerpo de su padre todavía estaba caliente, a defender los Fueros, aunque tuviese que entregar su vida en el empeño.

Cuando las primeras piedrecillas resonaron en el féretro del difunto Justicia, el gobernador ya había dado la orden de la inmediata restitución de Pérez a la Aljafería; queriendo aprovechar el desconcierto que provocó entre los fueristas la repentina muerte del Justicia. Pero los zaragozanos, lejos de sentirse huérfanos, protagonizaron y recrudecieron los altercados y disturbios en toda la capital, a los que el gobernador respondió con un despliegue militar jamás visto en tiempos de paz. Más de mil quinientos soldados tomaron las calles de Zaragoza, y Jimeno declaró el toque de queda.

Ya aquellos "valientes": Antonio Juan Bernabéu, Carmelo Altemir, Santiago García de Alagón, Alberto Santalecina, Simón Rodríguez de Argavieso, Julio Martínez de Nuez, y muchos otros, como Lorenzo del Bosque, habían huido de Zaragoza, en previsión de que los rebeldes tomaran represalias contra ellos por su cambio de actitud y por retirar su apoyo a los fueristas.

En Efecto, Ximénez, Villahermosa, Juan de Luna, Lanuza el Joven y algún que otro noble, estaban totalmente solos. Y sabían que, de fracasar la revuelta, sus cabezas durarían tan poco sobre sus hombros como la mala fama de los huidos. Pero no tenía por qué ser así. Cierto es que la mayoría de diputados de las Cortes, los nobles, y muchos aragoneses de las clases menos pudientes, acabaron aceptando la decisión del rey; algunos de ellos temían los desagravios del virrey Jimeno, que les amenazó con requisar tierras y restar privilegios si no se ponía fin a aquella situación; otros habían acallado sus voces para no ser confundidos con los "villanos sediciosos" del vulgo: *«Siempre hemos respetado los Fueros, y pertenecer a la nobleza aragonesa es nuestro mayor orgullo... Pero los Fueros no son más que leyes antiguas, que precisan una urgente revisión. La situación política ha cambiado desde que fueron aceptados. ¡Debemos exigir que esas leyes se adapten a estos tiempos de cambio!».*

Cuando llegaron a las inmediaciones de la puerta de la Cárcel de la Manifestación, un intenso murmullo flotaba en el aire. Al principio fueron palabras ininteligibles, que resonaron en las callejuelas cercanas, como el mudo eco de una arcada. Después, y a medida que fueron acercándose a la cárcel, aquel bullicio empezó a tomar forma; como imágenes espectrales incitando a las brumas.

—¡Ni el rey, ni el gobernador pisotearán los Fueros! —creyeron entender—. ¡Viva el Joven Lanuza!

En la misma puerta de la cárcel, Ximénez distinguió a Lanuza y a don Juan de Luna, que eran jaleados como los villanos fueristas. El conde de Aranda vio en el rictus del Justicia una expresión de miedo.

—Lanuza nos necesita —dijo Ximénez—. Solamente le acompaña el viejo Luna... Es joven e inexperto y está aterrado.

—Ni el más valiente y experimentado de los hombres permanecería impasible ante lo que se le avecina —dijo Fernando.

—Pese a que el pueblo le aclama, ¿cómo saber cuál será la reacción del vulgo cuando se percaten de que Lanuza no está en la puerta de la cárcel para evitar que trasladen a Pérez, sino para entregárselo a la Inquisición?

—¡Pronto lo sabremos!

Fernando clavó las espuelas en su caballo, que se alzó sobre sus patas traseras. Ximénez le siguió a poca distancia.

La muchedumbre se apartó al paso de los dos caballeros, mirándoles con cara de desprecio al principio, y con expresión de júbilo cuando les reconocieron.

—¡Viva el conde de Aranda! —gritaron a su paso—. ¡Viva el duque de Villahermosa!

—Esperemos que este júbilo se mantenga una vez sea entregado Pérez —dijo Fernando.

Como quien penetra en un espeso robledal, los dos hombres se mezclaron entre la multitud de zaragozanos, que se abrían y cerraban a medida que ellos penetraban en aquel bosque, como queriéndoles Proteger.

Ximénez se había equivocado. A Lanuza no sólo le acompañaba Juan de Luna, sino que, como inútil escolta, les custodiaban, Diego de Heredia y Francisco de Ayerbe. El joven Justicia sonrió al ver a Aranda y a Villahermosa, y suspiró aliviado.

Por mucho que el joven Lanuza insistió en que la multitud guardase la calma, seguían oyéndose gritos en favor del Justicia, de los Fueros, de Aragón, y consignas en contra de la Inquisición, del virrey, el gobernador, de los diputados y del mismísimo rey Felipe.

Aquel griterío se hizo insoportable; un clamor ensordecedor, que parecía querer reventar los tímpanos de Fernando. El duque abrió la boca; hacía algunos años, cuando las revueltas de Ribagorza, Monsieur D'Agut le explicó que algunos artilleros se habían quedado sordos después de un cañonazo; esto, le aconsejó, se podía evitar abriendo la boca como si bostezase.

Las voces se debían a la llegada de un pequeño grupo de soldados, que custodiaban a dos dominicos del Santo Oficio. Ximénez creyó reconocer a Molina de Medrano y a Joaquín Acosta en aquellos inquisidores. A su alrededor, y haciendo una muralla humana, no más de veinte soldados reales con sus espadas desenvainadas y, tras ellos, un carro (en realidad una jaula con cuatro ruedas), tirada por dos bueyes recios y pardos y una docena más de soldados.

Fernando desconfiaba de aquel reducido grupo de soldados: Ni el gobernador, ni la Inquisición, habían pecado jamás de insensatos, y una treintena de hombres eran una comitiva mezquina, dados los altercados que se preveían.

Palmeó la grupa de su caballo y cruzó, no sin dificultad, la plaza exterior de la cárcel introduciéndose en la primera callejuela, a la izquierda del edificio.

No había avanzado una cuarentena de pasos, cuando tuvo que tirar fuertemente de las riendas de su montura para no pisotear a un asustado soldado, que le amenazaba con su reluciente lanza.

—¡No podéis pasar! —dijo el muchacho, intentando vanamente disimular el tono agudo de su pueril voz para hacerse medianamente respetable—. ¡Tengo órdenes de no dejar salir a nadie de la plaza!

Fernando comprendió que, tras aquel soldaducho imberbe y asustado, se escondía un ejército numeroso, y que el muchacho no era más que el novato al que le habían enviado a vanguardia. Y no se equivocaba; al girar la cabeza hacia su derecha, en un soportal infame del que surgía un hedor nauseabundo, asomaron varias cabezas encasquetadas. Era evidente que, si le plantaba cara al novato, los otros surgirían del portal, le rodearían y apresarían. Pensó, sin equivocarse, que otro tanto ocurriría en cada una de las calles que sagitaban la entrada de la cárcel.

No quiso crearle problemas a aquel aprendiz de soldado que, sin duda, se había hecho aguas mayores encima sólo con pensar que debía enfrentarse al legendario Villahermosa, y dio media vuelta, regresando donde le aguardaban Lanuza y sus hombres.

La comitiva del Santo Oficio apenas había avanzado una cincuentena de pasos.

—¡Estamos rodeados! —gritó Fernando.

Lanuza hizo un gesto con la mano, dándole a entender que, o bien ya lo sabía, o que lo había supuesto. Levantó ambos brazos y los sacudió de arriba abajo; gesto al que los zaragozanos respondieron con un mutismo casi absoluto. Entonces se dirigió a ellos con autoridad, pero con forzada calma.

—Hoy es el día señalado para que don Antonio Pérez sea trasladado a la Aljafería, donde debe enfrentarse a un juicio por herejía —gritó Lanuza.

—¡Eso será por encima de nuestros cadáveres! —prorrumpió uno del gentío. Los demás le aplaudieron.

Lanuza volvió a pedir silencio.

—Os aseguro que, desde el despacho del Justicia no ha salido dicha orden... Pero tampoco una contraorden que invalide la decisión de los inquisidores... Pérez se acogió al derecho de manifestación por una causa que mi padre, ¡Dios lo acoja en su seno!, estimó justa y digna de tal privilegio. Pero ahora, el Santo Oficio le reclama para someterlo a un proceso en el cual el Justicia no tiene competencia, ni los fueros se pronuncian. Las autoridades eclesiásticas me han asegurado que, una vez concluido el juicio, y siendo que tengo la absoluta convicción de que Pérez saldrá indemne, será devuelto al Justicia y, por lo tanto, volverá a acogerse al derecho foral.

—¿Y vos les creéis? —preguntó uno.

—Estamos rodeados por más de dos mil soldados del gobernador... El hecho de que yo crea a la Inquisición o dude de su palabra es una banalidad —Lanuza empezó a inquietarse—. ¡Yo no he venido hoy aquí a juzgar a Pérez, ni al Santo Oficio, sino a entregárselo a los que dicen tener pruebas de su herejía. Solo os pido que permitáis que la entrega se produzca sin incidentes!

—¡Jamás! ¡Eres un traidor a Aragón!

Dicho esto, las puertas de la cárcel se abrieron, y de su interior surgió la enjuta y minúscula figura de Antonio Pérez, maniatado y entrecerrando los ojos.

—Vos sabéis, tan bien como yo, que tienen la intención de trasladarme a Castilla mañana mismo —dijo Pérez—. ¡Esto no es lo que habíamos convenido!

—¿De verdad creéis que vuestra vida vale más que la de todos estos zaragozanos, que sólo pretenden defender lo que creen justo? —le preguntó Fernando, algo molesto por la actitud del preso—. No merecéis ni uno solo de los vítores de estos pobres desgraciados.

—Yo no he elegido ser baluarte causa alguna —le respondió Pérez, con desprecio—. ¿Acaso no es lícito que desee preservar mi vida?

—Mi padre os juró que os protegería del rey Felipe —añadió el Justicia—, y los Lanuza jamás faltamos a nuestra palabra.

Las puertas del carromato se abrieron, y Molina y Acosta ayudaron a Pérez a entrar en su interior.

—¿Todo correcto? —preguntó Lanuza. Molina hizo un gesto afirmativo con la cabeza.

—¡Traidor! —gritaron los fueristas—, ¿qué va a ser de nosotros, si permitimos que el rey pisotee nuestros Fueros?

—¡Calma! —gritó Lanuza.

Y la multitud se abalanzó sobre el carro que trasportaba a Pérez, queriendo rescatarle. Pero, de las calles adyacentes, surgió un hormiguero de soldados, que dispararon sus arcabuces al aire, y cargaron sobre los fueristas. Éstos, al verlos venir, intentaron huir por las calles más cercanas, pero estaban completamente rodeados por las tropas del gobernador, que les impidieron el paso.

Nadie sufrió daños considerables; algunos golpes y rasguños; nada que no pudiera solucionarse con un buen trago de aguardiente y cuatro o cinco puntos de sutura.

—Éstos —dijo Luna— no tienen ni idea de lo que quieren.

—¿A quién os referís? —preguntó el conde de Aranda.

—A estos plebeyos desarmados... ¿Qué pretenden?, ¿enfrentarse a un ejército con sus puños?

—Un puñado de revoltosos desarmados lograron arrebatarme el condado de Ribagorza —dijo Fernando— ¡No deberíais menospreciar al pueblo enardecido!

—Pérez no llegará a la Aljafería —añadió Luna— y os aseguro que no será gracias a los civiles.

Juan de Luna sabía lo que decía. Tenía constancia de que muchos de los soldados del gobernador eran contrarios al traslado de Pérez a la cárcel de la Inquisición; otros tantos eran fueristas convencidos, y no era nada despreciable el número de hombres a los que aquel asunto les era indiferente, y no estaban dispuestos a arriesgar su vida por quien consideraban un asesino. El viejo consejero, sin embargo, decía poseer información de buenas fuentes. Dichas fuentes aseguraban que una noble francesa de Pau había enviado una treintena de hombres, con la intención de rescatar a Pérez y acompañarle hasta el Bearne, aunque no sabía los motivos ni la relación que tenía el secretario con aquella enigmática dama. Otros confidentes le aseguraron que alguien muy importante, tal vez el propio rey Felipe, había contratado a un número indeterminado de mercenarios, que debían dar muerte al secretario traidor. Sea como fuere, todo parecía apuntar a que, en breve, lograrían deshacerse de aquel "huésped incómodo", y ese acontecimiento sería recibido por el viejo Luna como una bendición.

Fernando no estuvo presente cuando liberaron a Pérez. Unos dijeron que habían sido los propios soldados que le custodiaban, otros que fue un tal Domingo de Subildegui, un mercenario del Pays de Labourd. Aquello carecía de importancia.

Zaragoza estaba completamente tomada por los rebeldes, y no había autoridad que supiera o quisiera poner orden en sus calles.

4. *El deber.*

«Morir, moriré; en el campo de batalla, en el lecho, ajado o podrido.
Ser, seré; como albañil o carpintero, conde o mendigo.
Amar, amaré; sea correspondido o rechazado, esposo o amante.
Pero perdurar...
Ni los hechos o las palabras, silencios o prodigios serán más que el alimento de las piedras.»

ZARAGOZA (Reino de Aragón). Otoño de 1591.

El joven observó la expresión del rostro de Lanuza, mientras leía con espanto lo que parecía una carta firmada por el mismísimo rey Felipe. Sabía que aquélla iba a ser la reacción del Justicia ante el despacho real. Era evidente: él mismo había escuchado lo que el principal de la universidad de Jaca leyó en voz alta, con similar rictus que Lanuza y un hilillo de voz apenas audible. La cédula le fue entregada a don Gil Blasco cuatro o cinco días después de la liberación de Pérez, y éste se la había entregado a Pablo Latrás, para que se la remitiese a don Juan de Lanuza. Las noticias no eran buenas.

Fernando miró a aquel hombre fuerte y apuesto. Estaba completamente seguro, porque no podía ser de otro modo, que jamás había visto a aquel joven.

Sin embargo, había algo en él, sus rasgos posiblemente, que le recordaba a alguien.

—¿Pablo habéis dicho que os llamabais? —preguntó Fernando, mientras Lanuza devoraba una a una las palabras de aquella carta, leyéndola y releyéndola hasta la exasperación.

—Sí, señor duque: Pablo Latrás.

—¿Latrás? —el joven asintió—. ¿Sois hijo del infanzón de Hecho? —volvió a asentir, esta vez con sorpresa—. Hermano, por tanto, de Lupercio Latrás, el bandido.

—¡Nadie elige a sus padres o hermanos, mi señor! —se apresuró a contestar Pablo, visiblemente ruborizado—. De todos modos, mi hermano fue desterrado de Hecho por mi propio padre.

—No tengo nada en contra de tu hermano, muchacho —sonrió Villahermosa—. Más bien al contrario... Lupercio me ayudó en las revueltas de Ribagorza, y no fui yo quien le convirtió en un proscrito, sino don Alonso Cerdán —se rasco la barbilla—. ¿Qué fue de él?

—Lo ignoro, don Fernando. Las últimas noticias lo daban por Segovia, aunque no me preocupa demasiado...

—¡Esto es insultante! —gritó Lanuza—. Escuchad: *«La situación se ha hecho insoportable e inadmisible. La noble ciudad de Zaragoza se encuentra en un estado de anarquismo bárbaro al que debe ponerse remedio de inmediato. Para tal menester, he ordenado a mi leal capitán, don Alonso de Vargas, destacado en Ágreda, que cruce las fronteras de Aragón y tome la capital. El capitán Vargas tiene órdenes expresas de usar la fuerza si fuere preciso, hacerse con el control de las calles, e instaurar la paz en dicha ciudad y en todo el reino; quedando, desde este preciso momento, declarado el estado de excepción en toda la Corona de Aragón, hasta que haya sido restaurado el debido respeto al Santo Oficio, se haya asegurado que los gobernadores, el virrey y el lugarteniente general puedan desempeñar sus funciones según es requerido; que las leyes y fueros de este Reino sean respetados, y que su uso y ejercicio esté expedito y libre. Por lo que demando que sus hombres, soldados y milicianos se unan a las tropas del capitán Vargas, para el inmediato restablecimiento del orden y la paz en Aragón».*

—¡Esto es un contrafuero intolerable! —protestó don Juan de Luna—, ¡No podemos permitirlo!

—¿Y cómo pensáis evitarlo? —sonrió Ximénez, con ironía.

—¡Luchando y derramando hasta la última gota de nuestra sangre, si es preciso!

—Podéis contar con nuestra tropas, don Juan —dijo Latrás—. Don Gil Blasco me ha ordenado unirme al Justicia.

—¿Cuántos hombres sois?

—Unos doscientos.

—¿Doscientos hombres? —se desesperó Luna.
—Entre las universidades de Daroca, Caspe, Teruel y Jaca, somos un millar —apuntó Lanuza.
—¡Imposible! —sacudió la cabeza Ximénez— ¡es un suicidio!
—Yo opino lo mismo —añadió Fernando—. El capitán Vargas, sin duda, estará al mando de un ejército poderoso. El rey Felipe no se arriesgaría a entrar en combate si no tuviese la seguridad de la victoria. La simple duda echaría por tierra sus pretensiones.
—¡Este asunto debería ser llevado a un consejo! —gritó Lanuza, enojado—. La invasión de Aragón es una declaración de guerra contra nuestro pueblo, un golpe de Estado. Va en contra de las leyes forales, y eso debe ser sometido a un consejo.
—¿Quién es el rey de Aragón? —preguntó Fernando con desidia.
—Felipe de Austria —contestó Lanuza.
—En efecto —sonrió—. El rey de la Corona Aragonesa es el mismo que pretende invadir su propio reino... El hecho de que tal decisión vaya contra los fueros es anecdótico. Vos, Lanuza, sois Justicia porque un rey como Felipe aceptó los fueros e instauró la figura del Justicia, para guardarlos y defenderlos. El rey tiene poder para cortar, ampliar o, incluso, invalidar las leyes. La última palabra, por la fuerza o con la razón, siempre la tiene el rey. No lo olvidéis.
—Nadie ha invalidado los Fueros —musitó Lanuza— y hacerlo supondría...
—¡Decidlo! —insistió Fernando— ¡que no os den miedo las palabras!
—Supondría el final del Reino de Aragón.
—¡El reino de Aragón no es más que una fantasía anclada en el pasado! —añadió Villahermosa. Lanuza y Luna le miraron indignados—. No me malinterpretéis. Me refiero a que los aragoneses disfrutamos de unos privilegios, derechos y leyes que se oponen al afán unificador y autoritario de los reyes, sean quienes sean... La reforma de los Fueros, tal vez su derogación, es una cuestión de tiempo. Creo que el aragonesismo de los Gurrea está fuera de toda duda. Tanto mi abuelo, mi padre, como nosotros mismos, hemos demostrado con creces nuestro apego incondicional a los Fueros de Aragón. Siempre los hemos defendido y, ¿por qué negarlo?, nos hemos beneficiado de ellos... No quiero renunciar a ninguno de los privilegios o títulos nobiliarios que todavía no me han sido arrebatados, aunque dudo mucho que de pueda disfrutarlos, para mis herederos... para mi hija. Seamos sinceros, señores, lo que más nos preocupa es la pérdida de poder político, económico y social que supondría la abolición de los Fueros. Y una reforma de los mismos siempre es una incógnita.
—¡Habláis como Lorenzo del Bosque intentando convencerme de que sería mucho más útil a Aragón huyendo de Zaragoza! —se lamentó el Justicia.
—¡No os confundáis, Lanuza! —se defendió Fernando—. Ni tengo intención de huir, ni de facilitarle las cosas al rey... Simplemente, he creído que era preciso recordaros que nuestro enemigo es una bestia con siete cabezas, y el

ejército del tal Vargas es sólo una de ellas. Nuestro enemigo es nuestro propio rey, nuestro señor. Hemos perdido el apoyo de la nobleza aragonesa y nuestro miserable ejército será, ante las tropas del rey, como la mosca que se sacude una vaca de sus posaderas. Los diputados han huido, o están encerrados en sus casas, agazapados bajo la cama como corderos ante un lobo. El pueblo desarmado cree poder repetir la hazaña del rey David, y ni siquiera tiene un ideal claro por el que luchar, pues las autoridades hemos perdido todo crédito. ¡Seamos sensatos, señores! Ninguno de nosotros cree que vuelva a repetirse una deserción masiva entre los soldados reales, como la ocurrida cuando el traslado de Pérez —todos sacudieron la cabeza—. Las cosas son como son, Lanuza, y, por más que nos empeñemos en maquillar la realidad, enfrentarnos al ejército de Vargas es un suicidio.

—Pues yo —dijo el Justicia— os aseguro que haré frente a Vargas, aunque sólo me sigan una docena de hombres desarmados.

—¡Es una locura! —insistió Fernando— un suicidio.

—Estáis en vuestro derecho de abandonar, Villahermosa —dijo don Juan de Luna, algo molesto—. Pero vos fuisteis el primero en exaltar a los zaragozanos en contra del rey Felipe. A vos os debemos la mayoría de adhesiones a nuestra causa. Si decidís que vuestra misión ya ha concluido, ninguno de nosotros va a impedíroslo. ¡Vos ya habéis cumplido, y Aragón os recordará como un valiente defensor de los fueros! Ahora, sólo os queda decidir si continuáis a nuestro lado, o abandonáis...

Fernando no contestó. Todo era demasiado complejo. Las palabras de Luna se clavaron en su cabeza como un puñal de doble filo: ni había cumplido como defensor de los Fueros, ni quería ser recordado como un valiente. Ni quiera se sentía con ánimos para seguir. Pero aquel paso hacia adelante se perfilaba en su mente como un camino finito, una senda que, por fuerza, debía conducirle hasta el acantilado final, en el que se precipitaría al vacío sin remedio.

Fernando no sabía qué responder. El destino que le aguardaba, de cumplirse las esperanzas de Luna y Lanuza, era aún más turbador y miserable que si caían ante las tropas del capitán Vargas.

¿De qué habían servido todos aquellos años de incomprensión absoluta, de luchar contra las fuerzas invisibles que insistían en mostrarle una realidad ajena a su propia vida? *«¡Sólo quise ser un hombre!»*, se repitió hasta la saciedad, recordando las palabras que había pronunciado un soldado moribundo, poco antes de reunirse con lo desconocido: *«¿Qué sentido tiene mi vida, si sólo he logrado dejar una viuda y siete hijos pequeños?»*. Fernando, no obstante, creía que, al fin, había logrado percibir el sentido de su existencia; y eso era una señal inequívoca del final del camino: *«¿Cuándo comprender el camino, sino al llegar a la meta?»*.

No temía morir; ni siquiera el sufrimiento que conllevaría abandonar el único estado que su mente lograba recordar.

—He llegado hasta aquí, y no voy a rendirme —dijo Villahermosa con autoridad—. Moriremos, estoy seguro, pero no me gustaría acabar mis días pensando que tal vez hubiéramos vencido si yo hubiese estado luchando... No, no sería capaz de soportarlo.

CAPÍTULO XX
Murmullos

1. La paloma sin alas.

«Es posible que, si hubiese llegado a conocer tu corazón, te aborrecería... Pero también podría haberte idolatrado.
Es posible que, de haber compartido el futuro, hubiéramos llegado a formar parte el uno del otro... Pero la rutina jamás fue mágica.»
ZARAGOZA (Reino de Aragón). Finales de Otoño de 1591.

Monsieur Jean Michel Lambert d'Orleans era un hombre alto, algo enclenque y afeminado; había surgido, entre sus soldados, un rumor que aseguraba que el joven "lieurtenant" era proclive a bregar contra natura, y que prefería, en un sentir nada cristiano, retozar con sus fornidos mercenarios, a disfrutar de la compañía de una dama. *«Es tan ardiente en la batalla como con sus pupilos en la cama»*, decían. Aunque ninguno de ellos había podido comprobar ni una ni otra cosa. La primera, porque la única vez en la que tuvieron que enfrentarse al enemigo fue un par de meses atrás, y el desarrollo de la contienda no precisó siquiera que el de Orleáns tuviese que desenvainar su espada. Y la otra, porque ninguno de los veinticinco hombres, que le habían acompañado en aquella ocasión, creían ser de su agrado. Pero, a decir verdad, esto último no era del todo cierto. Uno de ellos, un carbonero en busca de fortuna que se hacía llamar Domingo Subildegui, parecía alterar las entrañas miserables de Lambert. Aunque el de Orleáns sabía que transformar sus deseos en realidad era poco menos que un espejismo.

Subildegui no había oído hablar del "lieurtenant" Lambert hasta cuatro meses antes, cuando Bernard Briè le convenció para que se alistase en una pequeña hueste, que intentaba reunir un ilustre militar parisino, para cumplir una importante misión en España; un trabajo bien pagado y, según Briè, de mínimo riesgo. El famoso "lieurtenant" parisino resultó ser un completo desconocido, ambiguo, afeminado y de escasa experiencia militar. Y la hueste, un puñado de mercenarios de dudosa reputación y nulos reparos.

De haber sido el propio Lambert quien se hubiera ocupado del reclutamiento de aquellos hombres, Subildegui, sin duda, se hubiese echado para atrás. Pero el de Orleáns fue suficientemente astuto como para enviar en su nombre a un viejo, curtido, fuerte y lleno de cicatrices, que dijo llamarse Alphonse, para convencerles de que estaban en buenas manos... Nunca más volvieron a saber de él.

Se reunieron en Pau un par de semanas después de ser reclutados por el tal Alphonse. El propio Lambert les pagó, el mismo día que partieron de Pau, la mitad de lo convenido. Según él, para que, ¡Dios no lo quiera!, si morían en la misión, pudieran dejarles algo a sus esposas e hijos. Pero el de Orleáns no era un estúpido, y sabía que la mayoría de los hombres reclutados eran ladrones y asesinos, que no dudarían en coger aquel dinero y abandonarle a la más mínima oportunidad. Sin embargo, aquellos mercenarios eran tan desconfiados como el propio Lambert, y, si no veían el dinero que debía abonarles cuando concluyera la misión, hubiesen desertado antes de cruzar la frontera francesa. Y la misión era suficientemente importante como para correr el riesgo de que se produjera una desbandada o un motín entre aquellos maleantes. Por ese motivo, actuó de modo tan poco ortodoxo. Pagándoles la mitad de su salario, antes de haberse hecho merecedores del mismo, se aseguraba su propia supervivencia, pues era evidente que él no llevaba mucho más dinero del que llevaban sus hombres. No sería más proclive al saqueo que cualquiera de los otros, quienes, por suspicacia, iban a mantenerse en constante alerta. Además, Lambert tenía la absoluta certeza de que, cuando llegasen a Aragón, los ducados que les había pagado de antemano habrían desaparecido de sus bolsas y entrado a engrosar las arcas de las fulanas y taberneros, por lo que se aseguraba el regreso a Pau. Aunque el sistema tenía ciertos riesgos, ninguno de los ladrones desertó antes de llegar a Zaragoza.

Todo aquel asunto había empezado medio año atrás; poco antes del comienzo del verano.

Subildegui era un carbonero nacido en Lapurdi, en el "Pays de Labourd", una treintena de años antes. Tanto su padre, Manuel, como él mismo, llevaban una vida normal y tranquila en Zugarramurdi, en el Reino de Navarra, haciendo carbón y esquilando ovejas. Todos los años, una vez concluido el trasquile de los rebaños de los señores y nobles del Pirineo Navarro, Domingo y su padre regresaban a las cercanías de Pau, donde vivía un hermano de Manuel, y se ganaban unos necesarios escudos con los que ampliar su negocio. Pero hacía ya tres años, desde que Manuel empezó a sentir el inevitable peso de la vejez en sus manos artríticas, que Domingo viajaba solo al Bearne.

Subildegui ya había trabajado como miliciano a sueldo para algunos hombres de discutible prestigio e intenciones no menos dudosas, y con esa idea se alistó en la pequeña formación de Lambert.

Ninguno de aquellos mercenarios fue informado sobre cual iba a ser su misión, hasta que llegaron a las puertas de Zaragoza: Debían rescatar a un antiguo secretario del rey Felipe II de España, Antonio Pérez, acusado de asesinato y herejía, y trasladarlo a Pau, donde le esperaba una noble dama, de quien jamás supieron su nombre, para darle asilo.

Una vez hubieron rescatado al tal Pérez, Lambert regresó al Bearne, con Pérez y quince de sus hombres, todos franceses. Subildegui y otros nueve decidieron renunciar a la mitad del sueldo que les había ofrecido el tal Alphonse. De los diez hombres, cuatro regresaron a sus casas, y otros tres se dedicaron a dilapidar lo poco que les quedaba en los burdeles y las hediondas tascas de extrarradios de Zaragoza.

Domingo y un tal Remigio Serrano, tal vez seducidos por la facilidad con la que se desarrolló su anterior trabajo, decidieron probar fortuna en las tropas fueristas, pero se encontraron con que Lanuza, visiblemente desmoralizado, les remitía al conde de Aranda. Y éste al duque de Villahermosa.

Si hubiese analizado lo que se gestaba en su propia cabeza, con toda seguridad, Subildegui hubiera llegado a una conclusión nada halagüeña respecto de su salud mental. Pero no lo hizo. Fernando de Villahermosa les dijo que no iba a pagarles un solo real por sus servicios, pero que, si deseaban luchar a su lado, de parte de los fueristas, les estaría eternamente agradecido.

—¿Eternamente agradecido? —se enfureció Serrano—, ¿Os estáis burlando de nosotros?

Quizás hubiese tenido que seguir el ejemplo de Remigio. Pero algo, en Villahermosa, le atrajo sobremanera. Tal vez fueron aquellos melancólicos ojos saltones, o la falsa seguridad que certificaba su talante idealista, lo cierto es que Subildegui se prometió a sí mismo estar presente en el momento en el que el declive de aquel hombre se convirtiese en la única alternativa a su incomprensible hidalguía.

Si de algo estaba convencido el navarro era que aquel pobre diablo jamás fue sino una especie de animalillo indefenso, al que habían obligado a girar alrededor de una noria que apenas lograba arrebatarle unas gotas de agua a un pozo seco. Sin embargo, no sentía lástima por él, pues le constaba que Villahermosa jamás estuvo sometido a autoridad alguna, y su estado se debía a una serie de circunstancias, malas gestiones, orgullo aristocrático y el maldito y estúpido honor. El duque jugó sus cartas, y había perdido una y otra vez. Y lo más sorprendente es que aún seguía arriesgándose en apuestas perdidas de antemano. Tal vez ése era su verdadero atractivo: un perdedor sin un atisbo de humillación; una paloma a la que habían cortado las alas, y que mantenía la esperanza de volver a volar, quizás embriagada por la gloria de haber burlado a su mala fortuna. Sí, sus ojos, su enhiesta espalda, sus breves labios, todo él, parecía decir: «*Hubo un tiempo en que rocé el cielo con mis dedos. Y volveré a hacerlo, aunque no tenga alas, aunque mi salto me lleve a morir despeñado*».

Subildegui no llegó a conocerle tan profundamente como hubiera deseado. A los cinco días de entrar a su servicio, Vargas se hizo con el control de Aragón, capitaneando un ejército de más de cinco mil soldados. Pocos días después, las tropas del rey tomaron Zaragoza, sin apenas encontrar resistencia; a su encuentro sólo habían salido Lanuza, Ximénez, Villahermosa, Juan de Luna y un centenar de zaragozanos, mal armados y poco duchos en el manejo de las armas.

Lanuza y Luna cayeron presos el mismo día en que Vargas se hacía con el control de la capital. Villahermosa y el conde de Aranda lograron huir, y se refugiaron en el palacio de Ximénez, en Épila.

Fernando, presintiendo que no podrían resistir por mucho tiempo el acoso de Vargas, le pidió a Subildegui que regresara a Zugarramurdi. Quizás él no fuese un buen cristiano, pero se consideraba un hombre de palabra (aunque su juramento hubiera sido consigo mismo), así que no tuvo más remedio que desoír los consejos de su señor.

2. *El buen reposo.*

«¿Por qué huyes de mí, padre? ¿Acaso no es suficiente amarte de esta extraña forma?, ¿Acaso no me es lícito desear abrazarte y verte feliz al lado de madre? ¿Por qué huyes de mí, padre? ¿Acaso no eres tú quien impide nuestro reencuentro, sino el maldito Porvenir? ¿Acaso nuestra condición bastarda también es ilícita a los ojos de Dios?»

ZARAGOZA (Reino de Aragón). Otoño de 1591

Isabel había escuchado que un aragonés jamás debía morir sin visitar la basílica del Pilar, haber besado la piedra sobre la cual Nuestra Señora se le apareció a Santiago Apóstol, y haber pasado a sus hijos bajo el manto de la Virgen.

A Hernando, que unos extraños monaguillos lo cogiesen en volandas y restregasen sus cabellos con un trapo rasposo, le pareció una tortura. Isabel abandonó la basílica realmente decepcionada; tal vez porque esperaba un templo más luminoso y limpio que aquella iglesia perpetuamente en obras, ampliaciones y restauraciones. Lo que sí que le impresionó fue el Ebro; aquel enorme río, manso y amplio, que desafiaba, con serena ironía, los caldeados ánimos de los zaragozanos, susurrando una cantinela que parecía rezar: «Atacaos, luchad y morir, que jamás detendréis mi camino», e imperturbable, por la seguridad que le confería su inmortalidad.

Una vez se hubo repuesto de aquel extraño trance, Isabel pudo comprobar por sí misma que la capital de Aragón era una ciudad muy viva, en la que sus gentes transitaban de un lugar a otro en un anárquico orden que parecía precipitarles a un abismo invisible.

Nunca le preocuparon o atemorizaron los uniformes ni los soldados; en cierto modo, ella se había criado en su contra, y pese a ellos, y los sentía como una enfermedad crónica y dolorosa, pero asumida con resignación. Tampoco podía decirse que se acobardase con facilidad, pero se sintió inquieta cuando vio tal cantidad de guardias reales. Bernardino Catalán ya le puso sobre aviso, por lo que no le sorprendió que Zaragoza fuese una ciudad prácticamente en guerra. Aunque esto no le restaba un ápice de preocupación.

Decidió no adentrarse en aquel caos, y se instaló en una pensión cochambrosa y de dudosa salubridad, en cuya fachada podía leerse: *«Posada del buen reposo»*. En la parte trasera de la casucha, de apenas diez habitaciones, se extendía una especie de vertedero, donde cohabitaban viejas ruedas de carro, rotas e irreparables, muebles desencajados, puertas descoyuntadas y todo tipo de cacharros inservibles, y una familia inacabable de mininos hambrientos: *«Al menos no habrá ratas»*, se dijo, no demasiado convencida de que aquellos gatos tuviesen fuerza en sus enclenques patas para perseguirlas. María del Pilar, la patrona, no puso ningún reparo en que dejase su carromato en aquel solar, incluso le recomendó un buen establo, a pocas manzanas de allí, el de un tal Nemesio Villanúa, cerca de la Iglesia de San José, que se haría cargo del caballo.

Se retiró muy pronto, después de que la propia Mª Pilar preparase la papilla para el pequeño Hernando y un plato de acelgas hervidas para ella.

La habitación era pequeña, aunque bastante más acogedora de lo que había imaginado; suficiente para descansar un cuerpo que acusaba el agotamiento de varios meses de un camino mucho más lento de lo que había previsto.

Ahora se arrepentía de no haber prestado más atención a sus presentimientos. Hacía semanas que algo en su interior le apremiaba; era una fuerza descorazonadora, que ni siquiera logró apaciguar el odio que le corroía. Una fuerza que ni la muerte de Eduardo había logrado aplacar; peor aún, la volvió mil veces más poderosa y temible.

Era muy consciente de que Eduardo sólo había sido la excusa con que justificar un desprecio por la vida difícil de asimilar sin caer en las redes de la locura.

Debía adentrarse en las calles de Zaragoza, sin rumbo, ni pistas que pudieran dirigirle al encuentro de su padre que, ni sentía como tal, ni tenía mayores respuestas que las que podía asimilar su propia cabeza. Seguramente, de haber sabido que las ocasiones en las que Fernando perfilaba una sonrisa de felicidad eran muy escasas, se hubiese resignado a admirarle en su memoria, como a un buen hombre al que habían engañado, o como a un sabio incomprendido. Isabel se percató de que el motivo que le impulsó a emprender aquel viaje no era el hipotético empeño de convencerlo para que regresara al lado de Catalina, ni el de presentarle a aquel niño, sino por una cuestión meramente egoísta: por ella misma, por encontrar respuestas a las preguntas que nadie osaba contestar... En el fondo, Fernando, bien como padre o como hermano en aquel castigo de leer en las sombras, le importaba tan poco como las soflamas de Lourier.

Arropada en esos pensamientos, se dejó seducir por el sueño.

La mañana siguiente se presentaba de mal agüero. Al bajar de su habitación, y sin saber como, la conversación con la patrona derivó en una charla algo desconfiada por parte de Mª Pilar, con respecto a los conflictos y sublevaciones que últimamente se habían desarrollado en Zaragoza. De aquella conversación dedujo que Fernando de Villahermosa había tenido que huir de la ciudad, y que se refugiaba en Épila, en el castillo del conde de Aranda.

ÉPILA (Reino de Aragón). cientos de metros del castillo de Luís Ximénez se oían disparos de arcabuces, Alo que a Isabel no le pareció demasiado alarmante; no sólo porque se había criado entre disparos, guerras, muertos y asedios, sino porque sabía que el palacio del conde de Aranda llevaba soportando varios días de sitio, y podía seguir haciéndolo durante unas cuantas semanas más.

Sin duda, hubiera sido una temeridad intentar entrar en el palacio del conde, así que decidió hospedarse en la casa de una anciana viuda", y esperar a que la balanza se decantase de uno u otro lado.

3. La entrega.

« Cogí tu mano, Pero tú no sentiste ni la más leve de las caricias.
Miré tus ojos, pero tú ni siquiera viste los míos.
Deseé amarte, pero tú ya no eras más que la sombra de tu derrota.»

ÉPILA (Reino de Aragón). Finales del otoño de 1591

Fernando se miró en el espejo. Su aspecto era deplorable: ojos más abultados que de costumbre, ojeras grises, y cientos de arrugas en las que jamás había reparado, eran el marco sobre el que se asentaba un ánimo tan vencido como los propios fueristas. *«Ni la muerte se dignaría a recibirme...»*

Se aseó con aquella agua mil veces removida, que a duras penas permitía ver el fondo del barreño, y que clamaba un urgente cambio de savia que la escasez del asedio no permitía. Pasó su mano por sus cabellos, cada día más escasos, y forzó una sonrisa, pretendiendo iluminar el túnel en el que se había convertido su vida.

Aquel amanecer no trajo consigo el lamento de los últimos días; el sonido de los arcabuces había cesado. Se preguntó si no era preferible el ruido de los disparos, de las balas rebotando en los muros del palacio de Aranda, que el de su corazón, oprimiendo su pecho, como presagio de lo que, en pocos minutos, iba a ser una certeza.

Luís Ximénez había reclamado su presencia en los despachos de palacio. Y la citación de Aranda coincidía sospechosamente con el mutismo de las armas. Aquello no podía ser una casualidad, sino lo uno consecuencia de lo otro. El conde le sacó de dudas.

—Hace una semana detuvieron a Lanuza y a don Juan de Luna en Utebo —masculló Ximénez. Fernando asintió algo molesto, pues no era nada nuevo, como tampoco lo era que las tropas de Vargas habían tomado Zaragoza sin encontrar resistencia—. Luna fue ejecutado ayer al amanecer, después de haberle torturado y humillado... Lo decapitaron, y su cabeza fue clavada sobre

el escudo de una de las puertas de Zaragoza, como si se tratara de un vulgar traidor...
—Para el rey, Luna era un traidor —musitó Fernando. Ximénez le miró abatido—. Y nosotros no nos libraremos de tales acusaciones cuando caigamos en manos del capitán Vargas... ¡Pobre viejo!
—De eso quería hablaros... El rey ha ordenado ejecuciones selectivas... ejemplares: las cabezas de los principales de los fueristas, y las de quienes estén implicados en crímenes de sangre...
—No olvidéis, Luís, que hoy por hoy nosotros somos de los principales de los fueristas.
—Mañana, al amanecer, ejecutarán a Lanuza.
—¿Por qué? —sacudió la cabeza—. Lanuza no es más que un joven inexperto, al que han vestido con un traje que le queda demasiado amplio.
—Vos lo habéis dicho: es un traidor. El capitán de los traidores.
—Nosotros correremos la misma suerte...
—Este silencio es la prueba de que no va a ser así.
—¿Qué estáis intentando decirme?
—Lanuza, Juan de Luna, Diego de Heredia, Pedro Fuentes, Francisco de Ayerbe... Creo que ya son suficientes muertes —Aranda se santiguó—. He pactado nuestra rendición... Nos entregaremos esta misma tarde y todos nuestros hombres serán puestos en libertad... Han jurado por Dios que no seremos ejecutados.
—¡Estáis loco!
—De todos modos, no podemos resistir mucho más. De seguir haciéndoles frente, acabarían por tomar el palacio al asalto y nos mataría a nosotros y a nuestros soldados...
—¿Esa es vuestra decisión? —Ximénez asintió—. ¡Sea, pues!
Isabel se despertó sobresaltada. No pudo evitar caer rendida, mientras acunaba a su hijo en una siesta imposible. Un sueño terrible había conseguido que empapase las sábanas con un sudor que ahora le hacía tiritar de frío: un silencio tan denso, como las brumas que lo albergaban; quizás el vacío, quizás la premonición de una realidad que siempre le acompañó: *«El tiempo se me escapa».*
El pequeño Hernando dormía. Su respiración era pausada y serena como el vuelo de un buitre después de haber llenado su panza... Le dio pena quebrar el sueño del pequeño, así que lo dejó en la habitación, a recaudo de la vieja casera, y salió afuera.
Las calles de Épila estaban desiertas. Había corrido la voz de que el conde de Aranda y el duque de Villahermosa iban a entregarse aquella misma tarde, y los fueristas, tal como harían en Zaragoza al día siguiente, cuando ajusticiaran a don Juan de Lanuza, decidieron, a modo de protesta, cerrar sus puertas y ventanas y no presenciar aquella detención. Pero Isabel no lo sabía.

Se escondió tras una enorme morera, frente a la fachada principal del palacio. Allí, desconfiados aunque fuera de sus trincheras, medio centenar de soldados reales aguardaban la salida de Ximénez y de Villahermosa.

La puerta se abrió. Del interior del palacio solamente salieron el conde de Aranda y un par de sus hombres. Ximénez fue detenido y, como habían prometido, los soldados liberados. Poco después, Fernando abandonó el palacio.

Isabel, al verlo, salió de su escondite, y corrió a su encuentro. Pero los soldados reales se cerraron frente a ella, y le impidieron llegar hasta allí. La joven intentó deshacerse de los soldados a puntapiés.

—¡Padre! —gritó— ¡padre!

—¿Estás loca, muchacha? —una mano fuerte le agarró del hombro y la arrastró hacia atrás—. ¿Quieres que te detengan, o que te maten?

—¿Qué te importa a ti eso? —se enfureció empujando al joven que la tenía sujeta contra una de las paredes del palacio de Aranda.

—¡No quieras empeorar las cosas, jovencita! —dijo el hombre—. Yo siento tanto como tú que hayan apresado a estos dos valientes...

—¿Qué sabrás tú?

—Poco serví a don Fernando de Aragón, pero lo suficiente como para haber llegado a apreciarle como si fuera mi propio hermano.

—¿Conoces al duque de Villahermosa?

—¡Ojala hubiese podido servirle durante veinte años!

—Yo soy su hija...

—¿Tú eres María? —sacudió la cabeza—. ¡No me hagas reír!, ¡su hija es una niña de once años!

—Mi nombre es Isabel.

—Jamás habló de ti.

—¿Hablarías tú de tu hijo bastardo? —él se encogió de hombros.

—Yo me llamo Domingo, Domingo Subildegui.

4. El jinete.

«Tus huellas se difuminan siempre que camino sobre ellas, siempre que las persigo y acecho. Tu silencio me confunde, y soy incapaz de sentirte. Dios me negó conocerte. El Diablo me trajo a ti y te llevó sin permitirme disfrutar de tu consuelo, ¿Vas a ser tú quien me impida volver a abrazarte?»

PEDROLA (Reino de Aragón). Finales de 1591

Hacía frío. Demasiado frío como para que un niño de año y medio durmiera a la intemperie. Pero así había sido durante los últimos días. Hernando se encogía, agazapado entre su madre y Subildegui, que se abrazaban; al principio por el bien del niño, y después por un sentimiento mucho menos casto. Isabel, por mucho que lo intentaba, no lograba encontrar un solo detalle que convirtiera a su compañero de camino en un hombre medianamente atractivo y, sin embargo, a los tres días de haberle conocido, accedió a revolcarse sin ningún pudor con aquel navarro fortachón y tímido, en la habitación que le alquilara la anciana viuda de Épila. No era mal amante, nada comparable con Miguel Juan Barber, pero entregado y sumiso.

Volvieron a repetir al día siguiente, y al otro...

Aquella noche, a las puertas de Pedrola, Hernando fue el primero en despertar. Tras él, su madre. Domingo se quedó dormitando en el interior del carromato, mientras Isabel, tomando al pequeño entre sus brazos, iba a una vaquería.

Cuando Subildegui bajó del carro, Hernando apuraba las últimas gotas de un gran cuenco de leche recién ordeñada. Isabel estaba azuzando una pequeña hoguera, en la que pretendía cocinar, en una manteca amarillenta, un par de filetes de "chuleta entreverada" y unos "chicharros"... Domingo estiró los brazos, hasta que su esternón crujió, y se acercó a la fogata, dejándose embriagar por el olor rancio de la panceta aderezada con orégano.

Después de dar buena cuenta del desayuno, cargaron todas sus cosas en la parte trasera del carromato, y ataron el caballo de Subildegui en la parte delantera, dejando la montura de Isabel libre a uno de los lados, sólo sujeta por las riendas.

Isabel estaba muy inquieta; sabía que no iba a ser bien recibida por Johanna de Pernstein, por lo que decidió que, llegado el caso, no se presentaría como la hija bastarda de Fernando, sino como una mendicante. Lo cierto es que sólo deseaba conocer el paradero de su padre, el lugar al que le habían trasladado después de detenerle en Épila, y para eso no era necesario desvelar aquel secreto a voces.

No les fue difícil encontrar el palacio de Villahermosa: una enorme mansión en la plaza del pueblo, en cuya fachada destacaba una gran puerta de madera recia, coronada por un arco. En el centro, esculpido en piedra, un enorme escudo de armas revelaba el alto linaje de quienes lo habitaban. La puerta estaba entreabierta.

La joven descendió del carro y, sin apartar la mirada del llamador de hierro forjado de uno de los postigos, se acercó a la entrada y empujó con fuerza. La puerta se movió pesadamente, dejando escapar, del interior del palacio, un hedor nauseabundo a carne podrida y orines, y un murmullo como de toses y quejidos apagados. Soltó la puerta y se llevó la mano a la boca creyendo que iba a vomitar. Dio un par de pasos hacia atrás, y aspiró con energía.

Una vez sujetas sus tripas, volvió a acercarse y, alargando la mano, dio dos golpes con el enorme picaporte. Nadie respondió a la llamada.

Volvió a intentarlo, esta vez con algo más de brío e insistencia, aunque el resultado fue el mismo.

Ya había perdido la esperanza de que alguien apareciese tras el portalón del palacio, cuando las bisagras chirriaron con un grito lastimero y la puerta dejó ver

el interior del gran patio del palacio. Enseguida averiguó la causa de aquel terrible olor: alrededor del patio, tras las columnas y a resguardo, un numeroso grupo de heridos eran atendidos por varios sirvientes. Perdida en el horror, ni siquiera se percató de la presencia de un hombrecillo calvo y lleno de cicatrices que le miraba con sorpresa desde detrás de la puerta.
—¿Quién va? —preguntó el anciano.
—Sé que vuestro señor es hombre piadoso y caritativo —dijo Isabel—. Mi esposo, mi hijo y yo no tenemos qué comer...
—¿Pides limosna, muchacha? —el criado sacudió la cabeza y sonrió, esta vez con alivio.
—No, buen hombre, desearía que me ofrecierais trabajo a mí y a mi esposo.
—No soy yo quién para... —abrió completamente la puerta y salió afuera—. Todos éstos —señaló al interior del patio— fueron heridos en las últimas alteraciones de Zaragoza. Mi señor los recogió y los trajo aquí para cuidarlos, para que tuviesen un lugar digno donde morir... Ese es todo el trabajo que se os puede ofrecer en esta casa.
—¿No está vuestro señor? —el criado sacudió la cabeza—. ¿Dónde podría encontrarlo?
—Está de viaje —el criado se encogió de hombros— y no regresará en mucho tiempo...
—¡Alguien habrá que pueda atenderme!
—Bien has dicho que mi señor es caritativo y piadoso, pero no juegues con la paciencia de un simple sirviente. ¡Si te he dicho que el duque no está en palacio, es porque no está! ¡Que tengáis un buen día!
La puerta se cerró con menos violencia de la que hubiera supuesto Isabel, dado el modo en que le había respondido el criado.
Probaron suerte entre las gentes del pueblo, pero los pedroleños, o bien decían la verdad y no tenían la más mínima idea del lugar al que había sido trasladado su señor o, por desconfianza, guardaban silencio.
De aquellos interrogatorios sólo pudieron llegar a una conclusión: que, tanto el conde de Aranda, Luís Ximénez, como el duque de Villahermosa, habían sido trasladados fuera de Zaragoza, a Castilla, donde no podía cuestionarse la autoridad del rey Felipe y, tomase la decisión que tomase respecto de los dos nobles, los reos no podrían acogerse a ningún privilegio, fuero o ley aragonesa.
Abandonaron Pedrola con la idea de dirigirse a Ágreda, en la frontera castellana; allí, Subildegui sabía que algunos hombres de Vargas habían levantado un campamento, y pensó, no falto de razón, que el contingente que entró en Aragón no era el total de las tropas de Vargas, y que algunos de aquellos soldados aguardarían nuevas órdenes para un eventual refuerzo. Sin duda, los dos presos debían haber sido trasladados hasta allí de camino a una prisión real.

Aún no habían rebasado las últimas casas del pueblo, cuando un jinete, cabalgando al galope sobre un hermoso caballo blanco, partió de las murallas de la villa, con intención de darles alcance.

Subildegui se hizo a un lado, para dejar paso a aquel noble. Pero el jinete, al llegar a la altura del carromato, tiró de las riendas e hizo que su caballo se detuviera frente a ellos, obligando al navarro a parar.

El caballero descendió de su montura y, sin soltar las riendas, se acercó a ellos... Era un hombre de unos treinta y cinco años o así, bien parecido y muy elegante.

—¿Os habéis vuelto loco? —preguntó Subildegui, sacudiendo la cabeza—. ¡Podría haberos atropellado!

—¿Tú eres la pelirroja que andaba pidiendo trabajo en el palacio de Villahermosa? —preguntó, ignorando a Subildegui. Isabel no respondió. El hombre se descubrió e hizo una especie de reverencia con su sombrero—. Soy Francisco de Aragón y Borja, hermano del duque don Fernando... Tú debes ser Isabel, mi sobrina...

—¿Cómo...? —un sentimiento ambiguo, entre la sorpresa y la emoción, invadió a la joven: Fernando le había hablado de ella.

—Hay muy pocas aragonesas pelirrojas —sonrió Francisco—. Te aseguro que no hubiera salido tras de ti si hubieras dicho que eres hija de mi hermano. No decir siquiera tu nombre te honra...

—No quise que creyerais que deseo reclamar unos derechos que no me pertenecen, ni un dinero que no preciso... Lo único que pretendo es encontrar a mi padre, abrazarle, y pedirle que bendiga a su nieto.

—Supongo que sabéis que fue apresado por Vargas, en Épila.

—Lo presenciamos con nuestros propios ojos —murmuró Subildegui—. Yo le serví durante los últimos días.

—¿Cómo creísteis, entonces, que pudiera encontrarse en Pedrola?

—Jamás pensamos en tal posibilidad —sonrió Isabel—, sólo queríamos saber el lugar al que le habían trasladado.

—A Miranda de Ebro —dijo Francisco, volviendo a colocarse el sombrero en la cabeza— No teníais más que preguntarlo...

5. Lourier, el susurrante.

«¡Malditos dioses!, ¡mil veces malditos!
Me dais a probar las mieles de vuestra gloria, y no me decís donde encontrarlas.
¡Malditos dioses!, ¡mil veces malditos!
¿Por qué me asesináis cada amanecer, y me obligáis a abandonaros cada vez que se abren mis ojos?»

MIRANDA DE EBRO (Reino de Castilla). Principios de 1592

Cuando era niño, Fernando solía preguntarse como iba a ser su final, donde iba a sobrevenirle y el modo en que lo haría; pues la muerte siempre te sorprende. O, al menos, así debería haber sido.

Hacía mucho tiempo que no pensaba en este tipo de cosas, tal vez porque se había enfrentado tantas veces a su propio final que no le temía, o porque había paseado por sus dominios, convirtiéndolos en parte de su propia vida.

Había muerto en cruentas batallas; en un accidente, mientras montaba un caballo desbocado, pisoteado y roto; atravesado por una lanza; de peste... Cualquiera de aquellas muertes hubiese sido menos cruel y vejatoria que pudrirse en una celda húmeda, encarcelado por un ideal en el que no estaba muy seguro de creer.

Librarse de la vida, aunque sólo fuera de pensamiento, en los lugares y situaciones en los que las sombras se convertían en bellos parajes azulados, y saber que el mundo en que comulgaba con Lourier en nada difería con el que iba a encontrarse tras abandonar aquel despojo que le oprimía hasta el ahogo, le confería una seguridad preñada de tristeza y alivio, que removía hasta la última víscera de su ser. Tristeza por lo no concluido, y alivio por saberse inminentemente desposeído de su propio y evidente fracaso.

Aquella celda oscura y miserable no era sino la materialización de él mismo y de su luctuosa vida; pobre, silenciosa, vacía y solitaria. Ni el consuelo de saberse recibido por el único ser que supo comprenderle en todos aquellos años, conseguía llenar el abismo que se extendía desde el lugar que deberían haber ocupado sus recuerdos hasta el minúsculo reducto al que fue relegado su propio ego.

Los primeros días compartió la celda con un joven soldado, analfabeto y abrutado, que cumplía condena por haberle asestado un mandoble a un oficial que quedó malparado. Pero fue trasladado a una celda, aún más infame que aquella, donde esperaría su ejecución junto a villanos de su misma condición y posición social. Fernando apenas notó la ausencia de aquel patán asilvestrado...

Llegó un momento en el que sus ojos se acostumbraron de tal modo a la oscuridad, que la mezquina luz, que resbalaba entre los barrotes de la ventana de la celda, le cegaba como el fogonazo del principio de los tiempos. Aquella mortificación pronto se convirtió en una enemistad manifiesta con la vieja y cansada fogata celeste y una confabulación, no demasiado cristiana, con las brumas. La noche se convirtió en su más fiel aliada, y el día en su crepúsculo.

De aquel modo, tal vez menos casual de lo que aparentaba, descubrió que Lourier era proclive al crepúsculo, aunque su despertar era terrible: dolor insoportable en su cabeza, vértigos, flojedad y una sensación de muerte inminente que jamás auguraba la verdad. Después, una hora más tarde, a veces dos, la sensación se desvanecía.

El tránsito hacia el mundo en el que habitaba Lourier, y en el que podía disfrutar de esa libertad que le privaba la vida, era como hacer el amor: siempre igual, y siempre distinto.

Un rayo, vomitado en la distancia de un cielo inalcanzable, se coló por el ahogado respiradero, que se abría como una úlcera entre los densos muros, e incidió en sus ojos. Era el momento de recostarse en el catre y cerrarlos.

Por tres veces, sus músculos se destensaron. Y cada vez que sus piernas se sacudían, su corazón hizo unos movimientos extraños, como si quisiera detenerse. Abrió los ojos, como un búho alertado ante la presencia de un ratón de campo, otras tantas veces. A la cuarta, la celda se convirtió en un lugar lúgubre y hostil. Palpó la litera con ambas manos, sin poder apartar la mirada del único rayo de luz que había osado insultar la miseria de aquel hombre, y todo se hizo confuso. Sus ojos seguían clavados en el muro de la celda y, sin embargo, era capaz de percibir formas y colores a los que les había sido prohibida la entrada en tan ruin hospicio, pero que él percibía tan reales como la propia vida.

Aguardó unos minutos, y pronto llegó aquella sensación de opresión, y que no era otra cosa más que su propio espíritu aferrándose al cuerpo que lo apresaba. Por más fuerza que hiciera con sus etéreas manos, no lograba despegarse de sí mismo. Él sabía que no iba a lograrlo, pero tal y como había una fuerza que le impedía separarse, había otra que le impulsaba a luchar en aquella absurda batalla, perdida de antemano. El final siempre era el mismo.

Sus ojos se cerraron, y todo se volvió claridad. Solamente cuando se encontraba en aquel estado se sentía realmente vivo, aunque sabía que era lo más cercano a la muerte a lo que podía aspirar mientras estuviese ligado a su inmundicia. La soledad, sin embargo, era tan acusada que dejó de ser un sentimiento, para convertirse en uno de los elementos que conformaban su identidad. Todo era soledad.

Los largos cabellos de Lourier ni siquiera se mecieron. Fernando no hubiera podido asegurar siquiera que tuviera cabellos, ni ojos, ni forma definida, pero tenía la seguridad de que era él. No podía determinar dónde se encontraba, o si se encontraba en algún lugar en concreto.

—¡Has vuelto! —tal vez sólo fue un pensamiento de Fernando, pero Lourier le comprendió.

—Nunca regresa quien no se ha marchado.

—¿Ha llegado el momento? —Lourier se encogió de hombros—. ¿Queda algo por decir?

—Nada, Fernando. Las palabras que nadie va a escuchar son como la lluvia que cae en tierra yerma. Ya está todo dicho, porque no hay nada que merezca la pena decir; todo está vivido, porque la vida no es más que un instante en la eternidad. Ahora, la senda es recta y solitaria, nada debe alterarla.

Estuvo largo rato allí, sin hablar, disfrutando de la compañía de aquel al que no sabía que categoría otorgarle, ni determinar su naturaleza.

Todo volvió a ser confuso.

Cuando abrió los ojos, el rayo de luz seguía incidiendo en el mismo lugar, sin apenas haberse movido.

Fernando hubiera jurado que estuvo con Lourier más de una hora, pero era evidente que su sueño duró poco más de diez minutos.

Volvió a dormirse, y no despertó hasta que el sol se hubo ocultado.

6. Un rostro delicioso.

«¡Tirana belleza! Te enaltecen las masas lúbricas y nos conviertes en títeres sin criterio, en esclavos de las gracias propias.»

BENABARRE(Reino de Aragón). Otoño de 1592

Pepita clavó sus alegres ojos negros en la coronilla de Lorenzo, y observó divertida los movimientos oscilantes del joven ordeñando una vieja vaca. Reía a carcajadas. Lorenzo la miró sorprendido, sin poder apartar sus pupilas de los grandes pechos de la muchacha, que se movían al ritmo de sus carcajadas. Y se ruborizó cuando se percató de que, una vez más, se veía incapaz de encontrar otra meta para sus ojos que no fueran aquellas dos vasijas.

—Parece que... —rió la muchacha— que te estás haciendo una...

—¡No seas ordinaria! —Lorenzo se levantó de un salto, y la miró ruborizado— ¡Siempre estás diciendo groserías!

—Sin embargo, tú te diviertes cuando las digo —sonrió Pepita—. Es la única manera de que cambies esa cara de sepulturero...

—¡Déjame en paz! —se enfureció Lorenzo, volviendo a sentarse en la banqueta—, ¿no ves que tengo trabajo? Cuando acabe con esta vieja vaca tengo que ir a regar al huerto...

—Nunca comprenderé por qué eres tan arisco.

Era innegable que Pepita sentía algo muy especial por aquel muchacho cojitranco, de ancha espalda, algo rácano en el hablar y con una acusada falta de autoestima. Tal vez ella le comprendía mejor que nadie; su abuelo había sido el mayordomo del castillo, su propio padre formó parte de las tropas del conde, antes de morir en una revuelta de los hombres de Àger, y había tenido que soportar los insultos de algunos benabarrenses. Y el hecho de que tuviera una evidente tendencia al sobrepeso no le ayudó demasiado a relacionarse con los demás niños del pueblo o a forjar su amor propio.

—¿Arisco? —sonrió Lorenzo, con ironía—. ¡Si hubieses tenido que soportar los insultos de todo un pueblo, por culpa de un padre asesino y por una madre que se enamoró de un conde, ya veríamos quien sería el arisco!

—¿Qué te crees, que solamente has sufrido tú en esta vida?

Lorenzo la miró, con una expresión en su cara que daba a entender que no le importaba lo más mínimo el sufrimiento ajeno; que ese detalle, ni le restaba dolor al suyo propio, ni le consolaba.

—¿No tienes nada que hacer? —refunfuñó el muchacho—. ¡Si viene mi madre y nos ve aquí, sin hacer nada, nos regañará!

—¡Sería la primera vez que se enfadase con nosotros!

—¡No tengo ganas de hablar! —balbució Lorenzo.

—¡Nunca tienes ganas de hablar! —se enfureció Pepita—. Cuando te apetezca, ya sabes dónde encontrarme.

Lorenzo acabó de muñir la vaca, de mal humor y renegando. Cogió el cubo de leche, y lo llevó hasta la quesería. Allí estaban Pepita y otras dos mujeres, que les ayudaban por las mañanas. La joven ni siquiera giró la cabeza cuando escuchó abrirse la portilla. No tenía la menor duda de que era Lorenzo, y estaba enfadada con él. Cuando se acercó a ella y le tocó el hombro, Pepita le ignoró, por lo que el muchacho dio media vuelta, y se dirigió a la puerta que comunicaba el obrador con Casa Capellana...

—¡Lorenzo! —gritó ella— ¡Espera!

Él la ignoró, y aguardó en el portal. No tuvo que esperar mucho hasta que Pepita salió con su delantal nevado de harina.

—¿Qué quieres? —le preguntó Lorenzo, como ofendido.

—Sólo quiero saber por qué te has enfadado.

—¿No eras tú la ofendida?

—¡Cuando tienes ganas de discutir te vuelves insoportable!

—¿No has dicho que era así?, ¿que esto no era una cuestión de un día, ni de una semana, sino de mi modo de ser?

—¡No seas tan quisquilloso! —sonrió Pepita—. Aunque tengo que reconocer que me gusta que seas así...

—¡Pues eres la única que encuentra algo agradable en mí!

—¿Así que es eso? —sonrió la muchacha—. ¿Así que tu mal humor se debe a que te gusta una "chiqueta", y no te hace caso?.

—No es eso, Pepita... Ya tengo doce años, y no hay nada en mí que pueda resultar atractivo a ninguna moza...

—Yo también tengo doce años, y te aseguro que ninguno de los zagales me miran de otra manera que no sea con deseos de estrujar mis dos ubres... Te aseguro que eso no es muy agradable...

—¡Pero yo soy un cojo inútil!

—¿Tú un inútil? De no ser por ti, tu madre no hubiera sabido sacar adelante esta quesería, ni los huertos de patatas...

—Dime la verdad. ¿Tú te fijarías en alguien como yo?
—¿Y tú, te fijarías en una zagala rechoncha y fea como yo?
—¡Tú no eres ni rechoncha ni fea!
—¡Gracias por el cumplido! —sonrió con ironía— Pero, por mucho que insistas, estoy gorda, y eso no lo cambiarán tus palabras, ni las de nadie...
—Ni cambiarán que yo sea un cojo del que todos se ríen... ¡Me llaman el coix[44] de Capellana!
—Quién únicamente es capaz de ver tu cojera y mi gordura no debería interesarnos lo más mínimo, ni a ti ni a mí, ¿no crees?

Catalina no pudo evitar oír aquella conversación (hablaban a voz en grito, justo debajo de la ventana de la cocina). Ya se había percatado de que Pepita sentía algo por su hijo, y que éste no dejaba de mirarla; incluso que Lorenzo solía nombrarla con reiteración. Todavía eran unos niños; sin embargo, no podía evitar pensar que Pepita sería una nuera excelente y una buena mujer para Lorenzo. Aquella niña regordeta era la única persona capaz de arrancarle una sonrisa a su huraño hijo. Jamás le vio como a un "cojo simplón", como los demás, o un inútil digno de lástima.

Lorenzo sólo tenía dos amigos, Pepita y Evaristo, y aquello le tenía terriblemente acomplejado. Catalina sabía que su hijo le otorgaba parte de culpa a ella de que esto fuera así: «*¡Siempre estás cargándome con nuevas obligaciones!, ¿cómo voy a tener amigos si, cuando todos están jugando, yo siempre tengo una cosa u otra que hacer?*». Ella jamás le obligó a trabajar más de lo que debía, y mucho menos cuando los niños del pueblo se oían juguetear en la plaza; no recordaba habérselo pedido ni una sola vez... Estaba segura de que Lorenzo buscaba cualquier excusa para no tener que enfrentarse a sus propios miedos; y no ser consciente de ello le provocaba una frustración que no estaba dispuesto a asumir... Al menos de momento.

En el fondo, y pese a que se sentía realmente atraído por Pepita, Lorenzo estaba convencido de que lo que sentía por ella se justificaba por su propias carencias, y que si conociera a otras muchachas, se enamoraría de cualquiera de ellas, y la "gordeta" no sería más que la vaquera de Capellana. Sí. Había varias niñas en el pueblo que eran mucho más guapas que Pepita: María de "Verda", su hermana, sin ir más lejos, Amalieta de "Lo Pobre", Juana de "Teixidó"... probablemente todas las niñas de Benabarre eran más guapas que Pepita (y no es que ella fuese poco agraciada, sino que su exceso de peso eclipsaba cualquier atisbo de belleza). Aquella obesidad, sin embargo, había modelado un rostro redondo y aniñado que Lorenzo reconocía como delicioso...

Al día siguiente a aquella conversación, Pepita se presentó en Casa Capellana con un pequeño cachorro, una perrita, cruce de pastor y sabuesa, que le regaló a Lorenzo. Éste apenas hizo caso del regalo de Pepita; se limitó a mirar

---

[44] Cojo.

su entrepierna, y decidió llamarla "Canela", por su color marrón claro, abandonándola, a continuación, en una caja de madera que había llenado de paja seca. Sin embargo, cuando estaba solo, o creía que nadie le observaba, se acercaba al cajón y le rascaba la tripa y sus largas orejas, a lo que Canela respondía con un movimiento de cola frenético, y él con una expresión en su rostro de satisfacción plena.

Jamás le agradeció a Pepita aquel regalo, pero la muchacha se sintió de sobras compensada al ver que Lorenzo le brindaba unos cuidados y caricias superiores a los que cualquier benabarrense le brindaba a sus perros, ni siquiera los pastores o cazadores. Y eso remediaba con creces aquel olvido.

7. *La suave piel que nos acaricia.*

> *«Ni el atronador camino consiguió que dormitase un instante en el regazo del atardecer... No fui más que el susurro de un cordero herido, la ramera que jamás recibió salario de su amante, una vieja bandurria condenada al mutismo.»*
>
> **MIRANDA DE EBRO (Reino De Castilla). Finales del otoño de 1592**

Subildegui tiró de las riendas con fuerza. El carro paró a un lado del camino.

—Es aquí —dijo, acariciando las grupas del caballo y sin apartar la mirada del camino.

—¿No vas a acompañarme? —Domingo se encogió de hombros.

—Tal vez debas hacer algo de lo que yo no quiera enterarme —sonrió el navarro—. ¡Vamos!, ¡date prisa!

Isabel cogió a Hernando de la mano, y empezó a caminar hacia la prisión con paso lento.

En la puerta de la cárcel había dos centinelas, armados con sendas lanzas, que hicieron un rápido movimiento y se colocaron frente de ellos impidiéndoles el paso y sin decir una sola palabra.

—¡Dios os guarde, soldados! —dijo Isabel, intentando ser cortés.

Los centinelas ni siquiera le miraron. Permanecieron estáticos, con una expresión severa afeando sus rostros y mirando hacia un lugar indeterminado, a su frente. Isabel hizo un gesto queriendo rebasarlos, y uno de ellos bajó la lanza y la miró con expresión arrogante.

—¿Qué deseas, mujer?

—Quisiera hablar con el alcaide.

—¡No se permiten visitas! —añadió el otro, sin mirarla.

—¿Ni siquiera al alcaide?

El soldado que le apuntaba con la lanza volvió a subirla. Entró en la garita, y se escuchó una campanilla.

Poco después, un muchacho, de unos diez años, surgió del interior.

—Dile a don Edmundo que una mujer desea reunirse con él.

El muchacho volvió cerrar la puerta a sus espaldas. Se oyeron unos pasos rápidos perdiéndose hacia el interior.

Poco después, se asomó un hombre menudo, delgado, calvo y con nariz aguileña apenas disimulada por unos anteojos sucios y rallados y cuyo breve mentón expulsaba unos pocos pelos negros y duros sin orden ni concierto, complemento poco estético a un poblado bigote gris cuyas puntas parecían querer alcanzar el firmamento.

—¿Qué quieres, muchacha? —preguntó el alcaide, escrutando de arriba abajo a Isabel, y haciendo una breve parada en el pequeño Hernando. Después, miró directamente a los ojos de la pelirroja—. ¿No te han dicho los guardias que no se permiten las visitas?

—Mi padre está preso en esta cárcel —susurró Isabel— y todavía no conoce a su nieto.

—¿Quién es tu padre?

—Fernando de Aragón, duque de Villahermosa.

—¡Márchate! —espetó el alcaide, entre furioso y atemorizado— ¡Ese hombre está aislado! ¡Lo que me pides es imposible!

—¿Creéis que si no fuera importante hubiese venido hasta aquí con un niño pequeño?

—¡Vuelve a tu casa, jovencita!

—¡Necesito verle! —insistió ella—. Os pagaré... Tengo dinero.

—Bien —refunfuñó Edmundo—. Pasa, y hablaremos de negocios —el alcaide miró a los dos soldados de reojo, y la tiró de ella hacia adentro.

Isabel le siguió por un patio interior, hasta unas amplias escaleras. Al fondo estaba el despacho del alcaide.

Edmundo se sentó tras su mesa y apoyó sus codos en los brazos del sillón sin decir nada, observándola como quien desea comprar un caballo nuevo. Después, se inclinó hacia adelante, humedeció sus labios, y miró con desprecio al pequeño Hernando.

—Así que tienes dinero —sonrió el alcaide—. Yo no puedo quejarme del salario que recibo por mantener en orden esta pocilga... Aún con todo, nunca viene mal un dinerito extra —Edmundo se levantó y se acercó a Isabel. Cogió la mano de Hernando obligándole a sentarse en su sillón—. Nunca he jodido con una puta pelirroja. El dinero me interesa, que duda cabe, ¡pero mucho más el amor!

—¿Estáis casado? —preguntó Isabel, algo descompuesta.

—En una ocasión le pagué a una ramera francesa de pelo rojo —dijo, ignorando la pregunta de Isabel y recreándose en su propia iniquidad— y resultó que sólo tenía rojo el pelo de la cabeza.

—Os aseguro que yo soy pelirroja de todas partes, señor alcaide.

—Nunca he visto... ¿No sé si me comprendes?

Isabel se agachó, bajó sus enaguas y elevó su vestido hasta que su sexo quedó a la vista del alcaide. Edmundo apretó sus anteojos, hasta incrustarlos en su prominente nariz, y sonrió con lascivia.

—¿Dices que tu padre es Fernando de Aragón? —preguntó, acercando su mano al pubis de Isabel. Ella se apartó—. Creía haber entendido que tu mayor deseo era que el duque conociera a su nieto... Si no se admiten visitas de familiares, ¿cómo voy a permitir la entrada de un niño en la cárcel?

Isabel volvió a acercarse y cerró los ojos.

Fernando llevaba dos días sin comer. No es que aborreciera la comida que le daban en la prisión, que así era, sino que su cuerpo se negaba a asimilarla. Tal vez se había hartado de aquel potaje de col, nabos, lentejas, garbanzos, judías y agua aceitosa de color marrón, y de los mendrugos de pan seco, que actuaban en sus encías como una muela de afilar. De hecho, desde que dejó de comer, su boca ya no sangraba, y el escozor de su paladar había desaparecido por completo.

Estaba seguro de que, si algún día era llevado ante un tribunal (lo que no era muy probable) sería sentenciado al garrote[45] y, aunque le constaba que no era una muerte excesivamente dolorosa, era la más humillante. La horca, el fusilamiento, incluso la decapitación, tenían un componente egregio, del que carecía el garrote vil. Tal vez fuera el tener que morir sentado lo que lo convertía en miserable.

Pero negarse a comer no formaba parte de ningún plan premeditado para quitarse de en medio antes de que lo hiciera un juez comprado por Chinchón, sino algo fisiológico contra lo que era incapaz de luchar. Estaba convencido de que el alcaide tenía órdenes expresas del ministro real para que le envenenase, y tal vez su propio cuerpo se negaba a admitir aquella comida que le estaba matando.

Últimamente, y cada vez con mayor insistencia, le venían a la memoria las palabras de Lupiáñez, el curandero, *«Lo poco cura... El exceso mata»*, y se sorprendía acariciando aquella pequeña botella que colgaba de su cuello, y que había usado en contadas ocasiones para mitigar sus migrañas. Se había dado cuenta de que sus jaquecas eran mucho más pronunciadas cuando iban precedidas de sus "sueños reales" que cuando había dormido toda la noche plácidamente (lo cual se convirtió en una poco corriente bendición). Para aquel dolor sólo conocía un remedio: tumbarse boca arriba, durante una media hora. Era como si su alma necesitase algo más de tiempo que su cuerpo para despertar. Tras esas noches en las que huía de su miseria, su espíritu parecía no poder acomodarse en el refugio que le había albergado durante años. Hubo un

---

[45] El garrote vil estaba destinado a los presos de más baja condición, ladrones, asesinos y delincuentes civiles. Las penas que solían aplicarse a los militares, o por ellos, eran la horca o la decapitación.

tiempo en que temía dormirse, después, el trance se convirtió en extraño. Ahora, deseaba dormir para evadirse de su mezquina existencia.

Así, deseando abandonar este mundo, aunque sólo fuese un instante, habían transcurrido los últimos meses, en aquella hedionda cárcel inhumana, intentando no caer en la autocompasión, ni en un desprecio excesivo por la vida, los hombres o por sí mismo. Pero no podía evitar sentirse culpable del fracaso de todas las empresas en las que se había involucrado. Se sentía derrotado.

Dos golpes fuertes sonaron en la pesada puerta. No era la hora de la comida, o tal vez sí. Se quedó tumbado en el catre, mirando hacia la pared, sin mover un solo músculo.

—¡Déjala en el suelo! —balbució el duque.

—¡Tenéis unos minutos! —carraspeó el carcelero.

La puerta volvió a cerrarse. Y unos pasos tímidos e inestables se acercaron al catre. Fernando sintió un escalofrío, pero no se giró.

—Padre —susurró Isabel—. Fui a Zaragoza, en tu busca, y vi como te prendían en Épila... Quería llevarte a Benabarre, con madre.

—¡Pobre criatura! —sonrió Fernando, dándose la vuelta y abrazándola—. Nada hubiera deseado más que poder acabar mis días contigo y con Catalina... ¡Dios Santo, mi aspecto debe ser horrible!

—¿Estás enfermo, padre?.

—Enfermo del alma —sonrió Fernando, con tristeza, clavando la mirada en el pequeño Hernando—. ¿Y este pequeño?

—Es tu nieto... Mi hijo —lloró Isabel—. Se llama Hernando, como tú.

—Compartimos nombre, sin embargo, tiene tus mismos ojos y tu mismo pelo... ¡Dios me ha permitido abrazar a mi primer nieto! El único que llegaré a conocer. El duque ahogó sus lágrimas en un suspiro—. ¿Y Catalina?, ¿Todavía sigue tan hermosa como en mis recuerdos?

—Madre jamás preció aliarse con la memoria para serlo...

—¡Hermosa como los hombres cuando su vida es un papel en blanco! Como esta criatura —señaló a su nieto— Todo depende de lo que escriba en él... Cuando eres un muchacho crees que todo, el mundo, tu vida, puede ser sometido, que sólo eres esclavo de ese tirano al que llamamos tiempo y de las circunstancias que te rodean. Cuando eres un hombre crees que ha sido la vida quien te ha engañado haciéndote creer que eras dueño de ella. Y los ancianos... ellos tienen la certeza de que no han sido dueños de su vida, y que el tiempo no sólo nos ha dominado, sino que formamos parte de él, sin poder evitar sus garras —cogió a Hernando entre sus brazos—. Mira este niño... Debería provocarnos infinidad de preguntas: ¿qué va a ser de él?, ¿qué vida voy a darle?, ¿cuál será su futuro?... Sin embargo, esas cuestiones desaparecen cuando lo tomamos en brazos, cuando su suave piel acaricia nuestro rostro. Y aparecen las respuestas: Nuestro mundo está en manos de estos pequeños, y después en sus hijos, y en los hijos de éstos. Nada es perdurable, ni nada nos pertenece; los hombres, Dios,

la totalidad de las cosas, son efímeras. Si el hombre desaparece, Dios morirá con él, pues ya no tendrá sentido su existencia.
—¿Por qué dices esas cosas?
—Cuando era un niño, miraba a mi alrededor y sólo veía opulencia y poder —se lamentó Fernando—. Eso era la vida, la realidad incuestionable; yo, y todos los seres humanos, vivíamos en palacios y teníamos a nuestra disposición todos los lujos y las comodidades que deseábamos. Mi padre luchó en batallas, y regresó ileso de todas ellas. ¡El mundo era maravilloso! Ni siquiera existía la muerte para los hombres como nosotros... Hasta que, un día, pasó por delante de palacio la triste comitiva de un hombre pobre. Al féretro, una caja de madera podrida y carcomida, sólo lo acompañaban su viuda y un hombre corpulento que empujaba la carretilla en la que iba depositado el ataúd. Ni curas, ni plañideras, ni siquiera un triste borrico tiraba del muerto... Nadie más que aquellos dos patéticos personajes —Fernando le entregó el niño—. Entonces, comprendí que la vida es algo tan heterogéneo que es imposible extraer una conclusión respecto de ella, pues cualquier teoría derivada de lo que hemos conocido será falsa. Solamente los fanáticos ignoran esta realidad.

Isabel le miró con los ojos medio cerrados. Tenía delante la sombra de un hombre que fue valiente, justo y sabio. Un ser fascinante, que ahora no era sino las migajas de una gloria que enmudecía; migajas que ya no alimentaban siquiera su propia esperanza. La joven se sintió desolada, como la primera vez que comprendió que, aquello que le hacía diferente a la mayoría de los humanos, iba a traerle la desgracia. Ella, Fernando, su propio hijo, se convirtieron en un instante en cadáveres que se arrastraban sobre un mundo ajeno, al que jamás se sentirían vinculados. La feroz lucha de su padre por lograr ser partícipe de aquella existencia que no había elegido, y que le había relegado a ser un mero observador, era la evidencia de una realidad más allá de la comprensión humana. En aquel mundo no cabía la justicia ni la injusticia, porque era el hombre quien lo sustentaba. Las palabras, los límites, eran tan confusos que le fue imposible discernir entre Dios y el Diablo.

Sus vidas eran la confirmación palpable de una verdad ignorada sistemáticamente por la Iglesia, perseguida por el Santo Oficio. ¿Cómo saber si sus facultades provenían de Satanás o de Cristo? Sin embargo, los que sustentaban el poder de Dios estaban seguros de que era obra del demonio. Una simple cuestión, una repentina vacilación en los dogmas de la Iglesia, eran faltas graves contra el poder de Roma. Incapaces de ver la viga en su propio ojo, convertían a cualquiera que desafinara, en el mayor enemigo de Cristo. La Iglesia se había convertido en su propio enemigo.

—¿Qué importa si nuestras facultades provienen de Dios, del diablo o de la propia naturaleza humana? —balbució Isabel—. En realidad, todos los coros celestiales, sus ángeles y arcángeles, y todos aquellos que se sientan en el regazo de Dios, son sus hijos. Nosotros, tal vez por el simple hecho de ser humanos, no

somos más que sus hijos bastardos... Los hijos de aquellos que fueron desterrados del paraíso por comer una maldita manzana.
—¡No digas eso, hija! —le reprendió Fernando, sin demasiado ánimo—. Poseer este don debería ser una gracia, y lo es. Pero... Dios, o los que hablan en su nombre, también ostentan el poder político aquí en la tierra. En nombre de Dios se han cometido más crímenes que en nombre de Satanás. ¡El demonio no existe, Isabel! ¿Crees que Luzbel sería capaz de superar las atrocidades que comete la propia Iglesia de Cristo? —Isabel se encogió de hombros—. Los papas, obispos, cardenales, sacerdotes, todos ellos han consagrado sus vidas al diablo. Han robado, asesinado, mentido, fornicado, odiado y esclavizado, amparándose en una doctrina que, precisamente, les prohíbe hacer esas cosas... No, Isabel, no somos más bastardos de Dios que cualquiera de ellos, que cualquier ser humano. Nosotros somos vástagos de la nada, de la soledad; seres obligados a confundirnos con el vacío, porque el mundo no está preparado para comprender que existe otra realidad diferente a la suya. Admitirlo, sería tan perjudicial para la Iglesia, para el poder sobre el que se sustenta, como reconocer que ellos no están en posesión de la verdad absoluta.
—¿Y no lo están?
—Si conocieran la verdad, o fueran el camino para hallarla, admitirían que hay reductos del alma en los que no tienen la más mínima potestad, ni posibilidad de alcanzarla.
La puerta de la celda se abrió de golpe. El carcelero musculoso les miró con expresión severa y dijo:
—¡Vamos, muchacha!, ¡se ha acabado tu tiempo!
Isabel se acercó a Fernando y le besó en la mejilla. Él, sonrió y acarició el cabello rojizo del niño.
—¡Te quiero, padre!
La puerta se cerró pesadamente.
El duque se tumbó en la cama y musitó una cancioncilla:

«Encerrado en un convento
tuvo amores con Catalina
y dicen los que lo vivieron
que de ellos nació una niña.

Mas el conde, que nada sabía,
con Johanna había casado
y de pena se volvió loco
y por ella perdió el condado.

Fernando arrancó la pequeña botella que colgaba de su cuello, sacó el tapón de corcho que lo tapaba, y bebió el contenido del frasco.

Las voces de Zaragoza

*hablan de un franciscano
que dicen que es un mendigo
y no es otro que don Fernando».*

CAPÍTULO XXI
El regreso

1. Melancolía.

«*Hoy me he trasladado al mundo de Onán... Y de ese sueño surgías tú, Padre.*
Me he reconocido entre la gente. Sí, eras tú.
Comprendí que siempre me amarías, que jamás existiré mientras exista el tiempo.
¡Oh, Padre! Sólo somos sombras en la Soledad, sus hijos.
Tú eres la vida, y yo, sólo un sueño.»
MIRANDA DE EBRO (Reino de Castilla). Finales de 1592.

Domingo dio dos palmadas en la grupa derecha de su caballo. Se había prometido no mirar atrás en cuanto cruzase el Ebro, camino de Nanclares.

En el tiempo que Isabel estuvo en el interior de la prisión, había desatado su caballo y atado el de ella en su lugar. Intuía que aquella insólita unión expiraba, entre estertores de vergüenza y miedo, en aquel preciso instante. La ilusión del camino, de su breve romance, y sus sueños de grandeza, habían desaparecido del rostro de la pelirroja.

No le interrogó; sus labios se negaron a formular una sola pregunta que pudiese obtener respuestas más insoportables que el silencio. Prefería no saber de qué treta se había servido para convencer al alcaide, ni el precio que había tenido que pagar por ello... Él ya había cumplido con la promesa que le hiciera en Épila: ayudarle a encontrar al duque, a su padre. Domingo no era el hombre adecuado para aquella enigmática jovencita, ni sería un buen padre para el niño que portaba. Sus caminos debían separarse. Una sola palabra de Isabel y él ensillaría su caballo, regresaría a Zugarramurdi, al carbón, y desaparecería de su vida, sin haber dejado la más sutil huella.

Aquella noche durmieron en el granero de una vieja casa de campo, a las afueras de Miranda... Isabel, aquella noche, se negó a retozar con él. La oyó llorar y, en sueños, llamar a su madre.

No. No podía privarle de la compañía de los suyos... Ni siquiera tenía derecho a desear que la pelirroja le acompañase.

Isabel no le pidió que la acogiera en su casa de Zugarramurdi. Probablemente él tampoco lo deseaba. Estaba convencida de que, con el tiempo, hubiese podido llegar a amar a aquel carbonero disfrazado de mercenario. Sin embargo, Domingo no parecía muy dispuesto a compartir su vida con una mujer como ella. Solía decirle que era lo más parecido a una esposa que había tenido jamás; a excepción de una tal María de Yriarte, cuyo recuerdo le estremecía... «*Mi vida es extraña»*, argumentaba, ante la melancólica sonrisa de Isabel, *«es un peligro constante, que se extiende como la niebla.»*

No esperó a que despertara. Ensilló su caballo, y anduvo dubitativo durante los primeros pasos. Después, lo espoleó, hasta hacerle sangre, y se perdió hacia el norte.

Subildegui no sabía escribir, *«¡Malditos los consejos de mi padre!»*, para hacer carbón sólo son precisos unos buenos brazos y un poco de interés. De haberse ilustrado, aunque fuese mínimamente, le hubiera escrito la más bella carta de despedida, pues le constaba que Isabel sí sabía leer. Le hubiese dicho que la amaba más que a su propia vida, pero que no quería ser el causante de su desdicha: *«¿Qué futuro le espera a la hija de un conde, aunque bastarda, al lado de un carbonero?»*. Y hubiera insistido en que debía reclamar sus derechos como heredera de los Villahermosa... Pero todo aquello quedó eclipsado bajo el ruido de los cascotes del caballo, que galopaba a una velocidad endiablada. *«No debe encontrarme. No debe seguirme»*.

Cuando los ojos de Isabel se abrieron, creyó que Domingo había ido en busca de comida. Pero enseguida comprendió que el navarro la había abandonado. Supuso que, ni ella ni el pequeño Hernando, cabían en su vida. Y se entristeció: *«Un padre muerto, y un amante perdido»*.

Ordeñar vacas y cabras no era su máxima aspiración, aunque la presencia de Catalina, sin duda, compensaría cualquier inconveniente. Su madre sabría educar mejor que ella a aquel niñito huérfano... Benabarre se perfiló, por primera vez en su vida, como el verdadero refugio para sus desgracias.

2. Una pepita de oro.

«Prometí no volver a llorar jamás... Y cometí perjurio, a sabiendas de que mi llanto me condenaría al fuego eterno.
Prometí seguir mi camino regocijándome en la vida... Y cometí perjurio, a sabiendas de que mi tristeza me convertiría en un despojo humano.
Prometí que cuidaría del fruto de nuestro amor... Y cometí perjurio, a sabiendas de que mi desidia nos convertiría en la sombra del porvenir.»

BENABARRE (Reino de Aragón). Finales de 1592.

Unas salvas fue el modo en que los benabarrenses recibieron la noticia del fallecimiento del duque de Villahermosa en la cárcel.

Catalina no comprendía a qué se debía aquel repentino júbilo, en unos hombres que todavía no se habían acostumbrado a la relativa paz que se respiraba en aquel pueblo. Fue Lorenzo quien le puso al corriente sobre los motivos de aquella mezquina algazara. *«Fernando ha muerto, madre»*, dijo el muchacho. Catalina no lloró cuando recibió la noticia. Ni siquiera cuando su hijo le aseguró que había fundadas sospechas de que hubiera sido asesinado por una joven pelirroja que viajaba con un niño. Estaba segura de que la mujer a la que se referían era Isabel, pero en ningún momento se le pasó por la cabeza que pudiera ser ella la causante de la muerte de Fernando; lo había odiado por su abandono casi tanto como lo había amado por sus virtudes... No Su hija jamás haría algo semejante... ¿O quizás sí...?

Luego, a solas, el dolor que había retenido se convirtió en un torrente de lágrimas, que le abrasaron los carrillos, cortados por el frío aire de Guara, esquivando las incipientes arrugas, para acabar engullidos por una almohada, que a duras penas ahogaba sus suspiros.

Regresó a su memoria el rostro desencajado del Cristo de San Pedro, y casi volvió a sentir la presión del frío y duro suelo de la capilla en sus rodillas.

—Mañana todos me mirarán con desprecio —se dijo— o con conmiseración, ¡no sé qué será peor, si lo uno o lo otro!

Catalina se levantó de la cama, mareada y transpuesta, y se acercó a la cómoda. Abrió el primer cajón, rebuscó entre sus enaguas, y sacó aquella pequeña bolsa de terciopelo negro atada con un lacito rojo, en la que guardaba los pequeños objetos que, a modo de, siempre le habían acompañado. Desató el cordel y vació sobre las sábanas su contenido: una cadena de plata que, según Jacinta, había pertenecido a su padre; una medalla de la virgen del Pilar, el anillo que su madre llevó durante la ceremonia en la que recibió los hábitos dominicos; el suyo propio; y el sello con el escudo de los Villahermosa que le regalara Fernando el día en que engendraron a Isabel.

Sujetó con fuerza el enorme anillo, apretándolo contra su pecho, hasta casi hacer sangrar la palma de su mano. Y lloró.

Entonces se percató de un sentimiento que había permanecido oculto en su corazón durante años, como un tabú prohibido, una emoción ilícita, que se apoderó de todos los rincones de su alma. Desde que Fernando huyera a Pedrola, su vida era próspera: Sus quesos se vendían con la misma celeridad con que ella los curaba; tenía una treintena de vacas, y media docena de hombres trabajando para ella. Ya no necesitaba a nadie, a ningún hombre a su lado; con el bueno de Lorenzo su vida estaba más o menos llena.

Aquella amargura, sin embargo, le demostró que la felicidad, aunque siempre cuente en su séquito con la pomposa prosperidad, rara vez comulga con ella: es como el terrible suplicio de Saturno, condenado a devorar a sus hijos por toda la eternidad: en pocos días, su cruel ágape ha de convertirse en hábito... Creyó evidente que, tras la nimiedad que comporta la vida, se esconde algo invisible, inconmensurable y carente de racionalidad. Algo la unía a Fernando con tal solidez que no podía deberse a sentimiento humano conocido, sino que estaba más allá del hombre, de sus apetencias y ataduras... tal vez, incluso, del propio Dios. Era un sentimiento análogo al amor, contrario al odio, distinto de cualquier emoción mezquina. Un inquietante hilo le vinculaba a Fernando de un modo incomprensible, y que convertía las palabras en un obstáculo que lo minimizaba. La evidencia de tal sentimiento calmó de inmediato aquella tristeza, y la mantuvo en un estado cercano a la desidia... Catalina ya no deseaba, creía o intuía, sino que sabía. Sabía que aquel hombre de eternos ojos tristes vivía en ella, porque le pertenecía. Había muerto con él, aunque su corazón siguiera latiendo en su cansado pecho, pues Fernando era ella. Y aquella seguridad le dio fuerzas para afrontar lo que le deparaba el futuro, fuera el que fuese.

 Volvió a su memoria aquella nana que oyera tras los muros de San Pedro... No recordaba habérsela cantado a sus hijos cuando eran criaturas. No importaba. Esa canción era Fernando, era ella misma.

«Pobre niña bonita
que no logra dormir
porque se han ido los santos
sin poderte bendecir».

 Se dejó caer sobre la cama. Se recreó en el crujido de las tablas bajo el colchón y sonrió, aspirando con energía. Sus pulmones se llenaron de un aire preñado de esperanza y sus ojos se secaron.

 Una paz infinita la poseyó como un amante entregado.

 Hacía muchos años, en Tamarite, conoció a una mujer, que le dijo que cuando dos enamorados cruzan su mirada, desaparece la amenaza del maldito tiempo, de la muerte derrotada, de Dios o el Diablo, y todo se convierte en un eterno vacío donde sólo existen los amantes. *«Respirar se convierte en una canción vacía, y el latido de sus corazones en un compás estúpido que no logra infundir su negativo hálito... Es hermoso. Pero, como la verdad, su certeza nos esclaviza a nuestra propia vida. Seremos prisioneros en un recipiente vacío...»*

 Cogió el candil y bajó a la quesería. Allí, se hizo con un martillo de hierro. Depositó el sello de oro sobre una vieja muela de grano, relegada a mero reposo de posaderas, con una delicadez absurda, habida cuenta de lo que iba a hacer a continuación, y levantó la maza. Dándole golpes, tal vez con la misma desesperación con la que rompió el muro del túnel de San Pedro, desfiguró el sello, hasta convertirlo en una enorme pepita de oro.

 Dos días después, se la vendió a un usurero, que se lo pagó muy por debajo de su precio. Con lo que recibió, compró dos vacas jóvenes que, en medio año, darían tanta leche como las más provechosas...

3. Desdicha.

«Estos temores que siento no son miedos, sino esperanzas... Deseo comprender qué es lo que me mantiene vigilante, qué me impulsa a seguir adelante, como si mi única opción fuera la de seguir viviendo por vivir. Me siento prisionero de este pasado, que nos convierte en esclavos de la vida, confinados a la infinidad del Universo.»

ZUGARRAMURDI (Reino de Navarra). Principios de 1593

Domingo apenas pudo reconocer aquellas montañas, que parecían querer ahogarle. Nunca se sintió demasiado unido a aquel pueblo de adopción, aunque su padre hubiese nacido allí mismo.

Nadie sabía muy a ciencia cierta qué fue lo que llevó a la familia Subildegui a marcharse de Zugarramurdi hacia Lapurdi, ni qué había hecho, cinco o siete años después, que regresaran. Las malas lenguas decían que Manuel, su padre, construyó una carbonera en Francia, junto con un tal Dionisio De Odia, y que éste, por una negligencia de Subildegui, murió abrasado al venírsele abajo la parte superior de una de las carboneras. Aquello supuso un trauma tal para Subildegui, que decidió regresar al pueblo que le había visto nacer. La realidad era mucho más prosaica. Cierto es que Manuel era carbonero en Lapurdi: allí había aprendido el oficio y allí trabajó durante años con su hermano Ignacio y con De Odia, pero él jamás fue dueño de la carbonera, sino su hermano Ignacio. Dionisio recibió la muerte de repente; se le paró el corazón sin previo aviso una mañana de primavera. El hijo de Dionisio, cuando éste murió, era un chaval de doce o trece años, trabajador como el que más, y que nada tenía que envidiar al carbonero más experimentado. Juanes, que así se llamaba el huérfano, empezó a ayudarles en la carbonera como un igual. Domingo, por aquel entonces, sólo tenía tres años. Poco después, Ignacio decidió que ya estaba cansado de aquellas tierras de Labourd, y regresó a Zugarramurdi, construyendo una nueva carbonera en su pueblo natal y dejando la de Lapurdi al cuidado de Juanes De Odia, de su hermano Manuel y de su hijo Petri. Dos o tres años después, Ignacio murió del "Mal Comedor",[46] y Subildegui y De Odia decidieron dejar el Pays de Labourd, regresar a Navarra, y hacerse cargo de la carbonera, que Ignacio tenía entre Urdax y Zugarramurdi. Petri se quedó en Lapurdi.

Subildegui odiaba ser carbonero; de hecho, se había alistado en el grupo de mercenarios de Lambert como si fuera la última oportunidad de poder deshacerse de aquello.

Para Manuel, la vuelta de Domingo le produjo un sentimiento parecido al del padre del hijo pródigo cuando éste regresó de su terrible periplo; al contrario que su hijo, para quien aquel pueblo significaba su derrota. No. Ya no era el mismo que salió dos años atrás de la casa de Manuel, camino de Lapurdi: un joven alegre, mujeriego y chusco, sobre quien, las esperanzas de que les diese un nieto, se convertían en una quimera. Ahora, Subildegui era un hombre sumiso,

---

[46] Cáncer. Metástasis.

malcarado y triste que, por las noches, suplicaba no volver a despertar. Nadie, ni sus padres, ni sus antiguos compañeros de juegos, podían dar crédito, ni explicaciones a lo que le ocurría (lo que había ocurrido durante los dos años que permaneció lejos era un enigma).

Ni siquiera el propio Domingo era capaz de poner un poco de orden en su cabeza: Dios, el diablo, Fernando, Isabel, se convirtieron en sus propios fantasmas, seres que entorpecían el fluir normal de su vida. Una obsesión que le incapacitaba para continuar el camino.

Aquel día había estado deambulando por las cercanías de una gran cueva, a las afueras del pueblo, donde antiguamente se reunían brujos y brujas para celebrar oscuros rituales, en los que la confusión de sus recuerdos se oponía a la cercanía de los mismos. A su memoria llegaron pequeños retazos de su infancia y juventud. Le había dicho a Isabel que su vida era un riesgo constante, y se refería precisamente a eso, a su pasado como miembro de una secta, de la que apenas deseaba recordar media docena de experiencias. El peligro era la propia Inquisición. Un año después de que muriera su tío Ignacio, su padre y su madre, le habían llevado hasta las cercanías de la cueva y le habían presentado como miembro de aquella oscura hermandad, que ni tan siquiera tenía nombre, y ser entregado a un hombre grandioso, negro y velludo al que llamaban Belcebut... A partir de ahí, las reuniones se hicieron habituales, y Domingo se convirtió en un miembro más. Pero parecía que aquello formara parte de un pasado tan lejano, que le era imposible identificarse con sus recuerdos.

Aquel día, regresó a su casa poco antes del almuerzo.

Manuel le miró con tristeza, y se atrevió a interrogarle, aún a sabiendas que no iba a poder extraer de su hijo mucho más de lo que había hecho hasta entonces.

—¿Qué te ocurre, hijo? —Domingo se encogió de hombros—. Desde que has vuelto no has hecho más que trabajar. Nada parece importarte, y tienes a tu madre muy preocupada...

—Esta mañana he ido a la "Leze Ttikia", y he recordado cuando nos reuníamos en el prado. Después, he bajado al "Infernuko", me he sentado a su orilla, he escuchando el agua, y me he sentido vivo, pero obligado por la corriente a seguir un rumbo que no deseo...

—Aquellas reuniones eran peligrosas, Domingo —se asustó Manuel—. Sabes que todo aquello se acabó, porque nos acechaba la Inquisición. Podríamos haber acabado en la hoguera.

—Pero yo era feliz. Desde que he regresado, todo me parece distinto. Ya ni mi idioma siento como propio. Belcebut nos procuraba un consuelo que el padre Zabaleta no puede darnos.

—¡Basta ya, Domingo! —dijo Blanca en castellano. Siempre que se enfadaba surgía de su garganta su idioma materno—. Con consuelo o sin él, ese es un asunto acabado. Nadie desea volver al "aquelarre".

—Les he observado —prosiguió Domingo—, y me he percatado de que no rezan el rosario, jamás se santiguan, y si no se sintieran obligados, nunca irían a oír misa... No he querido mirar en el hueco bajo las escaleras, en la cocina... ¡Seguro que todavía mantienen vivos aquellos dos sapos que les entregó el demonio!

—¡Silencio, Domingo! —se asustó Manuel— pueden oírte. Si alguna de esas beatas que calientan la cama del cura te escuchan, estás perdido. El Santo Oficio no precisa de más pruebas que la sospecha para procesarnos. Y no dudes que, llegado el caso, lo harían.

—Sea como fuere —musitó Blanca en vascuence—, que hayas ido a visitar la "Leze Ttikia", la cueva, y que hayas sentido lo que dices que has sentido, no justifica, ni explica, tu actitud en el último mes... Desde que has vuelto a casa, mi vida es un "sin vivir". Tu carácter se ha vuelto amargo como la hiel y ya ni siquiera subes al pueblo a reunirte con tus amigos.

—Antes de marcharme, no tenía amigos, madre —dijo Domingo, con tristeza—. La mayoría de hombres, a mi edad, ya se han casado, y los otros sólo desean emborracharse para olvidar su vida. Yo no quiero vivir en esa miseria... ¿Nunca se han preguntado dónde estuve estos años?

—Todos los días, hijo —murmuró Blanca.

—Estuve huyendo... Serví a "maricón" parisino, que debía poner en libertad a un importante secretario de la Corona de España, preso en Zaragoza. Allí conocí a un noble llamado Fernando de Aragón: un idealista, que luchaba contra las tropas del rey para defender unos fueros que le costaron la vida —miró directamente a los ojos de Manuel—. Padre, ¿usted cree que hay algún ideal por el que merezca la pena morir? —Manuel se encogió de hombros—. Don Fernando sí, y fue consecuente con ello. Jamás comprendí que se pudiera entregar la vida por algo que no fuera uno mismo, el dinero o la seguridad de los suyos, hasta que conocí a Villahermosa. Era un loco. Un loco maravilloso. Dudo que creyera una sola de las palabras que decía, que viera algo de cordura en aquella lucha perdida de antemano y, sin embargo, lo hizo. Entregó lo único importante, su vida, por defender lo que creía justo, por hacer lo que creía que debía hacer. Todos aquellos, que me habían parecido unos insensatos hasta aquel momento, quienes pagaron con su sangre la defensa de sus ideales, se convirtieron en seres sobrehumanos para mí, en mitos en quienes inspirarme. Y comprendí que yo jamás sería uno de ellos, porque no tengo ideales, porque no hay nada tan grande en mi vida como para entregarla. A veces hay que saber reconocer qué cosas son las importantes, por las que merece la pena vivir, y comprender que son exactamente las mismas por la que se debe morir.

—¡Eso no tiene nada que ver con Belcebut! —protestó Blanca.

—No, a no ser que fuera en él en quien encontrabas ese ideal —añadió Manuel.

—En Épila, muy cerca de Zaragoza, conocí a una mujer...

—¿Todo esto por una mujer? —volvió a refunfuñar Blanca—. ¡Ya sabía yo que tenía que haber alguna falda de por medio!
—¡Deja que siga el chico! — se revolvió el anciano.
—Se llama Isabel. Ella me enseñó muchas cosas.
—¡Sería una mujerzuela! —apostilló su madre.
—Poseía una facultad natural que la hacía poderosísima. Era capaz de predecir el futuro, con una precisión tal que se asustaba, y decía las palabras que yo estaba pensando, sin ella saberlo... Sin duda, esa muchacha acabará en la hoguera. ¡Hay algo más, aparte de lo que habla la Iglesia! Si los obispos y curas poseyeran esas facultades, nosotros, los que nos reuníamos en el aquelarre, jamás hubiésemos necesitado apartarnos de la Iglesia, porque en ella encontraríamos respuestas a las leyendas que contaban nuestras abuelas, porque comprenderíamos que hay otros mundos, aparte del que enseñan en las catequesis. Que Dios nos ama no es un consuelo cuando estás perdido; nada es consuelo si no responde a tus preguntas, y Belcebut jamás negó que se puede hablar con Dios y con el demonio.

—La Iglesia jamás ha negado que se pueda hablar con el diablo, Domingo — susurró Manuel, aterrado—. Si creyeran que eso es imposible, no perseguirían a quienes le adoran. El problema es que creen que, lo que no pueden comprender, porque no está escrito en la Biblia, proviene de Satanás... Ese es el peligro, hijo mío, no que poseas unas facultades o que hayas escuchado unas leyendas que hablan de luces que descienden desde las montañas, sino que esas leyendas y esas luces, son consideradas evidencias de la existencia del maligno.

—Decidimos disolver la hermandad porque peligraban nuestras vidas — añadió Blanca—. Teníamos miedo... Tú mismo has dicho que no merece la pena morir por un ideal que no te convence, y si hubiéramos creído que aquel era nuestro camino, no te quepa la menor duda de que aún nos reuniríamos... Que tengamos tres sapos encerrados bajo las escaleras, no quiere decir que amemos más a Belcebut que a Dios, sino que le tememos, porque puede hacernos mucho mal si no cuidamos de las criaturas que nos dio en custodia.

—Mañana hablaré con Graciana de Barrenechea... Quiero volver a reunificar la hermandad.

—¡Estás loco! —exclamaron los ancianos al unísono.

—También dijeron de Villahermosa que lo estaba, y jamás conocí a nadie más cuerdo que él.

4. El eterno retorno.

«La idea, tan peregrina como absurda, de que el dolor se perpetúa hasta que la saciedad nos subleva contra él, se convierte en una certeza cuando nos asalta en emboscada, silencioso, y siempre inesperado. Quien maneja los hilos del azar es tan arcano que parece que lo más sensato es lo casual.»

EL TURBÓN (Reino de Aragón). Principios de 1593

Un escalofrío recorrió todo el cuerpo de Isabel cuando, frente a ella, se levantó la masa imponente y blanca del Turbón nevado; como la inerte piedra que hubiera lanzado un titán enfurecido, hiriendo de muerte la carne de la propia Tierra. Allí, probablemente, sin siquiera haber recibido sepultura, yacía aquel bandolero al que tanto creyó haber amado y que ahora, en la inevitable distancia del tiempo, veía como un capricho, cuya única consecuencia provechosa era aquel niño que jugueteaba en la caja del carromato: Miguel Juan Barber. Y, junto a él, confundida entre sus huesos desnudos, una vida; el único pasado que quería mantener en su memoria, por su bien y por el de su hijo Hernando. Aunque mirarse en él era como preguntarle a un espejo pisoteado. Por primera vez, y tal vez la única, se sintió nada. Un terrible vacío amenazaba con devorarla, con absorberlo todo: a su madre, a su hermano, a su hijo. *«Sus vidas serían mejores si yo no formase parte de ellas»*, se entristeció. Barber jamás habría existido, de no ser por aquella criatura que canturreaba a su espalda... Ni siquiera ella sería nada si aquel pequeño no hubiera formado parte de su ser durante nueve meses.

El caballo hizo un movimiento anormal con sus patas traseras. El camino se perdía entre los pinos como el cauce de un arroyo seco, convencido de que, en cualquier momento, quizás cuando el Turbón se descongelase, le robaría un pedazo de fortuna al río Ésera, que discurría paralelo, éste sí rebosante de agua. Y aquel canturreo, el del Ésera, era su única compañía; ni siquiera el chirriar de las ballestas del carro, o el cascoteo del caballo, eran audibles.

El animal volvió a inquietarse, esta vez fue su cabeza lo que agitó extrañamente, y relinchó. Isabel se alarmó.

Miró hacia todas partes: frente a ella, la senda parecía una cicatriz sobre el manto verde de los abetos; tras ella, un polvo, espeso y retozón, dibujaba figuras imposibles y fugaces; a su izquierda, la espesura de un bosque prieto; y a su derecha, las aguas de un río aburrido de su inmortalidad. Su corazón se aceleró, sus manos juguetearon con las riendas y su boca musitó una canción desafinada.

De repente, todo quedó en calma...

Una paz tan tensa, que creyó que el cielo iba a desplomarse.

—¡Protege al niño! —escuchó. No sabría decir si en sus oídos o en su corazón.

Pero la advertencia llegó demasiado tarde. Ni siquiera tuvo tiempo de girarse para comprobar si su hijo corría algún peligro, o si eran sus malos recuerdos los que le mortificaban.

Escuchó un ruido en la parte trasera del carromato, como si alguien cargase un saco grande de piedras. Sólo podía pensar en Hernando...
Una luz le cegó y, después, se hizo el silencio más absoluto.
Cuando despertó, su boca estaba seca y un líquido caliente descendía por su mejilla. Creyó que su cabeza iba a estallar.
—Sabía que volverías por aquí —fueron las primeras palabras que escuchó—. Las putas como tú jamás dejan a un hombre a medias.
Se llevó la mano a la cabeza. Aquel líquido era sangre.
Cuando sus ojos se hubieron adaptado a la despiadada luz, la imagen que recibieron no fue nada halagüeña. Aunque increíblemente envejecido y delgado, José de Llitoner le apuntaba con un arcabuz oxidado. A su lado, Ramón de Mercader se carcajeaba como un loco.
—¿Qué queréis? —acertó a preguntar la joven.
—Ya no eres uno de los nuestros, "Isabeleta"... —rió Llitoner— Y nosotros seguimos siendo bandidos. ¡Te creía menos lerda!
—¿Qué le habéis hecho a mi hijo?
—Tu hijo está bien —dijo Mercader— pero, si deseas que se convierta en un hombrecito, deberás entregarnos todo tu dinero...
—¡No tengo nada!
—No nos engañes —dijo Mercader, como si hablase con una niña pequeña— ¡A ver si voy a tener que darte unos azotes en tu blanco culo! Una mujer viajando sola... y vestida con ropas caras...
—¡Y con esas manos tan suaves! —balbució Llitoner.
—¡Devolvedme a mi hijo!
—No te preocupes, puta pelirroja, Ceresuela no es un gran niñero, pero sabrá cuidar de él —masculló Mercader—. Se lo ha llevado allá atrás... No nos pareció conveniente que viera a su madre en, digamos, en un trance tan poco cristiano.
—¡Malditos hijos de puta!
—Y, ahora, dinos, ¿dónde escondes el dinero?
—¿Crees que si tuviera dinero andaría por ahí viajando?
—¡Toño! —gritó Llitoner— ¡Córtale una oreja al niño!
—¡No! —suplicó Isabel—. Os lo daré, si traéis aquí a mi hijo.
—¿Ya le has desorejado? —bromeó, con pésimo gusto, Mercader.
—¡Aún no! —se oyó una voz, un poco más abajo, entre los pinos.
—¡Pues no lo hagas! —rió Llitoner— de momento... ¡Ya ves que no somos tan crueles! "Miguelito" seguirá conservando sus dos orejas para oír como gime su madre. Porque ese niño es Miguelito, ¿no?
—¿Qué te importa a ti eso?
—¡El dinero! —insistió Mercader.
—En la bolsa de fieltro, bajo el fardo grande —se apresuró a responder Isabel.

El bandido agarró el arcabuz con las dos manos y dejó caer la culata con fuerza sobre el hombro de la joven.

Isabel sintió un crujido. Un dolor terrible descendió por su brazo derecho, y perdió toda fuerza en sus manos. Después, unas luces, como fuegos fatuos, se confundieron con las imágenes que se movían frenéticamente a pocos centímetros de su cara.

Un nuevo golpe, esta vez en los riñones, acabó por convertirla en un guiñapo, un títere que recibió las patadas de aquellos dos miserables sin poder siquiera pedir auxilio.

—¡Lástima que Amorós muriese el verano pasado! —dijo José.

Ramón le arrancó el corpiño, y Llitoner las faldas y las enaguas. Primero fue Mercader quien acabó con lo que años atrás les había impedido Barber, mientras su compañero sujetaba los inertes brazos de la pelirroja. Después, Llitoner... Y la más absoluta oscuridad se apoderó de aquel sendero.

Algo húmedo en su rostro le obligó a abandonar el infinito silencio que se había apoderado de ella: era el rocío de la mañana. Calculó que había estado fuera de sí unas diez horas, quizás doce. Abrió los ojos y, con ellos, renacieron sus oídos. Una melodía tímida y chispeante lo inundaba todo. El Ésera canturreaba a pocos pasos de allí.

Intentó levantarse, pero sus brazos y piernas estaban tan entumecidos que eran incapaces de soportar el escaso peso de su maltrecho cuerpo.

—¡Hernando! —gritó inquieta.

Una mano tocó su cabello rojizo y le acarició la frente. Hernando estaba sano y salvo. Había dormido en su regazo durante toda la noche. Los tres bandidos no le habían hecho ningún daño y, al parecer, le habían dejado algo de comida y agua.

El caballo había desaparecido; era una buena montura. Los restos del carromato, sin embargo, aún humeaban a pocos pasos de ellos. El fuego lo había devorado por completo. Y, con él, desaparecieron todas las cosas de Isabel.

5. *El cura Sanmartín.*

«Hay un refrán que dice: "Dios aprieta, pero no ahoga"... Es cierto, como también lo es que sus manos siempre oprimen los mismos cuellos.»

EL TURBÓN (Reino de Aragón). Primavera de 1593

De no ser por la negra sotana, todavía acartonada e incólume, aquel joven sacerdote podría haber sido confundido con un vulgar leñador. Fuerte y cejijunto, tiraba con brío de un pollino, que cargaba con un diminuto carro, rezando el rosario.

Hacía poco más de un mes que había sido ordenado sacerdote en Lérida, y un par de días que había partido de Campo, donde vivía su anciana madre y donde celebró sus diez primeras misas.

Hubiera preferido ser nombrado reverendo de una villa, tal vez Benabarre, pero el obispo creyó más conveniente que el joven Pedro Sanmartín ocupase el puesto que quedó vacante en la parroquia de Puente de Montañana tras la muerte de mosén Sinforoso Clavería.

Probablemente, si no hubiera escuchado el llanto de aquel niño, al que su madre se veía incapaz de consolar, no se hubiese percatado de la presencia de una mujer de cabellos rojizos, maltrecha y sucia, que abrazaba a un chiquillo, que apenas tenía fuerzas para llorar.

—¿Qué te ha pasado, mujer de Dios? —preguntó el cura, aturdido.

—Unos bandidos nos asaltaron y nos robaron todo lo que teníamos: nuestro dinero, el caballo, y prendieron fuego a nuestro carromato y a nuestras ropas.

—¡Seguro que han sido esos malditos... —se santiguó— Pistoletes! —Isabel se encogió de hombros, intentando convencerle de que no sabía de quienes le estaba hablando—. ¡Ya puedes estar contenta, si no han abusado de ti! —o aquel cura padecía de verborrea, o hacía mucho tiempo que su único interlocutor era su joven burro—, porque esa clase de gente no se conforma con cuatro reales. No. Y suelen compensar la carestía de los pobres cristianos tomándose ciertas licencias lascivas... A una muchacha de mi pueblo la violaron y quedó encinta de un niño, que tuvo que entregar a la beneficencia. ¿Cómo amar al hijo de quien te ha violentado?, ¡y eso que Dios nos obliga a amarlos! —se santiguó—. ¡Perdóname, Virgen Santísima, por cuestionar los dogmas de la Iglesia! ¡Cómo te han dejado, por Dios! ¿Y el niño? No, no parece que haya sufrido ningún daño. ¿Quién iba a decir que esos demonios aún conservan un mínimo de dignidad?

El imberbe cura lavó las heridas de Isabel con un vino dulce de misa, que sus llagas recibieron como ácido, sin dejar de hablar ni un sólo segundo, pero aquella monserga resultó ser el mejor bálsamo para la maltrecha mujer.

—Creo que tu hombro derecho está dislocado —fue el escueto aviso del cura. El clérigo cogió la muñeca de la joven con ambas manos, colocó su pie a la altura de su axila y tiró con todas sus fuerzas. Se oyó un crujido, e Isabel sintió como si le hubieran partido todos los huesos de su brazo... El dolor cesó de repente—. ¿De dónde eres, muchacha?

—De Tamarite... Pero toda mi familia vive en Benabarre.

—Mi padre era de Benabarre: Julián Sanmartín... De casa "Castañé", en el "Sol de Vila"... No tenía intenciones de pasar por allí. Había decidido seguir hasta Cajigar, y seguir el camino hasta Luzás, donde vive mi tía Teresina, la hermana pequeña de mi padre, ¡Dios lo tenga en su gloria! —cogió un par de ramas e inmovilizó el brazo de Isabel—. Quedó viuda hace dos años. Yo aún estaba en el seminario, y todavía no he podido visitarla... Bueno, podría pasar por allí desviándome al llegar a Tolva... ¡Bueno se pondrá tu esposo cuando vea lo que te han hecho esos ladrones!

—No tengo marido...

—¿Eres viuda? ¡Cuánto lo siento, criatura!, ¡eres tan joven!

—No, padre. Jamás he estado casada...

—¿Quieres decir que tu hijo es un pequeño bastardo?

—Pero ha sido bautizado —se apresuró a decir Isabel.

—¡Alabado sea Dios!

—En Benabarre viven mi madre y mi hermano Lorenzo.

—Pues allí te llevaré... Necesitas cuidados. Aunque las heridas que te han hecho esos demonios no son graves, necesitan su tiempo... Y reposo. Eso es, mucho reposo.

—No quiero que me llevéis a Benabarre... No me gustaría que mi madre me viera así.

—¿Y, adónde piensas ir? —preguntó, en tono paternal—. ¿Quién mejor que tu madre para cuidarte?

—Llevadme con vos.

Mosén Pedro la miró con cara de asombro. Aquello no entraba en sus planes, y una mujer soltera con un hijo sería motivo de murmuraciones entre los feligreses de su nueva parroquia. Puente de Montañana era un pueblo muy pequeño, una aldea en realidad y, por muy acostumbrados que estuvieran a que los sacerdotes tuviesen caseras, una jovencita de reputación más que dudosa, viviendo bajo el mismo techo que el cura, sería un seguro motivo de escándalo.

Isabel estaba tan dolorida que no había prestado atención a su recato, pero no se le había escapado un detalle: sus ropas, hechas jirones, a duras penas lograban cubrir su blanquecino cuerpo, y, si intentaba ocultar su rojizo sexo, uno de sus pechos quedaba expuesto a la esquiva, aunque lujuriosa, mirada del cura. También se había percatado de que los ojos de mosén Pedro se extraviaban, irremediablemente, hacia su pálida aureola.

—¡Soy un sacerdote! —dijo al fin—. No puedo llevarte conmigo.

—Razón de más —susurró Isabel—. Los hombres de Dios deben dar ejemplo de misericordia a sus feligreses. Soy una mujer herida que precisa asistencia, y mi hijo tiene hambre. Si un cura no predica con el ejemplo eso de la caridad cristiana, ¿quién lo hará?

6. La petición.

«*¿Cómo evitar que me mate la distancia?*
¡Qué difícil es estar lejos de ti! ¡No dejes que esta noche se convierta en silencio!, que sea
el tiempo quien nos de la razón o nos la arrebate por siempre; que yo, cansado, dormiré
buscándote entre las sábanas.
Deja que hoy abandone el mundo pensando en ti. Que duerma y no despierte, hasta que
tu abrazo me devuelva a la vida.»
ZUGARRAMURDI (Reino de Navarra). Verano de 1593.

De Odia miró a Domingo, como si conociera los movimientos de Manuel y Blanca Subildegui mejor que los suyos propios.

Domingo acarreaba un carro lleno de tierra, ajeno a las risas nerviosas de su padre y de su compadre carbonero. Sospechaba que aquellos dos estaban tramando algo, pero no le dio importancia, pues sabía que sus infantiles mentes solían reírse de cosas que a él no le hacían la menor gracia. Pero aquel día era diferente.

A media mañana, cuando el sol empezaba a calentar más de lo aconsejable, Domingo prendió fuego a las tres carboneras que habían preparado, y se guardó del sol bajo un tingladillo que habían levantado aquella primavera, hartos de que les cogiera la lluvia sin protección y de que los rayos del sol quemaran la calva de Manuel.

—Podéis marcharos —dijo el De Odia—. Yo me quedaré a vigilar las carboneras.

—Sí —dijo Manuel, sonriendo con la malicia de un niño travieso—. Nosotros tenemos muchas cosas que hacer en casa.

—¿Qué es eso? —preguntó Domingo, sorprendido—, ¿qué tenemos que hacer en casa? Madre aún estará en la cocina, entre sus guisos, y aún podríamos cubrir una carbonera más.

—Te aseguro que tu madre habrá hecho una buena comida, y que todo estará preparado.

Domingo se encogió de hombros, y siguió a su padre con la cabeza agachada, perdido en unos pensamientos a los que ni él mismo era capaz de dar un orden coherente.

Cuando llegaron a su casa, Blanca se había vestido con su mejor traje, había preparado la mesa, con el mantel que bordara siendo una muchacha para su ajuar matrimonial, y la comida humeaba en el caldero exhalando un aroma exquisito.

—¿Qué se celebra hoy? —preguntó Domingo.

—¡Ve a cambiarte! —le apremió Blanca—. Tenemos invitados.

Los invitados no eran otros que Graciana Barrenechea, su marido, Juanes de Yriarte, y María, la hija mayor de éstos. Domingo no preguntó, pero sabía a qué se debía aquella visita.

Siendo unos muchachos, Subildegui y ella habían tenido algún que otro roce poco casto, y en los desaparecidos aquelarres ella solía elegirle como amante.

Nada en María era secreto para él; es más, el carbonero estaba seguro de que era con ella con quien más veces había pecado. La de Yriarte era una niña cuando empezó a acudir a las reuniones. Él mismo tuvo el dudoso honor de desvirgarla, después de que el demonio la mancillara "contra natura", tres meses después de su primera menstruación. La última vez que la vio tenía veinte años.

—Los dos sois adultos, y estáis solos —dijo Yriarte—. En unos pocos años... En fin, ya no sois unos niños...

—Tienes razón, Juanes —bromeó Manuel—. Cuando uno llega a vuestra edad, ya no son hijos los que se esperan, sino nietos... No querréis ser unos ancianos cuando venga vuestro primer vástago, ¿no?

—¡Esto es una encerrona! —espetó Domingo, molesto.

—¿Qué pasa?, ¿no te gusta María? —dijo Yriarte, como ofendido— Es una de las muchachas más guapas de Zugarramurdi, muchos estarían orgullosos de que fuese ella quien calentase su cama.

—No es eso, Juanes —susurró Domingo—. Bien sabe que siempre hemos sido buenos amigos, y que hubiéramos pasado por la vicaría, de no ser porque las cosas a veces salen mal...

—Entonces, ¿qué problema hay? —preguntó Blanca.

—¿Problema? Ninguno. Pero no me gusta que tomen decisiones que me conciernen a mis espaldas. Yo también tengo opinión.

—Bien, pues te preguntamos ahora —dijo su padre, torciendo la boca— ¿Quieres casarte con María de Yriarte?

—¿No debería ser yo quien pidiese su mano, y no ella, o usted?

—Ella no está aquí para que le pidas la mano —rió Manuel—. Ya me he ocupado yo de hacerlo en tu lugar, y Juanes no ha puesto ninguna objeción.

—Ya sabes que una mujer que no es virgen, difícilmente encuentra un pretendiente —dijo Yriarte. María bajó la cabeza.

—Tú tienes la culpa de ello —balbució Graciana.

—¡No! —se enfureció Domingo—. Aceptaré casarme con ella, pero no tienen ningún derecho a responsabilizarme a mí de que su hija no sea virgen. También usted, Juanes, tomó parte de ella en la Leze Ttikia, en los aquelarres.

—¡No digas esa palabra, maldito! —dijo María, acobardada y humillada—. Podrían oírnos.

—¿Te asusta que nombre el Prado del Cabrón, y no te inmutas cuando hablamos de tu virginidad como si fueras una yegua? —María se encogió de hombros—. ¡No te entiendo, de verdad!

—No te estamos pidiendo que la ames, que te enamores de ella, Domingo —balbució Yriarte—. Solamente deseamos que le hagas un par de hijos, y que la mantengas. Yo ya soy un anciano, y pronto tendré que dejar las tierras. Mi hija pequeña, Estevanía, se casó hace un año con Miguel de Goiburu, el pastor, y no está dispuesto a dejar sus ganados para ocuparse de mis huertos.

—¿Y qué le ha hecho suponer que iba a dejar yo la carbonera para dedicarme al campo?
—Nadie te pide que dejes las carboneras —dijo Blanca, en tono conciliador—. Podrías hacer las dos cosas a un mismo tiempo. Juanes tampoco tiene muchas tierras, y en la carbonera sois dos: De Odia y tú...
—Bien —insistió Yriarte—. ¿Qué me dices?
No es difícil imaginar cuáles fueron los pensamientos que bullían en la cabeza de Domingo; una mezcla de deseos y miedos difíciles de diferenciar entre sí... Nada parecía discurrir por los cauces que él había soñado y presupuesto. Aquella mujer, María, era ciertamente hermosa y, aunque no la amaba, la atracción que siempre había sentido por ella parecía inalterada. *«De todos modos»*, se dijo, *«sólo he amado a una mujer, y se esfumó como una tormenta de verano. Jamás volveré a verla, y mi vida debe continuar...»*
—De acuerdo —dijo con voz trémula, sabiendo que se arrepentiría.

7. *Cruel Saturno.*

«El fuego rápido se hace dueño del bosque y lo asesina.
El agua todo lo anega y destruye.
Sin embargo, el tiempo... Se expande como el fuego y lo destruye todo... pero es mucho
más peligroso, porque es invisible...»

PUENTE DE MONTAÑANA (Reino de Aragón). Verano de 1593

La visita nocturna, que recibió Isabel pocos días después de que le fueran retirados los vendajes de sus heridas, logró que se vinieran abajo los pocos miramientos que aún no habían sucumbido a su maltrecha decencia. Sanmartín era un joven bien parecido, fuerte y de rostro atractivo, pero no dejaba de ser un cura. No le amaba, pero gozaba de él como nunca lo había hecho, ni siquiera con Miguel Barber. Pero aquellos momentos de éxtasis iban añadiendo a su inmoralidad, poso a poso, una capa de procacidad tan espesa que se creía incapaz de poner freno a su acelerado camino hacia la perdición. El poco crédito que tenía para ella la clerecía se esfumaba en cada embestida de mosén Pedro; en cada beso que le daba; en los tocamientos por debajo de sus faldas.

La feligresía de Puente de Montañana resultó ser mucho más comprensiva, o poco perspicaz con las debilidades de su nuevo cura, de lo que hubieran podido sospechar. *«No es un santo, como mosén Sinforoso, pero es mucho más pío que mosén Benito, ¡Donde va a ir a parar!»*, se decían. Se referían a un cura que murió asesinado un tal Luís de Ibarz cuando se enteró de que su mujer y una de sus hijas esperaban sendos retoños, y que el padre de ambos era mosén Benito. Sin embargo, Pedro Sanmartín era puntual a la hora de sus misas y confesiones, imponía duras penitencias, y acudía raudo a las casas donde un enfermo precisaba de consuelo o viático: *«Lo que haga con la pelirroja es asunto suyo...»*

Hernando había cumplido ya dos años, y era un niño flacucho, aunque sano y despierto, que no sentía demasiada simpatía por Sanmartín: siempre que dormía plácidamente sobre la cama, el cura venía a despertarle y le echaba fuera. Después, le hacía daño a su madre...

Pedro Sanmartín empezó a interesarse por las plantas y tisanas poco después de llegar a Puente de Montañana, aquella primavera, cuando se le reprodujo su asma alérgica, y comprobó por sí mismo que los remedios de Angelita de "Roure" eran eficaces. No fue una cura inmediata ni definitiva, pero los vahos que le preparó la curandera, a base de hinojo y belladona, abrían sus pulmones como el botero hincha los pellejos para que no se peguen. Aquella mejoría le convirtió en un apasionado de las plantas y sus efectos medicinales, y no tenía ningún impedimento en experimentar con ellas en sus feligreses... Aunque a un par de ellos les aceleró la inevitable agonía de la muerte, otros encontraron en sus remedios un alivio bendito.

8. La consecuencia.

«Conocí a un hombre que padecía de gota...
Una vez cayó sobre su pie enfermo un busto de mármol. El hombre gritó, y maldijo su terrible existencia... Otro día, su maltrecho pie golpeó el impío borde de un muro... Todos los golpes que recibió fueron a parar a su miembro enfermo. "Tal vez sería menos desgraciado si me amputara la pierna", se dijo, mientras su pie bueno tropezaba con una piedra, y apenas lo sentía.»

PUENTE DE MONTAÑANA (Reino de Aragón). Verano de 1593

El plato resbaló de sus dedos como un barbo moribundo luchando por alcanzar una miserable charca que, al final, se convirtió en su propia tumba.

—¿Qué te ocurre, Isabel? —preguntó mosén Pedro—. Te veo nerviosa... Deberías tomar una tisana, tal vez tila...

—¡Déjate de hierbas y, de paso, déjame en paz!

—¿Te ocurre algo, Isabel?

—Sí... —dudó ella— Ocurre que...

—Cuando te apetezca, ya me lo contarás —le cortó él.

Llevaba varios días dándole vueltas a la cabeza... Esta vez no tenía la más mínima duda, estaba embarazada, y el padre de la criatura era el cura de Puente de Montañana; ése mismo que comía despistado en la mesa que ella, hojeando un amasijo de papeles manuscritos, con dibujos de plantas, garabatos indescifrables, y letras desordenadas que, a duras penas, lograban dar consistencia a unas frases confusas.

—Pedro —dijo al fin— estoy embarazada.

El cura cerró los ojos, sin mover la cabeza, y su boca se movió nerviosamente. Las comisuras de sus labios se tensaron y relajaron sin siquiera acabar el proceso anterior. Acabó por abrir la boca, y con ella sus grandes ojos pardos.

—¡Eso es imposible! —balbució Sanmartín—. Yo soy sacerdote...
—¿Y eso te vuelve estéril?
—¡No estoy para bromas!
—Ignorar el voto de castidad podía traerte estas consecuencias...
—¿Vas a cuestionar mi fe? —se enfureció— ¿Pretendes darme lecciones de cómo ha de comportarse un cura? ¡Tú tienes la culpa de todo!, ¡las mujeres tenéis métodos para evitar que esto ocurra!
—El único método que conozco para evitar estas cosas no creo que fuera a gustarte...
—¡Maldita puta! ¡Lo has hecho a propósito!
—Te equivocas, si crees que para mí esto es motivo de júbilo...

Pedro se levantó, dio un manotazo y tiró por tierra su plato, los cubiertos y los manuscritos. El pequeño Hernando se echó a llorar y fue corriendo en busca de los brazos de su madre.

El clérigo la miró con rabia, y salió del comedor mascullando palabras poco acordes con su condición de sacerdote.

Al poco rato, cuando Hernando había logrado recuperar su aliento, Sanmartín regresó al comedor. Entre sus manos llevaba un mortero lleno de hierbas secas. Se sentó, y colocó el almirez entre sus rodillas, y empezó a darle golpes, hasta que consiguió un polvillo verde pálido.

—Calienta agua —le ordenó a Isabel—, hasta que hierva.

Al cabo de un rato, depositó las hierbas machacadas en un cuenco de barro, y vertió el agua... Esperó unos minutos, y se lo dio a Isabel.

—¡Tómatelo!
—¿Qué demonios es esto?
—Es Corona de Rey —le dijo sin inmutarse— un abortivo... Si esto no hace efecto, deberás marcharte...

Isabel tapó su nariz con los dedos índice y pulgar de su mano izquierda, y bebió aquella pócima de un solo trago.

Aquella noche sintió como si una bestia quisiera arrancarle las entrañas, introduciendo sus garras por su sexo, y estirando de sus tripas hacia afuera. Aquel dolor sólo se mitigaba cuando se sentaba con la espalda recta contra el cabezal de la cama y abría sus piernas, como si estuviese a punto de parir. A medianoche, todo empezó a dar vueltas a su alrededor y perdió al conciencia...

Transcurrió toda la noche, y parte de la mañana.

Cuando despertó, creyó flotar sobre un mar de sudor pegajoso y espeso. El cura se había llevado a su hijo, y ella, pese a que sentía una debilidad similar a la que le había llevado a compartir su vida con aquel joven cura, ya no sentía las punzadas y nauseas que le produjo la poción abortiva.

Volvió a dormirse.

Al mediodía fue mosén Pedro quien la despertó.
—¿Qué tal te encuentras? —preguntó el cura.
—Mucho mejor que ayer —balbució Isabel, disgustada— ¡Has estado a punto de matarme!
—Era un riesgo que debíamos correr.
—¿Debíamos? —se enfureció— ¡Serás hijo de puta!
—El tuyo sólo es un dolor físico, muchachita —dijo el cura, hinchado—. Pero para mí...
—¿Sólo dolor físico? ¡Maldito bastardo! ¿Acaso crees que soy una vulgar mujerzuela, sin dignidad ni honor?
—Hernando es la prueba de tu honra —dijo, con desprecio— ¿Cuántos hombres has recibido en tu cama? ¡Ese es tu honor!
—¿Y tú? ¿Un sacerdote curandero, que se acuesta con una "cualquiera" es un hombre honorable? Yo jamás juré ante Dios, ni ante nadie, que permanecería virgen el resto de mi vida...
—¡Cállate, y abre las piernas! —le ordenó Pedro. Ella le obedeció. El clérigo la miró con cara de sorpresa— ¿Has cambiado las sábanas?
—¿Crees que, con ese veneno que me has dado, tenía fuerzas para levantarme, deshacer la cama, lavar las sábanas y volver a ponerlas? —respondió molesta—. No he tocado las sábanas, no me he cambiado las enaguas... No he hecho nada más que beber aquel maldito brebaje
—Bien.
Sanmartín se incorporó, y salió de la alcoba.
Al poco, regresó con un cuenco grande de caldo caliente, y con el niño cogido de la mano.
Isabel apenas lo probó. El cura se sentó en el bordillo de la cama sin dejar de observarla en todo el rato, y sin decir una sola palabra.
Cuando Isabel le devolvió la escudilla, todavía llena, Sanmartín se levantó, la dejó sobre la cómoda y dijo:
—¡Vístete!
—¡Todavía estoy débil!
—Eso no es asunto mío —se encogió de hombros—. Sin nada llegaste a esta casa, y sin nada vas a marcharte...
—¿Qué dices?
—Las plantas no han surtido el efecto que se les suponía; tal vez tu estado sea demasiado avanzado...
—¡No serás capaz de echarme de casa!
—¿Qué te crees que estoy haciendo? —sonrió con ironía.
—¿Y todas esas cosas que me decías cuando hacíamos el amor: que estarías dispuesto a colgar los hábitos por mí, que me amabas?
—Cuando estás a punto de sucumbir al placer, tus palabras se vuelven confusas... ¿Quién no ha dicho jamás que ama a una puta?

Y, dando un portazo, abandonó la habitación, y se fue a llevarle el viático a una anciana, a la que una semana después tuvo que administrarle la extremaunción y, al día siguiente, celebrar su funeral.

Cuando llegó a casa, la abadía parecía no haber sido jamás ocupada por otra persona que no fuese él mismo.

Tres días después, una joven del pueblo, Margarita Beltrán, se puso a trabajar como casera de Sanmartín. Y un mes más tarde se convirtió en la mujer que calentaba las sábanas del clérigo...

A ella sí le hicieron efecto los brebajes del cura, al menos en dos ocasiones.

CAPÍTULO XXII
La cantinela

1. Perseverante malicia.

«Siempre he creído que todo hombre juega su papel en este absurdo mundo... Pero, por más que lo intento, no logro comprender qué sentido tiene que tantos seres crueles y perversos respiren el mismo aire que los justos.»
BENABARRE (Reino de Aragón). Verano de 1593

Ovidio Costa la miró de arriba abajo. Escasamente lograba recordar el rostro de aquella muchacha pelirroja, a la que sólo había visto en un par de ocasiones con la barriga hinchada, hacía algo más de dos años. No tenía demasiadas dudas de que Isabel fuera quien decía ser; a decir verdad, únicamente había conocido a dos pelirrojos en toda su vida: a su abuelo Juan y a ella misma, por lo que confió en su palabra y rellenó los cuatro enormes cántaros de leche que acarreaba el viejo Flacucho sobre el carromato.

—Ya pasaré cuentas con tu madre —dijo Ovidio, haciendo aspavientos con sus enormes manos—. Todavía le debo el ternerillo que le compré este verano.

El burro tiró con inusitado ánimo aquella carreta, que chirriaba como un coro de grillos, haciendo que los gatos más fisgones se asomasen a las tapias y barbacanas del Cap de Vila, abriendo sus ojos como lunas llenas.

A su espalda, clamando por superar el chirrido de las ruedas del carromato, escuchó las voces de varias mujeres que, como ella habían bajado a la plaza a comprar. No les prestó la más mínima atención, ni siquiera se giró para satisfacer una curiosidad natural que, poco a poco, empezaba a desvanecerse. Y sus oídos hubieran continuado perdidos en el traqueteo de Flacucho, de no ser por un nombre, que sonó en tono más elevado que el resto del murmullo: *«mosén Pedro Sanmartín».* Aquellas palabras convirtieron su casi olvidada curiosidad en la necesidad obsesiva de averiguar de qué demonios hablarían aquellas alcahuetas. En un momento, los ruidos del carromato se revelaron como una infernal contrariedad, que sólo le permitía comprender frases incompletas e inconexas. El burro pareció percatarse de la desesperación de Isabel, y aminoró su marcha, aunque lo cierto es que el jumento frenó su paso para acometer la inclemente cuesta que iba a llevarles hasta Casa Capellana.

—Sí. Es ella —Isabel giró la cabeza con disimulo. De las tres mujeres, que la seguían a escasos diez pasos, sólo pudo reconocer a Mercedes, la hermana de Eduardo, que era la que más gritaba; era evidente que quería hacerse oír—. Que yo sepa, esa maldita de Capellana tiene dos hijos, una "ramera" y un "cojo", y dudo que sea el tarado el que...

—¿Y dices que tu prima Joaquina, la de Puente de Montañana —preguntó otra de las mujeres, sin apartar los ojos de Isabel, señalándola con descaro—, te contó que estuvo compartiendo techo con el cura Sanmartín?

—¡Si sólo hubiera compartido techo, ahora no estaríamos hablando de ella! —voceó Mercedes. Las otras dos rieron—. Y aún os diré más; según Joaquina, mosén Pedro la echó de su casa porque está encinta... ¡La muy ramera espera un hijo del cura!

—¡Dios mío!

—Pero no debería extrañarnos —prosiguió Mercedes—, su madre ya se quedó preñada de Villahermosa cuando era capellán de Linares... ¡Los pecados de las madres se repiten en sus hijos!

Deseó dar media vuelta, encararse a aquellas deslenguadas y decirles cuatro cosas. Pero el maldito miedo se apoderó de ella. Sus manos temblorosas a duras penas atinaron a tirar de las riendas de aquel burro, que en pocos segundos se había vuelto haragán.

Finales del verano de 1593

Catalina se percató de que a su hija le ocurría algo sólo con verla. Isabel siempre fue una joven reservada, de pronto irritable, y su madre estaba acostumbrada a sus cambios de humor; sin embargo, tenía el presentimiento de que Isabel estaba a punto de caer en un pozo de melancolía, que su voluble carácter sería incapaz de soportar.

Isabel no le contó nada de lo que había vivido en aquellos años, en los que su madre creyó perderla para siempre; tan solo que había logrado ver a Fernando en sus últimos días de vida, que le dijo que siempre la había amado y que jamás, ni siquiera en el sueño de los justos, podría olvidarla. De la "muerte" de Eduardo, de la violación de los Pistoletes y de sus últimos meses en casa de mosén Pedro Sanmartín, no hizo el más mínimo comentario.

En el fondo, Catalina le estaba agradecida por mantenerla en la más absoluta de las ignorancias, por haberle evitado un sufrimiento que, estaba segura, iba a producirle saber lo que había hecho en aquellos años vacíos. Temía que lo que escondía el corazón de Isabel fuera más terrible que el propio silencio.

Estaba en lo cierto.

A Lorenzo, sin embargo, los rutinarios cambios de humor de su hermana no le inquietaban; tantos años compartidos con ella le habían convencido de que Isabel era uno más de los muchos lunáticos que había en el mundo y a los que, había podido comprobar, era conveniente ignorar. Los hijos de Selene, por razones que ni siquiera ellos mismos llegarían a comprender jamás, recuperaban su humor, por un tiempo difícilmente determinable y, sin motivo aparente que justificase su absurda metamorfosis, con la misma ligereza con la que lo habían perdido.

Lorenzo estaba contento, eufórico por el regreso de Isabel, aunque no estaba muy seguro del lugar que debía ocupar en su corazón aquella mujer que escondía su egoísmo en la hipotética búsqueda de su propia identidad; una búsqueda tan persistente como falsa. Odiaba a la gente como Isabel, pero a ella la amaba tanto como se puede llegar a amar a una hermana. No podía soportar a quienes anteponen sus vanos intereses personales (cuya consecución raras veces logra satisfacer sus expectativas), al dolor que su egocentrismo pudiera ocasionar en su entorno. Pero, ante Isabel, ninguno de esos odios se manifestaba.

Las palabras de Mercedes, qué duda cabe, se clavaron en el corazón de Isabel como la indeleble cicatriz de una quemadura. Y lo peor de todo es que, aquella alcahueta perversa, no mentía. Por una vez en su vida había dicho la verdad. Sí. Isabel estaba embarazada de un cura, pero no era esa ramera a la que se refería la hermana del malnacido de Eduardo. O quizás sí. Desde luego, no podía decirse que hubiera hecho muchos méritos para ganarse un lugar en el Cielo: lo único que le diferenciaba de las prostitutas era que no cobraba por ello. Había robado y, aunque el refrán rece eso de: *«quien roba a un ladrón tiene cien años de perdón»*, coger un dinero que no le pertenecía seguía siendo un delito... Su madre siempre decía: *«El más desalmado de los necios jamás será tan peligroso como el menos perverso de los sabios»*... No sabía si Mercedes era mala porque era lerda, o si su necedad le hacía ser perseverante en su malicia, y eso era lo que la convertía en peligrosa...

2. Un camino distinto.

«Nunca antes había temido vivir, pero ahora me aterroriza caminar por esta amplia senda sin tu presencia, con la única compañía de tu recuerdo.
Envidio todo lo que te rodea. ¿Por qué no serlo?; ser el aire que arrastra esas palabras que jamás escucharé, ser las lágrimas que se deslizan por tus mejillas, sabiendo que no soy culpable de ellas... Sólo yo debería acariciarte con la delicadeza con la que te acaricia el viento.»

ZUGARRAMURDI (Reino de Navarra). Finales del Verano de 1593.

Domingo observaba distraído el humo que surgía de la chimenea de la última carbonera, ante la mirada, algo inquisitiva, de De Odia, incapaz de comprender porqué Subildegui se sentía tan abatido tras aceptar su matrimonio con María; No es que los Yriarte fueran un gran partido: Juanes era un simple pastor a jornal, y al propio De Odia no le hubiese gustado tener como suegra a Graciana... Pero por nada del mundo hubiese osado enemistarse con aquella familia. Graciana fue la Reina de los aquelarres. Juanes y Graciana, incluso la propia María, podían hablar con quien no debían de cosas que era mejor dejar en secreto. Bien era cierto que, de denunciar a Domingo por despecho, ellos mismos hubieran sido procesados por brujería, pero, tanto Juanes como Graciana, ya habían cumplido los setenta años.

Desde el día en que Domingo se prometió a María, no había dejado de pensar en Isabel; creía haberla olvidado o, cuanto menos, haber aprendido a convivir con su ausencia. Sin embargo, no había instante en que no pensara en ella, o cerrase los ojos sin ver su rostro, ya algo difuminado por los celajes de la distancia, o escuchase su voz quebrada en el interior de su cabeza. No sabría decir si estaba enamorado de ella o, simplemente, echaba de menos aquella insensatez, tan cercana a la falsa libertad que le hacía sentirse vivo.

De Odia se acercó a Domingo, que dormitaba en el cobertizo.

—Pareces distante —dijo Juanes—. Desde que te prometiste a María que estás así, como ido, como si nada te importase... No te reconozco, Domingo...

—Si supieras lo que pienso, y por qué lo pienso, comprenderías por qué estoy así.

—Si no hablas, jamás llegaré a comprenderte... Sabes que te aprecio como si fueras mi propio hermano, y que jamás he sido un alcahuete que ande por ahí contando chismes, o me mueva la curiosidad... Creo que merezco saber porqué estás tan apenado...

—Jamás había sentido lo que siento, Juanes. Jamás —dijo Domingo, perdiendo sus ojos en el humo de la carbonera—. Cuando me marché de Zugarramurdi, hace un par de años, quería ganar suficiente dinero como para construir una casa y poder casarme. Lo curioso es que, siempre he creído que acabaría mis días con María de Yriarte. Desde pequeño, desde que ella nació, mis padres y los suyos pactaron que debía unirme a su hija. Y yo, cuando pensaba en el futuro, me veía a su lado... No. La culpa no es de mis padres o de los padres de María, sino mía. Ellos no hicieron más que dar un paso más en un matrimonio ya pactado, y al la que yo jamás me negué.

—Entonces, ¿por qué eres tan reacio a casarte con María?

—¡Yo no me niego a casarme con ella! Dije que sí, y no hay vuelta atrás. Me casaré con ella... pero eso no significa que sea mi deseo. ¿No has tenido nunca un sueño tan real, que creyeras que formaba parte de la vigilia? —Juanes asintió, moviendo la cabeza—. Sin embargo, cuando despiertas eres incapaz de desprenderte de él. Unos ojos, un rostro, una palabra, todo te recuerda lo que has soñado... Sabes que no es real, que sólo fue un instante en tu cabeza, pero sigues deseando revivir ese sueño...

—No te comprendo, Domingo...

—Deseo estar con Isabel —prosiguió Subildegui—, pero ella es sólo un sueño, un instante de felicidad que se alargará tanto tiempo como yo desee que se prolongue. Lo preocupante sería que hubiese decido que esto interfiriera en mi vida. Pero no lo he hecho. Me casaré con María, pero déjame que viva unos recuerdos que, por sensatez, deberé abandonar cuando haya pasado por la vicaría...

—Nunca he comprendido a la gente como tú, que os preguntáis cosas que jamás podrán ser respondidas. Yo soy un hombre sencillo, un carbonero al que sólo le preocupa ganar su jornal. Mi vida es mi trabajo. El resto, eso de Dios o el

Demonio, de si llueve cuando no ha de llover o quién decide que esto sea así, no me importa, porque, conozca o no la respuesta, seguirá haciéndolo...

—Entonces, ¿por qué arriesgaste tu vida adorando al demonio, cuando no te importan lo más mínimo estas cuestiones?

—Sólo hay una cosa clara en esta vida, Domingo, y es que todos moriremos... Mis padres me enseñaron que, si hemos sido buenos durante toda la vida, iremos al cielo, y si no, será Satanás quien se nos lleve al Infierno... Te mentiría si dijese que no me preocupa el juicio de los muertos. Pero, veo que el dios de mis padres, el de nuestros abuelos, es tan mezquino y miserable como los ricos: Si mueres en pecado mortal te condenas, y si en pecado venial, puedes comprar bulas que te rebajen la condena... Yo nací pobre, y dudo que las cosas vayan a cambiar; así que tenía dos alternativas; o ayunaba, me abstenía de comer carne y me mentalizaba de que estaría muchos más años que los ricos en el Purgatorio, o dejaba de creer en esas cosas... Graciana Barrenechea me convenció de que no todas las cosas son como parecen, y que hay otro camino...

—El camino de la perdición —sonrió Domingo—, según los curas.

—Tú estás tan perdido como yo...

—Como todos.

—Tienes razón... No me importa quién fuera, lo cierto es que Belcebut permitía que hiciéramos todo lo que nos prohibía la Iglesia. ¿Perdidos? Sí. Pero, no me negarás que esos beatos que acuden a la iglesia todos los domingos están tan condenados como nosotros por mucho menos. *«Amarás a Dios sobre todas las cosas»*, ¿recuerdas? —Domingo asintió—. ¿Quién ama a Dios, un ser al que no podemos ver ni sentir, más que a sus propios hijos, o a su mujer?

—¿Estás intentando convencerme de algo? —preguntó Domingo, algo aturdido—. Hace unos instantes me has dicho que sólo te preocupa tu trabajo, y que eso de Dios y el Diablo te trae sin cuidado, y ahora hablas como un sacerdote de Satanás.

—Hace un par de semanas hablé con Estevanía de Navarcorena —susurró Juanes—. No me habías dicho que te reuniste con tu futura suegra —Domingo se encogió de hombros—. No importa, Graciana se lo dijo a Estevanía. Sé que tú también estás interesado en volver a congregar a los antiguos miembros de la hermandad.

—¡Yo jamás he dicho eso! —se sorprendió Subildegui—. Es cierto que hablé con Graciana, pero sólo le dije que echaba de menos aquellas reuniones, porque me sentía protegido y comprendido, pero nada de reorganizar ninguna orden...

—No importa. El sentido era el mismo... He tenido la oportunidad de hablar con María Baztán y con los antiguos brujos de Urdax: María de Echalecu, Juanes de Echegui y Estevanía de Petrisancena, y todos coinciden en que ya ha pasado el peligro...

—¿Que ha pasado el peligro? —Domingo sacudió la cabeza—. La última vez que estuve en Lapurdi aún no se habían apagado las hogueras en las que quemaron a los brujos. Si decidimos disolverla fue por las detenciones de esos brujos, ¿ya no lo recuerdas?
—Armand Perraud de Larresore, el inquisidor que los procesó, murió hace un año en Capbreton. Y el proceso ya había concluido.
—Si lo que pretendes es que vuelva a unirme a vosotros, estás perdiendo el tiempo.
—Piénsalo, Domingo... La próxima Nochebuena será la primera reunión... Estarán tu futura suegra, tu prometida y todos los demás... Si decides acudir, serás bien recibido.

3. El desagravio.

«El hombre es tan cretino, que cree que no precisa del prójimo.
Y en el colmo de la estupidez, asegura que es tan valioso por sí mismo, que se cree capaz de vivir al margen de las críticas de su entorno... ¡Cuando daño han hecho los profetas!
¡Cuánto daño han hecho sus contrarios!»

BENABARRE (Reino de Aragón). Otoño de 1593

Isabel sucumbió ante la evidencia de que, cuando los que más cacarean están en tu contra, acaban por relegar tu propia voz a un susurro, sepultarte bajo la montaña de estiércol que es su alcahuetería. Si eres hija de un conde odiado por tus convecinos y si, además, éste era cura cuando te engendraron, acabas convirtiéndote en la diana de las críticas más malintencionadas que, aliadas con la saña gratuita, se convierten en injurias. Había escuchado, siempre a sus espaldas, falsedades tales como que había abandonado a un hijo, que jamás parió, en un hospicio de Barcelona (ciudad en la que jamás estuvo), y que allí había ejercido de prostituta... Al principio recibió divertida aquella sarta de disparates; pero aquel asunto dejó de hacer gracia cuando algunos benabarrenses se negaron a vender su leche a Capellana. Aunque aquello no era preocupante, al menos a nivel económico, puesto que Ovidio Costa había aumentado su producción y, siguiendo la máxima que gobernaba su vida: *«Jamás hago caso de las habladurías. Quien sólo se preocupa de lo que hará éste o aquel, debe llevar una vida tan aburrida que únicamente encuentra interés en la del prójimo»*, le vendía toda la leche a Catalina.

—Pero ésta no es la solución —se quejó Isabel.
—El tiempo hará que olviden. Es el mejor consejero, y suele colocar a la gente en el lugar que le corresponde —intentó serenarla su madre—. Siempre nos pone un velo en la memoria, y ese velo cubre tanto lo bueno como lo malo.

Por enésima vez cruzó por su cabeza la idea de huir del regazo de su madre, abandonarlo todo y empezar una nueva vida en Tamarite, o partir a Navarra y reunirse con Domingo, donde nadie la conocía, ni sabía de su vida... Pero no podía deshacerse de lo que más dolor le causaba: ella misma. Su experiencia lejos de su madre distaba mucho del sueño que había imaginado: ver morir a su amante, a su padre, y con ellos sus ilusiones, era una carga que le esclavizaba a Benabarre, a Catalina. Se sentía derrotada, tan vencida como se sintió Fernando en los últimos meses de su vida. Y ese fracaso le llevó a tomar una determinación que, no sólo iba a cambiarle la vida, sino que, sabía, cargaría con las consecuencias el resto de su vida.

Ella no era la madre que se merecía Hernando... Ni Hernando ni ningún otro niño...

CAMPORRELLS (Reino de Aragón)

Un labrador de Camporrells, que hacía transportes de poca monta en un viejo carromato que estiraban dos fornidos mulos, se ofreció a llevarla hasta su pueblo, a cambio de un queso de Capellana.

A su madre le dio una excusa tan absurda, que no tuvo más remedio que creerla: *«Voy a Tamarite, a ver si Torre Alfals tiene algún desperfecto»*, le dijo, asegurándole que, aunque no descartaba hacerlo en un futuro, no tenía ninguna intención de quedarse a vivir en las tierras que la vieron nacer.

Por todos era sabido que Guillaume Florentín no sólo heredó el mote de "Remediador" de su difunta madrastra, Angustias, sino que la vieja alcahueta también le había legado los poco decentes menesteres que la habían alzado al pedestal de una fama más que dudosa.

Isabel había oído hablar mucho del tal Florentín y, cuando lo vio, se sintió tremendamente decepcionada. El Remediador era un hombre menudo, de cabellos tan escasos como sus carnes y trato tan esquivo que le hacía parecer mucho más huraño de lo que era. No tenía hijos; algunos aseguraban que sus pócimas y hechizos no eran efectivos con su mujer, que solía hacer de asistenta en sus "Remedios".

—Mi esposo tiene merecida su fama —aseguraba Alegría Garcés de Florentín, con orgullo—. De los más de cien abortos que ha practicado en los últimos cuatro años, sólo han muerto veintisiete mujeres... Pero no es reputado únicamente por esas labores —De la media docena de curanderos que llevaban a cabo dichas prácticas en Ribagorza, sólo Florentín podía vanagloriarse de que murieran menos de la mitad de sus "pacientes".

—¡Ay, si Dios no nos hubiese dado estas manos!

—¿Por qué mentas a Dios, cuando lo que hace es un pecado terrible? —dijo Isabel, burlándose de la hipocresía de la mujer.

—Si tanto pecado ves en ello, ¿qué haces aquí? —Bajó la cabeza—. Sé que tienes miedo, y que estás confusa, como todas las jovencitas que acuden aquí... Pero te aseguro que estás en buenas manos.

—Si muero en la mesa de tu esposo...

—Si mueres, ten por seguro que no llamaremos al cura —bromeó Alegría—, eso nos supondría acabar en la hoguera...

—¿A todas les das estos ánimos cuando vienen en busca de ayuda?
—¿Ayuda? —rió—. Tú no buscas ayuda. Tú buscas un remedio. Por ti misma sabrías encontrar auxilio, sin necesidad de acudir a nosotros... Pero tranquilízate, jovencita. Todo saldrá bien...

Después, le hizo beber una jarra enorme de vino, mezclado con un polvo de color naranja; justo antes de mandarle que se echara sobre una mesa, similar a la que se utilizaba en algunos pueblos para hacer la matanza del cerdo y el posterior mondongo, pero algo más alta.

Le pagó lo convenido a Alegría, antes de que Guillaume se pusiera a hurgar en su entrepierna con un hierro en forma de punzón ganchudo, tal vez para asegurarse el cobro.

Lo último que recordaba era a Florentín acercándose a su entrepierna, blandiendo el susodicho punzón con una mano, y portando un pequeño hierro, como un arpón romo en la otra... Y un intenso dolor en el bajo vientre que hizo que perdiera el sentido.

Soñó con una campiña, alfombrada de pequeñas flores amarillas, y con un sol cegador, que amenazaba con abrasarle su casi albina piel...

No sabía cuanto tiempo había estado inconsciente, tal vez sólo unos minutos, o varios años. Alegría le sacó de dudas: tres días.

—Las cosas se han complicado un poco —balbució la mujer, intentando justificar el error de su marido—. El embarazo estaba muy avanzado... Pero todo ha acabado bien.

Isabel no quiso insistir en aquel asunto. Estaba segura de que había estado caminando en el filo que separa el mundo de los vivos del de las sombras y que, por una razón que no llegaba a comprender, Dios había decidido darle una oportunidad que no merecía... ¿O quizás fue Lourier?

Dos días después, volvía a cruzar la puerta de Casa Capellana.

4. *Las concubinas de Belcebut.*

«Hoy el amanecer despertó sobresaltado... Me ha empujado hacia el abismo. Este castillo de altas paredes, soberbia torre, y el reflejo de la luna sobre el agua, es sinónimo de muerte... ¡Agárrame fuerte, Isabel! La noche, en las estancias más profundas, es tenue, pero no oscura, ¡Gracias, lívida Luna, por dejar que veamos tu rostro reflejado en las mansas aguas de nuestra incomprensión!»

ZUGARRAMURDI (Reino de Navarra). Finales de 1593.

Domingo miró a todas partes y movió la antorcha en las cuatro direcciones. Creyó oír unos pasos a su espalda, pero resultó ser un perro abandonado que restregaba su lomo, infestado de pulgas y garrapatas, en un zarzal. Probablemente se asustó más el animal que Subildegui. Una piedra hizo que el chucho huyera a toda prisa.

Nunca fue un hombre indeciso, aunque ahora se sentía como el más vacilante de los cobardes, y ni siquiera iba a enfrentarse a algo desconocido. Fueron Juanes De Odia y Graciana quienes le convencieron, tras mucho insistir, de que debía asistir, aunque sólo fuese aquella noche, a la reunificación de una hermandad tan absurda que ni siquiera tenía nombre. *«Será un buen regalo para tu futura esposa»* dijo De Odia *«todos los maridos y mujeres deberían pertenecer a una misma religión, y tener un mismo dios, las mismas inquietudes y el mismo futuro»*.

—Tú fuiste un brujo convencido, un miembro imprescindible— argumentó su suegra, aún a sabiendas que Domingo jamás fue más que simple número en aquella oscura cohorte—. Como Reina del Aquelarre, te prometo que ocuparás uno de los puestos principales.

Aquélla noche, según le dijo la anciana Estevanía de Navarcorena, los viejos brujos renovarían sus promesas y celebrarían la presentación de varios nuevos miembros, entre ellos un clérigo, un tal fray Pedro, hijo de María de Arburu, y una muchacha de poco más de trece años, francesa de Labourd…

Subildegui se juró a sí mismo que aquella sería la primera y la última reunión de la nueva orden a la que iba a asistir. Estaba convencido de que la solución de sus problemas, y de los de todos aquellos pobres diablos que creían poder tener tratos con las sombras y quedar indemnes, no se encontraba en aquella pantomima de creencias irreverentes y anticlericales, sino en una reforma más profunda de las creencias, en una transformación de los valores morales de toda la humanidad. Pero eso era tan absurdo y estúpido como lo otro. Pretender que toda la humanidad comprendiera y aceptara unas ideas, creencias y conjeturas anti cristianas era como intentar convencer a un castaño de que diera manzanas.

Sea como fuere, Subildegui no deseaba cambiar el mundo, ni siquiera a sus convecinos, sino a sí mismo o, al menos, no salir del orfanato para acogerse en el hospicio

Bordeó la gran cueva, que el pequeño arroyo, Infernuko, labró con tesón durante millones, de años. Aquel hubiera sido un buen lugar, a resguardo del mal tiempo, para las reuniones, pero demasiado cercano al camino; por esta razón, no se sabe quién, decidió que los aquelarres deberían celebrarse en la "Leze Ttikia", una cueva mucho menos espaciosa, sobre la ya mencionada, o mejor dicho, en el pequeño prado frente a la entrada de ésta.

Subió el empinado sendero, apenas iluminado por la miserable llama de la antorcha, y aguzó el oído. A lo lejos, escuchó unos cuchicheos: tres o cuatro mujeres subían tras él. No pudo entender qué decían, pero estaba seguro de que se trataba de María Presona, María de Echachute y otras dos mujeres que le fue imposible reconocer.

Se escondió tras uno de los muchos salientes de la roca. Pateó la tea, y aguardó a que las mujeres le rebasaran; entonces pudo distinguir con claridad a las otras dos: se trataba de la Joven Juana de Telechea y de su madre, Estevanía de Navarcorena.

Una vez que las voces de las mujeres se perdieron camino arriba, salió de su escondrijo, y subió hasta la "Leze Ttikia", esta vez a oscuras. Cuando llegó allí, una veintena de brujas y brujos se disponían a encender la gran hoguera que presidiría el aquelarre, en el centro del prado. Entró en la cueva, y se escondió, preguntándose por enésima vez qué demonios estaba haciendo allí. Ni siquiera sabía porqué se escondía de unos hombres y mujeres que le conocían desde que era un chiquillo.

Con las campanadas de medianoche llegaron los últimos brujos. Subildegui se llevó las manos a la cabeza, eran Blanca y Manuel, sus padres. Se encogió en su escondrijo y masculló una maldición más de acorde con las prácticas que iban a celebrarse a pocos pasos de donde se encontraba que de un buen cristiano, aunque él no se considerase ni lo uno ni lo otro. Cerró los ojos, y volvió a su memoria el rostro pálido y pecoso de Isabel.

Probablemente se hubiera dormido allí mismo, de no ser porque alguien sacudió su hombro. Abrió los ojos de golpe, y gritó asustado.

—¿Eres de los nuestros? —preguntó una muchacha de largos cabellos negros, tan asustada como él.

Domingo no supo qué contestar, clavó su mirada el rostro blanquecino de la joven y, por un momento, creyó que estaba soñando. Si no fuera por su pelo oscuro, hubiese jurado que se trataba de Isabel. Pero esa fue sólo la primera impresión, pues ésta era menos delgada que la pelirroja, y sus ojos más grandes.

—Sí —dijo Subildegui al fin—. Soy de los vuestros.

Aquella jovencita era la novicia que iban a presentar aquella misma noche a Belcebut.

Sin saber cómo, se vio envuelto por una bruma, más íntima que exterior, bebiendo las extrañas pócimas que fabricaba Graciana y desafiando la cordura al despojarse de la ropa en una noche tan fría que el propio Infernuko se acicaló con las rígidas galas del letargo.

Comieron y bebieron hasta casi desfallecer. Después, todos bailaron y profirieron gritos en contra de la Iglesia, de Dios, Cristo y la Virgen, y acabaron revolcándose desnudos sobre la nieve, yaciendo unos con otros, sin importarles demasiado si quien tenían encima o debajo era su vecino, vecina, marido, mujer, hijo, hija, hermano o hermana, ni si era del otro sexo o del propio.

Cuando todos estaban ya exhaustos y el frío se había esfumado, más en sus ardores que en la realidad, Graciana de Barrenechea se echó sobre los hombros una capa negra, y anduvo solemnemente por el prado, girando alrededor de los brujos y brujas y de la hoguera. Los otros la miraron, y bajaron sus cabezas en señal de sumisión. Una vez hubo completado dos vueltas, Estevanía de Navarcorena se adelantó al resto y se vistió una capa similar a la de la reina. El de Goiburu, como rey, y su hijo Miguel, que era el tamborilero, se unieron a

ellas y, juntos, subieron una treintena de pasos. Todos los demás les siguieron en procesión, en un silencio únicamente roto por los rezos de Miguel de Goiburu y las contestaciones de los otros
—¡Satanás te maldiga, María!
—¡Satanás te maldiga!
—¡El demonio jamás estuvo contigo!
—¡Satanás te maldiga!
—¡Maldita tú seas entre todas las mujeres!
—¡Maldita seas!
—¡Maldito el fruto de tu vientre!
—¡Maldito sea!
—¡María, madre de Dios!
—¡Maldita seas!
—¡Guárdate tus intercesiones!
—¡Guárdatelas, guárdatelas!

Y dicho esto, cruzó el cielo un pájaro grande, como un cuervo, que no hizo el más leve sonido, y se posó en el hombro de Graciana, aunque sólo permaneció allí unos segundos, volviendo a levantar el vuelo, esta vez ascendente, hasta que se perdió en la noche espesa.

—¡Bienvenidos seáis todos! —dijo una voz, que parecía surgir de la propia hoguera. Los brujos se arrodillaron y bajaron sus cabezas—. Creí haberos perdido, pero veo que aún quedan insensatos en éste mundo dispuestos a arriesgar sus cuellos por unas horas catando lo prohibido.

De detrás de la hoguera surgió un hombre extremadamente alto y corpulento, de piel oscura y vestido con una capa de piel de cabra negra y unos cuernos retorcidos coronando su frente, como una diadema... Graciana se aproximó a él y le hizo reverencia. Los otros los rodearon y se tumbaron en el suelo, con el pecho sobre la nieve.

—¿Renunciáis a Dios, a Cristo, a la Virgen y a todos los Santos?
—¡Sí, renunciamos! —dijeron todos al unísono.
—¿Renunciáis a la Iglesia, a los Mandamientos y a la Biblia?
—¡Sí, renunciamos!
—Por lo tanto...
—¡La muerte de Jesucristo no nos ha liberado! ¡No queremos que nuestros pecados sean perdonados! ¡No creemos en la resurrección de los muertos, ni queremos compartir la vida eterna con Dios!
—Así pues, ¿Creéis en Luzbel?
—¡Sí, creemos!
—¿Creéis en Satanás?
—¡Sí, creemos!
—¿Quién es vuestro dios?
—¡Lucifer!

—¿Y vuestro salvador?
—Tú, gran Señor... Tú, Belcebut...

5. Guineus.

«Me dolió más que te injuriasen, que los insultos que he recibido durante toda mi vida...
Puedo soportar sus burlas, sus desprecios y ofensas, pero jamás lograrán que prendan en
mi corazón las palabras vertidas en tu contra.»

BENABARRE (Reino de Aragón). Finales de 1593

Catalina no le se atrevía a decirle a su hija lo que pensaba de ella, de su vida.... Ni siquiera le había insinuado que su presencia en Casa Capellana suponía un esfuerzo económico considerable; no porque ella y el pequeño Hernando fueran dos bocas más que alimentar, sino porque Mercedes se ocupó de verter su veneno por todos y cada uno de los rincones de Benabarre. No. Catalina no le había dicho una sola palabra, pero su hija lo veía con sus propios ojos, y no le gustaba sentirse culpable de las dificultades que atravesaba su madre. Aunque lo que más le reconcomía las entrañas era que no le quedaba un solo real del macabro legado de Eduardo; con toda seguridad, los Pistoletes habían derrochado las pocas monedas que quedaban en su bolsa en vino y mujeres... Con ese dinero hubiera podido mitigar la resentida economía de su madre, que se había visto obligada a despedir a dos de sus jornaleros.

Ni Lorenzo, ni Catalina preguntaron jamás los motivos por los que había vuelto de Tamarite en aquel estado lamentable, aunque sospechaban que, ni había ido donde decía, ni que lo que le afectaba era un simple catarro... Las murmuraciones sobre Isabel, que conformaban la comidilla del pueblo, aunque eran exageradas y perversas, no estaban desencaminadas... Isabel les había ocultado su embarazo, y les mintió al asegurarles que iba a ir a Torre Alfals; Catalina tenía la seguridad de que jamás había llegado allí, y que su destino era la casa del curandero Florentín, el "Remediador".

Lorenzo, pese a que se sentía benabarrense como el que más, no entendía por qué demonios los de Graus, Purroy, Caladrones... les llamaban guineus. No iba a comprenderlo, o al menos no aquel día, aunque lo que escuchó le acercó mucho a su verdadero significado.

En el pequeño ensanche llano, frente a casa Capellana, unas niñas jugaban a "Saltar la Cuerda", cantando a voz en grito unos versos que, sin lugar a dudas, les había enseñado algún adulto, no demasiado proclive a la santidad.

«La hija del cura
un nuevo hijo espera
dicen que de un hombre
que como su padre era.

¡No es verdad!, ¡sí es verdad!
que el hijo del cura ya nunca nacerá.
¡No es verdad!, ¡sí es verdad!
que la hija del cura su hijo no
tendrá».

Pocas cosas quedaban ya en este mundo capaces de alterar el extremadamente tranquilo carácter de Lorenzo, pero aquella, la cobardía de quien les hubiera enseñado aquella canción, era una de esas pocas. Una cuestión era la broma de un guasón, y otra muy distinta poner en entredicho el honor de su hermana. Era consciente de que Isabel no era un dechado de virtud, y no se podía decir que él, aunque los del pueblo lo viesen como tal, fuera un estúpido incapaz de percatarse de la evidencia. Pero, ¡qué ofensivos resultan los pensamientos propios en boca de otros!

Se acercó a aquellas criaturas, tan inconscientes de lo que cantaban que, al verle llegar, le sonrieron y saludaron como si nada hubiese ocurrido. Lorenzo, para ellas, para todos los pequeños de Benabarre, era como un gigante bonachón y amable, que solía unirse a sus juegos y contarles historias...

—¿Vienes a jugar con nosotras? —le preguntó Antonieta, la hermana pequeña de Pepita, tirándole de la manga.

—No —dijo con rudeza, aunque evitando parecer enfadado—. He escuchado la canción que estabais cantando.

—¿Te gusta? —Preguntaron las inconscientes niñas, al unísono.

—Prefería la que cantabais ayer.

—¿La del pañuelo?

—Sí, la del pañuelo.

—Si quieres, la cantaremos para ti —dijo Antonieta, divertida—, si prometes contarnos un cuento.

—No —balbució, mirando al suelo—. No me acuerdo de ninguno —y volvió a clavar sus ojos en la niña—. ¿Quién os la ha enseñado?

—¿La del pañuelo?

—La que estabais cantando hace un momento.

—¿La del hijo del cura?

—Sí, supongo...

—Me la enseñó mi "tieta" Mercedes —se apresuró a contestar Amelia Foncillas, hija de una lejana pariente del Serrador.

Isabel escuchó lo que Lorenzo le contaba con cara tan inexpresiva, que su hermano creyó que no se había percatado de la gravedad del asunto, o que él se había explicado mal... Cuando se disponía a volver a recitarla, Isabel le interrumpió.

—¡Ya te he entendido la primera vez! —musitó, transpuesta.

—¿Y vas a quedarte ahí, sin hacer nada?

—¿Y qué quieres que haga?

—Desmentirlo...

—Las mentiras caen por su propio peso —balbució Isabel—. Pero, si lo que se dice es la verdad y ésta se niega, acaba por devorarte.

—¿Mercedes dice la verdad?

—Sólo hay una cosa peor que la duda, hermano: la verdad.

—Deseo escucharla.

—Los próximos niños que correteen por esta casa maldita serán tus hijos, Lorenzo... Yo ya no puedo...

—¡No digas tonterías!. Conocerás a un hombre bueno y honrado, que te amará y al que amarás. También vuestros hijos corretearán por esta bendita casa.

—No me comprendes, Lorenzo... Yo no tendré nunca más hijos. Dios, ¡maldito sea!, hace fáciles las evidencias del pecado y difíciles los remedios de éstos. Quien sobrevive a sus faltas, raras veces vuelve a ser admitido entre los que se denominan justos.

—No te entiendo, Isabel.

—Jamás llegué a Tamarite... Desde que el "Remediador" hurgó en mis entrañas, para evitar que naciese el hijo bastardo de mosén Pedro Sanmartín, no he vuelto a tener el mes...

—¡Eso es imposible!

—Créelo... Me he quedado estéril... Quizás sea un castigo de Dios.

—Siempre han dicho que los pecados de los padres los pagan sus hijos... Mírame a mí, cojo y lerdo...

—¡No seas ingenuo, hermano! —sonrió Isabel—. Si Dios castigase a los pecadores, convirtiéndoles en cojos, tullidos o enfermos, no habría un solo cura, obispo, cardenal o papa al que no le faltasen un par de miembros.

—Entonces, ¿por qué te culpas?

—No sé en qué creer... No sé porque me ocurren estas cosas, ni si las merezco o no... Mi vida dista mucho de la santidad, pero te aseguro que el dolor que siento, la humillación, el desamparo y mi yermo vientre, poco o nada tienen que ver con el Bien y su Justicia... El Mal se extiende por el mundo, es él mismo. El hombre está formado por vísceras, por carne y huesos; pero las entrañas y los huesos están modelados con pequeños pedazos de mal. Si Dios fuese el creador del mundo, lo hubiera construido con trocitos de bien... A veces pienso que nosotros, los humanos, somos hijos de Satanás no del dios de la Iglesia. Lucifer es nuestro verdadero dios, y Cristo sólo quiere arrebatarnos del seno de nuestro legítimo creador.

—No comprendo tus palabras —se asustó Lorenzo—, pero eso que dices es un pecado, una blasfemia.

—Una herejía —repuso Catalina, desde la puerta.

—¿Cuánto tiempo lleva escuchando, madre? —preguntó Isabel, visiblemente molesta.

—El suficiente como para saber que tu dolor te impide ver la vida tal y como es —susurró Catalina—. Deberías tener un poco más de esperanza en el futuro.

—¿Esperanza? —rió la pelirroja— ¿En qué he de tener esperanza?, ¿en ese dios que castiga a quienes no se humillan, a quienes cuestionan lo que no comprenden?, ¿a ese dios que ni siquiera ofrece un reino de paz a quienes hayan vivido de acorde a su tiranía? El Cielo ni siquiera está abierto para aquellos que creen en Él, ¿no tienen, acaso, que remediar sus ofensas, por pequeñas que estas sean, en el purgatorio, años y años? ¿Qué clase de dios es ese que vende parcelas de su Paraíso a quienes puedan pagar bulas que acorten su permanencia en el Purgatorio? ¡Ni el propio Satanás hubiese maquinado un plan tan inmoral!

Catalina clavó sus ojos en Lorenzo, y le hizo un gesto con la cabeza. Éste, bajó la mirada, se levantó y salió de la alcoba.

—¡Me rompes el corazón, Isabel! —susurró Catalina—. Pero no tus palabras, si no el dolor de tu alma. No tienes motivos para decir esas cosas. Nadie, en el seno de la Iglesia, ha podido hacerte tanto daño como para que la odies de ese modo... Sí, eres diferente a todos nosotros. Eres como tu padre, ¡Dios lo tenga en su gloria! Una incomprendida, consciente de que la Iglesia de Roma no es perfecta, que destierra del Paraíso de Dios a todos los que cuestionan sus dogmas de fe. Pero Dios no es el culpable de que su pueblo sea gobernado por seres inmorales y poco dignos de alcanzar la gloria que predican. No. Sería injusto culparle de los pecados de sus hijos.

—¡Usted es como todos, madre! —se lamentó Isabel—. Agradece a Dios las maravillas de su vida, y culpa a Satanás de sus desgracias. ¿Quién le ha dicho que el causante del Mal es de demonio, ¿quién le ha dicho que Dios es el creador del Bien?

—¡Cristo era bueno! —dijo Catalina llena de cólera—. ¡Cristo era bueno, y procedía de Dios!, ¿acaso también vas a dudar de eso?

—Ni Cristo, ni Dios han hecho nada por mí, madre, Sino amargarme la existencia. ¿Cómo puede pensar así, después de lo que le han hecho?; le negaron la felicidad, al hombre que amaba, le arrebataron la vida. Parió una hija que habla con los espíritus y un hijo mutilado. Le arrebataron a su padre antes de conocerlo... Tal vez Cristo fuese bueno, quizás Dios lo sea, pero le aseguro, madre, que hay más mal, más perversidad, en la Iglesia que en el propio Infierno.

Catalina no respondió. Se sentía fracasada y humillada. Se había preguntado miles de veces por qué Isabel era así, sin encontrar una sola respuesta convincente, ni consuelo; ni siquiera en la indeleble imagen de Cristo, agonizando por la salvación de todos los hombres, ni los retazos de las vidas manipuladas de los santos y santas de Dios, que conformaban las varias decenas de libros de oraciones a los que tuvo acceso en sus tiempos de reclusión monacal. Nada ni nadie le consolaba. Nada ni nadie respondía a sus preguntas.

No era un secreto para ella que su hija deseaba ser una mujer vulgar y corriente, como era ella misma. Un pensamiento que, con los años, se había vuelto una obsesión. No tenía remedio para aquel mal que le asolaba. Lo peor del caso es que se había acostumbrado de tal modo a la vida desordenada de su hija que, lo que pudiera ser confundido por tolerancia, no era más que hastío. Pero eso no era lo que realmente le preocupaba, sino que hasta ella misma estaba empezando a desear que su hija se convirtiese en una mujer como las que le rodeaban por doquier. Y eso le obligaba a plantearse seriamente si ese deseo no sería el disfraz tras el que se escondía el deseo de que su hija se fuera de aquella casa, y dejase que Lorenzo y ella recuperaran su vida normal de una vez por todas. Levantó un próspero negocio, a pesar de las reticencias iniciales de todo un pueblo, desacostumbrado a que una mujer estuviera al frente de un trabajo reservado a los hombres; mantuvo a un hijo lisiado e injustamente tachado de lerdo, y consiguió que los benabarrenses la aceptasen como a un miembro más de la comunidad, después de haber sido, por un lado, la mujer de un asesino, ladrón y parricida, y por otro, la concubina de un conde, desterrado y odiado... Todo aquel sufrimiento había sido superado. Ahora era una mujer acomodada, y no sabía hasta qué punto estaba dispuesta a soportar ver como el fruto de tantos años de esfuerzo se iba a pique por la fama de libertina de su hija.

Aquellos sentimientos, menos ambiguos de lo que ella suponía, estaban llevándole a una ruina emocional que intuía, pero que jamás iba a exteriorizar.

6. Hastío.

«¡Me duele tanto amarte!... ¡Y he deseado tanto hacerlo!
¡Dios! ¡No me es lícito sentirte así! No me es lícito sino amarte.»

BENABARRE (Reino de Aragón). Finales de 1593

Dudo mucho que fueran los constantes insultos, o ser la diana de todas las murmuraciones, insultos, miradas inquisitivas y destino final de todo dedo señalando la anormalidad, lo que le llevó a dar aquel paso. No, a Isabel las opiniones de los benabarrenses le eran tan indiferentes como sus intimidades: quien se erigía a sí mismo como juez y parte, automáticamente perdía el poco crédito que pudiera tener para ella. Pero no podía soportar ver a su madre sufriendo de aquel modo, llorando, en un silencio excesivamente engañoso, una ruina de la que no podía evitar sentirse culpable.

Aquel día, Catalina volvió de la vaquería pronto, y lo que había temido tanto como deseado, se hizo tan cierto que dudó que lo fuese.

—Madre —dijo Isabel en tono grave— los ingresos de la vaquería no son suficientes como para mantenernos a todos; la mayoría de los quesos están y las patatas se han "grillado" y podrido...

—Nadie quiere tener tratos conmigo.

—Y eso es por mi culpa...

—¡No digas eso, Isabel! Estas cosas pasan. Los negocios son así.

—No, madre. En Benabarre no se habla de otra cosa: que si la hija de la Capellana era la concubina del cura de Puente de Montañana, que si estaba embarazada de él y que el "Remediador" le practicó un aborto... ¡Ya no puedo más! Nunca me han importado las habladurías, pero esos cotilleos le están perjudicando a usted y a su negocio; y decir que todo se debe a las "vacas flacas" es un engaño. Nadie, en este pueblo, se queja de que las cosas le vayan mal, todo lo contrario, sólo usted y Lorenzo sufren esa mala racha, ¿no lo comprende?

—Tú misma has dicho que jamás haces caso de las habladurías. La gente de este pueblo son, ciertamente, peculiares. Por un lado, critican a sus vecinos, pero, por el otro, miran a otro lado cuando existe el peligro de que esas murmuraciones puedan perjudicarles a ellos. Es una curiosa mezcla de libertinaje y crítica, que jamás entenderé: *«Haz lo que quieras, siempre que no me perjudique; que yo te ignoraré, pero me permitiré la licencia de cotillear a tu costa...»* Los benabarrenses son así, Isabel, y eso es algo que no se puede cambiar. Cuando yo regresé aquí decían: *«La Capellana es una puta, porque se acostaba con el conde, pero sus quesos son deliciosos».*

—Tal vez tenga razón, madre. Pero es evidente que esos quesos ya no les parecen tan deliciosos cuando los enharina la concubina de mosén Pedro Sanmartín...

—Jamás te he juzgado, hija mía —dijo Catalina con tristeza—, y no creo que éste sea un buen momento para hacerlo.

—Los hijos, muchas veces, necesitamos que nuestros padres nos reprendan; tal vez para no cometer los mismos errores, aunque ellos sepan que caeremos en otros peores que los suyos. No hay otro modo de sentirse amado. El cariño, las caricias y los abrazos, llega un momento en el que ya no son necesarios y se convierten en una, pero el valor... El único modo de saberse amado es cuando ves en los ojos de una madre la preocupación por ese hijo que está perdiendo el rumbo, por ese esposo que teme por la salud de los suyos, de un hermano que llora... ¿Quién se preocupa por el bienestar de un extraño? Nadie.

—¿Me recriminas no haber sido más dura contigo?

—No lo sé, madre, no lo sé —lloró Isabel—. A veces creo que soy como soy gracias a usted... Otras creo que he sido la peor hija que pudiese desear una madre. Es difícil amarme, lo sé. Y también sé que ha hecho un gran esfuerzo para no aborrecerme. Jamás he sido una mujer piadosa y o de Dios, no rezo, comulgo en pecado...

—Pero esa es una cuestión que sólo debería preocuparte a ti, hija mía —murmuró Catalina, tan poco convencida de sus palabras que su voz se perdió como un lejano eco—. Mi madre tuvo que sufrir mucho para sacarme adelante. Jamás escuchó la llamada de Dios y, sin embargo, se encerró en un convento, para poder ofrecerme un futuro digno. Ella creía que estaba haciendo lo correcto. Pero el pecado, incluso en un lugar cerrado, sigue siendo pecado, aunque no sea divulgado. Aquella obsesión por darme un futuro se convirtió en mi condena, y en la suya propia. Me perdió como hija. Y, para preservar mi honra, tuvo que soportar cosas terribles. Cuando supe que estaba embarazada, me prometí que mi hijo jamás sufriría lo que yo sufrí, y que yo no iba a cometer los mismos errores que mi madre... Pero los humanos somos como los péndulos de un reloj: para evitar los errores de nuestros padres, nos escudamos en el extremo contrario de este péndulo, y cuando nos percatamos de que tampoco ése es el camino ni la solución, nuestros hijos ya han crecido, se encuentran en el extremo contrario y cometen los mismos errores que sus abuelos.

—Voy a contarle algo que jamás le conté a nadie —dijo Isabel, algo aturdida. Catalina abrió los ojos, casi con violencia; no estaba segura de querer escucharlo—. Cuando Fernando decidió poner en libertad al malnacido de Eduardo, seguro de que moriría en pocos días, se equivocaba... Jamás se encontró su cadáver, y no fue porque lo hubiesen devorado los lobos o los cuervos, sino porque no había muerto. Logró sobrevivir, no sé como, pero así fue. Creo que le recogió alguien, y le llevó hasta Camporrells. Allí, Florentín le amputó el brazo herido y le salvó la vida, a cambio de no sé cuantos de los reales que le había robado a Sopena; aunque la infección estaba tan extendida que le dejó ciego y no demasiado en sus cabales. Cuando fueron a buscar el cofre del dinero, alguien se les había adelantado —sonrió— fui yo... Y Florentín, creyéndose engañado, le abandonó allí mismo, junto a la "Pedra dels Degollats" —Catalina la miró horrorizada—. No sé muy bien como, tal vez le recogió algún viajero, pero lo cierto es que, cuando decidí ir en busca de Fernando a Zaragoza, hice escala en Barbastro... y me topé con él, mendigando en la puerta de la catedral... Pensé que don Segismundo daría cualquier cosa por matar a aquel hijo de puta, y no me equivocaba. A cambio de la cabeza de Eduardo, Sopena nos devolvió "Torre Alfals" y las tierras de Tamarite.

—¿Por qué me cuentas eso? —preguntó Catalina, aterrada—. Preferiría no haberlo sabido.

—La verdad raras veces consuela, madre.

Catalina la miró con los ojos desorbitados. No reconocía en aquel ser, cruel y carente de todo remordimiento, a la hija que había llevado en sus entrañas. Se sintió fracasada; no había sabido inculcarle los valores que ella creía esenciales: el respeto por la vida, el temor de Dios, el amor por sus mayores... ni siquiera el amor por si misma.

—¿No pretenderás marcharte a vivir a Tamarite? —en el fondo de su corazón, Catalina deseaba una respuesta afirmativa—. ¡Creí que eso era sólo un sueño absurdo...!

—No, madre... —canturreó Isabel, sacudiendo su melena pelirroja— Hace tiempo, cuando fui en busca de padre, conocí a un hombre... Domingo. Era navarro, un buscador de fortuna, que se alistó en las tropas del conde. Él me acompañó hasta Miranda de Ebro. Jamás supe si le amaba, aunque le aseguro que a su lado me sentía viva, como jamás me he sentido. ¡Era tan valiente, y tan vulnerable!

—Pero todo eso es pasado, hija...

—No, madre, es el futuro...

—¡Un futuro tan negro, que debería aterrorizarte!

—Le aseguro que sabré salir adelante.

—¿Y Hernando?, es sólo un niño, ¿qué vida piensas ofrecerle?
—Yo no soy una buena madre, ni lo seré jamás... He pensado que usted y Lorenzo podrían hacerse cargo de él, hasta que pueda ofrecerle una vida digna.

Catalina sabía que, por mucho que insistiera, cosa que no tenía la más mínima intención de hacer, Isabel no iba a cambiar de parecer. Siempre fue terca como una mula vieja, y cuando estaba decidida, no había nada que le hiciese dar marcha atrás.

El futuro se convirtió, en un instante, en un joven mancebo, tan inexplorado y virgen que era imposible determinar si acabaría sometiéndose a sus deseos o pasaría, una vez más, por delante de sus narices moviendo sus insinuantes posaderas y mostrándole lo que jamás iba a ser suyo. Adivinar el futuro era, hasta cierto punto, un menester tan sencillo que se volvía complejo interpretarlo, e Isabel sabía que era imposible determinar cual, de las muchas sensaciones que recibía, era la correcta, hasta que la evidencia le mostraba el irremediable resultado; pero, para entonces, ya nada se podía hacer por enmendarlo. Nada, ni una miserable corazonada, le hacía prever que lo que le aguardaba junto al navarro, lejos de su familia, iba a ser una vida bucólica y novelesca. Todo lo contrario; su intuición le decía que la parte piadosa y amable de su destino ya se había cumplido, y que el negro futuro le aguardaba tras un espeso bosque, dispuesto a asaltarle en emboscada en el momento que menos esperase.

Hernando le volvió a ser arrancado de las entrañas, esta vez por propia voluntad, con un dolor quizás mayor que cuando lo recibió por primera vez en sus brazos, manchado de grasa y sangre, y sintiendo que sólo era mero portador de aquella facultad que, más que una bendición, había sido un castigo... Entonces dio gracias a aquel dios, en el que ya había dejado de creer, por haber privado a su hijo de semejante condena. Pero ahora no estaba muy segura de que la carestía de Hernando no se convirtiera en una verdadera penitencia para él mismo...

Jamás sintió nada especial por aquel pueblo, Benabarre, en el que apenas había vivido un año, al que no había pertenecido ni pertenecería jamás. Sin embargo, cuando subió en el carromato de un tal Julián Casado, rumbo a Graus, algo se revolvió en su interior. A veces, cuando convivía con los bandoleros refugiados en la Sierra de Pilzán, se escapaba del campamento y subía hasta lo alto del castillo de don Leocadio Bardají, y contemplaba asombrada las formas y paisajes que conformaban aquel inalcanzable pueblo, en el que había nacido su madre, y en el que había sido engendrada. Como un estigma expulsado del interior de la tierra, justo en el centro de una hondonada, que a ella siempre se le antojó siniestra, emergía una imponente sierra, en cuyo centro se erguía una no menos poderosa fortaleza, bella y robusta. Aquel castillo inexpugnable e invencible parecía eterno desde Pilzán, un insulto a la precaria existencia humana... Ya no quedaba nada de aquella mácula. Había sido extirpada por la vanidad de un rey, Felipe II, al que poco tenía que agradecer y mucho que

reprochar: la ruina moral y física de aquel gran hombre, incomprendido y humillado, Fernando; el apoyo incondicional a los rebeldes que torturaron y asesinaron a tantos y tantos ribagorzanos, sin remover una sola de sus vísceras...
　　Contempló aquella gran obra del todopoderoso Felipe, y en su mente se afianzó una idea que hacía muchos años que daba vueltas por su cabeza: la perseverancia de la destrucción y la levedad de la creación... *«Nada perdura si no se destruye. Nadie será eterno si no es capaz de derribar lo que otros crearon; y así, asolando el pasado, convierten en eternos a quienes les precedieron».*

CAPÍTULO XXIII
La presentación

1. Predestinados.

«Tú, seas Dios o el Diablo, te acercas a mí con las facturas del Destino, pero no me indicas como pagarlas... ¿Cuáles son las ofensas? ¡He amado tanto, que creo haber perdido la vida en ello. ¿No es suficiente pago? ¿No tienes bastante con recuperar lo único que me diste?»

ZUGARRAMURDI (Reino de Navarra). Invierno de 1594

Blanca había pasado toda la mañana planchando la camisa de su marido, maldiciendo a todos aquellos santos que todavía retenía su memoria de los tiempos de catequesis con fray Guillermo, y librando una batalla algo estúpida contra la plancha y las arrugas.

—¡Eres un desastre, Manuel! —gritó, desde la cocina, aún con la seguridad de que su marido no le estaba escuchando o, si lo hacía, iba a ignorarla— Te tengo dicho que la camisa de los domingos debes colgarla en el respaldo de la silla cada vez que te la saques... ¡Y este fuego! ¡Casi no tengo brasas con qué calentar la plancha! ¡Si es que no se puede confiar en nadie!

El viejo Subildegui cruzó el pasillo tranquilamente, como si aquello no fuera con él, la miró y sonrió.

—¡Ya está bien! —dijo el anciano, simulando estar enfadado—, ¡nadie se va a fijar en si llevo una arruga en la camisa o una mancha en los pantalones!

—¡Todos los hombres sois iguales! Si por ti fuera, te presentarías a la boda de tu único hijo con las ropas de faena: negro y sucio.

—Espero que Fray Felipe sea rápido —dijo Manuel, intentando desviar la conversación—. Nunca me han gustado las misas largas.

—¿Las largas? —bromeó Blanca—. A ti no te gustan ni las misas largas ni las cortas... Odias la iglesia...

—Te aseguro que, por ver a mi hijo casado, sería capaz de hacer yo mismo de cura.

Principios de 1595.

Domingo miró sus manos, sus uñas manchadas por un negror indeleble, su piel cortada y reseca... Jamás se había sentido tan abatido: lo que el destino había elegido para su padre y para él, la carbonera, se había convertido en una lacra, en un error de la providencia. En pocos segundos cruzaron por su mente aquellos sueños de niño, en los que se veía cabalgando con su caballo por los amplios valles que se extendían por todo el Pirineo, buscando cobijo en las mejores posadas, comiendo en los más afamados mesones, huyendo de una vida que, ahora, se había convertido en su tormento. Amaba y odiaba su pueblo con la misma intensidad, como todos odian las tierras que les vieron nacer y aman aquellas en las que crecen; pero no porque aquellas retiradas gentes fueran hurañas o secas, que sólo lo eran con los forasteros, sino, precisamente, por todo lo contrario. No podía soportar aquella familiaridad, que cada uno de sus convecinos conociese todos sus secretos, sus esperanzas, sus temores. La mayoría de los del pueblo supieron antes que él que iba a casarse con María, antes de que él diera una respuesta definitiva, y eso era sólo un pequeño detalle que le revolvía las entrañas.

Iba a casarse con una mujer que no amaba, como la mayoría de los mortales. Los intereses habían primado sobre sus sentimientos; aunque eso no le importaba demasiado pues, desde pequeño, le enseñaron que debía ser de ese modo, y así sería. Lo que realmente le obsesionaba era la duda de si la felicidad se encontraba junto a aquella pelirroja tan poco pía como él mismo. Probablemente hubiese sido un desgraciado con Isabel; siempre desconfiando de ella, de con quién iba o venía, si se acostaba con el vecino o con su propio padre para conseguir lo que se proponía... No, aquella no hubiese sido vida. Con María no cabía esa posibilidad; él mismo veía con quién hacía el amor en el Berroskoberro, y ella a él: *«No es lo mismo ver lo que ya sabes, que no sospechar lo que no ves.»*

Domingo ya se había vestido con sus pantalones y su camisa bien planchada, cuando Blanca llamó a la puerta de su habitación.

—Tu padre todavía anda en calzones —dijo ansiosa—. No vamos a llegar a tiempo.

—Le aseguro que el cura no celebrará la boda sin los novios.

—¡Eres como tu padre! —protestó Blanca—. Nunca tenéis prisa por nada... Nunca estáis a la hora y, encima, os burláis de quienes somos puntuales.

Cuando llegaron a la iglesia, sólo los dos primeros bancos estaban ocupados por Graciana y Juanes Yriarte, Estevanía y su marido Juanes de Goiburu, y De Odia. Pobre compañía, ciertamente, pues Domingo esperaba que, al menos, acudieran los principales de la hermandad, aunque no era un secreto que, cuanto menos pisaban la iglesia, más tranquilos se sentían, ellos y el cura.

Fray Felipe estaba asustado. Sabía, por lo que le habían contado en confesión, aquel era un matrimonio tan falso como la fe de los contrayentes; sí, creían en Dios, pero de un modo peculiar, y el clérigo temía que esas historias que contaban sobre ellos (que escupían la ostia después de haber comulgado y que después se orinaban en ella) fueran ciertas, y que tuviese un altercado con aquellos brujos. Para evitar problemas, le suplicó a su sacristán, un fornido fraile de Urdax, que aguardase en la sacristía, por si necesitaba algún tipo de ayuda. Y con ello, se refería a que, si tenían que liarse a mamporrazos, al menos el sacristán se despacharía a gusto con los brujos, y él recibiría lo mínimo. Pero el cura estaba convencido de que los Yriarte y los Subildegui no iban a ser tan

incautos como para organizar un escándalo que pudiera llevarles ante el Santo Oficio; eso le tranquilizaba, pero no demasiado...
    Domingo miró fijamente los ojos de María, que se movían nerviosos. Alargó su mano, y la acompañó hasta el altar...

Isabel sintió una punzada en el pecho. Aquel maldito caballo era más lento que una vaca despistada. Tiró de las riendas, y lo detuvo al lado del camino. De un salto desmontó de aquel caballo, que había comprado a un arriero de Jaca por una miseria, y corrió como una liebre perseguida por un zorro.

María de Yriarte se mareó, y tuvo que sujetarse a Domingo para evitar que su cuerpo fuera a dar a tierra. Fray Felipe maldijo su mala suerte. Deseaba que aquella ceremonia acabase lo antes posible, y aquel contratiempo podía alargar la boda innecesariamente: «*¡Qué se vayan estos malditos brujos, y dejen en paz la casa de Dios!*». Pero Dios no le escuchó, o tal vez sí.

Las botas de Isabel recibieron los golpes, que el suelo repelía, con un sonido sordo y apagado que parecía perderse entre los árboles, como escarpias clavándose en sus talones. Después, la tierra se convirtió en un empedrado duro e irregular que a punto estuvo de provocarle una caída; ese hubiera sido el fin.
    Una anciana desdentada la observaba desde el portal de su casa, riendo y mascullando palabras que no comprendía. Los pulmones de la pelirroja abrasaban, y sus piernas apenas respondían a sus deseos sino por inercia. Allá, en lo alto, divisó la torre del campanario; no estaría a más de cien pasos. Clavó sus ojos en las campanas, todavía estaban mudas, y ni siquiera oscilaban sus badajos...

La puerta de la iglesia se abrió con tal estrépito que fray Felipe creyó que se trataba de un castigo de Dios por celebrar aquella patraña entre herejes y brujos, y se echó atrás, blandiendo la cruz que portaba en su pecho, como si la mujer de piel albina y cabellos anaranjados que acababa de irrumpir en aquel lugar santo fuera la mismísima imagen del demonio.
    —¡Vade retro, Satanás! —profirió, aterrorizado.
    Isabel le miró fijamente y sonrió.
    —Bajad la cruz, ¡por el amor de Dios! —dijo la aparición, sacudiendo la cabeza— Satanás no irrumpiría de un modo tan...
    —Tan humano —balbució Domingo con voz trémula.
    —¿Quién eres, que irrumpes en la boda de nuestra hija? —preguntó Graciana. Isabel no comprendió su extraño idioma—. No me gusta la expresión de tu cara —y acercándose al oído de su hija susurró—: Es la propia muerte que ha venido a llevarnos...

De Odia bajó la cabeza y la sacudió al percatarse de que aquella joven era la hija del duque al que tanto admiraba su compadre.
—Vengo a impedir esta boda.
—¿Qué dice ésta? —preguntó Yriarte, pues solamente comprendía el vascuence— ¿Quién es?
—¡Has llegado demasiado tarde! —balbució María, en un torpe castellano— Ya puedes volver por donde has venido.
—Todavía no os he bendecido —dijo fray Felipe, con voz temblorosa. Tampoco él entendía el castellano—. Aún no estáis casados... Y, aún habiendo bendecido este matrimonio, hasta que no haya sido consumado, Dios no os considerará esposos.
—¡Nuestro matrimonio ha sido consumado cientos de veces antes de entrar en esta iglesia! —gritó María, llena de rabia.
Isabel los miraba sorprendida. No comprendía una sola de las palabras iracundas que surgían de las gargantas de aquellos extraños. Domingo le hizo una señal para que no se entrometiera.
—Las normas de la Iglesia son esas, jovencita, y por mucho que tú o yo mismo, nos empeñemos en lo contrario, así debe ser. Y yo aún no os he casado.
—¡Pues hacedlo!
—No, padre —susurró Domingo.
Y bajó del altar, acercándose a Isabel y ofreciéndole su mano. Ésta la tomó, y ambos abandonaron la iglesia ante las miradas de desprecio de todos...

2. *La más bella muchacha.*

«Recuerdo un lugar apartado en el tiempo, un momento lejano en la distancia, en el que crucé la mirada con la muerte. Aquellos inocentes ojos jamás volverían a brillar bajo la luz del mortecino candil. ¿Qué camino ha de seguir esta hermosa muchacha? ¿Dónde ha de cumplirse el compromiso que contrajo con las sombras?»

ZUGARRAMURDI (Reino de Navarra). Primavera de 1595

Domingo vivía en una pequeña casa de labradores, a las afueras de Zugarramurdi, junto a un espeso bosque: una cabaña de madera y piedra con dos alcobas y un corral, a doble nivel. En una de las habitaciones dormían sus ancianos padres, dos viejecitos que a Isabel le parecieron huraños al principio, pues había echado por tierra el matrimonio pactado con la hija de la todopoderosa Graciana de Barrenechea, y encantadores cuando decidieron olvidarse de todo aquel asunto y aceptarla como a la novia de su hijo.

Manuel era un hombre ancho de espaldas, de manos casi tan grandes como su calvo cráneo. Su cara estaba atravesada por infinidad de arrugas, que parecían adquirir vida propia, en un sinuoso movimiento de repliegue elástico, cuando mostraba su boca, totalmente carente de dientes, en una perenne sonrisa. Los ojos de Manuel eran duros, pero con un trasfondo de ternura irresistible, resguardados bajo una cejas grisáceas y pobladas. El anciano solía hablar en un idioma incomprensible para quienes no hubieran nacido en la zona, mezcla imposible de francés, castellano y vasco, que Isabel a duras penas comprendía. Blanca, sin embargo, había nacido en un pueblecito de la Corona de Castilla cercano a Vitoria, y hablaba perfectamente el castellano, aunque eso, en vez de ser una ventaja, se convertía en un verdadero calvario. Aquella mujer menuda, de carnes escasas y movimientos rápidos y nerviosos, se hacía insoportable cuando abría la boca; aunque aquel no era el problema, sino que era incapaz de volver a cerrarla. Hablaba y hablaba sin parar, aunque no tuviese ni idea de lo que decía.

Isabel no necesitó mucho tiempo para habituarse a aquella nueva vida. No comprendía el vasco y necesitaba que Domingo o Blanca le tradujeran lo que le decían sus vecinos, aunque estaba segura que en un par de meses comprendería algunas palabras, y en uno o dos años podría mantener una conversación medianamente fluida...

Domingo ya le había advertido que su vida era un tanto peculiar y peligrosa, pero ella no veía por ningún lado ese peligro, aunque sospechaba de qué se trataba. Observó pequeños detalles, que le parecieron extraños, pero no lo suficiente como para poner en peligro las vidas de aquellos humildes carboneros: jamás bendecían la mesa, ni asistía a misa, a no ser que se tratara de un entierro. Blanca, cuando estaba sola en la cocina, solía hablar en susurros bajo el hueco de las escaleras, pero esto se lo achacó a que era una anciana...

Todo parecía normal, hasta aquel apacible día de primavera, en el que llamó a la puerta de los Subildegui un extraño hombre.

Se trataba de un anciano enjuto y encorvado, que lucía una barba larga y amarillenta, como de chivo, y ojos completamente velados por las cataratas. Para caminar se ayudaba de un bastón de madera retorcida, como de parra, y vestía un raído hábito de monje benedictino, repleto de lamparones y zurcidos.

—¡Benditos seáis, buenas gentes de esta casa! —rezó el fraile.

Isabel abrió la puerta y se quedó impresionada por el aspecto de aquella especie de ermitaño. Pero no sólo fue ella quien sintió un escalofrío recorriendo todo su cuerpo. El anciano benedictino tuvo que alargar su mano y aferrarse con todas sus fuerzas en el marco de la puerta, tropezando con el pequeño ato que, segundos antes, había dejado a sus pies. Entonces, Isabel vio salir de detrás del ermitaño un perro enorme con aspecto de lobo, completamente negro, que le rugió, enseñándole unos dientes largos y afilados.

—¡Quieto, Sócrates! —gritó el fraile. El perro la miró con desconfianza, y se apartó unos pasos, sentándose sobre sus poderosas patas traseras—. Supongo que sabrás disculpar el carácter huraño de este perro, vago y botarate... Es un animal viejo, que ha perdido la facultad de distinguir...

—¿Distinguir qué? —Isabel le ofreció su brazo, y el anciano se aferró a él con fuerza.

—¿No es ésta la casa de los Subildegui?
—Sí, hermano, lo es...
—¿Y tú, quién eres?
—Es la mujer de Domingo —se apresuró a decir Blanca desde la cocina. El rostro del fraile se iluminó.
—Creí que os había ocurrido algo malo —suspiró aliviado.
—Isabel —dijo Blanca, acercándose a toda prisa—, éste es Crisóstomo... Crisóstomo de Valcuerna.

Al oír aquel nombre, la pelirroja volvió a sentir aquel escalofrío que le crispó los cabellos cuando lo había visto tras la puerta. En Benabarre contaban la historia de aquel fraile excomulgado, que maldijo a los del mas de la Roca... Aquel hombre le producía terror.

—¡Estimada Blanca! —susurró el benedictino—, prometí venir a visitaros unos días antes del verano, y yo cumplo lo prometido.

—Y nosotros nos alegramos de ello, Crisóstomo.

El de Valcuerna era primo de la madre de Blanca. Según pudo entender Isabel, fue quien ejerció de casamentero entre ella y Manuel.

No estaba demasiado claro pero, al parecer, Crisóstomo había sido fraile cisterciense en un monasterio Palentino, donde llegó a ser abad; puesto del que fue relegado por un asunto tan turbio como blasfemo, relacionado con prácticas no demasiado ortodoxas dentro de la Iglesia de Roma. Por esa razón, que Isabel imaginaba referente a algún asunto teológico, fue expulsado de la orden benedictina, aunque se le permitió seguir vistiendo el hábito de la orden. Años después, se le acusó de hereje, y fue juzgado por la Inquisición, que lo condenó a diez años de cárcel y cinco de destierro de Castilla, tras los cuales cambió su nombre (el verdadero era Alvar de Aguas) por el de fray Crisóstomo Rui y Pérez, y se inventó un lugar de procedencia, Valcuerna, según él en las cercanías de Soria. Desde entonces, se dedicó a adivinar el porvenir a los pobres crédulos de todo el Reino de España y el Bearne francés. Allí, precisamente, en Lapurdi, fue donde conoció a Ignacio, hermano de Manuel. Y en Pau fue donde aprendió conjuros, maldiciones y a desarrollar unas facultades, que ya de por si poseía, desde que naciera en fecha difícil de determinar.

—Vos conocisteis a mi madre —balbució Isabel, en plena cena.
—¿Cómo dices, jovencita? —se inquietó Crisóstomo.
—Vos le ayudasteis a escapar de Benabarre, y le dijisteis que lo que llevaba en sus entrañas era una niña... Era yo.
—Mi memoria es algo confusa —intentó hacer memoria—. Recuerdo, eso sí, haber estado en Benabarre —cerró los ojos—. Sí, en efecto, tu madre era una muchacha hermosa: bonito rostro y alma limpia. ¿Qué fue de ella?
—Todavía vive... Regresó a Benabarre y tiene una vaquería...
—Una delicia de muchacha —carraspeó el fraile.

—¡El mundo es tan pequeño! —sonrió Domingo—. ¡Quién iba a decir que ya os conocíais! Aunque fuera antes de nacer.

—¿Alguna vez te contó tu madre lo que le dije sobre ti? —Isabel se encogió de hombros, Catalina jamás le dio demasiados detalles de su encuentro con aquel fraile maldito—. Le dije que la niña que reposaba en sus entrañas había sido tocada por la mano de Dios.

—Mi vida dista mucho de ser la de una santa. Él no me ha dado nada; nada le debo, ni nada voy a reclamarle...

Crisóstomo se llevó a la boca el cuenco de sopas con pan y sonrió. Después, cogió la mano de Isabel, y la apretó con energía.

—Todo, pequeña Isabel —le dijo—, todo depende de Dios. El camino, sea cual sea, te llevará inexorablemente a Él. Incluso el de éstos —miró a los Subildegui.

Después, se levantó de la mesa. Y, haciendo una extraña reverencia con la mano, agarró el pomo de la puerta, pero no llegó a abrirla. Volvió a girarse y, mirando a Blanca, dijo:

—He decidido que estas tierras son buenas tierras para morir.

—¿Qué dices, Crisóstomo? —se alarmó la anciana.

—No, no debes inquietarte —sonrió el anciano—. Soy un viejo, cuyas piernas apenas soportan el peso de su alma. Mi burro murió de aburrimiento, y yo ya no estoy para andar por esos caminos de Dios... No pido gran cosa; un rincón en vuestro granero y un plato de sopa...

—Sabes que estás en tu casa —chapurreó Manuel.

—Lo sé... Pero prefiero dormir en el granero...

3. El acecho del Santo Oficio.

«¿Por qué las tiaras romanas le niegan al hombre su condición de mero instrumento en la Creación? Negar que las criaturas de Dios son tan diversas como inmensa su potestad, es tan ridículo como admitir que la autoridad del Creador es tan limitada como dilatada la estupidez de los que lo afirman.»

ZUGARRAMURDI (Reino de Navarra). Verano de 1595

Aquel gran perro, el que viniera con Crisóstomo, apenas se veía por las inmediaciones de la casa de los Subildegui, cosa que al falso fraile no le preocupaba lo más mínimo y tranquilizaba a Isabel; Sócrates, desde el día en que el hereje de Valcuerna decidió acabar sus días en Zugarramurdi, no volvió a mostrarse agresivo con ella, sin embargo, la presencia de aquel lobo disfrazado de perro pastor le ponía los pelos de punta.

Crisóstomo dedicaba la mayor parte del día a pasear por los prados y montes cercanos al pueblo y, aunque estaba acostumbrado a la soledad del camino, andar solo por esos mundos de Dios, cada vez se le hacía más difícil. Aconsejado por tales sentimientos, o quizás por otros más oscuros, el fraile se atrevió a pedirle a Isabel que le acompañase en esos largos paseos, pero la pelirroja no estaba por la labor... Había algo en aquel benedictino renegado que le producía pavor; tal vez su mirada ausente, o aquellas arrugas, que dibujaban un destino terriblemente oscuro: destino en el que ella podría verse involucrada si no se aliaba con la fortuna.

No sabía muy bien qué razones había argüido el agorero para convencerla, pero lo cierto es que, aquel día, Isabel se vio abandonando las calles de Zugarramurdi, agarrada al brazo del benedictino. La joven presentía que la obstinación de Crisóstomo no se debía únicamente a su necesidad de compañía, o por la ceguera, sino a un interés, algo inquietante, en mantener una conversación con ella sin la presencia de los Subildegui.

El de Valcuerna caminaba cogido con una mano a Isabel y con la otra a su sinuoso cayado. La mujer recibió el tacto de los huesudos dedos, casi una garra, del anciano como el abrazo de un buitre sobre un árbol seco. Había oído historias, mitos basados en el temor colectivo a la muerte cruel y sin escrúpulos, en las que se narraba la existencia de algunos individuos que secuestraban a los niños, los desangraban, abrían y destripaban, para extraerles las "mantecas", con las que fabricaban bálsamos y bebedizos que curaban la tuberculosis, los tumores e incluso la peste... Ella ya no era una niña y su sebo era más bien escaso. Crisóstomo tampoco parecía ser uno de esos diablos: de haber tenido delante a un niño, jamás hubiese sabido diferenciar si era un muchacho rollizo o un junquillo muerto de hambre. Era un anciano de magras flojas y débiles, que no soportaría el peso de un simple bebé sobre su espalda. Aunque, cabía la posibilidad de que tuviera compinches esperando en cualquier recodo del camino, dispuestos a asesinarla y ganarse unas pocas monedas por el arroyuelo que corría por sus venas o por sus exiguas mantecas...

El anciano sabía que su presencia no era del agrado de Isabel, pero no hizo ningún esfuerzo para que ella se sintiera cómoda. En el fondo, Crisóstomo disfrutaba provocando aquel tipo de situaciones, y dudó si mantener aquel halo misterioso, del cual se aprovechaba con una maestría asombrosa, o decirle lo que quería decirle.

—Jovencita —susurró Crisóstomo—. Me consta que mi presencia te inquieta, que desconfías de mí —Isabel abrió la boca, pero no dijo nada—. No es necesario que lo niegues —sonrió el fraile.

—No sois vos quien me perturba —balbució la pelirroja—, sino las historias que he oído...

—¿Y, qué historias son esas?

—En Benabarre —Crisóstomo se encogió de hombros, y le hizo un gesto con la mano para que prosiguiera—. Cuentan que maldijisteis a los del "Mas de la Roca" porque no le dieron cobijo.

—Deberías decir: "porque no nos dieron cobijo", pues yo no estaba solo. Tu madre viajaba conmigo... Tú misma viajabas con nosotros.

—Sea como fuere, aquella masía ahora recibe el nombre de "Seca", porque, desde aquella maldición, muchos de sus descendientes han nacido ciegos, mudos, sordos, mancos...
—Creo que tienes un hermano cojo, ¿no es así? —Isabel asintió—. ¿También se debe a mi maldición?
—No lo sé... ¡Decídmelo vos!.
—Me asignas unas facultades de las que carezco...
—Pero, por vuestras maldición, aquellos pobres nacen lisiados.
—Si yo dijera que el cielo va a desplomarse sobre nuestras cabezas, y cayera un rayo sobre los árboles, dirías que puedo dominar las fuerzas de la naturaleza.
—¿No sería así?
—No, mi pequeña —rió el de Valcuerna—. Esas cosas están únicamente en manos de Dios... Yo puedo leer el alma de los hombres, y digo lo que veo... Aunque no hubiera maldecido a aquella familia de mezquinos, ellos seguirían siendo ciegos, tullidos y secos...
—Entonces, ¿lo que sentí la primera vez que os vi...? ¿no fue que poseéis poderes que están vedados a la mayoría de los humanos?
—¿Quién los posee?, ¿aquel que los siente, o quien los descubre? Del mismo modo, podría decir que eres tú quien los posee, y no yo...
—¿A qué os referís?
—Cuando llamé a la puerta de los Subildegui, te inquietaste... Pero, puedo asegurarte que yo aún me turbé más que tú... Incluso Sócrates presintió mi turbación. Por eso se comportó de aquel modo...
—Dudo que una mujer como yo pueda removeros las vísceras.
—No te engañes, pequeña —sonrió Crisóstomo—. Ni tu presencia, ni la presencia de ningún mortal, producen ya efecto alguno en mí... Mis ojos no pueden ver y, en tu presencia, no percibo nada diferente a lo que sentiría ante cualquiera que posea tus facultades... No. Como mucho, hubiese sentido esa fuerza que, sin duda, tienes. Pero las personas como tú no me han inquietado jamás, ni siquiera en el caso hipotético de que hubiera presentido tu inmediata muerte... Los hombres nacemos y morimos, es ley de vida... Es ése, el que te acompaña como si fuese tu sombra, quien me conmueve...
—No sé a quién os referís.
—A ese ser con aspecto divino que te sigue y protege como si fuese tu ángel guardián.
—¿Lourier?, ¿podéis verle?
—¡No me hagas reír, muchacha! —espetó, ofendido—. ¡Mis ojos hace años que están apagados!
—Entonces, ¿cómo sabéis cuál es su aspecto?
—Del mismo modo que tú, a veces, puedes llegar a verlo.
—Ahora sólo le veo en sueños... Cuando era una niña podía verle en vigilia, sobre las ramas de un enorme castaño.

—Si hubieses sido una niña piadosa y cercana a los sacerdotes de Dios, esas apariciones serían de Cristo, la Virgen, el apóstol Santiago o el mismísimo Dios, te lo aseguro —rió con ironía—. Pero tú decidiste bautizarlo, por alguna cuestión que no alcanzo a comprender, como Lourier.

—Fue mi padre quien me dijo su nombre.

—¡Eso no tiene la menor importancia, pequeña! El caso es que ese ser decidió protegerte o, quizás, fue enviado para ello —Crisóstomo se acercó a una gran piedra, al borde del camino y se sentó, respirando pesadamente—. Y tú deberías aprovechar este, digamos, privilegio a tu favor...

—Hubiese preferido que fuera Cristo quien se me aparecía.

—Sólo dependía de ti —el anciano se encogió de hombros—. Si hubieras decidido que el tal Lourier fuese Jesucristo, San Juan o San Pablo, ahora serías considerada una santa de la Iglesia, santa en vida. Serías como un intermediario entre Dios y los hombres.

—¿Os referís a que, esas apariciones, dependen de quien las experimenta, y no de quien las provoca?

—Yo no diría eso... Pero tengo la certeza de que, ni la Virgen María, ni Jesucristo, ni ninguno de los santos, se han mostrado jamás a los videntes. ¡Cómo si no tuviesen otra cosa mejor que hacer que atormentar a los pobres mortales! —perdió sus apagados ojos en el cielo—. «*¡Rezad el rosario!, ¡comulgad todos los domingos!, ¡no olvidéis a Dios, pues el mundo se corrompe con los pecados de los hombres!, ¡declaradle la guerra al infiel Saladino, que ha mancillado la tierra que vio nacer a vuestro Salvador!*» ¿Te parecen esas palabras provenientes del Dios del Amor? —Isabel se encogió de hombros.

—¿Llamáis mentirosos a los que aseguran hablar con los santos?

—No. Les llamo irresponsables... Nada de lo que han predicho las Vírgenes o santos se ha cumplido y, sin embargo, los obispos, cardenales y papas siguen, como si de dogmas de fe se tratase, cualquiera de las indicaciones de esas apariciones. Si Dios quisiera dar pautas y reglas para la Iglesia, se le aparecería a los papas, y no hay un solo pontífice que haya recibido la visita de un santo de Dios... ¡Qué fácil es presentársele a un niño ignorante y crédulo, que no va a cuestionar jamás lo que le dice la aparición! La Iglesia se empeña en separar a tales seres en dos grupos: los que hablan en su favor, y los que no lo hacen. Los que exhortan a los fieles a aferrarse a la doctrina de la Santa Madre, sin duda, tienen, que proceder de Dios... El resto, ¿de quién, sino de Satanás? ¡Y Dios fue antes que el hombre, antes que la Iglesia, antes que la propia vida!

—Vuestras palabras me sobrecogen.

—¿Te sobrecogen? —alargó la mano. Isabel le ayudó a ponerse de pie—. Si mis palabras te atemorizan, ¿qué sentirás cuando los hombres de Dios, los santos de la Inquisición, se conviertan en una bruma espesa que sobrevuele tu cabeza como un cuervo hambriento acosando a un cabrito moribundo?

—¿Me habláis de mi futuro? —se inquietó Isabel—. Si las cosas son tan difíciles, y mi futuro lleva escrita el peligro, prefiero ponerle fin en este mismo instante.

—El futuro es algo tan impreciso como el presente —empezaron a caminar, de regreso a Zugarramurdi—. Nadie, en su sano juicio, osaría pronosticar sobre lo que aún no ha sido escrito. Si nuestra percepción de las cosas, en el eterno presente en que vivimos, nos hace dudar de lo que estamos viendo, ¿no sería una temeridad, arriesgarse a pronosticar sobre algo que sólo es una posibilidad entre cientos?

—Pero vos habéis dicho...

—¿Qué importa lo que diga un anciano ciego, esclavizado a una realidad que no le permite caminar sino por una senda estrecha, sin darte siquiera opción a traspasar la cerca que la separa de los caminos paralelos que la secundan? El Santo Oficio te acechará, del mismo modo que me acecha a mí, del mismo modo que persigue a todos los que tienen la certeza de que, por esos caminos, deambulan espíritus y realidades a las que no les importa lo más mínimo lo que dictaminan desde las Tiaras Romanas. Según la Iglesia, es imposible que esos seres puedan comunicarse con los mortales... Pero la tierra era plana, hasta que a aquel loco de Cristóbal Colón se le ocurrió la brillante idea de intentar alcanzar las indias por occidente...

—Entonces, ¿qué he de hacer?, ¿guardar para mí todo lo que vea, oiga o sienta?

—¿Por qué no interrogas a ese Lourier? Tal vez tenga respuestas.

—¿Cómo confiar en él, si ni siquiera sé de dónde procede? —Crisóstomo frunció el ceño.

—Hay una mujer: Estevanía de Navarcorena. Ella ve lo que otros nos limitamos a intuir... Quizás ella pueda contestar a tus preguntas...

4. *El atajo.*

«Yo no soy nada, una simple hoja mecida por el viento. Jamás deseé ni aborrecí lo que se cruzó en mi camino. Jamás odié ni amé las sombras ni la luz que les da sentido. Anduve por tus sendas, y mi corazón sangró al verte sufrir... Ni siquiera me lo agradeciste. Pero tus labios jamás se movieron. Y, aunque conozco el camino, ¿cómo saber si he tomado la dirección correcta?»

ZUGARRAMURDI (Reino de Navarra). Verano de 1595

Domingo se ofreció a acompañar a Isabel hasta la casa de Estevanía de Navarcorena, pero parecía no encontrar una ocasión propicia para hacerlo. *«Es un poco rara»*, le decía, *«y hay que buscar un buen momento para ello»*, sin mayores explicaciones.

Mientras Domingo se decidía a llevarla hasta el centro del pueblo, que era donde vivía la anciana, Isabel se habituó a acompañar a Crisóstomo en sus paseos diurnos. Sócrates no volvió jamás a mostrarse agresivo, ni con ella, ni con nadie; es más, el gran perro negro parecía recibir con evidente alegría las caricias de la pelirroja o de cualquiera que tuviese valor suficiente como para enfrentarse a su plante, ciertamente poco amistoso.

La vida allí, en el Pirineo Navarro, vida campesina y sencilla, de una tranquilidad que exasperaba a Isabel, estaba empezando a convertirse en un suplicio. ¡Suerte de Crisóstomo y sus historias!, a cual de ellas más asombrosa. Parecían extraídas de un libro de aventuras, con caballeros andantes, confabulaciones de nobles contra la Corona y altercados entre los plebeyos y las autoridades civiles y eclesiásticas.

Aquellos días, poco antes de que el verano templara el gélido clima del Pirineo, el de Valcuerna se había marchado a Urdax, a visitar a una mujer llamada Graciana Xarra, enfermera del Hospital y viuda de un tal Martín de La Borda, pastor al que le unió gran amistad desde que era un muchacho y Crisóstomo, todavía Alvar de Aguas, un recién desterrado hereje...

En realidad, y según dijo el propio benedictino, iba a Urdax a visitar al padre de la mujer. *«Morirá, sin duda»*, profirió, sin alterar un ápice la impertérrita expresión de su rostro. El caso es que Isabel le prometió cuidar de Sócrates mientras estuviese lejos de Zugarramurdi, aunque el perro no necesitaba ningún cuidado.

Crisóstomo la había acostumbrado a sus largos paseos, de tal modo que la joven pelirroja se veía incapaz de renunciar a ellos; es más, cuando le era imposible huir de la casa de los Subildegui, aunque sólo fuera unos minutos, le costaba conciliar el sueño, y sufría pesadillas.

Sócrates gruñó desde algo más adelante, y se sentó frente a la boca de la enorme cueva, sobre la cual celebraban los aquelarres. Parecía una herida abierta en la roca por un gigante furioso...Isabel se adentró en las oscuras fauces de la tierra, mientras el perro la observaba, moviendo el rabo frenéticamente, y echando sus puntiagudas orejas hacia atrás. Pero no la siguió hasta el interior de la caverna.

Era un lugar abovedado, como una iglesia románica, muy espacioso. Un cañón, cuya iluminación, abundante en ambos accesos, era devorada por las brumas antes de llegar al centro. Sintió un escalofrío: la caverna parecía la antesala de lo prohibido.

Allí adentro, sus sentimientos experimentaron una profunda transformación; eran emociones carentes de pasión, ambiguas e incomprensibles. Se debatió entre el amor y el odio, entre la paz y el dolor infinito, entre la candidez y la ira... Le embargó un estado de desidia, cercano al trance místico.

Sus piernas, perezosas y doloridas, se arrastraron hasta el centro de la cueva y, después, hacia el interior de uno de los recovecos oscuros que, como arrugas en la piel de un anciano, conformaban las irregulares paredes del túnel. Una luz surgió a pocos pasos de donde se encontraba; una luz densa que le acarició como el agua de lluvia.

Isabel se giró violentamente... Conocía quién provocaba aquello. Sócrates ladró desde el acceso de la cueva, pero no entró. Después gruñó, y, al fin, cayó dormido, como si hubiera muerto súbitamente... No le cabía la más mínima duda. Aquella luz no provenía de este mundo, y la presencia que lo provocaba era de sobras conocida.

—¡Lourier!

—Así es como me llamaba tu difunto padre...

—¿Y no es ése tu nombre?

—Jamás he juzgado los caprichos de los hombres; ni siquiera los más absurdos... Sois demasiado complejos... Yo no tengo nombre, y los poseo todos...

—¡Eres un mentiroso!

—Es posible... —Sonrió.

—Dices que no juzgas, y consideras que nuestras conductas son absurdas. Te vanaglorias de ser parcial, y nunca has tenido ningún reparo en alterarnos la vida.

—¡Veo que tu desvergüenza no ha logrado borrar la ingenuidad de tu corazón! —Isabel esperaba que Lourier riera, pero no lo hizo— No me sorprende, ¡tenéis una escala de valores tan distinta a la nuestra!

—¿Distinta a la vuestra?, ¿quiénes sois vosotros?

—¡Nombres, nombres! Creéis que la lucidez es un estado al que se puede dar nombre y alcanzarse. Y es como el crecimiento de un árbol, se desarrolla sin haber tenido que aprenderlo...

—No has contestado a mi pregunta.

—Soy un compañero de viaje.

—Siempre he elegido a aquel con quién viajaba y con quién no lo hacía. Y a ti no te he llamado, ¿qué quieres?

—¿Le preguntarías a tu madre por qué sigue siendo tu madre? —Isabel se encogió de hombros— Yo soy lo que soy, y tú no me escogiste... Dejémoslo así.

—¿Por qué a mí?

—¡Tu engreimiento me abruma, Isabel! —sonrió Lourier—. Tú no eres diferente al resto de los humanos. Que tú puedas verme y los demás no, no te convierte en nada.

—Yo desearía ser una mujer sencilla...

—¿De verdad crees en lo que dices, o es simple retórica? —Ahora sí rió— Jamás he conocido a nadie que quisiera renunciar a sus facultades antes de haberlas desarrollado; más bien todo lo contrario. Quien no posee, desea. Tu hijo Hernando, sin ir más lejos, se convertirá en un hombre esclavizado al deseo

de tus facultades. Matará por poseerlas y sólo logrará el más terrible de los fracasos... Pero ese es su camino, no el tuyo.
—¡No mentes a mi hijo!
—Tu hijo no es más sagrado que el hijo de un pordiosero, ni menos respetable que un príncipe.... Pero cada uno de nosotros ha de cargar con su cruz, y nadie, absolutamente nadie, puede hacer nada por evitarlo; la propia vida, el tiempo y las circunstancias ajenas a él mismo, le obligarán a seguir ese camino.
—¿De dónde procedes?, ¿de Dios?, ¿del diablo? ¿Eres Cristo, Santiago o alguno de los santos de Dios?
—¿Santiago? —rió Lourier— ¿no hubo bastante con ver cómo las enseñanzas de su hermano se convertían en una lucha despiadada por el poder de Cristo? Dudo mucho que le hayan quedado ganas de volver a este mundo y ver qué han hecho con su maestro... Dios y el demonio son las dos caras de una misma moneda; el uno sin el otro no tienen sentido. El Bien y el Mal son la misma cosa vista desde diferente perspectiva. Y en el centro estamos nosotros, intentando poner un poco de orden en el caos en el que nos han sumido los que creen ostentar el poder, bien digan que actúan según los designios de Dios, como quienes adoran a Lucifer. Te aseguro que, tanto a unos como a otros, les importa poco lo que hagamos...
—No te comprendo.
—Lo que hagas en esta vida te repercutirá a ti, y sólo a ti, no a Dios ni a Satanás... ¿Qué es eso de la lucha por disputarse las almas de los mortales? ¡Qué estupidez!; Dios no ha de luchar por las criaturas que ya le pertenecen, y para el demonio no sois más que el primer peldaño en una escalera infinita?
—Eso no me interesa lo más mínimo...
—Pues debería... Porque llevamos siglos intentando haceros ver que Dios es inalcanzable, que el camino es eterno y que, hagas lo que hagas, te comportes del modo en que te comportes, tu vida únicamente habrá sido un instante en el infinito camino... Vosotros, los mortales, tendéis a jerarquizar lo que no tiene rango. Sólo hay dos estados: Dios y el resto. Dios es la meta, y el resto sólo pretendemos avanzar hacia él. Incluso Lucifer, el rey de los infiernos, camina hacia Dios, como un ejército va a la batalla. Dios está sometido a Satanás, porque es lo más pequeño... y ser vencido es, para él, una victoria... Te aseguro, Isabel, que tú puedes comprender esto, y muchos otros no pueden...
—¿Qué estás intentando decirme?
—He venido a proponerte un atajo...
—¡Eso es absurdo!
—Tras de ti van todos aquellos que quieren aprovecharse de tus facultades. Eres un instrumento poderoso, que puede llegar a abrir los ojos y los oídos a los hombres, pero que también dejarles definitivamente sordos o ciegos... Eso es lo que quiero que hagas.

—¿Dejarles ciegos? —Lourier sacudió la cabeza—. Comprendo... Pero no quiero ser marioneta de nadie... Los hombres de Dios me rechazaron cuando supieron que podía hablar con los espíritus de los desencarnados, me insultaron y humillaron y me obligaron a vivir según sus criterios. Les resultaba incómoda porque lo que soy no concuerda con lo que ellos creen que debe ser la vida, con lo que predican. Y, cuando tienen delante de sus narices algo que no se aviene a sus propias ideas, lo destruyen y repudian... No, Lourier, no quiero entrar en ese juego.

—No eres tú quien decide qué debes o no hacer... No vives aislada en este mundo y, por lo tanto, decidas seguir a quien sea, entrarás a formar parte de la dinámica establecida por quienes toman las decisiones; incluso, si decides tomar el camino contrario, estarás formando parte del juego de la Iglesia, porque eso no depende de lo que tú creas u opines, sino de lo que ellos dicten o prohíban. Tanto los santos como los herejes colaboran en fortalecer los cimientos de la Iglesia: unos afianzando sus ideas y los otros dándoles una excusa para mostrar su poder...

—¿Qué es lo que te preocupa, Lourier?

—¿Preocuparme? Nada, Isabel...

—¿Entonces?

—¡Huyes de las llamas, para caer en el fuego!

—¿Qué te importa a ti eso?

—Debería importarte a ti... Si te acercas a esos patanes que adoran a Belcebut, da tu vida por perdida.

—No quiero escuchar más... Me uniré a quien desee conocerme, a quien sepa comprender que lo que me ocurre, con lo que he nacido, no es una monstruosidad, sino algo de lo que deba sentirme orgullosa.

—¿Quién te ha dicho que es una monstruosidad?

—Los curas.

—Por mucho que te sientas admirada por esos herejes, también ellos creen que es una monstruosidad, aunque les fascine... ¿Eso es lo que buscas?, ¿que te adoren como a los santos a los que detestas?

—¿Preferirías verme arder en la hoguera?

—¡Qué equivocada estás, criatura!

—¿No has dicho que una vida es sólo un instante? ¡Déjame que pierda ese instante del modo que quiera!; en definitivas cuentas, en la eternidad, mi vida habrá durado lo que dura un suspiro...

Isabel se giró, miró a Sócrates, y éste se puso de pie.

El perro se acercó a Isabel dando pequeños saltitos y moviendo el rabo de un lado a otro, arrimándose a la joven y restregando su hocico húmedo en sus faldas.

Lourier se fundió con las brumas.

5. La estirpe.

«Quise ser grande entre los grandes, y no conseguí más que ser la peana sobre la que se sustentan los poderosos.
Quise ser el más pequeño de los hombres, pero mi mediocridad se cimentó sobre la divinidad de los miserables.»

ZUGARRAMURDI (Reino de Navarra). Otoño de 1595

Domingo ató su faja con fuerza y sacudió la cabeza. Su madre había pasado toda la noche llorando y gimiendo por unos dolores espantosos en su bajo vientre. Según dijo Crisóstomo, se trataba de una infección en la orina, que se le había extendido a los riñones: *«Si sale de ésta, ya puede estarle agradecida a Dios... o al demonio»*, dijo con su habitual indiferencia. Le hizo tragar un bebedizo que apestaba a laurel y a romero agrio, aunque esto pareció surtir el efecto contrario al que esperaban los Subildegui: *«Eso es bueno»*, aseguró el fraile. Por la mañana, el dolor remitió, y Blanca cayó en un profundo sueño, del que no despertaría hasta bien entrada la tarde. Isabel, tal vez por mantener la estima de aquellos dos ancianos, pasó todo la noche en vela, vigilando, más que cuidando, a la anciana. Después, al amanecer, la joven consiguió conciliar el sueño, pero ya era demasiado tarde.

El carbonero, cuando dormía poco, se levantaba de mal humor. Sin embargo, aquella mañana no parecía excesivamente desabrido.

Isabel ni siquiera llegó a desnudarse; aún llevaba puestas las mismas faldas, la misma camisa y las mismas enaguas que el día anterior, y dormitaba recostada sobre la cama, resoplando intranquila.

—¡Vamos! —musitó Domingo, acariciando el pelo de Isabel—. No recuerdas que prometí llevarte a visitar a la de Navarcorena?

—¿Tiene que ser precisamente hoy? —refunfuñó—. Tu madre aún no se ha recuperado y yo no he podido pegar ojo en toda la noche...

—Debe ser hoy... A partir de mañana será imposible; he de llevar un cargamento de carbón a Lapurdi.

—No me habías dicho nada.

—Di por supuesto que lo sabías... Voy todos los años.

Isabel se arrastró por la habitación, buscó el marco de la ventana y la abrió de par en par. Los rayos del sol se clavaron en su cara como pequeñas brasas robadas de una hoguera infame por la tímida brisa, casi muerta, que, como mezquino presente, ofrecía el Pirineo Navarro. Sus ojos se cerraron, y sólo volvieron a abrirse cuando el frescor de la mañana penetró, como un aliento de vida, en sus pulmones.

—Como tú digas, Domingo...

Estevanía de Navarcorena vivía en una pequeña casa de planta simple, sin corral, adosada a un huertecillo sometido a las malas hierbas y morada perpetua de una veintena de gatos rollizos, que evitaban que las ratas se adueñaran del hogar de la vieja bruja.

La anciana solía madrugar; algunos de los de Zugarramurdi aseguraban que jamás dormía. De hecho, cuando llegaron allí, Estevanía llevaba horas sentada sobre un balancín carcomido, trovador desafinado que canturreaba al compás de los impulsos de la abultada cabeza de su dueña, que bordaba una enorme rosa en una sábana amarillenta. Estevanía era una mujer corpulenta, aunque no demasiado ancha. Tendría unos setenta años, tal vez más, y la expresión de su cara era amable e inquietante a un mismo tiempo. Recogía su larga melena gris en un moño pulcramente peinado.

—Sabía que vendríais —dijo, sin levantar la vista de sus labores.

Isabel sonrió con la boca torcida.

Había oído decir que la mayoría de las agoreras no eran más que viejas trastornadas y convencidas de poseer unas facultades que las elevaban por encima del resto de los mortales. Y en cierto modo así era. Nada hacía prever que Estevanía fuera diferente a aquellas alcahuetas que, con engaños, intentan aquietar la pobreza de espíritu de los que les dan de comer. De hecho, aquella presentación era la habitual entre quienes pretendían justificar la inmerecida confianza que, sin duda, le iban a depositar los desesperados. Sin embargo, la presencia de la anciana le resultaba agradable. Isabel se sintió estúpida, al creerse atrapada en las redes de aquella mujer. Sí, Estevanía le inspiraba tal confianza que, sabía, no iba a permitirle cuestionarse si lo que decía tenía algo de cierto, o era el oropel superfluo que la bruja utilizaba para captar su atención.

Bien fuera porque realmente poseía las facultades que le había asegurado Crisóstomo, bien por la incrédula sonrisa que perfilaron los labios de la joven, lo cierto es que Estevanía se dejó de formalismos innecesarios, se levantó del balancín, y se acercó a ella. Cogió sus manos, y le hizo un gesto a Domingo, indicándole que se quedase allí, en el portal. La agorera tiró de la joven hacia el interior de la casa: un cubículo de una sola habitación, en cuyo centro había restos de madera quemada y humeante. Una campana de hierro oxidado devoraba el poco humo que desprendían las ascuas, y lo expulsaba al exterior por un largo tubo que fenecía incrustado en el negruzco techo. Un catre bajo, un armario viejo, una mesa mediana y dos sillas eran todo el mobiliario de la casa. Estevanía le hizo una señal, e Isabel tomó asiento en una de las dos sillas. La vieja se sentó en la otra.

—¡Pobre Domingo! —balbució Estevanía, en un precario castellano— Desearía ser como nosotras, pero no nos comprendería, ni lo hará jamás… Por eso le he pedido que aguarde fuera.

—Nunca he deseado ser diferente, ni a Domingo, ni a nadie…

—Sin embargo, te sientes orgullosa de ser como eres —Isabel bajó la cabeza—. Yo tampoco deseaba que muriese Petri, mi marido, ni mis hijos, y tuve que enterrarlos, uno detrás de otro… Solamente sobrevivió mi hija Juana, la pequeña… Las cosas que te son impuestas no deben ser deseadas o

despreciadas. Luchar contra ellas sólo sirve para que se vuelvan contra ti. ¿Cómo te llamas, muchacha?
—Isabel...
—Mi madre se llamaba Isabel... Era de Jaca; aragonesa, como tú. Por eso entiendo lo que me dices —sonrió Estevanía—. Supongo que te ha enviado Crisóstomo, ¿no es así? —la pelirroja asintió—. ¡Gran hombre ese fraile maldito! Y supongo que querrás respuestas —Isabel miró al suelo—. Pues yo no puedo darte respuestas diferentes a las que ya te ha dado tu amigo.
—¿Crisóstomo?
—¿Crisóstomo te ha dado alguna respuesta? —se encogió de hombros—. Me refiero a ese eterno Joven de Largos Cabellos.
—¿También usted puede hablar con él?
—No, jovencita, puedo leer en ti... en tu corazón.
—¿Y qué lee?
—Tú eres descendiente de una estirpe muy antigua que, antaño, fueron dueños de la tierra y de las estrellas, de los mares y del cielo. A esa estirpe, que conoció el mundo cuando los ángeles mezclaron su sangre con las vírgenes de la Tierra, les llamaban los "Hijos de la Soledad", porque jamás fueron escuchados por el ingrato dios que los creó, ni admitidos por sus demonios enemigos. ¡Pobres de vosotros que, como aquellos que fueron desterrados del Paraíso, estáis destinados a desvaneceros sin ser comprendidos! Aunque vuestras obras perduren, jamás seréis recordados por lo que fuisteis... Y así será, mientras haya un sólo miembro de vuestra raza sobre la Tierra.
—Entonces, mi hijo...
—Tu hijo es un niño. Nada más que un niño, que te será arrebatado por el verdadero rey de los infiernos, por él mismo... ¡Guárdate de los que creen poseer la clave de tu existencia, y huye de aquellos que te vean como maestra, porque se embriagarán de lo que creen y no pueden saber! Llorarás, joven Isabel. Llorarás como lo hizo tu padre, como lo hará tu nieto...
—Lourier me dijo que el futuro no se puede adivinar, ¿cómo es que tú crees poder hacerlo?
—Yo no he hablado del porvenir, jovencita —Estevanía pareció sentirse ofendida— sino de las inviolables leyes que rigen las cosas... Jamás ha caído una piedra hacia arriba, y jamás hubo montaña que viniese a un hombre. Tu camino es buscar tus propias respuestas. Y, ni yo, ni nadie, podemos andarlo por ti. Pero tú no tienes meta... Saldrás por esa puerta, y ya estarás pensando en un nuevo viaje hacia el interior de ti misma... Ningún camino que sigas será el correcto, porque todos lo son, pero tú no lo sabes...

La anciana se levantó pesadamente, cogió la mano de Isabel, y la acompañó hasta la puerta.

Domingo había cortado gran cantidad de leña en el rato que Isabel estuvo hablando con la anciana Estevanía. Era el pago por la visita.

Por el camino, de regreso a la casa de los Subildegui, una mujer fue al encuentro de Domingo, el carbonero tensó todos los músculos de su cuerpo e Isabel se sintió inquieta. Era María de Yriarte.

—¡Veo que aún sigues con esa... pelirroja! —le dijo en vasco. Isabel no la entendió, así que María prosiguió en un precario castellano, más porque quería hacerse entender que por educación—. Dentro de dos semanas la hermandad realizará una reunión...

—No me apetece mucho acudir —respondió Domingo, mirando a Isabel—. Las cosas han cambiado mucho desde...

—Desde que me dejaste plantada en el altar...

—Me he propuesto cambiar de vida.

—¿Cambiar de vida? Esto se lleva en la sangre, Domingo... Todo se recuerda, nada se perdona... No te pregunto, te advierto.

—¿Y si me niego?, ¿qué vais a hacer, entregarme al Santo Oficio?

—¿Crees que soy estúpida? Si no acudes al prado, no seré yo quien venga a buscarte.

—¿Se puede saber de qué habláis? —preguntó Isabel, humillada porque aquellos dos, aunque habían tenido la deferencia de hablar en castellano, la mantenían al margen de la conversación. Domingo le hizo un gesto con la mano para que callase.

—Acudiré —dijo el carbonero.

—Acudiréis... Mi madre quiere que vengáis tú y la pelirroja.

—Está bien... Iremos, aunque no creo que sea buena idea; un nuevo miembro, y forastero, siempre genera desconfianzas.

—Yo sólo soy una recadera; eso es lo que ha dicho mi madre, y eso es lo que yo te he comunicado...

María les miró con desprecio y, dando media vuelta, se perdió por las calles de Zugarramurdi.

Domingo palideció. Era evidente que sentía algo muy especial por aquella mujer, pese a que la había abandonado segundos antes de que el cura les bendijera como marido y mujer.

Por un segundo, Isabel imaginó a Domingo recostado sobre el cuerpo desnudo de aquella mujer, realmente atractiva y de rostro hermoso y, aunque no sintió celos, comprendió que ella misma no era muy diferente a la de Yriarte. Si aquellos dos no estaban casados era por que Domingo era un cobarde incapaz de atarse a nadie. Si por algo le estaba agradecido a Isabel no era por haber regresado a sus brazos, ni siquiera por calentarle la cama en las tristes noches de invierno, sino por haber evitado su matrimonio con María. La de Yriarte, hasta que Manuel y Blanca hablaron con Juanes y Graciana, no era más que una mujerzuela con la que yacía cuantas veces deseaba, sin papeles, responsabilidades ni compromisos, y así hubiera sido considerada a perpetuidad si sus padres y los de ella no se hubiesen entrometido. Con Isabel, en el fondo,

las cosas discurrían de modo similar y ella lo sabía. Lo único que le interesaba de ella era encontrarla en la cama, siempre dispuesta a recibir las embestidas de su ligereza.
—¿Hermandad?, ¿miembros? —le interrogó Isabel, enfurecida— ¿a qué se refería esa mujer?
—Es una forma de hablar.
—A mí no me ha parecido que se tratase de una forma de hablar, sino de algo concreto.
—Ya te dije que mi vida era compleja y peligrosa. Me refería a esto precisamente, a la hermandad...
—¿La hermandad?
Entonces, las palabras de Lourier adquirieron todo su significado: aquel peligro que le acechaba, la vida desperdiciada. Isabel comprendió que el camino, ahora, se volvía ancho y practicable. Sonrió, mirando al cielo. Acababa de aceptar el reto de Lourier... El reto de Dios...
—Este año, el invierno se ha adelantado —susurró Domingo, cogiéndola de la mano—. Los de Lapurdi estarán ansiosos por que les lleve el carbón con el que encender sus fuegos, los herreros sus fraguas y los mesoneros sus cocinas... Debo llevarles el carbón y regresar antes del día de la reunión.
—Tengo un dolor de cabeza espantoso —dijo Isabel—. Me gustaría dormir un poco antes de comer...

6. *El Prado del Cabrón.*

«¿Qué esperabas de mí, si tus príncipes jamás quisieron escucharme?
Quienes hablan en tu nombre me han vejado una y otra vez, me han humillado, y han pretendido que dude de mí misma.
Nunca hiciste nada para que te amara... Y no tendría por qué hacerlo; he pasado hambre, he tenido frío, he dormido sobre la tierra desnuda... ¿Dime, pues, qué he de agradecerte, si ni siquiera reconoces que vivo, que respiro y que soy, incluso, capaz de sentir tu presencia?»
ZUGARRAMURDI (Reino De Navarra). Otoño de 1595

Crisóstomo le apuñaló con su apagada mirada, y su rostro perfiló un rictus severo. La tímida luz del candil que los iluminaba apenas permitía distinguir la cara de Domingo, por lo que el fraile no podía diferenciar el bulto informe que debería percibir en circunstancias normales. Pese a que Subildegui sabía que el agorero se oponía abiertamente al ejercicio de los aquelarres, no le escondió sus intenciones de acercarse hasta el Prado del Cabrón. Como era previsible, Crisóstomo puso el grito en el cielo, alegando que *«esta vida ya es suficientemente complicada como para buscar respuestas en un mundo opuesto a la realidad».* Manuel y Blanca, cuando vieron que la conversación se estaba convirtiendo en una discusión subida de tono, se excusaron y se retiraron a su alcoba.

—¿Qué pretendes, Domingo? —espetó el anciano, lleno de cólera— ¡Adorar a Satanás es tan estúpido como adorar a cualquier otro dios creado por el hombre!

—¿Qué tienes tú que decir, que fuiste encarcelado, humillado y relegado al abandono, que intuyes el más allá y nadie te escucha? —dijo Subildegui con retintín, aunque con afecto—. Los curas nos prohíben el placer. Lloramos y no nos ofrecen consuelo, sino rezos y promesas de un mundo que desconocemos, ¿cómo creerles?

—¿Y ése es un motivo para que pongas en peligro tu vida?

—Tú nos dijiste que los caminos son infinitos, pero que la meta siempre es la misma —balbució Isabel, nada convencida de querer dar aquel paso— ¿Por qué no éste?

—Dios nos hizo libres, y yo no voy a esclavizaros —dijo Crisóstomo—. Mi opinión no es más importante que las vuestras... Haced lo que creáis que debéis hacer, pero sabed que yo no estoy, en absoluto, de acuerdo con esto.

Y, dando un portazo, se marchó de la casa.

Poco antes de medianoche, Domingo salió afuera, y regresó al cabo de unos minutos, con una pequeña escudilla llena de una pasta infame, que hedía a sebo rancio. La dejó sobre la mesa, y se desnudó.

—¿Se puede saber qué estás haciendo? —le interrogó Isabel.

—¡Quítate la ropa! —le ordenó Subildegui—. Debes cubrir todo tu cuerpo con este ungüento.

—¿Qué es?

—No estoy muy seguro —dudó Domingo sacando sus calzones—. Me lo entregó Graciana, y creo que está hecho con grasa de cabra, belladona y no sé qué más. Sirve para volar.

—¿Para volar? —sonrió Isabel, incrédula—. ¿Y cuales son sus efectos?, ¿nos crecerán alas? —se burló.

—¡Vamos! —le apremió, embadurnando su pecho con el bálsamo.

Isabel se despojó de sus ropas, e imitó a Domingo.

La sensación fue turbadora. El ungüento era una grasa terriblemente fría, y así lo sintió su piel. Pero, en pocos segundos, todo su cuerpo abrasó, como si fuera a prenderse de un momento a otro. Minutos después, su cabeza se despejó, sus ojos se abrieron como platos, y sus piernas temblaron como juncos mecidos por el viento. Un cosquilleo recorrió todo su cuerpo, sus manos perdieron toda sensibilidad, aunque su mente se mantuvo despierta, y sus oídos se aguzaron. A continuación, todo lo que le rodeaba se tiñó de una fría luz violeta. Los ojos le escocían, como si hubieran recibido en su interior un chorro de alcohol.

Sonó un lejano campanario... Era medianoche.

En las cercanías de la casa de los Subildegui croó un sapo... cinco veces. Y no volvió a oírse.

—Ésa es la señal —dijo Domingo.

Entonces, Isabel cayó al suelo, sin sentido, y se vio sobrevolando los campos de Zugarramurdi, desnuda, cabalgando sobre el peine de un arado. Y a su vuelo fueron añadiéndose varias personas, algunas jóvenes y apuestas y otras viejas y arrugadas, que reían y cantaban:

«Dios nos creó para ser sus esclavos
Pero nosotros fornicamos con el diablo,
para que entienda ese tirano
que jamás volverá a ser nuestro amo,
que sólo en Satanás confiamos».

Después, todo se volvió confuso...

Una mujer, que dijo ser la Reina del Aquelarre y que Isabel reconoció como Graciana de Barrenechea, la colocó a la derecha de una pequeña roca plana, sobre la cual había un trono cubierto por una tela negra, y ella se situó al otro costado de dicha losa. Los demás, incluido Domingo, bailaban, como posesos esperando un exorcismo, alrededor de una hoguera, bebiendo extrañas pócimas y repitiendo una y otra vez: *«Ven a mí, oh Belcebut, y haz conmigo lo que quieras».*

De repente, todos los brujos y brujas guardaron un mutismo absoluto, y de un lugar indeterminado, surgió un caballo negro, sobre el que iba montado un jinete grandioso, vestido con una capa de piel de cabra y tocado con una cabeza de macho cabrío de grandes cuernos retorcidos. El hombre, si es que era tal, era muy velludo, y su piel, aunque no podía distinguirse con detalle, parecía casi negra.

Los brujos le hicieron reverencia, al tiempo que el negro caballo cruzaba frente a ellos y gritaban: *«¡Salve, rey de los Infiernos!».*

El jinete tiró de las riendas del caballo, y éste frenó su paso. Descabalgó de su montura, tomando asiento en el trono, sobre la roca, y aguardó con un rictus severo y engreído en su cara.

Estevanía de Navarcorena repartió unos cirios negros, que los brujos prendieron en la hoguera, y que vomitaban una llama azulada. Cuando todos ellos habían encendido las velas, las levantaron por encima de sus cabezas. Debía haber una cincuentena, entre hombres y mujeres, en aquel pequeño prado. Muchos de ellos se introdujeron dichas velas por los "hoyos infames"; gesto, éste, que el hombre velludo agradeció con una sonrisa de complacencia. Isabel los observaba atónita.

El hombre se levantó del trono y dijo:

—Yo, Belcebut, siervo de nuestro señor Satanás —su voz ronca y cavernosa inundó todo el prado— os doy la bienvenida a este aquelarre; a ti, Reina, a ti, "Abatalero", a ti, mi fiel "caudatario"...
   Y fue enumerando uno a uno a los brujos allí congregados, que fueron depositando unos presentes que habían llevado consigo: pollos, huevos, bacalao en salmuera, hachas, hoces, hortalizas... Y cada uno de aquellos, cuando eran nombrados, se aproximaban a la entrepierna del demonio, y le besaban en su prominente miembro, de algo más de un codo, negro y recubierto de escamas, como el lomo de una víbora.
   Acto seguido, se adelantaron dos ancianos, y se postraron ante él.
   —¡Oh, Señor! —dijo uno de ellos— he profanado la casa de Dios... Hice de vientre en un barreño y, después, en plena noche, entré en la iglesia y tiré mis porquerías sobre el Santo Cristo.
   —¡Hijo de Satanás! —gritaron todos con alegría— ¡malnacido!
   Belcebut dio media vuelta y ofreció su peludo trasero al anciano, que lo besó, y todos gritaron llenos de gozo.
   Unos tras otros, todos los presentes fueron detallando sus pecados y aplicándole el "Osculum Infame" al demonio.
   Belcebut alargó la mano y señaló a Isabel. La pelirroja se acercó, medio adormilada y aturdida. El demonio le ordenó que se tumbase frente a su trono, sobre la losa de roca. Separó sus piernas, dejando que colgaran a ambos lados de la misma y, acercándose a la hoguera, cogió un par de puñados de ceniza, con los que dibujó, sobre el suelo, una estrella de cinco puntas invertida, que encerró en un círculo.
   Después, dio dos palmadas.
   Domingo se acercó a Isabel, y le hizo beber una especie de licor, que le revolvió las tripas.
   Graciana se colocó en el centro del círculo, en la confluencia de las líneas del pentagrama, portando un caldero de cobre, y todos los hombres, jóvenes, adultos y ancianos se pusieron en fila... Y la "Reina" se acercó a aquellos brujos y, cogiendo los penes de cada uno de ellos, los agitó hasta que eyacularon en el interior de la marmita. Cuando hubo concluido, le entregó el caldero a Belcebut, y éste echó en su interior un polvo similar al azufre.
   Todos rodearon a Isabel, que yacía, desnuda y adormilada, sobre la roca. El demonio elevó el caldero por encima de su cabeza y rezó:
   —¡Oh gran Luzbel, rey de los infiernos!, te ofrecemos esta novicia, y rogamos que la aceptes en tu reino —y, vertiendo el contenido de la marmita sobre su vientre, añadió—: Seas recibida en los Dominios de Mal, de Luzbel, de Satanás y en los míos propios.
   Y aquel líquido se desparramó por su barriga y muslos como miel entre los dedos de un oso hambriento. Isabel jamás había sentido tanto asco como el que sintió cuando aquella melaza, tibia e impúdica, rezumó en su bajo vientre. Pero

algo, tal vez el brebaje que le había dado a beber Domingo poco antes, le confería un coraje del que, sin duda, carecía en un estado normal. Incluso sintió cierto placer en su propia repugnancia... Semejante ambigüedad le inquietó; se negaba a que aquella práctica obscena se convirtiera en algo seductor, sugerente, y sucumbiera a la evidente atracción de aquel rito inmoral. Sin embargo, sentía fascinación por aquellas mujeres y hombres, que bailaban desnudos sin importarles dicha desnudez; arremetiendo contra las creencias impuestas por cuatro obispos de repletas panzas, que adoraban a un diablo más depravado que el propio Satanás: El Dinero. A todos aquéllos, les habían impuesto una religión en la que ni siquiera creían los propios sacerdotes, incapaces de dar respuesta a los pequeños incidentes diarios, a las pequeñas tentaciones de la vida cotidiana, sino con inútiles rezos y penitencias poco más provechosas. Belcebut, o quien fuera, tampoco parecía capacitado para responder a las preguntas de aquellas pobres gentes.

«*No*», se dijo «*estos hombres no odian a Dios; dudo mucho que odien a la Iglesia, sino porque les persigue. Ni siquiera son peligrosos sino porque cuestionan el poder de los curas*».

Sus pensamientos se esfumaron en un segundo; cuando algo le fue introducido hasta lo más profundo de sus entrañas, produciéndole un terrible dolor. Intentó abrir los ojos, pero las oscilaciones ininterrumpidas de aquel artilugio en su sexo actuaban en ella como un atroz sedante, que la mantenía adormilada. Realmente, aquella sensación le resultaba insoportable, pero no podía gritar, ni siquiera susurrar el más leve de los lamentos. Por unos instantes, sus párpados se relajaron, sus ojos se entreabrieron y pudo ver a aquel enorme hombre tocado con los cuernos de cabrón cabalgando sobre ella, con una expresión en su rostro de total indiferencia.

Sus muslos se humedecían con un líquido viscoso y caliente, que enseguida comprendió que se trataba de su propia sangre mezclada con el semen que Belcebut había derramado sobre ella.

—¡Me estás reventando las tripas! —susurró. Nadie la escuchó.

Belcebut decidió concluir aquel brutal menester después de inundarla con su abrasante virilidad y se retiró de ella. Isabel dejó de sentir aquel dolor insufrible. Del demonio no surgió un sólo gemido de placer o agrado. Se quedó quieto, mirando de arriba abajo el pálido y dolorido cuerpo de Isabel, con un rictus severo. Después, le dio la espalda y levantó sus velludos brazos. Los brujos respondieron a este gesto con un griterío atronador.

Graciana le ofreció la mano y le ayudó a levantarse.

Belcebut volvió a sentarse en el trono.

Llegados a este punto, todo volvió a hacerse confuso, más aún si cabe que cuando abandonó la casa de los Subildegui.

Jamás supo si todo aquello había ocurrido en realidad, o los brebajes y ungüentos que le habían aplicado distorsionaron la realidad de tal modo que, lo que en un principio debería haber sido una fiesta, se convirtió en una horrible pesadilla.

A la mañana siguiente, Isabel tenía todo el cuerpo dolorido, en especial sus posaderas y bajo vientre. No recordaba prácticamente nada; únicamente algunas imágenes distorsionadas, que prefería que no hubiesen aflorado a su consciencia. Domingo no le sacó de dudas; se negó a hacer un solo comentario al respecto. En el fondo, agradeció la hosquedad de su amante; seguramente no hubiese podido soportar la verdad.

CAPÍTULO XXIV
Venganza.

1. El despecho.

«Mis labios te besaron, una y mil veces... Antes fui yo. Siempre fui la primera... Fue un candor gratificante; tan febril como obsceno; tan desprovisto de emociones, que su sólo recuerdo se convierte en pecado. Pero lo deseo. Deseo violar las leyes de Dios y de los hombres si tú eres ese quebranto.»

ZUGARRAMURDI (Reino de Navarra). Verano de 1597

María de Yriarte se despertó sobresaltada. Al principio era incapaz de recordar el motivo de tan brusco arrebato, aunque tenía la seguridad de haber estado soñando durante toda la noche. Haciendo caso de los "cuentos de vieja", permaneció completamente quieta, dejando que el flujo natural de sus ideas le dirigiera hacia el desenlace de un enigma que, aunque no le obsesionaba demasiado, su madre le aconsejó que solucionara lo antes posible. *«Los sueños son avisos del alma»*, aseguraba Graciana, *«si no les pones remedio, acaban convirtiéndose en parte del problema...»* Lo cierto es que, en los últimos tres años, prácticamente en todos los amaneceres desde entonces, solía despertarse sudorosa y excitada y, aunque se deleitaba en aquellos sentimientos, temía que el goce se convirtiera en un problema más grave que el que lo provocaba.

Primero vio el rostro severo de su recientemente fallecido padre y se asustó. No es que le inquietase demasiado que Juanes fuera el protagonista de sus sueños más obscenos; fue él mismo, en una de aquellas ceremonias en el Prado de Cabrón, quien, como una lezna terrible, abrió en su adolescencia la puerta de una madurez excesivamente temprana. No, no era eso. El ánima de un desencarnado bien pudiera haber sido incorporada a las hordas de Belcebut como íncubo[47], lo que significaba que el demonio la había escogido para engendrar un nuevo brujo, y ella no se sentía digna de tal honor.

Pero la arrugada cara de Juanes pronto se difuminó entre peroratas incongruentes y retazos de recuerdos poco amables, y se transformó en un gran lobo, en una anciana que no supo reconocer y, finalmente, en un rostro que creía definitivamente desterrado de sus pensamientos: Domingo de Subildegui.

---

[47] Según ciertas creencias, los brujos engendrados por el demonio al morir se convertían en tales. Según la apariencia que tomasen se denominaban *íncubos* o *súcubos*. Los primeros con apariencia masculina, de gran hermosura, se presentaban en el sueño de los mortales, les provocaban sueños eróticos e inseminaban a las mujeres para que engendrasen nuevos brujos y demonios. Los súcubos serían seres antagónicos a los íncubos, quienes recogerían el semen derramado, en las poluciones involuntarias y en las masturbaciones, para que los primeros tuvieran con qué fecundar a las brujas, en una cadena sin interrupción.

Volvió a sentir en su vientre el ardor de aquella juventud, de un deseo extirpado como si un barbero le arrancase un diente de raíz infinita; sólo que el sacamuelas no era tal, sino una mujerzuela descolorida y flaca. *«Guárdate de la pelirroja»*, le aconsejó su madre, *«es tan poderosa que ni siquiera ella lo sabe»*.

—¡La odio! —gritó en la espesa noche, sin importarle si alguien podía o no escucharla— ¡Maldita mujer!, ¡maldita extranjera!

Los niños que deseaba haber engendrado, aquellos que hubiese parido para Domingo, se revolvieron allá donde aguardan los que jamás serán: antesala de la nada, y le forzaron a desafiar al destino; un porvenir que le había impuesto una jovenzuela de moral aún más ruin que la suya propia.

Se vistió a toda prisa, y salió afuera.

Puntual, como todos los días, la pelirroja se puso en marcha hacia el pueblo. Tras ella, aquel enorme perro negro, que se había convertido en un compañero tan incómodo como discreto.

El camino pronto se convirtió en una empinada cuesta, que le recordaba a las calles de Benabarre y, unos pasos más allá, fue engullida por las primeras casas de Zugarramurdi.

Allí, de pié como un soldado haciendo guardia en la garita de un cuartel, le aguardaba María Yriarte, con rostro.

Isabel perdió sus ojos en las piedras del camino, esquivando la mirada de aquella mujer que, sabía, la odiaba casi tanto como el malnacido de su padrastro. Y se preguntó por qué demonios los sentimientos que despertaba en el prójimo eran de ira, rabia o animadversión. Cierto es que jamás hizo nada por evitar que los corazones de quienes le rodeaban rezumasen veneno contra ella; en el fondo, se enorgullecía de ser la más odiada de las mujeres…

—Tú —le increpó la de Yriarte— ladrona de maridos… ¡A saber cuantos matrimonios has echado por tierra!

—¿Me hablas a mí? —preguntó Isabel, con una sonrisa sardónica.

—Sí, a ti, concubina de mi marido.

—Yo no soy concubina de nadie —respondió con calma—, como mucho amancebada… Y Domingo jamás fue tu marido.

—Domingo era mío.

—Nadie es de nadie, María…

—Tú, ¡maldita seas!, destruiste un matrimonio feliz.

—Tal vez… Si me disculpas, debo ir a buscar leche a la vaquería.

—¡No creas que he olvidado lo que me hiciste, furcia del demonio! ¡Pagarás por ello, lo juro!

—No jures lo que no vas a poder cumplir… Si yo caigo, tú caerás conmigo, y todos los de este pueblo.

—¿Me amenazas?

—No. Eres tú quien me amenaza a mí, María… Sólo te advierto…

Sócrates gruñó, y María se escondió en un portal.

Un escalofrío recorrió el espinazo de Isabel. Quizás no fuese más que el resultado de un encuentro nada agradable, aunque parecía algo distinto; estaba casi segura de que aquel asunto, su amancebamiento con Domingo, o el simple hecho de compartir la misma cama que el carbonero, iba a traerle más problemas que alegrías... Todos, incluida la propia María de Yriarte estaban ya condenados...

2. El diablo.

«Una familia que creía no poder tener hijos, aceptó en su hogar a un niño expósito... Pocos años después, nació su único hijo del amor; una criatura hermosa y lista. A los tres años, el hijo verdadero era tan bello, afable e inteligente que a todos maravillaba; y el expósito, feo, adusto y lerdo... Por más que lo intentaron, no pudieron evitar amar más a aquel que por ley natural les correspondía. Y se sintieron culpables y tristes, pues no comprendían que un hombre, un niño, un ser, no es su criatura ni su ambiente, sino un ser tan ajeno que, pretender que su nacimiento no influya en su vida, denota una falta de amor propio tan acusada que sólo merece el silencio como respuesta.»

BENABARRE (Reino de Aragón). Verano de 1597

Lorenzo miró a su sobrino con los ojos escondidos bajo su poblado ceño fruncido. Las travesuras de Hernando solían ser tan cómicas como ocurrentes y, pese a que aquella vez se había excedido, Lorenzo escasamente podía disimular que la gansada del pequeño le había hecho gracia.

—¡Estas cosas no pasarían si este diablo se hubiese educado en una familia normal! —dijo enfurecido Santiago de "Trinchamoros", intentando sujetar su vieja y asustadiza burra—. ¡Por poco me mata a la pobre "Ataulfa"!

—¿Qué entiendes tú por una familia normal? —preguntó Lorenzo, sonriendo—, ¿la tuya?

Un antepasado de Santiago se ganó el calificativo de "Trinchamoros" no sin merecerlo, y su abuelo había sido ejecutado por los hombres del conde por haber asesinado a un soldado, a su mujer y a los cuatro hijos de éste, por un asunto de juego.

Lorenzo agarró la oreja de Hernando, estiró de ella sin decirle una sola palabra, y lo exhibió por toda la calle, sin soltarlo. Cuando llegaron a Casa Capellana, Hernando ya sabía cual era su castigo: encerrarse en su alcoba sin poder salir de ella durante tres días.

—¿Qué ha sido esta vez? —preguntó Catalina, con desidia— ¿Le ha quemado la cola a algún gato? —Lorenzo sacudió la cabeza—. ¿Ha atacado a algún perro a pedradas?

—No. Esta vez ha sido mucho peor —sonrió Lorenzo—. Soltó la burra de Santiago Trinchamoros, le ató un cencerro en el rabo y le metió un "coralet"[48]

---

[48] Guindilla roja.

por el culo —Catalina quiso enfadarse, pero, ante aquella ocurrencia de su nieto, no pudo sino reír a carcajadas—. Han tenido que ir a buscarla cerca de San Salvador.

—¿Qué vamos a hacer con este crío? —Lorenzo se encogió de hombros...

Catalina había conocido muchos niños traviesos, algunos de los cuales tenían evidente malicia, pero jamás se había encontrado con un caso como el de su nieto. La tranquilidad con la que les había obsequiado en sus primeros años de vida, ahora se había convertido en pura inquietud. Era un niño nervioso, que se negaba a obedecer por sistema, y aquella travesura era sólo una de los centenares que cometía "día sí, y día también". No estaba muy segura de que aquellas "trastadas" fueran simples barrabasadas de un niño activo, aunque tampoco se le veían intenciones más allá del mero entretenimiento.

La burra de Trinchamoros tenía el dudoso honor de ser la diana de los juegos de muchos niños; era una acémila cobarde, espantadiza y escandalosamente cantarina... Luís Escalarre, el hermano pequeño de Evaristo, y otros tres zagales de su pandilla, solían acercarse al corral en el que Trinchamoros guardaba a "Ataulfa", y roznarle en sus enormes orejas, a lo que la burra respondía con sus rebuznos desacompasados y agudos... Y a tales rebuznos respondían los asnos de las casas cercanas, y a éstos, los de los vecinos... Así, hasta que todo Benabarre se convertía en el escenario en el que se representaba una ópera cuyo final era imposible de predecir; precisamente en la imposibilidad de determinar el momento en que sus dueños lograrían hacer callar a todos aquellos animales, radicaba la diversión... Pero el caso de Hernando era diferente.

En cierta ocasión, no hacía mucho tiempo, le robó el mechero a su tío Lorenzo, le prendió fuego a las enaguas de Celestina de Jueu, y a punto estuvo de provocar un incendio... En otra, arrancó las sandías del huerto de "Casa Ferrasomés", y las "reventó" contra el muro de la iglesia de San Miguel; casi le costó la ruina al pobre Luís... Era una tras otra, y parecía inmune a los castigos de su abuela.

—Al menos —se consolaba Catalina—, no será un analfabeto...

3. La decepción.

«Jamás deseé lo que me ofrecías y, sin embargo, me lo diste...
Jamás deseé lo que me era ajeno y, sin embargo, lo pusiste en mis manos...
Y ahora que deseo, no me das.
Ahora que no tengo, no me ofreces.»

ZUGARRAMURDI (Reino de Navarra) Verano de 1597

Domingo llevaba unos días decaído. Algo le preocupaba, aunque las cosas parecían transcurrir como era habitual. *«Quizás es la monotonía, el pensar que jamás será otra cosa sino un carbonero, lo que le tiene abatido»*, se engañaba Isabel.

Blanca y Manuel, algo menos dados a prestar atención a los altibajos emocionales de su hijo, achacaban aquella tristeza a que la primavera se estaba extinguiendo y a que Graciana de Barrenechea había pronosticado que aquel verano, que sólo había asomado su hocico tímidamente, sería seco y caluroso. Domingo odiaba el calor, y presagio de un infierno, aunque sólo fuera el vaticinio de una agorera con más desaciertos que clarividencias, podía llegar a consumirle como un pajarillo entre la nieve...

Isabel estaba convencida de que Domingo, cuando regresara de la carbonera, poco antes de que el sol, haragán y cantamañanas, decidiera descansar tras las montañas, traería consigo aquel peso que le oprimía, pero que aquel abatimiento no iba a restarle un ápice de pasión. En los últimos dos meses no hubo día en el que no hicieran el amor. Alguno de ellos lo habían hecho un par o tres de veces. No es que Domingo fuese un hombre poco fogoso, lo cual hubiese explicado el desconcierto de Isabel, pero tampoco pecaba de lo contrario.

El carbonero apenas cenó. Se retiró sin apenas cruzar un par de palabras con sus padres. Isabel le siguió hasta la pequeña habitación que compartían.

Allí, los dos se desnudaron. Isabel se tendió sobre la cama, y Domingo yació sobre ella un par de veces, con vehemencia y desazón. Cuando hubo concluido, se dejó caer sobre las sábanas y aguardó a que el sueño, don más bien escaso, le recibiera en su plácido regazo.

La mujer ya había empezado a sentir como sus músculos se destensaban, entre sacudidas y juramentos, cuando Domingo se incorporó, y se sentó en el borde de la cama, dándole la espalda.

—Siempre he sido un hombre de acción —dijo el carbonero—. De hecho, me alisté en las milicias de Lambert porque ya ni siquiera el viajar hasta Lapurdi, un año tras otro, lograba sacarme de mi rutina... He viajado más que cualquiera de los de este pueblo, por Francia, Aragón, Navarra, Castilla —giró un poco la cabeza, y miró a Isabel—. Ahora no soy más que un carbonero que no puede aspirar a nada más que a regresar a su casa cada día, sucio y cansado de quemar madera —la pelirroja le escuchó, sin hacer un solo comentario—. A veces me pregunto si no hubiera sido mejor seguir a las ordenes de aquel maricón francés; así tendría una razón por la que luchar, por la que morir... Mi vida es tan vacía como la de todos esos patanes, de los labradores y pastores que no aspiran más que a ver crecer a sus hijos para que éstos se conviertan, a su vez, en unos esclavos de su propia supervivencia. ¡No creas que no me he preguntado miles de veces sobre el sentido de las cosas, sobre el porqué de éstas! La vida es absurda, y es ese mismo absurdo el que hace que me plantee seriamente su sentido... Pero deseo las mismas cosas que esos pobres desgraciados: deseo vender mi carbón para poder vivir, tener comida que llevarme a la boca, una mujer que me espere en casa, para que repose en ella mi propia miseria... y unos hijos a los que enseñar mi oficio —tragó saliva—. Probablemente, todo hombre desea que su vida no sea una anécdota que contar a

quienes nos suceden. Un nombre escrito sobre una tumba, aunque esta sea de mármol, siempre acaba borrándose, y con ella se pierde lo que resguarda. ¿Quién se acordará de Domingo Subildegui dentro de cien años? Nadie, Isabel.
—No comprendo qué es lo que estás intentando decirme —dijo, medio adormilada—. ¿Qué te preocupa?
—Ningún hombre es nada sin un hijo al que enseñarle su oficio, al que ofrecerle lo poco que tiene. Si yo muero y nadie ocupa mi lugar, todo lo que he hecho, lo que he vivido, no habrá servido de nada... Nada le queda a un hombre mayor como yo, si nadie quiere escuchar sus historias, si no tiene un hijo que le abra sus oídos... ¿Qué sabes tú de tus abuelos, de tu bisabuelos? —Isabel se encogió de hombros. Estaba desconcertada—. Por nuestras venas corre la misma sangre que corrió por sus venas y ni siquiera recordamos sus nombres...
—¡Lo siento, Domingo! —susurró Isabel—. Yo no puedo tener hijos —el carbonero la miró horrorizado—. Cuando regresaba a mi pueblo, después de reunirme con mi padre, y tú marcharte sin decir una sola palabra, fui asaltada y violada por unos bandidos... Me recogió un joven sacerdote, que me cuidó y nos alimentó a mí y a mi hijo durante meses... Pero me quedé encinta de aquel cura, y tuve que abortar. Estuve a punto de morir en manos de un curandero... Jamás volvió a presentárseme el mes...
—¡Eso es imposible!
—No, Domingo. Te estoy diciendo la verdad... Te aseguro que deseo tanto como tú tener un hijo. Tal vez eres el único hombre con el que realmente he deseado tenerlo... Sí. A Miguel lo amaba, o lo deseaba, pero yo era una niña, y Hernando vino sin avisar, sin pedirlo. Sin embargo, ahora que deseo un hijo tanto como tú, no me es concedido... Por mis pecados, por mi insensatez o por lo que sea... Si deseas un hijo, yo no podré ser su madre...
Domingo se quedó callado, e Isabel se arrepintió de haberle contado aquel secreto que, en Benabarre, estaba en boca de todos. Su madre siempre decía aquello de *«quien dice lo que le viene en gana, escucha lo que no desea»*, en este caso el silencio más absoluto.
El carbonero se echó sobre la cama y cerró los ojos. Al cabo de unos minutos, su falsa respiración le hizo comprender que aquel hombre no deseaba seguir hablando. Con toda seguridad, temía que le contase alguna de esas cosas que ella consideraba habituales y que él temía más que a las represalias de Belcebut. Una violación, ser la amante de un cura, un embarazo aún más ofensivo que el de las solteras y que su cuerpo fuera tan yermo como un roquedal, eran demasiadas cosas para una sola noche. Domingo estaba seguro de que, aún conociendo aquel pasado terrible, no iba a dejar de amarla... Pero también sabía que jamás volvería a ver con los mismos ojos a aquella pelirroja de aspecto engañosamente frágil. ¿A cuántos hombres habría amado antes o después de él?

Al cerrar los ojos e intentar conciliar un sueño haragán, comprendió la magnitud de las palabras de Isabel. En unos segundos se había convertido en un hombre nulo, insignificante, sin mayor futuro que un puñado de pasto en el morro de una vaca. Un hombre cuya semilla se perdería en el pecado de una mujer a la que ni siquiera sabía por qué amaba. Un insignificante vacío en el centro de un mundo tan extenso que lo relegó a la nada.

Isabel jamás le vio llorar, pero sabía que Domingo, aquella noche, lloró como jamás lo había hecho; por unos hijos que se revolverían en el limbo, como truchas en las redes de un pescador. Ella, su pecado, les había sentenciado a no existir, a la muerte antes de nacer. No era nadie y, sin embargo, con un solo acto, consiguió alterar las leyes del Destino. Y, con una palabra, había destruido los deseos de un hombre. Se sintió poderosa.

Después, se arrepintió.

4. Mala fortuna.

«Quien no tiene voluntad ni valentía, jamás debería confiar en que el destino vaya a facilitarle las cosas... Tal vez no existe el Porvenir, y la suerte dependa de nuestra capacidad de enfrentarse a las circunstancias, pero lo cierto es que cuando un tímido supera su vergüenza, o ya es tarde, o algo ajeno a él le impedirá conseguir su propósito.»

BENABARRE (Reino de Aragón). Principios de otoño de 1598.

Aún tenía las posaderas doloridas por la embestida que le dio el abrutado de "Cornut", un macho cabrío de cuernos tan largos y retorcidos como grande era su mal genio. *«No lo entiendo, es el animal más inútil y vago del mundo, siempre tiene su ración de alfalfa verde, cubre a la cabra que le viene en gana y nadie le exige nada, ¿De qué narices se queja el maldito cabrón?»*, fue la retahíla que profirió Pepita cuando sintió el velamen de Cornut intentando incrustarse en su prominente barriga. Después, con el tiempo justo de dar media vuelta, vino la inevitable embestida, que le hizo caer de bruces sobre un suelo alfombrado de paja y estiércol.

—Al menos —dijo, al ver una sonrisa en los labios de Lorenzo— ha servido para borrar de tu cara esa expresión de funeral.

—¡No me negarás que ha sido divertido!

—Para ti, sí —refunfuñó Pepita—, pero mi "culo" no tiene la misma opinión.

Cuatro días después, sus nalgas seguían sin encontrarle la gracia, y Pepita sin hallar una posición en la que no le dolieran cuando ordeñaba las vacas...

Por si esto fuera poco, la perrita, Canela, estaba más alborotada que de costumbre, y había pasado toda la mañana persiguiendo gatos callejeros y pequeños ratones de campo.

Lorenzo llegó de los huertos de San Pedro a media mañana... La perra se abalanzó sobre él, le lamió las manos y gimoteó de alegría.

—¡Podrías haberte llevado a Canela! —le reprendió Pepita, sin demasiado ímpetu— ¡No sabes la mañana que me está dando!

—Supongo que la misma que me hubiera dado a mí en el huerto —respondió Lorenzo—. Ahora me comprenderás cuando digo que es la perra más pesada del mundo... —el joven la miró con ojos divertidos y añadió—: Veo que ya puedes sentarte, ¡y sin cojín!

—¡Muy gracioso, si señor! ¡Hoy don Lorenzo Salazar se ha levantado ocurrente!

—¿Te falta mucho?

—Sólo ésta... ¿por qué lo preguntas?

—Porque quisiera hablar contigo... A solas.

—¿Acaso crees que esta vaca lechera va a ir con el cuento de lo que tengas que decirme a la cotilla de tu tía?

—¡Mercedes no es mi tía! —se molestó Lorenzo.

—¡Lo que tú digas!

—Te espero afuera.

Lorenzo aguardó en el portal de Capellana, sentado en un banco de madera, que le había regalado Evaristo a principios de aquel mismo verano, con la condición de que, cuando se decidiera a expresarle a Pepita lo que sentía por ella, lo haría allí mismo, y que, al menos uno de los dos, debería estar sentado en lo que el carpintero bautizó como "el Trono de la Declaración". Sólo ellos sabían por qué le llamaban así, y los demás estaban en ascuas ante tan extraño nombre. Pero Lorenzo estaba dispuesto a acabar con el poco suspense que el banco suscitaba entre sus allegados.

Pepita no tardó demasiado en exprimir las pocas gotas de leche que todavía quedaban en las ubres de la vaca. Dejó el cubo en la quesería, desató su delantal y se lavó las manos en un pocillo con agua y jabón de sebo y sosa. Después, salió afuera.

Al ver a Lorenzo sentado sobre el banco, se acercó y se quedó de pie, frente a él.

—¿Qué era eso tan importante que querías decirme? —preguntó la muchacha.

—¡Siéntate! —tartamudeó Lorenzo.

—¡Ya sabes que tengo las nalgas doloridas! Supongo que podrás disculpar que no me siente.

—Es... Es importante que te sientes... Es una promesa.

—¿Cómo las que se le hacen a los santos?

—Algo así. Sí —Pepita se sentó de medio lado, a la derecha de Lorenzo— Supongo que te preguntarás porqué Evaristo y yo le llamamos el "Trono de la Declaración" a este banco —declamó el joven de carrerilla.

—Sí, pero nunca me ha quitado el sueño.

—Deja que termine —prosiguió—. Pues bien, ahora vas a enterarte de... —los ojos de Lorenzo se movieron rápidamente. Una campanilla resonó en la parte baja de la calle, y después el canturreo desentonado de "Tarsicio de Bacallá", el pregonero—. Le prometí a Evaristo... —intentó continuar Lorenzo.

—¡Espera un momento! —le interrumpió Pepita.

—Por orden del señor alcalde —recitó el de Bacallá— se hace saber que nuestro rey Felipe I de Aragón y segundo de España murió cristianamente en el monasterio de San Lorenzo, y que le sucede su hijo Felipe... ¡El rey ha muerto, Viva el rey! —y volvió a hacer sonar la campanilla.

—¡Dios santo! —exclamó Pepita—. Deberíamos decírselo a tu madre...

—Se enterará de todos modos... —Lorenzo se puso nervioso—. Te estaba explicando que Evaristo...

No tuvo tiempo de decir nada más. Josefina remangó sus faldas y salió corriendo escaleras arriba. El joven Salazar sacudió su cabeza; sabía que pasarían varios meses, quizás años, hasta que lograse reunir suficiente valor como para atreverse a declararle su amor a Pepita...

Catalina ya casi había acabado de preparar los garbanzos con col, cuando Pepita irrumpió en la cocina y, casi al mismo tiempo, las campanas de Santa María dejaron surgir un lamento lastimero.

—¿Quién ha muerto? —preguntó, sin apartar los ojos del fuego.

—El rey Felipe.

Había deseado tantas veces el recibo de aquella noticia, que no supo como reaccionar. Jamás se alegró o celebró la muerte de nadie, y la de aquel hombre despreciable no iba a ser diferente. Sin embargo, no pudo evitar sentir cierto alivio cuando los labios de la muchacha pronunciaron aquel nombre.

La melancolía se hizo hueco en su cansado corazón, y un rostro, tan difuso como el silencio, se dibujó en sus ojos humedecidos.

—Está bien, Pepita —balbució Catalina—. Deberíamos rezar un padrenuestro por su alma.

—¿Por el alma de ese malnacido? —protestó la joven—, jamás.

—Por la de él más que por la de cualquier otro...

Pepita se retiró.

Los ojos de Fernando, quizás lo único que no había desvirtuado el olvido, se volvieron claros y limpios en el recuerdo de Catalina. El conde murió de nuevo, esta vez en el recuerdo de aquel rey engreído. La venganza, ¡qué miserable sentimiento!, llevó a la ruina al único ser que había amado, al que aún seguía amando como el primer día.

Se aproximó a la ventana y la abrió de par en par.

Un silencio, espeso y acogotado se introdujo en la cocina, llenándola de un hálito repulsivo, que a Catalina le produjo arcadas. Sus arrugas, reflejadas en el poco pulido vidrio del ventanuco, se convirtieron en su propia biografía, en el recordatorio inmoral de una vida que jamás le perteneció. Lloró, pero ni siquiera sabría decir porqué lo hizo. Felipe jamás consiguió remover una sola víscera compasiva de su cuerpo, sino todo lo contrario y, sin embargo, ahora se sentía triste. *«Incluso el recuerdo del sufrimiento, su fin, nos hace sentir vivos»*. Tal vez tuviera razón... Aquel rey pasaría a la historia como uno de los más grandes que parió España, el que logró el mayor imperio del mundo; pero ella sólo lograba ver en él a una alimaña sedienta de poder, que destruyó la única felicidad a la que aspiraba.

No era estúpida, y comprendía que el rey Felipe tuvo poca o ninguna culpa en la ruina moral y física de su amado Fernando, pero las circunstancias que rodearon aquella historia, y que no dejaban de ser anécdotas en su vida, siempre iban precedidas de aquel nombre: el apoyo de los Àger, por parte de Felipe, la entrada de las tropas de Felipe en Zaragoza, la detención de Fernando por los soldados de Felipe, su encarcelación el las prisiones reales de Felipe... Pero, cuando se trataba de los recuerdos más hermosos, jamás aparecía.

A sus cuarenta y siete años, tenía asumido que su vida se cimentaba en el odio: odio a la madre Rufina, al prior Francisco, a Eduardo Salazar, a Rodrigo Labazuy, a Juan de Àger, a Mercedes, al propio Dios... Y temía que aquel rencor acabara envenenado su sangre y muriera víctima de su propia ponzoña. Su carácter, su forma de ser, siempre fue amable; no todo lo bondadosa que hubiera deseado, pero jamás tan amarga como le habían vuelto las circunstancias. Eso le dolía más que el hecho de que una muerte, dos o cuarenta, hicieran incuestionable que no era sino una pieza más de un engranaje, sin la cual el mundo seguiría girando. Que jamás sería más de lo que era: polvo bajo tierra, que se convertiría en abono.

«¡El rey ha muerto, viva el rey!», lloró Catalina, aún a sabiendas que sus lágrimas, en unos pocos segundos, se habrían evaporado, y que no iban a devolverle ni a Fernando, ni su vida perdida por culpa del rey Felipe, de su hija, del demonio de su nieto, y de ella misma...

Cuando Pepita regresó al Trono de la Declaración, Lorenzo ya se había marchado.

Las ruinas de aquel castillo, completamente desmantelado, sirvieron, una vez más, como pañuelo en el que el joven Salazar depositó sus lágrimas... Nadie lo supo jamás. El rey muerto ya no le preocupaba, ni el vivo; a decir verdad, sólo le obsesionaba tener que pasar unos meses más, tal vez años, de calvario, soportando la duda de si Pepita le amaba como él lo hacía, o si, cuando se decidiese a volver a declararle su amor, sería ya demasiado tarde y ella ya se habría comprometido con otro...

5. Descenso a los infiernos.

«No hay pájaro que repose en las alturas, ni pez que, al morir, no regrese a la superficie.
No hay criatura que no sea devorada, ni camino que sea eterno.»
ZUGARRAMURDI (Reino de Navarra). Otoño de 1600

Aquel día, Crisóstomo se retiró pronto. Una súbita indigestión se cebó en el anciano, obligándole a visitar, con prisas y frecuente aprieto, el corral de los Subildegui. Aquella noche no cenó; se limitó a beber un par de grandes jarras de agua clara de fuente hervida, a la que añadió unas pizcas de un polvo apestoso: *«Una maravilla para los males del estómago».*

La repentina indisposición del de Valcuerna fue una bendición para los Subildegui, ya algo molestos con el fraile por sus continuos sermones en contra de los aquelarres y de aquella hermandad sin nombre. Incluso Manuel y Blanca, que no se atrevían a contradecir jamás a Crisóstomo, recibieron el achaque del anciano con agrado; hacía ya varios años que no participaban en una de aquellas reuniones, y no iban a desaprovechar una ocasión que, con toda probabilidad, no volvería a presentarse en meses. Así que decidieron quebrantar el juramento tácito que le hicieran al benedictino años atrás.

Esa noche, Isabel vio por primera vez los cuerpos desnudos de Manuel y de Blanca, ansiosos por untar sus arrugadas pieles con aquel ungüento que les haría volar hasta el Prado del Cabrón.

El cuerpo del viejo carbonero era como un pergamino mal curtido, fláccido hasta aparentar un odre apenas relleno de huesos inflamados por la artrosis. Isabel no pudo evitar clavar sus ojos en aquella escasamente repleta saca, coronada por un nudo de ojos penetrantes, que no perdía detalle de ninguno de sus movimientos mientras se iba despojando de su ropa. Como por instinto, o tal vez intentando comprobar que la senectud no había hecho mella por un igual en cada uno de los miembros de su suegro Manuel, cuando Isabel se desprendió de sus enaguas y mostró su pelirrojo pubis, sus ojos se dirigieron a la entrepierna del anciano, y comprobó que sus dormidas vergüenzas intentaban compensar la flaccidez del resto de su cuerpo.

—¡Hoy tendré un nuevo amante! —se dijo, convencida de que aquella noche Manuel la acosaría hasta el aburrimiento, o hasta que ella decidiese ceder a sus apetencias.

Apartó su mirada de rubor con violencia, quedando atrapada, esta vez, en los pechos caídos, como de cabra famélica, de Blanca, que casi llegaban a tapar un pubis salvajemente poblado de paja cana. Optó por cerrar los ojos.

Aquel era el cuarto o quinto aquelarre al que asistía Isabel; aunque ese punto se hizo confuso después de untarse el bálsamo pestilente.

La joven agarró fuertemente la mano de Domingo, poco antes de sentir que su cabeza perdía el sentido y el control de sus movimientos. No fue una reja de arado, ni una escoba, ni un tronco de madera recia lo que la trasladó hasta el Prado del Cabrón, como otras veces, sino una fuerza magnética que los atrajo como un imán atrapa a un clavo. Volaron, o al menos así lo sintieron ellos, sobre los prados, rocas y montañas, dando un rodeo por la parte Este del pueblo; en ciertos momentos creyeron que el pasto, las suave hojarasca y las copas de los árboles rozaban sus pieles provocándoles un extraño placer.

Algunos de los brujos y brujas, una decena o así, ya estaban danzando alrededor de una incipiente hoguera que, en pocos segundos, se convertiría en los mismísimos dominios del demonio. Ninguno de ellos prestó atención al descenso de los Subildegui.

Cuando la pira empezó a escupir su furia, con una saña cercana a la exacerbación, y todos los herejes se afanaban en preparar los extraños brebajes que pretendían transportarles hasta una realidad inalcanzable, un lobo negro surgió del interior de la hoguera. Tal vez la cruzó de un salto, pero todos creyeron que en el propio fuego se abría una puerta a los infiernos, y que aquel animal procedía del reino de su amo. El lobo les miró con ojos amenazantes, negros y brillantes, mostrándoles sus blancos dientes afilados y bien encajados.

Los brujos celebraron aquel encuentro con vítores y gritando: *«¡Belcebut, haznos tuyos!»*, y *«¡Muéstranos tu poder!, ¡Dios ha Muerto!, ¡salve, Belcebut!».*
Y rezaron: *«Rey nuestro que estás en el infierno, maldito sea tu nombre. Venga a nosotros tu reino. Hágase tu voluntad así en la tierra como en el infierno. Prívanos del pan de la Iglesia, y condénanos por nuestros pecados, del mismo modo que nosotros odiamos a quienes hacen el bien. Permítenos caer una y mil veces en la tentación, y haznos partícipes de tu maldad. Amén».*

El lobo dio media vuelta y, de un salto, subió a la roca que siempre utilizaban como altar en las misas negras, y pareció transformarse en aquel enorme hombre negro que respondía al nombre de Belcebut.

—¡Venid a mí! —gritó con voz gutural— ¡y mostradme lo que me habéis traído!

—Yo —se adelantó Domingo—. He traído a mis padres.

—Blanca y Manuel —murmuró— ¡Cuánto tiempo sin veros!

Entonces, se acercó una joven con un niño pequeño entre sus brazos, de un par de meses o así, y rezó:

—Te ofrezco, oh señor, a mi hijo, para que lo acojas bajo tu manto.

—¡Si tanto me amas, sacrifícalo! —ordenó Belcebut.

—¿Por qué? —preguntó la joven aterrada—, ¿no es digno de ti?

—Todo hombre, mujer, niño o anciano es digno de entrar en el Reino de Dios, ¿cómo no va a serlo para Satanás? Toda alma que le sea arrebatada a Cristo, será recibida entre los míos con júbilo y celebraciones... Pero este niño no pertenece a Dios...

—Fue bautizado por un sacerdote de la Iglesia...

—¡Lo que pides es una crueldad! —dijo Isabel, enfurecida y fuera de sí, adelantándose a los otros— ¿Cómo te atreves a pedirle a esta mujer que sacrifique a su hijo? Ese niño no le pertenece. Ni te pertenece a ti, ni a Dios, sino a sí mismo?

—¿Qué tienes tú que decir? —le reprendió el gran hombre—, ¿si condenaste a un niño no nacido al más cruel de los castigos; que ni pertenece a Dios, ni al demonio y vaga por la nada? ¿Qué tienes tú que decir, si pariste un hijo de Satanás y, aunque jamás me lo ofreciste, luchará entre los míos, sin percatarse de ello?

—Mi hijo Hernando, tal como todos esos, como todos nosotros, fue bautizado por un sacerdote de Cristo...

—¿Bautismo? —rió el Hombre Negro— ¿Crees que un chorro de agua bendecida por un patán puede convertir una roca en un árbol? ¡Te creía más sensata, pelirroja! ¡Dios os ha abandonado! Nada de lo que os prometió se ha cumplido: ¿Habéis visto alguna vez una montaña acercándose al más crédulo y piadoso de los hombres?

—¡No Belcebut! —gritaron todos— ¡Jamás vimos tal cosa!

—¿Cuántos hombres de Dios han perdonado vuestros pecados, y han atado y desatado en la tierra, y eso se ha producido en el Cielo?

—Ninguno.

—Escucha, jovencita —volvió a dirigirse a la primera— tu hijo será sacrificado, como el de la pelirroja, pero no seré yo su verdugo, ni ninguno de estos. Jamás se regala lo que le pertenece al homenajeado, jamás nadie se roba a sí mismo.

—¡Bienaventurados los fuertes! —gritaron los brujos— porque poseeremos la Tierra.

—¡Malditos los débiles! —añadió el demonio— porque serán esclavizados.

—¡Bienaventurados los poderosos! —dijeron todos—, porque serán admirados y temidos entre los hombres.

—¡Malditos los estúpidos!, pues Dios mismo nos los entregará.

—¡Bienaventurados los valientes!, porque seremos los amos del mundo —prosiguieron con júbilo—. ¡Bienaventurados los hombres imperturbables!, pues los ineptos huirán en su presencia. ¡Bienaventurados quienes echan por tierra las falsas esperanzas!, pues ellos serán los verdaderos mesías.

—¡Malditos los pobres de espíritu! —gritó al fin Belcebut—, pues les escupiremos y jamás serán respetados por hombre alguno. ¡Mil veces malditos sean los falsos humildes!, porque perecerán aplastados bajo las garras de Satanás. ¡Malditos quienes adoran a Dios!, pues serán las ovejas rechazadas... ¡Tres veces malditos son los débiles, a los cuales su inseguridad convierte en viles!, pues sólo serán útiles para servir a los fuertes y sufrir su cobardía.

Y, dicho esto, el Hombre Negro cogió al niño entre sus garras y le hizo una señal con una de sus uñas en el pecho. El pequeño lloró, pero a su joven madre no le fue permitido acercarse para consolarle. Después, el demonio se aproximó a la desconsolada mujer, le ordenó que se arrodillase y, apretando su entrepierna en la cara de esta, le obligó a que se introdujese su enorme bálano en la boca.

El demonio no parecía sentir demasiado placer en aquel acto, pero tampoco disgusto, más bien una indiferencia insultante, que la pobre mujer recibió como un mazazo.

Después, cuando el hombre negro creyó que era suficiente, apartó la cabeza de la joven de su bajo vientre, sin llegar a eyacular, y llamó aparte a Isabel. La acompañó hasta el altar y, tumbándola sobre la roca, acabó lo que no había terminado la otra, yaciendo con ella.

—¡Puta asquerosa! —le increpó la de Yriarte, una vez concluido el acto, visiblemente celosa.

—¿Qué quieres, María?, ¿acaso tenía otra opción?

—¡No le hagas caso! —le susurró Estevanía de Navarcorena al oído— le gustaría ser la favorita de Belcebut, pero tiene sus carnes demasiado estrechas para él.

—¿Qué sabrás tú? —se enfureció María.

—¿O quizás estás celosa porque Domingo la prefiere a ella?

—¡Déjame en paz!

—Tómate esto —dijo Estevanía, ofreciéndole un cuenco que contenía un líquido parecido a leche, aunque algo más oscuro y amargo— aliviará tus dolores.

El cuerpo de Isabel se quedó como anestesiado, y empezó a moverse al compás de unos gritos monótonos y el incesante golpeteo, que los brujos propinaban a los troncos, como si tuviese voluntad propia. Después, el silencio más absoluto se apoderó de ella, aunque seguía viendo perfectamente a todos, bailando y fornicando. Y su mente se trasladó a un mundo realmente hostil, del que sólo percibía retazos confusos, que se apoderaron de todo su ser en unos pocos segundos, dominando sus emociones.

—¿Qué estás haciendo? —aquella voz era, sin duda, la de Lourier.

—¡Déjame maldito! —pensó Isabel, sin saber si la pronunciación en los pensamientos tenía alguna importancia o alteraba el contenido de su mensaje— ¡Siempre niegas, prohíbes y vetas mis decisiones, sin mostrarme el camino, sin decirme qué he de sentir o pensar!

—Algún día me comprenderás, Isabel, porque sabrás a quién te debes, y a quién has de seguir…

—¿Estás enojado porque Belcebut ha dicho que mi hijo no pertenece a Dios?

—¿Tu hijo? —Isabel creyó que sonreía—. Veo que no entiendes nada… Lo que ocurra con Hernando está fuera de mis competencias; ni estoy capacitado para decidir sobre él, ni sobre su vida…

—¡Basta ya! ¿Cuándo vas a dejarme en paz?

Las formas, la luz, tal vez algo de tinieblas, y el calor infernal que despedía aquella hoguera infame, pronto volvieron a apoderarse de Isabel. Cuando la luz penetró en sus ojos, abiertos como dos ventanales al mediodía, la primera imagen que recibieron sus retinas fue el rostro babeante y desencajado del viejo Manuel Subildegui besando sus casi anecdóticos pechos, e intentando, no sin dificultad, introducirle sus apenas erectas miserias en una entrepierna sellada como una sepultura.

Isabel sonrió, y separó sus piernas, para que el anciano concluyese con aquel deseo que, sin duda, pasaría a engrosar su larga lista de decepciones.

6. Cuando el infortunio no se entromete.

«El aroma del amor, el sabor del silencio, el sonido del amanecer, el tacto de un susurro...
Todo esto encuentro en tus besos, en tus caricias, ¿Cómo pude estar tanto tiempo
muerto?»
BENABARRE (Reino de Aragón). Primavera de 1600

Canela mordisqueó los calzones de su dueño. Éste, ni siquiera se percató de ello; estaba demasiado pendiente de su camisa, tal vez algo arrugada, o excesivamente amplia, y de su faja, *«No debe quedar, ni demasiado ancha, ni tan estrecha que parezca una cincha...»*

No parecía un día diferente a cualquiera de los otros; en realidad era tan vulgar que, incluso las primeras luces de la mañana trajeron consigo un entusiasmo tan templado, que no podía decirse que hiciera frío ni calor. Sí, vulgar para el resto de los mortales, pero extraordinario para el "Coixet de Capellana". Eligió aquel día justo en el momento en que despertó; era una jornada tan corriente, que era imposible que nada, ni nadie, pudiese alterar sus intenciones.

El "Trono de la Declaración" recibió los golpecitos de los nudillos de Lorenzo con resignada paciencia. Ni siquiera él, ser sin alma ni vida, confiaba en que fuera a cumplirse la promesa que justificaba su nombre, aunque eso no le restaba un ápice de esperanza.

Sonaron las campanas de la única torre que quedaba en pie del desmantelado castillo. Fueron cuatro toques, no demasiado agudos, y un quinto, tan reverberante como soberbio... Pepita no tardaría en salir de la vaquería.

Lorenzo alisó su cabello, ya de por sí lacio, y respiró profundamente. Sus manos temblorosas apenas atinaban a moverse sobre sus brillantes cabellos, engrasados con una pizca de aceite de oliva, cuando su corazón se aceleró.

Los pasos de Pepita en el patio de Capellana sorprendieron al joven Salazar perdido en unas conjeturas que, en pocos minutos, deberían ser resueltas. Calzada con unas alpargatas de esparto, que resultaban tan discretas como cómodas, siquiera le robaron un susurro al empedrado de la entrada. Cuando quiso darse cuenta, la muchacha ya había rebasado el portal, y se dirigía camino abajo hacia su casa.

—¡Si que te has "mudado"! ¿esperas a alguna "chiqueta"? —no frenó su paso, y el tono de la joven no era demasiado amistoso.
—¡Pepita! —gritó, temiendo que aquello fuera a convertirse en un nuevo fracaso. El Trono de la Declaración le dio un puntapié, negándose a ser testigo de su propia torpeza—. Sí que estoy esperando a una "chiqueta"... a ti —miró al suelo ruborizado.
Pepita frenó en seco y se giró... Al ver la cara de Lorenzo, comprendió que el joven Salazar hablaba en serio, y que lo que tenía que decirle era importante.
Lorenzo alargó su mano y le invitó a sentarse en el banco; éste suspiró aliviado: todos suspiraron aliviados. Pepita dejó caer sus cansadas posaderas sobre el trono, y se percató, incrédula, de que sus abultadas carnes temblaban como si estuviese desnuda sobre la nieve.
—Yo... —balbució Lorenzo— hace tiempo que... Ya sé que soy cojo, poco hablador y no muy listo —La joven sacudió la cabeza con cara de estar totalmente en desacuerdo con las palabras de Lorenzo—. Pero tú y Evaristo habéis sido mis mejores amigos. Nunca me habéis considerado un tontorrón, ni un tarado... Pero tengo un problema...
—El problema es que te importa muy poco lo que digamos Evaristo y yo —se apresuró a decir Pepita, algo molesta—. Hasta que no dejes de darle una importancia que no tiene al hecho de que una de tus piernas sea más corta que la otra o que no seas el hombre más inteligente del mundo... ¡No sé para qué gasto saliva, si te lo hemos dicho miles de veces y nuestras palabras te importan un bledo!
—No. El problema es otro... Evaristo y tú sois lo único que tengo en este mundo que no me haya sido impuesto —ella se encogió de hombros—. Y os quiero mucho a los dos. Pero los curas no dejarán que me case con los dos...
—Ni con Evaristo sólo —rió la joven, intentando que sus músculos se destensaran y Lorenzo se sintiera más cómodo.
—¿Con Evaristo? —rió— ¡No me fastidies! ¡Es contigo con quien me quiero casar!
Un calor terrible se apoderó de los dos jóvenes. Y el trono bailoteó, celebrando el empuje de Lorenzo.
—No quiero que pienses —acertó a decir Salazar—, que deseo casarme contigo porque eres la única mujer que aceptaría la proposición de un hombre como yo —se puso nervioso. Sus palabras eran un desaguisado, y preveía que la meta del camino que había tomado se auguraba más tenebrosa que la propia muerte—. ¡No quería decir que tú no tengas más pretendientes que yo!
—¿Has besado alguna vez a alguna mujer? —Lorenzo sacudió la cabeza—. Pues éste es un buen momento para empezar a hacerlo...
Pepita olía a vaca, ¡bendita res!, y a queso fermentado. Y su sabor era como el de las obleas, como el de las rosquillas de anís, como una fruta verde jamás

mordida... Nunca había gustado el cielo, pero, sin duda, los frutos del paraíso debían saber como aquel beso...

—No tengo más pretendientes que tú —dijo Pepita—, ni falta que hacen. ¡Te quiero, Lorenzo!. Te quiero por ser como eres, tal vez por eso. Y quiero casarme contigo; si aún no lo he hecho ha sido porque estaba esperando este momento, como se espera el agua de mayo.

El Trono de la Declaración no lloró. La frustración que sentía, y que no había previsto, era tal, que le fue imposible alegrarse de lo que tanto había deseado. ¿Qué sentido tenía él ahora? Clamó, sin ser escuchado, que alguien le diera una nueva identidad, una nueva esperanza. "el Trono de las Primeras Palabras" hubiera sido un buen nombre. Pero, aunque fue testigo de eso y de miles de cosas más, jamás recibió otro nombre que aquel con el que había sido bautizado por Evaristo, su creador...

CAPÍTULO XXV
La vida se abre camino por sí misma.

1. Alcanzar la eternidad.
«Cuando mi pequeña Isabel decidió partir en busca de su vida, abandonando en un viejo baúl sus remotos recuerdos, me sentí triste, huérfana de espíritu... No pude sino observar aquella imagen, como quien contempla un cuadro, como quien se mira en un espejo. Quise atrapar aquel instante y compararlo con el eterno Cielo. Pero sólo logré que mi corazón repeliera lo que no era suyo... Jamás me perteneciste, porque mi espíritu se cansó de esperarte. Jamás fui otra cosa, sino esposa de la Soledad.»
BENABARRE (Reino de Aragón). Primavera de 1601.

Ni en los sueños lúcidos de Catalina hubiera imaginado aquel día tan emotivo y feliz como fue en realidad. Su hijo Lorenzo, el "Coixet", el pobre patán al que, según los más malintencionados del pueblo, nadie llegaría a desear jamás, se casaba con la única mujer que había amado; y era indudable que ella sentía lo mismo por él. ¿Qué más podía pedir una mujer para su hijo? Pero, como siempre, por esa maldita costumbre que tiene la vida de enturbiar los momentos felices, una bruma de tristeza la asaltó. Deseaba que su hija, la prófuga que les abandonó por cobardía, por mala vida o, quien sabe si no por libertinaje, hubiese estado allí con ellos y, así, poder disfrutar de la alegría de aquella familia, tan desmembrada como deseosa de ser vulgar... Aunque aquel deseo duró un instante.

Los ancianos no recordaban una boda en la que se sirvieran tantas y tan variadas viandas y vinos selectos, como en aquella; a excepción de la de los hijos de los señores. Pero aquellos dos mentecatos no eran sino una vaquera gorda y un cojo, hijo de la amante de un conde fallecido: un insulto, sin lugar a dudas. Esto les corroía las entrañas y les indignaba: *«Una plebeya que se permita tales excesos, o bien lo hace por desfachatez, o bien porque ha robado tanto que no sabe qué hacer con su dinero».* Y tales excesos no eran otros sino una misa en domingo, y un banquete en plena calle, al que estaban invitados todos los que deseasen compartir la alegría de los dos muchachos. Ni que decir tiene que los invitados más quisquillosos aparcaron sus recelos justo en el momento en que sus platos fueron llenados de cocidos y sus copas de espesos vinos. A la mayoría de ellos, la familia de Capellana les importaba tan poco como los manjares que se sirvieron, siempre y cuando no tuviesen que pagar por ello, y disfrutaron de la fiesta casi tanto como los dos novios.

Lorenzo estaba radiante, vestido con un traje nuevo de pana, que le había confeccionado su propia madre. Incluso Evaristo clavó en la suela de uno de sus zapatos un taco de corcho de cuatro dedos para encubrir lo que no se podía disimular; que más que ayudarle a caminar con algo de firmeza, se convirtió en un suplicio insoportable.

Pepita se embutió en un vestido azul oscuro, demasiado estrecho, que marcaba en exceso sus hinchadas carnes. Su hermana María, que servía en una casa de Lascuarre, maquilló torpemente su terso rostro, con unos polvos blancos, que le conferían un aspecto extraño, como enfermizo. La ocurrencia de María no fue del todo bien recibida por Lorenzo, que prefería el color rojizo de sus brillantes carrillos, sin más aditivo que la harina que se pegaba a su cara cuando enharinaba los quesos de Capellana. Pero no dijo nada.

La ceremonia fue oficiada por mosén Serafín: un cura cincuentón, aquejado de un reuma terrible. Aquel día, tal vez por el intenso calor o por la sequedad del ambiente, el reuma no logró amilanarle ni cojeó más de lo que cojeaba el novio, y celebró la boda sin mayor contratiempo que el lógico nerviosismo de los contrayentes.

Pero no todo fueron alegrías y dichas en Capellana; al menos para Hernando. Durante todo el día se comportó de un modo contradictorio. En su interior, qué duda cabe, bregaban sentimientos confrontados. Por un lado, le embargaba la lógica felicidad, aunque no por su tío, o porque éste hubiera decidido tomar como esposa a una mujer gentil y afable, sino por el bullicio y la alegría de los concurrentes. Era la primera vez que veía a tanta gente secundando a la odiada familia Salazar-Abadías... Y, por otro lado, una frustración, o quizás decepción, por no ser él el motivo o el corazón de tanto alboroto. En definitivas cuentas, Hernando no era más que el sobrino del novio, el hijo de una manzana más podrida que el resto, en aquel cesto al que llamaban Casa Capellana. Cierto es que el pequeño se esmeraba más bien poco por ganarse la simpatía de sus convecinos; sus constantes travesuras, o unas groserías, aprendidas de los legionarios y demás gentes de mal vivir y que él no comprendía, le hicieron ganarse, con todo merecimiento, el calificativo de demonio.

Cuando el silencio se apoderó de la Calle Alta, se dio por concluida la celebración de la boda. Los novios se retiraron a sus aposentos para consumar el sacramento que habían recibido, y Catalina, y un par más de vecinas, guardaron las mesas, los bancos y lo que había sobrado. Todo había acabado, aunque para Lorenzo y Pepita comenzaba su verdadera vida.

Catalina observó aquellas sobras con melancolía, recordando las penurias por las que habían atravesado ella y su familia, y se entristeció. En otras circunstancias no hubiese dudado un instante en qué hacer con ellas: las cargaría en el carromato, y las llevaría al convento de San Pedro; pero ahora prefería que se pudrieran antes que donarlos a unas monjas que, bien por desconocimiento, o por haber mirado a otra parte, convirtieron su vida en lo que era. Y se preguntó, sin comprender por qué acudían a su cabeza aquellos pensamientos, si todo aquello, sus sentimientos, sus emociones y las arrugas en su rostro, eran el merecido premio a sus sufrimientos, o una cruel condena por sus pecados... No obtuvo ninguna respuesta, únicamente el silencio; una soledad tan amarga que le convenció de que nada es concluyente ni definitivo sino la muerte.

Apenas había pensado en su hija Isabel en todo el día, a excepción del primer deseo, cuando despuntaba el alba, que se difuminó a medida que el sol devoraba a las sombras. Al principio achacó tal ligereza a los nervios de la jornada, a la emoción de ver vestido con sus mejores galas a aquel hijo al que ahora amaba tanto como había despreciado en su niñez; al sentir que, por fin, un miembro de Capellana recibía la bendición del cura con justicia y por derecho... Pero pronto, tal vez sumida en la mediocridad del atardecer, comprendió que la visión de su hija, su voz que clamaba por surgir entre el alborozo de la muchedumbre, fue apartada conscientemente de su cabeza. Hacía ya varios meses que ni siquiera se preguntaba dónde demonios andaría aquella hija pródiga, ni qué estaría haciendo... La felicidad de Isabel, aquella búsqueda obsesiva de sí misma, ya no tenía la menor importancia. La realidad era mucho más cruel que el más terrible de los vaticinios. Sólo con pensar que algún día Isabel pudiera decidir su regreso a Benabarre le ponía los pelos de punta. No, Catalina no era una santa aguardando a que le asignasen un día en el calendario, ni deseaba que los crédulos feligreses venerasen un trozo de madera con su rostro como si se tratara de un nuevo dios. Ni tampoco podía considerarse la mujer cabal que todos creían. Su mente estaba ya muy acostumbrada a retozar en la frontera entre la prudencia y los pecados de pensamiento. Qué duda cabe que amaba a Isabel más que a su propia vida, pero prefería amarla en la distancia, y esto le producía un sentimiento de culpa aún menos llevadero que la tristeza de haberla perdido.

Así, arropada en el miedo, en la miseria de sus propios deseos, le asaltó el sueño... Y sus ojos no volverían a abrirse hasta el día siguiente, en el que la rutina eclipsaría unos problemas que, sin ser tangibles ni cercanos, se comportaban como un mezquino goteo que, poco a poco y en silencio, estaba abriendo las heridas de su corazón.

2. Celos.

«Renuncié a ti cuando ella se cruzó en nuestro camino... No me arrepiento... Pero ella se empeña en arrebatarme lo que soy, porque nada tengo y nada me posee, sino lo que vivo y deseo. Quienes ansían lo que doy y ofrezco no lograrán, lo juro, convencerme de que mi vida es tan miserable como aparenta.»

ZUGARRAMURDI (Reino de Navarra). Principios de 1605

Graciana elevó sus brazos, como queriendo alcanzar el cielo, o quizás deseando arrebatarle a las alturas el poder al que había renunciado siendo una niña. Cada día que pasaba, su fe en Belcebut se hacía más fuerte, y él, desde su tiránico pedestal, se sentía satisfecho. Los demás brujos dibujaron un círculo alrededor del improvisado altar. Ninguno de ellos osó traspasarlo, a excepción de la vieja Graciana, y de una joven de poco más de quince años, blanca e inmaculada, que pretendía ser ungida.

Isabel apenas recordaba la noche en que fue presentada ante el demonio, y desde aquel día sólo se "inició" a un jovenzuelo de gran cabeza y escasa lucidez, al que el demonio recibió entre los suyos humillándolo contra natura. De eso hacía ya un par de años. Los de Zugarramurdi, aquellos que decían ser respetables, estaban atemorizados con los brujos y brujas, y los novicios, por tanto, escaseaban (no por la presión de la Iglesia, sino porque estaban convencidos de que aquella hermandad tenía los días contados y que, de producirse alguna calamidad, podrían ser acusados y martirizados).

Fray Felipe estaba al corriente de las oscuras prácticas de algunos de sus feligreses en el Prado del Cabrón y, harto de las quejas de los buenos cristianos, que diese parte a la inquisición era cuestión de tiempo. Cuando esto ocurriera, todas las brujas serían llevadas ante un tribunal y juzgadas por herejía.

En Francia, las cosas no eran muy diferentes. En el Bearne se produjo una persecución de herejes e infieles unos pocos meses antes. En el proceso que siguió a las detenciones de casi un centenar de supuestos brujos, más de una veintena fueron desterrados, otros tantos "relajados en persona" y unos pocos reconciliados sin cargos, por lo que no era nada extraordinario que muchos de los brujos bearneses cruzasen las montañas y se unieran a los Aquelarres de Zugarramurdi, Urdax o Vera, donde se sentían más seguros que en Francia.

Entre aquellos exiliados se encontraba la joven que iba a ser presentada, de nombre María Ximildegui. Según dijeron, era pariente, sobrina o algo así, de María de Jaureteguia, y natural de Ciboure. La Jaureteguia, actuó como madrina.

—¡Oh Belcebut! —rezó Graciana—. Sabemos que te enorgullece ver a tus hijos aquí reunidos, adorándote y presentándote nuestros respetos. Pero hoy, más que nunca, debes sentirte dichoso, pues nuestra hermana María de Jaureteguia ha traído consigo a la hija de su cuñada, para que la admitas entre nosotros.

—Acércate, jovencita —dijo el demonio con su voz cavernosa. La muchacha dio un par de pasos y se arrodilló frente a él—. ¿Eres virgen? —ella movió la cabeza afirmativamente—. ¿Y estás segura del paso que vas a dar?.

—Sí, mi señor.

—Deberás renunciar a Dios y a la Iglesia —insistió.

—Ni Dios, ni la Iglesia, me dan el consuelo que necesito.

—¿Y esperas encontrarlo entre los míos?

—Sí, mi señor.

Se acercó a la novicia y, con una de sus uñas, le hizo una señal en forma de "V" en el hombro derecho, por encima del omóplato.

Y comenzó la ceremonia.

Isabel, entonces, se percató de por qué su mente había borrado casi por completo el día de su iniciación ante el demonio, y decidió que hubiese sido preferible que tales recuerdos hubieran permanecido presos en el interior de su mente sin aflorar jamás al exterior.

Cuando todo aquello concluyó, Isabel fue reclamada por el Demonio. Ella, aunque se aterrorizada sólo con pensar en el dolor que sentía cada vez que Belcebut la reclamaba para satisfacer su insaciable apetito, no pudo sino ir a él y permitirle que hiciera con ella lo que le viniese en gana. El dolor que sentía cada vez que aquel hombre la penetraba era tal que después estaba cinco o seis días sin atreverse a recibir a Domingo en su lecho.

El Gran Hombre Negro disfrutó de ella, esta vez con algo más de ternura que en las anteriores, y el dolor fue tan escaso, como profuso el placer que sintió.

—¡Maldita hija de puta! —susurró María de Yriarte, sobre quien disfrutaba Juanes De Odia. Él no le hizo el más mínimo caso.

María de Yriarte no había dejado de observarla desde que llegó al prado; incluso mientras Juanes ejercitaba con ella lo que Belcebut con Isabel. Nunca fue la favorita de nadie, ni la de Domingo, ni la de ninguno de sus amantes, y el Demonio prefería a aquella pelirroja de escasas carnes antes que su cuerpo, ciertamente hermoso y de grandes pechos. *«Has de saber, querida hija, que a los hombres les gustan las mujeres con curvas porque su instinto les obliga a elegir a que mejor puedan alimentar a sus criaturas»*, le había dicho su madre, *«en el fondo, los humanos, somos como los animales: procrear es una cuestión primordial. Y procurar a sus crías el sustento un deber... Pero, cuando se trata del mero placer, los hombres desean mujeres con pechos firmes y carnes prietas.»* A ella las palabras de su madre no le convencían demasiado, aunque era evidente que Belcebut no tenía ninguna necesidad de perpetuar una especie que se nutría abundantemente de los pecadores.

—Te aseguro, Juanes —susurró la de Yriarte—, que si pudiese destruirla lo haría sin pensarlo dos veces.

—¿Qué te ha hecho a ti Isabel? —preguntó el De Odia con desgana, aunque sin dejar de mover su pelvis—. Domingo no te eligió a ti, y ella nada sabía de sus amores contigo... En todo caso, deberías estar enfadada con él —y expulsó su aliento, apartándose a continuación de María.

—Yo sabría como vengarme —prosiguió la mujer— pero me arriesgaría a hacer daño a mucha gente.

—La venganza jamás debe perjudicar a quienes no te han ofendido —dijo Juanes, casi sin respiración.

—Todos son culpables de la ofensa de esa ramera... Domingo e Isabel por lo que me hicieron, y el resto por callar y consentir.

—¿Qué hemos de decir nosotros de los problemas ajenos? ¿Acaso conocemos los sentimientos del prójimo? Tú crees que tu vida tiene algún interés para los demás y no es así. Lo que hagas, digas o sientas, jamás será tan importante como lo suyo para cada uno. Detrás de esas montañas —señaló hacia los Pirineos—, viven miles de hombres y mujeres de las que jamás has tenido noticia, que ni siquiera hablan nuestro idioma y cuyas costumbres son tan distintas a las nuestras que parecen de otra especie. También ellos tienen problemas y dudas, celos y ansias de venganza... Pero, como te son ajenos, tu vida sigue su curso, sin que la de esos pobres desgraciados te afecte lo más mínimo —María asintió—. Pues bien, no creas que aquí, en el pueblo, ocurre nada diferente: que Domingo haya preferido a la pelirroja no ha influido en que las vacas den más leche, o en que a los mendigos les depositen más o menos monedas en su mano a la salida de la iglesia, o que yo venda un par de sacos más de carbón que antes. Se habló de ello durante unos meses, os criticaron y sintieron lástima por ti, pero las flores brotaron para pascua, y la mies se recogió en verano...

María se levantó y, acercándose a Isabel, le dijo:

—Ten por seguro, extranjera, que no ha de pasar mucho antes de que te vea arrastrándote por el barro, sucia y humillada...

—¿Eso es una amenaza o una premonición? —rió Isabel—. Porque, según dicen, de tu madre sólo heredaste la desfachatez...

—¿Qué sabrás tú de esas cosas?

—No me fío de ti, María... Pero no te tengo por una estúpida —y, acercándose al oído de la Yriarte, le dijo—: Mi vida corre peligro, pero no más que la tuya o la de todos estos. Y bien dices que no ha de pasar un lustro antes de que sea humillada y arrastrada... pero te aseguro que no serás tú la causante, sino tan víctima como yo. Apártate de ésa que, por vuestra ceguera incondicional a Belcebut, le habéis ofrecido y presentado como si su fe en él fuese tan poderosa como la que siente por Dios.

—¿Ahora eres tú quien nos amenaza?

—No es una amenaza, María... Esto sí que es una premonición.

3. La querella.

«¿Qué debo sentir, si sólo nos encadena el tormento?
Tú porque crees que te lo arrebaté todo, y yo porque tu pérdida me convirtió en una mujer
cobarde y desdichada... Ese dolor que nos acerca es el mismo que nos separa. Y, ten por
seguro, hija del odio, que cuando es un sentimiento el que se interpone entre dos hombres,
sólo lo que les conviene en tales logrará unirlos.»

BENABARRE (Reino de Aragón). Otoño de 1606

Pocos días después de que Hernando robara las últimas brevas de la higuera del "Serrador" y diese buena cuenta de ellas, Mercedes acometió la pronunciada cuesta de la calle del Castillo y se presentó, a media mañana, con la sangre hirviéndole en las venas, en la casa de Catalina. Las puertas de Capellana siempre estaban abiertas; aún así, dio dos golpes en el picaporte y esperó, tan tensa como airada, a que alguien la atendiera. Pero los de la casa se encontraban en la vaquería, y nadie la oyó. Ella insistió, pero los resultados fueron idénticos.

Al mediodía, Catalina bordeó Capellana, y se dio de bruces con su cuñada, que le aguardaba en el portal, sentada en el Trono de la Declaración, con la cara roja de ira y sus dedos dibujando imágenes imposibles sobre la madera del banco. Se acercó a ella e intentó sonreír, aunque le resultaba imposible hacerlo cuando su interlocutor era la reencarnación del demonio. Dudó si sobrepasarla e ignorarla, o satisfacer su curiosidad. Comprendió que, si aquella mujer había osado subir hasta Casa Capellana y había esperado durante largo rato, lo que la traía hasta allí debía ser un asunto de gran importancia.

—¿Qué quieres, Mercedes? —preguntó Catalina con ironía, esquivando su mirada— ¿Tal vez Dios me ha escuchado y has venido a hacer las paces?

—¡Paz es lo que no voy a permitirte, cuñada, hasta que no vea a ese nieto tuyo entre rejas! —vomitó con fétido aliento—. ¡Ahí es donde debería de estar el hijo de una ramera, en la cárcel o colgado de la bandera del ayuntamiento!

—La ponzoña que sale de tu boca acabará por envenenarte.

—¡No he venido aquí a que me insultes, Capellana, sino a solucionar un asunto!

—¡Eres tú quien nos ha insultado, Mercedes! —clamó Catalina, indignada.

—¡Te aseguro que no me acercaría a esta casa, que tú nos robaste, solamente para insultarte!

—Eso no lo tengo tan claro —murmuró—. Siendo que esta no es una visita de cortesía, ¿a qué debo el honor?

—Tu nieto Hernando nos ha robado los últimos higos del huerto…

—Ya se sabe que, quien planta una higuera, no espera recoger higos, sino sus hijos o los vecinos...

—Los guardaba para secarlos.

—¿Y qué quieres que haga?

—Quiero que me los pagues.

—¿Y, a qué precio están en el mercado, si es que hay algún mercado de higos?

—No le denunciaré si, a cambio, me das una cabra.

—¡Estás realmente loca, Mercedes!

—Tienes tres días. Si, para entonces, no tengo esa cabra, daré parte a los espadas y a don Ruperto Graells… ¡Con Dios!

Catalina no sabía si reír o enfurecerse. Lo cierto es que aquella disputa, de no ser porque Mercedes era capaz de cumplir lo que prometía, era lo más hilarante que le había ocurrido en años. Lorenzo, Pepita y Hernando, no tuvieron las mismas dudas que ella, y se mofaron de aquella loca durante dos o tres días. Pero aquel jolgorio cesó cuando Toribio Oliván, el "senyaler", citó a Hernando para que fuese a declarar a los juzgados de Benabarre.

—Se te requiere por haber allanado la hacienda de Adolfo Pellicer, y por robar una arroba de higos.

—¡Pero si esa higuera seca y vieja no da tantos higos en toda la temporada! —se indignó Hernando.
—Yo sólo te comunico los cargos que pesan sobre ti.
El juicio fue tan breve como absurdo. Ni siquiera lo presidió un juez; el mismo Ruperto Graells, el alcalde, se ocupaba de estos asuntos menores. La ridícula sentencia obligó a Hernando Simón a pagar una multa de medio real, con la que Mercedes ni siquiera pudo pagar las costas del juicio; ya que la resolución de Graells la reconocía como mentirosa y malintencionada.
—Después de esto —dijo Catalina— no le quedarán ganas de seguir molestándonos.
—No esté tan segura, abuela —Hernando desconfiaba de aquella mujer más que de un perro rabioso— es una desvergonzada, sin sentido del ridículo ni pudor alguno, y no descansará hasta vernos hundidos en la miseria.
—El deseo no siempre se corresponde con las capacidades de uno.
Hernando se juró a sí mismo que aquella querella no iba a quedar así. Mercedes le había ofendido y el no estaba dispuesto a permitir que siguiera amargándoles una vida ya de por sí penosa.
Aquella misma noche se acercó hasta "Casa Serrador", y se subió a la higuera de la disputa, junto al huerto. De ésta, trepó hasta el piso superior de la casa. Allí, Mercedes tenía una docena de gallinas ponedoras, y un gallo. Sacó su cuchillo de la faja, y se acercó a las aves. El primero en ser degollado fue el gallo y, tras él, una a una, decapitó todas las gallinas.
—¡Ahora sabrás con quién te estás "jugando los reales"! —se dijo.
Sin demasiadas prisas, bajó al huerto y esperó, apoyado en la valla. Era evidente que quería que vieran quién había sido el causante de aquella matanza; el alboroto que se había formado en el gallinero, sin duda, despertaría a Adolfo y a aquella loca.
A los pocos minutos, Mercedes, histérica, dio cuatro gritos y juramentos, y se asomó a la terraza del gallinero. Hernando, desde abajo, le saludó con la mano levantada, y sonrió con sarcasmo.
—¡Esto no quedará así, hijo del demonio! —le amenazó la mujer— ¡te aseguro que me vengaré!
—¡No te tenemos miedo, Mercedes!
—¡Ya veremos si sois tan valientes delante de mis amigos!
—Una mujer como tú no tiene amigos...
Y corrió cuesta arriba, perdiéndose por la Calle Alta.

4. La agonía de los héroes.

«¿Clamas a la muerte como solución a nuestras disputas? Bien, pues, dejemos que decida... Ella, y sólo ella, nos condena o dignifica.»

BENABARRE (Reino de Aragón). Principios de 1607

El menor de los ocho hijos de Manuel Pellicer, el serrador, se llamaba Basilio. Era el único de ellos que logró superar la epidemia de gripe que se declaró al principio del aún recién estrenado siglo; heredero de la mitad de la serrería, y dueño único de la misma cuando muriese su tío Adolfo. Aunque era sabido por todos que Basilio se sentía mucho más a gusto en la taberna del pueblo, apostando el escaso salario que le pagaba su tío en partidas de dados o en fulanas baratas, que entre troncos y virutas.

—Mañana es San Sebastián —le dijo su tío Adolfo, cuando el sol se escondía tras San Salvador— así que la serrería estará cerrada —le entregó su salario semanal, y éste lo guardó en su bolsa—. Pero antes de ir a emborracharte a la taberna deberías acercarte a Casa Jueu. Ayer vendieron una vaca, y hoy te pagarán los reales que nos deben.

—¿Por qué no va usted, tío? Es su vecino.

—Porque tu tía ha insistido en que fueras tú quien lo hiciera... Creo que ha discutido con Carmen —se encogió de hombros— ¡Ya sabes como es Merceditas!.

—¡No se preocupe! —dijo Basilio con desgana— yo me encargo.

—¡Que no se te ocurra gastártelo en fulanas ni en los dados!

—¡Descuide!

"Pepet" de Jueu se arrepintió mil veces de haber abierto la puerta. Ya había hecho planes para gastar los reales que recibió por la ternerilla, y entre esos planes no estaba el de pagarle al Serrador. Pero, como bien dijo: *«Quien paga descansa, y quien cobra más»*; aunque no estaba muy seguro de que aquel dinero fuese a llegar a Adolfo.

Basilio a punto estuvo de llevarle aquel dinero a su tío; desconfiaba de sí mismo, y sabía que, cuando se excedía con el vino, todo el dinero que llevase encima se diluiría como sal en el agua. Pero algo en su interior, tal vez el sentirse afortunado, aunque sólo fuera por unas horas, le hizo desechar la idea y dejarse arrastrar calle abajo.

—Ya se lo llevaré mañana, después de misa —se dijo.

Ya en la taberna, con su bolsa no demasiado repleta de monedas, aunque suficientes como para, en el peor de los casos, apostar en una decena de partidas, pidió un vaso de vino, y después otro. Debían ser las siete de la tarde: demasiado pronto para arriesgarse a ser detenido (a eso de las nueve solía acudir Toribio el senyaler antes de concluir su ronda, precisamente para evitar el juego ilegal). Nadie, en su sano juicio, osaría empezar una partida antes de que el espada estuviese en su casa durmiendo a pierna suelta. Pero no importaba, Basilio sabía que antes de que el campanero de la torre de Santa María hiciese sonar las diez,

Demetrio de Calasanz y Cruz Domínguez, estarían ya sentados en la "mesa oscura", mareando los dados y soplando sobre ellos, convencidos de que iba a ser su gran noche.

Pellicer había bebido tanto, que los puntos de los dados se convirtieron en hormigas hacendosas rodando sobre una madera podrida. Tuvo que fiarse de sus contrincantes...

Una hora después de comenzar la partida, bien porque los tres tramposos le mintiera, bien porque la fortuna aquella noche no quiso ponerse de su parte, la bolsa de Basilio estaba tan vacía como su jarra de vino. Lo había perdido todo.

—¿Todo? —sonrió—. Aún me queda el dinero que le he cobrado a Pepet de Jueu... ¡Seguro que recupero lo perdido!

Se equivocó. Un par de jarras de vino después, seguidas de una docena de tiradas, los reales del Jueu habían seguido el mismo camino que su sueldo... Era medianoche.

Basilio no solía rezar, pero esa noche no cesó de rogarle a Dios que alargase la oscuridad hasta el infinito. Pero el sol jamás escucha a los miserables y, como todos los días, amaneció.

—¡Maldita sea mi suerte! —se lamentó, cuando tuvo frente a él a su tío Adolfo—, unos bandidos me asaltaron cuando volvía a casa...

—No te creo —se enfureció el serrador—. ¡Seguro que los apostaste todo a los dados!

—¡Le juro que no miento!

—¡No jures en vano!

—Le prometo que se lo devolveré.

—¡Eso por descontado! —dijo Adolfo, mordiéndose la lengua—. Y, ahora, entremos a la iglesia.

La voz del cura se perdió en los recodos de la inconsciencia del joven Pellicer, cuya mente, desgarrada por la resaca, se arrepentía de haberle jurado a su tío que iba a devolverle el dinero, sin saber cómo demonios iba a hacerlo. La salvación le vino de la mano de su tía Mercedes, cuando el cura daba la bendición

—Yo te daré el dinero —le dijo—, si me haces un favor, y jamás se lo cuentas a Adolfo.

—Se lo juro, Mercedes...

José de Llitoner hacía más de veinte años que no se dejaba devorar por aquellas calles, por las que corretera siendo un niño. Benabarre, como una madre a la que hubiese abandonado en el más miserable de los hospicios, le recriminó haber mancillado su nombre y su malparada reputación. Aquel pueblo, decapitado y hosco, no era más que la sombra de la vergüenza, si no la misma miseria. Y ellos, sus hijos renegados, quienes lo habían convertido en cuna de criminales y ladrones, apenas podían reconocerse como tales. Veinte años estuvo malviviendo en el Turbón, junto a aquel asesino de Mercader, que murió mientras dormía un par de veranos antes: ni siquiera lo enterró, lo arrastró, atado a su viejo caballo, poco más de media milla más allá de la choza en la que se guarecían del sol en verano y de la nieve el resto del año, y lo tiró en una zanja... A buen seguro, los buitres le agradecerían aquel inesperado festín, como habían agradecido las fláccidas carnes de Ceresuela una década atrás.

Aguardó en las cercanías del "Más dels Secs" hasta que el sol se convirtió en un tímido destello sobre las rocas. Dejó su caballo atado tras la ermita de San Salvador y anduvo despacio hacia el pueblo.

Las antiguas murallas estaban derruidas, y nadie vigilaba las puertas. José jamás fue un idealista, y creía que, con el dinero que recibieron los bandidos de Latrás, fueron justamente recompensados por los servicios al conde y podían desechar los sentimentalismos pueriles de sus cabezas. Pero al ver el lamentable estado en el que se encontraba aquel pueblo, antaño bello y esplendoroso, sintió escalofríos: *«Jamás una lucha tan ardua se saldó con tan mezquino resultado»*, se dijo, segundos antes de acometer la cuesta de la abadía.

Suerte tuvo de recordar el lugar exacto en el que se encontraba la antigua Casa Monesma. Bordeó Casa Capellana, y entró en el establo de las vacas. Todo estaba en el más absoluto silencio; por no oírse, no se escuchaba ni el escandaloso respirar de las reses. Desde allí era fácil acceder al interior de la casa. Basilio le había dicho que jamás cerraban con llave la puerta trasera. Sonrió al comprobar que el serrador no le había mentido. Aquella portezuela comunicaba directamente con el vestíbulo, y de éste hasta llegar al primer piso sólo tenía que subir las escaleras.

Llitoner era ya un anciano. De haber tenido que trepar por el muro, hubiese dado media vuelta, y devuelto los reales que Basilio le había pagado en nombre de su tía Mercedes. Subió al primer piso. Allí vivían Lorenzo y su mujer, una tal Pepita, y el hijo malévolo y astuto de Isabel: *«Habrá salido a su madre»*, se dijo, sintiendo un escalofrío que le recorrió todo el espinazo, *«o a Miguel Juan Barber.»* Rezó para que, tanto el joven Simón como sus tíos tuviesen el sueño tan profundo como sus vacas.

Al fondo, a la derecha, se encontraba la alcoba de Catalina. Él jamás tuvo nada en contra de aquella mujer, a la que siempre consideró la más sensata de las que vivían en el campamento de Pilzán y, tal vez, la más hermosa de ellas. Pero Basilio fue claro: *«Le robó la casa a mi tía y a su hermano Gervasio y, desde entonces, no ha dejado de insultarnos, ofendernos y humillarnos. Una vez llenó nuestros huertos de sal, y otra prendió fuego a la serrería de mi tío. Envenena las gallinas de Mercedes, y habla mal a los tenderos para que no nos fíen».* Aquellas acusaciones parecían hablar de una persona totalmente distinta a la que él había conocido en la Sierra de Pilzán, pero Basilio, tan indolente como charlatán, le dio una explicación que a él le pareció coherente: *«Desde que el conde don Fernando la abandonó, su carácter se volvió irascible, y aquella amargura la enloqueció... Ten por seguro que vas a hacer un bien a la humanidad...»* Lo cierto es que no le importaba lo más mínimo si asesinando a Catalina cumplía con una misión redentora. Con el dinero recibido se veía suficientemente compensado como para no tener remordimientos.

Abrió la puerta y entró en la habitación, tenuemente iluminada por los rayos de la luna, que penetraban por los mal ajustados portones de la ventana. Catalina estaba profundamente dormida. Iba a ser más fácil de lo que esperaba. Se acercó a la cama, desenvainó el puñal y lo levantó por encima de su cabeza. Después, lo dejó caer, aunque sin hacer demasiada fuerza.

Algo falló. En vez del silencio que se preveía, la respuesta a su cuchillada fue un grito desgarrador. No podía ver nada. Su blanco, sin duda, se habría movido. Dio dos puñaladas más sobre el camastro, pero éstas fueron a dar al colchón. Al cuarto intento, su mano se quedó inmóvil a media altura. A continuación, un forcejeo. Y, finalmente, un dolor insoportable en el estómago.

Cuando se hizo un poco de luz lo comprendió todo.

Una mujer, algo entrada en carnes, sujetaba un candil de aceite a un par de palmos de su cara. A su lado, un joven pelirrojo de unos veinte años le miraba con absoluto desprecio, mientras vendaba el antebrazo de su abuela Catalina y, junto a éstos, amenazándole con su propio cuchillo, un hombre fuerte, al que rápidamente reconoció como el hijo cojo del malnacido Eduardo Salazar.

Llitoner miró las enormes y ensangrentadas manos de Lorenzo, y la herida de su vientre, por donde se le escapaba la vida a borbotones.

—¿Quién te ha enviado? —le preguntó el gigante. El bandido sacudió la cabeza.

—¡Dios Santo! —se inquietó Catalina— Tú eres José de Llitoner.

—Lo que queda de él —balbució el moribundo.

—¿Qué te he hecho yo, para que quieras asesinarme? —le interrogó Catalina.

—Tú no me has hecho nada —sollozó Llitoner—. Es el hambre quien me obliga a...

—¡Alguien te habrá pagado por hacer esto! —le amenazó Lorenzo— ¿Quién ha sido?

—Me muero...

—¡Contesta, si no quieres que te arranque la cabeza! —insistió Salazar.

—¡Seguro que ha sido Merceditas! —canturreó Hernando.

El bandido gimoteó unas palabras ininteligibles, y se echó a llorar.

—¿Por qué? —preguntó Catalina.

José de Llitoner se encogió de hombros, se llevó la mano al pecho, gimió, y todos sus músculos se destensaron...

—¡Han intentado robar en casa Capellana! —dijeron en el pueblo—. Han herido a Catalina en un brazo.

—¿Ha sido grave?
—Nada que no se pueda curar con un buen cosido.
—¿Y el ladrón?
—José de Llitoner... Murió de una puñalada en la tripa. Jamás pudieron demostrar que aquel asesino había sido enviado por Mercedes...

5. El fisgón.

«¡Ay de aquel que habla, y proclama que la vecina no ha hecho la colada!, porque seguro que llevará las enaguas sucias y sus sábanas estarán remendadas. Quien siempre reprueba es quien callar debe. No hay hijo tonto, ni ciego que no vea.»

BENABARRE (Reino de Aragón). Primavera de 1607

Elvira era una joven, que escasamente había abandonado la pubertad, huérfana de madre. Su padre tuvo que hacerse cargo de ella desde que era una niña. Vivía en la casa que la había visto nacer, y se ganaba el sustento como criada en la mansión de los Bardají. Sus carnes eran prietas, y sus pechos algo exagerados para tan breve cuerpo. Era una criatura gentil, diáfana y extrañamente retraída.

Hernando era consciente de que se había enamorado de él, y que se entregaría sólo con insinuárselo. Sin embargo, el joven Simón no podía corresponderle, al menos en lo que sentía, pero sí en sus deseos.

No le habían pasado desapercibidas las miradas que la muchacha le dedicaba desde hacía meses, sus tímidas e inconscientes insinuaciones... Y le atraía la idea de catar lo que, estaba seguro, nadie había probado. Un año le costó decidirse; lo cierto es que no tenía ninguna necesidad: visitaba con frecuencia el lecho de Cándida Requena y el de Gertrudis García, y sus necesidades estaban de sobras satisfechas. Además, temía que Elvira se encariñase con él, y lo quisiera para ella sola.

Sea como fuere, aquel día se despertó sobresaltado, cuando el campanero de Santa María se empeñó, como cada día del año, en arrebatarle el sueño.

Abrió los ojos y miró a todas partes. Nada, ni el color de las paredes, ni el Santo Cristo que le miraba desde la cabecera de la cama, se correspondían con los de su alcoba. Tardó unos segundos en reaccionar. Cuando lo hizo, su corazón se desbocó.

—¡Maldita sea!, ¡me he quedado dormido!

A su izquierda, Elvira le miraba con una mezcla de rubor y satisfacción; como si Hernando fuera un preciado trofeo de caza. El joven sintió pánico.

Se vistió a toda prisa; en una hora su abuela llamaría a la puerta de su habitación, y si no le encontraba allí se preocuparía.

En los últimos meses, el carácter amable comprensivo de Catalina se había convertido en ira o, cuanto menos, en susceptibilidad. Desde el día en que fue asaltada por Llitoner, desde que su cuñada Mercedes intentase asesinarla, se exasperaba por cosas a las que nunca había dado la menor importancia, y se preocupaba por cuestiones que jamás le habían inquietado. Hernando estaba seguro de que aquel cambio de carácter se debía al miedo, y que este miedo no cesaría hasta que la amenaza de Mercedes se desvaneciera.

Bien es cierto que no había una sola prueba que incriminase a Mercedes en el intento de asesinato de Catalina, aunque todos los de casa Capellana estaban convencidos de que fue ella quien contrató a aquel mercenario, para vengar una ofensa que jamás cometieron. De hecho, desde el día en que Lorenzo envió a José de Llitoner al lugar al que era reclamado desde hacía decenios, Mercedes se mostraba esquiva y acongojada cuando se cruzaba con cualquiera de ellos.

La herida de Catalina se curó en una semana. Pero, cada noche, antes de acostarse, cerraba todas las puertas de la casa, incluida la del corral, con llave, cerrojo y trancas, y tenía dificultad para conciliar el sueño… Esa herida tardaría algo más en cicatrizar.

Hernando no podía soportar ver así a su abuela; alguien debía tomar medidas contra Merceditas. Dios no parecía estar por la labor de aplicar su justicia: el aspecto de la mujer del Serrador, aunque horrible y sucio, no parecía prever una muerte inminente, ni siquiera cercana. Lo cierto es que Hernando pensó en pagarle con la misma moneda; si ella, con sus limitados recursos, había conseguido comprar los servicios de un asesino, ¿qué no podrían los de Capellana? Sabía de un par o tres de vagabundos, de los que solían pedir en la puerta de la iglesia de San Miguel, que no tendrían ningún miramiento a la hora hacer un trabajo de ese tipo, si quien pagaba lo hacía con generosidad. Pero pronto descartó la idea, por el riesgo que comportaba: si Llitoner, que fue bandido durante una treintena de años, fue incapaz de cumplir con lo que se le habían ordenado, esos miserables no lograrían llegar ni al gallinero… Por otro lado, él mismo había podido comprobar que entrar en casa de Pellicer no era nada complicado. Incluso pensó en hacerlo él mismo.

Fue así que se erigió como el liberador de su abuela. Aunque no quería cometer fallos, ni ser reconocido o descubierto. El pobre Adolfo no les había hecho ningún mal a los de Capellana; más bien al contrario, pues le constaba que había evitado más de un enfrentamiento entre Catalina y Mercedes. No podía irrumpir en la alcoba del Serrador y liarse a cuchilladas, como había hecho Llitoner, y arriesgarse a herir o asesinar a un hombre inocente. Debería asaltarla en la calle, cuando todos estuviesen en el campo, o en el hipotético caso de que ella saliera de su casa en plena noche.

Sea como fuere, y sin ningún plan preconcebido, decidió espiar los movimientos de Mercedes, y recordar las horas en las que salía de Casa Serrador, entraba en ella, y lo que hacía o dejaba de hacer…

Hacía ya una semana que no acudía a la vaquería, con la excusa de estar cortejando a una moza. Siete días estuvo escondido tras el muro del huerto de

Chuliana, sin apartar los ojos de la puerta de Casa Serrador. Algo frustrado y desesperado, aguardaba, como un pintor a su musa, que algo, algún detalle, un movimiento extraño que había pasado por alto, le inspirase. Pero nada... Mercedes salía de casa, un día tras otro, a eso de las nueve, sujetando entre sus manos un pequeño cesto de comida. Cruzaba todo el pueblo y bajaba por el sendero que recorría parte del barranco de San Medardo, donde Adolfo tenía la serrería, y le dejaba el almuerzo. Después, regresaba a su casa, siempre puntual, a las diez. A las once o las doce, según el día, volvía a salir, y compraba lo que tuviese que comprar. Regresaba, preparaba la comida, y ya no volvía a abandonar Casa Serrador. En alguna ocasión, se acercaba hasta el lavadero a hacer la colada, que hacía completamente sola, en un extremo de la balsa.

A punto estaba de olvidar aquel asunto, cuando ocurrió lo que bien pudiera considerarse un guiño del Destino.

Hacía poco rato que Mercedes había regresado de la Serrería, cuando llamó a la puerta un hombre. Era Federico Alcolea de "Casa Apanyat", que entró en la casa y no volvió a salir hasta un par de horas más tarde... El de Apanyat volvió al cabo de dos...

—¿Será posible que ese monstruo tenga un amante? —intentó contener la risa—. ¡Y, además, un hombre casado!

A la tercera cita, decidió averiguar si sus sospechas eran ciertas, y trepó por la higuera de Serrador, hasta el gallinero. Desde allí no era difícil bajar hasta la vivienda; una puerta vieja y chirriante, atrancada con un palo reseco, era lo único que le separaba de los amantes.

Ni siquiera tuvo que bajar las escaleras. Tras rebasar la puerta del gallinero, unos jadeos le confirmaron lo que sospechaba...

No sabía cómo iba a utilizar aquello en contra de Mercedes. De lo que sí que estaba seguro era de que Adolfo iba a enterarse de qué tipo de mujer era aquella con la que compartía lecho y dinero.

6. *Conversión.*

«Tú me arrebataste lo que ahora me das. Tengo miedo, sí. Porque mi fe es diligente y mi alma ya ha sido condenada. ¿Qué he de hacer, si no te escucho?, ¿qué, si sólo te siento, y sentir es un don humano y no distingo?»

ZUGARRAMURDI (Reino de Navarra). Primavera de 1608

El caballero galopó por espesos bosques. Era alto y delgado, nada rudo y bien parecido; su cabeza descubierta, sus largos cabellos negros, sueltos y mecidos por el viento, se confundían con una barba espesa y bien recortada. La expresión de su rostro era amable y piadosa, y su cuerpo, apenas cubierto por un taparrabos, era musculoso y fuerte. Pasó frente a María Ximildegui ignorándola. Entonces pudo verlo con detalle. Sus manos y pies ensangrentados dejaron un

reguero rojo sobre el camino. No cabía la menor duda, era Cristo, y ni siquiera se había dignado a mirarla.
Se despertó sudorosa y sin resuello. Jamás había tenido un sueño semejante y eso le inquietaba. Aquello tenía que significar algo.
María era una joven francesa de Ciboure que, al morir sus padres, él en la hoguera por brujo, y su madre de unas fiebres, entró a servir en la casa de Don Guillermo Elorrieta; de esto hacía tres meses.
La forma en la que fue a parar a Zugarramurdi fue un tanto rocambolesca: La joven era pariente lejana de María de Jaureteguía, quien la había presentado a Belcebut unos pocos años antes, en la misma cueva de Zugarramurdi. Ella misma se reconocía como bruja, aunque don Guillermo y su mujer desconocían este asunto, y fue por esto, por su devoción al demonio, y siendo que la secta de Ciboure había sido completamente desmantelada cuando su padre fue quemado en la hoguera, que decidió pedirle ayuda a la Jaureteguía para que le buscase un trabajo y así poder unirse a la hermandad de Zugarramurdi.
Sea como fuere, aquella mañana María presentaba un aspecto lamentable: sus pronunciadas ojeras eran la evidencia de la terrible noche que había pasado, y su rostro macilento dejaba ver una preocupación excepcional en una muchacha joven, que ni siquiera tenía pretendientes.
Este detalle le pasó desapercibido a don Guillermo, que no tenía la costumbre de preocuparse de los asuntos de sus, pero no a su mujer, doña Luisa, que anduvo observándola durante toda la mañana.
—¿Hay algo que te inquieta, María? —le preguntó la señora preocupaba porque no pudiese cumplir con sus obligaciones.
—Nada, doña Luisa —se excusó la joven criada— Es que esta noche apenas he podido pegar ojo.
—¿Mal de amores? —sonrió con picardía.
—No, mi señora. No tengo novio ni pretendientes...
Pasó aquel día, y el siguiente, y la primera semana, sin que la lividez del rostro de María menguase; más bien todo lo contrario. Doña Luisa, ahora sí preocupada por la salud de la muchacha, le pidió a su médico que la recibiera, y así lo hizo. Pero el galeno no encontró en ella nada que le hiciese sospechar que padecía enfermedad alguna.
—Es melancolía —dijo el médico, encogiéndose de hombros—. Hable con el cura... Yo no tengo remedio para los males del alma.
Fray Felipe bajó desde la abadía refunfuñando, y se presentó en la casa de los Elorrieta poco antes del almuerzo; así doña Luisa no tendría más remedio que invitarle a compartir la mesa con ellos.
María no podía negarse a hablar con aquel clérigo. Si lo hacía, sus señores sospecharían que era una de aquellas brujas que atemorizaban a las "gentes de bien". Sin embargo, nada le obligaba a decir la verdad, o podía quedarse callada, amparándose en el diagnóstico del médico... Aunque, por otro lado, aquel

sueño, que se había vuelto a repetir noche tras noche, le obsesionaba y atemorizaba... *«Tal vez Fray Felipe pueda darle una explicación»*, pensó.

El humilde cura poco o nada sabía de los secretos del alma, aunque estaba convencido de ello, pero sí mucho del dolor de corazón; no en vano, en el confesionario debía escuchar las más variopintas historias, los más diversos tipos de temores y algunos pecados abominables. Lo que fuera a explicarle la joven doncella, estaba seguro, no iba a cogerle por sorpresa, ni desprevenido.

El cura era un hombre bonachón, tal vez excesivamente proclive a la holgazanería, pero no podía decirse de él que se comportara como un loco fanático de Cristo, ni que viera brujos y demonios donde no los había. Tenía fama de ser comprensivo con los lugareños y, al ser hijo de Urdax, conocía perfectamente las costumbres de la comarca. Era el hombre perfecto para confiarle aquel secreto, y María no podía soportar por más tiempo el peso de su corazón.

—He sido llamado por tu señora —susurró Fray Felipe, cuando se quedaron a solas él y la joven criada—. Doña Luisa está preocupada por tu salud... Dice que no tienes apetito, y que pasas algunas noches llorando...

—Eso es lo que dice doña Luisa, no yo...

—Lo que no me puedes negar es que tu rostro no es el que se le supone a una muchacha de veinte años, rebosante de salud y sin más preocupación que encontrar un buen hombre con el que casarse y tener media docena de hijos...

—¿Y si no quiero casarme?

—Te aseguro —sonrió el fraile— que si esas mujeres solteronas, que visten los santos de la parroquia, que se ocupan de que en el altar siempre haya flores frescas, no pasaron por la vicaría por el deseo de acabar sus días solas, viejas y pobres... Y no creo que desees ingresar en un convento, ¿verdad, pequeña? —María sacudió la cabeza—. Yo no sabré de muchas cosas, pero estoy acostumbrado a escuchar...

—Hace unos días, el Miércoles de Ceniza, tuve un sueño —el padre Zabaleta se recostó y apoyó su cabeza sobre la mano derecha, como si estuviese escuchándola en confesión—. Y ese sueño se me ha repetido, un día tras otro, hasta convertirse en un calvario.

—Y dime, hija mía, ¿qué sucede en dicho sueño?

—Veo a Cristo montado en un caballo, recorriendo las montañas...

—¡Jesús, María y José! —se santiguó el cura. Respiró profundamente y le hizo un gesto con la mano—. Prosigue, muchacha.

—Yo le observo desde la parte baja del collado, y espero a que él se acerque y me bendiga... Pero pasa a mi lado sin tan siquiera mirarme... Yo le llamo y le grito, pero él no quiere escucharme...

—Hija mía, no recuerdo haberte visto nunca en la iglesia, ¿es que acaso no asistes nunca a la Santa Misa? —ella sacudió la cabeza—. ¿Y sabes que eso es un pecado terrible? —María miró al suelo—. Bien, bien... ¿No tendrás tú nada que ver con esos hombres y mujeres que se reúnen en las cercanías de la cueva, en el prado al que llaman Berroskoberro, para fornicar, adorar al demonio, profanar la Sagrada Hostia y blasfemar contra Dios y la Virgen?

—No sé de qué me estáis hablando —se inquietó la muchacha.

—Porque si es así —prosiguió el cura, ignorando las negativas de la joven—, ese sueño te está diciendo que Dios está a punto de renunciar a ti, del mismo modo que tú has renunciado a él, y que te esperan los más terribles sufrimientos en el infierno.

—¡Os equivocáis padre! —gritó María, presa del pánico.

Fray Felipe continuó su sermón, sin amilanarse ante los lloriqueos de la Ximildegui.

—Vosotros, los que os reunís para adorar a Satanás, ya habéis elegido... Y habéis elegido las llamas del infierno, en las que os consumiréis sin remedio, por los siglos de los siglos, sin que nadie acuda en vuestro auxilio.

—¡Yo no quería! —lloró la muchacha— ¡Fue mi tía quien me obligó a adorar a Belcebut!

Domingo estaba cansado. Había sido un día agotador, y parecía que el sol no quisiera esconderse tras las montañas, y alargarse hasta la eternidad. Pero, a eso de las siete, los últimos rayos dejaron de iluminar las carboneras, y él se lo agradeció de corazón.

Cogió su chaqueta, la azada y la cesta de la comida, y se puso en camino, con la mente extraviada en el sopor que le dominaba.

A unos cien pasos de la casa de los Subildegui, escuchó un paso rápido y nervioso que se le acercaba por su espalda. No le hizo el más mínimo caso, hasta que le rebasó. Era el de Navarcorena, el marido de María de Jaureteguia.

—¿Dónde vas tan corriendo, Estebe? —bromeó Domingo— ¿Tienes una vaca de parto?

—Perdona que no me entretenga a hablar contigo, Subildegui, pero esto es un asunto muy importante... y urgente

—Nada hay tan importante como para que no puedas acompañar a un buen amigo durante el camino.

—¿Si hubieran acusado a tu mujer de brujería, no correrías tú también a defenderla frente al cura?

—¿De brujería? —se alarmó Domingo— ¿Quién la ha acusado?

—Su sobrina... la que sirve en casa de los Elorrieta.

—¿Sabes si ha acusado a alguien más?

—¿Debería? —Domingo se encogió de hombros—. ¡Con Dios!

Cuando Estebe desapareció, engullido por la senda, Domingo aceleró su paso, hasta casi correr. Ya no le pesaban las piernas, y el sueño se había diluido en el pánico que sentía... Abrió la puerta de su casa y, sin decir una sola palabra, agarró a Isabel del brazo, y la arrastró hasta el pueblo.

El de Navarcorena entró en la iglesia, y se dirigió directamente a la sacristía.
—¡Esto es intolerable! —protestó Estebe— ¡Un ultraje!
—¡Buenas tardes, Estebe! —dijo Fray Felipe, en tono manso—. Veo que ya te han informado de las acusaciones que ha vertido la joven Ximildegui sobre tu mujer.
—¡Son todas mentira!
—No lo dudo, Estebe... Es una muchacha con mucha imaginación —carraspeó el cura—, porque, todos sabemos que tu mujer no es una bruja, ¿verdad?
—¡Por supuesto que lo sabemos! —tartamudeó el de Navarcorena.
—Y, ¿por qué has venido tú a defenderla, y no ella misma? María es su sobrina... Es de suponer que la conoce mejor que nosotros y que sabrá como solucionar este desagradable asunto.
—¿Solucionar este asunto? —se enfureció Estebe— ¡No hay asunto! Es todo mentira y, contra las mentiras, sólo hay una solución, que él embustero rectifique lo que ha dicho.
—No es tan sencillo, Estebe —musitó Fray Felipe—. Sería bueno que se reunieran las dos, cara a cara, y subsanasen las diferencias que las separan. Si María se retracta de lo que dijo ante tu mujer, me ahorrará muchos problemas...
—No os entiendo.
—Si tu mujer es bruja, deberé dar parte a las autoridades.
—No os preocupéis, Fray Felipe, que eso no va a ocurrir.
—¡Maldita sea! —tembló Domingo, agarrándose al brazo de Isabel—. ¡Estebe no tiene ni idea de que su mujer es bruja!
—¿Cómo es posible?
—Se casaron hace un par de años... Un "apaño". Todavía no sospecha que su mujer es uno de los miembros de la hermandad... Hará todo lo posible por demostrar que es inocente... y, cuanto menos se remuevan estas cosas, menos probabilidades hay de que nos descubran... Debemos adelantarnos a Estebe, y avisar a María antes de que su marido lleve este asunto demasiado lejos.
—Y nosotros, ¿qué vamos a hacer?
—No lo sé, Isabel. Pero esto no me gusta nada.
Las manos de Fray Felipe se movieron nerviosamente bajo la mesa. Frente a él, sentada en una silla, María Ximildegui rezaba en voz baja, agradeciendo, tal vez, que su confesión hubiese remediado aquellos sueños terribles que le estaban consumiendo. Su rostro era resplandeciente, y sus ojos, tan alegres como expectantes.
Poco después, Antonia, la casera, hizo pasar a los de Navarcorena al despacho.
—Vos nos habéis citado, y desearía saber los motivos —dijo la Jaureteguia— Ya sabéis que no soy muy amiga de los clérigos y que las iglesias y abadías me producen dentera.

—No te preocupes, María —sonrió el párroco—. No tengo ninguna intención de catequizarte. Aunque no os vendría mal recordarte cuál es el camino correcto, el camino de la fe —les hizo un gesto para que se sentaran en dos sillas que había dispuesto, una a cada lado de la Ximildegui, pero María y Estebe no se sentaron.

—Dejaos de monsergas, padre —dijo el hombre molesto—. Como bien habéis dicho, no hemos venido aquí para una catequesis.

—Yo tengo poco que decir —cogió unos papeles y leyó—. Tu sobrina, María de Ximildegui.

—No es mi sobrina —protestó la Jaureteguia—, es sobrina de la mujer de mi hermano.

—Eso no tiene importancia... La muchacha asegura que tú fuiste su madrina cuando fue presentada ante —leyó— Belcebut. ¡Caramba!

—Ni aunque hubiera deseado ser su madrina, hubiera podido presentarla ante alguien que no conozco.

—¡Mientes! —dijo la joven—. Cuando yo vivía en Francia, asistí a tres aquelarres aquí, en Zugarramurdi. En el primero, tú me presentaste ante Belcebut... ¿No lo recuerdas? Estebe me trajo en su carromato desde Ciboure la última vez —y mirando al hombre le preguntó—: ¿Jamás sospechaste de tu mujer? ¿Jamás te extrañó que desapareciera muchos sábado por la noche y que regresase, al amanecer, hediendo a orines?

Estebe la miró con extrañeza, aunque algo escamado. Su mujer, efectivamente, se reunía con su tía, María Chipía, algunos sábados para, según le contó, aprender a bordar. Jamás supo la hora en que regresaba su mujer de aquellas intempestivas clases, pues él siempre caía en un profundo sueño poco después del ocaso, y no despertaba hasta la mañana siguiente.

—No tengo nada que decir —dijo Estebe.

—Reconocerás que tu mujer se marchaba de casa muchas noches.

—Sí, en efecto, a eso de las seis —balbució—. Pero iba a casa de su tía, la de Chipía, para bordar.

—¿A qué hora regresaba? —insistió el fraile.

—Cuando despertaba, siempre estaba a mi lado... Suelo dormir profundamente.

—No hay nada que me incrimine —se apresuró a decir la Jaureteguia—, ni que demuestre que soy bruja... ¿Qué mal hago yo, yendo a aprender a bordar a casa de mi tía?

María Ximildegui se levantó y se acercó a su tía. Agarró su camisa con fuerza, y se la arrancó. La Jaureteguia apenas atinó a cubrir sus pechos con ambas manos.

—¿Qué haces, insensata? —le reprendió el cura.

Ella no contestó, se limitó a hacerles una señal con sus temblorosos dedos, para que se aproximasen al hombro de la Jaureteguia, y señaló una marca en forma de "V": una cicatriz muy pequeña...

—¡Alabado sea Dios! —rezó el cura, santiguándose.

CAPÍTULO XXVI
Capitanear un ejército de ciegos.

1. La mujer del alcalde.

«¿Cómo saber si el adúltero peca por no buscar más fin que el placer, o por el engaño? Conociendo a los obispos, curas y papas, seguro que la ofensa es el goce, pues perniciosa es la gula, la pereza y el lujo, y jamás será pecado el hambre, el trabajo y el recato... ¡Malditos hipócritas!»

BENABARRE (Reino de Aragón). Finales de 1608.

Mosén Serafín se había quedado dormido tras escuchar en confesión a una anciana viuda que, por aburrimiento o soledad, tenía la nada extraña costumbre de acudir cada sábado a confesarse, como revulsivo a su vida anodina y monótona. No es que no cometiese pecados, que los cometía, o al menos eso es lo que le manifestaba al pobre cura; el problema era que aquel hábito se había convertido en una práctica rayana en lo paranoico. Siempre lo mismo: *«que si he vendido un par de arrobas de harina por una moneda más de lo que era menester», «que si he deseado que mi vecina contrajera la peste por haber sacudido las migas del mantel sobre mi colada...»* Serafín tenía dos opciones: prohibirle volver al confesionario, hasta que no hubiese asesinado a la vecina, o aprovechar sus visitas para echar una cabezada. Como el sueño era algo de lo que andaba escaso, prefirió no tentar a la suerte, e ignorar su cansina perorata durante la media hora que permanecía arrodillada al otro lado del ventanuco.

Ni siquiera la vio entrar en la iglesia. Teresa de Graells siempre fue una mujer prudente, nada de acorde con su posición social (era la esposa del joven alcalde Ruperto e hija de un infanzón del Bajo Cinca). Una mujer bellísima, aunque de bien poco le servía su belleza, pues era incapaz de concebir un hijo y: *«Una mujer que no puede parir no es una mujer completa».*

—¡Ave María purísima! —canturreó el mosén.
—Sin pecado concebida.
—Decidme, hija —siseó Serafín— ¿qué es lo que os trae a la casa del Señor?
—Debo confesarme de algo terrible, mosén.
—Vos diréis Teresa...
—Le he sido infiel a mi marido —balbució la alcaldesa.
—¡Santo Dios! —se santiguó el cura—. ¿Acaso tu marido no te da aquello que precisas como mujer?
—No es eso padre —lloró la mujer— me he enamorado de otro hombre.
—El amor es un sentimiento eludible, hija mía —carraspeó mosén Serafín— al menos el carnal. Yo llevo veinte años sin catar una sola mujer, y te aseguro

que, aunque difícil, los cilicios y mortificaciones me han apartado de los sentimientos ilícitos...
—No es tan sencillo, mosén —se justificó ella—. Ruperto siempre está ocupado con sus problemas, con su trabajo, y no...
—Y no cumple como esposo cuando debería... —aseveró el cura—. Deberíais saber que una mujer siempre ha de estar dispuesta a recibir a su marido en el lecho cuando él lo desee, y a renunciar a la carne cuando su esposo está fatigado... y tu marido es un hombre muy atareado. Dios os ha concedido el maravilloso don de servirle y concederle hijos, y deberíais respetarle, cuidarle y atenderle... Si amáis a vuestro esposo, la servidumbre se convierte en un regalo, pero si no le amáis... Jesucristo dijo aquello de: *«Quien quiera ser más en el Cielo, deberá ser menos en la Tierra»*, esa es la llave que os abrirá las puertas del Reino de Dios. Servidle como Cristo sirvió, y recibiréis vuestra recompensa el Día del Juicio.
—¿Qué me aconsejáis que haga?
—Deberéis dejar de veros con vuestro amante, por supuesto... Rezad cada día tres rosarios. Y, si aún así sentís que el fuego del deseo os abrasa las entrañas, que no sean tres, sino cinco los rosarios...

El dedo de la alcaldesa se deslizó por la columna de su amante, pensando, aunque no deseando, como demonios iba a comunicarle que deberían dejar de encontrarse en aquella mansión ruinosa, que el padre de Ruperto había comprado en subasta pública a los Villahermosa después de que el rey Felipe ordenase el desmantelamiento de los castillos de Ribagorza. Los del pueblo le llamaban la "Casota", y las murmuraciones aseguraban que, entre aquellas paredes, se habían celebrado cientos de orgías y cometido todo tipo de escándalos.
—Mosén Serafín me ha aconsejado que deberíamos dejar de vernos —susurró Teresa.
—El adulterio es un pecado —se mofó él—. ¿Qué querías que te dijera, que siguieras engañando a tu marido? ¡Qué sabrán los curas!
Teresa le miró a los ojos. Hernando no era más que un muchacho, cinco o seis años más joven que ella. Para él, la alcaldesa era una de sus muchas amantes y, estaba segura, él no la amaba, como tampoco amaba a ninguna de las otras.
—Si mi marido fuera pobre —añadió—, huiría contigo.
—¿Eso es un halago?
—Supongo... A mí me educaron para ser la esposa de un hombre importante.
—¿Le amas a él, o a mí?
—¿Qué importa eso?

—Si no me amas, ¿por qué te arriesgas a que tu marido se entere de lo nuestro y te denuncie por adúltera?

—Mi marido jamás me denunciaría... Su educación se lo impediría —rió—. Es tan malditamente correcto, que nos mataría a los dos, y después haría lo que fuera para que semejante asunto no trascendiera... Sí. Estoy segura de que jamás permitiría que este asunto se convirtiera en la comidilla del pueblo. El honor y el sentir cristiano, son más importantes que la vida de una amancebada.

—¿De verdad piensas lo que estás diciendo?

—Si, sin duda... *«El pecado sólo es pecado si hay testigos.»*

—¿Cómo he podido ser tan estúpido? —masculló Hernando—. ¡La tenía delante de mis narices, y he sido incapaz de verla!

—¿Qué es lo que tenías delante de tus narices?

—La solución, Teresa...

Se vistió a toda prisa, ante la sorprendida mirada de la alcaldesa. Le dio un beso en los labios, y bajó las escaleras dando saltos.

—Volveremos a vernos —gritó Hernando desde el portal.

Y salió afuera.

2. La confesión.

«¡Escuchadme, malditos! Decir, diré lo que me salve. Mentiré, lloraré, me convertiré en vuestra sierva, pero mi corazón, mi alma, siempre me pertenecerán... Oíd, pues, lo que queréis oír.»

ZUGARRAMURDI (Reino de Navarra). Principios de 1609

Domingo cogió la mano de Isabel, y susurró:

—Este lugar me produce escalofríos —Isabel no prestó demasiada atención a sus palabras—. ¿Qué demonios querrá ese maldito cura, para haber citado a todo el pueblo en la iglesia?

—Nada bueno —dijo Blanca, sacudiendo la cabeza—. Cuando el clero convoca una reunión así, después de la misa, ten por seguro que las noticias no van a ser agradables.

Fray Felipe Zabaleta no recordaba haber visto jamás la iglesia tan llena; ni siquiera en las ocasiones especiales, las fiestas patronales o el entierro de algún señor de la comarca. Aunque era muy consciente de que aquel no era un buen día para la prédica, ni para intentar convertir a todos aquellos pobres descarriados.

Subió al púlpito y, en un silencio tan artificial que ponía los pelos de punta, empezó a hablar:

—El miedo —dijo—. ¿Os habéis preguntado alguna vez de qué tenéis miedo? ¿Qué teméis? —carraspeó—. Hace muchos años, cuando la guerra, el capellán de las tropas del rey me habló del acre hedor que desprenden quienes lo padecen, y yo no le creí. Pensé que se trataba de una metáfora piadosa... Llevo diecinueve años aquí, en Zugarramurdi, y os aseguro que aquel capellán no hablaba en sentido figurado... ¡Yo mismo he podido oler el miedo en la piel de muchos vecinos! El hijo de Juana de Vera murió a los tres años; de repente, sin que nadie pudiera darle una explicación a su fallecimiento: *«Han sido las brujas»*, me aseguró... y yo, ¡ingenuo de mí!, creí que sus palabras no eran más que los lamentos de una mujer que ha perdido a su hijo... En dos decenios, cientos de casos como los de Juana de Vera se han repetido, generación tras generación. *«En este pueblo hay brujas y brujos»*, me aseguraron, *«y esas brujas se reúnen en las proximidades de la cueva alta»*. Decenas de muertes que nadie pudo explicar, cosechas perdidas... y el miedo... Eso que estáis oliendo es el miedo... Confiaba que, con los años, todo esto se acabaría, que quedaría relegado al olvido, pero me equivocaba. ¡Vosotros!, sí, vosotros que os sentáis en las últimas filas, que jamás venís a la iglesia si no es para enterrar a uno de los vuestros, soy los causantes de este dolor. Conozco vuestros nombres y a vuestras familias, y os aseguro que preferiría no saber estas cosas. ¿Qué he de hacer? ¿Debo denunciaros al Santo Oficio? Estaréis de acuerdo en que este asunto jamás debe trascender fuera de Zugarramurdi —se oyó un murmullo—. ¡Estáis en la casa de ese dios al que detestáis! —gritó enfurecido—, ¡pero eso no os da derecho a mancillarla en mi presencia! —volvió a hacerse el silencio—. Hace unos días, vino a mí una joven arrepentida de sus pecados. Con gran dolor de alma, me confesó que había adorado al demonio, que había renunciado a Cristo y que, durante más de dos años, había fornicado con Belcebut. Dios ya le ha perdonado, y ella ha decidido purgar sus pecados en un convento. ¡Confesad que sois brujos! ¡Dios os perdonará!

Fray Felipe bajó del púlpito. Cruzó el altar, con estudiada lentitud, y se sentó en el primer banco, junto a una mujer. Hizo una presión con su mano en el antebrazo de la mujer, y esta se levantó, era María de Jaureteguia. Un nuevo murmullo inundó la iglesia.

María de Jaureteguía subió hasta el altar y, llorando, dijo:

—Mi familia siempre fue pobre. Mi padre trabajaba desde que el sol se asomaba por oriente, hasta que se escondía en poniente. Y mi madre bordaba sábanas y colchas para los señores de Vera y Pamplona. Ni yo, ni mis hermanos, pudimos seguir otro camino que no fuese el que ellos nos habían enseñado... No teníamos tiempo para Dios, y nadie nos consolaba. Pero Graciana de Barrenechea prometió que las cosas cambiarían si me unía a ellos. Pido perdón por el dolor que he causado. Dios me ha perdonado.

Domingo agarró con fuerza la mano de Isabel, como si quisiera buscar una protección que ella no podía darle, o como una advertencia. Años atrás, él mismo le había asegurado que el acoso del Santo Oficio acabaría por acorralarles en la miseria; tal vez ese fue el principio de la decadencia de aquella hermandad, de una secta cuyos únicos perjuicios a la sociedad eran cuatro canturreos blasfemos, media docena de orgías y alguna que otra maldición que, si se cumplía, era por pura casualidad.

Cuando llegaron a casa, Crisóstomo les estaba esperando, medio recostado en el balancín de Blanca, abstraído en sus propios pensamientos. A sus pies, Sócrates dormitaba con inquieto. El viejo fraile ni siquiera se levantó, cuando el turbador ánimo de los Subildegui precedió su entrada en el caserón.

—¡Vienen a mí como las abejas al panal de miel! —rezó el de Valcuerna, como en trance— ¡Temeréis a Dios por su gracia o pese a ella, os lo aseguro! —ninguno de ellos se atrevió a preguntarle a qué demonios se refería, pero le escucharon atentamente—. Se acerca la noche, pues no la habéis abandonado, pues sois sus hijos... La oscuridad se cierne sobre mí, porque vosotros la habéis traído...

Dicho esto, se levantó del balancín, le dio un suave puntapié al perro, y salió de la casa.

Isabel sintió un escalofrío cuando el benedictino cruzaba el umbral de la puerta.

—¿Qué vamos a hacer? —preguntó Domingo, alterado en extremo—. Si confesamos, seremos procesados y desterrados... Pero, si no confesamos y nos denuncian, nos quemarán en la hoguera.

—La Inquisición no es tan terrible como dicen —intentó consolarle su madre—. Su misión no es la de asesinar a los herejes, sino devolverlos al camino de la Iglesia.

—¡Eso jamás! —dijo Domingo—, ¡antes muerto!

—Pero, hijo —insistió Blanca—, la Iglesia puede obligarnos a asistir a las misas, a comulgar, a confesarnos, pero jamás logrará que nuestro corazón esté con el dios que nos impongan.

—Ustedes pueden estar tranquilos —prosiguió—, porque nadie les denunciará, porque nadie tiene nada en su contra y apenas han asistido a una docena de reuniones...

—Nosotros —dijo Manuel— ya somos viejos... Tengo cinco años menos de los que tenía el más anciano de los hombres que he conocido. Y te aseguro que él, a mi edad, parecía mi hijo... Si no nos envían a la hoguera, me quedan un par de años, quizás tres, pero no creo que viva mucho más... Pero tú, Domingo, todavía eres joven.

—No logrará convencerme de que el mejor camino es la Iglesia... Antes me consumiré en la hoguera o en el infierno.

—Mi madre —dijo Isabel, llevándose las manos a la cabeza— creció en un convento de clausura. Veneraba a Dios por encima de todas las cosas... Pero su única amiga, la única persona a la que realmente amaba, fue asesinada por la madre superiora. ¡La emparedaron viva porque estaba encinta! Pero ella jamás dejó de creer en Dios ni en la Iglesia. Después se casó con un asesino. El único hombre a quien amó, murió por una testarudez difícilmente justificable. Mi hermano Lorenzo nació cojo... Siempre me he preguntado qué clase de Dios es ése que permite que ocurran estas cosas. Jamás hallé la respuesta, ni creo que la encuentre jamás... Desde pequeña me han llamado bruja, porque veo cosas que los demás no pueden; los curas son los primeros en negarme el saludo y la comunión... Por ese motivo los odio —tragó saliva—. Pero a ti, Domingo, ¿qué daño te han hecho los curas para que los aborrezcas?

—Nunca he sido un hombre sensato, bien lo saben todos —dijo, medio tembloroso—. Nunca me obsesionó averiguar si hay vida después de la muerte, ni qué nos aguarda al final del camino. Pero, desde que te conocí, desde que me abriste tu corazón, no hago más que pensar en esas cosas... Hace quince años no lo hubiera dudado ni un instante; hubiera confesado que soy brujo, y suplicado que me perdonasen. Pero ahora... Tú, Isabel, me has abierto los ojos, y esa Iglesia ya no es mi Iglesia... Ese dios ya no es mi dios. Tú misma dices que los curas hablan de lo que no saben, que se recitan lo que sus obispos, cardenales o papas les dictan. Sin embargo, Belcebut nos habla de lo que conoce, porque él forma parte de lo que predica. No promete nada, pues no tiene necesidad de hacerlo; cumple con lo que dice, y eso a mí me basta.

—Pero mis preguntas... —Isabel se sintió abatida—. Jamás he pretendido ser profetisa del demonio, ni su misionera, sólo quería que abrieras tu mente, que no te conformases con lo que los demás te dijeran; fueran curas o brujos...

—Me enseñaste a elegir, y yo elegí la hermandad —concluyó Domingo, tajante.

El padre Zabaleta estaba convencido de que, después de la confesión de María Jaureteguia, los demás brujos y brujas seguirían su ejemplo... En realidad, se había comportado de un modo inusual para aquellos turbios tiempos; no había dado parte a la inquisición, ni tenía la más mínima intención de hacerlo. *«Los problemas de casa han de solucionarse en casa»*, se había dicho, y había cumplido. Pero las cosas no siempre salen como uno espera, y la confesión de María sólo sirvió para que se crisparan aún más los nervios, y para que, los pocos que lograran dominar sus temores, decidieran tomarla con la familia Barrenechea, ya que ésta, según la confesión de la Jaureteguia, Graciana fue quien la había introducido en la brujería.

Armados con palos, antorchas y azadas, entraron en la casa, y la registraron de arriba a abajo, buscando sapos, gatos o cualquier cosa que pudiese incriminarles. Lo mismo hicieron en la de Miguel de Goiburu y en la de Estevanía de Yriarte.

Por la mañana, el panorama era desolador; no se habían conformado con buscar objetos que pudieran incriminar a aquellos brujos y brujas, sino que habían destruido todo lo que habían encontrado a su paso; prendido fuego al pajar de Graciana y robado un cordero que Miguel de Goiburu había sacrificado una semana antes, y con el que hicieron un gran festín. Ni las advertencias de

Fray Felipe de Zabaleta, ni las súplicas de los brujos, lograron atemperar los ánimos de aquellos hombres fuera de sí.

URDAX (Reino de Navarra)

Juanes de Goiburu, el marido de Estevanía de Yriarte, tenía el rostro desencajado. No sabía si los monjes iban a recibirle, o si aquella puerta, que se levantaba frente a él como un muro infranqueable, permanecería cerrada, a pesar de sus insistentes manotazos.

Un fraile, viejecillo y encorvado, le sacó de dudas.

—¡Ave María Purísima! —rezó el hermano.

—Sin pecado concebida.

—Vos diréis, joven.

—Quisiera ser recibido por el prior del convento. Mi nombre es Juanes de Goiburu, de Zugarramurdi.

—Aguardad un instante.

El viejecillo desapareció, y Juanes creyó que aquella puerta no volvería a abrirse nunca más.

Al cabo de unos pocos minutos, las maderas volvieron a chirriar con tristeza. Pero, en lugar del anciano, le recibió fray Felipe, quien salió afuera, cerrando la puerta a sus espaldas.

—Y bien, Juanes —dijo el clérigo— supongo que has venido hasta aquí por las acusaciones que recaen sobre vosotros.

—Sobre nosotros no hay ninguna acusación, padre Felipe —dijo, ofendido—. Vos obligasteis a la Jaureteguia a confesar que era bruja... Vuestras razones tendríais para ello, sin duda... Pero ayer, unos desalmados entraron en mi casa a la fuerza, destrozaron todo lo que encontraron y nos insultaron diciendo que mi mujer es bruja.

—Si dicen tal cosa será porque desconfían de ella... Nadie acusa a nadie, si no tiene sospechas.

—¿Sospechas? —se enfureció el pastor— ¿Sólo porque unos insensatos crean que Estevanía es bruja, tienen derecho a hacer lo que hicieron? ¿Y vos os hacéis llamar hombre de Dios?

—La única que puede sacarnos de dudas es tu mujer.

—Metería la mano en el fuego por ella.

—Procura que tus palabras no se conviertan en una realidad.

—¿Me estáis amenazando?

—Mañana, a las diez de la mañana, la puerta de la iglesia del convento estará abierta para recibiros... Ven con Estevanía y zanjemos, de una vez por todas, este desagradable asunto.

El Cristo del altar la miró amenazante. La puerta de la capilla del convento estaba abierta, pero nadie salió a recibirles. Su interior estaba tan desierto como las calles del pueblo.

Los ojos de Estevanía se movieron nerviosos, pretendiendo librarse de la mirada del crucificado.

—Tú niégalo todo —le había recomendado Juanes—. De todos modos, no podrán demostrar nada... Somos estimados en el pueblo, y no habrá un solo testigo que hable en tu contra.

Estevanía no estaba tan segura como su marido. Le miró con tristeza infinita y suspiró.

La puerta de la sacristía chirrió a sus espaldas. De su interior surgieron media docena de monjes; entre ellos, Fray Felipe, vestido con su sotana blanca y la casulla de color morado, como si se dispusiera a celebrar un entierro. Hicieron una genuflexión al pasar frente al altar, y todos, excepto el padre Zabaleta, se arrodillaron.

Fray Felipe se aproximó a ellos y sonrió, de ese modo en que sonríen los curas cuando un feligrés henchido de culpa se acerca suplicándole una penitencia que libere su miserable vida del pecado.

—Veo que habéis venido —invitó a Estevanía a que se reuniera con el resto de frailes, y a Juanes a que esperase fuera de la iglesia.

La puerta se cerró tras el pastor. El clérigo regresó al altar.

Estevanía se arrodilló frente al sagrario, y bajó la cabeza, imitando a los otros monjes.

—Tu madre ha sido acusada de ser la Reina de los Aquelarres —dijo el fraile, con autoridad.

—No sé de qué ha sido acusada... ni sé de qué se me acusa a mí.

—Ser Reina del Aquelarre implica muchos años de conducta herética —susurró el clérigo—. ¿Cuántos años tiene Graciana?

—Más de ochenta.

—Si, como dicen, fue iniciada cuando tenía veinte años, eso indica que lleva más de medio siglo adorando al demonio...

—Eso lo decís vos...

—Si te he mandado llamar es porque tenemos pruebas suficientes como para procesarte por brujería.

—¡Eso es imposible! Si hay alguna prueba que me incrimine será falsa. No soy bruja. Nunca lo he sido y, que las iglesias me produzcan escalofríos, no significa que Satanás me atemorice menos que Dios.

—Bien, bien... —dijo Zabaleta, esta vez más sosegado— Hace tres años, el día de San Sebastián, fue iniciada una muchacha francesa, de Ciboure, de nombre María Ximildegui. ¿La conoces?

—Es la sirvienta de los Elorrieta —respondió, levantando los ojos del suelo. Fray Felipe asintió—. El trato que he tenido con ella se ha limitado a los saludos de cortesía.

—Pues ella asegura que tú y otros, que no vienen al caso, estabais presentes en el Berroskoberro cuando ella fue presentada a Belcebut.

—Ella puede decir lo que le quiera —volvió a mirar al suelo.
—¿Lo niegas?
—¡Por supuesto que lo niego!
—¿Y también niegas que José de Iruña te vio bailar desnuda y fornicar con Juanes De Odia ese mismo día, en el Berroskoberro?
— Sí, es cierto —dijo Estevanía con sarcasmo, pero sin mirar al clérigo— Pero ese es un asunto que debo solucionar con mi marido, o en el confesionario, ¿no creéis? En todo caso, mi vida licenciosa no me convierte en bruja.
—Por sí sola no, aunque el adulterio es delito y un pecado terrible.
—Siendo así, deberíais escucharme en confesión y darme la absolución… Si el de Iruña no da parte a las autoridades, éste será un asunto entre Dios y yo…
—¡No seas impertinente! —espetó fray Felipe.
El cura dio un par de vueltas alrededor de Estevanía, y respiró profundamente. Cuando creyó que estaba en disposición de continuar, sin dejarse llevar por la ira, prosiguió.
—El propio José de Iruña hace un par de días entró en tu casa, y encontró un sapo vivo escondido bajo una baldosa de tu cocina —dijo a gritos— y varios recipientes llenos de —se colocó unos anteojos en la punta de la nariz, y leyó en una tablilla—: Belladona, mandrágora, raíces de ruda… —Estevanía bajó la cabeza.
—Tengo un problema en la piel, y me aplico compresas de…
—¡Basta ya! —se enfureció el fraile.
Sacó la estola de su cuello, y la colgó en los hombros de la mujer.
Los demás hermanos se levantaron, se acercaron a ella y sujetaron sobre su cabeza las reliquias de San Norberto. Uno de lo fraires le entregó un crucifijo y le obligó a arrodillarse frente a Fray Felipe.
—¡Confiesa, maldita! —gritó el clérigo, como si estuviera haciendo un exorcismo—. ¡Confiesa que eres bruja o, de lo contrario, serás entregada a la inquisición, y ellos te obligarán a hacerlo!
—¡No soy bruja! ¡Lo juro!
—¡No dirás eso cuando quiebren tus huesos y quemen tu carne!
—¿Qué os he hecho, padre? —lloró— ¿Por qué no me creéis?
—Porque María de Jaureteguia te ha denunciado… A ti, a tu madre y a más de cincuenta del pueblo.
—¡Maldita sea!
—¿Lo reconoces?
—Si digo que soy bruja me quemaréis en la hoguera.
—Te aseguro, Estevanía, que si colaboras con nosotros, te será permitido reconciliarte con Dios y con los hombres.
—¿Y nadie sufrirá por mi causa?
—Te lo prometo.

—Sí, soy bruja... pero mi marido no lo sabe —mintió—, ni tiene nada que ver con nosotras...

3. El serrador.

«Pocos nos conocen mejor que nuestros enemigos. Guardaos de los rivales si escondéis monedas bajo el colchón, porque si la mano izquierda no sabe lo que hace la derecha, os aseguro que vuestros enemigos saben de las dos.»

BENABARRE (Reino de Aragón). Principios de 1609

Hernando ya ni siquiera se escondía en el huerto de "Chuliana" para espiar a Mercedes; había comprobado que, tanto ella como su amante, estaban tan ansiosos por encontrarse, que se habían vuelto incautos. Por otro lado, los amores de Mercedes y de Federico eran la comidilla de todo el pueblo pero, como siempre, todos sabían de ellos, excepto Adolfo. Hernando, ahora, se sentaba en la barbacana de una especie de ensanche en el Cap de Vila, al que denominaban la "Calzadeta", y aguardaba a que se reunieran los amantes, disimulando, de modo poco creíble, con un palo y su navaja. Nadie sospechó de él; hasta cierto punto ya era habitual verle allí sentado, pues, aunque Casa Capellana estaba al otro lado de la Sierra del Castillo, aquel era paso obligado para quienes descendían la loma para ir a los huertos de la parte alta.

A su lado, no más apartados de quince o veinte pasos de él, unos niños jugaban al escondite. Uno de aquellos zagales, "Pedret de Trinchamoros", fue a esconderse bajo la barbacana.

—No digas que estoy aquí, "Capellana" —le susurró el pequeño. Hernando le sonrió y volvió a clavar sus ojos en Casa Serrador.

Debían ser las diez o las once de la mañana cuando Federico de Apanyat se coló en el portal de la casa de Mercedes... Aguardó durante unos minutos, y miró hacia la parte inferior de la barbacana. El pequeño de Trinchamoros aún estaba allí, escondido tras un matojo de boj, regocijándose en el aburrimiento de los otros pequeños, incapaces de encontrarle...

—¡Pedret! —susurró— ¿Quieres ganarte un par de monedas?

—¡Cállate, Capellana! —volvió a chistarle el muchacho.

—¿No me has escuchado? Te ofrezco un par de monedas si me haces un favor.

—¿Un par de monedas? —pensó Pedret.

El niño salió de su escondrijo y, al fondo de la calle, se escuchó a Gabriel de Jueu *«Un, dos, tres, Pedret de Trinchamoros está debajo de la Calzadeta».*

—¡Me has visto porque he salido! —gritó el chaval— ¡Tengo que marcharme!

—¡Eso no vale! —protestó el de Jueu— ¡Ahora te toca "parar" a ti!

—¡Eso no es verdad! Yo he sido el último al que has "pillado".

Pedret se acercó a Hernando y se sentó a su lado, alargando la mano. El de Capellana le dio dos monedas, y el niño las ató en la parte baja de su camisa.

—Ve a la serrería y dile a Adolfo que su mujer está muy enferma —le indicó Hernando—, que se muere... Debes decírselo sólo a él; ni a su sobrino, ni a nadie que esté allí... Insístele en que debe subir a su casa. Y, si no te hace caso, arrástralo hasta allí.

—¿Eso es todo?

—Jamás te habían pagado tanto por tan poca cosa, ¿verdad?

—¡Nunca antes me habían pagado!

Mercedes ni siquiera se sacaba la amplia y espesa camisola, que cubría todo su cuerpo, para recibir a su amante. Ni él, ni su marido, ni ninguno de los que habían visitado en una u otra oportunidad su cama, sabían de sus secretos más allá del ombligo. Cuando Federico de Apanyat hubo calmado la ansiedad que retenía desde hacía un par de días, se sentó en el camastro y sacudió la cabeza. Se preguntaba qué demonios hacía en aquella casa, con aquella mujer que le repugnaba y que hedía a sudor y orines. No era una pregunta nueva; a decir verdad, se la hacía cada vez que concluía su poco casto menester. Nunca recibió respuesta.

—El viernes, Adolfo tiene que llevar unas vigas al mas dels Secs —dijo Mercedes—, y no volverá a casa hasta media tarde. ¿Por qué no te quedas toda la mañana conmigo?

—Porque tengo mujer e hijos —respondió él, sacudiendo la cabeza— ¿qué pensarán si no acudo a comer?

—Di que tienes mucho trabajo en el huerto...

—¿Trabajo, en Enero?

Aún no había acabado de formular la pregunta cuando unos pasos, tan pesados como nerviosos, resonaron por toda la casa.

—¡Dios Santo! —susurró Mercedes— Es Adolfo...

—¡Maldita sea! —gimoteó Federico, intentando subir sus calzones.

Cuando el Serrador vio a su mujer sobre la cama, intentando tapar sus vergüenzas, y al de Apanyat con los calzones medio bajados, haciendo esfuerzos para no caer a tierra, la sangre le hirvió en las venas y sus manos se apretaron como dos poderosas mazas.

No hubo insultos... Ni Adolfo atendió a más razones que las que le dictaba su ira.

Carmen de Jueu estaba preparándose para hacer la comida y rezando para que la carne de aquellas dos perdices fuera más blanda que las plumas que les arrancaba.

Hacía ya un rato que no escuchaba los muelles oxidados de la cama del serrador. Ella sabía que Merceditas se "entendía" con Federico de Apanyat, y era habitual que se vieran a aquellas horas. Pero no acababa de acostumbrarse a aquellos sonidos tan poco píos. Bien es cierto que Carmen intentaba mitigar aquel escándalo cantando canciones de misa, pero se sorprendía a sí misma siguiendo el ritmo de la cama al golpear contra la pared, intentando convencerse de que aquel alboroto le resultaba ingrato cuando, en realidad, se sentía violenta por que, si ella podía escucharles retozar al otro lado del muro, también Mercedes y Adolfo les oirían cuando ellos lo hacían...

Poco después, cuando se disponía a cortarle el pescuezo a la última de las perdices, los ruidos que escuchó fueron muy diferentes. Primero fueron unos gritos histéricos de Mercedes; después, golpes, y nuevos gritos; para concluir con un sonido sordo y apagado.

Carmen bajó las escaleras a toda prisa, y entró en la casa contigua... Lo que encontró allí fue terrible. Las paredes de la habitación estaban llenas de sangre. Sobre la cama, Mercedes yacía, con una herida en el estómago. A su lado, en el suelo, Adolfo sujetaba su cabeza con ambas manos, y la sacudía acompasadamente; su camisa estaba ensangrentada, así como sus calzones, cabellos y rostro. Un poco más allá, tendido boca abajo, Federico de Apanyat todavía conservaba el hacha de Adolfo, clavada en su espalda.

—Tenía que hacerlo —lloriqueó el serrador— ¡Malditas guineus! ¿Por qué nadie me dijo nada de esto?

Carmen dio media vuelta, y huyó hacia la calle; temía que Adolfo, completamente fuera de si, quisiera acabar también con los testigos de su matanza. Pero el Serrador no se movió de los pies de la cama.

—¡Adolfo a matado a su mujer y a Federico de Apanyat —gritó la de Jueu, histérica, acometiendo la subida de la calle mayor con una fuerza de la que jamás había hecho gala— ¡Gabriel!, ¡hijo mío!

Hernando sonrió con satisfacción. Aquella mujer, la hermana del asesino con el que se casó su abuela, no volvería a molestarles nunca más...

Adolfo fue juzgado, y condenado a la horca; sentencia que se cumplió aquel mismo verano, cuando los trigales habían convertido el paisaje en un susurro amarillento, y todos los del pueblo estaban en los campos segando...

Nadie estuvo presente en su ejecución, ni en su posterior entierro.

CAPÍTULO XXVII
El proceso

1. Penitencia tardía.

«Ved, mi Señor, que éstos no son más que hijos de lo que hemos creado. Sé que jamás os sentiréis culpable por ello, ni yo, vuestro humilde siervo, lo pretendo. Pero, ¿acaso vuestro Reino se cimienta sobre el dolor de vuestras criaturas?»

ZUGARRAMURDI (Reino de Navarra). Principios de 1609

Tal vez Fray Felipe no fuese un hombre demasiado cabal, ni pudiera alardear de condescendencia, pero era innegable que la cobardía no se encontraba entre sus lacras. Tanto Estevanía de Yriarte, como María de Jaureteguia, se vinieron abajo tras un par de horas de discusión y rezos, confesando que eran brujas. Pero el clérigo no sólo regresó al monasterio de Urdax con la declaración de aquellas dos mujeres, sino que, bajo su brazo, portaba una treintena más de denuncias contra otros tantos herejes del pueblo, de Vera y de Urdax (entre ellas se encontraban las declaraciones que inculpaban al marido de la primera y la reiteración en la culpabilidad de su propia madre). Nadie, en su sano juicio, o sin la convicción que movía a aquel menudo clérigo, se hubiese atrevido a abordar todos y cada uno de los hogares de aquellos a quienes Estevanía y María habían denunciado, sin más protección que su fe y la casi testimonial presencia de un joven novicio, con menos carnes que el propio Zabaleta. Lo cierto es que no fue mal recibido en ninguna de las casas que visitó; todo lo contrario: en algunas de ellas incluso fue invitado a comer o a cenar.

El resultado de aquella arriesgada misión no podía ser más positivo para fray Felipe. Logró que una docena de ellos reconocieran su pertenencia a la orden, que otros diez demostraran que ellos no tenían nada que ver con aquel asunto, y el resto confesaron que se habían sentido tentados de unirse a los brujos, pero que: *«Dios Nuestro Señor nos persuadió para que retomáramos el camino de la Verdad y de la Iglesia.»* Bien es cierto que las confesiones de aquellos que se declararon culpables de herejía no lo hicieron por voluntad propia puesto que, sin llegar a las amenazas directas, sí les recordó que, *«de no decir la verdad, os consumiréis en las eternas llamas del infierno... y, además, deberé dar parte al Santo Oficio, y ellos no tienen tanta paciencia ni clemencia como yo».*

Fray Felipe estaba exultante; convencido de que había encontrado el remedio que acabaría con aquel asunto. No creía que ninguna de aquellas mujeres u hombres fueran tan peligrosos como para tener que alertar a la Inquisición, ni que sus creencias estuviesen tan arraigadas en sus corazones, como para ser irrecuperables; así que decidió que lo más sensato era que, aquellos que habían confesado ser brujos, lo reconociesen delante de todo el pueblo. Sin duda, los buenos cristianos de Zugarramurdi sabrían comprender y perdonar. Y, con esa intención convocó a los feligreses de la parroquia a una reunión en la iglesia... Acudieron algo más de sesenta personas.

La primera en hablar fue Graciana Barrenechea, al haber reconocido que era la Reina del Aquelarre, y por ser la más anciana.

—Pido perdón por todo el dolor que he causado —dijo, algo confundida—. He deseado que el mal cayese sobre vuestras familias y cosechas... Aunque no poseo mayor facultad de la que posee toda mujer, el veneno que corroía mis entrañas fue tal que echó a perder vuestras cosechas y ganados... Jamás asesiné a nadie, pero reconozco haber deseado la muerte de muchos de vosotros... Por esta razón, os pido que me perdonéis y que veáis en mí a una pobre viuda, a una anciana cuyo final, sin duda, está tan cercano que hubiese sido capaz de vender su alma al diablo por unos meses más de vida...

Se oyó un murmullo, entre la incredulidad y la sorpresa.

Las declaraciones del resto fueron similares... Algunas de verdadero arrepentimiento y otras decididamente falsas (tanto en su atrición como en el reconocimiento de las faltas que se les imputaban).

El cura les dio la absolución; ya lo había hecho en privado y volvió a hacerlo delante de todo el pueblo. Y los de Zugarramurdi: *«Siendo que la Iglesia les bendice y disculpa, nosotros no vamos a ser más papistas que el papa»*, se vieron obligados a perdonarles, y se comprometieron a olvidar todo aquel asunto, siempre y cuando ninguno de ellos regresara al Prado del Cabrón.

Domingo acercó su oreja a la boca de Isabel, y sintió su respiración nerviosa resbalar en su carrillo. Se separó de nuevo y la miró algo aturdido. Cuando los labios de la pelirroja se entreabrieron, como queriendo que de su interior surgiera algún tipo de sonido, volvió a aproximarse a ella.

—¡Esto no me gusta nada! —dijo ella al fin.

LOGROÑO (Reino de Castilla)

El abad Miguel siempre pensó que el joven Monterola era un muchacho excesivamente riguroso, incapaz de manifestar la más mínima muestra de entusiasmo. *«Todo, incluso lo que a nosotros, los ancianos, se nos antoja fascinante, a ti te resulta usual, incluso aburrido»*, solía decirle el anciano... Tenía razón.

Aquel joven fraile, de recio carácter y dudosa cortesía, se había convertido, no sin motivos, en un cura hastiado y quisquilloso, por el que ni siquiera el obispo de Logroño sentía demasiada simpatía. Después de más de una década ingresado en el monasterio de Santo Domingo de la Calzada, pidió el traslado a una humilde parroquia pamplonesa, en extramuros, donde ejerció durante cinco años. Al fin, fue nombrado, más por perderlo de vista que porque el obispo creyera que estaba capacitado para tal menester, párroco de Arano, el pueblo que le había visto nacer, y del que apenas recordaba nada, excepto el idioma de sus padres...

Más de una vez deseó que llegara el tan temido Apocalipsis, y hundiera a la humanidad en la miseria, si con eso lograba abandonar aquel mundo que él consideraba hostil, desde que el uso de razón le convirtió en una piedra sobre la que difícilmente podría asentarse una iglesia; no en vano, profesaba una devoción, no demasiado ferviente, a San Pedro. Así, pues, cuando Fray León de Araníbar, prior del monasterio de Urdax, le propuso convertirle en el comisario del Santo Oficio de la comarca, no lo dudó un instante, pues sabía que allí trabajo no iba a faltarle... aunque en los últimos cinco años, lo más parecido a un hereje que había tenido frente a sus narices era una pobre viuda que malvivía vendiendo ungüentos que escasamente aliviaban las hemorroides...

Rascó su cabeza con energía; hacía tres o cuatro días que le habían afeitado la coronilla, y solían salirle granos. Después, llevó su mano a la manecilla de la puerta y la giró, dejándose engullir por las frías pareces del palacio de la inquisición...

Cuando llegó al vestíbulo, sonaron las campanadas del ángelus. Rezó atropelladamente, perdiendo la mirada en la imagen de la virgen, que parecía observarle desde un minúsculo pedestal, sobre la mesa del ordenanza, y se santiguó.

—¡Ave María purísima! —murmuró el hermano Juan.

—¡Sin pecado concebida! —respondió el conserje, un jesuita demasiado risueño como para que fuese de su agrado—. ¡Vos siempre tan puntual, Monterola! Sentaos y aguardad aquí. Iré a comunicarle a don Juan del Valle que ya habéis llegado...

Juan siguió con su mirada desdeñosa los movimientos del jesuita; odiaba tener que esperar. No es que tuviese que atender asuntos más importantes, sino que la paciencia no se encontraba entre sus virtudes, ni la puntualidad entre las del inquisidor.

Los primeros diez minutos permaneció de pié, medio asomado a la única ventana del vestíbulo, observando la calidad de los vidrios de colores que, a modo de ribete, bordeaban el cristal transparente del centro. Después, tomó asiento en una silla, tan rígida y dura como su propio carácter, y se dispuso a rezar el rosario...

No había llegado a tercer misterio, cuando regresó el ordenanza.

—Del Valle os recibirá ahora... Os aguarda en sus despachos.

—Os recuerdo que ha sido él quien me ha mandado llamar —protestó Juan—. Si no me recibiera, me sentiría insultado.

—Sabéis, Monterola, que es una forma de hablar...

Juan cruzó la puerta, y se adentró en el largo pasillo.

—¡Maldito fraile vanidoso y desagradable! —murmuró el ordenanza... Después, se santiguó, como si hubiera cometido el mayor de los pecados al pensar esas cosas de un hermano en la fe, y se prometió a sí mismo confesarse aquella misma tarde.

El inquisidor, un fraile de la orden de Santo Domingo, tan entrado en carnes como en años, no estaba solo en su despacho. Frente a él había dos dominicos, a los que Monterola conocía bien. Pese a todo, del Valle hizo las presentaciones de rigor.

—Don Alonso de Zalazar y Frías —dijo el inquisidor, señalando a un canónigo de mediana edad, que hizo una especie de reverencia—, y Fray Alonso de Becerra.

—No os molestéis en presentarnos —dijo Monterola, con ironía—. Ya nos conocemos, y sabéis que me aburren los formalismos innecesarios...

—Veo que su trasladado a Arano no ha suavizado vuestro carácter —espetó del Valle, visiblemente molesto.

—Vos diréis, hermano en Cristo, ¿para qué me habéis hecho llamar?

—La presencia de estos dos destacados miembros del consejo de la Suprema Inquisición —prosiguió el inquisidor—, os habrá hecho suponer que el asunto que nos incumbe va más allá de las cuestiones ordinarias de vuestra parroquia.

—Mi parroquia pertenece a la diócesis de Pamplona —respondió Monterola—. De tratarse de un asunto ordinario, hubiese sido reclamado por mi obispo, no por vos.

—Hace cinco años que sois el comisario de la inquisición en la comarca que depende del monasterio de Urdax —dijo fray Becerra. Monterola asintió—. Hace un año, una joven francesa que sirve en una casa de Zugarramurdi, confesó que había sido bruja, y acusó a varias mujeres de herejía...

—La envidia es más peligrosa y temible que el daño que pudiera causar una conducta herética —sonrió fray Juan—. No debéis darle demasiada importancia a las acusaciones de una francesa...

—Quizás tengáis razón —prosiguió Becerra—, pero vuestro trabajo es ese, averiguar si esa joven dice la verdad.

—¿Los acusados han sido interrogados?

—Sí. Fray Felipe de Zabaleta se encargó de ello —Monterola hizo un gesto con la cabeza, conminándole a que le informara sobre las conclusiones del cura de Zugarramurdi—. María de Ximildegui, que así se llama la criada en cuestión, confiesa haber sido bruja cuando vivía en Ciboure, y haber asistido a dos o tres aquelarres en el que llaman Berroskoberro. Acusó a una tía suya llamada María de Jaureteguia, que posteriormente reconoció haber sido bruja y, ésta última, a una tal María Txipía, también pariente. De los interrogatorios de estas, salieron varios nombres más: Miguel de Goiburu, Estevanía de Yriarte, Graciana de Barrenechea, María Pérez de Barrenechea, Juana de Telechea, Estevanía de Navarcorena... quienes, igualmente, confesaron su pertenencia a la secta a la que hacía mención la tal María de Ximildegui...

—No comprendo qué tiene eso que ver conmigo, si los interrogatorios han logrado lo que pretendían, mi trabajo es una redundancia innecesaria.

—Creemos que hubo irregularidades en el modo de actuar de fray Felipe —añadió Zalazar—. Ninguno de los acusados pasó a disposición del Santo Oficio, por lo que no pudimos realizar nuestras propias pesquisas... De no ser por el padre León de Urdax, este asunto jamás hubiera llegado a nuestros oídos...

—¿A qué irregularidades os referís?

—Fray Felipe, sin duda actuando de buena fe, creyó que lo más conveniente, intentando evitar que muchos de los vecinos del pueblo aprovechasen dicha ocasión para denunciar a sus enemigos, era que los supuestos brujos confesasen su arrepentimiento delante de todo el pueblo, en la iglesia.

—Pero ése —le interrumpió del Valle— no es el modo de actuar correcto... Si lo que quería fray Felipe era la reconciliación de aquellos brujos con sus vecinos, sin duda lo ha conseguido. Pero no se trata del perdón de unos actos que ni siquiera sabemos si son la invención de una jovenzuela con una imaginación prodigiosa, sino averiguar si la tal Ximildegui dice la verdad. Y, de ser así, actuar en consecuencia...

—Y pretendéis que yo interrogue a los acusados, ¿no es así?

—Sólo vos y fray León conocéis el castellano y el vascuence con suficiente soltura como para que el proceso no se convierta en eterno —dijo el inquisidor—. El abad León, al ser diputado en las cortes de Navarra, vive más en Pamplona que en Urdax, así que el único que puede hacerse cargo de este asunto sois vos...

—Por supuesto —añadió el hermano Becerra—, os acompañará un notario: Don Gregorio López y García, y dos de nuestros mejores inquisidores: fray Damián Gil Martínez de San Telmo y fray Joaquín Acosta y Ruiz de Santa Cecilia.

—Conozco al notario, pero no a los comisarios...

—Fray Damián, llamado de Toledo, fue un miembro destacado de la inquisición aragonesa. Dirigió personalmente la cárcel de la inquisición durante diez años. En cuanto al hermano Acosta, fue secretario de Molina de Medrano durante el proceso que siguió la inquisición contra Antonio Pérez, en Zaragoza.

—¿Debería sentirme abrumado por tan ilustres compañeros, o simplemente ofendido por la poca confianza que depositáis en mí?

—Sentiros como os plazca, Monterola... La Santa Madre todavía no ha encontrado el modo de poder someter las emociones de los cristianos —dijo del Valle con ironía—, pero sí sabe como hacer que sus sacerdotes cumplan con los decretos de la Iglesia.

—Será como vos ordenéis...

ZUGARRAMURDI (Reino de Navarra)

A Juan de Monterola no le gustaba demasiado el modo en que le trataban aquellos dos inquisidores. En el seminario nadie les había aleccionado en la humildad, y eso le molestaba. Pero tampoco él podía considerarse el más modesto de los hombres, ni su talante dictaba otra cosa sino la gélida vanidad que le había relegado a una apartada parroquia.

Con estas credenciales, no era extraño que, entre los frailes venidos de Zaragoza y el hermano Monterola, la convivencia fuera difícil. Aunque, sin pactos ni palabras, decidieron que su relación se ciñese estrictamente al asunto que les había traído hasta allí.

Fray Felipe se había quedado transpuesto en la sacristía de la iglesia, después de celebrar una misa a la que solamente acudieron media docena de ancianas. Y tal vez hubiera sucumbido al sueño, de no ser porque la única silla que había en la sacristía era tan incómoda como el lomo de un burro famélico.

Quizás fue el ruido de la puerta de la sacristía al cerrase a sus espaldas, o la última cabezada antes de caer rendido sobre la pequeña mesa en la que el cáliz y la patena esperaban a que alguien las recogiese y las guardara en el armario, lo cierto es que abrió los ojos como platos y se giró, casi a un mismo tiempo. La primera imagen que recibió su adormilado cerebro fue la del hermano Joaquín Acosta; después la del notario, y finalmente la de fray Damián de Toledo, mientras Monterola se afanaba en atrancar la puerta para que nadie los molestara

—¡Buenos días nos dé Dios! —dijo Acosta, en latín.

El hermano Zabaleta se encogió de hombros. Enseguida se percato de que aquellos hombres no eran de la comarca. No comprendían el vasco, y sus rostros le eran desconocidos. Se limitó a asentir con la cabeza; hacía más de veinte años que no oía una sola palabra en latín que no procediese de sus propios labios y, pese a que entendía lo que le decían aquellos hermanos en Cristo, no se sentía capacitado para mantener una conversación.

Los segundos se hicieron eternos, hasta que Juan de Monterola entró en la sacristía.

Cuando fray Felipe le vio, no supo si alegrarse o verse atrapado como un conejo en un cepo. No cabía la menor duda, aquellos cuatro hombres eran enviados del Santo Oficio...

—Hermano Felipe —prosiguió Monterola, en la lengua de Virgilio— sólo vos y yo comprendemos el vasco, así que nuestras conversaciones deberán ser en latín. ¿Estáis de acuerdo? —Zabaleta asintió, nada seguro de que tuviese capacidad para tal menester, pero ¿acaso tenía otra alternativa?

—Os ayudaré en lo que preciséis, hermanos —balbució el cura.

—Bien, hermano Felipe —dijo el de Toledo— no esperábamos menos de vos...

Fray Damián se acercó a la pequeña mesa y le hizo un gesto a Acosta. Éste cogió el cáliz y la patena y se la entregó a Zabaleta, quien los guardó en el armario. Apoyó su cartera de cuero sobre el velador, y extrajo un documento que le entregó a fray Felipe.

—No es necesario que lo leáis —canturreó fray Damián, con una sonrisa sardónica en la boca—. En este documento se detalla lo que ocurrió en esta iglesia hace unas dos semanas: la declaración pública de media docena de brujos y brujas...

—Yo creí que este asunto estaba ya solucionado...

—Creéis mal, hermano Zabaleta —le interrumpió el de Toledo—. Nada de lo que acontece en el seno de la Iglesia debe ser archivado sin una investigación que lo esclarezca.

—No fue más que un problema doméstico...

—Brujería, culto al diablo, maleficios... Herejía. ¿A eso llamáis un problema doméstico? —fray Felipe sacudió la cabeza—. La Iglesia se cimienta en el vulgo, hermano Zabaleta... Si una sola de nuestras parroquias se tambalea, toda la Santa Madre lo hace.

—¿Y en qué podría yo seros útil?

—Necesitamos entrevistarnos con los hombres y mujeres que confesaron ser brujos y brujas —dijo Acosta— y, de este modo, poder tomar partido en defensa de los acusados, o reconciliar a los que anduvieren perdidos...

—¿No es suficiente que hayan reconocido serlo, se hayan arrepentido, y hayan pedido ser readmitidos en la Iglesia?

—Nada es suficiente, cuando está en juego la fe cristiana —rezó Damián de Toledo.

—Sea pues... Os indicaré con quién debéis entrevistaros...

—Deseamos reunirnos —dijo Monterola, leyendo en un pequeño papel— con: María de Jaureteguia, Estevanía de Navarcorena, María Pérez de Barrenechea y Juana de Telechea...

Todavía faltaban un par de horas para que amaneciera, cuando los lejanos ladridos de Sócrates despertaron a Isabel. Al principio creyó que algo malo le había ocurrido a Crisóstomo; hacía varios días que apenas comía, y su tos seca era síntoma de que el tiempo se le estaba agotando. Pero pronto oyó los gritos del de Valcuerna, allá a lo lejos.

Poco después, un murmullo en la parte baja de la casa, precedió a varios golpes nerviosos en la puerta de los Subildegui.

—¡Ya va!, ¡ya va! —gritó Domingo, desperezándose—. ¿Quién será a estas horas?

—¡Vamos, Domingo! —gritó un hombre desde el portal. Por la voz, parecía Juanes de Goiburu, el marido de Estevanía de Yriarte.

Cuando el carbonero se asomó, pudo comprobar que, efectivamente, se trataba del pastor; pero no iba solo, sino que le acompañaban su mujer, su padre, Miguel, su cuñada María, Graciana y Juanes de Sansín.

—¿Qué demonios queréis a estas horas?

—Tú sabes hablar castellano, ¿no?

—Sabes que sí, Juanes —respondió, rascando su cabeza.

—Debes acompañarnos a Logroño. Tú ya has estado allí, y conoces el camino...

—¿Para qué queréis ir a Logroño?

—Hemos sabido que nuestros nombres figuran entre los sospechosos de brujería —dijo María, asustada—, y vamos a ofrecernos a colaborar con la inquisición...

—¿Os habéis vuelto locos?

—Tu nombre y el de tu pelirroja también están en dicha lista —añadió Graciana, no sin malicia—. Si yo estuviera en tu lugar, tomaría ejemplo de nosotros...

—Si yo estuviera en el vuestro, os aseguro que no cometería semejante insensatez... ¿Acaso crees que, diciendo que has sido la Reina del Aquelarre durante más de treinta años, dejarán que regreses a Zugarramurdi como si nada hubiese ocurrido?

—Han prometido que, quien colabore, no será condenado —dijo Miguel de Goiburu, completamente convencido—. Yo ya soy un anciano. Si me encarcelan, moriré en los calabozos, así que me da igual una cosa que otra... Pero mi hijo y mi nuera... No moriría tranquilo si supiera que iban a ser condenados a la hoguera.

Isabel alargó su mano, y tiró de Domingo hacia adentro.

—Deberías acompañarles —dijo.

—¿Y si descubren que yo también soy uno de ellos?

—Yo te acompañaré. Si todo sale mal, huiremos a Aragón.

Subildegui volvió a asomarse a la ventana.

—Está bien, os acompañaremos, Isabel y yo... Esperadnos a las afueras del pueblo —y cerrando los soportales, le dijo—: pero yo no huiré... Jamás lo he hecho, y jamás lo haré. Les dejaremos en Logroño y regresaremos a Zugarramurdi.

LOGROÑO (Reino de Castilla)

El rostro de Monterola dibujó una mueca extraña. Detestaba tener que traducir las frases del inquisidor, y mucho más, aquellas que iban a caer sobre los detenidos como mazas en manteca. Aguzó el oído, y memorizó las ingratas palabras de del Valle. Después, intentó suavizarlas:

—Don Juan del Valle se pregunta si le habéis tomado por estúpido... En una primera declaración os considerabais, los seis, culpables de un delito de brujería, y ahora decís que fuisteis coaccionados y que toda vuestra declaración es falsa
—Vos mismo, Monterola, estabais presente durante los interrogatorios —dijo Juanes de Goiburu—, y sabéis mejor que nadie que Damián de Toledo nos amenazó con la hoguera si no confesábamos que éramos brujos...
—No recuerdo cuales fueron exactamente las palabras de fray Damián —dijo Monterola, sacudiendo la cabeza— ni las vuestras...
—En nuestra contra únicamente tenéis esas declaraciones... y las conseguisteis con violencia... ¿No son las de ahora más válidas, por ser nosotros quienes nos hemos prestado a colaborar?
—Decidles que, si dan los nombres de los otros brujos y se arrepienten de los males que han causado, serán tratados con benevolencia —dijo del Valle—, no serán sometidos a tortura, ni serán requisadas sus tierras... Decidles que, si hay sentencia en su contra, las penas serán leves... —se levantó de su sillón y dijo en voz alta—: ¡Ninguno de vosotros será condenado a la hoguera, si os prestáis a declarar y nos decís lo que queremos saber!
Monterola tradujo sólo estas últimas palabras.
—Sea, pues —susurró Miguel de Goiburu— responderemos a vuestras preguntas... Y diremos lo que deseéis oír.
—Dice que aceptan vuestra propuesta, padre del Valle...
—¿Quién les ha acompañado hasta aquí? —preguntó el inquisidor.
—Un hombre que dice llamarse Domingo de Subildegui, y su mujer, una tal Isabel Simón —respondió Monterola.
—Hacedles pasar.
Isabel jamás había estado en un lugar como aquel, en el que el olor a incienso se entremezclaba con el rancio aroma de las maderas viejas, y el hedor a poder senil y despiadado.
—¿Tú eres Domingo Subildegui? —preguntó el inquisidor. El carbonero asintió—. ¿Comprendes el castellano?
—Perfectamente, señor.
—Bien, bien... ¿Conoces a estas seis personas que comparecen ante nosotros?
—Sí, señor, soy hijo de Zugarramurdi y las conozco desde que era un muchacho.
—¿Tienes algo que decir en su favor o en contra de ellos?
—No puedo acusarles de nada... Pero tampoco puedo defenderles, ya que desconozco los cargos que pesan sobre ellos.
—Esa es una información que no estamos autorizados a revelar.

—Si lo que pesa sobre ellos es la acusación de brujería... Yo jamás he conocido a ningún brujo o bruja. Si lo son, sin duda no lo aparentan, ni en sus quehaceres ordinarios, ni en su modo de actuar... Pero yo nada puedo decir de lo que hacen en privado.

—Por lo tanto, no niegas que son brujos.

—Pero tampoco me atrevo a asegurar que lo son.

—¿Sabes quien ha mandado procesar a estas personas?

—Ni siquiera sabía que eran procesados, sino testigos... Nadie les ha obligado a venir a Logroño. Lo han hecho por voluntad propia y, que yo sepa, jamás hubo juicio contra ellos, ni en Zugarramurdi, ni en ningún otro lugar.

—¿Y tu mujer? —insistió del Valle—, ¿tampoco ella tiene nada que decir sobre ellos?

—He hablado en nombre de los dos —Isabel asintió.

—Podéis retiraros... —les despidió con un gesto despectivo— En cuanto a los detenidos: que sean confinados en la cárcel de la inquisición, hasta que hayan concluido los interrogatorios y las pesquisas... De momento, sus bienes no serán enajenados...

La boca de un gran lobo engulló a aquellos pobres desgraciados, como si se tratase de seis míseros pedazos de carne: simple aperitivo para unas fauces hambrientas, que amenazaban con devorarlo todo. Al menos, esa fue la impresión que tuvo Isabel cuando la puerta se cerró a espaldas del último de los brujos, Miguel de Goiburu, y comprendió que ya no volvería a verlos nunca más con vida.

Los sentimientos de Subildegui no distaban demasiado de los de la pelirroja. Los dos estaban seguros de que aquello sólo era el principio de una carnicería que podía llevarles a todos a la hoguera. Presentía que a ella no iba a ocurrirle nada, sin embargo, no tenía la misma impresión respecto a Domingo.

Isabel sabía que el carbonero veía en aquel contratiempo la ocasión ideal para alzarse como líder de la maltrecha hermandad; incluso a sabiendas de que arriesgaba su vida en tal empeño.

Hacía tiempo que no echaba de menos los cálidos brazos de su madre, ni abrazar a aquel niñito pelirrojo, que ya sería un hombre, quizás tan apuesto como Miguel Juan, como los encontraba a faltar en aquel silencioso carromato que los devolvía a las mismas puertas del infierno. Y un destello interior, que le abrasó como un rayo carbonizando la corteza de un alcornoque, le trajo a la mente la imagen de un Domingo abrasado. Era el fuego que le consumiría en vida, y la prolongación del sufrimiento durante toda la eternidad. Sabía que el carbonero confiaba más en su estúpida soberbia que en las corazonadas de aquella mujer. No era de extrañar; Isabel era demasiado proclive a meterse en problemas como para tener en cuenta una intuición que a ella misma le servía de poco. «*Será lo que tenga que ser*» se dijo, intentando acallar el silencio que se cernía sobre ellos...

2. La apuesta.

«¡Benditos los borrachos, porque me enriquecen! ¡Benditos los estúpidos, porque me encumbran y aumentan! No hay vaca que aprecie un asado, ni patán que comprenda a un sabio.»

BENABARRE (Reino de Aragón). Principios de 1609

Hernando removió la jarra de vino a pocos centímetros de su cara; su cuerpo no toleraba demasiado bien el alcohol, y tenía suficiente experiencia como para saber que, tras un par de tragos, se sentía mareado y la cena amenazaba con abandonar su estómago.

Hacía ya un par de horas que aguardaba en la taberna la llegada de Basilio Pellicer. No era día de juego, pero había observado que el serrador, desde que su tío fuera ejecutado en la plaza mayor, se había convertido en una pieza más del mobiliario de la tasca. Solía acudir a ella sobre las nueve de la noche, bebía media docena de jarras de vino y, *«húmedo como el hocico de un perro»*, se tambaleaba hasta su casa, armando el escándalo por toda la calle mayor. Un individuo como Basilio, convenientemente regado con alcohol, clamaba a gritos que cualquier sinvergüenza se aprovechase de su preocupante vicio, y le robase todo cuanto poseía en un par de partidas de dados. Hernando no estaba dispuesto a que nadie se le adelantase.

Sí, el trabajo en la quesería y en los huertos de patatas, no era mala faena. Ni tener a su tío Lorenzo como capataz, o a su abuela como jefa; pero era consciente de que él no iba a ser el heredero de Capellana, y que su tía Pepita pronto se pondría a parir como una coneja. No. No le gustaba verse relegado a simple jornalero o peón de una vaquería a la que había dedicado toda su vida.

Rellenó dos bolsas: la primera con unas pocas monedas y una docena de cantos de río, y la otra con los ducados que había estado ahorrando durante un par de meses, que eran bastantes.

A eso de las nueve y media, el serrador entró por la puerta de la taberna, ya medio borracho (al parecer, había empezado el vía crucis de su propia ruina en las ya medio vacías bodegas de Serrador), y con pocas intenciones de enredarse en una partida de dados. Hernando se lo insinuó sólo cruzar el zaguán, y él, con un gruñido, le indicó que no estaba para aquellos menesteres...

Basilio pidió una jarra de vino y se la bebió de un trago. Después pidió otra y se fue con ella al fondo del cuchitril, donde se la bebió a pequeños sorbos.

Al poco rato acudieron Demetrio de Calasanz y Cruz Domínguez. Los dos tramposos hicieron caso omiso de la presencia de los dos hombres. Hernando no les interesaba; no era más que un jovenzuelo imberbe y sin deudas, que jamás osaría apostar sus reales en una partida amañada; y a Basilio ya le habían sacado los "cuartos" en tantas ocasiones, que timarle había perdido todo el encanto (si es que timar ha tenido alguna vez alguno).

El de Capellana había observado infinidad de borrachos, así que no le fue demasiado difícil simular una embriaguez medianamente creíble. Fue entonces cuando los dos fulleros repararon en él. Hernando se encargó de dejar que una de sus bolsas sobresaliera por encima de su poco apretada faja.

—He de comprar unas vacas a "Trencaous" —dijo Hernando, sacudiendo la bolsa.

Así, a bote pronto, Demetrio calculó que debía llevar suficientes ducados como para comprar media docena de reses. Sus ojos se iluminaron. Disimuladamente, se acercó a la mesa en la que estaba sentado el de Capellana y le arrebató la jarra.

—Sírvele una jarra nueva de vino —dijo el de Calasanz, sin siquiera mirar a la tabernera—. Yo invito.

—Eres muy amable Demetrio —balbució Hernando, sonriendo con ironía—. Jamás te habías dignado a hablar contigo, y siempre que me acerco a vosotros os negáis a dirigirme la palabra... y ahora me invitas a vino, ¿significa eso que ya no me desprecias?

—No lo pongas en duda, Hernando —prorrumpió el tramposo.

—Creo que tu mujer es de las que andan murmurando por ahí que los quesos de Capellana están hechos con leche de rata...

—¿Quién puede creer semejante infundio?

—¿Qué consideras tú un infundio, que tu mujer sea una alcahueta o que hagamos los quesos con leche de rata?

—Ambas dos majaderías lo son...

—No me andaré con rodeos —susurró Hernando, para evitar ser oído—. Estoy harto de la quesería, de las vacas y de todo lo que huela a Capellana. Tengo la esperanza de que algún día pueda tener mi propio negocio... Pero, para eso, necesito dinero.

—Yo no soy un usurero, ni buen consejero —rió el de Calasanz—. He tenido tres negocios y todos se fueron a la ruina.

—Quizás me he explicado mal, Demetrio —dijo el pelirrojo, mirando fijamente los ojos del fullero—. Tú puedes serme de gran ayuda... He oído decir que aquí se celebran partidas de dados...

—Eso es ilegal —señaló el de Calasanz, sin demasiada firmeza.

—Me gusta correr riesgos... ¿Y a ti, Demetrio? ¡No irás a decirme que te asustan los espadas y soldados!

—Creo que tú y yo vamos a entendernos —hizo un gesto con la mano, al que Domínguez respondió acercándose a ellos—. Creo que somos los más indicados para introducirte en este mundo...

—Demetrio tiene razón —añadió Cruz—. No hay nadie en todo el condado que sepa más de estas cosas que nosotros...

—Si quieres —dijo el de Calasanz, disimulando—, podríamos demostrártelo ahora mismo.

—Yo ya sé jugar a los dados —balbució Hernando, como ofendido—. No creo que podáis enseñarme nada nuevo.

Cruz miró a su compañero, con una sonrisa torcida de asentimiento, y se restregó las manos «*¡Este insensato es un filón!*», dijo al oído del de Calasanz. Éste último asintió.

—Está bien —Demetrio se levantó de la mesa—. Si es así, no te importará demostrárnoslo en la mesa oscura...

—Ahí es donde quería llegar yo —sonrió Hernando—. Pero jamás juego en una partida de menos de cuatro personas, y sólo somos tres...

—No te preocupes por ello —dijo el de Calasanz, mirando a Basilio Pellicer— el Serrador se unirá a nosotros... Jamás le hace ascos a una partida de dados...

Demetrio se aproximó al serrador y le susurró al oído. Basilio le miró con cara de desconcierto, sacudió la cabeza y, tras una insistencia no demasiado tenaz, cogió la jarra de vino, se levantó, y se sentó en la mesa oscura, al lado del de Calasanz.

Hernando jamás había jugado una partida de dados con dinero de por medio, aunque se consideraba un buen jugador; su tío Lorenzo le enseñó cuando era un muchacho, y se había convertido en todo un experto. Sólo temía que los nervios le traicionasen, o que la fortuna se pusiera del lado de aquellos tramposos.

Las primeras cuatro partidas, en las que apenas se apostaron un par de reales, dejaron que las ganasen Hernando y Basilio. La quinta, Cruz, y la sexta Demetrio... Cuando llevaban una docena de tiradas, la bolsa de Basilio clamó por ser rellenada. Aunque poca envidia tenía de la de Hernando. Los dos tramposos, entonces, decidieron que ya habían ganado lo suficiente, y se levantaron de la mesa.

—Estos dos serán mi ruina —se lamentó Basilio.

—Todavía puedes recuperar lo que has perdido —susurró Hernando, sacando de su faja la bolsa llena de piedras.

—No tengo nada con qué apostar.

—¿Si lo tuvieras seguirías jugando?

—Nunca abandono la mesa de juego hasta que he desplumado a mis contrincantes, o lo he perdido todo...

—En esta bolsa hay cincuenta monedas...

—Vuelvo a repetirte que no tengo ni un solo real...

—Tienes la serrería...

—¡Tú estás loco, Capellana!

—¿Quieres recuperar lo que has perdido? —Basilio asintió, algo confuso—. Pues apostemos... A una sola tirada... Quien gane, se quedará con las monedas y con la serrería...

Basilio cogió los dados y los lanzó sobre la mesa...

3. Miedo.

«Ya confesamos lo que fuimos. ¿Qué queréis ahora? Jamás comprenderé si ese dios vuestro es tal y como predicáis: "Perdonad y seréis perdonados", o un monigote al que creasteis según vuestras ansias de poder: "Lo que desatareis en la Tierra, quedará desatado en los Cielos", ¿Dónde está ese pastor que deja todo su rebaño a buen recaudo para ir en busca del cordero descarriado?... Os tememos, sí, porque rápido hacéis degüello del animal perdido.»

ZUGARRAMURDI (Reino de Navarra). Verano de 1609

Blanca agarró con fuerza el ramal, e introdujo el garfio en el asidero del cubo. Después, lo echó al interior del pozo, y tiró con unas fuerzas que ya empezaban a escasear. Manuel observaba toda la operación unos pasos más allá, resguardado bajo el frondoso follaje de un robusto roble.

—No sé como acabará todo esto —balbució el anciano, prácticamente para sí—. Ya son más de veinte los detenidos...

—Pero nadie ha denunciado a nuestro hijo...

—De momento... —carraspeó Manuel— No confiaría demasiado en que María vaya a mantener la boca cerrada. Los celos son peores que las deudas. A veces me pregunto si no hicimos mal al consentirle a nuestro hijo que la abandonara.

—Nuestro hijo ya era mayorcito como para saber qué demonios estaba haciendo, ¿no? —el anciano asintió—. En todo caso, lo más que podíamos hacer era aconsejarle; y creo que lo hicimos...

—Yo ya sabía que esa pelirroja nos traería problemas...

—¿Qué dices, Manuel? —le reprendió la mujer—. Jamás pusiste ninguna objeción a que nuestro hijo viviera en pecado con esa mujer. ¡No seas estúpido!

—Lo siento, Blanca —se disculpó— pero es que tengo miedo.

—Todos tenemos miedo.

Manuel cogió uno de los dos cubos que su mujer había llenado, y aguardó a que Blanca acabase de recoger la cuerda.

Se pusieron en camino hacia el pueblo.

Cerca de la cuesta, un grupo de una veintena de mujeres se agolpaban tras Salvador de Lejarreta, el pregonero, quien hacía gestos con las manos, indicando que guardasen silencio. Los dos ancianos se acercaron y esperaron ansiosos el pregón:

—Se hace saber —canturreó Lejarreta—, que se convoca a todo el pueblo de Zugarramurdi a un oficio especial, que se celebrará en la iglesia parroquial, mañana a las diez de la mañana... La asistencia es obligatoria. Quien no acuda deberá justificar su ausencia ante el inquisidor don Juan del

Valle Alvarado, bajo pena de excomunión, y será considerado prófugo de la justicia. Asimismo, todo hombre o mujer de este pueblo que conozca o haya oído hablar de algún familiar, amigo o vecino que practique, o haya practicado, hechicería, brujería o herejía, deberá declarar cuanto sepa o sospeche al tribunal del Santo Oficio...

El hermano Acosta no podía apartar la mirada de los ojos de la hija de María de Jaureteguia, que le observaban como perdidos; preguntándose dónde demonios se encontraba su madre, y qué le habrían hecho aquellos hombres, que decían actuar en nombre de ese Dios bueno del que ella apenas había oído hablar. Fray Joaquín se sentía confuso; aquellos hombres y mujeres, unos doscientos, patanes sin cultura, y con evidentes síntomas de desnutrición, no eran muy diferentes a los pobres mendigos que llamaban a las puertas de la Aljafería, en Zaragoza, para pedir un mendrugo de pan: *«Dios no ha podido abandonar a estas gentes.»* Sin embargo, y a pesar de su incuestionable fe, estaba convencido de que la Santa Madre sí que les había dado la espalda. *«Los lugares como este, tan apartados de toda civilización, son terrenos abonados para las más heréticas creencias. La propia Iglesia de Roma tiene gran culpa de ello: nombra sacerdotes necios, que malviven en abadías ruinosas, sin contacto con sus obispos, y cuya única pretensión es llenar sus estómagos, olvidando el alimento del espíritu, que es la palabra de Dios».*

El propio del Valle celebró la misa, asistido por fray Felipe y por Monterola. El hermano Damián de Toledo y Joaquín Acosta, escucharon la celebración desde el coro.

Acabada la misa, el inquisidor subió al púlpito y Monterola permaneció bajo éste, traduciendo sus palabras...

—Queridos hermanos en Cristo —dijo del Valle—. Cuando era un simple seminarista, en Santander, sufrí una crisis de fe, que a punto estuvo de apartarme del camino de la verdad... Pero abrí mis oídos a Dios, mis brazos a la Iglesia y me fue mostrado el camino; un camino que ya conocía, pero que había olvidado... Habréis oído cosas terribles de la Inquisición, yo también las escuché cuando era un muchacho... Dicen que torturamos, que quemamos en la hoguera a los brujos y brujas... ¡Pero eso no es el Santo Oficio! Hermanos; cuando recibí el orden sacerdotal juré que preservaría el nombre de Dios, que amaría siempre a la Santísima Virgen y que mostraría el camino a aquellos cristianos que anduvieran extraviados. Os aseguro que los juramentos han de ser de por vida. Y así lo siento yo... Sigo pensando que un buen sacerdote debe recordar a sus hermanos cual es el camino del amor, de la verdad y de la vida. El camino de Cristo... ¿Qué sentido tendría el Santo Oficio, si no abriera sus brazos para recibir a sus hijos? Por eso, gentes de este pueblo, ahora nos teméis, porque creéis que estamos aquí para quemaros en la hoguera. Pero esto no es así —sacó un pañuelo y se secó la frente—: Hace unos meses fueron detenidos varios hijos de este pueblo, que confesaron haber vivido en herejía. ¡Dios lo sabe, porque Dios todo lo ve!, ¡ni los demonios del infierno pueden pecar sin que Nuestro Señor lo sepa! Por eso os digo que: ¡Ay de aquellos que sabiendo que adoran a Satanás no se arrepienten y confiesan sus pecados, porque habrá quien lo haga por ellos! Y si no son ellos quienes confiesan, ¡Ah, hermanos!, entonces ya será tarde. Tened por seguro que serán torturados hasta que reconozcan que su camino ha estado apartado de Dios, y todas esas cosas terribles que habéis oído de la inquisición se harán ciertas en sus propias carnes. Tened por seguro que aquellos que no confiesen sus pecados serán llevados a la hoguera para arrancar de esta tierra el mal que les posee... Os concedo seis días, para que nos informéis de estas cosas... ¡Si alguno de vosotros cree poder esconderse de la mano de Cristo, será castigado! ¡Id con Dios!

El desánimo no tardo en apoderarse de la casa de los Subildegui. Domingo apenas se atrevía a abrir la boca; sabía que nadie le había denunciado, pero no tenía demasiada confianza en que alguno de ellos, en tortura o comprado con promesas de sentencias leves, no acabara diciéndoles lo que los inquisidores querían oír...

Aquella fue la comida más triste que recordaban los Subildegui, más, incluso, que las que siguieron a la muerte del primogénito de Manuel y Blanca, cuando acababa de cumplir un año de vida. En todo caso, Domingo no recordaba haber visto jamás aquellos rostros tan desencajados y medrosos... La tarde tampoco templó demasiado los ánimos de aquellos carboneros, y la noche trajo consigo la desesperación más absoluta.

Crisóstomo rezó, durante más de tres horas, por aquellos pobres desgraciados; sabía que Blanca y Manuel no corrían demasiado peligro, pero Domingo era harina de otro costal. Nadie desconocía, ni siquiera el hereje de Valcuerna, que el carbonero pretendía un poder que no había logrado alcanzar en sus destierros voluntarios de Zugarramurdi. No era necesario hacer uso de sus facultades, cada vez más pobres e ininteligibles, para concluir que la vida de Domingo jamás estuvo tan cerca de ser una favila arrastrada por el viento como lo era en aquellos momentos. Estaba convencido de que, si la Inquisición llamase a su puerta y fuera acusado formalmente de brujería, lo negaría, y preferiría convertirse en mártir de la nada, por una gloria tan efímera como su propia vida.

Tras la cena, Crisóstomo no pudo soportar el peso implacable que le oprimía las tripas, y les dijo:

—Algo sé yo de la inquisición —Domingo le miró con rostro desencajado y mohín de desagrado en sus labios—, tanto de lo bueno, como de lo malo... Sólo quiero que sepáis que la misión del Santo Oficio no es la de quemar en la hoguera a aquellos que no piensan como la Santa Madre

Iglesia, sino recuperarlos para ella. Devolverles al camino que, según ellos, jamás debieron abandonar... Si sois denunciados, decidles lo que quieren escuchar, admitid que los cargos que pesan sobre vosotros son ciertos y que deseáis ser readmitidos entre los justos.

—¡Jamás, loco de Valcuerna! —se enfureció Domingo—. ¡Eso sería como reconocer que nos hemos equivocado, que el único camino es Cristo!

—Yo no he dicho que admitas tal cosa, Domingo —espetó Crisóstomo, en tono manso— sino que digas que lo admites... Después, podrás hacer con tu vida lo que te plazca. Pero, ¿qué vida vivirás, si te la arrebatan?; serás el más integro de los cadáveres...

Dicho esto, el fraile se levantó de la mesa y salió de la casa...

Aquella noche, Domingo e Isabel hicieron el amor. Y el amanecer les sorprendió desnudos sobre la cama, tiritando y maldiciendo el día. Isabel presentía que aquellas noches iban a ser escasas, que el tiempo del que disponía Subildegui era tan exiguo como las luces que iluminaban su dura cabeza.

4. El canto.

«No fue el odio, ni el dolor que sentía. Quienes me convencieron, sabían que mi corazón pronto hablaría de aquellos a los que venero tanto como aborrezco. Y tú, tan maldito como amado, aún habitabas en mis entrañas... No sé si sentir vergüenza o enorgullecerme de ello. ¿Arrepentirme? Jamás, si así puedo disfrutar de ti un instante, aunque sea en el infierno, hasta que ella sea condenada al fuego eterno y regreses a su lado. Nunca fuimos nada, y en el infinito, volveremos a ser un instante.»

LOGROÑO (Reino de Castilla). Finales del Verano de 1609

Fray Alonso se había quedado dormido, meditando sobre todas aquellas cuestiones que creía más que comprendía, después de concluir la lectura de las actas que se extendieron tras los interrogatorios de Graciana de Barrenechea y de su hija menor Estevanía, cuando las puertas de su despacho se abrieron sin la más mínima consideración...

—Sabía que os encontraría aquí —dijo don Juan del Valle, sin siquiera percatarse de la poco despejada mente del fraile—. Supongo que habréis leído los documentos que os hice llegar ayer —Becerra asintió—. Estaréis de acuerdo en que este asunto no trascienda, hasta que el consejo de la Suprema haya dictado sentencia.

—En veinte años de entrega a la Iglesia no recuerdo a nadie que haya aireado ni uno solo de los asuntos de herejía, antes de haber sido juzgados por la Inquisición —respondió Becerra, algo molesto.

—Sois aún más susceptible que Monterola —bromeó del Valle—. Me refería a la muerte de esas dos mujeres.

—Para el vulgo, esas mujeres no existen —sonrió fray Alonso—¿Se sabe ya cuál fue la causa de sus muertes?

—Los médicos no se ponen de acuerdo… Don Luís de Tier asegura que la anciana se reunió con Dios porque ya había vivido lo que tenía que vivir; lo cual no despeja ninguna incógnita. Y menos aún si, como aseguran los carceleros, ni siquiera se dignó a visitarla en su celda… Por el contrario, don Manuel Osorio cree que ambas mujeres murieron de tuberculosis.

—El fallecimiento de Graciana era una muerte previsible…

—Sí, como la de Estevanía de Navarcorena…

—Pero, cuando llegue a los oídos de la opinión pública la muerte de Estevanía de Yriarte, será difundido el bulo de que las torturas y los abusos tuvieron mucho que ver en tan fatal desenlace…

—Lo que piense la plebe no es asunto nuestro —sonrió del Valle—. Quienes creen ciegamente en la Iglesia, se convencerán de que la muerte de una mujer joven, procesada por brujería, es la más merecida de las penas, una bendición de los Cielos.

—Una purga necesaria para la manutención del buen nombre de Dios… —añadió Becerra, nada convencido.

—En efecto… Aunque tened por seguro que, quienes aprovechan cualquier ocasión para ridiculizar y difamar al Santo Oficio, utilizarán ésta muerte como prueba de los métodos crueles de la inquisición.

—¿Vos pensáis que son crueles?

—Estimado hermano Becerra… La crueldad y la justicia son dos términos que le quedan grandes a la humanidad. Quien desea vengar la muerte de su hijo jamás creerá suficientemente cruel ni justo el castigo que se le inflija al asesino.

—Hermano Alonso —susurró una voz desde el pasillo, acercándose a toda prisa. Era el padre Zalazar—, he sido informado de… —miró al inquisidor y le hizo un especie de reverencia—. Padre del Valle—. Se trata de María de Yriarte, la hermana de la fallecida, Estevanía… Creemos que sufre el mismo mal que su hermana…

—Desconocemos qué fue lo que acabó con Estevanía, ¿cómo saber lo que padece su hermana? —preguntó el inquisidor, con sarcasmo.

—En todo caso, de Tier asegura que no vivirá más de seis meses —Zalazar sacudió la cabeza— Ha pedido que le fuera administrada la extremaunción, y ha demandado ser recibida por vos… Al parecer, no quiere morir sin haber hecho las paces con Dios…

—Vayamos, pues.

Monterola aprovechó aquella mañana para pasear por los jardines. No es que le agradase especialmente sentirse arropado por aquellas plantas marchitas y por unos árboles que ya empezaban a rechazar las mudas de la primavera, sino que la severidad del clero que deambulaba por los pasillos del palacio episcopal le hastiaban aún más que la rutinaria vida en Arano.

Al mediodía, entró en una pequeña capilla a rezar el ángelus. Después, aburrido y cansado, decidió regresar al convento. Con paso lento, las estrechas callejuelas le fueron devorando, aunque no lo suficiente como él hubiera deseado. *«¡No querrá el buen Dios que me traguen por siempre jamás, y así poder liberarme de esta fastidiosa carga que es la vida!»*, rezó. Dios no le escuchó.

Ni siquiera le fue permitido almorzar junto con sus hermanos de congregación. Cuando llegó al convento, le estaban aguardando Damián de Toledo y el hermano Joaquín Acosta.

—Debéis venir con nosotros de inmediato —dijo el de Toledo—. El padre Juan del Valle os aguarda en la cárcel de la Inquisición.

Por el camino no cruzaron una sola palabra. Fray Damián y Acosta canturreaban unos rezos en latín que sólo eran comprensibles para ellos mismos. Monterola se limitó a dar pequeños mordiscos a un mendrugo de pan seco que había cogido de la cocina.

Cuando llegaron a las cárceles de la inquisición, y se reunieron con Becerra, Zalazar y del Valle, el de Arano ya había acabado con el pan, y se arrepentía de haberlo hecho. Aquel lugar le producía arcadas.

Las celdas, apestosas, húmedas, y oscuras, eran el hábitat ideal para que proliferasen todo tipo de parásitos. Entre aquellas paredes campaban a sus anchas las chinches, los piojos y alguna que otra rata, portadores de todas las enfermedades conocidas y algunas aún por descubrir. El propio Becerra había denunciado, en infinidad de ocasiones, que los males que se cebaban con los presos podían llegar a traspasar los muros de la cárcel e infectar toda la ciudad; pero del Valle estaba convencido de que Dios les protegería, a ellos y a los buenos cristianos, de las afecciones de aquellos presos. *«Todo aquel que muera en su celda»*, solía decir convencido de que la justicia divina es mas expedita que la humana, *«es uno que no deberemos ejecutar nosotros»*.

Monterola se llevó la mano a la cara, y tapó su boca y nariz con la manga del hábito. Había entrado en aquellos calabozos más de treinta veces, pero no acababa de acostumbrarse al hedor nauseabundo que rezumaba cada uno de los rincones de aquel nido de apestados.

Un joven carcelero desdentado, cuya sonrisa era la evidencia de que llevaba poco tiempo trabajando para el Santo Oficio, les acompañó hasta la celda de María de Yriarte.

La mujer estaba tendida sobre su cama, sin mover un solo músculo. En un principio creyeron haber llegado demasiado tarde, pero unos estertores les demostraron lo contrario.

—¡Dios esté contigo, hija mía! —dijo Monterola, en vascuence. La mujer se giró, pero no dijo nada—. El carcelero nos ha dicho que deseas hablar con nosotros.

—Deseo recibir el viático y la extremaunción... Me estoy muriendo —tosió— y deseo hacer una confesión.

—No creemos que estés tan enferma como para que Nuestro Señor te llame —balbució del Valle. Monterola tradujo—. Pero, si ese es tu deseo, te será administrada esta misma tarde... En cuanto a tu confesión, yo mismo te escuché hace una semana, y no creo que hayas podido cometer grandes pecados en esta celda.

—No es ese tipo de confesión, padre del Valle —sonrió ella—. Mi enfermedad me impide, incluso, pecar de pensamiento o palabra.

—¡Te escuchamos, María! —le animó Becerra.

—He colaborado con la inquisición y, por eso, creo haber ganado vuestro beneplácito... Me prometisteis penas leves —dijo ella—. Y yo, aún siendo condenada a la hoguera, no podría ser ejecutada, pues moriré aquí, en este lugar inmundo... Ahora os pido por las hijas de María de Jaureteguia. Ellas no son brujas, ni saben qué es eso de la herejía, y no desearía que mis pecados y los de su madre se convirtieran en una carga para ellas...

—¿Y qué tienes tú que ver con la Jaureteguía? —preguntó Becerra.

—Zugarramurdi es un pueblo pequeño, y todos somos parientes... Mi vida no ha sido todo lo pía que debiera, ni la de mi padre... La mayor de ellas es mi hermana —susurró—. Tanto yo como los demás procesados, les hemos robado el camino a esas pobres criaturas...

—Comprendo —dijo del Valle—. Se trata de un cargo de conciencia... De todos modos, te prometo que ni las hijas de María Jaureteguia, ni las demás niñas o niños, serán castigados, ni siquiera incluidos entre los procesados...

—Os daré nombres, si con eso puedo librarlas del sambenito —María se recostó, miró al suelo, y con lágrimas en los ojos dijo—: Las hermanas Mari de Aguirre y María Presona, Juanes de Echegui, Estevanía de Petrisancena, María de Arburu... y, ¡Dios me perdone!, Domingo de Subildegui y su concubina, una pelirroja llamada Isabel Simón... Todos ellos son brujos como yo. Todos de Zugarramurdi, excepto la tal Isabel, que vino de Aragón y que dicen que es hija de un duque, de un tal Fernando de Aragón...

—¡Dios Santo! —susurró el de Toledo, al escuchar aquel nombre.

—¿La conocéis, hermano Damián? —preguntó del Valle.

—Había escuchado esa historia, aunque estaba convencido de que se trataba de una leyenda, de un cuento que inventó algún trovador para ganar cuatro reales a costa de los Villahermosa... Pero, si esta mujer, que ni tan siquiera comprende el castellano, la conoce y dice conocer a la tal Isabel, esa fábula se convierte en cierta...

—¡Dios te agradecerá que hayas colaborado con nosotros, María! —añadió Monterola—. Ahora, descansa... Esta tarde vendré yo mismo a administrarte la extremaunción...

5. El Don.

«Casualidad... Curioso término para definir lo que no comprendemos, lo que no conocemos... Es más fácil creer que la fortuna dirige nuestras vidas, que preguntarse si no seremos marionetas de algo o de alguien o, quién sabe si no son los deseos quienes alteran nuestra existencia.»

BENABARRE (Reino de Aragón). Verano de 1609

Fue un día agotador. Una querella del ayuntamiento contra un labrador, por el uso indebido de un camino comunal que atravesaba sus huertos, le mantuvo ocupado durante todo el día. No es que Ruperto Graells fuese un alcalde indolente, o que odiase los trámites burocráticos, pero cualquier tipo de disputa con sus conciudadanos acababa extenuándole. El alcalde, quizás, pecaba de severidad y de un exceso de sentimentalismo, que solía volverse en su contra. *«Jamás pretendas contentar a todos...»*, le decía siempre su difunta madre, *«...porque acabarás enemistándote con los unos y con los otros»*; y llevaba razón. Él mismo lo había podido comprobar en infinidad de ocasiones... Al final, aquel asunto, que no debería haber sido sino un mero trámite, se convirtió en un altercado que a punto estuvo de llegar a las manos. Y don Ruperto decidió que si el labriego continuaba negándose a que los pastores atravesaran por sus tierras, debería dar parte al juez, y que fuese él quien decidiera... Como resultado de tal discordia, el dolor de cabeza del alcalde se hizo más intenso que de costumbre, y la acidez de estómago le obligó a marcharse del ayuntamiento a media mañana...

En tales cosas, o quizás intentando apartarlas de su mente, andaba pensando el alcalde cuando abrió la puerta de su casa. Su mujer, Teresa, solía bromear, diciendo que Ruperto era, en realidad, un alma en pena, cuyos pies jamás le robaban un susurro al entarimado del salón de su casa. Y ella una insensata pues, conociendo tal y como decía conocer a su marido, debería haber sabido que, cuando regresase al caserón que compartían, difícilmente podría confiar en sus pasos como chambelán de su llegada. Y mucho menos si éstos eran eclipsados por sus jadeos y los de su amante. Tal vez por esa misma razón, aquel encuentro, el último según dijo ella sin convicción, fue el más intenso: La sensación de peligro aumentaba la excitación de los amantes; pensar que podían ser sorprendidos por el marido burlado, convirtió lo que hubiera sido una cita más en la más excitante y placentera.

El joven de Capellana había saboreado cada poro de la piel de Teresa, como si realmente se tratase de la última vez que podría disfrutar de aquel hermoso cuerpo, maravillosamente yermo, injustamente desperdiciado. Y acarició sus cabellos, intentando convencerse de que sus sentimientos iban más allá de su blanca tez y sus estériles entrañas… Después, se adentró en la calidez de su vientre, y la poseyó con esa lentitud con la que los jóvenes inexpertos pretenden prolongar el poco tiempo que disfrutan del pecado.

Hernando ni siquiera se hubiera percatado de la presencia de Graells, de no ser por los golpes que Teresa le propinó en la espalda. Al principio creyó que eran señales de aliento, uno de esos tácitos diálogos asilvestrados que sólo saben reconocer los amantes, pero pronto se percató de que el significado era bien distinto.

Cuando Hernando se levantó, dejando a la vista de don Ruperto la desnudez que aseveraba un engaño prolongado, el alcalde se quedó lívido. El dolor de su cabeza se trasladó a su pecho, y sus manos se convirtieron en las rígidas garras de una gárgola, a punto de caer del terrado de una catedral.

No dijo una sola palabra. Su cuerpo se desplomó, casi al mismo tiempo que su corazón se hacía añicos. Su rostro adquirió una expresión de dolor infinito y sus ojos se quedaron clavados por siempre en las pupilas de Hernando; unos ojos que jamás dejarían de mirarle, porque jamás volverían a hacerlo…

—¡Dios Santo! —lloró Teresa, agarrando con fuerza el cuerpo de su marido—. ¿Qué le has hecho, Hernando? ¡Le has matado!

—Ni siquiera me he acercado a él —susurró, sorprendido.

—Las habladurías dicen que tu madre es una bruja —gritó ella, presa del pánico—. Tú eres igual que ella… Tú le has echado el mal de ojo y le has matado…

—Estás histérica, Teresa… No sabes lo que dices.

—¡Vete, maldito! ¡Vete y no vuelvas jamás!

Catalina estaba ya cansada de repetirle a su nieto que aquella vida acabaría por rendirle cuentas: la ruina de Basilio Pellicer y su posterior suicidio en el olivar del Serrador; las tres o cuatro amantes que, sabía todo el pueblo, solía visitar casi a diario; el odio de sus convecinos, que se había ganado a pulso siendo un niño y que no había hecho nada por remediar… *«Sin duda deberás responder de esas cosas ante Dios»*, le decía. Pero Hernando hacía caso omiso a las palabras de su abuela. Ni siquiera allí, en la iglesia de San Miguel, en el sepelio de don Ruperto Graells, sentía el más mínimo cargo de conciencia. Estaba convencido de que las palabras de Teresa habían sido las más sensatas que escuchara en toda su vida. *«Sí. Soy como mi madre, tengo unas facultades que me hacen diferente al resto de los mortales.»* Hubiera vendido su alma al diablo si con eso hubiera conseguido sentirse distinto a aquellos patanes.

—¡Maldito crío! —le reprendió su abuela a la salida de la iglesia—. Si no anduvieras por ahí, acostándote con las mujeres de los otros, no pasarían estas cosas…

—¿También usted cree que ha sido culpa mía?

—Sin duda, Hernando —se enfureció Catalina—. A ese hombre se le ha parado el corazón, porque amaba a su esposa... Tu insensatez le ha convertido en un cadáver.
—¿Estás segura de que ha sido mi insensatez?
—¿Qué demonios estás insinuando?
—Siempre ha dicho que mi madre es diferente...
—Sé a qué te refieres, y ya sabes cual es mi opinión. Nada, recuerda Hernando, nada en tu vida puede compararse con lo que ha tenido que sufrir Isabel. Además, tú jamás has dado una sola muestra de poseer las facultades que ella heredó de tu abuelo.
—¿Le parece poco la muerte de Graells?
—Hace muchos años, cuando las revueltas de Àger, conocí a una mujer que salió a comprar el pan. Cuando regresó a su casa, los rebeldes habían asesinado a sus tres hijos. Al llegar los soldados del conde, encontraron cuatro cadáveres: uno de ellos era el de la madre... Había muerto de espanto.
—Me da igual lo que piense, abuela —dijo con desprecio—. Yo soy como soy, y siempre seré así.
—Esa es la cuestión, Hernando... Tú eres como eres. Y nada ni nadie logrará cambiarlo.

6. La luz enmudece a medianoche.

«Deseaba cantar, lo vi en su aliento.
Deseaba llorar, pues sus manos eran blandas y frías.
Deseaba morir, sus arrugas lívidas así lo clamaban.
Deseaba dormir, el silencio y la calma, pero las brumas se apoderaron de él, y el sueño le
hizo enmudecer.»
ZUGARRAMURDI (Reino de Navarra). Otoño de 1609

Crisóstomo acarició el pelo enmarañado del viejo Sócrates, canturreando una Salve realmente bien entonada. El fraile solía presumir de que, en su juventud, llegó a ser la voz principal del coro de su convento y que, de no haber sido llamado por aquel dios que después le había repudiado, hubiera tenido una carrera prometedora como director de una orquestina. El enorme perro llevaba más de una hora ronroneando como un gato, entre las piernas del ciego.

Isabel dormitaba, entre aburrida y preocupada por los últimos acontecimientos; aunque parecía que, con la detención de las de Yriarte, de Estevanía de Navarcorena y de los otros brujos, las cosas habían vuelto a la calma. Al menos, aparentemente.

Estaban los dos solos: el hereje y ella; Blanca había acompañado a Manuel y a Domingo hasta la carbonera, por no se sabía muy bien qué asunto. Isabel aprovechó aquella ausencia para disfrutar de la tácita compañía de Crisóstomo. Su presencia le confortaba y tranquilizaba.

Dio un par de puntadas a la sábana que, tensada sobre el bastidor, sujetaba entre las rodillas, y miró al fraile sonriendo con agrado. El anciano giró su cara hacia la pelirroja y sonrió, sin dejar de cantar.

De repente, sin que la joven pudiera percatarse de ello, el fraile cambió la cadencia y el tono de su Salve, y sintió un escalofrío, que recorrió el espinazo del anciano, como una corazonada terrible.

Aquella misma noche Isabel y Domingo iban a reunirse, en el Berroskoberro, con los pocos brujos que aún no habían sido detenidos por la Inquisición, para decidir el futuro de la hermandad. Los demás brujos y brujas estaban dispuestos a posponer los aquelarres hasta que las aguas volvieran a su cauce o, en el peor de los casos, disolver definitivamente toda práctica perseguida por la inquisición.

A finales del invierno anterior había sido detenido Miguel de Goiburu, rey del aquelarre, y Domingo ansiaba fuerzas convertirse en el sacerdote supremo de aquel miserable grupo de herejes. Estaba convencido de que sería nombrado nuevo rey, aunque fuese de una orden prácticamente disuelta y con mando tan exiguo que lo único que podía brindarle eran más problemas de los que ya tenía.

Una amenaza perceptible y poderosa se cernía sobre los brujos. Tal vez fue la seguridad de lo tangible, o el lógico ardor de unas brasas demasiado cercanas, lo que le dictó al anciano que no debían ir allí aquella noche: un peligro terrible sobrevolaba sus cabezas como un cuervo sobre los ojos de un toro agonizante...

Sin dejar de canturrear, Crisóstomo se levantó y se acercó a Isabel. Alargó su mano y apretó sus huesudos y ganchudos dedos sobre el hombro de la mujer. Abrió los párpados, y dejó de cantar. Sus ojos opacos se perdieron en el infinito.

—¿Qué os ocurre, Crisóstomo? —preguntó la joven, alarmada. El fraile no respondió— ¿Os encontráis mal?

Isabel se inquietó, y se sintió mareada.

El de Valcuerna volvió a entonar la cantinela, aunque la pelirroja la escuchó lejana, como un caballo alejándose hacia el horizonte.

Aquel duermevela acabó por someterla a un profundo sueño. Recibió en su cuello unas punzadas similares a arenilla, un molesto escozor en el centro mismo de su cráneo y un soniquete en sus oídos, que le recordó al canto de las cigarras.

Después, cuando el canto de las cigarras cesó, su entorno se convirtió en un mundo azulado, en el que se sentía prisionera. La mayoría de las veces superaba aquel trance en unos pocos minutos, pero aquel día no llegó a traspasar el umbral de su propia cárcel.

Cuando la joven despertó, sudorosa y nerviosa, Crisóstomo había regresado a su banqueta, e intentaba sujetar, con una fuerza de la que carecía, a un acobardado Sócrates, que quería huir de allí. Al final, lo dejó suelto, y éste salió corriendo, refugiándose bajo la mesa y aullando, lastimero.

—¿Qué está ocurriendo? —preguntó Isabel.

El anciano volvió a acercarse a la joven y, alargando su mano derecha, le acarició la frente.

—Tienes fiebre, mi pequeña —dijo Crisóstomo.

—¿Qué me habéis hecho?

—¿Yo? —preguntó el anciano, como asustado— ¿Acaso me he movido de mi sitio?, ¿crees que te he dado de comer o de beber algo que te ha sentado mal? Tú misma has podido ver que no me he movido de la banqueta, ni he dejado de cantar, hasta que ese perro estúpido se ha asustado por tus gritos y ha huido.

—Me habéis tocado el hombro.

—Lo habrás soñado... La fiebre hace que soñemos cosas extrañas.

—¡Estoy ardiendo! —se alarmó— Y mis piernas no me aguantan.

—¡No te alteres, Isabel! —Crisóstomo intentó tranquilizarla—. Te doy mi palabra de que no va a ocurrirte nada malo.

—¿Lo juráis?

—Si Dios todavía tiene los oídos abiertos para este pecador, te lo juro por Él y por mi vida... Tú no tienes nada que no se cure con un gran cuenco de leche caliente y miel... Será un simple catarro.

Las explicaciones de Crisóstomo, aunque no le convencieron demasiado, al menos la tranquilizaron un poco, pese a que el fraile estaba realmente inquieto e irritable, sin poder justificar su estado.

Cuando los Subildegui regresaron de la carbonera el sol ya se había escudado tras el horizonte.

Domingo se mostró anormalmente jovial; estaba convencido de que aquella noche iba a ser nombrado Rey de la Nada.

—¡Hoy es el gran día! —dijo, con entusiasmo.

—¿Llamarías gran día al de tu propio funeral? —preguntó Crisóstomo, nada convencido de que el orgullo de aquel carbonero permitiera que aquellas palabras llegaran a su corazón—. ¿Qué pavo extiende su cola cuando sabe que los cazadores van en su busca?

—¿Qué vais a decir vos, que no supisteis manteneros como prior de un miserable convento?

—Si te digo esto es porque me preocupo por ti.

—Los años os han vuelto viejo y cobarde... ¿Dónde está aquel valiente que desafiaba a Dios y a la Iglesia, y al que nada le asustaba?

—¿Todavía no ha nacido el hombre que sepa aprender de los errores de quienes le precedieron?

—Digáis lo que digáis, esta noche iremos al Prado del Cabrón.

—¿A quién te refieres cuando dices "iremos"? —preguntó Isabel.

—A ti, a mí, y a mis padres.

—Yo no puedo —susurró la joven—, estoy enferma.

—Deberías replantearte lo de ir al Berroskoberro —insistió el fraile—. Ni tú, ni Isabel, ni vosotros... —miró a Manuel y a Blanca.

—¡He dicho que iremos todos, y me importa un bledo que estés enferma! —se enfureció Domingo— ¡Seguro que si a vuestro hijo o hermano lo nombrasen obispo, no dudaríais en asistir a la ceremonia, y no os acobardaría una simple indisposición!, ¿me equivoco?

—¡Cálmate, Domingo! —dijo Blanca.

—¿Tampoco ustedes van a venir? —la anciana bajó la cabeza—. ¡Ya veo cómo están las cosas!

Una infinita tristeza se apoderó de Domingo, y acabó por decidir que no estaba dispuesto a renunciar a aquella reunión, vital para él, y para el futuro de la hermandad, y que no iba a permitir que unos timoratos echaran por tierra aquella ocasión de pavonearse delante de su familia y de los acobardados brujos.

—Ustedes hagan lo que les plazca —dijo, refiriéndose a sus padres— pero Isabel y yo iremos al aquelarre.

—¡Jamás! —se negó ella—. ¿Quién te has creído que eres, para decidir lo que debo o no debo hacer? No iría al Prado, ni aunque estuviese en el mejor de mis días... Y te aseguro que, con la frente ardiendo y mis piernas débiles como las de un polluelo, mucho menos.

—Vos —le ordenó a Crisóstomo—. ¡Si tan buen curandero sois, dadle algo para que le baje la fiebre!

—No voy a beber ninguna pócima —se enfureció Isabel—. Creo que no me has comprendido, Domingo. ¡No voy a acompañarte!

—Domingo —volvió a suplicarle el fraile—, he tenido una premonición... No deberías...

—¡Callaos, viejo loco!

El de Valcuerna siguió insistiendo durante un buen rato. Sin embargo, y pese a su demostrada fama de augur y a la fe ciega que los Subildegui tenían en él, la vanidad de Domingo pudo más que el sentido común, si es que había algo de sensatez en todo aquello. La discusión acabó cuando Manuel se adelantó y dijo:

—Yo iré contigo... y tu madre también vendrá con nosotros. Deja que Isabel se quede aquí. Está enferma, y necesita descansar...

A medianoche, cuando los Subildegui se habían embadurnado de aquel aceite apestoso, se escuchó el aullido de un lobo; por dos veces. Domingo, Manuel y Blanca partieron, envueltos en una espesa niebla, que desprendía una suerte de luz amoratada...

Poco después, Isabel pudo observar unas luminarias en el cielo, como pequeñas nubes brillantes, del mismo color que la niebla, que se había difuminado poco después de engullir a los Subildegui, y que cruzaron el firmamento a velocidad imposible.

El silencio más absoluto se apoderó de Zugarramurdi.

La fiebre de Isabel empezó a remitir. Crisóstomo no se había separado de ella ni un solo instante.

—Deberíais retiraros —dijo Isabel—. Debéis estar agotado.

El de Valcuerna no dijo nada. Se levantó torpemente, acarició los cabellos de la pelirroja y le besó en la frente, saliendo, a continuación, de la casa. Sócrates le siguió con el rabo entre las patas.

Ella se extrañó de la actitud del fraile. Jamás se había comportado de aquel modo, jamás le había dado un beso de buenas noches.

La solución a aquel enigma no se hizo esperar.

Pocos minutos después de que Crisóstomo cruzase la puerta, rumbo al granero, Sócrates empezó a gruñir como un perro rabioso, preámbulo del ruido de los cascos de una treintena de caballos. Isabel se encogió tras la puerta

—¿Quién es el dueño de este perro? —preguntó una voz autoritaria—. Si no lo hacéis callar lo hará mi espada.

—¡Ven aquí, Sócrates! —le ordenó el fraile. El perro dejó de oírse—. ¿Quiénes sois?

—¡Vaya, vaya! —dijo otra voz, que surgió un poco por encima de un murmullo incomprensible—. ¡Mirad quién tenemos aquí! Al mismísimo Alvar de Aguas...

—¿Me conocéis? —preguntó el anciano.

—¿Y quién no conoce al hereje de Valcuerna?

Isabel se asomó a la ventana. Había una treintena de caballeros, un par de carromatos enrejados y dos clérigos: un dominico y un jesuita.

—¿Quién sois?

—Mi nombre es Damián Gil Martínez de San Telmo, y mi compañero, el hermano Joaquín Acosta.

—¡El Santo Oficio! —exclamó Crisóstomo, con ironía.

Isabel se quedó paralizada.

—En efecto... Veo que estáis ciego, pero todavía sois capaz de distinguir a vuestros enemigos. ¡Prodigioso, sin duda!

—¡Malditos!

—De nada servirán vuestras maldiciones... No era a vos a quién andábamos buscando, pero ¡Sed bienvenido! —y, mirando a los soldados, dijo—: ¡Detenedlo!

—¿De qué se me acusa?

—¡Pobre Crisóstomo! —rió Damián de Toledo— ¿Ya se os ha olvidado que la inquisición no precisa de cargos para procesaros?

Un soldado cogió a Crisóstomo por los brazos. Sócrates gruñó.

Entonces, uno de los oficiales levantó su arcabuz, apuntó hacia el perro y disparó. Pero estaba demasiado oscuro y la bala pereció entre las patas del animal.

—¡Márchate, Sócrates! —le ordenó Crisóstomo. El perro huyo, plañendo lastimeramente.

El soldado que tenía preso al fraile, abrió las puertas de uno de los dos carromatos enrejados, y le empujó, echándolo al interior.

—¡De esta no salís, Crisóstomo! —le amenazó el de Toledo—. Ya me encargaré yo de que ardáis en la hoguera.

—Dudo que tengáis que poner mucho de vuestra parte para que este hereje sea condenado —bromeó el padre Acosta—, su fama de agorero y hechicero es conocida por todos.

—Yo nunca he dicho que fuera tal —dijo el del Valcuerna, como si hablara para sí—. Ni jamás he renegado de Dios... La fama no siempre es fiel a quien la exhibe.

—En vuestro caso —sonrió fray Damián— se queda pequeña cuando se conoce la verdad.

—Habláis de la verdad, como si ésta fuera patrimonio exclusivo de la Iglesia... Y la verdad jamás debe sostenerse sobre falsos pilares.

—¿Cristo es una falsedad? —se enfureció el de Toledo—, ¿cómo osáis hablarnos así?

—No. Cristo es quien decís que es; pero vos no sois más que una miserable consecuencia de su palabra, la más mezquina... Creéis tener el poder de Dios, pero quien os lo ha dado ha sido la Iglesia. Sin embargo, os aseguro que ese poder jamás conseguirá que vuestras palabras dejen de ser la mayor mentira que se ha gestado en la Tierra.

Damián de Toledo le arrebató la espada a uno de los soldados, y la levantó por encima de su cabeza, con intenciones de clavársela a Crisóstomo, pero Acosta le impidió que la dejara caer.

—Si le asesináis, no podrá sufrir tormento —balbució, asustado—. ¿Ibais a renunciar a tal satisfacción?, ¿a ver cómo su piel se cae a tiras?, ¿cómo son arrancados esos inútiles ojos?, ¿cómo se retuerce de dolor en la hoguera?

El padre Damián le devolvió la espada al soldado, dio unos pocos pasos y se acercó a la puerta de los Subildegui.

—¿Quién vive aquí? —le preguntó. Crisóstomo no respondió.

El inquisidor dio tres fuertes golpes en la puerta.

—¡Ah de la casa!

La pelirroja se encogió bajo la mesa, y rezó lo poco que recordaba.

—¡Derribad esa puerta! —gritó el de Toledo.

—¡No estamos aquí para derribar puertas o ventanas! —dijo Acosta—. Alguien puede habernos visto, adelantarse, y dar la alarma en la cueva... Debemos apresurarnos, si queremos detener a los pocos brujos que quedan en este pueblo.

—¡Vámonos! —ordenó el padre Damián.

Isabel suspiró aliviada... Pero su alivio pronto se convirtió en pánico, cuando se percató de que aquellos hombres se dirigían al Prado del Cabrón con intención de detener a los pobres desgraciados que aún no habían renunciado a sus heréticas creencias.

Se llevó la mano a la frente. No tenía fiebre, ni el más leve signo de enfermedad, y lloró. Lloró, porque comprendió que Crisóstomo le había salvado la vida. Entonces pudo darle sentido a aquel terrible sueño que le había asaltado una hora antes: era una corazonada de lo que iba a ocurrir de un momento a otro. Debía cabalgar hasta el Berroskoberro y advertir a Domingo y a los demás brujos de la presencia de la inquisición.

Ensilló el caballo de Subildegui, y galopó por un angosto camino: el atajo que recorría muchas tardes, cuando todos dormían la siesta.

Escuchó disparos, a lo lejos... Había llegado demasiado tarde.

En las proximidades de la cueva inferior, a la entrada de la misma, un silencio tenso flotaba en el ambiente, como el mutismo que precede a un ahorcamiento. Desmontó del caballo, y lo ató al tronco de un árbol seco. Después, se introdujo en una de las galerías superiores de la cueva. Desde allí podía verlo todo.

El ruido de los cascos de los caballos y los gritos de júbilo de los soldados fueron el preámbulo de la más miserable de las comitivas. Los dos carromatos enrejados se convirtieron en una parada macabra, de cuerpos desnudos, hacinados y sucios. A duras penas logró distinguir el rostro de unos pocos de ellos: María Presona, Martín Vizcar, María Echegui, Juanes De Odia, Domingo...

Isabel esperó a que todos los soldados hubieran desfilado frente a ella y, cuando creyó que se había alejado el peligro, volvió a montar en el caballo, y se adentró en el bosque, cabalgando como el cobarde que huye de su propio destino...

CAPÍTULO XXVIII
Un silencio espeso.

1. La cacería

«¿Cómo, un corazón miserable de criatura humilde y sencilla, puede albergar tanto dolor, tanto mal? ¿Qué hacer con ella, Dios mío?, ¿devolverla al camino que jamás debió abandonar?, ¿acabar, de una vez por todas, con esa gangrena que corroe las entrañas de la fe? Quizás deberíamos sanar nuestras podridas vísceras, antes de amputar esos dedos que nuestro corazón no riega.»

LOS PIRINEOS Otoño de 1610

No podía recordar el momento en el que su cuerpo decidió que no podía soportar por más tiempo el duro lomo de aquel caballo, antaño fuerte y robusto, que ahora se le asemejaba un tronco rugoso limando la blanquecina piel de sus muslos. Despertó, sin siquiera percatarse de haber sucumbido al reclamo de las sombras, en el interior de una vieja casucha de cazadores.

Suponía, por el tiempo que llevaba cabalgando, que no estaría muy lejos de Jaca; en todo caso, en tierras aragonesas y, tal vez, fuera de la jurisdicción del Santo Oficio Logroñés. No podía verse a sí misma, pero imaginó que su aspecto sería tan lamentable que, incluso de ser detenida, la inquisición sería incapaz de reconocerla. Probablemente, ni del Valle, ni ninguno de sus gregarios, recordarían suficientes detalles de su fisonomía como para poder identificarla, si la mala fortuna la dirigía directamente a las fauces de la inquisición; aunque ser pelirroja no era, precisamente, un rasgo común en aquellas tierras.

Su cara hervía, como si le hubiesen echado ácido. Al llevarse las manos a sus pómulos, comprobó que su suave piel se había convertido en un rasposo lienzo. Sus labios estaban resecos por el frío, y en sus orejas unos sabañones del tamaño de garbanzos, cuyo escozor le hizo olvidar por unos momentos el dolor de su piel, habían granado como fresas silvestres. Todo su rostro estaba mojado; pero no por la humedad del rocío, sino por un líquido viscoso y templado.

Ni siquiera se preguntó por qué no había muerto congelada aquella misma noche, en la soledad del bosque, sin nada que llevarse a la boca, y sufriendo continuos cólicos, por haber estado engañando a su estómago con trozos de nieve.

Cuando salió afuera calculó, por la posición del sol, a su espalda, que hacía un par de horas que había amanecido... No sabía cuánto tiempo había dormido, aunque supuso que no menos de diez horas.

El lugar era inhóspito, aparentemente tan apartado de la civilización que, si no fuera por la choza que le había servido de cobijo, juraría que jamás hombre alguno había pisado aquel bosque.

No vio el caballo, aunque no se preocupó demasiado. Tal vez la extraordinaria visión que se dibujaba frente a sus ojos no le permitió percatarse de ello. A pocos pasos de ella, sobre una piedra limpia de nieve, alguien había dejado un conejo, mal herido y agonizante, al que le faltaba una de las patas traseras. Cogió una piedra y la dejó caer sobre la cabeza del animal. Quienquiera que le hubiese dejado aquel inestimable obsequio, no era un cazador experto; la piel del pobre gazapillo estaba hecha jirones sobre el lomo, y nadie, en su sano juicio, hubiese permitido que sufriera lo indecible antes de que ella le diese el golpe de gracia.

Cuando levantó los ojos, intentando encontrar algún rastro del cazador, se dio de bruces con la enorme cabeza del caballo, que se había aproximado sin que ella se diera cuenta.

Agarró las riendas, para que no volviera a escaparse, y lo ató en las ramas bajas de un pino grandioso, que amenazaba con caerse de un momento a otro. Lo desensilló, y sacó las correas.

Recogió el conejo y, ayudándose con una de las hebillas de la silla de montar, lo despellejó y destripó. Después, el hambre pudo más que el asco que sentía, y se lo comió, sin pensar en lo que estaba haciendo.

Enterró los restos del conejo en la nieve, y volvió a ensillar el caballo y a cabalgar hacia poniente...

Apenas había viajado un par de horas, cuando divisó un camino, una senda carretera, ancha y limpia; sin duda, una de las vías principales, tal vez la que la llevaría directamente hasta Jaca. Se apartó de ella, para no ser vista, pero la siguió a cierta distancia, resguardada entre los árboles. Había encontrado el camino que la llevaría hasta su destino, aunque no sabía demasiado bien hacia donde dirigirse.

Aquella misma noche, resguardada en un pajar repleto de alfalfa, decidió que su atormentada mente necesitaba desahogarse, para después poder asimilar todo lo ocurrido en Zugarramurdi. Lloró amargamente, durante un par de horas; por Manuel, por Blanca, por aquel extraño ser al que había llegado a amar como si fuera su propio padre, Crisóstomo de Valcuerna, y por Domingo: un insensato que se jugó la vida por querer ser lo que no era, por querer perdurar en un mundo en el que los egregios siempre son quienes menos merecen serlo. No. Domingo no merecía que el mundo le recordase; en definitivas cuentas, en toda su vida no hizo otra cosa más que buscar fortuna, sin importarle cual fuese su bandera, su señor o sus ideales. Y, de todos los hombres que había conocido, sólo respetó y admiró a uno de ellos; precisamente al único al que seguía amando y respetando por encima de todas las cosas: Fernando de Gurrea, su padre.

Comprendió que, tanto Manuel como Blanca, si lograban sobrevivir a las penurias de la cárcel antes de la conclusión del proceso, serían reconciliados, y devueltos a sus tierras. Crisóstomo, sin embargo, hacía años que había abandonado aquel mundo que jamás le comprendió y no llegaría a Logroño con vida... Pero Domingo... era un hombre fuerte que, por una de esas crueldades de Dios, soportaría los suplicios a los que le sometieran; jamás se arrepentiría de lo que fue y era, y sería condenado a la hoguera.

Después, sintió una extraña paz, como si aquel detestado Lourier hubiese acudido a consolarla, en un momento en el que ella lo precisaba... Pero sólo fue la calma que sucede al llanto renovador. Como un torrente desbordado después de la lluvia, de lo más profundo de su ser, clamaron por surgir los más peligrosos de los demonios, los propios; y vio a su madre, ajada y marchita, como las flores del cementerio semanas después del día de difuntos. Aquella pobre mujer, sencilla y buena, se había convertido en la imagen del alma de su propia hija. Su sufrimiento sin límites la había convertido en una especie de espejo en el que se reflejaban los pecados de toda una vida; pecados que ella jamás deseó, que vinieron a ella como si su destino fuera manejado por un dios cruel y burlón... y aquel destino maldito se llamaba Isabel.

—Jamás regresaré a Benabarre —lloró—. Ni mi madre ni yo nos merecemos ese sufrimiento absurdo.

Intentó dormir, aunque sabía que le sería imposible. Cualquier sonido, incluso los que provocaban sus propios temblores, eran traducidos por su enferma cabeza como amenazas. Lobos, osos, zorros... el monte estaba plagado de animales que no dudarían en devorarla si su hambre era la mitad del que ella misma sentía...

Cuando el sol incidió en su cara, la mañana le trajo un nuevo aliento, y un nuevo presente, esta vez en forma de gallina, ya muerta, y cazada con tan poca delicadeza como el conejo del día anterior...

Hizo fuego, y la quemó en las mismas llamas...

Partió a media mañana.

Cuatro días después, al atardecer, llegó a Huesca.

Se lavó en una pequeña fuente, y robó un par de prendas de un tendedor demasiado bajo como para evitar que los ladrones pudieran disponer de ellas sin ningún tipo de dificultad ni rubor... Se vistió, y durmió bajo un puente, donde se hacinaban más de una docena de pordioseros, sólo dos de ellos mujeres.

—Pelirroja —le decían los mendigos—, si nos das un poco de calor, te permitiremos comer una de nuestras sabrosas ratas...

No les hizo caso; estaban tan borrachos, que no tenían siquiera fuerzas para levantarse. De todos modos, no se fiaba demasiado de aquellos ladrones, así que no desensilló su caballo, y ató las riendas en su muñeca...

Poco antes del amanecer, sintió un peso sobre ella y, al abrir los ojos, dos de aquellos borrachos le habían inmovilizado las manos, mientras que otros dos intentaban sujetarle las piernas.

—¡Vamos a joderte! —rió uno de ellos, al que le faltaban más dientes de los que tenía— ¡Y nos quedaremos con tu caballo! No es gran cosa, pero igual nos los cambian por unas garrafas de vino.

Aquellas fueron las últimas palabras del pordiosero. Concluido su mezquino discurso, una masa negra se abalanzó sobre él, y lo empujó sobre Isabel.

Tras unos instantes de confusión, logró deshacerse del mendigo. El rostro de la pelirroja estaba lleno de sangre, y el mendigo jadeaba y sacudía su cuerpo, como si sus músculos actuasen por voluntad propia. Los otros huyeron.

Los ojos del pordiosero estaban abiertos, fijos en un punto indeterminado, y su garganta abierta, rota, y sangrando como un borrego en el degüello. Cuando se levantó, el puente estaba desierto... Sólo quedaban ella, el caballo, y la masa negra.

Montó en el caballo y, mirando al asesino del mendigo, dijo:

—¡Vámonos Sócrates! ¡Mi buen Ángel de la Guarda!

CAPÍTULO XXIX
La puta

1. Lucrecia.

«¿Quién se atreve a ejercer de juez?, ¿quién? ¿Acaso osáis consideraros menos puta que las otras, mi señora? ¿O, acaso ese collar de perlas y esmeraldas no son sino vuestros honorarios? Aunque vos, mi señora, digáis que es la muestra del amor que se os profesa...»

TAMARITE DE LITERA (Reino de Aragón). Primavera de 1610

Isabel no se había equivocado al pensar que Torre Alfals estaría hecha una ruina. Cuando entró en la casa donde había pasado los primeros años de su vida, comprobó que su aspecto era deplorable; parte de la techumbre del corral se había venido abajo, y el agua que, en un incesante riachuelo penetraba por la enorme brecha del tejado favorecía bastante poco a que los pilares de madera, infestados de hongos, termitas y todo tipo de parásitos y podredumbre, se mantuviesen en pie. Por fortuna, la vivienda era más o menos habitable; eso sí, llena de polvo, desconchones, estiércol de rata y las plumas de las palomas que campaban a sus anchas por toda la masía.

El trabajo de limpieza y desescombro fue arduo; dificultado, en gran medida, porque no tenía dinero con qué pagar a un albañil que reparase aquellos desperfectos. Para mitigar aquella carestía, decidió arrendar las tierras que rodeaban Torre Alfals a un joven labrador: Arcadio Ruiz, de Torre Dolorosa, cuya masía y tierras lindaban con las de Isabel, y se puso a trabajar en el mesón que antaño perteneciera a Elías, (fallecido un par de años antes en un desgraciado accidente de caza), y que ahora regentaban su hijo Jesús y su mujer, Albertina.

Allí, entre pucheros y humos, fue cuando la vio por primera vez. Era una mujer algo mayor que ella, de largos y brillantes cabellos negros, ondulados y algo desiguales. Su rostro era fino, simétrico y delicado; su piel, morena, aunque no quemada, y su cuerpo extremadamente delgado, sin llegar a parecer mórbido. Iba acompañada de un anciano desdentado y enjuto, que a duras penas lograba mantenerse en pie: *«Una mujer que viene a pasar la noche con su marido, camino de algún lugar tan miserable como éste»*, se dijo. Pero, al día siguiente, aquella joven regresó a la posada. Esta vez iba acompañaba del "tión"[49] de "San

---

[49] Solterón. Como tión se conocía (y aún se conoce) al hermano soltero del heredero de las tierras, quien, al no tener derechos sucesorios, se quedaba en la casa del heredero para ayudarle con los campos, ganaderías, etc.

Félix"... Y al otro, por un muchacho, apocado y medroso... y otro por un arriero gigante...

—Es Lucrecia Banyeu —le explicó Albertina—, una prostituta... Se quedó viuda hace seis años y, desde entonces, se gana la vida de este modo infame. Su marido murió "pateado" por el buey con el que bajaba los troncos. Era leñador... ¡guapísimo! —rió.

Lo que más le atrajo de Lucrecia fueron sus ojos, dos zafiros brillantes, ligeramente violetas, incrustados en sendas esferas inmaculadas, de mirada tan limpia y honesta que difícilmente podía deducirse otra cosa sino que aquella mujer era la musa, mil veces engrandecida, de un pintor de Santas Madonas. Tan segura de sí misma que, en un primer momento, podía parecer que era vanidosa y autosuficiente. Pero la realidad era bien distinta. Su rostro no era más que una máscara que escondía una tristeza tan profunda que, cuando nadie la observaba, su mirada se perdía en la nada, y sus ojos se teñían del silencio de la melancolía.

Aparentemente, Lucrecia, aborrecía aquel modo de vida, aunque Isabel no se hubiera atrevido a asegurarlo. *«¿Qué pudo arrastrarte a la inmoralidad?»*, se preguntó Isabel, riéndose de sí misma.

Era evidente que aquella prostituta no desconocía los riesgos que les acechaban a las mujeres como ella. Si alguien la denunciaba, acabaría sus días en una prisión inmunda, donde seguiría practicando su profesión, esta vez con los carceleros, y sin ningún tipo de remuneración. Por ese motivo, jamás aceptaba la compañía de tamaritanos casados ni jóvenes prometidos, pues sabía que los mayores peligros se cernían en forma de esposa despechada o burlada.

Nunca había hablado con ella, pero presentía que, de hacerlo, iba a sorprenderse; aunque era incapaz de prever si la sorpresa sería grata o decepcionante. Y no hubiera osado cruzar una sola palabra con ella si no hubiese sido la propia Lucrecia quien lo hizo.

Aquel día, su cliente, un jovencito de buena familia, tan fanfarrón como inexperto, con tendencias al exceso lúbrico, al que su padre había pagado *«la mejor puta de la comarca»*, le duró lo que dura el breve placer de un niño. Lucrecia calculó mal el tiempo que invertiría en satisfacer a aquel joven noble, y había citado a su próxima cita para una hora más tarde... El fragor del muchachito duró escasamente cinco minutos, tras los cuales se vistió y pagó exclamando: *«Bien, bien. ¡Eres una buena amante! Quizás vuelva otro día! Pero no quiero que te hagas muchas ilusiones, resultas un poco cara, incluso para un hombre rico como yo»*, y le quedó casi media hora muerta.

—Te llamas Isabel, ¿no es así? —susurró Lucrecia, perfilando una hermosa sonrisa—. Lo sé por Jesús... y por alguno de mis clientes.

—¿Por alguno de tus clientes?

—¡No sabes lo que darían por pasar una noche contigo!

—Creía que sólo eras una...

—¿Puta?

—Pero ahora me doy cuenta que, además, eres una alcahueta.
—No, Isabel —se entristeció— no te estoy proponiendo nada... Creí que te sentirías halagada... A todas las mujeres nos gusta que los hombres nos deseen, y eso no tiene nada que ver con mi negocio; es más, te aseguro que muchos de los que ahora te desean, por inalcanzable, si decidieras ser como yo, perderían todo el interés...
—Yo no soy una fulana.
—Todas somos, Isabel. De un modo u otro —susurró Lucrecia, tal vez intentando convencerse de sus propias palabras—. Si no como tales, sí porque maridos a los que no aman les dan sustento, y abren sus piernas para que goce el cretino que las mantiene. Y, si no, aceptamos regalos, olvidamos nuestros principios y nos vendemos por un puñado de reales... Dime, Isabel, ¿quién es más ramera, la que deja que sus padres la casen con un estúpido por unificar unas tierras, por dinero, por un título, o la que vende lo único que posee: su cuerpo? Sí. Realmente todas somos unas vendidas... Y los hombres, ¿qué decir de los hombres?; son aún peores que nosotras, porque ellos, teniendo el poder de evitarlo y, aún sabiendo que las cosas son de este modo, lo admiten, promueven e incitan según su antojo...
—Una vez —dijo Isabel—, me acosté con un hombre repugnante para poder ver a mi padre.
—No eres más puta que muchas de esas señoras que se visten de seda y terciopelo... No eres más puta que...
—Sigue —insistió Isabel, intrigada.
—Que las monjas que ingresan en los conventos para que la Iglesia se haga cargo de su manutención; de otro modo, morirían de hambre; que los seminaristas que, por idénticos motivos, abrazan el sacerdocio.
—¡Para ti, todas somos unas rameras!
—No... Todos los humanos somos unos vendidos... Todos, sin excepción. Incluso aquel que hace el bien porque, de ese modo, recibirá una recompensa eterna. ¡Oh sí, sin duda!
—¿Tu eres Lucrecia? —preguntó un hombre. Ella asintió—. Me envía don Manuel Valverde, el hombre con el que te habías citado. Él no puede venir esta noche, pero, ya que ha pagado por adelantado, seré yo quien ocupe su lugar. ¿Te parece bien?
—Ese es mi trabajo, señor.
Sí. Hablar con Lucrecia Banyeu fue una experiencia fascinante, aunque seguía sin saber si el desconcierto, que sin duda le había causado la conversación, fue grato o decepcionante. Seguía sin saber si Lucrecia podría aportarle algo o si, por el contrario, era lo que todos decían que era...

2 La oferta.

«¿Quién dijo que todo el mundo tiene un precio?
¿Quién dijo aquello de: "Dadme un punto de apoyo y moveré la Tierra"?
No hay humano que no pueda ser comprado, ni mundo que no pueda ser movido.»
TAMARITE DE LITERA (Reino de Aragón). Primavera de 1610

Con el poco dinero que le pagaba Jesús por su trabajo en la posada, compró cuatro gallinas ponedoras, un gallo rojo y fanfarrón, tres conejas y un conejo, con la intención de vender los huevos y los conejos que criase en el mercado de los viernes. Utilizó los reales del arriendo de las tierras a Arcadio de Dolorosa para reparar la techumbre del corral, donde guardó los animales.

No era capaz de ahorrar un solo real, y muchos días llegaba a casa tan agotada que ni siquiera tenía ánimos para acercarse al gallinero y recoger los huevos que habían puesto las gallinas. La mayoría de las veces, cuando iba a buscarlos, las mismas gallinas los habían picoteado y los habían echado a perder... Pensó que debía comprar un caballo o, al menos, un potrillo; no sabía muy bien por qué, ni para qué, pues no lo necesitaba, pero, desde que vendió el viejo jamelgo de Domingo, cerca de Barbastro, para poder costearse el camino hasta Tamarite, estaba obsesionada con tener un caballo.

La primavera de aquel año fue horrible; apenas vieron el sol en abril, y en mayo no paró de llover.

La posada estaba vacía. Los viajeros habían decidido posponer sus viajes hasta que el clima se convirtiera en su aliado, pero no parecía tener demasiadas intenciones de hacerlo.

También el negocio de Lucrecia Banyeu se resintió, aunque no por cuestiones meteorológicas, sino por una impía gripe, que parecía no poder sacarse de encima.

Ya eran cinco los hombres a los que Isabel había tenido que despedir con un: *«Hoy Lucrecia no va a poder atenderle, está enferma...»* Y aquel joven, un soldado algo despistado y tímido, se hubiera convertido en el sexto amante defraudado, si no fuera porque la chimenea de Torre Alfals necesitaba una reparación urgente.

—¿Estás esperando a Lucrecia? —le preguntó Isabel. El joven se encogió de hombros.

—No sé de quién me estás hablando —respondió, elevando las cejas—. Si ese es el nombre de la... señorita de compañía, sí, espero a la tal Lucrecia.

—Pues siento decirte que hoy no va a venir. Todavía no se ha repuesto de la gripe.

—Bueno —sonrió el soldado—. Seguro que vendrá otra; en realidad no soy muy exigente.

—Lucrecia es la única... —el joven sacudió la cabeza.

Comprendió que debería esperar a una mejor ocasión para gastar los pocos reales que le quedaban en la alforja, o intentar multiplicarlos en alguna partida de dados... Aguardaría a que dejase de llover, y buscaría otra tasca donde poder comprar un poco de diversión.

En aquel momento Isabel pensó que tal vez desearía pasar la noche con ella. En cierto modo, ella lo estaba deseando tanto como él.

—¿No conocerás tú a ninguna mujer que...? en fin, ¿que desee pasar un rato agradable en mi compañía? —Isabel le miró de arriba a abajo y sonrió—. ¡Tengo dinero!

—Yo salgo en cuanto acabe de fregar estos platos —dijo, casi sin percatarse de las palabras que surgían de sus labios—. Pero no puede ser aquí. El dueño de la posada no permite que sus empleadas subamos a nuestros amantes a las habitaciones...

—Dime un lugar, y te esperaré.

—Todavía no te he dicho el precio.

—¡No importa! ¡Pagaré lo que sea!

Jamás hubiese pensado que Torre Alfals iba a convertirse en un improvisado burdel, ni que fuese a disfrutar con aquello.

El joven soldado no era un gran amante, pero se comportó como un caballero. Aunque, evidentemente, no era más que un plebeyo con aspiraciones tan confusas como su destino.

—¡Mañana mismo le preguntaré a Arcadio si puede arreglar la chimenea!

No, no fue tan difícil como ella había supuesto; en una sola noche había ganado lo que Arcadio le pagaba por un mes de arriendo.

«No volveré a hacerlo», se dijo, dudando de sí misma, *«aunque soy estéril, y eso es una ventaja... No, definitivamente, no volveré a hacerlo»*.

3. La casa del pecado.
«¡Qué poco os acordáis de vuestros sueños, cuando la vigilia os convierte en esclavos de las leyes de Dios y de los hombres!»

TAMARITE DE LITERA (Reino de Aragón). Verano de 1610

El sudor se pegaba a su camisa como si aquella cocina fueran las propias fraguas de Vulcano. Las paredes, indignadas, devolvían aquella fiebre con el ardor del adolescente que aguarda, guarnecido tras el escote de un amor no correspondido, a que la fortuna despegue la maldita tela del pudor y le permita conocer los secretos reservados a un esposo que, sin duda, jamás la amaría tanto como él.

Isabel odiaba el calor, odiaba el olor a grasa rancia, a carne quemada, a cebollas hervidas y a ajos crudos... Aborrecía aquel trabajo, a su patrón y a Albertina: *«Del agua mansa me libre Dios, que de la corriente ya me libro yo!»*, y aquella posada, infestada de chinches, humores pestilentes y pecados inconfesables.

Sus manos resecas y callosas llevaban ya un buen rato batallando contra el hollín que había apresado la chimenea, cuando escuchó voces poco amistosas en la puerta de entrada a las habitaciones.

—¡Te lo advertí, Jesús! —sonó como una amenaza, no demasiado vehemente, aunque excesivamente autoritaria como para tratarse de un cliente—. ¡Llevo dos meses, día tras día, tres veces por jornada, advirtiéndote de que te sería retirado el permiso si volvía a ver a esa puta haciendo negocios en tu posada!

—¿Acaso la has visto hoy por aquí?

—¡Hoy no, pero ayer me crucé con ella en la puerta!

Isabel se asomó tímidamente a la puerta. Quien discutía con Jesús era un "senyaler"[50], al que todos conocían como Pepito del "Pruner"; alto, recio y cejijunto, que escondía unos dientes careados tras un bigote poblado hasta el absurdo.

—¿Qué daño hace esa pobre mujer? —intentó defenderla Jesús—. Ninguno de sus amantes es tamaritano casado...

—Es ilegal... Está perseguido por la ley y, además, es un pecado.

—¿Ahora te preocupas por las almas de los cristianos? —Pepito le miró con el ceño fruncido—. Te prometo que Lucrecia no volverá a pisar esta posada... Como ramera, claro.

Lo cierto es que el Pruner había sido cliente habitual de Lucrecia, hasta poco antes de casarse con una sobrina de su madre, y sentía por ella una atracción tan peligrosa que hacía imposible determinar si aquel acoso de debía a un exceso de celo en el ejercicio de su oficio, o por verla como la fruta catada, deseada e imposible...

Aquella misma tarde, Lucrecia acudió a la posada, acompañada por un campesino demasiado harapiento como para ser creíble, con cara de clérigo y hablar excesivamente culto para un labriego, cuyas únicas preocupaciones son las de su humilde tarea.

Jesús se inquietó; los ingresos que le proporcionaba el negocio de Lucrecia no eran nada desdeñables, y a ella le unía una amistad oscura e inquietante.

—¿Podría hablar contigo, Lucrecia? —carraspeó el posadero, haciendo un gesto con la mano. Entraron en la cocina—. Pepito del Pruner me ha prohibido... Te ha prohibido...

—Quieres que deje de traer aquí a mis clientes, ¿no es eso? —Jesús bajó la cabeza—. ¿Y, cómo pretendes que me gane el pan?

—Podrías cambiar de vida —balbució el hombre—. Yo podría darte trabajo aquí en la cocina.

---

[50] Espada. En Aragón era conocido como senyaler o defensor de la Villa, protector de viudas y huérfanos; vigilante de la justicia local en general.

—¿Y me pagarías lo que gano como prostituta? —Jesús sacudió la cabeza—. Ésta es la única posada del pueblo; si me prohíbes trabajar aquí, tendré que marcharme de Tamarite.

—Podrías recibirlos en tu casa... Yo me encargaré de hacerlos llegar hasta allí... Les acompañaré si es necesario.

—¿En mi casa? —se entristeció Lucrecia—. Mi anciana madre es sorda y paralítica, pero no ciega y tonta... Todavía cree, o al menos eso dice, que el dinero que traigo a casa lo gano de forma honrada.

—¿Por qué no la envías con tu hermano Camilo?

—¿Quién sabe dónde está ese vividor? Desde que se marchó de Tamarite, hace diez años, no hemos vuelto a saber nada de él.

—Pepito ha tenido mucha paciencia —se inquietó Jesús—. De haber querido detenerte lo habría hecho...

—Está bien...

Lucrecia salió de la cocina, se acercó al dudoso labrador, y le dijo un par de cosas, que Isabel no pudo escuchar. El hombre bajó la mirada y, decepcionado, salió de la posada.

Isabel se acercó a Lucrecia. Sus ojos brillaban como el mármol después de una tormenta.

—No he podido evitar escuchar vuestra conversación... ¡Lo siento!

—¡Es mi ruina! Si pudiera, te aseguro que me marcharía hoy mismo a Barcelona.

—No sabía que tu madre...

—Hay muchas cosas que desconoces de mí —se lamentó Lucrecia—. En realidad, no sabes nada.

—Lo suficiente como para tener claro que eres buena y honrada.

—¿Tú lo tienes claro? —sonrió Lucrecia—. Dices que soy buena y honrada, y no soy más que una vulgar puta.

—¡Hay vírgenes más sucias que tú! —dijo, totalmente convencida—. Confío más en ti que en las monjas. Y sé lo que digo.

—¡Agradezco tus palabras de consuelo, pero eso no va a evitar la miseria de mi casa!

Isabel miró fijamente a Lucrecia y se entristeció. Aquella mujer no era un dechado de virtudes, pero no era más impía que ella misma... Ambas habían elegido vivir de espaldas a Dios, a ese dios que no había hecho nada por evitar que tomasen el único camino que satisfacía los deseos que él mismo había despertado en sus entrañas, para después condenarlas al más terrible de los castigos. Eran dos mujeres tan solas, tan faltas de amor y ternura, que parecían condenadas a unir sus soledades.

—Podrías recibir a tus amantes en mi casa, en Torre Alfals —dijo Isabel, no demasiado convencida de que sus palabras se correspondiesen con sus verdaderos deseos.

—¿En tu casa? —Isabel asintió— ¡Eso sería maravilloso!
—Yo prácticamente no estoy en todo el día. Sólo voy a dormir... Sócrates tampoco sería un problema; se había acostumbrado a acompañarla hasta la posada y, durante el tiempo que ella se encontraba trabajando, el viejo perro la esperaba, dormitando bajo el portal de entrada.
—¡No sabría como agradecértelo! —añadió Lucrecia, con los ojos húmedos por la emoción.
—Estoy segura de que algún día podrás devolverme el favor...

4. La condena eterna.

> *«Sólo en los labios de los charlatanes, en las letras que te alaban, y en esa estupidez a la que denominan costumbre, es peor mi condición de ramera, que la del ladrón que roba para ti, que la del asesino que mata en tu nombre, que la de quien miente por preservar lo que jamás precisó de falsedades, e impone doctrinas en las que no cree. ¿Qué han hecho contigo?»*

TAMARITE DE LITERA (Reino de Aragón). Otoño de 1611

Pese a que Isabel se había negado, Lucrecia se empeñó en que aceptase una parte del dinero que ella ganaba haciendo uso impropio de una de las habitaciones de Torre Alfals, la que ocuparon su madre y Eduardo, y que ella se negaba a utilizar.

La anciana madre de Lucrecia empeoró a finales del verano; una inflamación de estómago, según un cirujano poco recomendable, que le aseguró que no vería las nieves.

Lucrecia le explicó que, dos años después de casarse con Santiago, su difunto marido, se quedó embarazada, pero que el niño murió a las pocas horas de nacer. Su segundo embarazo, unos meses después, ni siquiera llegó a las seis semanas de gestación... El tercero llegó a buen puerto: fue una niña, que falleció antes de cumplir un año, sin ningún motivo que justificase su muerte. Poco después, falleció Santiago pateado por un buey terco y malhumorado. Su madre, "Perica de Baells", parió cinco niños, de los que sólo sobrevivieron dos: Salvador (que murió en la adolescencia por una infección) y Camilo (un vividor que se desentendió de su madre cuando dilapidó los ahorros de la familia en burdeles y apuestas, diez años atrás. Tales deudas aún las estaba pagando su hermana); y cuatro niñas, de las cuales sólo Lucrecia y otra, Antonia, lograron sobrevivir a la epidemia de gripe que azotó la comarca en la década de 1580, y que acabó con la vida de las otras dos. Antonia se reunió con sus otros hermanos cuatro meses antes de su propia boda, a causa de la temible viruela, enfermedad que también se llevó a la tumba a su padre.

No estaba demasiado claro el momento en que Lucrecia, ya viuda, decidió prostituirse... Antes, había trabajado como tejedora, criada, cocinera y fue amante de un poderoso señor, del que nunca llegó a decir su nombre. Su madre enfermó de hidropesía, y ella despertó una mañana al lado de un viejo repugnante y lúbrico... Después de vomitar un par de veces, su cuerpo, su estómago y su mente se adaptaron a aquella nueva situación y no volvieron a darle un solo problema de vértigos, nauseas o remordimientos.

—Es un trabajo bien pagado —solía decir Lucrecia.

Cuando Isabel regresaba a Torre Alfals más pronto que de costumbre, solía escuchar los jadeos entrecortados de los clientes de Lucrecia, acompañados por la musiquilla incesante y acompasada de las maderas intentando contener las embestidas de aquellos amantes sin rostro. Los primeros días se sintió violenta, y se encerraba en su alcoba, escondiendo su cabeza bajo la almohada... Después, aquel sentimiento dejó paso a la más absoluta indiferencia. Finalmente, había días en los que los gritillos de placer en la habitación de al lado le excitaban como a una adolescente enfebrecida.

Los "cuatro reales" que le pagaba Jesús cada vez le parecían más miserables, pese a que seguía siendo la misma cantidad desde que empezase a trabajar en la posada, y cada día se le hacía más difícil ganarlos, aunque el trabajo era exactamente el mismo.

Al principio sólo fueron algunos clientes que Lucrecia no podía atender cuando su madre sufría una de sus continuas recaídas de las dolencias que padecía. Después, se encargó de algunos clientes que no estaban dispuestos a esperar a que Lucrecia acabara el "servicio" que estaba atendiendo. Sea como fuere, todo aquello parecían excusas poco convincentes para justificar un lujo que, día a día, se volvía un comensal más insaciable, y en el peor de los consejeros.

Le avisó una semana antes de que su decisión se convirtiera en definitiva, pero aún así, Jesús recibió la noticia con desagrado.

—Al final, esa zorra te ha convencido, ¿no? —Isabel bajó la cabeza. No podía, ni debía, reconocer que dejaba la posada para ejercer el más inmoral de los oficios—. Sabes que la prostitución está perseguida por la ley y por la Iglesia... Podrían condenarte a la cárcel. O, peor aún, podrías enfermar de uno de esos males que llevan los hombres de mala vida.

—No hacemos daño a nadie. Y, si nadie nos denuncia, no tienen por qué perseguirnos.

—Si lo dices por mí —se apresuró a asegurar Jesús—, podéis estar tranquilas... Jamás he condenado a nadie, ni por su profesión, ni por su moral... Nada ganaría, entregándoos a la justicia. Y, desde que la inquisición mandó quemar a la "Palometa", ¡pobre mujer!, no siento la más mínima simpatía por ellos.

Las palabras de Jesús, lejos de tranquilizarla, aún le hicieron dudar más. Era evidente que la decisión que había tomado iba en contra de la ética, las buenas costumbres y la salud moral del Reino de España, y eso era algo que sabía mucho antes de conocer a Lucrecia. Sin embargo, la franqueza de Jesús, pese a que no variaba un ápice de lo que ella misma pensaba sobre los peligros que corría, sonaba muy distinto. Comprendió que el peligro que se cernía sobre ella no era mayor, después de hablar con su antiguo amo, ni más temible que el que le hostigó en Zugarramurdi cuando se unió a Subildegui y a sus oscuras prácticas... *«¡Pobre Crisóstomo!»*.

Sus clientes solían ser forasteros, atraídos por la fama de discreta y bella que Lucrecia se había forjado durante más de cuatro años y, últimamente, por la novedad de una prostituta pelirroja que, según decían los más atrevidos, todavía no estaba lo suficientemente "jodida" como para bostezar mientras hacía el amor, ni era tan neófita como para sentir asco por sus clientes.

Tal vez convencido por aquellos comentarios, sólo proferidos cuando el vino hacía que sus lenguas se soltasen, el aparcero de Torre Alfals, Arcadio de Dolorosa, reunió el valor suficiente para recorrer los escasos cinco minutos que le separaban de su masía, a escondidas de sus hermanas Eusebia y Domiciana, y esperar en el pequeño patio descubierto, frente a la casa de su arrendadora, a que llegase su turno.

Desde la primera vez que vio a aquella pelirroja, enjuta y pálida, momentos antes de que se convirtiera en su arrendadora, había sentido algo muy especial por ella. No podía decirse que se hubiera enamorado, sino más bien, que deseaba pasar una noche con ella y acariciar su piel pecosa y albina.

Isabel se mostró tímida y esquiva, cuando vio que su cliente era el único hombre con el que necesariamente tenía que hacer tratos fuera de allí. No le preocupaba que Arcadio conociera de ella lo único que debía considerarse sagrado: su desnudez. No, su cuerpo era algo que no le importaba mostrar; incluso le gustaba que los hombres se excitaran con sólo mirar aquel cuerpo carente de curvas y acribillado por infinidad de marcas marrones sobre el lienzo de un pintor tan indolente que ni siquiera se dignó en bosquejarlo... Lo que le preocupaba era que, si Arcadio no quedaba satisfecho, creía que el precio era excesivo, o pretendía llegar más allá de lo convenido (y conveniente), los negocios que tenía con Torre Dolorosa se echarían a perder... Pero Arcadio no era de ese tipo de hombres.

Sin lugar a dudas, el labrador hubiese pagado gustoso por el mero hecho de verla despojada del maldito telón que le impedía vislumbrar lo que escondían los vestidos de aquella pelirroja de labios sensuales. Pero, siendo que el precio era el mismo, hubiera coito o no lo hubiera, disfrutó de ella como si fuera la primera ramera con la que se acostaba...

5. Falsas esperanzas.

«¿Qué sentimiento es ese, tan extraño, que nos impulsa a unirnos a un ser ajeno a nosotros mismos? Nacer y morir son las dos cosas principales de la vida, y las hacemos completamente solos. ¿Acaso compartir nuestra vida hará que olvidemos nuestra inevitable soledad?»

TAMARITE DE LITERA (Reino de Aragón). Finales de 1611

Domiciana y Eusebia llevaban más de dos semanas sin hablarle; desde que supieron, de labios de Margálida Escuder (una viuda vieja y alcahueta que decía haber emparejado a más de cuarenta jóvenes en los últimos años), que su hermano Arcadio gastaba parte de los ingresos de la venta del trigo en pagar los servicios de Isabel. Aquella pelirroja jamás les gustó, ni siquiera cuando, de niñas, correteaban tras ella, por las cercanías de Torre Alfals, intentando darle caza. No, aquella mujer no era "buena". Aunque los verdaderos motivos por los que la odiaban no los conocían ni ellas; se trataba de una animadversión enfermiza, injustificada y sin otro motivo que la inquietud que les producía una niña más lista que ellas... En realidad, Domiciana y Eusebia estaban en el umbral de la necedad más absoluta, en la frontera misma que separaba a los estúpidos del resto de los mortales... La expresión vacía de sus ojos era suficiente síntoma como para percatarse de que aquellas mujeres eran unas majaderas. Arcadio no era mucho más privilegiado que ellas, aunque lo suyo era más una cuestión de ignorancia que de estupidez...

En el fondo, a aquellas dos benditas no les preocupaba ni importaba que el único ser medianamente lúcido de la casa gastase su dinero en putas, vino o timbas, sino que como ya le había ocurrido, perdiera la cabeza por una de esas rameras y decidiese casarse con ella. Unos años atrás, Arcadio se enamoró de una fulana de Binéfar, "Vicentica la Castellana", que se aprovechó de su candidez, y a punto estuvo de costarles la ruina a Torre Dolorosa. Por suerte, la tal Vicentica, consiguió que Arcadio le confesase donde guardaba el dinero pocas semanas antes de pasar por la vicaría, y la ramera se marchó, con las primeras flores, llevándose todos los ahorros de los Ruiz. No, no iban a consentir que una vulgar mujerzuela volviera a quedarse con su exiguo caudal.

Los temores de las dos hermanas no eran, por tanto, infundados. Incluso la propia Isabel se percató del modo en que Arcadio la miraba. Al contrario que los otros clientes, siempre intentaba complacerla y le decía las cosas más bonitas que su rudeza le permitía. Ella no sentía la más mínima atracción por aquel hombre, aunque tampoco le repugnaba, y aquel juego le resultaba, no sólo divertido, sino gratificante y estimulante.

Pero algo falló en los cálculos de Isabel, tal vez fue su exceso de confianza, o que las ingenuidad de Arcadio le iluminó en sentido contrario al que hubiese sido recomendable.

El de Dolorosa pagó, como era costumbre, antes de desnudarse, mientras Isabel hacía sus abluciones de rigor en una palangana amarillenta, resguardada tras un biombo tan indiscreto como una hiedra en invierno.

Cuando la joven salió de detrás del bastidor, únicamente cubierta por una bata, tan transparente que su cometido era poco menos que cuestionable, Arcadio tan sólo se había desprendido de la recia chaqueta de pana marrón, y calentaba sus manos en un brasero, a todas luces, insuficiente.

—¿Qué haces, que no te desnudas? —preguntó Isabel.

—Hoy no me apetece joder...

—¿Pues, para qué has venido? —se molestó ella, intentando esconder sus vergüenzas en un recato imposible.

—Para hablar contigo.

—Tú dirás.

—Quiero que te cases conmigo.

—¿Casarme contigo? —sonrió Isabel, sentándose en la cama, a su lado—. Si supieras a quién se lo estás pidiendo, sin duda no lo harías.

—Lo sé todo de ti —aseguró Arcadio, convencido—. Te he visto desnuda, y he hecho el amor contigo...

Ni que decir tiene que Isabel rechazó la propuesta del arrendador. Se había acostumbrado a aquella vida en tan sólo cuatro o cinco meses, y al dinero que su pecado le proporcionaba.

Tardó un par de semanas en percatarse de que su vecino de torre había dejado de ir a visitarla. Antes de rechazar su proposición matrimonial, Arcadio iba una o dos veces por semana y, en quince días, sólo había acudido a Torre Alfals a pagar, como siempre religiosamente, las rentas de las tierras.

Eusebia y Domiciana celebraron la decisión de su hermano como si fuera fiesta mayor. Aunque no conocían los detalles por los cuales Arcadio había dejado de visitar a Isabel, decidieron que aquello era bueno, sin mayores razonamientos, pues su primitivo juicio no les permitía rebasar la trascendencia de lo inmediato, lo bueno o lo malo, y su hermano no les había dado ninguna explicación.

Ojala que todo pudiese explicarse bajo el punto de vista de una mente agostada, pero la sencillez no siempre es sinónimo de verdad, y Arcadio, más que renunciar a Isabel, se alió con la única virtud capaz de salir victoriosa en todas las contiendas: la paciencia. *«Tarde o temprano dejará esa vida de pecado y perdición»*, se dijo, *«para cuando esto ocurra, ningún hombre querrá acercarse a ella, pues nadie desea a una puta como esposa. Entonces no podrá negarse a casarse conmigo».*

Jamás volvió a pagar por acostarse con Isabel.

6. La casa de Dios.

«Dios, en cierta ocasión, abrió sus brazos y dijo: "Todas éstas, mis criaturas, entrarán en mi Reino al Final de los Tiempos". Pero sus propios hijos vetaron la entrada a quienes no eran como ellos, pretendiendo ser ellos la imagen de quien sólo intuían... Probablemente serán esos, los tiranos de Dios, quienes no entren en el Paraíso y, si no es así, ¿Quién desea un Cielo en el que se encuentren esos autoproclamados Jueces?»

TAMARITE DE LITERA (Reino de Aragón). Finales de 1611

Aquel hombretón, corpulento y de rudos modales, miró con desprecio a Isabel. Era un leñador de paso hacia Peralta de la Sal, que Jesús envió, como broma de pésimo gusto, a Torre Alfals para que mitigase sus infames ardores.

—Tendrás que buscar otro lugar donde "desfogarte" —le dijo Isabel—. Hoy no recibimos a ningún cliente.

—¿También las putas tenéis días de descanso?

La noche anterior, Petra, la madre de Lucrecia, había, como gustan decir los curas en vana pretensión por poetizar la más miserable de las realidades humanas, "dejado de sufrir"... Murió mientras su hija retozaba con un anciano con aspecto de noble venido a menos.

Mosén Miguel ni siquiera abrió las puertas de Santa María la Mayor para el funeral; decidió hacer la misa en la pequeña ermita del Patrocinio, lo cual no dejaba de ser un insulto, pues allí sólo se celebraban los funerales de los menesterosos.

La comitiva partió de las proximidades del ayuntamiento, donde vivía la anciana. Delante, Lamberto Ubiergo azuzaba el fornido mulo, que tiraba de la carroza negra donde habían introducido la caja de pino forrada de fieltro morado, después de un breve responso en el portal de la casa de los Banyeu. Tras el coche, el cura y dos aburridos monaguillos recitaban una plegaria ininteligible, a la que cuatro viejas respondían con una retahíla no mucho más comprensible que las palabras del cura. Lucrecia e Isabel iban un par de pasos por detrás del cura. Y, cerrando la triste comitiva, cinco plañideras mezquinas, con las que Lucrecia tuvo que regatear durante más de una hora, hasta que éstas rebajaron su estipendio hasta un nivel más o menos razonable, gritando y llorando de un modo tan exagerado como falso...

Las ventanas y puertas, como era costumbre, fueron cerrándose al paso de tan pobre procesión. Y, tras los ventanales, se oyeron cuchicheos y susurros, algunos de ellos rezos, y otros no tan píos: *«Es la madre de la puta»*, *«¡Mirad que ataúd más caro!, ¡claro, con una hija así!»*

Para nadie fue una sorpresa que Lucrecia enterrase a su madre con todos los honores, con el coche fúnebre de las ocasiones especiales y plañideras; todo un lujo, que no podían permitirse la mayoría de los tamaritanos. Aunque tampoco fue una sorpresa que mosén Miguel, al llegar al portal del Patrocinio, rodease el coche fúnebre, y se dirigiera a las dos mujeres en un tono poco amistoso.

—Deberéis esperar aquí a que haya concluido el funeral —dijo.
—¿Qué estáis diciendo, mosén? —se extrañó Lucrecia—, ¿no vais a permitirnos asistir al funeral de mi madre?
—Tu madre, qué duda cabe, fue una mujer santa—susurró el cura— a la que todos respetábamos. Dios la acogerá en su seno, tanto si estáis presentes en la misa como si aguardáis aquí afuera.
—¡No puedo creer lo que estoy oyendo!
—No puedo permitir que dos prostitutas entren en la casa de Dios.
—¿Olvidáis que la discípula principal de Cristo fue María Magdalena? —dijo Isabel con ironía—, ¿una prostituta?
—Pero se arrepintió y, después de conocerle, dejó de pecar... Y vosotras no habéis abandonado vuestra vida disoluta y depravada.
—¿Quién sois vos, para decidir quién entra o no en la Casa de Dios? —se enfureció Isabel—, ¿con qué derecho nos juzgáis, cuando tenéis una casera con la que dormís y hacéis vida marital, incumpliendo el voto de castidad? ¡Todos los curas sois iguales!
—¡Vámonos, Isabel! —le susurró Lucrecia al oído—, si éste quiere, puede hacernos mucho daño... No olvides lo que somos, y que él es un vicario de la Iglesia —Isabel se apartó de Lucrecia.
—¿Acaso nuestros pecados son más graves que los vuestros?
—Si insistís —dijo el cura con recochineo—, me veré obligado a dar parte al obispo de vuestras prácticas poco cristianas.

Isabel comprendió que el cura tenía armas mucho más poderosas y efectivas que la simple palabra y que, si lo deseaba, podía denunciarlas al Santo Oficio o, incluso, a las autoridades civiles, y nadie movería un solo dedo por exculparlas. Por otro lado, Isabel tampoco tenía demasiado claro que la inquisición no fuera tras ella después de lo sucedido en Zugarramurdi; alguna de aquellas brujas, estaba segura que María de Yriarte, la había denunciado, así que decidió callar.

Lucrecia, pese a que su casa había quedado vacía tras la muerte de su madre, decidió seguir recibiendo a sus amantes en Torre Alfals. Aquella masía había conseguido crearse una fama de discreción y limpieza, que corrió de boca en boca por toda la comarca. Los clientes se contaban por decenas y el pago de los impuestos, sobornos al "senyaler", y donativos a mosén Miguel (una cosa es que entraran ellas en la iglesia, y otra muy distinta que fuese su dinero el que lo hiciera), mantenían el peligro distante.

7. El mal invisible.

«No sé si es un pecado, o el resultado lógico de mi vida desordenada, pero sí que estoy segura de que el dolor siempre es un castigo desproporcionado... ¿Por qué nos conferiste la capacidad para el goce, si el placer ha de convertirse en pecado? ¿Por qué, después de expulsarnos del Paraíso Eterno, te empeñas en que regresemos a él, prohibiendo que en el camino disfrutemos de lo que en el futuro será la recompensa por haberlo evitado?»

TAMARITE DE LITERA (Reino de Aragón). Primavera de 1612

Lucrecia sintió un profundo dolor en su pecho izquierdo, casi en la axila, y se llevó la mano, temiendo lo que, al palparlo, se hizo siniestramente cierto. Un lustro atrás, lo recordaba como el más terrible de sus días, su pubis, los propios labios de su vulva amanecieron infestados de pequeñas tumoraciones, rojas y purulentas. Duró poco, una docena de semanas, tal vez seis meses. Después, desaparecieron del mismo modo en que se habían presentado. Nadie llegó a saberlo jamás y ella no quiso darle importancia... Pero esta vez, las bubas no sólo se encontraban en su pubis, sino que se habían extendido e invadido sus pechos. Seguramente hubiese optado por retirarse discretamente de su oficio durante unos meses, en espera de que, como la vez anterior, las tumoraciones desaparecieran por si mismas, de no ser porque, dos días antes, Isabel le advirtió de una llaga marrón, y de aspecto granuloso, que le había salido en la comisura de sus labios. Una semana más tarde, la úlcera se había extendido por todo el borde de su labio superior, y no tenía el más mínimo viso de querer limitarse a aquella zona. Lo que encontraron sus dedos no fue más halagüeño que las úlceras de su rostro.

Como ya había supuesto, la mancha de su cara y los bultos, que ya se habían apoderado de todo su cuerpo, fueron creciendo con la misma celeridad con la que desaparecían sus clientes al ver su aspecto.

Estaba casi segura de la naturaleza de su enfermedad pero, aún así, creyó conveniente acudir al único médico que estaba dispuesto a visitar a una mujer de su condición, el doctor Don Carmelo Borrell, un galeno que se había curtido como ayudante de un eminente profesor, después de haber pasado sus años mozos como cirujano de guerra en las contiendas de Flandes, amputando, cosiendo y quemando todo tipo de heridas e infecciones.

LÉRIDA (Principado de Cataluña)

El gabinete, por llamarle de algún modo, del doctor Borrell era un cuartucho oscuro, tenuemente alumbrado por un par de quinqués viejos, que escasamente lograban iluminar una mesa alta de escritorio. El médico era un viejo, gordo y cascarrabias, que se empeñó en cobrar por adelantado una visita casi simbólica.

Tras pedirle, con no muy buenos modales, que se desnudase y tumbara sobre una camilla larga de madera, cubierta con una sábana manchada de indefinibles fluidos, encendió un nuevo quinqué, y empezó a palparle los pechos y vientre.

Le introdujo una fina varilla de metal por su entrepierna, y observó con una enorme lupa la úlcera de sus labios, para acabar sentenciando:

—¡Vuestro esposo es un malnacido, adúltero y putero! —dijo, casi enfurecido—. Sólo así se explica vuestro estado.

—No estoy casada, doctor —suspiró Lucrecia—. Soy prostituta.

—Bien, bien —susurró, sin sorprenderse—. Supongo que ya sabías que te estabas exponiendo a peligros como éste —Lucrecia asintió con un golpe de cabeza—. El dinero que has ganado no te ha librado de ciertos males, ni te permitirá comprar sus curas, pues no las hay.

—El mal francés, ¿no es así? —balbució, temblorosa y aterrada.

—¡Morbus gaélico! —asintió el médico—. Sífilis...

La malas noticias relacionadas con la salud propia, por esperadas que sean, siempre acaban por sumirnos en un estado de tristeza tan profundo que sólo quedan dos opciones: hacer acopio de valor y enfrentarse a ellas con falso ánimo, o hundirse definitivamente.

El carácter melancólico de Lucrecia la dirigió, irremediablemente, a la segunda de dichas disyuntivas; tal vez la más temible y cobarde, la más humana, en definitivas cuentas.

TAMARITE DE LITERA (Reino de Aragón)

Isabel sabía que Lucrecia había ido a Lérida a hacerse visitar por un médico... De eso hacía ya dos semanas, y la mujer no había vuelto a aparecer por Torre Alfals. Estaba preocupada, no por su ausencia pues, dado el aspecto que presentaba en los últimos días, su presencia en aquel improvisado burdel era perjudicial para el negocio, sino porque la tarde anterior fue a buscarla a su casa y, o las vecinas eran tan mentirosas como alcahuetas, y Lucrecia aún no había regresado de Lérida, o se había encerrado en ella y se negaba a recibir a nadie.

Esa noche, después de despachar a su último cliente con un servicio rápido, cerró Torre Alfals, como si hubiese algo que guardar, y tomó el camino de Tamarite.

Era una noche tan cerrada como el fondo de un pozo seco. Apenas podía ver el suelo que pisaba y, en ciertos tramos, no hubiera sabido continuar su camino de no ser porque Sócrates la guiaba con resoplidos y ladridos, como el perro lazarillo de un ciego... Cuando llevaba poco menos de media hora andando, comprendió que Sócrates la había conducido en dirección contraria a Tamarite; le había hecho volver sobre sus propios pasos hasta el final de las tierras de Torre Alfals, en el lugar donde éstas se unían a las de Arcadio Ruiz.

Allí, tan imponente como antaño, se elevaba, soberbio y amenazante, el castaño que años atrás, siendo una niña, le sirvió para comprender que el mundo al que pertenecía era tan ajeno al que le rodeaba que comprender cualquiera de los dos era una tarea absurda.

Volvió a sentir aquel escalofrío, que le congeló el alma siendo una mujercita tan inocente que jamás se cuestionó si aquella visión era real o una alucinación

provocada por los rayos de sol sobre la niebla. Todo aquello, la vida en sí misma, se había convertido en una farsa, en un sainete caricaturesco y absurdo, en el que ella no logró ser jamás la protagonista, sino un personaje secundario de su propia existencia, quizás, incluso, una mera espectadora.
—¡Maldito perro, viejo y estúpido! —gritó, impotente.
Lourier no apareció aquella noche... No era necesario. Seguramente se hubiese limitado a repetir las palabras que resonaban en su cabeza con una insistencia exasperante. Comprendió, entre aquel caos que gobernaba su cerebro, lo más temible, lo más inhumano que podía asaltarle a una mujer de su naturaleza: *«No todo es previsible, ni siquiera para mí.»* ¿Por qué demonios fue incapaz de pronosticar la muerte de Domingo Subildegui, la de Crisóstomo de Valcuerna, la ruina de su familia, y, sin embargo, era capaz de adivinar el pasado, presente y futuro de miles de seres que le traían sin cuidado? Tal vez allí estaba la clave, en su propia implicación en los hechos.

Corrió, pese a que el suelo era un abismo tan negro como el que se abría en el lugar que debería haber ocupado su corazón. Sócrates ni siquiera la siguió.

Cuando llegó a la casa de Lucrecia, comprendió que se había estado engañando. Era una cobarde incapaz de enfrentarse a ese destino que se cernía sobre ella, y que venía dispuesto a reclamar las deudas que contrajo en siglos de existencia. No tenía escapatoria, aunque no quisiera admitirlo. Creyó verlo claro, tanto, que volvió a desear ser la vulgar esposa de un sencillo labrador.

El camino desde el castaño no sólo le había dirigido hasta el portal de Lucrecia, lo cual era previsible, sino hasta la comprensión de una realidad mucho más dolorosa que la que le aguardaba tras la puerta.

—¡Por Dios! —gritó, golpeando con todas sus fuerzas—. ¡Sé que estás ahí adentro! ¡Maldita sea, Lucrecia, abre la puerta!

¿Quién era aquella mujer, por la que lloraba sin consuelo?, ¿qué significaba todo aquello?

La puerta se abrió, no más de dos palmos, y una mano surgió de la penumbra agarrándole como la zarpa de un águila sobre un conejo, y estiró de ella hacia el interior de una casa en absoluta oscuridad.

—¿Qué tienes? —preguntó Isabel—, ¿qué te ocurre?

Lucrecia no dijo nada, se limitó a sollozar en su hombro, y a abrazarla, como si temiera que Isabel saliese huyendo al descubrir la patética realidad. La tuvo presa durante un buen rato. Después, y sin mediar una sola palabra, estiró la mano de Isabel escaleras arriba, hasta un hogar que tiraba como la pira del propio infierno...

—Tengo frío —sollozó Lucrecia—, mucho frío... No hay nada que consiga hacerme entrar en calor... Cuando era joven vi morir a una prostituta, una anciana sifilítica, que padeció la enfermedad durante años. ¡Maldita sea, yo ni siquiera voy a tener tiempo de...! —lloró—Hace algunos años me salieron unos bultos en el bajo vientre y en las axilas. Supe que me había contagiado. Pero los

tumores desaparecieron a los pocos meses y creí que... ¡Cómo he podido ser tan estúpida!, ¿quién sabe a cuántos hombres habré contagiado?
—No pienses en eso, Lucrecia...
—No puedo evitar sentirme culpable de Dios sabe cuantas muertes... Quizás, alguno de esos clientes que hemos compartido, te haya contagiado a ti también.
—No me da miedo morir.
—A mí sí, Isabel... Jamás me ha importado que me tratasen de ramera, de puta, ni que me estuviese condenando en vida; yo siempre he sido consciente de lo que hacía y porqué lo hacía... Pero Dios me juzgará y me condenará, y eso me aterra.
—Si Dios tuviese que juzgar a los hombres según la pureza de sus cuerpos, según la absoluta limpieza de sus almas, el Cielo sería un lugar desierto, te lo aseguro.
—Entonces —Lucrecia se acercó al hogar y cogió una rama encendida, que sujetó frente a su cara como si se tratara de una antorcha—, ¿a qué se debe esto?
Isabel miró horrorizada el rostro desfigurado de su amiga. La mancha de sus labios se había extendido por la práctica totalidad de su cara, convirtiéndola en el lienzo sobre el que un pintor desquiciado y alucinado había bosquejado sus pesadillas más delirantes.
—Mi hermano —susurró Isabel, poco convencida— nació cojo... Todos dijeron que su tara se debía a los pecados de mis madre y de ese asesino que era su padre. No estoy segura de nada, pero creo que... ¡Por Dios, Lorenzo es la mejor persona que he conocido jamás! Tal vez Dios no sea más que una invención de los antiguos o, si realmente existe, no sea más que un reflejo de nuestros miedos. Dios es antihumano; su bondad es tan grande, tan perfecta, tan omnipresente, que resulta falso. Es como Satanás. Su maldad es tan temible, tan abrumadoramente perniciosa, que no puede ser cierta... El Bien y el Mal, la piedad y el pecado, son una misma cosa, y pretender que éstos son los que determinan la belleza o la monstruosidad es tan absurdo como afirmar que el diablo, por ser diablo, es un ser repugnante y horrible.
Lucrecia bajó la cabeza y devolvió el tronco a la hoguera.
Isabel comprendió que aquella mujer no podía quedarse allí, sola, y decidió llevársela a Torre Alfals y cuidar de ella hasta que sus fuerzas se consumieran y entregase su alma a aquel dios artificial o al no menos falso demonio.

8. La respuesta.

«Sólo hay un sentimiento más profundo, más tirano y más absurdo que el amor o el odio: el miedo; ese asesino, cuyo dictado ha dirigido a los más justos a la infamia, amparándose en altos ideales. Ese autócrata que se esconde bajo la apariencia de la vanidad y que no es más que la evidencia de la debilidad inherente al ser humano.»

TAMARITE DE LITERA (Reino de Aragón). Otoño de 1612

Los últimos días en la vida de Lucrecia fueron terribles. Las bubas se apoderaron de todo su cuerpo, y su rostro se desfiguró, hasta convertirse en una máscara repulsiva, que cubría con una capucha negra para que Isabel no sintiera arcadas.

Entre gritos, estertores y un dolor espantoso, Lucrecia se desvaneció un día gris y lluvioso, cuando el sol luchaba por filtrarse entre las espesas nubes, desde un pedestal de poder más que dudoso.

Mosén Miguel se negó a oficiar el funeral de tan impúdica mujer, sin dar una sola excusa, convincente o no. Se limitó a decir: *«¡Si de mí dependiera, esta mujer no sería enterrada en suelo bendito!»* Celebró la misa un joven sacerdote, que acababa de abandonar el seminario, Francisco Gracia, un jesuita, hijo de Tamarite, al que no le importaban las habladurías. Lucrecia no había sido excomulgada y, por lo tanto, tenía derecho a ser devuelta a la tierra, como el resto de los mortales.

Mosén Francisco, al contrario que su mentor, ni siquiera insinuó que Isabel fuese indigna de entrar en la casa de Dios.

Fue una ceremonia tan breve como escasos los asistentes: Isabel, el cura, el sacristán, el eterno diácono Andrés, dos monaguillos despistados y holgazanes y Arcadio Ruiz.

La enterraron junto a sus padres y hermanos, en una tumba bajo tierra, sin otra señal que una cruz de madera, que se pudriría sin que nadie pensase en reemplazarla por una de mármol o forja.

La muerte de Lucrecia fue, en cierto modo, un alivio para Isabel. Odiaba mentir, e intentaba hacerlo lo menos posible. Sin embargo, con su amiga se había convertido en una necesidad. Cuando llegó a oídos de los tamaritanos que padecía la más terrible de las enfermedades de Venus, la clientela empezó a escasear, y sus ahorros a fundirse como la nieve en primavera, hasta el punto de que Isabel tuvo que comprar un viejo caballo, infestado de pulgas e inservible como montura, para poder trasladarse hasta San Esteban, Albelda, Binéfar, Alcampell, etc., a atender a una clientela que se negaba a acudir a Torre Alfals, pero que no quería renunciar al desahogo.

Isabel jamás le dijo a Lucrecia que el trabajo se había convertido en un bien tan escaso como su vitalidad, y cada día saltaba sobre la cama, simulando hacer el amor con hombres invisibles, mudos y, a tenor de los ingresos, pobres y miserables.

La pobre mujer murió totalmente engañada, creyendo que a Isabel no le faltaba el trabajo, y que su extrema delgadez se debía al exceso de trabajo, y no a un hambre que la estaba convirtiendo en un saco de huesos... Sólo pudo reunir un par de escudos, con los que pagó un ataúd miserable, y mosén Francisco no le cobró nada por el oficio.

A toda esa ruina se unió el más perverso de los consejeros: el miedo... Hasta que no vio el rostro macabramente mutilado de Lucrecia no comprendió que la amenaza del mal francés era tan real y cercana, que no podría huir de ella si seguía por aquel camino.

La sífilis era motivo suficiente como para que decidiera abandonar aquella vida, aunque sería injusto restarle méritos a Arcadio.

Al de Torre Dolorosa parecía no preocuparle demasiado que Lucrecia hubiera muerto de sífilis, de lepra o coceada por un mulo impetuoso. En realidad, lo único que le importaba era que aquella "fulana" hubiese muerto; dos veces pagó por acostarse con ella, y en ninguna de las dos ocasiones disfrutó más que con cualquier otra. Su presencia en la iglesia, por lo tanto, nada tenía que ver con el aprecio que le tenía a la difunta, y sí con lo que sentía por Isabel.

Tal era su obsesión por la pelirroja que incluso la acompañó hasta el cementerio, y rezó un padrenuestro sobre la tumba de Lucrecia, mientras Isabel balbucía una oración tan ininteligible como oscura. Después, se ofreció a llevarla hasta Torre Alfals en su recién reparado carromato.

Sócrates se estiró en la parte trasera, en la caja.

—¿Vas a seguir con esto? —preguntó Arcadio. Isabel se encogió de hombros—. He conocido a muchas putas que han corrido la misma suerte que ella... ¿No te da miedo?

—¿Miedo a morir de sífilis? —sacudió la cabeza, intentando sonreír con sarcasmo— Claro que tengo miedo.

—No tienes por qué ser acabar así... Hace algún tiempo, te pedí que te casaras conmigo —Isabel asintió—. La oferta sigue en pie.

No amaba a aquel hombre, y estaba segura de que jamás llegaría a sentir por él más de lo que sentía por Sócrates. Pero le constaba que Arcadio estaba tan estúpidamente enamorado de ella que, con toda seguridad, haría todo lo posible por hacerla feliz.

—Tengo un hijo, al que hace años que no veo —dijo Isabel, clavando los ojos en el lomo del mulo—. Ya es un hombre de más de veinte años. Se llama Hernando, y vive en Benabarre, con mi anciana madre.

—Si soy capaz de olvidar que has sido prostituta —dijo Arcadio, en tono severo— ¿cómo va a importarme que tengas un hijo?

Aquella noche soñó que su rostro se convertía en un cráter purulento, pero, ni eso, la monstruosidad, ni el dolor, le preocupaban demasiado o, al menos, no le producían un temor suficiente como para renunciar a los ingresos que le proporcionaba la más inmoral de las profesiones. Sin embargo, en los meses en los que tuvo que cuidar de Lucrecia y, pese a que ésta mantuvo la sensatez hasta un par de días antes de morir, lo cual tampoco era un consuelo[51], creía haber aprendido que la demencia es aún más terrible que el pecado.

Lo que el dolor no consiguió, lo logró la locura. Pensar que, contraer la sífilis, podía llevarle a perder el control sobre sí misma y sobre su entorno le aterrorizaba de tal modo que decidió que el riesgo era demasiado elevado como para correrlo.

Esa misma semana, cuando Arcadio acudió a Torre Alfals a pagarle el arriendo de los campos, Isabel le dio la respuesta: *«Sí. Acepto casarme contigo»*, sin un solo "pero" ni condiciones. El miedo que sentía era tan acusado, que no le importaba lo más mínimo dónde iban a vivir o si sus hermanas iban a aceptarla, siendo que se vanagloriaban de ser honradas, puras y santas... No le amaba pero, de todos los hombres con los que se había acostado, sólo había amado a Miguel Juan Barber; el resto, a excepción de Subildegui, le repugnaban tanto, o tan poco, como los otros.

---

[51] Los enfermos de Sífilis suelen volverse locos en su fase más avanzada, perder la memoria y quedar postrados en cama durante meses.

CAPÍTULO XXX
La búsqueda de una verdad confusa.

1. Inteligencia.

«Hay tantos necios que creen tener potestad para concluir sobre lo humano y lo divino, que lo realmente absurdo es intentar comprender lo que, en nuestro vivir cotidiano, no nos sirve para nada.»

TAMARITE DE LITERA (Reino De Aragón). Invierno de 1612

Sólo un cura estaba dispuesto a celebrar la boda de Isabel con Arcadio, el joven franciscano Lamberto Gracia, y fue precisamente él quien ofició la ceremonia.

No hubo invitados; tan sólo las dos hermanas de Torre Dolorosa... y la sensación, en el corazón de Isabel, de que su vida se había desvanecido en unos pocos segundos.

Ninguna fiesta; a decir verdad, después de la misa, tanto Arcadio como su reciente esposa, se fueron al olivar a recoger aceitunas.

Muchas veces se preguntaba si Domiciana, la hermana menor de su marido, era tonta porque padecía una evidente tisis de la que jamás fue tratada, o la tuberculosis consecuencia de su debilidad mental. Según Arcadio, su enfermedad, a la que solían denominar "catarro crónico", no influía en absoluto en su inteligencia, aunque desde hacía unos años, su carácter se había agriado.

La tisis, sin embargo, no le impedía llevar una vida más o menos normal, aunque le servía como excusa perfecta para evitar hacer los trabajos más duros de Torre Dolorosa, o los que no le apetecían. A aquel fingido dolor solía unirse Eusebia, algo mayor que Domiciana, aunque no mucho más brillante, delegando en Isabel las tareas más pesadas. Eusebia se prometió, unos pocos días antes de que su hermano pasase por la vicaría, con un joven con las mismas luces que ella, Robustiano Anglesola, "hereu" de una familia adinerada. Isabel no se atrevía ni a imaginar qué tipo de criatura, un fenómeno sin duda, podía surgir de las entrañas de aquella mujer seca, casi enana, de ojos rasgados y hablar confuso, y de un hombre grande como una montaña, debía pesar docena y media de arrobas, con una cabeza minúscula, sin cuello que la uniese y que apenas resaltaba sobre su torpe cuerpo.

De las dos hermanas Ruiz, Eusebia era, sin lugar a dudas, la más desagradable: quisquillosa, malhumorada, posesiva, celosa, egoísta y tan estúpida que su cortedad le impedía ver que lo era. *«¡Qué gran suerte la de los majaderos, que no son conscientes de serlo!»* No era un secreto para nadie la antipatía que sentían las dos hermanas de Arcadio por su cuñada, y no sólo porque Isabel hubiese sido prostituta, hubiera tenido un hijo sin pasar por la vicaría, o su pasado fuese tan turbio como la mente de las dos hermanas, sino porque Isabel era mil veces más despierta que la suma de las mentes de todos los Ruiz, y a que Arcadio prefería a su mujer que a ellas.

Tal vez Domiciana tenía ciertas disculpas, dada su dificultad para respirar; de todos modos, la pequeña de los Ruiz lo único que hacía era cocinar infames guisos, que difícilmente podían englobarse dentro de la definición de comida, aunque parecían del agrado de los paladares, nada exigentes, de Arcadio y de Eusebia. Pero la actitud de la mayor de las hermanas, que se tomó la presencia de Isabel como una liberación, no tenía disculpa ni sentido.

Aquel día fue horrible.
El sol siquiera había conseguido intimidar a la espesa niebla, más bien todo lo contrario, ésta se había crecido y envalentonado, al ver que al mediodía la escarcha seguía imitando a la nieve en la copa de los árboles desnudos. El pozo se había congelado, y otro tanto había ocurrido con las fuentes cercanas. Apenas quedaba agua con la que Domiciana pudiese perpetrar una especie de cocido con col y garbanzos, y henchida de calabaza harinosa, tan incomestible como el resto de su recetario.

—¡Ve a buscar agua al lavadero! —le ordenó Eusebia a su cuñada.

—¡También podrías ir tú, Eusebia! —le respondió Isabel, con no muy buen talante—. Sabes llevar el carro tan bien como yo, y el mulo se entiende mejor con los de su especie...

—¿Qué intentas decirme? —se extrañó Eusebia, incapaz de comprender la más elemental de las ironías—. Alguien tendrá que cuidar a Domiciana... ¿Y si empeora de su catarro?

—¿Catarro? —sonrió— Cualquier médico te diría que tiene tisis...

—¡Si mi hermana tiene tisis, será porque tú se la has pegado!, ¡a saber qué males y porquerías has recogido de los hombres con los que te has acostado!

—Tu hermana lleva enferma muchos años... Cuando yo llegué a esta casa, Domiciana ya esputaba sangre.

—¡Cállate, ramera!

—¿Me tienes envidia, porque jamás has catado a un solo hombre?

—¡Cállate antes de que...!

—¿Antes de qué?

Eusebia dio media vuelta, e Isabel comprendió, o quizás sintió en el fondo de su corazón, que aquellas dos mujeres, estaban consiguiendo de ella lo que jamás logro ni siquiera el más asilvestrado de los hombres: convertirla en una esclava... Decidió que no iba a dejarse doblegar por dos majaderas como aquellas, ni por nadie... Estaba harta de tener que demostrar que era lo que no era. Había sido prostituta, bruja, concubina de un bandido, perseguida, ultrajada, violada y mil veces humillada... «*¡Soy lo que he sentido!*» Sus emociones habían ido esculpiendo su carácter, del mismo modo que los ríos someten a las rocas, haciéndolas añicos y modelándolas a su antojo. Cierto es que no le gustaba demasiado como era. Y, pese a que jamás encontró a nadie tan retorcido, incomprendido y oscuro como ella se sentía, tenía la absoluta convicción que, de cruzarse en su camino con alguien como ella, la odiaría tanto como odiaba su vida.

Sin duda, aquella decisión, relegar la hipocresía al mismo lugar al que había desterrado su pudor, iba a traerle más de un problema; probablemente más de los que lograba imaginar. Pero ya había logrado superar una y mil dificultades, siempre sola, siempre incomprendida, y no le asustaba.

Aquel día se negó a ir a buscar agua, el siguiente a comer la bazofia que cocinaba Domiciana, y los restantes a hacer todo aquello que hasta entonces habían sido los trabajos de sus dos cuñadas. Ni siquiera le importó que la enfermedad de la pequeña de las hermanas le impidiera desarrollar según qué tipo de tareas. Isabel, en el fondo, disfrutaba viendo como la respiración de Domiciana se hacía prácticamente imposible cuando la escoba levantaba más polvo del conveniente, o como la tisis iba consumiendo sus escasas fuerzas, mientras su orgullo le impedía reconocer, no que se estaba muriendo pues eso hubiera sido terrible, sino que necesitaba la ayuda de Isabel.

En Tamarite, las murmuraciones alentadas por Eusebia no influyeron demasiado en la opinión de los tamaritanos con respecto a aquella pelirroja, forastera en su propia tierra. En definitivas cuentas, no era más que *«una puta que había engañado a un pobre ignorante, tonto y bonachón»* y de la que decían que, años atrás, había asesinado a su propio padre...

2. Peor que la muerte.

«Perseguí al jilguero que escapó de su jaula. ¡Dios sabe que lo hice! Él, maldito, se posaba sobre los árboles junto al camino y canturreaba con una ironía tan insultante que me hacía estremecer. ¡Era mío, maldito sea!, ¿por qué no lo mate cuando lo tuve entre mis manos?»

BENABARRE (Reino de Aragón). Finales de 1612

Vicente Oliván de "Casa Verda", el cuñado de Pepita, se sintió inquieto cuando Lorenzo se presentó en su casa y llevó un par de sacos de patatas grilladas: al fin se decidió a hacerle caso, y plantar un pequeño huerto que tenía yermo de aquella "comida de pobres".

Oliván era un hombre rudo y sencillo, nada dado a las lindezas ni a envolver sus frases con palabras biensonantes. Era claro como el agua de una fuente y esto le había traído más de un disgusto. No sabía como decirle lo que había escuchado en Caladrones dos días antes, cuando fue a reparar un aparejo.

—El caso es —murmuró— que hace unos días fui a Caladrones a arreglarle una albarda a Joaquín de "Lluisa"... Como sabes, su mujer es de Tamarite — Lorenzo le miró extrañado. Vicente solía hablar con monosílabos, y aquel esfuerzo oratorio significaba que tenía algo importante que decir—. Al parecer, hace unos días se casó una de sus cuñadas con un hombre que se llama Vicente Anglesola.

—¿Qué estás intentando decirme?

—A dicha boda, como es de suponer, asistió uno de los hermanos del tal Vicente, que se llama Robustiano, y la prometida de éste, una tal Eusebia Ruiz.

—¿Acaso crees que me interesan los cotilleos?

—La tal Eusebia tiene un hermano, Arcadio, de "Torre Dolorosa" —Lorenzo abrió sus ojos como un búho—. Pues bien, Eusebia se pasó todo el banquete hablando, y no muy bien, de su cuñada, de la mujer de Arcadio, a la que se refirió como Isabel Simón, la pelirroja.

—¡Dios Santo!

—¿Crees que puede ser tu hermana?

Lorenzo no respondió. Ni siquiera sabía si aquella era una buena o una mala noticia.

Su madre estuvo de acuerdo en que le enviase una carta a su hermana, y en que la invitase a pasar unos días en Benabarre:

«Madre quiere saber de ti, y conocer a tu marido», escribió, «y seguro que Hernando se alegrará de verte. Hace un mes que nació mi tercer hijo, una niña, a la que llamamos Isabel, como tú y, aunque ya fue bautizada, nos gustaría compartir nuestra alegría contigo.» Y se la hizo llegar por medio del "Mercader" de Camporrells.

Catalina observó a su nieto con temor. Presentía que la presencia de Isabel y de su marido no sería bien recibida por Hernando.

El pelirrojo miró a su madre de arriba abajo, intentando recordar aquel rostro que sentía lejano; probablemente, de no ser porque Catalina siempre le hablaba de Isabel, Hernando ni siquiera sabría que existía. Después, cuando decidió no darle demasiada importancia a la presencia de aquella extraña, clavó sus ojos en Arcadio, y simuló una sonrisa tan falsa como el beso con el que había recibido a su madre. La impresión que le causó Arcadio fue tan decepcionante como la que le había causado él a su padrastro...

—Regresé a Aragón hace varios años —dijo ella intentando fundir un hielo que se preveía eterno.

—¿Por qué no has venido antes a visitarnos? —preguntó Catalina, algo molesta, aunque, en el fondo de su corazón, agradecía que su hija se encontrase sólo de visita.

Isabel se encogió de hombros.

—Nos casamos hace algunos meses... —dijo Arcadio, tan incómodo como el propio Hernando—. Pensamos que, como ya somos dos personas adultas, y no celebramos... —Isabel le dio un codazo, y Arcadio calló.

Hernando no dejaba de mirarle a los ojos, con un desprecio tan grande como la frustración que sentía ella. Tal vez Crisóstomo de Valcuerna tenía razón. Aquellos ojos nublados por la ira, reflejo sin duda de un alma atormentada, estaban tan vacíos como los de un ternero decapitado, carente de otra vida que no fuese la que le procuraba el incesante latido de su corazón, oscuro y mezquino. «¡*Dios mío!, ¿en qué se ha convertido mi hijo?*», le increpó su extraviada conciencia. Hernando no poseía, tal como dijo el fraile maldito, las facultades que ella había heredado de su padre. Aquel joven no era más que un hombre vulgar y malicioso. Ahora, más que nunca, las palabras de aquel fútil conde, adquirieron todo su significado... "Hija de la Soledad": un título que perdió todo su sentido poético cuando se convirtió en una evidencia tan patética que su corazón se encogió en su breve pecho.

Hernando apenas recordaba algunos detalles de su largo periplo, en busca de una vida que jamás encontraron. Lo cual, Isabel agradeció; el largo viaje hasta Burgos, en busca de un abuelo que jamás le reconocería como nieto, el asalto de los Pistoletes en el Turbón, los meses en la abadía de Puente de Montañana, no eran los más recomendables para un joven que debería conservar cierta fascinación por su madre.

Ella, Isabel, se sintió como el pupilo de un gran sabio, al regreso de un viaje iniciático que, ni le había proporcionado la sabiduría anhelada, ni le había humanizado. Por nada del mundo deseaba que su hijo fuese castigado del modo en que lo había sido ella: poseyendo unas facultades arcanas para los demás, y para ella misma, y que tanto dolor le habían causado. En el fondo de su corazón, se hubiera sentido orgullosa de sí misma, o de Hernando, si el incomprensible capricho de Dios, o quienquiera que reparta los talentos, hubiese reservado alguno de los sobrehumanos para su hijo. Pero, uno de aquellos seres, tal vez el Sumo Creador, decidió que aquel pelirrojo recibiese una sola mina y, con toda seguridad, no le sería arrebatada, porque la perdería antes de serle reclamada.

Hernando, a la vista estaba, era idéntico a su madre, aunque sustancialmente distinto. La palidez de su piel, las pecas que moteaban sus carrillos, y el ocaso anaranjado que reflejaban sus cabellos, eran la certeza de su ascendencia. El resto, su carácter jactancioso, la linealidad de su pensamiento, y su innata tendencia autodestructiva y criminal, le alejaban de Isabel, y le acercaban a Miguel Juan Barber; tan proclive a la frivolidad como a la osadía irresponsable.

Alejados de todas estas polémicas y malas intenciones, estaban Lorenzo y Pepita, radiantes y felices como un anciano al conocer a su primer nieto varón. Lorenzo se vistió el traje de su boda: o la pana había menguado, o su panza había crecido. Y Pepita su mejor vestido. Tal vez eran los únicos que estaban felices y contentos en aquel día.

La comida fue tan sencilla que, de no ser por la presencia de Isabel y de Arcadio, en nada difería de una comida de diario. Ni Lorenzo, ni Pepita, se percataron de la tensión que espesaba el ambiente. Hernando ni siquiera cruzó un par de palabras con Isabel, y aún fueron más escasas las que le dedicó a Arcadio, por no decir nulas. A Hernando no le gustó que su madre hubiera rehecho su vida sin contar con él: de no ser por Vicente Oliván, estaba seguro, ni siquiera hubiera regresado a Benabarre.

—Hace algún tiempo —espetó Hernando con ironía e ignorando a Arcadio— celebramos la boda de Lorenzo; ahí mismo, en la calle. Todo el pueblo fue invitado, y todo el pueblo vino… excepto su hermana, excepto mi madre.

—Estaba muy lejos —se justificó Isabel—. Ni siquiera sabía que se había casado hasta hoy.

—Cuando me dejó aquí, yo aún no había cumplido cinco años —añadió el joven, con evidente desprecio—. Hice la primera comunión a los seis años y, ¿sabe quién me llevó de la mano hasta la iglesia? Mi abuela… Aprendí el oficio de vaquero y de labrador; pero no fue mi padre quien me enseñó, fue mi tío…

—Hice lo que creí que sería mejor para ti —susurró Isabel.

—Lo mejor para un niño siempre es criarse con su madre —gritó Hernando—. Candelaria de "Casa Fariné" murió cuando nació su hijo Luís, y Gregorio, su marido, a los dos años. Ese pequeño se educó con una tía de su madre… No tuvo más remedio, porque la mala fortuna se cebó con su familia. ¡Qué triste! Él sabía que sus padres habían muerto, y que no se podía hacer nada. Pero yo… Si hubiese muerto, le aseguro que ahora la amaría con todas mis fuerzas, pero no murió. Simplemente desapareció. ¡Y ahora vuelve para recibir la bendición de quien debería reclamársela a usted…!

—¿Tanto me odias, hijo?

—No, madre. Creo que no ha entendido nada —sonrió con la boca torcida— Yo no la odio… Pero una madre lo es desde que nace un niño, y usted quiere recuperar lo que perdió hace más de quince años… Sólo hay una cosa que me interesa de usted —concluyó Hernando—: esas facultades que dicen que tiene.

—¿Quién te ha dicho tal cosa? —se alarmó Isabel—. Lorenzo y Catalina bajaron la mirada—. No sé qué te habrán contado, pero si yo poseyera tales facultades, no podría legártelas, ¿acaso puedes heredar el color de los ojos de tu padre cuando ya eres un adulto?, ¿acaso la simpatía, la bondad o la inteligencia?

Hernando se levantó de la mesa, y salió afuera indignado. Catalina quiso ir tras él, pero Isabel le hizo un gesto, y salió tras su hijo.

El joven estaba sentado sobre el Trono de la Declaración.

—Hijo mío —dijo Isabel, sentándose a su lado—. No he sido una buena madre… en realidad ni siquiera he sido madre.

—¿Y qué pretendía?, ¿hacer las paces después de quince años?

—No hubiese venido, de no ser porque recibí una carta de Lorenzo… Tu vida hubiera sido mejor de no saber dónde me encontraba, quién era…

—Usted no es más madre mía de lo que lo es una vaca del corral.

—Y así debería haber sido siempre… Te aseguro todo tiene su explicación. Si yo estoy aquí es porque debo estar aquí.

—Ahora me importa muy poco lo que haga...
—¿Qué te he hecho yo?, ¿acaso no has sido feliz con tu abuela?
—Sí... —pensó— Estoy seguro que con usted no hubiese sido tan feliz... Pero, de haber estado aquí, yo comprendería lo que me pasa.
—¿A qué te refieres?
—Soy igual que usted, madre. Veo y hago cosas que los demás no pueden ver ni hacer.
—¿Qué cosas?
—Puedo hablar con los muertos —Isabel sacudió la cabeza—. En cierta ocasión, el marido... Una vez, un hombre murió cuando estaba a punto de asesinarme, justo en el momento en el que...
—Existen las casualidades.
—No, madre —se enfureció—. Aquel hombre murió porque yo deseaba que muriera, porque tengo las mismas facultades que usted...
—Si eres feliz pensando que eres diferente, cree lo que te plazca.
—¿Está diciendo que esas cosas sólo son casualidades?
—Nada es casual, Hernando, pero no creo que...
—¡Usted es como la abuela! ¡Tiene miedo de mí, porque soy diferente a los demás! ¡La odio, madre!

3. Ecos del Futuro.

«¡Qué pequeño sería Dios si su mensaje pudiera ser comprendido por todos!
¡Qué minúsculo, si sus obras pudieran ser explicadas por las leyes de la Tierra!»
TAMARITE DE LITERA (Reino de Aragón). Primavera de 1613

Juana Seneta era una mujer extraña; no era demasiado vieja, sin embargo, caminaba encorvada. Sus ojos luchaban por hacerse un hueco entre las sombras negruzcas y venosas que los custodiaban y unos párpados arrugados... y todo ello enmarcado entre unos cabellos grisáceos y despeinados que recordaban a un nido de garzas.

Nadie, en su sano juicio, hubiese confiado su salud a tan oscuro personaje, aunque ese era un don más bien escaso en Torre Dolorosa.

La Seneta había sido, según habladurías, la concubina de un joven señor, al que un bandido dejó paralítico una treintena de años atrás. Pasó hambre, vivió en las calles de Lérida, mendigando y haciendo cosas peores... Después, se volvió loca, y fue recogida por las monjas, que la encauzaron hacia la senda de la razón y la misericordia... La cura, a tenor de los resultados, distaba mucho de ser definitiva, y malvivía de los donativos que recibía por unos remedios de efectividad más que cuestionable.

—Es tisis, sin lugar a dudas —dijo la Seneta, sin apenas inmutarse. Domiciana la miró horrorizada—. Tú lo sabías tan bien como yo...

—¡Te juro que no, Seneta! —lloró la mujer—. ¡Seguro que me la ha contagiado esa maldita cuñada!
—¿También ella tiene tuberculosis?
—¡Júzgalo tú misma!
La curandera miró a Isabel, abrió bien los ojos, y se inquietó.
—Esta mujer está completamente sana —dijo, atropelladamente— y tú llevas varios años así. No fue ella quien te contagió.
—¡Cúrala! —le ordenó Eusebia, en tono tan despótico como poco convincente—. Si cuando salgas por esa puerta mi hermana sigue enferma, no recibirás ni un solo real.
—Me estás pidiendo algo imposible.
—¡Dame, al menos, algo que alivie mi sufrimiento! —lloró Domiciana, entre estertores.
—Jamás soportaste el aire que respiras, ¿no es así? —Domiciana se encogió de hombros, no tenía la menor idea de lo que le estaba diciendo—. ¿En quién confías?
—¿Se puede uno fiar de alguien? —se apresuró a decir Eusebia.
—Nadie enferma jamás de algo que no tiene dentro de sí... Tú pediste que la tisis despertara, la llamaste, y ella se presentó.
—¡Las monjas te volvieron más loca de lo que ya estabas! —se enfureció Eusebia— ¿Vas a curar a Domiciana o no?
—Tu hermana morirá antes de una semana.
—¡Fuera! —lloró la pequeña—. ¡Vete de aquí, mentirosa!
La Seneta volvió a mirar a Isabel. Ella sacudió la cabeza, con una expresión en su cara menos sorprendida de lo que la curandera había supuesto. Entreabrió sus brazos, mostró las palmas callosas y agrietadas de sus manos, y se encogió de hombros.
La sanadora había visto a tantos enfermos en su vida, que podía determinar, con sólo mirarles a los ojos, si les quedaba algo de vida. Aquella parecía una facultad sobrenatural, incluso la propia Seneta llegó a pensar que así era, pues sus deducciones solían ser tan certeras que asustaban. Tal vez esa era su verdadera locura, pensar que había desarrollado unos poderes más allá de la comprensión humana, cuando sólo se trataba de una capacidad de observación extraordinaria, y una memoria tan prodigiosa que era capaz de recordar rostros, palabras y pequeños detalles que ni tan siquiera podía determinar el momento o el lugar en el que fueron vistos, dichos u oídos. Esta incapacidad para recordar las circunstancias en las que su caótico cerebro había decidido guardar lo observado, le convenció de que poseía un don sobrenatural.
Isabel se percató de ello, del convencimiento de aquella pobre mujer, de su capacidad precognitiva y de la naturaleza de la misma... Y, en su caso, no se cumplía ninguna de las suposiciones de la Seneta. Ella no se hubiera atrevido a pronosticar la muerte de Domiciana, aunque era el desenlace lógico y normal de

todo tuberculoso en fase avanzada; y mucho menos, asegurar que ésta se iba a producir en un espacio tan corto de tiempo... Y tampoco pasó por alto un detalle inquietante de la curandera, algo que le atrajo con la misma intensidad con la que se sintió repelida. En sus ojos, de un negro tan intenso como un abismo sin fondo, ni siquiera los rayos de sol osaban penetrar, temiendo iluminar lo que ocultaban.

—Esa Seneta es una mentirosa —dijo Eusebia, llevando aparte a su cuñada— una loca... Pero, si Domiciana muere antes de una semana, ten por seguro que te mataré, porque tú fuiste quien le contagió la tisis.

—¿Por qué me amenazas a mí, si quien ha dicho que tu hermana va a morir es una embustera? Si ha mentido, también ha podido engañarnos y tu hermana sólo padece un simple catarro, como tú dices. Pero si muere, resultará que la Seneta decía la verdad, y resulta que ella fue muy clara cuando dijo que yo no estoy enferma de tisis. Que yo sepa, quien no padece un mal no puede contagiarlo...

Eusebia la miró con sus ojos vacíos, tan inexpresivos como rebosantes de necedad. No comprendió una sola de las palabras de Isabel, y se sintió tan frustrada como humillada.

—¡Te mataré si se muere...!

Para desgracia de Isabel, y total indiferencia para el resto de la humanidad, el pronóstico de la Seneta se cumplió, cinco días después de que ésta visitase Torre Dolorosa.

El odio que se guarnecía en el corazón de Eusebia no tardó en extenderse y adueñarse de su sangre, no sólo porque culpara a Isabel de la muerte de Domiciana, cosa que jamás supo si era cierta o una simple excusa con la que humillarla, sino porque el luto riguroso que debía guardar retrasaba su boda durante uno o dos años...

4. La viuda del cartero.

«Duele más el dinero que se debe a quien conoce nuestros secretos que el que se adeuda a vuestro peor enemigo... El silencio es un lujo tan precioso que los miserables no tienen más opción que ser honestos.»

TAMARITE DE LITERA (Reino de Aragón). Verano de 1613

No sabía por qué, pero el tañer lastimero, que las campanas de la colegiata dejaban surgir de sus agarrotadas gargantas, le ponían los pelos de punta. Pero no sólo a ella. En Realidad, ése era el efecto pretendido por el campanero, sobrecoger los corazones, con un pregón que corroboraba lo que estaba en boca de todos: *«Arnau Cliós será enterrado después de la misa de doce.»*

Isabel maldijo su decisión de ir al mercado en un día de entierro. Ni sabía quién demonios había muerto, ni le interesaba el nombre del huésped de la caja negra que precedía a la comitiva fúnebre.

Jamás había visto una procesión tan numerosa. Isabel imaginó que debía tratarse de alguno de los terratenientes de Tamarite, idea que pareció tomar forma cuando distinguió, entre los miembros de dicha comitiva a un terriblemente envejecido Segismundo Sopena... A su lado, su siempre fiel Pierre Cliós, la esposa del alcalde, y una mujer pequeña, enjuta y plañidera a la que jamás había visto.

Cuando la carroza funeraria pasó frente al mercado, no pudo evitar que la curiosidad se apoderase de ella, y se acercó.

Pierre la miró de arriba abajo, rememorando, tal vez, los buenos momentos que pasó junto a ella, cuando regentaba el burdel más próspero de toda la comarca. Pero ni siquiera sonrió.

—¿A quién vais a enterrar?

—A mi hermano Arnau —respondió Cliós, algo molesto, como si la respuesta a la pregunta de Isabel hubiera caído por su propio peso.

Entonces comprendió la razón por la que tantos tamaritanos habían acudido, un viernes, a un entierro: Arnau era una de esas personas que, sin hacer ostentación de un carácter afable o atrayente, resultaba simpático; quizás por el mero hecho de hablar con aquel gracioso acento francés.

Alguien le explicó que Cliós había muerto de un "ataque al corazón" mientras hacía el amor con su mujer, Juana Bardaxí, pero: «*No fue con pecado, pues su matrimonio era como Dios manda*».

No cabía duda, aquella mujer seca y menuda, vestida de luto riguroso, era la viuda del cartero. Había oído decir que Juana era una mujer tacaña en palabras, cuyo verbo se limitaba a leves exabruptos, tan pobres como sus carnes. Sucia y descuidada, a Juana le precedía un intenso olor a orines y hembra, que en nada ayudaban a temperar su carácter retraído y tan pobre de espíritu que los tamaritanos sólo reparaban en ella cuando la olían. «*¡Gracias a Dios, don Segismundo Sopena y su cuñado Pierre se han comprometido a mantenerla mientras no encuentre un hombre que supla a Arnau!*», añadió Carmina, «*Pero, pobre, con el hedor que despide y su nula conversación, ¿qué hombre se dignará en pedirle en matrimonio?*».

Decidió, lejos de su costumbre, esperar en la parte trasera de Santa María a que la comitiva fúnebre abandonase la iglesia y se pusiera rumbo al cementerio para enterrar al "francés". Y les acompañó, intentando aguantar la risa estúpida que, sin motivo aparente, se había entrometido en la boca de su estómago, poco dado a la gravedad impuesta. Tal vez fueron los gritos exagerados de aquellas plañideras, o la seriedad, tan dramatizada como hipócrita, de Sopena, lo cierto es que Isabel pasó verdaderos apuros con su "risa tonta".

Cuando el enterrador clavó en la tierra removida la estaca que posteriormente serviría como mástil de algo parecido a una cruz, cuantos habían asistido al entierro, fueron desfilando frente a la viuda, moviendo la cabeza con leves sacudidas, sin mediar palabra ni acercarse a ella. Incluso Pierre pasó de largo frente a ella.

Isabel esperó hasta que todos hubieron abandonado a su suerte a aquella extraña mujer de mohín inexpresivo y discutible tristeza, se acercó a ella, comprobando por sí misma que el chambelán que la precedía era un acre olor a amoníaco y, haciendo un gesto con la cabeza, le preguntó:

—¿No tienes hijos? —la mujer se limitó a mirarla con sus ojos brillantes, iluminados por una incomprensión tan profunda que parecía alegre. Juana, desacostumbrada a que se dirigiesen la palabra, se encogió de hombros— ¿Ni hermanos?, ¿ni familia?

—Sólo Pierre —dijo al fin—, y eso es como no tener a nadie.

—Dicen por ahí que tu cuñado y don Segismundo se han comprometido a mantenerte —volvió a encogerse de hombros.

—No es un compromiso, sino una deuda —la viuda empezó a caminar hacia la puerta del cementerio con pasos cortos.

—¿Una deuda?

Juana se quedó quieta, al borde del camino, como si hubiera topado contra un muro. Giró todo su cuerpo, mirando a Isabel con rabia.

—¡No te conozco de nada! ¿Qué te importan a ti mis cosas?

Sin esperar respuesta, la viuda del cartero volvió a caminar a un ritmo diabólico, en dirección a Tamarite. Isabel no la siguió.

5. *La humanidad perdida.*

«¿Cuál es la naturaleza del hombre, sino el mal, sino la perversión?
¿Quién es el ladrón, sino aquel que codicia las criaturas que no le pertenecen?»

TAMARITE DE LITERA (Reino de Aragón). Otoño de 1613

Por una superstición absurda, si es que hay alguna que no lo sea, Eusebia se negaba a ponerle nombre a los animales, arguyendo que *«si Cristo hubiera deseado que los bichos fueran bautizados lo habría dicho»*. Según este argumento, su propio hermano era un hereje expuesto al implacable castigo de la malaventura, puesto que había bautizado a una cabra, *«¡Nada menos que a la bestia en la que se reencarna Satanás!»*, como "la chota Isidora"...

Era una cabra joven y fuerte, probablemente la más robusta de todo el pueblo. Aún no había parido nunca, por lo que Isidora, hasta entonces, se había limitado a corretear por la empalizada y a huir del cabrón, que solía perseguirla con intenciones sensiblemente distintas a las que la joven cabra suponía. Aquel acoso terminó como suelen acabar estas cosas, y ahora la chota ya no retozaba entre las cabras veteranas. El cabrón hacía varias semanas que no la perseguía y sus ubres parecían dos grandes botas de vino a punto de reventar.

Eusebia se llevó las manos a las caderas, como si se dispusiera a cantar una jota (Arcadio había salido hacia los olivares cuando el sol templó la fresca mañana y no regresaría hasta media tarde). El cabrito que iba a parir Isidora venía de "cruzau"[52], por lo que la chota necesitaría asistencia, y la única persona disponible en una legua a la redonda era Isabel... Por nada del mundo le hubiera pedido ayuda a la "ramera" de su cuñada, de no ser porque, sólo pensar en que debería introducir la mano en las entretelas de la cabra, se le revolvían las tripas. Jamás pudo soportar aquel hedor a sangre, placenta y excrementos, pero la ocasión se presentaba de ese modo.

Eusebia suponía que Isabel jamás había tenido que vérselas en un trance similar, por mucho que su madre regentase una quesería y se defendiera con cierta soltura entre los animales, y sería incapaz de sobrellevar aquella situación con un mínimo de dignidad. *«Isabel es tan orgullosa como torpe»*, se dijo Eusebia, *«y será incapaz de reconocer que no tiene ni idea»*. Creyó que su cuñada se sentiría humillada, y se deleitó en sus pensamientos, no del todo infundados.

—¡Isabel! —gritó— ¡la chota está a punto de parir!
—¡Y a mí qué demonios me importa eso!
—El cabrito viene "cruzau"... Y yo no sé qué hay que hacer.
—¿Y porqué iba a saberlo yo?
—Tu madre tiene cabras, ¿no?

Isabel se acercó al corral, maldiciendo la ineptitud de su cuñada. Eusebia se frotó las manos, convencida de que Isabel sería incapaz de solucionar aquel problema. La pelirroja remangó sus faldas y las mangas de su camisa, frotó sus brazos con manteca, y se sentó en la paja, detrás de Isidora. Introdujo su mano derecha en la abertura de la cabra, y con la izquierda sujetó sus patas hacia adelante.

—El cabrito está mal colocado —dijo sacudiendo la cabeza.
—¡Eso ya lo sabía yo! —respondió la cuñada, con insolencia—. Si la chota hubiese tenido un parto normal no te hubiera llamado... Me las "apaño" muy bien sola... De no ser porque tú le pegaste la tisis a Domiciana, hubiera sido ella quien se ocupase de esto... ¡Lo hacía tan bien! —de los ojos de Eusebia surgieron unas lágrimas, tan falsas que Isabel tuvo verdaderos problemas para no reírse en su cara.
—El "chotillo" no se mueve... Quizás esté muerto.
—¿Muerto? —rió Eusebia— ¡no puede ser! Prometí que se lo regalaría a Robustiano.
—Si tanto te ama ese bestia, sabrá comprenderlo.

---

[52] Cruzado

—¡Más te vale que el cabrito esté vivo!
Isabel palpó algo duro en las entretelas de la cabra, una de las rodillas del cabrito. Tiró de él, y le dio la vuelta. El animal, en efecto, estaba muerto. Eusebia no dijo nada. Se limitó a sacudir la cabeza y a mirarle con expresión de desprecio. Dio media vuelta, y salió del corral.
La pelirroja acabó de extraer la placenta de Isidora, y se la echó a los gorrinos, y el cabrito a los perros.
Cuando entró en la casa, Eusebia ya había comido, sin esperar a que Isabel volviera del corral, y se había encerrado en su habitación. Ella comió tranquilamente, con su mente perdida, imaginando diálogos imposibles con aquella estúpida cuñada; conversaciones que jamás iban a producirse, y no por falta de deseos por su parte.
Arcadio regresó a Torre Dolorosa poco antes de que el silencio tomara el relevo a los graznidos de las garzas. Eusebia no Salió de su alcoba hasta que escuchó la puerta cerrarse a la espalda de su hermano. La mujer surgió de la habitación, como impulsada por un resorte invisible. Sus ojos estaban hinchados. Su aspecto, estudiadamente despeinada, vestida con sus ropas más miserables, era tan lamentable como el espectáculo que pretendía ofrecerles.
—Desde que esa mujer entró por la puerta de Torre Dolorosa —plañó Eusebia—, la desgracia ha caído en esta casa.
Arcadio le miró con la boca torcida. Conocía a su hermana y sabía que era demasiado dada a la exageración, quizás como compensación a los poco brillantes argumentos que solía esgrimir. No dijo nada.
—Le "pegó" la tisis a Domiciana —prosiguió la mujer—. La cosecha ha sido escasa este año... ¡Y ahora muere el cabrito!
—Domiciana ya estaba enferma cuando me casé con Isabel —dijo, con resolución—, padre también murió de tuberculosis, ¿no lo recuerdas?, ¿también mi mujer es la culpable de su muerte? —Eusebia se encogió de hombros—. Las tierras nos han negado la cosecha, tanto a nosotros como a todos los tamaritanos. Y cada año nacen uno o dos "chotillos" muertos, ¿qué tiene eso de extraordinario?
Eusebia se echó a llorar. Quizás no era tan estúpida como parecía.
—En Tamarite se dice que Isabel fue casera de un tal mosén Pedro Sanmartín, el cura de Puente de Montañana —Isabel la miró horrorizada. Pero permaneció callada—. Y se dice que se quedó embarazada de aquel sacerdote, pero que aquel hijo jamás nació pues Guillaume Florentín le practicó un aborto.
—¿Es eso cierto? —preguntó Arcadio, entre enfurecido, incrédulo y decepcionado.
—¿No te importó que me hubiese acostado con media comarca, y ahora te obsesiona que haya abortado al hijo del un maldito cura?
No esperó a escuchar la respuesta de Arcadio, quizás porque temía que él dejase salir de su boca las palabras con las que siempre le increpaba su propia

conciencia. Salió de Torre Dolorosa, y vagó en la oscuridad de una noche que ni siquiera la luna se había dignado en iluminar. Sus ojos abrasaban, como si hubiesen sido arrancados y reemplazados por dos esferas de hierro fundido, pero no surgió una sola lágrima de aquellos secos cristales de zafiro.

A su lado, un jadeante Sócrates le acompañaba, ya no tan ágil como antaño, y algo más protestón que de costumbre.

Por un instante pasó por su cabeza regresar a Torre Alfals; volver a arriesgar su salud, recibiendo en su lecho a aquellos hombres que no tenían otro modo de apaciguar sus ardores que su cuerpo.

Le era imposible deducir el lugar hacia el que sus piernas le habían arrastrado, y la noche no le puso las cosas demasiado fáciles cuando quiso orientarse. Sería exagerado decir que se había perdido, aunque lo cierto es que no tenía la menor idea de dónde se encontraba, ni si había caminado en línea recta o dando una vuelta completa...

Decidió sentarse allí mismo, en un mojón de piedra, tan solitario como ella misma. Y aguardó a que algo, una silueta, un sonido, lo que fuera, le mostrase el camino.

Todo estaba en silencio, en una tensión tal que los pelos de sus antebrazos se convirtieron en saetas en busca del infinito. Un mutismo sólo cortado por los continuos jadeos del viejo perro negro que, encogido como un ovillo peludo, dormitaba a sus pies. La noche no era cálida, aunque tampoco fría.

—¡Volvemos a encontrarnos! —susurró una voz seca y hueca, en eco invertido.

Isabel se levantó de un salto y miró a todas partes. No había nadie. Volvió a sentarse. Sócrates dormía profundamente; sólo exhalaba una especie de suspiro entrecortado, como si su sueño fuese intranquilo.

—¿Ya no te acuerdas de mí? —esta vez la voz ya no venía precedida de eco alguno. Un escalofrío recorrió el cuerpo de Isabel.

—Lourier —dijo.

—¿Lourier? —rió la voz— ¿qué le debes a ese espectro? Nada...

Justo frente a ella, a poco más de dos pasos del mojón, revoloteó una luciérnaga, o algo similar, que se quedó inmóvil a la altura de su nariz. Aquella pequeña lucecilla se hizo más y más brillante, hasta que Isabel fue incapaz de soportarlo, y cerró los ojos. Cuando volvió a abrirlos, la luz había desaparecido y, en su lugar, un hombre de proporciones ciclópeas resplandecía, como si de su interior surgiera una luz azulada y difusa.

—¡Belcebut! —gritó Isabel. Aquel ser le aterrorizaba casi tanto como la sífilis que acabó con Lucrecia.

—Esperaba ser recibido con un poco más de... alegría.

—¿Alegrarme de ver al culpable de la muerte de Crisóstomo, de Domingo y de una veintena de inocentes?

—Sólo ellos mismos pueden ser considerados culpables de sus muertes, porque la Inquisición no tendría tanto poder si no se lo hubierais dado los humanos. Y eso de inocentes es tan cuestionable como que los curas son tan limpios como deberían serlo, ¿no crees?
—¿Qué quieres?
—Nada, Isabel... Sólo he venido a visitarte, a saber como te encuentras... Veo que todavía vive ese perro maldito, ¿si te dijera la edad de ese animal no me creerías!
—No quiero saberlo, ni tener nada que ver contigo.
—¡No eras tan mojigata cuando participabas en los aquelarres!
—Todos cambiamos...
—Lo dudo mucho... Las cosas ahora son iguales que hace mil años. Iguales a como lo serán dentro de una veintena de siglos... Este mundo no avanzará un paso, mientras exista un solo hombre sobre ella. El único cambio que puede experimentar el hombre es la muerte.
—No tienes cabida en mi vida, Belcebut... Sólo con pensar en ti aborrezco mi existencia.
—¡Pobre pelirroja! —rió— ¡Te sientes tan distinta a los demás mortales!, ¡y sólo te diferencias de ellos en que puedes verme! Pero te aseguro que mi influjo es idéntico en ti que en los obispos, campesinos, pastores, carpinteros...
—Ya te he dicho que no me importa lo más mínimo.
—Entonces, ¿Por qué has acudido a mí llamada?
—Yo no he acudido a ninguna llamada...
—¡Las sendas del Señor son inescrutables! —sonrió Belcebut—. Creo que no comprendes nada... Déjame que te explique: La Iglesia se empeña en otorgarle a Lucifer la misma capacidad y poder que a Dios, y eso no es del todo así. Dios y el Diablo no son las dos caras de una misma moneda, sino la misma realidad según las jerarquías. Un rey y un mendigo son completamente distintos, pero los dos son humanos. Sin embargo, un rey tiene poder para destruir a un mendigo, y un mendigo ni siquiera lograría acercarse a un rey...
—¡Saber esas cosas no me dará de comer ni me ayudará a subsistir!
—Yo no estaría tan seguro... Cristo dijo que él era la fuente, y que quien bebiera de él no volvería a tener sed.
—Una parábola tan falsa como su ascendencia divina.
—¿Cómo pretendes comprender a Dios, si no comprendes al hombre? Ni Dios es eterno, ni el hombre efímero. La omnipotencia de Dios, la eternidad, el infinito, son invenciones del hombre. ¡Qué fácil es especular sobre lo indemostrable! El testimonio de Cristo es falso porque es limitado; las palabras son, ya de por sí, un obstáculo, las imágenes no son más que la ceguera de lo ilusorio, y el pensamiento el muro que impide comprender la Verdad.
—¡Eres un mentiroso! Reniegas de Dios y de todas sus criaturas, de la Iglesia, de los santos, ¿ahora le defiendes?

—¿Cómo renegar de uno mismo? Yo reniego de la Iglesia, de esa mentira a la que llaman Cristo, de la ceguera del mundo. El Bien es una falacia sin sentido. El hombre es un ser creado a partir del Mal. No hay ser en la creación más inmoral, ruin y miserable que el hombre. Si en la tierra sólo quedasen dos hermanos, dos esposas, dos amigos, acabarían matándose, pues su naturaleza es el Mal, y todas sus acciones son dictadas por el Mal. Sois seres incapaces de actuar en beneficio ajeno. El altruismo, la solidaridad, la piedad, la misericordia, son satisfacciones personales, egoístas y perversas.
   —¿Reniegas de ti mismo?
   —En absoluto, Isabel... Sólo quiero que comprendas que es más sensato amar a Satanás que a Dios; porque mi señor te muestra el camino natural del hombre. ¿Quién dijo que Dios creó al hombre a su imagen y semejanza? El hombre es el vivo semblante del demonio. Dios no tiene forma ni pensamiento. No poseería la capacidad de crear, si no fuera por sus subalternos... La Iglesia os manipula, os pervierte, os vuelve esclavos de una creencia imposible en vida; os promete un Reino que no está reservado para vosotros, porque, tal como sois seres limitados, también es limitado el premio que recibiréis... Desaprovecháis la vida por un don que desconocéis. Si Dios desease que compartierais la eternidad con Él, os mostraría su paraíso, y desearíais que la vida transcurriera en un suspiro... pero os expone al pecado... Dios no desea que regreséis a Él... Sé sensata, Isabel.
   La mujer bajó la cabeza, y miró a Sócrates, que hacía ruiditos mientras dormía, como si tuviese pesadillas. Pero los animales no tienen alma, y sin alma es imposible soñar... *«¡Qué ironía!, la fidelidad es menor cuanto mas elevado es el ser»*, se dijo.
   Cuando levantó los ojos, Belcebut había desaparecido, y la luna llena iluminaba la noche...

CAPÍTULO XXXI
El gato escaldado que no huyó del agua fría.

1. Tristes noches de invierno.

«*¿Dónde habita el silencio?, ¿quizás en el triste hálito del olvido, en los abetos ataviados con sus falsas ropas de nupcias, en el canto enmudecido de los cuervos? Nada poseemos, sino nuestro propio corazón, ¿Cómo permitir que sean otros quienes gobiernen nuestras vidas?*»

TAMARITE DE LITERA (Reino de Aragón). Finales de 1613

No sabía porqué, pero, desde que Isabel viera por primera vez a Juana Bardaxí, desde que ella misma decidiese incluirla en el elenco de privilegiados que tuvieron el dudoso honor de escuchar su voz, no podía despegarla de sus pensamientos. No es que le atrajera demasiado el carácter de aquella viuda agria, ni siquiera sentía pena por ella; era algo más etéreo, menos palpable o comprensible. Había algo en ella que le hacía parecer dichosa en su desesperación.

Belcebut fue demasiado ambiguo, tanto que era imposible sacar conclusiones de aquella perorata, de cuales eran sus intenciones o deseos o sobre qué debía hacer para contentarle. Sólo una cosa estaba clara: El demonio quería que Isabel se convirtiera en misionera de una causa tan confusa como la doctrina que deseaba que impartiera.

Ya en Zugarramurdi era evidente que aquel ser, proviniese del Cielo o del infierno, había puesto sus ojos en ella, y la había elegido para aquella misión.

Sócrates solía acompañarla a todas partes, caminando unos pasos por delante de ella; a veces a un tiro de piedra, otras prácticamente entre sus piernas, pero jamás la perdía de vista. Aquel día, sin embargo, el gran perro negro ni siquiera levantó su hocico de la paja sobre la que había estado dormitando durante toda la mañana.

Pese a que llevaba varios años viviendo en Tamarite, jamás había visitado la parte alta del pueblo. El camino que cruzaba la plaza de la iglesia pronto se convirtió en un barranco custodiado por dos ruinosas casuchas con corral, cuyo lecho era un lodazal que apestaba a orines.

Allá en lo alto, tal y como le explicó Arcadio, casi aislada, con gran esfuerzo se mantenía erguida una choza de adoba, de techo bajo y puerta tan breve que parecía construida por un duendecillo. Era la casa del fallecido Cliós.

El silencio era tan espeso que parecía querer interrumpirle el paso.
Golpeó la puerta con la mano ahuecada.
Aún no se habían desvanecido los tímidos ecos de la madera, cuando Juana surgió de las penumbras de aquel cuchitril, como un alma en pena. Observó a

Isabel de arriba abajo y se apartó, haciendo un gesto con la mano para que entrara.

La casa era húmeda y oscura. Las ventanas estaban cerradas a cal y canto y la poca luz que atemperaba el cuartucho surgía de una escuálida fogata en el hogar y dos velas que, oscilantes, permitían intuir un mobiliario pobre y destartalado. Todo, en aquel lugar, parecía no tener mayor utilidad que la eterna espera sin sentido.

Tras una mesa repleta de cacerolas oxidadas, medio pan mohoso y una veintena de bultos indefinibles, sobresalía la enmarañada cabellera de la Seneta, quien apartó la mirada del fuego para mirarla durante un segundo, y volver a perderla entre las poco generosas llamas.

Ninguna de las dos mujeres dijo una sola palabra.

Isabel se sentó en una silla polvorienta colonizada, a decir por las telinas que ostentaban sus patas y respaldo, por media docena de arañas, y observó a aquellas mujeres guardando el mismo silencio que ellas. Era evidente que la Seneta y Juana eran amigas, aunque le fue imposible determinar qué podían tener en común una sanadora de escasa salud mental, y una viuda de agudeza más que cuestionable.

—No me gustas —balbució la Seneta, cuando decidió que su silencio había sido suficientemente exasperante como para que Isabel se sintiera incómoda—. Nadie te ha invitado. ¿Por qué has venido?

—No sabría explicaros —respondió—. He creído que...

—¿Siempre haces lo que te da la gana? —insistió la Seneta.

—¿Por qué no te gusto, Seneta?, ¿qué te he hecho yo?

La curandera se levantó, dio un par de pasos, y se quedó quieta frente a Isabel.

—¿Cuánto más duró?, ¿cuatro días?

—Cinco.

—Domiciana llevaba la tisis en la sangre desde que era una muchacha y su padre la visitaba cuando el frío le roía los huesos —Isabel la miró horrorizada—. Ya veo que no sabías que tu suegro murió de tisis, como su hija...

—Sabía que Emeterio murió de tisis... Lo que me indigna es el modo en que la contrajo su hija...

—Era un viudo joven. En aquel tiempo, Nines era la única puta que ejercía en Tamarite, y sabía de su enfermedad, por lo que se negaba a recibirlo. Así que, si quería vaciar su miseria debía hacerlo como todo hijo de vecino al que sus recursos no le permiten pagar lo que cobran las fulanas de extramuros: Primero en solitario, después con las cabras y, al fin, con sus indefensas hijas...

—¡Eso es terrible!

—Si, lo es... Pero, ¿qué no es terrible?

—Todavía no me has dicho por qué no te gusto.

—Tu padre dejó paralítico a mi... Tu padre era un hijo de puta.

—Mi padre fue un santo —la Seneta rió—. Pero Eduardo Salazar, mi padrastro, no sólo era un malnacido, sino un ladrón y un asesino... Si me odias por culpa de ese miserable, te diré que yo misma le maté, con mis propias manos...
Juana Bardaxí, asintió con un brío exagerado..
—Eso es lo que se dice por ahí, pero ¿debo creerte? —balbució la Seneta, con recelo.
Juana Bardaxí la miró con cara de indignación. Su marido, Arnau, borracho como una cuba, se lo había explicado hacía años. Y ella había hecho otro tanto con la Seneta.
—Cree lo que te plazca, Juana. Yo sé lo que hice, y te aseguro que tu opinión no va a cambiar el pasado.
—Nada puede cambiar lo que uno hace, dice o siente —dijo la Seneta, volviendo a sentarse junto al fuego—. Dicen que el arrepentimiento evita el castigo. Pero, por mucho que uno confiese sus pecados a un cura, obispo, o al mismo Dios, las consecuencias son imborrables... ¿Has pensado alguna vez qué hubiese sido de tu vida si no hubieras asesinado a tu padrastro?
—¿Ahora me crees? —la curandera le miró con ojos de ira— Te aseguro que no sería muy diferente a la que me corresponde.
—Te equivocas, Isabel... Todo, incluso un paso no dado, una cabra no ordeñada, una hoja caída a destiempo, cambian por completo el devenir de las cosas, el destino de toda la humanidad.
—Realmente, el empeño de las monjas de Lérida fue inútil.
—¡Qué sabrá el populacho, frívolo y estúpido sobre la sensatez y la locura! ¿No era, acaso, San Francisco de Asís un loco y, sin embargo, lo elevaron a los altares?
—¿Y tú, como sabes esas cosas?
—Las monjas no sólo me curaron de mi insensatez, me enseñaron a leer un poco y, en las comidas, leían las vidas de santos y santas de Dios. ¡Eran unas putas retorcidas y amargadas, pero algo aprendí! —sonrió la Seneta—. Sí, siempre aprendes algo, aunque sea a sobrevivir en la miseria... Pero no creo que hayas venido a esta casa para escuchar las desventuras de una vieja que apacigua los miedos de los supersticiosos. La Bardaxí no entiende de estas cosas, y no podías saber, de ningún modo, que yo estaba aquí.
—¿De verdad tienes esas facultades de las que tanto te enorgulleces, Seneta?
—Es más importante lo que aparentas, que lo que eres... Sí, tengo facultades, aunque no las que me presupones.
—Siendo así, ya habrás adivinado qué me ha traído hasta aquí...
—Si te dijera que lo sé, lo negarías —Isabel asintió, divertida—. Supongo que sabrás dónde te estás metiendo —ella volvió a asentir—, y dónde nos quieres meter a nosotras...

—¿Eso es todo? Pecas de lo mismo que todos los agoreros: afirmaciones tan ambiguas, tan abstractas, que es imposible no acertar.
—¡Te creía más lista, pelirroja! —se ofendió la Seneta—. No hubieras venido aquí sino porque necesitas carne para darle de comer a quien te envía —Isabel bajó la mirada, ruborizada—. Nada nos ofrece esta vida, ni el rey, ni Dios... ¿Qué nos ofrece tu amo?
—Supongo que nada diferente a lo que ya tenéis...
—Entonces, ¿para qué cambiar? —preguntó Juana Bardaxí. La Seneta le hizo un gesto con la mano para que guardase silencio. Ésta desvió sus ojos hacia la hoguera.
—Respuestas... —las dos mujeres sacudieron la cabeza— La vida eterna...
—¿La vida eterna? —rió la Seneta—. ¡Nadie ha vuelto del otro mundo, para decirnos si hay vida después de esta basura!
—Yo no necesito de ningún resucitado para saber que la hay —las dos Juanas la miraron perplejas—. Desde muy pequeña que hablo con los espíritus de los reencarnados...
—¿Y, qué te dicen esos fantasmas?
—Que el Más Allá no es como el que predica la Iglesia.
—¡Eso lo sabemos todos, incluso los puercos de los curas!
—Pero ellos nos prometen un reino, un premio que es falso, porque no existe tal recompensa, ni castigo alguno... Todo es una mentira para mantener su poder sobre el pueblo temeroso de Dios.
—¡Aunque tu amo fuese el mismísimo diablo, te aseguro que me gusta más la doctrina de la Iglesia! —balbució la Bardaxí—. Eso de que los asesinos y ladrones vayan al mismo cielo que los honrados no me parece justo...
—Quizás sea tal y como dicen. No sé... Pero yo ya estoy condenada: tuve un hijo sin haber pasado por la vicaría, he sido prostituta, asesiné a mi padrastro y aborté el niño que esperaba del párroco de Puente de Montañana... Aunque mi vida sea, a partir de este momento, de absoluta santidad, jamás seré recibida en el Cielo de Cristo, porque los sacerdotes se niegan a darme la absolución.
Las dos Juanas se quedaron calladas. Sus corazones escondían tantos pecados inconfesables que, si pidieran perdón a Dios y éste se los otorgase, perdería el calificativo de justo.
—Cuando encuentro un peral cercado, voy en busca de otro —dijo al fin la Seneta.

2. El juez bendito.

«El temor es tan fascinante como la audacia.
Sin él, los valientes no existirían, la monotonía nos volvería haraganes y desaparecerían las religiones.
La Iglesia se han servido de él, los reyes lo han provocado, las naciones lo han alimentado, y el hombre es incapaz de moverse si no le empuja el miedo...»

TAMARITE DE LITERA (Reino de Aragón). Primavera de 1614

Por primera vez, todos los miembros de la familia Ruiz se sintieron felices. Aunque cada uno de ellos por motivos bien distintos. Aquel día, Robustiano Anglesola se llevaba, por siempre jamás, a Eusebia de aquella casa, para gozo propio, de Isabel, y de Arcadio.

La pelirroja esperaba la llegada de aquel día desde el preciso instante en que puso sus pies en Torre Dolorosa. Sin pretenderlo, Robustiano se convirtió en el juez bendito que levantó una condena que Isabel presentía eterna.

Aunque intuía que la ausencia de Eusebia no iba a significar la llegada de la paz a su vida, al menos le dio un respiro y la libertad necesaria como para idear un plan con el que llevar a cabo la "obra de Belcebut". Sólo había un inconveniente: Arcadio. Era mayo.

Ese día, Arcadio llevó su mula, que se negaba a comer, vomitaba lo poco que ingería y había perdido mucho peso, a que la viera un gitano arriero.

Regresó a Torre Dolorosa sin la mula, con las ropas manchadas de sangre y barro, y la cabeza tan baja como su ánimo.

—Hemos tenido que sacrificarla —fue la única explicación que dio de lo sucedido—. No sé qué vamos a hacer... Necesitamos un animal, pero no tengo dinero con que comprarlo... Te aseguro que vendería mi alma al diablo por un simple asno.

Las palabras de Arcadio eran mera monserga, sin mayor sentido que el juramento de un hombre tan desesperado como enfurecido; pero también es cierto que, quien demuestra ira contra su propia suerte, es proclive a revelarse contra ella y contra si mismo, y esto Isabel lo sabía. No era un secreto que su animadversión por los curas, la Iglesia y todo lo que atufase, siquiera vanamente, al clero, en ciertos momentos adquiría tintes paranoicos.

—Vender el alma —musitó Isabel—, bien sea a Dios o al Diablo, es una necesidad... Todos hemos tenido que vendernos, aunque no hayamos sido conscientes de ello.

—¿Lo dices por ti?

—No, Arcadio... Estoy hablando de esto —señaló en todas direcciones—. De la vida... —él se encogió de hombros—. Esto ya lo conocemos, y muy pocos pueden decir que el Dios de la Iglesia les ha ayudado... ¿Acaso conoces a alguien al que creer en Cristo le haya liberado del sufrimiento o de la muerte?

—¿Dónde quieres ir a parar?

—Tus hermanas siempre me trataron como si fuese una basura —Arcadio asintió—, y tú lo permitiste... Rezaban y rezaban, ¡cuánto he llegado a odiarlas! Puta asquerosa, bruja e indecente fueron los mayores elogios que escuché de sus labios... Murió Domiciana, y los insultos de Eusebia fueron aún peores...
—¡Nunca tuvieron muchas luces! Jamás recibimos educación, sino golpes, insultos y desprecio... ¿Qué se le puede pedir a un patán?
—¿Patán? —sonrió Isabel—. Los cobardes siempre se amparan en la necedad para justificar los defectos que no desean cambiar... Pero, incluso en su estupidez, tus hermanas tenían parte de razón... Que fui una ramera es una certeza; lo que no es tan evidente, pero no por ello falso, es que soy... algo bruja...
—¿Algo bruja?
—Hace muchos años, siendo niña, cuando mi padrastro era matón de Segismundo Sopena, presencié la "relajación" de una tal Palometa: una pobre desgraciada que enloqueció por amor; al menos eso decían... El viejo diácono Andrés, entonces un jovenzuelo cretino y crédulo, me aseguró que yo acabaría como ella, en la hoguera... Tal vez tenía razón.
—No te entiendo.
—Nunca he confiado en ti —Arcadio abrió sus ojos como una lechuza acechando a un ratón de campo— pero, aunque dudo que llegue a hacerlo jamás, creo que eres un buen hombre. Por eso nunca te conté que, desde muy pequeña, desde el mismo instante en que me parió mi madre, soy capaz de ver cosas que los demás no pueden.
—¿Ves el futuro?
—¡Ojala fuera tan sencillo! —Isabel sacudió la cabeza—.Odio a la Iglesia tanto como tú, incluso más. Y, aunque creo en Dios, también creo en el Demonio, y él me brinda lo que Dios jamás me ha ofrecido.
—¡No hables de esto con nadie! —se asustó Arcadio— Si se entera la inquisición te detendrán y te ajusticiarán.
—¡Demasiado tarde! No estoy sola. Ya somos muchos: Juana Bardaxí, Juana Seneta, Margálida Escuder, Guillaume Florentín, Alegría Garcés, Pierre Clíos...
—¡Dios santo! —sacudió la cabeza—. ¿Y qué queréis hacer?
—Intentarlo, Arcadio. Sólo eso...
—Os arriesgáis a morir.
—No me negarás que es un riesgo fascinante...

3. Parte de la Nada.

«¿Qué me dices tú de la condena, del premio y del castigo?
No me permitiste llorar a mi padre. No me permitiste llorar a mi amante.
El mal propio, el asesinato, la muerte por justicia, siempre dejan tras de sí a una madre,
un padre, un hermano o hijo que llora.
No hay justicia universal, porque no somos el universo, sino simples humanos que
intentan salir adelante en un mundo que no elegimos.»

TAMARITE DE LITERA (Reino de Aragón). Primavera de 1614

Todo estaba quieto, extrañamente estático. Ni siquiera la más miserable de las brisas se dignó acariciar las hojas del castaño.

No había un sólo motivo que justificase su presencia bajo el castaño, después de haber jurado y perjurado que jamás volvería a acercarse al lugar en el que, aquella especie de conciencia perturbadora, se sentía como en su propio hogar. Y las circunstancias, el ambiente de rígida paz, tan inquietante como la fuerza desconocida que dirigió sus pasos hasta allí, eran la evidencia de que Lourier deseaba comunicarse con ella, con su consentimiento, o sin él.

El eterno "Joven de Largos Cabellos" se materializó a pocos pasos de Isabel, y la miró con expresión grave. Quiso dar media vuelta, antes de que Lourier le echara en cara lo que ella se recriminaba a diario. Pero sus piernas se quedaron clavadas como troncos enraizados en suelo seco, sin ceder al impulso de los deseos de su dueña.

—Debes escucharme —dijo Lourier, con esa autoridad que sólo ostentan quienes se sienten invulnerables— y vas a hacerlo.

—No tengo nada qué hablar contigo, Lourier —respondió Isabel, visiblemente enojada—. Si te dije que no quería volver a saber de ti, es porque estoy harta de tus monsergas, y nada ha cambiado.

—¿Nada, dices? De no ser por el loco de Valcuerna, ahora no serías más que cenizas... ¿Nada dices, si Belcebut te obliga a adorarle, prometiéndote que te convertirá en una mujer libre, y sólo te liberará del yugo de Dios, para convertirte en esclava de Satanás? No te entiendo, Isabel.

—Siempre he creído que tú eras uno de esos demonios que intentaba apartarme de Dios.

—¿Apartarte de Dios? Yo sólo te aparto de la tiranía...

—¡Dios es un tirano!, ¡el mayor de ellos!

—No, Isabel. Cuando te despojas de la vida, las jerarquías adquieren un valor distinto. Nadie cree en ellas, porque no existen. Sin embargo, las respetamos...

—Dios está por encima de ti, ¿no es así? —Lourier asintió—. Eso denota que es un déspota... Un rey, aunque sea de los Cielos, siempre es un opresor.

—No, mi pequeña. Déspotas sois los hombres, que aprovecháis cualquier circunstancia, cualquier religión o filosofía para esclavizar a vuestros semejantes. Sois seres deleznables, que os amparáis en el hermetismo para

creeros más grandes, como si el conocimiento os convirtiera en seres superiores, como si la sabiduría fuera una riqueza que pudiese ser robada...
—¡Hablas como un cura!
—¡Ojala las comadrejas de la Iglesia hablasen conociendo la verdad!, ¡pero no lo hacen porque no la conocen ni desean conocerla!
—Entonces, no debería importarte lo que haga con mi vida.
—Te equivocas... Que todo lo que para vosotros es importante sea secundario para nosotros, no implica que tus actos vayan a quedar impunes o sin ser premiados... No te quepa la menor duda de que la verdadera justicia se aplica en este mundo...
—¿Vas a dejar que vuelva a Torre Dolorosa, o me retendrás aquí, hasta que pueda comprobar por mí misma eso de la justicia verdadera y todas esas majaderías?
—Tu actitud, te llevará directamente a la condena.
—¿Al infierno? —rió Isabel.
—El infierno es más terrible de lo que crees... Es la ausencia de Dios, la soledad más absoluta. El Infierno es la comprensión de tu individualidad, sin poder compartirla con nadie, con nada, ni siquiera contigo misma, porque no existirás, sino en la conciencia de no pertenecer ni siquiera a ella, pues no es, pero saberse ella misma.
—¡Déjame en paz! —gritó Isabel.
Lourier abrió la boca, como si fuese a añadir algo importante, pero no lo hizo. Sus labios perfilaron, al fin, una leve sonrisa. Isabel pudo mover sus piernas y le dio la espalda.
—Ese camino te condenará a la nada...
—¿Condenarme? —rió la mujer—. Yo estoy condenada desde el instante en que me engendraron.

4. La Roca de la Botella.

«No dudaría de ti, si hubieras cumplido lo que prometiste.
Pero tus palabras sólo son ofrendas que jamás se consuman.
Si me dices: "Te doy una moneda de oro", yo quiero verla en mi mano. Y si son unos
zapatos lo que me regalas, quiero sentirlos en mis pies...
¡Mañana está tan lejos! Y tus palabras se las lleva el viento.»
TAMARITE DE LITERA (Reino de Aragón). Principios del verano de 1614

Nadie le explicó cuales eran los ingredientes de aquel ungüento con el que se ungían antes de los aquelarres de Zugarramurdi, aunque esto parecía no tener demasiada importancia: «*Si no puedo volar, andaré*», se dijo Isabel. Era la víspera de San Juan.

No está demasiado claro si fue Cliós, la Seneta o Juana Bardaxí quien propuso celebrar la primera reunión formal de aquella orden, a la que, esta vez sí, bautizaron como "Hijos de Belcebut", cerca del lugar en el que Eduardo había asaltado y mutilado a don Luís Saucedo, el amante de la Seneta; como una especie de macabro recordatorio de lo terrible e inhumano que pretendía dejar atrás. Allí, frente a la "Roca de la Botella", en una pequeña explanada que se extendía desde ésta hasta el borde del camino, justo en el centro del llano, Pierre Cliós y Guillaume Florentín prepararon un montón de madera, al que prenderían fuego en el preciso instante en que el campanario de Santa María pregonase que las ánimas iban a iniciar la patética procesión de San Juan.

—¡Clamaste en el desierto y nadie te escuchó! —gritó Florentín, acercando la antorcha al montón de leña. El campanario vomitó los cuatro cuartos—. ¡Santo antes de Cristo!, ¡Santo después de Luzbel!, ¡destruye con fuego lo que crearon quienes te alzaron a los altares! —y prendió la hoguera.

Tras esto, todos se desnudaron y cantaron y bailaron alrededor de la fogata. Cliós fue a buscar un par de botellas de aguardiente seco, que había escondido aquella tarde entre las oquedades de la Roca de la Botella. Tan horrible brebaje, al que los de Tamarite llamaban "Mata gossos"[53] (Pierre se refirió a él como "Gesusita muegtos"), duró en sus abrasadas gargantas lo que el eco del último campanazo en sus tímpanos.

Isabel sabía que la aportación de Cliós apenas lograría marear a los hombres, acostumbrados a beber aquel terrible licor, por lo que había preparado una especie de infusión de beleño, alcohol, belladona y ruda. Su sabor era amargo, tan desagradable como su aspecto; aunque ninguno de ellos, todavía cohibidos por la inexperiencia, tuvo objeción alguna en beberse aquella poción infame.

Los efectos del bebedizo de Isabel sorprendieron, incluso, a la propia creadora. Sintieron una fuerte presión en el pecho, arcadas espasmódicas en sus ácidos estómagos y una pesadez en los párpados que, unida al sopor del "mata gossos", a punto estuvo de dar al traste con la ceremonia. Pero, a los pocos minutos, un hormigueo recorrió sus cuerpos, como si en el interior de sus venas se hubiesen instalado cientos de abejas enloquecidas, y una alegría desbordante se apoderó de ellos.

Todos, unos cansados de compartir el lecho con un hábito excesivamente vulgar, otros por la súbita enajenación de su libido, se vieron irremediablemente abocados a elegir una nueva pareja, y yacieron junto a la hoguera.

—¿Y si nos quedamos preñadas? —preguntó la Bardaxí.

—¿Tú, preñada? —rió la Seneta—. Ni aunque tu amante fuera el arcángel Gabriel, podría enmendar lo que la naturaleza te ha retirado.

—En todo caso —dijo Florentín con cierto orgullo—, creo que mi fama de "remediador" está bien fundada y con justicia.

—Sí —rió Isabel—. Ten por seguro que, si éste te pone las manos encima, no volverás a temer un embarazo.

---

[53] Mata perros

Aquel caos duró poco más de una hora, hasta que un ruido, como de pasos, les dejó tan fríos como arrebatados de toda pasión. Alguien les había seguido hasta allí, o les había oído desde el mudo pueblo, a menos de media milla de allí. Aquel no era un buen lugar para celebrar ese tipo de rituales, profanos, impíos e indecorosos. Si algún tamaritano les descubría y denunciaba, serían entregados al Santo Oficio, si no por brujería, sí por conducta inmoral.

Los pasos sonaron, como el repiqueteo nervioso de una comadreja espantada, en la seca hojarasca, que susurraba al ser acariciada por aquello, fuera quien fuera, fuese lo que fuese...

Aquel susurro, limpio y seco, era la evidencia de su cercanía. Y, a tan extraño caminar, se unió una respiración nerviosa, rápida y entrecortada.

—No es nadie —susurró Arcadio— Un animal...

Prácticamente no había acabado de pronunciar aquella frase, cuando el fondo de unos ojos reflejaron las llamas de la fogata, devolviéndola como esferas perfectas de luz anaranjada. Enseguida percibieron la imagen de un gran perro negro, tal vez un lobo. Se quedaron quietos. Se acercó, sin frenar su paso, dibujando un círculo alrededor de la hoguera.

—¡Sócrates! —gritó Arcadio, nada seguro de que aquel animal fuese el esquivo perro que siguió a Isabel desde Zugarramurdi con una misión nada clara—. ¡Ven aquí!

—No es Sócrates —susurró Isabel—. Se le parece, pero no lo es.

El lobo acabó de rodearles y salió corriendo hacia la Roca de la Botella. Dio un par de saltos imposibles y, cuando se hubo encaramado a lo alto de la misma, aquel animal ya no era tal, sino un hombre corpulento, de piel oscura y barba muy poblada.

—¡Belcebut! —susurró Isabel.

—¿Me habéis confundido con ese miserable de Sócrates? —rió el hombre con cinismo—. ¡Pobres desgraciados!

Los otros se preguntaban quién demonios era aquel ser. Isabel calló; temía que si les decía la verdad se aterrorizaran y huyeran de allí despavoridos. Aunque aquel alarde de poder, más allá de la comprensión humana, más que producirles pavor, les había maravillado. El brebaje de Isabel, qué duda cabe, ayudó a que no se amedrentasen ante el gran hombre negro.

—¡Yo soy quien estabais esperando! —dijo Belcebut, adelantándose a las preguntas de los ya nuevos brujos—. Dios tuvo su mesías, el hijo de un cornudo y una judía. ¡Qué poco es ese Dios!, ¡qué torpe, si precisa de un salvador para redimir a sus propios hijos! —rió—. Pero mi señor Luzbel jamás ha necesitado de enviados ni apariciones absurdas de vírgenes, santos ni Cristos para afianzar su poder. Porque el poder de mi señor es el legítimo. Porque la naturaleza del hombre no es la que predican los curas, obispos, cardenales o papas. Los perros comen, beben y fornican sin que ningún dios les prohíba hacerlo. Comen lo que encuentran, beben donde quieren y jamás repiten hembra. ¿Y ellos pecan?

—¡No! —gritaron todos.

—¿Y no sentís vosotros deseos de fornicar con otras mujeres que no son vuestra esposa, con otros hombres que no son vuestros maridos? Os aseguro que no sabríais que pecáis si no os lo hubiesen dicho los sacerdotes. Y si estos no existieran, nadie se preguntaría sobre el pecado, pues lo que la Iglesia ve como una ofensa es nuestra verdadera naturaleza, y vosotros, todos, pertenecéis a ella.

—¡A nosotros no nos preocupan esas cosas! —gritó Pierre—. No entendemos lo que dices, ni perdemos el sueño por un cielo en el que no deseamos entrar, pues no queremos compartirlo con esos hipócritas que van a misa y dicen amén, amén. No queremos malgastar nuestra eternidad con esos que rezan y donan sus bienes a la Iglesia y después asesinan, humillan y esclavizan, con la seguridad de que con oro podrán comprar la salvación.

—¿Qué queréis, entonces?

—No sabemos lo que queremos —añadió la Seneta—, pero sí lo que no queremos... Y aborrecemos a la Iglesia.

—¿Tenéis una cruz? —preguntó Belcebut, descendiendo por una escalera que no existía.

Juana Bardaxí corrió donde había dejado sus ropas, y regresó con una pequeña cruz de madera y plomo, como esas que exhiben orgullosas las monjas sobre su hábito, y se la entregó al hombre.

El demonio la extrajo de la pequeña liza que la sujetaba, la tiró al suelo, y orinó sobre ella.

Los demás fueron desfilando uno a uno, imitando la acción del demonio... Acababan de venderle su alma...

5. Muerto el perro, se acabó la rabia.

«Aunque la noticia de muertes ilustres viajen como el rayo, el final de los humildes ha de ser tan discreto como lo fueron sus vidas.»

TAMARITE DE LITERA (Reino de Aragón). Otoño de 1614

Camilo era un hombre algo rudo, cejijunto y extremadamente delgado, aunque poseía un carácter alegre y agradable que, sin duda, le fue de gran ayuda en su azarosa vida sentimental... Era tramposo y timador. Y el resultado de tales menesteres poco píos, fue el que le obligó a abandonar Tamarite varios años atrás; una estafa mal planeada al mismísimo Segismundo Sopena, de la que, ni el uno ni el otro, dieron nunca el más mínimo detalle. La muerte del alcalde, una semana atrás, fue el motivo que le impulsó, sumido en la miseria, a regresar al pueblo que le había visto nacer.

La noticia del fallecimiento de Sopena llegó hasta sus oídos en Almenar, a la salida de "misa de doce"... *«¡Dios acoja en su seno a don Segismundo Sopena, gran benefactor de la diócesis de Lérida!.»* Con Sopena bajo tierra, ya nada le impedía regresar a su pueblo.

Cuando llegó a Tamarite encontró la casa de sus padres cerrada y abandonada.

Nadie quiso darle explicaciones sobre el modo en que había muerto su hermana Lucrecia, aunque no escatimaron detalles respecto de lo buena y piadosa que siempre había sido su madre. Su hermana era harina de otro costal... Le emplazaron a Torre Dolorosa donde, según quienes se dignaron a hablar con él, vivía la mujer que cuidó de ella durante las últimas semanas de su vida, Isabel Simón

Banyeu sospechaba, por los comentarios de algunos tamaritanos, que tanto su hermana como aquella pelirroja a la que estaba dispuesto a visitar de inmediato, no habían sido más que dos vulgares rameras, y que Lucrecia murió por una enfermedad relacionada con su vida disoluta. Al principio pensó que en Isabel iba a tener una amante fácil, dispuesta y maleable (él creía que el grado de confianza de una mujer se mide por la celeridad con que esta accedía a recibirle en su lecho), pero un comentario de Jesús, el posadero: «*Se casó con un buen hombre, y vive en Torre Dolorosa... Dicen que su vida no es del todo cristiana, pero nada hay que decir de ella ahora*», dio al traste con su pretensión de acallar una liviandad que quería estallar en su entrepierna. «*Hay una putilla, Antonia creo que se llama, de apenas dieciséis años que, aunque es criada en la casa de don Ildefonso Ariño, por una miseria dejará que acaricies su cuerpo y, por un poco más, que yazcas con ella... No es fogosa pero, cuando la amas, te da la sensación de estar jodiendo con una virgen*».

La dirección que le dio el posadero estaba cerca.

En efecto, la tal Antonia era una niña, no demasiado agraciada, que aún no había perdido la expresión de inocencia en su rostro. No le importó demasiado saber que estaba contribuyendo a entorpecer su futuro, más bien todo lo contrario; la inexperiencia de la pobre "puteta" le permitió gozar de ella y, haciendo alarde de su verborrea enfermiza, marcharse de allí sin pagarle un solo real.

Después, regresó a la posada y bebió hasta que derritió el dinero que tenía reservado para la fulana. El propio Jesús lo sacó afuera, a eso de medianoche, completamente borracho y maldiciendo y jurando que jamás regresaría a aquel lugar.

Y quedó allí, embriagado de vino y miseria, en plena calle, vomitando en el mismo portal de la posada, donde durmió toda la noche, sin acusar el frío que trajo consigo la niebla.

Cuando despertó, cuatro niños jugaban con una pelota de tela a pocos pasos. Su cabeza parecía querer estallar y se quedó inmóvil, con los ojos muy abiertos, y mirando hacia el encapotado cielo.

Los pequeños enseguida se percataron de la presencia de Banyeu. Se acercaron y lo observaron sin perder detalle.

—¿Estará muerto? —preguntó uno de ellos.

—No. Está borracho —respondió otro con aires de sabelotodo—. Mi padre, cuando vuelve de la taberna, vomita y ronca... Después, cuando despierta, se queda mirando al techo de su alcoba, como éste.

Se rieron de Camilo y, cuando aquel despojo humano dejó de ser divertido, retomaron su juego, sin prestar demasiada atención a los movimientos de aquel borracho.

—¿No os da vergüenza el lamentable espectáculo que estáis ofreciendo a estos niños? —le increpó una voz recia, con pronunciado acento francés. Era Pierre Cliós.

—¡Vete al infierno! —respondió Camilo, levantando la cabeza— ¿Qué te importa a ti lo que yo haga, o la moral de estos críos?

—¡Mon Dieu! —Se sorprendió Cliós— ¿Camilo?

—¡Maldito francés! —sonrió Banyeu—. ¡Creí que te habría asesinado alguno de esos a los que jodiste!

—Pues ya ves que Satanás no tiene demasiadas prisas en contar conmigo entre sus huéspedes —le ofreció la mano. Camilo se levantó y se tambaleó, entre las risas de los niños.

—¡A los franceses hijos de puta no os quiere ni el diablo!

—¡No metas a mi madre en esto! —bromeó Pierre. Camilo se apoyó en su hombro—. ¿Tienes dónde dormir, "mon ami"?

—En mi casa... A no ser que la ramera de mi hermana la vendiera.

—Lucrecia ganaba tanto dinero que, de no haber tenido que pagar tus deudas, podría haber comprado un palacio... Supongo que esas ruinas, ahora, serán tuyas.

—¿No sabrás de nadie que precise un obrero, peón o ayudante?

—Quizás —pensó Cliós—. ¿Crees en Dios?, ¿en la Iglesia?

—¿He de creer? —Pierre se encogió de hombros—. Si en el trabajo que me ofreces gano lo suficiente como para poder pagarme una puta, de vez en cuando, y no me agote tanto como para impedirme disfrutar de ella, creeré en Dios, en la Iglesia y en todos su Misterios.

—No creo que la necesites... Joderás cuanto desees... A cambio, deberás hacer algunas tareas, digamos, incómodas. Y yo me comprometo a darte comida y trabajo, y entre todos te daremos un sueldo que poder gastar en vino, mujeres, o lo que te plazca.

—¡No se hable más!, ¿cuándo empiezo?

—Ahora mismo, Camilo... Ven a mi casa y cena conmigo...

—¿No serás uno de esos franceses que prefieren el pescado?

—¿Me preguntas si soy maricón?

—No me gustaría que me tomaras por uno de ellos...

—Sólo he amado a una mujer; Amelie se llamaba... Cuando murió, juré que jamás amaría a otra. Por eso, nunca me casé... Pero eso no quiere decir que me

guste el amor "contra natura", ni que pierda la oportunidad de yacer con las mujeres que se me insinúen.
—¿Y ese trabajo?
—Tengo tierras cerca de Santa Ana. Tú me ayudarás, y yo te daré de comer... En cuanto al resto, no soy yo quien debe decidir.

6. Murmuraciones.

«Todos esos ofensivos venenos que vierten quienes creen estar por encima de mí, quienes creen ser los amos y señores de mi vida, son lamentos de su propia dejación. Dolor tan grande sólo es comprensible por una hipocresía que, no por ser inconsciente, debe ser justificada.»
TAMARITE DE LITERA (Reino de Aragón). Otoño de 1614

Mosén Miguel se santiguó al pasar frente al altar, haciendo una genuflexión al mismo tiempo. Después, dio media vuelta y anduvo despacio por el lateral izquierdo de Santa María. La iglesia hubiese estado desierta, de no ser por una viejecilla flaca y enlutada, que le aguardaba de rodillas en la primera fila de bancos. El cura sacudió la cabeza y se acercó a ella.

—¡Ave María purísima! —rezó mosén Miguel.
—¡Sin pecado concebida! —respondió la anciana.
—Y bien, Claudina, ¿no sabes que hoy no es día de confesiones? —preguntó el sacerdote, entre incomodo y paciente.
—Los brazos de Dios siempre están abiertos para sus hijos buenos, ¿no es así padre?
—Los hijos buenos de Dios no necesitan penitencia diaria.
—Pero, si muriese en pecado mortal y vos no quisierais escucharme en confesión, me condenaría al infierno, ¿estoy en lo cierto? —él asintió, resignado—. Pues, no contaros lo que sé, sería un pecado de omisión.
—Siendo así, te escucharé...

Mosén Miguel le ofreció el brazo derecho, que la anciana aceptó de buen grado. Se reincorporó, y le acompañó hasta el confesionario, donde se arrodilló. El cura se colocó la estola en el cuello, abrió la portezuela, y se encerró en su interior.

—Tú dirás, hija mía —le animó el cura, a desgana.
—Si le digo que Isabel Simón fue una mujer de mala moral vos me responderéis que tal asunto es de dominio público, que ni siquiera es un secreto para su marido —el cura asintió—. Pero si os digo que la tal Isabel fue una bruja perseguida por la inquisición, y que huyó de Navarra porque si no la hubieran quemado en la hoguera...
—¡Eso que me estás diciendo es algo muy grave!
—Pues es tal y como yo os digo, padre... Así me lo contó Eusebia.

—¡Eusebia es una pobre mujer, a la que no deberías hacer mucho caso! —mosén Miguel sacudió la cabeza.

—Pero eso no es todo... Hace algún tiempo, la pelirroja fue a visitar a la viuda de Arnau Cliós, a la Seneta y a unos cuantos del pueblo... Y dicen que se han unido para formar una secta de brujos y brujas, que se reúnen en las cercanías de la Roca de la Botella para adorar al demonio, y bailar desnudos y fornicar...

—¿Sabes de alguien que pueda testificar que lo que dices es cierto?

—Nosotros sólo somos humildes labradores, que tememos tanto a Dios como al demonio. Esas gentes no son de fiar, pues el mal es su vida. Así que no dudarán un instante en maldecirnos o asesinarnos si hablamos en su contra...

—Creo que has oído demasiados cuentos, Claudina...

—Si la Iglesia las persigue y ejecuta, si las ve como el peor de los males de la Tierra, ¿cómo hemos de verlas nosotros, que no sabemos leer ni escribir, y que escuchamos en vuestros sermones los grandes peligros de Satanás y del demonio?

—Has hecho bien, Claudina —carraspeó el cura, desconfiando de las palabras de la anciana—. Reza un padrenuestro y dos avemarías...

Invierno de 1615

Por el camino se encontró con Juliana... Ya era demasiado tarde para esconderse tras los matorrales, o pretender que ésta creyera que andaba dando un paseo en plena noche. Pero Claudina sabía que el bochorno era mutuo, así que decidió dedicarle un saludo, tan breve como avergonzado. Ella sabía de dónde venía la otra, y Juliana hacia dónde iba ésta, así que cualquier cosa que dijesen les hubiera puesto en un compromiso del que difícilmente podrían haber salido airosas...

—Debería habérselo dicho a mosén Miguel —se dijo—. Lo que hago no está bien, pero no sé si es un pecado...

Al traspasar la valla de torre Dolorosa, fue recibida por Sócrates, el eterno lacayo de la pelirroja, aún más inquietante que ella misma, quien le escoltó hasta el porche de entrada al caserón.

Dio un par de golpes en la puerta, con la palma abierta, y aguardó a que alguien le atendiera.

—¡Hola, Claudina! —dijo Isabel—. ¿Vienes a por tus hierbas?

—Sí, hija mía —respondió apesadumbrada, entregándole un pañuelo—. Este invierno, los huesos me duelen más que nunca...

—Piensa que estos preparados difícilmente solucionarán los problemas que trae consigo la edad...

—¿Me estás llamado vieja?

—¿Cuántos años tienes, Claudina?

—Más de sesenta.

—No te engañes —bromeó Isabel—, en edad casadera ya no estás.

—Nunca se sabe, Isabel... Si no fuera por el reuma, no te digo yo que no volviera a casarme con un muchacho fuerte y joven.
—Aquí tienes —le entregó su pañuelo atado—. Ya sabes que debes machacarlas con un mortero, y dejarlas macerar en aceite durante tres días... ¡Que acabes de pasar un buen invierno!
—¡Dios te oiga! —la anciana se sintió ruborizada, creyendo que había precipitado en su jaculatoria—. O quién sea...
—¡Que te escuche quien deba hacerlo, Claudina!
La puerta se cerró a sus espaldas.
—No me fío de esa mujer —dijo Arcadio—. Es una alcahueta. Cualquier día de estos le contará al cura que nuestra vida transcurre al margen de lo que él predica...
—Estoy segura de que ya lo ha hecho —sonrió Isabel—, pero mosén Miguel no es un crédulo que dé por válidas las sospechas de una anciana, que cree que dormir mirando al techo es pecado.
—De todos modos, no deberías vender tus pociones y ungüentos a como ella.
—¿De verdad crees que Claudina es diferente al resto? —Arcadio se encogió de hombros—. Cuando paseo por Tamarite, las mujeres forman corrillos a mis espaldas: *«Es una puta»*, dicen, *«y bruja...»* Después, cuando se esconde el sol, esas mismas mujeres son las que vienen aquí, en busca de estas... La gente sólo ve en los demás lo que les disgusta de ellos mismos, para criticarles sin tener que criticarse... Y sus creencias... Creen por miedo, y actúan por miedo. Lo que hoy es blanco, mañana será negro, si con ello están convencidos de encontrar alivios para sus atormentados corazones. Por eso nos aman y nos odian con la misma intensidad. ¿Acaso crees que esos insensatos entregarían a la inquisición a quienes les procuran alivio? No, Arcadio. No lo harán porque, aunque digan que aman a Dios sobre todas las cosas, su egoísmo se antepone a cualquier esperanza abstracta... Ese es, sin duda, nuestro aval...
—Pero también puede convertirse en nuestra condena...
—La vida es un riesgo, Arcadio...

CAPÍTULO XXXII
Ni el beneficio de la duda.

1. Degradación.

«A veces me pregunto: ¿Cuál será el límite del ser humano? Para bien, o para mal, la dicha y el dolor parecen no conocer fronteras. Las metas de los piadosos están fuera de nuestro alcance, pues, ¿no es Dios su fin? Pero, ¿dónde ha de concluir la iniquidad, si las armas con que combatirla están escondidas tras los lindes de la vida?»

TAMARITE DE LITERA (Reino de Aragón). Principios de 1615

Camilo, en cierta ocasión en la que el alcohol había desatado la lengua de Pierre Cliós, le oyó comentar que el mayor agasajo con el que se le podía obsequiar a un demonio era entregarle la sangre de un niño aún no bautizado. No es que esto, agradar a Belcebut, le obsesionara demasiado; en definitivas cuentas, aquel ser negro y peludo no le había procurado satisfacción alguna, aunque sí aquellas reuniones que intentaban imitar lo que la pelirroja había aprendido en Zugarramurdi. Belcebut le era tan indiferente como el resto de brujos y brujas que participaban en las reuniones orgiásticas de la Roca de la Botella. Los motivos eran otros, y se escondían tras el velo de impureza que rebosaba el mezquino corazón de Camilo. Y ese motivo se llamaba Isabel Simón. Jamás había amado a nadie y, aunque ella no era una excepción, la extraña belleza de aquella pelirroja le cegaba. Por tal, y sin saber muy bien si consiguiéndola iba a sentirse satisfecho, el poco aprecio que sentía por Arcadio se fue difuminando tras el deseo de poseer aquel cuerpo infestado de pecas: *«Es un burro que come rosas».* Ya había intentado, en un par o tres de ocasiones, mantener aquellos inmorales desahogos más allá de la tierra dura sobre la que celebraban sus reuniones, aunque con nulo resultado. Aquella mujer, que había sido elegida por unanimidad como Reina de las Brujas, no tenía la más mínima intención de abandonar a Arcadio que, aunque pobre, le ofrecía todo lo que necesitaba.

Pero Banyeu no estaba dispuesto a dejarse vencer tan fácilmente, ni se resignaba a tener que aprovechar los momentos de descuido de Arcadi, para acometer a Isabel y poder hacerle el amor, siempre en presencia de todos los demás. Su estratagema debía dar un giro radical: si no podía convencerla con la palabra, debería ganar su confianza con agasajos y presentes que nadie osarían regalarle...

Cliós no era consciente de que aquella historia, que había escuchado en Toulouse cuando trabajaba para el Santo Oficio, había quedado grabada en la enfermiza mente de aquel timador de poca monta, como la marca a fuego de los terneros. Aunque, a decir verdad, le importaban bastante poco las consecuencias que pudieran derivarse de las historias que contara cuando el vino le soltaba la lengua...

Camilo estaba decidido a hacerle aquel regalo a Isabel, y a todos los miembros de aquella secta que no acababan de admitirle como a un igual: «¡*Estoy harto de que me traten como el estúpido sin escrúpulos que sólo sirve para hacer los trabajos sucios!*»

Hacía ya un par de semanas que Banyeu dedicaba todo el tiempo que le permitían sus vicios a indagar sobre las mujeres que estuvieran a punto de parir: tenía cinco candidatas. Una de ellas, la primera que se pusiera de parto, podía dar su hijo por perdido.

La primera oportunidad llegó con las primeras nieves: fue Teresa Guardiola... Pero era una mujer de la burguesía, sobrina de Sopena y, siendo que sus antecedentes con respecto a aquella familia no eran, lo que se dice, los mejores, pensó que enseguida sospecharían de él, así que prefirió esperar a una mejor ocasión... La segunda fue la definitiva: una niña, hija de Robustiano Anglesola, primo del actual alcalde; e hija de Eusebia Ruiz, tal vez la mujer que más aborrecía la pelirroja... Era la criatura que mejor se ajustaba a sus planes. Nadie sospecharía de él, puesto que era amigo del tío de la criatura, y los miembros de la secta se librarían muy mucho de denunciarle, puesto que se comprometerían a ellos mismos...

Anglesola y su mujer vivían en una torre a las afueras de Tamarite, en dirección a Alcampell, sin ningún tipo de cercado ni vigilancia; a excepción de un mastín, viejo y vago, cuyo ladrido era tan escaso como inútil, y que siempre estaba atado con una cadena a una caseta de adoba medio derruida, de la que no salía ni para orinar.

El olfato del animal, ciertamente, no era su sentido más agudo. Cuando Camilo pasó a su lado, resguardado por las brumas de una noche sin luna, el viejo can ni siquiera levantó su hocico del suelo en el que dormía, ni dejó que surgiera de su garganta el más leve gemido. El primer obstáculo estaba superado...

Llegar hasta la cuna de la niña era más complicado: Eusebia no se separaba ni un instante de su pequeña; no en vano, aquella mujer tenía más de treinta y cinco años y era muy probable que esa fuera la primera y la última vez que pudiera disfrutar de una maternidad que él se disponía a quebrantar bruscamente. Debería esperar a que la lerda de Dolorosa se rindiera al cansancio del parto, y se durmiera. Robustiano no era un problema; sus ronquidos, aparte de indicarle que tras la masa grandiosa que sobresalía de la cama se escondía un leño al que no lograría despertar ni el hundimiento del techo sobre su cabeza, le servirían para eclipsar sus propios pasos...

Esperó hasta que la mujer le diera el pecho a la niña, y a que ésta prosiguiera con su plácido sueño... Media hora después de la toma, Eusebia estaba compitiendo con su marido en una serenata infernal de ronquidos descompasados.

Era el momento.

Abrió la puerta de la casa. Aquellos dos desgraciados, tan majaderos como confiados, ni siquiera habían echado el cerrojo. La habitación estaba al fondo y la niña dormía al lado de Eusebia.

Como un borracho que regresara a su casa al amanecer, dio un paso a cada ronquido de Robustiano y, en unos segundos, se topó con la cuna de la niña... No podía ver nada, pero, al tacto, enseguida encontró el cuerpecito de la criatura.

«Decían las brujas», recordó que le había contado Cliós, *«que la extracción de la sangre de una criatura debe hacerse cuando ésta aún está viva, de lo contrario es imposible sacársela toda».*

Ahora, el que se sentía un estúpido era él mismo: ¿Cómo iba a sacar a la niña de la casa sin matarla, sin que llorase o hiciese ruido? Su cabeza se aceleró.

Eusebia y Robustiano seguían roncando como cerdos en celo.

Al fin, decidió palpar con las manos la carita de la criatura, y taparle la boca. La cogió, y deshizo el camino, siguiendo con sus pasos el ritmo de los ronquidos.

Robustiano abrió los ojos asustado. El viejo perro estaba ladrando, como enloquecido.

—¡Maldito perro estúpido! —refunfuñó.

Eusebia también se despertó, más por los gruñidos de su marido, que por el insistente ladrido del mastín... Todo estaba oscuro, y la niña no se oía: *«¡Gracias a Dios, Anastasia no se ha despertado!»* Ese era el nombre con el que la hubiera bautizado al día siguiente...

La nevada no fue excesiva; en realidad, las calles de Tamarite ya estaba limpias, y el frío tampoco fue inclemente, puesto que los charcos ni siquiera se habían congelado. Pero allí arriba, en la explanada, que se extendía desde la Roca de la Botella hasta los huertos de Sopena, soplaba un viento que conseguía que la sensación térmica fuera muy por debajo de lo que era en realidad.

Arcadio se recostó sobre una manta, apoyando su cabeza sobre el vientre de Isabel. Mientras, los demás bailaban embriagados alrededor de la hoguera, aunque ninguno de ellos se separó de la pira más de diez o quince pasos. Sin embargo, aquel gran hombre negro, Belcebut, parecía no sentir el frío que amenazaba con convertirles a todos en témpanos de hielo.

—Nunca he soportado a tu hermana —susurró Isabel. Arcadio asintió con tristeza—, pero lo que le ha pasado a su pequeña me revuelve las tripas...

—Ya hace dos días de eso —carraspeó Arcadio—, y aún no la han encontrado ¿Quién demonios querrá un bebé? Si se la hubiese llevado algún animal, toda la habitación estaría llena de sangre...

—Hay muchas mujeres ricas que no pueden tener hijos... Pagarían lo que fuera por una criatura.

—Lo peor de todo es que siempre habrá algún hijo de puta dispuesto a conseguirles un niño por cuatro reales.

Banyeu se acercó a ellos, y se sentó, de cuclillas, entre las piernas de Arcadio y de Isabel. Les miró con cara de sorpresa y sonrió.

—¿Cómo es que no os unís a nosotros y a nuestros bailes?

—Estamos tristes —respondió Isabel.

—Mi sobrina ha desaparecido —murmuró Arcadio, algo molesto—. No están los ánimos para muchas celebraciones.

—En eso os equivocáis —dijo Banyeu con ironía.

Y, levantándose, fue tras la Roca, y regresó con una jarra. Les hizo un gesto a todos para que se acercasen al lugar desde el que Belcebut les observaba, y demandó silencio.

—¡Oh, Señor! —rezó Banyeu—. Tú siempre nos pides que te ofrezcamos nuestras peores obras, que nos caguemos en las hostias y que nuestra renuncia a Dios se traduzca en veneración a Satanás... Pero, ¿qué mayor muestra de agradecimiento a tu señor, oh Belcebut, que robar un alma pura para ti? ¿Acaso no es eso lo que deseas?

Isabel miró a su marido horrorizada, pero él ni siquiera era consciente del significado de las palabras de Camilo.

—Todo lo que me ofrezcas, si es una renuncia a Dios o le pertenece y me lo entregas, será bien recibido por mi señor.

—Esta jarra contiene la sangre de un niño sin bautizar.

—¡Dios mío! —se asustaron todos.

—¡No es posible! —balbució Arcadio.

Banyeu elevó la jarra por encima de su cabeza y la decantó, esperando que aquel líquido se derramase sobre él. Pero lo que surgió del recipiente fue una masa marrón que, al golpearle en la cabeza, se hizo pedazos.

Belcebut se mofó de aquel estúpido, y los otros se llevaron las manos a los ojos, incrédulos, y gritaron presos del terror.

—¡La sangre de mi sobrina! —gritó Arcadio, enfurecido.

Camilo sonrió con cinismo.

—¡Maldito bastardo!, ¿qué le has hecho?.

Cliós y Florentín tuvieron que sujetarle, para que no le matara allí mismo, mientras Belcebut reía divertido.

—¡Sois todos unos majaderos! —se burló el hombre negro, perdiéndose tras la Roca.

—¡Te mataré, Camilo! —le amenazó Arcadio—. ¡Juro por Dios que te mataré, como has hecho tú con mi sobrina!

—¿Una criatura que no conocías ejerce tal poder sobre ti? —rió Camilo, aunque más por miedo que por diversión—. ¿Arriesgarías tu vida por el hijo de la mujer que más detesta esa fulana que tienes como esposa?
—¿Así que Isabel es el problema, no? —le miró rojo de ira.
—¿Qué estáis diciendo? —Isabel se encogió tras Arcadio—. ¿Os habéis vuelto locos?
—No te merece. ¡Eres un lerdo "Dolorosa"!, ¡una mujer como Isabel se merece algo mejor!
—Tal vez no sea el más sabio de los hombres, pero jamás he sido tan vil como para asesinar a una criatura indefensa, por hacerme valer ante nadie... ¡De esto tendrán noticias las autoridades!
—Sí, ¡corre a denunciarme al cura o al juez! ¿Qué les dirás?, ¿que uno de los miembros de una secta a la que perteneces, ha secuestrado y asesinado a tu sobrina, para ofrecérsela a tu señor?
—¡Te acordarás de esto, Banyeu! ¡Juro que te acordarás de esto!
—¿Lo juras? —rió Camilo— ¿Ahora te acuerdas de ese Dios al que renunciaste porque te esclavizaba?
—¡Vámonos, Camilo! —insistió Cliós, agarrándole de la mano.
Y los dos hombres se perdieron camino de las ruinas del castillo...

2. La ayuda.

«Mi mundo, ese en el que soy por no haber sido, se asemeja al rocío de la mañana: frío y transparente. Escarchado en invierno, suave y brillante en primavera... ¡Mirad y admirar mi propia ruina, que yo no soy sino hielo! ¡Bendecid lo que Dios jamás bendijo! Poned en mis labios las palabras que nunca dije... Haced de mí tal y como yo hice... Convertidme, en la sombra de mi propia cobardía...»

TAMARITE DE LITERA (Reino de Aragón). Otoño de 1615

Arcadio se llevó la mano a la frente, y perdió su vista en el Horizonte de Poniente. Había crecido en aquellas tierras, y allí había vivido toda su vida, rodeado de campos llanos, y observando, día tras día, aquellos atardeceres de sangre y muerte. Sin embargo, no recordaba un sólo ocaso en el que el bello de sus brazos no se erizase al contemplar tan grandioso espectáculo. Jamás se preguntó si el júbilo que sucedía a la caída del sol se debía a la belleza de lo contemplado, o si era simple complacencia ante el final de una agotadora jornada de trabajo... Sea como fuere, los atardeceres de los últimos nueve meses venían acompañados de un luto tácito, que había relegado el gozo a la más miserable de las condenas.

Robustiano y Eusebia hacía ya tiempo que habían dado por perdida a su pequeña hija. Aquellos dos desgraciados estaban convencidos de que fue secuestrada por un mercenario y entregada a una familia adinerada quienes, sin duda, sabrían cuidar de ella mejor que ellos mismos... Tal seguridad aún abatía más al labrador; tanto que, incluso cuando encontraba a su hermana en Tamarite, intentaba esconderse y simular que la había visto.

—¡No soporto más esta carga! —le dijo a Isabel.

—¿Y, qué piensas hacer? —Arcadio sacudió la cabeza— ¿denunciar a Camilo?

—Me siento culpable, Isabel... Conozco a Camilo desde que era un muchacho, y sé que es un tramposo, un mentiroso y un timador. Jamás supuse que fuera un asesino, pero no me sorprende. Jamás me gustó ese malnacido, y no hice nada por evitar que ingresara en la orden... Soy tan culpable de la muerte de mi sobrina como él...

—No digas eso, Arcadio. ¡Si yo no os hubiera introducido en este mundo, en el que ni tan siquiera creo, esto no hubiese ocurrido! —se lamentó Isabel.

—¿Acaso nos obligaste? Soy un ignorante, un bruto y no demasiado inteligente. En toda mi vida no he hecho más que obedecer órdenes: primero de mis padres, después de mis hermanas. Me han engañado, me han estafado. Nunca he sido más que un pobre desgraciado, por el que todos sentían lástima... Si estuve de acuerdo en que organizases la "orden", no fue porque me sintiera obligado a hacerlo, sino porque quería ser igual que los otros, que mi vida fuera un poco menos miserable de lo que es... Tú me mostraste el camino, y yo lo seguí.

—Tú no eres el causante de nada, Arcadio... En todo caso, quien debería sentirse culpable soy yo —dijo, con una voz aplacada por los remordimientos—. Camilo, desde el primer día que me vio, cuando vino aquí preguntando por su hermana, ha deseado que me convirtiera en su amante, y yo siempre me he negado... Tal vez si hubiese accedido entonces... Esto no debería haber ocurrido jamás...

—¿Esa es tu solución? —se enfureció Arcadio—, ¿evitar que un demente enloquezca, convirtiendo a tu marido en cornudo?

—Pero tu sobrina aún seguiría viva...

—¡Y si yo hubiera matado a mi padre antes de que abusase de mi hermana Domiciana, ella no hubiese muerto de tisis!

Albertina le sirvió una nueva jarra de vino. Desde que aquel tramposo trabajaba para Pierre Cliós solía pedirle del más caro, del que guardaba en el tonel pequeño, pero sus modales seguían siendo los de un patán. La tabernera tenía una imagen algo difusa de la infancia de Camilo, pero los pocos recuerdos nítidos que asomaban a su cabeza no eran demasiado gratos. Albertina tuvo la suerte de no tener que toparse jamás con él cuando había bebido más de la cuenta, pero sabía de otras muchachas, algo mayores que ella, que habían tenido que pedir ayuda a sus padres para evitar el acoso de aquel degenerado; incluso, alguna de ellas, le denunció pero, como eran muchachas sin marido, el juez desestimó los cargos que pesaban sobre él... No, aquel ser detestable no era bien

recibido en la taberna de Jesús y, cuanto menos tiempo estuviese allí adentro, mejor que mejor.
Aquella fue la última jarra. Banyeu se sentía mareado, y al día siguiente tenía que sacar a pastar la veintena de ovejas de Cliós.
Pagó lo que debía y salió de la taberna.
Aún no había llegado al ayuntamiento, cuando unos gritos a sus espaldas le hicieron frenar su paso y aguzar el oído. Era Isabel, discutiendo con un zapatero el precio de unas botas para Arcadio. Se escondió tras la esquina del consistorio y aguardó a que llegasen a un acuerdo.
A los pocos minutos, Isabel pasó frente a él, y Camilo salió de su escondrijo, colocándose a la par de ella.
—Veo que también al zapatero le resultas irresistible —dijo—. Yo no hubiera logrado regatearle ni medio céntimo...
—¿Qué quieres, Camilo?
—Nada, Isabel... Creía que éramos amigos, y los amigos se saludan cuando se encuentran, ¿no?... Pero, últimamente, ya ni siquiera te acercas a mí...
—No hablo con asesinos.
—No hay criminal sin víctima —sonrió Banyeu—. Esa criatura que dices que maté, fue dada por desaparecida, no por muerta...
—¡Eres un cínico!
—Tú podrías haberlo evitado... Únicamente te pido un encuentro, los dos solos, sin nadie que frene nuestra pasión... Sólo así podrás evitar más desgracias...
—¡Estás loco, Camilo! ¡Realmente loco!
—Piénsalo, Isabel... En tu mano está evitar que cosas como la desaparición de la sobrina de tu marido vuelvan a repetirse...
Allí se separaron sus caminos. Camilo torció hacia la derecha, por el camino de Binéfar, e Isabel hacia Torre Alfals...
Banyeu se sentía satisfecho. Estaba convencido de que, antes o después, Isabel accedería a sus insinuaciones, y que era cuestión de tiempo poder disfrutar de aquella mujer, sin tener que pagar, ni que soportar las miradas de los demás brujos en la Roca de la Botella.
Cuando llegó a su casa, Cliós le estaba esperando. Ni siquiera le saludó, y rezó como un cura borracho:
—En Francia, conocí a un hombre —canturreó— que había sido el principal entre los brujos del Bearne... A decir verdad, aquel estúpido murió poco después de que lo atara al potro. ¡No sabes tú la de cosas que pueden llegar a decir los hombres más fuertes cuando sus cuerpo está a punto de desencajase! —rió—. *«Ofrecíamos al demonio a todo aquel que pertenecía a Dios... Curas, monjas, frailes... Y dábamos parte de ellos por detrás... Y Satanás disfrutaba con ello»*, confesó poco antes de que quebrase todos sus huesos...
—¿Ya has bebido, maldito francés?

—¡Nunca he estado más sobrio, "mon ami"!
—Pues, ¿por qué me vienes con esas?
—Muy sencillo, Camilo... Cuando trabajaba para la inquisición, siempre pensaba en lo que debían sentir aquellos desgraciados, que arriesgaban sus vidas por una herejía que ni siquiera les reportaba un poco de holgura a su miseria... Y creo haberlo descubierto...
—¡Estás obsesionado con el tal Belcebut!
—No más de lo que tú lo estás de la maldita pelirroja —Banyeu bajó la cabeza—. Deberías saber que, antes de que tú la desearas, yo ya había jodido con ella más de treinta veces...
—¡Eres un verdadero hijo de puta!
—Si realmente quieres tenerla, deberás hacer lo que yo te diga —Camilo abrió los ojos como soles, y aguzó el oído—. Bien, bien... esa maldita ramera haría lo que fuese por contentar a su señor...
—Hablas de ese patán disfrazado de cabrón negro, como si realmente se tratara del mismísimo demonio...
—¿Y quién es, si no? ¿Acaso sabes tú quién se esconde detrás de ese gigante? Tú mismo has podido verle en decenas de oportunidades, y no le has reconocido. Le has visto desaparecer y aparecer, adoptar la apariencia de un lobo negro, y hacer prodigios que ni el más hábil de los prestidigitadores sería capaz de repetir.
—El tal Belcebut, quienquiera que se esconda tras ese nombre y apariencia, me importa tan poco como esos prodigios que tú atribuyes a fuerzas sobrenaturales... Jamás he creído en él y jamás lo haré...
—Entonces, eres más estúpido de lo que creía... Una jodienda jamás justifica el asesinato de un recién nacido...
—¿Alguna vez he cuestionado yo lo que tú haces? —Cliós sacudió la cabeza—. De todos modos, gané unos buenos reales vendiendo las mantecas de la criatura a una vieja ricachona que padecía no sé qué mal —rió—. No te engañes, Pierre. Tienes borregos más listos que el patán de Anglesola. Aquella niña hubiese sido una cretina. Sin duda, hizo mejor provecho como cataplasma, que como criatura de Dios...
—¡Resultas tan despreciable, que eres imprescindible! —rió Cliós.
—En todo caso, Isabel no supo apreciar mi regalo...
—Pues yo te aseguro que esa maldita pelirroja se entregará a ti si sabes contentar a Belcebut —insistió el francés— Todo lo que nosotros hagamos por él, será recompensado. Si le ofrecemos una mujer santa, para que la tome y dé parte de ella, nos concederá cualquier cosa que le pidamos... Tú le reclamas a la pelirroja, estás en tu derecho. Él deberá entregártela, y ella no podrá negarse a cumplir las ordenes de su señor...
—¿Y tú?, ¿qué le vas a pedir?
—¡Eso es asunto mío!

—Sea, pues. Te escucho...

3. La sierva de Dios.

«Reyes que libran batallas por el amor de una dama; vasallos que se levantan contra su señor por un mendrugo de pan; papas que nombran cardenales a sus propios hijos; niños que mueren de hambre mientras tu curia se baña en oro y piedras preciosas... ¿Ese es tu mundo? Siete días tardaste en hacerlo, y uno en devastarlo. ¿Por qué creaste el Paraíso, si después desterraste de él a las criaturas para quienes lo habías construido?»

BENABARRE (Reino de Aragón). Primavera de 1616.

Cliós comprobó que no se le hubiese olvidado nada, haciendo un repaso mental de todos los elementos que precisaba: La cuerda que había enrollado bajo su camisa, la faja recia de lana, la porra, que palpó bajo ésta, y el aviso a Guillaume Florentín de que aquella misma mañana tendría un nuevo huésped en su casa.

Banyeu se llevó la mano al puñal y lo desenvainó. Después, miró con expresión de fastidio a Cliós, aunque dudaba que éste pudiera verla, dada la noche prieta, y susurró:

—En Binéfar, en Tamarite, en cualquier pueblo hay uno o dos conventos de monjas. ¿De verdad crees que era necesario venir hasta aquí para secuestrar a esa maldita monja?

—Ciertamente —sonrió Pierre—, si te permitiera hacer las cosas tal y como se te antojan, durarías menos entre los justos de lo que mereces... ¡Roza el cabello de una de las monjas de Tamarite o de Binéfar, y te convertirás en un pellejo colgando de la horca!

—¿Acaso aquí el secuestro es menos delito que allí?

—¡Suerte tiene este mundo de que los desalmados como tú hayan sido ungidos con la inteligencia de los asnos! —dijo Cliós con prepotencia—. El delito es el mismo, pero la distancia es mayor y, por lo tanto, las posibilidades de que recaigan sobre nosotros las sospechas mucho menores...

Cliós se adelantó, y aguardó a que Camilo se situase tras él, con la espalda pegada al muro de San Pedro. Después, saltó la valla del cementerio, desatrancó la puerta, y la abrió un par de palmos. Banyeu entró, y se escondió tras una de las cruces.

—Y bien —preguntó el tramposo—, ¿ahora qué demonios pretendes que haga?

Cliós no respondió. Anduvo una treintena de pasos, hasta el final del cementerio y, con la agilidad de un muchacho de veinte años, trepó por el muro hasta las ventanas del primer piso. Empujó los ventanucos y sacudió la cabeza. Después, se movió por la cornisa, y probó suerte en la siguiente ventana, con idéntico resultado. Al cuarto intento, la ventana se abrió, y se introdujo dentro del convento.

Era el pasillo que comunicaba las celdas con la capilla.
Se acercó a las celdas y, acercando su oreja izquierda a las puertas de las mismas, comprobó que todas estuviesen durmiendo.
Abrió la primera puerta. Por el bulto de las mantas dedujo que se trataba de una mujer gorda. Volvió a cerrarla. Abrió la segunda. Sobre un pequeño baúl, plegado con una escrupulosidad enfermiza, distinguió un hábito inmaculado, y un griñón igualmente blanco. Era la celda de una novicia. Se acercó al catre y, agarrando la porra que guardaba en su faja, le dio un golpe seco en la cabeza.
Cargó con el cuerpo de la novicia hasta la ventana por la que había subido. Lo dejó en el suelo, y se asomó, haciendo gestos con ambas manos a Camilo. Mientras éste se deslizaba entre las lápidas, hasta la base del convento, el francés se deshizo de la faja, y la ató bajo las axilas de la monja. Después, estiró de la cuerda que había enrollado bajo su camisa, y la unió a la faja...
Así, no sin apuros, lograron sacar a la monja de San Pedro.
Salir de allí, y trasladarla hasta Camporrells, donde Florentín se haría cargo de ella, fue casi tan sencillo como arrebatarle a Robustiano Anglesola a su hija...

Isabel estaba decidida; aquella misma noche, en la misa negra que se disponían a celebrar en la Roca de la Botella, les comunicaría su decisión: Tanto ella como Arcadio, estaban dispuestos a abandonar aquella orden y nada ni nadie podrían impedírselo. Estaba completamente segura de que, sin su presencia, Belcebut no volvería a aparecérseles nunca más; ella era quien le había traído hasta allí, y ella iba a ser quien se lo llevase, por su propio bien, y el de todos...
Sin duda, el asesinato de la sobrina de su marido fue el detonante que echó por tierra aquel proyecto, que empezó como un simple juego y se había convertido en una muestra más de que el mal siempre acaba por salpicar a quienes sólo lo veneran.
Aquel día les acompañó Sócrates. Nunca lo hacía, era como si el espíritu de su antiguo amo se hubiese encarnado en el poco dócil animal, que pareció recibir aquella decisión con una alegría inusitada.
Fueron los primeros en llegar a la Roca de la Botella.
Arcadio descargó los leños de su mulo y, como siempre solía hacer, encendió una gran fogata.
Cuando el campanario de Santa María vomitó las doce campanadas, que daban por concluido el día, llegaron las primeras brujas: Juana Bardaxí, Juana Seneta y Margálida Escuder. Poco después, Cliós, Banyeu y una decena más.
Los últimos en llegar fueron Guillaume Florentín, su mujer, Alegría, y una joven muchacha vestida con ropas que le quedaban demasiado estrechas, y sus pies, embutidos en unas botas de media caña, arrugadas y excesivamente amplias, asomaban por debajo de unas faldas que deberían haber llegado hasta el suelo. Pero esto no fue lo que más sorprendió a Isabel, ni siquiera que Florentín

hubiese traído consigo a una nueva adepta, sino que ésta parecía ida, distante, como si aquello no fuese con ella.

La pelirroja se acercó a Alegría y la saludó. Otro tanto hizo con su marido, alentándole a que le presentase a aquella nueva "cofrade".

—Por lo que veo —le dijo el francés— ni Cliós, ni Banyeu te informan de sus movimientos... Yo creí que todo este asunto contaba con tu beneplácito.

—Explícate Guillaume... No sé cuáles son los movimientos de esos dos intrigantes fuera de aquí —Isabel se acercó a la muchacha y le miró a los ojos. La sonrisa de la joven le hizo sospechar que Florentín la había drogado— y, a decir verdad, prefiero no saberlo.

—En todo caso, creo que deberían ser ellos quienes te pusieran al corriente sobre esta joven.

—Cuando me elegisteis a mí como Reina de las Brujas, nadie se opuso a tal decisión. Ahora, veo que se cuestiona mi valía, y que se hacen cosas a mi espalda —dijo con resignación—. Pero no importa Florentín. Si son Cliós y Banyeu quienes deban dar explicaciones, serán ellos quienes lo hagan...

El tiempo parecía haberse parado, o fluir con una cadencia tan exasperante, que Isabel se inquietaba por momentos. Nadie hizo una sola mención a aquella nueva neófita durante la ceremonia. Debería esperar a la conclusión de la misma, quizás al mismo momento en el que ella anunciase que abandonaba todo aquello; lo cual suponía que la orden desaparecería sin remedio.

Belcebut no acudió hasta bien entrada la noche, hasta que los brujos y brujas habían bebido aquellos brebajes que Florentín preparaba en las bodegas de su casa. Para entonces, muy pocos de ellos estaban ya en condiciones de atender a las palabras de Cliós; aún así, se acercó al gran hombre negro y rezó:

—He ayudado a que muchos de tus fieles fueran quemados en la hoguera... Pero siempre sentí en mi interior tu llamada. Las palabras de aquellos hombres, de aquellas mujeres, me fascinaban. ¿Qué dios es ese que, pudiendo hacerse visible, pudiendo enviar a cualquiera de sus subordinados, nos niega las pruebas de su existencia? ¡Creer por mera fe puede ser una dicha!, ¡tal vez tenga más valor que precisar de nuestros ojos para saber! Pero nosotros somos ignorantes; desconocemos los caminos de Dios, las sendas para alcanzarle... Sin embargo tú, Belcebut, que conoces al propio Satanás, que hablas con Luzbel, te has acercado a nosotros y nos has mostrado que el diablo es una realidad tangible y cercana...

—No dudéis que mi presencia manifiesta, tanto la incuestionable existencia de mi señor, como la de Dios —dijo el demonio, solemnemente—. Me congratulo, porque vosotros habéis elegido el camino contrario a la Iglesia, pero sería absurdo negar que, si creéis en Satanás, creéis también en Cristo...

—Si te alegras de vernos aquí, rindiéndote homenaje, si te regocijaste cuando Camilo te entregó la sangre de un neonato, ¡cuánto más, si te entregamos a una sierva de Dios!

Pierre hizo un gesto con la mano, y Banyeu y Florentín se acercaron con la muchacha. La despojaron de sus ropas, y la tumbaron sobre tierra. Isabel sacudió la cabeza en señal de desaprobación, pero, a un gesto del gran hombre negro, se acercó a la joven y rezó:

—¡Oh Belcebut, tú que has abierto tus brazos para recibirnos entre los tuyos! ¡Tú, que pudiendo haber elegido a los sabios y los grandes, nos elegiste a nosotros para compartir los tiempos!

—¡Salve, Belcebut! —gritaron todos.

—Te rogamos que arrebates del regazo de Dios a esta mujer que fue llamada por él para ser su sierva.

—¡Escúchanos, Belcebut!

—Te rogamos que recibas a esta virgen de Dios.

Y el gran hombre la tomó, ante el júbilo de los demás.

Una vez hubo concluido, Isabel se acercó de nuevo al gran hombre y, arrodillándose ante él, dijo:

—Siempre te he sido fiel, y nunca he dudado de ti. Pero jamás he creído en el hombre, ni en su modo de actuar... Sólo yo soy responsable de que todos éstos se hayan unido a ti y te adoren y, por lo tanto, sólo yo soy responsable de sus actos, pues he callado y mirado a otro lado cuando se comportaban como jamás debieron hacerlo.

—¿De qué te lamentas, Isabel? —sonrió el demonio—. Yo me satisfago de teneros como fieles...

—¿Qué rey desea que su pueblo perezca? —añadió la pelirroja— Si permito que arriesguen sus vidas, y son detenidos y procesados, los fieles a tu señor seremos cien, pudiendo ser un millón. ¿De qué nos sirven los miembros que no pueden convertir a los cristianos?

—Yo no necesito misioneros... No hay hombre que precise convencerse de que es hombre, ni hambre que no deba ser saciada...

—Pero el hambriento necesita que se le indique donde puede conseguir la comida...

—El hambriento encuentra comida incluso donde sólo se revuelcan los cerdos, y un brujo muerto es un siervo más en el Infierno... ¿Acaso crees que me importa mucho que las panzas de quienes me rinden homenaje estén ahítas o vacías?

—Ruego que nos perdones —dijo al fin Isabel—, pero Arcadio y yo hemos decidido abandonar la orden...

—Si crees que marchándote vas a conseguir librarte del poder del Demonio, eres más estúpida de lo que creía.

—¡No, Belcebut, no es a tu poder, ni al de tu señor, al que renunciamos, sino a éstos!

—Sea pues...

Y Arcadio e Isabel se retiraron, convencidos de que jamás volverían a pisar aquel lugar.

4. Someter a las sombras.

«Encontré la felicidad entre las sombras...
En las caricias que no me diste... En tus besos, que fueron la luz de mis ojos.
El último adiós se esfumó entre las brumas... y mi corazón jamás volverá a susurrar tu
nombre.»
TAMARITE DE LITERA (Reino de Aragón). Verano de 1616.

Isabel parecía especialmente inquiera aquel día; Sócrates estuvo ladrando durante toda la mañana, y su corazón se había encogido, hasta convertirse en una minúscula moneda palpitando en un pecho agotado y vacío. Jamás dudó de sí misma y, sin embargo, ahora se sentía como un títere manejado al antojo de un destino que no podía doblegar, aunque tampoco estaba muy segura de querer hacerlo.

El último desafuero de Cliós y Banyeu fue la gota que colmó el vaso: secuestrar a una novicia, para después entregársela a Belcebut. Violarla, mancillarla y acabar por deshacerse de ella cerca de Almenar, fue, si no el más terrible de sus abusos, sí la certeza que demostraba que su insensatez era aún mayor que su crueldad. No se arrepentía de haber abandonado aquella orden, que tenía los días contados; le constaba, por la Seneta, que en las dos reuniones que habían celebrado después de su renuncia, el Hombre Negro ni siquiera había hecho acto de presencia, y que se habían limitado a beber y a fornicar sin otra pretensión que el placer que les reportaba.

—Ahora, sin ti —le dijo la Seneta—, todo ha perdido su valor.

Juana le insistió en que regresase a la orden, que haría todo lo que estuviese en su mano para que Camilo fuera expulsado o, cuanto menos, para que dejase de acosarla. Pero Isabel estaba realmente convencida de que su decisión había sido la correcta.

La pelirroja dudaba de que aquellas reuniones hubieran tenido algún valor más allá de un absurdo sentimiento de impunidad ante Roma, de creerse poderosos por desafiar a la Iglesia. No negaba que, por unos instantes, se habían sentido librepensadores, arremetiendo contra las creencias impuestas por una religión tan esclavista como libres eran sus prédicas; eso sería engañarse a si misma. En el fondo, creía que todo lo que les había unido: la orden, las celebraciones, las blasfemias, la conducta y pensamiento herético, fue lo que al fin les había separado. Su madre solía decirle que *«la Iglesia es la gran puerta por la que debe entrar toda la humanidad: unos, porque creen que Dios es su meta, otros porque temen que haciendo el mal serán castigados con las penas del infierno. Los hay que creen en Dios, porque no comprenden por qué el hombre es hombre, y quienes están convencidos de que el mundo, más allá de la muerte, tiene que ser, por fuerza, mejor que éste...»* Probablemente tuviera razón.

Era innegable que, tanto ella como los demás brujos, tenían el ansia de creer, sin importarles quien fuera su dios o su señor. Abrazar una u otra doctrina estaba supeditado a lo que cada una de ellas pudiera ofrecerles. La Seneta, Juana Bardaxí, Guillén Florentín, Alegría Garcés, Margálida Escuder, incluso Pierre Cliós, hubieran sido unos buenos cristianos, si la Iglesia les hubiese abierto sus brazos y sus oídos. Ella misma no era diferente a ellos. De hecho, su padre, jamás dejó de creer en Dios, pese a que sentía, pensaba y vivía de un modo que la Iglesia era incapaz de digerir.

Sí. Estaba convencida de que había tomado la decisión correcta, tal vez la única sensata que había tomado en toda su vida. Ahora se sentía como una mujer vulgar, corriente, sin mayor aspiración que mantener Torre Dolorosa medianamente limpia o, cuando el sol alcanzaba su cenit, acercarse hasta la era para llevarle la comida a su marido.

Ciertamente, los resultados de tal decisión no era tan gratificantes como el destino que había soñado, pero su cabeza, harta de tanto huir y enfrentarse a la insignificancia de formar parte de la plebe, agradecía el respiro de la vulgaridad.

Sin embargo, aquel día, su corazón volvió a encogerse.

Había entrado ya en la cuarentena, y aún no había aprendido a distinguir si sus palpitaciones se debían a un presentimiento o a simple nerviosismo, lo cual le inquietaba.

Sócrates seguía ladrando, más allá del portal.

Salió al porche, con idéntico resultado que las anteriores diez o doce veces. Nada parecía fuera de lugar

Cogió la cesta y puso en su interior un mendrugo de pan, un pequeño recipiente de barro lleno de potaje de judías y garbanzos, y tres trozos grandes de panceta magra. Lo envolvió todo en un trapo fardero y salió de torre Dolorosa.

Sócrates la siguió unos pasos por detrás, sin dejar de ladrar y aullar, ignorando las reprimendas de su dueña...

Poco antes de llegar al huerto comprendió a qué se debía la insistente cantinela del viejo perro negro.

Todo estaba en silencio; ni siquiera podían oírse las golondrinas, ni los jilgueros. Sólo los graznidos de los cuervos, allá a lo lejos, que se amontonaban en la copa de un olivo gigantesco.

Se quedó inmóvil, como una estatua de mármol, en medio del camino. Su corazón bombeaba la sangre con una saña feroz, y sus rodillas temblaban como espigas de trigo pretendiendo frenar el embiste de una feroz ventisca. Sócrates se adelantó hasta el olivo y gimió lastimero.

Cuando llegó ella, los cuervos se disponían a devorar los ojos de Arcadio, que sobresalían, con un rictus terrible deformando su rostro, de una cara abotagada y morada. Sólo aquellos carroñeros, y la turbadora brisa que mecía el cuerpo del ahorcado, se atrevieron a tocar aquel inerte despojo.

Arcadio fue enterrado en el cementerio civil de Tamarite, sin funeral ni responso (un suicida era indigno de la tierra bendita).

Principios de 1617.

Robustiano y Eusebia estaban tan inquietos como exultantes. No es que se alegrasen de la muerte de Arcadio, pero no iban a desaprovechar la oportunidad que les brindaba la fortuna. Federico Anglesola, primo de Robustiano y alcalde de Tamarite, les había sugerido que los brujos del pueblo, comandados por su cuñada Isabel, eran los culpables de la desaparición de la pequeña Anastasia. Y ellos, aconsejados más por venganza que por justicia, pronto se convencieron de que las sospechas del alcalde eran acertadas.

Federico, al que movían unos intereses muy distintos a los de los Anglesola, les recibió en su propia casa, para que sus contubernios no levantasen demasiadas sospechas.

—Bien, querido primo —carraspeó el alcalde—. Reconozco que me encontraba en un dilema moral, pero mosén Miguel ha sabido abrir mi mente y convencerme de que, si no somos nosotros quienes despojamos a esa mujer de lo que legítimamente os corresponde, será el santo oficio, al que ya ha dado parte, quien lo haga...

—No os comprendo, don Federico —dijo Eusebia—, pero haremos lo que vos digáis...

—Según las leyes, quienes deberían heredar las tierras de torre Dolorosa, son los hijos de Arcadio y de Isabel, o ella como usufructuaria...

—Pero no tuvieron hijos...

—Eso es cierto. Pero la ley no distingue entre hijos naturales e hijos, digamos, de anteriores matrimonios o del cónyuge que quede en vida... E Isabel tiene un hijo, Hernando Simón. Supongo que eso ya lo debéis saber —los dos asintieron—. Aunque éste no es el problema... El heredero legítimo —insistió— debería ser el primer hijo varón del matrimonio o, en su defecto, el hermano del fallecido, siguiente en línea sucesoria... Pero Arcadio no tiene más pariente vivo que tú, Eusebia... Por lo tanto, la heredera es Isabel.

—¿Esa puta? —se enfureció Eusebia.

—Sí. Aunque... —Federico se rascó la barbilla— si Isabel no hubiese estado legalmente casada con Arcadio...

—Yo misma asistí a la boda —dijo Eusebia.

—Pero la asistencia a unos esponsales no indica nada... Como os he dicho, esta misma mañana me he reunido con mosén Miguel, para intentar encontrar una solución a tan espinoso asunto; y creemos haberlo logrado... El acta matrimonial de Arcadio y de Isabel ha desaparecido —sonrió el alcalde—. O, mejor dicho, jamás ha existido... El cura lleva mucho tiempo intentando que esa mujer desaparezca de nuestras vidas.

—No os comprendo —dijo Eusebia, extrañada.

—Mosén Miguel se encargará de hacer desaparecer el único documento en el que consta que dicho matrimonio se celebró… Por lo tanto, si Isabel es incapaz de demostrar que estuvo casada alguna vez con Arcadio, las tierras pasarán a pertenecerte a ti, Eusebia.

—¿Pero eso es legal? —se escandalizó Robustiano.

—Legal o ilegal, todo depende de la opinión del letrado. Si, ante un juez, nadie puede demostrar que existió el matrimonio, Isabel no fue más que la concubina de Arcadio.

—Pero el matrimonio es una unión ante Dios —exclamó Eusebia, santiguándose.

—Pues que sea Dios quien presente las pruebas de dicha boda —rió don Federico.

—¿Y tú? —preguntó Robustiano, desconfiado—, ¿qué beneficio obtendrás de todo esto? Porque algo sacarás de ello…

—El ocaso de una bruja es el principio del fin de una secta. Cuando hayan caído todos ellos… —sonrió el alcalde—. Si colaboramos con el Santo Oficio, la Iglesia sabrá ser generosa con este pueblo. Y, en contrapartida, el gobierno de España sabrá agradecérselo a quien les favorezca. Tal vez un monasterio para Tamarite, y un nombramiento como diputado para mí.

Isabel había abandonado tantos lugares, tantos hogares, tantos pueblos, tantas vidas, que no le fue demasiado traumático marcharse de torre Dolorosa. Ni siquiera iba a litigar por una masía en la que había sufrido las mayores humillaciones de su vida. En definitivas cuentas, su hogar, o lo más parecido que había tenido, estaba a pocos pasos de Dolorosa. Aquella casucha, Torre Alfals, se había convertido en el vertedero de su propio fracaso y, al mismo tiempo, en el revulsivo contra ello. Estaba en buen estado, aunque sucia y desordenada, casi como su propia vida, aunque no tenía fuerzas, ni para remontar su melancolía, ni para adecentar el lugar que convirtió a su madre en una infeliz.

Verano de 1617

Una semana permaneció en aquella casa, que parecía querer devorarla como un gran lobo hambriento, disfrutando de la única compañía que había permanecido a su lado durante más de diez años, Sócrates.

Al octavo día, recibió una visita, aunque bien pudiera haberse ahorrado el camino.

Unos golpes resonaron por toda la casa. Isabel bajó sin el más mínimo ánimo, a abrir; estaba convencida de que se trataba de la Seneta o de Margálida Escuder. Pero se equivocó.

Tras la puerta apareció el nada deseable rostro de Camilo Banyeu.

—¡Vete de aquí! —le espetó, sin demasiado ardor—. Si vienes a regodearte de mi ruina, te aseguro que no eres bien recibido.

—¡Buenos días, pelirroja! —sonrió él con ironía—. Veo que sigues siendo tan hospitalaria como de costumbre.

—Esa no es una virtud que pueda ejercer con un asesino.

—¿Asesino? —se mofó Camilo—. Todo lo que hice, lo hice por ti... ¿Vas a dejarme pasar?

—¡Jamás! ¡Ésta es una casa decente!

—¿Decente? —rió—. ¿Puede una puta ser decente? —Isabel le cerró la puerta en las narices. Camilo insistió—. Ya veo que no sabes tratar bien ni siquiera al único hombre que puede evitar que seas condenada por la inquisición...

—Si me denuncias, correrás la misma suerte —le amenazó Isabel—. Tú eres tan culpable como yo de lo que hicimos; incluso más, porque tú secuestraste a la sobrina de Arcadio y la asesinaste...

—Pero a mí nadie me persigue porque huí de un pueblo navarro, cuando muchos fueron detenidos y quemados en la hoguera por brujos... Tu nombre, querida pelirroja, está en los documentos de la inquisición, y se te busca por toda España —Isabel sintió como la sangre le hervía en las venas. Alargó la mano y abrió la puerta—. Veo que empezamos a entendernos —sonrió Camilo.

—¿Qué quieres?, porque por mera jodienda no harías esto.

—¡No te sobreestimes, Isabel! Hace tres días, la Seneta decidió disolver la orden; el hijo de puta de Belcebut no volvió a aparecer desde que tú te marchaste...

—¡Ese no es asunto mío! Yo no gobierno sus actos.

—Creo que no me he explicado bien —Camilo se sentó sobre el catre en el que dormía Isabel—. Sólo había un hombre capaz de persuadirte de que regresaras a la orden pero, desgraciadamente, estaba tan convencido de que no debías retomar el camino que te corresponde, porque tú eres bruja y eso no hay quien lo cuestione, que prefirió quitarse la vida antes que acceder a nuestras peticiones.

—¿Nuestras?

—Todos pensamos igual, Isabel.

—¿Y qué ganáis vosotros con todo esto?

—¿Ganar? No todo es dinero o poder... Cliós es un estúpido, convencido de que el camino de su vida debe discurrir paralelo a Belcebut. ¡Pobre infeliz! Los demás se sienten huérfanos, y yo... Yo soy demasiado viejo para ponerme a trabajar...

—Y necesitas que nosotros escondamos tus crímenes, ¿no es así?

—¡Eres lista, pelirroja! ¡Muy lista! —rió Banyeu—. No me gustaría que mi mentor decidiese prescindir de mí, ahora que tengo un buen sueldo, comida y un lugar seco donde dormir y que, además, se convirtiera en mi delator.

Camilo se levantó, y se acercó a la puerta.
—¿Por tan poco te vendes, Camilo?
—Si hubieras vivido en la miseria durante años, matarías por un mendrugo de pan, pelirroja —abrió la puerta y dio un paso. Después, dio media vuelta—. No, a ti jamás te ha faltado el pan, ni una cama donde dormir. Ni a tu difunto marido —rió.
—¿Cómo puedes burlarte de los muertos?
—Ese gordinflón no es un muerto, Isabel, es un alma del infierno, al que el cura se negó a enterrar con los justos, porque fue un suicida —y cerrando la puerta añadió—: ¡El hijo de puta pesaba como un cerdo cebado!

5. *El Padre.*

> *«Siempre dijiste que tu vida cesaría antes de empezar a caminar... ¿Y yo?, ¿no tenía derecho a acariciar tu rostro una y mil veces antes de que partieras?.. Ni siquiera pude recrear el paraíso perdido en el silencio de un regazo ajeno. Aunque, estoy segura, ese consuelo no me pertenecía.»*
> **TAMARITE DE LITERA (Reino de Aragón). Principios de 1618.**

Siempre ha ocurrido del mismo modo, aunque nadie osara perpetuarlo con palabras; el tránsito, bien sea del aburrimiento al alborozo, de la dejación a la perseverancia, de la vida a la muerte, es un trance, si no amargo, sí ingrato. Y abandonar el mundo de la vigilia, para inmiscuirse allí donde la razón humana es tan baldía como absurda, convierte a quien es arrebatado del único mundo al cual se siente ligado, en un insensato, un enfermo o un crédulo. Isabel jamás fue el icono de la sensatez, eso es cierto, pero tampoco era una demente que había perdido el juicio.

Hacía ya varios años que no sentía aquella presión en su cuerpo, aquellos zumbidos incesantes en los oídos, que parecían querer reventar, aquel extraño vértigo que amenazaba con detener su propio corazón poco antes de que fuera desollada, y lo que ella misma creía ser, se convirtiese en un despojo, tan inerte e inservible como lo que era. No lo deseaba, jamás lo deseó, pero no sabía dominarlo, ni dominarse a si misma.

Sus manos se convirtieron en torrentes azules, que fluían a escasos dos palmos de sus ojos cerrados, ahora tan inservibles como el resto de su cuerpo. Después, una calma, tan real que parecía provocada, espesa y agobiante, dio paso a las palabras que jamás fueron pronunciadas, las que ni siquiera existían, pues ella ya no era nada.

—Largo es el camino, querida Isabel... Ni siquiera después de haberlo recorrido me siento ligado a él, a esa vida que jamás me perteneció. Tal vez haya otro que la viva por mí, y mi miseria se repita una y otra vez hasta que el tiempo pierda todo su sentido; pero esa vida ya no es mi vida, sino la suya.

—¿Quién eres?, ¿qué quieres?

—Ya no soy nada, sino una estela que perdurará en la historia como lo que jamás sentí... Somos lo que ayer sentimos, estimada Isabel. Los hechos, las palabras y nuestras pasiones, son el escenario en el que actúan los sentimientos... Y el camino, tal vez el propio destino, no es más que la grotesca evidencia de que ahí, en ese mundo, las respuestas son las que nos apartan de la verdad...
—¿Y cuál es esa verdad, según tú?
—La verdad no existe, querida hija... La verdad eres tú.
—¿Padre? —se inquietó— ¿eres tú, padre?
—Jamás tuviste otro padre que la soledad... Tú y yo somos iguales. Esa fue nuestra condena, cuando fuimos expulsados del paraíso, esa es la condena del mundo; un pecado que jamás se cometió, para justificar una evidencia: que somos tan ajenos a quien nos creó que pretender regresar a él es tan absurdo como ansiar ser uno con el universo. Belcebut, ése que tú crees el mismo demonio y al cual has venerado y servido, no es más diablo que tú misma.
—¡Padre, si supieras cuanto te he echado de menos!
—No, Isabel, tú no me has añorado a mí, ni siquiera añoraste lo que debería haber significado en tu vida y que jamás fui; sino esas palabras que tú conoces y que no osas decir porque te herirían a ti misma, sino esos rezos a un dios desconocido, cuya única certeza era el cuerpo que tú creaste, que todos creasteis para escuchar de sus labios lo que no os atrevíais a decir en voz alta. Ese es el verdadero demonio: vuestros miedos, vuestros deseos. Y Dios, ¿quién osaría cuestionar a un dios que predica el amor? Pero el amor no es patrimonio del hombre, sino de su alma. Y, aunque nos fue conferida la capacidad de amar, sus signos son tan frágiles y fugaces que el hombre ha tenido que inventar términos absurdos para justificar la única realidad incuestionable: que sois seres violentos, obsesionados con la idea de la muerte como liberación. Y así, la ejecución de un semejante, se convierte en un bien para la humanidad, y la muerte propia en la única redención para el sufrimiento inherente a la vida. El Honor, la Verdad, la Felicidad, el Bien, el Mal... Sólo son palabras grandilocuentes, cacareadas desde la bajeza de una condición tan turbadora como la vida, para demostrar que, incluso dentro de sus miserias, hay unos pocos elegidos que pueden vanagloriarse de estar más cercanos a Dios que el resto...
—No te comprendo, padre.
—Sí, si que me comprendes, Isabel... No hay quien pueda alcanzarse a si mismo sin pasar por el prójimo, ni Dios tan cruel que castigue a sus criaturas despojándoles del único don que merecen, la singularidad.
—¡Pobre Lourier!, ¡si le hubiese hecho caso!
—Incluso aunque las mismas palabras que él pronunció hubieran salido de mis labios, no las hubieras escuchado. El camino hay que andarlo para conocerlo. Y quien pretende llegar a la meta antes de haber caminado, sabrá qué

le aguarda al final, pero jamás logrará alcanzarlo... Lourier es el guía de ese camino, de quienes, como tú, nacieron con los ojos abiertos, aunque sea mínimamente, y tenéis la facultad de ver el paraíso que se extiende tras la senda de la vida... Pero, no te engañes. Lourier jamás anduvo un sólo paso por ti, jamás evitó tus caídas, y nunca lo hará.

—Esta existencia es cruel... ¡Me siento tan sola! Los dictados de Lourier apenas me confortan. Amo a mi madre, amo a mi hijo y, si hubiese conocido el amor verdadero, amaría a mi esposo... Pero, ni siquiera ellos serán sino recuerdos de un instante en el eterno fluir de mi existencia. Yo misma, mi identidad como ser humano, se convertirá en anecdótico cuando sea liberada de la carga de la vida. El Infinito, la Eternidad, solamente son un castigo para quien ni siquiera deseaba ser desterrada a este mundo ruin y miserable. ¿Quién decidió por mí?, ¿qué terrible pecado cometí para cumplir tal condena? Pero nada debe extrañarnos, si proviene de un dios que ordenó la muerte de sus hijos cuando adoraron a un becerro de oro.

—¿De qué te lamentas, Isabel? Siempre has hecho lo que te ha apetecido, cuando lo has deseado. Lourier te ha mostrado el camino y tú jamás le has escuchado.

—Tú mismo has dicho que son las circunstancias las que deben marcar el camino, y no el camino el que debe primar sobre ellas.

—Pero las circunstancias siempre han de dirigirte hacia la verdad... El hombre es un ser mezquino, incapaz de olvidar que no es otra cosa sino una vasija que puede ser rellenada por él, o por cualquier otra conciencia que lo precise... Lo cierto es que debemos vivir todas las vidas, todos los millones de vidas que han evolucionado y existirán en la Tierra, siquiera un instante, para así cumplir la mayor justicia de Dios: conocer la totalidad de las cosas... Dios nos desterró del paraíso, porque vio que el labrador quería ser señor, y el señor precisaba de la sabiduría del mendigo. Así, el más grande de los hombres, quizás el propio Dios, será grande porque ha vivido como mendigo, como señor, como duquesa, como labrador, pastor, panadero o prostituta, pues la verdad no sólo se oculta tras palabras grandilocuentes, ni tras las complejas peroratas de los filósofos, sino en cada uno de los instantes que componen los millones de vidas de este mundo. Yo conocí mi verdad, y tú la tuya; pequeñas verdades que, en su conjunto, formarán parte de la verdad absoluta... Yo viviré tu vida, y tú la mía, la de Catalina, la del propio Camilo Banyeu...

El viento volvió a soplar en los oídos de Isabel y su estómago amenazó con devolver lo poco que había comido aquella noche. Cuando abrió los ojos, aún era noche cerrada. Se levantó y bebió de la jarra de agua. Después, regresó a la cama, y durmió plácidamente, hasta que el frescor del amanecer la devolvió a la cruel realidad.

Miró a su alrededor, y se prometió que aquella misma mañana adecentaría torre Alfals y la convertiría en un lugar habitable y decente. Era Sábado; un buen día para reconciliarse consigo misma y con Dios...

6. La prohibición.

«Permíteme creer... Crearme a mí misma.
Tal vez fui yo quien eligió éste, mi destino... Tal vez sea demasiado tarde para arrepentirse de haber soñado, de haber pensado, porque eso fue lo que me mostró lo que soy...»

TAMARITE DE LITERA (Reino de Aragón). Principios de 1618

Hacía ya muchos años, desde su boda con Arcadio, que Isabel no pisaba una iglesia, y dudaba que pudiese soportar los sermones de un cura anciano, estúpido e indolente: *«¿Qué puede enseñarme un necio que no hace más que recitar lo aprendido durante años?»* Pese a aquellas reticencias, acudió a Santa María, no por mosén Miguel, sino por quien estaba muy por encima de éste. Con toda seguridad, quien le envió aquel sábado hasta el poco abarrotado templo, ostentaba un lugar más privilegiado que aquel cretino, que hubiese muerto de hambre de no ser por la oportunidad que le brindó la Iglesia de Roma. Sí, Lourier, tal vez Fernando, hablaban de lo que conocían, y mosén Miguel de lo que ni siquiera se atrevía a dudar.

Tomó asiento en el último banco y perdió su vista en el Santo Cristo que coronaba el pequeño altar de una de las capillas laterales. Había visto cientos de crucifijos, pero jamás había reparado en los detalles que escondía aquella imagen de madera, en el amor de quien la había labrado. Por primera vez en su vida lo miró y admiró, recordando las historias que le contara su madre sobre su estancia en San Pedro, y de las cuales ella se había mofado en centenares de ocasiones. *«¡Amar un tronco es absurdo!»*, argumentaba la pelirroja, siempre que Catalina intentaba explicarle el amor que le profesaba al Cristo de San Pedro... Se vio como una estúpida insolente; lo que ella sentía en aquellos momentos bien pudiera asemejarse a lo que sintiera Catalina cuando era una novicia corroída por sus tentaciones, aguardando la visita del hombre al que amaba. Aquellos ojos distantes, abiertos hacia ese Cielo que le había dado la espalda, el mohín de paz tras un sufrimiento infinito, se convirtieron en el libro sobre el que se había escrito su propia existencia. Un libro en el que pudo leer lo que iba a suceder en un futuro demasiado próximo.

La voz cavernosa de mosén Miguel, sermoneando en lo alto del púlpito, se perdió entre los arcos de Santa María, pereciendo en los recovecos que formaban las capillas y el coro. Isabel ni siquiera se percató de que el cura no había apartado sus ojos de odio de ella ni un solo instante. Incluso vertió algún veneno en su contra y en la de aquellos que habían mancillado el nombre de Tamarite adorando a Satanás. Las palabras de aquel patán no iban con ella.

La desnudez de las paredes de la iglesia pronto se llenaron de sonidos e imágenes que le hablaban de la esperanza; una esperanza que la propia Virgen de los Dolores, ahora grande y terrible, como si el pequeño icono que daba nombre a su antiguo hogar hubiese aumentado hasta recuperar la amargura que pretendía, fuese una escena de la vida de su propia madre. Y aquel pensamiento se unió a un nuevo instante de lucidez, esta vez en forma de cuadro, en el que una mujer de rostro difuso, sujetaba entre sus brazos el cuerpo inerte y ensangrentado de su hijo muerto: la Piedad.

Aquel espectáculo aterrador, sin embargo, tenía ciertos matices confortadores. Quienquiera que osara inmiscuirse en el sentido profundo de cada una de aquellas escenas macabras sentiría, tras la desconcertante consternación inicial, una paz difícilmente explicable. E Isabel se quedó transpuesta, admirando tanto espanto liberador... Estaba convencida de que aquél tampoco era el camino, y que sus pasos difícilmente la conducirían hasta la cúpula que coronaba el ara, donde los temerosos fieles recibían el hipotético cuerpo de Cristo en forma de pan ácimo, en comunión certera con Dios. No, Isabel no sentía como aquellos pobres crédulos, ni quería parecerse a ellos; pero aquel rostro desencajado, clamando misericordia al Dios que le había enviado, la mujer que lloraba desconsolada la pérdida de su amado hijo, ejercían sobre ella una atracción casi mística... *«El hombre, maldito sea, fue creado a partir del dolor. ¿Qué valor tendría la vida sin sufrimiento?».*

Una mano le tocó el hombro y ella se percató de que había cerrado los ojos. Los abrió y comprobó que la iglesia estaba completamente vacía; con toda seguridad, sería la comidilla del pueblo durante unos cuantos días. Se giró despacio, aunque estaba segura de que, quien había perturbado su preciosa paz, no era otro que mosén Miguel.

—Desearía hablar contigo —dijo el cura. Isabel asintió— No sé qué, o quién, te ha aconsejado que vinieses hoy a la misa...

—La Casa de Dios siempre está abierta para sus hijos...

—Yo no me atrevería a asegurarlo —musitó mosén Miguel—. Aún diría más: una manzana podrida, si no se retira a tiempo, acaba por descomponer el resto.

—¿Debo entender que no soy bien recibida en esta iglesia?

—Las cosas no son tan sencillas —dijo, como ofendido—. ¿Pretendes que, después de una vida disoluta, de años viviendo en una herejía, seas recibida en la Iglesia como si nada hubiese ocurrido? Yo puedo olvidar, ¿pero puede Dios? Si de mí dependiera, haría mucho tiempo que estarías excomulgada...

—No lo dudo, mosén Miguel... No lo dudo.

—Pero ten por seguro que ese día llegará. Y también que acabarás en los calabozos de la inquisición y, ¿quién sabe si no en la hoguera? Ahora, ¡vete de aquí, y no vuelvas jamás!

7. Locura.

«Quise ser sensata, ¡Dios sabe que lo intenté! Quise ser dueña de mis actos, y convencerme de que la única causante de mis desgracias soy yo misma... Pero, ¿qué decir del pobre insensato que se ve rodeado de agua y no sabe nadar?, ¿también él es responsable de su propia muerte?... ¡Ay de los estúpidos que dicen: "Si hubiese aprendido, ahora no moriría", porque esos sí serán abrasados por sus propias llamas!»

TAMARITE DE LITERA (Reino de Aragón). Verano de 1618.

La tarde desertó, temerosa, devorada por un par de nubes negras, que juguetearon en el cielo convirtiéndolo en un escenario de luz húmeda. El cielo pronto descargó su furia sobre Torre Alfals.

Isabel dormitaba sobre el camastro, cuando un gran rugido, proveniente del revoltoso vapor, le devolvió la poca sensatez que le quedaba. Después, el golpeteo incesante de la lluvia, que se colaban por las goteras, le convenció de que nada le quedaba en este mundo, sino aguardar la calma que la muerte le negaba.

Fueron sólo unos minutos, suficientes para que la árida tierra se oscureciera y los jilgueros celebrasen el regalo con cánticos de júbilo.

Sócrates descansaba en el porche, tan ajeno a lo que acontecía fuera de sí, que parecía muerto.

La pelirroja salió de la casa y se acercó a uno de los charcos. Aquel maldito, le devolvió la imagen que ella pretendía negarse, como una ofensa, como el mayor de los insultos que puede ofrecerse a uno mismo. Y lloró. Lloró por no reconocerse entre aquella maraña de pelo anaranjado, por su incapacidad para sentirse dueña de aquel espectro huesudo que se lamentaba de poseer una brizna de vida. Maldijo su suerte.

Decidió que aquella espantosa dama, que siempre se presentaba sin que nadie la hubiese invitado, necesitaba una pequeña ayuda. Seguiría el camino que todos habían presupuesto para Arcadio, pero a ella nadie iba a ayudarla. *«¿Quién es el dueño de su vida, sino aquel que decide el momento en que debe concluir?».* Intentó convencerse de que el siguiente paso que darían sus fatigadas piernas sería el único importante, y propio de su miserable existencia.

Se hizo con una soga recia y se puso en camino hacia el castaño que la había relegado a aquella vida que consideraba despreciable. No había nadie en el campo; la mezquina lluvia había convertido el ambiente en una neblina húmeda, que invitaba poco al trabajo.

El castaño, menos soberbio y envanecido de lo que recordaba en su enferma cabeza, le aguardaba, tan convencido como ella misma de que allí acababa lo que jamás debería haber empezado. Si no había logrado vivir dentro de la vulgaridad, que en el fondo jamás deseó, sí moriría del modo más ruin.

Trepó con dificultad hasta las ramas más bajas; suficientemente altas como para que sus pies no tocaran el suelo. Ató la cuerda y, en un ejercicio algo extraño, se santiguó para, a continuación, demandar la presencia de Lourier y saltar.

Pero éste no acudió.

Su cuello se hinchó como el lomo de Sócrates que, bajo sus pies, aullaba como un lobo herido.

Sus pulmones quisieron reventar bajo su parco pecho, y en sus oídos resonaron lamentos a los que no supo dar explicación, ni tampoco lo pretendió.

Todo se volvió oscuro en unos instantes.

Después, el silencio...

CAPÍTULO XXXIII
Lo que desatares en la Tierra, quedará desatado en el Cielo.

1. El fruto del pecado.

«¡Que el silencio me cubra y empobrezca la realidad!
¡Que la noche atrape entre sus garras esta cobardía!
¿Quién decide nuestra dignidad, nuestra providencia?
Si ciego soy, ¿cómo he de guiar a los míos?»
BENABARRE (Reino de Aragón). Finales de 1619

Hernando cargó a su espalda el último tronco del carromato y lo llevó hasta el almacén, al fondo de la serrería. Le entregó varias monedas al leñador, que le miró con cara de sentirse estafado, y le despidió con un gesto algo desabrido. Después, volvió a entrar en la serrería y tiró de una enorme soga, hasta que el engranaje que movía el tímido arroyo de San Medardo puso en marcha la sierra. Evaristo le había encargado una veintena de tablones para su carpintería, así que no tenía tiempo que perder. El negocio jamás había producido tantos beneficios. Incluso los propios Benabarrenses aseguraban que, desde que Hernando se encargaba de la serrería, las cosas funcionaban mejor que cuando se encargaban de ella los Pellicer. Jamás hubo un carpintero que no recibiera a tiempo sus listones, ni albañil que tuviera que posponer una obra por la holgazanería del de Capellana...

Nada parecía poder perturbar la aparente felicidad de Hernando; incluso su propia abuela, después de veintinueve años, se sentía orgullosa de él.

Cuando hubo acabado con el primer tronco, hizo una pequeña pausa para almorzar y darle un par de tragos a la bota de vino.

Aún no había tragado el último pedazo de pan, cuando vio asomarse por la puerta de la serrería a la menuda Elvira. Su corazón se encogió; era una zagala de apariencia infantil, con la que llevaba varios años acostándose, y de la que se jactaba de haber sido el primero, y el único, que conocía sus más íntimos secretos. Pensó que se trataba de una visita de cortesía, tal vez para encargarle un par de tablones para su padre, o para citarle para aquella misma noche ...

El saludo de Capellana fue breve, flemático y algo nervioso. Quería que la joven se percatase que no tenía demasiadas ganas de compartir el lecho con ella, pero sin cerrar la puerta a futuras citas.

Fue todo lo cortés que su trabajo le permitía, intentando, en todo momento, no resultar tosco, hasta que la joven se echó a llorar:

—Estoy embarazada...

—¡Eso es imposible! Siempre me he retirado antes de...

—Las mujeres sabemos estas cosas, Hernando.

—¿Y cómo puedo estar seguro de que el niño que esperas es mío?
—Porque jamás me he acostado con otro hombre...
—Hay un curandero en Camporrells que se dedica a esas cosas...
—¡Eres un cretino!
—Yo no te amo, Elvira... Y no voy a "echar a perder mi vida", sólo porque tú hayas decidido quedarte embarazada.
—¿Qué yo lo he decidido?
—¡Vete de aquí! —le gritó enfurecido— ¡tengo mucho trabajo!

Modesto de "Lliure" era un albañil robusto y bonachón, que tuvo que sacar adelante a sus tres hijas, tras morir su mujer cuando la pequeña de ellas, Elvira, aún no había cumplido los siete años. No era un hombre proclive a la ira: siempre evitaba cualquier tipo de enfrentamiento con sus vecinos. Tímido y prudente, su fama de sensato era la que más le hacía justicia y, su poco ejercitada verborrea, la carta de presentación que definía su mesura. Pero aquel asunto le irritaba. *«¡Ya he hecho bastante con hacer caso omiso a las habladurías sobre los amores de "Elvireta" con el "cantamañanas" de Capellana!»*, se dijo, intentando serenar su maltrecho decoro, *«¡Si ese "tarambana" ha deshonrado a mi pequeña, tendrá que cumplir como un hombre y hacerse responsable de lo que venga!»*

El domingo, después de misa y sin avisar, se presentó en casa Capellana, arrastrando a su hija pequeña, que no podía parar de llorar.

Pepita no podía dar crédito a lo que oía; no es que le extrañase que Hernando hubiese dejado embarazada a la muchacha, ni siquiera que se negase a tomarla por esposa, sino a la serie de juramentos e improperios que surgieron de los labios de aquel hombre tan prudente. Lorenzo sacudía la cabeza, asintiendo, como si aquello no fuese más que el lógico resultado de la vida poco cristiana de su sobrino; en definitivas cuentas, si aquello no había ocurrido antes era porque la fortuna, por uno de esos misterios insoldables, estuvo siempre de parte de Hernando. El susodicho, bajó la cabeza, sin atreverse a mirar a la cara de Modesto, ni a la de su hija.

Catalina les observó sorprendida. No sabía si dar rienda suelta a sus instintos y ser confundida por una majadera, o mantener la calma y ofrecer un poco de una sensatez que, rebasados los sesenta, se había convertido en el único consuelo al que se aferraba. Decidió que sería ella quien proporcionase a aquella difícil discusión la cordura de la que carecía su nieto.

—Todos hemos cometido locuras en nuestra vida —susurró la anciana. Nadie le prestó la más mínima atención—. Todos hemos cometido locuras en nuestra vida —repitió, alzando la voz. Los demás callaron— y después nos arrepentimos de ellas. Pero el resultado de nuestra insensatez acaba por convertirse un regalo... Si mi nieto ha deshonrado a tu hija, Modesto, deberá ser consecuente con sus actos y ofrecerle lo que todo hombre debe ofrecer a su mujer y a sus hijos…

—¿Y yo no tengo nada que decir? —se enfureció Hernando, aunque no osó levantar la mirada del suelo—. ¿Acaso tiene algún derecho sobre mí?

—¿Derechos? —sonrió Catalina—. En esta casa el único que ha vulnerado sus derechos has sido tú… día tras día, año tras año. Siempre has hecho lo que te ha venido en gana y nadie te lo ha impedido ni reprochado, excepto yo. ¿Qué reclamas, Hernando? Pronto cumplirás treinta años, y sigues pensando como un crío de quince. ¡Qué poco nos acordamos de las consecuencias de nuestros pecados cuando los estamos cometiendo! ¡Compórtate, de una vez por todas, como un hombre, y limpia la honra de esta muchacha!

—¿Ahora le preocupa la dignidad de nuestra familia? —rió el joven con ironía—. ¿Debo recordarle que usted se quedó encinta de un sacerdote, que fue la mujer de un asesino y que consiguió esta casa acostándose con el conde don Fernando?

—¡No voy a consentir que le hables así a tu abuela! —se enfureció Lorenzo—. ¡Si vuelves a faltarle al respeto, juro por Dios que te arrepentirás!

—¿Qué harás, tío?, ¿me matarás como hiciste con José de Llitoner? —Lorenzo levantó su brazo, en ademán de darle un puñetazo, pero respiró un par de veces, y volvió a sentarse—. Me pedís una decencia de la que siempre habéis carecido, ¿cómo podéis ser tan hipócritas, y pretender que sea yo quien purgue el maltrecho nombre de Capellana?

—¡Nadie te está pidiendo que limpies nuestro nombre, ni nuestra casa! —dijo Catalina con autoridad.

—Tu abuela tiene razón —le interrumpió Modesto, tan enfadado como sorprendido—. Yo no te estoy pidiendo nada, ¡te lo exijo!

—¿Y qué es lo que me exiges, patán miserable?

—Que te cases con mi hija —y levantándose, agarró a su hija del brazo y se acercó a la puerta—. Te advierto que este patán miserable ha visto morir a su mujer, a sus amigos y dentro de poco tiempo me será imposible subir al andamio o cuidar de mi huerto… pero aún me defiendo bien con la azada… Tengo más de cincuenta años y ya nada me queda por vivir, así que me es indiferente si la muerte me sobreviene en la era, en la cama o en la horca.

—¿Es eso una amenaza? —rió Hernando desdeñoso.

—¡Tú sabrás qué es lo que tienes que hacer! —y, mirando a Catalina, le dijo—: Capellana es una casa respetable, y sé que este asunto es tan incomodo para usted como para nosotros… ¡Que Dios la guarde muchos años!

2. El Perdón.

«¡Pretendiste burlarte del poder en la Tierra, pasando por encima de quienes lo ostentamos! ¡Pretendiste burlar la verdad, pues es estrecho su camino y cómodos los pecados más allá de sus fronteras! Pero te aseguro, maldita, que quien ha de juzgarte lo hará sin clemencia, y que tus pecados te condenarán con la misma celeridad con la que se consuma tu cuerpo.»

LÉRIDA (Principado de Cataluña). Finales de 1619

Fue así, con los primeros fríos del invierno, como Isabel regresó al mundo que creía haber abandonado. Estaba convencida de haber muerto en el castaño de Alfals, pero era evidente que Lourier, o tal vez el mismo Dios, no le concedieron tal dicha. Su camastro maloliente, sus posaderas entumecidas y sucias por su propia incontinencia, aquel canturreo lejano que le trajo a la memoria las trovas de los borrachos, por mucho que se asemejase al infierno, era tan real como que había fallado en su intento de liberarse de su maldita carga.

Sus recuerdos, retazos inconexos de un pasado demasiado cercano como para no sentirse humillada, le certificaron que aquel lugar fue su hogar durante las semanas en las que su mente se negó a imprimir en su memoria lo que bien pudiera ser nimio o terrible.

El hedor de su catre se prolongaba más allá de sus enaguas; parecía rezumar de las paredes, del suelo, del techo descascarillado y ennegrecido. Era una gran sala, en la que se amontonaban decenas de camastros en anárquica armonía, muchos de ellos rellenos de un estatismo que le remitía a la muerte. Sin duda, los dominios de Belcebut debían ser el paraíso comparados con aquel lugar.

—¿Ya has despertado, mujer de pelo rojo? —le preguntó una de las huéspedes, la que ocupaba la litera frente a ella—. Dicen que tuviste un percance, y que una cuerda se te enroscó en el cuello —rió la mujer, mostrándole el lugar desde el que debería haber partido su brazo izquierdo: un muñón que movió en círculo—. A mí se me disparó accidentalmente el arcabuz de mi marido... Iba dirigido al corazón, pero se movió y pude salvar la vida, ¡alabado sea Dios!

—¿Dónde estoy?

—En un lugar donde puedes resguardarte de la lluvia y del frío, donde te dan un mendrugo de pan diario, una jarra de agua y un caldo que en nada se distingue de ésta. ¿Qué importancia tiene eso? —y mirando hacia la puerta, al fondo del pasillo, gritó—: ¡Hermana Pancracia, la pelirroja parece que tiene ganas de hablar!

—Jamás me he negado a ello —dijo Isabel, extrañada.

—Cuando me trajeron aquí, tú ya llevabas varias semanas. De eso hace ya tres meses, y jamás se te escuchó pronunciar una sola palabra.

—Marcelina tiene razón —añadió una monja joven con rostro sereno—. Creíamos que eras muda...

—¿Qué me ha pasado? —se asustó Isabel— ¿qué lugar es éste?
—Te encuentras en el hospital de las Hermanitas de los Pobres de Lérida... Un anciano francés te trajo aquí hace cinco meses.
—Florentín —balbució.
—No dijo su nombre. Sólo que te encontró tendida en tierra y que te trajo aquí, después de haberte examinado un curandero, o algo así, que le dijo que tus males eran males del alma y no del cuerpo. Después nos entregó varias monedas, y nos pidió que cuidásemos de ti hasta que... En fin, estábamos convencidas de que no sobrevivirías.
—¡Esto es un asilo para pordioseros y locos! —se enfureció—. ¡Maldito Florentín!
—No deberías maldecir a quien te salvó la vida. De no ser por él haría meses que ocuparías una tumba sin nombre... Por cierto, ¿cómo te llamas?
—Me llamo... —dudó— Lucrecia... Lucrecia Banyeu...

Al principio le resultaba extraño que todas las monjas la llamasen Lucrecia, pero pronto se acostumbró a ello; las pobres desgraciadas con las que compartía habitación, sin embargo, solían llamarla "pelirroja". Ciertamente, echaba de menos que alguien se dirigiera a ella por su verdadero nombre, pero era una temeridad; en cinco meses, las cosas podían haber cambiado mucho, y las autoridades de la inquisición estar tras su pista. Aunque eso, siendo que había desaparecido de Tamarite, era muy improbable.

Allí, en el asilo, era imposible entablar amistad con ninguna de las internas. Pero ella tampoco había tenido demasiadas amistades a lo largo de su vida. Todas aquellas mujeres estaban realmente enfermas del alma, y era imposible mantener una conversación medianamente coherente con ellas, a excepción de la tal Marcelina. Pero, por desgracia, quien desea ser halcón, jamás se conforma siendo gallina. Cinco días después del despertar de Isabel, Marcelina decidió echarse a volar, y perderse tras las brumas de su melancolía. Pero su única ala no supo remontar el vuelo, y se precipitó al patio interior del convento. Desde entonces, la pelirroja pasaba la mayor parte del día durmiendo, y las noches mirando las estrellas por una minúscula ventana que comunicaba el convento con una calle tan pestilente como aquella gran sala.

Era un lugar horrible. La comida deleznable, y las noches húmedas y frías... pero se sentía segura. Incluso en paz. Las más cuerdas de entre las asiladas tenían la obligación de asistir a misa diaria, lo cual no dejaba de ser irónico. *«¡Suplicarle a un cura maldito que me permitiera escuchar misa, para acabar siendo obligada a ello!».*

Una mañana de diciembre, en vísperas de Navidad, se encontraba dormitando sobre su camastro, cuando fue ingresada una nueva mujer, que ocuparía el catre dejado por Marcelina. Era una joven de escasos veinte años, aunque su aspecto hacía difícil determinar su verdadera edad, que fue encontrada en unos montes cercanos donde, según pudo entender, había vivido, aislada de todo contacto humano, durante más de tres años. Aquella muchacha apenas hablaba, y lo poco que decía era tan incoherente que era mejor no escucharla. Pero había algo en ella que le resultaba familiar, como si la conociera de algo... Ese detalle le inquietó, más por miedo a ser reconocida que porque le preocupase demasiado su estado. La observó, día y noche, como si aquella muchacha tuviera las respuestas que precisaba. De todos modos, no tenía nada más importante que hacer, que escuchar las frases inconexas que profería, y encontrar algún detalle que la llevase a dilucidar por qué demonios le era familiar.

Decía llamarse María, aunque eso no arrojaba el más mínimo rayo de luz y que había nacido en un pueblecito mallorquín; aunque otras veces decía ser de Zaragoza, y que unos hombres la habían abandonado, después de robarle todo lo que llevaba encima y haber abusado de ella. Aunque cada vez que balbucía esa historia los protagonistas eran diferentes lo esencial de la misma no variaba. Aquella muchacha había sufrido mucho, sin duda, y tenía verdadero terror a los hombres, a quienes rehuía, incluso cuando los veía por la ventana, y, cosa realmente curiosa, a las pelirrojas, por lo que tenía que cubrir su pelo cuando estaba en su presencia.

Isabel, tras un par de semanas de dudoso entretenimiento, se planteó que necesitaba buscar un nuevo aliciente con el que quemar las tediosas horas en el asilo. María ya no despertaba en ella ni siquiera curiosidad, y volvió a retomar su costumbre de dormir durante la mayor parte del tiempo. Hasta que una de aquellas noches, mientras observaba las pocas estrellas que se apiñaban en el poco espacio abierto al cielo de la ventana, la joven demente, en duermevela, dejó que sus labios narraran lo que jamás habían osado en vigilia, en un intento infructuoso por resucitar el recuerdo de una sensatez prematuramente quebrada.

—Me llamo María de Loreto, madre Tomasa... Desearía ser admitida en este convento como novicia

El cuerpo de Isabel se tensó. Aquella pobre desgraciada había sido monja. Se armó de valor, se acercó al camastro de la mujer, y le susurró al oído.

—¿En este convento?
—Sí —respondió María.
—¿Y cuál es este convento?
—El de San Pedro mártir.
—¡Dios Santo! —susurró Isabel, llevándose las manos a la boca.

Se apartó de la joven y regresó a la ventana, pero María parecía rememorar en la noche lo que le era prohibido durante el día. Isabel se veía incapaz de apartar sus ojos de la pobre novicia. Ella continuó.

—¡Cristo, que entregaste tu alma por todos los hombres, ten piedad de mí! Uno, era uno, pero muy fuerte... Todo estaba oscuro y sólo deseaba dormir,

dormir y no despertar jamás... ¡El diablo! Me llevaron ante él, y abusó de mí, ¿Por qué no me mataste entonces, Dios maldito? Luego, el silencio, los montes... Comía ratas y topos, y pajarillos que robaba de sus nidos, y los huevos, y... —abrió sus enormes ojos, y los fijó en Isabel—. ¡Tú, maldita! ¡Tú estabas allí, tú lo permitiste!

—¡Perdóname, María! —le suplicó Isabel, de rodillas—. Sé que no me creerías si te dijera que yo no tuve nada que ver...

—Tú eres una bruja... ¡Maldita!, ¡Maldita!

Por el alboroto, todas las demás dementes despertaron, y empezaron a gritar, y a gritarse entre ellas. Isabel se escondió tras su camastro y se tapó con la raída manta. Cuando llegaron las monjas, se llevaron a María, y la encerraron en una celda oscura...

Isabel se introdujo en su catre y lloró durante toda la noche.

A la mañana siguiente, la hermana Pancracia encontró el camastro de la pelirroja vacío... Se encogió de hombros, dio parte a la diócesis y, cuatro horas más tarde, aquella cama ya había sido ocupada por una anciana que creía hablar con Santiago apóstol...

3. El siguiente paso.

«Sé que he perdido demasiado tiempo intentando volar sobre lo ordinario, aunque mi vuelo fuera hermoso y la vulgaridad lo convirtiese en fascinante... Pero los demás prefirieron el vuelo de los buitres, por elevado y grandioso...
¡Estúpidos!, ¿no sabéis que son carroñeros, que se alimentan de carne podrida?.. ¡Pobre Isabel, seguro que regresarías a mí si la gangrena se extendiese por todo tu cuerpo!»

BENABARRE (Reino de Aragón). Principios de 1620

Hernando se alisó el cabello y le hizo un gesto a Lorenzo. Éste le miró, dudando que fueran a concluir el trayecto que se disponían a realizar. Le ofreció el brazo a su madre, y le siguieron unos pasos por detrás.

Catalina estaba convencida que era su propia madre quien debía acompañar a Hernando hasta la casa de Modesto de Lliure, más por distanciarse de un asunto que le resultaba molesto que por consumarlo según las tradiciones. Un par de semanas antes, le escribió una carta y se la entregó a un joven oficial de la guardia del rey, que tenía amores con una muchacha de Albelda, para que se la hiciera llegar a su hija. Pero el soldado no logró encontrarla en Torre Dolorosa, ni en Torre Alfals y, según dijo, nadie sabía qué había sido de ella. Lo único que pudo sacar en claro de aquella visita fue que, unos cuantos meses atrás, Arcadio se había quitado la vida, colgándose de un olivo, y que, desde entonces, la pelirroja se había prodigado poco por el pueblo.

Sea como fuere, Catalina escribió aquella carta impulsada por sus eternamente ambiguos sentimientos (por un lado, creía que lo correcto sería que fuese Isabel quien se reuniera con Modesto y Elvira, pues era lo que se había hecho durante siglos, y por otro, que el ejercicio de su hija como madre Hernando había sido tan escaso que poco merecía presidir aquella petición de mano) así que recibió la noticia de su desaparición como una gracia, aunque esto le pesara en lo más profundo de su alma. Hernando jamás disimuló esa especie de veneración y antipatía, todo a un mismo tiempo, por quien le arrancó a la vida. En cierto modo lo único que le importaba de aquella mujer era aquel supuesto don demoníaco que corría de boca en boca y que, por lógica, debería haber heredado. Si hubiese tenido la seguridad de que aquella venerada bruja iba a legarle sus facultades de inmediato, hubiese removido cielo y tierra con tal de encontrarla. Pero, en un atisbo de sensatez poco común en él, concluyó que, por mucho que él desease y creyera estar capacitado para continuar una saga que había empezado su abuelo, el conde, su madre carecía de poder suficiente como para convertirle en brujo por ciencia infusa.

Aquel asunto precisaba de una solución urgente: el mal ya estaba hecho. La mitad del pueblo ya hacían apuestas para acertar el sexo de la criatura que estaba por venir, e Isabel merecía más bien poco ser invitada a la boda de Hernando. Pero una familia jamás se rige por lo que es de justicia, sino por vínculos atávicos, y Catalina esto lo sabía mejor que nadie. Además, Lorenzo, Pepita y ella misma habían tenido que insistir y discutir con Hernando para convencerle de que debía sentar la cabeza de una vez por todas y que ya tenía edad para pasar por la vicaría... *«El amor se alimenta del hábito»*, había esgrimido Pepita y *«El deshonor te perseguirá siempre, si no te haces cargo de esa muchacha. Eso en el caso de que Modesto no te abra la cabeza con su azada»* fueron las convincentes palabras de Lorenzo.

Estaba decidido. Los dos jóvenes se casarían en la Iglesia de San Miguel, el domingo de Ramos.

Primavera de 1620

La boda se celebró, tal como había decidido, sin grandes galas, y de forma discreta. Una comida familiar en Casa Capellana, en la que Modesto y sus hijas apenas cruzaron un par de palabras con Hernando, fue el infeliz colofón a un día extraño. Pero no faltaron las sorpresas, aunque éstas nada tuvieran que ver con los contrayentes.

Poco después de que Modesto se retirase a Casa Lliure, Catalina bajó al corral, a comprobar que la cerca estuviese cerrada; las vacas no entienden de celebraciones, y una boda no era motivo como para no reclamar que alguien las ordeñase y les diera de comer, labor de la que se ocuparon Lorenzo, su hijo mayor, Blas, y la propia matriarca de Capellana. Catalina sabía que las puertas estaban atrancadas, puesto que ella misma había visto como lo hacía su nieto, pero aquel argumento le sirvió para justificar su evasión, su búsqueda de la soledad y el silencio que necesitaba.

Se sentó sobre uno de los pesebres y recibió el aliento abrasador de la más veterana de las vacas. Acarició su hocico, cerrando los ojos. Rápido regresó a su mente el áspero tacto de las cerdas de Margarita, aquella terca mula a la que tanto le debía. Su memoria la había convertido en una yegua hermosa y altanera, prácticamente prendida de alma, que no precisó de jinete para rescatar a una desdichada jovenzuela de las garras del mal. Sonrió. Estaba a punto de cumplir la setentena, y se sentía como la inocente niña que escuchaba las absurdas historias que le contaba la pobre Ernestina, sobre los hombres y la vida, creyendo que aquellas serían las únicas referencias del maldito mundo que recibiría en toda su vida... No, no había cambiado mucho desde entonces; el dolor, el amor, las alegrías y el sufrimiento, no eran más que pequeñas anécdotas en una vida demasiado larga como para no haber perdido todo aprecio por ella. Y se percató de que aquel mismo ejercicio, el de recapacitar sobre los avatares de su existencia, solía devenirle cuando alguno de los suyos se decidía a darle un nuevo rumbo a su vida, como si ese cambio fuera a afectar a su deseada monotonía que, no por ansiada, era más llevadera. Ni siquiera sabía si se trataba de una esperanza o de un temor; en definitivas cuentas, su existencia seguía la imperturbable y anodina senda que tomó cuando Lorenzo se casó con Pepita. O tal vez era eso: nunca cambiaba nada, porque los personajes eran los mismos y la protagonista de esta gran farsa a la que llaman vida siempre era ella.

Aquella reflexión duró poco: justo hasta que su memoria amenazó con entristecerla.

Se levantó, se despidió de la vaca, y salió afuera, donde le aguardaba el eterno Trono de la Declaración, tan viejo, agrietado y cansado como ella misma. Se sentó en él, en uno de los extremos, y perdió su vista en el fondo de la empinada calle del Castillo. Allá a lo lejos, en la plaza mayor, los más ancianos aún proseguían con unas peroratas que nadie escuchaba, que habían empezado poco después de la salida de misa y que sólo cesaron durante un par de horas para la comida... Todos aquellos, algunos de ellos más jóvenes que ella, habían sido sus vecinos durante decenios: amigos o enemigos, en los duros años de las sediciones, amados y odiados, tal vez a un mismo tiempo, pero las raíces sobre las que se había asentado aquel pueblo que ahora los despreciaba por viejos. Por primera vez se sintió cimiento de lo que venía tras de sí, aunque el presente ya había empezado a ignorarla como entidad o futuro. Sin embargo, se sintió dichosa, como cuando los casaderos de Benabarre se referían a ella llamándola la abuela de Blas, Gregorio o "Isabeleta", o los adultos como la madre de Lorenzo.

Después, se añadieron a ella sus nietos, que se sentaron a sus pies.

—Yo siempre creí que una boda era más alegre —dijo, pizpireta, su nieta Isabel. Catalina acarició sus cabellos—. Cuando yo me case, haré una gran fiesta.

—Estoy segura de ello, mi pequeña.

—Hubiera sido una gran fiesta si Hernando no hubiese dejado preñada a la Elvireta —añadió Blas, con cierta malicia. Catalina no le impidió que reprobase la actitud de su primo—. Nadie celebra una gran boda cuando se casa por obligación.

—A veces, Blas, las bodas por obligación o conveniencia son las que más perduran, incluso las más colosales —dijo la abuela—. Los condes, los reyes, los señores, siempre se casan por conveniencia...

—¿El primo Hernando se irá de casa? —preguntó Gregorio.

—¡Nunca vienen dichas a la casa del pobre! —exclamó Blas, con ironía.

—¡No voy a permitirte que hables así de Hernando! —se enojó Catalina—. Para nadie es un secreto la antipatía que le tienes, pero eso no te da derecho a hablar mal de él, y mucho menos en mi presencia, ni en la de tus hermanos. Tu primo es también mi nieto, y yo le quiero tanto como a vosotros.

El sol estaba a punto de esconderse tras el horizonte, y el murmullo de la vida empezaba ya a apagarse, cuando reparó en la silueta de un hombre de torpe caminar, que acometía la cuesta con más ánimo que fuerzas. Entrecerró los ojos, intentando reconocerlo, pero le fue imposible. Cuando lo tuvo a poco más de dos pasos, se percató de que aquel anciano no era del pueblo.

—¡Buenas tardes, buena mujer! —le saludó el hombre, con un ligero acento francés—. Ando buscando Casa Capellana.

—Ésta es —le respondió Catalina, algo desconfiada.

—Mi nombre es Guillaume Florentín, de Camporrells —el cuerpo de Catalina se tensó—. Tú debes ser Catalina —ella asintió—. He venido sin el permiso de tu hija. ¡Si supiera que estoy aquí sería capaz de matarme! —sonrió.

—¿Sabes dónde está Isabel? —Florentín asintió— ¡Hace años que no la veo! —susurró Catalina—.Sé que enviudó...

—¿Podría sentarme? —preguntó el francés—. Esta cuesta me ha agotado —Catalina asintió, y le hizo un hueco en el Trono, los tres jóvenes se apartaron, aunque siguieron escuchándoles—. El caso es que... tu hija ha estado enferma, pero ya se encuentra mejor.

—¿Algo grave? —se asustó Catalina.

—¡Nada de lo que haya muerto nadie! —la tranquilizó—. Ella dice que puede hacerse cargo de Torre Alfals, de sus tierras, pero yo no tengo la misma opinión que ella.

—Y quieres que envíe a alguien para que le haga entrar en razón, y traerla aquí a Benabarre.

—No —sonrió él—. Tanto mi mujer como yo le hemos insistido en que eso sería lo mejor para ella, pero es más terca que una mula.

—Entonces, yo poco puedo hacer.

—La masía le pertenece tanto a ella como a su hijo o a su hermano... Si alguno de ellos quisiera bajar a Tamarite y hacerse cargo de las tierras...

—El problema no son las tierras —se lamentó Catalina— sino ella. Lorenzo no dejará nunca Casa Capellana, ni Hernando la serrería...

—Siendo así, no le robaré más de de su precioso tiempo —se levantó Florentín—. Le agradezco que me haya recibido.

—¡Aguarde un momento! —dijo Blas. Florentín volvió a sentarse. Después, miró a Catalina y susurró—: Usted y el abuelo vivieron varios años en ellas, y no creo recordar que les faltara el sustento.

—Ciertamente, con las tierras podría vivir una familia sin penurias —balbució Catalina—. Pero, ¿qué estás intentando decir?

—Pronto cumpliré dieciocho años, y ya soy suficientemente mayor como para poder ocuparme de esas tierras.

—Eso deberías hablarlo con tu padre, Blas. Tú no conoces a tu tía... Es una persona... difícil.

—Vuelva a su casa —le dijo el joven a Florentín—, que yo me encargaré de que mi tía sea atendida...

—Jamás lograrás convencer a tu padre para que te deje ir a vivir a Tamarite.

—Mi padre adora a su hermana... Si le digo que está enferma y que yo cuidaré de ella, seguro que no se opone.

—¡Quedad con Dios! —se despidió Florentín.

4. Un futuro esperanzador.

«Poseer jamás me obsesionó, porque amo la libertad y los bienes me esclavizan. El amor, sin embargo, pretende que lo busque allá donde voy, en aquello que comienza y en el poso de lo que termina. ¡Qué difícil es ser libre y amar a un mismo tiempo!»

BENABARRE (Reino de Aragón). Primavera de 1620

Catalina, una vez más, había subestimado a su hijo Lorenzo, que accedió, tras escuchar pacientemente, a los deseos de su hijo mayor. En definitivas cuentas, que aquel muchacho jovial y alegre se ofreciera, aduciendo, como principal compromiso, cuidar de una mujer a la que no conocía, y sobre la cual había escuchado las historias más terribles, a ser quien restituyese la paz en la torre que le había visto nacer, hizo que viera en él al hombre respetable que siempre había soñado.

Blas se convirtió así, y en unos pocos segundos, en el orgullo de Lorenzo, porque: *«lo que honra a un hijo, siempre honra a su padre».*

Su abuela, sin embargo, dudaba que aquella extraña unión fructificase, aunque siempre cabía la posibilidad de que Isabel lo acogiera como enmienda a ese hijo que la detestaba. Le entregó una bolsa llena de monedas, ahorradas durante varios años para hacer frente a una crisis que jamás llegó. Aquel dinero, y esa fue la condición que le impuso Catalina, debía ser utilizado para reparar los desperfectos que pudiera haber en Torre Alfals, comprar algunos animales y preparar las tierras para ser labradas y sembradas.

Con sus alforjas repletas de ilusiones, montó en el carro del "Mercader" de Camporrells, confiando en que el mal recuerdo de Eduardo pronto se difuminaría en aquel esperanzador futuro.

TAMARITE DE LITERA (Reino de Aragón)

Así, convencido de que el entusiasmo enterraría, de una vez por todas, el mal agüero que parecía sobrevolar el espíritu de su tía bruja, llegó su primera decepción.

La tan traída Torre Alfals, no era más que una pequeña casucha, medio destartalada, rodeada de unas tierras que llevaban varios años sin ser cultivadas. Entonces comprendió por qué su abuela le había entregado la bolsa llena de monedas; iba a hacer falta mucho dinero para adecentar aquel lugar.

Aquella desilusión, sin embargo, no fue la única. A pocos pasos de la puerta que parecía dar acceso a la vivienda, fue recibido por un enorme perro negro, un lobo de no ser por su color, que se mostró poco amistoso, aunque no parecía tener demasiadas intenciones de atacarle. Aún así, y desconfiando que el animal no fuera a cambiar sus pretensiones iniciales, dio un grito y aguardó a que alguien le sacara de encima a aquella bestia.

Quien acudió a rescatarle fue una mujer de algo más de cuarenta años, pelirroja, descuidada y vestida completamente de negro, que le observó con tanto recelo como él miraba al perro. Era su tía Isabel.

—Se llama Sócrates —dijo ella—. Es un perro vago, torpe y con mal genio, pero jamás ha atacado a nadie —recordó las carnicerías de Huesca, y rectificó— bueno, sólo lo hace cuando presiente el peligro... Tú no supones ninguna amenaza, ¿verdad?

—En absoluto —se recompuso el joven—. Mi nombre es Blas... Blas Salazar.

—¿Tú eres el hijo mayor de mi hermano Lorenzo? —preguntó ella, intentando poner orden en su maraña de pelos indomables—. Pero no te quedes ahí —le hizo un gesto—, pasa. Estás en tu casa... —la vivienda parecía encontrarse en buen estado, algo desordenada y con algunas goteras, pero habitable— Y, ¿qué es lo que te trae por aquí?

—Hernando se casó a principios de año —balbució Blas—. Dejó preñada a una chiqueta del pueblo, que se llama Elvira —Isabel se encogió de hombros—. "Yaya" decidió enviarle una carta para comunicárselo a usted, pero no pudieron encontrarla.

—He estado... Me fui de viaje...

—Por el hombre que vino a entregarle la carta, supimos que se había quedado viuda hace un año. La abuela, mi padre y yo mismo le damos nuestras condolencias. Pensamos que estaría sola y que necesitaría a alguien para que le ayudase con las tierras y ganados.

—Supusisteis mal, jovencito —dijo Isabel, incómoda—. Las tierras no necesitan ayuda, pues lo que no se cultiva difícilmente puede dar fruto... Llevan así muchos años y no tengo ninguna intención de volver a sembrarlas. En cuanto a los ganados, los únicos animales que hay en esta torre son: ese perro del demonio y un centenar de ratas... Antes había miles —dijo con ironía—, pero la mayoría se marcharon porque no encontraban nada con qué alimentarse.

—De todos modos, me gustaría hacerme cargo de los campos... La abuela Catalina me ha dado dinero para que...

—¿Así que se trata de eso? —dijo ofendida— ¿de caridad?

—Su madre de usted supuso que respondería de este modo, así que me dijo: *«Si se niega a aceptar tu ayuda, dile que ella me ofreció en reiteradas ocasiones los reales de Sopena, que no es caridad, sino devolverle el favor»*.

—¡Ella jamás aceptó ese dinero!, ¿por qué iba a aceptar el suyo?

—Tal vez porque lo necesita, tía...

—No puedo —se negó sacudiendo la cabeza—. Sus reales quizás, pero que tú te quedes aquí no. Jamás.

—Le prometo que ni siquiera se percatará de mi presencia —sonrió Blas—. Me gusta mucho hablar, pero si le molesta, estaré callado... y con un miserable catre seré el hombre más feliz del mundo.

—No... Hoy te quedarás aquí, porque ya es tarde para volver a Benabarre, pero mañana regresarás con tus padres y con tu abuela... Éste no es un lugar seguro para mí, ni tampoco para ti.

—Permítame, al menos, quedarme una semana, para que pueda determinar si ese peligro que dice es real o no... Después, os prometo que me marcharé.

—Está bien —asintió a regañadientes—. Una semana...

L a semana, se convirtió en un par, y éstas en un mes.

Blas compró, tal y como le había prometido a su abuela, dos bueyes, una burra joven, tan alegre como obediente, y un maltrecho carro. Se afanó en limpiar las piedras que cubrían los campos y el huerto, en reparar la techumbre de Torre Alfals y en limpiar las cuadras y pocilgas, donde alojó cuatro cerdas y un puerco grandioso.

Isabel, aunque los primeros días intentó evitarle, pronto vio en aquel muchacho el apoyo que necesitaba. Blas era un joven amable y abierto, de conversación fácil, y siempre dispuesto a escuchar sus historias que, al principio, eran tan escasas como triviales, pero que enseguida se convirtieron en sinceras. Y, en ese mismo tiempo, Salazar se percató de que Isabel era una mujer de indudable atractivo, cuyas reflexiones, aunque heréticas, resultaban fascinantes. En dos meses, aquella fascinación, se convirtió en veneración.

Blas acababa de hacer un pacto con el mismísimo Satanás.

5. Perpetuación.

«Ni siquiera espero conocer a aquel que ha de heredar lo que soy. ¡Malditos seáis!; ¡no sabéis cuánto sufrimiento siembran vuestros decretos! ¡Ojala vuestro vientre, vuestra perpetuación no fuese sino el más decepcionante de los dones adquiridos... Nada hay más triste que venir al mundo condenado; es como morir sin haber vivido... ¡Sed mil veces malditos!»

BENABARRE (Reino De Aragón). Verano de 1620

El calor se convirtió en pequeñas gotas húmedas sobre la frente de Elvira. Jamás se había sentido peor, ni siquiera cuando el barbero le arrancó aquella muela negra que se le estaba cayendo a pedazos. El dolor del parto era insoportable.

Cuando la cabecita de la criatura asomó entre las piernas de la joven, nadie tuvo la menor duda, de que se trataba del hijo de Hernando Simón: pelirrojo y de piel tan pálida que se podían ver sus venas bajo la piel.

—Se llamará Medardo —se apresuró a decir la madre.

Hernando no puso ninguna objeción al respecto; aquel niño era el causante de su desdicha, el culpable de que hubiera tenido que casarse con una mujer a la que no amaba; y eso que la muchacha era buena y servicial, limpia y siempre dispuesta. Quien realmente estaba encantada con ella era Pepita, que hacía años que rezaba para que un nuevo soplo de juventud devolviera a aquella casa el frescor de la feminidad. Aunque su mayor agradecimiento se debía a que Catalina hacía semanas que no tenía fuerzas para ayudarle en las tareas de la casa, y todo ese peso había recaído en ella y en su hija Isabeleta.

Unos meses antes habían recibido una carta, no demasiado amistosa, de Isabel, en la que les recriminaba haber enviado a un pobre muchacho para que la ayudase, *«cosa que no preciso»*, y, en la que les comunicaba que: *«en unos cuatro o cinco días, Blas regresará a Benabarre...»* Pero la espera de Blas se dilató hasta el infinito. Cuando ya empezaban a preocuparse por el paradero del mayor de Capellana, una segunda carta, esta vez de agradecimiento, les tranquilizó: *«Doy gracias a Dios por tener un sobrino como este muchacho. Las tierras tienen mejor aspecto que nunca y las cerdas ya han parido sus primeros lechones...»*

Hernando, resentido, ni siquiera quiso leerla. No es que pensara que debía ser él quien heredase Torre Alfals, o que tuviera derecho a una parte de los beneficios que les reportarían aquellas tierras, sino que preveía que el amor que pudiese llegar a sentir su madre por Blas, se lo debía a él. Así que decidió evitar cualquier conversación en la que surgiera aquel asunto. *«¡Bastantes problemas tengo yo, como para tener que preocuparme de los de una madre que me abandonó y que jamás hizo el más mínimo esfuerzo por recuperarme!»*

Aún así, queriendo convencerles, y convencerse, de que lo que le ocurriera a su madre y a su sobrino le era indiferente, solía encerrase en el desván e invocar a unas fuerzas que él desconocía, para demandarles que se secaran las tierras de

Torre Alfals y que Blas regresara a Capellana cabizbajo y frustrado. Pero nadie le escuchó.

Catalina sabía de estas prácticas, y lo cierto es que no le gustaban demasiado, pero también tenía la seguridad de que Hernando, al menos en ese aspecto, era tan inofensivo como un asno intentando levantar el vuelo. Jamás hizo demasiado caso de esas excentricidades; no merecían mayor aprecio (en el fondo, es lo que pretendía), por lo que el joven Simón se sentía un fracasado.

Ni siquiera la nueva de un hijo varón le trajo un mínimo de serenidad a aquel serrador. Desde que lo tuvo en sus brazos, intentó encontrar en él algo que pudiese indicarle que todas aquellas aptitudes que se le atribuían a su madre, se habían reproducido o perpetuado en la criatura; pero Medardo no más un niño de pecho, cuyas únicas preocupaciones eran las de comer, dormir y ensuciar sus pañales.

Nada, por tanto, parecía satisfacer al joven Hernando, que se refugiaba en su trabajo en la serrería y en las jarras de vino que le servían en la taberna, como si el fracaso pudiera silenciarse con el esfuerzo o el alcohol. Tal vez por eso, por la imposibilidad de enterrar su frustración en el engaño, las más alcahuetas aseguraban haberle visto, en alguna que otra ocasión, entrar en la casa de una de sus antiguas amantes, de la que salía con una expresión en su rostro de desahogo y un débil sentimiento de traición, tan henchido de remordimiento como de placer.

Catalina, más por desidia que porque su sufrimiento hubiese llegado a niveles insoportables, decidió desoír las murmuraciones, aunque estaba segura de que eran ciertas, y dejar que el destino se ocupase de decantar la balanza de su decencia hacia uno u otro lado. Capellana fue, durante muchos años, sinónimo de vergüenza, de impureza y adulterio, y un par de décadas más de indecencia no iban a otorgarle, ni a robarle, una dignidad ya muy maltrecha.

6. El abuso.

«La tristeza que sentí, la misma que ahora me aboca a lo que los cómodos llaman fe, y que no es más que miedo y cansancio, me convenció de que la paz regresaría a mi espíritu cuando los cuervos ya no quebrasen su voz al amanecer. Pero no era más que el susurro de mi alma, atrapada en la laguna de la confusión. Tras ella, únicamente esperaba el demonio, deseando recrearse en el dolor ajeno.»

BENABARRE (Reino de Aragón). Otoño de 1620

Blas cargó cinco de los recién destetados cerdos en el carromato, y dio un golpe en el lomo de la burra, a la que Isabel había bautizado como "Eusebia", poniéndose en camino hacia Tamarite. Era día de mercado y tenía la venta de los gorrinos apalabrada con un granjero del pueblo, así que no debería dejar demasiado tiempo sola a Isabel. Desde de que ella misma le confesara que estuvo a punto de colgarse del castaño, el joven Salazar temía que aquel deseo de abandonar su miserable vida volviera a nublarle la razón, y que esta vez no hubiera quién la rescatase. Pero el rostro de su tía, últimamente, había adquirido un brillo que él desconocía, y nada hacía pensar que fuera a tomar dicho camino.

Los tamaritanos recibieron su llegada como quien recibe a un saltimbanqui, lo cual no le incomodó demasiado, aunque algunos de los comentarios eran bastante hirientes: *«Ese es el sobrino de la bruja, el nieto del asesino del Presidiari»*; pero en nada se diferenciaban de los que había tenido que escuchar en Benabarre, donde le conocían como el hijo del cojo, por lo que ni siquiera prestó atención.

Tal como le habían dicho, el porquero había levantado la pequeña cerca, en la que guardaba media docena de cerdos, a pocos pasos de la puerta del ayuntamiento. Aunque no había demasiada gente, le fue difícil llegar hasta allí, incluso algunas de las mujeres que se disponían a curiosear, más que a comprar, le miraron con expresión de fastidio, y se negaron a apartarse de la trayectoria que él debía seguir. Pero Blas era un hombre paciente, y prefirió aguardar a que las cotillas decidieran hacerse a un lado, y así poder llegar hasta el porquero.

—Le he traído los cerdos que le prometí —le dijo Blas— cinco machos, sin castrar.

—No sé de qué me estás hablando, joven —le respondió.

—Sí. Soy el sobrino de Isabel, de Torre Alfals.... Hace dos semanas me prometió que me compraría todos los lechones sin castrar que tuviese...

—¡Eso fue hace dos semanas!..

—¡Me dio su palabra!

—Jamás le doy la palabra a nadie, muchacho.

—Entonces, ¿por qué me dijo que me compraría los cerdos, si ahora no los quiere?

—Porque hace dos semanas no sabía quién eras...

—¿Y qué importa eso?

—Tu tía —se acercó el porquero y bajó la voz—. Tu tía es una bruja. Lo sabemos todos. Y el cura ya ha dado parte a la inquisición. Que sea detenida, llevada a un tribunal y quemada en la hoguera, es cuestión de semanas... ¡No quiero hacer negocios con ella!

—Pero...

—Muchacho —añadió, en tono paternal— todo lo que rodea a los herejes acaba salpicado de pecado a quienes tienen trato con ellos... Si yo estuviera en tu lugar, volvería a tu pueblo, sea cual sea, y me apartaría de esa pelirroja maldita.

Blas dio media vuelta, y volvió a tomar el camino de Torre Alfals. Sabía que, cuando Isabel viese que regresaba con los cerdos, sin haber vendido ni uno, el precario ánimo que había logrado insuflarle volvería a desmoronarse. Así que, a las afueras del pueblo, bajo el antiguo puente, los degolló y enterró, entregándole a su tía unas pocas monedas que le quedaban de la bolsa de su abuela.

Estaba seguro de que la reacción de cualquiera de los otros porqueros del mercado hubiese sido idéntica a la de Caserres; el rumor de que mosén Miguel ya había denunciado a Isabel al Santo Oficio se había extendido por todo el pueblo como la pólvora, y el miedo había calado en todos los tamaritanos.

Pocos días después, cuando cuatro de sus cerdos eran suficientemente grandes como para venderlos, se encontró en un dilema: si los "capaba" y cebaba él mismo, corría el riesgo de tener que sacrificarlos y perder una importante suma de dinero, puesto que no preveía un cambio de actitud entre los tamaritanos y, si no lo hacía, la carne se echaría a perder y aún tendría menos posibilidades de deshacerse de ellos. Así que decidió cargarlos en su carromato y llevarlos hasta Benabarre, donde, estaba seguro, podría venderlos sin dificultad.

La melancolía de Isabel parecía superada por completo, y el fantasma de su suicidio se había esfumado, por lo que no vio inconveniente en dejarla sola durante un par de días y buscar salida a sus negocios allá donde a nadie le importara lo más mínimo su procedencia. Solo tenía razón en esto último.

Aquella noche, la primera de la ausencia de Blas, Isabel recibió una visita que, no por esperada, fue más grata.

A eso del atardecer, la puerta de Torre Alfals tronó, como preámbulo de la más infernal de las noches. Tras aquellos golpes, se encontraban los rostros, ya envejecidos, de Cliós y de Banyeu. Camilo llevaba en las manos un hacha ensangrentada, y Cliós una tranca.

—¡Veo que las Hermanitas de los Pobres han hecho maravillas contigo! —dijo Banyeu, al verla compuesta y algo más gorda que de costumbre—. Pero tu atractivo se esfumó con tu cordura.

—¿Qué queréis de mí? —se asustó la pelirroja.

—Nada que no imagines —se burló Cliós.

—¡Sócrates! —gritó Isabel.

—No llames a tu perro. Camilo aún está fuerte, y sabe manejar bien el hacha...

—¿Lo habéis matado?

—Digamos que le he separado la cabeza del tronco —rió Camilo—. Con ese perro nada es seguro...

—Respondiendo a la primera pregunta —la rigidez volvió al rostro de Cliós—, te diré que, desde que tú y el estúpido de tu marido, ¡el demonio lo acoja en el infierno!, decidisteis dejar la orden, Belcebut no volvió a acudir a ninguna de nuestras reuniones.

—Yo no tengo ningún poder sobre el demonio...

—Hoy podremos comprobarlo —le amenazó Banyeu—, porque te vamos a llevar hasta la Roca de la Botella.

—¿Y si me niego?

—Esa no es una opción —dijo Cliós, levantando la porra y dejándola caer sobre la cabeza de la pelirroja.

Cuando despertó, en la pendiente de la Botella, los dos hombres habían encendido una gran hoguera y bailaban desnudos, dando vueltas y bebiendo aquel licor terrible. Ella estaba tumbada sobre la hierba. La había desvestido y llenado de cardenales y golpes. Apenas podía abrir su ojo derecho.

—¡Ya ha vuelto en si! —gritó Camilo con entusiasmo.

—Vamos —le ordenó Pierre, agarrándolo de su brazo—. Ahora debes invocar al demonio para que vuelva.

—¿Por qué me hacéis esto?

—Porque tú —dijo Cliós con ironía—, nos has convertido en lo que somos. Todos nos temen, y nadie quiere hacer negocios con nosotros. O bien tú nos has echado el mal de ojo, o la negativa de Belcebut a acudir a nuestras llamadas nos ha dejado en el desamparo.

—Se ha corrido la voz —añadió Banyeu—, de que te anda buscando la inquisición, que el cura nos ha denunciado, y que andan detrás nuestro para llevarnos ante la inquisición…

—¡Cállate! —gritó Cliós—. Belcebut nos librará de tales amenazas —y, mirando a Isabel, añadió—: pero para eso, es necesario que vuelva a confiar en nosotros.

—Yo no puedo hacer que regrese quien no quiere hacerlo…

—¡Es una orden! —la mano de Camilo cayó sobre la cara de Isabel como una maza—. Si nosotros decimos que has de hacerlo, lo harás…

—¡Estáis locos! —se lamentó—. Hace años, gentes que le adoraban con mayor fe que vosotros, que se sentían hermanos entre ellos y que jamás amenazaron a nadie para conseguir su protección, fueron quemados en la hoguera. Belcebut jamás les defendió, ni evito que la inquisición les procesara.

La mano de Banyeu volvió a golpearla. Después, recibió varias patadas en sus muslos y espalda. Los hombres la sujetaron por los brazos, y la mantuvieron de pie frente a la fogata.

—¡Ahora, reza! —le ordenaron.

—¡Oh Belcebut! —invocó— ¡Tú que nos otorgaste el poder de decidir, de ser libres y de renunciar a los sacramentos y a la fe de Cristo!, te pedimos que te hagas visible, que nuestros negocios florezcan, y que perezcan quienes se interpongan en nuestro camino.

Una suave brisa meció los cabellos ensangrentados de Isabel, pero no ocurrió nada.

La pelirroja repitió sus rezos, una y otra vez, hasta que el agotamiento pudo con ella y cayó al suelo. Entonces, los dos hombres volvieron a pegarle.

CAPÍTULO XXXIV
Desterrados del Paraíso

1. El perro.

«Sólo con pensar en ti, que jamás te alimentaste, que nunca sentiste el deseo que se le reconoce a tu especie, me sobrecoge. Ni la muerte violenta te frenó, ni el silencio te hizo callar... ¡He visto tantas cosas extrañas!, ¡He sentido tanto miedo!, que mi ardor se ha esfumado ante la imposibilidad de comprenderte.»
TAMARITE DE LITERA (Reino de Aragón). Otoño de 1620

Blas estaba satisfecho. Pablo de Jueu le había comprado los cuatro cerdos, y se había comprometido a hacer lo mismo con todos aquellos que no lograse vender en Tamarite. También logró arrancarle una promesa similar a Mario Campo, el panadero, que le aseguró que se haría cargo de todo el trigo que lograse arrebatarle a las áridas tierras de Torre Alfals. Aunque la idea de tener que llevar la harina y los puercos a más de siete leguas hacia el norte no le gustaba demasiado, al menos tenía asegurados los beneficios de su trabajo.

Llegó a Torre Alfals a media mañana.

Desató el burro del carromato, y le echó un poco de alfalfa en el pesebre. Los cerdos estaban alborotados, lo cual indicaba que Isabel había olvidado darles de comer, así que, masculando palabras ininteligibles de desagrado, cogió un cubo y entró en la casa.

Todo estaba en calma, en un silencio, sólo roto por los gruñidos de los cerdos. Su tía no había salido a recibirle; y no sabía si aquello era normal o no, puesto que era la primera vez que la dejaba sola en Tamarite, pero le pareció extraño que, siendo ya mediodía, no estuviese preparando la comida.

Dejó el cubo en el suelo y se acercó a la habitación. La puerta estaba cerrada, así que supuso que aún estaría durmiendo. Dio dos golpes con la mano abierta, sobre las maderas.

Nadie respondió.

Alargó su mano y la empujó.

La habitación estaba completamente a oscuras.

—¡Tía Isabel! —susurró—. ¡Ya he vuelto de Benabarre!

Abrió la ventana de par en par... Isabel no estaba allí.

Salió de Torre Alfals, y cruzó los campos, hasta Torre Dolorosa. Allí no había nadie; era evidente que estaba abandonada.

Tampoco la encontró en el castaño.

Regresó a Torre Alfals. Tomó el camino que bordeaba el huerto, por la parte oriental, paralelo al que había seguido él al llegar de Benabarre, hasta el olivar. El silencio se convirtió en un espeso manto que lo cubría todo, a excepción de los graznidos nada halagüeños de unos cuervos algo más allá. El olivar estaba tal y como debía, y el pozo tapado con los maderos. Pese a todo, levantó la cubierta y miró adentro; no vio nada. Blas suspiró aliviado, aunque no demasiado, puesto que los gritos de los cuervos se hicieron más escandalosos.

Giró completamente su cuerpo y fijó la vista en una nube negra, que oscilaba a una treintena de pasos de donde estaba, casi en el mismo camino que debería haber seguido, de no haberse desviado hacia el olivar. Eran algo más de diez cuervos, que revoloteaban sobre una masa negra. Blas temió lo peor.

Cogió un par de piedras y las lanzó contra los cuervos, que levantaron el vuelo y se posaron en los árboles cercanos, mirando al joven Salazar con tanta rabia como miedo.

—¡Dios Santo!

Sobre la tierra, medio desollado, yacía el cuerpo de Sócrates. Un par de pasos más allá, su cabeza.

La sangre le hirvió en las venas.

Corrió hacia Tamarite, preguntando a todos los que encontró por el camino si habían visto a su tía. Pero los pocos que se dignaron a escucharle no sabían nada de ella.

Poco después de que la campana de Santa María redoblara tres veces, cuando su estómago reclamaba a voz en grito que le echaran algo de comer, llegó a la parte alta del pueblo, allí donde Tamarite era sólo un eco. Y siguió, camino arriba, por la senda que conducía al antiguo castillo.

—¡Tía Isabel! —gritó.

Sus piernas se aceleraron. *«La he sobreestimado»*, se lamentaba, *«¡Dios mío, que no le haya ocurrido nada!»* Las historias que le contó su tía, rápidamente le llevaron hasta el lugar en el que decía haber celebrado reuniones con el diablo: La Roca de la Botella.

Pero allí, en la cuesta, no había ni rastro de ella.

Subió la pequeña pendiente y bordeó la Roca. Tras ella, una hoguera, aún humeante, se convirtió en la evidencia de que Isabel y sus antiguos adeptos habían celebrado uno de aquellos aquelarres. *«¿De qué ha servido todo tu sufrimiento, maldita?»*, se lamentó Blas.

Un poco más allá, los escasos árboles que rodeaban la Botella se abrían en un pequeño calvero que, desde allí, escasamente podía intuir. Bajó a toda prisa, sin prestar atención al suelo irregular por el que se deslizaban sus pies, hasta que, llegando al lindero, la greda seca se deshizo, y resbaló, yendo a dar con sus huesos a tierra.

Medio aturdido, escupió el polvo que se había colado en su boca, y levantó la cabeza.

Algo surgió de su garganta; un grito de sorpresa al principio, que pronto se convirtió en horror. A sus pies, casi pegado a él, yacía un cuerpo. Era el cuerpo de un hombre desnudo, cuyo rostro estaba completamente desfigurado y sus tripas abiertas. Blas se levantó de un salto, aterrado, e intentó subir por la pendiente por la que había caído, pero el pánico le impidió dar un solo paso. Rebasó el cadáver de un salto. El asesino, quienquiera que fuese el autor de semejante atrocidad, no se había conformado con una víctima. A un par de pasos del primero, bocabajo, un segundo cadáver, de anchas espaldas, cuya cabeza había sido prácticamente arrancada de cuajo, le miraba con ojos perdidos. Definitivamente, el causante de aquella carnicería había sido un animal. Su estómago amenazó con vomitar lo que no había comido, pero no podía apartar sus ojos de los dos cadáveres, cuyos rostros de terror certificaban que su muerte fue horrible.

Volvió a intentar acometer la cuesta, respirando atropelladamente, sin poder dominar el espanto que sentía.

Esta vez, y a pesar de lo resbaladizo del terreno, logró su objetivo. Se sentó en la base de la Botella y cerró los ojos.

—¡Dios mío! —se derrumbó— ¡Dios mío!

Ya ni siquiera cantaban los pajarillos que habían animado aquellas tierras durante los meses del verano. Sólo se escuchaba el susurro de un viento, demasiado calmo para el horror que había presenciado. Un murmullo que enseguida se convirtió en un débil lamento.

Abrió los ojos y giró su cabeza bruscamente.

—¡Que alguien me ayude! —creyó entender.

—¿Tía Isabel? —gritó el joven.

Aguzó el oído y siguió, con paso lento, la estela de aquel gimoteo.

Volvió a descender la pendiente, apartando los ojos del infierno de aquellos dos cadáveres, y procurando no resbalar. Bordeó la Roca de la Botella y, de un salto, accedió a un huerto yermo.

—¡Estoy aquí! —clamó la pelirroja.

—¡Ya voy, tía!

La sangre corría por sus venas casi tan rápido como sus piernas.

Allá, al fondo, junto al muro que separaba el huerto de Sopena de un campo ansioso por ser labrado, un bulto luchaba por incorporarse.

Isabel estaba desnuda, tendida sobre un matorral, y tiritando de frío. Blas la observó con temor. Ni un sólo mordisco, ni signo de haber sido atacada por bestia alguna; en todo caso, no por la que había matado a los otros dos. Aunque todo su cuerpo estaba lleno de cardenales y heridas no parecía estar malherida. La tapó con su camisa y se la cargó al hombro...

—De esta se salva, tía Isabel —dijo—. Nadie se muere por una docena de moratones, o por un par de costillas rotas.

—Mi abuela Jacinta murió por culpa de sus costillas —rió Isabel, sin ánimo.

—Pero usted no es la bisabuela.

Bordeó Tamarite y anduvo por entre los campos, intentando esquivar las casas y torres.

—¿Qué le ha ocurrido, tía? —preguntó él, más por averiguar el estado de Isabel que porque realmente le importase.
—Esos dos mal nacidos me secuestraron y pegaron...
—¿Los dos hombres que encontré en la Roca? —Isabel asintió— ¿Quiénes eran, tía?
—Camilo Banyeu y Pierre Cliós...
—¿Y quién los ha asesinado?
—Sócrates, Blas... Ha sido Sócrates...

2. Adulterio.

«Sé que estoy predestinada a morir atravesada por tu mirada... Moriré arropada en tus ojos vacíos, recuerdo de la nada, del paraíso que conocimos cuando el hábito era el Limbo... Ahora, el porvenir es oscuro, y el fracaso sólo me permite imaginar ese idílico mundo en sueños... ¡Qué estúpida! Creí que el amor te haría mío.»

BENABARRE (Reino de Aragón). Otoño de 1620

Hernando llevaba unos días inusualmente alegre, al contrario que Elvira, se sentía abandonada. El joven Simón nunca fue demasiado afectuoso con ella, ni en público, ni en privado. Hacía ya algunas semanas que había cumplido la cuarentena preceptiva después de todo parto, pero él seguía sin cumplir con sus obligaciones maritales; ni siquiera le prodigó la más tímida caricia.

La muchacha estaba convencida de lo que era evidente, que su marido no la amaba, aunque esto no le quitaba el sueño, *«el roce hace el cariño»*, solía decirse, arguyendo tan peregrino teorema para justificar, tanto la ingratitud de Hernando, como sus cada día más vanas esperanzas *«Y acabará amándome.»* Estaba segura de que, si echaba leña a una hoguera apagada, lograría arrancarle un fuego que nunca fue prendido.

Se excusó de bajar a la vaquería, aunque no necesitaba ningún pretexto; tanto Lorenzo como Pepita, incluso la propia Catalina, sabían que la joven deseaba que aquel matrimonio fructificase, y se convirtiera, al menos, en soportable. Y todo lo que la joven hiciese por salvarlo era bien recibido por los Capellana. Dejó al pequeño Medardo con su bisabuela y se perdió entre los pucheros. Cocinó durante media mañana, para intentar ganarse la estima que su cercanía no lograba... Cuando terminó sus guisos, se sintió satisfecha; tanto, que no pudo aguardar a la hora de la comida para llevárselos a su amado esposo.

Así, a eso de las once, preparó una cesta, en la que, además del pollo y la tarta, guardó una bota de vino bueno y un gran mendrugo de pan del día anterior. Cogió al pequeño en brazos y bajó la calle del castillo, poniéndose rumbo a la parte baja del pueblo.

Por el camino se preguntó qué demonios debía decirle a aquel poco agradecido hombre; no era un día especial, un miércoles, ni nada justificaba su esfuerzo. Elvira no estaba segura de que Hernando viera en aquel gesto lo que ella pretendía expresarle o, si lo hacía, que le diera la importancia que merecía. Pero las últimas semanas, el intratable serrador, parecía algo más asequible: *«tal vez»*, pensó en su más insensata esperanza, *«no se atreva a reconocer que está empezando a amarme»*, y eso fue lo que le indujo a pensar que precisaría una pequeña ayuda para que, al fin, el pelirrojo se dignase a mostrar unos sentimientos de los que carecía.

Cuando llegó a la serrería, el campanario de Santa María, tronó por dos veces: eran las once y media. La sierra giraba, haciendo un ruido infernal, pero no había ningún leño en ella; y Hernando siempre la paraba si no la estaba utilizando. No había ni rastro de su marido.

Bajó al barranco. El arroyo de San Medardo bajaba casi tan lleno como en primavera, y le ofreció una serenata casi lastimera. Hernando tampoco estaba allí, ni en el almacén.

Volvió a entrar en la serrería y lo llamó, pero el ruido de la sierra devoró su dulce voz, como los cañones aplacan los gritos de la muerte. Sin embargo, no eran sólo sus gritos los que pretendía esconder aquel aparente descuido.

Un poco más allá, al fondo de la serrería, donde su marido guardaba el aserrín, Elvira vio unos movimientos extraños. Se acercó, intentando no ser vista, y retrocedió ruborizada y violenta, como si fuese ella la culpable de lo que sus ojos se negaban a mirar, y su mente a asimilar…

Hernando miró fijamente aquel cuerpo desnudo, cuyo sudor había atrapado y adherido a su piel infinitas virutas de madera aromática. No es que Cándida fuera una mujer hermosa, pero había algo en ella que le fascinaba. Tal vez eran sus ojos azules como el mediodía de verano, o sus cabellos rizados hasta el absurdo, o, simplemente, que el dulce aroma del pecado le embriagaba de un modo que jamás había sentido. Aquellas escasas curvas y su piel morena, contrastaban con la palidez de la madera que la envolvía, convirtiendo el aserrín en un bosquejo tan grosero como bello.

—¿Qué miras? —le preguntó ella, aunque sabía que el ruido de la sierra iba a impedirle escucharla—. ¿Todavía me encuentras atractiva?

Hernando se encogió de hombros y subió sus calzones.

Se levantó, y dio un par de pasos desperezándose. Ella espolvoreó sus faldas, se las vistió, y pasó delante de él, ofreciéndole una sonrisa pícara. El joven tiró de la soga, y la máquina enmudeció.

—Creo que hoy la estúpida de tu mujer no vendrá a traerte la comida —dijo ella, con un mohín de burla en su rostro.

—¿Por qué dices eso? Todavía no son las doce…

Cándida se acercó a la puerta de la serrería y recogió una cesta que alguien había abandonado. Hernando reconoció en aquella canasta la que usaba su mujer para traerle, a diario, la comida. La sangre del joven de Capellana se heló en sus venas.

—Porque hoy la has traído tú mismo...
—¡Dios Santo! —balbució con voz trémula—. ¡Mi mujer ha estado aquí! ¡Podría habernos descubierto!
—¿Y qué, si lo hubiera hecho? ¡Es tan cobarde, y te ama tanto, que te hubiese perdonado!

Lorenzo engulló la última de las alas del pollo que Hernando no había comido y le dio un buen sorbo al vino bueno que había comprado Elvira.
El pelirrojo serrador era incapaz de levantar los ojos del mantel; no por arrepentimiento, sino por vergüenza.
—Como vi que no estabas —dijo la muchacha, tragando sus lágrimas—, dejé la cesta en la puerta. Ya sabes que la sierra me produce escalofríos... No me atreví a entrar...
—Estaba detrás —se justificó Hernando—. Pero, gracias...
Catalina los miró a los dos. Quizás ninguno de los otros se había percatado de que ambos mentían. Ella era ya suficientemente vieja como para desconfiar de aquella aparente cordialidad. Y, en el silencio de la noche, escuchó los jadeos de Elvira, y el chirriar de una cama poco acostumbrada a recibir tal trato. «*Elvira lo ha encontrado con otra*», se dijo.
Después, cesaron los crujidos, y sucumbió al sueño...

3. Cobardía, o quizás...

«No puedo apartar esa imagen de mi memoria. No puedo... Demasiado nítida como para poder evitar que se distorsione bajo el velo de mis párpados...
Tus ojos azules, ciegos y sucios, siempre delataron una tristeza interior difícil de definir...
Pero eso ya no importa, porque tú y yo sólo somos un recuerdo.»

BENABARRE (Reino de Aragón). Finales de 1620

Lorenzo abrió los ojos, bostezando, y se desperezó. El día anterior había sido agotador, y la noche, tal vez por culpa del mismo cansancio, se convirtió en un suplicio mayor que el trabajo. Eran vísperas de Navidad. La demanda de quesos se había multiplicado por tres; ni siquiera la ayuda de Evaristo y sus hijos había sido suficiente para atender todos los pedidos, por lo que preveía que aquella jornada aún iba a ser peor que la anterior. No se percató de que Pepita aún no se había levantado, hasta que abrió el ventanuco y la vio en la cama, tumbada boca arriba, arrugando el ceño y mirándole con cara de pocos amigos... «*¡Perdona!*», murmuró... La única respuesta que obtuvo de la mujer fue un gruñido. Después, el sonido desigual de sus pasos acabaron por robarle el poco sueño que aún la sometía, y se levantó.
Sin embargo, Lorenzo y Pepita no fueron los primeros en despegarse de las plácidas sabanas. Catalina llevaba ya un buen rato en la cocina, preparando un desayuno que, con toda seguridad, sería recibido con menos gratitud que el que

mostraban las vacas cuando degustaban el pobre pasto de los montes de Benabarre. Él se sentó en la cadiera, mientras su mujer ayudaba a la abuela en la cocina, y aguardó a que, poco a poco, fuera despertando el poco espíritu que reinaba aquel día en Capellana.

—¡De verdad que lo siento, pepita! —susurró Lorenzo, para si.

—¿Decías, hijo?

—Nada, madre... que no me había dado cuenta de que Pepita aún dormía, y la he despertado sin querer.

—¡Ayer fue un día duro! —se justificó la mujer.

—Sí... como todos los años por estas fechas —dijo Catalina, azuzando el fuego del hogar.

La siguiente en aparecer fue Elvira, algo decaída y descuidada. Ni siquiera abrió la boca, ni probó la comida; únicamente apuró un gran cuenco de leche, y regresó a su alcoba.

—Esta "chiqueta" cada día está más triste —dijo Lorenzo, sin importarle demasiado el motivo de su abatimiento—. Ni el nacimiento de "Medardet" ha logrado animarla un poco. A veces creo que no es un estado de ánimo, sino que ella es así.

—*«Sólo la lavandera sabe quién es el que se mea»* —canturreó Pepita, como si se tratara de un refrán.

—Jamás la he visto sonreír —prosiguió Lorenzo—, ni siquiera cuando era niña.

—Elvira siempre anda preocupada por cosas que no tienen importancia —les interrumpió Hernando, abordando la cocina como un jabalí en un huerto de nabos—. Siempre encuentra alguna excusa con la que justificar su carácter melancólico.

—Tal vez, lo que no tiene importancia para ti, sí la tiene para ella —sentenció Catalina. Hernando se sentó en la cadiera, sin hacerle demasiado caso. La anciana se ofendió—. Me ves como a una vieja, que debería aguardar la muerte sin inmiscuirse en los asuntos de los más jóvenes, ¿no es así, Hernando?

—Usted siempre será mi abuela... Y la opinión que tengo de usted ya la conoce...

—¿Cuándo aprenderás a respetar a quien debes? —se enfureció Lorenzo.

—¡Déjalo, hijo! —Catalina le sirvió un trozo de magro de cerdo—. Cuando se de cuenta de eso, ya será demasiado tarde... Ya se habrá cumplido lo que él piensa, y no habrá quien le escuche.

—¡Todos estáis en mi contra! —gritó Hernando, dando un manotazo en la mesa—. ¿Acaso no vais a permitir que me arranque jamás el estigma de mi madre?

—¡Nadie ha hablado de tu madre! —se enfureció Lorenzo.

—Tú eres el único que ve ese estigma, Hernando —intentó calmarle Pepita—. Nosotros sólo intentamos aconsejarte. Lo hacemos por tu bien.

—¿Por mi bien? —rió el pelirrojo—. Si queréis hacerme bien, deberíais dejarnos en paz, a mí y a Elvira. ¡Bastante tenemos con lo nuestro, como para que vengáis a jodernos!
—¡Si tan harto estás de esta casa, deberías ir pensando en buscarte una propia! —gritó Lorenzo, fuera de sí—. ¡Ganas lo suficiente como para mantener tu propio hogar! Deberías pensar que también nuestra paciencia tiene un límite, y que ese límite ya lo has rebasado...
—¿Me estás echando de mi propia casa? —espetó Hernando.
—Esta casa es tan tuya como mía —añadió Lorenzo—, pero yo no me he quejado jamás de ser un incomprendido, de que todos estén en mi contra. ¡Y motivos he tenido!
—¡Quizás es porque nadie está en tu contra! —rió el pelirrojo—. ¡El bueno de Lorenzo!, siempre sumiso y miserable, resguardándose en las faldas de su mamá, de su mujer y de su cojera...
—Todos los problemas de esta casa han venido por tu culpa, Hernando... Si hay una manzana podrida en este cesto, eres tú.
El joven hizo un gesto, como si quisiera decir algo, pero nada surgió de sus labios. Se levantó, y salió de la casa.

Las vacas mugieron malhumoradas; en los últimos días ni siquiera les habían permitido salir de sus cuadras y dar un pequeño paseo por los escasos prados del pueblo. No había tiempo que perder, y la Navidad estaba encima. Todos en Capellana, excepto Hernando, que prefirió la serrería a las reses, se apresuraban en enharinar los quesos que debían llevar al mercado ese mismo viernes.
Poco antes de la hora del ángelus, se quedaron sin harina.
—Estaba seguro de que habría harina suficiente como para acabar el trabajo —dijo Lorenzo—. Es más, hace tres días había dos sacos; uno lo hemos gastado ya pero, ¿dónde está el otro?
—No importa —le tranquilizó Pepita—. Yo me acerco hasta el molino y compro uno.
—Está bien...
—Vosotros lleváis toda la vida haciendo esto —murmuró Elvira—, pero yo... En el tiempo en que cada uno de vosotros hacéis cinco quesos, yo sólo hago uno... Sería mejor que fuera yo al molino, y así, el tiempo perdido será menor.
Estuvieron de acuerdo.
La joven, desató el burro del corral, y salió de Casa Capellana.
A unos treinta o cuarenta pasos de allí, volvió a detenerse y a atar la acémila en una argolla, en la puerta de "Casa Toñón".
Llamó a la puerta.
—¡Ave María purísima! —se escuchó en el interior.

—¡Sin pecado concebida! —respondió ella—. Soy Elvireta de Lliure —carraspeó— de Capellana.
—¡Pasa, pasa! —dijo una joven robusta, era Teresa, la mujer de Toñón—. Vienes a por el veneno que me encargaste ayer, ¿no es así?
—Eso es, Teresa —Elvira estaba nerviosa—. ¡Ya no sabemos qué hacer con las ratas del corral...
—Has de tener mucho cuidado con él —le entregó una pequeña vasija tapada con una tela—. Cuando lo uses, lávate inmediatamente las manos, si no quieres envenenarte tú también.
—¿Debo darte algo por ello?
—No, hija mía —sonrió la mujer—, con el saco de harina que me trajiste ayer estamos en paces
Cogió la soga del burro y bajó hasta el molino, junto a la serrería. Ni siquiera entró a saludar a su marido... Iban a verse muy pronto.
Cuando Elvira regresó a Capellana, se encontró a toda la familia sentada en el patio, bromeando y riéndose los unos de los otros. Lorenzo se daba golpecitos en la cabeza con su mano abierta, aunque divertido.
—¿Qué os ocurre? —preguntó Elvira sorprendida.
—Pues que tienes grandes ideas —rió Pepita—, pero nosotros somos unos zopencos... Es posible que seamos más rápidos que tú enharinando los quesos, pero, sin caballo, difícilmente demuestra el jinete que es el más veloz.
La joven no rió la gracia de Pepita. Les entregó el saco y se excusó.
—Debo darle el pecho al pequeño Medardo, y preparar la comida. Si no le llevo la cesta a tiempo, Hernando se pondrá furioso.
—Ve, hija mía —dijo Catalina, aguantando la risa—. Nosotros seguiremos con lo nuestro.
La boca del pequeño pelirrojo se abrió como un enorme baúl deseoso de ser rellenado. Elvira lo apretó contra su pecho y lo acuñó, cantándole una cancioncilla tan triste como preñada de cariño. Sus ojos se iluminaron y enrojecieron para, al fin, convertirse en una fuente, en el nacimiento de un río que estaba a punto de desembocar en el más negro de los océanos.
Se recreó en su propia desesperación, en aquellos instantes preciosos que concluirían con la misma celeridad. El niño se apartó de ella, y se durmió, ajeno a los sentimientos de su madre; tanto, que ella lo sintió perdido para siempre... Ni siquiera él la necesitaba...
Elvira bajó a la vaquería, poco después de que las campanas de Santa María repiqueteasen el Ángelus, esta vez vestida de calle y con el pequeño Medardo cogido en su brazo izquierdo y la cesta de comida en el derecho.
Se acercó a Catalina y le entregó el niño.
—¿Cómo es eso? —preguntó la anciana, extrañada—, ¿no te lo llevas a la serrería?
—Hoy no —susurró— si voy sola, volveré antes y así podré ayudarles...

—Pero, si lo dejas aquí —insistió Catalina— ralentizará nuestro trabajo.
—Lo que ustedes pierdan, ya lo recuperaré yo después. Si es necesario, pasaré toda la noche en vela —miró a su hijo y le besó en la frente—. ¡Cuídelo bien mientras esté fuera!
—¡No pases pena!
Elvira les miró con una tristeza difícil de comprender. Cerró los ojos, y salió de la casa, perdiéndose calle abajo.
Catalina acunó al pequeño durante un buen rato, hasta que volvió a caer en un profundo sueño. Después lo miró y sonrió.
—Es un niño precioso...
—Es cierto —dijo Pepita, con cara de satisfacción—. Es igual que su padre...
—¡Esperemos que sólo lo sea de aspecto! —bromeó Lorenzo.
—Sí —balbució Catalina, depositando al pequeño Medardo en una cesta—, aunque tiene poco en donde elegir... Su padre es... en fin, ¿qué voy a decir de Hernando que no sepáis? —los otros asintieron—, ¡y su madre es una muchacha tan extraña!
—Tiene razón, Catalina —rió Pepita, casi sin hacer caso a sus propias palabras—. Si no fuera la mujer de Hernando, por la expresión de su cara, se diría que estaba abandonando a su hijo.
Los cabellos de Catalina se erizaron al escuchar aquellas palabras. En un segundo vinieron a su cabeza los más terribles pensamientos, y una corazonada como jamás la había sentido.
—¡Dios Mío! —tartamudeó Catalina—. ¿Qué has dicho Pepita?
Su nuera la miró con asombro, pero pronto comprendió qué quería decir y su rostro se transformó en una mueca de espanto.
—¡No es posible! —nerviosa, agarró a su marido del brazo—. ¡Vamos, Lorenzo!
—¿Qué ocurre? —protestó él, sacudiendo la cabeza.
—¡Ve corriendo a la serrería! —le ordenó Pepita...
—¿Qué tripa se te ha roto?
—¡Vamos! No preguntes.
La oronda mujer se echó sobre los hombros el mantón, y empujó a su marido...
Cuando llegaron a la serrería, el silencio fue el preámbulo de la más terrible de las Navidades que viviera Casa Capellana.

4. El Inquisidor.

«Estoy cansado, Dios mío... ¿Cuándo acabará esta persecución inútil?, ¿cuándo estarás satisfecho con tu obra? Juro por tu gracia que devolveré a tu Reino, o al infierno de tus contrarios, a aquellos que hacen que me avergüence de ser un hombre... Juro que mi alma no descansará hasta haber concluido tu gran obra. ¡Dame, pues, fuerzas para seguir siendo tu siervo, para que no dude un instante que mi camino es el correcto.»

TAMARITE DE LITERA (Reino de Aragón). Principios de 1621

Mosén Miguel estaba nervioso. Aquel monje, aunque anciano y aparentemente inofensivo, le ponía los pelos de punta. Tal vez era su mirada, tan fría como estricta, o los estudiados movimientos de sus manos, que le traían a la memoria las danzas de los prestidigitadores, lo cierto es que sus dedos temblaban bajo la sotana como si fuera sobre él sobre quien recaían todas aquellas acusaciones.

Fray Damián Gil Martínez de San Telmo, sin embargo, parecía satisfecho, aunque su experiencia le aconsejaba ser prudente y no apresurarse en el júbilo.

—Nos consta que habéis denunciado a una de vuestras feligresas —dijo el de Toledo. El cura asintió—, a una tal Isabel Simón.

—Sí. Es cierto —balbució mosén Miguel—, pero no se trata de una feligresa; hace años que le fue prohibida su asistencia a Misa.

—¿Excomulgada?

—No, pero no por falta de deseos.

—En todo caso, se trata de un miembro de vuestra parroquia —el cura volvió a asentir—. Y decís que es pelirroja y que vino a Tamarite allá por el mil seiscientos diez.

—Más bien regresó... Isabel Simón nació aquí —se levantó y cogió un voluminoso libro de la estantería, lo depositó sobre la mesa y lo abrió—. Ésta es su partida bautismal: *«Isabel Simón y Abadías, hija del soldado Carlos Simón y Vergara y de Catalina Abadías Fortea».*

—¿Estáis completamente seguro de que es pelirroja? —mosén Miguel volvió a asentir—. El caso es que andamos buscando a una de las brujas huidas del proceso de Logroño, y su nombre y características físicas concuerdan con las de la acusada.

—Desconozco tal proceso, pero le aseguro que a esa mujer se le atribuyen poderes y actos que bien pudieran considerarse brujería.

—El Santo Oficio desconfía de las habladurías... ¿Tenéis testigos que puedan certificar lo que decís?

—Podría hablaros de varias personas a las que, igual que a ella, se les acusa, aunque no formalmente, de los mismos delitos... Los dos principales, Camilo Banyeu y Pierre Cliós, murieron hace semanas... Les atacó un lobo —fray Damián asintió—. En cuanto a las mujeres se llaman: Margálida Escuder, Juana Bardaxí y Juana Seneta...

—¿Creéis que esas mujeres colaborarían con la inquisición?

—¿Quién sabe, hermano? Dos de ellas son viudas y desconfiadas. La otra estuvo varios años recluida en un asilo para dementes.
—¿Y qué me decís de Isabel Simón?
—Dudo mucho que quiera colaborar con la Iglesia... Si decís que andáis buscándola desde el proceso de Logroño, y que es muy posible que ya os conozca, tened por seguro que no se dignará siquiera en recibiros. Pero, si detenéis a las otras tres... Tengo entendido que la inquisición tiene métodos para conseguir la confesión de estas mujeres, y para que denuncien a la que parece la principal de ellas.
—Las cosas no son tan sencillas, padre Miguel —Damián de Toledo sacudió la cabeza—. Sobre ellas no pesa un sólo cargo de herejía, a no ser que les acuséis formalmente de ello —el cura sacudió la cabeza—, y los procesos son largos y costosos. En realidad, yo no he venido aquí a detener a nadie, sino a averiguar si hay motivos suficientes como para procesar a la tal Isabel Simón. Aunque, os aseguro que, de tratarse de la misma mujer que huyó de Zugarramurdi, los motivos de su detención estarían justificados, pues todos los tramites y diligencias ya se hicieron en su momento. Obran en nuestro poder las declaraciones de varios implicados que la acusan de herejía.
—Siendo así, lo mejor será que os acompañe hasta Torre Alfals...
—¿Os habéis enfrentado alguna vez a una situación de este tipo? —el cura sacudió la cabeza—. Pues, indicadme el lugar en el que vive la tal Isabel, y dejad que sea yo quien se encargue de este trabajo.

Isabel encendió el hogar; hacía un frío de mil demonios y no había quien calentase aquella casa.
Estaba inusualmente inquieta aquella mañana. Desde que despuntara el sol por el horizonte de Albelda, un desagradable cosquilleo había anidado en la boca de su estómago. La noche anterior las pesadillas apenas le habían dejado dormir y sentía como si sus ojos estuviesen inundados de arenilla. Pero estaba convencida de que ésos no eran los motivos por los que sufría aquel hormigueo. Algo, tan indefinible como terrible, revoloteaba sobre su cabeza, pero le fue imposible determinar de qué se trataba.
Blas regresó del huerto muy temprano, a eso de las cinco. La tierra estaba helada y dura. Dio de comer a los cerdos y después se encogió junto al fuego que había encendido su tía. Cuando ya había entrado en calor, miró directamente a los ojos de Isabel.
—¿Qué tal se encuentra hoy? —le preguntó
—Todo lo bien que puede sentirse una madre que ha perdido a su hijo y a su nuera —Blas hubiese preferido no ahondar en aquella herida, pero ella necesitaba hablar con alguien, y solamente su sobrino estaba dispuesto a escucharla—. A veces me pregunto por qué no se me permite ser feliz. Desde que nací no he sido más que un instrumento del destino, una marioneta al antojo

de quien quiera que decida estas cosas... Lo he perdido todo, Blas: un marido, dos amantes, un padre, mi hijo... Cuando uno se acostumbra a enterrar a quienes ama, se convierte en la miserable consecuencia de los actos de Dios —cogió un tronco y lo echó al fuego—. Mi hijo me odiaba...
—Ningún hijo odia a su madre.
—Sí, si ésta no le da lo que precisa. Pero yo no podía darle lo que deseaba. ¡Qué irónica es la vida! Si me hubiese pedido amor, se lo hubiera dado, y si me hubiese pedido comprensión, incluso dinero... ¡Pero deseaba lo que yo no quería para mí! ¡Deseaba mi castigo!
—Pero eso no fue lo que le mató, tía Isabel, sino su mujer.
—Aquella pobre niña no fue más culpable de la muerte de Hernando que yo.
—No comprendo...
—Cuando vas al mercado y ves una yegua hermosa, deseas tenerla, ¿no es así? —el joven asintió—. Pues su dueño, lo que desea es venderla. Sin embargo, es muy posible que tú no tengas dinero para pagarla... Y si tu vecino compra un carro, tú desearás tener uno mejor, más grande, para demostrarle, demostrarte y demostrar que eres más que él. Todos hemos sufrido los celos. El problema surge cuando es tu hijo quien te envidia, quien desearía ser como tú o ser más que tú, porque es ley de vida que los hijos sean más que los padres y, si esto no se cumple, el hijo se siente fracasado...
—Entonces, fue la estupidez la que le mató —Isabel abrió sus grandes ojos y miró a Blas con un afecto que jamás había demostrado por Hernando. Blas le ofreció la mano e Isabel la tomó, sintiendo el alivio que le negaba la vida.

Pero ese consuelo fue un bálsamo efímero, pues unos pasos sigilosos susurraron tras la puerta de la casa. Después, unos débiles golpes zarandearon la puerta.
—¿Quién va? —preguntó Blas, sin abrir.
—Mi nombre es fray Damián Gil Martínez de San Telmo —respondió—. Desearía entrevistarme con Isabel Simón y Abadías.
—¡Dios mío! —exclamó ella—. Es la inquisición.
—No queremos nada de los curas —dijo Blas, algo molesto—. Mosén Miguel le ha negado a mi tía la entrada en la iglesia, y si no es bien recibida allí, el clero tampoco lo es en esta casa.
—El padre Miguel es demasiado estricto con lo suyo —canturreó el inquisidor—, y ve pecado en los rumores.
—No se os ha perdido nada en estas tierras —insistió Blas—. Será mejor que regreséis allá de dónde hayáis venido.
—Sobre tu tía pesan cargos muy graves, jovenzuelo —se enojó el fraile—. Si no está dispuesta a declarar, me veré en la obligación de pedir que la detengan. Entonces no tendrá más remedio que colaborar con la inquisición.

Isabel se acercó a la puerta y, pese a que Blas seguía negándose a permitirle la entrada al de Toledo, la abrió.

—¿Tú eres Isabel Simón? —ella asintió, haciendo un gesto para que entrase en la casa.

El inquisidor se sentó en una de las sillas de la cocina y dejó sobre ésta una carpeta de cuero. Parsimoniosamente, la abrió, y extrajo de su interior un documento, manuscrito y amarillento.

—El Santo Oficio ha sido reclamado por el padre Miguel —dijo, leyendo el papel—. De momento no pesa ningún nuevo cargo sobre ti, ni sobre ninguno de los otros sospechosos...

—¿Sospechosos de qué?

—Al parecer hay quien os acusa, tanto a ti como a ocho más, de conducta poco cristiana. Dos de ellos, como ya sabrás, murieron en circunstancias ciertamente extrañas. Me refiero a Pierre Cliós y a Camilo Banyeu.

—No sé de dónde sois vos, pero aquí son bastante comunes los ataques de los lobos. Que mueran dos hombres por culpa de esas bestias es una calamidad, pero no extraño.

—En todo caso, los ocho acusados ahora sois seis: Juana Seneta, Juana Bardaxí, Margálida Escuder, Guillaume Florentín, Alegría Garcés y tú misma.

—¿Qué entendéis vos por conducta poco cristiana?

—Herejía.

—¡A duras penas entiendo lo que dicen los curas, como para comprender dogmas aún más complejos!

—No es eso lo que tengo entendido —volvió a leer—. Eres hija de una antigua monja, que huyó del convento de San Pedro, en Benabarre, por una cuestión algo confusa, y de un soldado muerto en el frente —ella asintió—. Aunque las habladurías aseguran que tu verdadero padre es el conde don Fernando de Aragón y Borja —Isabel se encogió de hombros—. Sabes leer y escribir, en castellano y en latín, y hablas perfectamente, además de los ya nombrados, el catalán y el vasco —no respondió—. El catalán es tu lengua materna; lo mismo ocurre con el castellano. Sin embargo, que sepas hablar y escribir en latín, denota cierta cultura.

—Todo lo que sé me lo enseñó mi madre.

—¿También el vascuence?

—Yo no he dicho que supiera hablarlo. Habéis sido vos.

—Hace una decena de años, fui reclamado por un inquisidor de Logroño llamado don Juan del Valle Alvarado. ¿Te dice algo ese nombre?.

—¿Debería?

—En Navarra se produjo un brote de brujería que, gracias a Dios, fue sofocado. El pueblo donde se produjo dicho brote se llama Zugarramurdi. Más de treinta vecinos de aquel pueblo fueron procesados, y algunos de ellos reconciliados en la hoguera. Entre estos brujos se encontraba un tal Domingo de Subildegui —los ojos de Isabel se movieron frenéticamente—. ¿Conociste tú al tal Subildegui?

—¿Por qué iba yo a conocer a ese hombre? —tartamudeó—. Habéis dicho que era de Navarra, y yo jamás he estado allí.

—Supongo que sabrás que los herejes que no se arrepienten de sus actos son enviados a la hoguera, para el bien de Dios y de la comunidad cristiana —ella asintió—. Pero quizás desconoces que aquellos que logran huir, son excomulgados y relajados en efigie.

—No sé qué es eso de relajados en efigie.

—La cuestión es que, en Zugarramurdi, fueron sentenciadas a la hoguera unas diez personas, entre brujos y brujas. Varios de ellos ya habían muerto cuando se les relajó, por lo que hubo que quemar pequeñas figurillas simbolizando a los ausentes. Una de aquellas figurillas, a la que habían pintado sus cabellos de color rojo, pertenecía a la única bruja que no pudo ser encontrada, que había huido. Su nombre era Isabel Simón. Quien la denunció aseguraba que procedía de Aragón.

—Una extraña Casualidad.

—¿Casualidad? —rió fray Damián—. Llevo diez años siguiendo el rastro de esa mujer. En Navarra, en Castilla, aquí en Aragón... y ese rastro me ha conducido hasta aquí. Tú eres esa Isabel, la pelirroja de la que hablan en Zugarramurdi.

—Creía que habíais venido aquí por...

—¡Tú ya estás muerta, Isabel! —gritó el de Toledo—. Se te juzgó y condenó a la hoguera, hace diez años.

—¡No le voy a consentir que le hable así a mi tía! —dijo Blas, amenazándole con la mano en alto—. ¡No podéis demostrar nada de lo que decís!

—¡La inquisición no necesita demostrar nada! —dijo, con soberbia— La simple sospecha es suficiente cargo como para enviar a un hombre a la hoguera.

—Si estoy muerta —se lamentó Isabel—, ¿para qué habéis venido?

—No he estado seguro de que fueras la persona que andaba buscando hasta que te he visto. Ahora no tengo la menor duda de ello.

—¡Estáis cavando vuestra propia tumba! —gritó Blas, fuera de sí—. ¡Marchaos, si no queréis perder esa cabeza tan privilegiada!

Blas cogió al clérigo por el pecho y lo empujó contra la pared. El anciano cayó al suelo, y volvió a levantarse, dolorido. Sacudió su hábito, y salió de Torre Alfals.

Aún no había cerrado la puerta a sus espaldas, cuando un nuevo golpe se oyó afuera, contra la madera, seguido de los gritos de terror del anciano fraile

Después, un ruido seco, y el silencio se apoderó de la masía.

Cuando Blas abrió la puerta, lo que tuvo frente a él no se diferenciaba en nada de lo que había visto en la Roca de la Botella un par de meses atrás. El rostro del de Toledo estaba desfigurado, y su vientre abierto.

—¡Bendita bestia! —rezó Isabel.

—¿Qué demonios? —Isabel le hizo un gesto para que se detuviera— ¿Qué está ocurriendo, tía?

—Ha sido Sócrates —susurró— pero esta ha sido la última vez... No me queda mucho tiempo.

—¡Eso es imposible! —dijo Blas, sacudiendo la cabeza—. Vi el cuerpo de ese maldito perro muerto y decapitado en el olivar. Cliós y Banyeu le arrancaron la cabeza la noche que... Vi con mis propios ojos como los cuervos se comían sus entrañas.

—Sí. Sin duda, ésta ha sido la última vez —prosiguió Isabel, haciendo caso omiso a las palabras de su sobrino—. Ahora ya hay quien continúe nuestra estirpe, y yo no soy más que un recuerdo.

—Debemos llamar inmediatamente al espada, a las autoridades, a quien sea —balbució Blas, aterrado.

—Si alguien encuentra aquí el cuerpo de este hombre, nos acusarán a nosotros de haberlo asesinado —dijo Isabel, con calma—. Ya has oído lo que ha dicho ese cadáver. Él sólo es una avanzadilla de lo que vendrá detrás y, cuando esto ocurra, no serán dos ni tres los que vengan a por nosotros.

—¿Y qué hacer? ¡Yo no soy brujo, maldita sea, ni un asesino!

—Tanto tú como yo estamos atrapados por el mismo destino.

—Me desharé del cuerpo —insistió Blas—, y huiremos de aquí. Regresaremos a Benabarre.

—Haz lo que quieras, Blas... Podrás huir de las autoridades, pero jamás lograrás burlar el destino... Y esto has de vivirlo.

Blas se llevó el cuerpo, e Isabel no quiso saber qué iba a hacer con él... Aquella noche, por primera vez en toda su vida, durmió en paz.

Antes del amanecer ya se habían puesto en camino hacia Benabarre...

CAPÍTULO XXXV
Todos los ríos desembocan en el mar.

1. El cuerpo.

«¿Por qué permites que la imagen de aquel cuerpo, ya corrupto y vacío, se presente en mis sueños? ¿Quién, sino tú, fue el causante?, ¿cómo verte de otro modo? ¿Era precisa tanta crueldad?
Desearía ser ciega para recordarte por tus rojos cabellos. Desearía ser sorda y no haber tenido que escuchar lo que pienso en labios de otros. ¡Ojalá pudiera mantener tus caricias vivas en mi recuerdo, tu voz diciéndome madre! Pero seré dichosa si la realidad no me precipita al vacío.»
TAMARITE DE LITERA (Reino de Aragón). Principios de 1621

El Alcalde dirigió una mirada desconfiada a mosén Miguel. Aquella mujer, que creía tener la respuesta a la desaparición del de Toledo, pese a ser la esposa de su primo y haber hecho verdaderos esfuerzos por verla de otro modo, seguía siendo la misma cretina. Sus antecedentes familiares decían bastante poco a su favor, y no era un secreto para nadie que la pérdida de su hija le había enloquecido tanto como le obsesionaba ver a su cuñada Isabel sumida en la miseria. El cura se acercó a don Federico, y le susurró al oído.

—Fray Damián Gil Martínez no regresó ayer a la abadía. Y esta pobre es tan obtusa, que dudo mucho que posea suficiente imaginación como para inventar una historia semejante.

—Pero su animadversión por su cuñada es enfermiza.

—Dejémosle que hable, y después decidiremos qué hacer.

Federico se acercó a Eusebia, y dio varios pasos a su alrededor, moviendo la cabeza acompasadamente, de un lado a otro.

—¿Así que viste al joven que vive con ella tirando el cuerpo de un fraile al pozo del olivar de Alfals? —preguntó el alcalde.

—Ese joven es su sobrino —asintió ella— se llama Blas.

—¿Cuándo dices que viste tal cosa?

—Ayer por la tarde.

—¿Y, qué hacías tú en el olivar de Alfals ayer tarde?

—Estaba recogiendo aceitunas en nuestra torre, cuando me pareció ver a Blas salir de la casa, cargado con un gran bulto sobre sus hombros. *«¡Qué cosa más extraña!»*, le dije a Robustiano, *«el sobrino de la bruja lleva sobre sus hombros un gran fardo de ropa»*. Pero él no me hizo caso y dijo que estaba obsesionada con la pelirroja y con todo lo que le rodea. Así que me fui yo sola tras él... Cuando estuve más cerca, vi que aquel gran fardo de ropa era un hombre. Aunque no pude verle la cara, reconocí que se trataba de un fraile...

—¿Era un Dominico? —preguntó mosén Miguel.
—Creo que sí.
—Ahora —dijo el alcalde—, puedes retirarte. Deja este asunto en nuestras manos.

La mujer recogió sus faldas y, encogida, sin apenas variar la posición que mantuvo sentada, salió del despacho del alcalde.

Don Federico se sentó tras la mesa y apoyó sus codos en los brazos del sillón, moviendo sus dedos nerviosamente.

—¿Qué creéis, mosén Miguel?
—Que es mucha casualidad que Eusebia haya visto lo que dice haber visto y que fray Damián de Toledo haya desaparecido.
—¿Estáis insinuando que ese joven, o su tía, le han asesinado, y han escondido su cadáver en el pozo? —el cura sacudió la cabeza.
—Esa bruja no me gusta, bien lo sabéis, y estoy completamente seguro de que adora al diablo, hace conjuros, y mezcla pociones y bebedizos, ¡Dios nos libre de ella! Pero de ahí al asesinato... De todos modos, las malas lenguas dicen que ella misma mató a su padrastro.
—Las malas lenguas no saben de qué hablan, mosén Miguel... Eduardo Salazar era un indeseable, un ladrón que murió en los bosques de Benabarre, solo y enfermo... Aún diría más —sonrió el alcalde—, de haber sido ella la causante de su muerte, deberíamos estarle agradecidos... De todos modos, esta misma tarde enviaré a un par de hombres para que echen un vistazo al pozo en cuestión.
—Encontrar el cadáver de fray Damián, siempre y cuando lo que dice esa insensata sea cierto, puede llevarnos días. Los pozos de aquella zona están construidos sobre ríos subterráneos.
—Os aseguro, mosén Miguel, que fuera lo que tirase ese muchacho al pozo, tarde o temprano, acabará por salir, si no en ese mismo lugar, en cualquier otro de las cercanías...

BENABARRE (Reino de Aragón)

Catalina ahogó sus lágrimas en el colchón. Aquella mujer, su propia hija, se había convertido en una mujer hundida y, por primera vez en su vida, perdida y desconsolada. Cuando murió Hernando, en su entierro, apenas habían cruzado un par de palabras. Estaba segura de que Isabel la culpaba de la muerte de su hijo y ella, en el fondo, luchaba contra los mismos sentimientos. *«Si hubiese educado a Isabel como debía, ahora sería una mujer íntegra y piadosa, y su hijo un esposo fiel y afectuoso... Pero él ya no está aquí, y mi hija es una proscrita»*. Esas palabras que, desde que naciera su hija, se habían convertido en una cantinela persistente y cansina en su cabeza, ahora tomaban un cariz inquietante. Había imaginado aquel momento más de mil veces, desde que Isabel decidiera unirse a los bandidos de Barber siendo una niña, pero jamás de un modo tan confuso. Por un lado, quería creer que las explicaciones de Blas eran la verdad, pero, por el otro, los antecedentes de aquella pelirroja dirigían sus miedos hacia el pensamiento contrario. Lo cierto es que no sabía qué pensar.

La anciana se retiró pronto a su alcoba, y allí dejó que su rabia, tristeza e impotencia la poseyeran. En su mente, tanto Isabel como Blas, eran ya dos cadáveres; una por bruja, y el otro por cómplice de un crimen. Y que fueran detenidos, juzgados y ejecutados era cuestión de días.

Lorenzo no pudo dormir en toda la noche. Era incapaz de comprender cómo había ocurrido todo aquello, aunque de su hermana podía esperarse cualquier cosa. Él, sin embargo, era más optimista que su madre: *«Las autoridades sabrán comprender que Blas lo único que hizo fue deshacerse del cuerpo de un hombre al que había matado una bestia»*, más por deseo que por convencimiento.

—¡Me condenarán al garrote por un crimen que no he cometido! —se lamentaba Blas.

—Siempre cabe la posibilidad de que no encuentren el cuerpo —intentó tranquilizarle su madre.

—¡Es un inquisidor, maldita sea! Removerán cielo y tierra hasta encontrarlo...

—Ya te dije —musitó Isabel, como en trance y acariciando los cabellos rojizos de su nieto Medardo— que Lourier ya tiene un nuevo Hijo a quien arruinarle la vida... ¡Pobre Blas!, te has mezclado con los bastardos de Dios, y te has convertido en uno de nosotros.

—No te comprendo, Isabel —dijo Lorenzo, secándose las lágrimas de sus ojos.

—Tú fuiste considerado fruto del pecado. Tu cojera se convirtió en la evidencia de una falta que jamás fue cometida. Pero eso no es más que un estigma que confirma que la naturaleza no es tan sabia como creemos... El verdadero signo del pecado, del propio sin duda, está escondido en el fondo de nuestros corazones, en el mío, en el de todos aquellos que fueron quemados en la hoguera, porque el hombre es incapaz de comprender lo que no viene de labios de Dios o de quienes dictan las leyes del mundo que desconocen... El castigo es la vida; tener que vivirla. Presiento que llega mi final, porque mi alma ya no vale nada, porque jamás ha sido suficientemente preciosa como para perdurar más allá de vuestros recuerdos...

—¡Pero yo no he hecho nada malo! —lloró Blas.

—El bien y el mal no son más que la interpretación de aquellos que creen poseer un poder que no tienen: el de la Justicia. Lo que es justo para ti será injusto para ellos, y aquellos a los que tú creas culpables, ellos los consideraran inocentes.

—¿Voy a morir, tía? —preguntó Blas, sin comprender que la respuesta de Isabel iba a ser tan sincera como ineludible.

—Si supieras qué es la muerte no te preocuparía vivir o morir.

—¡Le he hecho una pregunta!

—Blas... Tu vida no será sino el más grato recuerdo. Y yo... yo no seré nada...

TAMARITE DE LITERA (Reino de Aragón)

Cuatro días después de la declaración de Eusebia, llegó a Tamarite el hermano Joaquín Acosta y Ruiz de Santa Cecilia, y las noticias que portaba eran, ciertamente, poco halagüeñas. El dominico esperaba reunirse con su superior aquella misma tarde, lo que certificaba las sospechas del cura y del alcalde. La respuesta de Acosta fue determinante: *«Ni el hermano Damián ha regresado a Zaragoza, ni debía hacerlo»*, por lo que ya nadie dudaba de que el "fardo" que Blas había tirado en el pozo, era el cuerpo del dominico. Tampoco actuó en defensa del joven que nadie conociera su paradero ni el de su tía. Aunque don Federico estaba seguro de ese extremo: *«Esos dos han regresado a Benabarre»*.

La tierra jamás quiere lo que no le pertenece, aunque la aparición del cuerpo del de Toledo tuvo un componente fortuito.

A menos de media legua de Torre Alfals, dirección Este, había una fuente, que alimentaba un abrevadero que, aunque solía secarse en otoño, volvía a manar en diciembre. Pero aquel invierno, aunque el manantial había vuelto a ofrecerles sus preciosas aguas poco antes de navidad, a mediados de enero dejó de manar. Al principio creyeron que se trataba de algo, aunque fastidioso, natural. Sin embargo, "Pepet", un albañil viejo y casi ciego, tenía una opinión diferente. Recordaba haber estado presente cuando construyeron la balsa que daba de beber a las ovejas de las cercanías. *«La hicieron mi padre y dos más»*, dijo el anciano, *«La fuente no mana directamente del caño, sino que, tras la pared, hay un hueco, como un pequeño depósito, que ha de llenarse para que surja agua del tubo. No hay fuente, sino que se alimenta del río subterráneo que viene de Tamarite. Si algún animal cayera en uno de los pozos, lo arrastraría hasta aquí, y tapar ía la salida... Este abrevadero jamás se ha secado en invierno.»* Nadie entendió muy bien las explicaciones de "Pepet" de Salvador, pero concluyeron que debían derrumbar la pared de la fuente, si querían desatascar la cañería...

Lo que obstruía la fuente resultó no ser un animal, sino el cuerpo de fray Damián de Toledo, en avanzado estado de descomposición, lo que impidió llegar a una conclusión clara sobre las causas de su muerte.

Necesitarían, por lo tanto, que el principal sospechoso, huido, diese su versión sobre los hechos que había presenciado Eusebia Ruiz.

Joaquín Acosta se reunió con el alcalde y con el cura un par de días después, para hacerles saber cuales eran los pasos que iba a dar a continuación.

—Si Isabel Simón y su sobrino —sentenció el alcalde— han abandonado Torre Alfals, será porque tienen algo que esconder. Para mí el asunto está muy claro. Asesinaron a fray Damián de Toledo, ¡Dios lo tenga en su gloria!, se deshicieron del cadáver, y después huyeron para no ser acusados...

—No os precipitéis en vuestras conclusiones —dijo Acosta, sacudiendo la cabeza—. En mis años como inquisidor he aprendido que no todo es lo que parece... El cadáver de fray Damián era prácticamente irreconocible, y ha arrojado poca luz en cuanto al modo en que murió. Es cierto que sufrió varias heridas que nos hacen sospechar que falleció de forma violenta: su vientre estaba abierto y su cuello sesgado. Pero tales heridas se las pudieron causar, tanto un animal enfurecido, como un perturbado y, en ningún caso, podemos afirmar que no fueran provocadas post mortem, ni que Damián Gil fuese asesinado —el inquisidor respiró profundamente—. Yo también he hecho mis averiguaciones, y me he entrevistado con varios del pueblo, y no estoy muy seguro de que fuera el muchacho quien le mató. De hecho, hace pocos meses, dos vecinos del pueblo fueron atacados por una jauría de lobos, que los mataron.

—Sé a quienes os referís —sonrió don Federico—. Esos hombres formaban parte de la misma secta que Isabel Simón... ¿No os resulta sospechoso? —Fray Joaquín se encogió de hombros—. De no haber muerto, ahora estarían encerrados en las mazmorras.

—Habéis hablado de perturbados —sonrió mosén Miguel, ignorando los comentarios del alcalde— e Isabel Simón no puede considerarse una mujer sensata. Ya de muy niña, me consta por los documentos que me legó mosén Arcadio, fue sometida a un exorcismo. Bien es cierto que, en dicho exorcismo, se llegó a la conclusión de que no estaba poseída por el demonio; pero este tipo de rituales sólo se le practican a quienes presentan una conducta fuera de lo normal... Posteriormente, y si fray Damián estaba en lo cierto, tuvo que huir de Navarra porque la perseguía el Santo Oficio... Y, finalmente, todos afirman que es una bruja. Incluso se le atribuye es secuestro de la sobrina de su marido, el cuál, dicho sea de paso, se quitó la vida

—Es posible que nos estemos precipitando —dijo Acosta.

—Lo que sí es seguro es que Blas Salazar se deshizo del cuerpo del de Toledo echándolo a un pozo —dijo el alcalde con autoridad—. Hay testigos de ello. Si no tuviera nada que ver con su muerte no se hubiese comportado de ese modo.

—Miedo, don Federico —susurró Acosta—. He visto a hombres, grandes como montañas, confesar crímenes horribles para poder librarse de la hoguera.

—Pero eso no quiere decir que no los cometieran —le corrigió el alcalde

—Reconstruyamos los hechos —prosiguió Acosta— Fray Damián se presenta en la casa donde viven Isabel Simón y su sobrino, preguntando sobre un pasado que ella pretende ocultar. El recibimiento, créanme, no fue hospitalario... Probablemente, hubo una discusión, pero eso no quiere decir que acabara en asesinato. El de Toledo sale de la masía con intenciones de dar parte a sus superiores de la Suprema, pues reconoce a la mujer que lleva años persiguiendo con ofuscación paranoica. Ya en la calle, es atacado por una bestia, un lobo, un perro rabioso... Decidme, pues, ¿qué hubierais hecho vos, si encontrarais cerca de vuestra casa el cadáver del hombre que venía a acusaros de brujería? —los dos se encogieron de hombros—. Pues intentaríais deshaceros del cuerpo, porque seríais los primeros sospechosos del crimen.

—Esa conclusión, no os ofendáis, me parece ridícula —dijo el alcalde, sacudiendo la cabeza—. Si, tal como sospecháis, fue un lobo quien acabó con la vida de fray Damián, las heridas que presentaba el cuerpo no dejarían duda, y sería fácil demostrar que ellos no tuvieron nada que ver en el desgraciado percance... O tal vez sí.

—Estoy de acuerdo con el alcalde —añadió mosén Miguel—. No olvidéis que la tal Isabel siempre iba acompañada de un gran perro negro, y que podría haberle ordenado que asesinara al de Toledo.

—¿Un gran perro negro? —preguntó Acosta, sorprendido—. ¿Por qué nadie me había hablado antes de él?

—No creí que tuviera importancia, hasta ahora.

—Eso cambia mucho las cosas —Acosta se levantó, recogió sus papeles, y se acercó a la puerta—. Y, ¿dónde dijisteis que vivía la familia de la tal Isabel Simón?

2. Dejarse arrastrar por el destino.

«Sólo fuiste un intervalo de tiempo... Aliada del olvido, hermana de la incomprensión...
Hablaste y nadie escuchó. Sentiste sin ser correspondida...
Sí, insignificante Catalina, la vida carece de alma, de emociones...
A nadie se le reblandeció el corazón cuando sufrías, cuando llorabas.
Te amé, ¡sabe Dios que no miento!, tal vez sigo haciéndolo, pero ni siquiera puedes escuchar mis palabras.
Nada somos, porque nada fuimos. Nada seremos, pues nada existe sino en nuestro recuerdo. Seremos huéspedes de las más hermosas tumbas, las más miserables... Estiércol, en fin, que abone la tierra...»

BENABARRE (Reino de Aragón). Primavera de 1621

Era día de mercado.

La gente se arrebujaba alrededor de los tenderetes, intentando encontrar, entre lo poco que ofrecían los vendedores, una prebenda que les hiciese más cómoda aquella vida miserable. El murmullo, en un par de horas, se convirtió en un griterío insoportable de tira y afloja, que a Acosta le resultaba insoportable. La veintena de soldados, que había mandado traer expresamente de Zaragoza, sin embargo, parecían disfrutar de aquel bullicio; con toda seguridad, de no tener que cumplir con sus obligaciones, se hubiesen mezclado con los benabarrenses y hubiesen pujado por alguna baratija con la que lisonjear a sus prometidas o esposas a su regreso a la capital.

Acosta fue recibido por mosén Serafín, a quien, una semana antes, le había hecho llegar una misiva donde le indicaba su intención de detener a Isabel

Simón, y a Blas Salazar. La primera, sería trasladada a Zaragoza, para ser sometida a un juicio en los tribunales de la inquisición, lo cual, al cura, no le resultó nada extraño, tal vez tardo, pero lógico. Sin embargo, que anduvieran buscando a Blas, para entregárselo a las autoridades civiles como cómplice de un asesinato, le resultó tan increíble que no pudo evitar pedirle explicaciones al inquisidor, más por curiosidad que porque tuviera la intención de interferir en el asuntos.

La cuesta del castillo se convirtió en una mortificación para aquel jesuita, ya entrado en años. Incluso los propios soldados acusaron el terrible esfuerzo. Llegaron al portal de Capellana casi sin aliento.

Acosta aspiró un par de veces, llenando sus pulmones de aquel aire seco y templado. Dio dos fuertes golpes en la puerta y esperó a que alguien le abriera.

Tras ella, apareció un jovenzuelo, de unos diez o doce años, que dijo llamarse Gregorio.

—Andamos buscando Casa Capellana —dijo el jesuita.
—Ésta es...
—¿Podríamos hablar con tu padre?
—Está en la vaquería... Si queréis, iré a llamarle.

Isabel durmió durante toda la noche. Era extraño, desde que comprendió que el final de su vida estaba cercano, su sueño era tan plácido y profundo como el de un niño. Pero aquel día se despertó sobresaltada. Quizás fueron los golpes que un extraño estaba propinando a la puerta de Capellana, o tal vez fue una corazonada.

Se asomó a la ventana, sin abrir del todo los ventanucos, e intentó reconocer a quién había perturbado su descanso. En el portal de la casa pudo distinguir unos quince soldados. Sin duda, era el final.

Se vistió a toda prisa, y se acercó a las escaleras. Oyó una conversación ininteligible, aunque pudo reconocer la voz de su sobrino Blas y los lamentos de Lorenzo.

Bajó lentamente.

Como impulsado por una fuerza ajena a él, Acosta giró rápidamente la cabeza, y clavó sus ojos en la pelirroja. *«Sí, sin duda es la mujer que andábamos buscando desde hace una decena de años»*, se dijo. Miró a los soldados, y les hizo un gesto con la cabeza. Dos de ellos cogieron a Isabel por los brazos.

—Creí que la inquisición actuaba con más celeridad —dijo la pelirroja, con ironía—. Habéis tardado once años. ¿Acaso ese dios al que os debéis no os ha ayudado en vuestra búsqueda?

—Que te hayamos encontrado certifica que Él está de nuestra parte —respondió Acosta—. La fortuna te ha sonreído durante estos años, pero ni siquiera la suerte logra burlar al Todopoderoso.

—Creo tener claro qué cargos pesan sobre mí, pero ¿por qué detenéis a mi sobrino?, ¿qué ha hecho él?

—Se le acusa de ser cómplice de un asesinato...

—¿Y quién es la víctima?

—El hermano Damián Gil Martínez de San Telmo.

—Si poseyerais la inteligencia de la que presumís, sabríais que fray Damián fue atacado por un perro.

—No os esforcéis —sonrió Acosta—. Blas lo ha confesado todo.

—¿Y, qué es lo que ha confesado?

—Que fue él quien asesinó al de Toledo.

—¿Es eso cierto, Blas? —preguntó, mirando a su sobrino. Éste asintió—. ¿No comprendéis que está intentando exculparme a mí?

—¿Cómo puede exculparse a quien, según tú, no ha cometido ningún delito? Pues, si el causante de la muerte de fray Damián es un perro, a quien dispensaría sería al perro, y no a ti.

—Porque está convencido de que soy bruja y que yo le ordené al perro que asesinara al inquisidor. En definitivas cuentas, era por eso por lo que había venido a Tamarite, para acusarme de lo que no niego.

—¿Fuiste tú quien le ordenó al perro que atacase a fray Damián?

—Si pudiera dominar las fuerzas de la naturaleza, os aseguro que jamás me habríais encontrado...

—En todo caso, tu sobrino escondió el cuerpo de fray Damián, y eso es un delito muy grave... Aunque no será la inquisición quien depure ese tipo de responsabilidades.

—¡Yo no quiero morir! —lloró Blas—. ¡No he hecho nada malo, sólo me deshice del cuerpo del dominico!

—Muchacho, yo sólo me ocupo de los asuntos de la inquisición, la justicia civil me resulta tan ajena como absurda... Ten por seguro que si, tal como dices, tú no tuviste nada que ver en la muerte del hermano de Toledo y puedes demostrarlo, te será permitido que sigas viviendo... Pero si te condenan, pasarás lo que te queda de vida, encerrado en la cárcel... Pero confía en Dios Todopoderoso.

—¡Vámonos, pues! —dijo Isabel—. Si he de ver como mi cuerpo se consume en las llamas de la hoguera, prefiero que sea cuanto antes.

3. Una carga insoportable.

«¡Qué terrible dolor! ¡Qué gracia tan honrosa!
¿Qué nos hace?, ¿qué nos forma?
¡Dios mío, conviértenos en esclavos de tu bondad, en esclavos de tu libertad, pues no sabemos, no comprendemos!
¡Llévanos de aquí y gratifícanos con aquello que nos prometen, con aquello que hemos leído...! ¡Líbranos, Dios mío, de la vida!»

ZARAGOZA (Reino de Aragón). Primavera de 1622.

Alcosta se sentó en su sillón; era el que había ocupado el hermano Damián Gil hasta pocos días antes de morir. Y, hasta aquel preciso momento, ya superada la sesentena, lo veía como el pódium inalcanzable de la gloria. Ahora, aquel deseado trono se le hacía insoportable. Aborrecía el odio que impregnaba cada una de las astillas que lo conformaban, el olor acre a impotencia que rezumaban las paredes de aquel palacio árabe reconvertido en prisión infame.

El inquisidor dio un respingo y se puso en pie, acercándose a la ventana. Zaragoza le observó con aquella inquietante indiferencia con la que nos observan las obras imperecederas, con el anhelo con el que los muros aguardan su caída para descansar de los horrores humanos. Aquella mirada le crispaba los nervios. Apartó los ojos de la ciudad con una sacudida seca de cabeza, casi al mismo tiempo que dos golpes le reclamaron a escasas tres zancadas.

—¿Dais vuestro permiso? —parecieron inquirirle las propias maderas del portón.

—¡Adelante! —susurró Acosta— ¡podéis pasar! —dijo elevando un poco más el tono de su voz.

—Os traigo la prisionera que habéis demandado —dijo un joven soldado, haciendo una suave reverencia con la cabeza.

El hermano Joaquín enseguida desvió su mirada hacia la mujer que sujetaba el muchacho por un brazo. Iba encadenada a un grillete, que pendía de su cuello como un siniestro escapulario, y sus manos y pies apresados entre carlancas que todavía sujetaban los eslabones que la habían mantenido inmovilizada al muro de la celda, y que arrastraba penosamente. Acosta descubrió asombrado que Isabel, pese a que su enmarañada cabellera pelirroja, casi completamente devorada por la tiña, escasamente le permitía vislumbrar su rostro, y a que sus ropas, tan ajadas como sucias, se hubieran desprendido de su piel sarnosa si no formase un todo con ella, conservaba una dignidad difícil de hallar fuera de los conventos.

—Puedes aguardar afuera —le dijo al soldado. Éste, volvió a hacer una ligera reverencia y desapareció tras la puerta, cerrándola a sus espaldas.

Acosta la miró de arriba abajo y volvió a sentarse en su trono, sintiéndose extremadamente incómodo... Había algo en aquella mujer que le fascinaba y repelía a un mismo tiempo y en igual medida; algo tan turbio como inmaculado, que le enfurecía.

Intentó apartar aquellos pensamientos y sosegarse. Pero vino a su mente la imagen del cadáver de fray Damián Gil, su cuello sesgado y su vientre abierto. E imaginó los horribles crímenes que se le atribuían a aquella mujer.

—¿Por qué? —fue lo único que logró preguntar—. ¿Qué te ha hecho a ti el mundo para que lo odies tanto?

—¿El mundo? —sonrió Isabel. Su voz era mansa y autoritaria a un mismo tiempo—, ¿qué es el mundo?

—La Iglesia —dudó Acosta—. La Iglesia de Roma es el mundo.

—Tal vez deberíais haberme preguntado: ¿qué te ha hecho a ti la Iglesia? Pero os responderé sin que formuléis la pregunta. —el inquisidor tensó sus músculos—. Os aseguro que no odio a la Iglesia, ni a los curas, ni al Papa de Roma. En definitivas cuentas, jamás he cruzado una palabra con un hombre de Dios, más allá de un arcipreste o abad. Tampoco os aborrezco a vos, ni a la institución que representáis —intentó sonreír—. Pero el dolor que he causado no es nada comparado con el dolor que la inquisición nos infringe.

—El Santo Oficio sólo pretende devolver las ovejas descarriadas al redil de la Verdad.

—El buen pastor va tras sus ovejas cuando se pierden —canturreó Isabel con tristeza.

—Eso es exactamente lo que hacemos…

—¡Gran misión la vuestra! —se burló la pelirroja—. Pero, decidme, ¿qué canon determina quién pertenece al pastor?, ¿cómo determináis quién es el amo de esas ovejas?

—Todos somos hijos de Dios.

—Sí… no lo niego, pero ¿quién os ha legitimado para juzgar quien morir en la hoguera, quién debe o no regresar al redil de la salvación?

Acosta se levantó de su sillón y se acercó a Isabel, alzando su mano en ademán de abofetearla. Pero, al ver sus ojos, se quedó quieto, y sintió una atracción casi erótica por ella. Se apoyó en la mesa y respiró profundamente.

—Las cosas son como son, porque Cristo nos indicó que debían ser así.

—¿Cristo os ordenó que debíais asesinar a vuestros hermanos por no creer en él? ¿Cristo os ordenó que ejecutaseis a quienes resultaran incómodos para una Iglesia que ni siquiera él creó?

—Lo que estás diciendo es una herejía —se ruborizó Acosta—. Y el castigo por herejía es la hoguera…

—Es por eso por lo que se me juzga, ¿no es así? —el inquisidor asintió, y regresó a su sillón— ¿o, acaso teméis escuchar en mis labios vuestras propias dudas?

—Desde que has entrado en mi despacho sólo has hecho preguntas —dijo con prepotencia—, y no soy yo quien debe responder, sino tú.

—Yo ya he respondido a la única cuestión que me habéis planteado…

El inquisidor se acercó a la mesa y cogió un gran fajo de hojas. Entrecerró los ojos y simuló estar leyendo lo que conocía de memoria, con sus comas y puntos. Después, levantó la mirada y la clavó en Isabel.

—Se te acusa de haber huido de la justicia eclesiástica de Logroño.

—¿Cómo no huir, si la mitad de los que detuvisteis en Zugarramurdi fueron llevados a la hoguera y, prácticamente todos los demás, murieron en la cárcel o por culpa de las torturas a las que fueron sometidos?

—Pero tú eso no podías saberlo...

—¿No se me procesa por bruja? —Acosta asintió, incómodo—. Yo no lo niego, y bien pudiera haber tenido una premonición.

—¿Una premonición? —rió forzadamente el inquisidor.

—¿No se cumplió lo que yo predije?

—Tú no predijiste nada, Isabel... Huiste porque eres una cobarde, como todos. ¿Acaso te han torturado para que confesases tu herejía?

—No. Pero yo jamás he negado ninguno de los cargos de los que se me acusa.

—Está bien —carraspeó fray Joaquín—. Cuando te marchaste de Navarra, regresaste a Tamarite, y allí ejerciste la prostitución.

—De algo tenía que vivir.

—Y después —prosiguió, sin hacer caso de las palabras de la pelirroja— te uniste a varios del pueblo para celebrar misas negras dedicadas a Belcebut...

—Cristo tiene sus sacerdotes, pero Satanás no... ¿Acaso tienen algún valor las misas que, en sus juegos, celebran los niños?

—Sin embargo, recae sobre ti la acusación de haber conjurado a las sombras, y haber esquilado cabras para, con sus pelos, provocar granizadas que acabasen con las cosechas de vuestros enemigos; burlarte de los símbolos sagrados, de Cristo y de la Virgen: escupir la hostia, orinar sobre la cruz, maldecir y tomar el nombre de Dios en vano...

—Cuando vos recibisteis la orden, jurasteis cumplir los votos de pobreza, castidad y obediencia —Acosta asintió—. Pues bien. He conocido sacerdotes de la Iglesia que convierten al mismísimo Judas en un ángel de Dios; que tienen amantes, que desobedecen las órdenes de sus obispos. ¡Y qué decir de los obispos que viven en la opulencia de los palacios!

—Todo cesto tiene su garbanzo negro.

—Pero a esos curas jamás se les procesa por perjurio.

—¿Acaso te crees merecedora de explicaciones?

—¡Dios me libre!

Fray Joaquín dejó los papeles sobre la mesa, se levantó, y dio un par de vueltas alrededor de Isabel, con el rostro hundido en su pecho y las manos firmemente sujetas en su espalda.

—Estoy esperando —dijo al fin— que digas algo que pueda exculpar tus pecados.

—Si existe Dios, y es Él quien ha de perdonarme, no tengo por qué defenderme... Pero, si no existe ¿por qué debería hacerlo?
—Para salvar tu vida...
—Mi vida no tiene valor... Como tampoco lo tiene la vuestra. Dentro de mil años, nadie recordará nuestros nombres.
—¡Dios Santo!, ¡eres hija de don Fernando de Aragón!
—¿Eso es lo que os preocupa?, ¿que mi muerte pueda ser motivo de escándalo? —rió Isabel—. Nunca me reconoció como tal, ni yo lo pretendí... El "populacho" dirá que una hija bastarda del conde de Villahermosa murió en la hoguera; incluso daré de comer a algunos trovadores... Pero las habladurías serán devoradas por otras nuevas y, finalmente, nadie recordará sino al héroe que defendió Aragón cuando un estúpido rey convirtió este gran reino en una miserable provincia de su imperio... De mí no quedará la más breve referencia.
—¡Eres cruel, incluso contigo misma!
—Firmad lo que tengáis que firmar... Si lo que ha de purgar mis pecados es el fuego, que sea ahora la hoguera y después las calderas de Pedro Botero...
El dominico abrió la puerta y se asomó. Le hizo un gesto al soldado que aguardaba tras ella y éste entró.
—¡Llévatela a su celda! —le ordenó con pesar—. Que le den de comer y que la reciba un sacerdote.
El soldado la agarró con fuerza y la sacó de allí a empujones. Acosta se adelantó, como ofendido, queriendo evitar que la tratase de aquel modo, pero Isabel era sólo una más entre todos aquellos presos que aguardaban la hoguera como única expiación a sus pecados.
La pelirroja le miró con sus ojos medio idos, su rostro escondido entre dos mechones de pelo aún sanos, y le sonrió, como quien sabe que su vida está en manos del ser más injusto del mundo.
—¡Gracias! —susurró.
Acosta se estremeció.
La puerta se cerró con un estruendo que al fraile le pareció terrible, como si se abrieran al mismo tiempo las verjas del infierno.
Volvió a sentarse en aquel trono, que ahora sentía minúsculo, ridículo y anticuado. Cogió una pluma, la introdujo en el tintero y firmó los papeles que tenía ante él.
Después, salió del despacho, y anduvo por las calles de Zaragoza, escuchando el silencio sepulcral que se había cernido sobre la capital aragonesa.
Bebió en una fuente cercana a la Seo y regresó al convento.
Una cena tan frugal como su estómago le permitía, acompañada de la lectura de unos salmos mal recitados por un novicio, fueron el único consuelo de aquel día terrible.
Se acostó poco después de que el sol dejara de reflejarse en las mansas aguas del Ebro, y se preguntó: «*¿Por qué demonios me siento de este modo?*»

Al día siguiente debería confesarse con el padre Teodoro por su blasfemia... En definitivas cuentas, sólo había firmado la sentencia de muerte de una bruja.

4. La bendición.

«¿Respuestas?
Nunca quisiste aprender a distinguir entre el bien y el mal, y el día se va... Pero el
espectáculo continúa por su propia voluntad...
Busca en el sótano, en la luna a la que crees pertenecer...
Piensa sólo en ti... Hazlo como siempre lo has hecho.»

BENABARRE (Reino de Aragón). Verano de 1621.

Lorenzo cargó el cordero, que Pablo de Jueu le había vendido a regañadientes, en su carromato. Lo llevó a Casa Capellana y lo sacrificó.

Pepita estaba radiante y entusiasmada, aunque sus nervios estaban tan alterados como el día de su boda con Lorenzo, ya tan lejana en el tiempo y sin otros recuerdos que los que tímidamente afloraban a su mente, que parecía no haber sucedido jamás. Aquella iba a ser una gran celebración. Después, el "Coixet", se vistió sus mejores galas y, cojeando como jamás lo había hecho, se dispuso a cruzar todo el pueblo, haciendo alarde de un sentimiento tan gratificante, que le produjo escalofríos.

Era ocho de Agosto; un día cualquiera, de no ser porque, una semana antes, el juez había sentenciado a favor de su hijo Blas e iba a ser puesto en libertad aquella misma mañana.

Nadie creía que el muchacho fuera a librarse de la cárcel, o tal vez del garrote. Pero alguien, con toda seguridad el propio padre Acosta, había logrado que una alta personalidad de Zaragoza intercediera por el muchacho.

Tal personalidad no era otra que una antigua conocida de la pelirroja; nada menos que su propia hermanastra: María de Aragón y Pernstein. Los Villahermosa no les debían nada a aquellos plebeyos y, sin embargo, movieron cielo y tierra hasta que lograron exculpar a aquel joven que, según dijo Acosta, *«Es tan ingenuo que cree que, auto inculpándose de la muerte del hermano Damián de Toledo, logrará librar a su tía de la hoguera y a su anciana abuela de la deshonra».*

Catalina se recostó sobre la cadiera. Hacía varias semanas que sus piernas se negaban a responder, y apenas podía dar una decena de pasos sin buscar una pared en la que apoyarse. Pronto cumpliría setenta años. Lloró durante toda la semana, desde que le fue comunicada la decisión del juez. Aquella misma mañana, Blas volvería a estar entre ellos. Pero temía que, siendo que era un muchacho extremadamente sensible, aquellos meses en prisión le hubieran convertido en un ser vil y resentido.

La peste que asoló a los Capellana había desaparecido. Hacía ya varios meses, los mismos que Blas llevaba preso, que no tenían noticias de Isabel. Lo último que supieron de ella era que había sido trasladada a Zaragoza para enfrentarse al tribunal de la inquisición, y que estaba encarcelada en la Aljafería, en espera de un juicio que la condenaría a la hoguera. Había rezado, todas y cada una de las malditas noches que habían tejido aquellos meses terribles, para que no fuera ejecutada en Benabarre; Isabel jamás actuó en aquel pueblo y la inquisición solía relajar a los brujos allá donde habían actuado como escarmiento para los herejes que hubieran podido escapar del Santo Oficio, y para tranquilidad de los que se consideraban justos. Ni por un momento pidió a aquel Dios, que jamás había sido misericordioso con ella, que le evitara el suplicio de la hoguera; aunque sí el dolor...

Isabel, su amada Isabel, ahora no era más que el miembro gangrenado que había que cortar para que el nombre de aquella casa, que había levantado con humildad y esfuerzos, quedase limpio por siempre jamás.

Sus entrañas, sin embargo, le dictaron que todas aquellas lágrimas vertidas por el dolor que su hija le había causado eran lamentos tan profanos como ilícitos. Una madre jamás debe desear la muerte de una hija, ni siquiera aunque ésta hubiese arruinado la vida de los suyos. Nunca supo comprenderla, y ese era el deber de una madre. Ese era el único sentido y lo que las leyes naturales le indicaban. Pero no podía luchar contra aquellas emociones confrontadas.

Isabel siempre dijo, repitiendo las palabras de Crisóstomo de Valcuerna, que ellos, tanto el conde Fernando, como ella misma, eran la propia Soledad, hijos bastardos de Dios. Ahora, tales afirmaciones parecían referirse a la propia Catalina. Una niña sin padre, que luchó por ganarse el amor del único bien que conocía, Dios, y que jamás había dejado de hacerlo. Pero su presencia, su consuelo, sus caricias, nunca llegaron, todo lo contrario. De Dios sólo había aprendido, y sentido, desprecio, dolor y frustración. Una hija, nacida del único amor que ella había conocido, se convirtió en su gran pecado, en su carga. Y aquel niño lisiado, fruto de una noche en la que los efluvios del alcohol volvieron a su legítimo esposo en un miserable pedazo de carne babosa y oscilante sobre sus poco receptivas entrañas, era el mayor ejemplo de honradez, humildad y sensatez que conocía.

No comprendía nada. Y, ahora sí, quería comprender.

La vida se le escapaba, como siempre, pero ahora con un matiz distinto. El final, a veces deseado, otras premeditadamente buscado, resultó ineludible, y eso le entristecía. ¿Qué dejaba aquí, en esta tierra, que jamás le comprendió, y a la cual ella misma tampoco entendía? Poco... tal vez nada...

A media mañana regresó Lorenzo, más radiante y contento, incluso, que cuando había salido de Capellana. Todo estaba dispuesto para el gran banquete. Pepita, en los pocos ratos libres que le dejaba la vaquería, había cosido unos pantalones negros de tela recia para Gregorio, quien parecía un hombrecito dispuesto a encontrar la mujer con la que compartiría el resto de su vida, un bonito vestido para la pequeña Isabel, que no desmerecía como pareja de su hermano y un trajecito ridículo, como aquellos con los que la nobleza ridiculizaba a sus vástagos, para el pequeño Medardo. Y ensayó con ellos una bienvenida que, estaba segura, los pequeños iban a interpretar como les viniera en gana, como en efecto ocurrió.

Blas tenía un aspecto horrible: delgado y ojeroso. Le molestaba el exceso de luz, pero parecía sano. Al contrario que su abuela, el joven estaba completamente seguro de que sería condenado a no menos de diez o doce años de prisión, y la sentencia del juez le cogió tan de sorpresa, que creía estar viviendo en un sueño, en un dulce sueño. Nadie le dijo jamás, porque lo desconocían, que fue doña María de Aragón quien intercedió por él.

Lo primero que hizo, después de llegar a Casa Capellana, fue subir a toda prisa y abrazar a su anciana abuela. Sabía que Catalina agradecía aquellos gestos, y más aún siendo que su hija estaba en la cárcel y que la inquisición, esta vez, no iba a perdonarla.

La anciana recibió el abrazo de su nieto con lágrimas de felicidad, y no paró de besarle con aquella boca prácticamente desprovista de dientes.

Blas comprendió que Catalina, su tiempo, su vida, se estaba esfumando, más por apatía que por que Dios la reclamara para sí, y que cualquier momento jovial, el nacimiento de un bisnieto, la boda de cualquiera de sus nietos, sería interpretado por ésta como la señal que indicaba que debía partir.

—He sufrido mucho en la cárcel —le dijo el muchacho—, más por usted que por mí mismo...

—La vida me ha convertido en una roca, hijo mío —sonrió Catalina—. *«Esta vida es un valle de lágrimas»* —canturreó—. Tu tía... Tu padre... Tu primo Hernando... No, Blas, he sufrido tanto que creo merecer la paz que todo hombre ansía. Tu dolor, el que vivas, el que sufras, será el que te haga ser... Y todo lo que soporten quienes te rodean, no será sino aquello de lo que deban aprender...

—Isabel es una buena mujer, yaya —dijo él, con voz trémula—. Nada de lo que dicen de ella es cierto. Jamás quiso hacer daño a nadie y, si lo hizo, fue porque no comprendía que era diferente, que Dios la había bendecido con un don que la dominaba.

—Ningún hijo es malo para una madre —sonrió ella—. Incluso el mayor de los asesinos tendrá alguien que vaya a llorar sobre su tumba. Todo hombre, toda mujer, tiene motivos para ser como es; es más, son esos motivos los que le hacen ser de ese modo... Pero Isabel cometió errores que ni siquiera el mismo Dios, en su justicia, podría perdonarle. Robó, asesinó, maldijo y engañó... Pero ése no fue su mayor pecado, sino la carencia absoluta de arrepentimiento en sus actos... Tal vez tengas razón cuando dices que Isabel fue una buena mujer, pero fue mala madre... Y, lo peor de todo, su vida de pecado desequilibró los pocos valores que creíamos estables. Su impiedad nos hizo dudar de nosotros mismos, de lo que éramos, de lo que deseábamos...

—Pero, aún así, supimos salir adelante, proseguir con nuestras vidas...

—Creo que estos meses que has pasado en la cárcel te han servido de muy poco —se lamentó Catalina—. Si te llevaron ante un tribunal fue por su culpa, única y exclusivamente. ¿A eso le llamas tú seguir con tu vida? —Blas se encogió de hombros.

—Durante estos meses compartí la celda con un pobre hombre, un labrador viudo que, en un accidente de caza, había matado a su hijo. Se llama Tarsicio, y será ejecutado dentro de un mes. Le aseguro que para él, la horca será una liberación, y que la mayor de las condenas no ha sido tener que escuchar que él era el culpable del desgraciado accidente, sino que su corazón era incapaz de soportar el peso que la muerte de su hijo... Usted, yaya, no es muy diferente a Tarsicio. Cree que podría haber evitado que su hija se convirtiera en lo que es, o que muriese Hernando, cuando todos sabemos que clamaban a gritos que alguien le diera una lección. Pero la lección se la dio la vida, su propia vida, y sólo Dios es responsable de eso...

—Todo lo que puedas decirme, muchacho, ya me lo ha dicho mi corazón —sonrió—. Supongo que, en este tiempo, habrás podido pensar mucho, reflexionar...

—Sí, abuela... Para eso he tenido mucho tiempo.

—¿Has pensado qué vas a hacer ahora?

—Creo que regresaré a Tamarite y volveré a hacerme cargo de Torre Alfals —Catalina asintió con complacencia—. Allí quedan muchas cosas por hacer...

La anciana alargó su mano y acarició los cabellos de su nieto. Se sentía orgullosa de él, de su hijo y de todo lo que le rodeaba. Quiso convencerse de que, al fin, la vida tenía sentido, que había aprendido la lección que debía aprender de ella. Sintió que sus labios, ahora, hablaban de lo que realmente deseaban hablar y que sus ideas se convertían de inmediato en lecciones conclusas.

«¡La vida es pura ironía!», se dijo, *«Ahora que sé como vivirla, ya no me quedan fuerzas para hacerlo»*. Pero se percató de que, cuando encuentras el sentido de la vida, ésta deja de tener importancia.

CAPÍTULO XXXVI
Demorar el Infinito

1. Polvo.

«Ahora que la noche se ha convertido en cielo, que tu río ha llegado al mar... Ahora que has partido hacia un mundo que jamás me corresponderá, hacía el destino que te has forjado, y yo permanezco aquí, en mi dolorosa rutina... Ahora, harta de gritar a los Cielos mi desesperación, de rezar cada una de las noches, tengo la seguridad de que volveremos a encontrarnos. No sé dónde, cómo, ni cuándo, pero sé que así será...»

BENABARRE (Reino de Aragón). Verano de 1623

Blas se presentó aquella mañana de domingo en Casa Capellana. No había avisado de su llegada y todos vieron en aquel gesto un nuevo motivo de gozo y celebración. Y más aún porque no venía solo. Le acompañaba un matrimonio de risueños labradores, humildes y llanos, y una muchacha de poco más de diecisiete años, cuyos ojos eran incapaces de mirar a otro que no fuera él.

—Sé que esto no es lo más normal —le dijo a su padre—, pero le he pedido a Tomás y a Mariana que me acepten como yerno... Ellos me han concedido la mano de su hija, encantados.

—Ni siquiera sabíamos que cortejaba a ninguna "chiqueta" —dijo su padre, tan orgulloso de él, como molesto por no haberles avisado de su llegada.

—Se llama Patrocinio —dijo Blas, eufórico—. La mejor mujer que hay bajo la capa del cielo.

—Permíteme que lo dude —bromeó Lorenzo, abrazándolo—. La mejor mujer sobre la tierra es tu madre...

—¡Serás cantamañanas! —dijo Pepita, ruborizada—. ¡Qué cosas de decirle a tu hijo! ¡Qué cosas de decirme a mí, delante de estos señores! ¿Qué van a pensar?

Patrocinio era una muchacha menuda, tímida y al mismo tiempo alegre. Sus ojos eran dos grandes esferas negras, eternamente brillantes, que se clavaban en cada uno de los recovecos que le rodeaban como si se le fuera el aliento en cada pequeño detalle de la vida.

Catalina apenas pudo distinguir los rasgos de aquella dulce criatura. Hacía varios meses que no podía levantarse de la cama, ni siquiera para hacer sus necesidades en el orinal que había bajo ésta, y sus ojos estaban ya cansados. Pepita, desde que su suegra no podía valerse por sí misma, se había convertido en sus ojos, en sus piernas y, en algunos casos, en su propia memoria. Nadie le dijo que su hija Isabel había sido "relajada en persona" en la plaza mayor de Tamarite, seis meses antes, aunque ella estaba segura de que esto había sido así y que, tanto Lorenzo, como Pepita y Gregorio, le habían ahorrado tan terrible trance.

El pequeño Medardo se había convertido en la sombra de la pequeña Isabel. Empezó a hablar cuando cumplió su primer año y, desde entonces, no había parado de hacerlo. Según Lorenzo, el niño había copado toda la verborrea de la que él siempre había carecido. Era un niño sano y fuerte, que no precisaba de nadie para disfrutar de una infancia que se prometía feliz y sin sobresaltos. En más de una ocasión se le había visto jugar con la pequeña Isabel y con un enorme perro negro, vagabundo, que hacía meses que rondaba por las ruinas del antiguo palacio de Villahermosa... o a pocos pasos de Casa Capellana, bajo el castaño en el que se resguardaba de los rayos de sol que, al ser pelirrojo, dañaban su delicada piel.

Ni que decir tiene que Medardo era la alegría de aquella casa y, junto con su prima, el último hálito de vida de su bisabuela.

Catalina jamás se quejó de su condición de anciana débil y dependiente hasta aquel día. Todos, sin excepción, se reunieron en el comedor de Capellana, para celebrar la cercana boda de Blas, y ella los escuchaba desde su habitación, incapaz de mover un sólo músculo para acercarse a la vida (que ahora la conformaban quienes habían venido tras ella). Deseó morir en aquel mismo instante, como lo había deseado cuando estaba entre los brazos de Fernando, para que la felicidad que sentía se prolongase hasta el final de los tiempos, como si el recuerdo de aquel momento justificase toda una vida de sufrimiento. Pero la muerte no acudió a aquella habitación. Quien sí lo hizo fue su nuera, Pepita, con un pedazo de conejo desmigajado en un plato, que le fue introduciendo en la boca, como si se tratara de un desdentado niño.

El conejo estaba delicioso, como casi todo lo que hacía Pepita...

Después, cuando su nuera la dejó en la soledad de la alcoba, se recostó sobre su cadera derecha e intentó conciliar el imposible sueño. Pero un ángel, que había heredado la extraña belleza de su padre, se hizo sitio entre las sábanas de la anciana y le besó en el carrillo.

—¡Bendito niño! —Sonrió Catalina—. Tú e Isabeleta sois mi vida. Sólo por vosotros ha valido la pena vivirla.

—El tío Blas se casa —dijo Medardo—. Yo nunca he estado en una boda. Ni en Tamarite... Papá me ha dicho que podré ir...

—¿Sí? —El niño zarandeó la cabeza con ímpetu—. ¿Y, también te ha dicho que pronto tendrás algún primito?

—Cuando dos se casan, tienen niños —dijo el niño, con soltura y convencimiento—. Así que Blas pronto tendrá alguno... Y jugaremos juntos.

—Ahora tienes a tu prima Isabel...

—¡Pero ella es una niña! —Exclamó, con fastidio— ¡y muy mayor!

—¿Muy mayor? —Rió Catalina—. Yo sí que soy mayor. Tu prima es una criatura —el pequeño hizo una mueca de contrariedad—. Pero tendrás otros amigos, ¿no?

—Sólo uno...

—¿Y, como se llama? —El niño se encogió de hombros—. ¿No sabes como se llama tu amiguito?

—Nunca me lo ha dicho.

Catalina se retrajo en la cama. Temía que si le preguntaba lo que quería preguntarle, podía obtener la respuesta que no deseaba. Pero no pudo contenerse.

—¿Cómo es ese amiguito tuyo?

—Es un señor muy alto con el cabello largo, que vive en el castaño de las murallas...

La anciana le miró con ojos tristes y, sacudiendo la cabeza, le dijo:

—Lourier, mi pequeño... Tu amiguito se llama Lourier...

www.ingramcontent.com/pod-product-compliance
Lightning Source LLC
Chambersburg PA
CBHW071147230426
43668CB00009B/868